吴大澂书系

吴大澂文集（上）

（清）吴大澂／著
李隽　李书源／整理

吉林人民出版社

公諱大澂原名大淳以避清同治御諱改
字恒軒號清卿光緒初得微子愙鼎
又號愙齋生道光十五年乙未
五月十一日卒光緒廿八年
壬寅正月廿七日享壽六十
八歲同治甲子科江南鄉試第
六名經魁戊辰科會試第三名會魁殿試
二甲第五名進士庶吉士辛未散館一等第
二名編修歷陝甘學政翰林院侍讀學士河南河北道三品卿銜
太僕寺卿太常寺卿通政使左副都御史幫辦北洋大臣兵部侍郎兼
右副都御史廣東巡撫賞頭品頂戴兵部尚書河東河道總督湖南巡撫配陸氏側室陳氏
子一本孝女六長適王次適廖三適潘四適張五適袁六適費

吴大澂『愙斋』印存

前　言

吴大澂（1835—1902），江苏吴县人，字清卿，号恒轩、窓斋，晚清官员，同治七年（1868）考中进士，改翰林院庶吉士，散馆授编修。历任陕甘学政、河南河北道、太仆寺卿、署太常寺卿、通政使、左副都御史、广东巡抚、河东河道总督、湖南巡抚等职，车尘马迹，遍于南北。他能在青史留名，一在于他是个正直爱国而又敢于开拓的能臣，二在于他又是个多才多艺的学者，书法绘画、金石鉴别、考释训诂，无不精通。

吴大澂入仕不久，即以正直敢言名动朝野。任翰林编修时，正逢同治皇帝大婚，典礼繁冗，他疏请裁减工费。在陕甘学政任上，曾上疏请停修圆明园。在赈灾中他奏请平科派，蠲赋税，为民所称颂。光绪六年（1880），奉旨赴吉林，驻防宁古塔，佐助吉林将军铭安练兵守边、招民屯垦，政绩突出。次年，奏请开办吉林机器局，开东北创办新式军工企业之先河，并创办表正书院，讲授算学测量、格致制造，成为东北第一家新式学堂。光绪十二年（1886），以钦差大臣身份与俄国代表会勘边界。会谈中，吴大澂据理力争，绝不退让，收回了被俄蚕食的珲春黑顶子地方，按条约将“土”字牌前移重立，收回了部分中国领土，争得了中国船只自由出入图们江口的权利。在广东巡抚任上，他反对与葡萄牙签订有损中国澳门权益的条约，并提出与葡人“亟须明议者”的十条建议，以防葡人在谈判中浑水摸鱼。如此等等，说明吴大澂确是一名有爱国情怀、有作为的爱国官员。

吴大澂在学术与书法方面的贡献更是脍炙人口，诗书画印自成一家。他的大篆独树一帜。与其同时代的潘祖荫称："清卿大篆之工，国朝二百年无及之者。"他的小篆与古籀文结合，功力深而情致雅，亦是书法巅峰。金石考释与研究，不但为时人所推崇，今日学术界，依然仰望。吴大澂逝世后，光绪帝的老师翁同龢曾送挽联："文武兼资，南海北海；汉宋一贯，经师人师"，可谓恰如其分。

吴大澂的思想与施为、学术与艺术，都体现在他的著作、作品、信札、奏议等文献中。这些文献，从清末到今日，一直有人出版，流传于世。但存在着两点不足，其一是大多为单行本，尚无全集或较大容量的文集；其二是尚有不少函札、字画、奏议之类的文献收藏在图书馆、博物馆、档案馆或个人手中，未能面世。这两点不利于我们了解、学习这位爱国与学术集于一身的历史人物，不利于继承与发扬其精神、吸收其著作包含的知识精华。这次推出了这部三卷本的《吴大澂文集》，收录了已出版的吴氏著作十数种，也发掘了一些收藏机构、个人手中尚未面世的文献，重新整理，以飨读者。

文集收录何种作品，我们的考虑是，重点突出吴大澂的爱国思想与作为，展现其为政为学的人生轨迹，揭示其金石文字之学的精深独到。文集的上卷收录了不同时段的日记和类似日记的纪程，收录了吴大澂的自订年谱，选录了吴大澂的奏议等内容。光绪六年（1880）、光绪十二年（1886），他两度北上吉林，屯田练兵、招民垦荒、设立机厂、交涉勘界，这均是他爱国行止的集中体现，在《皇华纪程》《北征日记》《奉使吉林日记》和《奏议》（选编）中，他“豪情自露，壮志略抒”，伟大心胸，跃然纸上。文集的中卷收录了诗存、友朋往来信札及吴大澂的家书，诗存不仅是吴大澂文采的飞扬，更是其爱国情怀的抒发。友朋往来信札及家书使读者能真切感受到这位爱国能臣的社会交往范围与氛围，与这位贤者沟通心灵。而“苍茫家国泪频挥”“防患尤宜策未然”，读来让人无法不与他的赤子之心共鸣。文集的下卷选取了吴大澂《字说》《说文古籀补》《古玉图考》《愙斋集古录》《权衡度量实验考》《恒轩所见所藏吉金录》这些开拓研究新视野的经典文献，精义颇多。对今天的治金石学者，也大有裨益。其中《愙斋集古录》因体量较大，且有多种版本出版，文集中收录了吴湖帆重编版本十二卷中较典型器物，以选编的形式体现。为了保持这些著作的原汁原味，下卷采取了古籍版本样貌影印的形式出版。

这里我们要特别感谢出版过吴氏著作的出版单位和整理者，你们的辛勤劳动为我们提供了很好的基础，我们还要衷心地感谢提供给我们原始文献的吴氏后人和各收藏单位，你们的慷慨支持让我们感动。文集整理中难免会有疏漏和不足，希望读者们对这部文集提出宝贵的建议。

□□來音□□羽書星速夜傳烽七年
蓄艾知何補兩度皇華豈易逢（庚辰夏間奉使赴吉林籌辦邊防事閱十年矣）
驛路已忘曾宿處雲山不改舊時容
中原多事鯨波息壇坫何妨勍抗衡
防患尤宜策未然強鄰漸與外藩連（俄人所占）
黑頂子與朝鮮僅隔一江不容坐觀啟小邦之意
新從兩界留中道真為三韓
計萬年鑄鐵豈容成大錯臨機只在著

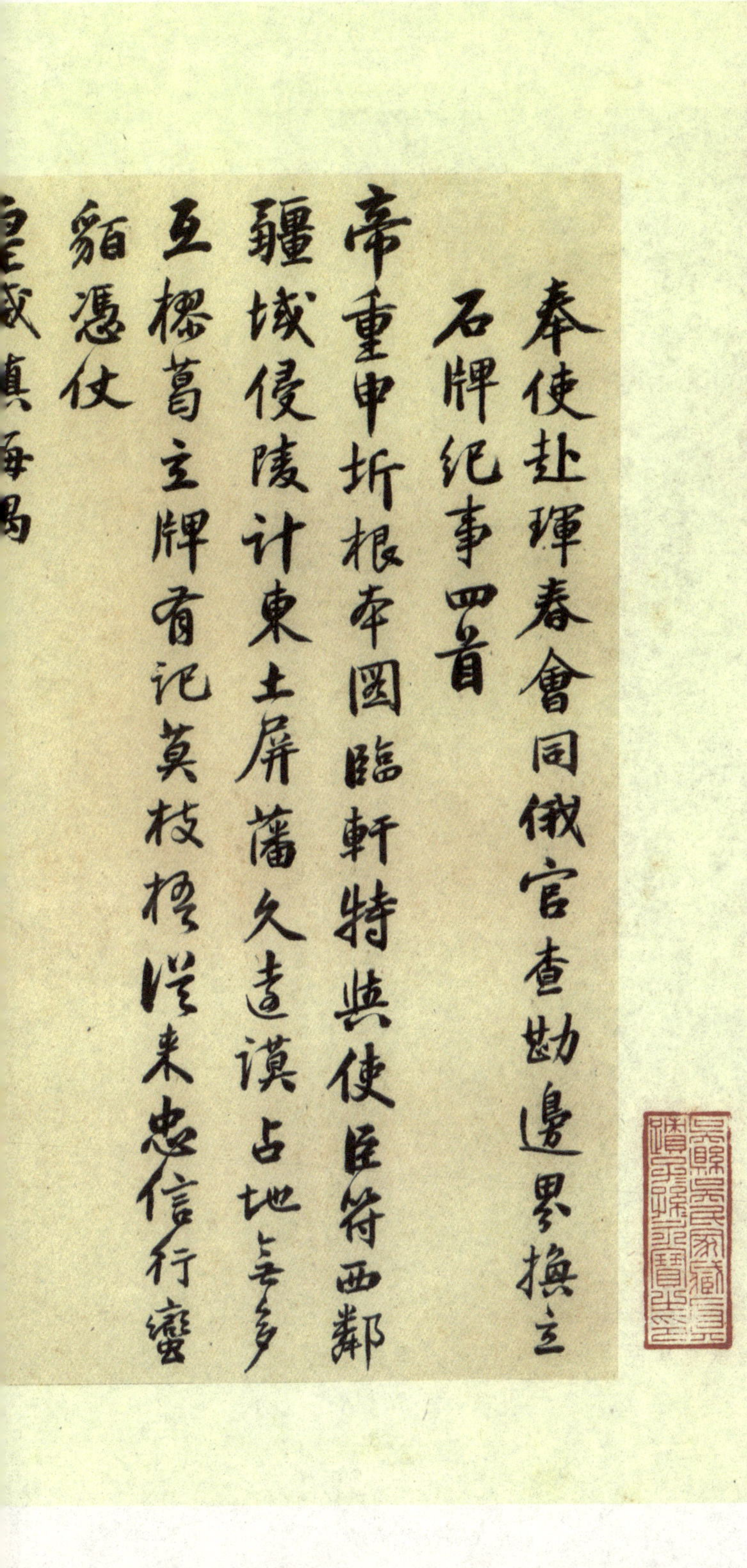

奉使赴珲春会同俄官查勘边界换立石牌纪事四首

吴大澂赠依克唐阿苍松图（吉林省博物院藏）

新铸立铜柱

铜柱拓片

（苏州博物馆藏）

2024 年 10 月 17 日，为纪念民族英雄吴大澂收复国土的历史功绩，珲春市在吴大澂于光绪十二年（1886）所立铜柱台基遗址旁，严格按原铜柱等比例重新竖立铜柱。

龙虎亭 “一眼望三国”

“土字牌”界碑

目录

瓦器完 倒字

避难日记

《避难日记》又称《吴清卿太史日记》，所记始于咸丰十年（1860）四月初一日，止于同年五月廿七日。主要记录咸丰末年太平天国运动期间，吴大澂与家人逃难的过程，因日记中抄录太平天国文件四篇，颇受近代史研究者重视。稿本一册，今藏安徽博物院，书衣题“吴清卿太史日记”，写于无格稿纸上，每半页八行、行二十四至二十六字不等。卷端未署名，仅钤“吴大淳印”白文长印。书前护页有“丙子季春溶卿氏重订”墨笔一行，并钤“溶卿”朱文方印。据杨家骆《太平天国文献汇编》著录，李则纲藏有民国红格抄本一册。

咸丰十年庚申（1860）

四月

四月初一日（5月21日）

晴。至曹胡徐桥粥店内，给发利一上图贫户粥米，计大小口折实七百八十馀口。午后，闻常州警信。何宫保[①]有欲退省垣之信，人心惊慌。外祖[②]将眷属徙至太仓，是夜登舟。下午归家。

四月初二日（5月22日）

晴。午后，至仁孝里。微雨，至萧家巷董氏，答孔醉棠，不值。晤董半山，劝募利一上图粥米。暮归。

四月初三日（5月23日）

晴。在承天寺给发粥米，与莲舫叔祖谒都太仆祠。午后，至仁孝里，与顾寿卿至萧家巷□□当内，劝募粥米。至玄妙观斗姥阁见外祖，归。闻阊门外有马队、溃兵百数十人，手持军器，由南濠大街结队联行，并有女人骑驴携带孩儿，又有丹阳小车杂沓其间。不知何人所带兵勇，突如其来，市人惊骇异常。

四月初四日（5月24日）

雨。阊门店铺闻溃兵在城外骚扰，俱各闭门，不敢卖买。清晨，至仁孝里。旋至观前山门巷口，晤庄松轩。是时，临顿

---

① 何宫保：何桂清（1816—1862），字丛山，号根云。云南昆明人。道光十五年（1835）进士，官至两江总督。太平天国运动期间，二破江南大营之役，何氏弃常州城而逃往上海。同治元年（1862），被逮下狱，后弃市。

② 外祖：韩崇（1783—1860），字履卿。江苏苏州人。吴大澂外祖父，住城东仁孝里。

路及玄妙观前市面照常，忽播流言，人声鼎沸，市上行人争先匿避，不知所往，如有人追其后者。店铺、人家同时掩门，顷刻之间，城中传遍。及风气稍定，询之并无所事，惟阊门有溃兵数人持械欲入，为城内兵勇阻住，斩杀数名而已。午后，有马镇军[①]兵勇入城，自中市至阊门城门，所有绸缎洋货各大铺俱贴衔条，有书马某文案处，有书马属某第几队某兵某勇，计一二十处，以为兵勇屯扎之所，自此城内阒然罢市矣。春畬叔祖於昨夜骤病，是日巳刻身故。午后，余至皋桥探问消息，遂至杨家院子巷，吊春畬叔祖。夜间城外兵勇放火，烧毁房屋，彻夜火光烛天，见者胆寒。

四月初五日（5月25日）

雨。连日城内居民闻警迁乡者，接踵而出娄、齐两门，肩摩毂击，城门拥挤，几至不能容足。三叔父欲奉祖母移居周庄，余往仁孝里唤船，适维乔表兄自太仓归，外祖命余同往太仓，约于午后登舟。外舅闻信紧急，即欲迁避。是日，舟子四散逃匿，竟至无处雇船。因至仁孝里，与维乔表兄商酌，遂率全家附舟而行。是夜，停泊娄门，舟中上下二三十人。三叔父奉吴太守[②]札谕，召募句容人为勇，先有二百馀人，勇目邢恒胜统领，拟于初六日齐集点名。

---

① 马镇军：马德昭（1824—1890），字自明。四川阆中人。咸丰十一年（1861），以陕西陕安镇总兵官之职到江苏帮办军务。太平军攻占苏州前，清军退守苏州城内，马氏命兵勇将阊门外商铺民房悉数焚烧。后回陕西，镇压捻军，颇得李鸿章赏识，官至甘肃提督。

② 吴太守：吴云（1811—1883），字少甫，号平斋。浙江湖州人。诸生，援例授常熟通判，历任宝山、镇江等处知县。咸丰间，擢苏州知府，吴大澂曾任其幕僚。

四月初六日（5月26日）

晴。至早自娄门放舟，一路塘岸难民络绎不绝。下午，舟泊浚仪镇上。夜饭时，忽闻隔塘孙家港盗起，乡人鸣锣为号，一噪而前。舟中人为之股栗。顷之稍定，闻获广匪三人。

四月初七日（5月27日）

晴。至早自浚仪解维，至昆山北门外，上岸进城，出东门外，登舟。午刻，至太仓，与维乔表兄同进西门，为盘查局所阻，少待片刻，城内徐燮堂家人来招，乃入。至痘司堂前徐寓，见母舅及陆子方姨丈。少顷，外舅率同眷属到寓，寻觅房屋，看定徐燮堂寓西钱氏空屋一所，内外八间，遂挽俞子羹、蒋亦谢居中租定。两公俱太仓人，俞即桂坪先生之侄，蒋乃燮堂所识也。每月租钱六千，外舅眷属即于是夜搬入。

四月初八日（5月28日）

晴。同维乔表兄出太仓西门外，放舟。有苏人杨春林附舟同归，画人杨柳谷之弟也。酉刻，抵娄，则城门已闭，即泊水关外，相与枕藉于舟中。

四月初九日（5月29日）

晴。城启而入，至仁孝里，见外祖及母亲，知内子及三弟妇已于初六日随同味菘叔母、五叔母偕往周庄。到家见祖母，检点行李，定于明日同赴周庄。三叔父所带卫勇共有四百二十名，已奉吴太守谕令登郫，自阊门至齐门城上设帐四十二处，所有器械及灯笼、旗帜尚未整齐。阊门城外自初四夜放火，连烧两日，内外隔绝，不通音问。阊、胥两门至是日始开。探知汪小樵姨丈家中仓皇避至狮山。陆子方姨丈之祖母，亦有亲友扶出，避在葑门外某村，馀不尽悉。所烧房屋，皆系向日繁华之地，自山塘、南濠一带尽成焦土，当日逃出、被害及情迫自尽者，不知几何。至亲戚友大半无从查考，闻之实为酸鼻。询系马镇军所烧，城外广匪乘机抢夺，四乡百姓遇有广东人，即时擒杀，亦不可胜数。有传马镇军为假马大人之谣，连日人心惊皇不定矣。闻何宫保退至常熟，百姓不容，又往江阴，张军门玉良①已退浒关。午后，至柳巷，检得床铺及用物几件，唤人送至虹桥浜船上，托维乔表兄带至太仓。至石岩桥宝晋斋刻字店，催戴笠农丈所托硃卷，约于明日送来。至玄妙观斗姥阁晤王金圃、艺林叔祖、曹逸斋诸君子，寥寥数人，诸绅中惟外祖及汪枚生两人而已。旋至仁孝里，作书寄外舅，交维乔带去。薄暮归，五叔父及晋卿弟已往舟中，住宿新学前。

四月初十日（5 月 30 日）

阴。至早随祖母、三房叔祖母、庞祖姑母同至新学前船上。是日，芦墟船一只、青浦船两只、戴家伙船两只、枪船②两只七舟同行，斜风挂帆。申刻，抵周庄镇，祖母以下俱住杨家潭东首陶氏新屋，三房叔祖母以下住戴笠农丈棠巢旧居。

四月十一日（5 月 31 日）

晴。庞润伯表叔及三弟雇舟入城。李福坐青浦船带枪船两只后开。及暮，闻高淀有溃兵掳船，纷纷逃下，心颇疑之。陶氏新居床铺不舒，因将内子、三弟妇及两妹寄居葑门外伯祖家新屋朝南披厢。

四月十二日（6 月 1 日）

晴。至早李福船回，云至高淀闻有溃兵冲下，退往邓村，

① 张军门玉良：张玉良（？—1861），字璧田。四川巴县人。清末名将。咸丰十一年（1861），太平军攻杭州，被杀于城郊。

② 枪船：据《贞丰里庚申见闻录》记载，枪船是江南水乡的小艇，有橹一、桨一、火枪二三枝，行水面若飞，居民用以猎禽，有事则资以御盗。

顷回周庄。片晌时即行开往，仍拟进城。午后，和卿弟同顾馥卿来镇，知张璧田军门已于十一日带兵进城防守，无锡之贼尾其后矣。薄暮，庞润伯及三弟至，三叔母、姑母、守愚二叔及叔母、雅三三叔俱至。是日，城内惊扰不堪，幸葑门外河面安稳无恙。

四月十三日（6月2日）

晴。至早出门，有乡人泊舟杨家潭，为韩履春载物来此，即欲开往葑门，余附其舟。由陈湖出塘浦，至谢塘，见乡人持械夹岸斩杀溃兵数名，投尸荡中。前行里许，遥见火光四起，连亘六七处，岸上人呼舟子勿进，共传长毛已陷省城，将信将疑，万分焦灼。婉导舟子冒险而行，泊舟黄石桥，登岸，见徐家湾一带土人有负米者，有载酒者，有搬移家伙物件者，络绎不绝于路，闻系米店、酱园无主之物；间有城内逃出者，询知抚辕已被焚烧，蔡小渔署方伯[①]单骑出葑门，庆中军名春亦乘马冲出，面带刀伤。昨夜自胥门混入沿街焚掠者，不知是贼是兵？路遇行人，给以白布尺许，唤令随行，领至典铺殷富之家，帮同抢掠。并闻吴衙场典当及葑门彭氏俱已被劫等情。途人再四阻余，余以一母一兄及三叔父尚在城中，欲舍不得，欲往不能，徘徊中道，又以祖母在乡，未免挂念，不敢轻生而入，忧心如焚，肝肠欲裂，不得已乃痛哭而还。嗟乎！重闱在上，膝下无儿，自顾一死重于泰山，因遂匍匐登舟，适岸傍有数人伥伥无所之，或欲至谢塘寻亲，或欲往甪直觅友，载之同行。过谢塘镇，访张艺芳家，江粲堂亲戚。无从问讯，余亦同至甪直，舟中七八人，相对涕泣，面色如土，一棹咿哑，如辞柯

① 蔡小渔署方伯：蔡映斗，字小渔，云南晋宁人。咸丰三年（1853），署江苏布政使。咸丰十一年（1861）因罪拿问进京。

之叶，随风飘荡。得诗一首云：

一身那敢惜，骨肉竟流离。兄母今何在，死生还未知。城乡千里隔，锋镝万分危。回首肝肠断，家园从此辞。

维时暮色苍然，由吴淞江口抵角直，登岸，问至王日新栈，见生甫师全家俱在，夜话良久，与生甫师同榻。托毛稼园雇定鸭船，于明早开至周庄。

四月十四日（6月3日）

雨。黎明即起，放船，午刻抵周庄，知外祖已于昨日来镇，问知十二夜间张璧田军门登城，招放兵勇入胥门，寅刻杀声动地，相戒长毛已到，外祖尚卧，家人顾福华敲门而入，扶至枪船，仓皇出葑门，城上乱石投下，几至沉舟，午刻至周庄。母亲尚在外祖母家中，未及出城，三叔父及大哥亦无消息。

四月十五日（6月4日）

晴。吴平斋太守亦于十三日黎明逃出，潜匿太平桥塊费玉成[①]家小楼上。外祖往晤，见有徐中丞[②]札，欲往上海请借夷兵。外祖嘱余代写郡绅公启，托吴平斋面交薛觐唐[③]方伯，请援兵也。

---

① 费玉成：费秀元，字玉成，周庄人，太平天国运功中，曾率领枪船在昆山一带抗击太平军。《贞丰里庚申见闻录》载其人“慷慨任侠，乡里少年、屠贩饮博之徒多从之游。当事始裁抑之，继知其材可用也，保举至都司。郡绅韩履卿都转崇亦极称之”。

② 徐中丞：徐有壬（1800—1860），字钧卿。浙江湖州人。道光九年（1829）进士，历任四川按察使、湖南布政使、江苏巡抚等职。太平军攻占苏州，徐氏与家人殉难。

③ 薛觐唐：薛焕（1815—1880），字觐唐，号鹤济。四川兴文人。道光举人，报捐知县，历官江苏巡抚、礼部侍郎、工部侍郎等职。太平天国运动中，曾组织洋枪队，阻击太平军对上海的进攻。

四月十六日（6月5日）

晴。潘东园[1]自金泽来镇，闻薛方伯已至菉葭浜。外祖恐吴平斋与薛相左，更作一书，与东园两人出名，请其即日带兵进剿，早图恢复。嘱余带信前往，面陈一切。未刻，坐枪船至陈墓镇锦溪桥停泊，候彭楚翘姻叔。是日，有上海炮船勇目陆雄，因有失散炮船十八号，不知何往，欲至菉葭浜寻访，遂附余舟。据云，徐中丞为张璧田军门挟去，蔡方伯单骑出葑门，乘一小舟至宝带桥，再雇舟往松江矣。

四月十七日（6月6日）

晴。黎明，由陈墓放舟，巳刻至千墩镇，午刻至菉葭浜，见有上海炮船八九号，勇目陆雄招呼而去。遂至卡傍停舟，见王叔畦观察名庆勋，浙江候补道、前署严州府正堂。带勇千人在彼盘查，方筑土城安营设卡。知薛觐唐方伯因许信臣乃钊到此面商，已于十六日同往上海等因，乃归，抵暮至周庄。

四月十八日（6月7日）

晴。三弟带同枪船四五人往葑门探问消息，至黄天荡，遥见五色旗帜从绿荫中鼓噪而前，屋后火光炎炎，延烧数处，村人四散逃避，俱载小舟聚泊芦中，系土匪勾串长毛掠九图内村庄，枪船不敢登岸，引棹而归。抵暮至周庄，备述情形，爽然若失。回望城中，恨不能插翅而飞，抚膺抱痛，涕下如縻。

四月十九日（6月8日）

晴。闻江长贵镇军带兵数千自浙来苏援应，驻扎平望。

四月二十日（6月9日）

晴。曹陶轩自娄门外金家村遇匪抢掠，挈眷而来，借居杨

① 潘东园：潘仪凤（1826—1876），字虞禽，号东园。潘世恩之孙、潘曾沂之子。

家潭韩氏间壁。

四月二十一日（6月10日）

晴。午后，韩维乔表兄自横泾到镇。顷间姨外祖母及母舅陆子方姨丈上下人等俱至，外舅亦移家来此。余与外伯祖商借陶菉坪兄行内之有真意斋，即与外舅往看，借居四间一披，每月租金制钱二千七百文，即于是夜搬入。

四月二十二日（6月11日）

晴。

四月二十三日（6月12日）

晴。闻车坊、谢塘一带乡民愤贼抢掠，聚众对仗，长毛退回城内，不敢出掠。吴江城内迁徙一空，县官住宿船上，潜避同里，日内并无溃兵过境，稍有焚掠，俱系近乡土匪。午后，外祖嘱余至金泽陆氏，已经潘东园与陆雪亭言明，助米一百石为枪船经费，嘱余持函带舟往载。暮至金泽镇，晤雪亭兄及利生、谱琴两君，系雪亭之侄，谭至夜分。雪亭恐米粮出境，乡人訾议，欲插采办军饷旗子，又欲陶恒升行内人来出面，方可粜出。夜宿舟中。

四月二十四日（6月13日）

晴。黎明，乘小舟至周庄，于陶恒升行内招一朱姓同往，并带奉宪采办军饷小旗三面。适晤维乔表兄，亦同舟而行。午后，至金泽镇，晤陆雪亭兄，适潘东园亦在，随即斛米下船，至周庄已昏暮矣。赵紫卿姨丈、韩兰卿表兄自芦淀挈眷同来。

四月廿五日（6月14日）

晴。益生烟店吴老瑞于十七日城内逃出，来寓周庄，曾为贼目掳至周急局内，扛取油米一切物件。曹陶轩之胞兄梅轩亦与同胁一处，贼目怜其力懦不任肩挑，令两贼押送出境。梅轩因妻离子散，又为小长毛刀击受伤，痛不欲生，出城后即投水死。与吴老瑞同出者七八人。张妪同向生妹来镇，初张妪辞归陆墓，三叔父以向妹嘱伊带去，贼至陆墓放火抢掠，张妪又带向妹逃至太平桥，趁一小渔舟渡洋澄湖，泊芦苇中。闻跨塘桥有长毛扎住，怯不敢行，适邻舟有周庄枪船，许以洋蚨六枚，遂附而行，黑夜过外跨塘，清晨来此。三弟又同数人假装至葑门探信，何宫保桂清、蔡方伯映斗、吴太守云俱在上海议借夷兵，闻尚犹豫未决，迄无定局。元和令冯树勋亦已逃至上海，吴令沈伟田逃住浙省，长洲令李翰文先已奉差在外，不知又逃何处。唯中丞徐有壬、署廉访朱钧[1]，未知下落。或云两宪并皆逃出城外，或云中丞为民斩杀，传说不一，未可凭信。

四月廿六日（6月15日）

晴。昨晚有巢湖船百馀号，由角直、陈墓驶至周庄，连樯而下，居民望见惊恐，后费玉坐枪船迎问，有郑、葛二公，素与费玉熟悉，乡人向知郑驼背之名，共相认识，即系史道台所管带，由东灞至无锡与贼打仗，因张玉良败退苏城，亦即开散，现存百馀号，无处停泊，故至周庄招费玉以为暂避之计。今晨费玉带同郑驼背至陶恒升店内，与外祖晤面，寓角直之陶浜。顾肯堂表母舅信来，知廿一、廿二两日，角直、车坊、谢塘、唯亭一带乡民聚众杀贼，直逼葑门城下，因无官兵接应，不敢轻进，长毛退入城内，并未施放枪炮。伊即亲往上海请兵，并知大宪已委元和令冯树勋来周庄商办民团，督带费玉枪船等因。吴平斋太守信来，知夷兵助顺一举，虽经出奏，尚无定议，性命呼吸之间，死者不可复生，而三年之艾，缓不济

① 朱钧（？—1860）：字衡可，号筱鸥，浙江海宁人。官苏州粮道。太平军攻占苏州，殉难。

急，尚得回生丹以续一线之气乎？天意如此，人谋如此，尚复何言，尚复何望？信中带来告示十纸，并未提及官兵二字，人得人失，视同秦越，可笑可恨。闻城内长毛一股由吴江而南，八斥、平望蝉联而去，并不杀人抢物。又闻平望有官军抵御，昨夜炮声不绝，长毛折回吴江。午后，外祖命余同至雪港晤沈诵莲，彼处雇募枪船三十馀号，本村团聚乡民数百人，所发探船消息甚确，暮归。三弟探至高淀，舟子不敢行，因至车坊停宿一夜，今日仍回周庄。彼镇乡民曾毁贼营一座，烧死廿馀人，夺获炮位两座。三弟又见斩杀奸细两名，皆系苏人。

四月廿七日（6月16日）

晴。冯树勋自上海奉委来周庄督带枪船，劝办乡团，带有鸦片烟土四十馀个，交费玉变卖，以为枪船经费。又有吴府札谕数道，分送车坊、谢塘、角直、陈墓等处。沈诵莲来周庄，探知长毛所过吴江、八斥、平望，一路向南，杳无贼踪，并未杀戮。遥见平湖、嘉兴一带火起，知贼烽已望南而去，延入浙境矣。闻何宫保出奏苏垣失守情形，以为苏城毫无整备，以致贼至即陷，文武官员不知下落，唯蔡映斗带勇出城抵御长毛，身受重伤等语。深怪吾民不放宫保退入苏城，故致失守。当此危急之秋，尚复文过饰非，不知引罪自责，是何肺肝？不知省城之失，一误于何宫保之不守常州，望风而逃，再误于张玉良之纵兵入城，开门揖盗。二公之罪，死有馀辜。至于许乃钊之勾串张玉良，贻祸苏城，蔡映斗之刚愎自用，弃城而逃，此皆人人共见共闻，无可掩盖。乃宫保以蔡映斗同乡之谊，尚思委曲成全，殊堪痛恨。外弟嘱三弟写信二函，一寄彭咏莪[①]相国，

① 彭咏莪：彭蕴章（1792—1862），字咏莪。江苏苏州人。道光十五年（1835）进士，官至文渊阁大学士。

一寄潘星斋[①]侍郎，将苏城失守实在情形，详细告之。

四月廿八日（6月17日）

晴。雪港探船来称，昨日探知，葑门城外遇贼七八人，手执两旗，施放洋枪，并无铅子，因即对贼开放抬枪。适城内长毛蜂拥而出，遂归。元和令冯树勋同韩履春亲赴陈墓、角直，劝办乡团。潘东园来自白鹤港，知蒹葭浜王叔彝观察所带之勇已经溃散，闻长毛冲至昆山而南，白鹤港与蒹葭浜相近，皆昆山至上海松江要道也。沈伟卿自角直来镇，借宿一夜。伟卿于廿三日出城，城内逃出皆装乞丐，无可携带，守城长毛搜索无遗，始准放出，城中大厦及门户稍宽者，皆为贼馆，捉人抢物，积聚馆中。

四月廿九日（6月18日）

晴。陶子春[②]亲戚自嘉兴归，述长毛于廿六日已刻陷嘉兴府城，嘉兴县令彭祖寿号菊尊，相国之子。于三鼓时在三清闸手放三炮，见贼已至，入城自尽云云。毛稼园、张远知自角直来周庄探问消息，和卿二弟附舟而去，欲由角直附便至上海也。晓沧、符卿两叔自杨庄移家来此。

五月

五月初一日（6月19日）

晴。元和令冯树勋自角直回周庄，即赴上海，颇有浮言。外祖移居雪港。

---

① 潘星斋：潘曾莹（1808—1878），字申甫，号星斋。江苏苏州人。潘世恩次子。道光二十一年（1841）进士，官至工部左侍郎。

② 陶子春：陶煦（1820—1891），字子春。江苏苏州人。周庄镇的士绅。著有《贞丰里庚申见闻录》《周庄镇志》等。

五月初二日（6月20日）

晴。暮雨。和卿二弟自甪直回周庄，王生甫师全家俱来，暂住舟中。知昨夜有土匪二百馀人，假冒红头，焚掠甪直东北之渡直，乡民一见而溃，甪直镇上纷纷迁避。是日天气酷热，日光如火，毛稼园姻叔夫人王氏病殁舟中，王织云姻丈之女也。

五月初三日（6月21日）

雨。为毛稼园经理丧事，于舟中成殓，暂厝于油车河头之公地，即雇匠工砌一小屋，以蔽风雨。闻吴江有长毛自南而北，因在浙境为乡民所败，欲返苏城招集党援。又闻太仓州城于前月廿八日失守。

五月初四日（6月22日）

自辰及午大雨倾盆。城中逃出难民陆续而来，问知艺林太叔祖、金培之俱为长毛掳去扛米，春生太叔祖在街亲扫狼藉米谷，为贼军牵去，周湘芝仰药而死。外祖家人自雪港来镇，作书一函禀外祖，因闻外祖住宿舟中，恐其局促受病也。

五月初五日（6月23日）

晴。外伯祖与费玉至雪港，招余同往见外祖于舟中，晤谈片晌，外伯祖先归。午后，外祖与母舅及余同回周庄，闻甪直乡团与红头土匪抵御，斩死八十馀人，乡民亦受伤二十馀人。

五月初六日（6月24日）

晴。外祖与母舅仍往雪港。

五月初七日（6月25日）

雨。外祖来信，知曾涤生名国藩。已授两江总督，薛觐唐焕已授五口通商大臣。薛公于初四日由上海赴南翔、太仓，直抵昆山，带兵四五千。闻石门有官兵屯扎，长毛败回吴江。

五月初八日（6月26日）

半阴半晴。闻长毛啸聚吴江城内，同里镇上纷纷迁避。或传曾涤生制军已抵无锡，闻吴江城内长毛尽回省城。三弟至雪港见外祖，余作一禀请外祖亲至昆山一带，与薛觐翁面商一切。

五月初九日（6月27日）

晴。薛觐唐钦使在南翔与长毛开仗，大败而回，退至野鸡墩。午后，在陶恒升店内，费玉来言，庞山湖有长毛连樯而下，欲扑同里镇。费玉因带枪船数十号，亲往同里，后闻彼镇乡团廿四局齐心奋勇，长毛退回，夺回船只器械等件。寄上海顾翰香、程藻安及稚梅叔信三封。有范姓自城内逃出，知长毛伪忠王传令百姓造册呈送，有善士数人具呈请设收埋总局，因立一所，不许长毛擅入，所有亲友相识者尽避于此，嗣因人多粮米不继，一日给粥两餐，存活无数。后又设惜字局，亦如之。益大烟店王德福由城内被掳至阊门外，旋复逃脱，自木渎而至香山，辗转来此，据闻锄梅叔祖被胁在启昌烛作内，监造油烛。

五月初十日（6月28日）

晴。雪港抄来上海信一纸：两江总督曾国藩带兵五千，由长江而来，已到镇江。提督岳年廿四岁，德□人，武状元出身。兵部大堂杨光麟，正白旗人；工部大堂张祥河，松江人；刑部左堂吕桂孙，常州人；户部侍郎桂桔麟，厢红旗人；御前侍卫李万春，成都人；御前侍卫吉灵阿，正蓝旗人；侍卫朱殿标，同安人；侍卫魁额麟，厢红旗人，带京兵九万二千航海而来，哦罗斯兵二万四千。何桂清拿解来京，两江总督薛焕暂署。昨夜三鼓时，费玉自同里回，彼镇庞山湖一带并无长毛，亦系土匪假冒红头，其中小袖广东人居多，费玉留枪船十只在彼防守。

五月十一日（6月29日）

晴。有元和县冯树勋差人来周庄，据云：初七日在上海，已闻俄罗斯兵数百名陆续到上海矣。同里人寄来伪示一道，黄纸蟠龙边，约方三尺馀，附录于后：

真天命太平天国九门御林忠义宿卫军忠王李[1]为谆谕四乡百姓举官造册事：照得轸恤不深，则招安不力，而痌瘝既切，则绥辑弥殷。本藩前抵苏郡，查尔百姓当大兵云集之时，多有流亡失所之惨，每一念及，痛不可支！业已委令逢天安左同检在此镇抚，已经谆谕在案，谅尔等已共见共闻矣。但不举官则民事无人办理，不造册则户口无从核查，何以为安抚之地乎？为此再行谆谕，仰尔百姓一体知悉：凡乡邻熟识之人，举为乡官，办理民务，其五家举一伍长，二十五家举一两司马，一百家举一卒长，五百家举一旅帅，二千五百家举一师帅，万二千五百家举一军帅，盖所举之人，必度其干事才能称职者充当其任。尔等一面开造民册，一面将所举之人，令其概行来城，听候补派。兹并将册式粘后，限五日内照样造齐，呈送阊门外总局查核，以便给发门牌，则尔民得安堵之常，本藩亦慰抚绥之念。从此四方鸠聚，采菖无行野之伤；比户燕安，绵葛无在河之叹。倘敢违延，定行发兵问罪剿洗，以为抗违者戒。尔百姓其各懔遵，毋负本藩谆谆叮嘱之意可也。特此谆谕。下有朱书一大“遵”字。太平天国庚申十年五月初七日。此行及首行俱系印就，年、月、日填。

---

① 忠王李：李秀成（1823—1864），广西藤县人。太平天国后期著名将领，受封忠王。

年、月上盖伪印一方，高四五寸，横阔二寸馀。两旁蟠双龙，中有楷书文一行，曰“太平天国九门御林忠义宿卫军忠王李秀成”十八字。此等作为，此等文字，显系村学究手笔，藐兹小丑，伎俩止此，并假仁假义四字装点不成，堂堂官府不知何故畏之如虎。我朝二百馀年深仁厚泽，培养士气，不意一旦坏败至此，须眉男子无一点血性，待贼一到，甘心受辱，俯首听命，曾妇人女子之不若。岂以天降妖魔，由人自招，假手于贼，已成此劫运耶？后有览者，纂集稗史，采而录之，定当付之一笑。善八股而不读书，科举所以误人，观此伪示，仍不脱八股习气，描头画角，似是而非，此天下最可弃之物，而贼复收之以为宝，皆贻祸苍生，伊于何底。贼之底蕴，可见一斑矣。

五月十二日（6月30日）

晴。闻同里镇查获奸细十五人，先后枭首示众。

五月十三日（7月1日）

晴。关圣帝君诞辰，余至僧堂桥关帝阁上拈香，虔诚默祷，以祈灵佑。有舟子来自双塔，据云青浦县城于十一日夜间告警，城上白旗一扬，四面火起，城中奸细内应，顷刻失守，贼势蔓延，如火燎原矣。闻角直迁徙纷纷，仍系土匪抢劫，非真长毛。

五月十四日（7月2日）

晴。闻土匪及广勇在角直之蒲包村大张旗帜，意欲焚掠角直，费玉自带枪船十只至角直侦探匪踪。有人传抄伪忠王告谕一纸，上有“忠王谆谕”四字，下列十行廿句，每句六言，附录于后：

本藩恭奉天命，统帅克复苏城。现下城池已克，急于拯救苍生，除经严禁兵士，不准下乡等情。为此剀切先谕，劝尔百姓安心，不必徘徊瞻望，毋庸胆怯心惊，照常归农乐业。适彼乐土居民，绅董可速出首，来城递册投诚，自无流离失所，永为天国良民。因有官兵来往，尔民导引须勤，军民各不相扰。各宜一体凛遵。

五月十五日（7月3日）

晴。上海顾翰香来信，有锄梅叔祖处旧婢桂花之夫在吾家被掳，乘间逃往上海，据云十三日仓卒之际，家中上下人等，尽避就近小屋，三叔父稍有中伤，不至殒命，吾家已被长毛占住，渠自十五日掳去后，吾家消息不闻矣。长洲县李翰文、元和县冯树勋、吴江县田人熙同由上海来周庄，并至雪港，邀外祖来镇。

五月十六日（7月4日）

晴。外祖及母舅赵紫卿姨丈来镇，冯筱云同来。筱云与彭楚翘往陈墓、角直劝办乡团。有十三日松江不守之信，未知确否。

五月十七日（7月5日）

晴。三弟由雪港往车坊，闻有难民逃至彼镇，亲往问讯。

五月十八日（7月6日）

晴。三弟由车坊归，述悉彼镇难民数百人，无一相识。祝秋波在彼督办团练，所需经费，先于祝氏当内自行捐备，毫无吝惜，其当照常开设，赎者免其出息，颇有定章。同里人来言，长毛由小港而来，又为乡人击退，追获小长毛一人，夺船一只。有洞庭山果船之便，作书一函寄秋涛太叔祖。

五月十九日（7月7日）

晴。冯筱云又来周庄。莱师叔母及润之弟男女店伙十人，由杨庄来周庄，彼处于十三日有长毛张黑旗而来，叔母等潜匿丛林荒冢间，为长毛所见，搜索无遗，掳去暄之二弟及店伙一人，润之弟因病得免。来镇后，于富安桥达氏赁屋两间，并有何氏七八人同舟而来，亦与同居。有人自王江泾钞来伪示一纸，附录于后：

钦差大臣天朝九门御林真忠报国僚天燕邓[1]为晓谕四民向化各安恒业以全生理事：照得国军兴旺，必安民以固邦本，而安良以治民为先。现今我真圣主鸿福齐天，在金陵建都十载，正是万国来朝之际，四方向化之时，诚所谓天命攸归，非人能为之也。本爵奉行天讨，志在救民，出师以来，抗拒者必行诛戮，降附者悉与安全。现在苏、常、嘉、湖一带已入版图，而馀壤沿乡，或存首鼠之心，未备壶浆之献。今本爵统带圣师数千，驻扎王江泾，不行抄略，加意抚绥。诚恐无知愚民，造言生事，与天打斗，撞拒官兵，自取罪亡。尔等百姓，明人自知思想，可知顺天者存，逆天者诛，量力几何？才智几何？以妖帅和春之养重，张国梁之奋勇，终于扑灭，天心人事，不卜可知。本爵就将苏省、常、嘉、无、丹、句及金陵重围而论，妖将张国梁、妖帅和春，文武盖世，来战数阵，兵败将亡，失守多地，退无容身，不但伊自延诛戮之苦，忠孝不全；可怜各地良民，也离乡散家涂炭之苦，此非人强能行及，前定之劫也。况浙地人良善居多，其好善乐祸者，一乡不过数人，以此数人而累及无辜，此岂天朝安抚之初意哉？兹本爵转为尔百姓等筹一善策，在镇则安坊，择一公正绅董为长；在乡则安村，择一公正明民为长。投诚进贡，按户造册。本爵给发门牌贴各户，

---

① 僚天燕邓：邓光明，太平天国将领。听王陈炳文部下，因攻克嘉兴有功，被封为僚天燕。

严禁官兵，不许下乡滋扰，俾尔百姓率其父母妻子，复旧业而全生理，何乐如之？倘或执迷不悟，畏罪迁延，本爵先理而后兵，断难宽假，大兵一至，玉石俱焚。此乃本爵殷殷劝化两全之意也，速宜凛遵毋违，特谕。太平天国庚申十年□日给。

又有人传钞朱家角伪示一纸，系青浦城内所给，并录于后：

真天命太平天国九门御林真忠报国绍天裕周为诲醒四民各安恒业无怀观望事：照得吊民伐罪，端藉仁义之师；除暴安良，以救生灵之苦。溯查妖朝本属异类，窥窃前明神器，扰乱中原，生民深受荼毒，难以枚举。是以天父天兄大开天恩，命我天主降凡，宰治天下。深悉民间困苦，特兴仁义之师，定鼎金陵，归顺天命。本爵恭奉王命，并认天安大人珍命，统带雄师，坐镇斯城，抚安黎庶，业已严禁官兵，不准下乡滋扰。胡尔百姓不思如子趋父，而反远避他方，令彼转徙无定，令我寝馈难安？为此特行诲醒，仰尔子民人等：悉知自醒之后，各务尔农，各归尔宅，或筐篚以陈，奔走王师之侧；或食浆以献，供拜马首之前。造册投诚，完粮纳税，各守悫诚，毋怀虚诈。至若发肤笃于毛里，切勿令其毁伤；须眉各自形生，讵可轻为剪伐。行见一统山河，导太平服制；钦崇正道，共习天国规条。凛之慎之，毋违切醒。太平天国庚申十五年五月廿三日醒。

薄暮，枪船自甪直退回，知彼镇长毛已到，东西两栅俱被放火掳掠，镇上人家有船可避者，并至陈墓，是日巳、午间事也。余与王翰潮、陶诒孙[①]两君至北栅桥，遥望火光，其势渐杀矣。

① 王翰潮、陶诒孙：均是周庄的士绅，王翰潮名俊，陶诒孙（1825—1900）名焘。陶焘是陶煦之弟。

五月二十日（7月8日）

晴。至港西陶恒升行内，见外舅，晤谈片晌。沿港船只半日间停泊拥挤，俱由角直、陈墓移泊来此，船上皆有眷属。角直王日新典友尽来周庄。下午闻长毛尽已折回角直镇上，稍有焚掠，或云为乡人击退，尚无确者。

五月廿一日（7月9日）

晴。余与内子及三弟夫妇、两妹由韩氏移居对门陶氏新居，因江槃堂、黄润泉、庞润伯三君俱已他徙，房屋稍空矣。午后，忽有上海船寄来三叔父手书，欣知吾叔被陷在城半月，于廿七日出城，至昆山相近，望北脱逃，历渡五处塘河，始达石牌镇。适韵泉叔祖挈眷到镇，遂留住半月，身体复元，迁至沙头。五月十七日，由沙头至刘河，绕罗店大场一百卅馀里，方到上海，寓同益栈顾翰香处。并云大兄尚在城中，不久亦可得脱。吾母闻在蒋氏三叔出城之日，尚未见过，大兄欲往见面，徐图出城，相见之期在迟早间耳。七房妇女俱住殷宅内。锄梅叔祖昼则在街，夜间随处住宿，家中房屋俱被贼占，一切物件扫地无馀，在城年壮年轻者皆尽被掳去。能书能写者不致吃苦，否则扛抬重累，亦难尽活。此书即十七日所发，读之不觉泪下。杜老所谓“喜心翻倒极，呜咽泪沾巾”，乱离之诗，情景宛然，不意吾家骨肉竟罹此劫，尚幸祖宗之灵，得保无恙。他日吾母吾兄生离虎口，一家团聚，月缺重圆，淳之所以不敢即死，偷生苟活，亦冀有此一日耳。是日作书一函，累纸连篇，书不尽意，宵窗炳烛，忽喜忽悲，意之所及，拉杂书之，不知是泪痕、是墨痕也？夜雨。闻平望、吴江一带有炮声，王式之姻叔自角直归，述长毛一到即回，所焚房屋，因无人往救，延烧未熄，日新典内并未被焚，抢去物件十之六七矣。

五月廿二日（7月10日）

阴雨。昨夜偃息在床，辗转反侧，蚊声鼠迹，扰扰枕边，一灯如豆，风雨潇潇，明发不寐，得诗二律，录寄三叔父。附书于此：

卌日无消息，传闻讯未真。忽看书到手，欲读泪沾巾。间道纡回达，孱躯困苦亲。申江来往便，欢聚一家春。

自从城陷后，日夜望官军。筮卜终云吉，肝肠痛欲焚。万金书乍得，举室走相闻。兄母知无恙，何时去贼氛。

是日又写一信寄三叔父。

五月廿三日（7月11日）

雨。闻费玉欲开枪船至上海吴平斋处，因将前函托船上带去，由吴朴望平斋之侄。转交三叔父。连日炮声不绝，闻系湖州绅士赵某招集湖北勇与贼打仗，颇为得力。由平望直抵八斥，长毛大败而回。适同里镇上乡团进至庞山湖，见贼带伤而逃，从旁开放枪炮，该贼猝不及避，轰毙一百馀人，存活无几。

五月廿四日（7月12日）

晴。三弟及和卿二弟乘枪船之便，同至上海，并有永昌徐氏差来外委蒋公，欲至上海投递公文，亦与偕往。其文系永昌泾办理义团委员即补分府杨、同知用拣发县正堂王两公禀抚宪薛及上海道吴。阅其禀稿，知永昌董事徐佩璋、徐佩瑶等，自备资斧，挑募壮勇五百名，四月十四日未刻，太平桥一带土匪溃勇抢劫通浩典当，经议叙盐运司运同衔徐佩瑗、花翎候选郎中徐佩瑶带勇驱逐，格杀十馀人。沈垫桥通源典当同日被劫，徐佩瑗等移勇往拿，各匪已散，赶杀一名，即系首犯张古董，夏家潭人。十六日有贼数百人焚掠齐门外寺前地方，直至五龙泾，经徐佩瑗、徐佩璋、广东肇庆协中军都司张云麟带勇三百，并令勇目穆雷、陈堃传集上下九、上下廿五等图民丁一千前往迎剿，自辰至未，该逆向东败去。适蚬子山民居惠山带领二百人，由阳城湖西上前来接应，格杀长发卅七名，生擒两名，夺获贼船四只、抬炮两尊、鸟枪一杆、大红方旗二面、黑方旗一面、伪军帅帽一顶、号衣两件，所有船中抢掠衣物柴米，分给各丁勇，以充赏犒。十八日，复有贼数百人，由娄门至东曹庄等村掳掠放火，经董事徐督同蚬子山民丁数百人截杀，旋即败退。十九日至廿一日，各有贼匪一二百人或数十人，在西曹庄、五龙泾等处，均经徐董督率居惠山等击退。廿二日，大股冲出，由白荡至阳城湖，经光禄寺署正衔率侄监生徐显督同居惠山等会剿，水陆夹攻，杀毙长发廿馀人，击毁贼船六只，夺获八九百斤大炮两尊、千斤大炮一只。廿四日，该逆千馀人出齐门外寺前萝卜坡至胡家巷等处肆虐，经徐佩瑞带勇率领近图庄丁截杀，忽有逆匪二百馀人，由齐门外潜出至五龙泾，闻报分勇迎击，因贼势太众，力难抵救，以致廿四图董事监生俞大纶、顾禹庭力竭阵亡，丁勇七人同时被害，幸天将暮，贼众回城，始克收队。以后商议分勇两路，齐门一路责成阙家场赵汉等带领西路各庄丁防剿，局勇居中策应。是以廿五日以后至五月初四日，间有出城焚掠者，均经击退，不至猖獗。初五日，横港有土匪纠众抢劫，徐佩瑗带勇前往，擒获九人。十一日，忽有贼自昆山回苏者，忽由阳城湖直扑蚬子山，居惠山等仓猝接仗，众寡悬殊，各庄丁因而败退，房屋均被焚毁。十二日，徐佩璋、徐佩瑞、张云麟带勇及各庄丁四千馀人，前往五龙泾、沈垫桥一带围剿，杀毙三十馀人，生擒三名。该逆逃至白荡，丁勇尾追，击毁敌船两只，有伪忠王封条，夺获七八百斤大炮一尊、大黑方旗一面，馀匪遁去。十三日黎明，董事徐佩瑗、徐佩璋、徐佩英、都司张云麟复至白荡迎剿，该逆见丁勇势众，纷纷逃去，直追至娄门官渡桥，城外贼巢惊惶，自行放火逃入城内。十四、五、六日，徐董带勇仍至各处巡哨，未见贼踪云云。汪秋谷来晤，由甪直、陈墓避至周庄，暂借曹陶轩旧居住宿。午后，至庞润伯表叔处画《问樵图》册一帧，为张问樵作，又扇面一，为叶艺卿作。夜闻炮声不绝。

五月廿五日（7月13日）

晴。至外舅处晤谭。饭后在东恒升，忽闻人声，仓皇走避，各铺门暂为掩闭，不知何事。顷之复定。闻是日费玉款神演戏，有童子与乡人角逐，一声呐喊，忽尔哄传，所谓草木皆兵，不寒而栗，无往不然也。

五月廿六日（7月14日）

晴。赵福庵姻叔病殁于孙家港，邀庞润伯到彼画容。程鲁南姑丈来晤，由双塔移舟泊此。下午至船上答之，润伯表叔归。至孙家港，外祖卧病，寒热吐泻，欲邀韩莲甫诊视。

五月廿七日（7月15日）

晴。余与陶子春、费玉乘枪船至孙家港，问外祖病，热形似疟，间日以来，母舅亦染疟疾卧床。午刻归周庄。上海吴平斋来信，据丹徒田素荪禀称，冯子材[①]镇军率同张殿臣旧部，将丹阳、常州、无锡一律克复，大兵直抵浒关等语。并云张璧田已抵嘉兴，贼势穷蹙，唯松江之贼尚在负嵎耳。薄暮，有车坊船来，云有贼船数十号在独树河一带，车坊吃紧云。

---

① 冯子材（1818—1903），字南干，号萃亭。广东钦州（今广西钦州）人。咸丰元年（1851）投军，随向荣、张国梁镇压太平军。同治以后，历任广西提督、贵州提督等职。中法战争中，冯子材率军取得镇南关大捷，留名青史。

辛酉日记

《辛酉日记》又名《止敬室日记》，所记始于咸丰十一年（1861）元旦，止于同年三月三十日，前后共计三个月。主要记咸丰十一年（1861），吴大澂因受太平天国运动影响，逃难到上海时事，日记前有吴大澂自撰小序一篇。吴氏当时在吴云幕府中，协助料理公务之余，与海上的师友交往、赏鉴古玩字画等情况。稿本一册，今藏上海图书馆。民国间，吴湖帆曾加以重装，书衣题“愙斋公辛酉廿七岁日记 （二十七叶）”，原书衣吴大澂篆书题“止敬室日记”，卷端钤“梅景书屋”朱文方印、“静淑宝藏”白文方印、“吴湖帆珍藏印”朱文长方印等，全书之后有民国二十六年（1937）吴湖帆题记。

咸丰十一年辛酉（1861）

兵戈满眼，迹等萍浮，物候惊心，春生梅点。入新年而荏苒，恐旧学之荒芜，鸿爪易陈，驹光难驻，况潘岳闲居之日，正苏公发愤之年。家富芸编，惜付楚人之一炬；胸惭茅塞，宜勤君子之九思。逝者如斯，日惟不足，偶贪嵇懒，未免边嘲。问奇书而莫借荆州，盟闇室而犹防草窃。韦弦可佩，座亦留箴，簿录有稽，珠还记事。凡见闻之所及，虽琐屑而必书，庶寻常日用之间，亦检点身心之助云尔。

正月

元旦（2 月 10 日）

晴。至花草衖匏樽曾叔祖寓中贺禧。遇黄梅先[①]，自常熟之顾泾移家来沪，与三叔同寓南香花桥。时因城门盘查甚严，恐行李过多，是晚不及进城，约于明日出东门往候。下午，至登云桥衖叶蓉庵表伯寓中贺禧。候孙秋槎，不值。夜雨。

正月初二日（2 月 11 日）

大雨竟日。与三弟[②]至叶蓉庵表伯寓中，画窗心一幅。雨窗无聊，藉以遣闷。

正月初三日（2 月 12 日）

晴。与三弟至俞家衖秋涛曾叔祖寓贺禧。过乔家浜秦谊亭[③]、顾梦芗两君寓中，见梦芗所临冷启敬、王麓台山水两轴。

---

① 黄梅先：黄礼让，江苏苏州人。同治中，曾与吴大澂在苏一起办理难民留养等慈善事业。

② 三弟：吴大澂胞弟吴大衡。

③ 秦谊亭：秦炳文（1803—1873），字砚云，号谊亭。江苏无锡人。道光举人，官户部主事。同治中，在京任职，与吴大澂等一起雅集，往来颇密。

谊亭出示罗两峰[①]梅花扇面，一圈一点，俱得王元章[②]遗法，洵属精品。出小南门，至成大木行内王生甫师寓，还至赵紫卿姨丈、韩芝生母舅寓中贺禧。过万祥昌洋货店午饭。进大东门，至憩棠叔寓。黄南枝表伯挈眷进城。

正月初四日（2月13日）

晴。出北门，至陈家木桥，谒吴平斋太守，见四王、恽、吴扇面画册，内有八大山人、石涛和尚两帙，尤为奇妙。至熙和明保卫局，晤周存伯[③]、吴朴堂、郁子梅。至松记号中，坐谭片晌。过春阳洋货店，午饭。午后回寓。

正月初五日（2月14日）

晴。江韫山疡医来寓，为润生叔视疥疮。周存伯、毛稼园来。书篆联四副。午后与三弟、小樵叔、黄梅先、王敏甫至城隍庙东茶话、洗浴，傍晚归寓。灯下向黄梅先借得《剑南诗选》两册，展读七律一卷，至"壮士凄凉闲处老，名花零落雨中看"，不禁怆然身世之感。我生不辰，遭此乱离，如鸟失巢，漂泊何定，且奔走衣食之不暇，又安得明窗净几，闭户读书之日，学问功夫，不进即退，悠悠忽忽，时不再来，扪心清夜，掩卷怃然。

正月初六日（2月15日）

雨。临戴醇士[④]侍郎山水二帧。

---

① 罗两峰：清代画家罗聘，祖籍安徽歙县，侨居扬州，金农弟子，"扬州八怪"之一。

② 王元章：元末画家王冕，以画梅著称于世。

③ 周存伯：周闲（1820—1875），字存伯，号范湖居士。浙江嘉兴人。晚清著名画家、词人，与吴大澂等同入海上萍花社。吴大澂为绘《范湖草堂图》。

④ 戴醇士：戴熙（1801—1860），字醇士，号鹿床、井东居士。浙江钱塘人。清代著名画家，与汤贻汾并称"汤戴"。道光十二年（1832）进士，官至兵部侍郎。太平军攻克杭州，投水而死。吴大澂学画，颇崇戴氏。

正月初七日（2月16日）

雨不止。午前出北门，至熙和明，晤周存伯。至人和里松记号内，小楼对雨，偶拈案上秃管，作山水两小帧，亦犹摴蒱之戏，聊以遣兴耳。是夜，宿号中。

正月初八日（2月17日）

雨止。午后进城，为郁子梅镌印章两方。

正月初九日（2月18日）

晴。又为子梅作“玉湖钓徒”印，仿元人细朱文。颜铁生来寓，同至运粮河浜答朱忆蕿，俞家衖谒秋涛太叔祖，铁生先归。余往梅家衖答姚紫垣，不值。旋至县署候徐子晋[①]。见拓本小品数种，中有长寿钩、愿君毋相忘钩、鱼符二、龟符一、斗检封二、秦铜诏版三，皆诸城刘燕庭[②]方伯所藏至名精品，李锦鸿手拓本。向为吾外祖宝铁斋所集，汇装小册，城陷后姚紫垣于厕溷间得之，出赠子晋者。因忆册中尚有“严道橘园”印笵、池阳宫铜行灯款识，皆有翁叔均[③]上舍考跋，今不知流落何所。且宝铁珍藏书籍碑版、金石书画，不下数千种，一旦付之劫火，仅此区区烬馀，如桐半焦，得遇赏音，枨触旧怀，不能无过眼烟云之感。去腊子晋购得俞紫芝《兰亭》真迹[④]，即外祖所橅石刻原本，有程心柏收藏图书，皆南阳当日曾经赏

① 徐子晋：徐康，字子晋，号窳叟。江苏苏州人。精鉴赏，著有《前尘梦影录》。

② 刘燕庭：刘喜海（1793—1852），字燕庭。山东诸城人。刘统勋曾孙、刘墉侄孙。举人，官至四川按察使、浙江布政使。著有《长安获古编》《古泉汇考》等。

③ 翁叔均：翁大年（1811—1890），字叔均。江苏吴江（今属苏州）人。翁广平之子。篆刻家。

④ 俞紫芝《兰亭》真迹：元代书法家俞和临《兰亭序》墨迹卷，后归顾氏过云楼，今藏故宫博物院。

鉴。兵燹之馀，尚能一再寓目，客窗展玩，如遇故人。暇日当取各跋一一手录之，汇订一编，以存鸿爪。

正月初十日（2月19日）

晴。清晨出北门，谒吴平斋太守，见《魏文靖手札真迹》卷[①]，前后俱有外祖鉴赏图书，亦系吾吴故物，今为二百兰亭斋所藏。平翁以四王、恽、吴扇面嘱交刘清翰斋装裱，带归寓中。以冰梅素面临麓台《仿大痴设色秋山》一幅。顾藻生来。秋涛太叔祖来寓晤谭。

正月十一日（2月20日）

晴。徐子云、唐辛生来，同出北门，候周存伯。适姚紫垣亦至，谭至日仄。遂过松记号内，同三弟至老闸协隆南货店，晤晓沧叔。傍晚归寓。

正月十二日（2月21日）

晴。竟日不出。临戴醇士侍郎山水三帧。顾逸侪、尹甫两表母舅、子真表兄同来。

正月十三日（2月22日）

晴。又与三弟出北门，途遇韵泉叔祖，茶话良久。至松记号内，韩芝生母舅来晤。至春阳候程藻安，旋至熙和明晤吴朴堂、郁子梅。余每出城，任意闲游，毫无所事，所至辄谈笑，或坐而移晷，谈已复起，散步他适，亦无定所。归而把卷灯下，便昏昏欲睡，过眼即忘，不知何事忙碌。把此光阴掷诸了不经意之中，堂堂岁月，听其去来，不知顾惜，良用自愧且自讼也。以后无事，当向亲友借书数册，无论经史子集，或潜心研究，或浏览泛观，有得则笔而录之，别为条记，不致掩卷茫

① 《魏文靖手札真迹》卷：南宋魏了翁手书《文向帖》，后归顾氏过云楼，今藏上海博物馆。

然。如此数月，虽无所成就，或与自家身心稍有裨益。黄山谷云，士大夫三日不读书，则面目可憎，语言无味。可畏可警，慎旃勉旃。是日，鹿苹叔祖自嘉兴乡间挈眷来申。

正月十四日（2月23日）

阴。清晨出北门，至石路候张顺卿。归寓，为郁子梅刻图章两方："阿楞"朱文、"梅花似我"白文。夜雨。

正月十五日（2月24日）

微雨。书小楷一纸。张勖之来。灯下读古文半卷。

正月十六日（2月25日）

阴。晨出北门，谒吴平斋太守。至熙和明，同存伯候左青士之子盘伯，见王蓬心《潇湘图》卷。所藏《韭花帖》，希世之宝，闻名已久，欲索一观，奈木匣气潮紧闭，牢不可开，竟悭一面。佳士名山，相逢不易，为之怅然。至松记号内。午后至郎家桥，候汪柳门[①]。晚进东门归寓。

正月十七日（2月26日）

阴。顾翰香来寓晤谭。晋卿弟自江北来，知大兄定于二十左右来申。

正月十八日（2月27日）

阴。为方金舆、金润芳刻石章两方。出北门，至松记号内，适已饭时矣。午后，至敦榆，晤韵泉叔祖。遂归。

正月十九日（2月28日）

阴。至早出北门，谒吴平斋太守。归出东门，候汪柳门表弟，不值。旋至夷场，途遇柳门，茶话良久。晚至熙和明，晤周存伯，归寓。灯下为方鼎文作细朱文印。

---

① 汪柳门：吴大澂表弟汪鸣銮。

正月二十日（3月1日）

雨。和卿二弟定于明后日往江北。简仰靖轩，并寄大兄书，托和卿带去。

正月二十一日（3月2日）

雨。寓斋无事。黄梅先借观《剑南诗选》两册，手录七律数十首。

正月二十二日（3月3日）

雨。梅先又出《郑板桥诗文集》，借读一过，如观司徒庙柏清、奇、古、怪，无一枝一节平直处，可谓自出门径，不袭陈言。而《家书》一卷中，议论恳切，体恤婉曲，无微不至。乃知板桥崇尚实学，存心温厚，非狂士恃才骄人者可比。郁子梅以素纸索画山水，并嘱书篆联一副。

正月二十三日（3月4日）

雨稍止。为子梅作篆对。吴平斋太守奉委督办厘捐总局事，局在俞家衖。一俟天晴，即行到局，饬使来寓知会，嘱余移住局中。观《板桥集》竟，即用集中《贺新郎》调，倚声一阕题后：

烽火江南遍。最可怜毁书裂画，焚琴碎砚。只恨仓黄携不得，付与荒烟一片。却辜负琳琅万卷。腹笥空空私自悔，悔当年触手牙签便。奈不读，遭天谴。　　残灯今夕题黄绢，还剩得零编断简，动人留恋。转笑枯肠填未饱，诗债都成积欠。那敢问风骚坛坫。多谢荆州慨借我，恐故人怪我求无厌。一展诵，如针砭。

正月二十四日（3月5日）

晴。与三弟同出新北门，至松记号中。至平阳里候程敦甫。旋至熙和明，晤周存伯、郁子梅。午后回寓。

正月二十五日（3月6日）

晴。午后，收拾行李，移至俞家衖厘捐局内，居停吴平斋太守留榻以待。余住第二进楼上东厢。居停出示田黄印章三十馀方，皆极精珍品。中有田白数方，质尤温润而明净，微带萝卜纹，得未曾见。罗列几案间，炳烛而观，令人银海生花，应接不暇，世间珠宝翡翠，不足珍也。

正月二十六日（3月7日）

晴。周存伯来，晤谭良久。同候秦谊亭广文，不值。至南香花桥三叔寓。薄暮回局。

正月二十七日（3月8日）

晴。晨出北门，至人和里，晤曹陶轩。旋至熙和明。下午回局。夜饭后于金兰生明府案头，见花溪老人蔬果册，又程松门设色山水册，绝似耕烟，当在杨子雀之上。兰生明府亦住局中。

正月二十八日（3月9日）

晴。又至人和里，晤曹陶轩。至熙和明午饭。过南香花桥三叔寓中，适汪念兹来，晤谭良久而去，余亦回局。夜，至金兰生明府案头，观古窑器十数种，紫绿缤纷，宝光四溢。惜余门外汉，不能道一字。人非薛烛，乃遇青萍，但觉可爱可重而已。代居停题吴冠云《海上观云图》。五古。

正月二十九日（3月10日）

晴。为郁子梅画横披，未竟。居停嘱刻牙章“理同事异”四字细朱文，又索绘扇面山水二。

二月

二月朔日（3月11日）

晴。子梅横披画竟。徐子晋来，出示汉印“张通私印”，白文，甚精。居停接到新河镇寓中寄出书画箱。内有徐青藤[①]册三十六帧，人物、山水、花鸟、虫鱼，无一不备，且无不精妙绝伦，用笔奇恣，天趣生动，勃勃纸上。余一展视，似曾相识。却忆十二三岁时，嬉戏韩氏寒碧斋中，外祖以此出示，见而爱之，戏拈退笔临得《耄耋图》及《米颠拜石》数帙，外祖题诗其上，以贻小浮山人[②]。山人亦为题句，极承期许。后习帖括，此事遂不复弄。洎乎壬子之岁，借窗外祖家中，吟诵之暇，稍稍临橅古人名迹，迄今又阅八九载，学无成就，日月如梭，不意兵燹之馀，重见此册。回首前缘，已隔十四五年，儿时光景，不可复得。老成凋谢，谁与提携，云烟过眼，令人怅惘不已。又记十一岁时，偶吟白菊五言律句，第二联云“傲成霜后骨，澹是月前身”。偷写一纸，夹入所读书中，适为先生所见，先生曰：“汝欲学诗，宜先学对。”因出五字嘱对，定为日课，此作诗之初。偶忆及之，附志于此。诗画二事，皆余夙好，童而习之，然亦是玩物丧志，不足称重，甚不欲以此见长。少陵云“词赋工无益”，昌黎亦曰“馀事作诗人”，至于画则称工、称匠，纵使神乎其技，亦不过供人玩弄。左相宣威沙漠，右相驰誉丹青，前人能事，贻诮千古，曷足道哉。明日居停差贝纪往江北，余作家书，并封洋蚨八圆托伊带去，转送常乐镇。薄暮，至南香花桥三叔寓中，略坐片晌回局。

二月初二日（3月12日）

晴。临徐青藤人物山水六叶。午后至南香花桥三叔寓中，与黄梅先至四牌楼城隍庙。晚间回局。

---

① 徐青藤：明末画家徐渭。

② 小浮山人：潘曾沂（1792—1852），字功甫，号小浮山人。潘世恩长子。

二月初三日（3月13日）

晴。画窗心两幅。刘清翰斋来。下午，姚紫垣来，居停同余及紫垣至乔家浜，候秦谊亭，观尺牍书画十馀件，夜归。

二月初四日（3月14日）

晴。画横披两幅。亦清翰斋来。潘蕉坡来，出示《真赏斋法帖》一本，细纸精拓，不可多觏。连日贼烽甚紧，青浦一股窜扰泗泾，蔓延至于真如、大场，离城不过二十馀里，上海人心颇觉惊慌。三弟同汪柳门表弟来，适周存伯亦至，遂偕存伯候秦谊亭，不值。旋至存伯寓，谭至薄暮而归。今日北门城上望见真如、大场等处火光焱焱，探知逆贼在彼焚掠，猖獗异常。中丞调夷兵往援，仅守新闸，不肯前进。

二月初五日（3月15日）

阴。周存伯来。谊卿、三弟亦来。闻贼匪于昨日四点钟自真如退去，更窜江湾，距城三十馀里。午后，同金兰生明府至梅家衖周存伯寓。一路至四牌楼天主堂前旧教场古董铺内，历观古器玩物。余至侯家浜刘清翰斋，旋至南香花桥三叔寓中，抵暮而归。

二月初六日（3月16日）

晴。书篆联两副。潘椒坡[1]送来扇面三册，前明名人书画原合扇面六十幅一册，又人物书画一册。自前明袁尚统、丁南羽起，以迄国朝翟琴峰、改七芗止，共计书画各十六幅，皆名人真迹，精妙之品，无以复加。又明代忠贞书扇一册十二幅，始于忠肃，终金孝章。午后，居停与余同至四牌楼书坊，遇姚紫垣，遂偕紫垣至天主堂前骨董铺，游观良久而归。有败兵入

① 潘椒坡：潘介繁（1829—1893），字谷人，号椒坡。江苏苏州人。潘世璜之孙、潘希甫之子。

西门，徒手带伤而归。询系抚辕武巡捕方连三带兵七百人攻打南翔贼巢，竟为所败，死伤不计其数，狼狈进城。市人纷纷骈立而观，互相惊诧。夜饭后，闻城外人声鼎沸，隐约在东南门外、黄浦江边，一时无从探听，不知此声胡为乎来，或云马自明德昭镇军兵船过境。

二月初七日（3月17日）

阴。晨出北门，至人和里，晤曹陶轩。大昌内晤韵泉叔祖，询知昨夜城外惊皇万分，马自明麾下兵勇强买食物，骚扰店铺，以故居民閧然迁避，不知所之，且马兵与彝兵争舟，竟为彝人捆捉六十馀人，执马自明拘诸东门外天主堂。一时人心慌乱，彻夜不安，而城内人或未之觉也。至马路，遇陆研田内叔于途，备述近况。现居角直下乡之村里，地名。离镇十馀里，太夫人于去秋下世矣。午后回寓，闻昨宵彝事已解，马自明已释，严束兵勇不许肆扰，并禁止不准进城。夜雨。阅探报知华漕吃紧，中丞发兵往援。

二月初八日（3月18日）

雨。画青绿山水条幅一张。韵泉叔祖来。为周存伯刻名印一方。三弟来晤。至存伯寓中，谭至抵暮而归。闻洞庭东山于初一日失守。

二月初九日（3月19日）

阴。至城隍庙前候潘椒坡。午后，画扇面两张。闻松江官兵大获胜仗，逆贼败回，且有彝兵导贼，为我兵炮击伤，毙彝酋，贼锋大挫。

二月初十日（3月20日）

晴。为周存伯刻表字印，仿汉。寄江北大兄书，并简仰靖轩。午后，存伯来晤。薄暮，至南香花桥三叔寓中，旋归。

二月十一日（3月21日）

晴。居停以田黄精品嘱刻“归安吴云平生珍秘”八字细朱文。友人王小松以铁研索售，乃宝铁斋中故物，匣盖有外祖题铭，摩挲再四，怆然久之。

二月十二日（3月22日）

晴。午后，至南香花桥三叔寓中，途遇蒋子山表侄，自乡间来此，衣履不周。去夏吾母被陷在城，曾宿其家半月。当此急难之秋，极拟力图报德，奈阮囊如洗，爱莫能助。邀与茶话，历述苦况，困惫不堪，相与握手咨嗟而别。灯下，于金兰生案头见查梅壑书画六小帧，并皆佳妙。

二月十三日（3月23日）

晴。居停移居四牌楼公馆，余亦同入，下榻于第二进后轩，襆被萧然，残书数卷而已。午后，周存伯来，同至天官牌坊候姚紫垣，不值。旋至侯家浜清翰斋，略坐片晌。天气蒸热，卸裘而绵矣。回公馆，则紫垣已在，持陆谨庭[①]先生所藏张司直书《元靖先生碑》来。碑后有松下清斋跋，校之外祖所藏本，拓手不逮矣。夜饭后，徐子晋来，谭久更深，踏月而去。

二月十四日（3月24日）

阴。气蒸础润，春云覆墙，欲雨不雨，窗黑闷人，偶仿石谷意作小轴心，轮廓粗具，设色未竟。前日约蒋子山于东门外母舅寓中待我，因寓书于赵紫卿姨丈，借洋两元赠之。向秦谊亭广文借《读杜心解》一部，笔贾卜松泉带来。

二月十五日（3月25日）

雨。清晨至三叔寓中。午后出东门，至施家浜母舅寓。晚

---

① 陆谨庭：陆恭（1741—1818），字孟庄，号谨庭。江苏苏州人。潘世璜岳父，家有松下清斋，收藏宏富。

间，与三弟同归。

二月十六日（3月26日）

雨。至东门外施家衖贺母舅毕姻，酬应竟日，抵暮而归。

二月十七日（3月27日）

晴。居停索画帐颜，仿汤禄名人物横披，略为变化。邻女效颦，自惭形秽耳。薄暮，至南香花桥三叔寓。夜饭后，与居停步至姚紫垣骨董店，坐谈良久而归。

二月十八日（3月28日）

晴。人物帐颜画竟。潘椒坡、周存伯来。午后，至南香花桥。大兄自江北来，相别两月有馀，不觉话长至夜，星斗满天矣。遂于三叔寓中夜饭而归。

二月十九日（3月29日）

晴。出北门，至熙和明，晤周存伯、郁子梅。午后，至春阳洋货店，晤程藻安。与大兄同归。暮雨。

二月二十日（3月30日）

雨。于架上丛书中检得《厚德录》四卷，观之皆宋时名人嘉言懿行，上署“百炼真隐李元纲编”。其首二卷载韩、范二公事最多。又载张忠定公事数则。公名咏，字复之，濮州鄄城人，太宗、真宗朝两知益州，治行优异，刚方自任，政尚严毅，其英声骏烈，著于天下，蜀人尤畏而爱之，自号乖崖，学者称乖崖先生。是日，有书贾持书数十本索售，中有《乖崖文行录》，明弘治间山西左布政使刘公忠所编，较《厚德录》所采事迹尤详，因得知其梗概如此。薄暮，至南香花桥三叔寓。

二月二十一日（3月31日）

晴。居停出虢季子白盘拓本，嘱题其首，并录释文一篇于下。大兄来晤。沈寅甫来，同至彩衣街三阳楼茶话。晚间，金兰生明府来。孙秋槎、徐子晋来。夜饭后，至南香花桥三叔寓中，与大兄、诸弟环坐斗室，纵谭古今，宛似家庭旧日情景，不知身在异乡，亦客中一段乐事。语罢而归，不觉门外柝声递至矣。

二月二十二日（4月1日）

晴。汪柳门表弟来。午后，潘玉泉[1]丈来，同至天主堂前旧教场古玩铺，所过不下十馀家，信步而往，信步而还。观《厚德录》第三、第四两卷。

二月二十三日（4月2日）

晴。韩维乔表兄过谈，自泰州纡道常乐镇，出新港，渡海而来，昨日到此。嘉兴戴礼庭德坚茂才自浦东来沪，系居停旧友，遂下榻焉。晚间，至南香花桥三叔寓中，适维乔亦至，谭至抵暮而归。

二月二十四日（4月3日）

雨。孙秋槎索画扇面，作平远山一角应之。午后，至南香花桥，为庞润伯表叔画梅一枝。与大兄候孙秋槎，不值，遂归。

二月二十五日（4月4日）

雨。观《张乖崖文行录》一册。潘辛芝来。

二月二十六日（4月5日）

阴。清晨，至南香花桥三叔寓，晤叶蓉庵表伯。午后，复至南香花桥，同大兄、黄梅先三人同步至城隍庙前四牌楼买扇面，遂归。

---

① 潘玉泉：潘曾玮（1818—1886），字宝臣、玉淦。江苏苏州人。潘世恩第四子。与吴大澂外祖父韩崇交好，同为苏城士绅代表。

二月二十七日（4月6日）

晴。韩维乔表兄来。午后，周存伯、徐辛谷[①]来，即同戴礼庭至存伯公馆，见余春帆。复偕诸公至秦谊亭公馆，候翁叔均大年不值，见《楝亭图》卷[②]三轴，题咏极多，皆国初鸿博诸名人一时杰构，惜匆匆展观一过，不得细读。大兄于是晚登舟赴江北。夜雨。母舅来言，四妹姻事，汪小樵姨丈处已诹三月廿七日吉期，柳门表弟即欲到乡，奉亲来沪。

二月廿八日（4月7日）

雨。观《姜白石诗词集》一册。

二月廿九日（4月8日）

晴。午后至南香花桥，途遇陆子方姨丈。同至张家花园，候韩维乔表兄，不值。晚间，维乔来晤，夜饭后始去，于明日登舟回泰州。

二月三十日（4月9日）

晴。作书寄大兄及岳父，托维乔表兄带去。盖维乔欲顺道至常乐镇一转耳。叶蓉庵表伯来。下午，徐子晋、金兰生来，与兰生同至侯家浜刘清翰斋装潢铺。闻浙江嘉兴海盐县廿七日不守。

三月

三月朔日（4月10日）

晴。居停嘱画书帷，写梅花两枝。闻奉贤为漕事民变，烧

① 徐辛谷：徐三庚（1826—1890），字辛谷，号金罍山民。浙江绍兴人，清代著名篆刻家。

② 《楝亭图》卷：即《楝亭图咏》卷，曹寅为纪念其父曹玺，请恽寿平、禹之鼎等绘图，遍征题咏，装成手卷。图存十帧，故后文又称之为《楝亭十图》。民国间，归张伯驹所有，新中国成立后，张氏捐赠北京图书馆，现藏中国国家图书馆。

毁衙署。翁叔均来。

三月初二日（4 月 11 日）

晴。午后出城，至人和里，候曹陶轩。熙和明晤郁子梅。晚间，席固斋招饮，与三弟同往，同席者周存伯、徐辛谷。得周庄陶子春书，并寄四十初度诗。

三月初三日（4 月 12 日）

晴。徐辛谷来。与戴礼庭同至乔家浜，候翁叔均，又偕叔均候周存伯，日午而归。为存伯画《范湖草堂图》横幅。下午，存伯、辛谷来，谭至抵暮而去。灯下复周庄陶子春书，盖不通音问者九月矣。

三月初四日（4 月 13 日）

阴。潘椒坡来。午后，为钮叔裳刻“叔裳”小印。白文。至三叔寓中，谭片晌归。

三月初五日（4 月 14 日）

晴。为叔裳刻“钮三”二字小印。唐辛生来。此印系辛生所得，尚有魏率善羌佰长、军假侯印、部曲将印、部曲督印四种，惟此印最精。午后，出大东门，候韩芝生母舅。至成大木行，问王生甫业师病，傍晚而归。

三月初六日（4 月 15 日）

雨。刘清翰斋托钩御书“福”字，薛中丞欲摹勒也。为居停绘“遂启祺鼎”。是鼎有铭十二行、百三十四字，向为叶东卿[①]先生所得，携置金山，今已付之劫火。居停此拓有文无器，因属补图于下。徐辛谷来。

① 叶东卿：叶志诜（1799—1863），字东卿，号淡翁。湖北汉阳人。官至兵部武选司郎中，家有平安馆，以收藏著名。

三月初七日（4月16日）

晴。与戴礼庭茂才晨夕相共十馀日，兹就新署吴江县沈令之聘，今日移住城外小斋，殊形岑寂耳。潘椒坡来。下午，至南香花桥三叔寓。

三月初八日（4月17日）

晴。清晨，出北门，至人和里，候曹陶轩。熙和明晤郁子梅，旋归。为潘椒坡刻“庚申劫火之馀”六字细朱文印。为居停刻“封完印信”，仿汉白文。见颜鲁公书《赠裴将军诗》真迹卷，有元明人题跋及乾隆御笔、御玺，此内府中物也。又见一物，如顶大而圆，色带紫，腹中空明如晶球，照之有影一片，斜界球中，如蝶翅。外有小册，图其形二十四幅，按二十四气，每候换变，至小满后，则蝶翅者不见矣。册首有乾隆御题“祥符朱草”四字，其外椟雕刻精工，并镌御制诗及当时诸名臣题咏，亦内府中物。去秋京师之警，为夷人盗出，传至上海。遂使先朝故物流落人间，金盌玉鱼，古今同感。吾辈不幸而见此，讵得谓之眼福乎。援笔记此，付诸一叹。接周庄探报，云苏城贼首陈坤书于初六日动身至青浦，欲攻宝山等语。薄暮，至梅家衖，候周存伯。今日途遇相城顾锦裳，询其寓处，即住四牌楼锦云堂扇店内。夜饭后，邀与共话，更深而去。

三月初九日（4月18日）

晴。维乔留印二方，嘱刻王雨山漕台名号匾章，因赵吉如表弟就亲泰州，明日动身，欲托带去，急为奏刀。戴礼庭来。为陈新甫刻名号图章两方。

三月初十日（4月19日）

晨出东门，至赵姨丈处，以维乔托刻图书交吉如表弟带往泰州，遇小雨而归。为周存伯令弟画山水扇面，又为存伯书篆一方。晚间，袖扇至存伯公馆面交。

三月十一日（4月20日）

晴。郁子梅嘱书琴条四幅，作四体书应之。

三月十二日（4月21日）

晴。临钱叔宝[①]《醉茗图》一幅。午后，翁叔均来，谈至薄暮而去。至三叔寓中，夜归。灯下作书寄陶子春。

三月十三日（4月22日）

晴。清晨，晋卿弟来，欲趁便舟至周庄。余以子春信托其带去。为张敦甫写扇一柄。出北门，至人和里候曹陶轩，午后归。薄暮，至淘沙场，候席固斋、郁子梅，遂留夜饭，更邀存伯同饮。

三月十四日（4月23日）

晴。写篆书扇面二，张敦甫托。又为钮叔裳写扇，临虢季子白盘一方。午后，雨。连日浦东信息吃紧，有传贼踪近扑金山，初七日陷海盐，初九日乍浦不守，并有逃溃兵勇纷纷至松江等语。接周庄初八日探报云，逆匪由常州、无锡调来匪党数千人，在葑门外，欲扰宝山、石门云云。

三月十五日（4月24日）

晴。出小东门，候赵竹汀，旋归。画扇两柄。下午，至三叔寓中。

三月十六日（4月25日）

晴。晨出东门，候赵竹汀归。戴礼庭、周存伯来。午后，至南香花桥，四妹从江北来，与金逸琴家眷同舟，大兄未来。夜饭后归。

---

① 钱叔宝：明代画家钱谷，文徵明弟子。

三月十七日（4月26日）

晴。画帐颜一幅。候赵竹汀，不值。午后，曹逸斋来。见宋拓《大观帖》《岳麓寺碑》、梦英《说文偏傍》，皆宋拓致佳本。又卷册十馀件，中有梅道人画竹、姚云东字合卷，吴渔山、高澹游、马云上画三帧，并南田诸公题咏合册。邵僧弥山水册，“长毋相忘”瓦拓本册，有罗两峰绘图及翁覃溪先生诸名人题咏，尤为精品。董文敏小楷卷，亦真迹妙品，惜字不多，长不满三尺。他若马远山水册，项圣谟、王石谷画合册，皆曾经过眼之物，自郐以下，不足数矣。薄暮，至城隍庙西花园衖，候潘椒坡。旋至三叔寓中，晚归。

三月十八日（4月27日）

晴。徐辛谷、朱梦庐同来，居停留辛谷镌印。徐子晋、包子梁、汪柳门来。薄暮，至三叔寓。归后，潘椒坡来，炳烛而谭，至人定钟乃去。是日，见立轴八幅：赵文敏墨竹；王叔明《稚川移居图》[①]；石田山水；陈沱江白阳之子。花鸟，有白阳山人长题；文休承山水；倪文正公字；赵文度山水；王石谷《寻梅图》。无不精妙，阅之心目俱快。此吾苏潘顺之[②]太史所藏，非寻常赏鉴家可比。

三月十九日（4月28日）

雨窗岑寂，画册页四幅、扇一柄。

三月二十日（4月29日）

晴。徐辛谷来，画扇三柄、册页一幅。午后，候潘椒坡。

---

① 王叔明《稚川移居图》：王蒙《稚川移居图》传世数本，此本后归顾氏过云楼。

② 潘顺之：潘遵祁（1808—1892），字觉夫、顺之，号西圃。江苏苏州人。潘世璜之子。道光二十五年（1845）进士，官翰林。其子潘睦先娶吴大澂之女为妻，与吴氏是儿女亲家。

至三叔寓中，旋至梅家街谒汪小樵姨丈，遂同柳门候存伯。适存伯在秦谊亭寓中，又偕柳门至乔家浜，晤顾梦芗、翁叔均。时已昏暮，略谭片晌，遂归。

三月二十一日（4月30日）

晴。郁子梅续娶，余往贺喜，午后归。从翁叔均处借观《楝亭十图》卷，手橅一帧。

三月二十二日（5月1日）

晴。为三弟临《楝亭图》一帧于扇头。唐辛生来。薄暮，至南香花桥三叔寓中。闻外舅自江北来沪，寓太平街德隆栈，余往谒，不值，遂归。

三月二十三日（5月2日）

晴。临赵文敏[①]小像。外舅来晤。

三月二十四日（5月3日）

晴。为高小云画扇。为戴礼庭镌名印一方。郁子梅招饮，酉集，归时已二鼓后矣。

三月二十五日（5月4日）

晴。至南香花桥，午后出城，晤程藻安。晚归。

三月二十六日（5月5日）

晴。晨至南香花桥三叔寓，为四妹办喜事。是夕宿焉。夜雨。

三月二十七日（5月6日）

晴。四妹吉期，诸礼尽从简省，妹夫即汪柳门表弟。是日于三叔寓中入赘，当夜回门，余往送亲。夜雨。

① 赵文敏：赵孟頫谥号文敏，后人称之为赵文敏。

三月二十八日（5月7日）

晴。吴广盦[①]孝廉自江北奉母来沪，龄香同来。画扇两柄。下午，至梅家衖汪小樵姨丈处，谒新亲也。至存伯寓中，略坐片晌。即偕存伯、辛谷至乔家浜，晤秦谊亭丈，傍晚而归。

三月二十九日（5月8日）

雨。至三叔寓中。前日母舅自川沙来，述及沈韵初[②]孝廉约余到彼，与翁叔均丈、陶锥庵[③]同叙数日。母舅于是日动身，午后至东门外施家衖，同母舅登舟，行二十馀里，时已昏暮，遂泊焉。

三月三十日（5月9日）

① 吴广盦：吴承潞（1833—1898），字广盦，号慎思。浙江湖州人。吴云之子。同治四年（1865）进士，历官太仓州知州、苏松太道、江苏按察使等职。

② 沈韵初：沈树镛（1832—1873），字韵初，一作均初。上海松江人。吴大澂妹夫。家富资材，收藏金石书画多名品，著有《汉石经室跋尾》。

③ 陶锥庵：陶绍原（1814—1865），初名淇，号锥庵。浙江嘉兴人。清末海上画派画家，曾与吴大澂等在上海雅集，参加海上萍花社。

乙丑日记

《乙丑日记》始于同治四年（1865）九月初五日，止于同年十月廿八日，前后共计一月有余。主要记同治初年苏城克复，吴大澂自京师经上海，回故乡苏州的情况。稿本一册，今为私人藏。《日记》本无题名，前装有花笺，录《津门道种寄怀岱霖心壶颂田诸弟》《宿马头和皞民韵》《与皞民同宿杨村旅店题壁》《乙丑仲秋将出都门留别岱霖颂田两弟同砚并索和句》《三载京华与颂田仁弟朝夕讲贯相契甚深临别无以为赠书八不可以勖之》等诗，以及恒轩致万卷主人、致彭岱霖札各一通。花笺上钤有“清卿秋坨”一日思君十二时朱文圆印。根据日记纪事，对比《顾肇熙（皞民）日记》，并用吴大澂《老屋补松图》相印证，可知是同治四年（1865）吴大澂手书日记。

同治四年乙丑（1865）

九月

九月初五日（10月24日）

雨。彭菊樽六兄来晤。在寓闲谈竟日。

九月初六日（10月25日）

进城，拜应道台[①]。候戴礼庭，不值。至城隍庙，访陶锥庵，已回去二十馀日矣。出城，至布捐局，晤笙鹤、寅叔昆仲。回寓，磨墨。看匏樽曾叔祖手抄家谱。

九月初七日（10月26日）

清晨，磨墨，作书寄广庵。上午，为三叔刻图书一方。作匏樽曾叔祖家传一篇。下午，至丝业会馆，晤陈耆梅、胡诵清。耆翁出示石涛山水册。回寓，看《汉书》。

九月初八日（10月27日）

与三弟同至汪乾记晋卿弟馆中。至大昌栈，候唐厚甫，不值。至恭和栈，晤彭勤思。回寓。雅三叔来，培甫叔祖来，在寓闲谈半日。傍晚，晋卿弟来，同至马路看跑马。

九月初九日（10月28日）

清晨，偕晋卿弟进城，至南香花桥江燦堂姑丈处小憩。至城隍庙，花园内小桥流水，游人来往不绝。登玉泉楼茗话良久。是日后园门洞开，由短篱笆入石径，有木栏围小鹿，观者如堵。奇峰怪石，层叠如云，随径曲折，登高四望，小立片时，迤逦而下，至神尺堂庭前，植秋花数丛，冷艳萧疏，殊可人意。时日方中，因念寓中午炊将熟，徐步而出，至新北门

---

① 应道台：应宝时（1821—1890），字敏斋。浙江永康人。道光举人，同治四年（1865）方任上海道台。

外洋泾新桥西首，有夷人督土工二十馀人，各持铁铲，挖掘河道，以铁索蝉联缚之，如缧绁然。询诸途人，云系巡捕所获小窃及罪系各囚，责令充工，满三月而放，罚轻者递减云云。回寓午饭。午后雨，韵泉叔祖来邀观剧，谊卿、晋卿同往。薄暮归。得诗一律：

连宵风雨作新凉，此日登临意激昂。十里城闉旧裙屐，百年亭榭小沧桑。偶怀松菊催归棹，同把茱萸话故乡。乱后萍踪多感触，家山咫尺证行藏。

城隍庙后园向为夷兵所占，不得入，今始让出也。灯下看《汉书》半卷。

九月初十日（10月29日）

雨阻不能出门。胡诵清来晤。午后，书匏樽曾叔祖家传半篇。与三弟至马路闲步归，至石路吃茶吃面，时已薄暮。晚晴，天气正佳。灯下看《汉书》半卷。

九月十一日（10月30日）

偕三弟至小东门恒春永，晤程顺之姑夫。至大东门郎家桥万生烟店。至龙德桥街内晤叶调生丈廷琯，童颜鹤发，真吾郡鲁灵光。出示《楙花盦忆存草》《劫馀草》及《摘句怀人诗》[①] 三册，属为校阅。袖之而归。至悦泰栈，晤雅三叔。回寓。午后韵泉叔祖邀至一桂轩观剧。薄暮归。

九月十二日（10月31日）

清晨，书匏樽曾叔祖家传半篇。叶调生丈来晤。午后，至恭和栈晤勤思，偕至马路看马车，凤鸣楼茗谈，三弟亦来。薄暮归。

---

① 《楙花盦忆存草》《劫馀草》及《摘句怀人诗》：叶廷琯诗稿，吴大澂看后留有题跋，今藏南京图书馆。

九月十三日（11 月 1 日）

上午，看行李下船。午后，偕顾吟槎丈至大栅栏外看跑马。观者云集，夷商各树旗帜，以五色衣为别，视马先后为输赢。久立，只见数骑踯躅而行，并无斗志。旋即下船，船泊珊记码头，三叔母同行。

九月十四日（11 月 2 日）

黎明，放船至新闸待潮。巳刻，潮来解维，一路风顺。三点钟至黄渡，泊舟。登岸散步，得诗一律：

岸柳汀芦一溯洄，归心又逐暮潮回。守津战舰犹旗鼓，远郭湖田自草莱。采菽场临秋水阔，贩棉船带夕阳来。村墟经乱都萧索，况值今年夏潦灾。

九月十五日（11 月 3 日）

四更解维，舟中看叶调生丈《楙花盦诗稿》。四点钟，泊昆山西门外，闲步进城，唯见荆榛满路，瓦砾成堆，一段苍凉景况而已。是日，得诗一律：

不见泖河塔，潮来曲港通。丛篁环水碧，古木醉霜红。雁落寒云外，人行荒草中。玉峰残照里，萧瑟一帆风。

又得一诗，寄呈叶调生丈：

卅载知名士，谦光到后生。壮心谭气节，老眼看昇平。沧海浮家日，黄垆感旧情。调丈与外祖为金石交。我怀小林屋[1]，外祖故居。语罢泪纵横。

九月十六日（11 月 4 日）

黎明解维，申刻抵娄门。到家谒见重闱[2]，旧庐新葺，重

① 小林屋：水假山，明代叠山名家周时臣仿西山林屋洞设计，在今苏州城东南显子巷惠荫园内。清代中期，曾为云东韩氏园林，名洽隐园，因此吴大澂在诗中说是外祖韩崇故居所在。

② 重闱：旧时称父母或祖父母，此处指母亲。

复故观，六载风尘，得此数椽老屋，骨肉团栾，亦天伦之乐事。尤喜晋卿、和卿、琬卿三弟新撷芹香[①]，颇知奋勉，家庭聚顺，各无间言，和气致祥，虽贫亦乐，岂非吾祖吾父所贻之庆耶。夜饭后，与母亲谭至二更而睡。

九月十七日（11月5日）

上午，检行李及都中亲友托带信件。黄梅先来晤。午后，至悬桥巷，丁小波开吊。与泳之、倡渔略谈片晌。至仁孝里母舅处，时已申刻。母舅尚高卧，久待不出，座中十馀人言语嘈杂，不似衣冠上客。询系同局博友，连宵达旦，尚未散去。回忆外祖在时，令人有今昔之感，言之直欲泪下。与维乔话至薄暮，不见母舅而归。灯下与和卿长谈。

九月十八日（11月6日）

清晨，至吴平翁处，见张叔未解元[②]所藏秦度篆文四行，的系相斯遗迹。铜质斑斓，满身红绿，匣面有叔未翁题跋，并见拓本及题语，考据精确，真瑰宝也。广盦卧疾，未见。至吴殿直巷，谒汪小樵姨丈。午饭后，至柳巷谒岳母，归。刘永诗来，谭至薄暮而去。灯下作书，寄刘叔涛年伯。

九月十九日（11月7日）

清晨，彭复斋、王西山两同年来晤。坐肩舆出门。候辛芝、秋谷、椒坡，均不值。晤汪诵清。候程藻安、郑霞卿，不值。至葑门棋杆里，晤讷翁，知勤思尚未到苏。谒赵紫卿姨丈。候陈春山、吴希玉，均不值。至干将坊巷，晤张古愚年

① 新撷芹香：即采芹，古时指入学或中秀才。

② 张叔未解元：张廷济（1768—1848），字顺安，号叔未。浙江嘉兴人。嘉庆三年（1798）解元。清代著名金石学家，著有《清仪阁题跋》《桂馨堂集》。

伯，交蓉舫、安圃信。晤张安如，交培三信。至乐桥头复斋馆中，晤张佑之姨夫。候顾子山丈[①]、朱研生，不值。至臬署送信。碧凤坊巷晤谢友梅，交心如表叔信。候程孚之谱弟。暮归，与母亲夜话。

九月二十日（11 月 8 日）

清晨，刘文来，托裱楹联各件。至承天寺，祝春畬叔祖母六十寿，诸亲友毕集，酬应半日，申刻归。候周铁英表叔。谒秋涛太叔祖，晤虎生叔祖。至王西山馆中，遇赵晋卿同年。暮归。灯下作书，寄知无。是日，王臬宪来，顺之年伯及辛芝、秋谷、椒坡来，均不值。

九月二十一日（11 月 9 日）

清晨，勤思来晤。朱砚生、黄梅先来。平翁邀往商酌禀稿。午后，至吴殿直巷，柳门乍归，略谈片晌。至缉庭处，不值。至悬桥巷，晤泳之、侣渔。明日侣渔有蜀中之行，因招缉庭同来话别。维乔招夜饮。酒半，至侣渔处，又饮。二鼓归。

九月二十二日（11 月 10 日）

为广庵写李宫保处三红禀，至下午始竟。至平翁处，交阅《三山志》一部及卢雅雨、顾湘舟《焦山志》两部、《周鼎考》一本、《瘗鹤铭考》一本，为修志[②]底稿也。夜饭后归。明日平翁有扬州之行。

九月二十三日（11 月 11 日）

曹平之来。坐肩舆出门。拜倪载轩观察，系去冬南闱内

① 顾子山丈：顾文彬（1811—1889），字蔚如，号子山、艮盦。江苏苏州人。道光二十一年（1841）进士，官至宁绍台道。家有过云楼，收藏之富，甲于江南。

② 修志：指吴云纂修《焦山志》，吴大澂从旁协助。

监试。房师邓香湖先生病，不能阅卷，同房冬卷均系倪观察所阅，因往执贽门下，以答知己之感。贺朱砚生太史喜，酬应半日。午后，候潘东园，不值。晤王仙根。吊陆玉生。候叶咏仙。谒叶蓉庵表伯，不值。谒冯敬亭年伯[①]，晤培之[②]同年。至楚胜桥，晤郑秋亭，交信。至抚辕送信。谒秋涛太叔祖。暮归。灯下与五叔、和卿二弟话。

九月二十四日（11月12日）

雨。上午，补写日记数页，作书寄呈岳父。下午，缉庭来，谭至薄暮而去。

九月二十五日（11月13日）

清晨，至承天寺拜叔祖母周年。至皮市街，晤蒋香生[③]。再至承天寺午饭。暮归。

九月二十六日（11月14日）

清晨，至柳门处。访刘永诗，不值。晤吴子实[④]。归祀祖。午后，作书寄岱霖。缉庭来晤。

九月二十七日（11月15日）

清晨，岳母饬人来招至柳巷，因沈氏房屋口实，嘱为商酌。着屐至侍其巷程竹君内姨丈处，调处一番，仍回柳巷。饭后回家。作书欲寄岳丈，适岳丈于是日自靖江归。下午，蔡仲然来。黄梅先来晤。灯下作书寄大兄。封岱霖信，托香生寄。

---

① 冯敬亭年伯：冯桂芬（1809—1874），字林一，号景亭。江苏苏州人。道光二十年（1840）榜眼。晚清改良主义的先驱，著有《校邠庐抗议》，最早表达了洋务运动“中体西用”的指导思想。

② 培之：冯桂芬之子冯芳植。

③ 蒋香生：蒋凤藻，字香生、芗生。江苏苏州人。光绪中，捐补福建福宁知府。家富资材，好藏书、刻书。有《秦汉十印斋藏书目》。

④ 吴子实：吴宝恕（1832—1890），字子实，号桂诜。江苏苏州人。同治七年（1868）进士，官至广东学政。著有《洁斋遗稿》。

九月二十八日（11 月 16 日）

作书致三弟。候蒋香生。回家，缉庭来。赵晋卿同年来，因正谊书院小课，嘱代作《强恕求仁说》。晋卿去，香生来，小坐片时。与缉庭同至吴殿直巷，祝汪小樵姨丈寿。饭后，偕缉庭至金太史场吴平公馆少憩。谒倪载轩师。候陆侣松画友于塔儿巷，不值。张佑之姨丈招饮，即复斋之东人也。二鼓归家。看《薛文清公集》。

九月二十九日（11 月 17 日）

清晨，为赵晋卿作《强恕求仁说》。顾滋真姑丈来晤。载轩师嘱令往谒王晓莲廉访，纵谭吴中风俗，意颇殷勤，乃有心求治之人，不失读书人本色。载轩师招饮，直至傍晚始散。酒食宴会，殊觉无谓，每赴一席，辄废半日之功，甚可畏也。答蔡仲然于嘉馀坊。灯下为穆九馀起禀稿，为烟行议加落地货捐，呈请缓办也。牙厘局总办为陈子奉观察，小舫先生之子，各处捐局均归统属。

十月

十月初一日（11 月 18 日）

至柳门处。岳父为房屋事，又饬仆来招至柳巷。旋至侍其巷沈宅，再至柳巷，调停再三，仍无成说，唯阻其涉讼而已。三点钟回家。庄松轩、黄梅先、程鲁南姑丈先后来晤。灯下作兴仁社会约。

十月初二日（11 月 19 日）

韩翰香表兄与画友陈松轩同来，数年不见，各述被难后情形。缉庭来，同至巷口陶氏，候王西山同年。至香生处饭，辛芝亦来，略坐少时，与辛芝同至花桥头，晤椒坡、秋谷昆仲，并见顺之年伯。出示画册，欲嘱续绘《老屋补松图》，因三松堂旧植被贼砍去一本，新种稚松，只十馀尺，属写一图纪之。椒坡招至浦五房，小酌。灯下看《汉书》数页。与和卿弟话至二更。

十月初三日（11月20日）

陈春山同年来。王敏甫、虎生叔祖同来，虚心下问，余以看书须立课程勖之。至灵鹫寺，香生夫人开吊。晤仙心，知《儒门法语》现在开雕。午后，偕缉庭至丁义庄，邀泳之同游程公祠，乃韩氏洽隐园故宅。余髫龄时游戏之地，后为倪廉访良耀典去。苏城复后，为潘玉泉所住，后殁入官，遂为程公建祠。园林池沼，依然如旧，壁间“乐馀东老”横碑尚在，有“韩氏子孙世守勿替”之语，揽之不胜怃然。住持僧衡峰和尚，为余画交，亦五六年不见，坐谭良久。偕泳之、缉庭步至悬桥下小楼茶话，薄暮归。过因果巷，有一小茶坊，褐夫三四人聚谭，闻一人云，篱笆箍得紧，野狗钻弗进。总言一句，弟兄终要和睦。余味其语，颇有道理，知下等人未可轻量，因录其语，以示诸弟。

十月初四日（11月21日）

至柳巷谒岳父，旋至侍其巷沈宅，还至柳巷。往返数四，排解房屋一事，几至舌敝，而两边人各执一见，只得耐心劝解，徐徐图之。下午回家。王蓉圃姻丈来。写篆对一副。至香生处，点灯时回家。录兴仁社会约一纸。

十月初五日（11月22日）

候曹平之，旋归。潘顺之年伯送来画册题咏，细阅一过。鲍竹孙来晤，索功过格一本，并以陈文恭公[①]手札借阅，傍晚

① 陈文恭公：清代名臣陈弘谋（1696—1771），字汝咨。广西临桂（今属桂林）人。雍正元年（1723）进士，官至吏部尚书、兼工部尚书。著有《从政遗规》《学仕遗规》等。

始去。灯下与五叔闲话。

十月初六日（11 月 23 日）

载轩师以王晓莲翁寿序属写，因往商酌行款。候朱砚生。至复斋馆中，晤谈良久，饭后归。申刻至玄妙观前，候王敏甫，为批阅时文数篇，伊有从学之意也。灯下将旧作诗稿检出叙次，拟每夜录一两页。是夕录二页。看《薛文清公文集》二十页。

十月初七日（11 月 24 日）

顾恬安表兄来。午前，梅先来晤。画扇一柄，至傍晚始竟。春生曾叔祖来。缉庭来谭诗看画，夜饭后始去。录旧作诗一页，看《薛文清公文集》二十页。

十月初八日（11 月 25 日）

为顺之年伯画《老屋补松图》[①]，未竟。吴希玉来。穆九馀来。守愚二叔、五叔、和卿弟同至都亭桥小酌。午后，至新桥巷候冯培之同年，见景亭年伯，以《段说文》篆书有原本不佳者，嘱为改写。原板为金静知所藏，半毁于劫火。静知请于李宫保，给银千两，交景亭年伯补刊，现在正谊书院开雕，十缺四五矣。与景亭年伯谈至薄暮而归。候赵晋卿，不值。候香生，谈至夜饭后归。录诗稿一页。

十月初九日（11 月 26 日）

清晨，写江北信两封、上海信一封。画《老屋补松图》竟。汪范卿来晤，索功过格一本。下午，至南显子巷贺汪小樵姨丈移居。至仁孝里谒芝生母舅，不值。回家。夜饭后，至都亭桥候周存伯司马。归录诗稿两页。看《薛文清公文集》。

① 《老屋补松图》：册页一开，现藏苏州博物馆。

十月初十日（11 月 27 日）

写《段说文》篆字数十。王仙根来，以永义亏项牵缠事嘱为解释。沈润孙来，以房屋口实嘱为调停。穆九馀来，以烟叶捐厘事嘱为问讯。下午，至牙厘局，候陈子奉观察。归，写上海信。缉庭来晤，傍晚去。灯下录诗稿两页。

十月十一日（11 月 28 日）

清晨，王敏甫来从学于余，因为定功课单一纸。敏甫携得曹平之所作，再为人录数篇，颇知自责自悔。倘平之从此着力回头是岸，不难剪除积习也。欣然题数语而归之。谢堰岭祖莹欲请告示禁约伐树，写呈一扣。谒小坪太叔祖，候费芸舫，不值。谒陆研田叔岳。至赵紫卿姨丈处，贺吉如表弟吉席。傍晚归。灯下录诗稿二页。

十月十二日（11 月 29 日）

汪小樵姨丈祖母冥诞，在程公祠作佛事，清晨往拜。回家已午饭矣。写《段说文》篆字半日。书斋寂静，无一客来，亦数日中难得之境也。灯下录诗稿两页，看《薛文清公文集》十四页。

十月十三日（11 月 30 日）

清晨，写《段说文》篆字。上午，至柳门处。旋至赵紫卿姨丈处公贺、午饭，至四点钟始散。回家已上灯矣。酬应之废时如此。灯下磨墨，作书致王仙根，为永义事力为陈劝也。

十月十四日（12 月 1 日）

清晨，写上海信。接常熟曾印若[①]信，有常州同年陆鼎文之世兄自山左被难来苏，欲往宁波寻亲，嘱为集资送去。写王晓莲廉访寿屏六幅。灯下写公启及各同年信，为陆世兄集资送

---

① 曾印若：曾金章，字印若，江苏常熟人。曾观文之子。与吴大澂为同年。

往宁波。孑然一身，棉衣俱无，并须为制襆被，检得旧棉衣数件衣之。

十月十五日（12月2日）

写《段说文》篆字一卷竟，作书送缴冯年伯。为柳门作篆书四字。午后，至香生处，至柳门处，不值。回家，柳门来，缉庭亦来，谈至薄暮而去。灯下为尤鼎孚写窗心五纸。

十月十六日（12月3日）

晨起，知昨夜间壁章氏失慎，毁屋三椽，朋友亲族争来问慰。余家俱酣卧不知，殊可笑也。写寿屏四幅，申刻竟。维乔来。狄海清来。夕阳时，至钮家巷候王仙根。至柳门处，与缉庭同至维乔处，持螯夜饮。归后，作上海信。

十月十七日（12月4日）

清晨，写寿屏两幅。杨清卿表叔来，亦为王永义事来商。许韵和来。王璞臣来。午后，作上海信。剃头。至广庵处，暮归。夜旷。

十月十八日（12月5日）

柳门悬匾，开贺。黎明往，二更归。

十月十九日（12月6日）

清晨，写镇江大兄处信。研田叔岳来。杨清卿表叔来。午刻，至砂皮巷，晤王云孙。回家，祀先。午后，写上海信。至广庵处。灯下纂《焦山志》半卷。

十月二十日（12月7日）

清晨，纂《焦山志》半卷。至柳门处，公贺清音，酬应竟日。芝生母舅以同巷咫尺而不至，余疑其病。夜饭后往询之，则见一屋五六十人欢呼聚博，余至竟无侧足之地，不觉愤气填胸，遂大声疾呼而责之，并谕众人，以后不准再来聚赌，众皆愕然。言竟，不禁下泪，世家门第，何一败至此耶。二更归。

十月二十一日（12月8日）

清晨，至南仓桥候范麹波司马，系安徽同年，名彦恬。春间来送朱卷，今往答之，略谈片晌。归时已午刻矣。下午，写篆对一副。缉庭来。画扇一柄。与缉庭至观前买扇。灯下为友人赋《催妆》诗二首。作书致三弟。

十月廿二日（12月9日）

清晨，潘吟椿来。至吴子实处，约于下午登舟，同至常熟候曾君表[①]、印若昆仲。回家，写扇三柄。午后，画扇一。至王西山馆中。再至子实处，登舟出齐女门。夜泊利口镇。

十月廿三日（12月10日）

舟中与子实看叶调生诗，校楹联集帖误字。午后，抵常熟，进西门内泊焉。先至君表处，晤其弟君麟。印若亦来，旋至印若处，晤其弟琢如。君表所居明瑟山庄[②]，小有园林竹石，小桥流水，曲径回廊，幸未为劫火所毁。屋后即虞山之麓，登楼看山，意趣极清旷也。夜宿明瑟山庄。

十月廿四日（12月11日）

晓起，画扇赠君麟、琢如。于君表案头看《皇朝经世文编》半卷。庞伯申来，李蕴之来。午刻，君表招饮，席散已四点钟矣。答伯申，答李蕴之。再宿明瑟山庄。灯下阅君表近作制艺。与君表订明日游山之约。

十月廿五日（12月12日）

晓起微雨，旋即放晴。巳刻，饱饭。与子实、君表、君

① 曾君表：曾之撰（1842—1897），字圣舆，号君表。江苏常熟人。官刑部郎中。其子即小说家曾朴。

② 明瑟山庄：即今常熟翁府前之曾园。

麟、琢如五人步出北门，循山麓而行，见子游墓道，一为瞻仰。至赵次侯[1]古春野屋别墅，托雇竹兜子五乘。次侯所居，有竹径菊篱，缭以曲廊，新构一楼，列书满架。楼上则吴子重先生对山作画，可谓雅人深致也。煮茗一瓯，大有山林风味。惜游山兴迫，不克久坐，各乘竹兜子迤逦登山。每乘舆夫三人，独子实四人尚觉畏难，肥瘠轻重，判然迥别也。至三峰寺，颓垣古木，颇有画意。在松演堂小憩，不见一僧而出。由三峰而上，松篁夹道，若贼踪所未至者，山愈峻则望愈远，始见近处汊河小港，微微作白光数道，旋见长江一角，及无锡之惠山，嶟立烟雾中，最高处见海波浩瀚，通州之狼山爽若眉列，风帆沙屿，渺如一粟。至祖师山，有报恩禅院，半遭兵燹，唯馀破屋数椽，墙不蔽风雨，独天竹数丛，古艳媚人，珊瑚碧树，在荒烟蔓草之中，尤见独绝。缘山而下，有樵径如羊肠九曲，悬崖峭壁，奇险万状，如云林画中，笔笔带横折皴，可欣可笑，可惊可愕，忽至一处，如巨斧劈开一条，界破十馀丈，所谓剑门是也。上有“剑门”二篆书，并有高宗御笔“烟峦高旷”四字。剑门之间，有路一线，如栈道然，可通山顶。有舆夫缘藤上行，入一小洞，倏忽之间，已在山脊，耸然而立，其境亦奇绝矣。五人徘徊石壁下良久不忍去。回至峰顶，过沸水桥，有泉一道，在山磵流出，土人云，每夏初西南风大，则此水若沸，喷溅满衣，故以沸水名桥。山之西，为齐女墓，俗传齐景公女，荒远不可考。未几，夕阳在山，仍坐竹兜子由他径归。过桃源涧，泉声清越如丝竹，殊可听也。至北门，步行而归。曾伯玮年伯招饮。是夜三宿明瑟山庄。临卧，

---

① 赵次侯：赵宗建（1824—1900），字次侯，号非昔。江苏常熟人。晚清藏书家，家有旧山楼。

得纪游诗二首：

满天凉雾薄成阴，十里游踪出郭寻。山寺浮红嵌藓壁，篮舆扶翠上松林。半江落日回峰抱，一坞寒云拨径深。难得频年征战地，参霄古木尚萧森。《三峰》

绝壁破空开，顽云滃一堆。山从人面落，境入画中来。曾见石谷子《剑林图》，称为奇绝。萝磴猿身络，樵蹊鸟道回。愿劚峰半角，借石补亭台。《剑门》

君表、子实各有和作。谭至三更而睡。

十月廿六日（12月13日）

晨起，为君表作《剑门纪游图》横幅，高一尺馀，宽二尺馀。至午刻未竟，适君表处西席陶曼云先生招饮，至钱家馆。申刻，席散。画《剑门图》竟。作书致吴子重先生。庞昆圃丈招夜饮，席中射覆飞字，饮酒不多而兴致极佳，二鼓归。四宿明瑟山庄。

十月廿七日（12月14日）

候叶铭斋同年，不值。巳刻，吃早饭，登舟。舟放至南门，有租米船数十只，拥挤不得前，绕道而行。舟中校楹联集帖。夜泊陆墓。

十月廿八日（12月15日）

清晓进城，同子实至古市巷小憩。归，剃头。补书数日日记。写镇江大兄信、上海三弟信。至柳巷，祝岳母五十寿。至广庵处。过马医科王石香之门，遂入，晤谈片晌而归。柳门来。是夜早睡。

恒轩日记

《恒轩日记》是现存吴大澂日记手稿篇幅最多的一种，今藏上海图书馆。计稿本三册，曾经在吴湖帆收藏时，加以重新装订。纪事第一册自同治六年（1867）七月初一日至七年（1868）四月初一日，第二册自同治八年（1869）五月初一日至九年（1870）正月廿一日，第三册存同治九年（1870）三月廿四日至八月初四日。主要记录了吴大澂中进士前后的情况，同治七年（1868）中进士前，他在京师备考，与洪钧、吴大衡等结文社；中进士后，回苏州办理留养难民，后又入李鸿章幕府，随往陕西。因继祖母去世，不得不中途请假回程，经河南，访古龙门，到天津乘轮船南归。

同治六年丁卯（1867）

七月

七月初一日（7月31日）

早起，大兄[①]赴国子监考到，余亦雇车出门。至承恩寺，候廖谷士。至裘家街，候李虎峰，所言皆读书做人工夫，无一杂语嫚语，问及日记，余已数月不记，心甚战栗。见虎峰手抄《通鉴御批》小本，不少苟且，虎峰真吾畏友也。至铁门，答朱适庵，前月初来拜，迟至二十馀日，始行往答，殊觉可愧。至梁家园惜字会馆，晤程五峰、宋惠人，知粥厂经费募有千金矣。至延寿寺街会馆监化字纸，即进城，时已过午，天气躁热。岱霖[②]触暑出城，余不能止之，深自愧恨。午后，画直隶省舆图一幅，未竟。剃头。灯下摘录《明鉴》两页。候岱霖又不归，心中躁不可言，及归，又不能略责数语，一味优柔，安可以为人师耶。卧后梦杂。敬胜

七月初二日（8月1日）

上午，摘录《明鉴》两页。与岱霖言立身、立志，向上难而向下易，劝其不可出门，有激切语。午后画直隶省舆图，竟。傍晚，写篆书对二副。灯下闲旷，与颂田[③]、掌丝围棋二局。早睡，梦杂。怠胜

① 大兄：吴大澂兄长吴大根（1833—1899），字澹人，号培卿。

② 岱霖：彭祖润，字岱霖，江苏苏州人。同治初年，吴大澂入京应试时，曾馆于彭家，彭祖润从之受业。

③ 颂田：彭福孙（1845—1907），字备五，号颂田。江苏苏州人。彭蕴章之孙。

七月初三日（8月2日）

清晨，汪慕杜[①]丈来晤，言及各州县饥民卖男鬻女，惨不可言，议设法收买之，俟明年麦熟后，遣令还家，并商办恤嫠育婴等善举。余以育婴最难安置，流弊亦最多，不宜率尔收养也。鹤巢[②]来会文，拈题得“富润屋，德润身”。余至傍晚始脱稿，灯下誊至中比而止。与鹤巢夜话，更深始睡。是夜梦清。敬胜

七月初四日（8月3日）

鹤巢出城后，誊昨日文半页。芍翁[③]属书砖塔胡同施粥经费总数单一纸，书竟已饭时矣。午后，看《明鉴》十馀页，摘录一页。子源来。灯下录《明鉴》两页，写扇一方。卧后无梦。怠胜

七月初五日（8月4日）

清晨，偕岱霖至笃正义学[④]查课。未刻，至子辉处会文，题目“为政以德，譬如北辰”。缉庭、士周、象涵、聘臣、子实昆仲均在焉，鹤巢未来。余以题涉天文，以同文馆为戏。每见熟友，心不能收敛，闻人戏谑，亦随声和之，殊非居敬之道，以后切戒切戒。傍晚时脱稿，未及录出而归。灯下誊文半篇。卧后无梦。怠胜

---

① 汪慕杜：汪承元，字慕杜，江苏扬州人。咸丰三年（1853）进士，官编修、五品京堂。赵之谦曾师事之。

② 鹤巢：许鹤巢（1826—1893），原名赓飏，字起上，号鹤巢。江苏苏州人。许兆熊之子。同治举人，后屡上春官，均不售。与潘祖荫、吴大澂皆友善。著有《诗契斋诗钞》。

③ 芍翁：彭祖贤（1819—1885），字兰耆，号芍庭。江苏苏州人。彭蕴章子。咸丰举人，官至湖北巡抚。

④ 笃正义学：在京师石驸马大街，同治四年（1865），由大学士倭仁、顺天府尹彭祖贤创设。

七月初六日（8月5日）

晨起，誊文半篇。刘叔涛[①]年伯与张安圃[②]同年来。午前，为叔涛年伯画扇一柄。谭至申刻而去。写信寄敦闲丈。灯下写信致小豁，写家信。卧后无梦。怠胜

七月初七日（8月6日）

微雨，与大兄、诵芬同出城，至缉庭处小憩，复偕鹤巢、缉庭至东兴居，请叔涛年伯、安圃同年，均来。席散后，大兄、诵芬、缉庭往戏园观剧。雨下如注，良久不止。余至缉庭处时，前门积水数尺矣。与菱舫谭久，缉庭归，大兄亦来。少顷望云[③]至，数人谭至四鼓始睡，语多杂乱，心不可收矣。是夜多梦。怠胜

七月初八日（8月7日）

晨起，于缉庭架上抽书杂观之。望云招午饮，一谭竟日，肆口臧否人物，又多狂放语，群居时如此纵肆，止敬之谓何，慎言之谓何。傍晚，与大兄同归。灯下摘录《明鉴》数则。卧后梦杂。怠胜

七月初九日（8月8日）

为石子源改文一篇。沈凤墀来，属题花卉条幅四帧。午后，看《通鉴》二十五页，摘录三页。剃头。傍晚接退楼丈信，灯下作书复之。卧后梦清。敬胜

---

① 刘叔涛：刘廷枚（1819—1885），字赞虞，号叔涛。江苏苏州人。同治七年（1868）进士，官至浙江学政。

② 张安圃：张人骏（1846—1927），字健庵，号安圃。直隶丰润（今属河北丰润）人。张佩纶堂侄。同治七年（1868）进士，官至两广总督。其子张允亮娶袁世凯长女袁伯祯，故他与袁世凯为儿女亲家。

③ 望云：吴仁杰（1837—？），字望云。江苏吴江（今属苏州）人。同治四年（1865）进士，官至江西学政。

七月初十日（8月9日）

致吴苓芗[①]书，贺入泮[②]喜，并勖其专心举业。补行昨日会课，题目“果能此道矣”三句。灯下始脱稿，眷至起比而止。夜卧梦杂。怠胜

七月十一日（8月10日）

晨起眷昨日文半篇，看《通鉴》二十页。用心尚专。午后书粥厂募捐启一扣。摘录《通鉴》两页半。灯下摘录《通鉴》两页。卧后梦杂。敬胜

七月十二日（8月11日）

至子辉处会课，拈题“得三年学”一章。与熟友相处，终日不能戒戏言，可恨也。傍晚时，眷至后比，榴仙兄来，同车归。灯下摘录《通鉴》一页。榴仙兄处谈良久，即睡。是夜无梦。怠胜

七月十三日（8月12日）

清晨，潘星斋丈来，谭画。吴引之[③]表姨丈自天津来。看《通鉴》四十馀页，摘录五页。作《收养饥民卖女启》，汪慕杜丈所属也。傍晚，澡浴。至平则门大街，散步而归。灯下摘录《通鉴》二页。卧后梦多。敬胜

七月十四日（8月13日）

为石子源改文一篇。看《明鉴》十馀页，摘录两页。午后，为叶咏仙表叔写楷书折扇全面，画扇两柄。李海帆折扇、吴子和团扇。傍晚，吴濂甫从山西来。灯下闲旷。大雨倾盆。早睡梦多。怠胜

---

① 吴苓芗：吴承溥（1847—1867），字苓芗，浙江湖州人。吴云（平斋）幼子，吴承潞弟。

② 入泮：童生进学，古代指中秀才。

③ 吴引之：吴艾生（1812—1886），字引之。江苏苏州人。道光二十一年（1841）进士，官至杭嘉湖道、署浙江按察使。

七月十五日（8月14日）

清晨，摘录《通鉴》一页半。出城至缉庭处，以柳门来信托觅房屋，与缉庭商之。至会馆，晤子实、畲香、砚生，因卖字纸者未来，托畲香监化之。至大安南营，答黄子奇同年心蕖。至麻线胡同，答吴引之表姨丈，不值。至白衣庵，答徐皖生丈，答石子源。午刻，进城。为芍翁起信稿一封，摘录《通鉴》一页。灯下旷。大雨倾盆，与颂田围棋一局。早睡，梦清。怠胜

七月十六日（8月15日）

晨起，写折扇全面。士周招饮同兴居。先至缉庭处，谭良久，望云亦来。午刻，至同兴居。席散后至西永盛，答吴濂甫，不值。至琉璃厂，雇车进城，雷声隐隐矣，半途雨下如注。灯下起信稿二封。卧后梦清。怠胜

七月十七日（8月16日）

为石子源阅文一篇。摘录《通鉴》半页。与大兄同至子辉处，祝其年伯寿。旋至文昌馆，张培三汇吊，诸同乡均在。午后，进城，摘录《通鉴》四页半。剃头。灯下摘录《通鉴》两页半。卧后无梦。怠胜

七月十八日（8月17日）

清晨，起信稿四封，拈会文课题“凡事豫则立”。午后动笔，至临卧始脱稿。是夜梦清。怠胜

七月十九日（8月18日）

晨起，誊昨日文一篇。午前为芍翁缮信一封，午后缮信二封。看《通鉴》十页，摘录三页。灯下摘录两页。是夜无梦。敬胜

七月二十日（8月19日）

摘录《通鉴》二页。至子辉处会课，题目“财散则民聚”。傍晚脱稿，归。灯下闲谭。卧后梦幻有欲。怠胜

七月二十一日（8月20日）

誊昨日文一篇。为芍翁缮信五封，又起信稿一。宋伟度自山左来，问及捻匪情形，尚在东三府，李宫保兵尚在济宁，一时未能剿洗也。看《明鉴》十馀页，摘录一页半。灯下摘录两页。是夜无梦。敬胜

七月二十二日（8月21日）

清晨为石子源改文一篇。叔涛年伯来。芍翁招饮。午后，与叔涛年伯围棋一局，谭至薄暮而去。为芍翁缮信一封，摘录《通鉴》一页。灯下摘录一页。卧后梦清。怠胜

七月二十三日（8月22日）

写家禀一封，禀三叔一封。致韵初妹丈信。复璞臣信。复砚田叔岳信。致敉闲丈书。并寄《京报》二十本，总封交芍翁，转托徐君日增带苏。摘录《通鉴》一页。灯下旷。与芍翁围棋二局。是夜梦。怠胜

七月二十四日（8月23日）

摘录《通鉴》两页半。午后，出城，至缉庭处，晤望云、菱舫。旋至晋升店，答宋伟度，不值。至米市胡同，谒镜笙师，晤谭良久。答叔涛年伯，谒啸盦师，谒伯寅师，不及进城矣。仍至关帝庙叔涛年伯处，与蓉舫、安圃谭至更深而睡。无梦。怠胜

七月二十五日（8月24日）

清晨，进城。为季群改试帖二首，摘录《通鉴》四页半。灯下摘录一页半。卧后梦杂。敬胜

七月二十六日（8月25日）

摘录《通鉴》两页，咏明史小乐府二首。作会课文一篇，“修身则道立”两句，傍晚脱稿。灯下誊文半篇。是夜梦清。敬胜

七月二十七日（8月26日）

清晨，誊文半篇。上午，摘录《通鉴》两页，咏明史小乐

府两首。午后，与岱霖、伯衡同至顺天府买卷，申刻归。摘录《通鉴》一页。灯下摘录一页。卧后无梦。怠胜

七月二十八日（8月27日）

复退楼丈书。摘录《通鉴》两页，咏明史小乐府四首。午后，为镜笙师画扇一柄，写篆书一方。摘录《通鉴》一页。灯下咏明史小乐府二首。卧后无梦。敬胜

七月二十九日（8月28日）

摘录《通鉴》两页，咏明史小乐府四首。午后，写扇一方，画扇二柄。灯下与颂田围棋二局，咏明史小乐府二首。怠胜

八月

八月初一日（8月29日）

摘录《明鉴》两页。出城，至缉庭处，晤望云。午刻，至会馆监化字纸。在子实处便饭。午后，至子良丈[1]处，不值。至松竹斋买对纸，仍至缉庭处，与望云、菱舫作联句数十副。夜深始睡，为臭虫所困，竟夕不能成寐，黎明即起。怠胜

八月初二日（8月30日）

清晨，进城后精神倦甚，假寐良久。看《通鉴》十馀页。午后，为倪朗山题《桥霜店月图》七律一首。蒋子良丈来。摘录《通鉴》两页。灯下旷。卧后无梦。怠胜

八月初三日（8月31日）

清晨，摘录《明鉴》两页。谷士来晤。同年请平景荪师于松筠庵，余与缉庭同往，座中方春伯觐宸、黄佩卿瑞兰、胡云楣国栋诸同年皆初次见面。余盖懒于酬应，虽同年亦甚疏耳。席散后，

① 子良丈：蒋彬蔚（1817—1873），字颂芬，号子良。江苏苏州人。咸丰六年（1856）进士，官至刑部给事中。

至缉庭处，子辉、印若亦来，薄暮进城。灯下旷。卧后无梦。怠胜

八月初四日（9月1日）

摘录《通鉴》四页。午后，写同乡接场请帖，封签三十分。咏明史小乐府四首。灯下咏二首。卧后无梦。敬胜

八月初五日（9月2日）

清晨，与季群同至笃正义学查课，未刻查毕。至顺治门小市闲步，雇车而归。与鹤巢谭半日，画扇一柄。灯下，与鹤巢谭至更深而睡。是夜梦清。怠胜

八月初六日（9月3日）

大兄收拾考具。闻主考已放贾中堂、单地山先生懋谦、汪啸盦先生元方，江苏分房者四人：陈彝、薛斯来、钱桂森、曹炜，皆扬州府人也。沈叔枚来晤。午后，大兄及诵芬、伯衡、颂田、康侯诸君同搬小寓。摘录《通鉴》三页，为芍翁写信一封。灯下摘录《通鉴》一页。夜卧梦清。怠胜

八月初七日（9月4日）

上午，为石子源改文一篇。下午，致敉闲丈书。致退楼丈书。灯下写家信。卧后无梦。怠胜

八月初八日（9月5日）

黎明起，偕季群、鞠人同至贡院送考，至硕卿、子辉、仲韬、伟度各寓。午刻，为大兄及诵芬、梅生诸君接签，点名甚挤。未刻，同乡熟人均已送进龙门。出城至叶恒泰，晤咏仙丈。至施家胡同，晤赵静侯，为黄梅仙托办呈明附生事。至兴隆店，候倪朗山，托带南信，不值。晤唐酉孙，托其转交朗山。至松竹斋，取青格素书一本。至缉庭处小憩，进城。灯下摘录《通鉴》二页。卧后梦幻。怠胜

八月初九日（9月6日）

为芍翁写信一封，摘录《通鉴》两页半，为芍翁写请假折。

咏明史小乐府九首，灯下咏二首。摘录《通鉴》一页，为芍翁写信一封。卧后无梦。敬胜

八月初十日（9月7日）

摘录《通鉴》四页。咏明史小乐府十三首。夜卧无梦。敬胜

八月十一日（9月8日）

黎明起，至贡院前小寓送考。至硕卿、子辉各寓，为同乡诸君接签。申刻归，摘录《通鉴》二页。灯下咏明史小乐府二首。怠胜

八月十二日（9月9日）

为芍翁写信一封。摘录《明史》四页，咏明史小乐府十一首。夜卧无梦。敬胜

八月十三日（9月10日）

画扇七柄，写条幅一条。为芍翁写信一封。夜无梦。敬胜

八月十四日（9月11日）

至贡院前送考，申刻归。写条幅一条。夜卧无梦。怠胜

八月十五日（9月12日）

出城答殷谱翁、杨甄翁两学使者，至米市胡同景孙师、伯寅师处贺喜。至关帝庙，同刘年伯、张安圃至缉庭处，望云亦来，复偕诸君子至望云处午饭，谭论竟日。拈诗句作对，为分曹射覆之戏。望云并留夜饮，出牙牌行酒令，待月不来，庭院谡谡生风矣。遂与刘年伯、安圃同至关帝庙，宿焉。怠胜

八月十六日（9月13日）

晨起，为安圃写篆书纨扇一柄。访鹤巢不值，晤李干吾。至煤市街兴隆店、恒远店，至会馆。午后，至琉璃厂各书坊，为平翁购觅《三通》。至缉庭处闲谭。薄暮，与缉庭同至米市胡同天叙斋，安圃招饮。鹤巢、干吾俱在焉。席散后，仍宿关

帝庙刘年伯处。是夜无梦。怠胜

八月十七日（9月14日）

大雨。进城，阅岱霖、颂田文，闲旷半日。抄文敬公《老学庵读书记》一页。剃头。夜旷，卧后无梦。怠胜

八月十八日（9月15日）

清晨，抄《老学庵读书记》半页，写家信两封。复沈瘦珊信一封。午后，至东江米巷买靴，至荷包巷买物，各件均托石子源带南也。至缉庭处，大兄、诵芬亦来，同宿焉。与菱舫夜话，至二鼓始归。怠胜

八月十九日（9月16日）

至白衣庵，晤石子源。至铁门，候朱适庵，座中有严六溪农部玉森，亦扬州人之有志读书者，与适庵最相契也。进城，抄《老学庵读书记》三页。灯下静坐。卧后无梦。怠胜

八月二十日（9月17日）

望云来晤。抄《老学庵笔记》三页。摘录《通鉴》两页，咏明史小乐府七首。夜卧梦清。怠胜

八月二十一日（9月18日）

抄《老学庵笔记》三页。叔涛年伯、鹤巢、蓉舫、安圃同来。申刻，同至四牌楼同福馆小酌，养馀、岱霖、诵芬、伯衡、诵田、康侯同往，蓉舫先归。席散回馆，与叔涛年伯、鹤巢谭至三鼓始睡。是夜梦清。怠胜

八月二十二日（9月19日）

清晨，与叔涛年伯、鹤巢闲谭。客去后，写条幅三条。灯下写文卿[①]信。是夜梦多。怠胜

---

① 文卿：洪钧（1839—1893），字陶士，号文卿。江苏苏州人。同治七年（1868）状元，官至兵部侍郎，曾任出使俄国、德国、奥地利、荷兰四国外交大臣。著有《洪钧日记》。

八月二十三日（9月20日）

清晨，写家禀一封。托张梅生带至陈子惠处，贺其四世兄喜事。出城至虎峰处，不值。至子辉处，为同社诸君子接场。申刻始散，至西河沿送张梅生。至会馆，刘年伯、诵芬均在汪璇甫处，余至大栅栏买丸药。仍回会馆，璇甫招饮，缉庭亦来。席散后，与刘年伯同车至关帝庙，宿焉。怠胜

八月二十四日（9月21日）

清晨，与安圃同至太仓馆晤诸仲韬、童衡川，小坐片晌。至缉庭处，晤叶咏仙丈，至琉璃厂买书。进城，写《老学庵笔记》一页。仲韬来晤，画扇一柄，写篆对一副。傍晚，与仲韬至平则门大街闲步。灯下写梅先信，致退楼丈书，致茶仙书。卧后无梦。怠胜

八月二十五日（9月22日）

画扇两柄。抄《老学庵笔记》三页。灯下写家信两封。复陆仁卿书。卧后梦清。怠胜

八月二十六日（9月23日）

清晨，与大兄同车出城，至缉庭处，不值。至望云处，略坐片晌。至叶恒泰，送咏先丈南归。至燕宾斋，为彭氏诸君子接场，与叔涛年伯、鹤巢、畬香四人公请也。席散后，至关帝庙闲谭。傍晚，进城。灯下抄《老学庵笔记》半页。早睡。是夜无梦。怠胜

八月二十七日（9月24日）

清晨，抄《老学庵笔记》半页。出城，至庞宝笙[①]丈处，贺其令妹出阁喜。至望云处，贺续娶喜，即宝翁妹也。申刻，

---

① 庞宝笙：庞钟璐（1822—1876），字宝生。江苏常熟（今属苏州）人。道光二十七年（1847）进士，官至刑部尚书。

与印若同车进城。至谷士处，少坐片晌。至子辉处，夜饭后归。卧后无梦。怠胜

八月二十八日（9月25日）

抄《老学庵笔记》五页半。看《通鉴辑览》二十馀页。夜卧无梦。敬胜

八月二十九日（9月26日）

看《通鉴辑览》二十馀页，摘录五页。写策卷二开。夜卧无梦。敬胜

八月三十日（9月27日）

清晨，画扇一柄。缉庭来，至会馆拜畬香四十寿。午后，在时业斋查阅所买《三通》有无缺页。颂田亦来，与颂田查至夜饭时始竟。是夜，同宿会馆。敬胜

九月

九月初一日（9月28日）

午前与子和、颂田至琉璃厂闲步。午后，监化字纸。至恒达店，晤庆霖、海帆、子和，邀至庆和园观剧，大兄、颂田均往，傍晚同归。怠胜

九月初二日（9月29日）

看《通鉴》二十馀页，摘录四页。写策卷二开。夜卧梦欲。怠胜

九月初三日（9月30日）

写策卷三开。午刻在家吃梦。下午看《通鉴》二十页。夜卧梦多。

九月初四日（10月1日）

写策卷半开。子实来，子良丈来。榴兄邀至富兴楼小酌，大兄同往。席散后，同至庆和园观剧。傍晚，进城。灯下看《通

鉴》十馀页。卧后梦清。怠胜

九月初五日（10月2日）

写策卷一开，写篆对两副。与颂田同至笃正义学查课。申刻归。汪玉森来。写篆对三副。夜卧梦失。怠胜

九月初六日（10月3日）

写策卷一开。子和、畬香及肯堂表母舅来晤，伊臣邀至富兴楼小酌。席散，至广和楼观剧。傍晚，与大兄同至缉庭处。菱舫招饮亦兴居，酒罢，仍至缉庭处，宿焉。怠胜

九月初七日（10月4日）

与大兄、缉庭同至关帝庙刘年伯处。陈芝泉来，招饮宴宾楼。席散，至广和楼观剧。傍晚，与刘年伯、缉庭、蓉舫、安圃及大兄同至同兴居吃面，鹤巢亦来。是夜，宿关帝庙。大兄宿缉庭处。怠胜

九月初八日（10月5日）

与涛丈、安圃同至鹤巢馆中，略坐片晌。同至八角琉璃井子良处，子实、砚生、康侯及大兄均在焉。至琉璃厂，看红绿。午刻，在会馆畬香处饭，再至琉璃厂。闻三县中一程秀。楞香先生之子。傍晚至会馆，闻戴子辉中。夜饭后至琉璃厂，候至二鼓而归，与大兄同宿畬香处。怠胜

九月初九日（10月6日）

清晨，见题名录，知吾邑又中一蒋松生，名嘉栋。苏府两人而已。解元刘，直隶任丘人。南元吴绍正，安徽休宁人。与大兄同至望云处，又至缉庭处少坐，涛丈、诵芬、蓉舫、安圃均来。旋进城，写策卷两开、条幅一条。怠胜

九月初十日（10月7日）

致退楼丈书。画《塞上风云图》，伊臣托，砚耕款。并为伊臣画

《陌上花归缓图》。敬胜

九月十一日（10月8日）

复应敏翁信，复刘融斋[①]先生书。致冯介安观察书。写家禀一函。敬胜

九月十二日（10月9日）

致敔闲丈书，写三叔禀。午刻，与大兄出城，送汪璇甫、吴子和南归。申刻，进城。在顺治门估衣铺买衣。傍晚归。怠胜

九月十三日（10月10日）

写大卷二开。看《通鉴》二十馀页，摘录两页。写条幅一条。夜卧梦杂。敬胜

九月十四日（10月11日）

写大卷二开，条幅二条。看《通鉴》二十馀页，摘录两页。夜卧无梦。敬胜

九月十五日（10月12日）

写大卷二开、册页一开，画扇一柄。看《通鉴》二十页。夜卧无梦。敬胜

九月十六日（10月13日）

写大卷二开，摘录《通鉴》四页。为芍翁刻图章一方。看《通鉴》二十馀页。夜卧梦清。敬胜

九月十七日（10月14日）

写大卷一开。涛丈、安圃同来。涛丈谭至傍晚而去。望云来晤。晚间身倦不舒，假寐片晌。敬胜

---

① 刘融斋：刘熙载（1813—1881），字伯简，号融斋。江苏兴化（今属泰州）人。道光二十四年（1844）进士，官至广东学政。晚年应上海道台应宝时之聘，主讲上海龙门书院。著有《艺概》。

九月十八日（10月15日）

写策卷一开半，为芍翁写楷书信一封。申刻，至戴子辉处贺喜，不值。至老墙根，候士周。旋至会馆，三弟与柳门尚未来也。夜饭后，与缉庭同至望云处，大兄及鹤巢、菱舫均在。是夜，鹤巢宿缉庭处，余与大兄宿望云处。怠胜

九月十九日（10月16日）

至蒋松生处贺喜，不值。至缉庭处，少坐片晌。进城，至承恩寺，晤谷士，谭至午刻而归。午后，写策卷一开半，写篆对一副。灯下看《通鉴》十馀页。卧后梦清。怠胜

九月二十日（10月17日）

写策卷一开半，为芍翁录致丁雨生[①]方伯信稿。因吾吴今秋谷贱，糙米每石不过一千六七百文，白米每石不及二千五百文，去年折价四千二百文，恐今年不能大减，则农民重困矣。芍翁与伯寅师、子良丈商作公函，请雨生方伯饬属多收本色，并减折价，总以一石加耗三斗，与市价相仿，酌中定数，则本色、折色均无畸重之弊也。灯下看《通鉴》十馀页。卧后梦清。敬胜

九月二十一日（10月18日）

写策卷两开半，摘《通鉴》三页半。夜卧无梦。敬胜

九月二十二日（10月19日）

写策卷两开，看《通鉴》十馀页，摘录四页。灯下与芍翁围棋一局。卧后梦杂。敬胜

九月二十三日（10月20日）

写策卷两开。宋珊室来。午后，出城，吊汪玉森，晤芾村、

① 丁雨生：丁日昌（1823—1882），字持静，号雨生。广东丰顺（今属梅州）人。时任江苏巡抚。

鹤巢、缉庭、硕卿，少坐片晌。至米市胡同，候叔涛丈，不值。谒伯寅师。进城，候子辉、印若，不值。至甘石桥，贺陈聘臣中副车喜。送象涵南归，子辉、印若均在，傍晚归。灯下起信稿一封。卧后无梦。怠胜

九月二十四日（10月21日）

写策卷半开，写致丁雨生方伯论漕务公信，至申刻始毕。致退楼丈书。灯下写家信。卧后梦清。敬胜

九月二十五日（10月22日）

写策卷两开。午后，与诵芬至四牌楼首饰铺，出城至西河沿采华楼，买镀金铃镯等件，送岱霖令郎剃头礼也。至会馆送珊室，行至琉璃厂集文斋，芍翁欲唤拓工至黄村庙中，拓周山茨先生碑也。傍晚进城，与芍翁围棋一局。灯下看《通鉴》十馀页。怠胜

九月二十六日（10月23日）

写策卷半开。畬香、刘年伯俱来。是日为岱霖令郎汤饼会[1]，席散后，与刘年伯围棋二局。傍晚，摘录《通鉴》二页。灯下，芾村送来玉森讣签，写三十馀条。卧后梦清。怠胜

九月二十七日（10月24日）

写玉森讣签四十馀条，写策卷一开。午后至芾村处，约其同至官菜园上街，鹤巢、缉庭、畬香、子实、味琴均在焉。余亦写讣签二三十条。抵暮，仍与芾村同进城。灯下写玉森讣一分。卧后梦清。怠胜

九月二十八日（10月25日）

写玉森讣两分。徐皖生来。写策卷半开。看《通鉴》十馀页，

---

① 汤饼会：小孩满月酒，吴中俗称薙头酒。

摘录两页。夜卧无梦。敬胜

九月二十九日（10月26日）

写策卷半开。潘文恭公[①]太太九十冥诞，在龙泉寺诵经，余与大兄同往。午刻，进城。子辉招饮，席散而归，已傍晚矣。《通鉴》看十馀页。夜卧无梦。怠胜

十月

十月初一日（10月27日）

雨。不克至会馆化字纸。写策卷两页，看《通鉴》二十馀页。夜卧梦清。怠胜

十月初二日（10月28日）

写策卷两开，为刘年伯刻图章两方。看《通鉴》二十馀页。夜卧梦清。怠胜

十月初三日（10月29日）

写策卷一开，作《陈馀张耳论》一篇，录登瀛社稿序。写白折一开半。灯下看《通鉴》。与芍翁、榴翁同步至后街，招岱霖归，委曲劝导之。卧后梦清。怠胜

十月初四日（10月30日）

为颂田改论一篇，作塔影文社课，题“百姓足，君孰与不足”。至戌刻缮竟，缴卷。看《有正味斋赋》十馀篇，为颂田选读本也。卧后梦失。敬胜

十月初五日（10月31日）

录长椿寺粥厂各账目。写策卷两开。录《通鉴》二页。灯下为康侯改论一篇，看《有正味斋赋》。卧后梦清。敬胜

① 潘文恭公：潘世恩（1770—1854），谥号文恭。潘祖荫祖父。

十月初六日（11 月 1 日）

写策卷半开。与大兄同至文昌馆，玉森开吊。下午，至关帝庙刘年伯处，晤谭片晌而归。灯下看《通鉴》十馀页。卧后无梦。怠胜

十月初七日（11 月 2 日）

写策卷两开。看《通鉴》十馀页，摘录两页。夜卧梦清。怠胜

十月初八日（11 月 3 日）

写策卷两开，画扇二柄。圈《通鉴》摘本十馀页。灯下摘录《通鉴》二页。是夜梦杂。怠胜

十月初九日（11 月 4 日）

写策卷两开，午后为颂田改《白菊赋》一篇。灯下为康侯改赋，未竟。怠胜

十月初十日（11 月 5 日）

清晨，为康侯改赋。接缉庭字，知三弟与柳门昨晚到京，卸车叶恒泰，余与大兄同往，晤谭竟日。晚，闻叔梅招饮东兴居。席散，仍留宿叶恒泰。

十月十一日（11 月 6 日）

进城，至子辉处。午后到馆，写南信数封。大兄欲南归，天气骤寒，轮船不能出口，赶于十四日启程。馆中令三弟暂为权课，俟文卿来京，再请芍翁延订也。灯下作书复退楼主人。

十月十二日（11 月 7 日）

作书复小豁，贺其捷喜，并复篆香一函。写大卷半开。柳门来，大兄亦归。芍翁为大兄饯行，柳门谭至傍晚而去。子辉、印若招至同福馆，为大兄饯行。席散，余忽头晕而吐，殆食醉蟹中寒耶。归卧片晌，仍起与大兄话久始睡。

十月十三日（11月8日）

晨起，又觉畏寒作吐，拥被而卧，竟日不适。大兄于午前出城，明早在叶恒泰开车，余以小病，不能出送，殊怅怅也。是日，服姜桂汤两次。

十月十四日（11月9日）

晨起，则霍然矣。写长椿寺粥厂募启十一分，灯下始竟。

十月十五日（11月10日）

至子辉处会文，题目“棘子成曰”两节。至戌刻缮竟而归。

十月十六日（11月11日）

写策要卷一开半。许仲韬、朴斋同来。朴斋从学于余，晤谭良久。为颂田改文一篇。夜卧梦清。

十月十七日（11月12日）

写大卷两开。至石老娘胡同，答仲韬、朴斋。看《大学衍义》十页。为康侯改文一篇。夜卧梦清。

十月十八日（11月13日）

写策卷半开。为广盦写楷书信一封。午后，三弟、柳门同来，看柳门位置行李。读《汉书·赵充国传》，摘录《通鉴》二页。夜卧梦清。怠胜

十月十九日（11月14日）

写策卷一开。为广盦写楷书信一封，为退楼主人写信一封。夜卧梦失。怠胜

十月二十日（11月15日）

写策卷四开。璞斋来讲文。灯下看《通鉴》十馀页。

十月二十一日（11月16日）

写策卷两开，圈《汉书·赵充国传》一篇，为颂田改文。

十月二十二日（11月17日）

圈《广治平略·屯田》一篇，为康侯改文。韵初来晤。迈皋丈、安圃、子辉、印若、子实先后来，客去已暮矣。芍翁接汪璇甫信，知退楼丈有丧明之戚[①]。作书慰之。

十月二十三日（11月18日）

为璞斋改文。午后，与三弟至单牌楼买皮袍，抵暮而归。灯下看《大学衍义》二十页。

十月二十四日（11月19日）

与三弟同出城，至长椿寺候刘怡棠，为棉衣事，不值。至永光寺西街，旋至椿树胡同，晤缪心如丈。至恒远店，答韵初。至八角琉璃井，贺迪甫续娶喜。傍晚始归，至琉璃厂买书。灯下看《大学衍义》。

十月二十五日（11月20日）

至子辉处会文，题目“上好礼至矣如是”。二鼓，始缴卷而归。

十月二十六日（11月21日）

为璞斋改文，并诗一首。为颂田改文一篇。灯下始竟。

十月二十七日（11月22日）

与柳门同车出城，吊陈馨山同年。旋至长椿寺，晤刘怡棠。午刻，进城，写策卷半开，为康侯改文一篇，灯下始竟。

十月二十八日（11月23日）

写策卷一开，与三弟同至关帝庙涛丈处。

十月二十九日（11月24日）

十月三十日（11月25日）

---

① 丧明之戚：即丧明之痛，儿子去世，子夏哭瞎眼睛，典出《礼记》。此处指吴云的幼子吴承溥早逝。

十一月

十一月初一日（11 月 26 日）

出城，至会馆，监化字纸。旋至煤市街恒远店，晤韵初，谭之良久。候赵静侯。至杨梅竹斜街，买骚鼠帽，进城已薄暮矣。明日芍翁夫人五十正诞。是日收拾书房。

十一月初二日（11 月 27 日）

同乡拜寿者络绎而来，陪客竟日。余以左耳涨塞，头晕不能久坐，夜饭时即睡。是夜，迈皋丈、鹤巢、砚生、缉庭均住城内。

十一月初三日（11 月 28 日）

清晨，鹤巢、砚生、缉庭均出城。惟迈皋丈谭至午后而去。写策卷一开。

十一月初四日（11 月 29 日）

与三弟同车出城。至李铁拐斜街，答徐皖生。包头张胡同候汪瘦梅。至米市胡同，祝潘星斋太世叔六十寿。饭后，至关帝庙迈皋丈处，谭至薄暮而归。

十一月初五日（11 月 30 日）

写策卷半开。子辉处会课，余以头胀畏风不往。在馆作文，附入课中，题目系“子曰文莫吾犹人也”两章。夜饭后脱稿，未缮。

十一月初六日（12 月 1 日）

誊昨日课文一篇，午刻始竟。写策卷一开半，摘《通鉴辑览》二页。

十一月初七日（12 月 2 日）

中堂太太常诞，客来竟日。傍晚时与三弟、柳门、诵芬同至平则门大街闲步。夜饭后，与芍翁围棋一局。

十一月初八日（12月3日）

写策卷二开，为颂田改赋一篇。

十一月初九日（12月4日）

写策卷二开，为康侯改赋一篇。灯下写家信，复广盦信。

十一月初十日（12月5日）

写家信，与同车出城。至恒远店，晤韵初。适文卿自山左来，与缉庭同在同泰，略谭数语。子良丈招饮万福居，席散后，与刘年伯、缉庭、三弟还至恒远店，韵初他出矣。四人同至会馆，看文卿。又自琉璃厂步至缉庭处，少坐片晌。进城，至子辉处，谭至夜饭后归。

十一月十一日（12月6日）

写策卷一开。黄子奇同年来晤。午后，为周京士画山水直幅。灯下摘录《明鉴》三页。

十一月十二日（12月7日）

写策卷一开，为周京士画山水横幅，为朴斋改文。摘录《通鉴》一叶。

十一月十三日（12月8日）

为朴斋改文。迈皋丈来，洪文卿来。谭竟日。

十一月十四日（12月9日）

迈皋丈、文卿去后，韵初来晤。午后，黄子眉来晤。客去后，为璞斋改文，又改诗一首。灯下为颂田改文一篇。

十一月十五日（12月10日）

与三弟同至子辉处会课，题目“物有本末”三句。夜饭后，缮竟而归。

十一月十六日（12月11日）

写策卷一开。为康侯改文。傍晚时，填长椿寺棉衣票字号，临卧始竟。

十一月十七日（12月12日）

写策卷一开半。读《汉书·汲黯传》。为颂田改论。灯下摘录《通鉴》二页。

十一月十八日（12月13日）

与芍翁同车出城，至蒋拙安处。至教场头条胡同，候季士周、陈六舟。与六舟、士周同至长椿寺，施放棉衣票。傍晚，进城。灯下摘录《通鉴》二页。

十一月十九日（12月14日）

为璞斋改文一篇。写策卷一开半。璞斋来讲文，傍晚始去。灯下摘录《通鉴》二页。

十一月二十日（12月15日）

写策卷一开。与伯衡同至长椿寺放棉衣，放毕日已暮矣，不及进城。士周招至义兴小酌，旋与伯衡同至关帝庙迈皋丈处，宿焉。

十一月二十一日（12月16日）

与伯衡同归。写策要卷二开，为康侯改文一篇。

十一月二十二日（12月17日）

写策卷二开半。为颂田改文一篇。摘录《通鉴》二页。

十一月二十三日（12月18日）

与颂田、季群同至长椿寺，监放票米。余至程蓉伯先生处少坐片晌，仍至长椿寺。放米毕，进城已薄暮矣。至子辉处会文，题目“举贤才”合下一节。余作至中比，未竟而归。

十一月二十四日（12月19日）

作昨日会课文，誊至下午始竟。

十一月二十五日（12月20日）

出城至绳匠胡同，贺缉庭送盘喜。至伏魔寺，答刘乙生。至程镕伯先生处午饭，席散已薄暮矣。至兴胜寺韵初处，不值。进城。灯下写谢恩折稿。

十一月二十六日（12月21日）

写同乡谢恩折，浙抚奏蠲缓松江灶课，江督奏蠲缓海、泰两属灶课，写至薄暮，惟后衔未缮耳。

十一月二十七日（12月22日）

与三弟同至缉庭处，帮理喜事竟日。傍晚，与三弟至韵初处。瘦梅招饮如松馆。

十一月二十八日（12月23日）

十一月二十九日（12月24日）

十一月三十日（12月25日）

十二月

十二月初一日（12月26日）

至会馆，监化字纸，晤畲香、培之、子实，少坐片晌。至兴胜寺韵初处，谈至未刻。候沈叔梅，进城已薄暮矣。灯下讲《近思录》，写上海信。

十二月初二日（12月27日）

写上海信。写钱伊臣册页一开。子辉、印若来晤。为颂田改赋。灯下讲《近思录》。

十二月初三日（12月28日）

写大卷二开。为康侯改赋。

十二月初四日（12月29日）

为康侯改赋。写策要一开半。灯下讲《近思录》。

十二月初五日（12 月 30 日）

为芍翁写封奏折。写策卷一开。为岱霖改赋。灯下讲《近思录》。

十二月初六日（12 月 31 日）

写策卷一开半，为岱霖改赋。灯下讲《近思录》。

十二月初七日（1868 年 1 月 1 日）

为璞斋改文一篇。申刻，璞斋来讲文。灯下读文。

十二月初八日（1 月 2 日）

为芍翁写封奏折。因前日所写，又改数语，属为重写。午刻，至子辉处会文，题目“司马牛问仁”两章。至亥刻缮竟，与谊卿弟、文卿同归。

十二月初九日（1 月 3 日）

写策卷两开半。为颂田改文。灯下讲《近思录》。

十二月初十日（1 月 4 日）

为颂田改文。写卷一开半。灯下读文，讲《近思录》。

十二月十一日（1 月 5 日）

为岱霖改文。写策卷一开，写条幅两方。灯下讲《近思录》。

十二月十二日（1 月 6 日）

写策卷两开。

十二月十三日（1 月 7 日）

写策卷一开半。午后，作《雪罗汉赋》一篇，灯下始竟。

十二月十四日（1 月 8 日）

为康侯改文。写策卷一开半。

十二月十五日（1 月 9 日）

与三弟、文卿同至子辉处会文，题目“信近于义”四句。

至灯下脱稿，誊至起比而归。

十二月十六日（1月10日）

写家禀一封、大兄信一封。复退楼丈信，复广盦信，复敦闲丈信，均交折差带去。薄暮，录昨日文半篇。灯下读文。

十二月十七日（1月11日）

十二月十八日（1月12日）

十二月十九日（1月13日）

十二月二十日（1月14日）

为璞斋改文。鹤巢来，谭竟日。

十二月二十一日（1月15日）

鹤巢去后，刘年伯来，谭竟日。

十二月二十二日（1月16日）

韵初来，谭竟日。

十二月二十三日（1月17日）

出城至长椿寺，候刘怡棠，不值。至其家，晤之。至椿树头条胡同，候陈六舟，不值，晤其世兄巽卿。至会馆，监化字纸。至韵初处，谭良久。进城，至艮峰太老师处，未见，归。灯下讲《近思录》。

十二月二十四日（1月18日）

芍翁属复丁雨生中丞书。为颂田改文一篇。灯下讲《近思录》。

十二月二十五日（1月19日）

写广盦信。缮丁雨生信。为康侯改文一篇，为朴斋改文一篇。

十二月二十六日（1月20日）

与三弟同出城，至缉庭处。至关帝庙，饭后与迈皋丈、文卿、三弟同至漱芳处，晤谭良久。至兴胜寺韵初处，宿焉。

十二月二十七日（1月21日）

大雪。在韵初处午饭。饭后，与三弟踏雪至秦谊亭丈处，又至琉璃厂闲步。薄暮，仍至韵初处，宿焉。

十二月二十八日（1月22日）

清晨，文卿来。同至沈叔梅处，略谭片晌。余至会馆候畬香，不值。至虎峰处，晤朱适庵。午后，进城。画绢册二页。

十二月二十九日（1月23日）

画绢册四页。

除夕（1月24日）

与三弟同出城，至缉庭处。旋至关帝庙，晤迈皋丈、容舫、安圃昆仲。午后，缉庭亦来，同步至琉璃厂，余与三弟进城。

同治七年戊辰（1868）

正月

元旦（1月25日）

贺喜毕，淑芳、硕卿来。子良丈来。下午，与文卿、谊卿弟掷百官图[①]数回。灯下为季群画帐沿半幅。

正月初二日（1月26日）

临南田[②]二帙。安圃来，为李干吾画横披半幅。灯下掷百官图。

---

① 掷百官图：即玩升官图游戏。清人赵翼《陔馀丛考》记：世俗局戏，有升官图，开列大小官位于纸上，以明琼掷之，计点数之多寡，以定升降。

② 南田：清初画家恽寿平，别号南田，“清初六家”之一。

正月初三日（1 月 27 日）

与文卿同车出门，贺喜。由甘石桥、单牌楼出城，至教场头条胡同、老墙根，又南至轿子胡同、醋张胡同、烂面胡同、珠巢街、南横街一带，在缉庭处午饭。至米市胡同、关帝庙，晤刘年伯、蓉舫、安圃昆仲。至兵马司后街、包头张胡同、贾家胡同各处贺喜，均不值。至潘家河沿洪莲甫处，与文卿同下车，少坐片晌。至麻线胡同、梁家园、前孙公园，至兴圣寺，晤韵初。适三弟亦在，时已薄暮，不及久坐，仍与文卿至裘家街、山西街，由椿树头条胡同、永光寺街而至香炉营四条胡同，均未下车，遂归。灯下为季群画帐沿半幅，与漱芳、柳门掷百官图。

正月初四日（1 月 28 日）

为李干吾画横披半幅，又梅花一幅。为陈聘臣画梅一幅。午后，惠子元来晤。子元，镶黄旗人，在神机营办理文案。去腊在黄村防堵曾晤芍翁，知其有志宋儒之学，与崇文山最相契者。晤谭良久而去。与文卿同出城，至琉璃厂，途遇三弟、均初，散步至厂西门，泥泞不堪，仍与文卿、三弟同车至望云处夜饮，同席者鹤巢、干吾、柳门也。酒罢，至兴圣寺韵初处，宿焉。

正月初五日（1 月 29 日）

与三弟、文卿、韵初同观琉璃厂骨董铺，至火神庙徘徊良久。午刻，至兴圣寺，饭后再至火神庙。傍晚，仍至兴圣寺，宿焉。

正月初六日（1 月 30 日）

与三弟、文卿同归。迈皋丈来，谭至傍晚而去。灯下看《胡文忠集》[1]三十页。

---

① 《胡文忠集》：胡林翼《胡文忠公遗集》之省称。

正月初七日（1月31日）

为陈小舫先生画山水条幅。迈皋丈来，鹤巢来。为黄子奇画梅四幅。芍翁招夜饮，同席者迈皋丈、鹤巢、柳门、文卿、诵芬及谊卿弟也。席散，掷状元筹数巡，谭至更深而睡。

正月初八日（2月1日）

大雪。为小舫先生画山水条幅，为容舫画山水横披。午后，鹤巢属画《雪窗夜饮图》。傍晚，与鹤巢、文卿、诵芬、康侯、颂田同至御河桥观雪景。灯下与迈皋丈、鹤巢掷状元筹数巡。

正月初九日（2月2日）

为黄子奇画《莳畸图》，为何子英画扇面一。灯下看《胡文忠集》三十馀页。

正月初十日（1月3日）

与三弟同车出城贺喜。至西河沿砚生处，少坐片晌。至打磨厂叶恒泰，午饭。饭后，至豆腐胡同，答胡蕴山同年。由长巷头条胡同至孝顺胡同各京庄，至源泰晤俊叔。由前门而西，至施家胡同、煤市街恒远店，晤庆霖。至兴圣寺，看韵初，不值。至琉璃厂一转，进城。灯下看《胡文忠集》三十馀页。

正月十一日（2月4日）

为文卿刻石章两方。为柳门画扇一柄。淑芳来，为季群画扇一柄。灯下看《胡文忠集》二十馀页。磨墨。

正月十二日（2月5日）

与三弟、诵芬同出城，至琉璃厂火神庙，购得《王白田先生集》一部，至兴圣寺。午后，至琉璃厂一转。仍至韵初处，宿焉。

正月十三日（2月6日）

清晨，缉庭、文卿来，同至火神庙一转。进城，砚生来，谭至傍晚而去。看《王白田先生集》五六十页。

正月十四日（2月7日）

与三弟、文卿同至子辉处会文，题目“君子矜而不争”。至夜饭后始脱稿，未缮而归。

正月十五日（2月8日）

缮昨日文一篇。午后，与文卿同出城，至会馆，监化字纸。至火神庙，遇鹤巢、缉庭、韵初诸君，韵初招饮，遂与三弟、柳门同至兴胜寺。夜饭后，至五道庙、观音寺、大栅栏一带观灯。柳门、文卿赶城归，余与三弟宿焉。

正月十六日（2月9日）

进城，写策卷一开。录读本文一篇，读文二十遍。

正月十七日（2月10日）

午前，为芍翁写封奏折。午后，写策卷一开，为璞斋改文。灯下录读本文一篇，读文二十遍。卧后梦杂。敬胜

正月十八日（2月11日）

上午写策卷二开，午后为朴斋改文。漱芳来谭，至薄暮而去。灯下读文二十遍，读《近思录》。卧后无梦。怠胜

正月十九日（2月12日）

上午写家信一封，复退楼丈书，复广盦书。午后写策卷一开，为芍翁写信一封。傍晚，磨墨。灯下读文二十遍，讲《近思录》。卧后梦杂。怠胜

正月二十日（2月13日）

上午写策卷二开，下午为朴斋改文。灯下读文二十遍。卧后无梦。敬胜

正月二十一日（2月14日）

上午，写策卷二开。下午，为朴斋改文。傍晚，至石老娘胡同晤仲韬、朴斋。灯下读文二十遍。卧后梦清。怠胜

正月二十二日（2月15日）

与三弟、文卿同至子辉处会课，题目“长沮桀溺耦而耕”一节。抵暮脱稿，至亥刻缮竟而归。卧后无梦。怠胜

正月二十三日（2月16日）

写策卷两开半。看《白田先生集》二十页。致裴樾岑同年书。灯下读文二十馀遍，磨墨。卧后梦清。怠胜

正月二十四日（2月17日）

写策卷两开半，为颂田改文一篇。灯下读文二十遍，读《近思录》，看《白田先生集》十馀页。卧后梦欲。怠胜

正月二十五日（2月18日）

清晨，至长椿寺粥厂，已放毕。怡棠亦不在厂中。至其家候之，仍不值。至琉璃厂买舆图一册。至会馆，晤畬香。至大耳胡同沈迂村处，为伟卿送银信。至施家胡同，晤赵静侯，托查广盦保举案。至同泰晤庆霖、海帆，知昨早煤市街失火，与同泰仅隔一家，甚惊惶也。午刻至韵初处。饭后候沈叔梅，不值。进城，写策卷半开。灯下读文二十遍，读《近思录》，抄读本文一篇。卧后无梦。敬胜

正月二十六日（2月19日）

写策卷一开，作文一篇，题目“弟子入则孝”五句。亥刻始脱稿。怠胜

正月二十七日（2月20日）

写策卷二开，看《白田先生集》二十馀页。灯下读文二十遍，读《近思录》。卧后梦清。敬胜

正月二十八日（2月21日）

为芍翁写封奏折。写策卷一开，为康侯改文。灯下读文二十馀遍，缮前日所作文一篇。卧后无梦。敬胜

正月二十九日（2月22日）

与文卿、谊卿弟同至子辉处会文，题目“温故而知新可以为师矣”。傍晚时脱稿，夜饭后缮竟而归。与缉庭谭至更深始睡。是夜无梦。怠胜

二月

二月初一日（2月23日）

上午写策卷两开。饭后至会馆监化字纸，晤小轩太姑丈。傍晚，进城。灯下读文二十遍，讲《近思录》。卧后无梦。敬胜

二月初二日（2月24日）

写策卷两开。午后，迈皋丈、安圃来，柳门招饮，淑芳、缉庭均来。是日，汪姨母[①]五十正诞，余与三弟均不记忆。夜饮甚乐，谭至更深睡。是夜无梦。怠胜

二月初三日（2月25日）

写策卷一开。午后，迈皋丈、安圃出城，徐小豁同年来晤。渠由汉口绕汴梁而来，豫境捻踪出没，道路梗塞。去冬十一月初，由沪动身，直至初一日到京，寓杨梅竹斜街嘉兴店。晤谭良久而去。写《文昌帝君阴骘文》一篇。灯下读文二十遍，讲《近思录》，为康侯改文。卧后无梦。怠胜

二月初四日（2月26日）

至杨梅竹斜街答小豁同年，晤陶柳门、闵杏垞，皆小豁

① 汪姨母：汪鸣銮之母韩氏，是吴大澂母亲的妹妹。

同伴也。黄子奇同年招饮，由嘉兴店至轿子胡同，泥泞不堪，车行甚迟。至则缉庭、谊卿弟均先到矣。待客不来，至申刻始饮，未终席而归。灯下看《白田先生集》四十馀页。卧后无梦。怠胜

二月初五日（2 月 27 日）

写策卷半开，写条幅二条。作文一篇，题目“子曰譬如为山”一章，至亥刻始脱稿。卧后梦失。怠胜

二月初六日（2 月 28 日）

写家信两封，致广盦信。写策卷一开半。为颂田改文一篇。灯下为康侯改文一篇，讲《近思录》。卧后梦清。敬胜

二月初七日（2 月 29 日）

至子辉处会课，题目“有德者必有言”两句。傍晚脱稿，灯下缮竟而归。磨墨，卧后梦清。怠胜

二月初八日（3 月 1 日）

写策卷三开，看《白田先生集》十馀页。为康侯改文，临卧始竟。是夜梦杂。敬胜

二月初九日（3 月 2 日）

写策卷二开。朴斋来讲文。为颂田改赋。灯下读文二十遍，讲《近思录》。卧后无梦。敬胜

二月初十日（3 月 3 日）

写策卷二开。为颂田改赋。灯下为芍翁起信稿一，读文十馀遍，讲《近思录》，看《白田先生集》十页。卧后梦清。敬胜

二月十一日（3 月 4 日）

写策卷二开。为康侯改赋。韵初来晤。灯下读文，讲《近思录》。卧后梦清。敬胜

二月十二日（3月5日）

写策卷二开。看《白田先生集》十页。为颂田改文。灯下读文十馀遍，讲《近思录》。卧后梦清。敬胜

二月十三日（3月6日）

出城，至嘉兴店，候徐小豁，不值。晤陶柳门。至施家胡同，晤赵静侯。至同泰晤庆霖，至兴盛寺晤韵初。至虎峰处，祝其尊人春帆先生七十寿，子辉、印若、士周、缉亭均在焉。申刻至米市胡同，见伯寅师。又至迈皋丈处谭文。薄暮进城，灯下读文二十遍。卧后无梦。怠胜

二月十四日（3月7日）

写策卷两开半。为康侯改文，致应敏翁书。灯下读文二十遍，讲《近思录》。卧后梦清。怠胜

二月十五日（3月8日）

黎明起，至长椿寺看放粥，与刘怡棠谭粥厂事。至梁家园惜字会馆，晤程五峰、朱子山、徐绍圃、吴硕卿诸君子，至韵初处略坐片晌。至会馆，买字纸人未来，因托小轩太姑丈代看焚化。至南火扇候畬香、子实。在畬香处午饭。饭后进前门，至贡院前看定水磨胡同小寓。至小豁寓中，适小豁覆试出场，略谭片刻，遂归。灯下读文。榴翁招饮。卧后梦清。敬胜

二月十六日（3月9日）

写策卷两开。为颂田改文一篇，至亥刻始竟。讲《近思录》。卧后无梦。敬胜

二月十七日（3月10日）

写策卷两开半，摘《说文》三页半。灯下摘《说文》两页，讲《近思录》、《西铭》一篇，读文。卧后无梦。敬胜

二月十八日（3月11日）

写策卷一开。摘《说文》四页半。灯下静坐。卧后

无梦。敬胜

二月十九日（3月12日）

写策卷半开。摘《说文》三页。为康侯改文一篇。灯下摘录《说文》一页半。卧后无梦。敬胜

二月二十日（3月13日）

写策卷一开，摘录《说文》四页半。灯下读文，讲《近思录》。卧后梦失。怠胜

二月二十一日（3月14日）

为芍翁写砖塔胡同施粥帐，摘录《说文》四页。灯下读文，讲《近思录》。卧后无梦。敬胜

二月二十二日（3月15日）

摘录《说文》四页半。为诵田改文，灯下始竟。讲《近思录》。卧后无梦。敬胜

二月二十三日（3月16日）

摘录《说文》四页。迈皋丈来。下午，同游广济寺。灯下闲谭。卧后无梦。怠胜

二月二十四日（3月17日）

摘录《说文》四页。灯下读文。卧后无梦。怠胜

二月二十五日（3月18日）

清早，至长椿寺，粥已放毕矣。略坐片晌，至缉亭处、迈皋丈处。旋至韵初处午饭。下午至会馆，晤陈霄卓鼎、马石君清瓒、吴卓山赓熙、徐石卿人凤、吴培卿福保、章若洲、戴毅夫、曹锦涛毓俊、王鹤琴亦曾、顾尚之、沈漱芳汉槎、吴小珊、顾虹玉有梁，皆新到者。虹玉为顾子和之子，年最幼。尚有孙少庭，未之见也。至畲香处晤季雅、蔚轩。傍晚，又至韵初处，与韵初同至芝泉处夜饮。同席者汪瘦梅、吴子实、硕卿及畲香也。

是夜，宿韵初处。怠胜

二月二十六日（3月19日）

雨，泥泞不可行。午后，雇车进城。摘录《说文》三页。灯下读《说文》，讲《近思录》。卧后无梦。怠胜

二月二十七日（3月20日）

摘录《说文》五页。下午读文。灯下读文，讲《近思录》。卧后梦清。敬胜

二月二十八日（3月21日）

摘录《说文》七页。下午读文。灯下读文。卧后无梦。敬胜

二月二十九日（3月22日）

摘录《说文》七页。吴小珊、顾虹玉来。孙少庭、徐石卿、吴备卿、吴锦斋亦来。午刻，陈霄倬、马石均来。午后顾尚之、王鹤琴、沈漱芳来。夜卧无梦。怠胜

二月三十日（3月23日）

摘录《说文》八页。灯下讲《近思录》。卧后无梦。敬胜

三月

三月初一日（3月24日）

摘录《说文》一页半。出城至会馆，晤璞臣、春山两同年，自陆路绕天津而来，昨日始到。至同泰，晤许韵和及王曼生、丁吟雪、陶平如，即在同泰午饭。漱芳亦来。午后至施家胡同，晤赵静侯。孝顺胡同答王松生，晤冯申之、培之昆仲、张砚香。再至会馆，监化字纸。芍翁亦在，同往西河沿祝陈培之夫人寿。晤肯堂表母舅及芝泉、迪甫、畬香、砚生诸君。薄暮进城。灯下摘录《说文》，讲《近思录》。

三月初二日（3月25日）

写家信一封。致广盦一书。摘录《说文》四页。灯下摘录

《说文》，讲《近思录》。卧后无梦。敬胜

三月初三日（3月26日）

摘录《说文》五页。灯下读文。卧后无梦。怠胜

三月初四日（3月27日）

读文。下午，复斋来。怠胜

三月初五日（3月28日）

与三弟及颂田、季群同至笃正义学查课。未刻始竟。至芾村处略坐片晌，遂归。检点考具。怠胜

三月初六日（3月29日）

上午检点考具。下午搬小寓。

三月初七日（3月30日）

在贡院前各小寓中闲谈竟日。

三月初八日（3月31日）

巳刻进场，坐龙字十五号，同号熟人唯冯申之而已。

三月初九日（4月1日）

申刻头篇脱稿，亥刻二篇脱稿，三篇一诗至四鼓始竟。少睡即起。

三月初十日（4月2日）

誊三文一诗，并补稿。傍晚出场。

三月十一日（4月3日）

巳刻进场。坐乌字五十五号，与子辉同号。亥刻题来，黎明《易》艺成。

三月十二日（4月4日）

午前作《书经》文。午后，作《诗经》文。傍晚，誊《易经》文。剪烛作《春秋》文一篇而睡。五鼓时起，作《礼记》文一篇。

三月十三日（4月5日）

作《礼记》文毕。誊正四篇，补草五篇。抵暮始出场。

三月十四日（4月6日）

午刻进场。坐辰字十九号，同号者潘味琴、潘竹侯及吴蕴山同年。亥刻题来，至黎明对策一篇。

三月十五日（4月7日）

对策四篇，并誊正补草，至夜半而睡，唯一艺未缮耳。五鼓时起，缮策一道。

三月十六日（4月8日）

清晨出场，与复斋、文卿、谊卿弟同归。小豁来晤。

三月十七日（4月9日）

许璞斋来，曹锦涛来。璞臣、春山同来。

三月十八日（4月10日）

出城，至恒远店。晤茱坡，文卿、谊卿弟俱来。同至孝顺胡同，晤辛芝，候申之、培之，不值。至东兴居，邀俊叔小酌。旋至俊叔处，晤谭半晌。又与俊叔、文卿、谊卿弟至辛芝处，至畬香处，不值。至会馆，傍晚至韵初处宿焉。

三月十九日（4月11日）

与三弟同至迈皋丈处，旋至缉庭处。是日，邀璞臣、复斋、西山、春山、晋卿诸同年午饭。余与柳门、文卿、缉庭、谊卿弟同作主人，畅饮极乐。傍晚，至关帝庙晤迈皋丈，与复斋、文卿同归。

三月二十日（4月12日）

迈皋丈与安圃同来，秋谷来，鹤巢来。柳门招夜饮。

三月二十一日（4月13日）

迈丈、安圃、鹤巢去后，王曼生、丁吟雪、陶平如来，赵介人来，与三弟同至龙源楼，赵静侯招饮。席散后至恒远店，旋归。

三月二十二日（4 月 14 日）

写策卷二开半。潘筱涯来，畲香来。

三月二十三日（4 月 15 日）

与三弟出城，至太仓馆，晤龚凤台同年。至西河沿，晤肯堂表母舅、培之、研生。至松竹斋买纸，至江震会馆。至米市胡同伯寅师处，不值。至文昌馆观剧。苏府同乡接场，宾主一百二十馀人，可谓盛矣。傍晚，与三弟同至韵初处，不值，遂归。

三月二十四日（4 月 16 日）

写策卷三卷开半。潘茉坡来。

三月二十五日（4 月 17 日）

写策卷四开，写扇面三方。灯下作吴平翁太夫人寿序半篇。

三月二十六日（4 月 18 日）

写策卷四开，作吴平翁太夫人寿序半篇。

三月二十七日（4 月 19 日）

与复斋同车出城，至刘年伯处。伯寅师属余及鹤巢、柳门校写《说文》。午刻，至伯寅师处，校对两卷，写楷书八页。薄暮归，灯下写《说文》七页。

三月二十八日（4 月 20 日）

写《说文》篆书三卷，亥刻始竟。

三月二十九日（4 月 21 日）

写篆对二副，写《说文》篆书三卷，未竟。

三月三十日（4 月 22 日）

写篆书《说文》之馀页。午后，与柳门同至伯寅师处，补写篆书数页，申刻归。

四月

四月初一日（4月23日）

同治八年己巳（1869）

五月

五月初一日（6月10日）

清晨，抄《陆桴亭先生日记》[①]一叶。〇岳父来言少鹏内弟忤逆犯上事，怒甚，欲诉之官。予与三弟劝止之。旋与三弟同至柳巷，候少鹏弟，午后不归。岳父恐其归来桀骜不驯，无法抵御之。予因至东邻夏竹卿处，托为照料，俾不致肆行无忌。岳父始稍放心。〇至书局[②]，晤潘芝岑[③]。〇归家，岳父亦来，恐少鹏弟凌犯之，不敢遽归。予谓子虽不肖，亦何致目无尊长，目无法纪如此。然为子而出言不逊，毫无顾忌，使其父为之战栗，则平日之不遵父命，敢作敢为，亦可恨矣。因留岳父宿焉。〇午前，在岳父处，时时念母亲病体，急欲归省。〇夜卧无欲无梦。敬胜

五月初二日（6月11日）

清晨，与三弟同至柳巷，呼少鹏弟出，痛斥之，正言厉色，大声疾呼之中，仍复婉导，冀其自悔自悟，渠亦心服。因令其

---

① 《陆桴亭先生日记》：清代理学家陆世仪撰，吴大澂摘抄本名为《陆桴亭先生志学录节》，叶裕仁、方宗诚、万斛泉等题跋，现藏上海图书馆。

② 书局：江苏官书局，同治四年（1865）李鸿章主持重建，在苏州城内燕家巷内杨家园。

③ 潘芝岑：潘树辰，字芝岑，浙江湖州人。举人，曾官荆溪县令。

自请岳父归来，跪而受责，父怒始息。予并属其将来不可再犯，必得痛改前非，又令家人内外大小齐集堂中，明白告谕，俾知父母为一家之主，不得稍有违逆。此时觉得当怒而怒，无一激语，举家皆为之悚服。又逐其仆妇之无行者一人，如此整顿，却不动火。少鹏弟亦无愤恨之心，或可望其改悔，亦陆氏一大转机也。○午后归，写京信二函。一致柳门，一致皞民。因邹隽之明日启程，托带物件，匆匆作书，殊觉潦草。○时尚早而头觉微晕，不能看书，静坐片刻，盖上午提起精神，下午不觉体倦。钞《陆桴亭先生日记》十馀行而已。○灯下看竹如先生稿数叶。○与润之弟谈，劝读书做人，必先立志。○卧后无欲无梦。敬胜

五月初三日（6月12日）

写对二联。○到书局，看竹如先生集。○午后微雨，归。看竹如先生集。展读时心无杂念，至灯下共看一本半。○夜卧无欲无梦。敬胜

五月初四日（6月13日）

昨晚夜间，兵勇查拿吴江馀匪，阊门外茶坊酒肆均已歇闭。人心皇皇，拟请中丞出示晓谕，以安民心。晨起，作书致应敏斋方伯。○钞《陆桴亭先生日记》一叶。○二月间，内人患病，曾请春生曾叔祖诊脉，母亲命画折扇一柄送之。○写篆书扇二、条幅一、篆书对三、行书对三。予向不作行书对，是日见对纸四联，系亲戚从上海寄来者，心厌其多，以行书杂之，字多草率，殊愧程子“即此是学”一语。○午后，正欲看书，申之曾叔祖来，晤谈片刻，有厌倦心，与大兄、和卿弟同至护龙街骨董铺买砚，薄暮归。○璞臣来晤。○吴广盦、汪耕馀两邑尊同来，以方伯欲办保甲，商议章程。予谓保甲乃地方应办之事，绅士在籍，原不得辞其责，但须大绅领袖，予与璞臣、复斋分理其事，亦

无不可。○灯下看竹如先生集十馀叶。两眼微昏，即睡。○无欲无梦。怠胜

五月初五日（6 月 14 日）

应方伯书来，属办保甲，作书复之，亦以先请大绅领袖为辞。○钞《桴亭先生日记》半叶。○午刻，祀先。○画扇二柄，写篆书扇面三，写篆书对三。近来索书扇面、对者愈积愈多，延搁日久，亲友未免见怪，因定每日早晚必书数件，以当陶公运甓之意。○应方伯复书，已函子山、玉泉两丈，请为总理保甲事宜。予亦函请玉泉丈，转约子山丈及璞臣、复斋，明日在敉闲草堂议办保甲事。○灯下看《保甲书辑要》数十叶。○卧后无欲无梦。敬胜

五月初六日（6 月 15 日）

钞《桴亭先生日记》一叶。此去冬从叶涵溪先生借得者，悠忽日久，仅钞十馀叶。前月严立课程，每日无事，必钞四叶，至今日始竟，尚未加朱圈，可谓惰矣。○至玉泉丈处，与子山丈、璞臣、复斋两兄同议保甲章程，予谓事简而费省，则不至扰民，又可持久，诸君子皆以为然。○席中无失言。○午后，答拜陈韶次同年。○至方伯处，备陈办理保甲情形。予谓方伯照会中，冯、潘、汪诸大绅均宜列名。方伯以查船一节，事难周妥，且作缓计，予一时亦不得善法，姑颔之。○是日话多心烦，归时倦极思睡，徐行数百步，静坐良久，灯下不能看书。陪母亲闲话。仍至二更乃卧。○席中，玉泉丈言及总局司事，予举汪二南，玉泉丈举琢卿叔祖，予心甚喜，盖族中又一人得所矣。○是夜无欲无梦。敬胜

五月初七日（6 月 16 日）

以璞臣旧拟保甲章程稿，酌改数处，手录一过，送呈应方伯。

〇又属晋卿、和卿弟录一底稿，午后请琢卿叔祖来，录出一分，属润之弟录出一分，一送县尊，一送璞臣、复斋也。〇下午，疲甚，手足发热，即睡。请刘韫山诊脉，服药一剂，晚间寒热大作，终夜昏昏，梦多而睡不安。敬胜

五月初八日（6 月 17 日）

服韫山药一剂。午后热稍解，起坐，看《吕子节录》十馀叶。圈《桴亭先生日记》四叶。夜卧梦多不清。敬胜

五月初九日（6 月 18 日）

晨起，圈《桴亭先生日记》四叶。是日热尚未净，急于下楼，至花厅少坐，又感新寒，旋至母亲卧室，觉四肢冷不可耐，即卧。一寒一热，至下午汗透，而热稍解。怠胜

五月初十日（6 月 19 日）

热仍未净。终日倦卧，不能起坐。〇梦与竹如先生论学。怠胜

格致之学　看竹如先生集，颇有心得。〇看保甲书。〇看《吕子节录》。〇议定保甲简易章程。

诚意之学　省察亦严。

正心之学　敬胜七日。〇怒而中节。〇梦与竹如先生论学。
怠胜三日。〇初四日作书不耐烦。〇对客厌倦。
〇初七日以后梦境多不清。

终身之学　旬中无欲。
初九日不慎疾。

齐家之学　时时念母亲病体不置。〇与润之弟论做人之道。

治平之学　为岳父处置家事。〇以保甲事力任不辞。

五月十一日（6 月 20 日）

黎明，寒热复作，至辰巳之间，汗遂大透，竟成间日疟矣。

〇身热气闷时，心中默念“非礼勿视，非礼勿听，非礼勿言，非礼勿动”，敬则中实而有主，故外物不能入；敬则中虚而无蔽，故外欲不得淆。是在养之以静，居之以敬，持之以诚，如日中天，而群邪自息，安见正气之不可以克邪气耶。又念孟子“将持其志，毋暴其气”等语，渐觉心气清静，汗亦因而透出。〇服韫山药。怠胜

五月十二日（6月21日）

竟日倦卧，不能起坐。〇三鼓后，寒热复作，仍念“非礼勿视”等语，此心不致杂乱。怠胜

五月十三日（6月22日）

黎明汗出，竟日昏昏而睡，不能起坐。怠胜

五月十四日（6月23日）

午前倦卧，下午在床起坐，索《周易折中》读之，不过十馀叶而止。怠胜

五月十五日（6月24日）

自昨夜三鼓寒热互作，至晓喘息方定，然身体从此大惫，终日卧床不起，恶闻人声，盖连日出汗太多，困顿极矣。怠胜

五月十六日（6月25日）

午前起坐，读《周易折中》，神志稍觉清爽。随意展玩书画数种。均初以石鼓拓本见贻，画纨扇二柄。〇夜卧无欲无梦。怠胜

五月十七日（6月26日）

均初借观香光、南田画册，展玩半日。久不亲书画，未免见猎心喜，画扇一柄，画梅花直幅，系去岁笙鱼所托，亦偿一夙诺也。〇是日，时卧时起，病体尚未大适耳。怠胜

五月十八日（6月27日）

圈《陆桴亭先生日记》二十叶，时有浮思杂念。〇看竹如先生集四十馀叶。〇作画一幅。〇夜卧无欲梦清。敬胜

五月十九日（6月28日）

圈《桴亭先生日记》十叶。〇读《周易折中》。〇临南田画一帧，又作画一幅。〇夜卧无欲梦清。怠胜

五月二十日（6月29日）

圈《桴亭先生日记》十四叶。〇看汤文端公《寸心知室稿》。〇画扇三柄。〇有邪念。〇夜卧欲动，力遏之，梦清。

格致之学　病中不废看书。无端作画，旷废时日。

诚意之学　省察不严。〇克治不力。

正心之学　病中默诵四书及先儒格言，心不杂乱。

〇敬胜一日。

怠胜九日。〇二十日邪念。

修身之学　旬中无欲。

齐家之学　闺门和敬。

治平之学

五月下旬

五月二十一日（6月30日）

圈《桴亭先生日记》十八叶，毕。〇看竹如先生与方鲁生辨心性书，于理气之形上形下，剖析甚明，又力辟心无生死之说，可谓笃守程朱矣。〇灯下看《国朝文录》内《汤文正公墓志铭》《张杨园先生传》二篇。〇卧后无欲梦清。敬胜

五月二十二日（7月1日）

录《桴亭先生日记》上眉端小注数十条毕。〇看竹如先生稿三十四叶。〇检理《通鉴》等书。是日始出外见客，然精神终不能大振作也。傍晚，复斋来晤，因芍翁欲于今冬葬文敬公柩，

托何子永先生选择葬期，属余于时一提及耳。○夜卧无欲无梦。敬胜

五月二十三日（7月2日）

看竹如先生稿三十馀叶，颇有心得。辨证“戒惧慎独”一条，朱子以戒惧为存养工夫，然则动察与静存皆在诚意工夫内，刘直斋谓《中庸》戒惧即《大学》正心，《中庸》慎独即《大学》诚意，于义终有未安，艮峰先生疑戒惧不属正心也。灯下，将《中庸》“戒惧慎独”章注及《大学》“诚意正心”章注玩味一番。○作书复钱伯声同年。○夜卧无欲梦清。黎明后，欲念忽动，力遏之。敬胜

五月二十四日（7月3日）

看竹如先生集三十馀叶，心颇静细。○写扇六柄。○夜饭后，与润之弟论做人之道，必从孝弟始。并勉以读书作文，读文写字，每日必立课程。日计不足，月计有馀，不可悠忽过去也。○卧后有欲梦清。敬胜

五月二十五日（7月4日）

看竹如先生集二十馀叶，时有他事间断，心不专一。○为均初画《岱顶扪碑图》。○刘叔涛年伯来晤。○夜卧无欲无梦。敬胜

五月二十六日（7月5日）

看竹如先生集三十叶，辨证十馀条，心得甚多。○春生曾叔祖来，予以族中无主之墓托为访查，拟于秋冬之间，亲往各乡，展拜一次。与乡人时常联络，不令鞠为茂草。一处坟墓，每年照料之费不过二三千文，将来吾族设有义庄，可归庄内经理。此时不能不早为查访，恐为日过久，以后无知之者。○夜卧无欲无梦。敬胜

五月二十七日（7月6日）

看《朱子文集》二十馀叶，加圈一过。戊申封事。写篆对四副。○夜卧无欲无梦。敬胜

五月二十八日（7月7日）

圈《朱子文集》二十馀叶。○午后临画一帧。○倦甚而卧，微觉头晕，至夜始起坐，食粥一盂。○无欲无梦。怠胜

五月二十九日（7月8日）

应方伯来晤，言文庙乐器事。有平湖戈公精于律者，请其来苏监造磬式。○洪文卿同年自金陵来，因留住春草闲房。○至中丞处，谭及营制营规，以春叔托为提拔，事虽涉于请托，却以族谊所关，深盼其所成立也。春叔系尽先外委，其意不过欲补一哨官耳。○至许韵和处拜寿。○至醋库巷口，候砚田叔岳。○答叔涛年伯。○午刻归，是日始出门，尚觉怕风，不敢多拜客也。○与文卿晤谈半日，言多易肆，有不及检察处。○夜卧，欲念大动，力遏之。怠胜

致知之学　读书有心得。

诚意之学　省察亦严。

正心之学

修身之学　敬胜七日。应属正心。

怠胜二日。应属正心。○旬中不能无欲。

○廿九日多言之失。

齐家之学　留心访查族墓。○与润之弟论学。

治平之学

六月

六月初一日（7月9日）

作书谢冯介安都转，托荐清轩先生带去。○连日阴雨，潮

湿四蒸，精神仍觉委顿。下午头微晕，倦卧良久。○卧后无欲梦清。怠胜

六月初二日（7 月 10 日）

招文卿、鹤巢、韵初午饮。○璞臣来言保甲事，予谓绅士只管编查一节，其妓馆烟馆、游兵散勇，应如何处置办理，此当轴者之责，吾辈只好随时与州县商之。○是日，精神疲倦如故，此由元气不充，不能健饭，脾胃俱不和耳。○夜卧无欲无梦。敬胜

六月初三日（7 月 11 日）

看《朱子文集》十馀叶。○天气躁热，而潮湿如故，精神稍爽，而气仍不旺，不能多说话、多看书，极气闷也。夜卧无欲无梦。怠胜

六月初四日（7 月 12 日）

袁敬孙来晤，颇有志于为学。清轩先生亦器之。○璞臣送还《正蒙》，并示《近思录》校勘记。○夜卧无欲梦清。敬胜

六月初五日（7 月 13 日）

阅《近思录》校勘记数叶，养静竟日。○夜卧无欲梦清。怠胜

六月初六日（7 月 14 日）

读《近思录》一卷。自午后至夜，心境甚清。○卧后无欲无梦。敬胜

六月初七日（7 月 15 日）

先君忌辰，祭时敬肃。○阅璞臣《近思录》校勘记。○写扇三柄，画扇二柄。○夜卧无欲梦清。敬胜

六月初八日（7 月 16 日）

阅璞臣《近思录》校勘记二十馀叶，心颇静细，有校正处，有辨正处。○傍晚，璞臣来，谈及保甲事，谓当轴不能实心办事，

则虽办保甲，仍不能澈底澄清，无益于地方，不如不办。予谓绅士断不能说不办，吾辈尽心力而为之，办得一分是一分耳。〇韵初招夜饮，席中无失言。〇夜卧有欲。敬胜

六月初九日（7月17日）

阅璞臣《近思录》校勘记十馀叶。〇圈朱柏庐先生《毋欺录》。〇五叔命画纨扇。〇夜卧有欲。傍晚时，闻退楼丈太夫人病故，五叔及三弟往唁。怠胜

六月初十日（7月18日）

至退楼丈处道唁。〇至柳巷问岳父病。〇至吴署候谢筱珊，不值，为岳父托荐馆也。〇至书局少坐归。〇阅《毋欺录》。〇画扇二柄。〇夜卧无欲无梦。敬胜

格致之学　阅璞臣《近思录》校勘记。〇读《朱子文集》。

诚意之学　临祭诚敬。

省察不严。〇克治不力。

正心之学　敬胜六日。〇怠胜四日。

修身之学　有戏言戏动。〇不能节欲。

齐家之学　事母无失。

治平之学　与璞臣言保甲事。〇与袁敬孙言学。

六月十一日（7月19日）

退楼丈太夫人大敛，余往吊焉。〇读《朱子文集》。〇上灯时待大兄不归而先饭，非礼也。〇夜卧无欲梦清。敬胜

六月十二日（7月20日）

读《朱子文集》。〇写扇三柄，画扇二柄。〇是日，天气甚热，而余心甚清，气亦不弱，此数日来养静之功也。〇夜卧无欲无梦。敬胜

六月十三日（7月21日）

读《朱子文集》。〇夜卧无欲无梦。怠胜

六月十四日（7月22日）

读《朱子文集》，心颇专一。○夜卧无欲无梦。敬胜

六月十五日（7月23日）

失行朔望礼。○翟次怀来。○读《朱子文集》。○写扇十馀柄。○午前，忽萌一淫念，可恨之极。汝欲学圣贤，而不知惩忿窒欲，汝又何颇以自立乎？汝何必读圣贤之书乎？汝心虽微，汝其可自欺乎？汝不知慎独之功，其几不可不谨乎？因书此，以自责。○夜卧无欲无梦。怠胜

六月十六日（7月24日）

读《朱子文集》。○写扇数柄。○夜卧无欲无梦。怠胜

六月十七日（7月25日）

连日酷暑，至是日炎威更炽矣。写扇数柄，旷废竟日。○夜卧无欲无梦。怠胜

六月十八日（7月26日）

写扇数柄，旷废竟日。○夜卧无欲梦清。怠胜

六月十九日（7月27日）

写扇数柄。怠胜

六月二十日（7月28日）

至书局，晤泖生、孙帆。○鹤巢、子渔邀至七襄公所[1]观荷，余带笔砚晨往，写条幅、扇面数种。是日天气甚凉，境亦清旷，心颇静适。○摘园果数枚，后见树枝系一小牌，有"禁人攀折"四字，心甚愧焉。○傍晚，与文卿同至敦闲草堂，玉泉丈留饮。三弟亦来，终席无失言。○夜卧无欲无梦。敬胜

格致之学　读《朱子文集》，间有心得。

---

① 七襄公所：即艺圃。

连日旷废。

诚意之学　省察懈。○克治不力。

正心之学　敬身六日。

怠胜四日。○十五日淫念。

修身之学　旬中无欲。

失行朔望礼。

齐家之学　事兄不敬。

治平之学

六月二十一日（7月29日）

璞臣来论乐。齐众乐，必先以排箫为准。○分寸既准，尤须以容黍为较正之则。○中声难辨。○朱筒有候气之法。○黄钟宜先审。○与文卿及谊卿弟杂论吏治人才，言多纵肆，心气亦有不和处。○写条幅扇面数件。○夜卧无欲无梦。怠胜

六月二十二日（7月30日）

梅先来论府志采访之法。○观《吴郡金石志》。○于均初案头，见《胜朝殉节名臣尺牍》三册，内一册系浙中七君子，横云山人[①]有题赞六首，而缺其一，盖纂《明史稿》时所集也。细读一过，生气懔然，令人起敬。○写扇数柄。○夜卧无欲无梦。敬胜

六月二十三日（7月31日）

至邵实孚同年处，吊其令兄次佑先生。○答张佑之姨丈，及彭菊初、寿臣、心和诸君，又至陆砚田叔岳处。午刻归。○写扇数件。○阅邸钞。有苏州织造委员控崇文门税务处留难贡物事，不禁为之气愤，议论却不至激，但恨言官之不发一词耳。

---

① 横云山人：王鸿绪（1645—1723），字季友，号俨斋、横云山人。康熙十二年（1673）进士，官至户部尚书，充《明史》总裁官。

〇夜卧无欲无梦。敬胜

六月二十四日（8月1日）

写扇数柄。怠胜

六月二十五日（8月2日）

香生、韵和、曼生三君招至艺圃观荷，余带笔砚往，写篆书条幅。〇是日多语杂，心厌其烦。午后云起欲雨，余与大兄同归。〇下半日，心境不佳，静坐以养之。〇夜卧无欲无梦。怠胜

六月二十六日（8月3日）

与三弟言谨身寡过之道，以慎言戒之。〇写扇数柄。〇读《朱子文集》。〇夜卧无欲无梦。敬胜

六月二十七日（8月4日）

泳之、侣渔、鹤巢来，言及兵燹之后，书籍日少一日，将来拟立一藏书公所，广罗经史子集，收贮其中，或傍学宫，或傍家祠，俾吾郡有志读书者，可以借观借查，藏诸私不若藏诸公之积而能久也。此志虽虚，或他日得偿所愿，亦未可知。〇至退楼丈处，广盦言及军械所地基，余以陆宣公祠址，必当清理，给还陆氏子孙，庶先贤祠宇，不致久废。〇至倪载轩师处。〇至通关坊天王庙拜太岳母二十周忌。〇至程公祠，璞臣、复斋、西山三同年招饮，终席无失言。〇至维乔表兄处，见芝生母舅，有鄙之之心。〇至丁氏济阳义庄，少憩即归。〇夜卧无欲无梦。敬胜

六月二十八日（8月5日）

闻震泽、昭文、荆溪三县有更调之信，作书致广盦及汪耕馀邑尊，托荐岳父馆事。〇写扇数柄。〇至书局晤莫子偲[1]丈

① 莫子偲：莫友芝（1811—1871），字子偲，号郘亭。贵州独山人。曾受聘为江苏书局总校。

及泖生、碧湄，同观唐《说文》墨迹卷[1]，偲老以梁萧景、萧宏两阙拓本见贻。〇至紫阳书院，晤潘芝翁、张仁卿、翁士吉，坐少顷归。〇夜卧无欲梦清。〇是日，午前心气浮动不凝。怠胜

六月二十九日（8月6日）

答费芸舫前辈。〇答应敏斋廉访，不值。因至拙政园观荷，芳草满地，林泉无主，独立良久，不胜荒凉之感。〇答潘顺之年伯，略言保甲事。〇午后，写篆书条幅六幅。〇夜卧，有欲。敬胜

六月三十日（8月7日）

大雨竟日。天气甚凉，写条幅、扇对十馀件。〇赵士云招午饭，文卿同往，终席无惰容，无肆言。〇卧后，欲复炽，遏之不力，深自愧恨。敬胜

格致之学　旬中旷日甚多。

诚意之学　省察不严。

正心之学　敬胜六日。

怠胜四日。言动多不检处。〇廿一日心气不和。〇廿五日心境不佳。〇廿八日心气浮动。

修身之学　旬中不能节欲。

齐家之学　戒弟慎言。

治平之学　与璞臣论乐。〇与梅先论修府志。〇与泳之、侣渔言藏书公所之法。

七月

七月初一日（8月8日）

写扇数柄，条幅二纸。〇行朔望礼。〇至退楼丈处，晤广

---

① 唐《说文》墨迹卷：莫友芝藏唐写本《说文解字·木部》卷，后曾归端方，现藏日本杏雨书屋。

盦，言及岳父馆事。余切托之。○至香严[1]廉访处，少坐即归。○是夜，叔母令瞽者数人在家拜斗，余心恶之。卧后闻诵经声，达旦不辍。终夕竟不成寐，心气甚为不平。屡欲发怒，而忍不一言者，恐忤长者之意也。敬胜

七月初二日（8月9日）

黎明，起见祖母、母亲，言吾家不宜令瞽者出入，诵经、礼斗等事，即不能禁止，亦宜在庵观寺院中，不宜在家。此时心气躁急，言有过激处，甚非所以处家人也。○作书致戴孝侯，有勉励语。孝侯乃当世豪杰之士，期之甚深。○偶阅《国朝别裁集》，写扇数柄。○夜卧无欲无梦。怠胜

七月初三日（8月10日）

读《朱子文集》。○写扇数柄。○夜卧无欲梦清。敬胜

七月初四日（8月11日）

读《朱子文集》。○至书局，晤复斋，商酌保甲公呈稿。○至俞荫甫[2]师处。○张佑之姨丈招午饭。○午后至广盦处，谈至薄暮而归。○夜卧无欲无梦。敬胜

七月初五日（8月12日）

读《朱子文集》。○先曾祖忌辰，临祭不敬。○写对八副。○夜卧梦失。敬胜

七月初六日（8月13日）

写保甲公呈，送敖闲丈处。○顺之年伯招饮于三松堂，观明人及四王、恽、吴扇四册，终席无失言、无惰容。午后，谭良久。

---

① 香严：李鸿裔（1830—1885），字眉生，号香严、苏邻。四川中江人。咸丰举人，官至江苏按察使。晚年侨居苏州，购瞿园居之。瞿园即网师园。

② 俞荫甫：晚清大儒俞樾（1821—1907），字荫甫，号曲园，浙江德清人。道光三十年（1850）进士，著有《春在堂全书》。

天气躁热，恐主人劳倦，不敢久留，触暑而归，汗已浃背矣。○写对二副。○夜卧无欲无梦。敬胜

七月初七日（8月14日）

黎明起，与文卿、谊卿弟同至艺圃观荷，旋归。○莫偲翁来，在韵初处同观泰山二十九字石刻。○于璞臣同年处借观金孝章先生墨梅册，吾家春草闲房，即先生故居。先祖藏《春草闲房图》卷及先生墨梅册，乱后均已散失，对此不禁怃然。是日，手临墨梅三叶。○夜卧无欲无梦。怠胜

七月初八日（8月15日）

竟日临墨梅八叶。画扇一柄。○夜卧无欲梦清。怠胜

七月初九日（8月16日）

至书局，晤璞臣、复斋。○局中诸公有分居紫阳书院者，适万清轩[1]先生在书院中，余亦移居焉。读《朱子文集》十馀叶，境静而心亦不扰，看书颇有融贯处。○暮归。○夜卧无欲梦多。敬胜

七月初十日（8月17日）

至紫阳书院。○读《朱子文集》二十馀叶。○傍晚，至退楼丈处，谭至薄暮而归。○夜卧无欲梦清。敬胜

格致之学

诚意之学

正心之学

修身之学

齐家之学

---

① 万清轩：万斛泉（1808—1904），字齐玉，号清轩。湖北兴国人。晚清理学名儒，曾任上海龙门书院主讲、苏州紫阳书院校理。著有《资治通鉴纲目前编辨误》。

治平之学

七月十一日（8 月 18 日）

为万清轩先生画扇一柄。○闻广盦弟委署长洲县事，作书致贺，以表伯叶蓉庵先生荐之。○写扇数柄。○傍晚，与文卿及大兄、三弟同至护龙街骨董铺，买砚二方，并至玄妙观散步而归。○夜卧无欲无梦。○丑刻起，整衣冠，为皇太后万寿拜牌，约文卿同往也。怠胜

七月十二日（8 月 19 日）

寅初刻出门，与文卿同至玄妙观拜牌，同拜者七人而已。此时心存敬畏，不敢少肆也。○黎明归，假寐片刻。○写对四副，篆书大匾二、小匾一。○午后祀先，心颇诚敬。○是日，刘叔涛年伯、皇甫小轩太姑丈招余午饭，不能辞，祭毕而往，时尚未晚，席中多肆意。○石子元完姻，余往贺焉。○至退楼丈处，见黄石斋先生字卷，少坐即归。○夜卧甚早，无欲梦清。敬胜

七月十三日（8 月 20 日）

退楼丈太夫人五七之期，属往陪客。薄暮始归。○广盦以长洲发审一席，欲请守约三叔与谢子泉先生合办，三叔属为力辞。○夜卧无欲梦失。怠胜

七月十四日（8 月 21 日）

至广盦处，为三叔辞长洲发审一席。○至紫阳书院。○读《朱子文集》三十叶。○傍晚归。○夜卧无欲无梦，有戏言。敬胜

七月十五日（8 月 22 日）

失行朔望礼。○写篆对二副。○至书局，晤偲翁及璞臣、复斋。

○至紫阳书院。○读《朱子文集》二十馀叶，时有倦容。○傍晚归。○夜卧无欲梦清。敬胜

七月十六日（8月23日）

写扇一柄。○至柳巷谒岳父。○答陈少希同年，不值。○祝张佑之姨丈寿，坐中时有戏言。○至长署，晤穗甫及蓉庵表伯。将行，广龠弟归，又坐良久。○与文卿同至抚署，中丞招饮，并登高楼，观洋枪队操演，终席虽无失言，却有一二敷衍语，仍不免于世故耳。○夜归，卧后无欲无梦。怠胜

七月十七日（8月24日）

至书局少憩。○至紫阳书院，读《朱子文集》三十馀叶。○申刻归，写对三副。○夜卧有欲。敬胜

七月十八日（8月25日）

写扇一柄。○至李笙鱼处观画。○至紫阳书院。○清轩先生以所签璞臣《近思录》校勘记见示，有不必删去者数条，余亦从直告之。○读《朱子文集》二十叶，心尚浃洽。

七月十九日（8月26日）

答陆嗣林、黄维翰、特秀、刘承矩诸同年，均不值。○祝程竹君内姨丈七十寿。○至吴县署，晤汪耕馀、谢筱翁。至书局，少坐即归。○写对二副，写扇数柄。○吴子重来晤。○夜卧无欲无梦。

七月二十日（8月27日）

潘顺之年伯招游山塘。辰刻登舟，同游者吴子重、秦寅生、沈韵初而已。○至龙寿山房，观元僧继善血书《华严经》[①]全部。○买紫薇花数种而归。○夜卧无欲无梦。

七月二十一日（8月28日）

至紫阳书院，看《朱子文集》。○梅先来，索书御制镈钟铭。○午后归。○至中丞处，因书局经费向无指拨之款，藩库支绌

① 元僧继善血书《华严经》：现藏苏州西园寺。

异常，拟请中丞商定，何项专拨书局，按月给发，庶无匮乏之虞，而书局得以永久。中丞亦以为然。○答翟次怀。○广盦招余与文卿、谊卿弟夜饮，戌刻归。○是夜无欲无梦。敬胜

七月二十二日（8月29日）

画大柏一幅。○邀陈少希、邵实孚诸同年饮，午后客散。○潘季玉、汪秉斋两丈招夜饭，余与文卿、谊卿弟同往，途遇一友，欲有所干，尾行至潘氏九峰亭，屏之始去。初虽厌之，实可怜也。○夜饭后归。○卧后无欲无梦。敬胜

七月二十三日（8月30日）

至紫阳书院。○高伯足来，谈至午后而去，语多不谨处。○申刻归，画册页一纸。○夜卧无欲无梦。怠胜

七月二十四日（8月31日）

答钱伯声同年，晤孙秋翁。○至敏斋廉访处，不值。○答潘筱崖昆仲，不值，归。○三叔为文卿饯行，座有张佑之姨丈，至申刻始散。○答周京士，不值，即归。○画扇三柄。○夜卧有欲。怠胜

七月二十五日（9月1日）

与文卿及大兄、三弟同游天平山，半途遇雨而归。○夜卧无欲梦清。怠胜

七月二十六日（9月2日）

写扇一柄。○潘莘田来，谭久而去。○旷废半日，心气亦极浮躁。○潘莘田来夜饭，二鼓去。○夜卧无欲，梦神降，甚奇。

七月二十七日（9月3日）

画册页一纸。○看《国朝文录》二十馀叶。○夜卧无欲无梦。四鼓后起，三弟次女生。怠胜

七月二十八日（9月4日）

答潘苹田。○至紫阳书院。○作李二曲先生《垩室录感序》一篇。

七月二十九日（9月5日）

九月

九月初一日（10月5日）

至盘门新桥巷，送孙秋槎之馆无锡。○谒冯年伯，以《吴县学礼器记》篆文底稿有斟酌之处，就而正之。○至三多桥访赵琴舫，欲请为保甲董事，不值。○至宾公所，与各董议保甲分段事宜。是日开局，府尊、县尊均来会议，午后始散。○归家阅会课文，周庄陶子春所托也。夜卧无欲无梦。敬胜

九月初二日（10月6日）

清晨，梅先来，以王生敏甫赋稿一篇属为删改。○刘叔涛年伯来晤。○午后至桃花坞，候贝锦帆丈，为保甲事，不值。至姚凤笙处，少憩而归。○写对五副。○夜卧有欲。敬胜

九月初三日（10月7日）

至童学使处投帖求见，系十二科前辈也。○至李薇生太守处，祝六十双寿。○至吴涵青丈处，贺其令郎完姻。○闻子实同年昨晚自粤东归，遂往候之。○午前归。○为冯年伯书篆书扇面，守愚二叔命画纨扇，又为友人写扇数柄。○灯下看《国朝文录》。○夜卧无欲无梦。怠胜

九月初四日（10月8日）

至保甲总局。○至紫阳书院，看《朱子文集》十馀叶。○清轩先生以所著《通鉴纲目前编辨误》见示。○下午，至刘家浜候潘松生，西街候唐辛生，桃花坞候贝锦帆丈，又至王西山同年馆中，均为保甲事也。○薄暮归。○灯下钞清轩先生《纲

目前编辨误》二叶。○夜卧无欲无梦。敬胜

九月初五日（10月9日）

至保甲总局。○至三多桥候赵琴舫，以南正五图保甲事托办，与琴舫同候徐庆三鼎、席子云惠，均为保甲事，托为分段办理也。○至济元典内午饭。○候洪补笙、管沁梅、何寿龄、高子厚、李协卿，皆局中所请保甲董事也。○薄暮归。○灯下钞《纲目前编辨误》一叶半。○是夜无欲无梦。敬胜

九月初六日（10月10日）

至西百花巷赵士云处，商请保甲各里董。○至书局，晤偲翁、泖翁。○至紫阳书院，钞《纲目前编辨误》三叶。○至刘家浜潘松生处，亦为保甲事也。○暮归。○灯下钞《纲目前编辨误》二叶。○卧后无欲无梦。敬胜

九月初七日（10月11日）

清晨，钞《纲目前编辨误》一叶。○至承天寺候王襄卿，萃号候管筠如太姑丈，恒生候潘友庄，俱请为保甲董事。○午后，至保甲总局。王兰荪、李子明、吴涵青、张少槎、贝镜帆、潘端卿、陆小松均来，议分段事，诸君子皆初一日未到者也。○暮归。○写篆对二副。○灯下钞《纲目前编辨误》二叶。○是夜无欲梦杂。敬胜

九月初八日（10月12日）

清晨，钞《纲目前编辨误》一叶。○至沈茂顺、姚正和、神仙庙前蒋宅，均为保甲事也。○潘筱涯丈嫁女，往贺之。○至邹隽之处，贺其令郎入泮喜。○沈书笙令郎娶妇，午后往贺之，遂归。○钞《纲目前编辨误》二叶。○灯下又钞一叶。○卧后有欲。

九月初九日（10 月 13 日）

清晨，钞《纲目前编辨误》一叶。○至承天寺候张惺庵、王晋生、吴润甫，至北市地库候凌茂卿，桃花坞候毛幼安，轮香局候汪韫山，河沿街候陈端生，崇真宫桥下塘候陆凤巢，俱系保甲董事，亲往一拜，以昭郑重。○午后至包衙前汪尹甫处，同尹甫至乌龙巷候吴清如，九曲里候徐隽生，中街路候朱荣卿，王洗马巷候汪振民、陆仲达，均为保甲事宜也。○至保甲局。○至吴县前，候庄顺卿姑丈。○至柳巷，拜姨岳母冥诞。○候夏卓卿、李子明，候申芑卿，皆系保甲董事。○暮归，襄卿、凤巢坚辞保甲事，余固请之，始允。○灯下钞《纲目前编辨误》一叶。○是夜无欲无梦。敬胜

九月初十日（10 月 14 日）

清晨，钞《纲目前编辨误》一叶。○至范庄前候何寿彭，申衙前候毕孙帆，与孙帆商定申衙前慕家花园两处保甲，请孙帆与余春生两人经理。○王天井巷候张酉生。○归家，方存之先生由安庆来，将赴直隶，应湘乡相国之荐举也。○至狮林寺吊缪心如丈，陪宾半日。○至天妃宫前，候王儒卿，不值，遂归。○钞《纲目前编辨误》一条。○灯下阅方存之《俟命录》。○卧后无欲梦清。敬胜

格致之学

诚意之学

正心之学

修身之学

齐家之学

治平之学

九月十一日（10 月 15 日）

清晨，钞《通鉴前编辨误》一叶。○与大兄同至程公祠，吊韩小舲舅母，盖兰卿表兄自山左扶柩归也。○于程公祠遇谢绥之，出示乡约章程，予深然之。○归家。○先曾祖母忌辰，临祭诚敬。○午后，至沈庆人姻丈处，托查皋桥东大街保甲也。○至保甲总局，与各段董事分派门牌纸张，至暮始归。○灯下钞《纲目前编辨误》二叶。○是夜无欲梦清。敬胜

九月十二日（10 月 16 日）

清晨，为方存之先生写折扇一柄。○至阊门外答存之先生。○至书局，莫偲翁招存之先生午饭，同席者璞臣、仁卿、泖生、曼生及余也。○归家，为徐朗亭、高月樵写扇二柄。○灯下写《纲目前编辨误》二叶。○是夜无欲无梦。敬胜

九月十三日（10 月 17 日）

清晨，写《纲目前编辨误》一叶。○候鹤巢。○至西白塔子巷陈年伯母处，适下乡扫墓，不值。○候汪燕庭，不值，遂归。○午后，至紫阳书院。○钞《纲目前编辨误》。○灯下钞《纲目前编辨误》。是日，共钞五叶。○卧后无欲无梦。敬胜

九月十四日（10 月 18 日）

清晨，钞《纲目前编辨误》一叶。○答王竹生大令，不值。○至通关坊候林圃香，饮马桥候秦子良。○至抚署，适中丞调考候补州县，扃门谢客。○候张少槎、王兰孙、张沅芷、姚达三、马锐卿、程申甫诸君子，俱办保甲之段董、里董也。○候子实同年。○至书局，适高伯足来，同至莫偲老处，看偲老写对，至薄暮遇雨而归。灯下钞《纲目前编辨误》二叶。○卧后无欲梦清。

九月十五日（10月19日）

清晨，钞《通鉴前编辨误》二叶。○至保甲总局。○候申衙前里董余春生，水泼粉桥里董鲍竹孙，富郎中巷里董朱蔼吉，盛家浜里董吴荫馀，庙堂巷里董阮梅孙、王亦佳，瓣莲巷里董张友松，支家巷里董张敬庄。又至洪东伯处，商请各里董至济元当午饭。○候道前街里董诸小恬、陈梅村，侍其巷里董何叔梅、马锐卿，新桥巷里董屠辛楣，三多桥南首里董陈星阶，府前里董狄汝舟，金狮巷里董郧集堂，西美巷里董胡冕之，花街巷里董王显甫。○是日，又至敏斋廉访、雨生中丞处，因陆子年同年嗣龄丁忧回籍，应给咨文护照，代为一催，恐其久滞不发也。○灯下钞《纲目前编辨误》二叶。○卧后无欲无梦。

九月十六日（10月20日）

清晨，至保甲局商请各董，遇雨归。○钞《纲目前编辨误》四叶。○夜卧梦邪。怠胜

九月十七日（10月21日）

钞《纲目前编辨误》一叶。○候铁瓶巷董事胡桂卿，鹰扬巷董事杨少峰，大石头巷董事□□□。○至紫阳书院，晤清轩先生。○石梅孙先生来晤。○至保甲总局，胥盘路各里董来领门牌，抵暮始散。○夜卧无欲梦清。怠胜

九月十八日（10月22日）

钞《纲目前编辨误》。○午后，至书局。候莫偲翁，不值。○至观前买鞋。○至香生处，少憩而归。○钞《纲目前编辨误》。○灯下钞《纲目前编辨误》，共钞四叶。○卧后无欲梦杂。怠胜

九月十九日（10月23日）

至秋涛曾叔祖处，坐谭片晌。○送退楼丈太夫人之殡，午

后归。○候朱忆萱、江花卿、陆凤石、李彦如、朱悦樵、陶温如，言编查保甲事。○灯下代张方伯作《通鉴后跋》，未竟。○卧后无欲梦多。怠胜

九月二十日（10月24日）

候崇真宫桥里董徐少山、马翰甫，候中市里董朱桂槎、王小亭、江菊溪、包星堂、黄慎安。○至刘家浜候雷甘溪。○至书局，候莫偲翁、刘泖生。○至保甲局，商请各董。○归家，祀先。○午后，至新桥巷景亭年伯处，半途遇之，遂归。○作《通鉴后跋》竟。○作书寄雅三叔父，以二弟从师事告之也。○灯下录《通鉴后跋》二通，一送广盦，一交芝岑，转呈方伯也。○卧后无欲梦杂。敬胜

格致之学

诚意之学

正心之学

修身之学

齐家之学

治平之学

九月二十一日（10月25日）

袁敬孙来借《桴亭先生日记》。○马翰甫来。○至西白塔子巷陈年伯母处。○至安徽会馆，答汪同年文枢。○归家午饭。○至保甲局，与各里董分取门牌册籍，抵暮归。○写扇一柄。○灯下钞各段里董姓氏折一扣。○卧后无欲梦清。敬胜

九月二十二日（10月26日）

清晨，写扇二方。○鹤巢来晤。○写对五副，条幅一纸。○陈心农来，茹香先生之孙也。○钞《通鉴前编辨误》四叶半。○夜卧无欲梦杂。敬胜

九月二十三日（10月27日）

王儒卿来。〇至紫阳书院钞《纲目前编辨误》四叶半。〇薄暮，至莫偲翁处，少坐归。〇灯下钞《纲目前编辨误》二叶。〇卧后有欲。敬胜

九月二十四日（10月28日）

清晨，钞《纲目前编辨误》一叶。〇朱忆萱来。〇至保甲局。〇至方伯处，为陆子年同年言扶柩回籍之费，请方伯早日给放。〇至紫阳书院钞《纲目前编辨误》一叶半。〇傍晚，至莫偲翁处送行，遂归。〇灯下钞《纲目前编辨误》一叶。〇卧后无欲无梦。敬胜

九月二十五日（10月29日）

钞《纲目前编辨误》一叶。〇至朱忆萱处。至保甲局，又至慈悲桥候许季和，长春巷候张子馀、潘端卿、陆小松，皆为保甲事也。〇午刻归，钞《纲目前编辨误》三叶半。〇卧后无欲梦清。敬胜

九月二十六日（10月30日）

钞《纲目前编辨误》一叶。〇至净心庵拜沈氏内舅母冥诞。〇至子实同年处，与子实公请汪干庭同年及黄、刘、阳、特各同年，席散已申刻矣。〇候吴县学张老师。〇候吴涵青姻叔，遂归。〇灯下钞《纲目前编辨误》二叶。〇卧后有欲，不能制。怠胜

九月二十七日（10月31日）

钞《纲目前编辨误》半叶。〇写对十馀副，条幅二纸。〇题潘麐生所藏叶调笙先生手札。〇看《说文》。〇灯下看《说文》。〇卧后无欲梦多。敬胜

九月二十八日（11 月 1 日）

偕润卿二弟同至乘马皮巷吴涵青处，送二弟入塾也。○至紫阳书院，晤清轩先生。○写扇二，题泖生《半舫延秋图》卷。○暮归，至保甲局，晤马锐卿。○灯下检阅《说文》。○卧后无欲梦清。敬胜

九月二十九日（11 月 2 日）

清晨，至保甲局。○至司前街，候赵琴舫、徐庆三，均不值。至三多巷候席子云，又由三多桥至开元寺南，知各户门牌均已齐集，皆陈星阶所查，甚周密也。再由西半爿巷至盘门梅家桥，此一段皆汪燕庭所查，亦已遍贴门牌矣。至燕庭处，不值，晤其弟。○至济元亨公账房少憩，至道前街候诸小恬，至桂河坊义学候陈星阶，遂归。○灯下写篆书条幅。○卧后无欲无梦。敬胜

九月三十日（11 月 3 日）

写伯寅师寿屏四幅，篆书。○傍晚，张仁卿来。○灯下写篆书条幅。○卧后无欲梦清。

格致之学

诚意之学

正心之学

修身之学

齐家之学

治平之学

十月

十月初一日（11 月 4 日）

行朔望礼。○写伯寅师寿屏一幅。○至灵鹫寺，拜彭栋云年伯冥诞。○午后，候勒少仲廉访，不值。○至香严廉访处，

敉闲丈、退楼丈、贾云樵观察先后来，晤谭良久。○至退楼丈处候杜小舫观察，不值，遂归。○灯下看《国朝文录》。○卧后无欲无梦。敬胜

十月初二日（11月5日）

写伯寅师寿屏三幅。○勒少仲廉访来晤。○泖生来晤。○灯下阅《国朝文录》。○是夜无欲无梦。敬胜

十月初三日（11月6日）

至保甲局。○至申衙前，候王润斋，不值。○至紫阳书院，孙帆来晤。○写保甲局禁歇烟馆告条十馀纸。○袁敬孙来晤，同来者司马子远、冯桂槎及常熟宗口口三君子，皆有志正学，先来谒见清轩先生，后至楼上谭久而去。○傍晚，至退楼丈处，晤杜小舫观察、勒少仲廉访。○暮归，写保甲局告条数纸。○夜卧无欲梦清。敬胜

十月初四日（11月7日）

写保甲告条十馀纸。○写对六副。○至韵初处，问其疾，在楼上晤谈良久。○向香严廉访乞得《苏子美集》一部。○薄暮，闻护龙街祥符寺巷口棉花店失慎，火光甚炽。余与大兄至巷口立望良久，各处水龙俱集，火乃熄。○夜至范庄前，梅先招饮，席散而归，已近二鼓矣。○卧后无欲无梦。敬胜

十月初五日（11月8日）

作香严廉访寿序一篇，午刻脱稿。○至梅先处，陪程、张两老师午饭。梅先于是日请程可斋讲乡约也。○万清轩先生亦来，同至范庄宣讲圣谕。可斋讲“敦孝弟以重人伦”一条，层次清晰，语亦明白晓畅，足以启发愚蒙，清轩先生亦深嘉许。讲毕，与清轩先生同至祠内瞻谒，有仰止之思焉。○母舅来，欲与郑国魁之侄构讼，余力拒之。○至大石头巷，送陆子年同

年归蜀。○夜卧无欲。敬胜

十月初六日（11月9日）

至徐燮堂处，贺其令侄完姻喜。○至冯年伯处，不值。○候应敏斋廉访，亦不值。○至书院，晤清轩先生。○至穿珠巷晋丰栈，答徐挹泉。○包衙前答许竹篔，皆同年庶常也。○饭后，至古市巷，答张砚香。○至接驾桥，候端木瑶田，欲请其查保甲也。○至保甲局。○暮归。○灯下写京信。○卧后无欲梦清。敬胜

十月初七日（11月10日）

至保甲总局，陈生谷来晤。○午前归，写香严寿屏两幅半。○夜卧无欲梦正。敬胜

十月初八日（11月11日）

写香严寿屏三幅半。○至保甲局，查阅城内各处烟馆清单。○夜卧无欲梦清。敬胜

十月初九日（11月12日）

写香严寿屏两幅，写对一副。○午后，至丁香巷候引之表姨丈。○至麒麟巷候语樵，谭久而归。○至宋仙洲巷候汪苇塘太姻丈，至王洗马巷候陶桂门丈。闻有妇女结盟诵咒之事，或云在宋仙洲巷，或云王洗马巷，有陶氏家菩，亲往访之，始知底蕴，亦不足深究也。○暮归。○灯下读欧阳文数篇，至《范文正公神道碑》，心窃慕之，吾辈当以天下为任，不可不自勉也。○卧后无欲梦正。敬胜

十月初十日（11月13日）

清晨，至保甲局，途遇清轩先生及复斋同年，同游狮子林。璞臣后至，是日璞臣招饮芳草园，同席者又有泖生、静知。申刻始散。○与清轩先生、复斋、静知同游拙政园，抵暮

而归。○灯下写香严寿联一副，碧湄所作也。○卧后无欲无梦。

格致之学

诚意之学

正心之学

修身之学

齐家之学

治平之学

十月十一日（11月14日）

清晨，至中丞处，中丞欲请万清轩先生主讲平江书院，余力赞之。○贺杜小舫廉访接署臬台篆。○贺祁浩泉令郎入泮喜。○贺汪振民令郎入泮喜。○李眉生廉访四十寿辰，同人为公举以祝之，演童子戏，至夜而罢。○是夜无欲梦清。敬胜

十月十二日（11月15日）

偕俊卿弟、潘达泉同至司前街赵琴舫处，约琴舫编查西善长巷一带保甲。○清轩先生招午饭，不果往。○香严邀往陪宾，是晚主人宴客，仍演童子戏。余与三弟皆往，两日在热闹场中酬酢应对，未免心为形役也。○夜卧无欲梦正。怠胜

十月十三日（11月16日）

至保甲局，同达泉至赵琴舫处，查朱家园、寿宁街一带保甲，共一百馀户，半为妓馆，系扬州人居多。此辈逐之不胜逐，留之必不可留，其下者几与乞丐等，可恨亦可怜也。查毕已申刻矣。偕琴舫、达泉、刘俊卿、琴舫之徒，同往查保甲者。徐庆三琴舫之友。同往通关坊风和馆小酌，抵暮而归。是夜无欲梦清。敬胜

十月十四日（11月17日）

至保甲局，椒坡亦来。○至紫阳书院。○看贝省三《吉云室日钞》。○至申义庄候申穆斋，以庙前保甲事托之。○归家，

徐翰卿来。〇写册页一方。〇灯下读欧阳文。〇夜卧有欲。敬胜

十月十五日（11 月 18 日）

竟日不出门，画扇六，写扇三，写对二。〇管才叔乐来晤。〇灯下为端木瑶泉作《种善局代赊会征信录序》一篇。〇卧后无欲无梦。敬胜

十月十六日（11 月 19 日）

写《代赊会征信录序》一篇，隶书。〇写书局寒衣会募启。〇应敏翁来。〇至阊门浒溪仓答管才叔，至臬署送应敏翁北上入觐。〇写对二，写扇二。〇灯下读欧阳文。〇卧后无欲梦清。敬胜

十月十七日（11 月 20 日）

至保甲局。〇至紫阳书院。〇管才叔来晤。〇读《朱子文集》十馀叶。〇暮归。写对四副、条幅一纸。〇大兄、三弟同至虹桥羊肉馆小饮。〇灯下读欧阳文。〇是夜无欲梦清。敬胜

十月十八日（11 月 21 日）

写扇一。〇潘筱涯招饮，同席者沈书森、汪秉斋丈、蒋云生及椒坡、麟生也。申刻席散，至何子帆处少坐即归。〇彭文敬灵柩将至，讷翁属写上谕、祭文、碑文三纸，灯下画格子。〇卧后有欲。敬胜

十月十九日（11 月 22 日）

写彭文敬饰终上谕及御赐祭文、碑文三道，自辰至酉始毕。〇灯下写篆书扇面三。〇卧后无欲梦清。敬胜

十月二十日（11 月 23 日）

至柳巷夏卓卿处，铁瓶巷顾子山丈处，甫桥头顾康如处，均贺入泮喜。〇至长署，晤萧穗甫，谭良久。广盦衙参未归。〇至彭讷翁处，不值。闻芍翁已过清江矣。〇至保甲南局，晤江鹿门、汪少南。〇至钮家巷顾滋真姑丈处，至谢衙前管筠如

太姑丈处，至跨塘桥黄霄翰处，至桃花坞贝境帆丈处，均贺入泮喜。○至保甲局，暮归。○夜卧无欲梦清。敬胜

格致之学

诚意之学

正心之学

修身之学

齐家之学

治平之学

十月二十一日（11 月 24 日）

子可叔祖入泮开贺，酬应半日。○写对七副、条幅一帧。○傍晚，五叔偕三弟、时卿弟同至玄妙观前散步。○灯下为王荫斋观察写篆书条幅。○卧后忽起欲，不能遏，殊可愧也。

十月二十二日（11 月 25 日）

至保甲局。○至紫阳书院。○以禁烟事函致汪耕馀邑尊，请其严办一二户，以示惩儆。○至保甲局，少憩归。○灯下读《东都事略·司马温公传》。○卧后无欲无梦。怠胜

十月二十三日（11 月 26 日）

候潘伟如廉访。○拜程藻安寿。○候袁敬孙。○至璞臣处，吊其新丧子妇也。○答紫云曾叔祖，在河南作幕十馀年，近日始归。○芝生母舅来，晤谭良久。○高碧湄、黎慎斋同来。碧湄索画扇面，傍晚而去。○写对一、匾一。○灯下作书，复文卿。○卧后无欲梦正。怠胜

十月二十四日（11 月 27 日）

至乐桥，查烟馆。至司前街、三多巷一带，查地保所报未歇之烟馆，家喻而户晓之，俾烟馆不受书差之累，欲以慈心济严法，不知能见效否也。○至柳巷谒岳父。○至保甲局。○午刻归，写文卿信，写京信，至夜始毕。○夜卧无欲无梦。怠胜

十月二十五日（11月28日）

西山来晤。○母舅因讼被押，咎由自取，余为函致汪耕馀邑尊，请其严加申饬，实为保全韩氏起见，无他意也。○璞臣来晤。○吴小珊来，为之函荐沈瘦珊处教读一席。○写扇面四。○灯下读欧文。○卧后无欲梦清。敬胜

十月二十六日（11月29日）

至牙厘局，候子永先生，论为学之道。道理本极平淡，即非道理。○乾卦以潜龙为本，虽飞龙亦不失其为潜，不潜即亢矣。○圣人于子臣弟友，慎其所以感之者，不言应可也，一言应即涉功利。○圣人以善恶为吉凶，今人以所趋所避者为吉凶。至花桥巷吴迈公处，道其令爱出阁喜。○至椒坡处，贺其令侄吉席。○申刻归，写京信。○灯下写京信。○卧后无欲无梦。

十月二十七日（11月30日）

闻彭文敬灵柩已到胥门，与三弟同舟往吊，晤芍亭兄、岱霖弟及康侯、掌丝，谭至下午。芍亭与余兄弟谊同骨肉，相别一年，情意倍切，不觉言之长也。○与三弟同至退楼丈处，少坐归。○灯下复虎峰书，致望云前辈书。○卧后无欲梦正。

十月二十八日（12月1日）

复伯声同年书。○至顺之年伯处，因伟如廉访欲邀三弟赴闽中，三叔以为可，余托椒坡往允之。○至保甲局。○至书局，晤刘泖翁。○至胥门芍翁船上，抵暮而归。○灯下读欧文。○卧后无欲梦清。

十月二十九日（12月2日）

戴步瀛招饮喜酒。○伟如廉访来晤。○写扇二。○接翁叔平年伯书，以李兰生前辈所书文端公墓志铭属为勒石。○夜卧无欲无梦。

十一月

十一月初一日（12 月 3 日）

与大兄、三弟同至胥门马头，候彭文敬灵柩，入城送至葑门宅内。午刻，安位毕，随众宾一拜而退。〇至长洲县署，候广盦久不归，与穗甫晤谭片晌。〇至石子街，答顾肯堂表舅，不值，遂归。〇检点书案及各信札。〇和卿二弟自八月中旬归自虞山，久患咳嗽，痰多而臭，医家云此肺痿也。至十月下旬，脾泄气促，日沉一日。是日，病益剧，举室皇皇，恐其痰壅而气脱，不胜愁闷。〇夜卧无欲梦杂。敬胜

十一月初二日（12 月 4 日）

清晨，闻和卿弟病势益重，危在呼吸，往视数四，竟日不敢出门。

〇清轩先生来，将于初四五日归楚北也。〇写对四副。〇吾同祖兄弟六人，和卿补府学廪膳生，又习钱谷之学，规模已具，渐可及锋而试，方冀各图进取，共振家声，不意卧病两月，遂至不起，竟于是日申刻去世。呜呼，悲哉。和卿有一女而无子，年才三十有二，书生命薄，天不假年，其何以慰吾叔母，更何以慰吾祖母耶。〇约计和卿弟丧事需用洋蚨二百馀枚，五叔及三弟各任五十，其馀大兄与余分任之。适三叔感冒卧床，不欲令三叔知之，一切棺衾之属，亦于前日预为之备矣。〇夜卧无欲无梦。敬胜

十一月初三日（12 月 5 日）

何子永先生招饮，倪载轩夫子大世兄娶妇，沈百川令郎娶妇，王平之续娶，均辞不赴。〇为和卿弟丧事，竟日不出门，检理书籍笔砚等物。〇吴槎仙来探丧。〇夜卧无欲无梦。敬胜

十一月初四日（12 月 6 日）

和卿弟大敛，亲族朋友来探者数十人，事毕已申刻矣。

○二叔母悲伤过甚，陡然气塞，目定口闭，良久始苏，举家为之惊愕。○薄暮，椒坡来晤。○灯下复沈瘦珊信。○卧后有欲。敬胜

十一月初五日（12 月 7 日）

彭文敬于是日设奠，晨往陪宾，至申刻而散。○至长洲县署，少坐即归。○夜饭后，至均初处，杂谭良久。○卧后无欲梦多。敬胜

十一月初六日（12 月 8 日）

至紫阳书院，送清轩先生归楚。○为王竹生大令画扇一、写扇一。○泖生、碧湄、莼斋[①]先后来谭，至申刻而去。○璞臣、子昭来晤，共论为学之道。子永先生禀赋厚，故精力足，读书多，故见理透。○多言不能尽纯，必有一二出入语。○先难后获，学者只管从难处做。○好胜必多大言。○薄暮，至保甲局，旋归。○夜卧无欲梦清。怠胜

十一月初七日（12 月 9 日）

至王仙根处，贺其令弟入泮喜。○至小日晖桥，贺陶轩令郎入泮喜。○至钱省三处，访问刻碑工价。○至陈年伯母处，以各同年所助洋送去。闻其将赴徽州，依茹香先生也。○归午饭。○午后，至退楼丈处，不值。与岚坡、槎仙、芝亭至护龙街、观前散步而归。○灯下看《尧峰文钞》。○卧后无欲无梦。怠胜

十一月初八日（12 月 10 日）

写封二。○至退楼丈处，欲请张玉甫刻翁文端墓志也。○碧湄招饮，座中惟泖生、莼斋二人。同席多戏言。○午后归，梅先来索书铁香炉烛檠款识十馀纸。○灯下作《旌表姓氏

① 莼斋：黎庶昌（1837—1898），字莼斋。贵州遵义人。曾随郭嵩焘出使英国，任驻英参赞，后任驻日本国大臣。曾搜集中国已佚善本，刻成《古逸丛书》，书版后运回国内，存于江苏官书局。

录序》半篇。○卧后无欲梦杂。

十一月初九日（12 月 11 日）

至葑门旗杆里，晤芍亭兄、岱霖弟、康侯、掌丝两生。芍翁以叔平年伯所书御碑文属为选工摹勒。○岱霖出示翁覃溪阁学手书唐人绝句。午后至长署，晤萧穗甫。○至醋库巷口，晤砚田叔岳，托其向仁卿叔岳借洋百元，为和卿弟丧用也。○问赵姨丈病。○暮归。○灯下看《尧峰文钞》。○卧后无欲梦清。

十一月初十日（12 月 12 日）

写扇一柄，送毕孙帆令郎入泮之喜。○吴小珊来晤。○砚田叔岳来晤。○钱省三来，以彭文敬碑文托其购石。○至孙帆处贺喜，饭后归，已申刻矣。○三叔于前月杪卧病，痰多气喘，饮食大减，睡少神倦，日来因久坐不能平卧，两脚浮肿，气分虚弱，较甚于去冬之病，甚为焦灼也。○夜卧无欲梦正。

格致之学

诚意之学

正心之学

修身之学

齐家之学

治平之学

十一月十一日（12 月 13 日）

竟日不出门。○是日三叔气喘稍定，烦躁亦少平矣。○写扇二柄，送陶子春令郎幼如、诒孙令郎万书入泮之礼。○灯下为复斋作《旌表姓氏录序》半篇。○卧后有欲。

十一月十二日（12 月 14 日）

画扇二，写扇五。○是日，三叔服参汤，气分稍足，夜卧亦安，渐有把握矣。○灯下检阅《说文辨体》[1]十馀字。○卧后无欲梦清。

十一月十三日（12月15日）

答潘伟如廉访，不值。○答芸舫前辈，旋归。○为椒坡画扇一柄。○午后，至紫阳书院。○退楼丈招饮，同席者艮庵、敩闲两丈及伟如廉访也。席散归，已戌刻矣。○夜卧无欲无梦。敬胜

十一月十四日（12月16日）

赵晋卿同年之祖母约吊，陪宾半日，饭后归。○写条幅二、横披一。○灯下查《说文辨体》十馀字。○卧后无欲梦清。敬胜

十一月十五日（12月17日）

敩闲丈来，问三叔病。○伟如廉访来，为三叔诊脉。○午后，至退楼丈处，候张玉斧，不值，归。○文卿同年自歙来吴，将作入都之计，谭至夜深而睡。○是夜无欲梦清。怠胜

十一月十六日（12月18日）

至椒坡处，晤谭片晌。○候潘鹤笙、芸台两观察，均不值。○至退楼丈处，晤张玉斧，以翁文端墓志托其摹刻。○潘伟如廉访招饮，席终无失言。○至俞荫甫师处。○暮归。○灯下看《说文广义》。○卧后无欲梦正。敬胜

十一月十七日（12月19日）

与晋卿弟同至璞臣处，吊其子妇之丧。○至静知芳草园中，晤谭良久而归。○至紫阳书院，看《朱子文集》十馀叶。○至卓卿叔祖处贺喜，是日步云叔娶妇回门也。○暮归，与文卿谭至二鼓而睡。○是夜无欲无梦。敬胜

---

① 《说文辨体》：吴大澂研究《说文解字》的著作，仅见残稿流传，现藏于私人处，似乎最终没有完成全稿。

十一月十八日（12 月 20 日）

芍翁来谭，至午刻而去。〇午后至保甲局，同达泉查庙前、护龙街一带烟馆，至饮马桥以南而止。〇候徐子晋，晤谭良久，暮归。〇与文卿夜话。敬胜

十一月十九日（12 月 21 日）

写对二副。〇伟如[①]廉访招余课其令郎子宜名志厚。读，是日到馆。〇午后，至载轩师处，不值，归。〇祀先，敬肃。〇是夜，文卿于夜饭后登舟，明日早行矣。〇卧后无欲梦清。

十一月二十日（12 月 22 日）

长至，行贺节礼，拜祠堂。〇午后，至保甲局，议传地保禁烟事，凡各烟馆不遵禁示者，查出后责令具结到局，不复送县惩处，于严禁之中，仍寓体恤之意也。〇至敉闲丈处，旋归。〇是晚，为伟如、椒坡饯行，邀筱涯、韵初作陪，席散已亥刻矣。〇卧后无欲梦清。

格致之学

诚意之学

正心之学

修身之学

齐家之学

治平之学

十一月二十一日（12 月 23 日）

至伟如廉访处，午后归。〇敉闲丈邀往观剧，薄暮赴席，戌刻归。〇是夜无欲无梦。怠胜

---

① 伟如：潘霨（1816—1894），字伟如，号韡园。江苏苏州人。同治七年（1868）任山东按察使，官至贵州巡抚。其家在苏州城中富仁坊。

十一月二十二日（12月24日）

清晨，写卞颂臣[①]夫子信，由三弟带去。三弟于是日午后偕伟翁同行。○至混堂巷贺叶咏仙令郎叔枚兄吉席。○至伟如廉访处送行，则已登舟矣。○至盐菜巷陆砚田叔岳处，贺其令郎吉席，饭后归。○璞臣来晤。○韵初为椒坡饯行，同席者鹤巢及余兄弟两人，戌刻散。○是夜无欲梦清。怠胜

十一月二十三日（12月25日）

袁敬孙来晤。○录李二曲先生《垩室录感序》一篇。○午后，至保甲局。○至书局，晤复斋、辰田，适子昭、仁卿亦来。○暮归。○灯下看《说文》。○卧后无欲梦正。怠胜

十一月二十四日（12月26日）

至保甲局，偕达泉同查烟馆，由中街路至皋桥舒巷折而南，由石塔头、黄鹂坊桥衖至申衙前回局，共查三十馀家，均严声厉色，谕令歇闭。○申刻归，涂朗轩[②]观察来晤。○夜卧无欲梦清。敬胜

十一月二十五日（12月27日）

至胥门答涂朗轩观察，则已解缆矣。○至侍其巷，答顾顾山前辈。○至中丞处，晤谭片刻。○至退楼丈处，拜许缘仲[③]观察。○至富仁坊巷馆中，午后归。○起贺年信稿。○夜卧无欲梦清。是晚，芝生母舅来晤，谭久而去。怠胜

---

① 卞颂臣：卞宝第（1824—1893），字颂臣。江苏仪征（今属扬州）人。咸丰举人，官至闽浙总督。

② 涂朗轩：涂宗瀛（1812—1894），字阆仙，号朗轩。安徽六安人。道光举人，历官苏松太道、湖南按察使、湖南巡抚、湖广总督等。

③ 许缘仲：许道身（1816—1873），字缘仲，浙江杭州人。监生，曾官常镇通海道。与吴云为儿女亲家。

十一月二十六日（12月28日）

至书局，晤泖生。○至紫阳书院。○看《朱子文集》。○芸舫前辈来晤，叶涵溪先生、璞臣、复斋先后来。○陶俶南来。○灯下起李少荃师处贺年信稿。○卧后无欲。敬胜

十一月二十七日（12月29日）

写竟日京信，至晚始毕。贺张叔平师年禧。○贺潘伯寅师年禧。○复翁叔平年伯信。○寄皞民信。○复柳门信。○西山来晤。○雅宾来晤。○是夜无欲梦正。敬胜

十一月二十八日（12月30日）

写李少荃师处贺年启。○陶俶南来，作书答石子元，托俶南带杭转寄。○钱省三来，托其购翁文端墓志石。○午后，至退楼丈处，晤张玉斧。○退楼、敉闲、香严诸君子公请许缘仲观察观剧，招余往陪。余以饮酒演剧废时失事，颇不欲往，然又不肯拂主人之意，终席不胜局蹐，亦周旋世故之病也。夜饭后归，几及二鼓矣。○是夜无欲梦清。怠胜

十一月二十九日（12月31日）

到潘氏馆中。汪载云亦于是日到馆，为伟翁之三世兄课读也。○为子宜讲《论语》两章。○查《说文辨体》数字。○暮归。○夜卧有欲。敬胜

十一月三十日（1870年1月1日）

到馆。○查《说文辨体》数字。○为子宜讲《论语》三章，讲韩文一篇。○申刻至紫阳书院。○看《朱子文集》。○薄暮至保甲局，旋归。○灯下写篆书条幅四帧。○致涂朗轩观察信。○卧后无欲无梦。敬胜

格致之学

诚意之学

正心之学

修身之学

齐家之学

治平之学

十二月

十二月初一日（1月2日）

大兄赴上海，余作书致椒坡一函，致王竹生大令一函，皆由大兄带去也。〇写对五副。〇至退楼丈处，敉闲、秉斋丈先后来，晤谭半晌。〇午刻到馆。〇为子宜讲《论语》三章，讲韩文一篇。〇查《说文类辨》十馀字。〇暮归。〇灯下作书，唁龚凤台同年丁内艰，托琬卿弟带至崇明。〇卧后无欲梦清。敬胜

十二月初二日（1月3日）

写对一副。〇贺英茂文观察接粮道篆。〇至德昌栈答郑爱庐年伯。〇至大王家巷吊俞如英本生母之丧。〇到馆。〇为子宜讲《论语》三章、韩文一篇。〇查《说文类辨》十馀字。〇闻昨夜顾家巷失火，系元和县刑房，烧死三人，余因至江子山处及费芸舫前辈处问之。〇暮归。〇灯下补写日记，看荫甫师《宾萌外集》。〇卧后无欲梦杂。敬胜

十二月初三日（1月4日）

天雨燥热，竟日不出门。〇璞臣来，谭及保甲禁烟事，余以绅士不能着力，如何严办之法，只得听诸官长也。〇请璞臣为三叔诊脉，脉象尚不过虚，唯气阻不能通利，旁溢四肢，筋络胀满，宜先导气，由小便而出。因三叔不肯服药，但用车前子一味煎汤服之，未知能见效否。〇为沈瘦珊夫人作祭文半篇。怠胜

十二月初四日（1月5日）

至鹤巢馆中，以顾肯堂表母舅所借洋蚨十枚托其转交。

〇到馆。〇为子宜改文半篇，讲《论语》三章。〇查《说文类辨》数字。〇至紫阳书院，晤潘芝岑。〇至书局，晤刘泖生，索其所钞孙月坡诗稿。〇暮归，为沈瘦珊夫人作祭文半篇。〇三叔忽然痰闭气逆，耳目昏眩，不省人事，举家为之惊慌，仓卒之间，茫无措手，徐进橘红半夏汤，痰声如沸，病势甚危，自夜饭后起直，至黎明始苏，脉象忽有忽无，甚可虑也。〇余俟天明少睡片刻。敬胜

十二月初五日（1月6日）

托守愚二叔至赵达泉处，为三叔看寿器。〇至紫阳书院，答杨滨石[①]前辈，旋归。〇三叔脉象稍平，侄辈轮流侍疾，顷刻不可离人也。〇下午，作书寄大兄、三弟两函，以三叔病情告之。〇明日和卿弟约吊一日，先于是日收拾书籍，布置一切。〇夜卧无欲梦清。敬胜

十二月初六日（1月7日）

五鼓起，为和卿弟题主。〇客来吊者八十馀人，傍晚时送柩至中街路下船，回吉已上灯时矣。〇三叔由书房迁卧内室。〇是日下午，心气微躁，尚不致形于辞色耳。〇夜卧无欲无梦。怠胜

十二月初七日（1月8日）

到馆。〇为子宜讲《论语》三章、韩文一篇。〇书沈瘦珊夫人祭文一篇。〇暮归。〇广盦招往商酌各事，夜饭后归。〇卧后梦邪而失。敬胜

十二月初八日（1月9日）

三叔因卧房黑暗，不见日光，寒气尤甚，甚欲仍移卧米庵，

① 杨滨石：杨泗孙（1823—1889），字钟鲁，号滨石。江苏常熟（今属苏州）人。咸丰二年（1852）榜眼，官至国史馆协修。

性急如火，不肯少待，余因劝其移榻厢房，屋小而暖，较为爽朗。遂唤匠装一玻璃风窗，余督同沈桂用东洋纸糊窗半日，使上下无一隙漏风之处，居然一燠室矣。三叔于申刻移卧厢房。〇潘鹤笙观察来晤。〇傍晚，至敉闲丈处，不值。〇至保甲局，旋归。〇夜饭后，偕润之弟至观前，因三叔房内逼窄，无点灯之地，买洋玻璃壁灯二盏而归。〇卧后无欲梦清。是日下午，大兄自上海归，盖坐脚踏小船，一夜半日行三百里，可谓速矣。敬胜

十二月初九日（1月10日）

到馆。〇为子宜改文半篇，讲《论语》三章、韩文一篇。心甚粗忽。〇写对五副。〇松生、筱涯来晤。〇暮归。〇三叔烦躁竟日，夜饭后尤甚。请蕴山诊脉，以竹沥沉香汤进之。〇夜卧有欲。怠胜

十二月初十日（1月11日）

至书局，晤陈辰田及复斋、少鹤。〇至紫阳书院，晤张仁卿及梦萱、厚甫诸君。〇至退楼丈处，少坐片刻。〇到馆。〇为子宜讲《论语》三章、韩文一篇。〇查《说文类辨》十馀字。〇暮归。〇灯下阅孙月坡丈词稿。犹忆庚申年三月，余馆外祖家，月坡先生以诗稿十馀本相属，曰：“吾老矣。吾子孙不能守楹书，吾死之后，恐遂散失，子为我藏之。”越一月，寇至。先生殉难，诗稿亦付诸兵燹，至今以为憾事。适闻泖生处藏有孙月坡先生残稿，借来一读，欲托狄海清钞一副本也。〇夜卧无欲梦清。

格致之学

诚意之学

正心之学

修身之学

齐家之学

治平之学

十二月十一日（1月12日）

到馆。〇查《说文类辨》十馀字。〇写对三副。〇为子宜讲《论语》三章、韩文一篇。〇暮归。〇灯下起信稿。寄江西平景孙师。〇卧后无欲梦清。敬胜

十二月十二日（1月13日）

至曹胡徐巷，祝张东亭寿。〇至石子街候顾少逸，有规劝语，意颇恳切。〇至通关坊天王寺，吊王仲松之尊人。〇到馆。〇为子宜讲《论语》四章。〇午后归。〇写平景孙师一启。〇傍晚祀神。〇是夜无欲无梦。敬胜

十二月十三日（1月14日）

到馆。〇写《说文类辨》目录二百馀字。〇写篆书条幅一纸、对三副。〇至紫阳书院。〇暮归。〇灯下在三叔房内侍疾。〇卧后无欲梦失。怠胜

十二月十四日（1月15日）

至斌升店答周雅赓。〇至应敏斋廉访处，不值。〇至长洲县署，晤广龠及穗甫、子泉、咏岩诸君子。〇至芍翁处，谭良久。〇至狮子口，答陈菱舫。〇申刻归。〇是夜祀先，敬肃。〇在三叔房内侍疾。〇卧后无欲无梦。敬胜

十二月十五日（1月16日）

失行朔望礼。〇砚田叔岳来晤。〇至保甲局。〇至书局，候刘泖生，不值。〇至紫阳书院。〇璞臣来晤。〇午后，至富仁坊巷馆中。〇为子宜改文半篇。〇暮归。〇夜卧无欲梦清。

十二月十六日（1月17日）

清晨，泖生来晤。〇至石子街颜氏，见表舅母，为借钱

事调停一番。余多以正言劝之，尚不致龃龉也。○回家午饭。○到馆，为子宜讲《论语》三章。○保甲局邀往议各段抽查事。○暮归。○灯下作书致广盦，为顾少逸说项也。○卧后无欲梦清。

十二月十七日（1月18日）

应敏斋廉访来晤。○到馆。○为子宜讲《论语》三章、韩文一篇。○写《说文类辨》目录二百馀字。○写篆对三副。○暮归。○灯下致江西沈伟卿同年书。○卧后有欲。

十二月十八日（1月19日）

至北街答李质堂军门。○答周存伯，不值。○至江子山处，贺恩贡悬匾喜，及其令郎吉席。○候香严、小舫两廉访，不值。○至顾子山丈处，贺其令孙吉席。○至退楼丈处少憩，旋归。○写篆书“神”字轴，又对一副。○灯下续致伟卿书。○卧后无欲梦杂。怠胜

十二月十九日（1月20日）

到馆。○为子宜讲《论语》三章、韩文一篇。○为徐静山榷使写条幅四纸。○暮归。○连日三叔病势不见起色，胃纳甚少，心甚忧之。○夜卧无欲无梦。敬胜

十二月二十日（1月21日）

至芍翁处，并至文敬公柩前展拜。因廿二日举襄，不克往送耳。○至长洲署，晤萧穗甫。○到馆。○为子宜讲《论语》三章、韩文一篇。○暮归。○夜卧无欲梦清。

十二月二十一日（1月22日）

到馆。○为子宜讲《论语》三章、韩文一篇。○写对三副。○写《说文类辨》目录百馀字。○暮归。○灯下作书复秋谷，托周雅赓带去。○卧后无欲无梦。怠胜

十二月二十二日（1月23日）

至紫阳书院，晤芝岑、梦萱。〇至斌升栈，为周雅赓送行。〇至富仁坊巷馆中少坐，是日解馆。〇陈菱舫尊人春缘先生归葬，在灵鹫寺告窆一日，邀往陪宾。〇薄暮归。〇灯下致湖北书局张廉卿[1]信。〇三叔连日脾泄，昼夜一二十次，势甚危险。至是日亥刻，痰气上壅，神昏目定，请蕴山诊脉，以石菖蒲下之，闭塞不开，家人惊愕万状。余以三弟远在闽中，恐一时不能即归，五内如焚，莫可奈何也。

十二月二十三日（1月24日）

三叔自昨夜二鼓时痰闭不醒，竟夕不作一语，气息奄奄，延至辰刻，陡然而逝。呜呼，哀哉。自三弟赴闽，未及一月，而三叔病体一变至此，殊出意料之外。方冀去春不远，扶过年底，渐有转机，三弟亦可归来省视，不意病势日增，竟至不起。不知年内福建轮船有无到来，言念三弟，泪下如雨，不禁痛哭失声。〇作书致上海汪静岩，托其打听福建轮船消息。〇午后，作书致上海沈瘦珊、庞芸皋，冀三弟日内到申，托其致信催令速归也。〇写报丧客目底。〇是夜至子刻始睡。

十二月二十四日（1月25日）

敦闲丈来唁。〇托潘达泉往布典说定彩匠工价。〇广龕来唁。〇作挽联一副云：承先人于十二年间教养兼施联叔侄弟兄为一体，有游子在三千里外音容遽杳合比闾亲族以同悲。〇又代五叔作挽联一副云：忆卅年失怙以来手足幸相依乱后还家欣复旧，痛两月沉疴不起肝肠愁欲断亲前忍泪默含悲。〇是夜亦

① 张廉卿：张裕钊（1823—1894），字廉卿、濂卿，号濂亭。湖北武昌人。道光举人，入曾国藩幕府，为“曾门四学士”之一。书法独辟蹊径，融北碑南帖于一炉。

至子刻而睡。

十二月二十五日（1月26日）

三叔小敛，亲族朋友来唁者六十馀人，未刻成敛。余与诸父兄弟皆哭失声，念三弟未归，不及亲视含敛，痛不可忍。

十二月二十六日（1月27日）

书挽联二副，书篆对二副。○李眉生廉访来唁。○槎仙来唁。

十二月二十七日（1月28日）

三叔大敛，亲族朋友来唁者一百七十馀人。是日，无刻不念三弟，望眼欲穿，至未刻成敛时，竟不及赶到。五内如焚，不堪言状。

十二月二十八日（1月29日）

写对四副。○叔涛年伯来，岱霖来，谭至申刻而去。○薄暮，至云蓝阁买纸。○夜卧无欲无梦。

十二月二十九日（1月30日）

至紫阳书院。

同治九年庚午（1870）

正月

元旦（1月31日）

黎明起，拜祠堂。○至各尊长前叩贺新禧。○因三叔新丧，不忍遽易吉服花衣，期内不出拜客，亲友来贺者概辞不敢当，拟过眚回后，再往谢步。○写篆书对十副。○夜卧无欲梦清。

正月初二日（2月1日）

写篆书匾一、对五副。○夜卧无欲无梦。

正月初三日（2月2日）

检理亲友往来信札，分别存留。

正月初四日（2月3日）

书《说文解字标目》一篇。○夜卧无欲无梦。

正月初五日（2月4日）

至灵鹫寺拜彭中堂夫人八十冥诞，旋归。○杂观《小学类编》数十叶。

正月初六日（2月5日）

摘录《说文类辨》百馀字。

正月初七日（2月6日）

摘录《说文类辨》百馀字。

正月初八日（2月7日）

黎明起。是日系三叔眚回之期，延道众在家礼忏一日。○杨韶和来吊。○王竹生来晤。○彭岱霖来晤。

正月初九日（2月8日）

至胥门路答拜各亲友三十馀家，在济元亨公账房午饭。

正月初十日（2月9日）

富仁坊巷潘氏开馆，余晨往少坐。○是日在程公祠公请彭芍翁与叔涛丈，江鹿门兄、璞臣、复斋同作主人，午刻往，申刻散席。○至娄门路答拜各亲友十馀家。○抵暮归。

正月十一日（2月10日）

午后至退楼丈处，暮归。○是日为余莲村作《一得录序》。

正月十二日（2月11日）

大雨竟日，至盘门路答拜亲友十馀家。○至紫阳书院。

○至恤孤局午饭。○由张广桥、桃花坞而至牙厘局，答拜十馀家。○暮归。

正月十三日（2月12日）

至承天寺、装驾桥、花桥巷一带，由萧家巷、严衙前至葑门，答拜亲族二十馀家。○至彭芍翁处贺其令郎康侯吉席。○午后，至长洲署，遇雨。○至赵姨丈处、陆仁卿叔岳、砚田叔岳处，遂归。

正月十四日（2月13日）

写张方伯太夫人寿联。○致吴晓帆丈一书。

正月十五日（2月14日）

廖养泉明府来晤。○曾君表昆仲来晤。

正月十六日（2月15日）

至西白花巷吊玉书叔祖。○至藩署祝方伯太夫人寿。○至大仓口答刘芝田方伯、廖养泉明府。○至新桥巷见校邠师。○至抚署见中丞。○又答拜亲友十馀家，遂归。

正月十七日（2月16日）

至程公祠答拜蒯子范[①]观察。○答拜娄门路亲友数家，遂归。○邵星卿来晤。○作书致柳门、缉庭。○中丞招饮，同席者为彭芍翁、子永先生及璞臣、复斋也。席散，又同芍翁、复斋至广盦处夜饮，沈仲复、费芸舫两前辈与韵初皆先在矣。二鼓始归。

正月十八日（2月17日）

作书致畬香。○唁彭心壶丁内艰。○午后至敉闲丈处，不值。至保甲局。○香生招饮，薄暮与梅先、韵初同往。

① 蒯子范：蒯德模（1816—1877），字子范，号蔗园老人。安徽合肥人。时任长洲知县。

正月十九日（2月18日）

至混堂巷答赵星卿，麒麟巷答吴语樵。○李质堂军门招饮，余先至，在张玉珊处晤谭良久。客到后，乃赴席，座中惟校郊师、赵谨川、潘莘田两观察，席散已傍晚矣。○候涂朗翁及子永先生，不值。○李薇生观察招饮，同席者芍翁与叔涛丈，戌刻始散。

正月二十日（2月19日）

到馆。○写条幅一纸。

正月二十一日（2月20日）

三月

庚午仲春薄游鄂渚[①]，适吾师合肥相国奉督师入陕之命，部署诸军，添招马队。越一月，武毅、盛仁各营次第拔队先驱。师相于二十四日启节，招大澂入幕府，襄理文墨。先一日，戒行李。至同乡潘椒坡、秋谷处话别。夜归寓，检理书簏，三鼓始睡。

三月廿四日（4月24日）

接大兄书，由汉口礼记送来。时与费芸舫前辈同寓杨艺芳观察处。芸舫亦于是日东归，余以衣笥及零星书本托带回家。午后，至望山门外鲇鱼套登舟，同舟者李君少石文杏、赵君敬甫熙文、沈君子梅能虎。余先渡江至汉口礼记号中，作家书，托叶小斋转寄。是夜，帅舟及从者三十馀舟同泊汉口。

三月廿五日（4月25日）

舟行三十里，泊掩路口。船窗无事，展秦鄂豫三省地图，用丹黄设色，以清眉目。见白云轮艇泊江心，唤一小舟，与少

① 薄游鄂渚：同治九年（1870）春，吴大澂游湖北武汉。

石、子梅同往。司白云者为金陵马汉卿声焕，啜茗一杯，登其顶观机器，迤逦而下，归舟微雨。徐幼岩庆铨、诸肖菊可权、饶子维应祺、陈特庵同年达过舟来，皆幕府同事也。

三月廿六日（4月26日）

三十里至蔡甸，又六十里至新沟，雨竟日不止。舟中钞节相折片各稿。

三月廿七日（4月27日）

自新沟放舟六十里，隐隐见小县城，负郭居民濒河而处，岸旁结彩棚，观者骈阗数百人，若引领而望帅舟之至，此汉川县令迎谒处也。又三十里，至系马口，泊焉。登岸散步，小立柳阴中，徘徊久之，堤高数丈，下临茅屋，麦陇菜畦，一碧弥漫，夕阳西下，归舟夜饭。幼岩、肖菊、子维并来，相与作射覆[①]戏，杂以谭笑，候帅舟不来，不知泊何处矣。

三月廿八日（4月28日）

为子梅作篆书扇面，忽闻船唇触岸，訇然一声，如悬崖倒堕，奔突深涧，舟子震恐，余亦起视，知堤身为旋流所激，土裂如削，下陷深流，散为怒湍，水溜本急，一里一曲，坡壅其前，势益狂猛，时有沙土层层剥落，推波助澜，无风自惊。闻肖菊舟中有篙工失足堕水，下流箭疾，瞬息数百里，不知其生死。又闻炮船一勇丁亦溺于水，心为恻然。是日行九十里，泊西河亭。夜饭时闻岸旁有小舟，自苏州来者，询之则姚子贞先生之子雨田，名霆，带到家书一函及退楼丈书，槎仙、岚坡各信。

三月廿九日（4月29日）

舟中写扇面一。风利扬帆，六十里过脉旺嘴，三十里抵仙桃镇，泊焉。与少石同至帅舟，听许仲韬谭关中风景。

① 射覆：中国古代民间的一种猜物游戏。

三月三十日（4 月 30 日）

为少石写楷书一页，钞摄政王致史阁部书，及史公复书两篇。连日帅舟用白云轮船拖带而上，是日轮船回驶，恐上流多沙滩，水浅碍轮，转动或不灵耳。夜泊窑口，自仙桃至此八十里，入天门县境，县令蒯平叔正昌来晤。

四月

四月朔日（5 月 1 日）

作家书，并复退楼丈及岚坡信，交蒯平叔使者，由马封递寄。时适至岳口小泊，距窑口三十里耳。又六十里，至张集港，与敬甫、子梅登岸，闲行石桥野市数十家，鳞比绮错中有一亭翼然高耸者，关帝庙也。庙左有万寿宫，外筑高堤，以防水患。堤旁砌石为级，行人往来如梭织。帅舟及各炮船连樯而泊，旗帜互举，烂然如赤城之霞，观者蚁集，余亦襄羊久之。是日，舟中钞淮军饷银拨放各款目，看《胡文忠集》。

四月初二日（5 月 2 日）

自张集港行三十里，过大泽口，又四十五里，至聂家湾。风雨骤至，船不得泊，舟子手纤绳抵坡下，峭直如壁立，猿附而上，挽舟前行数百步，始系缆焉。帅节久不至，在隔岸维舟，相距数里矣。

四月初三日（5 月 3 日）

钞湘乡相国《议礼疏》。七十里过多宝湾，三十里抵沙洋，泊。偕裴樾翁诣帅舟，谭及苏城克复时，郑国魁入贼中行间颠末。当时用诡计诱降，皆国魁之力。此吾吴人所不知，节帅因为余言之甚悉。

四月初四日（5 月 4 日）

四十里过臼口。水之东岸为京山县境，西岸为荆门州界，自大别至此，十日不见山色矣。船窗徒倚，遥望岸西，两山如蛾眉横亘数十里，疑即《禹贡》所谓内方者，询之舟人，曰马良山也，距臼口已三十里。又三十五里，抵唐家湾，泊舟。是日，为节帅复勒少仲观察信。看《胡文忠集》。

四月初五日（5月5日）

写扇二柄。看尹杏农先生奏稿一本。晚泊安陆府城外四五里。是日，风不利，水势多旋折，两岸皆新长沙，挽舟者辄凫水行，水没其膝，竟日行七十里耳。

四月初六日（5月6日）

舟行百馀里，泊赵家集。自安陆府西北行，中有一河，去年为水所冲，堤溃不得筑，成此巨浸，较故道近二十馀里。不知其名，舟人云。

四月初七日（5月7日）

为特庵写篆书扇面。宜城令陆彦颀佑勋来晤，常州同乡，与敬甫有葭莩亲[1]，久而去。是晚泊宜城县，距城仅五里许，去襄阳尚有百二十里。

四月初八日（5月8日）

行三十里。风雨骤至，舟不得前，遂系缆荒野中。至晚雨益甚，篷背淅沥声与风声水声相间而作，船旁更鼓声和之，如相应答。舟中数人，寂然无语，各翦烛看书。夜阑始睡，不知床头衣被都沾湿矣。

四月初九日（5月9日）

晨起，天极冷。雨丝风片，吹打船头，仍不得行。午后雨止，云气稍敛，舟行十馀里。风不甚利，泊焉。四五日来，余

① 葭莩亲：远亲，关系疏远的亲戚关系。葭莩之亲，典出《汉书·中山靖王传》。

取胡文忠公所刻舆图，以丹黄别之，各省郡县及巨川大泽，悉加标识，爽若列眉矣。

四月初十日（5月10日）

行七十馀里，薄暮抵襄阳，与帅舟同泊樊城。节帅于初八日奉到字谕，以黔省遵义教案未结，仍令督饬余道思枢妥速办理。是晚以洋务各信稿出示，属拟致黔抚信，详述源委，谭至二鼓后始归舟睡。

四月十一日（5月11日）

拟致黔抚曾枢元璧光信稿。午前由樊城放舟至襄阳，师相驻节大北门内鹿门书院，同幕诸君子先后入行馆安排几席。芝门来晤。夜写曾信。

四月十二日（5月12日）

起信稿一。午后答拜襄阳令及艺舫、樾岑、芝门、亦谢诸君子。

四月十三日（5月13日）

抄洋务各信。薄暮，偕少石、敬甫、子梅试马数里。至学宫旁，观龙影壁，土人郑重言之，相传为楚襄王时物，其实不过一雕龙青石耳。

四月十四日（5月14日）

相君芝卿恩祚招同少石、特庵、敬甫、子梅并杨抱山、朱慎斋游隆中。出西门外，马蹄得得，一路看山，薄云在空，半阴半晴，汉水一曲，时隐时见，高冈斜迤，群峰若抱，零落村舍偃处山麓，驴病如犬，牛瘠若豚，据鞍而过，目击心恻。行二十馀里，过一木桥。子梅为先导，马惊堕水，衣履沾湿，鞭在手而帽不落，旁人愕眙良久，子梅谭笑自如，然亦危矣。又数里，见寺门隐约在万绿阴中，榜曰紫气东来，则广德寺。

下马小憩，寺僧酌茗饮客。询以丞相祠，曰去此不远矣。遂欣然而往，行行三四里，树色山光，扑人眉宇，卷风新麦，远连山椒，零星野花，时堕溪硐，峰回路曲，有庙翼然高耸，门有“古隆中”三字，为武侯庙。庙中遗像纶巾羽扇，肃然穆然，其西为三义祠，祠西游客座阶前，白芍药盛开，徘徊不忍去。庙西为草庐遗址，攀林而上，更数十步，有小亭覆一石刻，亦武侯像，其下有诸葛井。庙中有杖，高二寻。有履，长尺四寸。有木钵，容斗米。相传为明季王镇福昌遗物。茶话片晌，斋厨出蔬面啖之。揽辔出门，循山径而下，仍至广德寺，芝卿携酒榼来，相与饮乐，登多宝塔，望墙外松林葱郁，苍翠欲滴，塔前有大银杏树，列坐其下，披襟脱帽，谭笑自适。微雨骤来，游兴顿阑，遂怅然归矣。是日，周茀卿有荃参戎来寺同游，带有两炮艇，邀往同归，顺流而下，顷刻进城。

四月十五日（5月15日）

答欧阳崇如正墉观察，送蒋亦谢至荆子关，候陆紫兰、杨麐士、张藕舫。午后，抄洋务各信。夜，为师相拟复袁筱坞前辈信稿。

四月十六日（5月16日）

补书前日游隆中记。写袁信一封。

四月十七日（5月17日）

写信稿一。偕敬甫、子梅登昭明台[①]。台上有古楼，即文选楼，梁昭明太子与名士刘、庾辈论文地也。凭栏四眺，西南诸山环峙，郭外如拱如揖，如蹲虎，如翔鸾，或起或伏，绵亘数十里，云影览光，排闼而入，下瞰鳞屋，万家栉比，心目俱

① 昭明台：位于湖北襄阳。

爽，徙倚久之。夕阳西下，徐步而归。

四月十八日（5月18日）

偕敬甫、子梅渡汉水，访汤君彦泽正镛于樊城官廨。索观所藏书画，有汤雨生先生遗绘数帧，并《采石酹酒诗图》卷，不禁神往，展对数四。又见邓完白[1]草书联、吴山子篆书联，并皆佳妙。彦泽好风雅，气味极恬静，真鹿门吏隐也。谭至下午归寓，写家书。

四月十九日（5月19日）

写信一封。写家书，并致茉坡、秋谷信。

四月二十日（5月20日）

写信一封。

四月廿一日（5月21日）

为节帅起四川信稿三，夜缮正。

四月廿二日（5月22日）

以路程单书于折扇，以便省览，然费半日工夫，甚无谓也。起信稿一，致柳门信。

四月廿三日（5月23日）

写致大兄信，并寄闽中三弟一函。午后，移寓樊城。节相定于明早起车。是日，检点行李。相芝卿、周茀卿各携榼相饷，饮罢至艺舫寓中借马一匹。

四月廿四日（5月24日）

黎明起，微雨。登车，由樊川至叶家店，不歇，至吕堰宿。共行六十里。写信二封。

---

① 邓完白：邓石如（1743—1805），字顽伯，号完白山民。安徽怀宁（今安庆）人。清代著名碑学书法家。

四月廿五日（5月25日）

四更起。登车，四十里至新店铺，过唐河，又三十里至新野县。县令潘稚莼钟瀚新复白水书院，留帅驻节。余与诸君子俱宿焉。节帅属肖菊代书“投戈讲艺”四字为额，盖白水为光武发祥之地，书院毁于兵燹，是月始落成也。傍晚，作书致芍亭，适有都中便足，缄此托带，并附复柳门信一函。

四月廿六日（5月26日）

四更登车，行六十里，日未晡，宿瓦店。未至瓦店十里许，道旁有石牌，题曰汉帝光武故里，惜戎马倥偬之际，逐队而行，不获下车一访，殊怅然也。

四月廿七日（5月27日）

行三十里，天始明。停车小立，残梦乍醒，微风动衣，初日挂柳。余策骡而行，杂部伍间，先后踯躅，至南阳渡河，入城，宿察院旁市廛中。主人方晨炊，煮茗饮客，尘衫始拂，踞榻酣卧。正恬然自适，忽群贾持扇来，牵衣索书，络绎不绝，始颔之，中厌之，而终拒之。闻艺舫宿玄妙观，傍晚出博望门访之，不值。入室小憩，古木垂阴，盆花送香，精舍数椽，窗明几净，四壁皆名人书画，令人作尘外想，顿忘车马仆仆之劳。顷之，少石亦来，属羽客导游各院，登斗姥阁。阁前古柏环列，苍翠如画。白鹭数十，飞集其顶，点点如早春残雪，欲堕不堕，天机水流，烦想冰释。其东为藏经楼，主持张宗璇以御捻功诏赐龙藏全部，筑楼供奉之，并勒石纪其事，洵豫省西南一大丛林也。归寓得一联云：赤文绿字时有云气，青松白鹭养此道心。秉烛书之，留补观壁，以志鸿爪。

四月廿八日（5月28日）

四更出南阳东门，三十里至辛店，遇艺舫、少石，皆下车，策骑并行。又三十里，至博望宿，时才辰刻耳。博望为张骞故封地，审门外桥下立石大书，曰汉张骞封博望侯处。

四月廿九日（5 月 29 日）

由博望至赵州三十里，至廊封镇十八里，至裕州又十八里。四更登车，辰刻宿。四月二十三日陕抚咨称金积堡回逆穷蹙乞抚，惟逆目陈霖率陕回出窜草地，有由北山窜扰陕境等情。

五月

五月初一日（5 月 30 日）

四更起，行四十里至独树，二十里至保安驿宿，为时尚早。午睡初醒，闲步中庭，见寓壁古砖皆麻布文，或画五五，或为双鱼，或隐约作人兽形，种种模样，不可枚举。有字者绝少，摩挲于颓垣荒草间，得传形“大吉利”三字，掘而出之。又检得残文二，一曰“富贵”，一曰“篌文”，又有“庚申”字、“氏”字、“田”字各砖，深嵌壁中，不能尽取，或东汉功臣祠墓中物，色泽古黝，殊可爱玩，惜无年月可纪耳。是日黎明时过光武庙，未及停车而行，闻庙中有二十八将画像，有玉照堂藏名人翰墨极多，有泉曰扳倒井，相传为光武行军时遗迹。幼岩、肖菊、子维诸君子见之。

五月初二日（5 月 31 日）

三十里，至旧县。又三十里，至叶县宿。为节帅起洋务信稿二封，一致曾枢元中丞，一致余紫垣观察。是日，宿元隆当内。

五月初三日（6 月 1 日）

二十里至汝坟桥，四十里至襄城县宿。寓主姚姓，其远祖有为宫保者，厅事悬一联语云：鉴曲赐归唐贺监，玉门生入汉班超。旁无书款、年月，不知何时人也。是日，写信二。

五月初四日（6月2日）

车行三十里至长桥，天始明。又三十里，至郏县宿。起洋务信稿一。夜睡片刻，二鼓即起登车。

五月初五日（6月3日）

卯刻至长阜，尖，行四十五里矣。又四十里至汝州，与节帅同住察院中。夜写洋务信一封。二更始睡。

五月初六日（6月4日）

三更起登车，三十五里至庙下。余策骑徐行，遇帅车于小寨中。节帅易马揽辔疾驰，相随十馀里，至临汝打尖。又行三十六里，至白沙宿。

五月初七日（6月5日）

车行二十馀里，途遇李冠卿，招余下车，策小骡同行，过彭婆寨，小憩。帅车亦至，更以新购健骡属余，十馀里如驾轻就熟，控纵自如。顷刻渡伊水，见两山合抱，中缺一路，为车马通行处。循崖西转，蚁旋而入，白沙一片，浅水乱流，翠屏双开，群石林立，山麓古洞，如牖如窦，如杰阁高耸，如破庐下湫，罗列造像数十百躯。由山径而上，有亭有地，有木有泉，有寺[①]曰潜溪，中有石屋三大龛，龛各有佛，长数丈，就石成形，不施黍木，龛旁有碑，岿然独峙，即褚河南书《伊阙三龛记》[②]也。又有一碑，长不过四尺，字多漫漶不可识，额题八字，曰洛阳郡成老人壁记，摩挲久之。遂循山而下，行十馀里，过关林，与少石、艺舫同入瞻仰。为殿三层，殿各有像，或端坐，或把剑，或看书，或作卧像，最后为墓道，朱门双掩，幽宫邃然，松柏森森，拱立殿下，令人起敬起慕，悠然

① 有寺：河南洛阳龙门石窟奉先寺。

② 褚河南书《伊阙三龛记》：唐代书法家褚遂良《伊阙佛龛碑》。

发吊古之衷。其地距洛阳城十二里，驱车渡洛水，午刻进城，与节帅同住察院中。是日游伊阙，得一联语云：此地有五百尊者卅六洞天历汉魏隋唐而不知其岁，其流自熊耳西来龙门东去与涧瀍谷洛以同入于河。复一“其”字，屡改不称意，姑存之，以志游兴。

五月初八日（6月6日）

五月初九日（6月7日）

在洛阳憩息两日，如宿醒初解，恬然意适矣。洛阳太守陈子俶肇镛为同乡常郡人，与少石、敬甫同访之，获观所藏书画十馀种。出东门外，游千祥寺，寺有存古阁，为介休马介山恕所筑。壁间皆唐宋以前墓志铭、塔铭，凡数十种。陀罗尼经幢三十馀石，林立满室，大小造象十数躯，古色斑斓，土花绣涩，半皆风雨剥蚀之馀，此马介山令洛阳时罗致之者。寺僧出拓本相示，余购之而归。又过迎恩寺，寺旁为马夹营，宋太祖生于此。

五月初十日（6月8日）

微雨，行四十里，至磁涧，晓雾未收，黄沙不起，凉风拂拂，吹我衫袖。因下车戴笠子策蹇西行三十里，至新安县城，题曰汉函谷关。《水经注》所谓关高险峡，路出廛郭，汉楼船将军杨仆耻居关外，请以家僮七百人，筑塞徙关于新安，即此处也。寓主郭姓镜泽茂才，昆弟十人，皆恂恂谦雅，不失寒素风。其先人名桐生，庚戌进士，在铨部不数年而卒。名门厚德，正未有艾也。与少石、子维乘晚凉登城凭眺，心目俱爽。

五月十一日（6月9日）

三更起，主人出汤饼饷客，意甚殷款。车行三十里至铁门，又二十里至义昌镇，寨门题曰董公倡议处。又四十里，至渑池县城，宿。

五月十二日（6月10日）

由渑池而土濠、而观音堂，共行四十五里。再由观音堂至硖石关，二十五里间山路欹□，车行荦确，轮石相激，声震山谷，如雷如霆。余策骑行，忽高忽下，忽宽广如平原，忽奇窄如沟硐，仆夫相戒，以为绝险处，然当其境，坦然视之，亦不觉其可危也。同行一车脱輹而倒，裂其轮，又有马堕涧死，亦偶然耳。硖石即杜老诗中所称石壕也。由硖石至庙沟十里，又十里至张茅店，宿焉。

五月十三日（6月11日）

行二十五里至磁钟，三十里至硖州，宿察院中。州城北门横枕黄河，有土阜曰羊角山，上有小阁两椽，凭栏俯瞰，河声如吼，有小舟数叶，迎流而上，良久不得前，水溜可知。对岸有山，连亘数百里不绝，即中条山也。薄暮，匆匆一登，片晌即下，殊不快意。

五月十四日（6月12日）

四十里至曲沃店，二十里至灵宝县，宿宏农书院中。

五月十五日（6月13日）

由灵宝而达子营，四十里中，皆沟路深轨，仅通一车，两旁土山如悬崖峭壁，不能飞渡，少陵所谓窄狭容单车，飞鸟不能逾，非亲历者不能道。去岁左宫保在此遇雨，仓皇避至高坡，车马辎重，随流而去，漂入大河，亦险矣哉。余与子梅策骑先行，盘旋山谷间二十里，至阌乡县城宿焉。是日，登车出灵宝城不数里，两山特屹，中有一阙，雄壮奇险，有一夫当关，万夫莫开之势，即函谷关是也。余于月色微茫中，凭轼而过之。

五月十六日（6月14日）

二更起，行四十里，天未明。又二十里，至潼关，才辰刻耳。与节帅同往东山庙。庙据山脊高出重关，由下而上，历数百级，回廊曲折，上接平台，循栏而西，层楼孤耸，偶一登眺，豁然轩朗，如出红尘而凌碧汉。前挹关西诸山，白云远起，翠岚欲浮，有峰峭立，俯视群峦，隐隐在数十里外，其终南之支岭耶。后濒大河，一曲千里，由北而东，浩淼无际，中梗一沙，适当关门，河流壅咽，激为怒涛。西望渭滨，帆樯簇立，烟树水村，若近若远，即三河口也。秦关百二，如高屋建瓴，于指顾间得之。楼下有亭，曰浩然亭。亭边有方池，荷叶田田，尚未着花，其东五楹，即余与诸同事所居处也。

五月十七日（6月15日）

下山答马自明军门、吕曼叔[①]观察，并至营务处晤艺舫、樾岑，旋至徐传宗处，少坐即归。写信二封。

五月十八日（6月16日）

抄通判杨昌勋条陈北山运道情形一折。下午微雨。

五月十九日（6月17日）

阴雨。抄总署洋务信一封。

五月二十日（6月18日）

阴雨。写信二封。抄蒋璞山前辈信一件。

五月廿一日（6月19日）

与少石、子梅下山闲步，至郭丹楼观察处啜茗一杯，遇雨而归。写信一封，作家禀一函。致文卿一函。接家信。

五月廿二日（6月20日）

晴。作书致柳门、皞民及琬卿弟。薄暮登楼凭眺，白云初

① 吕曼叔：吕儁孙（？—1870），字曼叔，江苏阳湖（今常州）人。曾官汉中知府。

敛，远山如洗，俨然一幅浮岚暖翠，自愧非黄子久[①]，不能为南山写此真面耳。

五月廿三日（6月21日）

晴。作家书寄大兄。

七月

七月初四日（7月31日）

节相奉到寄谕，命带各军移扎近畿一带。天津教案办理棘手，曾侯病未痊愈，毛旭初师奉命赴津帮办，丁雨生中丞由海道前往。因法使罗淑亚坚欲以天津府县抵罪，上不允，罗使有意挑衅，势将决裂，亟宜豫为之备。节相传令初七日启程，至潼关渡河，由晋抵直，郭子美、周薪如两军随后陆续进发，子美所部则假道河南，分途前进矣。

七月初五日（8月1日）

答翁玉甫丈、方元仲观察，谒蔡植三前辈，均不值。写信一封。

七月初六日（8月2日）

写信一封。收拾行李。薄暮，偕朱韬甫至骨董铺，购得汲古阁《文选》一部，潘稼堂手批本。是日作家书，致应敏翁一械，令老仆胡春回鄂，作书与敬臣叔祖，并秋谷、椒坡各一函。二鼓登车，至黎明行五十里矣。

七月初七日（8月3日）

至临潼，住横渠书院。暑气酷烈，同人皆席地而卧。傍晚登车，天明至渭南。

---

① 黄子久：元代画家、“元四家”之一黄公望，绘有《浮峦暖翠图》《富春山居图》等。

七月初八日（8月4日）

在渭南寓中憩息一日。写信一函。薄暮登车，炎威逼人，夜半车中求冷水一杯不可得，五鼓即至华州，宿驿馆中。

七月初九日（8月5日）

在驿馆作家书一函。晚凉，行七十里，至华隐庙，东方未白也。

七月初十日（8月6日）

大雨，凉甚，有人送菉豆汤、乌梅汤两缸，味极佳，心甚德之，惜乎其不时耳。闻系华阴庙监工官，未知其姓氏。是日写信一函。车行十五里，日始暮。三鼓，至潼关矣。睡至日出始起。

七月十一日（8月7日）

吕曼叔观察、马自明军门来。曼叔约往午饭，遇雨而归。在曼叔署中见铜虎符，质甚佳，文不甚精，恐系后凿耳。

七月十二日（8月8日）

抄曾相奏稿二。午后答马军门，拜杨抱山，并至曼叔处小憩而归。

七月十三日（8月9日）

巳刻，偕少石、敬甫、幼岩诸君子至风陵渡过河，子梅、肖菊尚在潼关候写折片。河东岸有禹王庙，裴樾翁寓焉。往晤不值，啜茗一杯，遂行。至匼河镇，少憩。距蒲州城四五里，大雨骤至，衣被均湿，车帘不足蔽矣。泥淖中踯躅进城，觅寓不得，至东门外三里许小店中宿焉。地名寺坡底，坡上即普救寺也。

七月十四日（8月10日）

午后，子梅、肖菊来。薄暮，节相偕游普救寺，坐平台上话久而下，夜饭后即登车。

七月十五日（8月11日）

巳刻，至七级城。午后，至樊桥镇，无地可宿，余住帅馆，诸君子在营务处暂憩半日。傍晚开车，余行稍迟，竟夕行卅里耳。

七月十六日（8月12日）

黎明过艺芳，同策骑行至张岳镇打尖。又三十五里，至北相镇，宿驿馆。傍晚于帅座见左宫保书及复总署函稿，与节帅论洋务甚激。夜饭后登车。

七月十七日（8月13日）

清晨至闻喜县东关外，宿。写信一函，致涂郎轩观察书，托寄家信一椷。薄暮即行十馀里，雨骤至，车笭水注如檐流不止，衣被沾湿，狂风四面来，良久始息。

七月十八日（8月14日）

黎明，遇郭善臣军门，自平阳来。少顷至侯马驿宿，距闻喜九十里矣。晚行十馀里，日始暮。

七月十九日（8月15日）

巳刻至史村，宿客店中。接六月廿三日家书。傍晚登车行七十里，四鼓至平阳府城，宿试院中。

七月二十日（8月16日）

晨起闲步，出东关，有骨董铺数家，了无可取。午后至大雄庙，候郭善臣。暮归，二更后行六十里。黎明至洪洞县城。

七月二十一日（8月17日）

在洪洞憩息一日。绕郭荷花，数里不断，临流散步，殊惬幽襟。午后，看艺芳、少石围棋数局。晚行。

七月二十二日（8月18日）

昨晚开车，三十里至赵城，五十里至霍州。是日申刻开车，未至仁义镇，二十里车覆，不能行。余策骑至仁义镇招轮人修毂，黎明始竣工。余仍策骑上韩侯岭，山石荦确，车马艰行，岭上有淮阴侯祠，匆匆未及登览，下坡六七里至灵石县。帅馆在蟠龙庵，同幕诸子住楼上。

七月二十三日（8月19日）

至蟠龙庵已巳刻，余所乘车午后始到。三鼓后复行六十里，至介休才辰刻。

七月二十四日（8月20日）

住介休城外三盛店楼上，偕子梅、幼岩进城，于书肆中购得汲古阁《史记》一部。傍晚即行八十里，三鼓至平遥县矣。

七月二十五日（8月21日）

在平遥城内买马鞍，二鼓即行。

七月二十六日（8月22日）

宿祁县。

七月二十七日（8月23日）

宿徐沟。

七月二十八日（8月24日）

宿干胡镇。清晨由应敏翁信中递到家书，骇悉祖慈于六月廿八日骤感霍乱吐泄之症，至初二日申刻弃世。闻信之下，不胜悲痛，即刻告知节帅，拟至保定后再图南归也。写家信一函。

七月二十九日（8月25日）

雨。晨起，节帅已先行矣。车驱三十五里，至什贴打尖。午后，行十馀里，车阻不得进，前有石坡，下临泥淖，轮陷马疲，不受鞭策，良久始过一车，未几日暮，前后百数十车，衔尾而歇，仆人煮粥一盂啜之，各就车中摊被卧矣。是夜，天气甚凉。

七月三十日（8 月 26 日）

黎明，各车骈阗，仍不得行，余与少石、敬甫、子梅舍车而步。巳刻至泰安驿。薄暮即行，余策骑行十馀里，昏黑迷路，遇杨焕然协戎，同行四十里。三鼓，抵寿阳县，至李冠卿军门寓中宿焉。是夜，同人陆续俱至，独肖菊未来。

八月

八月初一日（8 月 27 日）

晨起，诸君子先行。余车换轴，俟至午后始开。时肖菊亦缓缓来矣。行二十里，至芹泉驿避雨，及暮抵泽石驿。

八月初二日（8 月 28 日）

日出始行，策骑过南天门，山路崎岖，人马杂沓，车行甚迟。是日，夜宿平定州。

八月初三日（8 月 29 日）

宿柏井驿。雨雹如芡[①]。

八月初四日（8 月 30 日）

① 芡：芡实，吴中呼为鸡头米。

奉使吉林日记

《奉使吉林日记》始于光绪六年（1880）四月廿一日，止于十二月十九日。主要记光绪间吴大澂奉命赴吉林帮办边务的相关情况。其中，记录吴大澂单骑入山，招抚“金匪”头目“韩边外”，足为其屯边事迹增色。稿本一册，今藏南京图书馆。写于“青云书屋偶钞”朱丝阑稿纸上。书中钤有吴氏“十将军印斋”一印，以及常熟曾氏“雨苍曾藏”“海虞曾氏雨苍收藏记”等，末有沈煦孙题记。从内容看，《奉使吉林日记》似亦可归为《北征日记》之一种，不仅两者内容相近，而且所用稿纸相同，且所记年月前后正相接，其间仅缺七十日而已。

光绪六年庚辰（1880）

路邮记里

通州四十里　夏店四十里　枣林二十五里　邦均四十五里，宿　阴流三十里　别山二十里　玉田五十里，宿　丰润八十里　榛子镇五十里，宿　沙河驿五十里　永平府宿，六十里　双望三十五里　抚邑宿，三十五里　深河四十里　红瓦店宿，五十里　老君屯三十里　前卫宿，五十里　中后所五十里　沙后所宿，五十里　宁远州三十里　连山宿，三十里　高桥宿，三十里　松山三十六里　双阳店三十里　十三站宿，五十里　吕阳驿四十里　小孤家子宿，五十里　中安堡三十里　小黑山三十里　胡家窝铺宿，二十里　半拉门五十里　白旗堡三十里　新民屯宿，五十里　巨流河二十里　孤家子十五里　老边宿，二十五里　香三家二十里　奉天宿，四十里　大洼三十里　青水台四十里　范家屯宿，二十里　沙子河二十里　铁岭二十里　孙家台五十里　九射宿，四十里　巫云门三十里　棉花街

奉天至吉林路程

蒲河四十里　一路三十里　辽河屯四十里　铁岭二十里　高丽站十里　孙家台四十五里　乌云堡门五十里，乌云堡门疑即威远堡门　杨木林子五十里　夜河站二十五里，当即叶赫站　英苟不见二十五里　火石岭子二十五里　小故山五十里　大故山三十五里　山家子五十里　双阳河三十里　乂路河五十五里　一立气三十里　大随河四十五里　吉林四十五里

四月

四月廿一日（5月29日）

出东便门，至双桥，尖。晚宿通州东门外恒裕店。三弟[①]送至通州，潘子静、何巽庵两孝廉试罢南归，亦订同行。通州牧高星槎建衡来晤。

四月廿二日（5月30日）

午前答州牧高星槎，访高雨人太守同善，述吉林地方情形甚详。午后，高雨人来答，出示吉林金厂图。作家书。致郑乙轩观察书。

四月廿三日（5月31日）

黎明，三弟送余登车。行二十里，至半壁店。又二十里，至夏店，尖。又六十五里，至邦均，宿。三河县何际云大令其翔中途迎谒，茶话半晌。邦均则蓟州属矣。

四月廿四日（6月1日）

由邦均店至别山，五十里，尖。又五十里，至玉田县，宿。晤费仙洲大令瀛。

四月廿五日（6月2日）

行四十里，至沙流河镇。又四十里，至丰润县，尖。徐幼岩刺史庆铨时摄县篆[②]，客中遇故人，亦一乐也。午后行五十里，至榛子镇，宿。

四月廿六日（6月3日）

五十里至沙河驿，尖。为迁安县所辖。六十里，至永平府。晤游子代观察智开。心慕十馀年，今始见之，言论丰采，迥不同于俗吏，民情爱戴，治行卓然，为直省第一循吏，已由

---

① 三弟：吴大澂胞弟吴大衡。

② 时摄县篆：临时暂代知县之职。

永平府擢提永定河道矣。卢龙县董亦三大令汝城，合肥人，经历郭荫亭东槐，武陟人。

四月廿七日（6月4日）

行三十五里，至双望。又三十五里，至抚宁县，县令福曜，号焕臣。倭文端公[1]之子，因病未能一见。又四十里，至深河，宿。

四月廿八日（6月5日）

行五十里，至红瓦店，尖。又十里，至临榆县城，晤劳玉初大令乃宣，嘉兴人，才识明练，为牧令中不可多得之器。又晤姚春农都统。申刻，出关，行二十里，至老君屯，宿。为宁远州所辖。

四月廿九日（6月6日）

五十里，至前卫，尖。又五十里，至中后所，宿。中后所有宁远州巡检，又设有把总。

四月三十日（6月7日）

行五十里，至沙后，尖。午后行三十里，至宁远州南关，宿。州牧王嵩焘因病未见。是日作先大父事略一篇，欲乞张幼樵侍讲作家传，载入谱牒也。

五月

五月初一（6月8日）

大风。行三十里，至连山，尖。又三十里，至高桥，宿。

---

① 倭文端公：倭仁（1804—1871），字艮峰，乌齐格里氏，蒙古正红旗人。道光九年（1829）进士，官至户部尚书、文华殿大学士。晚清理学家，吴大澂早年好理学，颇尊崇倭仁。

锦县孙惠之大令汝为来见。作谢麐伯维藩[①] 墓志铭。

五月初二日（6 月 9 日）

风未息。行三十六里，至松山，尖。策骑行十八里，至锦州城，晤古都统古尼音布号子心、锦州府增芝圃太守、杨敬亭副戎鸿礼，为宋祝三军门照料后路事宜，亦驻锦州城内，略谭片晌。出东门，行二十馀里，至双阳店。又十里，至四通碑，毅军步队驻扎于此。又十里，至大凌河，宿。毅军马队在焉。是日共行九十四里。

五月初三日（6 月 10 日）

渡大凌河，三十里，至十三站。又十里，至望山坡，尖。午后行三十里，至闾阳驿，宿。作曾祖母沈太夫人节孝事略。

五月初四日（6 月 11 日）

行五十里，至小孤家子，尖。署广宁县谈云浦大令广庆来晤，语及地方词讼，知其勤于听断，到任甫及两月，清理积案不少，民间亦称其公正勤明，有循吏之风，奉省州县中不可多得也。系广东驻防汉军翻译进士，曾经铭将军调至吉林差委一年，于彼处民情吏治言之甚悉。午后行三十里，至中安堡。又十五里，至阳春堡。又二十里，至小黑山，宿。

五月初五日（6 月 12 日）

行二十里，至胡家窝铺。又三十里，至三道井，尖。又二十里，至半拉门。三十里，至白旗堡，宿。署新民厅同知姚治如明府镕来晤，铭将军遣材官四人来迎。是日，作家谱序[②] 一篇。

---

① 谢麐伯维藩：谢维藩（1834—1878），字麐伯，湖南巴陵人。同治元年（1862）进士，官至山西学政。在京期间，与吴大澂交往颇密。谢氏去世后，吴大澂为撰墓志铭。

② 家谱序：光绪初年，吴大澂与兄长吴大根等续修《皋庑吴氏家乘》十卷，吴大澂撰序，于光绪七年（1881）刊刻成书。

五月初六日（6月13日）

行五十里，至新民屯，尖。又二十里，渡巨流河。又十五里，至孤家子，宿。

五月初七日（6月14日）

行二十五里，至老边。又二十里，至香三家。又十里，至大石桥，宿。上合肥师相书。致张孝达书。

五月初八日（6月15日）

辰刻行廿五里，恭谒昭陵，观太宗文皇帝圣德碑。微雨，巳刻进城，岐子惠将军岐元、谦吉人都统谦德、松岚亭府尹松林、恩云峰少司农恩福、苏□□少宗伯苏勒布、少司马绵佩卿师绵宜、启颖之司寇启秀、兴诚斋少司空兴恩，均出城请圣安。又晤左冠亭军门宝贵。午后拜客，遇雨而归，住南门汇隆店。承德县佛宝，号丽山。

五月初九日（6月16日）

辰刻，恭谒福陵，观太祖高皇帝圣德碑。巳刻，回城。作家书。午后，拜客。申刻，赴同官公䜩[1]，在府尹松岚亭寓中。

五月初十日（6月17日）

微雨，行四十里，至浦河，尖。雨甚，又三十里，至懿路，茶尖。晴，又二十里，至范家屯，宿。寄合肥师相书。附家信两封。

五月十一日（6月18日）

行十五里，渡铁岭河，至高丽铺。铁岭县毛南谷大令夔来晤，又五十里至孙家台，宿。开原县张康侯大令锡番来晤。常州人。

---

① 公䜩：即公筵，高官或官府的宴会。

五月十二日（6月19日）

行四十五里，出威远堡门，尖。始入吉林境，两面皆山，龙冈起伏不断，林木葱茂，晴岚欲滴，可见地脉之厚矣。午后行三十五里，至莲花站，宿。

五月十三日（6月20日）

行五十里，至叶赫站，尖。二十五里，至英苟不见。又二十五里，至火石岭子，宿。

五月十四日（6月21日）

行三十五里，至叶尔苏站，尖。又二十五里，至小孤山。又三十五里，至大孤山，宿。即阿勒淡额墨勒站也。是日共行九十五里。

五月十五日（6月22日）

行三十五里，至伊通河，茶尖。见巡检吴□□，固始县人，健帅之族侄也。又二十五里，至伊巴丹，尖。俗谓之驿马站。午后行二十里，至三家子。又四十里，至苏瓦延站，宿。俗谓双延河。是夜，月食，既。

五月十六日（6月23日）

行四十里，至长岭子，茶尖。又十五里，至伊勒们。又二十里，至岔路河，尖。又五十五里，至搜登站，宿。是日共行一百三十里。

五月十七日（6月24日）

行三十五里，至萧家店，尖。又三十里，至吉林省城。铭鼎臣将军、玉昆圃都统均出城恭请圣安。因新修官参局公所尚未竣工，暂寓城内北大街之永升店，将军、都统来晤。申刻，往答。

五月十八日（6月25日）

辰刻，与将军、都统同赴各庙求雨。午前，将军来晤，出示折稿及迭次接奉廷寄。午后，拜客。

五月十九日（6月26日）

辰刻，与将军、都统同赴各庙求雨。回寓，起折、片各稿，恭报到省日期。未刻，谒将军，商酌折稿。是夜，大雨倾盆，农情欣慰矣。接李相国咨文。

五月二十日（6月27日）

辰刻，作家书。将军来晤，出示折稿、片稿，代为奏刻木质关防及设立边务局各事宜。午后，缮写奏折。致运斋书，明日有折差进京，属带家书，南信亦由都中转寄，较为便捷。寄家书一封。

五月二十一日（6月28日）

缮写奏片。午后，起会衔奏请添练马、步各营，并增拨月饷折稿。

五月二十二日（6月29日）

辰刻，至将军府，封折。巳刻，拜发。下午读《吉林外纪》二册。

五月二十三日（6月30日）

上合肥师相书，接宁古塔副都统双福来咨。本年五月初四日据二道河卡伦骁骑校祥泰呈称：探得俄人带领伊界居住高丽人等百馀名，以及车辆，修辟道路。暗为访探，系由严杵河俄营起修，直至赴海之冲衢大道，二道河卡伦迤南相对俄卡恒道河地方所修道路宽二丈馀，后自恒道河奔向距珲春西南三十馀里黑顶子地方，接连修辟，尚未完竣等情。又接珲春协领瑚图哩来文：前派骁骑校吉勒图楳密探俄情去后，于五月十四日据报，探得岩杵河俄酋于四月二十八日拨兵五十七名，并携鞑炮二杆，赴双城子去讫。又探得五月初三日，由海洋驶来大火轮一支，即在相距珲春九十馀里之摩阔崴南停泊，载有英国人约有四百馀名，内有华人三十馀名，随带小火轮船一支，上有四五人探视水势深浅，又登岸上各山顶，用千里眼照望地理，有两夷酋登岸，经由江道直至岩杵河南北各营瞭望，就于初七日回船，往东洋去讫。此次船上不与俄国倒换帖子、洋钱等情。读《吉林外纪》一册。

五月二十四日（7月1日）

与将军、都统同赴各庙求雨，至将军府商改折稿。回寓，接宁古塔副都统双福来咨。据戍守乌札库大卡防御委参领哲英额呈称：四月十五日，职与俄站葛必达乌哩尼牙克会哨一次。五月初一日复在快当毕拉与红土崖俄官巴果尼葛林会哨一次。初十日职又往往红土崖与该俄官巴果尼葛林、云泥果幅奇不隙什克等会见，在该处住歇四日，窥见大轮船四支。由该国发来官兵实数九百馀名，添拨各要口驻扎，设立兵房四处，住有马、步兵六七百名。探得年前由该国拨来四千馀户，在彼设屯十处，每户发给官洋枪两三杆等情。致孝侯书。作家书。

五月二十五日（7月2日）

与将军、都统赴各庙求雨。至将军府封折，巳刻拜发。午后，读雍正上谕一册。

五月二十六日（7月3日）

与将军、都统赴各庙求雨，申刻雨。起会衔奏请筹款兴修吉林各城折稿。刘晴岚太守来，即属带呈将军一阅。

五月二十七日（7月4日）

读雍正上谕半册。午后，将军来晤，出示总署来函。拟复总署信稿。

五月二十八日（7月5日）

由永升店移居官参局，复浙抚谭文卿[①]前辈书。将军、都统来晤。

五月二十九日（7月6日）

答将军、都统。复德晓峰方伯书。是日大雨，竟夕不止。

六月

六月初一日（7月7日）

与将军、都统同赴各庙拈香。读《汉书·地理志》，考泥封各印十馀则[②]。顾缉庭同年来，汪子仁来。接运斋书、戴孝侯书。

六月初二日（7月8日）

缉庭来晤，将军属拟折稿，预筹咨调宋祝三一军以备不虞。

六月初三日（7月9日）

与将军、都统同赴各庙谢神。午前畏寒而睡，睡醒复大热。缉庭来晤。

六月初四日（7月10日）

大雨。鼎臣将军邀游龙潭。辰刻登舟，沿江两岸禾麻葱茂，烟树迷濛，大似江南风景。午刻到山，赴龙王庙拈香，观龙潭，周围二十馀丈，水深不知其底。循崖而南，有神榆一株，树已半枯，每年将军致祭一次。午后对雨开尊，谈宴甚乐。酉刻归。

---

① 谭文卿：谭钟麟（1822—1905），字文卿。湖南茶陵人。咸丰六年（1856）进士，官至直隶总督。

② 吴大澂考释陈介祺赠古泥封拓本，多以《汉书》证之，其稿本曾经袁克文、赵叔孺递藏，今藏上海杨氏枫江书屋。

六月初五日（7 月 11 日）

疟疾复作，竟日不适。缉庭来晤。

六月初六日（7 月 12 日）

邀刘晴岚太守诊脉，服药一剂。申刻，至将军府，登楼望江，并至后圃观园丁灌菜。玉昆圃都统招饮，薄暮归。

六月初七日（7 月 13 日）

辰刻，奉到廿九日寄谕一道。接运斋书、陈伯潜书。疟疾复作。午后将军派员送来木制关防，谢恩后开用关防。缉庭来晤。作家书。寄京信。

六月初八日（7 月 14 日）

读《汉书·地理志》，考汉泥封官印十馀则。至将军府。

六月初九日（7 月 15 日）

缉庭来晤。

六月初十日（7 月 16 日）

郭梯阶协戎长云来晤。奉到寄谕一道。

六月十一日（7 月 17 日）

清理书箧。缉庭来晤。

六月十二日（7 月 18 日）

郭梯阶协戎来晤。午后，到将军府。

六月十三日（7 月 19 日）

拟马、步各营章程，照直隶练军旧制，略为增减。

六月十四日（7 月 20 日）

拟马、步营制奏稿，送将军阅之。

六月十五日（7 月 21 日）

至将军府，接三姓副都统长咨文。钞录俄国乌苏哩边界廓米萨尔照会称：贵副都统属界设卡，殊属有益。廓米萨尔将欲躬亲言谢，仍因本属商等遵照两国和约，赴松江通商，去时贵副都统善视尔等，俾其不误通商，庶于我两国所属大有裨益等语。酉刻，将军来晤，商议松花江设立水关事宜。拟派缉庭观察会同协领德凤占翼长前往办理。

六月十六日（7 月 22 日）

拟设立水观奏稿，并致总署书。缉庭来晤。

六月十七日（7 月 23 日）

接合肥师相书。为将军画纨扇，并临钟鼎文一方。

六月十八日（7 月 24 日）

复合肥师相书。缉庭来晤。

六月十九日（7 月 25 日）

接戴孝侯书，送将军阅之。午前，将军来晤。至观音堂拈香，并观演剧。午后，回寓。复孝侯书。寄大兄书。复吴平斋丈书。戌刻，将军来晤。作家书，二十发，由津转寄。

六月二十日（7 月 26 日）

缉庭来晤。商改咨调宋军奏稿。初二日所拟。申刻，至将军府。致王夔石[1]侍郎书。缉庭明日赴三姓，夜饭后至永升店送缉庭行。

六月廿一日（7 月 27 日）

上吴兴相国书，上高阳相国书，又上宝相国、景大司农二书。致运斋书。申刻，将军招饮。戌刻，接运斋书、孝达书，即刻作复。寄京信。

---

① 王夔石：王文韶（1830—1908），字夔石，号退圃。浙江仁和（今杭州）人。咸丰二年（1852）进士，光绪间权兵部侍郎，直军机，官至户部尚书、武英殿大学士。

六月廿二日（7月28日）

为刘晴岚书扇两柄，书篆屏六幅、对四联。

六月廿三日（7月29日）

与将军、都统至火神庙致祭。至将军府拜折，正折二件、片一件。读《林文忠政书》[①]一册。

六月廿四日（7月30日）

读《林文忠政书》一册。书篆屏四幅、对四联。接德凤占、顾缉庭来函，知伯力[②]新到俄兵二千馀名，并添设大炮二十四尊。前黑龙江将军丰汉文丰绅到吉。新调绥远城将军。

六月廿五日（7月31日）

上合肥师相书。致王夔石侍郎书，致孝达书，致运斋书。午刻诣将军府，恭祝万寿，行礼后入座听戏，酉刻回。接运斋二信，郑盦师二信，徐东甫信。丰汉文将军来晤。

六月廿六日（8月1日）

辰刻，恭诣万寿宫行礼。午刻，至将军府，行礼后入座听戏。酉刻，公请丰汉文将军。

六月廿七日（8月2日）

午刻至将军府，恭祝万寿，行礼后入座听戏。申刻，拜丰将军。送郭梯阶协戎赴珲春。致铜井书，寄三姓长都统转交。

六月廿八日（8月3日）

读《林文忠政书》，题拓本。

六月廿九日（8月4日）

题拓本。丰将军来。德远庵都护来。午后，将军来晤。同

① 《林文忠政书》：林则徐（1785—1850）所著《林文忠公政书》。

② 伯力：哈巴罗夫斯克的原名，今俄罗斯哈巴罗夫斯克边疆区首府、俄罗斯远东第一大城市。曾为中国领土，1860年被俄罗斯割占。

至丰将军处送行。

六月三十日（8月5日）

丰将军启程入都，恭诣万寿宫寄请圣安。是日辰刻，奉到廿四日寄谕一道。曾沅浦宫保奉命督办奉天防务，刘连捷、郭宝昌、刘维桢各营及宋祝三一军均归节制矣。

七月

七月初一日（8月6日）

大雨竟日。读《林文忠政书》。

七月初二日（8月7日）

大雨竟日。上合肥师相书。诣将军府。

七月初三日（8月8日）

致戴孝侯书。祝鼎臣将军夫人寿，酉刻归。

七月初四日（8月9日）

上合肥师相书。午后，将军招饮。寄天津信。排递。

七月初五日（8月10日）

复何铁生前辈信。复彭芍亭、李中丞信。将军来晤。

七月初六日（8月11日）

复潘伯寅师信。为将军书扇。

七月初七日（8月12日）

寅刻，接合肥师相复书，并戴孝侯信。接刘毅斋[①]信。四月十九日新疆喀什噶尔发。至将军府，商拟折稿。午后，拟折稿。致运斋书。

七月初八日（8月13日）

复合肥师相书。寄大兄书。奉到七月初一日寄谕一道。

---

① 刘毅斋：刘锦棠（1844—1894），字毅斋。湖南湘乡人。晚清名将。光绪元年，跟随左宗棠收复新疆，因军功官至甘肃新疆巡抚、加兵部尚书衔。著有《刘襄勤公奏稿》。

七月初九日（8月14日）

上母亲禀函。寄张吉人书。致平斋丈书。

七月初十日（8月15日）

致王廉生书。致钟六英书。致柳门书。致潘辛芝、汪葆田书。午后，至将军府拜折。明日由水路至三姓，酉刻登舟。寄津信，附家信。寄京信。

七月十一日（8月16日）

辰刻解缆，行一百五十馀里，泊，地名冷棚，距舒兰河口尚有十馀里也。读《惜抱轩尺牍》一册。

七月十二日（8月17日）

行二百四十里，泊，地名白土崖子。以陆路计之，距冷棚一百八十里，吉省至此三百里矣。读《国朝先正事略》第一册。

七月十三日（8月18日）

行二百馀里，泊，不知其地名。距伯都讷仅七十里耳。读《国朝先正事略》第二册。

七月十四日（8月19日）

巳刻，抵伯都讷城南门外，泊。富捷堂都护来晤。至都统府答富捷堂，请铁炮三尊，带至三姓，以备各营操演之用。午后，正拟解缆，大风忽起，浪高数尺，各船颠簸，几不能泊。至晚，风始定。致鼎臣将军书。读《国朝先正事略》第三册。卷四。

七月十五日（8月20日）

风急，仍不能行。午后始解缆，行三十馀里，即泊。距新城陆路不过十二里耳。读《国朝先正事略》第三册。卷五。

七月十六日（8月21日）

巳刻行至三岔口，酉刻，泊蒙古之大孤屯，陆路距新城八十里耳。拟条陈洋务奏稿。

七月十七日（8月22日）

行二百数十里，泊。据土人云，地名南北河。陆路距新城二百四十里，距双城堡八十里，距阿勒楚喀二百八十里。读《国朝先正事略》第四册。

七月十八日（8月23日）

申刻，行至哈尔滨。戌刻，泊北岸黑龙江界，距呼兰城三十五里。读《国朝先正事略》第四册。

七月十九日（8月24日）

未刻，过摆渡河口。即吉林驿站借用北岸黑龙江地设立五站之渡口，南为色勒佛特库站，乃阿勒楚喀界，北为佛斯亨站，即黑龙江所属矣。戌刻，泊北岸黑龙江地，俗名呢尾子。改奏稿，并拟片稿。

七月二十日（8月25日）

风不利，行七十馀里，泊北岸黑龙江界，地名正宝河。读《国朝先正事略》第五册。

七月廿一日（8月26日）

行五十里，至白杨木。即佛斯亨站。又七十里，至瓜拉，泊，瓜拉北为富拉浑站。接铭将军信。接刘晴岚、余恂卿信。接徐雨之信。复铭将军信。

七月廿二日（8月27日）

行四十里，至南天门。又一百三十里，至罗拉密，泊。复铭将军信。复刘晴岚、余恂卿信。复徐雨之信。致赵印潭信。

七月廿三日（8月28日）

行六十里，至大古洞。二十里，至小古洞。又三十五里，至三姓。晤长润生都护，在三姓城南门内设立行馆。巳刻，登岸。午后，答长润生都护，皞民、凤占同来。接家信。

七月廿四日（8月29日）

长润生都护来晤。改奏稿，自缮奏折二开。

七月廿五日（8月30日）

自缮奏折七开。申刻，润生都护招饮。

七月廿六日（8月31日）

拟奏片稿，自缮奏折七开。致铭将军书。

七月廿七日（9月1日）

辰刻，上母亲禀函。复大兄书。复三弟书。巳刻，拜发奏折。致郑玉轩书。寄家信。与润生都护赴巴彦通相度形势，为扎营之地，酉刻归。寄家书。

七月廿八日（9月2日）

接铭将军信，寄到《防海新论》[①]一部。拜润生都护。午后，缉庭、凤占来晤。

七月廿九日（9月3日）

观《防海新论》一册。

七月三十日（9月4日）

复铭将军信。致刘晴岚、余恂卿信。致郭梯阶信。观《防海新论》一册。

八月

八月初一日（9月5日）

致铭将军信。复戴孝侯信。观《防海新论》。

八月初二日（9月6日）

长润生都护来晤。复郎亭书。上涂朗轩中丞书。午后，访

① 《防海新论》：晚清译入中国的第一部西方海防军事理论著作，此书由德国人布图希理哈撰，经英国傅兰雅口译，华蘅芳笔述，有同治十三年刻本。

铜井，商制水雷法。

八月初三日（9月7日）

铜井来晤。复芝生母舅书。接家信二封。接顺之年伯书、辛芝同年书、汪葆田书、刘芝田书、戴孝侯书、李勤伯书、何芝生书。

八月初四日（9月8日）

自缮复总署书，申刻发。铜井来晤。

八月初五日（9月9日）

雨。复孝侯书。铜井来晤。

八月初六日（9月10日）

雨。致铭将军书。致刘晴岚、余恂卿书。接铭将军信并咨文一件。奉到七月廿六日寄谕一道。拟覆奏稿。又致复铭将军书，上合肥师相书。接赵印潭信，即复。

八月初七日（9月11日）

雨。复辛芝书、汪葆田书、华帽山书、何芝生书。铜井来晤。

八月初八日（9月12日）

晴。复李平甫书、张季文书、薛虹如书。致屠时斋书。复姜东生书。

八月初九日（9月13日）

致沈吉田书。复杨实斋书。午后，至西门外查看铁练。上母亲禀函。复大兄书。复三弟书。铜井来。

八月初十日（9月14日）

致铭将军书。复吴香畹书，托寄南信。复曾宫保书。寄家书。

八月十一日（9月15日）

复冯伯申书。铜井来晤。接铭将军信。

八月十二日（9月16日）

致张香涛书。致陈寿卿前辈书。致徐东甫书。复铭将军书。致顾康民书。

八月十三日（9月17日）

赴巴彦滙相度营盘地基，酉刻归。

八月十四日（9月18日）

再赴巴彦滙，亲督量丈各哨营房基址，酉刻归。

八月十五日（9月19日）

招铜井、凤占来寓便酌。申刻，润生都护招饮，薄暮回寓。铜井来夜话。

八月十六日（9月20日）

接铭将军书。铜井来晤。复铭将军书。复刘晴岚、余恂卿书。复玉昆圃都护书。

八月十七日（9月21日）

至德凤占翼长处，祝其母夫人寿。午后，约润生都护同至西门外江边丈量堤岸，铜井同往，酉刻归。凤占招饮。接铭将军书。

八月十八日（9月22日）

复铭将军书。

八月十九日（9月23日）

致戴孝侯书。致赵印潭书。

八月二十日（9月24日）

移往巴彦哈达绥字中营内。四更时，递到夹板批回原折一件。系廿七日所发。接喜桂亭书。接合肥师相书。

八月二十一日（9月25日）

长润生都护来晤。

八月二十二日（9月26日）

致铭将军书。督饬弁勇在山顶起筑炮台一座。是日筑四尺高。铜井来晤。

八月二十三日（9月27日）

督饬弁勇挖濠。大风竟日。

八月二十四日（9月28日）

复合肥师相书。

八月二十五日（9月29日）

接戴孝侯信。接吴江相国①书。

八月二十六日（9月30日）

复孝侯信。致铭将军书。

八月二十七日（10月1日）

八月二十八日（10月2日）

复沈经笙太夫子书。

八月二十九日（10月3日）

九月

九月初一日（10月4日）

接铭将军书，即复。进城，祝长润生都护夫人寿。申刻，回营。大风，雨雪。

九月初二日（10月5日）

九月初三日（10月6日）

复铭将军书。

---

① 吴江相国：沈桂芬（1818—1881），字经笙。祖籍江苏吴江（今属苏州）。道光二十七年（1847）进士，官至兵部尚书、协办大学士。

九月初四日（10月7日）

复郑玉轩书。上母亲禀函。致大兄、三弟书。

九月初五日（10月8日）

复吴广庵书。作吴平斋封君七十寿序。致顾康民书。寄家信。

九月初六日（10月9日）

致长润生都护书。起咨稿二、札稿二。

九月初七日（10月10日）

复江佩之书。复华帽山书。

九月初八日（10月11日）

稽核营中一切账目。

九月初九日（10月12日）

复高云帆书。上吴江相国书。

九月初十日（10月13日）

长润生都护来晤。接铭将军书、张孝达书。

九月十一日（10月14日）

复张孝达书。

九月十二日（10月15日）

复铭将军书。

九月十三日（10月16日）

上高阳尚书、嘉定侍郎书。致郑玉轩、顾康民书。

九月十四日（10月17日）

拟安抚赫哲奏稿，并章程八条。

九月十五日（10月18日）

戴孝侯来，同往东崖相度营基。

九月十六日（10 月 19 日）

将营中一切事宜交戴孝侯接管。午后，与孝侯同舟回城。是日，皞民由南路查勘荒地回，春海绘图呈阅，知翁肯河南百馀里外可放之荒不少，大半皆膏腴也。接铭将军书。

九月十七日（10 月 20 日）

长润生都护招饮。席散，启程渡江，润生都护及皞民、孝侯送至江干。是晚，宿妙噶山站。

九月十八日（10 月 21 日）

行六十里，宿鄂勒国木索站。复铭将军书。致戴孝侯书。

九月十九日（10 月 22 日）

行四十五里，至乌那珲，尖。又四十五里，至崇固尔库站，宿。

九月二十日（10 月 23 日）

行四十里，至坌凌河，尖。又二十里，至富拉珲，宿。接孝侯书，即复。

九月二十一日（10 月 24 日）

行三十里，尖。饭后过浓浓河，又四十里，至佛斯亨站。接总署公函，即复。是夜大雪。

九月二十二日（10 月 25 日）

行二十里，渡江而南，在摆渡河尖。行五十里，至四乞河，宿。

九月二十三日（10 月 26 日）

四鼓开车，行三十里。黎明，至色勒佛特库站，俗名夹板站。尖。又行六十里，至苇子沟，宿。

九月二十四日（10 月 27 日）

晨过黄山嘴子，至满家店。四十五里，尖。午后，至斐克图站。二十五里，茶尖。又行二十五里，至洼浑河，宿。

九月二十五日（10 月 28 日）

五鼓开车，行三十五里，渡阿什河，又五里，至阿勒楚喀城，晤富春轩都护。致冯伯申书。致郑玉轩、顾康民书。

九月二十六日（10 月 29 日）

行五里，过白城子，即金之故都也，土人往往掘地得古泉及金银器物。又十五里，至萨库里站，尖。又六十里，至拉林城，宿。

九月二十七日（10 月 30 日）

二十里，至多欢站，茶尖。又五里，渡拉林河，尖。俗名牛头山。又四十里，至大岭，宿。

九月二十八日（10 月 31 日）

九月二十九日（11 月 1 日）

行□□里，至法特哈门，尖。又□□里，至舒兰站，宿。

九月三十日（11 月 2 日）

三鼓开车，渡舒兰河，行五十里，至乌拉城，尖。又四十里，至旧站，茶尖，雨。又三十里，至吉林省城。

十月

十月初一日（11 月 3 日）

清理各项账目。午后，至将军府。

十月初二日（11 月 4 日）

拟三姓放荒奏稿。拟改安抚赫哲章程。

十月初三日（11 月 5 日）

拟添练各军营制奏稿。

十月初四日（11 月 6 日）

拟三姓请拨随缺地亩片稿。午后，至将军府，商改各奏稿。

十月初五日（11月7日）

拟三姓水关请设税局奏稿。

十月初六日（11月8日）

复戴孝侯信。

十月初七日（11月9日）

复长润生都护信。喜贵亭参赞到吉，与将军、都统同诣万寿宫，跪请圣安。午后，玉昆圃都护来，同至喜贵亭处。皞民自三姓归，夜谭良久而去。

十月初八日（11月10日）

拟覆奏松花江水路情形奏稿。午后，至将军府。喜贵亭参赞来晤。

十月初九日（11月11日）

因三姓转运军火船只在伯都讷阻冻不能前进，邀凤占、森堂同至将军府，与晴岚、恂卿商议雇车转运之法。因一时焦急，不觉动火也。午后，至喜贵亭处。

十月初十日（11月12日）

辰刻，恭诣万寿宫行礼，德凤占、富森堂、余恂卿同来。

十月十一日（11月13日）

辰刻，至北门外教场，与喜贵亭参赞阅操。

十月十二日（11月14日）

复戴孝侯书。

十月十三日（11月15日）

改马步营制十二条为十六条。

十月十四日（11月16日）

十月十五日（11 月 17 日）

邀凤占、五堂、如山、森堂、晴岚、恂卿、焕卿、缉庭夜饮。

十月十六日（11 月 18 日）

写家信。

十月十七日（11 月 19 日）

致张孝达书。

十月十八日（11 月 20 日）

十月十九日（11 月 21 日）

复彭芍亭中丞书。

十月二十日（11 月 22 日）

未刻，至将军府，封折拜发。

十月廿一日（11 月 23 日）

黎明，出城。拟至木其河，密访韩边外[①]。改服旗装，令勇目牟振邦为前导，策骑而行，仅带仆人张祥、车夫郭四而已。到蓝家屯尖，至桂子沟宿。是日仅行三十里，泥冻路滑，马行不能迅速耳。

十月廿二日（11 月 24 日）

四鼓即起，行十五里，天始明。又十五里，至穿心店，尖。又六十里，至孙家店，宿。

十月廿三日（11 月 25 日）

黎明，行二十里，至长山屯子，尖。又六十里，渡松花江。又十里，至桦树林子，宿。彼处有韩边外旧开烧锅铺房一

① 韩边外：吉林金匪头目韩宪忠，原名宪琮，祖籍山东文登，父辈迁居东北。其人因赌钱离家，为人佣工，后入夹皮沟淘金，成为头目，因居柳条边外，人称“韩边外”。

所，前后数十间，久已歇业，有伙友李姓在彼照料。是夜，先属牟振邦至木其河传谕韩边外，勿生疑虑，约明日见面。

十月廿四日（11月26日）

由桦树林子至木其河，中有大岭甚峻。韩边外出迎道左，遂至其家。门有“公明正直”四字匾，系漂河民人公送。因问其夹皮沟金苗尚旺否？曰：“近年不旺矣。”“尚有金匪否？”曰：“贫民偷挖，三五成群，时来时去，获利无几。并无大股聚挖之人。”余曰：“现拟弛禁，招商纳税，有无承领之人？”曰：“此事实无把握，不敢承领。如开禁而金苗不旺，税无所出，徒费工本，无益于国计，无益于民生。不如不开禁也。”是日与韩边外同屋而睡，示以坦白，无诈无虞。因与开诚布公，晓以大义，宣播朝廷德意，宽其既往，予以自新。渠亦感激涕零。劝其进城，一见将军，总以年老不能任事为词，犹疑不自决耳。

十月廿五日（11月27日）

晨起，属韩边外之侄韩寿德、韩寿春再三开导，乃幡然感悟。曰：“吴某此来，赤心为国，不殚劳苦，令吾得见天日，不终于废弃。虽赴汤蹈火，亦所不辞。”遂约明日同行。余因作书告知将军，适将军亦遣岳福林带亲兵四人前来迎护。余召其家上下人等各赏钱一千，亲自点验，共一百二十馀人，亲族、佣工均在其内。是日，仍宿韩边外家。

十月廿六日（11月28日）

午刻启程，行三十里，至桦树林子，宿。是夜四鼓时，有刘歪膊子从敖东城来，持赵令敦诚谕帖赶至桦树林子。刘歪膊子者，名刘元芝，向系金匪头目，投归赵令，派为南冈一带练总。因其与韩边外素所熟悉，意欲招至敖东城，面为晓谕也。

十月廿七日（11月29日）

黎明起，仍与韩边外同行。敲冰渡江，行七十里，至长山屯子，宿。

十月廿八日（11月30日）

行二十里，至孙家店，茶尖。又三十里，至四间房，尖。又三十里，至穿心店，宿。距城六十里。

十月廿九日（12月1日）

行三十里，至桂子沟，茶尖。又十五里，至大蓝家屯，尖。又十五里，进城。道旁观者如堵墙，皆云韩边外有此一日，可知其平日存心忠厚，从此拨云雾而见天日，为吉林去一大病矣。至将军府，将军闻韩边外来，以为一喜一惧。盖因屡次被控奉命查办，前案尚未了结，恐有浮言，别生枝节耳。顾皞民来晤。依尧山都护依克唐阿来晤。

十一月

十一月初一日（12月2日）

韩边外来，同至依尧山、德远庵、喜贵亭处。即在贵亭寓中午饭，并至教场阅操。申刻，至将军府。鼎翁出示韩效忠被控五案卷。至玉都统处。

十一月初二日（12月3日）

拟折稿。皞民来，留之夜饮。

十一月初三日（12月4日）

致张孝达书。上吴江相国、高阳尚书书。

十一月初四日（12月5日）

上合肥相国书。致郑玉轩书。午刻，招贵亭、远庵、尧山饮。复戴孝侯书。寄京信。

十一月初五日（12 月 6 日）

禀母亲一函。寄大兄、三弟书。纪招抚韩边外事。

十一月初六日（12 月 7 日）

致宋祝三书。未刻，至将军府，封折拜发。复长润生书。寄家信。

十一月初七日（12 月 8 日）

至喜贵亭、依尧山处，至将军、都统府辞行。明日启程赴宁古塔也。

十一月初八日（12 月 9 日）

辰刻，出东门。行四十里，至茶棚，尖。又二十里，至江密峰，宿。致汪葆田书。复华帽山、高云帆书。

十一月初九日（12 月 10 日）

行四十里，至额和木站，尖。又三十里，至七道河，宿。复沈吉田书。复潘辛芝书。复江佩之、张季文书。

十一月初十日（12 月 11 日）

辰刻，过老爷岭。行五十里，至拉法站，尖。又二十五里，至苦不了河，宿。

十一月十一日（12 月 12 日）

行四十里，至退抟站，尖。三十里，至张才岭下，宿。

十一月十二日（12 月 13 日）

过张才岭，行五十里，至义气松站，尖。又四十里，至额木和索罗站，宿。

十一月十三日（12 月 14 日）

行五十五里，至张家店，尖。又二十五里，至塔拉站，宿。

十一月十四日（12 月 15 日）

行二十五里，至朱墩，尖。又四十里，至毕尔罕站，宿。

十一月十五日（12 月 16 日）

行四十里，至花梨木，尖。又二十里，至沙兰站，宿。

十一月十六日（12 月 17 日）

三鼓起，行四十里，至蓝旗沟，尖。天未明也。又四十里，至宁古塔城，寓九如栈。德远庵都护、双如山、金五堂、刘俊卿诸统领来晤。申刻，答德远庵都护。

十一月十七日（12 月 18 日）

答双如山、金五堂、刘俊卿诸统领。接将军信。

十一月十八日（12 月 19 日）

复铭将军信。午后，俊卿带来洋枪队，操演一次。

十一月十九日（12 月 20 日）

作家信。德远庵都护招饮。

十一月二十日（12 月 21 日）

复郎亭书。上合肥师相书。致铜井书。俊卿并送巩字军马步三营花名册点验一过。寄家书。

十一月二十一日（12 月 22 日）

致戴孝侯书。

十一月二十二日（12 月 23 日）

致张孝达书。致冯伯申书。致顾康民书。致文焕卿书。午后，至教场观巩军各弁勇施放十三响枪。

十一月二十三日（12 月 24 日）

德远庵都护招饮。

十一月二十四日（12 月 25 日）

由宁古塔启程，赴珲春。是日，行四十里，至七间房，尖。又三十里，至东京城，宿。即佛讷和古城。

十一月二十五日（12月26日）

行二十里，至马兰河。又二十里，至斗沟子，尖。又三十里，至窝棘口，宿。是日午刻，在斗沟子接到兵部火票递回原折，并奉到十一月十三日廷寄谕一道。

十一月二十六日（12月27日）

行二十五里，至老松岭下萨奇库卡伦，尖。又行二十五里，过老松岭，至三道河，茶尖。又，三十五里，至骆驼礶子，宿。

十一月二十七日（12月28日）

行四十里，至阿密达，尖。又四十里，至嘎雅河，宿。

十一月二十八日（12月29日）

行二十五里，至荒片，尖。又十里，至望青，有卡房一所，即哈顺卡伦也。又十五里，至五人班，宿。五人班者，旗民关清德合五人为伙，入山樵采，卜居于此。今五人相继沦谢，独关清德尚存，年七十馀，有子有孙，陶然自乐也。

十一月二十九日（12月30日）

行二十里，至大坎子，尖。又二十里，至和尚窝棚，老僧七十五，病不能行，其徒四十馀岁，亦病僧也。又过一岭，俗名高丽岭。行二十五里，至德同，宿。即穆克德赫卡伦。

十二月

十二月初一日（12月31日）

行二十馀里，至凉水泉子，有平川地数百晌，沿图们江而东，有一小山，孤立江边，形如纱帽。又东南二十馀里，至密占，宿。郭副将、德协领均带队来迎。

十二月初二日（1881年1月1日）

行六十里，至珲春。中有一岭，曰盘岭，纡回数里，自岭以东，一片平原，可垦千馀晌之地也。是晚，宿郭副将所盖营房内。双如山、金五堂来晤。

十二月初三日（1月2日）

答如山、五堂、德协领。下午，回营。致铭将军书。

十二月初四日（1月3日）

接铭将军书。致铜井书。

十二月初五日（1月4日）

赴教场阅操，点名。午后回营。

十二月初六日（1月5日）

复铭将军书。复文焕卿书。

十二月初七日（1月6日）

上总署书。上涂中丞书。下午，赴珲春辞行。晤如山、五堂、德协领。

十二月初八日（1月7日）

启程回省，行六十里，宿密占。

十二月初九日（1月8日）

行九十里，至嘎雅河，宿。

十二月初十日（1月9日）

由嘎雅河绕东南行，过二岭，由南而西，由西而北，又过一大岭，始达海陵河口，有窝棚一所。又十馀里，至滴塔嘴子刘家盐锅，宿。是日约行九十馀里，人马俱乏，导路者误以为七十里也。

十二月十一日（1月10日）

由滴塔嘴子至珠子营团练会房，三十五里，尖。又三十里，至官道口，又五里，至钓鱼台，宿。

十二月十二日（1月11日）

行三十里，至白石磖子，尖。午后，过一岭，峰峦秀丽，群松环峙，纡回一二里，如石谷子[①]画，令人徘徊不忍去也。行十五里，至榆树川，有窝棚数间。又二十五里，至五个顶子，宿。

十二月十三日（1月12日）

行三十里，至土门子，尖。又三十里，至滚牛磖子。又十里，至练兵台，宿赵麻子窝棚。

十二月十四日（1月13日）

五鼓开车，行二十五里，至哈尔巴岭底。又过岭十五里，尖。又十里，至凉水泉子。又三十里，至黄驼腰子，宿。是日行八十里。

十二月十五日（1月14日）

行二十里，至沙河镇，尖。俗名甩湾子。又十里，至二合店，赵松年大令敦诚自敦东来晤。又三十里，至通沟，宿。

十二月十六日（1月15日）

行二十五里，至卡尾河，尖。又二十五里，至三岔口。又二十里，至额木和索罗站，宿。奉到十二月初七日廷寄一道。

十二月十七日（1月16日）

行四十里，至义气松站，尖。午后，过张才岭，至岭下刘家店，宿。是日共行九十里。

十二月十八日（1月17日）

行三十里，至退抟站，尖。又三十里，过拉法河。至义气冈子，茶尖。又三十里，至五陵屯，宿。

---

① 石谷子：清初画家、“四王”之一的王翚（1632—1717），别号石谷，江苏常熟（今属苏州）人。

十二月十九日（1月18日）

行三十里，至大屯。又十里，至富乡村，尖。又三十里，过海清岭，茶尖。又四十里，过庆岭，至乐泉沟马家店，宿。

管带吉林二起马队官兵尽先即补协领花翎佐领委营总双全
蓝翎尽先防御骁骑校委参领春明
花翎骁骑校委参领庆魁
蓝翎领催尽先即补防御委防御庆云
蓝翎披甲委骁骑校庆林
蓝翎披甲尽先即补骁骑校委笔帖式永琳
蓝翎披甲尽先即补骁骑校委官德祥

威远堡管理边务户部主事庆勋
威远堡边门章京防御果锜斯珲
吉林七起肆扎兰五品花翎尽先骁骑校领催委防御德隆阿
蒙古和罗站五品顶戴领催委官刘文魁
管理西路界址事务四品花翎防御庆禄
叶赫站奖赏蓝翎笔帖式倭克锦
督署吉林七起马队官兵营总事务云骑尉委参领双庆
赫尔苏站领催委官徐文彬
二扎兰领催委防御署参领永海
大孤山站驻扎云骑委参领常德
阿勒谈额墨勒站领催委官银永馀
东路界官云骑尉连贵
伊通西路界官四品花翎防御庆禄
管带伊通巡防马队官兵四品花翎骁骑校委参领庆福

苏瓦延站署领催黄德才

搜登站笔帖式博勒忠武

搜登站领催委官谢文升

王佐臣号干卿　刘景芳号紫垣

北征日记

《北征日记》始于光绪七年（1881）二月初一日，止至光绪九年（1883）八月十九日，与《奉使吉林日记》时间前后相连。主要记光绪年间，吴大澂赴吉林帮办边务事。现存稿本二册，分别收藏于上海图书馆、中国社会科学院图书馆，两册内容，前后正相连属，不知何时散落两处，分藏京、沪。书衣均由吴大澂大篆题“北征日记”四字，写于“青云书屋偶钞”朱丝阑稿纸上，每半页九行，每行十九、二十字不等。从日记中可知，吴大澂于治政、练兵之余，不忘著述，撰写了《说文古籀补》《字说》《枪法准绳》等著作。

光绪七年辛巳（1881）

二月

二月初一日（2月28日）

上总署书。将军[①]来晤。未刻，拜发敬陈管见一折。又请海参崴设立领事官一片，又请续假二十日一片。铜井[②]来晤，读《汉书》。灯下，作《咏史》七律三首。

二月初二日（3月1日）

作《咏史》七律一首。复长润生书，复戴孝侯[③]书。读《汉书》。灯下，致张幼樵书。

二月初三日（3月2日）

复潘辛芝书，复汪葆田书，复屠时斋书。致华帽山书，致吕庭芷前辈书。复王念劬书，复琬卿弟书，复张敬甫书。

二月初四日（3月3日）

复宝竹坡同年书。致顾康民[④]书。复郑玉轩书，复徐雨之书。申刻，将军携酒来寓，招铜井、秋亭[⑤]、小圃[⑥]同饮。灯

---

① 将军：吉林将军铭安（1828—1911），字鼎臣，满洲镶黄旗人。咸丰六年（1856）进士。在吉林任上，设立吉林垦务局，推动屯垦实边。

② 铜井：顾肇熙（1841—1910），字皞民，号缉庭。江苏苏州人。同治举人。历官吉林分巡道、陕西凤邠盐法道、台湾布政使。其在吉林时期活动，有《吉林日记》，稿本今藏上海图书馆。

③ 戴孝侯：戴宗骞（1842—1895），字孝侯，安徽寿州人。光绪六年（1880），吴大澂帮办边务，奏调戴宗骞随往吉林，统领绥字军马步三营，驻防三姓。

④ 顾康民：顾肇熙弟顾肇新。

⑤ 秋亭：李金镛（1835—1890），字秋亭，号丽卿。江苏无锡人。早年经商，后捐纳为官。光绪中，得吉林将军铭安赏识，任吉林知府。后调往黑龙江筹建漠河金矿，积劳成疾，卒于漠河。

⑥ 小圃：彭光誉（1843—1897），字骈喜，号小圃。福建崇谷人。肄业京师同文馆，曾任吴大澂幕僚。

下，客散后自书《咏史》诗八首。

二月初五日（3月4日）

题《汉人名印考》，自题《私志序》一则。读《晋书·良吏传》。复长润生书，致戴孝侯书。灯下，致张孝达[①]书。

二月初六日（3月5日）

致陈寿卿[②]前辈书，复徐东甫书，均由铜井附入家信，交折差带京。午后，读《晋书》列传。

二月初七日（3月6日）

致将军书，致铜井书。读《汉书》。

二月初八日（3月7日）

读《汉书》，作诗四首。午后，铜井、小圃来晤。

二月初九日（3月8日）

上合肥相国书，复春亭叔书。读《汉书》，作诗二首。傍晚，秋亭来晤。

二月初十日（3月9日）

读《汉书》。午后，铜井来晤。灯下作诗一首。

二月十一日（3月10日）

读《汉书》，题葆调古丰拓本。作诗三首。咏镜范二绝、题李喜印一律。

二月十二日（3月11日）

题距末、革曲、庚乡各拓本。读《汉书》。作诗一首。题镜范。

---

① 张孝达：张之洞（1837—1909），字孝达，号香涛，直隶南皮（今河北沧州）人。官至两江总督。与吴大澂是至交好友，后两人结为儿女亲家，张之洞四子娶吴大澂之女为妻。

② 陈寿卿：陈介祺（1813—1884），字寿卿，号簠斋。山东潍坊人。晚清著名金石学家。

二月十三日（3月12日）

读《汉书》。复戴孝侯书。奉到寄谕一道。题涿狱砖拓本。

二月十四日（3月13日）

将军来晤。读《汉书》。题石镇西砖、嵩山石阙画像。

二月十五日（3月14日）

读《汉书》。

二月十六日（3月15日）

上湘阴侯[①]相书。铜井来晤。灯下读《文选》。

二月十七日（3月16日）

寅刻，奉到批折，准其续假二十日。接合肥师相书，即复。

二月十八日（3月17日）

致顾康民书。复喜桂亭书。复长润生书。复戴孝侯、沈韵松书。读《汉书》。

二月十九日（3月18日）

作家书。致王念劬书，交秋亭之弟带南。读《汉书》。将军来晤，铜井来晤。拟请假奏稿。寄家信。

二月二十日（3月19日）

拟添设驿站、添拨额丁各章程。贺曾宫保升陕甘总督信。读《汉书》，题散氏盘拓本。

二月二十一日（3月20日）

拟改设驿站、添拨额丁奏稿，又清单三件。致铭将军书。

二月二十二日（3月21日）

自缮奏折。余恂卿来晤。午后，铜井、小圃来晤。读《晋书》列传。

① 湘阴侯：左宗棠（1812—1885），字季高，湖南湘阴人。

二月二十三日（3 月 22 日）

书散氏盘拓本考释。

二月二十四日（3 月 23 日）

拟销假折稿，午刻拜发。饭后，至将军府，答玉都统。题文休承[①]山水卷。灯下读《晋书》列传。致顾康民书。

二月二十五日（3 月 24 日）

至安字营，阅新勇操演阵法。答客五六处。上湘阴侯相书，致张孝达书。作家书，作吴江唁信。

二月二十六日（3 月 25 日）

致顾康民书。复春亭叔书。将军来晤。申刻，铜井来晤。

二月二十七日（3 月 26 日）

题虢季子白盘拓本。

二月二十八日（3 月 27 日）

题盂鼎拓本。

二月二十九日（3 月 28 日）

题立旂敦拓本，题寰盘拓本。铜井来晤。

二月三十日（3 月 29 日）

题虢叔钟拓本。

三月

三月初一日（3 月 30 日）

至将军府。午前，见客十馀人。午后，铜井来晤。题格伯敦拓本。作《说文古籀补》[②]，考得二十馀字。

---

① 文休承：文嘉（1501—1583），字休承，号文水。江苏长洲（今苏州）人。文徵明之子。明代著名书画家。

② 《说文古籀补》：吴大澂所撰，以先秦古文字如金文、陶瓦文等，校补汉代许慎《说文解字》之作，凡十四卷附录一卷。

三月初二日（3月31日）

接总署公函，知俄约已于正月廿六日画押，曾劼刚电报于二月十九日到京矣。再题格伯敦拓本。申刻，邀铜井、恂卿、小圃、秋亭、彦孙、胜之同集于龙节虎符之馆。

三月初三日（4月1日）

作《说文古籀补叙》一篇。申刻，至将军府拜折。

三月初四日（4月2日）

考得《说文古籀补》一百馀字。

三月初五日（4月3日）

考得《说文古籀补》三十馀字。复戴孝侯书。

三月初六日（4月4日）

考得《说文古籀补》五十馀字。复长润生书，复喜桂亭书，复德远庵书。

三月初七日（4月5日）

考《说文古籀补》一百馀字。

三月初八日（4月6日）

考《说文古籀补》一百馀字。

三月初九日（4月7日）

考《说文古籀补》一百馀字。午刻后，铜井来晤。

三月初十日（4月8日）

考《说文古籀补》一百馀字。

三月十一日（4月9日）

考《说文古籀补》一百馀字。核对各营报销册。文焕卿来晤。接总署公函。

三月十二日（4月10日）

至将军府。复喜桂亭书。得关中杨实斋书，购寄汉玉印二。午后，铜井来晤。

三月十三日（4月11日）

复刘俊卿书，复总署书。铜井来晤。

三月十四日（4月12日）

检点自藏各拓本。考《说文古籀补》五十馀字。

三月十五日（4月13日）

至将军府。检点自藏各拓本。考《说文古籀补》五十馀字。将军来晤。

三月十六日（4月14日）

考《说文古籀补》一百馀字。

三月十七日（4月15日）

考《说文古籀补》二百馀字。

三月十八日（4月16日）

接奉三月初十日寄谕一道。复长润生书，复戴孝侯书。

三月十九日（4月17日）

将军来晤。录《说文古籀补》一百馀字。午后，铜井来晤。接到三月十一日批回原折，忽见兵部蓝印。慈安皇太后安折留中，不胜骇愕。是日，官民先行摘缨，俟奉到部文，再行举哀、成服。复华帽山书。

三月二十日（4月18日）

复汪葆田书，复潘辛芝书。致刘毅斋书。录《说文古籀补》五十馀字。

三月廿一日（4月19日）

致刘瑞斋书。复毛子静、杨实斋书。录《说文古籀补》五十馀字。戌刻，将军接礼部咨文，奉到十一日哀诏。即赴将军衙门举哀、成服。

三月廿二日（4月20日）

致喜桂亭书。辰刻，赴将军衙门行礼、举哀。接喜桂亭书，又作一函复之。申刻，赴将军衙门行礼、举哀。录《说文古籀补》五十馀字。

三月廿三日（4月21日）

辰刻、申刻两次赴将军衙门行礼、举哀。铜井、小圃来晤。录《说文古籀补》五十馀字。

三月廿四日（4月22日）

复孝侯书。巳刻，出北门，验格林炮位，系由京城神机营派员解送来吉。美国所制，合十枪为一炮，机轴虽灵，力量不大。复刘俊卿书，复许鹤巢同年书。致孝达书。

三月廿五日（4月23日）

复冯伯申、顾康民、胡子英信。将军来晤。

三月廿六日（4月24日）

复李秋亭信。至将军府拜折。复喜桂亭信，为春海题拓本四幅。

三月廿七日（4月25日）

为将军拟告示一纸，晓谕苏城各沟民户者。作家书。

三月廿八日（4月26日）

复退楼[1]丈书，复陆振之书，复幼樵书，复喜叔书。将军来晤。寄家书。

三月廿九日（4月27日）

致喜桂亭书。

---

① 退楼：吴云（1811—1883），字少甫，号平斋、退楼。浙江湖州人，侨居苏州。清末金石学家。

四月

四月初一日（4月28日）

接李中堂书。午后，铜井来晤。接总署公函。

四月初二日（4月29日）

至将军府。铜井来晤。

四月初三日（4月30日）

拟奏请添设珲春副都统折稿，又片稿。

四月初四日（5月1日）

拟片稿一纸。

四月初五日（5月2日）

至将军府。接孝侯信，并三姓至黑河口地图九纸。手自绘写一分。

四月初六日（5月3日）

至将军府拜折。复合肥师相书，复晓沧叔书，复春叔书。

四月初七日（5月4日）

将军来晤。午后，铜井来晤。

四月初八日（5月5日）

拟片稿一纸。午后，书对联。

四月初九日（5月6日）

致将军一书。复总署公函，复孝侯书。

四月初十日（5月7日）

检理各种彝器拓本。午后，铜井来晤。

四月十一日（5月8日）

复喜桂亭书，复德远庵书。

四月十二日（5月9日）

复依尧山书，复刘俊卿书，复李秋亭书。

四月十三日（5月10日）

自题拓册。

四月十四日（5月11日）

接喜桂亭、依尧山书，即复。复方缘仲书。

四月十五日（5月12日）

致喜桂亭书。复郑玉轩书。午后，铜井、小圃来晤。酉刻，奉到寄谕一道，命督办宁古塔、三姓、珲春等处防务，并筹屯垦事宜。

四月十六日（5月13日）

至将军府，拟谢恩折稿，又请饬部分拨专饷片稿。致汪葆田书。复戴孝侯书。

四月十七日（5月14日）

致铭将军书。将军来晤。作家书。致郭小琴书，致盛杏生书。

四月十八日（5月15日）

致陈序宾书，致春亭叔书。铜井来晤。午后，至将军署，行释缟[①]礼。申刻，换用关防，谢恩拜印。寄家信。是夜三鼓时，北门大街银匠铺不戒于火，延烧十二家，策骑前往弹压援救，至五鼓始归。

四月十九日（5月16日）

拟请支给公费及调员派差各事宜一片。将军、都统来晤。午后，答拜客十馀处。致喜桂亭书。

四月二十日（5月17日）

上合肥相国书。巳刻，至将军府拜折。灯下复沈瘦珊书。

① 缟：缟衣，即白色衣服，此处指慈安太后的丧服。

四月廿一日（5月18日）

复康民、鹤巢书。致张孝达书。

四月廿二日（5月19日）

致冯伯申书。

四月廿三日（5月20日）

致郑玉轩书。起咨札各稿。

四月廿四日（5月21日）

至安字营阅操，午后归。铜井来晤。上合肥师相书。

四月廿五日（5月22日）

作家书。致王念劬书。寄家信。

四月廿六日（5月23日）

复喜桂亭书，复长润生书。致铭将军书。

四月廿七日（5月24日）

巳刻，至将军府。草崇文书院[1]观风告示。午后，小圃来晤。

四月廿八日（5月25日）

复祁子禾师书，复赵松岩书。书篆书屏幅四条。铜井来晤。灯下为汪子仁题拓本四条。

四月廿九日（5月26日）

为赵松岩书横幅，书篆联二副。起咨札各稿。复喜桂亭书，复刘俊卿书。

四月三十日（5月27日）

起咨札各稿。午后，铜井、小圃来晤。

---

① 崇文书院：同治末年，吉林官绅集资所创立，是第一座招收汉人子弟的学堂。光绪间，顾肇熙曾一度兼任书院山长。

五月

五月初一日（5月28日）

阅报销各册。将军来晤。

五月初二日（5月29日）

起咨札各稿。检理各拓本。

五月初三日（5月30日）

崇文书院观风课期，黎明赴书院点名。致潘辛芝、周少庭书，致丁午桥书。接家信。

五月初四日（5月31日）

出东门，接喜桂亭。未刻始归，奉到批回一折二片，系四月二十日所拜发。接合肥师相书。接幼樵书，即复。

五月初五日（6月1日）

至喜桂亭处。午刻，归。复合肥师相书，复大兄书。

五月初六日（6月2日）

与将军、都统同至龙潭祭神树，未刻归。上母亲禀，复三弟书。秋亭来晤。

五月初七日（6月3日）

致庆霖书。复春叔书，复晓沧叔书。至喜桂亭处。铜井、小圃来晤。复孝侯书。寄家信。

五月初八日（6月4日）

阅崇文书院观风卷。

五月初九日（6月5日）

复德远庵书。铭将军来晤。午后，桂亭来晤，铜井来晤。夜饭后，西关外船营后王姓不戒于火，延烧瓦房、草房三十馀间。策骑前往弹压援救，四鼓始归。

五月初十日（6月6日）

阅崇文书院观风卷。申刻，至将军府。李秋亭来晤。复戴孝侯书。

五月十一日（6月7日）

答李秋亭。铜井、小圃、秋亭、彦孙、胜之来晤。

五月十二日（6月8日）

复依尧山书，复刘俊卿书。致春亭叔书。

五月十三日（6月9日）

辰刻，出东门，至关帝庙行礼。拟奏调副将孔才片稿。午后，答喜桂亭，答将军。

五月十四日（6月10日）

拟请领防饷片稿。

五月十五日（6月11日）

起咨札各稿。桂亭来晤。

五月十六日（6月12日）

答喜桂亭。将军来晤。拟接办靖边各营事宜折稿。复孝侯书。

五月十七日（6月13日）

拟请设炮台机厂折稿。

五月十八日（6月14日）

拟奏调各员片稿。至将军处午饭。小圃、铜井来晤。作家书。写对四副、额一。

五月十九日（6月15日）

拟札春龄垦荒稿。拟请开复春龄原衔顶戴片稿。寄家信，交李仲敏。

五月二十日（6月16日）

拟珲、塔垦荒事宜片稿。自起咨札各稿，拟请另购格林炮四尊解还神机营片稿。

五月廿一日（6月17日）

上合肥师相书。自起咨札各稿。

五月廿二日（6月18日）

致冯伯申书。巳刻，拜发奏折。喜桂亭来。起咨稿。复德凤占信。接合肥相国书。

五月廿三日（6月19日）

答喜桂亭。复德远庵书，复戴孝侯书。铜井来晤。复长润生书。

五月廿四日（6月20日）

接家书。致续燕甫观察书，致辛芝书。

五月廿五日（6月21日）

核算靖边各军发饷银数。

五月廿六日（6月22日）

起咨札各稿。

五月廿七日（6月23日）

起札稿。至北门外教场，与鼎翁、桂翁同阅马步兵操演。铜井、小圃来晤。灯下，致吴选青书。复徐东甫书。致刘庆霖书。

五月廿八日（6月24日）

致王念劬书，致文云卿文瑞书。桂亭令郎，吏部员外郎。批小圃禀。三致铜井书，论屯垦事宜。

五月廿九日（6月25日）

起咨札各稿。午后，偕铜井、小圃、味三、韵松同登北山。

六月

六月初一日（6月26日）

拟垦荒章程六条。铜井、小圃来晤。秋亭来晤，明日将赴珲春矣。

六月初二日（6月27日）

至秋亭处送行。复长润生书，复依尧山书。将军来晤。拟三姓稽查税务章程。

六月初三日（6月28日）

批小圃禀。复戴孝侯书，复德远庵书。两致铜井书。申刻，答将军。又至桂亭处。

六月初四日（6月29日）

复合肥相国书。铜井来晤。复德远庵书。

六月初五日（6月30日）

起咨札各稿。复春亭叔信，复晓沧叔信。致汪葆田书。上母亲禀。复大兄书。

六月初六日（7月1日）

复运斋书。致王念劬书，致孝侯书。寄家信。

六月初七日（7月2日）

复伯寅师书，复康民书，复冯伯申书。

六月初八日（7月3日）

为小圃书斗方，为将军画折扇，为恂卿画纨扇。

六月初九日（7月4日）

患痢疾，请姚彦孙诊脉。

六月初十日（7月5日）

奉到批回二折、二片，并奉寄谕一道，咨行李中堂、铭将军各处。痢仍未止，里急后重，时觉坐卧不安，仍服彦孙药。

六月十一日（7月6日）

痢仍未止。下午，稍平复，仍邀彦孙诊脉。铜井来晤。

六月十二日（7月7日）

致戴孝侯书。复华帽山书。

六月十三日（7月8日）

六月十四日（7月9日）

复周薪如、唐元圃书。

六月十五日（7月10日）

复潘顺之年伯书。复依尧山、德远庵书。

六月十六日（7月11日）

检理书籍。

六月十七日（7月12日）

六月十八日（7月13日）

致德远庵书。

六月十九日（7月14日）

剃发。至将军衙门行礼。午后，至桂亭处，不值。至观音堂拈香。

六月二十日（7月15日）

复王筱云书。起咨稿。

六月廿一日（7月16日）

复孝侯书。至将军府拜折。午后，至桂亭处。

六月廿二日（7月17日）

铜井来晤。

六月廿三日（7月18日）

将军、桂亭来晤。起咨札各稿。

六月廿四日（7 月 19 日）

复李中堂信，复春叔信，复大兄信。致夔石侍郎书。复郑玉轩书。至桂亭处送行。寄家信。

六月廿五日（7 月 20 日）

出西门外，送桂亭行，并寄请圣安。

六月廿六日（7 月 21 日）

大雨。诣西门外万寿宫，恭祝圣寿。复陆振之信。

六月廿七日（7 月 22 日）

起咨札各稿。铜井来晤。写折扇。

六月廿八日（7 月 23 日）

至将军府。

六月廿九日（7 月 24 日）

起咨札各稿。

六月三十日（7 月 25 日）

复戴孝侯信。是日未刻，陈氏妾到吉，陆振之同来。

七月

七月初一日（7 月 26 日）

至将军府，祝鼎翁夫人寿。接将军来咨，即日咨覆。铜井来晤。

七月初二日（7 月 27 日）

复戴孝侯书，复柳门书。

七月初三日（7 月 28 日）

复德远庵书。写家书。

七月初四日（7 月 29 日）

至北门外军械局，点拉林五常堡挑送西丹[1]名。复李秋亭书。

---

① 西丹：满语音译，是未成年之男丁之义。

七月初五日（7月30日）

复王念劬书，复琬卿书。致王筱云书，致春叔书。复平斋丈书。寄家信。

七月初六日（7月31日）

复续燕甫书。

七月初七日（8月1日）

拟特保戴孝侯稿。

七月初八日（8月2日）

小圃、味三来晤。拟递解革除弁勇章程。

七月初九日（8月3日）

至军械局，点双城堡挑送西丹一百二十名。答铭将军，答玉昆圃。致王筱云书。

七月初十日（8月4日）

复辛芝书，复周少庭书。起咨稿。致卓友莲书。上涂中丞书。

七月十一日（8月5日）

致刘瑞斋书。午后，至银库，比较天平砝码，并监放各军饷银。

七月十二日（8月6日）

复德远庵书。致依尧山书。复沈吉田书。铜井来晤。

七月十三日（8月7日）

将军来晤。拟折稿，覆陈部议驳诘马步各军章程。致顾康民书。又拟官马每匹作价九两片稿。

七月十四日（8月8日）

至军械局，点乌拉总管挑送西丹一百二十名。答铭将军。味三来晤。

七月十五日（8月9日）

接户部咨文，议维筹拨机厂、炮台经费。接春叔信。

七月十六日（8月10日）

拟覆陈机厂、炮台创办情形折稿。起咨札各稿。

七月十七日（8月11日）

复戴孝侯书。

七月十八日（8月12日）

拟营房给价片稿。拟接收靖边军火片稿。接李秋亭信。

七月十九日（8月13日）

致依尧山书。起咨札各稿。

七月二十日（8月14日）

上合肥相国书。至将军府拜折。至北山，招铜井、小圃、恂卿、筱舫、彦孙、韵松、振之同饮，薄暮始归。

七月廿一日（8月15日）

起咨札各稿。复李秋亭信。铜井来晤。

七月廿二日（8月16日）

复戴孝侯书。

七月廿三日（8月17日）

复汪子仁书，复长润生书。明沂圃都护由京到吉，与将军、都统同诣万寿宫，恭请圣安。陈静园来晤。明沂圃来晤。

七月廿四日（8月18日）

起札稿。玉昆圃来晤。

七月廿五日（8月19日）

出北门，至军械局，点伯都讷挑送西丹一百名。答沂圃、昆圃。午后，将军招饮。

七月廿六日（8 月 20 日）

潘莲舫[1]学使于是日巳刻进城，迎至三圣庙，与将军、都统同至学院。午刻，回寓。铜井来晤。申刻，招鼎臣将军，沂圃、昆圃两都护同集寓斋小饮。

七月廿七日（8 月 21 日）

拟奏参永平折稿。午后，玉昆圃都护招饮。

七月廿八日（8 月 22 日）

拟片稿二，皆为转运车辆折价累民议一变通办法也。是日巳刻，明沂圃赴伯都讷副都统任，与鼎臣将军送至河干。

七月廿九日（8 月 23 日）

自书片稿一分。申刻，至将军府拜折。致孝侯书。

七月三十日（8 月 24 日）

复王筱云信。致孝达书。

闰七月

闰七月初一日（8 月 25 日）

复合肥相国书，上高阳相国[2]书。

闰七月初二日（8 月 26 日）

复春叔信。致顾康民信。偕恂卿、小圃、筱舫、味三、森堂、韵松、振之同赴江南，东至甲子街，相度机器局[3]基址，西至马家屯。惟甲子街之东有平川地七晌，土坚可用，马家屯一带地虽平旷，俱系沙土，与建厂不相宜也。申刻，归。灯下

---

① 潘莲舫：潘斯濂（1823—1881），字兆瑞，号莲舫。广东南海（今广东佛山）人。道光二十七年（1847）进士。历官山东学政、奉天学政。

② 高阳相国：李鸿藻（1820—1897），字季云，号兰荪。直隶高阳（今河北保定）人。咸丰二年（1852）进士，官至礼部尚书、户部尚书。

③ 机器局：吉林机器局，吴大澂在东北时所创设。

作《文丞相名印歌》。

闰七月初三日（8月27日）

拟掩埋章程十条。致袁敬孙信，致吴平斋丈信。双如山自三姓回省。

闰七月初四日（8月28日）

写家信。致王念劬书，致春亭叔书。陈静园、姚彦孙来晤。寄家信。

闰七月初五日（8月29日）

起咨札各稿。将军招饮，申刻归。起札稿。双如山来晤。

闰七月初六日（8月30日）

起咨札各稿。接秋亭信，即日复。

闰七月初七日（8月31日）

复王筱云信，复华帽山信。致卓友莲书。

闰七月初八日（9月1日）

复杏荪信。写家书。

闰七月初九日（9月2日）

致刘芝田书，致春叔书。复宋祝三书。

闰七月初十日（9月3日）

德凤占来晤。写《说文古籀补》。

闰七月十一日（9月4日）

答德凤占。将军来晤。写《说文古籀补》。

闰七月十二日（9月5日）

拜潘莲舫学使。午后，莲翁来晤。鼎臣将军招饮。

闰七月十三日（9月6日）

午刻，送潘莲舫学使。写《说文古籀补》。

闰七月十四日（9月7日）

写家书。致王念劬书。寄家书。

闰七月十五日（9月8日）

起咨札各稿。小圃来晤。写《说文古籀补》。将军来晤。薄暮，铜井招饮，登瞰江楼观月。

闰七月十六日（9月9日）

写《说文古籀补》。

闰七月十七日（9月10日）

复德远庵信。

闰七月十八日（9月11日）

拟覆奏部议减饷仍请照旧拨领折稿。

闰七月十九日（9月12日）

答鼎臣将军。增改折稿。拟分别造报领饷片稿。

闰七月二十日（9月13日）

上合肥相国书，上高阳相国书。致孝达书。复康民书。

闰七月二十一日（9月14日）

起咨札各稿。写《说文古籀补》。致鼎臣将军书。

闰七月二十二日（9月15日）

拟筹办屯田片稿。复李秋亭书，复依尧山书。致德远庵书。未刻，拜发奏折。

闰七月二十三日（9月16日）

复戴孝侯书，复汪子仁书。

闰七月二十四日（9月17日）

起咨札各稿。写《说文古籀补》。

闰七月二十五日（9月18日）

写《说文古籀补》。将军来晤。

闰七月二十六日（9月19日）

复刘瑞斋书。致刘毅斋书，致沈吉田书。上涂中丞书。致杨实斋书，致谭兰亭书。

闰七月二十七日（9月20日）

复潘辛芝、周少庭书。写《说文古籀补》。答将军。

闰七月二十八日（9月21日）

复李秋亭书，复德远庵书。致芍亭中丞书。

闰七月廿九日（9月22日）

写《说文古籀补》。

八月

八月初一日（9月23日）

铜井、小圃来晤。写《说文古籀补》。

八月初二日（9月24日）

起咨札各稿。致黎召民书。

八月初三日（9月25日）

致张振轩[①]制军书。致裕泽生[②]中丞书。上合肥相国书。复春亭叔书。

八月初四日（9月26日）

复晓沧叔书，复唐元圃书。至龙潭，陪祭。

八月初五日（9月27日）

致刘芗林书。

① 张振轩：张树声（1824—1884），字振轩，安徽合肥人。淮军名将，官至两广总督。

② 裕泽生：裕宽（1830—1902），字泽生，库雅拉氏，满洲镶红旗人。官学荫生。官至广东巡抚、河南巡抚。

八月初六日（9月28日）

致王筱云书。起折稿。

八月初七日（9月29日）

写家书。致应敏斋书。

八月初八日（9月30日）

致潘顺之年伯书。复王念劬书，复春亭叔书。又致王筱云书。寄家书。

八月初九日（10月1日）

复依尧山书，复郭梯阶[1]书。致李秋亭书。起咨札各稿。未刻，接奉批回奏稿一件。

八月初十日（10月2日）

复长润生书，复戴孝侯书。致德远庵书。

八月十一日（10月3日）

写《说文古籀补》。起咨札各稿。

八月十二日（10月4日）

拟照会东海滨总督稿，并边界事宜。

八月十三日（10月5日）

将军来晤。起咨札各稿。

八月十四日（10月6日）

复依尧山信，复刘俊卿信，复常备五信。致戴孝侯信。

八月十五日（10月7日）

至将军、都统各同寅处贺节禧。铜井、小圃来晤，作竟日之谈。

① 郭梯阶：郭长云（1834—？），字梯阶，湖南沅州人。早年投军，因功官至副将，得铭安赏识，奏调吉林，曾追随吴大澂。

八月十六日（10月8日）

致王念劬书，致吴选青书，致李海帆书，致刘庆霖书，致王筱云书。

八月十七日（10月9日）

起札稿。复喜桂亭书。写《说文古籀补》。

八月十八日（10月10日）

复春亭叔信，复晓沧叔信。致胡子英信。葆田由津来吉。

八月十九日（10月11日）

访宋渤生。答鼎臣将军。起咨札各稿。渤生来晤。铜井来晤。

八月二十日（10月12日）

辰刻，拜折。起咨稿。

八月二十一日（10月13日）

偕凤占、森堂、如山、葆田、渤生、味三同赴江北，相度嘎子街地址。申刻，回城。写《说文古籀补》。

八月二十二日（10月14日）

渤生来晤。

八月二十三日（10月15日）

八月二十四日（10月16日）

出东门外，查勘机器局地址。

八月二十五日（10月17日）

至鼎臣将军处。起恭报出省日期奏稿。

八月二十六日（10月18日）

起咨札各稿。起会衔片稿二。

八月二十七日（10月19日）

复王筱云书。致晓沧叔书。复春亭叔书。

八月二十八日（10 月 20 日）

拟遵旨覆陈防饷事宜奏稿。又片稿一。

八月二十九日（10 月 21 日）

复戴孝侯书。

八月三十日（10 月 22 日）

复长润生书，复汪子仁书。写家书。

九月

九月初一日（10 月 23 日）

拜折。鼎臣将军来晤。致春亭叔书。寄家信。午后，至将军、都统处辞行。复杨实斋书。

九月初二日（10 月 24 日）

铜井来晤。巳刻，启程赴宁古塔。是晚，宿江密峰。

九月初三日（10 月 25 日）

至双岔河，尖。接合肥相国书，知八月十七日奉旨，补授太仆寺卿。是晚，宿七道河。

九月初四日（10 月 26 日）

至拉法站，尖。宿苦不了河。复合肥相国书，复春亭叔书。

九月初五日（10 月 27 日）

至退抟站，尖。至张广才岭下，宿刘家店。

九月初六日（10 月 28 日）

过张广才岭，宿额穆索罗站。赵松年来晤。

九月初七日（10 月 29 日）

至凤凰店，尖。宿塔拉站。接将军书，即复。

九月初八日（10 月 30 日）

至朱墩，尖。宿必尔罕站。

九月初九日（10月31日）

至石头甸子，尖。至沙兰站，宿。

九月初十日（11月1日）

五鼓起，行四十里，至大蓝旗沟，尖。未刻，抵宁古塔城，住官参局。德远庵来晤。答德远庵。

九月十一日（11月2日）

刘俊卿来。德远庵来。午刻，答德远庵、俊卿。批秋亭禀。

九月十二日（11月3日）

致依尧山书。刘俊卿、常备五来晤。远庵来晤。

九月十三日（11月4日）

写《说文古籀补》。俊卿来晤。答德远庵。

九月十四日（11月5日）

致陆振之书。巳刻，出东门。申刻，至乜河，宿巩字营。

九月十五日（11月6日）

大风。阅巩字营三营、靖边左右路五营操。

九月十六日（11月7日）

大雪。周阅各营盘，诫谕营哨各官。复鼎臣将军书。

九月十七日（11月8日）

大雪竟日。由乜河回城。接吉林将军咨称，九月初六日准吏部咨开八月十七日奉上谕，太仆寺卿着吴大澂补授，钦此。是日，起谢恩奏稿。

九月十八日（11月9日）

致鼎臣将军书。复富森堂书，复冯伯申书。致彭小圃书，致胡子英书。未刻，谢恩拜折。德远庵来晤。

九月十九日（11月10日）

札饬靖边右路统领常福裁撤左营德升阿一营。拟靖边左路左营改步队为马队，酌定薪水盐干章程。上母亲禀。

九月二十日（11 月 11 日）

上大兄书。致三弟书。起咨札各稿。

九月廿一日（11 月 12 日）

复皞民书。接家信，又上母亲一禀，复大兄一书。申刻，德远庵招饮。

九月廿二日（11 月 13 日）

复王筱云书。致刘芗林书。复王念劬书，复春亭叔书。寄家信。

九月廿三日（11 月 14 日）

拟请朝鲜贫民占垦土门江北岸荒地准其领照纳租奏稿。

九月廿四日（11 月 15 日）

复鼎臣将军信，复铜井书，复振之书。

九月廿五日（11 月 16 日）

写《说文古籀补》。改信稿。

九月廿六日（11 月 17 日）

核算各营军火数目。午后，刘俊卿来晤。远庵来晤。致振之书。

九月廿七日（11 月 18 日）

题斁狄钟拓本。法国游历博若华、马利二人来晤。

九月廿八日（11 月 19 日）

复杨实斋信。答远庵兄。答博若华、马利。复富森堂信。未刻，接批回奏折一件。

九月廿九日（11 月 20 日）

复帽山信，复辛芝信，复何芝生信，复屠时斋信，复刘庆霖信。致李海帆信。

九月三十日（11 月 21 日）

复涂中丞书。上总署书，上合肥相国书。复春亭叔书。至远庵都护处辞行。

十月

十月初一日（11 月 22 日）

巳刻，出城。申刻，至石头坑子，宿。行四十五里。

十月初二日（11 月 23 日）

至中马陵河，尖。至斗沟子，宿。复孝达书，复幼樵书，复陆振之书。致春亭叔书。上母亲禀。致大兄书。寄家书。

十月初三日（11 月 24 日）

行三十五里，至望松窝，尖。因行李车渡河覆辙，衣笥襆被多致潮湿，命仆人检点烘晾，遂宿望松窝，不复前行矣。复宋渤生书。致德凤占书。复刘鉴堂书。

十月初四日（11 月 25 日）

行二十五里，至三台，尖。又二十五里，过老松岭，至三道河子，茶尖。郭梯阶来晤。又行三十里，至骆驼礶子，宿宾旅馆。复戴孝侯书，复长润生书。

十月初五日（11 月 26 日）

行三十里，至哈密达，尖。去冬以白金五十金给店主葛姓，令筑茅屋五间，颜曰“息庐”。甫于九月内落成，差可憩息矣。又行四十里，至嘎牙河东孙姓店内宿。

十月初六日（11 月 27 日）

行二十五里，至荒片小店，尖。又二十五里，至五人班，宿。寓主关清德年已七十矣，曾给五十金，令其添筑三椽，书“清乐乡”三字额悬之，题曰“官清民乐，山乡之福”。复依尧山都护书，复李秋亭书。

十月初七日（11月28日）

行三十里，至大坎子，尖。又二十五里，至且住庵，宿。山僧新构精舍，有明窗净几之乐，门悬“且住庵”额，亦余去年所题字也。土人呼为和尚窝棚。起咨札稿。复鼎臣将军书。

十月初八日（11月29日）

行二十五里，过高丽岭，至德同卡伦，尖。又三十里，至凉水泉子，向无憩息之所，余于去冬过密占时，给旗民郎泰白金五十两，令筑劝农所三间，跋其额云，此地有甘泉沃壤，可耕可汲，筑此茅舍，以劝耕农。今屋已落成，地亦垦百馀亩，穲稏满场矣。秋亭来此茶话片晌，农夫牧子熙熙而来，亦一乐也。又行三十里，至密占，宿郎泰家。

十月初九日（11月30日）

由密占至珲春六十里。未刻，进城，住集义栈。尧山都护来晤。申刻，答尧山、秋亭。

十月初十日（12月1日）

至卫字营，答郭梯阶。致王念劬书。上母亲禀，致大兄书，由海参崴寄至上海转寄，交秋亭处便差带去也。寄家书。

十月十一日（12月2日）

点靖边中路两营名。尧山招饮。

十月十二日（12月3日）

点卫军马步四营名。查阅营墙。

十月十三日（12月4日）

起咨札稿。尧山来晤。致德远庵书。复汪子仁书。

十月十四日（12月5日）

赴东教场，阅靖边两营、卫军四营操。致鼎臣将军书。

十月十五日（12月6日）

偕尧山都护、秋亭、梯阶同赴二道河子，相度俄人往来要道，商勘炮台基址。酉刻，回城。

十月十六日（12月7日）

偕秋亭、梯阶同赴分水岭中俄交界地方，拟于明年设立边门，安筑炮台，以固珲春东界藩篱。是日往来百里。酉刻，回城。复铭将军书。

十月十七日（12月8日）

赴西教场，校阅各军马步枪靶。申刻，至卫字中营。梯阶招饮，戌刻回寓。

十月十八日（12月9日）

起咨札各稿。复振之书。午后，至尧山都护处辞行。至卫军，阅教习洋操。至西门，阅城墙。秋亭招饮。

十月十九日（12月10日）

由珲春启程，行六十里，至密占，宿。

十月二十日（12月11日）

行三十里，至凉水泉子劝农所，尖。又行三十里，至德同卡伦，茶尖。又行二十五里，至且住庵，宿。复鼎臣将军书，复振之书。

十月廿一日（12月12日）

行二十五里，至大坎子，尖。又行二十五里，至五人班，宿。致孝侯书。复凤占、筱舫书，复葆田书。

十月廿二日（12月13日）

行二十里，至荒片船房，尖。又三十里，至嘎牙河，宿。致李秋亭书。复晓沧叔书。

十月廿三日（12 月 14 日）

行四十里，至息庐，尖。又三十里，至宾旅馆，宿。

十月廿四日（12 月 15 日）

行三十里，至三道河子，尖。又五十里，过老松岭，至望松窝，宿。题诗一律，曰：

一宿空山亦偶然，诛茅拓地已经年。边庭万里今无事，使节重来夙有缘。鸟道云封窝棘暗，虬枝雪压古松眠。野人共话升平乐，各领闲荒百亩田。

十月廿五日（12 月 16 日）

行三十五里，至斗沟子，尖。又四十里，至东京城，宿。

十月廿六日（12 月 17 日）

五鼓起，行三十里，至七间房，尖。又四十里，至宁古塔城。远庵都护来晤。如山、俊卿来晤。

十月廿七日（12 月 18 日）

胡守三①、季杏圃来见。答德远庵都护。

十月廿八日（12 月 19 日）

书泥金屏二幅。俊卿来晤。

十月廿九日（12 月 20 日）

书泥金屏三幅。三岔口民人孙云文等来诉春龄扰民劣迹，殊堪痛恨。至远庵处一告之。

十一月

十一月初一日（12 月 21 日）

起咨札各稿。书泥金屏二幅。

---

① 胡守三：胡传（1841—1895），字铁花，一字守三，号钝夫。安徽绩溪人。胡适之父。光绪初年，赴东北宁古塔效力，得吴大澂赏识，荐补知县，曾任五常厅抚民同知。

十一月初二日（12 月 22 日）

书篆联一副。远庵都护来晤。复振之书。致春亭叔书，致森堂书。

十一月初三日（12 月 23 日）

委王勉斋赴山东登莱青各属招募屯兵，拟试办屯兵章程十条。检理书簏。

十一月初四日（12 月 24 日）

由塔城至乜河，仍住巩字营。

十一月初五日（12 月 25 日）

远庵来晤。点巩军三营、亲兵二营名。在如山营中午饭。

十一月初六日（12 月 26 日）

复鼎臣将军书。点靖边左路三营名。

十一月初七日（12 月 27 日）

葆田自城中来。复周少庭书。

十一月初八日（12 月 28 日）

接鼎臣将军书。札委秋亭赴三岔口，查勘设官、建署、分界各事宜。致秋亭书。拟请海参崴设领事官奏稿。灯下覆鼎臣将军书。

十一月初九日（12 月 29 日）

起咨札各稿。阅巩军弁勇打枪靶。至远庵都护营中辞行。致陈寿卿前辈书，致振之书。复葆田书，复张振轩制军书，复裕泽生中丞书，复卓友莲书。

十一月初十日（12 月 30 日）

由乜河启程，赴三姓。行三十里，至桦树林子，尖。又四十里，至副泰墨，宿。

十一月十一日（12 月 31 日）

行四十里，至叩溪，尖。又五十里，过恶河庙。又北七八里，有渔人旧窝棚一间，遂宿焉。

十一月十二日（1882 年 1 月 1 日）

三鼓起，行七十里，至营门石江西保元寺，尖。又六十里，至莲花泡子，宿。

十一月十三日（1 月 2 日）

三鼓起，行九十里，至老西儿沟，尖。又二十五里，至乌斯珲屯，宿。

十一月十四日（1 月 3 日）

三鼓起，行五十里，至土城子，尖。天尚未明也。又行六十里，至三姓城，宿西门外大顺店。

十一月十五日（1 月 4 日）

至巴彦涌绥军营盘内，点绥军马步五营名。

十一月十六日（1 月 5 日）

阅绥军步队三营操。下午，阅马队二营操。

十一月十七日（1 月 6 日）

阅炮队打靶。又阅绥字正营、左营打枪靶。阅右营打枪靶，未毕。

十一月十八日（1 月 7 日）

阅绥字左、右、前、后四营营墙。补阅右营打枪靶。又阅赫哲四十名打枪靶。阅巴彦涌东口炮台基址。午后，回城。润生都护来晤。

十一月十九日（1 月 8 日）

起咨札各稿。复铜井书，复振之书，复宋渤生书。申刻，润生都护招饮。

十一月二十日（1月9日）

孝侯、季明来晤。申刻，至润生都护处辞行。

十一月廿一日（1月10日）

由姓城启程，行六十里，至鄂勒国木索站，宿。

十一月廿二日（1月11日）

行四十里，至乌罗珲，尖。又五十里，至崇固尔库站，宿。复鼎臣将军信。

十一月廿三日（1月12日）

行三十里，至小桥子丁家店，尖。又行三十里，至富拉浑站，宿。复铜井书，复振之书，复文焕卿书，复吴副将永敖书。

十一月廿四日（1月13日）

行三十里，至依依河，尖。又三十里，至佛斯亨站，宿。奉到十一月十四日寄谕一道。复依尧山书，复沈子卿书。

十一月廿五日（1月14日）

行五十里，至陶溪，尖。又三十里，至色勒佛特库站，俗名夹板站。宿。复秋亭书。

十一月廿六日（1月15日）

四鼓起，行六十里，至宾州城内，尖。又四十里，至曼家店，宿。写家书。

十一月廿七日（1月16日）

行三十里，至斐克图站，尖。又六十里，至阿勒楚喀，宿。富春轩都统来晤。

十一月廿八日（1月17日）

答富春轩都统。行二十里，至□□□站，尖。又六十里，至拉林，宿。拉林协领永博臣来晤。

十一月廿九日（1月18日）

四鼓起，行五十里，至刘家店，尖。又二十里，至大岭。又五十里，至孤榆树，宿。伯都讷同知贵达君来晤。

十一月三十日（1月19日）

行二十五里，至五间房，尖。又六十五里，至法达哈门，宿。

十二月

十二月初一日（1月20日）

行九十里，至乌拉街，宿。

十二月初二日（1月21日）

行五十里，至旧站，尖。又四十里，进城。玉昆圃都护来晤。铜井来晤。

十二月初三日（1月22日）

拜鼎臣将军。答昆圃都护。起咨札各稿。上母亲禀。

十二月初四日（1月23日）

寄大兄书。起咨札各稿。复王念劬书。

十二月初五日（1月24日）

致谭叙初中丞书。寄家书。

十二月初六日（1月25日）

起恭报校阅防军回省日期奏稿。

十二月初七日（1月26日）

起请将撙节防饷留办屯田奏稿。申刻，至鼎臣将军处。

十二月初八日（1月27日）

复合肥相国书。致运斋书。起片稿。寄京信。交折差。

十二月初九日（1月28日）

致陈寿卿前辈书。复王筱云书。致运斋书。批孝侯禀。

十二月初十日（1月29日）

巳刻，拜折。致刘建棠书。复春叔书，复晓沧叔书。寄京信。由津局递。

十二月十一日（1月30日）

复孝侯书，复王筱云书。致沈吉田书。复阜康范毓峰书。交王芷帆带京。申刻，邀铜井、恂卿、小圃、葆田、渤生、味三、少谷、振之夜饮。

十二月十二日（1月31日）

拜发恭贺元旦折。赴安字营阅操。未刻，回寓。批秋亭禀二件。复运斋书。寄京信。

十二月十三日（2月1日）

至将军府，晤铜井、小圃。批秋亭禀二件，复秋亭书。

十二月十四日（2月2日）

复依尧山都护书。

十二月十五日（2月3日）

批刘俊卿禀修道需用木植运脚。复俊卿书。

十二月十六日（2月4日）

复德远庵都护书。批双如山禀。复王松生书，复幼樵书。

十二月十七日（2月5日）

致安圃同年书。复冯伯申书，复鹤巢书，复沈瘦珊书。致康民书。

十二月十八日（2月6日）

复翁叔平[①]年伯书，复张叔平师书，复伯寅师书。致刘建棠书。

① 翁叔平：翁同龢（1830—1904），字声甫，号叔平、瓶生、松禅。江苏常熟（今属苏州）人。晚清名臣，官至户部尚书、协办大学士。

十二月十九日（2月7日）

上继述庭师书。致运斋书。寄京信。

十二月二十日（2月8日）

复辛芝书，复廖仲山[①]书，复王玉如书。

十二月二十一日（2月9日）

卯时，封印。至将军、都统处道喜。复卓友莲书，复徐桐村书。

十二月二十三日（2月10日）

至安字营，阅亲兵打枪靶。复秋亭书，复菱舫书，复迈皋丈书，复知无书。

十二月二十三日（2月11日）

至机器局，查阅新盖灰棚及续购地基。旋赴安字营，阅亲兵戈什打枪靶。午后，起咨札各稿。申刻，偕葆田、味三、振之同赴军府南楼，与铜井、恂卿、小圃、斐初夜饮。

十二月二十四日（2月12日）

至安字营，阅亲兵戈什打枪靶。午后，画灯片四纸。

十二月二十五日（2月13日）

渤生来晤。画灯片稿十二纸。鼎臣将军来晤。起贺合肥相国六十寿并抱孙之喜信稿。

十二月二十六日（2月14日）

奉到批折三件，系初十日拜发。改信稿。复彭颂田信，复钱箎仙信。复高抟九信。

十二月二十七日（2月15日）

致运斋书。画灯片二纸。

---

① 廖仲山：廖寿恒（1839—1903），字仲山。上海嘉定人。同治二年（1863）进士，官至吏部尚书、总理各国事务衙门大臣。其侄廖世荫为吴大澂女婿。

十二月二十八日（2月16日）

复喜桂亭信。画灯片二纸。

除夕（2月17日）

摹砖瓦二十四种。

光绪八年壬午（1882）

正月

元旦（2月18日）

诣万寿宫行礼。至将军、都统及各协领处贺年禧。题拓本。

正月初二日（2月19日）

至各处贺新禧。午后，铜井来晤。

正月初三日（2月20日）

接孝侯来禀，知哨官佘庆源入山捕匪，已将蓝老五、王林等悉数歼擒，甚可喜也。批孝侯禀。

正月初四日（2月21日）

复孝侯书。鼎臣将军来晤。起奏稿，未竟。

正月初五日（2月22日）

至机器局、安字营，旋至将军、都统处。写篆屏四幅。渤生来晤。

正月初六日（2月23日）

复潘振声书，复德远庵书。申刻，招文幼兰、那锡侯、顾皞民、余恂卿、彭小圃、员斐初、书赞臣夜饮。

正月初七日（2月24日）

上母亲禀。复大兄书。致廖谷士[①]、德晓峰书。申刻，铜井

① 廖谷士：廖寿丰（1835—1901），字谷似，号止斋。上海嘉定人。廖寿恒兄。同治十年（1871）进士，官至浙江巡抚。其子廖世荫娶吴大澂女为妻，与吴氏为儿女亲家。

招饮。

正月初八日（2 月 25 日）

致春亭叔书。复晓沧叔书，复王念劬书。招凤占、五堂、森堂、焕卿、筱舫、彦孙、静庵、彦臣饮。

正月初九日（2 月 26 日）

复王筱云书，致戴孝侯书。午后，至安字营，阅戈什亲兵打枪靶。复依尧山书。寄家信。

正月初十日（2 月 27 日）

复秦子煐书。鼎臣将军招饮。

正月十一日（2 月 28 日）

拟覆奏朝鲜贫民占种吉林边地妥议安插折稿，又片稿一件。全寿山都护来晤。

正月十二日（3 月 1 日）

致李秋亭书。拟敬陈管见折稿。申刻，招富春轩、明芷轩、玉昆圃三都护及凤占、皞民、永博臣饮。致张孝达中丞书。

正月十三日（3 月 2 日）

答全寿山都护。巳刻，至安字营，阅戈什亲兵打枪靶。申刻，玉昆圃都护招饮。

正月十四日（3 月 3 日）

拟保举循吏折稿。巳刻，携酒至军府小楼，与鼎臣将军及铜井、恂卿、小圃、幼兰、锡侯饮。申刻，招伯都讷、长都厅、敦化县、五常厅各厅县饮。

正月十五日（3 月 4 日）

江少谷为余画小影，未竟。申刻，招小圃、葆田、子卿、味三、渤生、少谷、润泉、振之饮。

正月十六日（3月5日）

改奏稿。少谷来补画小影。致大兄书。

正月十七日（3月6日）

上母亲禀。致王念劬书。寄家信。

正月十八日（3月7日）

申刻，招葆田、渤生、味三、杏圃、铁花、少谷、润泉、振之饮。

正月十九日（3月8日）

清理案牍。铜井来晤。

正月二十日（3月9日）

明芷轩都护回京，恭诣万寿宫，寄请圣安。铜井、小圃、恂卿招饮。写篆额二、篆联二。

正月廿一日（3月10日）

巳刻，开印。至鼎臣将军处贺喜。答玉昆圃、富春轩两都护。检理古铜印。申刻，招葆田、渤生、味三、少谷、润泉、振之、赞庭饮。

正月廿二日（3月11日）

起咨札稿，检理书籍。鼎臣将军招饮。

正月廿三日（3月12日）

检理书籍。

正月廿四日（3月13日）

至将军、都统处辞行。写篆联二。检理书籍、衣笥。

正月廿五日（3月14日）

检理行装。渤生、少谷来晤，铜井来晤。写篆联一。

正月廿六日（3月15日）

巳刻，启程出省。申刻，抵江蜜蜂，宿。

正月廿七日（3月16日）

行三十里，至双岔河，尖。又三十里，至五道河，宿。致宋渤生书。

正月廿八日（3月17日）

行五十里，至岔路河，尖。又五十五里，至苦不了河，宿。

正月廿九日（3月18日）

行五十里，至退抟站，尖。又三十里，至张广才岭下秦家店，宿。复孝侯书。

二月

二月初一日（3月19日）

过张广才岭，至额穆索罗站，宿。复王念劬书。

二月初二日（3月20日）

二十五里至凤凰店，尖。又三十五里，至塔拉站，宿。

二月初三日（3月21日）

行三十里，至朱墩，尖。又三十里，至必尔罕站，宿。复尧山都护书。

二月初四日（3月22日）

行四十五里，至石头甸子，尖。土人以为三十里，实不止也。又四十里，至沙兰站，宿。

二月初五日（3月23日）

行四十里，至蓝旗沟，尖。双如山、刘俊卿、常备五来晤。又四十里，至宁古塔城，仍住官参局。德远庵都护来晤。李秋亭自三岔口来晤。

二月初六日（3月24日）

答远庵都护。清理书箧。

二月初七日（3月25日）

致鼎臣将军书，致汪葆田书。复杨实斋书。

二月初八日（3月26日）

起咨札各稿。致王胜之书。上母亲禀。致大兄书。

二月初九日（3月27日）

复合肥相国书，复王筱云书，复春亭叔书。

二月初十日（3月28日）

复刘芗林书，复鼎臣将军书，复铜井书，复运斋书。寄家书、京信。

二月十一日（3月29日）

致葆田书，致振之书。远庵都护来晤。致文焕卿书。题瓦当拓本三幅。

二月十二日（3月30日）

题瓦当拓本一幅。答远庵都护。致江少谷书。

二月十三日（3月31日）

致大兄书，致运斋书，致念劬书。寄家信、京信。

二月十四日（4月1日）

起恭报三姓防军会同练队搜剿马贼情形奏稿，并筹办善后事宜片稿。

二月十五日（4月2日）

诣关帝庙拈香，检理书札竟日。

二月十六日（4月3日）

起片稿二：一为孝侯奏保升阶；一为陈营官有胜奏请优恤也。午后，阅戈什亲兵打枪靶。

二月十七日（4月4日）

复鼎臣将军信，复渤生信。致振之信。书《重修隆庆庵记》[1]。

二月十八日（4 月 5 日）

复富森堂信，复文焕卿信，复王念劬信。

二月十九日（4 月 6 日）

起咨稿。复大兄书。午后，阅戈什亲兵打枪靶。

二月二十日（4 月 7 日）

再书《重修隆庆庵记》。上母亲禀。复春亭叔书。寄家信。

二月廿一日（4 月 8 日）

为远庵都护书篆屏八幅。复郭梯阶书。

二月廿二日（4 月 9 日）

为远庵都护书楹联六副。复运斋书。

二月廿三日（4 月 10 日）

复伯寅师书。致陈伯潜书。午后，阅戈什亲兵打枪靶。

二月廿四日（4 月 11 日）

复王筱云书。致刘芗林书。复晓沧叔书。致宝竹坡书。

二月廿五日（4 月 12 日）

复丁友云书。致春亭叔书。远庵都护来晤。寄京信。

二月廿六日（4 月 13 日）

复潘振声书。致振之书。午后，阅戈什亲兵打枪靶。

二月廿七日（4 月 14 日）

复晏海臣书，复徐东甫书，复运斋书。答远庵都护。

二月廿八日（4 月 15 日）

复鼎臣将军书，复富森堂、文焕卿书，复振之书。远庵都护来晤。复孝侯书。

---

① 《重修隆庆庵记》：吴大澂撰文并书，隆庆庵在苏州城南仓米巷，今已不存。此碑亦不知所踪，《记》则有拓本传世。

二月廿九日（4月16日）

阅戈什亲兵打枪靶。刘俊卿、双如山来晤。

二月三十日（4月17日）

复陈寿卿前辈书，复鼎臣将军书。俊卿来晤。

三月

三月初一日（4月18日）

复依尧山书，复王胜之书，复秦子皋书，复铜井书，复王子方书，复王仙洲书，复汪范卿信。

三月初二日（4月19日）

复冯升芷信，复振之信。巳刻，出城赴乜河，住巩字正营。与俊卿校放两磅后膛炮。寄京信。

三月初三日（4月20日）

至亲兵营盘，旋阅巩军步队两营操演，阅各军营哨官枪靶。远庵都护来营。校阅两磅后膛钢炮及前门铜两磅炮打靶，迄未得法。

三月初四日（4月21日）

阅巩军马队操，阅亲兵正左两营操。午后回城，天雨。

三月初五日（4月22日）

致铜井书。复德凤占书，复文焕卿书，复富森堂、宋筱舫书，复韩古琴书。

三月初六日（4月23日）

复沈吉田书，复瞿肇生书。午后，阅戈什亲兵打枪靶。远庵都护来晤。

三月初七日（4月24日）

检理汉魏六朝碑刻。

三月初八日（4月25日）

秋亭自厂中来晤。葆田来。答远庵都护。核克鹿卜炮价。秋亭来，夜谭。

三月初九日（4月26日）

绘珲春炮台图三纸，并撰说一篇、做法六条。致依尧山书。

三月初十日（4月27日）

复振之信，复宋渤生信。致丁友云书。复王筱云书，复沈子卿书。

三月十一日（4月28日）

复依尧山书。致秋亭书。复振之书。

三月十二日（4月29日）

复赵松岩书，复宋渤生书，复富森堂书，复文焕卿书，复潘振声书。

三月十三日（4月30日）

起咨札各稿。写篆联七副。

三月十四日（5月1日）

复宋渤生信，复铜井信，复杨实斋信。未刻，偕远庵都护同至江南，查看船只。

三月十五日（5月2日）

复大兄书，复运斋书。上母亲禀。复鼎臣将军书。

三月十六日（5月3日）

复王念劬信，复沈韵松信，复安圃书，复范毓峰书。致远庵都护书。

三月十七日（5月4日）

致王筱云书。复合肥相国书。午后，阅戈什打枪靶。

三月十八日（5月5日）

复方元仲书，复春叔书，复晓沧叔书。致刘芝田书。未刻，拜发会衔奏折。刘俊卿、双如山来晤。寄家信、京信。

三月十九日（5月6日）

写《说文古籀补》。午后，阅戈什亲兵打枪靶。申刻，邀远庵、如山、俊卿、备五便酌。

三月二十日（5月7日）

写《说文古籀补》。

三月二十一日（5月8日）

写《说文古籀补》。申刻，远庵都统招饮。

三月二十二日（5月9日）

复王筱云书，复宋渤生书。致杨实斋书。复春亭叔书，复晓沧叔书。致振之书。复运斋书。致大兄书，致念劬书。寄家信、京信。

三月二十三日（5月10日）

写《说文古籀补》。

三月二十四日（5月11日）

写《说文古籀补》。

三月二十五日（5月12日）

写《说文古籀补》。起咨札各稿。

三月二十六日（5月13日）

复宋渤生书。致铜井书。复振之书。午后，阅戈什亲兵打枪靶。

三月二十七日（5月14日）

复鼎臣将军书。午后，至东关外查阅新建火药房。至远庵都统处。致潘振声书。

三月二十八日（5月15日）

复潘振声书，复戴孝侯书，复潘辛芝书。

三月二十九日（5月16日）

复沈子卿书。午后，阅戈什亲兵打枪靶。致潘振声书，交王同庆带去。

四月

四月初一日（5月17日）

起设立牛痘局告示稿，起禁止私宰耕牛告示稿。上合肥相国书。复富森堂书。

四月初二日（5月18日）

致刘俊卿书。复双如山书，复王念劬书。上母亲禀。复大兄书，复春亭叔书。寄家书。

四月初三日（5月19日）

至观音阁，渡江祭神树。复卓友莲书，复华帽山书。致续燕甫书。复潘辛芝书，复崔季芬书。

四月初四日（5月20日）

起咨稿。起奏稿，为小圃请改外职、子仁请留吉省也。复铜井书，复渤生书，复振之书，复凤占书，复焕卿书。

四月初五日（5月21日）

起恭报启程折稿。起咨左中堂稿二。午后，至远庵都护处辞行。远庵都护来晤。

四月初六日（5月22日）

辰刻，拜折。致王筱云书，致王念劬书。巳刻，启程赴三岔口。是日行六十里，宿乜河亲军营。

四月初七日（5月23日）

行十五里，至四道岭子赵家窝棚，茶尖。又二十五里，至磨夷石吴家窝棚，宿。

四月初八日（5月24日）

行七八里，出磨夷石山口，大雨不止。又行三十馀里，至抬马沟，宿。依山支帐，无一干土矣。帐前有泉，清可见底，颇宜垦种。

四月初九日（5月25日）

出抬马沟，即上高岭，俗名半礷窝，棘林木甚密，有松数百株，绿阴蔽天，长约七八里。过此皆平冈土坡，由东而南，至钓鱼台营盘，宿。是日行六十馀里。致托静轩书，致远庵都护书。

四月初十日（5月26日）

由钓鱼台渡穆楞河，行二十里，至山河并礷河，王松生率耕夫二十馀人在此开垦。又十馀里，至古榆树。又二十里，至胡力密岭，支帐而宿。

四月十一日（5月27日）

行五里，过马桥河。又五十馀里，至细鳞河，宿。致汪葆田书，致王松生书。

四月十二日（5月28日）

行二十馀里，渡小绥芬河，水深没马腹，中溜甚急，随行仆马幸皆无恙。又十馀里，过八道河。又三十馀里，宿，或云此地名三道冈子。是日共行六十馀里。

四月十三日（5月29日）

过三道冈子，即上土岭，东西二十馀里，一路平冈，皆可垦种。山泉漫衍，草润土腴，土人以为洼塘不可耕，余不信也。口占七律一首：

涓涓一脉在山泉，下隰高原灌溉便。不信洼塘成废壤，但通水道即良田。涂泥厥土还宜稻，旱潦无虞大有年。只为民情莫图始，艰难稼穑以身先。

由此至万鹿沟，约五十馀里，有二道。大道宽广，而下坡甚陡，可通大车。小道窄而纡，路不甚险，穿林越涧，中多倒树，纵横满道，马驮可行，而肩舆颇多窒碍，车则断不能过矣。是晚，宿万鹿沟口张姓窝棚。

四月十四日（5月30日）

行八里，至绥芬河，有旧艑艒二只，上铺木板，可以渡人，蠃马皆浮水而过。又行三十里，至三岔口，住朱德馨炮手营内。潘振声来晤。

四月十五日（5月31日）

答潘振声。接葆田来信，即复。有俄卡四人来见。一系卡伦帮办官，名依华息夫马克胥麻为侈；一系医生，名野夫该尼意别尔克；一系教学师，名别立格林瓦斯格勒新斯已其；一人系领催之类，名尼格来也不夫。

四月十六日（6月1日）

致王松生书。偕备五、杏谱、振声同登小孤山，阅界牌，牌上有火烙"俄"字一，字大如掌，其一面所贴汉文剥落殆尽矣。循山而北，至绥芬河边，有一艑艒，不甚平稳。本拟渡河至北山查阅界牌，舟甫离岸即覆，余与备五、杏圃皆落水，衣履尽湿，遂临河而返。俄国通事莫新来，云廓米萨尔由双城子赴俄站，约明日十点钟来见。

四月十七日（6月2日）

廓米萨尔、莫新来见，又一带兵官同来。与之辨论交涉事宜六七案：

一、八道河子王纯一家被俄兵抢掠焚烧，戕害八命一案。

俄官企柏错夫既经供认，应即定罪。

一、昂邦毕拉六十九人无辜被拿一案。已死四人，已放六十一人，尚有四人未放，现在抢牛人犯均已拿获，应将无辜被系之四人一律放出。

一、鳑鲆河李玉成被系一案。

一、柳树河子孙云文被系一案。此二人均系无辜妄拿，应即放出。

一、牛成文等五人被抢一案。已获凶手二人，格勒西各夫、杜布纳夫，应即抵命。

一、谢德龄等二人在豆姑娘川被俄兵杀死一案，应即查拿凶手。

一、中国种地人往来俄界，多被拦阻，应饬各俄卡毋得留难阻滞。

以上各案，惟孙云文允即放出，俄兵格勒西各夫、杜布纳夫允即抵命，来往民人不复拦阻，馀案均多推诿也。

四月十八日（6月3日）

复德远庵都护书。至卖买街地基，相度盖房之地及街道方向。莫新来见。

四月十九日（6月4日）

振声来，言八道河子仍有拦阻行人之事。遣春升、常永带同通事施成信前赴俄卡，与之辨论。

四月二十日（6月5日）

上母亲禀。寄大兄书。

四月廿一日（6月6日）

致王念劬书。寄家书。巳刻，由三岔口启程，行三十里，渡大绥芬河。又十里，至万鹿沟口张姓窝棚，宿。

四月廿二日（6月7日）

度万鹿沟岭，行六十馀里，支帐而宿。

四月廿三日（6月8日）

行二十馀里，至三道冈子。又四十里，至小绥芬河。又二十五里，至细鳞河，宿。

四月廿四日（6月9日）

行五十里，至马桥河，宿。

四月廿五日（6月10日）

行七十馀里，至钓鱼台，宿。

四月廿六日（6月11日）

行五十里，至抬马沟。又六十里，至磨夷石吴家窝棚，宿。

四月廿七日（6月12日）

行三十五里，至乜河营盘。又六十里，回城。

四月廿八日（6月13日）

批各局禀牍。

四月廿九日（6月14日）

拟恭报由三岔口回塔日期折稿。复沈子卿书，复孝侯书。

四月三十日（6月15日）

拟片稿一，起信稿。

五月

五月初一日（6月16日）

上总署书。复鼎臣将军书，复运斋书。

五月初二日（6月17日）

巳刻，拜折。致冯升芷同年信。复铜井书。致彭小圃唁函。寄京信。

五月初三日（6月18日）

复王筱云书，复宋渤生书，复振之书。

五月初四日（6月19日）

赴乜河营盘，查核各军所放三月分饷银。亲军二营已于初二日给发，巩字三营于初三日给发，惟靖边左路三营尚未领出也。申刻，回城。

五月初五日（6月20日）

拟折稿、片稿各一。

五月初六日（6月21日）

致鼎臣将军书。复总署书。上涂制军书。致张振轩制军书。

五月初七日（6月22日）

巳刻，拜折。复彭芍亭书，复春亭叔书，复刘芗林书，复依尧山书。致沈子卿书。

五月初八日（6月23日）

复鼎臣将军书，复铜井书。

五月初九日（6月24日）

复汪子仁信，复宋渤生信。致森堂、筱舫书。

五月初十日（6月25日）

邀如山、俊卿至观音阁蔬酌。答远庵都护。

五月十一日（6月26日）

致铜井书。复李秋亭书。致德凤占书，致鼎臣将军书。

五月十二日（6月27日）

复陆梧山同年书。致廖仲山书，致潘辛芝书。

五月十三日（6月28日）

恭诣关帝庙行礼。复华帽山书。上母亲禀。复大兄书。

五月十四日（6月29日）

复王念劬书。上合肥相国书。复王筱云书。

五月十五日（6月30日）

拜发恭贺皇上万寿折。复晓沧叔书，复春亭叔书。致念劬书，致刘毅斋书。复沈子卿书。致续燕甫观察书。寄家书。

五月十六日（7月1日）

赴乜河营盘，校阅靖边、巩军营哨各官枪靶。宿靖边左路中营。

五月十七日（7月2日）

由营回城。吴副将、傅从九由山东招募农民百数十人，于昨日抵塔，吴副将、傅从九来见，带到潍县陈簠斋丈信四函。

五月十八日（7月3日）

赴关帝庙点屯兵名，共募一百五十人，令分十五棚，三棚驻扎一处为一屯。共分五屯，第一屯驻抬马沟，第二屯驻胡密力岭，第三屯驻细鳞河，第四屯驻小绥芬河，第五屯驻三道岗子。答德远庵都护。复文焕卿书，复铜井书，复振之书。

五月十九日（7月4日）

复依尧山书。阅戈什亲兵打枪靶。

五月二十日（7月5日）

致运斋书，致范毓峰书，致王筱云书，致王念劬书。寄京信。

五月廿一日（7月6日）

起咨札各稿。

五月廿二日（7月7日）

复鼎臣将军书。秋亭来晤。

五月廿三日（7月8日）

复张振轩制军书。午后，阅戈什亲兵打枪靶。申刻，邀秋亭、肖岩、葆田同饮。

五月廿四日（7月9日）

偕秋亭赴乜河营盘，阅巩军马队洋操。

五月廿五日（7月10日）

阅靖边左营马队操演脚步手法。双如山招饮，午后进城。致潘振声书。

五月廿六日（7月11日）

复王筱云书，复续燕甫书。致沈子卿书。午后阅戈什亲兵打枪靶。

五月廿七日（7月12日）

复宋渤生书。

五月廿八日（7月13日）

奉到批回折一件，初七日所发。上母亲禀函。复大兄书，复顺之年伯书，复念劬书，复春亭叔书，复运斋书，复振之书，复双如山、刘俊卿书。寄京信、家信。

五月廿九日（7月14日）

复潘振声、季杏谱书。自题拓本四幅。

六月

六月初一日（7月15日）

复长润生书，复孝侯书，复汪子仁书。

六月初二日（7月16日）

复依尧山书。致王松生书，致郭梯阶书，致李秋亭书，致振之书，复晋芍航、江少谷书。

六月初三日（7月17日）

复铜井书。致鼎臣将军书。

六月初四日（7月18日）

覆俄国东海滨总督照会稿八条。致鼎臣将军书。

六月初五日（7月19日）

考释古陶文。

六月初六日（7月20日）

考释古陶文。

六月初七日（7月21日）

复陈寿卿前辈书十六纸。

六月初八日（7月22日）

复陈寿卿前辈书十三纸。

六月初九日（7月23日）

复陈寿卿前辈书三纸，复鼎臣将军书，复铜井书。

六月初十日（7月24日）

凤占来晤。午后，答凤占，拜远庵都护。申刻，邀凤占、肖岩、葆田饮。

六月十一日（7月25日）

凤占、葆田来晤。致双如山书。

六月十二日（7月26日）

复戴孝侯书。

六月十三日（7月27日）

阅戈什亲兵打枪靶。复张振轩制军书。起条陈设官事宜奏稿，未竟。

六月十四日（7月28日）

复李勤伯书。起条陈设官事宜奏稿。

六月十五日（7月29日）

题拓本，寄陈寿卿前辈。复王筱云、刘芗林书。

六月十六日（7月30日）

复鼎臣将军书，复运斋书。

六月十七日（7月31日）

起咨覆宁古塔副都统、照会俄官廓米萨尔二稿。

六月十八日（8月1日）

复鼎臣将军书，复铜井书。

六月十九日（8月2日）

阅戈什亲兵打枪靶。是日改用铁板。手拓金文各种，寄簠斋丈。

六月二十日（8月3日）

复宋渤生书，复陆振之书。

六月廿一日（8月4日）

复秋亭书，复秦子皋书。

六月廿二日（8月5日）

致张安圃同年书。复杨实斋书，复沈子卿书。

六月廿三日（8月6日）

上母亲禀。寄大兄书。复王念劬书，复春亭叔书。致晓沧叔书。寄家信。

六月廿四日（8月7日）

覆核支应局报部销册。题拓本四幅。

六月廿五日（8月8日）

复铜井书。复渤生信，复振之信，复韵松信。

六月廿六日（8月9日）

恭诣万寿宫行礼。复潘振声书，复季杏谱书。

六月廿七日（8月10日）

写《说文古籀补》。

六月廿八日（8月11日）

写《说文古籀补》。

六月廿九日（8月12日）

写《说文古籀补》。起札稿。复铜井书。

六月三十日（8月13日）

复宋渤生书。批孝侯禀炮台工作事宜。如山来晤。写《说文古籀补》。

七月

七月初一日（8月14日）

写《说文古籀补》。如山、俊卿来晤。

七月初二日（8月15日）

写《说文古籀补》。

七月初三日（8月16日）

阅戈什亲兵打枪靶。写《说文古籀补》。

七月初四日（8月17日）

批梯阶禀炮台工作事宜。复李秋亭书，复潘辛芝书，复华帽山书。

七月初五日（8月18日）

写《说文古籀补》。

七月初六日（8月19日）

阅戈什亲兵打枪靶。写《说文古籀补》。

七月初七日（8月20日）

写《说文古籀补》。复鼎臣将军书，复铜井书。

七月初八日（8月21日）

致陈寿卿前辈书。

七月初九日（8月22日）

复振之书，复赵松岩书。

七月初十日（8月23日）

赴乜河营盘点名。阅巩军营哨各官打枪靶。

七月十一日（8月24日）

阅靖边三营营哨各官打枪靶，午后回城。

七月十二日（8月25日）

复陈寿卿前辈书。

七月十三日（8月26日）

复陈寿卿前辈书，复徐东甫书，复运斋书，复王筱云书。致彭颂田书。阅戈什亲兵打枪靶。寄京信。

七月十四日（8月27日）

复大兄书，复小坪曾叔祖书，复王念劬书，复李秋亭书。

七月十五日（8月28日）

上母亲禀。复春亭叔书，复张振轩制军书。家信。

七月十六日（8月29日）

复杨实斋书。阅戈什亲兵打枪靶。

七月十七日（8月30日）

起咨札各稿。凤占来晤。

七月十八日（8月31日）

复宋渤生书，复振之书，复富森堂、宋筱舫书。

七月十九日（9月1日）

阅戈什亲兵打枪靶。复潘振声书，复沈子卿书。凤占都护接署宁古塔副都统篆，已刻往贺。

七月二十日（9月2日）

批秋亭禀。致吴硕甫书。复秋亭书。

七月廿一日（9月3日）

写《说文古籀补》。

七月廿二日（9月4日）

写《说文古籀补》。

七月廿三日（9月5日）

阅戈什亲兵打枪靶。写《说文古籀补》。

七月廿四日（9月6日）

写《说文古籀补》。

七月廿五日（9月7日）

写《说文古籀补》。复铜井书。

七月廿六日（9月8日）

闻凤占都护病甚剧，黎明往视，已口禁不能言，腹痛两昼夜不止，辗转反侧，苦楚不堪言状。阅戈什亲兵打枪靶。闻凤占病不起，又往哭之。致鼎臣将军书。札委双如山接统靖边左路马步各营。酉刻，往送凤占大殓，不禁哭之痛也。如山来晤。

七月廿七日（9月9日）

复振之书。俊卿来晤。复潘振声书。

七月廿八日（9月10日）

阅戈什亲兵打枪靶。复宋渤生书。

七月廿九日（9月11日）

致铜井书。阅巩军弁勇打枪靶。

八月

八月初一日（9月12日）

复李秋亭书。

八月初二日（9月13日）

巳刻，俄官巴尔巴西廓米萨尔带同通事莫新来晤，设席款待，询其昂邦毕拉被系之四人及李玉成、孙云文等何以至今尚未释放，仍复一味支梧也。

八月初三日（9月14日）

复鼎臣将军书，复尧山书，复孝侯书。至远庵处送行。远庵来辞行。

八月初四日（9月15日）

复铜井书。秋亭自珲春来。送远庵旋省。

八月初五日（9月16日）

上总署书。

八月初六日（9月17日）

复冯升芷同年书，复运斋书。

八月初七日（9月18日）

起奏稿、片稿各一。

八月初八日（9月19日）

起片稿一。吴硕甫来见。复振之书。致鼎臣将军书。

八月初九日（9月20日）

致刘毅斋书。复孝侯书。

八月初十日（9月21日）

巳刻，拜折。致张朗斋书，致叶冠卿书，致方元仲书。上涂朗轩制军书。

八月十一日（9月22日）

赴乜河营盘亲自点名发饷。是日共发靖边马步三营、巩军马步三营，又阅巩君弁勇打枪靶。夜宿亲军中营。

八月十二日（9月23日）

发亲军步队两营饷银。又阅亲军弁勇打枪靶。午后回城。

八月十三日（9月24日）

阅戈什亲兵打枪靶。致曾宫保书，致裕泽生书。

八月十四日（9月25日）

上合肥相国书。如山、俊卿来晤。

八月十五日（9月26日）

写《说文古籀补》一叶。

八月十六日（9月27日）

复晓沧叔书，复大兄书。

八月十七日（9月28日）

上母亲禀。复王念劬书，复王筱云书。寄家信。

八月十八日（9月29日）

复振之书。

八月十九日（9月30日）

阅戈什亲兵打枪靶。复铜井书，复沈子卿书。

八月二十日（10月1日）

复长润生书，复孝侯书。

八月廿一日（10月2日）

起奏稿。

八月廿二日（10月3日）

复运斋书。

八月廿三日（10月4日）

阅戈什亲兵打枪靶。上母亲禀。复大兄书。致王筱云书。复王念劬书。致彭颂田书。

八月廿四日（10月5日）

复鹤巢书。致柳门书。写对六副。

八月廿五日（10月6日）

复铜井书。

八月廿六日（10月7日）

阅戈什亲兵打枪靶。复宋渤生书。

八月廿七日（10月8日）

起折稿。复振之书。

八月廿八日（10月9日）

起折稿、咨稿。

八月廿九日（10月10日）

阅戈什亲兵打枪靶。起恭报启程折稿。

八月三十日（10月11日）

复富森堂、宋筱舫书，复孝侯书，复沈吉田方伯书。

九月

九月初一日（10月12日）

祭龙潭。复沈子卿书，复念劬书。寄大兄书。复朱砚生书，复文焕卿信。寄家信。

九月初二日（10月13日）

复森堂信，复廖仲山亲家信。致陈寿卿前辈书，致潘辛芝书，致徐东甫书。

九月初三日（10月14日）

辰刻，拜折。即日起程，赴三姓校阅防军。是晚宿乜河亲军营。

九月初四日（10月15日）

阅巩军步队二营弁勇打枪靶。行四十里至桦树林子同兴油房，尖。又四十里至头站，宿。江西即小仁果，有民户十馀家。

九月初五日（10月16日）

行百里至喀咤毕拉，宿。即新设马拨之二站，盖有官房三间。是日所过字尔礷子为最陡。字尔礷子之北，又有洼塘三四处，深或二三尺，人马纷纷陷入泥淖，至薄暮始抵站房，行李驮子直至二鼓后陆续到来。喀咤毕拉之南二里许，俗名窟龙毕拉，有峰甚奇，悬崖多作手掌文，因改名为仙人掌。

九月初六日（10月17日）

行五十馀里至三道河子，宿，即新设马拨之三站也。江西有峰，如枯树根，又如破笠子，俗名是山为一担二斗米，峰奇名亦奇也。江边有渔棚，去迎门石八里耳。

九月初七日（10月18日）

行三十里至大木尔契，又十馀里，过望天岭，岭高而陡，有危险之处，下岭十馀里，即抵莲花泡，宿绥军所盖第一站房。是日共行六十里。

九月初八日（10月19日）

行六十里至巴彦苏苏，宿绥军所盖第二站房。

九月初九日（10月20日）

行五十馀里至乌斯珲，宿。此绥军所盖第三站房，有民户二十馀家。

九月初十日（10月21日）

行二十馀里至尼什哈，又四十里至宅非。又二十馀里至太平庄，宿绥军所盖之第四站房。孝侯来晤。

九月十一日（10月22日）

行四十馀里至四间房，长润生都护出城来晤。又八里，抵三姓城，住大顺店。润生都护招饮。

九月十二日（10 月 23 日）

至巴彦涵绥字营。午后，点马步五营名。

九月十三日（10 月 24 日）

午前，阅步队三营合操。午后，阅马队二营大操。

九月十四日（10 月 25 日）

阅绥字正营、左营步队弁勇打枪靶，以八十步弓为准。正营勇丁中五枪者二十二人，左营十六人。

九月十五日（10 月 26 日）

午前，阅绥字右营弁勇打枪靶，勇丁中五枪者十三人。午后，阅马队二营弁勇打枪靶，勇丁中五枪者二人而已。

九月十六日（10 月 27 日）

复彭芍亭中丞书，复鼎臣将军书。阅炮队打炮靶。覆阅步队三营打枪靶。

九月十七日（10 月 28 日）

查勘炮台工程。午后进城。润生都护来晤。

九月十八日（10 月 29 日）

润生都护招饮。

九月十九日（10 月 30 日）

由三姓启程回塔。行五十里，宿太平庄。

九月二十日（10 月 31 日）

大雪。行八十馀里，宿乌斯珲。

九月廿一日（11 月 1 日）

行五十馀里，宿巴彦苏苏。

九月廿二日（11 月 2 日）

行六十馀里，宿莲花泡。

九月廿三日（11 月 3 日）

行六十里，宿三道河子。

九月廿四日（11 月 4 日）

行五十馀里，宿仙人掌。

九月廿五日（11 月 5 日）

行百里，宿头站。

九月廿六日（11 月 6 日）

行八十里至乜河亲军营，宿。

九月廿七日（11 月 7 日）

阅亲军两营哨官哨长打枪靶，阅巩军马队弁勇打枪靶。申刻，回城。

九月廿八日（11 月 8 日）

新任容峻峰都护到塔，诣观音阁跪请圣安。午后，拜峻峰都护。起咨札各稿。

九月廿九日（11 月 9 日）

复依尧山信，复秦子皋信，复宋筱舫信，复富森堂信，复文焕卿信。

九月三十日（11 月 10 日）

复宋渤生信。致申少彝信。申刻，招峻峰、如山、俊卿、备五、葆田同饮。

十月

十月初一日（11 月 11 日）

起遵旨覆陈折稿，并咨将军稿。复鼎臣将军书。

十月初二日（11 月 12 日）

贺峻峰都护接篆之喜。复铜井书。

十月初三日（11月13日）

复沈子卿书。

十月初四日（11月14日）

复潘振声书，复续燕甫书，复长润生书，复孝侯书。致许仙屏书。复辛芝书，复王筱云书。附寄辛芝一函，汇去《毛诗》一部。

十月初五日（11月15日）

巳刻，拜折。复大兄书，复运斋书。寄家信。

十月初六日（11月16日）

上母亲禀。复王念劬书，复退楼丈书，复合肥相国书。

十月初七日（11月17日）

赴乜河营盘阅操，未刻到营。阅巩军中营弁勇打枪靶。

十月初八日（11月18日）

复李秋亭书。阅巩军马步三营大操。午后阅巩军前营、左营弁勇打枪靶。复冯伯绅书。

十月初九日（11月19日）

阅亲军二营大操。午后，阅亲军二营弁勇打枪靶。

十月初十日（11月20日）

阅靖边马步三营大操。午后，阅靖边马步三营打枪靶。

十月十一日（11月21日）

回城。宋渤生来晤。郭梯阶来晤。

十月十二日（11月22日）

申刻，招峻峰、梯阶、如山、俊卿、渤生、葆田饮。

十月十三日（11月23日）

为母亲寿辰称觞遥祝。都统及各营统领、各局委员来贺，设酒待之。

十月十四日（11 月 24 日）

至都统府及各处谢寿。复铜井书，复小圃书。

十月十五日（11 月 25 日）

复鼎臣将军书，复申少彝书，复潘振声书。

十月十六日（11 月 26 日）

又复潘振声书，复刘建棠书，复文焕卿书，复富森堂书。

十月十七日（11 月 27 日）

起咨札各稿。复陈寿卿前辈书八纸，复振之书，复康民书。

十月十八日（11 月 28 日）

复陈寿卿前辈书十八纸。

十月十九日（11 月 29 日）

复李秋亭书。致鼎臣将军书。复晓沧叔书。致运斋书。复冯伯绅书。

十月二十日（11 月 30 日）

致王筱云书。寄京信。

十月廿一日（12 月 1 日）

复潘伯寅师书。复铜井书。致杨实斋书。

十月廿二日（12 月 2 日）

致振之书。

十月廿三日（12 月 3 日）

复柳门书。

十月廿四日（12 月 4 日）

致阎丹初大司农书。复运斋书。交韩受纯。

十月廿五日（12 月 5 日）

致运斋书。寄省交折差。复富森堂书，复王筱云书，复澹人书。寄京信。

十月廿六日（12月6日）

上母亲禀。复王念劬书，复潘伯寅师书，复彭颂田书，复范毓峰书。

十月廿七日（12月7日）

上合肥相国书。贺张振轩制军令郎登贤书信。拟朝鲜变通互市章程四条。

十月廿八日（12月8日）

复邱玉符书。致沈吉田书，致刘建棠书，致鼎臣将军书，致陈寿卿前辈书，致申少彝书，致念劬书。交建棠带京。

十月廿九日（12月9日）

复戴孝侯书，复汪子仁书。致俊卿书。

十一月

十一月初一日（12月10日）

起恭报由塔启程赴珲日期奏稿。起请改佘广源保举片稿。申刻，至容峻峰都护处，同赴满汉义学，相度地基，为明年添盖官房之计。

十一月初二日（12月11日）

起保举戴孝侯奏稿。

十一月初三日（12月12日）

起吉省报销仍请造册咨部片稿。复总署公函，复鼎臣将军书，复铜井书。

十一月初四日（12月13日）

绘珲春中俄分界图一纸。复李勤伯书，复秋亭书。

十一月初五日（12月14日）

复运斋书，复冯升芷同年书。

十一月初六日（12月15日）

致运斋书，致胡守三书，致刘建棠书。

十一月初七日（12月16日）

辰刻拜折。致富森堂书。巳刻，启程赴珲春。是日行四十五里，宿石头坑子。寄京信。

十一月初八日（12月17日）

行七十里，宿望松窝。

十一月初九日（12月18日）

行八十里，宿骆驼磖子。

十一月初十日（12月19日）

行三十五里至哈密达，尖。又四十五里至嘎牙河，宿。

十一月十一日（12月20日）

行二十五里至荒片，尖。又二十五里至五人班，宿。致周薪如军门书。复宋渤生书，复富森堂书。

十一月十二日（12月21日）

行二十五里至大坎子，尖。又二十五里至且住庵，宿。郭梯阶来晤。

十一月十三日（12月22日）

行二十五里至德同，尖。又三十里至凉水泉子。秦子皋、胡简斋来晤。又三十里至密占，宿。

十一月十四日（12月23日）

行四十五里，至水湾子。依尧山都护来晤。又十五里至珲春城，住新建行台，屋宇甚宽。点靖边中路两营名。

十一月十五日（12月24日）

答依尧山都护。阅靖边中路两营弁勇打枪靶。

十一月十六日（12月25日）

黎明，至卫军点名。巳刻，至东教场阅靖边中路两营合操阵法，兼阅杂技。

十一月十七日（12月26日）

阅卫军马步四营官弁兵勇打枪靶。

十一月十八日（12月27日）

大风，不能阅操。答尧山都护。复富森堂书。

十一月十九日（12月28日）

风仍未息，天气极寒。复运斋书。寄京信。

十一月二十日（12月29日）

赴卫军，覆阅弁勇打枪靶。午后，校阅杂技。

十一月廿一日（12月30日）

阅东炮台基址。与依尧山都护同赴岩杵河，梯阶、简斋、韵松、荫周从。申刻，行抵岩杵河，与廓米萨尔约明日十点钟往拜。宿刘均明铺中。

十一月廿二日（12月31日）

与尧山、梯阶、简斋同至廓米萨尔处，因俄人侵占中国黑顶子地方，与之辩论良久。廓米萨尔请缓至明年俄国之三月初一日，由两国派员会勘，再行划还中国，许之。廓米萨尔留饮。是日三点钟，与廓米萨尔同至摩阔崴，查看海中间之岭，此条约所载，而旧图并无其地，显有错误也。尧山、梯阶偕往。

十一月廿三日（1883年1月1日）

九点钟，廓米萨尔来晤，设酒待之。午刻，由岩杵河启程。未刻，至罕奇。酉刻，至黑顶子。廓米萨尔派人传谕高丽人，不许来见，并有俄兵用马棰擅责高丽农民，殊觉无理也。

十一月廿四日（1月2日）

留卫军营务处守备胡世贵带马兵六十名，在黑顶子照料一切，因高丽人有愿迁居俄界者，所留房屋许其酌给银两，恐廓米萨尔逼令拆毁耳。午刻，至珠伦河俄卡，卡官霍山留饮。傍晚，阅西炮台基址，回城时已上灯矣。

十一月廿五日（1月3日）

赴卫军阅操。

十一月廿六日（1月4日）

寅刻，胡世贵自黑顶子回城，知廓米萨尔亲率马步队至黑顶子，将该守备驱逐回城，殊属冒昧也。阅靖边两营打枪靶。是日莫新来珲，云廓米萨尔午后来晤，继而托病不来矣。酉刻，尧山都护招饮。

十一月廿七日（1月5日）

阅靖边两营打枪靶。俄官廓米萨尔随带通事莫新、卡官霍山来见。责其擅自调兵，渠亦理屈词穷，颇形蹋蹐。仍留饮酒，以礼貌待之。

十一月廿八日（1月6日）

录廓米萨尔往来问答语。至尧山、梯阶处辞行。子皋来晤。

十一月廿九日（1月7日）

巳刻，启程。查勘下坎子荒地。行六十里至密占，宿。

十一月三十日（1月8日）

行三十里至凉水泉子，尖。又三十里至德同，宿。

十二月

十二月初一日（1月9日）

行二十五里至且住庵，尖。又五十里至五人班，宿。

十二月初二日（1月10日）

行二十五里至荒片，尖。又二十五里至嘎牙河，宿。

十二月初三日（1月11日）

行四十五里至哈密达，尖。又三十五里至骆驼磖子，宿。

十二月初四日（1月12日）

行八十里，宿望松窝。接奉批回折一件。

十二月初五日（1月13日）

行三十里至斗沟子，尖。又四十里至东京城，宿。

十二月初六日（1月14日）

行三十里至七间房，尖。又四十里，进城。如山、俊卿来晤。

十二月初七日（1月15日）

上总署书。

十二月初八日（1月16日）

起奏稿片稿。

十二月初九日（1月17日）

复鼎帅书，复铜井书。未刻，拜折。复秋亭书。

十二月初十日（1月18日）

致鼎帅书，致铜井书。复富森堂、宋筱舫书，复文焕卿书，复申少彝书。

十二月十一日（1月19日）

致鼎帅书。复宋渤生书，复陆振之书。

十二月十二日（1月20日）

上母亲禀函。致大兄书。复王筱云书。

十二月十三日（1月21日）

复运斋书。贺郑盦师入枢密书，贺叔平尚书入枢密书。

十二月十四日（1月22日）

复合肥师相书，复王念劬书。致潘顺翁书，致冯升芷同年书。寄家信、京信。

十二月十五日（1月23日）

复铜井书，复孝侯书，复长润生都护书。

十二月十六日（1月24日）

复涂朗轩制军书，复汪子仁书，复胡守三书。

十二月十七日（1月25日）

复李海帆书，复彭小圃书。

十二月十八日（1月26日）

复辛芝书，复彭芍亭中丞书，复续燕甫观察书。

十二月十九日（1月27日）

复依尧山书，复秦子皋书。

十二月二十日（1月28日）

封印。复孝侯书。

十二月廿一日（1月29日）

演放后膛钢炮。起咨稿。复铜井书，复富森堂书。致德远庵书。

十二月廿二日（1月30日）

摹瓦当文十六种。

十二月廿三日（1月31日）

致将军书。复杨实斋书。

十二月廿四日（2月1日）

复铜井书。演放后膛钢炮。阅戈什打枪靶。

十二月廿五日（2月2日）

起奏派彭小圃管理朝鲜商务稿。复鼎臣将军书。

十二月廿六日（2月3日）

振之、润泉领饷回塔。

十二月廿七日（2月4日）

十二月廿八日（2月5日）

十二月廿九日（2月6日）

除夕（2月7日）

光绪九年癸未（1883）

正月

元旦（2月8日）

天晴。俊卿率各营官来城，与同寅僚属往来贺新禧。邀容峻峰都护及俊卿、葆田诸君夜饮。

正月初二日（2月9日）

为郑盦师题“古埙”拓本[①]，作《韶字说》一篇。

正月初三日（2月10日）

复鼎臣将军书，复渤生书，复邱玉符书，复申少彝书。

正月初四日（2月11日）

复鼎臣将军书，复秋亭书，复渤生书，复苏冶生书。

正月初五日（2月12日）

复孝侯书，复长润生都护书，复汪子仁书，复铜井书。

正月初六日（2月13日）

批刘俊卿禀。复依尧山都护书。致鼎臣将军书。复文焕卿书，复富森堂书。徐鳌峰来。

正月初七日（2月14日）

复秋亭书，复叔涛年伯书，复颂田书。

正月初八日（2月15日）

复总署书，又复总署咨文稿。复运斋书，复郑盦师书。

正月初九日（2月16日）

复幼樵丈书，复合肥师相书，复申之书。寄京信。

---

① “古埙”拓本：潘祖荫得古陶埙，上有“韶”字，拓请师友考释，装裱成册。民国间，潘景郑以《古埙考释》为名影印出版。潘氏所藏古埙，由潘达于捐赠国家，现藏上海博物馆。

正月初十日（2月17日）

上母亲禀函。复大兄书，复王筱云书，复王念劬书。寄家信。

正月十一日（2月18日）

起札稿。

正月十二日（2月19日）

赴乜河营盘。

正月十三日（2月20日）

阅亲军营哨各官打枪靶。阅亲军炮队演放后膛钢炮。午后，阅巩军炮队演放后膛钢炮。

正月十四日（2月21日）

午后回城。

正月十五日（2月22日）

复尧山书。丁友云来。

正月十六日（2月23日）

起札稿。是晚，峻峰都护自省中回。

正月十七日（2月24日）

致刘俊卿、鲍小圃书。拜峻峰都护。

正月十八日（2月25日）

复鼎臣将军书，复铜井书，复渤生书。

正月十九日（2月26日）

复尧山都护书，复秦子皋书。

正月二十日（2月27日）

复李海帆书。札丁友云总理表正书院[①]教习。

① 表正书院：吴大澂创设吉林机器局，分东、中、西三路，表正书院位于东路，主要培养机器局所需的技术人才。表正书院是东北最早的一所以传播科学技术知识、训练操作西方近代化机器设备为宗旨的技术学校。

正月廿一日（2月28日）

开印。清理奏稿。招友云、葆田、韵松诸君夜饮。

正月廿二日（3月1日）

复富森堂书，复文焕卿书。核巩、卫、绥、安各营发饷底册。振之回省。

正月廿三日（3月2日）

核靖边亲军各营发饷底册。

正月廿四日（3月3日）

致宋渤生书，致申少彝书。午后，阅戈什演放后膛钢炮。双如山来，袁行南来。

正月廿五日（3月4日）

邱玉符来见。复秋亭书，复戴孝侯书。

正月廿六日（3月5日）

致尧山书。招峻峰、煦堂、厚斋、如山、俊卿、葆田饮。

正月廿七日（3月6日）

偕俊卿、鳌峰演放一千玛枪靶，合营造尺五百七十六弓，计一里外又多二百十六弓，目力穷矣。惟余中三枪，馀皆未中。又演五百玛枪靶，用一百四十枪子，共中三十枪，亦不少矣。春煦堂招饮。致运斋书。

正月廿八日（3月7日）

致依尧山书。复郭梯阶书。起咨札各稿。

正月廿九日（3月8日）

复胡守三书，复铜井书。

二月

二月初一日（3月9日）

复鼎臣将军书。刘建棠来。致胡子英书。

二月初二日（3月10日）

致孝侯书。复鹤巢书，复秦子皋书。招葆田、建棠、玉符、韵松夜饮。

二月初三日（3月11日）

复运斋书。

二月初四日（3月12日）

致张幼樵书。

二月初五日（3月13日）

复郑盦师书，复徐东甫书。

二月初六日（3月14日）

致俊卿书。复篚斋丈书，复王松生书。

二月初七日（3月15日）

复合肥师相书，复阎丹初年伯书。

二月初八日（3月16日）

复晓沧叔书。致王筱云书，致富森堂书。上母亲禀函。寄大兄书。致王念劬书，致尧山书。寄家信。

二月初九日（3月17日）

阅靖边军饷报销册。复潘辛芝书。

二月初十日（3月18日）

复范毓峰书，复洪右臣同年书，复杨实斋书。

二月十一日（3月19日）

复森堂、筱舫书，复振之书。致铜井书。

二月十二日（3月20日）

复宋渤生信。

二月十三日（3月21日）

致富森堂书。

二月十四日（3月22日）

致依尧山书，致双如山书。

二月十五日（3月23日）

复王念劬书。致王廉生书，致柳门书，致运斋书，致王筱云书。

二月十六日（3月24日）

致尧山书，致梯阶书。与峻峰都护同赴乜河，申刻到营。

二月十七日（3月25日）

阅亲军中营弁勇打枪靶，阅巩军三营营哨各官打枪靶。

二月十八日（3月26日）

阅亲军左营勇丁打枪靶。午后回城。

二月十九日（3月27日）

复孝侯书，复朱砚生前辈书。

二月二十日（3月28日）

自题拓本八幅。

二月廿一日（3月29日）

题拓本四幅。复宋渤生书，复李秋亭书。接山海关续燕甫观察信，专差赍到洋文分界地图一筒，并总署公函一件。致双如山书，派戈什阎汉章带亲兵四名赍送地图赴珲春。复续燕甫书。

二月廿二日（3月30日）

复总署书。复运斋书。唁潘伯寅师丁外艰[①]。致冯申之书，致周少庭书。复铜井书。寄京信。

二月廿三日（3月31日）

复王松生书，复富森堂、宋筱舫书，复文焕卿书，复彭小

---

① 潘伯寅师丁外艰：潘祖荫之父潘曾绶于光绪九年（1883）春去世，潘祖荫即丁忧，回苏州守制。

圃书，复鲁肖岩书。

二月廿四日（4月1日）

复崔季芬书，复富森堂书，复申少彝书。起禁止贩牛出境告示稿。

二月廿五日（4月2日）

写《说文古籀补》。

二月廿六日（4月3日）

写《说文古籀补》。

二月廿七日（4月4日）

复胡守三书。致尧山书，致双如山书。复鼎臣将军书。

二月廿八日（4月5日）

写《说文古籀补》。

二月廿九日（4月6日）

写《说文古籀补》。

三月

三月初一日（4月7日）

接阅天津寄到《京报》。二月十一日，内阁奉上谕："吴大澂补授太常寺卿，钦此。"当即起谢恩折稿，定于初四日拜发。

三月初二日（4月8日）

起保举贤才折稿。刘俊卿来。

三月初三日（4月9日）

批双如山禀。复依尧山书。点巩军新招淮勇名。致鼎臣将军书。

三月初四日（4月10日）

巳刻拜折。复铜井书，复富森堂、宋筱舫书，复运斋书，复丁幼云书。寄京信。

三月初五日（4 月 11 日）

起表正书院告示稿。

三月初六日（4 月 12 日）

复振之书。致宋渤生书。

三月初七日（4 月 13 日）

写《说文古籀补》。

三月初八日（4 月 14 日）

复孝侯书，复宋渤生书，复秋亭书，复文焕卿书。

三月初九日（4 月 15 日）

复李海帆书，复王筱云书，复大兄书。

三月初十日（4 月 16 日）

上母亲禀。复念劬书。唁广盦丁外艰[①]。寄家信。

三月十一日（4 月 17 日）

致双如山书。复彭小圃书，复铜井书。

三月十二日（4 月 18 日）

写《说文古籀补》。

三月十三日（4 月 19 日）

复总署咨文。复将军书，复李秋亭书。

三月十四日（4 月 20 日）

写《说文古籀补》。

三月十五日（4 月 21 日）

复运斋书，复申之书。致颂田书。写《说文古籀补》。寄京信。

---

① 广盦丁外艰：吴承潞之父吴云（平斋）于光绪九年（1884）去世，吴承潞丁忧。

三月十六日（4月22日）

写《说文古籀补》。

三月十七日（4月23日）

写《说文古籀补》。

三月十八日（4月24日）

复鼎臣将军书。批秦子皋禀。

三月十九日（4月25日）

上总署书。复铜井书，复小圃书，复鼎臣将军书。

三月二十日（4月26日）

赴乜河，阅巩军中营弁勇打枪靶。

三月廿一日（4月27日）

阅亲军两营弁勇打枪靶。

三月廿二日（4月28日）

阅巩军前营、左营、靖边三营弁勇打枪靶。

三月廿三日（4月29日）

阅各军弁勇打五百玛枪靶。阅巩军步队两营合操。阅巩军马队、靖边马队两营操演。

三月廿四日（4月30日）

阅亲军二营、靖边二营操。午后回城。

三月廿五日（5月1日）

接长润生都护书，知汪子仁于十九日病故，不胜惊异惋惜之至。复润生都护书，复孝侯书。致铜井书。

三月廿六日（5月2日）

复总署书。复双如山书。致铭将军书。

三月廿七日（5月3日）

核报销底册。

三月廿八日（5月4日）

复铜井书。

三月廿九日（5月5日）

复宋渤生书。写《说文古籀补》。

三月三十日（5月6日）

复申少彝书，复凤纪亭书，复秋亭书。致铜井书。

四月

四月初一日（5月7日）

接寄谕一道："御史光熙请拨京旗至吉林屯垦，是否可行。饬令详细查明，据实具奏。"当即咨商署将军玉，请其饬司检查双城堡原案，再行核办，会衔覆奏。写《说文古籀补》。

四月初二日（5月8日）

复尧山书，复如山书，复胡守三书。再致尧山书。

四月初三日（5月9日）

复总署书。写篆屏四幅。

四月初四日（5月10日）

复运斋书，复王念劬书。致冯申之书。上母亲禀。复大兄书。致周少庭书。复王筱云书。再致王筱云书。交海佐领。寄家信。

四月初五日（5月11日）

批军械局禀。批秋亭禀。复铜井书。

四月初六日（5月12日）

核对各军报部花名册。

四月初七日（5月13日）

复铭将军书，复王松生书。

四月初八日（5 月 14 日）

上总署书。复总署咨询各节稿。

四月初九日（5 月 15 日）

复尧山书，复双如山书，复胡守三、袁行南书。

四月初十日（5 月 16 日）

起咨札各稿。

四月十一日（5 月 17 日）

上翁叔平年伯书，上继述庭师书。致申之书，致运斋书。寄京信。

四月十二月（5 月 18 日）

复富森堂、宋筱舫书，复李海帆书。

四月十三日（5 月 19 日）

著《枪法准绳》[①] 二十五条。

四月十四日（5 月 20 日）

致刘毅斋京卿书。复刘瑞斋书，复涂制军书，复李海帆书。致张振轩制军书。

四月十五日（5 月 21 日）

复宋渤生书。致富森堂、宋筱舫书。彭小圃来。复王念劬书。

四月十六日（5 月 22 日）

答彭小圃。上母亲禀。复大兄书，复晓沧叔书。

四月十七日（5 月 23 日）

致王筱云书。复友竹叔书，复戴孝侯书。寄家信。

---

① 《枪法准绳》：江西、浙江、湖南均有刻本，前有光绪九年（1883）十二月吴大澂自叙。

四月十八日（5月24日）

复秦子皋书，复陆振之书。

四月十九日（5月25日）

复潘辛芝书。致玉昆圃书。复王胜之书。

四月二十日（5月26日）

复铜井书。为小圃书《周窸鼎考》。

四月廿一日（5月27日）

为小圃画扇。

四月廿二日（5月28日）

书楹联屏幅十馀件。复杨实斋信。

四月廿三日（5月29日）

复袁行南信，复双如山信，复依尧山信。

四月廿四日（5月30日）

拟请拨京旗来吉屯垦奏稿。复李勤伯信，复叶冠卿信。

四月廿五日（5月31日）

复胡守三信，复李海帆信，复孝侯信。

四月廿六日（6月1日）

复富森堂书，复裕泽生中丞书，复大兄书。

四月廿七日（6月2日）

上母亲禀。复王念劬信，复王筱云书。致晓沧叔书。寄家信。

四月廿八日（6月3日）

邀峻峰都护、葆田、小圃、建棠、玉符集观音阁，观小圃、玉符画。

四月廿九日（6月4日）

复胡守三信。致依尧山书，致晓沧叔书。

五月

五月初一日（6 月 5 日）

复运斋书。交建棠。寄京信。

五月初二日（6 月 6 日）

致朝鲜李浣西书。名祖成，改名祖渊。复秋亭书，复陆振之书，复周少庭、刘荩侯书，复铜井书。

五月初三日（6 月 7 日）

阅巩军、靖边、亲军各营兵勇打六百玛枪靶。复尧山书。

五月初四日（6 月 8 日）

覆阅靖边、巩军、亲军各营兵勇打六百玛枪靶。

五月初五日（6 月 9 日）

邀峻峰都护、葆田、玉符来寓午饭。写篆书折扇二。闻旧街有掳人勒赎之案，遣徐鳌峰往捕之。

五月初六日（6 月 10 日）

复铜井书，复丁友云书，复沈吉田方伯书。阅戈什及马步亲兵打枪靶。

五月初七日（6 月 11 日）

黎明，率戈什十馀人赴旧街一带查勘抢匪往来踪迹。行二十里至额驸，茶尖。又三十里至烧锅，尖。又十二里至旧街富占祥家。询其被抢情形，知该匪雷麻子久在阿勒楚喀境内肆行劫掠，其巢穴在旗杆顶子一带。又行十馀里至哈达湾儿，有居民数十家，此宁古塔西北一大屯矣。又十五里至双扇礶子，宿民人杨姓家。

五月初八日（6 月 12 日）

遣戈什段景福等入山捕匪，并令哨官黄荣兴带亲兵步队十馀人同往。余由故道回城。午刻，在烧锅尖。容峻峰都护亦来，遂与同归。

五月初九日（6月13日）

复陆振之书，复申少彝书，复宋渤生书。王胜之来。

五月初十日（6月14日）

容峻峰来晤。为续燕甫观察书册页六开。

五月十一日（6月15日）

为余四十九初度之辰，至观音阁谢客。葆田携酒来会，峻峰都护及韵松、玉符、胜之偕来。余为玉符画折扇，为峻峰都护书纨扇。

五月十二日（6月16日）

起片稿一。

五月十三日（6月17日）

赴关帝庙拈香。峻峰都护招集观音阁，画扇一、册页一。

五月十四日（6月18日）

起折稿。

五月十五日（6月19日）

复孝侯书。致陈玉如书。复王念劬书，复富森堂书。致文焕卿书，致运斋书。寄京信。

五月十六日（6月20日）

邀峻峰都护及葆田、韵松、玉符、胜之同集观音阁，画扇一，写大幅一、篆联一、纨扇一。

五月十七日（6月21日）

复铜井书。批双如山禀。起咨札各稿。

五月十八日（6月22日）

辰刻，拜折。起咨稿。复总署书。

五月十九日（6 月 23 日）

致运斋书。复冯申之书。上合肥相国书。寄京信。

五月二十日（6 月 24 日）

拟敬陈管见折稿。复潘伯寅师书。上母亲禀。寄大兄书。

五月廿一日（6 月 25 日）

拜折。致王筱云书。赴乜河营中，阅各军弁勇打六百玛枪靶。寄家信。

五月廿二日（6 月 26 日）

阅各军弁勇打六百玛、七百玛枪靶。酉刻，回城。

五月廿三日（6 月 27 日）

批各局各营禀牍。复孝侯书。

五月廿四日（6 月 28 日）

写《说文古籀补》。致铜井书。

五月廿五日（6 月 29 日）

写《说文古籀补》。

五月廿六日（6 月 30 日）

写《说文古籀补》。

五月廿七日（7 月 1 日）

写《说文古籀补》。

五月廿八日（7 月 2 日）

复彭小圃书。

五月廿九日（7 月 3 日）

写《说文古籀补》。

六月

六月初一日（7 月 4 日）

至龙王庙祈雨，天气亢旱，农民待泽甚殷，非得甘霖，不足慰云霓之望也。写《说文古籀补》。

六月初二日（7月5日）

至龙王庙祈雨。卯刻雨降，至午刻而止。酉刻复大雨，四野沾足矣。是日，峻峰都护以蔬酌邀集观音阁。

六月初三日（7月6日）

至龙王庙拈香。写《说文古籀补》。

六月初四日（7月7日）

写《说文古籀补》。双如山、袁行南自珲春来。答如山、行南。复大兄书。

六月初五日（7月8日）

写《说文古籀补》十四卷竟。复运斋书。

六月初六日（7月9日）

复总署公函。周少庭、刘莐侯领饷回塔。

六月初七日（7月10日）

致冯申之书。复宋渤生书，复申少彝书。致陆振之书。复依尧山书。

六月初八日（7月11日）

复孝侯书，复秦子皋书，复刘芗林书。

六月初九日（7月12日）

改会衔奏稿，为长润生都护恳请恩恤也。复王筱云书。

六月初十日（7月13日）

复伯寅师书，复安圃书。致幼樵书，致运斋书。上母亲禀。

六月十一日（7月14日）

复王念劬书，复晓沧叔书，复张振轩制军书。寄家信、京信。

六月十二日（7月15日）

复铜井书。

六月十三日（7月16日）

复宋渤生书。

六月十四日（7月17日）

写《说文古籀补附录》。

六月十五日（7月18日）

写《说文古籀补附录》。

六月十六日（7月19日）

复胡守三信，复王松生信。

六月十七日（7月20日）

写《说文古籀补附录》。

六月十八日（7月21日）

写《说文古籀补附录》。

六月十九日（7月22日）

复李海帆信，复潘辛芝信，复王念劬信，复华帽山信，复大兄信。寄家信。

六月二十日（7月23日）

写《说文古籀补附录》。

六月廿一日（7月24日）

写《说文古籀补附录》。

六月廿二日（7月25日）

写《说文古籀补叙》。

六月廿三日（7月26日）

写《说文古籀补叙》。

六月廿四日（7月27日）

写《说文古籀补附录》。小圃自朝鲜回塔。

六月廿五日（7月28日）

写《说文古籀补附录》。

六月廿六日（7月29日）

为汪葆田太夫人书寿序。

六月廿七日（7月30日）

峻峰都护招集观音阁。

六月廿八日（7月31日）

复孝侯书，复铜井书，复宋渤生书。书汪太夫人寿序。

六月廿九日（8月1日）

复申少彝、凤吉庭书。书汪太夫人寿序竟。

六月三十日（8月2日）

写《说文古籀补附录》。

七月

七月初一日（8月3日）

拜折。写《说文古籀补附录》。

七月初二日（8月4日）

邀峻峰、小圃、葆田、韵松、玉符、少庭、胜之集观音阁。

七月初三日（8月5日）

写《说文古籀补附录》。

七月初四日（8月6日）

写《说文古籀补附录》。

七月初五日（8月7日）

写《说文古籀补附录》。

七月初六日（8月8日）

复铜井书。

七月初七日（8月9日）

葆田招集观音阁，为峻峰都护祝常诞也。

七月初八日（8 月 10 日）

闻玉昆圃都护病故之信，为之恻然。

七月初九日（8 月 11 日）

复铜井书。致申少彝书。复胡守三书。

七月初十日（8 月 12 日）

拜折。上母亲禀。撰大嫂江夫人墓志铭。

七月十一日（8 月 13 日）

邀峻峰、小圃、葆田、韵松、玉符、少庭、胜之集观音阁。

七月十二日（8 月 14 日）

复大兄书，复王念劬书，复王筱云书。书大嫂江夫人墓志铭。致双如山书。复秦子皋书。寄家书。

七月十三日（8 月 15 日）

复晓沧叔书。致王筱云书。题拓本三幅。

七月十四日（8 月 16 日）

李秋亭来。题拓本一幅。午后，答峻峰都护。答秋亭。

七月十五日（8 月 17 日）

起咨总理衙门北洋大臣稿。

七月十六日（8 月 18 日）

起咨稿。

七月十七日（8 月 19 日）

复合肥相国书。致张振轩制军书。复大兄书，复念劬书。

七月十八日（8 月 20 日）

上潘伯寅师书。峻峰都护招饮。写对六副。寄家书。

七月十九日（8 月 21 日）

招峻峰、小圃、秋亭、葆田饮。为秋亭书扇。

七月二十日（8 月 22 日）

撰王君春湖墓志铭。

七月廿一日（8 月 23 日）

撰王君春湖墓志铭毕。

七月廿二日（8 月 24 日）

复孝侯书，复铜井书。拟敬陈管见奏稿。峻峰都护来晤。

七月廿三日（8 月 25 日）

拟敬陈管见奏稿毕。致如山、俊卿书。

七月廿四日（8 月 26 日）

写王君春湖墓志铭。如山、俊卿来城，议修理城墙事。起片稿一。

七月廿五日（8 月 27 日）

拜折。复王廉生书。

七月廿六日（8 月 28 日）

上高阳相国书。复廉生书。

七月廿七日（8 月 29 日）

复运斋书，复鹤巢书。致冯申之书。复总署书。作曹孝子像赞。致喜桂亭书。寄京信。

七月廿八日（8 月 30 日）

复铜井书，复宋渤生书。致刘毅斋书，致潘辛芝书，致杨实斋书。

七月廿九日（8 月 31 日）

致尧山书。复文焕卿书，复宋筱舫书，复郭善臣书。

八月

八月朔日（9 月 1 日）

复铜井书，复陈寿卿前辈书。

八月初二日（9月2日）

复陈寿卿前辈书。

八月初三日（9月3日）

写《说文古籀补》。

八月初四日（9月4日）

写《说文古籀补》。致朱砚生书，致文焕卿书。

八月初五日（9月5日）

复李海帆书。上母亲禀。复大兄书。上合肥相国书。复王筱云书，复王念劬书。

八月初六日（9月6日）

起定期进省查验机厂奏稿，起请假两个月回籍省亲奏稿。

八月初七日（9月7日）

复陈寿卿前辈书。起片稿。

八月初八日（9月8日）

辰刻，拜折。复陈寿卿前辈书。

八月初九日（9月9日）

复陈寿卿前辈书。致王筱云书。

八月初十日（9月10日）

复柳门书。

八月十一日（9月11日）

改朝鲜商务章程稿。赴乜河营盘。

八月十二日（9月12日）

阅亲军、巩军、靖边军弁勇打枪靶。酉刻，回城。

八月十三日（9月13日）

复孝侯书。

八月十四日（9月14日）

八月十五日（9月15日）

为峻峰都护写折扇。

八月十六日（9月16日）

八月十七日（9月17日）

八月十八日（9月18日）

送容峻峰都护进省。复铜井书，复小圃书，复渤生书。

八月十九日（9月19日）

皇华纪程

《皇华纪程》始于光绪十二年（1886）正月十七日，止于同年九月十五日。有稿本、铅印本流传，记吴大澂赴吉林珲春勘界事。稿本一册，今藏中国社会科学院图书馆。铅印本有民国十七年（1928）罗振玉《殷礼在斯堂丛书》本、民国十九年（1930）南皮张氏排印本、《东北丛刊》本等。吴大澂外孙张厚琬在铅印单行本后有跋，对《皇华纪程》的内容作了十分简明的概括："公奉使勘界时纪行之作也。吉林在昔带海为疆，自咸丰间，中俄订约，东尽乌苏里江、东南迄于图门江入海之处，本属中国，只以当时界限未清，俄人遂乘机占据，并入海之路而杜绝之，可为浩叹。光绪十二年，珲春勘界，其议实发于公，具有深意。此书于当日辩论情形，言之甚悉。俄员虽设词推诿，尚留异日交涉馀地，则斡旋补救不能无望于后人矣。东陲文献阙如，公此行所至，赋诗题名，他日皆可为此邦掌故。"吴大澂为向清廷汇报，另撰有《吉林勘界记》一篇，将勘界始末详加记录，与《皇华纪程》内容互补，因此一并整理，附于其后。

光绪十二年丙戌（1886）

奉使赴珲春会同俄官查勘边界牌博换立石碑赋诗纪事

帝重申圻[①]根本图，临轩特与使臣符。西邻疆域诪张计，东土屏藩久远谟。占地无多互樛葛[②]，立牌有记莫枝梧。从来忠信行蛮貊，凭仗皇威镇海隅。

昔日东征部曲从，羽书星速夜传烽。七年蓄艾知何补，两度皇华[③]岂易逢。庚辰[④]夏间，奉使赴吉林筹办边防，事阅七年矣。驿路已忘曾宿处，云山不改旧时容。中原无事鲸波息，坛坫何妨效折冲。

防患尤宜策未然，强邻渐与外藩连。俄人所占黑顶子地方[⑤]，与朝鲜仅隔图门江一水，有觊觎小邦之意。欲从两界留中道，直为三韩计万年。铸铁岂容成大错，临机只在着先鞭。珠盘玉敦雍容会，袖里乾坤要斡旋。

词锋敢骋笔如杠，圣德怀柔逮远邦。牛耳当年盟未久，犬牙何事气难降。分流溯到松阿察，松阿察河与乌苏哩江相连。尺地争回豆满江[⑥]。朝鲜谓图门江为豆满江。我欲题铭铜柱[⑦]表，问谁来遣五丁[⑧]扛。

---

① 圻：边界。

② 樛葛：原意是树枝与葛藤，引申为缠绕、纠葛之义。

③ 皇华：《诗经·小雅》中有《皇皇者华》一篇，言君主派遣使臣，送之以礼乐，远而有光华。后世以“皇华”指代奉命出使。

④ 庚辰：光绪六年（1880），吴大澂第一次奉命赴吉林，帮办边务。

⑤ 黑顶子地方：即今吉林珲春敬信镇金塘村黑顶子屯附近，其地清末曾一度被沙俄侵占。

⑥ 豆满江：即今图们江。

⑦ 铜柱：光绪十二年（1886），中俄双方在吉林完成勘界、缔结条约后，吴大澂命人在黑顶子树立铜柱，作为界牌。

⑧ 五丁：传说中的五个力士。

正月

正月十七日（2 月 20 日）

由天津启程，行四十里至东堤头，尖[①]。又三十里至潘儿庄，宿。书《篆文论语》[②]一叶。前在津寓所书《篆文论语》上半部，已交上海同文书局石印，下半部已寄去四十二叶，尚有十馀叶未竟，故于途次补书之。

正月十八日（2 月 21 日）

行七十里至芦台，李汉春军门邀至署中午饭。宁河石令赓臣、盐场周大使德钊来见。又行五十里至王兰庄，宿。书《篆文论语》一叶。

正月十九日（2 月 22 日）

行四十五里至宋家营，尖。又四十五里至施家庄，宿。书《篆文论语》一叶半。

正月二十日（2 月 23 日）

行四十里至高家庄，尖。又三十里至乐亭县城，刘俊卿、徐鳌峰迎至城南二十馀里，署乐亭县孟令丕显来见。又三十里至甘草坨亲军炮队营，夜饭后至巩军中营宿。

正月廿一日（2 月 24 日）

晨起，为俊卿书宗祠额四字。至制造局邱玉符处，又至军械局宋筱舫处，小憩。筱舫已赴绥军，惟陈玉如在焉。行三十里，过茹荷庄。前年海防吃紧时，曾在此处扎营数月，村民多有相识者。出庄数里，遇俊卿、鳌峰、小圃、义堂策马而来，余亦易骑同行，三十里至团林，尖。绥军各营官来见。饭后行

① 尖：即打尖的省称，指在旅途中吃饭。

② 《篆文论语》：吴大澂以金文书写整部《论语》正文，交上海同文书局用石印术出版，将大篆书法、古文字学融汇一炉，此书与《篆书孝经》成为清末学习大篆书法的重要范本，影响延续至今。

四十里至钩儿湾，宿绥军正营，鲁小岩、宋筱舫、邱玉符俱在焉。孝侯感冒风寒未愈，是日出迎十馀里，余心甚不安也。

正月廿二日（2月25日）

行八里，过袁行南营，小憩。又廿二里至牛头崖，季明、建棠、行南送余至此而还。又行五里至蒲萄洼，尖。饭后风大，行二十五里至白塔岭，宿。书《篆文论语》一叶半。

正月廿三日（2月26日）

行三十里至红花店，叶曙清军门带队来迎。又行十二里至山海关，晤谦懋斋都护。旋至叶曙清营中午饭，小岩同往。下午出关，行二十五里至老军屯，宿。小岩送余三日，出关数里而还。在津奏派随员汤伯硕、沈韵松、王芷帆、吴文伯四人，又奏调同文馆俄文翻译官庆锡安。惟伯硕在苏未至，芷帆去腊请假回临榆，同行者韵松、文伯、锡安三人耳。是日，芷帆亦来。书《篆文论语》一叶半。

正月廿四日（2月27日）

行五十里至前卫，又二十五里至中后所，宿。书《篆文论语》二叶。

正月廿五日（2月28日）

行五十里至沙后所，尖。又三十里至宁远州城外，宿。州牧朱北园克扬来见。书《篆文论语》二叶。

正月廿六日（3月1日）

行三十里至连山，尖。此三十里约有四十馀里之远。又行三十里至高桥，宿。入锦州界矣。书《篆文论语》一叶半。

正月廿七日（3月2日）

行十八里至杏山，又十八里至松山，尖。此三十六里约有五十馀里之远。土人谓关东三个十八里路程最大，谓连山、杏山、松山也。锦州副都统崇佑亭善至松山请圣安，锦州太守增芝圃林、县令张金波[①]锡銮来见。午后，行三十里至双杨店，宿。书《篆文论语》一叶，毕。作家书，致王念劬书。

正月廿八日（3月3日）

行二十里，渡大凌河，冰尚未开也。又二十里至秃老婆店，尖。又十二里过石山站，人烟稠密，自半山至山麓屋宇鳞比，大有丰乐气象。又四十里至闾阳驿，宿。

正月廿九日（3月4日）

行十五里至常兴店，又廿五里至广宁驿，又十里至孤家子，又五里至二台子，尖。午后，行廿二里至中安堡，又十八里至洋岔河，宿。撰《篆文论语后序》一篇。

正月三十日（3月5日）

行十二里至小黑山站，又二十里至胡家窝棚，尖。又十八里过金家窝棚，廿二里至半拉门，宿。书《篆文论语》后《附录说文所引论语各条》。

二月

二月初一日（3月6日）

行三十里至白旗堡，尖。署新民厅同知王清辅名为徵。来见。又行五十里至新民屯，宿。书《说文引论语各条》。致尹伯圜书。

二月初二日（3月7日）

行二十里至巨流河，十五里至孤家子，尖。又行廿五里至老边，又十五里至大荒身，又十五里至大石桥，宿。承德县谈

① 张金波：张锡銮（1843—1922），浙江钱塘人。监生。清光绪元年在奉天（今辽宁）讨马贼有功，历任通化、锦州知县。民国成立后，曾先后任直隶总督、奉天都督，并兼署吉林都督，1913年以镇安上将军节制东三省军务。

云浦广庆来见。作家书。致王念劬书。

二月初三日（3月8日）

辰刻，恭谒昭陵[①]。巳刻，至奉天省城西门外关帝庙东实胜寺，庆兰圃将军裕、裕寿泉京兆长、济筠甫都护禄、启颖之司农秀、松吟涛宗伯森、风辉堂司马秀、宝震甫司寇森、阿允亭司空克丹、杨蓉甫学使颐同请圣安。进城，住南门内同升店。兰圃将军及诸君子先后来晤。驿巡道兴荣斋观察升、候补道高引芝观察从望、候补府景云龛太守桂、高雨人太守同善来见。午刻，亲往各处答拜，并拜朱砚生前辈以增，系前任学使，卸篆后旋丁内艰，定于初十日奉柩南归也。酉正回寓。

二月初四日（3月9日）

巳刻，恭谒福陵[②]。由陵上至大洼子三十里，尖。由大洼子至蒲河二十里，宿。

二月初五日（3月10日）

行十五里至清水台，又十五里至懿路站，尖。饭后行廿里至范家屯，又十五里至辽河屯，又廿五里至铁岭县城外，宿。县令陈鹤舟士芸来见。鹤舟曾任怀仁县，询以怀仁有高丽王碑[③]，距城百数十里，在深峡中，碑高不能精拓。鹤舟赠余拓本一分，字多清朗，文理不甚贯，盖以墨水廓填之本，与潘伯寅师[④]所藏拓册纸墨皆同，惜不得良工一往椎拓耳。是日，途中作七古一章：

---

① 昭陵：沈阳昭陵，清太宗皇太极的陵寝。

② 福陵：沈阳福陵，清太祖努尔哈赤的陵寝。

③ 高丽王碑：即好太王碑，在今吉林省集安市东太王乡大碑街。碑文纪高句丽开国神话与好太王事迹。好太王系高句丽第十九代王，名安，碑立于晋义熙十年（414）。此碑于光绪初年由怀仁知县章樾幕僚关月山访得。

④ 潘伯寅师：即潘祖荫（1830—1890），号伯寅。吴大澂座师。

辽河冰解野桥断，东风来往无人管。使车出关二月初，不怕春寒怕春暖。昨日雪泥三尺深，今日雪花飞满林。已脱重裘还更着，不辞浊酒且频斟。裘重重，酒薄薄，车尘不起征夫乐。只愿前程冻未开，渡江不愁风浪作。岁寒秉此松柏心，莫问桃花几开落。

灯下书钟鼎拓本释文。

二月初六日（3月11日）

行三里过青河，又二十七里至中固，尖。又廿里至孙家店，又廿五里至九社，宿。书钟鼎拓本释文。

二月初七日（3月12日）

行廿五里至威远堡门，又十五里南城子，又廿五里至莲花街，尖。又行七里至赫尔苏，又十八里至杨木林子，又廿五里至叶赫站，宿。书钟鼎拓本释文。两日途中杂咏，得六绝句：

过了冰河便雪山，严寒已去又重还。我来迅速春来缓，未许东风带出关。

记得当年度陇诗，偶从雪里见花枝。而今行过辽阳路，正似天山五月时。

车马喧阗趁夕曛，山村士女笑纷纭。皇华诗意无人解，道是鸡林旧使君。

古柳婆娑生意含，霜皮零落对寒潭。莫嫌空洞中无物，留与枯僧作佛龛。

小店春虀满瓮储，荒寒无地摘园蔬。远东日食花猪肉，苦忆松江冰白鱼。

新晴天气觉风和，十里平冈策马过。盼到莲花街里去，逢迎官吏故人多。

二月初八日（3月13日）

行三十里至英额卜占，又十五里至十里铺，又十里至火石岭子，尖。又十八里过大孤家子，又十二里至赫尔苏站，宿。书钟鼎拓本释文。

二月初九日（3月14日）

行二十五里至小孤山，又三十五里至大孤山站，尖。途中得一绝句：

大孤山与小孤俱，卅里双峰便不孤。况有坡陀连亘处，相延一脉尽龙雏。

署伊通州知州王秀山瑞启来见。又行三十五里至伊通州，宿。伊通厢黄旗佐领恩锡纶福来见，巡捕官常永之叔也。是日午后，途中望见伊通河北有两山，东西并峙，大小相等，土人不知其名，余曰此东天姥两乳也。赋诗一首：

两峦左右齐，端如双玉乳。山顶宜有泉，甘美胜酒醹。饮之令人寿，童颜可再睹。此山本无名，名以东天姥。北为长春城，万商于兹聚。地脉非偶然，一乳所含煦。

训导赵椿龄来见。辛亥举人，年已七十馀矣。

二月初十日（3月15日）

行廿五里至伊巴丹站，尖。又廿里至三家子，又廿二里至土门子，又十八里至双杨河苏瓦延站，宿。补录初八日二绝句：

平林密密断云遮，不见遥村板屋斜。落日放牛无数点，料知山下有人家。

山南近已辟新荒，话到年光暗自伤。草价增昂粮更缺，去秋八月早霏霜。

又补录初九日一绝句：

斗大州城新设官，花封分辖地犹宽。伊通州地原隶吉林厅，今分设州治，辖境尚有四百馀里。弦歌风化初开日，冷落先生苜蓿盘。

二月十一日（3月16日）

行五十五里至伊拉门站，尖。又二十里至岔路河，又廿五里至依拉奇，宿。丁友云大令来晤。宁古塔都统容峻峰[①]遣材官明利、德庆持函来接。夜，大雪。途中得诗三绝句：

客路浑忘岁月新，山容如睡水含颦。荒村亦有闲桃李，不见花开不算春。

一木零丁架水坳，泥冰深处乱流交。肩舆扶上危桥去，犹恐衣裾挂棘梢。

渔父何曾把钓竿，农家编木当篱看。有山不种淇园竹，生怕风多六月寒。

二月十二日（3月17日）

五更起，宋渤生[②]太守来晤。行廿五里至搜登站，又廿里至大绥河，尖。又行廿里至老爷岭，又十五里过欢喜岭。富森堂、德远庵、文焕卿、曲鹤亭、刘怡宽、凤集庭、申少彝均来迎候。又行五里，至西门外万寿宫，希赞臣将军、恩雨三都护同请圣安。未刻，进城，住北门内永升店。将军、都护先后来晤。见客至薄暮而毕，不及出门矣。是日途中得二绝句：

征尘屈指到花朝，芳草无情马不骄。犹忆细鳞河畔路，海棠红掩绿杨桥。壬午年四月，由三岔口回至细鳞河，忽见桥边海棠一树盛开，属吴副将永敖善护之。

马前父老望春台，六七年中往复回。一笑又登欢喜岭，只疑身入故乡来。

---

① 容峻峰：容山（1836—1893），叶赫那拉氏，字峻峰，满洲正黄旗人。时任宁古塔副都统。

② 宋渤生：宋春鳌，字渤生，曾任吉林机器局总办，是吴大澂得力助手。曾为吴大澂刻《愙斋先生诗抄》一卷。

二月十三日（3月18日）

答拜赞臣将军、雨三都护。出小东门，至机器局，答宋渤生、凤集庭诸君子。渤生出示方晴庵大令朗所藏宋拓《郭有道碑》[1]剪贴本，有王寿生、方小东跋，小东即晴庵之胞兄。始知余所得整本《郭有道碑》，与此本同出洪洞刘镜古兆鉴家。卢晓亭观察从济宁郭梅臣处购得其一，郭亦得于刘氏。以献崇雨舲中丞，即余所藏之本。王寿生参军熙昶于道光丁未年购得此册，后质于济宁孙氏。同治丙寅秋间，方小东刺史出价赎回，遂归于方，亦刘氏藏本也。寿生跋云，庄眉叔司马亦于刘氏购得剪碎一本，重装成册，后为王荣甫所得。然则《郭有道碑》世间尚有三本，余得见其二，亦生平金石缘也。崇本一字不阙，方本阙四十八字，相去已在百馀年矣。"介休"碑作"界休"，"鳞介"误书"麟介"，两本皆同。韵松、芷帆、文伯、锡安亦来。饭后，渡江至南岸观火药厂，已构屋数十椽，就山坡之高下，垫土起筑，规模日见扩充，皆渤生一手布置也。渤生又出示局中自造单筒小炮，一与俄登飞炮弹大小相等，名曰西林炮；一与格林炮相类，惟用单筒旋转，顷刻可放数十子。炮筒外包一蓄水筒，水热可换，亦简易灵便之法。

二月十四日（3月19日）

答拜各统领、各协颁及道府各署。希赞臣将军太夫人三周年忌辰，在观音堂诵经。未刻，余往行礼，回寓后写篆对六联。招远庵、森堂、焕卿、渤生夜饮。

---

① 《郭有道碑》：又名《郭林宗碑》，隶书，东汉蔡邕撰并书。原碑在山西介休，久佚，传世皆重书重刻拓本。

二月十五日（3月20日）

自书铜柱铭，交渤生代刻。书大“虎”字五。至赞臣将军、雨三都护处辞行。秦子皋来晤。曹彝卿别驾廷杰[①]以手拓混同江东岸古碑四纸见赠。其一大碑，正书，上有“重建永宁寺记”六字，横列文多剥蚀不可读，有“太监亦失哈”五字，“伟欤懋哉”四字，下隐约有“正德”二字。其一小碑，正书，上有“永宁寺记”四字，横列首行“敕修奴儿干永宁寺碑”九字尚可辨，馀多漫漶。文后题名第一行“镇国将军都指挥同知”以下不可识。第二行有“□正十七年”数字，“正”上当即“至”字。又文内屡见“帖木儿”三字，疑元时所刻也。又一小碑，上有四字横列，似蒙古文。碑文两体书，前半似唐古忒字，后半似蒙古文。唐古忒字类楷书，如“”，似可识而实不可识。富森堂云，此唐古忒字也。此碑刻在前一小碑之后，当即永宁寺记文，两面刻，三体书，其文必同也。碑侧又有四体书六字“唵嘛呢叭㖔吽”，“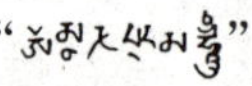”，此梵书也，余藏西夏碑阴字类此；“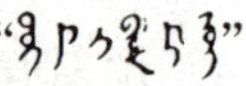”，此似蒙古文；“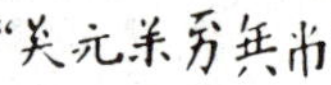”，此亦唐古忒字。以碑阴、碑侧合观之，是碑必非明刻矣。其地在三姓东北三千五百馀里，距俄地伯利二千二十里，东北距混同江海口三百馀里，有石崖如城阙，斗峙江边，高八九丈，山顶北面立小碑，其大碑在其南。彝卿探访俄事至此，并手拓二碑以归，亦可谓壮游矣。申刻，赞臣将军来晤，雨三都护来晤。酉刻，渤生、集庭同来，留之夜饮。

---

① 曹彝卿：曹廷杰（1850—1926），字彝卿。湖北枝江人。廪贡生。光绪九年（1883）由国史馆派往三姓靖边军后路营中，办理边务文案。光绪末年，曾补任吉林知府。留心边疆史地，著有《东北边防辑要》《东三省舆地图说》等。

二月十六日（3月21日）

五更起，为方晴庵大令题宋拓《郭有道碑》。辰刻启程，赞臣将军、雨三都护送至小东门外关帝庙。旋至机器局小憩，即在局门东三里团山子渡江。此处江心老冰尚坚，两岸沿凌水亦不甚深也。过江二十里，至小茶棚，尖。渤生、集庭、少彝均来送行。又二十里至江蜜蜂，向来出省东行，多在江蜜蜂住宿，今店已歇闭，无可宿之处，商旅之萧条可见矣。又行四十里至双岔河，宿。途中得诗一绝句：

绕郭峰峦多不平，过江山势更纵横。空潭云气随龙去，剩有流泉赴壑声。

闻芷帆出东门，车轴碰损，行至机器局换车稽候，饭后始得渡江。候至夜深，韵松、文伯、锡安均无消息，不知今夕宿何所矣。

二月十七日（3月22日）

行八里至额赫穆站，委官程万春庆年之父。邀至其家早饭。候至巳初刻，韵松诸君仍未至也。又行三十里过七道河，又十里过老爷岭，又三十五里至拉法站，宿。

二月十八日（3月23日）

行廿五里过苦不了河，又廿里至鄂勒河，尖。又行十二里至桦树林子，又八里至退抟站，又三十里至乌棘口刘家店，宿。作七古一章：

四山积雪围松明，乱流落硐时纵横。槎枒古木无枯荣，行久不闻春鸟声。残冰踏响马忽惊，泥深一尺水盈盈。仆夫避险披棘荆，崎岖径仄多不平。下有顽石如长鲸，当途侧卧与人争。落日摇曳双红旌，知有材官来导行。道旁鹄立通姓名，识与不识纷相迎。白须野老何多情，出门手提破石罂。汲泉饮我使身轻，邀我入室炊玉秔。五年前事如棋枰，笑问使君何所营。两鬓新霜添数茎，我来逆旅喜感并。六宿此山那计程，陶然一醉月三更。但觉诗意满怀清，不愁明日还长征。

韵松来书，知昨日过岭日已暮矣。韵松下岭时，车又触石而覆，四人徒步行泥淖中，觅一小店暂宿，有人满之患，半夜不得眠，亦不得食，苦不胜言。作五古一章慰之：

昨日渡松江，今日出乌棘。同行四五人，先后本一辙。中途忽差池，相望不可即。或云车脱辐，或疑马惊勒。后时久不来，深夜苦相忆。岂知泥淖中，登岭已昏黑。驽骀鞭不前，徒御咤失色。踟蹰冰雪崖，屡踬犹得得。两手僵不伸，襟袖如翻墨。两足冻不干，袜履成淤塞。偶至一茅舍，漏下已三刻。人满无所容，势与蜗争国。苦倦不成眠，苦饥不得食。跬步知艰难，兹焉少憩息。诘朝贻我书，道状解我惑。相去半日程，行行勿复亟。山径滑如油，我亦病登陟。鞅掌岂言劳，此境偶然直。

二月十九日（3月24日）

行三十里过张广才岭，又十里出乌棘口，适宁古塔靖边右路中营哨官英喜率队兵伐电线木杆，住一小店，得余，宰一豚，煮饭方熟，留余小憩。英喜乃余旧部也，即在此店打尖。饭后行五十里，风大，继之以雪。申刻，至额赫穆索罗站，宿。吴永敖硕甫由宁古塔来。途中得诗一首：

狂风似虎卷地来，吹冻顽云拨不开。下罩千山同一被，满空飞絮揽成堆。天公玉戏巧难就，重阴密密谁相催。特遣封姨[①]作大磨，回旋鼓荡声如雷。须臾碾出白瓷粉，落花片片皆琼瑰。老农拍手笑不止，顿令茅屋成瑶台。

又赋张广才岭七古一章：

岭长二十有五里，平冈一伏又一起。首尾蟠屈如卧龙，

① 封姨：神话传说中风神之名，又作风姨、封十八姨等。

半身隐见白云里。远脉原从长白来，蜿蜒下饮松江水。满山鳞甲烟翠重，亭亭直节攒古松。千株万株不纪岁，子孙多受秦王封。硐底杂树纷罗列，忽横忽纵皆奇绝。俯听流泉漉漉鸣，中有万古不化之冰雪。此山深处无人行，熊罴夜斗狐狸惊。远闻伐木声丁丁，又疑车轮触石相硼砰。山灵怪我往来久，无句留题不放走。我问当年张广才，何物区区乃与山灵同不朽。

二月二十日（3月25日）

行廿五里至凤皇店，尖。韵松、芷帆、文伯、锡安亦于午前赶到，不相见者四日矣。又行五十五里至塔拉站，宿。得诗二首：

行旌历尽厂东西，偶触吟情信笔题。风土犹存唐俗俭，几双乌拉一爬犁。

闲游人似打包僧，晓起餐风夜宿冰。只为萍踪漂泊惯，一生衣食寄行縢。

二月廿一日（3月26日）

行廿里至朱墩，尖。又十里至贝勒洼，又十五里至老鹳窝，又十里至必尔罕站，宿。得诗一首：

两山之麓多洼塘，草根结作蒲团黄。二三十里一茅舍，蓬蒿遍野田半荒。傍溪凿冰成孤井，绕庐列栅为短墙。瘦犊或随犬同卧，饥乌乃与马争粮。古驿三间津吏屋，七年六度朱墩冈。野老相逢似相识，偶来松下谈农桑。

灯下读山谷诗，有《怀蒉斋[①]》一律兼寄运斋[②]弟：

① 蒉斋：张佩纶（1848—1903），字幼樵，号蒉斋。直隶丰润（今河北丰润）人。同治十年（1871）进士，光绪中任翰林院侍讲、左副都御史，曾署福建船政大臣。中法海战，福建水师覆灭，因此被褫职遣戍。李鸿章以女李菊藕嫁之。女作家张爱玲即其孙女。

② 运斋：吴大澂胞弟吴大衡（1838—1896），字谊卿，号运斋。光绪三年（1877）进士，曾官翰林院编修。

同是边关落月时，一灯展卷苦相思。本来地气寒难解，不为天公春到迟。山雪未销孤雁落，河冰将泮老狐疑。岭南塞北无消息，独和东坡寄弟诗。爱惜名花取次栽，为谁零落为谁开。偶牵藤影疑风动，未展蕉心待雨来。诗境多从闲处拓，旅怀犹喜梦中回。一书缱绻愁千里，莫与人论天下才。

二月廿二日（3月27日）

行十五里至三道岭，见道旁石磴上有光绪九年八月由宁古塔进省时题名，三行篆书，墨色无恙，在冰雪之中，鸿爪犹存。闻有好事者将唤石工刻而寿之，回忆当日驻马挥翰，忽忽已三年矣。因复下马，续书数字志之。又行十五里至石头甸子，尖。作五古一章：

凡石皆直性，兹山独横理。高砌宛成台，平铺略如砥。大可容万人，小者积寸累。粗拟龟背纹，细若鱼鳞比。孔或类蜂房，龋或似马齿。或同蚁穴槐，或等螬食李。麝煤聚零星，兽炭多填委。岂无适用时，弃之弗顾视。辚辚过车声，中空疑有水。忽然塌成潭，如梁自颓圮。非泉亦非池，泥深辄濡轨。吾性爱名山，游踪几万里。阅世多奇峰，眼中未见此。俗言古仙人，炼丹旧基址。丹成跨鹤行，馀石留渣滓。此说不足凭，听之聊复尔。吾闻大空青，凿石得龙髓。饮之可长生，沉疴顿然起。真精久秘藏，妙理那可揣。不然顽石巅，何以生杞梓。草木有灵根，依托安所恃。宝山莫空归，璇源毋乃是。古书不足征，请问赤松子。

又行三十里至沙兰站，宿。是日，过八道岭，赋诗一章：

下岭易，上岭难，如登天山三十盘，一车八马心胆寒。脱骖并驾犹嫌单，万牛流汗常不干。上岭易，下岭难，如下桐江十八滩，陡崖冰滑云漫漫。一落千丈不可拦，前车后车相叫欢。

安得长绳系轴节节蟠，出险入夷心始安。朝上岭，暮下岭，仆夫相戒毋驰骋。方下岭，又上岭，喘息未已时耿耿。日行八岭无坦途，夜梦颠踣惊相呼。愿君高枕安须臾，不知前程尚有高山无。

二月廿三日（3月28日）

行四十里至蓝旗沟，双如山、恩承之两统领均来迎候。又行三十里至猗兰冈，容峻峰都护在关帝庙内请圣安。又行十里至宁古塔城，住城外官参局旧行台。峻峰都护来晤，托勤轩、吴硕甫、曲鹤亭来晤，双如山、恩承之来晤，讷厚斋、瑚松亭来晤。申刻，答拜峻峰都护。回寓，登抱江楼题诗一律，兼呈峻峰都护：

忆昔临江筑小楼，与君樽酒话中秋。自从一去三年别，那想重来两日留。旧事思量纪龙节，新图商榷定鸿沟。国恩未报归程远，敢把闲情寄白鸥。

又咏乌拉草一律：

莫道行踪类转蓬，知寒知暖是乡风。踏冰天气家家便，献曝人情处处同。参可延龄犹有病，吉林土语，以人参、鹿茸、乌拉草为三宝。葵能卫足总无功。何如束草随身具，春在先生杖履中。

二月廿四日（3月29日）

书抱江楼题壁诗于横木，交托勤轩悬之。书对三联。峻峰都护来晤。午后，拜春煦堂，并答厚斋、松亭、硕甫、鹤亭诸君子。申刻，峻峰都护招饮。

二月廿五日（3月30日）

由观音阁渡江而南，行十五里至干沟子，小憩。峻峰都护、如山、承之两统领均来送行。又三十里至石头坑，又二十里至下营子，宿孙立美家。孙翁年七十九矣，步履康强，孙曾罗列，其曾孙又将抱子焉。赋诗二绝句赠之：

六世同居古义门，膝前屡见子生孙。老农八十犹年少，语带春风一笑温。

淡饭粗茶过一生，有何思虑有何争。始知安乐乡侯贵，余藏汉印有“安乐乡侯”。不慕千秋万世名。

二月廿六日（3月31日）

行三十里至上马连河，又二十里至斗沟子，尖。饭后，过玛勒瑚哩站，小憩。又三十里至窝棘口徐家店，宿。即余辛卯年所筑之望松窝也，题诗一律：

叹息山居地瘠硗，款宾只有水盈匏。青骢过处添新驿，玛勒瑚哩、老松岭等处皆大澂奏请改设新站。紫燕飞来认旧巢。不信十年能树木，可怜六载未更茅。相逢搏虎人何在，徐姓之子曾搏一虎献余，今因病回家矣。笑对松林雪半梢。

再题一律，用辛卯年题壁元韵：

老农生计本萧然，况复频经旱潦年。岂有林泉留过客，漫题诗句续前缘。山中盗起愁狼跋，逆旅主人言，去年被盗，所蓄荡然。门外寒多警鹤眠。为问行旌何日返，汶阳只愿早归田。

前作：

一宿空山亦偶然，诛茅拓地已经年。望松窝额系庚辰年所题。边庭万里今无事，使节重来信有缘。鸟道云封乌棘暗，虬枝雪压古松眠。野人共话升平乐，各领闲荒百亩田。

二月廿七日（4月1日）

行廿五里上岭，又五里至老松岭站，尖。又十三里过岭，又四十二里至骆驼磊子萨奇库站，宿。途中得诗一首：

春山晓色云冥冥，入林出林车未停。两崖壁立烟岚滴，桦皮雪白乌柏青。残冰塞路顽于石，枯木倒溪醉不醒。古庙颓垣本无佛，忽有山僧来诵经。僧言此山行路苦，醵金除道仰神灵。马惜锦障泥滑滑，人行石磴水泠泠。短松万株齐若剪，横作南山翡翠屏。高者独立挺霄汉，满身龙甲都成形。孤根下蟠几百尺，掘之当有千岁苓。

二月廿八日（4月2日）

行三十五里至哈密达，尖。即余辛卯年所构息庐五间，交葛翁管业，后葛翁招刘姓同居，今竟为刘独占矣。又卅七里过瑚珠岭新站，小憩。又八里渡嘎呀河，河冻已开，徒涉而渡，水深几及马腹矣。至郭梯阶所构官房宿。题息庐诗一章：

朝三十里一饱餐，莫五十里一投宿。莫宿临河尚有村，朝餐觅火愁无屋。偶逢葛仙两耳聋，呼之不应颜发红。为我择地结茆舍，给钱百缗使鸠工。有酒沽我无则酹，往来行人憩息于其中。养鸡放豚依苍巘，春韭早生秋菘晚。种谷可支一岁粮，采薪不劳百步远。仙翁何为去不还，守此屋者老且顽。不见仙翁喟然叹，只有息庐两字留空山。

李仲敏由五人班至嘎呀河道中迎候。

二月廿九日（4月3日）

行廿五里至荒片，尖。又廿五里至五人班关清德家，小憩，即余辛卯年所构之屋，手书“清乐乡”三字额犹在焉。清德钓得细鳞鱼二尾饷余，作诗一绝句谢之：

羡君身似地行仙，五老来游此数椽。钓取双鱼来饷客，寿如孤鹤不知年。

李仲敏奉都统委查营兵所砍电杆木，亦寓此屋。又行廿五里至大坎子，宿。

三月

三月初一日（4月4日）

寒食。行廿五里至且住庵，尖。题诗一章：

老僧八十馀，贫病不能语。来此六十年，清修苦如许。屋庐不蔽风，爨火不常举。相对弥勒龛，顶礼无寒暑。心诚金石开，缘薄神灵助。使节偶经过，悯彼空谷处。结茆四五椽，经营费不巨。佞佛非本怀，天教来玉汝。部曲善逢迎，不惜舍金与。拓地成梵宫，维摩喜得所。老僧愿已偿，趺坐竟西去。传灯叹无才，俗子相窥觑。鹫岭被蚕食，鹊巢乃鸠据。我来清净场，扫除及沮洳。小坐怀远公，澹然无俗虑。顽石当点头，慎勿相龃龉。

饭后，行廿五里至德通，又三十里至凉水泉子，宿。得诗一首：

我初度地凉水泉，六十里中无人烟。膏腴一片空弃捐，临江四顾心茫然。命工起构屋数椽，曰劝农所三字悬。屋成之岁辛巳年，作者七人始来田。朝出耦耕荷锄便，夜归一饭解衣眠。从此垦辟相蝉联，满篝满车歌十千。自我移师北海边，两年跋涉忧心煎。梦魂不到蟠岭巅，蟠岭在凉水泉南四十里。重来一宿有前缘。但见西陌与东阡，鸡犬家家相毘连。五尺童子衣争牵，瞻望使君犹拳拳。遥指一屋小如船，手书篆额犹在焉。嗟我风尘未息肩，白云飞鸟何时还。安得买山古渎川，相忘耕凿唐虞天。

三月初二日（4月5日）

清明。行卅里至密占，尖。又十里过蟠岭，又十五里至吴凤起窝棚，哈伯琴、永厚山两统领及马步各营官均来迎候。依尧山[①]都护设帐于道，即于帐下跪请圣安。申初进城，住南门

① 依尧山：依克唐阿（1834—1899），字尧山，扎拉里氏，满洲镶黄旗人。晚清著名将领，人称“虎将军”。咸丰中，曾在僧格林沁麾下效力。同治中，调东北任职。光绪十一年（1885），任珲春副都统，与吴大澂一同参加中俄勘界。

内行台。尧山都护来晤。见客毕，答尧山都护。

三月初三日（4月6日）

尧山都护来晤。起恭报行抵珲春日期折稿。午后，答拜尧山都护。补录途中所作七律二首：

平坡日落马蹄轻，树杪云归雪乍晴。猎户追狍迷草路，牧童引犊卧松棚。岸凌水阔知春暖，吉林土语谓河冰两岸初化之水为沿凌水。野烧风多入夜明。地僻村稀投宿早，得闲行处且闲行。《闲行》

落落书生戎马场，吟怀久似石田荒。军符暂卸无留牍，诗草重编欲满囊。春去何心恋风月，夜来有梦到池塘。短歌不复计工拙，聊遣关山行路长。《遣兴》

三月初四日（4月7日）

未刻，拜折。致庆兰圃将军书。发天津、上海电报。至西营答拜哈伯琴统领。发俄国勘界大臣巴啦诺伏照会。

三月初五日（4月8日）

复郑盦师[①]信，复尹伯圜信。书《文字说》一篇。

三月初六日（4月9日）

接总署公函，属查宁古塔东大川界址，即复。作家书。酉刻，尧山都护招饮。

三月初七日（4月10日）

书《夷字说》《尸字说》二篇，写篆联五。

三月初八日（4月11日）

书《拜字说》《鞭字说》《瑚字说》三篇。尧山都护来晤。写篆联七。

---

① 郑盦师：潘祖荫别号郑盦。

三月初九日（4 月 12 日）

复容峻峰书。与尧山都护同阅东西两炮台。未刻，尧山招至永厚山营中同饮。酉刻回城。俄国卡伦官哈斯三来晤。

三月初十日（4 月 13 日）

复胡守三书。致宋渤生书。午刻，招哈斯三饮。题《集古录》虢叔钟、井人残钟、敔羁鼎。

三月十一日（4 月 14 日）

题子璋钟。考释郘钟，未竟。俄官廓米萨尔马秋宁[①]来晤。翻译倪廓来福同来。知俄国勘界大臣巴啦诺伏须俟北路乌苏哩江、兴凯湖冰冻全消，方可乘轮而来。至红土崖起陆，一日可达双城子，再换轮船经海参崴至摩阔崴，半日可到。大约在四月初十日后，俄历则五月初也。马秋宁索阅汉文条约及交界道路记文，饬文案房钞一分与之。余亦向索俄文条约及交界道路记文一分，允俟归后寄来。

三月十二日（4 月 15 日）

复富森堂书。考释郘钟。与尧山都护同请廓米萨尔马秋宁晚酌。

三月十三日（4 月 16 日）

书郘钟考释。尧山都护招饮。

三月十四日（4 月 17 日）

题楚公钟三。禀母亲函。致大兄书。

三月十五日（4 月 18 日）

题叔氏钟、兮仲钟、郑阱叔钟。

---

① 廓米萨尔马秋宁：沙俄官员姓名，后文又被写作马九宁、马邱宁等。

三月十六日（4月19日）

致合肥师相[①]书。致蕢斋书。致徐翰卿[②]书。复念劬书。致杏荪[③]书。尧山都护来晤。

三月十七日（4月20日）

录诗草十四纸，寄蕢斋。致顾子嘉[④]书。申刻，哈伯琴统领招饮，与尧山都护同往。

三月十八日（4月21日）

录诗草十四纸，寄运斋弟。致运斋弟书。复杨实斋[⑤]书。题鲁邍钟、己伯钟。俄国岩杵河守备官佘拉什尼廓甫来见，带到俄国东海滨省巡抚巴啦诺伏电信，并马秋宁信，皆通候语也。尧山都护招饮。

三月十九日（4月22日）

题鳌伯钟、虘钟、者沪钟、单伯昊生钟。

三月二十日（4月23日）

题仆儿钟、邾公牼钟、戱狄钟。

---

① 合肥师相：李鸿章（1823—1901），字渐甫，号少荃。安徽合肥人。晚清著名政治家、军事将领。吴大澂在日记、书信中又称呼他为“合肥相国”。

② 徐翰卿：徐熙，字翰卿，号斗庐。江苏苏州人。徐康之子。以贩卖古物为生，曾为吴大澂物色书画、青铜器、玉器等，是吴大澂收藏方面的重要帮手。

③ 杏荪：盛宣怀（1844—1916），字杏荪，号补楼、愚斋。江苏常州人。盛康之子。秀才出身，曾入李鸿章幕府。历任招商局督办、山东登莱青兵备道兼东海关监督、直隶津海关道、工部左侍郎、邮传部右侍郎、邮传部大臣等职。

④ 顾子嘉：顾寿臧，字子嘉，号敬斋。浙江湖州人。“南浔四象”之一顾福昌次子，以收藏著称，吴大澂藏品中有不少源自顾氏旧藏。

⑤ 杨实斋：杨秉信氏（1831—1909），字幼实，号实斋。陕西西安人。晚清著名的古董商。

三月廿一日（4 月 24 日）

预拟边界事宜应议各条，交庆锡安翻译俄文，以便临时辨难。语意较为详尽，不致彼此误会也。书《齐子仲姜镈考》，并释文。

三月廿二日（4 月 25 日）

拟边界事宜四条。致容峻峰都护书。书《齐子仲姜镈考》。拜尧山都护。

三月廿三日（4 月 26 日）

题通录康虔钟、邾公钊钟、沇儿钟。尧山都护来晤。

三月廿四日（4 月 27 日）

题戎都鼎，题剌鼎。书篆联十。

三月廿五日（4 月 28 日）

致希赞臣将军书。致宋渤生书，寄去图门江、黑顶子一带地图，属机器局司事代画二分，约于初十日前寄来。题大鼎。

三月廿六日（4 月 29 日）

题驭方鼎。尧山都护来晤。

三月廿七日（4 月 30 日）

雨。撰《集古录自序》一篇。尧山都护来晤。永厚山统领携殽酒来寓，邀尧山及韵松、芷帆、文伯、锡安诸君子与余同饮。

三月廿八日（5 月 1 日）

雨竟日。复葆田书。复念劬书。题韩侯伯晨鼎。

三月廿九日（5 月 2 日）

晴。连日尧山都护惠细鳞鱼二尾，拓汉双鱼洗文一纸赠之，并题一绝句：

雅惠频叨醉一觞，细鳞风味胜河鲂。报君片纸无多字，中有双鱼大吉羊。

作《靭字说》一篇。申刻，诣尧山都护处茗谈。

三月三十日（5月3日）

题康侯鼎、匽侯鼎、䜌鼎、穌作召伯鼎、周窓鼎[1]拓本五种。尧山都护来晤。周少夷太守冕来晤，杏荪观察委令查看电线设杆之路，今日到珲。

四月

四月初一日（5月4日）

题諆田鼎、师奎父鼎、新邑鼎、芮公鼎、趞鼎拓本五种。尧山都护来晤。

四月初二日（5月5日）

题罴氏鼎、増鼎、曼仲鼎。尧山都护邀至东门外校场，同阅靖边中路三营操，申刻归。尧山都护来晤。

四月初三日（5月6日）

释焦山鄦惠鼎。释毛公鼎。书篆对二，书大“虎”字四、“龙”字一。

四月初四日（5月7日）

上母亲禀。致大兄书。复陶仲平书。致尹伯圜书。与尧山都护同阅靖边前路四营操，申刻归。释毛公鼎。

四月初五日（5月8日）

释毛公鼎。书“虎”字八、“龙”字二。接俄卡官哈斯三来信，知俄国勘界大臣巴啦诺伏于四月十四日可抵岩杵河，俄历之五月初五日也。酉刻，至尧山都护处茗谈。

---

① 周窓鼎：即窓鼎，今名师眉鼎，吴大澂别号“窓斋”来源于此鼎。光绪初年，吴大澂得此鼎于陕西，曾制作全形拓分赠师友。此鼎于吴大澂去世后散失，为端方之弟端绪所得。至1944年，吴湖帆方才购回，1955年捐赠南京博物院，保存至今。

四月初六日（5月9日）

释毛公鼎。书“虎”字三，书“孝弟忠信”四大字。

四月初七日（5月10日）

释毛公鼎竟。为容峻峰都护书篆册六页。尧山都护来晤。

四月初八日（5月11日）

书篆册六页，书篆联五、直幅二。为恩雨三都护书篆册二页。

四月初九日（5月12日）

书篆册三页半。复容峻峰书，复宋渤生书。致双如山书。复庆兰圃将军书。发天津电报。邀尧山都护、周少逸太守、永厚山统领来寓晚酌。接俄官廓米萨尔来信，因前赠篆文《孝经》为该国学院布席所见，欢喜赞叹，代致布席来书，并寄双城子碑额照本一纸。文曰“大金开府仪同三司金源郡明毅王完颜公神道碑”，篆书五行二十字，首一字大字仅有一直隐约可辨。考《盛京通志》，金臣封金源郡王者二：一为娄室，完颜部人；一为完颜勖。惟娄室谥庄毅，与碑不符。勖不载谥，惜无《金史》可考，不知其碑文尚可读否。

四月初十日（5月13日）

书篆册六页，书直幅一。申刻，招哈伯琴统领、马筱坡孝廉、春玉鹏、李仲敏、廉钟英诸君子来寓同饮。津寓寄来日本碑拓四种，有井上毅[①]名片一纸而无信，缄封小印有“井上”二字。一为和铜四年三月藤原尊题名石刻，正书；一为嘉永三年五月藤田彪[②]书《弘道馆记》，行书；一为延喜十七年十一月道澄寺梵钟铭，阳文，正书，上粘一签云“今大和国宇智郡

① 井上毅（1844—1895）：日本政治家。伊藤博文得力助手，历任法制局长官、文部大臣、枢密顾问官。

② 藤田彪：即日本书法家藤田东湖（1806—1855），字斌卿。江湖末期儒学家。

五条村荣山寺ニアリ”；一为近卫中将楠公赞，朱之瑜[①]撰，正书。当系日本书记官井上毅所赠，尚有《朝阳阁集古》三卷，留于津寓未寄来也。

四月十一日（5月14日）

辰刻，与尧山都护同至珲春河南祭神树，礼毕饮福。阅靖边中营演放水雷、地雷，午正回寓。秦子皋来晤。书篆册四页半。释齐侯壶。

四月十二日（5月15日）

释静敦，画松一幅，书扇一握。申刻，邀尧山都护与子皋、仲敏同饮。灯下与子皋、仲敏下围棋二局。

四月十三日（5月16日）

释叔向父敦。周少逸来晤。子皋、仲敏来，灯下与子皋下围棋二局。摘录俄官、俄地名。

四月十四日（5月17日）

书篆对十联。篆额四字。释师虎敦。

四月十五日（5月18日）

释师望鼎、文父丁鼎、木壬鼎、子孙父戊鼎、世妇鼎、父己鼎、郑同媿鼎、孔作父癸鼎拓本八种。接总署来书。

四月十六日（5月19日）

接俄使巴啦诺伏信，知于昨日抵岩杵河矣。起折稿。报十九日启程赴岩杵河。

四月十七日（5月20日）

尧山都护邀阅演放格林炮，并打二百步枪靶。申刻，邀秦子皋、贾丹崖、李仲敏来寓同饮。灯下与子皋、仲敏下围棋。

---

① 朱之瑜：朱舜水（1600—1682），名之瑜，字楚屿。浙江余姚人。明末流亡日本，其学说在日本影响深远。著有《朱舜水文集》。

书篆联三。

四月十八日（5月21日）

上母亲禀，复大兄书。复王念劬书。复总署书。尧山都护来晤。订明日午初刻启程，同赴横道河住宿，次日午后可早到岩杵河也。为双如山书大直幅一。

四月十九日（5月22日）

复运斋书，复合肥相国书。为双如山书篆额四字。午初启程，与尧山都护同至二道河卡伦尖，距城才二十里耳。又行三十里至恒道河俄卡，宿。未至卡伦五里许，有俄国副统领泽柏落伏斯奇一员、那达落伏一员带领俄国马队六十名，持巴将军名片来迎。及抵俄卡，又有俄国统领克拉多在卡迎候，卡官哈斯三设席会饮。

四月二十日（5月23日）

辰正，行三十里至佛多石，小憩。哈斯三携酒炙羊，席地而饮。泽柏落伏斯奇、那达落伏劝饮甚勤，团坐良久。该处有高丽人所盖茅屋十馀家。未刻，又行十四里至岩杵河。俄兵站队迎道旁，观者如堵。先至北营更衣少憩，与尧山都护同拜东海滨巡抚巴啦诺伏。巴使留余同住俄馆。酉刻，巴使招饮。尧山都护住刘家洋货店。

四月二十一日（5月24日）

晨起，写珲春地图上小字二幅。午刻，拜尧山都护。未刻，拜巴啦诺伏，并拜廓米萨尔马九宁及舒利经、地图衙门大臣兼副将军。克拉多、水师衙门大臣。列德呢乌斯、统领官。赤斯他廓伏、带兵官。索廓落伏斯奇、带兵官。那多落伏、副统领，即那达落伏。喀斯托尔斯奇、炮队带兵官。多谟日落伏、将军衙门侍卫。佘威罗伏，火轮洋商公司。皆昨晚同席及沿途迎候各俄员也。酉刻，巴使招饮，订明日未刻会议界务。

四月二十二日（5 月 25 日）

起会议各条应办事宜稿。尧山都护来晤。申初刻，登楼会议。巴使与余对座，同议者尧山都护、廓米萨尔马九宁、舒利经、克拉多及随员沈韵松、翻译庆锡安、莫新、商人佘威罗伏也。余所说之话，由佘威罗伏转达巴使，巴使说话由庆翻译代传。余意欲将罕奇海口归还中国，巴使谓须备文转达俄廷，能否应允，由国家定夺，彼不能擅主也。及论图门江口补立土字界牌，巴使执旧图原立界牌之地，离海口四十四里。余谓应照条约记文，由海口量准中国里二十里，即在江边补立土字牌，方可与条约相符。巴谓海口二十里，海水灌入之地当谓之海河，除去海河二十里，才算图门江口，彼国所谓二十里，如此核计。余谓海口即江口，有何分别，若论海水所灌，潮来时海水进口不止二十里，潮退时江水出口亦不止二十里，所谓江口者，总在海滩尽处，仍须照约由海口量准二十里方为妥洽。巴使须电报总督，转达俄廷请示办理，俟有回电，再行续议。戌刻，巴使招饮。

四月二十三日（5 月 26 日）

辰刻，发津电。致佘澄甫信。午刻，至尧山都护寓。未刻，回俄馆。写扇一柄。酉刻，巴使招饮。

四月二十四日（5 月 27 日）

改正韵松所抄问答语略。与尧山都护同至十五里外，登山望海，与摩阔崴仅隔一岭耳。午刻，在尧山寓中饭。是日，闻巴使接电报，俄主赏宝星奖之，惟界务尚未议明，何俄人已奏功也。酉刻，巴使招饮。

四月二十五日（5月28日）

上母亲禀。致大兄书。致王念劬书。酉刻，巴使招饮。

四月二十六日（5月29日）

与巴使订定申初刻覆议界务。复宋渤生书，复容峻峰书。尧山都护来，同至巴使处会议。余以俄国新画界图，自长岭至图门江一节弯曲太多，应照旧一律取直，略与辨论。巴使谓此岭是顺分水岭而下，水归图门江者属中国，水归海者属俄国。新图详细，较旧图尤准。前日所论补立土字界牌，巴使已接总督电覆，云从前既未立妥，自可酌量更改。现拟向沙草峰挪前十八里，立于山南沿江高坡下，不致为江水冲塌，约计离海口不过二十四五里，再前则沙土浮松，恐无立牌之地耳。土字、怕字两牌中间相隔太远，拟于蒙古街往来之道补立啦字界牌，于阿济密往来之道补立萨字界牌。又拟将三岔口小孤山上所立之倭字界牌移设瑚布图河口，倭字牌北至那字牌，那字牌北至东大川一带，须照南北直线划定小沟，庶无疆界不清，彼此争执之弊。以上各条均与巴使商酌允洽。惟图门江出海之口，应作中俄两国公共海口，巴使未敢遽允，仍须电商总督，再行定议。酉刻，巴使招饮。

四月二十七日（5月30日）

发津电。致佘澄甫信。复周少庭信。至尧山都护寓中，商定明日同回珲春。午后回寓，尧山都护来晤。酉刻，巴使招饮。春雨鹏、廖子忠来，即令约同俄官至图门江口量地。

四月二十八日（5月31日）

辰刻，启程。午刻，至横道河旅店，小憩。饭后至俄卡哈斯三处，茶话片晌。酉刻，抵珲春城。

四月二十九日（6月1日）

至尧山都护处，商令沈韵松至图门江勘明补立土字界牌之地，并派员护解石牌，送至沙草峰南面山麓尽处，俟勘定后，再行竖立。改正韵松所钞廿六日问答语略。

五月

五月初一日（6月2日）

拟勘界记文稿六条。

五月初二日（6月3日）

致合肥相国书。

五月初三日（6月4日）

复戴孝侯书。未刻，俄使巴啦诺伏来拜，同至尧山都护处，茶话片晌。余邀巴使同住行台。俄官舒利经、克拉多、马秋宁、多谟日落伏住东边一间，翻译官莫新、翻译商人佘威罗伏住西厢房。哈斯三、索廓落伏斯奇、阿列克斜叶伏、佘拉什尼廓甫四员借住乌营官处。酉刻，邀巴使及各俄员同饮。

五月初四日（6月5日）

与巴使谭论图门江口作为中俄公共海口一节，巴使仍游移未决也。午饭后，尧山都护邀巴使同往观剧。酉刻，邀巴使及各俄员同至尧山都护署中夜饮。

五月初五日（6月6日）

与巴使同至西门外关帝庙。午饭后，尧山都护邀往观剧。酉刻，邀巴使及各俄员同饮。戌刻，尧山都护邀同巴使至大街观灯。

五月初六日（6月7日）

上总署书。与巴使会议界务，将初一日所拟记文六条逐条商酌。第一条，补立土字界牌；第二条，添设啦字、萨字、玛字三界牌；第三条，收还黑顶子地方，均已商议妥协。惟议至那字界牌，辨论未决。巴使以为那字界牌非当时所立，系廓米萨尔马秋宁与宁古塔副都统双福补立之牌，其时并无地图、条约可查，约略设立，致有错误，与旧图不符。现在两国派员查勘，应照原图，将那字界牌移立于横山会处，由那字牌画一直线，与倭字牌南北相对，方是照约办理。余答以此次奉命会勘边界，已设之牌自应补立，未设之牌亦可添设，旧有之牌不可稍移。巴使谓那字界牌若不能更正，倭字界牌亦当照旧设立。若从倭字牌分界，则界线挪西不少，中国便吃亏也。余曰：倭字界牌即不更正，亦与界线无涉，何也？瑚布图河口以南，以河道为界，不以界牌为界。陆路别无凭据，专以界牌为重，界牌以西为中国界，界牌以东为俄国界，若界牌挪进一里，即占去一里之地，无论与旧图准与不准，总是两国派员监立之牌，并非中国官员私立之牌，此事实不能应允。况有东大川烧毁卡仑一案，宁古塔副都统以此界牌为据，当由此牌正北为界线，则东大川之地应属何国管辖，不辨自明。若那字界牌挪西数里，此案之曲直不分矣。巴曰：此牌之偏东偏西尚未可定。余曰：那字牌本系偏东，即云误立，亦不可改。巴曰：两国派员会勘，原为更正错误，若有错误而不更正，何用查勘？余曰：此次会勘专为图门江一带补立土字界牌，并收还黑顶子地方，但将此一段地方分好绘图画押，即可还京覆命。东大川之事，不过顺道一往查勘，此事本归地方官办理，大澂可不问也。巴曰：明日即回岩杵河，稍迟数日，再行订期，同至图门江会勘土字界牌设立之地可也。酉刻，邀巴使及各俄员同饮。

五月初七日（6月8日）

辰刻，巴使启程回岩杵河。再上总署书。

五月初八日（6月9日）

画那字界牌简明图，寄总署阅之。复汪葆田书。申刻，尧山都护邀往观剧。

五月初九日（6月10日）

书那字界牌不可挪移五条说帖。复总署书。复容峻峰都护书。上母亲禀。致大兄书。复王念劬书。

五月初十日（6月11日）

发津电。复佘澄甫书，复宋渤生书，复周少庭书。尧山都护因余明日览揆之辰[①]，率同城文武来寓预祝，设酒席待之，宾主二十五人。

五月十一日（6月12日）

谢客杜门。复郑盦师书。写篆联四副。致运斋弟书。

五月十二日（6月13日）

至西营答哈伯琴统领，至河南答永厚山统领。还至尧山都护处，回寓已过午矣。致王廉生[②]书。

五月十三日（6月14日）

至西门外关帝庙拈香。书篆屏四幅、篆联四副。致盛杏荪观察书。接佘澄甫观察来函，寄致合肥相国电总署初五电覆："本日奉旨，李鸿章转电吴大澂，所议展界竖牌、补记、绘图各节均尚妥协，即着照议画押，钦此。"

① 览揆之辰：即生日，典出出自《离骚》："皇览揆余初度兮,肇锡余以嘉名。"

② 王廉生：王懿荣（1845—1900），字正儒，一字廉生。山东福山（今属烟台）人。光绪六年（1880）进士，官至国子监祭酒，八国联军攻入京城，投井殉节。他是晚清著名金石学家，与潘祖荫、吴大澂、张之洞、翁同龢等皆有密切交往，为发现、收藏甲骨文的第一人。

五月十四日（6 月 15 日）

覆容峻峰都护书。上母亲禀。致大兄书，致王念劬书。尧山都护来晤。为李仲敏画扇。

五月十五日（6 月 16 日）

复佘澄甫书，复陶仲平、陆振之、尹伯圜书。复罗裕熙书。接戴孝侯书，知于四月十八日丁艰，作书唁之。

五月十六日（6 月 17 日）

复容峻峰书。临散氏盘文一本。接俄使巴啦诺伏照会，为更正那字界牌事，起一照会稿复之。本约巳刻与尧山都护同行，至图门江沙草峰南，会同巴使勘立土字界牌。大雨竟日，不能行，遂改至十八日启程矣。

五月十七日（6 月 18 日）

尧山都护来晤。复汪葆田书，复汤伯硕书。

五月十八日（6 月 19 日）

复周玉山书。巳刻启程，行二十里至二道河卡伦，尖。又三十里至横道河，俄卡新换卡伦官索廓落伏斯奇带队来迎，茶话片晌。又行三十里至三道冈子，有盐锅十馀家，濒海而居，遂宿焉。

五月十九日（6 月 20 日）

行二十五里，至英安河高丽民房，尖。有训蒙郑周鹤来见，献诗一首，余作一绝句答之。又行三十五里，至沙草峰南十馀里山麓尽处，支帐而宿。与巴啦诺伏账房毘连，舒利经、克拉多、马秋宁及佘威罗伏、莫新皆在焉。巴使名其地曰吴冈。先于立牌之地掘一土坑，二尺深，四面用碎石填筑，中起石台，用土坚砌，仅留一长方孔，约三尺馀深。此处与卧峰相距不过里许也。

五月二十日（6月21日）

辰刻，与巴啦诺伏、尧山都护监立土字石牌。又与巴使策马至卧峰，登高四望。又南行十馀里，未至鹿屯岛而还。自土字界牌至海口，尚有三十里也。夜雨。

五月廿一日（6月22日）

大雨不止，帐房多漏。未刻，移居卧峰南麓高丽民人朴姓家。

五月廿二日（6月23日）

晴。午刻启行，三十八里至英安河，茶尖。高丽人云俄官皆由陆路回岩杵河，惟巴啦诺伏仍坐小艇出英安河口而去。余与尧山商定，由南道至苏伦哈达渡海，宿摩阔崴，无深沟陷马之患。行二十里，望见巴使与克拉多、佘威罗伏三人坐一艇，在海滩浅水处，四仆在水中挟舟而行，濡滞不能速也。又行十馀里，至苏伦哈达，时已薄暮，雇高丽渡船扬帆而渡，约三里许，顷刻抵摩阔崴登岸。有俄官导至一公所，则巴使与克拉多、佘威罗伏先在焉。统领密萨罗说邀余住俄馆，辞之，遂与尧山都护同宿刘家洋货铺。

五月廿三日（6月24日）

俄统领密萨罗说来，约巳初刻至俄馆早饭。午初启程，行三十里，未正抵岩杵河，仍住俄馆。致王芷帆书。

五月廿四日（6月25日）

巳刻，会议界务。商定记文内七条事宜，惟图门江口中国船只出入、俄国不得拦阻一条，巴使已函商俄京外部大臣，尚无复音。倭字、那字两界牌须俟履勘明白，再行定议。此二条，须俟将来议妥后，附于记文之末。其馀五条均已议定，交笔帖式阿察本翻译满文，再由满文译出俄文，方可缮正也。午后，致托勤轩书。至尧山都护寓中茶话。

五月廿五日（6月26日）

书地图上汉文二幅。雨竟日。

五月廿六日（6月27日）

致文焕卿书，致宋渤生书。至尧山都护寓中午饭。申刻归。接津寓寄来京报，知粤抚倪豹岑前辈引疾开缺，鄂抚谭叙初前辈调任粤中，奎耀山方伯升鄂抚，山左陈隽丞中丞被召入都，张朗斋中丞调任东抚。

五月廿七日（6月28日）

起折稿。申刻，至尧山都护寓中商之。

五月廿八日（6月29日）

起片稿。上母亲禀。致大兄书。王芷帆、庆锡安由珲春来。酉刻，巴使邀往观剧。

五月廿九日（6月30日）

书记文一页。尧山都护来晤，拟于明日先回珲春。舒利经所撰地图上详细记文，语意繁复，脉络不清。余为删节而改正之。晚饭后，至尧山都护寓中茶话。接总署电。

五月三十日（7月1日）

至舒利经寓中商酌记文稿。书记文二页。

六月

六月初一日（7月2日）

复总署电。致余澄甫书。书记文二页。

六月初二日（7月3日）

书记文三页。

六月初三日（7月4日）

巳刻，会同巴使先将记文画押、钤印，彼此互换。惟地图及交界道路记文尚未画押。复宋渤生书。

六月初四日（7月5日）

致合肥相国书。复王念劬书，复汪葆田书。致尧山都护书。巴使于昨晚赴海参崴。

六月初五日（7月6日）

改正舒利经重撰交界第一段道路记。接巴使海参崴来电，订于初七日晚间同赴摩阔崴，乘轮至哈玛塘，两日可抵三岔口也。致尧山都护书。书交界道路记一篇。巴使自海参崴归，时已亥刻矣。

六月初六日（7月7日）

书交界道路记一篇。第二分。尧山都护自珲春来。

六月初七日（7月8日）

巳刻，尧山都护来，会同俄使巴啦诺伏及克拉多、马邱宁将中俄交界第一段地图及道路记文画押、钤印，两国各存一分。惟舒利经往查界线未回岩杵河，尚未画押也。未刻，拜折。酉刻，与巴使同车冒雨至摩阔崴，尧山都护已先在矣。戌刻，上俄国兵轮船，船名阿布列克，管带者拉威罗伏也。

六月初八日（7月9日）

寅正开船，未正至绥芬河口，换坐小轮船，船名僻亚尼尔。由河口至哈玛塘六十里，河道弯曲，两岸绝少人家，船上烧柴而不用煤，中途岸上有积柴数大堆。停轮片刻，添柴数十捆乃行，登岸时已戌刻矣。俄统领斯敏而士基在河干迎候，五年前在摩阔崴见之，如旧相识也。余与巴使同车行三十里，越一岭至俄站少憩，站名巴啦诺伏站。又行三十里，至双城子，俄提督科尔悉利、统领阿达莫为赤密赤可伏均来迎候。先至科提督寓见其夫人及女公子。巴使送余至水师会馆，尧山都护别寓华商陈才店内。

六月初九日（7月10日）

至尧山都护寓，同车往拜阿统领、密统领及民官萨那特瓦落伏。未刻，科尔悉利招饮。回寓少憩。余以足疾不良于行，适当夏令雨多，感受潮湿，两日之间忽艮其趾矣。亥刻，尧山都护来寓，同至科提督处夜饭。

六月初十日（7月11日）

辰初刻启程，余与巴使同车行六十里至新开河俄村，尖。又行五十里渡绥芬河，雨甚。又行十里至俄卡，少憩。又十馀里至三岔口招垦局，时不过申刻也。曲鹤亭、托勤轩均至俄卡迎候，鹤亭扫榻以待，有宾至如归之乐。盖三岔口本无集镇，余于壬午①年四月亲自相度地势，起盖官房，招商招垦，并发千金为积谷之资。现存仓谷百馀石，每石六百斤。每遇夏间青黄不接之时，借给农民，稍资接济，秋收以后，按户缴还，于贫民不无小补也。铺户约有五十馀家，后街房屋亦次第兴造，不数年间居然成市，农工商贾各有欣欣向荣之意。使节重来，不觉喜形于色矣。

六月十一日（7月12日）

廓米萨尔马邱宁与佘威罗伏同来。舒利经欲赴横山会处，查勘咸丰十一年原立那字界牌之地，因派佐领托勤轩托伦托呼同往。吴硕甫从细鳞河来晤。

六月十二日（7月13日）

雨。

六月十三日（7月14日）

马邱宁、佘威罗伏来，同至小孤山查阅倭字界牌。

---

① 壬午：光绪八年（1882）详见吴大澂《北征日记》。

六月十四日（7月15日）

与尧山都护同至俄卡，巴使留饮，薄暮始归。

六月十五日（7月16日）

与尧山都护、硕甫、鹤亭渡绥芬河北，携带指南针至瑚布图河口，插立旗帜，正北山上有俄人设立木杆。初不知那字界牌在何处也，及策马登山，知那字木牌与标杆相去数武，正与瑚布图河口南北相对，此即宁古塔副都统双月亭与廓米萨尔马邱宁补立之那字牌也。界牌之北，有俄国画图官支帐而居，因就帐下小憩。屯民李振邦饷以馇粥，遂席地饱餐，时已过午矣。饭后，由那字牌西北行数里，转向正北，盘过一岭，路向东北行。尧山都护怒马先行，登一高岭，余亦策骑从之。因用指南针测对方向，遥望东大川，一沟东西，横亘于两峰之下，其两峰与那字界牌南北相对，从前宁古塔查界委员皆称那字界牌之西北为东大川，亦约略之词，未用南针逐段测准也。归路由山南荒道至绥芬河渡口，酉刻回寓。

六月十六日（7月17日）

复容峻峰都护书。巴啦诺伏与马邱宁、多谟日落伏、佘威罗伏同来，聚谈竟日。

六月十七日（7月18日）

发津电。致佘澄甫书。写小界牌篆书十纸，第十七至二十七号。写篆额二。

六月十八日（7月19日）

书篆联三。读《先正事略》。

六月十九日（7月20日）

读《先正事略》。

六月二十日（7月21日）

读《先正事略》。

六月廿一日（7月22日）

书篆联一。读《先正事略》。

六月廿二日（7月23日）

读《先正事略》。托勤轩自北路回三岔口，知舒利经尚在山中查访界牌，未获也。

六月廿三日（7月24日）

马邱宁、佘威罗伏同来，知舒利经已访得咸丰十一年原立之那字界牌，惜托佐领未之见也。

六月廿四日（7月25日）

读《先正事略》。日盼舒利经回，面询一切，竟无消息也。

六月廿五日（7月26日）

与尧山都护同至俄卡。申刻，尧山仍回三岔口。巴使留余住俄馆。酉刻，舒利经来述，悉横山会处之旧木牌仅存二尺许，上多朽烂，惟两面平正，与枯树不同，下有碎石砌成方基。荒山榛莽中有此木牌，其为那字旧界牌无疑。舒利经穷数日之力，南北周历三四十里，东西往复数十里，始获睹此旧址，其地在小绥芬河源迤东，与旧图亦相合也。俄官闻之均为色喜。巴使约明日会议，廿七日启程赴海参崴，小住数日，再回岩杵河。

六月廿六日（7月27日）

巳刻，尧山都护来。与巴使议定横山会处原立那字界牌之地应于该处掘地数尺，先用碎石坚筑台基，留一竖牌之孔，俟冬令冰坚，再将那字石界牌由小绥芬河拉运至横山会处，届时再由两国大员另派妥员公同监立。现从横山会处直至瑚布图河口，做一直线，节节添设土墩，凡高冈阻隔处及往来大道，均须设立记号。小孤山上之倭字牌，与咸丰十一年成侍郎所定记文不符，亦应改设瑚布图河口。该处河滩地洼，恐水涨时淹及牌座，拟就山坡高处建立，均由舒利经一手经理。余与尧山都护商派佐领托伦托哷、骁骑校永顺随同照料，期于一月内妥速办竣。是晚，尧山都护仍回三岔口，余住俄馆。吴硕甫、曲鹤亭已于是日辰刻过俄站，带同行李车先赴双城子矣。

六月二十七日（7 月 28 日）

卯正，余与巴使同车行六十里，至新开河俄村小憩，时方巳初刻也。又行六十里，午正已达双城子。先至科提督寓小饮，余仍住会馆，尧山都护则径赴华商陈才店内矣。吴硕甫、曲鹤亭来，留之同住会馆中。戌刻，科尔悉利招饮。

六月廿八日（7 月 29 日）

至尧山都护寓中午饭。吴硕甫、曲鹤亭于是日午刻先赴哈玛塘候轮船矣。未刻，回会馆。佘威罗伏来晤，闻机器磨面局有残碑一座，约明早同往访之。

六月廿九日（7 月 30 日）

卯初刻，与佘威罗伏同车至机器磨面局，敲门而入，见有残碑半截竖立院中，其下龟趺尚在，文则剥落殆尽，仅存“其台”二字，楷书甚工，馀无可辨者。卯正回寓。旋至科尔悉利寓，与巴啦诺伏同车行三十里，至巴啦诺伏站，换马再行三十里，至哈玛塘，不过巳初刻也。仍坐僻亚尼尔小轮船，至绥芬河口换坐兵轮船，船名昔乌赤，管带官姓幽里也夫。酉刻，抵海参崴，船甫泊定，有俄国海部尚书佘斯达廓伏来船，立谈数语而去。闻俄国总理海军者，国王之弟，佘斯达廓伏则会办海军之大员，因久疾不愈，医者劝令遨游四海，故巡阅至东海滨，维舟数日，将赴长崎乘商船回国也。余与巴使同车至佘威罗伏家，宿焉。尧山都护及吴硕甫、曲鹤亭均寓佘威罗伏家。夜饭时，丁禹亭[①]军门差弁来崴，持函谒见，知禹亭奉合肥相国电谕，已带定远、镇远、济远、超勇、扬威、威远六舰行抵朝鲜之元山，定于初一日开至海参崴，计初二日可抵埠也。水师官恩格利玛来拜。

七月

七月初一日（7月31日）

复丁禹亭军门信。雨甚，未出门。

七月初二日（8月1日）

巴使邀同尧山都护、佘威罗伏往拜水师官恩格利玛、地方官马廓斐斯奇、管狱官辟土罗伏，旋至科尔悉利寓中少憩。前日，科尔悉利偕其女公子由哈玛塘同船至海参崴，其夫人与其次女先数日来崴，因有小恙赴崴澡浴，俄人谓海水浴身可以却病也。俄官布斯席新设博物院学堂，邀往一观。土木之工正在兴作，堂之西偏一屋，罗列兽骨、鱼骨、各种鳞介飞虫，奇奇怪怪，一木一石，必备其样，以资考证。玻璃瓶内多蓄蛇类、鱼类，有蛇不类蛇、鱼不类鱼者，皆不知其名。蝴蝶数十种，草虫数十种，皆在玻璃匣内，宛然如生。又有石镞、石斧，云自阿济密土中掘得者，自是三代遗物，即肃慎氏之砮石也。又有以鱼骨为箭镞者，当亦古物。余乞得石镞一、鱼骨镞一以归。申刻，定远、镇远各舰陆续进口。酉刻，丁禹亭军门来晤。是夕，水师会馆有歌舞之会。俄官恩格利玛邀往听乐，并观士女跳舞。

① 丁禹亭：丁汝昌（1836—1895），字禹廷、雨亭。安徽庐江人。官至北洋水师提督。光绪十二年（1886）七月，奉李鸿章之命，率北洋水师主力赴朝鲜釜山、元山等处操练，并到海参崴接应勘界的吴大澂。

七月初三日（8月2日）

禹亭来寓午饭。定远管驾官刘步蟾、济远管驾官方百谦、超勇管驾官叶祖珪、扬威管驾官邓世昌、威远管驾官萨镇冰均来谒见，惟镇远管驾官林泰曾因病未来。申刻，与尧山都护同上定远铁舰，巴啦诺伏、克拉多、马邱宁、倭罗忽伏、多谟日落伏、题列满、佘威罗伏同来，科尔悉利后至，俄官周历炮台及机器舱，皆啧啧称羡不已。巴使率各俄员先归，余与尧山即在船上晚饭。回寓时，水阁灯光满岸矣。

七月初四日（8月3日）

为俄国王后寿辰，海部尚书佘斯达廓伏邀至兵舰会饮。午初刻，与尧山都护同往，并拜水师提督廓尔呢罗伏。正午刻，佘斯达廓伏、巴啦诺伏率领大小俄员五十馀人即在船上行礼。黄扉双掩，有喇嘛在内诵经，门楣上端悬十字架，左右悬男女二像。须臾，喇嘛启户出，则见门内设座亦悬二像，询之俄官，云一为耶稣，一为耶稣之母。喇嘛须发皓白，冠僧帽，披白绫袈裟，以金为绣，上下有红十字，数层衷衣亦长服，束带如裙，二幅重叠下垂，偏左腰而不正，或拜或起，或手执炉香，以香烟簇于四方。俄员皆鞠躬敬听，以手扪心，旁有六七人穿白衣者，有四五人穿黑衣者，皆随喇嘛诵经。约一点钟许，诵经始毕。俄官亦不行礼而退。维时各船皆挂五色满旗。俄船升炮一百二，我船升二十二炮贺之。丁禹亭军门后至，定远、镇远各船管驾同来入座。中俄文武大小官员同饮者六十馀人，彼此举杯颂祷，歌乐并作，欢声雷动，可谓极一时之盛矣。申刻回寓，复偕尧山都护、吴硕甫、曲鹤亭同至济远铁舰，又至超勇快船，薄暮始归。是夜，俄船悬灯数千，各俄馆及商家亦悬灯数千，我船以电气灯照耀海滨，光芒四射，海若有灵，亦当凌波一笑也。海参崴将军斐列高撙之夫人病久不愈，故到崴数日，与斐将军尚未拜往也。闻于是日卯刻仙逝，明日出殡。

七月初五日（8月4日）

与尧山都护往答日本商务官寺见机一。前日来拜时，适赴定远船，未得见也。午刻，送斐将军夫人葬，俄礼不吊，亦不送纸，但随灵柩至茔地，一路听喇嘛诵经，送柩入土而已。是日送葬者男女千馀人，乘车者百数十人耳。水师提督廓尔呢罗伏来见。

七月初六日（8月5日）

与巴使、尧山都护同赴照相处照相。复榎本武扬书。致王念劬书。致容峻峰书。

七月初七日（8月6日）

辰初刻，与尧山都护及俄官巴啦诺伏、克拉多、马邱宁、多谟日落伏、倭罗忽伏、通事莫新同上定远铁舰。适遇大雨，雾气迷蒙，船不能开。至巳初刻，始得展轮出口，雨仍未止。午正晴霁。酉正，抵摩阔崴停泊。因铁舰欲赴长崎上油，禹亭军门定于明日带领定远、镇远、济远、威远四船开往长崎，留超勇、扬威二船泊摩阔崴，候界务事竣，即可乘轮回津也。登岸后，至统领密萨罗说处小憩。余与巴使同车行，至亥初刻即抵岩杵河。

七月初八日（8月7日）

卯正，由岩杵河启程。午初刻至俄卡，尖。戌初刻，始抵珲春。接天津来电。

七月初九日（8月8日）

起折稿。发津电。电致佘澄甫书。阅公牍、京报。

七月初十日（8 月 9 日）

上总署书。致续燕甫阁学书。复运斋书。起咨札各稿。申刻，拜折。尧山都护来晤。

七月十一日（8 月 10 日）

复容峻峰都护书，复宋渤生书，复富森堂书，复文焕卿书。答拜尧山都护。复大兄书。

七月十二日（8 月 11 日）

上母亲禀。复王念劬书，复汪葆田书，复王胜之书，又复崧孙书。致富森堂书。

七月十三日（8 月 12 日）

尧山都护邀阅东炮台，至永厚山统领处午饭。致穆春岩将军书，致叶冠卿方伯书，致杨实斋书。释旁庫鼎、梁上官鼎、伯鱼鼎、伯作鼎、堇伯鼎、袁鼎金文六种。

七月十四日（8 月 13 日）

释趠鼎、己亥鼎、丙午鼎、犀伯鱼父鼎、陈侯鼎、杞伯敏父鼎、眉脒鼎、鼄鼎、先兽鼎金文九种，题全形拓本五种。尼廓来福来见。致托勤轩书。

七月十五日（8 月 14 日）

复汪葆田书，复陶仲平书。释戋叔鼎、子孙作妇姑鼎、员鼎、且子鼎、鲁内小臣鼎、小臣鼎、伯向鼎、叔截鼎、伯頵父鼎、宋趞亥鼎金文十种。

七月十六日（8 月 15 日）

起查明更正倭字、那字两界牌记文稿。释甚諆臧聿鼎、鼎字象形鼎、亚形祖辛父庚鼎、亚形父己鼎、亚形母癸鼎、亚形父丁鼎、师汤父鼎、师趛鼎、师雝父鼎金文九种。俄官题列满、索廓落伏斯奇并医官米特同来。接巴啦诺伏书。

七月十七日（8月16日）

复郑盦师书。致运斋书。复汤伯硕书。至尧山都护处午饭。致汪葆田书，致程乐盦书。

七月十八日（8月17日）

上母亲禀。复大兄书。复王念劬书，复合肥相国书，复盛杏荪书。录诗草十六叶，寄陈伯潜同年。

七月十九日（8月18日）

致陈伯潜同年书，致裴樾岑同年书。尧山都护来晤。释彭女鼎、立旗形父鬻鼎、遂启諆鼎、父己鼎、象鼎、象形祖辛鼎、宰牲形父辛鼎、郑饔遽父鼎金文八种。

七月二十日（8月19日）

西营统领哈伯琴来晤。释无专鼎、仲师父鼎、帝己祖丁父癸鼎、盗母鼎、乙亥鼎、上官鼎、平安君鼎、举父丙鼎、子立刀形父辛鼎、手执简形父庚鼎金文十种。

七月廿一日（8月20日）

起照会巴使稿，为辨论图门江口事也。释史颂鼎、立戈形鼎、手执干鼎、函皇父敦、仲敦、子负橐形敦、羞敦、师舍敦、伯雝父敦、丰兮夷敦、己侯敦、祖庚乃孙敦金文十二种。书篆联四。尧山都护来晤。

七月廿二日（8月21日）

书篆联五、“虎”字二、篆额二。释癸山敦、亯敦、子负瞿形戊敦、南方敦、聃敦、乙未敦、太保敦、君夫敦、颂敦、伯辟敦、城虢敦、伯鱼敦金文十二种。尧山都护家祭，邀往吃肉。

七月廿三日（8月22日）

释师寰敦、陈侯𠂤资敦、臤父癸敦、伯就父敦、𣎴敦、格伯作晋姬敦、双鸟集木敦、豆闭敦金文八种。尧山都护来晤，同至东门观鹿。书篆联九。

七月廿四日（8月23日）

释伐郐鼎。赴北门外双龙山，祭风神。尧山都护留饭，并观剧焉。申刻归。

七月廿五日（8月24日）

至西营哈伯琴统领处。旋至尧山都护署中，并赴各处辞行。复容峻峰都护书。致吴硕甫书。复宋渤生书。酉刻，尧山都护招饮。

七月廿六日（8月25日）

辰初刻启程，午刻至横道河子，尖。酉刻，抵岩杵河，仍与巴啦诺伏同住俄馆。

七月廿七日（8月26日）

与巴使议论图门江口中国行船俄国不得拦阻一节，巴使之意欲归总署与驻京公使商议，余未之允也。英舰久占朝鲜之巨文岛，以扼海参崴俄国出入之路。合肥相国来书，云劼刚[1]与敝处屡催英退出巨文，英人总谓彼若退出，俄必来踞，若保他国不踞，英必克期退还等语。因与巴使议论及此，巴使谓俄人必不觊觎朝鲜尺寸之土，英人新闻纸谓俄与朝鲜立约，有利其疆土之意，此英人之谣诼，不足信也。余曰：俄国并不欲占朝鲜之岛，可否立一私约为据，庶中国可责备英人，令其退出巨文，岂不甚善？巴使谓，不必立约，渠可电告总督转奏俄廷。总之，英国兵船如果退出巨文岛，俄国必不效尤，此可以一言为信也。

---

① 劼刚：曾纪泽（1839—1890），字劼刚，湖南湘乡人。曾国藩次子。清末著名外交家。

七月廿八日（8月27日）

与巴使议论珲春电报与俄电接线事宜应议条款。巴使谓总办电线官齐米尔满现在黑龙江，可发一电调至岩杵河，令与中国总办电线之佘道面议一切，最为妥协，约计俄历九月十五日可到，即中历八月底也。发津电二。致佘澄甫书。

七月廿九日（8月28日）

约莫新来寓，填写地图上汉文，须逐段翻译也。

八月

八月初一日（8月29日）

缮写查明更正倭字、那字两界牌记文一篇。

八月初二日（8月30日）

书《龙字说》一篇。

八月初三日（8月31日）

书《鞠字说》一篇。上母亲禀。致大兄书。致王念劬书，致潘顺之年伯书。发津电一。致佘澄甫书，致合肥相国书。

八月初四日（9月1日）

填写地图上汉文。致尧山都护书。写折扇一。

八月初五日（9月2日）

写折扇一。书毛公鼎释文半叶。

八月初六日（9月3日）

写折扇二。书毛公鼎释文半叶。

八月初七日（9月4日）

书毛公鼎释文一叶。

八月初八日（9月5日）

致希赞臣将军书，致文焕卿书。复容峻峰书，复吴硕甫书。致刘毅斋中丞书。

八月初九日（9月6日）

书册页六叶。书毛公鼎释文半叶。

八月初十日（9月7日）

拜克拉多。书毛公鼎释文半叶。

八月十一日（9月8日）

舒利经由三岔口回至岩杵河，知绘图各员已陆续到来。玛字、那字两界牌基址均已用石填砌，惟倭字界牌尚未立妥也。克拉多来晤。书毛公鼎释文半叶。

八月十二日（9月9日）

拜舒利经，同至北营观画图，各俄员所绘地图稿本均未设色也。书篆联五、篆屏四幅。接津电。

八月十三日（9月10日）

舒利经来晤。发津电。复佘澄甫书，复尧山都护书。书篆联二、篆屏二幅。书毛公鼎释文半叶。

八月十四日（9月11日）

书毛公鼎释文半叶。

八月十五日（9月12日）

书毛公鼎释文半叶。

八月十六日（9月13日）

书毛公鼎释文竟。题全形拓本二种。

八月十七日（9月14日）

至舒利经处阅第二段交界图稿，作交界道路记一篇。

八月十八日（9月15日）

至北营画图公所，校对第二段交界里数。巴啦诺伏、舒利经亦来。午刻回寓，书鲁公伐郐鼎释文。

八月十九日（9月16日）

复宋渤生书。致容峻峰书，致佘澄甫书。书微子鼎释文。

书师奎父鼎释文。

八月二十日（9月17日）

复尧山都护书。接合肥相国电。书子璋钟、史颂敦释文。

八月廿一日（9月18日）

题全形拓本十三种。

八月廿二日（9月19日）

书鲁伯愈父匜、鲁伯俞父簠、白莽敦释文。

八月廿三日（9月20日）

书芮公鬲释文。作《沐沫字说》《载字说》。

八月廿四日（9月21日）

作《缓字说》。书字说三篇。书篆屏四幅。

八月廿五日（9月22日）

书篆书《夏小正》二页。致刘芝田星使电。接合肥相国电。

八月廿六日（9月23日）

书篆书《夏小正》二页半。致刘芝田星使电。复合肥相国电。致合肥相国书。

八月廿七日（9月24日）

复容峻峰书。起照会稿。书《夏小正》一页。书毛公鼎一页半。

八月廿八日（9月25日）

书毛公鼎文四页、鲁公鼎文一页。

八月廿九日（9月26日）

腰痛不能动作，尚系从前堕马受伤之处，因感风寒复发。

八月三十日（9月27日）

郭梯阶来晤。接刘芝田电。致合肥相国电，致容峻峰书，致刘芝田电。

九月

九月初一日（9 月 28 日）

书盂鼎释文。答郭梯阶。

九月初二日（9 月 29 日）

书盂鼎释文。

九月初三日（9 月 30 日）

书盂鼎释文。尧山都护自珲春来。接刘芝田电。

九月初四日（10 月 1 日）

书俄语四页。尧山都护来。答尧山。接合肥相国电。

九月初五日（10 月 2 日）

会议图门江口行船事。复合肥相国电。复佘澄甫书、容峻峰书。

九月初六日（10 月 3 日）

写第二段、第三段交界地图汉字各一分。

九月初七日（10 月 4 日）

书俄语二页。与尧山都护同赴北营画图处，查阅倭字牌以北东大川地方。

九月初八日（10 月 5 日）

写第三段交界地图汉字一分。接合肥相国二电。支、歌。

九月初九日（10 月 6 日）

复合肥相国电。致盛杏荪电。复佘澄甫书，复廖子忠书。

九月初十日（10 月 7 日）

至炮队营官处午饭。书盂鼎释文。

九月十一日（10 月 8 日）

复容峻峰、佘澄甫书。

九月十二日（10 月 9 日）

至画图处，校对第六段记文山水名。书盂鼎释文。尧山招饮。

九月十三日（10月10日）

交界第六段记文地图竣事，画押盖印，并补第二段第二分地图画押。写第二段交界地图汉字一分。

九月十四日（10月11日）

写第六段交界地图汉字一分。

九月十五日（10月12日）

发津电。

附　吉林勘界记

光绪十二年，奉命会勘吉林边界事宜。

四月十九日，由珲春起程，前赴俄境岩杵河会商界务。四月二十二、二十六日两次会议，将大略情形电达直隶总督李鸿章，转电总理各国事务衙门。五月十三日，钦奉五月初五日谕旨："所议展界、竖牌、补记、绘图各节，均尚妥协，即著照议画押。钦此。"

窃思珲春与俄国交界地方有界限不清之处。因咸丰十一年，前户部侍郎成琦会同俄员建立木界牌八处，其末处"土"字界牌最关紧要，不知何年毁失，遍询土人，无从查究。珲春辖境处处与俄接壤，副都统依克唐阿到任后，查阅边界，自珲春河源至图门江口五百余里，竟无界牌一个。黑顶子山濒江一带，久被俄人侵占，屡与大澂照会俄员索还占地，并迭次面商，据约辩论。该俄员等一味支吾延宕，竟于黑顶子地方添设卡兵，接通电线，有久假不归之意。旋经吉林将军希元专派协领穆隆阿、双寿等约同俄员会勘，仅至沙草峰，为俄人所阻，未经勘毕而回。

此次会同俄国所派勘界大臣巴啦诺伏等商议界务，首重立"土"字牌交界之处，次则归还黑顶子要隘之地。据俄员舒利经指出，成琦所换地图上界线尽处，即咸丰十一年原立"土"字界牌之所。江东有大泡子积水为记，江西与朝鲜偏险城相对。舒利经即系当时亲自绘图竖立界牌之人。言之确凿，并呈出大小图稿，一牌有一牌之图，沙草峰所立"土"字界牌似非无据。查咸丰十一年所换地图内，英尺一寸系俄国二十五里，中国里五十里。图上界线末处与海口相距几及一寸，系俄里二十余里，以中国里数计之，实系四十五里。惟咸丰十年条约内云："两国交界与图门江之会处及该江口相距不过二十里。"咸丰十年交界道路记文内亦云："图门江左边距海不过二十里，立界牌一个，上写俄国'土'字头。"现查十一年所立"土"字界牌之地，并未照准条约、记文二十里之说。与巴啦诺伏反复辩论，该员以为，海滩二十里，俄人谓之"海河"，除去海河二十里方是江口。大澂等以为，江口即海口，中国二十里即俄国十里，沙草峰原立"土"字界牌既与条约、记文不符，此时即应照约更正。巴啦诺伏仍以旧图红线为词，坚执不允。此四月二十二日与俄员议立界牌，力争未决之情形也。

此外，尚有应办事宜数端。旧图内"拉"字、"那"字两牌之间，有"玛"字界牌，记文则缺，而未立条约内。"怕"字、"土"字两牌之间有"啦"、"萨"二字界牌，地图、记文略而不详。现应补立者，一也。旧立木牌，年久易于朽坏。乡民有烧荒之例，野火所焚，延及牌木，难免毁损。改用石牌，较易坚固。亟应换立者，二也。两国交界地段太长，牌博中间相去甚远，路径纷歧，山林丛杂，本未立牌之地，难免越界之人。自宜酌择要地，多立封堆，挖沟为记，愈密愈详。此应办者，三也。俄人所占黑顶子地方设有俄卡，现应补立"土"字界牌，该处在红线界内，依克唐阿当即派员前往接收，添设卡伦以清界址。此应办者，四也。舒利经现画分图，以英尺一寸为俄国一里，计中国里二里，较旧图尤为细密。大澂等与该员详加考核，分注汉文、俄文。应将此图画押、钤印，中、俄各存一份，以补旧图之不备。此应办者，五也。

以上各条，均于四月二十六日复议界务时与巴啦诺伏详细妥商，各无异议。惟补立"土"字界牌一节，再三辩驳，始允于沙草峰南越岭而下至平冈尽处竖立"土"字牌。以江道计之，照旧图展拓十八里，径直里数不过十四里。派员前往测量，该处距图门江出海之口顺水而下为中国里三十里，计俄国里十五里。陆路直量为中国里二十七里，俄国里十三里半。自奉谕旨允准后，即于五月十九日约同巴啦诺伏及舒利经、克拉多、马秋宁等前赴图门江，议立界牌之地，亲自勘明，于二十日将“土”字石牌公同监立，并用灰土石片深埋坚筑，以期经久。所拟记文写满文、汉文、俄文各二分，另绘分图，于六月初七日缮写完竣，即于是日在岩杵河俄馆会同勘界大员巴啦诺伏等画押、钤印。

图门江“土”字界牌以南至海口三十里，虽属俄国辖境，惟江东为俄界，江西为朝鲜界，江水正流全在中国境内。中国如有船只出入海口，非俄国一国所能拦阻。与巴啦诺伏商议数次，总以奏请俄廷示谕为辞。俟商妥后，再行定议。

宁古塔境内“倭”字、“那”字二界牌，均与记文、条约不甚相符。六月初十日，约同巴啦诺伏等同赴三岔口查勘“倭”字界牌。现在小孤山顶距瑚布图河口尚有二里，并非中俄交界地方。查咸丰十一年，前仓场侍郎成琦会同俄国大臣议定交界道路记文内称：“在瑚布图河口西边立界牌一个，牌上写俄国‘倭’字头。”并未载明在小孤山。细询缘由，因当时河口水涨，木牌易于冲失，权设山顶，离河较远。若以立牌之地即为交界之所，则小孤山以东至瑚布图河口一段又将割为俄地。现与巴啦诺伏议定，将“倭”字石界牌改立瑚布图河口山坡高处，正在两国交界之地。按之地图、条约均属相符，以后永无争执。

再查成琦所定交界道路记文内“横山会处立界牌一个，上写俄国‘那’字头。”该处与瑚布图河口相距约有百数十里。当日立牌之数，本在荒山榛莽中、人迹不到之处，亦无路径可寻，年久无从踪迹。中俄边界各官均以为此牌失毁，漫无稽考。

光绪三年，宁古塔副都统双福与俄官廓米萨尔马秋宁补立

“那”字界牌在瑚布图河口正北山上，距绥芬河与瑚布图河交会之处不及二里。“倭”、“那”二字牌相去太近，又非横山会处，自应查明更正。因委派熟悉边界之员宁古塔佐领托伦托呼，会同舒利经裹粮入山十余日，依水寻源，披荆辟路，始于六月二十日访得木牌一座。上多朽烂，仅存二尺余，下有碎石平砌台基。虽字迹剥落无存，按其地势正在横山会处，迤西即系小绥芬河源，水向南流，其为“那”字旧界牌又无疑义。惟山路崎岖，林木蒙翳，新造石牌一时难以运往。现与俄使巴啦诺伏议明，先于该处原立“那”字界牌之地，掘深数尺，坚筑石台。俟冬令冰雪凝厚，再将“那”字石牌由小绥芬河拉运到山。届时由依克唐阿派员前往，会同俄官妥为建立。至“那”字界牌中间百数十里，自应添设封堆记号，以清界址。现由舒利经督率绘图各员详细测量，大澂等委派佐领托伦托呼、瑚布图河卡官骁骑校永祥随同察看。

七月初八日回至珲春，将各处应换石牌绘成界图，按图画押、钤印。

愙斋自订年谱

年谱多为后人所著前人事迹，《悫斋自订年谱》是由吴大澂所自订，故显弥足珍贵。年谱记录吴大澂从道光十五年（1835）出生开始，重点记述其从踏上科举道路，到早期书画熏陶；从文字训诂启蒙，到初次办理赈济；从首次外出访古，到日后的吉林勘界、甲午请缨等细节和历史背景。根据词学家潘承谋所述："先生在湘抚任，手订年谱，原稿本为长沙、善化两令将以文寿先生索去，故止于到湘之岁。先生早年行事，根据《自订年谱》。此谱为先生癸巳六十揽揆时追记之作，故即断自癸巳，而其中实不无挩漏。本编所引，多取原文，各注出处。"该年谱止于光绪十八年（1892）五十八岁，后由其侄卓人补至捐馆舍时。年谱原稿不存，仅以钞本流传。文集中收录年谱以上海图书馆藏钞本为底本，参校《青鹤》本整理。

道光十五年乙未

五月十一日，生于苏州府城双林巷老宅。

道光十六年丙申　二岁

道光十七年丁酉　三岁

胞弟大衡生。

道光十八年戊戌　四岁

二月，先大父光禄公弃养。

道光十九年己亥　五岁

道光二十年庚子　六岁

入塾，业师冯云槎先生受祉。

道光二十一年辛丑　七岁

道光二十二年壬寅　八岁

胞妹生。

道光二十三年癸卯　九岁

道光二十四年甲辰　十岁

始学对句。

道光二十五年乙巳　十一岁

冯先生去世，余与堂弟大彬受业于王逊甫先生崧之门，距家不及半里，辰出酉归。

道光二十六年丙午　十二岁

读五经毕。

道光二十七年丁未　十三岁

始学作文。胞妹生。

道光二十八年戊申　十四岁

始学作画。小浮山人潘功甫先生见而赏之。

道光二十九年己酉　十五岁

与胞兄大根同应县府试。

道光三十年庚戌　十六岁

始学作赋。与胞兄大根同赴昆山应院试。

咸丰元年辛亥　十七岁

县试取第七名，府试取第九名。学院青墨卿先生麐按临苏府，取古学第二名，以第十七名入泮。

咸丰二年壬子　十八岁

赴金陵乡试，荐而不售。遇陈硕甫先生奂于督署，始学作篆。先生赠以江艮庭先生《篆文尚书》。

咸丰三年癸丑　十九岁

胞兄大根入泮。

咸丰四年甲寅　二十岁

胞弟大衡入泮。外祖韩履卿先生邀往仁孝里，课芝生母舅读。

咸丰五年乙卯　二十一岁

始读《小学》《近思录》。大人喜读薛文清《读书录》、吕子《呻吟语》及先儒格言。每日手录数则，勉以身体力行，立志向学，当自不妄语始。时余在韩氏宝铁斋，好集金石拓本。大人戒之曰："好古之士，恐以玩物丧志，与身心无益也。"因命手钞程子《易传》读之。

咸丰六年丙辰　二十二岁

陈硕甫先生教以段注《说文》，每日读二三十页，因就问业焉。仍兼读程子《易传》。

咸丰七年丁巳　二十三岁

夫人陆氏来归。八月，先君光禄公弃养，手书篆文《孝经》五十本。是冬，葬光禄公于山东浜祖茔之次。自撰《墓志铭》，陈硕甫先生改定之，并为填讳。

咸丰八年戊午　二十四岁

咸丰九年己未　二十五岁

十一月服阕。

咸丰十年庚申　二十六岁

时金陵大营溃散，省城绅富纷纷迁徙，机户停业，贫民生计益艰，人心皇皇。余倡议捐米抚恤，各办各图，查明极贫户口，五日一发。余独任吴县北亨一下图及元和县利一上图二处，劝捐购米，凭票给发。吾吴向多好善之士，并劝各图绅富仿照办理，推广至十余图，民心稍定。此生平创办善举之始。每期发米，黎明至公所，事竣到馆，不过巳刻，于馆课无旷也。

长女生。

四月初旬，逆贼陷常州，余奉祖母命，全家迁避周庄镇。十一日，出城，惟先母韩太夫人因外祖在城，不肯远离膝下，胞兄大根独留侍奉。胞叔守约公因办团练，亦未出城。十三日，余由周庄买棹，进城省母，并因给发贫米，不能常住乡间，急须赶回城内。不意酉刻行抵娄门，逆贼已陷省城，各城门均不能出入，痛哭而返。

五月，周庄告警，不能久居，又奉祖母迁至上海。

六月，胞兄奉母脱离虎口，由周庄转至上海。胞叔守约公亦先后出城。全家团聚，未伤一人，有更生之庆。

七月，由上海再迁海门，寓常乐镇之黄家宅。

八月，外祖韩履卿先生殁于海门之茅家镇。母韩太夫人哀毁过甚，一病几殆，两目失明。

咸丰十一年辛酉　二十七岁

吴平斋先生云招至上海，办理笔墨，并送胞妹至上海，嫁汪柳门表弟鸣銮。岁暮仍回海门省亲，为风雪所阻，至新正二日，始得渡海。母韩太夫人因上海风鹤时惊，不欲大澂久居危地，因有入都应试之议。

同治元年壬戌　二十八岁

与汪柳门表弟鸣銮结伴入都，应京兆试。五月，由上海乘夹板船抵津。六月朔，到京，寓延寿寺街长元吴会馆。场后留京，彭文敬公邀往小麻线胡同，课其公子祖润及孙世兄福孙榴仙部郎之长子也。柳门同馆彭氏。

同治二年癸亥　二十九岁

三月，都察院代奏条陈时事折。奉上谕一道，见邸报。

同治三年甲子　三十岁

胞弟大衡入都，同应京兆试。表弟汪柳门中式。余与三弟下弟，复归应江南乡试。十一月进场，十二月出榜，余中第六名，胞弟大衡同榜中式。座主为刘蕴斋先生崐、平景笙先生步青。是年官军克复苏城，胞兄大根奉母韩太夫人由海门旋里。

同治四年乙丑　三十一岁

航海入都覆试，并应礼部试。余荐而不售。表弟汪柳门中式，用翰林院庶吉士。八月，回家。

江北清水潭决口，被灾难民，纷纷渡江，苏郡绅富无倡留养之议者，府县出示，令其自谋生路，并拟押送回籍，众论哗然。余因邀集郡绅，创议劝捐，设厂留养，在城隍庙设立公所，每口以六千文为率，留养半年。愿养十口者，捐钱六十千文。于城外分设十二厂，每厂邀请董事二人经理，皆向来好善之士。胞叔守约公亦承办一厂，余与吴子实同年宝恕总理其事。于十一月初开厂，共留养一千八百余人，大口日给二十四文，小口日给十二文，五日一发。因捐数未能踊跃，已书捐者亦不能速缴，辄向各钱庄挪款垫发。岁暮，益形支绌，谋诸长洲县蒯子范大令德模，商请方伯，借拨银二千两，以资度岁，明年三月，收捐归还。蒯公力任其事，幸免掣肘。此生平办理赈济之始。以寒士肩兹巨任，有力小任重之虞。是年，母韩太夫人双目复明，精神康健如昔。

同治五年丙寅　三十二岁

正二两月，捐款仍不能源源接济，乃谋资送回籍，每名仅给口粮二十日，寸心歉然不足。然此二十日口粮，皆借各钱庄者，须俟收捐，陆续归还，殊无把握也。忽一日，有友人翁亦泉来言，愿助一臂之力，每名加给二十日口粮，不欲出名，但于各厂贴示无名氏捐给口粮二十日。余闻之，以手加额，各厂灾民亦欢欣鼓舞。亦泉与人合开洋货店，家仅小康，发此大愿，余甚敬佩之。今其孤子读书为名孝廉矣。四五月间，收捐归齐公款，借款事竣，刻《征信录》。吴平斋丈邀往二百兰亭斋，修辑《焦山志》。

胞妹嫁川沙沈韵初中书树镛为继室。

次女生。

同治六年丁卯　三十三岁

五月，入都，彭芍亭京卿邀余到馆，仍课其弟祖润读。

同治七年戊辰　三十四岁

会试中试第三名贡士，殿试二甲第五名，钦点翰林院庶吉士。吴子实宝恕亦以是年中试。吴县得馆选者五，洪文卿钧为第一人。座主为朱桐轩相国凤标、文文忠公祥、董蕴卿尚书恂、继述堂将军格。

八月，告假回苏。丁雨生中丞邀入书局，襄办校刻事宜，与总办莫子偲先生友芝朝夕讨论金石文字。

同治八年己巳　三十五岁

三月，偕大兄至武林，同游西湖，遍览灵隐、天竺诸胜。

同治九年庚午　三十六岁

二月，乘轮赴鄂，谒两湖总督合肥李少荃师鸿章，留之幕府。时师适奉督办陕甘后路之命，随节出关。道出襄阳，游隆中山，访诸葛武侯草庐遗址。过洛阳，游龙门，访褚河南三龛碑。入关，登华山，宿莲花峰，遇雨。

七月，合肥师奉命查办天津教案，署直隶总督，同行至津。

长男本孝生。

继祖母周太夫人去世。十一月，由津航海回家，腊月，入都销假。

是年八月，妹丈汪柳门表弟视学陕甘，胞妹病殁于三原学署。

同治十年辛未　三十七岁

散馆考列第三，授职编修。八月，具折奏请裁减大婚典礼工费，由翰林院掌院代奏。奉上谕内阁："本日据翰林院代奏编修谢维藩条陈时局艰危，吁恳忧勤节俭，并请减除工费，拨赈灾民。编修吴大澂请饬停省典礼工费各折片。披览之余，所陈均属切当。大婚典礼传办各事宜，前于同治八年三月间，业经降旨令各该衙门分别减裁停止。方今西北军务未平，各省被灾黎民，荡析离居，朝廷实深轸念，尤当忧勤节俭，以裕民生。所有大婚典礼，现在并无续行传办之事，其从前传办各项及一切工程，即着各该衙门力求撙节，毋稍糜费。事竣核实报销，不准稍涉浮冒。直隶被灾各属，迭经谕令直隶总督、顺天府府尹妥为赈济，务当认真办理，实惠及民，以副朝廷轸念灾黎至意。钦此。”

是年，直隶亢旱成灾，各省官绅筹捐助赈。余在都中捐募银七千余两，制办棉衣一万四千件，解往天津，散给灾民。所募捐资，皆宋惠人部郎邦僡相助之力。

同治十一年壬申　三十八岁

创建慈幼堂于京城铁老鹳庙，赁屋一所，延师四斋，以五十人为率。生徒均住堂中，一日两餐，衣履棉被，均由堂中给发，陆续募捐接济。

三女生。

上年文安、大城被水甚重，两县所领赈银，按村散给，每口所得无几。交春以后，民情尤为困苦，闻有卖男鬻女者。谢麐伯、温味秋、张孝达、谭叙初诸前辈，邀集同人，议往抚恤。余与顾皞民同年肇熙力任其事，赴署乞假二十日。三月初，同往文安，见周围数十村庄均被水淹，俗名文安洼，汪洋一片，竟成巨浸。鸠形鹄面之人，多以水草晒干，撷其子以为食，目不忍睹。因赴津门，白于合肥师相。其时各属春抚已毕，仅存赈粮数千石，师相属为查放，不假手于县署胥吏，较有实济。因命天津道丁乐山观察遴委佐贰十员，随往文安，并委陈华轩参戎与余同行，酌分四路，清查户口。以东路十三黄浦为最苦，先后运到粮米二万四千余石，皆乐山竭力筹济之力也。大口每口给米二斗，小口一斗，共放二万余石，尚余四千石，留至秋后，择其最苦之区，续放一次。余于五月间回京。是秋，合肥师相仍委陈华轩参戎前往续赈，又加给赈米数千石，民困稍苏。

余以都门所集捐款银四百余两，分拨文、大绅士，存典生息，于文安、大城两县城，各设义学一塾。

八月，永定河决口，固安所属之赵村全村被淹，南路厅陶曼生司马来书告急。余以慈幼堂存有捐款银二千两，先行借用，一面购米，一面换钱，偕顾皞民同年驰往灾区，按村查给十余日，以资急赈。俟合肥师相委员到彼，接办赈务，即行回京。又在都中劝募四千余金，制备棉衣裤四千余套，运往被灾之赵村一带，亲自散给。盖于前次放赈时，见有身无完衣者，默为记认，故此次按户散放，多寡略有区别，无须另查也。

是冬，分设粥厂二处于赵村、庞各庄，派董事二人经理，由京募捐，购米接济，至次年四月间停止。

同治十二年癸酉　三十九岁

四月，考差。五月，具折奏请泰西各国使臣入觐，应饬总理各国事务衙门议定礼节，令照中国跪见之礼，由翰林院掌院代奏。奉旨留中。八月初一日，奉旨：“陕甘学政著吴大澂去。钦此。”九月，请训出京。十月，到陕接印，出棚按试乾州、凤翔府二属。岁暮，回署。

余所创建慈幼堂，尚无常年经费，函商合肥师相，由直隶总督、藩司、长芦盐运使、天津道、津海关道各署，每年共捐银一千两。由直督咨解顺天府转发堂中，岁以为常，可期经久余出京后，交顾皞民同年接管堂务。

同治十三年甲戌　四十岁

二月，按试同州各属，回至三原，接考西安本棚。

保举三原贡生贺瑞麟、朝邑附生杨树椿，笃志潜修，躬行实践，恪守程朱之学，足为士林坊表。有旨赏给贺瑞麟国子监学正衔、杨树椿翰林院待诏衔。四月，出棚按试北山延、榆、绥各属，岁科并考。七月，回署。

函商邵汴生中丞、谭文卿方伯，筹款兴复延安各属书院。

具折奏请停止圆明园工程。奉旨留中。

八月，出棚按试南山汉中、兴安二府，道出褒城，访石门汉魏刻石。按试商州各属，均岁科并考。十二月，事竣，行至蓝田县，闻穆宗毅皇帝升遐哀诏。途中易服，回署行举哀礼。

四女生。

光绪元年乙亥　四十一岁

正月，度陇，按试平凉、庆阳、泾州、固原州、宁夏、甘州、凉州、西宁各属，回至兰州省城，均岁科并考。是岁，登极恩科。余于七月初由兰州赶回西安，录科主司为顾顾山前辈、陈伯屏同年。

十月，出棚补试甘肃巩、泰、阶三属，岁科并考。途经鱼窍峡，访《西峡颂》《五瑞图》石刻。岁暮，回署。

光绪二年丙子　四十二岁

二月，按试乾州、凤翔，接考同州及西安本棚科试。六月，进省，录科主司为洪文卿同年。

前任许仙屏前辈于泾阳创建味经书院，未及筹捐经费。余竭两年之力，始得筹足一万二千金，发典生息。

陕甘于是年分闱乡试，许筠庵前辈奉命简放甘肃学政，于四月到陕。余以署中紧要案卷，早饬书吏钞录一分，并分拨书吏承差，随同新任前往甘肃。具折奏请陕甘学政改为陕西学政，关防则无庸换刻，本系提督陕西学政之关防，并无“陕甘”字样也。

十月，新任学政陈芑庭前辈翼到陕。余具折请假三月，回籍省亲。由商州龙驹寨水路至襄阳老河口，沿汉江而下至湖北，乘轮抵沪，腊月到家。

光绪三年丁丑　四十三岁

游虞山，访杨咏春先生沂孙，纵谈古籀文之学。先生劝余专学大篆，可一振汉唐以后篆学委靡之习。

四月，入都复命，适胞弟大衡中式贡士，蒙恩点用翰林院庶吉士。

九月初四日，奉上谕：“李鸿章奏现办赈务需人助理等语。翰林院编修吴大澂著该衙门传知该员，克日前赴天津，会同前任天津道丁寿昌、津海关道黎兆棠等，筹办一切赈务。该部知道。钦此。”时山西被灾各府，以南路为最重。余到津后，筹购高粱七千石，亲自督运，由卫河至道口，已及十一月中旬，行道阻冻，改由陆运，陆续雇车运至河内县之清化镇，换用驴驮，兼雇挑夫。至腊月望后，始抵泽洲凤台县，先于拦车镇设厂放馍。凤、阳两县饥民流离满道，皆奄奄一息，垂毙之人，目不忍睹。余自凤台至阳城途中有诗云：“单车问俗到阳城，绝巘重峦路不平。百里荒村无犬吠，半山残雪少人行。田庐多属流亡户，父老惟闻叹息声。忍死须臾待膏泽，明年有地为谁耕。”“挽粟飞刍腊正残，区区何以慰饥寒。所运高粱七千石，不敷两月之赈。野多枯骨生人少，树不留皮粒食难。救火情怜循吏苦，望梅心喜圣恩宽。万家性命存呼吸，吾辈盘飧愧未安。”余历阳城各乡，分设馍厂二处，又劝凤、阳绅士各就附近村庄添设馍厂，以辅官厂之所不逮。岁暮，仍回凤台，除夕，独酌，瓮头仅存鱼干半尾耳。口占一律云：“山郡荒凉地，居然日两餐。有鱼供醉饱，无米救饥寒。续运赈粮，尚在天津阻冻。夜半惟闻泣，门前不忍看。圣恩朝早逮，中泽共胪欢。”

光绪四年戊寅　四十四岁

因去腊往来风雪中，感受寒气，遂患伤寒，卧病十余日。念及各厂放馍之员董，不能亲往督察，心甚焦灼。

正月中旬，病体稍愈，即由泽州进省，谒曾沅圃[①]宫保，面陈南路灾民困苦情形。二月，由太原回津，筹议转运事宜。适河间各属办理春赈，合肥师相奏派大澂偕候选同知李秋亭金镛等驰往河间，会督官绅，查办赈务。时盛杏荪观察宣怀住献县，李秋亭司马住阜城，分查两县户口，余往交河，三路并放，较为迅速。旋由交河至东光，次及吴桥，又次及宁津。八月，事竣，回津。接督办新疆军务、陕甘爵阁督部堂左咨会：准吏部咨文选司案呈内阁抄出光绪三年十一月二十一日上谕：“左宗棠奏军务需才孔亟，请调员差遣，藉资历练等语。前署乌里雅苏台将军长顺、翰林院编修吕耀斗、吴大澂，著该衙门饬令该员迅速赴甘肃军营，交左宗棠差遣委用。吴大澂并著俟办理赈务完竣后，再行前往。钦此。”接吏部咨五月初二日内阁奉上

---

① 曾沅圃：曾国荃，时任陕甘总督。

谕："阎敬铭、曾国荃奏请将转运赈粮出力各员奖励一折。上年山西被旱成灾，经李鸿章派令升任臬司黎兆棠等，转运赈粮，源源协济，饥民全活甚多。在事各员，自应量予奖励。翰林院编修吴大澂著赏加侍读学士衔等因。钦此。"接直隶爵阁督部堂李咨行奏保片稿后开光绪四年九月初三日奉旨："吴大澂著俟经手事件完竣，即行送部引见。钦此。"旋于十一月回京。十八日，由吏部带领引见。本日奉旨："吴大澂著以道员发往山西差遣委用。钦此。"二十日，具折谢恩。十二月十八日，奉上谕："河南河北道员缺，著吴大澂补授。钦此。"二十日，具折谢恩。

是年十一月，男本孝病殁于京寓，许字王氏之长女相继殇亡，心绪甚恶。惟自咎拯济灾民之未能尽力，寸心不免负疚耳。

光绪五年己卯　四十五岁

正月，纳妾陈氏。二月，挈眷赴任。三月初六日，接河北道篆。

武陟县车马差费，积弊甚深，每亩摊派至三百文，数十年来未能裁革，民困益甚。余与绅士王少白先生议由县绅设局经理，每亩派钱五十文，由局雇定常车十六辆，支应往来车马，不准县署里差经手。余为议定章程，禀明中丞涂公[①]，批准立案，刊碑立于局内，永远遵行。里差亦无敢阻挠者。合县二十里，每年约收钱四万余串，可为民间岁省钱八万余串，民情甚为欢忭。自四月初一日设局改章之日起，行至年底，尚余钱

① 涂公：涂宗瀛，时任河南巡抚。

五千余串。余与少白先生商议，于局中起建仓廒，以差费余款买谷存仓，为备荒之计。先生年七十余，喜读宋五子书，真笃行君子也，毛旭初尚书昶熙[①]师事之。

接直隶爵阁督部堂李札行报效晋赈银两案内，议叙花翎，由户部填给执照。

吾吴之有义庄，始于宋范文正公购置义田，以赡宗族之贫者。余家双林里，与范庄相去甚近。先祖在日，常慕范文正之为人，欲建义庄而未果。先君尝谓大澂兄弟曰："汝曹他日衣食稍裕，当购义田千亩，仿照范氏庄规，以成祖父未竟之志。"因于夏间致书大兄，买田七百余亩，计银一万四千余两。族叔祖纪兰公助田三百亩。议立条规，以本年所收租息，分给族中孤寡及婚嫁丧葬之费，皆大兄为之经理，并请中丞吴公元炳[②]专折奏明立案。

豫中连年饥馑，贫民乏食，辄以田亩贱价出售，每亩值钱二三十千者，仅得田价一二千文，暂度目前，或流离远徙，自以为必无生机矣。及岁丰归里，无地可耕，真情实堪怜悯。中丞涂公示谕，荒年期内贱售之田，准其备价取赎。然业主以为绝契，多不允赎，控案累累。州县多置不理，以为一经批准。从此案牍益繁，不胜其纷扰矣。余亲自提讯，断令当堂交契交钱，一年以内，贫民赎地之案，断结二千余起。间有孤寡，无力取赎，余为借给数千文，有还有不还者。河北三府，一律谕令各州县勤于审理，以此等事为善举，而勿视为词讼，则穷民不致向隅矣。

① 昶熙：毛昶熙，光绪初任吏部尚书。

② 元炳：吴元炳，时任江苏巡抚。

十月，河帅李[1]奏保霜降安澜，奉旨赏加二品顶戴。

十一月，出巡三府各州县，稽查仓谷粥厂及冬防，添设卡房。轻舆简从，自备火食，不许州县供应。腊月，回署。

光绪六年庚辰　四十六岁

正月二十一日，奉上谕："河南河北道吴大澂著赏给三品卿衔，前赴吉林，随同铭安帮办一切事宜。钦此。"三月，交卸河北道篆。四月，入都陛见。十七日，奉上谕："河南河北道吴大澂现在前赴吉林帮办一切事宜，着即行开缺。所遗员缺，着陈宝箴补授。钦此。"十八日，出都。于五月十七日行抵吉林省城。与铭鼎臣[2]将军商练巩、卫、绥、安马步四军，檄委戴孝候直刺宗骞统领绥军马步五营，驻防三姓之巴彦通；刘俊卿副将超佩统领巩军马步三营，驻防宁古塔之乜河；郭梯阶副将长云统领卫军马步四营，驻防珲春；惟安字马队一营，留扎省城，委协领富锦堂贵为营官。一切营制，均照湘淮各军，参用直隶练军章程。共练马队六营，每营二百五十人，步队七营，每营五百人，共马步五千人，兼用各旗西丹及民勇。奏明由户部每年拨领防饷银五十万两，按季派员赴部请领。

七月，由松花江绕伯都纳至三姓，舟行十二日。晤三姓副都统常润生麟，同至巴彦通，相度营盘基址。时奏调之戴孝候直刺尚未到吉。余督亲兵，支帐而居。九月初，大雪，平地积至二尺，赶筑营墙营房。十月初，孝候率队行抵三姓，余即由陆路旋省。前于七月二十一日在松花江舟次，奉到寄谕："前据铭安奏，宁古塔、三姓、东山一带金匪，自擒斩孙百万等，

① 河帅李：李鹤年，时任东河总督。

② 铭鼎臣：吉林将军铭安。

及查拿韩效忠后，近无著名头目。其聚夥偷挖金砂者，率系无业流民，抚之未必得力，逐之恐为敌诱，拟设法安置等语。兹据张之洞奏，既无剿捕禁绝之方，不如化私为官，抚而用之，亦可藉以御侮。与该将军前奏大略相同，并著铭安、吴大澂妥筹经理，以弭隐患等因。钦此。”余于十月二十一日，改装易服，单骑入山，令素识韩效忠之勇目牟振邦为前导。二十四日，由桦树林子直抵木其河。韩效忠知余未带一兵，不复躲避，出迎数里，道旁叩见。是日，止宿其家，示以坦白无他。细询从前金厂情形，劝其出山，为之奏明免罪，终其身为安分良民，子若孙亦永无后患。韩效忠知余开诚布公，并非诱擒之计，遂决意随余进城。二十六日，将军亦派队来迎，即与韩效忠同行。二十九日，进省，道旁观者如堵，皆称韩效忠为人公直，向以宽厚待人，乞恩贷其死罪。因为奏明，吁恳天恩，赏给韩效忠五品顶戴，伊子韩寿文，伊侄韩寿德、韩寿纯均给七品顶戴。仰蒙俞允。并附片奏明，金厂地方，仍照向章封禁，不准偷挖，以免匪徒聚众滋事。

十一月初八日，由省城起程，前赴宁古塔、珲春一带，查阅防军。十二月二十日，旋省。

光绪七年辛巳　四十七岁

四月初八日，奉寄谕：“现在俄事虽已定议，惟念中国边境与俄毗连，必宜慎固封守，以为思患预防之计。吉林之三姓、宁古塔、珲春等处防务，尤关紧要。该将军驻扎吉林省城，相距窎远，恐难兼顾。所有三姓、宁古塔、珲春防务，即著责成吴大澂督办，并将各该处屯垦事宜妥为筹办。铭安身任将军，于通省防务及地方一切事宜，亦当认真讲求，力图振作，毋致日久懈生。至库伦为俄人来往冲途，关系甚重，本日已有旨将喜昌补授库伦办事大臣。著将所部新军酌带一千人，前赴库伦，并督率该处原有宣化马队，勤加操练，以备不虞。其余现扎宁古塔、珲春各营，均归吴大澂节制。应需饷银，仍照旧由部分别给领。将此由四百里各谕令知之。钦此。”

二十日，具折谢恩，并恭报换用关防，文曰：“钦差督办宁古塔等处事宜之关防。”

上年，喜桂亭参赞昌奉命来吉，会办边防，添练靖边各军五千人，每年请拨专饷四十万两。现在添赴库伦之一千人，应划去饷银八万两。其余三十二万，专归靖边各军之用，按季派员赴部请领。

五月二十二日，奏请于吉林省城创设机器制造局，并于三姓、珲春各处兴筑炮台，每年由户部筹拨银十万两。奉旨允准。附片奏调谙练西学之候选道王德均、候选通判徐华封、候选知县丁乃文、候选县丞游学诗。七月二十日，附片奏调前江苏海州直隶州知州廖纶、拣选知县潘民表、候选通判郭之桢三员。

八月十七日，奉上谕：“太仆寺卿著吴大澂补授。钦此。”九月十八日，具折谢恩。九月初二日，由省起程赴宁古塔，校阅防军操演，安设屯兵，以便商旅。盖由塔城至穆棱河之钓鱼台二百四十里，尚有住宿之处。由钓鱼台至中俄交界之三岔三百五十里，并无一户民居。余轻骑简从，携带帐棚，裹粮而行，往返二十余日，中多野宿之地。二十七日，回城。

光绪八年壬午　四十八岁

正月二十六日，由吉林启程至宁古塔查勘，沿途修建大小木桥二十余座，并添设渡船数处。四月初六日，由宁古塔渡穆楞河，赴三岔口查勘荒地，招民开垦，并于中途度地，节节会勘更正。

五月，特参靖边左路统带宁古塔副都统德平阿发饷迟延，请旨交部照例议处。奏派头品顶戴记名副都统博奇巴图鲁协领德昌，接统靖边左路马步三营。七月二十六日，德协领病故，檄委都统衔记名副都统铿僧额巴图鲁五常堡协领双寿接统。

上年十一月，札委尽先副将吴永敫前赴山东登、莱、青各属，招募屯兵二百名，于本年四月到吉，分拨桿面石、穆楞河、马桥河、细鳞河、小绥芬河、三道冈子等处，分作六屯，每名每月给口粮二两，并发农具耕牛。每棚十人，给车三辆。即委吴永敫管带，以细鳞河新盖官房作为管带公所。

特保候选训导胡传以知县留于吉林，酌量奏补。奉旨允准。

九月初三日，由宁古塔前赴珲春，校阅靖边中路及卫字各军。十二月初六日，回塔。

九月初三日，由宁古塔前赴珲春，校阅靖边中路及卫字各军。十月初六日，回塔。

十月初一日，由宁古塔前赴珲春，会同依尧山都护周历边境，相度炮台基址，并阅靖边中路两营、卫字马步四营，操演阵法枪靶。二十六日，仍回宁古塔。因途中感受风寒，调养数日。

十一月初十日，由乜河启程，由牡丹江冰道，昼夜兼行，十四日即抵三姓，查阅绥军马步五营，练习洋操，较各营为精密。相度巴彦通沿江一带，勘定炮台基址。十二月初二日，旋省。

十二月，片奏查明俄人侵占珲春黑顶子地方，请颁发咸丰十一年原定旧图，由将军派员与俄官订期。此下原文恐有脱漏。

光绪九年癸未　四十九岁

编辑《古籀补》竟，并书附录一卷，交付常济一手镌板。

二月十二日，奉上谕："吴大澂补授太常寺卿。钦此。"三月初四日，具折谢恩，并陈应诏荐贤以备任用折。荐举六人，为前翰林院侍读学士李公文田、湖南辰沅永靖道裴荫森、河南开归陈许道陈彝、贵州贵西道李公用清、甘肃兰州道陶模、山西平阳府知府李秉衡，皆平日敬服之人也。

五月二十一日，具折条陈保护越南事宜。

七月二十五日，具折条陈越南事宜。附片陈明吉林所练防军，尚可抽拨民勇三千人，由营口乘轮南下，以备征调。奉旨留中。

八月初八日，具折奏明吉林机厂工程次第完竣，定期进省，亲自验收，并与新任将军希元面商边防一切事宜。

八月二十四日，由宁古塔启程进省。二十八日，在张广才岭途次，接奉军机处六百里夹板寄到，光绪九年八月二十二日奉上谕："法越构兵一事，法人自攻占顺化河岸炮台后，迫胁越南议约十三条，该国情形危急。法使脱利古现乘兵船来津，并有以大队兵船至广东寻衅之说。恫喝要求，诡计叵测。南北洋防务均关紧要，亟须实力筹办，以期有备无患。广东兵力单薄，守御尚虚，著派彭玉麟酌带旧部得力将弁，酌量招募勇营，迅速前往广东，会同张树声、裕宽妥筹布置。该尚书接奉此旨后，即行部署起程，毋稍延缓。南洋海防，著责成左宗棠悉心规划，妥慎办理。长江防务，著责成左宗棠、李成谋督饬各营，认真筹备，均不得稍有疏懈。北洋防务，著李鸿章惊遵本月十九日谕旨，迅即筹议复奏。前据吴大澂奏，吉林所练防军，堪以抽拨民勇三千人，听候征调等语。著该京卿即行统率此项勇丁，航海来津，以备调遣。现在事机吃紧，该大臣等务当悉力经营，妥速办理，以裨大局。将此由六百里密谕李鸿章、左宗棠、彭玉麟、张树声、裕宽、吴大澂，并传谕李成谋知之。钦此。”

九月初二日，行抵吉林省城，初九日，奏报启程赴津日期。附片奏明，留防各营，暂归吉林将军节制，屯垦事宜，专归吉林将军筹办。一面飞调戴宗骞统率绥军马队一营、步队二营，刘超佩统率巩军马队一营、步队二营，亲率马队一哨、步队一营，共调三千五百人，限于九月内到省。步队由营口航海，马队由陆路至津。沿途自雇车辆，不令地方官支应兵差，免滋骚扰。

九月十二日，由吉启程。十月初二日，由营口乘轮。初四日，抵津。初六日，具折奏报到津日期，并拟统率所部航海赴粤，以候进止。初八日，奉寄谕：“吴大澂奏到津日期并通筹全局一折，据称酌度南北海防缓急情形，拟请率师赴粤，并愿以偏师进扎越南等语，具见勇往之忱。惟广东防务，业据彭玉麟商调湘军，前往布置。著吴大澂仍遵前旨，督率所部各营驻扎天津，毋庸统带赴粤。现在事机未定，天津密迩京师，防务关系尤重，李鸿章务当随时斟酌机宜，筹备一切，是为至要。将此由四百里各密谕知之。钦此。”

十月二十七日，具折奏明督率所部各营驻扎天津，并拟添练炮队、步队三管，需用炮队、马队各营马匹，拟派总兵徐得元前往察哈尔牧群挑选。奉旨允准。

十一月初十日，奉上谕：“吴大澂补授通政使司通政使。钦此。”十五日，具折谢恩。

十二月二十日，具折奏报前赴乐亭查阅海口情形，并附片拟请添招水电勇一百名。奉旨允准。

光绪十年甲申　五十岁

正月二十七日，具折奏滇桂边防紧要，自请带兵前赴广西，会同进剿。附片请饬云贵督臣、广西抚臣严饬前敌军营各统将，申明纪律。奉旨留中。

二月初一日，接军机大臣密寄正月二十九日奉上谕：“吴大澂奏滇桂边防紧要，请旨准率所部，前往广西，会同筹办一折。吴大澂屡请统兵赴粤，奋勇可嘉，所陈战守机宜，具见实心讲求。该京卿所部各营，原拟驻扎滦、乐一带，如调赴广西，该处沿海各地方，应派何军填扎？直隶防营是否足资分布？著李鸿章酌度情形，妥筹具奏。该军四千余人，淮勇为多，吉林旗丁民勇，谅亦不少，于蛮烟瘴雨之中，是否相宜？亦不可以不虑。著李鸿章、吴大澂会同熟商，一并迅速复奏。将此由四百里各密谕知之。钦此。”

二月初八日，接军机大臣密寄二月初六日奉上谕：“李鸿章奏遵旨妥筹复陈一折，据称直隶沿海地方宽阔，兵力尚单，如将吴大澂一军调赴广西，拟饬曹克忠所募六营，拔赴昌黎、乐亭一路，择要扼扎等语。畿辅为根本重地，防务紧要。前据李鸿章、吴大澂奏，该京卿所部，拟俟春融移扎滦州等处，期臻周密。现在若将该军调赴广西，则京东沿海各处空虚可虑。

曹克忠所部队伍，既形单薄，且原议饬赴烟台，亦应妥筹兼顾。吴大澂即著毋庸前赴广西，仍率各营移扎滦、乐一带，与李鸿章会商，妥为布置。天津为京师门户，由津至通一带，必须筹备严密，以昭慎重。应如何派兵填扎？大、顺、广及宣化等处练军是否堪以调拨？著李鸿章体察情形，奏明办理。将此由四百里各密谕知之。钦此。”

三月初十日，奏明督师移扎乐亭、昌黎一带，分防要口，已于二月二十八日、三月初二日分起拔队前往，扼要扎营，以固京东门户。即于十七日行抵乐亭，借居黑坨张宅。

四月初十日，具折敬陈东路海防布置情形，奉旨：“览奏已悉。即著吴大澂督率将领，认真训练，加意严防，以期缓急足恃。山海关一带，备御尚虚，著会商李鸿章调派勇营，妥为布置，务臻周密。钦此。”

附片奏调内阁中书潘志俊随营差委。

四月十四日，奉上谕：“通政使司通政使吴大澂著会办北洋事宜。内阁学士陈宝琛著会办南洋事宜，翰林院侍讲学士张佩纶著会办福建海疆事宜，均准其专折奏事。钦此。”

四月二十日，具折恳辞会办北洋。未蒙俞允。

二十六日，具折谢恩。附片奏明换刻木质关防。

闰五月十四日，具折奏保戴宗骞才堪大用。附片奏保罗丰禄、恩祥二员。

七月十三日，专折奏参闽浙总督何璟、福建巡抚张兆栋贻误海防，请旨查办。

九月二十四日，奉上谕：“吴大澂补授都察院左都御史。钦此。”

十月初一日，具折谢恩。十月初三日，具折条陈援台十策。

十月二十五日，准军机大臣密寄十月二十四日上谕：“据李鸿章电陈，朝鲜又有内乱，似由日本人播弄主持，拟请派员查办等语。著派李鸿章、吴大澂会同规划一切事宜。吴大澂接奉此旨，即著酌带数营，驰赴朝鲜界，或径至该国都城查办，或会商庆裕，筹画边防，由该京卿迅速定议。前有旨令续昌随同庆裕帮办海防，本日已谕知速即起程，与吴大澂同赴朝鲜，会商一切。一面先由李鸿章飞檄吴兆有等，传知该国，静候大员往查。并饬该提督等，当与倭使从容商办，勿为所欺，亦忽遽与倭人开衅等因。钦此。”即于二十六日，由乐亭启程，二十九日，行抵天津，接奉二十八日寄谕：“李鸿章迭次电报朝鲜情形，并由总理各国事务衙门呈递道员陈树棠等禀函，均经览悉。目前办法，总以定乱为主，切勿与倭人生衅。此事关系甚重，必须大员亲往查办，方能洞悉机宜。即著吴大澂乘坐快船，督队迅赴朝鲜，确切查明，酌度办理，庶各将领得所禀承，不致临事歧误等因。钦此。”

是日午后，晤合肥相国，面商一切。此次以查办乱党为名，主意不与日人生衅，毋庸多带队伍，拟调绥军步勇二百名，亲军、巩军步勇各一百名，并带克鹿卜后膛过山炮四尊，作为护卫亲兵小队，此外不必添调。合肥相国亦以为然。

十一月初三日，接山海关曹荩臣军门克忠来电：“老龙头洋划尚可渡，冰冻未坚。”具折奏报启程日期，酌带随员内阁中书潘志俊、分发候补直隶州罗丰禄、拣选知县鲁说、发往直隶差委同知衔汪启四员。初十日，行抵山海关，续燕甫都转昌亦于是日赶到。

十一日辰刻，诣镇海楼下，焚香祭海。是早风甚大，午时少息，沿岸冰凌，随风逐浪而去。上海调来富有轮船，离岸四五里。各队弁勇均用洋划民渡，陆续载上轮船。余与燕甫于申刻登舟。

十三日申刻，行抵朝鲜马山浦。

十四日，候潮至午刻登陆。沿途应用夫马，皆自行发价，各营兵勇丝毫无扰。

十六日申刻，进崇礼门。使馆在南别宫，宫中有明雪楼，楼多题咏，皆中国使臣所作。左议政金道园相国宏集、右议政金容庵相国炳始来见。

十七日，至朝鲜王宫。进敦化门，至协阳门，与国王于乐善斋便殿，并见世子于东宫，皆行宾主礼。日本派外务卿井上馨为全权大臣，来朝议约。

十八日，抵仁川港。

十九日，至汉城，住东门外京畿道观察使署。

二十二日，井上馨与朝鲜全权大臣金宏集在政府会议，要挟多端，并云速定朝约后，并与中国理论也。

二十三日，余与燕甫商议，日使井上馨既不来拜，余亦未便往见。朝日两国议约，中国使臣岂能置之不问？若与约日会议，日使必不允也，不如乘其会议之时，直入政府，略与辩论，明示以中国使臣有暗助朝鲜之意，或不致肆意要求，横生枝节也。一面属罗丰禄函致左相金宏集，转告井上馨。余即带兵数十名，径入议政府。时方巳刻，井上已到，日兵罗列门外。余排闼而入，井上馨正在疑讶间，余索纸笔，据案直书。井上云："今日本大使与朝鲜政府议事，贵大臣忽来此地，有何干涉？"余云："使者奉命来朝查办事件，本与政府有应议之事。即贵大臣与朝鲜政府商议各条，使者亦可闻其大略。所言公，公言之，此非贵大使与金相国两人之事也。如贵大使有所谘问，本大臣自应推诚相与，从容参酌。若不愿与本大臣共议，亦不相强。”余因手书一条，示金宏集，并与井上馨阅之，云：“本大臣此次来朝查办乱党，数日之间，尚无头绪。此案中最关紧要之事，阁下身居政府，岂可置之不理？若避重就轻，即与井上大使草草立约，而置乱党于不问，不但大澂有诘责阁下之权，恐举国人心，亦皆愤懑不平。此非了事也，是了事而适以生事也。惟执事实图之。”金曰：“谨奉教。”是时德人穆麟德从旁参议。余叱之使退，辞色俱厉，穆唯唯而出。旋与井上馨握别而归。

是日，朝鲜与日本议约已定。前日本有索赔兵费三十万元之说，至是以十一万元定议，又索朝鲜津贴日本修筑公馆之费二万元。日使井上馨即于二十六日启程回倭。闻竹添进一、岛村久及翻译浅山显藏皆随井上回国。此三员均喜多事之人，惟近藤真锄人极和平，井上馨留之在朝署理公使，其用意亦可见矣。

朝鲜国王遣中使来馆道谢，谓朝日定约之速，皆余与井上馨面诘数语之故，并为朝鲜省费十余万元，此举不为无益也。

二十五日，具折奏报查明朝鲜乱党起事缘由，并上总署书，附十七日与朝鲜国王笔谈、廿三日与日使井上馨笔谈二折。

二十七日，带戈什亲兵及绥、巩各营能打三百步小靶者百余人，至庆字副营打靶，并约日使近藤真锄来营阅看。随员十二人，有大尉、中尉、少尉之职，皆带兵之武弁。有日兵数十人同来，各带士乃得后门枪。余试放二十枪，中靶十二，勇丁有十枪全中者数人。日官啧啧称叹，因属日兵试打数枪，皆以三百步方靶太远，恐难命中，敛手不敢打靶，自谓弗及也。

二十九日，具折奏报朝日议约五条，已经了结，中国与日本并无可议之条。两国带兵各员，彼此往还，可无嫌隙等语。致丁雨亭书，属派海镜轮船送折至旅顺，再由旅顺送山海关。驿递到京，不能迅速也。

作《辨党论》二篇，由政府转呈朝鲜国王。王命发刻，颁示国中大小臣工，俾知警戒。

作《求贤论》《育才论》朝鲜多重门第，寒士不得与试，亟须变通也。《节用论》《恤民论》朝鲜州县苛派病民，民情日困一日。《缓刑论》《练兵论》六篇，皆由政府转呈国王，以备省览，并书二扁送国王。一曰节用爱人，一曰民为邦本。

十二月十五日，朝鲜国王咨送谢表稿。十九日，国王来馆叙谈，留之宴饮，薄暮始归。

二十一日，由泰安轮船递回折件，十二月初四日，奉上谕："著吴大澂等将查办乱党及善后事宜，详加筹画。钦此。"又奉十二月十二日谕旨："览奏均悉。所筹尚妥，仍著懔遵本月初四日谕旨，将朝鲜善后事宜妥商办理等因。钦此。"即定于二十四日起程内渡。二十六日，仍由马山浦上船。维时沿海各口冰冻甚坚，未能驶至山海关。二十八日，行抵烟台登陆，即于镇海楼暂住，俟明春开冻，再行回津。

光绪十一年乙酉　五十一岁

正月初六日，奉到初三日电旨："李鸿章电称吴大澂等已抵烟台，陆行赴津较迟等语。吴大澂、续昌著俟开冻，即行乘轮回。钦此。"

十九日，由烟台乘轮至津。二月初三日，与燕甫都转到京复命。时日本派全权大臣伊藤博文来华议约，已抵天津，有进京之说。上命大澂等即速回津，拦阻日使，毋庸入都。如该使必欲在京议约，仍由大澂等同来会议。因于召见后，即日出都，次早到津。旋因伊藤博文定议入都，须与总理各国事务衙门面商一切。余与燕甫又同进京，于初九日召见一次。总署奏令，日使伊藤博文仍赴天津与北洋大臣会议，余与燕甫仍回津门。于三月中会议七次，两国将驻防朝鲜之勇营同时撤回。由合肥相国与伊藤博文订约画诺，余不得少参末议也。

四月，中法议款成，合肥相国及锡席卿大司寇珍、邓铁香大鸿胪承修，与法国全权大臣巴特诺，会议中法详细条约十条，于二十七日会于水师营务处，画押盖印。是夕，设酒燕饮。余于申刻赴宴，中西三十五人。

五月，书《篆文孝经》，交上海同文书局石印。

七月，书《篆文论语》，每日写十余行。明年二月写竟。

九月，由大沽出海，验收镇远、定远两铁舰。

十五日，拜发吉林机器局请奖折。附片请假，回籍省亲。十八日，奉到批折，蒙恩赏假一个月。即于十九日，乘永清轮船南归。

二十七日，到苏。至十月二十七日届满，仍由上海乘轮回津。

前因俄人侵占吉林黑顶子地方，久未勘明，俄国公使请两国各派大员，会同履勘。俄王已派巴啦诺伏，约于明春会勘边界。余奉命与珲春副都统依克唐阿会同勘界。于十二月入都陛见。二十四日，请训。二十八日，出都回津。

光绪十二年丙戌　五十二岁

正月十六日，准军机大臣字寄正月初六日奉上谕："吴大澂奏筹办朝鲜善后事宜启程内渡日期一折，览奏均悉。中国驻防朝鲜各营，现经吴大澂分派驻扎，并拟令各船于旅顺、马山等口往来游弋，布置尚为妥协。其陆路边界，与奉天凤皇门接壤之区，仍须派营驻防，以期周密。即著庆裕酌度情形，遴派数营常驻中江台、九连城一带，遥为声援。至所称如由奉省筹款添设电线，自旅顺接至凤皇边门外交界，由边界至朝鲜国都，约计设电之费，所需不过五万余金，该国亦颇乐从等语。并著李鸿章、庆裕、吴大澂通盘筹画，会商妥议，奏明办理。将此由五百里各谕令知之。钦此。"按此折当是甲申十一月二十九日于朝鲜所具之折，奉到批回，由五百里加紧，当在乙酉正月，不当在丙戌正月也。恐有错简。省安注。十七日，由天津启程赴吉。途中，补书《篆文论语》十余叶，至二月初一日书竟，寄至上海同文书局石印。

二月十二日，行抵吉林省城。三月初二日，始抵珲春。俄官廓米萨尔马秋宁来见，知俄王所派巴啦诺伏，须俟北路兴凯湖冰冻全消，方可乘轮南下，约在四月初十后也。在珲春守候一月有余，撰《字说》十余篇，作《毛公鼎释文》一篇。

四月二十日，与依尧山都护[①]同至岩杵河，晤东海滨巡抚巴啦诺伏，巴使留余同住俄馆。

二十二日，会议界务。余谓图门江旧立木界牌，离海口四十里之沙草峰，与图不符，现议更正，须于图门江口内二十里之地，更立石牌，方昭公允。巴使未即应允。余执旧图，争之甚力。巴使云须电达俄廷，请示办理。

① 依尧山都护：依克唐阿，字尧山，时任珲春副都统。

二十五日，复议界务。巴使接俄廷复电图门江补立土字界牌，从前既未立妥，自可酌改，爰与巴使议明，改立于沙草峰南十八里沿江高坡下，约离海口二十四五里，再前则沙土浮松，恐无立牌地耳。土字、帕字两牌，中间相隔太远，拟于蒙古街往来之道，补立啦字牌，于阿济密往来之道，补立萨字牌。又拟将三岔口小孤山上所立之倭字牌，移设瑚布图河口。倭字牌北至那字牌，那字牌北至东大川一带，须照南北直线划定小沟，庶无疆界不清、彼此争执之弊。以上各条，均与巴使商酌允洽。黑顶子地方，既归中国界内，从前俄国误设之卡伦电线，应即撤回。均已议妥，惟图门江出海之口，议作中俄两国公共海口。巴使以为此地在界外，与勘界事务不相涉；又恐俄视为要口，不能遽允，须与总督电商再行定议。所有会议勘界事宜，电请合肥相国，转电总署请旨。

五月十三日，接合肥相国转寄总署初五日电复：本日奉旨：“李鸿章转电吴大澂所议展界、竖牌、补记、绘图各节，均尚妥协，即著照议画押。钦此。”

二十日，与巴啦诺伏、尧山都护同至沙草峰南，监立土字石界牌。

长岭子中俄交界地方，添立铜柱，勒铭于其上。铭曰：“疆域有表国有维，此柱可立不可移。”

六月初三日，会同巴使，先将记文画押钤印，彼此互换。惟地图及《交界道路记》尚未画押，须俟派员逐段测绘，详细记明，约两月方能竣事也。

九月十八日，所撰《交界道路记》文六段及详细地图，均已竣事，与依尧山都护会同巴啦诺伏画押盖印。巴使接东海滨总督来电，图门江海口，中国有船只出入，俄国并不拦阻。由廓米萨尔照会珲春副都统，并饬俄国各卡伦知照等因。巴使谓图门江事，只能办到如此，已竭心力。俄廷之意，此条不列界务，故另备照会，由地方官知照，不与勘界大臣相涉。然吉林海口均已归入俄界，得此转机，虽不能作中俄公共海口，而珲春本地商船鱼船，可以出入自由，不必定向俄官领照，较为方便。余与巴使费尽唇舌，竭数月之力，始护有此一电。因由珲春副都统备文报知总署存案，亦不负此苦心也。

十九日，由岩杵河至摩阔崴，乘轮回津。

十月初三日，入都复命。

十一月初八日，出都。初十日，抵津，即于是日接都中来电，内阁奉上谕："广东巡抚著吴大澂补授。钦此。"十四日，具折谢恩。十六日，由津启程，迎折北上。十九日，到京请安，叩谢天恩。十二月初三日，具折请假，回籍省亲。奉旨："著赏假二十日。钦此。"即日请训出都。十六日，行抵泰安，登泰山，谒碧霞元君祠，访秦九字刻石，及唐玄宗摩崖石刻。手书"秦松"二大字，并临琅琊台秦刻十三行。

二十八日，由瓜州渡江，登焦山小憩，进江阴口。除夕，到家。

光绪十三年丁亥　五十三岁

正月二十日，假满。二月初六日，抵粤。初九日，接印。

七月十六日，乘轮至澳门，周历各村各岛，晤葡萄牙地们总督高士达，诘问其侵占香山民地村庄，显告以划清租界，收回占地之意。查葡人居住澳门，原有租界，岁缴银五百两。自道光二十三四年后，求免租银，屡经前任督抚照章驳斥。其越界修路、越界盖房之案，民间呈控，间亦备文照会，葡官辄置不理，地方官亦不复顾问。于是葡人以澳门为粤省不甚爱惜之地，毅然在租界外各村各岛，先贴门牌，继设路灯，先收灯费，继索地租。该处居民受其欺侮，辄与葡人口角争殴，致生枝节。总署与葡国外部电商，派使来华，拟议通商条约，意欲以澳门划归葡萄牙管理。大澂曾于四月间具奏，力持不可。且葡人所占之地，尚未划清界址，一准其作为葡国管业，愈侵愈广，粤民之被其胁制者，伊何底止。此次亲自履勘，查得澳门地方有原定之租界，有侵占之新界，并有将占未占之界，妥筹办法，须与葡人议明者十条，具折奏请，饬下总理各国事务衙门，与葡使逐条理论，暂缓议约，以绝其觊觎之心等语。于七月二十八日拜发。奉旨："该衙门知道。钦此。"

光绪十四年戊子　五十四岁

三月初三日，据惠州守李璲禀报"连日大雨，江流骤涨，城乡墟市，衙署民房，多被淹浸。现督局绅，酌筹赈济"等语。因与张孝达[①]制军商派候补知府张赓云携银五千两，乘轮赶赴惠州，会同李守，妥为抚恤。初五日，访闻东莞所属之福隆镇围基冲决，被淹者数十村庄。下游石龙镇一带，贫民避水，多居屋面，危险异常。因于初六日，乘坐海东雄轮船，亲往履勘。酉刻，驶抵石龙。该处河面甚窄，水深溜急，势极汹涌。有屋檐离水尺许，仍撑小船出入者。委候补知县陈瀛藻、汪士仪，各带银两，查明石龙被灾贫户，分头散放。初七日，由石龙溯流而上，经过东莞之福隆镇，及博罗、归善所属各村庄，一片汪洋，几成泽国，围基大半冲缺。戌刻，即抵惠州。

① 张孝达：张之洞，时任两广总督。

次早进城，与李守商办赈济事宜。又接河源县李令徵庸禀，被水情形，尤为吃重，城墙冲塌十数丈，城内水深丈余及数尺不等。由惠州至河源二百八十里，滩多溜急，民船不能上驶。余留鹰梭小轮船，属张守赓云运米前往，一日可到，以资赈粜。初八日辰刻，至丰湖书院，登梁星海太史所筑藏书楼。阴雨已一月有余，是日天气晴霁，民情欢跃。余于巳刻展轮，酉刻即抵省城，往返只三日耳。途中得诗二十四首仅载其六：

"惠州太守尺书来，星速邮程报水灾。遥想东坡祠宇下，顽云满座不曾开。""愆尤丛集事因循，德薄灾生莫怨人。愿写绿章连夜奏，小民无罪罪疆臣。""野航几日断行踪，忽驾飞轮到石龙。使者要知民疾苦，此来不为劝耕农。""九十三乡共一围，万家性命此相依。那知铁石有时裂，乔木惊风叶乱飞。"福隆围，筑自宋元祐年间，内包九十三乡，围基坚固如石壁。此次冲决数十丈，被灾最重，百年来所未有。"近水人家积水多，语声隐隐隔烟萝。分明雉堞环山碧，雷雨满江过博罗。"初七日酉刻，过博罗县城，大雷大雨，阴霾翳空，舟人惴栗。"浮梁何处驾鼋鼍，估舶无从唤渡河。送米人来三百里，迎流飞到一鹰梭。"

七月，广雅书院落成，公请山长梁星海太史鼎芬。书院东西斋房各一百间，规模宏敞，甲于他省，皆张孝达制军之力也。

十二日，奉到电旨署理河东河道总督。十八日，交卸抚篆。十九日，乘轮至香港。二十三日，抵沪。次日，到苏。二十六日，由苏启程。八月初五日，行抵汴省。初六日，接印。十二日，驻来同寨行馆，周历两坝，查阅工程。委潘彬卿廉访骏文总办西坝事宜，朱曼伯观察寿镛总办东坝事宜，崔季芬镇军廷桂办理引河事宜。来同寨至坝头相距十里，因往来不便，十月底移住东坝席棚内，昼夜督催，择于十二月初十日开放引河，十六日合龙。十九日，具折奏闻。奉旨实授河东河道总督，并赏加头品顶戴兼兵部尚书衔。

光绪十五年己丑　五十五岁

督办河工善后事宜。因上年工竣，尚有余银六十余万，故未添请工款也。

四月，至济宁，查勘运河各工。

撰《古玉图考》，寄至上海同文书局石印。

光绪十六年庚寅　五十六岁

正月十三日，奏请赏假回籍，省视母病。尚未奉到谕旨。二十三日，接家中电报，母亲韩太夫人弃养。肝肠寸裂，痛不欲生，以服宫在外，不能侍奉汤药为憾。电请总署代奏，奉旨命中丞倪豹岑前辈文蔚兼署河督篆务。即于二十六日奔丧回籍，二月十二日到家。

两江总督曾①、江苏巡抚刚②、山东巡抚张③，先后奏明韩太夫人捐助赈济银两，请照例建坊，给予"乐善好施"字样。奉旨允准。

九月二十七日，葬先母韩太夫人于长洲县九都廿三图山东浜问字圩，与先府君光禄公合窆。自撰墓志铭，篆书。

光绪十七年辛卯　五十七岁

七月，送本齐、本善两侄赴金陵应试，乘轮至九江，约顾

① 曾：曾国荃。
② 刚：刚毅。
③ 张：张曜。

若波沄同游庐山，作《匡庐纪游图》。

十月，痔疾大发，至孟河马培之家就医。

光绪十八年壬辰　五十八岁[①]

三月，至杭州就医。

四月二十三日，服阕，呈请中丞刚公代奏。

五月二十二日，启程入都。六月二十三日，到京请安。闰六月十二日，奉旨："湖南巡抚著吴大澂补授。钦此。"十四日，具折谢恩。七月初六日，请训出都，二十四日，行抵上海。八月初六日，到湘。

光绪十九年癸巳　五十九岁

二月，查阅湖南全省营伍，行抵衡州，登衡山。道出浯溪、澹岩，皆有诗刻石。

立课吏馆、保节堂、百善堂、求贤馆、蚕桑局。求贤馆，择品学兼优之士，每月一课，亲为讲解，每日手披《弟子箴言》数则示之。

八月，恩科监临，并典试武闱。

光绪二十年甲午　六十岁

中东起衅。请旨带师北上。奉旨允准。八月，交卸起程。甲午日本事起，六月在湖南巡抚任内，疏请视师，朝旨允准。遂卸抚篆，单骑北行。中途电请帮办海军，未允。八月，抵津。时李文忠公督直隶，力阻其行。旋奉命驻山海关，稽察沿海防务。九十月间，

① 先生自订年谱止于是年，盖作于湘也。后为先生犹子卓人（本斋）所补录云。省安注。

湘军魏光焘、余虎恩、刘树元等各营先后抵关，鄂军熊铁生、吴元恺亦归节制，购外洋军械，朝夕训练。十二月，奉帮办军务之命。嗣以金复、海盖相继陷，二十日电请督师出关。即奉先一日电旨，促令出征。

光绪二十一年乙未　六十一岁

正月朔，整队前进，而熊余两大军，经督办大臣刘绅一留驻榆防，不获行。行抵田庄台，派各军攻海城，并协助宋军，与依克唐阿、长顺之师相犄角。

二月初四日，依军被围，刘树元驰救解围，依军退至辽阳。初六、初七两日，日兵以大股从间道犯牛庄，魏光焘、李光久等血战两昼夜，卒以寡不敌众，相继溃败。引为己咎，电请严谴。奉旨革职留任。

四月，回湘接任。初八日，陆夫人殁。时湘中亢旱，徒步率属祈祷，不数日即获甘霖，湘民大悦，咸谓公至诚所感也。旋奉命开缺来京，另候简用。八月，又奉回籍之旨，毋庸来京候简。十月，受代旋里。乙未回往，旋奉开缺之命，湘中士民纷纷乞留，欲公请藩司代奏。濒行时，焚香不绝于道。

光绪二十二年丙申　六十二岁

光绪二十三年丁酉　六十三岁

其间有主讲龙门书院一事，未知在何时。

光绪二十四年戊戌　六十四岁

光绪二十五年己亥　六十五岁

光绪二十六年庚子　六十六岁

光绪二十七年辛丑　六十七岁

光绪二十八年壬寅　六十八岁

正月二十七日，寿终于苏城葑门内南仓桥新宅。

先生在湘抚任，手订年谱，原稿本为长沙、善化两令将以文寿先生索去，故止于到湘之岁。是时适季孺叔祖居甥馆，霽人于一昼夜间录成副本，后复请卓人部郎补之。假录一过，绸绎其间，似难免无疏略讹讹处也。戊辰腊月，潘承谋识。

奏议（选编）

吴大澂是晚清著名的爱国官员，从入仕起，即关注家国天下，慷慨敢言，尤关切边疆开发建设与安全。光绪六年（1880）、光绪十二年（1886），吴大澂两度奉命赴吉林，协同吉林地方官办理边疆事务。赴任伊始，他即上奏朝廷，认为“中俄接壤，以东北边防为要。”为了巩固边防，他积极推进移民垦荒、创立靖边军，“未雨先筹”“自故藩篱”。鉴于沙俄虎视眈眈意欲侵占东北的险境，吴大澂向朝廷提出设立制造军火的机器局，是保卫东北边防的“久远之图”。光绪七年（1881），吉林机器局创办。这一举措，不惟有力地巩固了边防，而且开东北洋务运动之渐，影响深远。其时中俄虽已划定边界，但沙俄多次移动或毁灭界碑，混淆界址，蚕食中国领土。吴大澂来吉林后，周历要隘，发现不但界碑多有毁损挪移，甚至边界中国一侧珲春黑顶子百余里地方为俄侵占，遂上奏朝廷：“此事关系中俄边界，断不能任其久假不归。”奏请依据旧界图与俄方会勘边界。光绪十二年（1886），吴大澂奉命与珲春副都统依克唐阿与俄使会勘边界，会勘中，吴大澂据理力争，争收回被俄人强占的珲春黑顶子地区，纠正了“土”字牌的位置，确定了中国拥有从图们江口出海的权利。勘界谈判结束后，吴大澂将刻有“疆域有表国有维，此柱可立不可移”的铜柱，竖立在珲春附近长岭子中俄交界处，表达了捍卫主权与边界安全的决心。在保卫与发展东北边疆、捍卫主权、推动吉林近代化起步等方面，吴大澂可谓贡献卓著。他于这一时期撰写的有关奏议与函电，是他爱国主张与实践活动的集中体现。现将这一部分奏议搜集整理成帙，不仅为纪念近代史上这位杰出的爱国者，更为彰显历史上吉林文脉的醇厚丰富，以激励后人，致力于建设乡邦、复兴民族之大业。

《奏议》（选编）所收档案文献，来自中国第一历史档案馆馆藏、台湾“中研院”近史所档案馆馆藏、《清季外交史料》《李鸿章全集》等文献汇编资料，由李书源整理校点。

吴大澂奏到省日期并谢恩折

光绪六年五月二十二日奏

三品卿衔臣吴大澂跪奏。为恭报到省日期并叩谢天恩、仰祈圣鉴事。窃臣于四月初八日预备召见，仰蒙圣训周详，莫名钦感。旋于十六日请训后，即行束装就道，于五月十七日行抵吉林省城。恭阅邸钞：四月十七日，内阁奉上谕：河南河北道吴大澂，现在前赴吉林，帮办一切事宜，著即行开缺。所遗员缺，著陈宝箴补授。钦此。当即望阙叩头，恭谢天恩。伏念臣以编修擢授道员，简任河北，到任甫及一年，于河务、地方，未获尽心万一，又蒙圣恩破格赏给卿衔，开去道缺，俾襄边务，藉效驰驱。自顾何人，膺兹异数。唯有竭诚图报，与将军臣铭安[①]和衷协力、共济时艰，以期上慰宸廑，下孚众志。除将一切应办事宜，与将军臣铭安妥慎筹商、随时会奏外，所有微臣感激下忱及到省日期，理合缮折具陈。

再，臣未刻木质关防，暂行借用吉林将军印信封折，合并陈明。伏乞皇太后、皇上圣鉴。谨奏。

光绪六年五月二十九日，军机大臣奉旨：知道了，钦此。

（中国第一历史档案馆·录副奏折）

铭安、吴大澂奏遵复松花江水路情形折

光绪六年十月二十日

臣铭安、臣吴大澂跪奏：为复陈松花江水路情形，恭折

---

① 铭安（1828—1911）：叶赫那拉氏，字鼎臣，满洲镶黄旗人。咸丰六年（1856）进士，选庶吉士，授编修，累迁内阁学士。同治十三年（1874），调盛京刑部。光绪三年（1877）署吉林将军，五年（1879）实授。在任严治盗匪，招民垦荒，巩固边防，设立府州县地方政权机构，增置汉官，增设义学，治吉有方。光绪二十四年（1898），加太子太保。

仰祈圣鉴事。窃光绪六年九月二十二日承准军机大臣密寄：九月十五日奉上谕：詹事府左庶子张之洞奏，松花江行船一条，如万不能改，有二策可以钤制，一于松花江南岸决口数处，放水入淀，江流渐浅，轮船自阻；一于松花江沙洲浅处，沉船坠石或种植挂淤之物，数年后淤积洲成，可碍轮船等语。该庶子所陈是否可行，著铭安、吴大澂酌度情形，妥筹具奏。原片均著钞给阅看等因，钦此。臣等伏查松花江南北两岸，多系支河，并无淀泊，惟乌苏哩江之西南，有挠力河，挠力河之西北，有大泡子，与江流相隔尚远，无从倒灌。黄泥河之西，有鳑头泡，积水无多，亦非大淀可比。三姓辖境之玛延河、胡尔哈河、倭肯河及黑龙江所属之呼兰河、巴兰河、汤汪河，皆系入江下注之流，并不能受江分泄之水。张之洞所奏决口入淀一策，碍难兴办。至松花江所有沙洲，土人皆谓之通[①]。本年七月间，臣吴大澂沿江而下察看情形，知松花江两岸深浅不等，江流曲折。有分作两道者，中隔一通，有分作三道者，中隔二通。江面愈宽，中流愈浅，即入水二尺之船，亦时有阻搁浅滩之虑。考验各通，实与长江大河所长沙洲迥然不一。盖南省江河之水，挟沙而行，稍一停滞，淤积成滩。松花江水性清洁，并不拖泥带沙，江中各通，多系两岸沿江滩地，水势平衍，漫入洼区，渐刷渐深，分为两溜，大都裂地成通，并非积淤成地。即如巴彦通一段，周围五六里高岗，出水数丈，仍与南岸山势相连，自非淤沙所积而成，已可概见。该处江流至深不过两丈有余，坠石沉船之计，似尚可行。前经臣吴大澂密谕统领

① 通：江中沙洲。多与岸相连，形成滩地，亦有在江流中间，类似江心岛。

戴宗骞[①]，拟俟封江以后，搬运数千觔大石，堆积冰上，春融冻销，石沉江底，再用柳筐装盛碎石，抛掷江心，或用旧船十余只，载石沉流，似可阻碍轮船，不能绕越。即三姓以上各处浅滩，轮船亦易于阻搁。臣等所深虑者，闻各国新制轮船，有入水不及一尺者。惟恐准其商船出入，俄人必改用极小轮船，拖带货船。或雇用熟悉水道之水手，即有江流浅阻，亦不难设法通行。所有复陈松花江水路情形并拟参用坠石沉船之计，理合据实密陈。是否有当，伏乞皇太后、皇上圣鉴。

再三姓一带现近封江，轮船不能上驶。臣吴大澂已于九月三十日回省，与臣铭安面商一切事宜，再行前赴宁古塔等处，查阅新练各军。合并陈明。谨奏。

光绪六年十月二十八日军机大臣奉旨：知道了，钦此。

（中国第一历史档案馆·录副奏折）

吴大澂奏东北边防敬陈管见折

光绪六年

奏为敬陈管见，恭折仰祈圣鉴事。臣窃维中、俄接壤，以东北边防为要。而吉省防军规模甫立，训练未精，但须将领得人，力求实际，三五年以来，不难自固藩篱。近阅俄官廓米萨尔[②]来文，知议约已有头绪，兵端可戢，边务渐松。议者谓中原物力，自守则有馀，进取则不足。臣愚以为前事可鉴，后患

① 戴宗骞（1842—1895）：字孝侯。安徽寿州（今寿县）人。乡试不中，遂弃文从戎。咸丰十一年（1861）入李鸿章幕。光绪六年（1880），随吴大澂办理吉林防务兼屯垦事宜。统领绥字军马步三营，驻防三姓，以劳绩晋升知府。光绪十三年（1887）率部驻守威海。甲午战争爆发，日军进攻威海卫炮台，奋勇抗击，终因兵单势弱、部下哗变而失守，自杀殉国。

② 廓米萨尔：俄语音译，沙俄负责边界事务的官员。

宜防，未雨先筹，补牢未晚。欲杜其侵陵之渐，必先审其窥伺之几。目前要务，尤以保护朝鲜，钤制日本为中国自强之策。臣于上年十二月间前赴珲春，周览地势，沿图们江之东岸登高丽岭而南望，足迹所经，与朝鲜庆源府所辖之地处处毗连，城郭田庐，了如指掌。是中国防守珲春，实足为朝鲜之庇护，而朝鲜之图们江各口，亦与吉林唇齿相依。访闻该国有海湾土名薄老滕，俄语谓之拉沙刺夫，其港口可泊轮船，隆冬不致阻冻。俄人隐图侵占，蓄意已久。现在俄国兵轮耀威东海，大小船只亦尚不少，既不与中国构衅，难保无觊觎朝鲜、借兵挟制之端。即一时未暇他图，日久因循，必生诡计。查朝鲜地窄民贫，兵单力薄，泰西各国皆藐视之。俄人之所以不与开衅者，未始不因中国外藩，有投鼠忌器之意。使中国不为保护，设有事变，猝不及防，恐朝鲜独力难支，仍不能不求助于中国。迨至衅隙已萌，飞书告急，我既不能漠视，又恐无法保全，琉球之受侮于日本，可为前车之鉴也。以日本之外强中干，尚敢抉琉球以相抗茗，俄人之贪得无厌，岂肯置朝鲜于不问。臣之愚见，乘此中、俄和好之时，亟宜设法保护朝鲜。盖各国通商皆有口岸，轮船出入，利益均沾，独朝鲜货船尚循旧制，并无海口通商之地。可否请钦派大员前往该国，剀切劝谕，确实访查薄老筦（滕）地方，是否可泊轮船，为南北往来要地，抑或别有沿海要区可开口岸，并由上海招商局派员前赴朝鲜察度地势，试行轮船，核计每年进口出口各货，是否可以畅路，由北洋大臣李鸿章妥议条规，奏明办理。朝鲜本地商贩，应否准其在天津、烟台、上海各口岸行船贩货，彼此往来，互相联络，在朝鲜臣服我朝，商（历）年来小心恭顺，其不愿与各国通商，力图自守，亦外藩翊载圣明之意。若由中国遣使，开诚布公，晓以利害，招集商人，创开口岸，该国臣民断无疑虑。本系中华所属之邦，泰西各商似亦无可借口。但使口岸可开，有商船往来洋面，即可用兵船保卫商人，消息常通，形势既可熟悉，兵民相习防维，亦属无形。既为中国北洋口岸，则俄人与中国和好，必不能寻衅于朝鲜。如果朝鲜自知懦弱，奋发有为，练兵购器，除旧布新，未始不可自立，为本国开此风气，即可为中国固此屏藩。至朝鲜之用人行政，臣虽未知其底蕴，访诸舆论，似朝野并无失德，臣民亦尚同心，较之日本之债项累累，人心皇皇，实不可同日而语。日本与朝鲜近在邻封，素不辑睦，朝鲜富强，足与日本抗衡。在我多得一助，即在彼多树一敌，此尤中国之大幸，而倭人所深忌。通商事轻，而防海事重，苟与大局有关，即不妨因时通变，是保护朝鲜之计，即钤制日本之图。以后泽（珲）春防务亦可联作声援，不分畛域，缓急足以相助。平时会哨，不致有名无实，似与奉、吉两省边防均有裨益。可否请旨饬下总理各国事务王大臣及李鸿章、左宗棠等统筹余（全）局，密商妥办，以固藩邦而弭隐患，天下幸甚。臣愚昧之见，是否有当，谨缮折密陈，伏乞皇太后、皇上圣鉴训示。谨奏。

光绪七年二月初九日，军机大臣奉旨：另有旨。钦此。

（《李鸿章全集》）

吴大澂奏苏城沟等处拟设官理事片

光绪七年二月

再，海参崴之北有苏城沟、绥芬河等处，绥芬一名翠峰，皆隶俄国界内，旧有中国民人居住，渔猎耕农，不下数千户。该处乡民刘贵等，闻宁古塔、珲春均已设防，疑有战事，遂举行团练、制造器械，欲与官兵联络声威，暗中协助。俄官恐其为患，因于各隘口派兵船盘诘，到处搜查。刘贵等纷纷逃匿，颇不自安。窃思该处民人，既不归吉林管辖，又不听俄官箝束，势同瓯脱，情亦向隅。在俄人必欲强令服从，严加迫胁，万一铤而走险，激生事端，必又疑中国官员为之庇护，枝节横生，徒贻口实。臣愚以为，各国商民在中国通商口岸，皆设领事官，管理一切商务及诉讼事宜。中国商民在俄界居住者，亦可由中国派员，在海参崴一带设立公所，仿照领事官之例，遇有商务及诉讼事宜，由该员就近经理，或会同俄官秉公商办，庶华民有所依赖，彼此相安。似亦俄人所乐从，非有窒碍难行之处。可否饬下总理衙门，与俄国在京公使妥商办法，核议施行。如蒙俞允，该处设官理事并无成案可稽，非熟习洋务之员，不能与俄官共事，应否归北洋通商大臣遴派妥员，奏明办理，出自圣裁。臣为安民和众、因地制宜起见，谨附片具陈。是否有当，伏乞圣鉴，谨奏。

光绪七年二月初九日奉旨：着李鸿章议奏。

（《清季外交史料》）

铭安、吴大澂奏办理金匪、垦荒、榷税诸务折

光绪七年四月初一日

臣铭安、臣吴大澂跪奏：为遵旨复奏仰祈圣鉴事。窃于光绪七年三月十八日承准军机大臣字寄，三月初十日奉上谕：吴大澂奏力疾销假并请旨遵行一折。吴大澂现在吉林所有边防事宜，固不得稍涉诿卸。至该省地方辽阔，事务繁多，如办理金匪、垦荒、榷税诸务，凡有利当兴，有弊当除者，均应随地随时会同铭安，详为经画，以期事无不举。遇有请旨之件，自应

会衔具奏。至寻常词讼、钱粮及将军、副都统任内循例题奏事件，应由铭安照常办理，吴大澂毋庸会衔。如有所见，仍准自行具奏。铭安、吴大澂尤宜事事和衷，不准稍存意见，用副委任。将此各谕令知之。钦此。钦遵寄信前来。仰见圣主训饬周详，无微不至。臣等跪读之下，钦悚莫名。除派员清丈各处已垦熟地并省城各城征收土税，及臣铭安奏明委员试办烟酒木税与寻常词讼、钱粮及循例题奏事件，仍由臣铭安会同副都统玉亮[①]照常办理，臣吴大澂毋庸会衔外，如办理金匪一节，查各处金厂金苗不旺，难以招商，前经臣等先后奏请，照章封禁，自今以往，若无倡首坐敛之人，自无大股挖金之事。第届春融冰泮，水道畅流，利之所在，为众争趋，难保无零星金匪潜入偷挖。前经臣等会委候选通判刘维桢、汪维城前赴桦树林等处清查户口，编立保甲，又复会衔札饬勇目韩效忠前往夹皮沟、上下戏台一带查明。如有从前挖金人夫，全行驱逐出山，令赴阿克敦城、南冈等处领地谋生，以消隐患。臣等仍不时分派队兵，严加防范，实力巡查，倘再有偷挖之人，立即从严惩办，决不宽贷。如垦荒一节，查三姓东南一带，尚有可垦荒地。前经臣等会奏，派员试办招垦，已仰蒙俞允在案。维时正值冰雪在地，无从查勘。姓城边地苦寒，须四月杪方能播种。七月内往往降霜，收成殊难豫卜。且居民寥落，将来招佃能否踊跃，承领压荒征租，能否照各处放荒章程一律办理，尚难悬揣。刻下未便多派委员，徒滋糜费。拟派二三明干之员，前往该

---

① 玉亮（？—1883）：瓜尔佳氏，满洲正红旗人，咸丰九年（1859）于天津口岸抗击英法联军作战出力，被赏斐凌阿巴图鲁。此后历任察哈尔副都统、西安右翼副都统、山海关副都统等职。光绪二年（1876）任吉林副都统。施政颇得军民心。光绪九年（1883）二月，署理吉林将军，七月卒。

处，出示晓谕，设法招徕。俟划清界址，办有端倪，再行详细具奏，咨部立案。现在宁古塔、珲春亦有可放荒地，应如何招垦及变通办理之处，臣等再当派员履勘，悉心筹议，俾无旷土而辑流民。如権税一节，查三姓设立水关，亦经臣等会奏，派员抽收税课。旋奉寄谕，饬令酌收税项，不必抽厘。且重在稽查，不重在收税等因。钦此。目下始届开江，货船畅驶，臣等拟会委妥员，即就巴彦通地方设立税局，酌量收税。遇有往来船只，认真盘查，俾免奸宄混迹。并严饬书役人等，勿得藉端勒索，扰累商民。以上诸务，臣等自应随地随时会商妥办。嗣后如再有可垦之荒、可榷之税，仍当详细经画，次第举行。惟是吉林地瘠天寒，物产不阜，就地兴利，本属无多，如改抽厘捐，劝办斗税，弛禁秧参，试开煤窑，均经臣铭安酌拟章程，奏明兴办。会闻产煤处所，均有铁矿可以开采，如试办得法，不惟利益民生，抑且有裨国课。臣等现拟派员查勘，果系铁苗透露于围场处所，禁山风水均无妨碍，再当妥议章程，请旨遵办。诚如圣谕：吉省地方辽阔，事务繁多，臣等膺兹钜任，值此时艰，所有边防事宜，固当和衷商办，实力讲求，以冀有备无患。即地方兴利除弊诸事，臣铭安如有思虑未周，必与臣吴大澂虚心谘访。臣吴大澂如有见闻所及，亦必与臣铭安妥议施行。既不敢存畛域之心，各歧意见；更不敢萌诿卸之念，致误机宜。惟有懔遵谕旨，遇事和衷，实事求是，庶几利无不兴，元气培而本根固；弊无不去，积习挽而吏治清，以期仰副朝廷绥靖边疆、谆谆训诫之至意。所有遵旨复奏各缘由，是否有当，谨恭折具陈，伏乞皇太后、皇上圣鉴，谨奏。

军机大臣奉旨：知道了，钦此。

（中国第一历史档案馆·录副奏折）

督办宁古塔等处事宜吴大澂奏筹办吉林机器局折

光绪七年五月二十二日

窃维吉林全省为国家根本重地，东北与俄境处处毗连，新练防军规模甫具，尚宜实力讲求，以期缓急可恃。目前所最要者，制造军火应设机厂，扼守要隘须筑炮台，二者皆久远之图，自当乘此闲暇及时兴举。上年屡奉谕旨，修筑炮台必须坚固合法，筹办机器总期制造合用，圣训周详，实皆当务之急。臣等未敢牵议举行者，诚以机厂、炮台非钜款不能集事，非得人不能见功，又非仓猝所能开办。现在防务稍松，事机已定，正可从容区画，择要以图，为日后自强之计。敬为我皇太后皇上陈之：

从前中国所制枪炮，多造土药引用火绳，即用购备洋枪、洋炮均系前门进子。近年外洋利器愈制愈精，土药不如洋药之净，火绳不如铜帽之便，前门进子又不如后门之快且远，一经比较，利钝显然。练兵欲求实际，其势不能因陋就简。吉省防军现已兼用后门枪炮，尚须陆续购求利器。然既用后门快枪、开花利炮，不能自制子弹，购运稽时，难乎为继。即洋药、铜帽亦须由他省机局转运到吉，道远费繁，终非长策。若在吉林省城开设机厂，制造洋药铜帽，配合枪子炮弹，不独本省练军可以源源接济，并可兼顾黑龙江各军之用。臣与铭安前派候选知府李金镛[①]访求铅铁各矿，觅得矿洞山铁矿一处，交河铁矿

① 李金镛（1835—1890）：字秋亭，江苏无锡人。咸丰十年（1860），捐得候补同知衔，投效淮军。主持苏北、山东赈务，筹款救灾，授知府衔。光绪六年（1880年）得吉林将军铭安保举，调往吉林协办边防屯垦诸务，多有贡献。先后任吉林知府、长春通判。光绪十三年（1887）奉命赴黑龙江漠河筹办金矿，任漠河矿务局总办。经理有方，成效卓著，是洋务企业不可多得的典型。因积劳成疾，光绪十六年八月初四日（1890年9月14日），在漠河病逝。

一处，栗子沟铅矿一处。据李金镛亲自履勘，采呈铁样，成色颇佳，铅样亦然。闻铁矿、铅矿尚不止此三处，须俟奏调熟悉矿务之员，雇工采炼，必可广开利源。向来东三省所用铁货皆获鹿贩运而来，价值异常昂贵。今拟以西法炼铅、炼铁，又得近地煤窑，足供镕化之资，可便民用，可制军器，可济饷需。即机器购自外洋，陆运稍形跋涉，而本省有铁有铅有煤，弃之不用，未免可惜。此机厂之不可不设也。

炮台之设，自须因地制宜。珲春、宁古塔均系陆路，重山叠嶂，有险可扼，洋人大炮，难以搬运；利用炮车，驰驱山谷，转动较灵。但就要隘地方分筑小炮台数处，依山为险，可省工费。至松花江下游，以黑河口为咽喉。俄国轮船由黑龙江驶至乌苏里江伯力一带，往来不绝，黑河口为必由之路，实为吉林东北门户。惟该处地不产粮，饷械转输至为费力，时有不继之虞，防军不能久驻。且逼近俄界，屯兵设炮不免张皇，是江防之炮台宜设在三姓而不宜在黑河口也。三姓城东三十里之巴彦通设有水关，现扎绥字军马步五营。炮台与营垒相依，可战可守。似宜于巴彦通之东沿江南北两岸，择地各筑一台，仿照天津大沽口台式，每台周围数十丈，里用素土，外包以三合土，上盖炮棚，中置隔堆，下筑药库，砌做圈洞、马道，外加土垣。即用营兵之力，不计土工，每筑一台，亦需费银数万两。查三姓地气极寒，见冰甚早，开冻较迟，惟四五六七八五个月尚可做工，夏秋雨多，又有停工之日。在他省两三年可以告成，在吉林必须五六年方可蒇事。如二十余万金之款，分年筹办，每年只需三四万金。此议筑炮台之大略情形也。

计三姓宁古塔珲春三处防军，除喜昌[1]带赴库伦一千人外，现有九千余人，分布要隘，并不为多。所需防饷，每年八十余万，皆仰给于他省，骤增钜款，恐部拨饷银时形支绌，不能按月济用，办理转形棘手。再四思维，惟有仰恳天恩，饬部通盘筹划，每年另拨银十万两，为创设机厂、建造炮台之用。臣亦明知十万金实不敷用，惟有于各军防饷内力求撙节，设法腾挪。或同时并举，又恐顾此失彼，即可先尽设厂经费，购买机器，盖造房屋，逐渐经营。更以余力修筑炮台，于兼筹并顾之中，略分缓急。总期工归实用，费不虚糜，以仰体圣怀垂廑边圉、慎重库储之至意。

（《中国近代史资料丛刊·洋务运动》）

吴大澂等奏为机厂需才孔亟应奏调谙练西学之员以资臂助片

光绪七年五月二十二日

再，近来西法讲求算学、测量、制器、开矿，日精一日。中国风气渐开，东南各省人才辈出，竞为有用之学，于军中制造尤多裨益。吉林边土，八旗子弟不乏可造之才，自宜仿照各省，延师教习，口讲指画，心领神会，日久自能贯通。现拟创设机厂，需才孔亟，臣于机器、矿务素未究心，茫然不知其源委，自应奏调谙练西学之员，以资臂助。查有总办天津机器局

---

① 喜昌（？—1891）：葛济勒氏，字桂亭，满洲镶白旗人，世居吉林。早年追随左宗棠剿捻，咸丰九年（1859）赏副都统衔，补授吉林镶红旗协统。同治六年（1867）随左宗棠入陕。光绪四年（1878）出任西宁办事大臣。光绪六年（1880）六月出任乌里雅苏台参赞大臣。七月以“平日带兵得力”奉调吉林，会同铭安、吴大澂办理吉省防务。多所谋划。光绪七年（1881）四月，调补库伦办事大臣。光绪九年（1883）以病解职。

候选道王德均[①]，老成练达，熟谙机务，综核名实，条理精详，在李鸿章所设机器局中最为得力之员，未必能久离津局，拟请暂行奏调来吉。所有应盖厂房，应购机器，应储物料各事宜，臣与王德均逐事筹商，布置一切，酌带委员工匠，以供策遣，略有头绪，即令回津。此创办之初，不能不求助于津局也。

此外应调人员，访得候选通判徐华封[②]，识别矿产，精于制器；候选知县丁乃文，于算学、机器制造枪炮，均极明晰；候选县丞游学诗，精通西国语言及文字算学、机器，皆不可多得之才。徐华封现在上海机器局，丁乃文现在江宁当差，游学诗现在福建船政局，相应请旨饬下直隶总督、两江总督、江苏巡抚、福建船政大臣分别饬令该员等来吉差委。臣与徐华封等素未谋面，详加谘访，知其品端学邃，非寻常耳食者可比。臣为机厂需员起见，是否有当，谨会同吉林将军臣铭安，合词附片具陈。

（《中国近代史资料丛刊·洋务运动》）

---

① 王德钧（1823—1884）：字筱云，安徽怀远人。清末科技人才。青年即喜好西学，于科技尤为注意。1865年江南机器制造局成立，附设有翻译馆。王德钧应招进入，与馆中的外国传教士合作，共同翻译了《绘地法源》《海道图书》《开煤要法》等西学著作。又被李鸿章聘为天津机器局总办。光绪七年（1881）因熟谙机务、条理精详得李鸿章保荐，加二品衔。

② 徐华封（1858—约1928）：字祝三，江苏无锡人，为清末著名化学家徐寿三子。近代著名的科学家、企业家。曾任江南机器制造局附设工艺学堂任化学教习，并参与科技图书的翻译与无烟火药的研制。制造了中国第一部电话机，主持多项清末的机矿项目。光绪十五年（1889）在上海设立广艺公司，生产矿烛、肥皂，以与洋商抗衡，制出了中国第一块化学肥皂。民国建立后，拒绝担任官职，一心经营化工企业。约在1928年前后病逝。

铭安、吴大澂奏为变通招垦之法以广招徕民户片

光绪七年五月

再，宁古塔、珲春所辖境内旗户、民户，均属寥寥，招垦新荒，难求速效。即如蜂蜜山一带，穆楞河南北两岸，多系平原沃壤，约可垦地二十余万垧，无如距城太远，四无人居，虎狼麋鹿出入之乡，素为人迹所不到，须节节搭盖窝栅（棚），招民居住，庶人马往来，有投宿之地，路径渐通，行旅不致裹足，方可设法招徕，渐推渐广。查吉林向章，领地一垧，须缴押荒钱二千一百文，现在宁古塔、珲春创办伊始，民情未必踊跃。如苏城各沟，民户陆续来归，不但押荒钱未能一律收取，尚须筹款酌给牛马籽种，以示体恤，若再拘以文法办理，必多掣肘。拟请示以限制：本年领地之户，一概不取押荒钱文，并酌量给以工本，俾闻风向慕，近悦远来，亦变通招垦之法。如蒙特旨允准，他处不得援以为例。当由臣等札饬知府李金镛、已革协领春龄等，出示晓谕，暂免押荒。应如何酌给工本之处，俟该员等详细会商，再行核办。如一年以后户口渐增，应否改复旧章之处，由臣等察度情形，随时具奏。是否有当，伏乞圣鉴训示。谨奏。

光绪七年六月初一日军机大臣奉旨：著照所请，户部知道。钦此。

（中国第一历史档案馆·录副奏折）

铭安、吴大澂奏请放围场荒地以安民业而裕饷源折

光绪七年六月

臣铭安、臣吴大澂跪奏，为请放围场荒地以安民业而裕饷源，恭折具奏，仰祈圣鉴事：窃查吉省自伊通之南，本系围

场之地。再其南，则为奉天围场。奉天围场之南，始为麋鹿山兽滋生之所。山兽出觅水草，北来最多，故于该处设立围场。自奉天请放围场荒地后，人烟日稠，山兽远避，断不能越境再至吉林之围场。每逢捕打贡鲜，竟至一无所获。闻其地多沃壤，且间漏煤铁之苗，故臣铭安于饬派差委知府李金镛、协领全福与奉省委员会勘界址之时，会同臣吴大澂札令该府等顺赴该处，勘明有无沃壤可以招佃，有无煤及铅铁可资开采，据实禀复。兹据李金镛等禀称：查吉省南荒，东自苏密，西至青顶子，其间高原平壤错立山中者，计有二十七处。共计地亩约有十余万垧。均堪垦种。如与由奉划回吉林之地一律招垦，实于民业饷源均有裨益。至煤与铅铁各矿，查矿洞山等七处，有大可开采者，绘图开折禀请核办前来。臣等伏念围场原为採捕牲畜而设，现在山兽不至，若再如前封禁，不但有名无实，抑且有弊无利。盖由奉划回之荒，居民垦种已久，一旦驱逐，概令迁移，必致流离失所。若分别或放或封，是亦徒滋居民偷种之弊。合无仰恳天恩，俯念吉省南荒围场无可捕採，准其援照奉省请放围场成案，一律招佃认领垦种，并兴办矿务，以期安民业而裕饷源。如蒙俞允，再由臣等派员复勘，体察情形，酌议章程，妥为办理。所有请放围场荒地缘由，是否有当，理合恭折具奏，伏乞皇太后、皇上圣鉴示遵。谨奏请旨。

（中国第一历史档案馆·朱批奏折）

铭安、吴大澂奏请按原奏吉省马步各军营制章程核销款项折

光绪七年七月

臣铭安、臣吴大澂跪奏，为声明吉省添练马步各军，营制与直隶练军章程稍有变通，恳恩饬部仍照臣等原奏章程核销，以昭画一而免分歧，恭折仰祈圣鉴事：窃臣等接奉兵部来文，

钞咨兵部等部遵旨议奏吉省添练马步各军营制一折，于光绪七年六月十六日奉旨：依议，钦此。钦遵知照前来。臣等公同会商，复加查核，有前奏未及声明之处，谨再详细复陈，伏候圣裁。如原奏马队章程，每营用长夫四十名，经兵部议得应照直隶章程，出征、防剿、巡哨之时，准其添雇，坐营停给。原奏步队章程，每营营官、哨官，用长夫二十四名，每棚用长夫二名，共用长夫一百零四名。经兵部议得，查练军步队营哨各官，共用长夫二十四名，应照直隶练军章程，无论行营坐营，皆准募足至每队用搬运长夫二名，四十队共用长夫八十名，亦应照直隶章程，拔营之时，准其雇用，于扎营后停给等语。臣等查珲春、宁古塔、三姓各处所练马步队，分扎要隘，有离城二三十里之地，有离城六七十里之地。该处山荒路僻，绝少居民。搬运军装子药，并无车辆骡驮可雇。各营领饷运械，向不开支运脚，是以马步各队需用长夫，其势不能裁撤。若令拔营换防，随时雇用，则各城民户寥寥，一营需夫数十名，临时招募，实无应雇之人。现在扎营之地，荆榛甫僻，工作较繁。挖濠筑垒，修桥垫路，一切工程，皆须兵夫互用。前奏章程，援照湘淮各军之制，每棚酌给长夫二名，马队每营给长夫四十名，步队每营于二十四名外，添给长夫八十名，酌度情形，实系各营必不可少之数。照湘淮各军长夫，核减不少。应请饬部仍照原奏章程，所用长夫，不分行坐，按月支给口粮，由臣等于报销时咨部核销。此项与直隶练军章程虽有不符，亦因地制宜之实在情形也。

又原奏步队哨官每员月给薪水银十二两，哨长每员月给薪水银九两，皆不扣建[1]。什长每名每日给银一钱五分，亲兵、护勇、领旗每名每日给银一钱四分，正勇每名每日给银一钱三分，火夫、长夫每名每日给银一钱。以上皆扣建。经户部议得，直隶练军步队章程内开：哨官一员，月给薪水银十两，哨长月支银六两，什长月支银四两二钱，亲兵、护兵月支银三两九钱，正兵月支银三两六钱。核与此次单开哨官月支薪水银十二两，哨长月支银九两，什长日给银一钱五分，亲、护兵日支银一钱四分，正勇日支银一钱三分，均属有增，所奏碍难照准等语。臣等查吉省添练马步营制，本系奏明参用直隶练军章程，并非仿照直隶一律办理。营官公费、弁勇饷干及柴草银两，有酌减之款，亦有酌增之处。步队哨官与马队哨官本无区别，步队哨长与马队之督队官亦复相同。此次所给薪水马步哨官每月各给十二两，督队官、哨长每月各给九两，其余什长、亲兵、正勇，大约均照直隶练军马队章程，俾马步各营薪水口粮不致参差不一，以昭平允而示体恤。是吉省步队章程，参用直隶练军马队之制，现经臣等按月给发，几及一年，未便再行核减。应请饬部仍照原奏章程，马步各营一律给发，免其更改。庶步队各营弁勇不致向隅。诚如部臣所奏，变通尽利，成边疆精锐之师，备国家缓急之用。臣等亦不敢虚糜巨款，致蹈积习也。此外，各军支发之款，自应按照部议，分晰造册，报部核销。

所有臣等声明原奏马步营制，与直隶练军章程稍有不符之处，合无仰恳天恩，俯念吉省边防添练各军，远戍荒山，士卒

① 扣建：清末军队饷银领取的一项规定。以30日为大建月，月饷照章发放；不足30日为小建月，扣存不足天数之饷，留抵闰月加银。是为扣建。

劳苦，仍照臣等原奏章程核实办理，出自逾格鸿施。理合缮折具陈，是否有当，伏乞皇太后、皇上圣鉴训示。谨奏请旨。

军机大臣奉旨：著照所请，该部知道。片二件并发。钦此。

光绪七年七月二十日

（中国第一历史档案馆·朱批奏折）

吴大澂奏吉林机厂购买机器三姓等处筹建炮台情形折

光绪七年七月二十日

伏查机厂之设，以购办外洋机器为大宗，而吉林陆路转运车辆，每车以四千觔为度，过于重大之器，均须逐件卸开，分装分运，俟搬运到厂，再行配合，非详细稽考，因地制宜，不能得其要领。北洋大臣李鸿章讲求制造十有余年，渐推渐广，于机局应办事宜，了如指掌。道员王德均擘画精详，老成干练，现臣与李鸿章往返函商，该道既不能远离津局，所有吉省应购机器、应储物料，须由该道一手经理，遴派妥员及工匠熟手来吉开厂，较为得力。此次由臣派员赴部请领前项经费银十万两内，拟即提出银六万两交李鸿章留作购器之需，各项价值，头绪纷繁，臣与王德均逐款缄商，详加参考，一切动用款目，并由该道就近禀请李鸿章随时酌核，代为给发，庶购器储料，彼此互相研究，精益求精，不致虚糜钜款。吉林机厂创办之初，不能不审慎周详，以期一劳永逸。现经李鸿章不分畛域，相助为理，臣等有所依据，亦可渐入门径。惟外洋订购之器，非三五月所能齐集，应俟厂房工竣，各项器料陆续购运到吉，方可综核一切费用，分晰造册咨部核销。

炮台工程，以三姓江防为要。臣已札委营务处五常堡协领双寿前往三姓之巴彦涵会同绥字军统领直隶州知州戴宗骞相度基地，详加履勘。俟该员等绘图禀复前来，再行派员督率兴工。其宁古塔、珲春各处要隘，应筑炮台，当俟省城机厂办有端倪，臣即前赴宁古塔、珲春一带亲自查勘，次第举行。至炮台所需工料动支款项，须俟事竣后专案奏销。

（《中国近代史资料丛刊·洋务运动》）

吴大澂奏将江苏候补同知宋春鳌留吉差委片

光绪七年九月初一日

再，查知府用江苏候补同知宋春鳌①，前在天津制造局提调局务，于机器中委曲繁重事宜，考核精详，才明心细。除大宗机器仍由道员王德均在津购运外，所有局中应办事宜，自应责成宋春鳌悉心筹议，次第举行。现既札委该员总办吉林机器制造局务，应请将知府用江苏候补同知宋春鳌留吉差委，以资臂助。

（《中国近代史资料丛刊·洋务运动》）

吴大澂奏防军如何裁减俟旋省后与铭安妥慎筹商奏折

光绪七年九月初一日

三品卿衔督办宁古塔等处事宜臣吴大澂跪奏：为遵旨复陈

① 宋春鳌（生卒年不详）：字勃生，号浦生，安徽怀远人，同治九年（1870）李鸿章接办天津机器局后，宋春鳌以考核精详，才明心细担任提调。光绪七年（1881）吴大澂创办吉林机器局，奏调宋春鳌担任机器局会办，于机器局筹办、经营出力颇多。光绪十八年（1892）由吉林将军长顺奏保，以记名海关道简放。光绪二十二年（1896）受命勘办三姓金矿，使该矿起死回生。光绪二十六年（1900）后，先后担任吉省矿务公司经理、吉林交涉局总办兼办吉长铁路事宜、吉林全省林业局帮办等职。政声卓著。

仰祈圣鉴事。窃臣于光绪七年八月二十七日，接准户部咨开，速议臣奏吉省防军请照原饷按季给领一折。八月初十日奉旨：依议，钦此。抄录原奏，恭录谕旨，飞咨前来。查户部原奏内称，前因铭安奏请，将吉林防练各队分别裁撤，以节省军饷，当经臣部奏准。今又据吴大澂奏称，宁古塔、珲春、三姓等处，毗连俄界，节节皆有险要。原练防军九千名，兵力本不甚厚，松花江尚须酌造船只，添设水师，并须添购枪炮利器，一应经费，全恃每年防饷匀拨周转。且前请添设机厂、炮台，岁拨银十万两，实不敷用，亦须由防饷内设法腾那等情。究竟兵之应否裁撤，饷之可否核减，臣部碍难悬断。仍请饬令臣等公同筹商，折中一是，剋期会衔复陈，再请圣裁钧示遵行等语。

臣查铭安原奏，裁撤防练各队，自因俄约已定，边事稍松，量请核减，以节饷需，亦属因公起见。臣所陈奏，为将来久远之图，通筹全局，不厌周详，亦不敢固执己见，以防军为必不可裁。惟遣撤弁兵，事关大局，自应于原练各处防军内，分别勤惰，汰弱留强，较为郑重。臣已具折奏明，于九月初二日由省启程前赴宁古塔，督饬各军认真训练，并由塔城周历珲春、三姓各处，校阅防军。如营哨各官，内有不甚得力之员弁，或并或裁，容臣酌度情形，细心体察，统俟年底旋省后，与铭安从长计议，妥慎筹商，应如何裁减之处，再行会衔具奏。总期兵归实用，饷不虚糜。至本年冬季应领之饷，拟请饬下户部，暂照原拨防饷数目，分别给领，俾无掣肘之处。臣与铭安往复合商，意见相同，所有遵旨复陈缘由，谨会同吉林将军臣铭安恭折具奏。是否有当，伏乞皇太后、皇上圣鉴。谨奏。

光绪七年九月初九日，军机大臣奉旨：著照所请，户部知道，钦此。

（中国第一历史档案馆·录副奏折）

吴大澂奏出省赴宁古塔日期折

光绪七年九月初一日

三品卿衔督办宁古塔等处事宜臣吴大澂跪奏：为恭报微臣出省日期，仰祈圣鉴事。窃臣前因省城创设机厂，头绪纷如，调员均未到吉，一时未能出省，咨准直隶总督李鸿章饬委知府用江苏候补同知宋春鳌由津来吉经理机器一切事宜。臣与该员逐事讲求，将应建厂房、应购物料、应用司事工匠人等，酌定规样，即委宋春鳌接办吉林机器制造局务。并即勘定省城东门外七里有民地一段，足敷盖厂之用。臣与将军铭安详细筹商，妥为布置，亦复意见相同。臣即于九月初二日由省启程，前赴宁古塔，督率各军，认真操演，并于年内周历珲春、三姓各处，校阅防军。如有营哨各官训练未能得力，当即随时遴选更换。各边屯垦事宜，亦当就近督饬委员，尽心经画，军事民事皆当力求振作，庶不致日久懈生。微臣由省启程日期，谨缮折具奏。伏乞皇太后、皇上圣鉴。谨奏。

光绪七年九月初九日军机大臣奉旨：知道了，钦此。

（中国第一历史档案馆·录副奏折）

吴大澂奏土门江[①]东岸北岸荒地应变通旧章招民垦种片

光绪七年九月

再据招垦珲春边荒委员候选知府李金镛奏称，珲春与朝鲜毗连，以土门江为限。江之东北为珲春，江之西南为朝鲜，

① 土门江：即图们江。

一江判隔，界画堑然。其东北沿江一带空旷之地，于康熙、乾隆、道光年间曾有内地人民前往该处搭房垦地，屡经朝鲜国王咨称：该处与小邦辖境，仅隔一江。如上国民人创构草舍，开垦田土，恐两国居民往来掺杂，滋生事端，咨恳禁止内地人民，勿再越边等情，当经礼部奏请饬禁在案。道光二十八年二月二十三日奉上谕：前据经额布[①]等奏，遵议查勘吉林辉法、土门江二处协缉章程并筹拨缉捕经费一折等因，钦此，钦遵亦在案。伏查土门江东北一岸，系中国地土，与朝鲜本无干涉，各垦各地，并无越边掺杂等事。惟向来私垦开荒，本干例禁。现在珲春奏办招垦，今昔情形不同。沿江一带隙地颇多，弃之可惜，自当一律招民垦种。诚恐该国不知底蕴，仍执前议，致多渎垦。可否奏请饬部咨会朝鲜国王，俾免阻挠而便招垦。其道光年间奏定派员巡缉土门江章程，应否声明停止等因，禀请核办前来。臣等查土门江东岸、北岸与朝鲜毗连之地，从前严禁私垦，虽有例案，究属中国疆界。既有荒地可垦，自应变通旧章，以广地利。如奉天凤凰边门外之安东县地方，与该国隔江相望，亦已开地设官，珲春事同一律，应请饬下礼部咨会朝鲜国王，转饬所属边界官员，勿以中国人民私垦为词，致生疑虑。如该处居民或有越界滋事等情，仍饬该管官吏照例惩办，以期彼此相安，各无纷扰。是否有当，谨会同吉林将军臣铭安附片陈明。伏乞圣鉴训示。谨奏。

光绪七年九月初九日军机大臣奉旨：钦此。

（中国第一历史档案馆·录副奏折）

---

① 经额布（1775—1853）：满洲正黄旗人，字秋山，贡生，历任山东、河南按察使，云南、山西布政使，山东巡抚、成都将军，道光二十年（1840）出任吉林将军。道光二十八年（1848）因山东巡抚任内收受盐商陋规降职。咸丰三年（1853）卒。

吴大澂奏东俄界海参崴华民过多请派员设立公所管理由

光绪七年十二月十八日

十二月十八日，督办宁古塔等处事宜、太仆寺卿吴大澂折称，奏为俄界海参崴华民过多，良莠不等，请由吉林派员前来设立公所，以资管理而惠商民，恭折仰祈圣鉴事。

窃臣查得俄界海参崴地方商贾麇集，约有华民六七千人。即珲春、宁古塔各处商民前赴海参崴往来贸易，络绎不绝。近因海参崴一带赌风甚炽，胡匪较多，劫掠商民，几无虚日。俄国大员不遑治理，吉省地方官亦难越境代谋，几成瓯脱之势，以致该匪明目张胆，窝赌窝盗，即著名巨魁劫案累累，商民亦莫敢过问，并有零星匪党窜入珲、塔交界之东大山青林子内，时来时去，以海参崴为逋逃之薮。此俄界盗源不清，珲春、宁古塔隐受其害也。臣于本年九月间曾派三品衔调吉差委知府李金镛由岩杵河前赴海参崴察度情形，与俄国驻崴将军斐而特镐生面商办理一切事宜。该将军以华民过多，非华官不能管理，商令李金镛会衔出示，严禁赌博，如中国人犯者，照中国律例惩处，俄国人犯者，照俄国公法办理。该将军与李金镛推诚相与，商办缉匪保商各事宜，颇相融洽。据李金镛先后具禀前来，并据海参崴商人施成信等前来珲春呈递公禀，请由吉林奏派海参崴理事官保护众商等因。臣查海参崴系俄界设防海口，虽非通商口岸可比，惟该处工商民户中国人居其八，日本人居其二，闻日本早经派员在海参崴设立公所，管理该国商民事务。中国民人在崴居住者数倍于日本，既据俄国将军告知李金镛，该处华民过多，非华官不能管理。是海参崴设官一节似亦俄官所愿。经臣函商总理各国事务衙门及北洋大臣、直隶总督李鸿章，均属意见相同。合行仰恳天恩，俯念海参崴华商被匪蹂躏，亟需派员保护，请旨饬下总理各国事务衙门，照会俄国驻京公使，拟由吉林派员前赴海参崴，会同俄官设立公所，管理华民命盗词讼案件及一切应办交涉事宜。如蒙俞允，拟请钦派三品衔调差委吉知府李金镛前赴海参崴设立公所，管理华民事务，俾与俄官互相联络，不致掣肘，借以慰商民望岁之心，似其吉林边务不无裨益。所有应刻关防、应筹公费各事宜，俟奉到谕旨后，再由臣等详细筹商，奏明办理。至珲春招垦事务，前经奏派李金镛设法招徕，尽心筹办。现在甫经创始，未便遽易生手。如李金镛之实心爱民，舆情感戴，若令往来珲、崴之间兼筹并顾，各沟民户亦必闻风慕悦，陆续来归，于垦务必有起色。俟将来珲春设官建署，奏请补缺，再由臣等遴派妥员接办海参崴管理商务事宜。臣为边务紧要人才难得起见，是否有当，谨会同吉林将军臣铭安合词具奏。伏乞皇太后、皇上圣鉴。谨奏。

光绪七年十二月十八日，军机大臣奉旨：该衙门议奏。钦此。

（台湾“中研院”近史所档案馆，馆藏号01-17-028-03-001）

吴大澂奏吉省需才孔亟请部察度情形于奏调奏留酌予年限折

光绪八年正月二十五日

督办宁古塔等处事宜太仆寺卿臣吴大澂跪奏：为敬陈管见仰祈圣鉴事。臣窃维吏治之废兴，视乎人才之贤否。而任用之权，操之大吏。大吏秉公考察，实力讲求，则贤者皆得尽其才能，中材亦各知所趋向。若拘泥定章，而叙补辄多迁就，或变通旧例，而去留转涉偏私，皆于吏治有损而无益。臣以为国家立法，所以防流弊，而举劾之典存乎其人，公论有是非，宸衷亦有权衡。苟于地方利弊有关，部臣守经而疆吏达权，但求其于事有济耳。

查吉林旧设理事、同、通三厅，添设宾州、五常二厅，敦化一县，将军铭安又于上年十一月内奏请添设吉林道缺，拟改吉林同知为知府，并于伊通河添设知州一缺。此外如宁、姓、珲三城，尚有应添道、府、厅、县各缺。实因地方辽阔，耳目难周，缉匪安民，须图久远。奏添各缺，事事均须开创，非为守兼优、实心任事之员，不能措置裕如。就拣发到省及奏调差委各员，两途并用，尚可轮流署补，为地择人。现准吏部议复吉林将军铭安等请补各缺定章一折，准其仿照奉天章程，奏请拣发曾任实缺正途人员，不分满汉，酌量请补。并中缺知县一项，仍以候补、委用两项，相间轮补。又请查照奉天停止奏调成案，嗣后不准奏留、奏调他省候补、候选人员差委补用，以归画一。如在此次奉旨以后奏留奏调到部者，臣部即行议驳。奉旨允准之件，仍应请旨更正，以示限制等因。于光绪七年九月二十九日具奏。奉旨依议，钦此。由部转行钦遵在案。臣窃思部臣持议，本系援案奏请，毋庸再行渎陈，惟吉省情形，正需才孔亟之时。遴选稍宽，尚可拔十得五，实因边地苦寒，贤才裹足。指省分发人员，并无指分吉林之人。奏调各员，必平日略知梗概。到省既久，历经考验，始择其人地相宜者，酌量奏留，亦极周详慎重。若一概拘以成案，则从前奏调差委中有得力之员，亦将格于部议，弃而不用，是不免因噎废食，于边省用人之途，似多窒碍。臣之愚见，拟请饬部察度情形，再行核议。或于奏调、奏留一节，酌予年限，俾新设各缺均可得人而理。俟地方布置渐有规模，风俗民情悉臻安谧，三五年后，再行援照奉天成案请停奏调。庶目前可收指臂之助，日久亦无冗滥之员，似于吉省吏治，大有关系。臣身任边防，才疏识陋，于官方民瘼，亦不敢稍存畛域之心。既有所见，不能不据实上陈，是否有当，谨缮折具奏，伏乞皇太后、皇上圣鉴训示。谨奏。

朱批：前据吏部议驳吉省奏调人员，业已降旨允准。兹吴大澂奏请酌予年限，再行停止奏调，系为地择人之义，著照所请行。吉林新设各缺，必须得人而理。吴大澂此奏，不为无见。著该部议奏。

（中国第一历史档案馆·朱批奏折）

附　总署奏遵议设所管理海参崴俄界华民折

光绪八年二月初八日

总理各国事务恭亲王奕䜣等奏，为遵旨议奏事。督办宁古塔等处事宜太仆寺卿吴大澂奏，俄界海参崴华民众多，请派员设立公所管理一折。光绪七年十二月十八日奉旨：该衙门议奏。钦此。钦遵。由军机处将原折钞交到臣衙门。据原折内称：海参崴地方约有华民六七千人，各处商民往来络绎，近因该处赌风甚炽，胡匪甚多，俄官不遑治理，以致劫案累累，并有零匪窜入珲、塔交界之青林子，边界隐受其害。本年九月，曾派知府李金镛前赴该处，与俄国将军斐尔特镐生面商。该将军以华民过多，非华官不能管理，商令会衔出示禁赌，并商办缉匪、保商事宜，颇相融洽。旋据商人等公禀，请由吉林奏派理事官保护等因。查海参崴工商民户中国人十居其八，既据俄国将军告知李金镛，非华官不能管理，是设官一节，似亦俄官所愿，恳请饬下臣衙门，照会驻京公使办理等语。

臣等查东北各边界与俄国接壤处所，往往有华民寄居俄境，横被凌侮之事。海参崴地居沿海，华民尤众，其中良莠不齐，自相仇杀及为俄人戕害各案，历年据吉林将军咨报者，指不胜屈。该京卿所奏盗匪蹂躏华商，自是实在情形。如能派员前往弹压整顿，既可隐为保护，亦可免起衅端。惟此事前经该京卿函商臣衙门后，已由出使大臣曾纪泽面与俄国外部吉尔斯①相商，据吉尔斯声称：该处系屯兵海口，非通商口岸可比，如允中国设立领事，英、法各国必请援照。既中国为保护华民起见，若作为办理商务之官，不提领事名目，本国仍以客礼相待，均可与地方官办事，则他国无可藉口，自可商量。但须奏明请旨，并咨询东悉毕尔②总督方能定局等语。曾纪泽③当即遵照此言办给照会，听候复音，并报明臣衙门有案。上年十月，臣等与俄国使臣布策会晤，亦曾询以此事，该使臣声称应俟外部复文等因。现已越数月，尚未接曾纪泽续报，不知所议如何。除由臣衙门函致曾纪泽，催取俄国外部复文，以凭核办外，吴大澂所拟海参崴设立公所，并选员请旨简派，及刊刻关防、筹备经费各事宜，应俟曾纪泽与俄国议定后，再由臣衙门

---

① 俄国外部吉尔斯：今译尼古拉·卡尔洛维奇·吉尔斯，1882—1895年间沙俄外交大臣。

② 东悉毕尔：即东西伯利亚。

③ 曾纪泽（1839—1890）：湖南湘乡人，字劼刚，以荫生补户部员外郎，袭侯爵。光绪四年（1878）任驻英法公使，六年（1880）任驻俄公使，谈判修订崇厚擅自签订的《里瓦几亚条约》，签订中俄《伊犁条约》收回部分损失的权益。先后被授予太常寺、大理寺少卿、都察院左都御史等官职。光绪十一年（1885）回国，任兵部左侍郎，次年兼任总理各国事务衙门大臣。又调兵部右侍郎、管理京师同文馆事务。思想开明，主张学习西方，兴办洋务。

奏请，饬下吉林将军与该京卿酌拟，奏明办理。谨奏。

光绪八年二月初八日奉旨：知道了。

（《清季外交史料》）

吉林将军铭安等奏朝鲜贫民占种吉林边地妥议复陈折

光绪八年二月

吉林将军铭安、帮办吉林边务大臣吴大澂奏，为朝鲜贫民占种吉林边地，遵旨妥议复陈事。

窃准军机大臣字寄光绪七年十一月二十四日奉上谕：前据铭安、吴大澂奏，朝鲜贫民占种吉林边境，恳准一体领照纳税，当谕令该部议奏等因。钦此。遵旨寄信前来。奴才等查，礼部原折内申明定例，历引道光七年、道光二十二年、同治六年、光绪三年严禁朝鲜民人越界成案，此次该国官员禀给执照，纵民渡江开垦，诚如圣谕，宜令该国王尽数招回，设法安置，重申科禁，方为正办。惟奴才等窃闻该国禁令甚严，遇有越界人犯，送回本国，立正典刑。若奉严旨切责，又恐该国民人无生还之望。此奴才等所以议请边界仍求推广皇仁，与部臣秉经酌权之议，实属意见相同。礼部原折内称：如以江为界，则界址本清，毋庸再划。如就新垦之地，则我疆土日削，议将何裨？奴才等查图们江自嘎牙河口以西，宽狭不等，江流亦甚纡曲，或折而向南，则江西为吉林地，江东为朝鲜地；或折而向北，则吉林地在江东，朝鲜地又在江西。其间群山缭绕，路径分歧，兼有沟河错杂，大半无名可考，与图们江正流亦有相似之处，土人或呼为小图们江。现在朝鲜人所垦之地，其北亦有支流一道，近年愈刷愈宽。该国穷民因江南边地多被水冲，江北沙滩有新长之地，遂以支流为正流，误以传误。即咸镜道刺史所给执照，亦非有心侵占。非派员履勘，详细绘图，不足以肃边界而服众心。奴才等所谓划清界址者此也。至部臣所议，既种中原之地，即为中原之民，除领照纳租外，必令隶我版图，遵我政教，并酌立年限，易我冠服。目前姑照云、贵苗人，暂从各便，一切咨明该国王知悉。如蒙俞允，准照部臣所议办理。圣恩宽大，如天之无不覆，如地之无不载。该国民人本极恭顺，怀德畏威，感激涕零，必能遵奉定章，永无二志。惟边氓本无徭役可派，似可暂从宽免。置官设兵一节，亦尚可缓。拟俟查明户籍，其在珲春境内者，即归珲春地方官经理；在敦化县境内者，仍归敦化县知县管辖。所有地方词讼及命盗案件，均照吉林一律办理。奴才从长计议，体察情形，只须边界官员不加凌虐，不患该民人等之不服箝制也。谨奏。

光绪八年二月初六日奉旨：依议。

（《清季外交史料》）

吴大澂就俄人抵雅其阔幅兄弟二人被害一案查此等人命本属疑案无从办理事咨呈总理衙门文

光绪八年三月十一日

三月十一日，督办宁古塔等处事宜吴文称，准宁古塔副都统德平阿[①]咨称，承办处案呈，于本年二月十一日接准俄国乌苏哩境界廓米萨尔清文照会内称，查本国属下抵雅其阔幅兄弟二人，前在贵国界地被害一案，本廓米萨尔屡次行文贵国在卷。迄今并未将伤害二命之凶犯缉获。兹廓米萨尔亲诣三岔口

① 德平阿（？—1887）：蒙古镶红旗，何特努特氏，吉林驻防早年随帮办大臣恩华赴江南，镇压太平天国。因功于咸丰九年（1859）补正黄旗防御，旋调宁古塔公中佐领。光绪六年（1880）任伯都讷副都统。光绪八年（1882）因发饷延迟为吴大澂奏劾，部议降三级调用。由福州将军希元调至福建任营务翼长。光绪十三年（1887）卒于军营。

地方，向贵国李知府[①]晤面。观之李知府言，本国被害二人命系山兽飧食，非人杀害等语。与贵副都统来文无异。惟查去岁属下被害二人之事，当时派检验官医生等查验尸伤，据称该抵雅其阔幅系被砍伤已死，仍将该抵雅其阔幅由家携带枪械等物，何能被野兽携去？惟所带枪械在于尸场处寻觅，又未得获。将此复与贵国行文，勿将本国二人固执意为被兽飧害，仍希严饬查出正凶。详查以前本廓米萨尔将可疑之人名目业行文贵处，溯维该抵雅其阔幅实被三岔口地方人等害死等情。再贵处将此案如何办理之处，望速与本廓米萨尔见复。本一千八百八十二年玛尔塔[②]月初八日等因前来。即将议拟照复之处呈请核定示复等因。准此，本督办查俄人抵雅其阔幅兄弟二人在中国界地身死一案，据边卡各官探访情形，系被野牲残害。廓米萨尔派官检验，又谓砍伤身死。究竟中国官员并未带有仵作眼同相验，尸身有无刀砍伤痕亦难凭信。惟查三岔口民户寥寥，大半零星居住。该俄人既非单身行走，又有携带枪械，岂两三人所能抵敌？如在中途格斗，华民亦必受伤，岂有兄弟两人束手受砍之理？屡次饬查三岔口一带，实无凶犯可缉，未便妄拿无辜，致滋扰累。至抵雅其阔幅由家携带枪械寻觅未获，或山僻沟深，抛弃他处，或身死之后被人捡去，均未可知。总之，此等人命本属疑案，如何查确之处，急切无从办理。除咨复宁古塔副都统照复廓米萨尔外，相应咨呈总理各国事务衙门查照可也。

（台湾“中研院”近史所档案馆，馆藏号01-17-005-04-004）

---

① 李知府：即李金镛，时任吉林知府。

② 玛尔塔：即俄语三月的音译。

吴大澂就八道河子华民被杀一案俄官办理未能划一已饬李守剀切辩论事呈总理衙门文

光绪八年三月十四日

三月十四日，督办宁古塔事务吴大徵（澂）文称，光绪八年二月二十日，准宁古塔副都统德平阿咨报，承办处案呈，案查以前八道河子居住华民王纯窝棚佣工民夫韩美等八名被俄国马队官兵杀毙，以及抢去财物、牲畜、粮石，并焚烧房屋一案，遵咨拟办清汉照会，催令廓米萨尔赶紧办结之处，抄录粘单，业于本月十八日分行咨报在案，听候核复示遵。合将本月十一日据俄国驻乌苏哩境界俄官廓米萨尔原来清字照会词句译汉抄单，相应呈请咨报查核等因。准此，查此案前据华民王纯声诉，伊窝栅（棚）佣工民夫韩美等八名被俄官带领俄兵剁死并受伤张二小一名，及掠去洋银、牛马、俄帖、烟土等物，将房屋、粮石焚烧等情。当经饬派知府李金镛往查。据廓米萨尔许为查拿凶手，已将犯事俄官企柏错夫拿禁大狱。经吉林将军会衔照会俄国东海滨省固毕尔那托尔[①]转饬廓米萨尔，将犯事俄官企柏错夫解至交界处所，眼同法办等因在案。何以此廓米萨尔来文又有不能作为之语，并未声明犯官有无翻供、供不认等情，殊于先后办理情形未能划一。此等人命重案若竟延搁不办，恐俄界华民人心为之不服。设有互相仇杀等事，转致别生枝节，办理更形棘手。总期彼此秉公，不稍袒护，庶于边事有益而民情亦各相安。除札饬知府李金镛再与廓米萨尔剀切辩论并咨报吉林将军查照外，相应备文咨报。为此咨呈总理各国事务衙门查照可也。

① 固毕尔那托尔：俄语总督（省长）的音译。

照录粘单

大俄罗斯国乌苏哩境界廓米萨尔为照复事。去岁冬月二十五日，廓米萨尔地方业已接准贵国来文，查得八道河子地方所出之事，惟民人王纯之处被害民人八命等因查出。惟令将斯案如何查办之处，今吾不能作为。为此照复大清国宁古塔副都统查核可也。须至咨者。本一千八百八十二年玛尔塔月初八日。

（台湾“中研院”近史所档案馆，馆藏号 01-17-005-05-010）

军机处交吴大澂就与俄官廓米萨尔辩论各案情形

请饬照会俄使转行迅办事呈总理衙门抄片

光绪八年五月十四日

五月十四日，军机处交出吴大澂抄片称，再三岔口与俄界毗连，只隔瑚布图河一水，河东虽属俄境，中国民人居其大半。近因俄兵强占民田，颇形骚扰。拦门种地，几至出入无由。该民人等被其凌虐，均愿迁往河西。俄国兵官又不准其拆房运木，殊多非情非理之事。八道河子荒沟等处，久在俄界居住之民亦愿陆续来归。领地开垦，多被俄兵拦阻。牛马车辆器具，动辄扣留，不任迁徙。惟恐该俄官不加禁止，抢案日多。嫌隙已深，边事益形纠轕。四月十七日，臣在三岔口时，俄官廓米萨尔带同通事莫新来寓求见，臣以宾礼相待。与之辩论，两国既经和好来往，民人自应听其自便。愿在俄界种地之人无须驱逐，愿来吉林开垦之户亦不必阻留。廓米萨尔允即转饬各卡不复拦挡。臣亦面谕该民人等照常来往，毋得滋生事端。如有留难阻滞之处，亦可由瑚布图卡伦官转告俄卡，随时照料，或不致置若罔闻也。臣窃思中国民人久居俄界，时若妄拿抢掠之案，民情终不相安。俄官办事亦反复无常，不可深信。如果一两年内各沟民户悉数迁移珲塔界内，庶边氓各不相扰，交涉事宜易于办理，不致别生枝节矣。所有微臣与俄官面商事宜，应请饬下总理各国事务衙门照会俄国驻京公使，行文东海滨总督转饬遵照，以敦和谊而免纷争。是否有当，谨附片具陈，伏乞圣鉴。谨奏。

光绪八年五月十三日，军机大臣奉旨：该衙门知道。钦此。

（台湾“中研院”近史所档案馆，馆藏号01-17-005-10-001）

吴大澂就俄官率兵赴苏城捉拿刘贵抢去枪械多件已照会廓米萨尔查问事咨报总理衙门文

光绪八年五月十六日

五月十六日，督办宁古塔事宜大臣吴大澂文称，光绪八年四月二十七日，准珲春副都统依克唐阿咨开，兹于三月下旬闻渔采人等传言，俄官派兵住往苏城拿人搜抢等情。事关外界华民性命，边疆荒乱所由，不得不探访虚实。本副都统即出派云骑尉富珠伦，不动声色，由界内向东山内密探去讫。于四月初十日该员旋回呈称，俄官率兵七十余名至苏城捉拿刘贵，并抢去枪械多件，掟去沟民三名等情。正在备文咨报间，于十二日即据苏城沟目刘贵等禀称，本年三月二十三日，突有俄官率领俄兵七十余名来至身家，声言捉拿刘贵，又分兵向各窝铺抢掠，将沟中猎夫火枪抢去三十六杆，及防护沟中备用扎枪三十杆，又将刘景堂、孙常振、王庆云三名拿去。身因在外未遭毒手。身闻信回家，令通晓俄语之人前赴俄营讯问，俄官并不讲理，且言令苏城沟备用车马，为彼修营等语。民等见界外不能安住，欲向内迁，又恐俄人拦抢。实在两难。身逃赴珲春，伏乞照会俄官，将刘景堂等三名释放，并将器械要出，民等内迁不行阻挡，实为恩便等情呈禀前来。查俄人不守旧约，苛虐华民已非一日。凡有照商各件，并不顺情，多不回复。且近来俄人总以华民在俄界者为彼国之民，不准中国官管理。若知沟民内迁，难免不嫉忌而生阻扰。沟民等外住不能，内迁有惧。实众命之所关，边界之重务。本副都统不便擅行出照，合将俄情民隐咨报，以候示复遵行，相应呈请咨行。为此咨请，除分咨将军衙门查核外，理合咨请鉴核施行等因。准此查俄官派兵前赴苏城沟搜抢情形，究竟因何起衅，本督办前在三岔口时面询廓米萨尔苏城沟有无滋事等情，廓米萨尔答云并无所事。如果刘贵等实有不法情弊，理应查办，廓米萨尔何必讳言无事，不以实告？所有拿去刘景堂等三名想系无辜妄拿，应由珲春副都统依克唐阿照会廓米萨尔查问缘由，并将刘景堂、孙常振、王庆云等三名立即释放，以安良善而免争端。除咨复外，相应咨报。为此咨呈总理各国事务衙门查照可也。

（台湾“中研院”近史所档案馆，馆藏号01-17-007-04-005）

吴大澂就沟民被俄人拿去不知是何居心已照会查讯事咨报总理衙门文

光绪八年五月十六日

五月十六日，督办宁古塔事宜大臣吴大澂文称，案据三品衔差委知府李金镛呈称，窃于光绪八年三月二十九日，据珲春界外蠑蛞河沟民史作清等报称，沟目李玉成因奉饬回沟迁沟民，于三月十二日晚间，该沟目被俄人捉拿前去，不知下落，众情惶恐等情前来。窃查该沟目李玉成前因俄人访拿逃来珲春，淹留已久。此次卑府奉檄招垦，当经饬令率同沟民陆续迁归中土。今回沟被拿，不知俄人是何居心？除呈报将军衙门并咨呈珲春副都统备具照会查询俄官外，理合备文呈报，伏乞察核施行等情。据此本督办查李玉成被拿一案，前在三岔口面询廓米萨尔，答云不知有此事。实属有心推诿。除由珲春副都统照会俄官剀切辩论外，相应咨报。为此咨呈总理各国事务衙门查照可也。

（台湾“中研院”近史所档案馆，馆藏号01-17-007-04-008）

吴大澂就交涉事件积累甚多俄官从不照复亲赴岩杵河面晤各情事咨报总理衙门文

光绪八年五月十六日

五月十六日，督办宁古塔事宜大臣吴大澂文称，光绪八年五月初四日，准珲春副都统依克唐阿[①]咨称，承办处案呈，查本处交涉事件积累甚多，皆屡次照会俄官，并未得其照复。近因外界华民迭被残虐，为害益剧。秦蒙蠔蜢河沟目李玉成被

① 依克唐阿（1834—1899）：字尧山，扎拉里氏，满洲镶黄旗人，祖籍吉林伊通。早年随副都统开隆阿征调入关，平定农民起事，因功擢升。同治元年（1862），调任吉林三姓（今黑龙江依兰满洲镶白旗佐领。其后，历任墨尔根副都统、瑷珲副都统、呼兰副都统、珲春副都统等职，修城池、设卡伦、筑炮台，训练防军、招民垦荒，加强边防守御，期间与俄交涉，坚定维护主权。光绪十一年（1885），会同钦差勘界大臣、都察院左副都御史吴大澂勘定中俄边界，签订《中俄珲春东界约》，争回土字界牌和黑顶子地方，重申中国的图们江航行权。甲午战争爆发，率部参与协守鸭绿江、摩天岭，因兵败被革职留营。继而又参加反攻海城、驰援辽阳之役，终未成功。光绪二十一年（1895）三月，开复处分，授镶黄旗汉军都统，同年八月出任盛京将军。

其拿禁，不知下落；苏城沟目刘贵家中及各窝铺被其抢掠，捉去多人，虽经照要，仍属无济于事。近闻知俄国东海滨省固毕尔那托尔巡边将至岩杵河，思欲面见固毕尔那托尔，将一切事务向其辩论，或者拯边氓于水火，致交涉于持平，使廓米萨尔不得逞其鬼蜮。故于本月十五日密达公函于将军督办麾下。嗣闻固毕尔那托尔可至岩杵河，遂一面照知俄官，一面将署中随常事件派令协领德玉护理，靖边营事务派令郭副将护理，遇有重大事务，着包封专差驰递行辕办理。分派已定，本副都统随带文武员弁数名，于二十一日启程前往抵至该处。俄官固毕尔那托尔与廓米萨尔恰于是日先到，订时晤会。于次日辰刻与固毕尔那托尔及廓米萨尔会面。叙礼寒暄毕，本副都统言及交涉公务，贵廓米萨尔所办事务诸多不遵条约，且皆不回复，殊伤和谊。据固毕尔那托尔言说，我公事忙迫，不暇逐件商办。明日着廓米萨尔赴贵寓面商，饬其妥为查办，不得仍前玩懈等语，词极委婉。次日廓米萨尔辰刻至寓，将交涉各件向其理论。言去岁昂邦别拉华民六十余名无辜被禁，已将真贼拿获，良民当即释放，屡次照会，并未回复。现闻此项华民经放出，为何不行知照？及八道河华民八命、宁古塔界杀伤各案以及沟目李玉成、刘贵等被抢、被捉各件，逐条次第详论。该廓米萨尔言说，此皆俄国内省之地，居住俄界之民均由俄官以俄律办理，不与中国官相涉。本副都统以条约内载凡中国人占居之地俄人均不得侵占，又各国人犯罪俱送交本国，各照各国条律治罪，不得彼此存留，查治条约甚明，何可云尔？廓米萨尔无可回答，又用其支吾故套，言定条约之时，因无好通事，想是错译条约等语。本副都统言，经两国所订，曾经御览，岂有差谬之理？俄言我所办之事系奉我们上司来文指示新定国律等语。

向其索要新章，则又言我们上司文书不能令外人见知，一味狡辩。问答十数余条，从晨至午，从无一语近情近理。本副都统初则以理相难，继则设词相激，言以堂堂俄国，赫赫边臣，竟无光明磊落之概，岂不为众人嗤笑？甚至怒形于色，词壮言厉。而彼则恭谨柔词，求情息怒。言俟夏末仍将衙署移回岩杵河时，再善为办理等语。逾时推故告辞而去。及命人去见固毕尔那托尔，则已秣马驾车，欲将起程，有不遑再会之势。因思彼族既已上下通同，再言亦是无益，亦即于二十四日启程，旋抵珲春。所有此次亲赴岩杵河与俄官晤面各情相应呈请咨报。为此咨报，除分咨将军衙门查核外，理合咨报鉴核施行等因。准此相应咨报，为此咨呈总理各国事务衙门查照可也。

（台湾"中研院"近史所档案馆，馆藏号01-17-007-04-007）

吴大澂就俄兵至苏城抢去刘贵财物牲畜多件已照会俄官查问呈总理衙门文

光绪八年五月十六日

五月十六日，督办宁古塔事宜吴大澂文称，光绪八年五月初四日，准珲春副都统依克唐阿咨称，承办处案呈，本月二十七日，据民人刘贵呈称，今接苏城来函，言于三月二十九日，有俄国兵马一百五十余名至苏城，将小民伙计绑拿，抢去货银一千五百余两，衣服、首饰不计其数，马三十五匹，牛九头，猪一百五十余口。又于四月初一日，又将小民房屋、粮石、器具一概焚毁，及俄兵将民人高继殿房屋霸去占居等情呈递前来。据此合行呈请咨报。为此咨报，除分咨将军衙门查核外，理合咨报鉴核施行等因。准此，除咨覆珲春副都统照会廓米萨尔查问缘由外，相应咨报。为此咨呈总理各国事务衙门查照可也。

（台湾“中研院”近史所档案馆，馆藏号01-17-007-04-006）

吴大澂就俄官订立新规以俄国法律办理海参崴华商请行文曾大臣向俄外部辩论事呈总理衙门文

光绪八年八月二十九日

八月二十九日，督办宁古塔事宜吴大澂文称，光绪八年八月十五日，准珲春副都统咨开，承办处案呈，兹据俄界海参崴华商复泰隆等三十一家同具图书禀呈，因崴中俄将军派商民充当董事，办理事务，出立条规。既在俄界，听从则不敢，抗违又不能，故此禀请批示，将俄字条规二纸译汉一并潜行呈递前来。详阅所禀及各条，有可行有不可行，姑置勿论。即其俱用俄国律，不用中国律一条，是俨然以华民之在俄界者即为俄国之民矣。情节关系最重，不得不先行咨报。合将商民公禀及所译条规钞连文尾，呈请咨报。为此咨报将军衙门查核外，理合咨报查核等因。准此，本督办查海参崴华商复泰隆等三十一家内，有宁古塔铺商数家，均系往来贸易之人。在该商自举董事，经理商务，原无不可，即公举刘成章捕拿盗匪，按铺摊出经费，略如吉林所集练会，亦不失守望相助之义。至所拿犯事之人，仍当分别办理。如系俄民，可照俄国法办，如系华民，即应送至珲春，查照约章，由中国地方官按律惩处。各国办各国之人，方与条约相符。今据该商民呈递俄国将军所立条规，内称犯法之人必要用俄国规矩办理，不得以中国刑法处断，殊属有违条约。此外各条，如生疾之人必赴俄医调治，死则剖验，亦非中国民人所愿。应请贵衙门行文曾大臣[①]，照会俄国外部，据理辩论。各国洋行在中国地方行商，一切词讼命盗各案，并未遵照中国律法，中国商民在俄界海参崴等处行商，事同一律，凡词讼命盗等案，无论大小均应送交中国地方官秉公查办，方无流弊。相应将原译俄官条规及华商原禀照钞粘连，备文咨报。为此咨呈贵总理衙门，谨请查照施行。

照录粘单

具呈人海参崴商贾人等，为请示遵行事。切崴中华夷杂居，良莠难辨。凡一切崴内之人，不论大小事端，俱系俄官管理。但言语不通，难免是非不明。于七月初日俄官将身等按户传衙中，令身等选择二十余名派为董事人，办理中国事端。设立十五条款，抄粘呈电，但身等系市井细民，理法未谙，实恐有干国宪。乃俄官既派，殊难退辞，因此同议，凡事属细微，身等随时劝息。如事关重大，将两造借俄署押候，即禀大人究断。至于崴中贼匪，前被刘成章缉捕，无不丧胆，至今望风而逃。仍着刘成章到处捕拿，一切化费钱项按大小铺户均摊。但未经禀报，不敢擅办。愚民无知，可否出自上裁。惟此据实禀明，叩恳大人恩准作主，批示遵照，俾身等有所适从。感戴上呈大人台下施行。

复泰隆　纯发德　东盛德　四海盛　福泰栈　和发号　福兴永　东盛隆　广泰　广源恒　永兴利　东金生　利昌　来记号　源昌盛　裕昌号　吉祥号　其源　复泰申　盛记号　同利号　东海盛　四合利　长德号　福祥永　祥顺公　兴盛和　双盛和　公顺栈　山东兴　义昇庆

① 曾大臣：即曾纪泽，时为出使俄国公使大臣。

俄国大将军因崴中中国人居住不定，冬夏不一，因此立此条款。

第一款：来往大小船只俱要起票。若有来路不明之船，准其禀官。

第二款：崴中顶房之家一概不准窝住贼匪。若被查出，一体治罪。

第三款：又俱要洁净。

第四款：又有人生疾，必先知会官处领票，赴俄医调治。若死者，必报。

第五款：又无论大小事情，该处住人必得该管董事同议办理。

第六款：又若出命案，必得众董事打听访问拿人。

第七款：俄人若有修工用人，准其董事代雇，其工钱照市。

第八款：官处若有要事商议，同仝俱到，不准迟延。

第九款：崴中无生意伙房，若出兑房屋、铺店等事，必先禀官。

第十款：所住之人俱要问真姓名。有票不准迁换，无票即同董事到官起票。

第十一款：所住有业之人，若俄官有事，准其董事找出该人交官，散人不管。

第十二款：又吉祥园一个，西山拉你一个，杨来一个，广源恒一个，柴家园一个，东营一个。各园帮办人二名。

第十三款：办事人若找不着，准其禀官，当堂挑选。

第十四款：又立此条款，每管事人一张。

第十五款：又所住之人俱要照俄国规矩。不照规矩，即发回家。

洋文照译：

一、倘本崴中有匪人该拿或已拿，得凡事必先通知董事会议办理。

二、凡审中国大小官讼事，必定该董事到衙看审，公论定夺，以得彼此同心。

三、但拿获犯法之人，必通知董事人审办。

四、今各园均派有董事，以后凡各园大小事务，是该园董事人之责任。

五、凡犯法之人，必要用我俄国规矩办理，不得以中国刑法处治。

六、如有在崴中身故者，看因何而死。若应剖验则剖验看，不用剖验者，免之此事。随时随事商办。

光绪八年七月十二日立

正董事七位

刘成章　□□□　康平温　刘士芳　田先生　吉祥号　复泰隆

副董事十二名

四海盛　福泰栈　聂清　来记　福裕顺　郎起耀　胡月里　苏梦景　李士有　广源恒　复泰申　东盛隆

（台湾“中研院”近史所档案馆，馆藏号01-17-028-02-008）

吴大澂奏报俄侵占珲春黑顶子地方应设法索还片

光绪八年十二月二十一日

再，臣查咸丰十年中俄条约载明分界地段，由瑚布图河口顺珲春河及海中间之岭，至图们江口。其东皆属俄罗斯国，其西皆属中国。现在吉林将军衙门存案地图所划红线，并不以海中间之岭为界，是地图与条约显有不符之处。近来俄人侵占珲春边界，竟将图们江东岸沿东百余里，误为俄国所辖之地。并于黑顶子地方安设俄卡，招致朝鲜流民在彼垦地，已有二百数十户。若不及早清理，珲春与朝鲜毗连之地，大半为俄人窃据，其隐然觊觎朝鲜之意，已可概见。

臣于此次赴珲春阅操之后，即与俄官廓米萨尔订期会商边界事宜。臣因亲至岩杵河、摩阔崴沿海一带地方查勘海中间之岭，并由罕奇海口绕至黑顶子，确切查明该处地方实系俄人侵占珲春之地。当与廓米萨尔约定明年二月初旬，以俄国之三月初一日为限，由两国派员会同履勘，将黑顶子地方归还中国。该俄员虽难饬词强辩，总须以两国画押钤印之旧图为据，方足凭信，不致狡展。查咸丰十一年，前仓场总督、户部侍郎成琦[①]与俄国公使会同分界，所有两国大臣画押用印，彼此互换之地图，经成琦□□□送军机处备查。可否请旨饬令军机处查明咸丰十一年原定旧图，颁寄吉林将军铭安，由该将军派员□□□图前往珲春，照会俄官廓米萨尔定期会勘，按照旧图所定红线，将黑顶子一带沿江地段划清界址，于明年二月内限令

① 成琦（1818—？）：字魏卿，号小韩、效韩，格济勒氏，满洲正黄旗人。道光三十年（1850）进士，历任户部主事、通政使司副使、詹事府詹事、都察院左副都御史、户部左侍郎、仓场侍郎等职。咸丰十一年（1861），奉旨与俄方代表卡札凯维奇签订《中俄勘分东界约记》。

俄官撤去卡伦，将从前侵占珲春地方一律交还中国，庶图们江口二十里以内，仍为珲春管辖之地。俄界与朝鲜不复接连，借以杜俄人窥伺朝鲜之意，实与吉林边界地方大有关系。

至摩阔崴东南有库伦岛，四面临海，即条约所谓海中间之岭。查阅旧图并无其地，应如何更正之处，再由臣会同吉林将军臣铭安详细查明，妥议具奏。臣为慎固封守严防侵越起见，是否有当，谨附片陈明。伏乞训鉴训示。谨奏。

光绪八年十二月二十一日，军机大臣奉旨：该衙门知道。钦此。

（中国第一历史档案馆·朱批奏折）

吴大澂就海参崴新开河抢杀案等事呈总理衙门文

光绪九年正月二十日

正月二十日，督办宁古塔事宜太仆寺卿吴文称，窃照本督办于光绪九年正月初五日接准贵衙门函开，近日俄署使来晤，谈及东界两事，兹将问答节抄寄阅等因。本督办查柏翻译称，韦大人[①]接本国信，海参崴地方有一地名新开河，现归中国界，其南边是俄国界。因冬间不好走，须绕道由中国界。本国曾设有一卡，预备送文书，现在为中国人抢了六匹马，并杀了站目及眷属小孩等，请贵国行知查办一案。本督办查十月十一日曾准宁古塔副都统咨开，承办处案呈，于本月初七日，据戍守乌札库大卡尽先佐领花翎防御委参领哲英额呈称，于九月十八日据俄官西尼廓幅带领通事至卡，告称乌苏哩与兴凯湖口借中国地方安设俄卡，突于九月十一日晚间，未悉中俄之人，将该站

① 韦大人：即韦贝，原为俄国驻天津领事，光绪八年九月至光绪九年九月署理俄驻华公使。

夫男女砍毙二命，并失去站马四匹，向职商说两国和好，出派兵役帮同访拿等情。据此，职带领兵丹[①]在于界内密访巡缉，是以先行呈报等情，业经宁古塔副都统饬令巡查街界及戍守边卡官兵等一体严密访查在案。兹韦署使所称新开河，当即兴凯湖，该处并不在海参崴地方。俄官原报男女砍毙二命，并无小孩，原报失去站马四匹，亦无六匹之多，原报未悉中俄之人，兹云中国人，情形稍有不同。惟查该处系中国空旷之地，向无中国民人在彼居住，究于何日借地设卡，亦未接俄官来文。其戕害俄人之凶犯，是否即系俄人，中国官员难以查究，应由宁古塔副都统转饬乌札库卡官，再行确切查明禀复，以凭核办。柏翻译又称，绥芬河地方新近中国人有将倒毙牛只宰割，丢在河内，流入俄国境内，致染瘟疫一节。查中国民人向有倒毙耕牛，其牛皮、牛肉皆可变价，一牛可得三四十千文，断不肯丢在河内。闻俄国官兵遇有染病之牛，不食其肉，或有抛弃河边，被水冲去之事。绥芬河上游有中国地方，亦有俄国地方，此事难以分辨。除咨明吉林将军宁古塔副都统外，相应备文咨复，为此咨呈总理各国事务衙门，请烦查照施行。

（台湾“中研院”近史所档案馆，馆藏号 01-17-012-01-002）

吴大澂就缉获匪首邓全一案呈总理衙门文

光绪九年四月二十三日

四月二十三日，督办宁古塔事宜大臣吴大澂文称，光绪九年三月初一日承准贵衙门咨开，准俄国出使大臣曾咨开，前

① 兵丹：清代八旗营制中，最底层的士兵。亦称西丹。

准抄示吉林将军文，以斐将军缉获匪首邓全、张洛五等犯，经俄官贿纵，属为辩论。查所述情形有碍难辩论者，只得摘译原文，分具两牍照会俄国外部抄稿咨呈等因。又据函复内称，俄官酷虐华民一案，查西洋章程，有凡民寄居某国，即归某国刑章办理之条。虽与中俄条约不符，然势难强其骤改，应请贵衙门照会驻京公使，俟其答复如何，再为核办。又剖验一层为服毒等案而设，尸亲不愿，从无相强各等因前来。除先由本衙门照会韦署使[1]外，相应将原咨及附抄稿件并原函照录全分，咨行查照核复等因。准此，本督办详绎曾大臣函称俄官酷虐华民一案，查西洋章程，有凡民寄居某国，即归某国刑章办理之条，虽与中俄条约不符，然势难强其骤改一节。查泰西公法，异邦人既入某国，必当遵其法律，此各国本例也。然本例之外又有辖外之例，交谊所关，不能加以约束，故另设一例，以明其不属管辖之理，是谓辖外之例。中国于泰西羁旅之人，免归地方官管辖。盖因律法风俗与泰西多有殊异，各国之人恐中国地方官审断未必公允，因而为本国人民请免地方管辖，是亦辖外之例也。两国往来，所享权利自当一体，他国寄居中国之人既有辖外之例，中国寄居俄国之人亦当依辖外之例，方为公允，此可与辩论者一也。各国待异邦之例，惟法国最苛，西语谓之堕般，羁旅之人须纳丁银，身后遗产没入国库。然亦有免从此例者，又有照条约而不照公法者，全国之人俱免堕般之例，他国以此例待法人，法人亦以此例待之。虽有国法，亦可变通办理。今俄官之待中国人，亦当如中国之待俄人，条约所无，不宜轻改，此可与辩论者二也。公法又云，德瑞数邦，暨

① 韦署使：即署俄国驻华公使韦贝。

那伯里[1]、葡萄牙、俄罗斯、那崴等国，凡本国人民在外国犯罪，无论系得罪于本国，或本国之人，或外国之人，悉照本国律法惩办。然则俄国之人在他国犯罪，仍照俄国律法办理，中国之人在俄界犯事，亦应照中国律法办理。中俄续增条约内称各办各国之人，本极平允，与俄罗斯国法亦正相同，此可与辩论者三也。各国寄籍之民，已经呈请入籍者，仍准其改归原籍。况华民之在俄界者，在咸丰十一年未经分界以前，居往已久，并非呈请入籍之民，又与寄籍之民不同。故中俄条约内称，上所言空旷之地，遇有中国人住之处，及中国人所占渔猎之地，俄国均不得占，仍准中国人照常渔猎。其地且不得占，则中国旧居之民不受俄国管辖可知。二十余年，俄国官员亦各遵守条约，并未逼勒中国人改入俄籍，中国人虽居俄界，并未遵从俄国律法。现在俄国官员意欲强我改章，并非中国官员强其骤改也。若稍通融，不按条约立言，以后俄官更可酷虐华民，边界官员无从诘问，此不能不与辩论者四也。以上各节，应请贵衙门照复曾大臣，据以辩论。凡华民之在俄界者，欲用俄国律，不用中国律一节，似须坚持条约，未便允其改易。公法大纲所谓邦国均当保护己民，此泰西各国之所同，亦欧美两洲之公论也。又准曾大臣原咨称，华民刘成章同海参崴铺商联名公禀邓全等系著名凶犯，究竟该匪所犯何案，是否抢劫铺商，抑系危害何人，未将原案详细声叙一节。现据李守金镛禀称，中俄交涉较各国尤为紧要，是以前此奉委办理事宜，凡有事关紧要者，深恐会晤面谈，言不足信，据案照会，催取文牍，以为凭据。曾接廓米萨尔复称声明，所拿犯人甚多，伊等

① 那伯里：即今天意大利的那不勒斯。曾是一个王国，1860年统一到意大利之中。

犯由甚重，一俟送至接收，愿莫保护此辈等语，可见廓米萨尔明知该犯等所犯各案罪不容逭之处。回文既云愿莫保护，而始终未解一犯者，从此众口有词，愈疑贿纵。是一日各犯不解交，则一日之疑词难释，贿固无凭，而纵乃其实事也。所有华民刘成章同海参崴铺商联名公禀邓全系著名凶犯一节，查崴埠各商先告于俄官斐将军，得蒙提兵拿获，以守两国扶持之约。复控于卑府，因此为之追解，是各案原由，彼已先此而知。兹将铺商公禀并案单抄呈禀请酌夺前来。本督办查海参崴盗匪明目张胆，素无忌惮，所劫之案该匪并不讳言，亦不远扬，故本埠商民知之甚悉，畏其凶焰，莫可如何。详阅众商原禀，似无挟嫌诬控情弊。相应抄录原禀原单，备文呈请咨复曾大臣查核办理。为此咨呈总理衙门，谨请查核施行。

照录清折

委办行营会办营务处三品衔吉林补用知府署吉林府知府李金镛谨禀

督帅阁下，敬禀者，窃卑府于三月初五日接奉军宪札开，边务承办处案呈，本年二月二十八日，准总理各国事务衙门咨开，本衙门准出使俄国大臣曾咨开，前准抄示吉林将军文，以斐将军缉获匪首邓全、张洛五等犯，经俄官贿纵，属为辩论。查所述情形有碍难辩论者，只得摘译原文，分具两牍照会俄国外部抄稿咨呈等因。又据函复内称，俄官酷虐华民一案，查西洋章程，有凡民寄居某国，即归某国刑章办理之条。虽与中俄条约不符，然势难强其骤改。应请贵衙门照会驻京公使，俟其答复如何，再为核办。又剖验一层为服毒等案而设，尸亲不愿从无相强各等因前来。除先由本衙门照会韦署使外，相应将原咨及附抄稿件并原函照录全分，咨行贵将军查照核复可也等因前来。相应照录粘单，札饬三品衔知府李金镛遵照查明声复，以凭转咨可也等因。奉此，伏查卑府前经复陈确有可疑纵犯各情，而不敢委曲周旋者，非为一时之得失计，实为大局之利害计。窃以各口通商，互相寄住，此系古今一大变局，幸有条约，是变局中之一定局也。立约之初，互相允议而有条不紊，正为日后之成规。条约既定，而谓势难强其骤改，今也姑宽一线之情，继也恐无挽回之计，由微积渐，而负约开端，犹恐群起效尤，大局攸关矣。况乎中俄交涉较各国尤为紧要，是以前此奉委办理事宜，凡此事关紧要者，深恐会晤面谈，言不足信，据案照会，催取文牍，以为凭据。曾于七年十一月十八日将往复照会抄呈在案。查译允解回文之中声明，所拿犯人甚多，伊等犯由甚重，及一俟送至接收，愿莫保护此辈等语，可见廓米萨尔明知该犯等所犯各案罪不容逭之处。回文即许允解，愿莫保护，而始终未解一犯者，从此众口有词，愈疑贿纵。是一日各犯不解交，则一日之疑词难释。贿固无凭也，纵乃其实事。兹不辨其贿之有无，应请问其纵之虚实，必须将各犯如数解交，则贿不贿之情形不难大白于崴埠华商，而群疑乃释。所有华民刘成章同海参崴铺商联名公禀邓全系著名凶犯一节，究竟该匪所犯何案，是否抢劫铺商，抑系杀害何人，未将原案详细声叙。此次若仅据华商所指凶犯一语，责成俄官交解，不惟辩论无根，亦且难以立言。以及张洛五一犯，文内虽有迭次拿获，俄官迭次纵放之事，然该匪初为华民张福太拿送入俄狱之时，究系所犯何事，原文亦未声明各等因。因查崴埠各商先告于俄官斐将军，得蒙提兵拿获，以守两国扶持之约。后控于卑府，因此为之追解，是各案原由，彼乃先此而知。如张洛五者，初次拿获入狱之时，虽未声明何案，后此迭拿、迭纵、迭犯大案，已经声明。诚如曾大臣照会，索交中国人犯，被贵国官员拿获者，贵部堂不难鉴察是也。兹将铺商公禀并案单抄呈。查案中越五月，而抢劫勒赎者甚多，被杀十八命，后经纵放，至有蚂蚁河、刀兵河抢夺故烧等案，禀中并声明海参崴附近口岸，匪徒扰攘，水陆逞凶，近因码头初兴，商贾聚集，而此风益盛等情。此次首从匪徒俱获，而仍纵之，纵匪必害商，独不思于商有害，视为畏途，即于通商局面所关匪浅，廓米萨尔何不自为崴埠通商计若是耶？复查第八条所载各办各国之人一节，原指明领事官与地方官而言，亦承本条上文，两国之人互相私逃彼此国中内地，中国官员照依领事官行文查找送回，地方官亦当照此办理而言，并有不可彼此妄拿、存留、查治之约，明系指明彼此查找送回，各办各国之人。复案第十条，查边界大小事件，俱照此约第八条，由边界官员会同查办。其审讯两国所属之人，俱照天津和约第七条，各按本国法律治罪，重言申明，详言边界，必非指明在中国地方犯事而言。且十条中载明、如有越边逃人，一经接到照会，即设法查找，找获时送交近处边界官员，其缘何逃走之处，由该国官员自行审办。此系指明本条各按本国法律治罪而言，即各办各国之人之本意，以及尚未接到照会，查获越边之人，亦可照此办理等约。查邓全、张洛五等各犯系越边逃人也，既经拿获，又复照会，亟应遵约解交。虽该犯等犯事拿获在俄属，事主与犯皆华民，民愿诉于俄，可不问也；民既来诉，而仍不顾问，是民知有官，官不知有民，官令民以目无官也。可否将各商公禀以事不在中国地方一言批复之。试问俄国之人来中国地方通商，被该国匪人越边抢夺谋杀故烧，经中国地方官拿获匪查治，该国商人回国控告，经俄官照会交人，地方官存留不交，在该国以为可否？推己及人，难逃公法。并查通商口岸有华民控于地方官者，查在何国界内，皆可照会该国领事官提人责证，崴埠亦该国通商处也，事同一律。此次若姑就之，将来各埠效尤，将奈何？谨复情形，伏乞酌夺施行。除禀军副宪外，合并声明。专肃寸禀，恭请钧安，仰祈垂鉴。卑府金镛谨禀。

谨将光绪七年十月十二日崴埠华商公禀并案单抄呈宪鉴。

具呈五品顶戴候选盐经历陈肇周，生员邵楫，职员罗其照，监生林炳耀、邝春生、周镇、施成信、薛那太、李玉荣、张立山、张为汗，以及合帮商民等，为除凶灭暴，以杜后患事。窃查俄国海参崴以及附近口岸匪徒扰攘，水陆逞凶，陷害平民，由来旧久矣。近因码头初兴，商贾聚集，而此风益盛，甚至街市店铺，亦有以买卖为名，窝积盗货，而入其党者，虽有俄官不时访拿，然未经就地人指名核实，究竟难以澈底。且我国官长亦因获无确据，未曾极刑问罪，是以愈纵愈肆，而致劫财谋命之案层见迭出，无一月之或闲。前经宪台驾巡兹土，恩蒙汇请俄官从严缉捕，之后适有商民刘成章于九月念二日，在崴埠十里外潼南地方被盗劫去，逼索其帖钱五千吊赎身。幸刘成章在崴多年，此中颇有面识，方能诱期得脱。彼时崴埠诸商闻风不服，遂即会同公议，劝令刘成章奔告俄官，如期往捉，且众商亦合词陈说宪台曾经汇请严缉之由，于是斐将军乃肯协力从事。遂于念五日早晨密提兵丁百余名，带同刘成章，亲自出驾，当获匪徒六名回埠，又着刘成章带同俄兵各处查认余党。至三十日，共获得匪徒一十九名，均属无业游民，素行办法而罪不容诛者。今斐将军欲将此等罪犯解赴珲春正法，犹恐匪徒诬供求免，特着刘成章同来质对，实系恩便之至。查此一十九人中，惟邓全、盛财、王老三、尹明义、马保山、刘福彩、王殿元、李永昌、李盛、陈彩、王学暐、韩玉国、赵廷喜、李老歪、沈理斗、尚兴隆诈名许积，十六名，向来赫赫有名，自称为匪徒头目，而且陷害罪案历历可查，抢劫赃物各各有据。其余董臣、张永合、李君魁三名，虽入其党，尚无伤命显证。到案之日，伏乞迅速讯究，严刑诘出其羽翼窝墩，移文拿获按律处治，将首级赐回崴埠示众，并恳给示严禁，以后毋许窝买盗货，如敢故违，准凭该埠诸商扭解来珲，与匪徒一体问罪等情。非敢进益求进，亦思刘成章以一商民，既肯冒死不辞，领袖俄兵各处拿获，虽是祸迫于己而出于不得已者，其实亦为崴埠略除祸害，而众商等无不感激其勇烈。为此叩求宪台大人怒振雷霆，法凛冰霜，切勿施恩额外，纵囚回崴，上失斐将军并力剿除之意，下遗刘成章万死一生之祸，庶几水陆两道升平共享，不特在崴者钦仰盛德，即外埠诸当亦衔结图报矣。

复泰隆　复泰申　和发隆　王连登　盛记　长德成　柴克珍　毕成宽　吉祥　利昌　广源恒　管起成　福泰栈　盛记邓连芳　刘士芳　广泰　双盛和　盛泰　家世江　福兴永　东金生　阎锡同　魁记　裕昌　东盛隆　东海盛　马成业　福兴和　庚记　马世龙　纯发德　同利　四海盛　义升庆　程义　来记　隆兴栈　李凤楼　恒生

罪犯历来案积重重，不及备录。兹将本年五月后所犯各案开列于后。

一，罪犯邓全、盛财、王老三、尹明义、马保三、刘福彩、赵廷喜等，六月间于秦盆河地方斩死东帮周忠吉一名，被抢货物不计其数。

一，罪犯邓全、陈彩、李老歪、韩玉国、许积、董臣、张永合等，七月间于金垦地方劫夺东帮李凤楼鹿茸二副，又劫阎锡同烧酒四十二篓。

一，罪犯许积、陈彩、王学暐、李盛、韩玉国、李永昌、王殿元、沈理斗、李老歪等，八月间于二寫湾地方斩死朝商十一名，劫去标布八包、海参一千七百斤。

一，罪犯王日为、许积、李君魁、张永合、李老歪、陈彩等，九月间于通南地方，留命逼赎邓连芳帖钱五百吊。

一，罪犯邓全、许积、盛财、陈彩、尹明义、马保三、赵廷喜、王殿元等，九月间于潼南地方斩死朝商六名，被劫牛三十二只，又勒赎施跑钱六十吊，李孝尊钱二百吊。

一，罪犯许积、尹明义、邓全、刘福彩、李永昌、韩玉国、李老歪、董臣等，于九月念廿二日潼南地方，逼赎刘成章帖钱五千吊，至念廿五日被拿。

（台湾“中研院”近史所档案馆，馆藏号01-17-010-04-004）

吴大澂奏靖边各军动支饷银报销由

光绪九年七月初一日

督办宁古塔等处事宜太常寺卿臣吴大澂跪奏：为吉林靖边各军动支光绪八年春夏两季饷银循例截期，奏请核销，恭折仰祈圣鉴事。窃臣于光绪七年四月奉旨督办宁古塔等处防军屯垦事宜，旋准调赴库伦办事大臣喜昌将所练靖边各军于六月初一日核交到臣。嗣经臣随时酌度，分别裁并改练，历经奏明在案，并将靖边中路步队二营、马队一哨，靖边左路步队二营、马队一营一哨，亲军步队二营、马队一哨，援照巩、卫、绥、安各军之例，将动支饷银亦按半年一次造册报销，以归画一。所有光绪七年十二月以前动用各款，业经臣于上年九月初三日截清银数，缮折奏销亦在案。兹自八年正月分起，至六月分止，动支之款亟应赶紧截期分造清册报部，以符定章。

查上届报部旧管项下，销存靖边军饷银三万一千四百五十四两三钱零三厘八毫。新收八年春夏两季部拨银十六万两。管收二共银十九万一千四百五十四两三钱零三厘八毫。内除七营三哨马步官兵月饷，销银十一万九千七百零三两九钱三分三厘六毫二丝。各局委员、书识人等薪水、心红[①]、津贴，销银六千四百九十七两八钱一分。采办洋药、铜帽、拉火、修盖官房等项，销银六千四百零七两八钱三分一厘七毫五丝。各项车价，销银五千零零七两三钱五分一厘三毫六丝。支用屯兵经费，销银八千五百七十九两七钱零七厘七毫八丝。均各督饬局员，逐款勾稽，毫无浮糜，委系实用实销。下余应存靖边军饷银四万五千二百五十七两六钱八分九厘二毫九丝，仍请留资发放下届饷银及续办枪炮、军装之用，并当力求撙节，不敢稍涉浮糜，以重度支而昭核实。除造报各案细数清册照例分送户、兵、工三部查明核销外，合将吉林靖边各军动支饷银循例截期奏销缘由，恭折由驿具奏，伏乞皇太后、皇上圣鉴，饬部核销施行。谨奏。

光绪九年七月十二日军机大臣奉旨：该部知道，片并发，钦此。

（中国第一历史档案馆·录副奏折）

---

① 心红：本意为红色印泥，清代雍正五年始，各级官吏均有一定数量的办公经费，称心红或心红纸张银。

吴大澂奏署吉林将军玉亮因病出缺由

光绪九年七月初十日

督办宁古塔等处事宜太常寺卿臣吴大澂跪奏：为署吉林将军因病出缺，现拟飞咨阿勒楚喀副都统剋期进省，仍请旨饬催新任将军迅速到任以重职守，恭折仰祈圣鉴事。窃臣于七月初八日准署吉林将军臣玉亮咨称，偶因感受暑瘟，牵动旧疾，精力难支，深恐事多贻误，已于六月三十日奏恳赏假一个月，以资调理。声明一面咨调阿勒楚喀副都统富和来省，暂署吉林副都统，办理旗务，并札委吉林分巡道顾肇熙[①]，将地方民事代拆代行等因。同日，又据分巡道顾肇熙、将军衙门户司协领文全、署兵司协领果兴阿等禀报：署将军玉亮病势日增，医药罔效，于七月初四日巳刻病故署任等情，飞报前来。臣伏查吉林旗务、地方事宜，业经已故署将军玉亮先事分别咨札，布置周妥。阿勒楚喀距省较近，窃计富和接据该道等禀报，知省垣一切事务，亟需护理，自必兼程晋省。臣远驻塔城，不及前往照料，惟念吉林地方辽阔，事务纷繁，将军一缺，关系尤重，拟仍仰恳天恩，饬令新任吉林将军希元[②]迅速到任，以重职守。

---

① 顾肇熙（1841—1910）：字皞民，号缉庭，江苏吴县人。同治三年（1864）进士。任工部主事、惠陵工程监修。光绪六年（1880）与吴大澂一起同赴吉林佐助吉林将军铭安处理边政。光绪八年（1882）任吉林分巡道，同时兼理吉林崇文书院。于教育十分热心，筹款为书院膏奖，延聘经师主持讲席，并亲自授课。政声灿然。光绪十一年（1885），离任吉林分巡道一职。后又任陕西凤邠盐法道、台湾兵备道、台湾布政使、轮船招商局会办等职务。光绪三十二年（1906）辞官回苏州。晚年益热心教育，捐巨资办学，开风气之先。

② 希元（1843—1894）：字赞臣，伍弥忒氏，蒙古正黄旗人。荫生，承袭侯爵，历任杭州将军、荆州将军、江宁将军，光绪九年（1883）调任吉林将军，兼吉林副都统。与吴大澂等官员合作，于招民垦荒、勘界御边、兴办机器局等政务均有作为。光绪十四年（1888）调任福州将军。十七年兼闽浙总督。

除咨催阿勒楚喀副都统富和剋期赴省外，所有署吉林将军因病出缺，并请旨饬催新任将军迅速到任各缘由，谨缮折由驿具奏。伏乞皇太后、皇上圣鉴。谨奏。

光绪九年七月二十日，军机大臣奉旨：已有旨，钦此。

（中国第一历史档案馆·录副奏折）

吴大澂就俄人违约驱逐华民事咨呈总理衙门文

光绪九年七月二十三日

七月二十三日，督办宁古塔事宜吴大澂文称，据三岔口招垦委员留吉补用知县胡传禀称，今年正月间，凡俄地与三岔口接界处寄居之华人，尽被驱逐，苏城沟、蚂蚁河、雷风（峰）河、淘冰河一带垦地华民，皆被俄人纷纷逐去，兼限一年之内，所有华人田产均须让与俄人。现在三岔口垦地民人有自俄界来者，询其被逐华人姓名及被占地亩数目，详开一单，附呈宪鉴。据蚂蚁河、雷风（峰）河人云，苏城沟下段华人之居者今春皆已被逐，淘冰河之人俄官传令，秋收以后华人耕种地亩皆须让与俄人，石头河、干河子、平冈等处华民各有二三十户，亦闻来春必尽驱逐。往年逐我华人尚可从容迁徙，今春则除牛马外，一物不准携带，尤为暴虐等情，并据该令开明清折禀报前来。本督办查该令所报被逐各户系据三岔口民人述诉之言，已有七十六户被逐，皆确凿可据，其余被俄人驱逐他往者尚不知凡几。查咸丰十年中俄条约第一条内，遇有中国人住及中国人所占渔猎之地，俄国均不得占，仍准中国人照常渔猎。今俄官擅将中国人到处驱逐，夺其田地，实与条约有违。除会同吉林将军照会俄国东悉毕尔总督，并分咨宁古塔珲春副都统照会俄官据约辩论外，相应咨请贵衙门照会俄国公使，行文该地方官遵守条约，勿再肆行驱逐，以敦和谊而免争端。为此咨呈总理各国事务衙门，谨请查照施行。

抄折详见八月初十日护理吉林将军富和文内粘单。

（台湾“中研院”近史所档案馆，馆藏号01-17-018-06-005）

督办宁古塔等处事宜吴大澂奏

光绪九年八月初八日

窃臣于光绪七年奏请于吉林省城添设机器制造局，檄调天津制造局提调知府用江苏候补同知宋春鳌总办机厂事宜，购定地基，建盖厂房、住房，所购外洋机器均经臣函致天津制造局道员王德钧陆续订购，由上海转运营口。该道实心办事，慎重周详，每购料物，至纤至悉，必逐件开单函报，往复筹商，臣实深资臂助。重大机器均于上年十二月冰冻之时定制四轮大车，由营口搬运到吉，幸无损伤。已饬宋春鳌督率委员、司事、工匠人等装配齐全，所盖厂房、住房亦经次第竣工，约计九月内即可开工制造。臣拟于八月十八日由宁古塔启程进省验收各项工程，是否一律坚固，再行据实陈奏。闻新任吉林将军希元亦可于八月初十前到省，所有边防一切事宜自当与希元面商办理，以期周妥。

（《中国近代史资料丛刊·洋务运动》）

吴大澂奏吉林机器局建造情形并仰恳奖叙出力人员折

光绪九年九月初九日

窃臣于光绪九年九月初二日行抵吉林省城，即住机器制造局。查得该局距城八里，南临松花江，地势宽广，所造正厂房二十间，汽炉房、烘锢殼炉房六间，烘铜炉房四间，东厂二十间为木工铁工制造之所，西厂二十间为机器翻沙镕铜之地；所安机器有大烟筒一座，小汽炉烟筒一座，镕铜炉烟筒一座，又有小汽炉房二间，烘模房二间，储料库房十间，镟水厂房十一间，电汽厂房、拉火厂房各三间，火药库房一间。此机器制造各厂房一百零二间，木料砖瓦坚实可靠，规模亦极宏敞。自大门至公务厅及委员、司事住房共造三十六间，马号、厨房各三间，工匠住房六十一间，总共厂房住房二百余间。逐一查勘，均系工坚料实，墙脚地身多用木桩密钉，层垫层碱，自可经久不隳。上年二月，臣赴宁古塔时甫经动工，未及两年，一律完竣，工程尚称迅速。惟装药楼房二间、长夫房十间，现在兴工年内，不能报竣。

臣查吉林地气早寒，十月封冻，三月始开，土木之工及砖瓦各窑较他省尤为费力。前调知府用江苏候补同知宋春鳌总理机器制造局务，督率委员、司事、工匠人等，一面建造厂房，一面搬运机器料物，从容布置，不惮辛劳，经费亦力求撙节。可否仰恳天恩，准其援照天津、上海各局成案，择其尤为出力者酌量开保，奏请奖叙，以示鼓励之处，出自圣裁。至开局以来，各项用款，现拟截至光绪九年十二月止；奏明报销一次，以后即可按年造报核销，合并声明。

（《中国近代史资料丛刊·洋务运动》）

吴大澂奏办理表正书院诸事宜片

光绪九年九月初九日

再，臣奏调五品衔江苏候补知县丁乃文，于光绪九年正月到吉，臣方议设表正书院，即委该令总司教习事宜，并委候选从九品廖嘉绶[①]为分教习，由吉林府教授衙门送满汉生童三十余名住院肄业，专令学习算法。数月以来，该生童等有志向学，渐入门径，颇有可造之材，将来日进有功，与机器制造测量诸法触类可通。该令丁乃文数理精深，又能循循善诱，暇时则令诸生童兼习诗文，并行不废，日久必有成效可观。所建表正书院，即在机器制造局东偏隙地盖造房屋二十六间，教习讲堂及诸生学舍，规制井然，均由总办机器局江苏候补同知宋春鳌经理其事，所需经费无多，即在机器局领款项下开支。当饬该丞宋春鳌另行造册报销，以清款目。

（《中国近代史资料丛刊·洋务运动》）

吴大澂奏八年秋冬二季吉林防军收支军饷请核销由

光绪九年十二月二十日

督办宁古塔等处事宜通政使司通政使臣吴大澂跪奏：为吉林边防巩、卫、绥、安四军光绪八年秋冬二季收支军饷银两，循例截期奏请核销，恭折仰祈圣鉴事。窃臣于光绪七年四月奉命督办吉林之三姓、宁古塔、珲春等处防务以及屯垦事宜，当将所部巩、卫、绥、安四军收支军饷银两咨准部议，按六个月奏请核销一次。所有光绪八年六月以前应销银数，业经节次扣期分晰造报在案。兹自八年七月初一日起，至十二月底止，收支动用各款，已饬经管粮饷各员查明细数，循例截期造册呈送

---

① 廖嘉绶（1860—1890）：字子忠，湖南长沙人。光绪初年，入江宁求志书院学习，数学成绩优异，毕业后至上海算学局供职。光绪九年（1883），应吴大澂之聘为吉林表正书院算学教习。吴大澂会勘吉林东部边界时，廖嘉绶主持测绘工作。他精心测量，为争回被沙俄蚕食的珲春黑顶子地区提供了支持。光绪十二年（1886），受命创办珲春电报分局。光绪十六年（1890），病逝于任内。著有《边角勾股释术》《炮法》等数学与军工著作。

前来。臣查上届吉林边务奏销册内，截至八年六月底止，旧管项下销賸边务饷银六万五千七百六十五两九钱零二厘一毫二丝。新收两次委员赴京关领秋冬二季部拨银二十五万两。统计管收二共银三十一万五千七百六十五两九钱零二厘一毫二丝。内除秋冬两季支发巩、卫、绥、安四军月饷应销银二十万零五千二百四十一两四钱，边务办事各员，薪水、心红、津贴，应销银八千二百八十六两。制造、帐棚工料，应销银九千一百零七两八钱五分。运解饷银、军火，支用车价应销银二千八百三十八两二钱八分一厘。珲春、三岔口、穆棱河三处招垦各局经过委员人等薪水、心红应销银三千四百五十二两。招垦各局驮马车价，应销银三千二百七十五两。以上总共应销银二十三万二千二百两零零五钱三分一厘。均经督饬局员详悉勾稽，毫无浮冒，委系实用实销。其余实在项下销賸边务防饷应存银八万三千五百六十五两三钱七分一厘一毫二丝。查此项应存款内，尚有汇付上海洋行电寄外洋定购克鹿卜炮位及哈乞开斯兵枪各项已用未结之款，应请归入下届报销案内，再行造册报部。仍当节慎动支，不敢稍涉糜费。除将应造细数清册照例分送户、兵、工三部查明核销外，合将吉林边防巩、卫、绥、安四军收支饷银循例截期奏销缘由，恭折由驿具奏，伏乞皇太后、皇上圣鉴，饬部核销施行。谨奏。

光绪九年十二月二十二日军机大臣奉旨：该部知道，片并发，钦此。

（中国第一历史档案馆·录副奏折）

附　吉林将军希元奏会议朝鲜贸易章程折　附章程

吉林将军希元奏，为吉林派员，会同朝鲜陪臣切议商民贸易地方章程，现经核定事。

窃查本年正月，前任吉林将军铭安、督办宁古塔等处事宜太常寺卿臣吴大澂，会同署北洋大臣李鸿章，奏派前刑部郎中彭光誉前往朝鲜，会同陪臣鱼允中，勘议图们江两岸交界商民贸易地方章程等因。奉旨：著照所请。钦此。经该将军等檄令该郎中，并发给木质关防，前往会议。嗣于八月间，该郎中回省，将勘议情形及会定章程呈请核示前来。维时奴才甫经到任，情形未能周知。经臣吴大澂核定，所议设关地方离边界较远，规模较大，将章程酌加改定，会同奴才咨商署北洋大臣李鸿章。去后，兹据咨称：所议《吉林朝鲜商民贸易章程》均尚妥协，请主稿会衔具奏，咨行前来。臣吴大澂业已遵旨赴津，自应由奴才主稿，核定《吉林朝鲜商民贸易章程》十六条缮单，呈请御览，伏乞饬下总理衙门核议施行。惟吉林珲春城偏在极东，仅与朝鲜庆源府接壤，非两国商民必由之地。朝鲜北鄙以会宁府为货物集聚之所。过江入吉林境四五百里之内，并无城池、村镇，空山旷野，为盗贼出没及朝鲜流民偷垦之区，遽于其间设局收税，不能不审慎周详。与从前每年市易一项，仅止往来护送，中道并不停止情形不同，且现在本省人员缺乏，应候将撤还流民，及酌拨防军一切事宜议定之后，再由奴才遴派委员前往，将所议开市处所设法盖房，筹策妥善，再行奏请开市贸易，以昭慎重。署北洋大臣李鸿章，谨会同太常寺卿吴大澂专折具奏。谨奏。

光绪九年十二月初一日奉旨：该衙门议奏。单片并发。

（《清季外交史料》）

谨将核定派员勘议吉林朝鲜商民贸易地方章程缮折呈览

朝鲜久列藩封，勤修职贡，今于两国边界改互市旧例为随时交易，系中国优待属邦之意，拟立《吉林朝鲜贸易章程》，与各国通商章程两不相涉。开列各条如左：

第一条　两国边地以图们江为界，图们江北岸东岸吉林所属之地大半荒陬，向无村镇，敦化县城距江岸甚远，自应于会宁对江之和龙峪沿江一带设立税务局，准吉林商民盖房屯囤货，与会宁一江之隔，俾商民人等可以朝至夕归，往来甚便。由吉林派出督理商务之员征收税课，稽查匪类。珲春与庆源府相去甚近，应于珲春所辖之西步江渡口添设分局，另行委员收税兼司稽查事宜。

第二条　如有商民欲入内地采办土货以及游历者，可照天津所定章程第四条办理。惟欲西入奉省较近祖宗陵寝重地及东入俄界者，概不准填给执照，并不准由本国地方私结他国商伴至开市地方，违者严惩。

第三条　从前宁古塔与会宁互市，库尔喀与广源互市，一切旧例概行停止，此后贸易均照新定章程办理。吉林委员遇有公事前赴会宁府、庆源府等处，不得援照向章，致滋歧异。

第四条　吉林与朝鲜商民随时往来贸易，一切创办事宜，应派督理商务之员，由吉林将军咨北洋大臣会议酌派，请旨定夺，俟奉旨之日，再行定期开市。珲春西步江所设分局，由吉林将军另派妥员经理。朝鲜各城开市设卡事宜，自可就近由朝鲜地方办理，以归简易。

第五条　吉林既于图们江边之和龙峪、西步江两处，设立税局分局，朝鲜钟城之对岸，亦系从前互市商民通行之路，自应酌设分卡，由总局派员稽查匪类及偷漏货物等弊。

第六条　吉林与朝鲜接壤地方，就近开市，以便商民贸易。朝鲜之人不准在吉林开市地方建房设栈，亦不准将货物运入内地售卖。如有请照入境采办内地土货者，不准在境内转相售卖。吉林商民在朝鲜地方亦同此例。其赁房寄顿囤货物者，听从其便。

第七条　征收税课，除红参外，均值百抽五，只交纳正税一次，均不重征子税。货物报官验单，照章纳税，不得于额外需索。商民出入，验照放行，不准稍有留难耽延。

第八条　商民贸易使用金银，应与随身衣服、行李、笔墨、书籍、所骑马匹，均准免税。但沙金、矿银入市销售，原同货物，与叶金、条金、金饰、宝银、锭银、碎银等项向为市间行用、例得免税者不同，应按值百抽五，照章纳税。吉省亦照奉省所议办理。惟珲春及庆源各城，民间购买货件价雇佣保，多不用钱而用布，此项名为小布，亦系市间行用，与钱无异。如非车载驼运，每捆百匹者，应准免税，以存古风。近亦有代以洋机布者，不准援照免税。

第九条　所有稽查匪类、征收税课等事，统由督理商务之员妥派司事弁兵随时认真办理。其钱财、罪犯等案，珲春、庆源自应就近归地方官审断，各按定例办理，并互相知照。如有关商务者，仍照会税务局备查。惟宁古塔、敦化县与会宁相距过远，非安东、义州、珲春、庆源相离较近情形可比，如吉省人民在朝鲜滋事，或私逃在朝鲜境内者，应由会宁等城地方官拿交督理商务之员。其无须归案而罪止枷杖者及寻常词讼，由该员拟议发落，以省拖累。徒罪以上，仍分别解交地方官审办。朝解人民在吉省滋事，或私逃在吉省者，并由督理商务之员转令地方官缉拿，解由税局发交原报之朝鲜地方官治罪。倘有边界重大事件，非朝鲜地方官所能擅专、税局委员所能核拟者，应由该委员详奉北洋大臣、吉林将军、督办大臣批示后，仍由督理商务之员照会朝鲜各该地方官，遵批办理。朝鲜官员亦可转报朝鲜政府听命。

第十条　吉林、朝鲜商民贸易与奉天情形相近。朝鲜商民欲入吉省采办土货，先由地方官给发执照、由督理商务之员接照，盖用关防，更填给护照。吉林商民欲入朝解采办土货，亦用此例。执照内均先声明何处地方、何项货物。如未能预定何货，俟采办齐全，回查关卡地方，将实在货物报明，缴还原领执照，以凭查货征收，换给税单，出关、入关时呈单查验，盖用戳记。如出入有携带私货未经报明，即属有意偷漏，查出货物入官。其寻常随时往来至开市处所贸易，应由地方官或税局给予关防印照，写明商人姓名、货物、牲畜数目，无照不许放行。只准由两国开市地方正路行走，不得肆意间行。向民房借宿、由歧路捷径越绕者，各卡兵捕送到官，罚征正税三倍。

第十一条　吉林与朝鲜以图们江为界，交壤地段绵长，应于两国议定，开市处所对岸渡口官造渡船，逐日稽查出入货物。不准商民于他处另造渡船，致有绕越偷漏之弊。封江之日，路径处处可通，尤宜严加巡缉。应由督理商务之员随时体察情形，详细派队，择要驻扎巡缉。

第十二条　洋药、土药与制成军器严禁贩运售卖，违者照天津章程办理。朝鲜红参例准带入中国，吉林民种秧参亦经本省奏明，与药材并准征收税课，运贩他处。此项秧参运贩出关，应与红参一律办理，按价值百抽十五，以归划一。貂皮及猞猁狲等皮为吉林、朝鲜皆产之物，市易旧例，禁止以此项皮张易货。现在旧例罢除，应准开禁，以通一时有无。其余蔬菜、瓜果、鸡、鸭、鹅、鱼，以及瓦木零星器具民间日用所需，概照奉天所议，一律免征。

第十三条　两国边界凡有人畜、货物被人诱去偷取，一经指明获犯，即行给还。如无原物，向该犯追偿。倘该犯无力赔还，地方官不得代赔，各将该犯以本国之律严行究治。若无指明人名，又未获犯，俱不得请偿。凡私来搜索财产、携带军器来劫者，俱从严惩办。

第十四条　商民夜市自应禁止，亦不准设立经纪名目，估值悉听商民评价。虽吉林、朝鲜向来贸易无此等流弊，自应照奉省所议章程预议立禁。其开市之处，尺丈秤码亦应因地制宜，酌立定法，应候派定督理商务之员会同朝鲜地方官临时酌定。

第十五条　交涉事件来往文书，照奉天所议，应遵体制，朝鲜必须尊称天朝或称上国字样。即属寻常文移，亦不得率书中东、中朝等字，当照《会典》与用中外字样，以期简易。至吉省边界官员，则称朝鲜国，或称贵国字样，以示优待。公牍往来应用照会格式，悉照天津议定章程。两国闲散职员复自为商，因钱财细故，向两国地方官衙门投词结讼者，与民人一体用禀、用呈。

第十六条　吉林与朝鲜贸易事属创办，此次所定章程，将来两国有欲增损之处，随时咨商酌改，由督理商务之员详请北洋大臣、吉林将军、督办大臣核示遵行，以期悉臻妥善。

（《清季外交史料》）

李鸿章吴大澂奏查办朝鲜事宜折　附上谕

光绪十年十一月

直隶总督李鸿章、查办朝鲜事宜吴大澂奏，为遵旨会商查办朝鲜事宜，并臣大澂由津启程日期事。

窃奉上谕：据李鸿章电陈，朝鲜又有内乱，似由日人播弄主持，拟请派员查办等因。钦此。当由臣鸿章电致大澂，迅即来津，面商调度，再赴朝鲜。臣大澂由乐抵津日期，曾经具折报明在案。臣等连日筹商揣度，日本政府未必遽有开衅之意，似未便多调陆队，致启其疑。惟华军往来朝鲜口岸，不能不派营扎守，以通消息，免致水陆梗阻。先已电致旅顺，饬道员袁宝龄飞调现驻金州之管带庆军正营参将方正祥，酌带步队一营，乘轮船前往朝鲜马山浦，登岸驻守；并饬统领水师天津镇总兵丁汝昌[①]，俟超勇、扬威两快船调回旅顺，即由该镇统率各船，先行驶至马山浦，水陆相依，为缓急进兵之路，以备不虞。仍电饬丁汝昌，于抵马山浦后，传谕驻朝各营，坚壁勿动，以待臣大澂至朝查明，设法排解。现因大沽、北塘封冻甚坚，奉天陆路距朝过远，闻山海关深水高坡之地尚可设法上船，一面电致上海旗昌洋栈，雇用商轮，克期驶至山海关，以便航海遄发，免误事机。臣大澂定于十一月初四日由津起程赴

---

① 丁汝昌（1836—1895）：安徽庐江人，字禹廷，早年参加太平军，后降清，入淮军刘铭传部。参与镇压太平军及捻军，以军功累迁总兵，光绪五年（1879）入北洋海防。曾赴英国带回购买的扬威、超勇两艘军舰。旋任天津镇总兵。光绪十四年（1888）北洋海军建成，任海军提督。中日甲午战争爆发，海战中虽指挥北洋舰队奋力抵御，予敌打击，但自身损失严重，不敌日本联合舰队，退守威海卫。次年日军海陆夹击威海，丁汝昌指挥残余军舰数次击退日舰，但孤军无援，无法突围。有下属劝其投降，他严词拒绝，服毒自杀。

关，约计续昌[①]到津，亦可同行。至昌黎、乐亭一带，臣大澂所部马、步、炮队十三营现可不调，暂由臣鸿章督饬该军统领，严密操防，不致懈弛。臣大澂酌带健勇四百余人，携带后门洋枪，随身防护，亦足以资捍卫。总之，以查办朝鲜乱党为名，立意不与日人开衅，即使情词诡谲，难以逆料，但可以与口舌相争，妥为调停，或不至以兵威相胁。俟臣大澂行抵朝鲜，查明该国乱党起事根由，再行详细奏报。遇有要务，当由旅顺电报局密电臣鸿章，随时电奏，请旨遵行。谨奏。

光绪十年十一月初五日奉上谕：李鸿章、吴大澂奏，遵旨会商查办朝鲜事宜，吴大澂由津起程一折，览奏已悉。所陈以查办朝鲜乱党为名，立意不与日人开衅，深合机宜，即着该大臣等妥为筹办。惟事机难以预料，现调方正祥所带步队一营，及丁汝昌统带各营，并由吴大澂带勇四百余人前往，尚恐兵力不敷，届时续调缓不济急，着该大臣等斟酌部署，密筹调派，备预不虞。吴大澂现赴山海关，续昌计已抵津，着该运司即行前往，会同遄发。到朝鲜后，确查情形，迅即具奏，一面相机规画，总期措置得宜，速定朝鲜，是为至要。

（《清季外交史料》）

① 续昌（生卒年不详）：字燕甫（一说彦甫），满族人，隶蒙古正白旗。监生出身，光绪初年任两淮盐运使。光绪三年（1877）任河北霸昌分巡道，次年任奉锦山海关道。光绪十年（1884）朝鲜甲申政变后，与吴大澂一起被任命钦差大臣赴朝鲜处理善后。此后任礼部左侍郎、户部右侍郎等职。

吴大澂奏确查朝鲜乱党详情折　附上谕及节略

光绪十年十一月二十五日

会办北洋事宜吴大澂奏，为遵旨确查朝鲜乱党[①]详细情形，并与日本使臣井上馨笔谈大略事。

窃奉十一月初五日上谕：李鸿章、吴大澂奏，遵旨会商查办朝鲜事宜，吴大澂由津启程一折，览奏已悉等因。钦此。当即电商李鸿章，现在无须多带队伍，免启日疑，酌留轮船数号停泊马山浦，如须续调防兵，海道往来亦尚迅速。臣与续昌即于本月十一日在山海关上船，夜半开轮，于十三日行抵朝鲜马山浦。次日候潮涨足，分拨渡海，率队登陆。十六日即抵朝鲜国都，十七日与该国王相见，细询乱党金玉均等起事缘由。其时，日本使臣井上馨甫抵仁川，尚未来城。该国君相毫无主意，臣等暗中代为筹画一切，连日与朝鲜左议政金宏集笔谈，已将紧要关键逐款开明，俾有成竹在胸，商办时较为妥协。

查案中要事约有四端：

起衅之始，系乱臣金玉均、朴泳孝、朴泳教、洪英植、徐光范、徐载弼等迫胁国王，假借日兵戕害大臣，谋为不轨。此天地所不容，神人所共愤，自当声明其罪，立正典刑。除洪英植、朴泳教已为朝鲜兵民所杀，毋庸置议外，尚有金玉均、朴泳孝、徐光范、徐载弼等四名一时漏网，未经缉获。风闻该逆于变乱时，业经薙发，改服日装，或云已趁轮船逃往日本。臣等已备文咨明朝鲜国王，严密访查，应属日本使臣井上馨，行文该地方官，通饬查拿，解回朝鲜，审明惩办，以彰国法而服

① 朝鲜乱党：光绪十年（1884）日本策划朝鲜号称“开化党”的亲日派官员发动政变，劫持朝鲜国王，杀死多名亲华重臣。企图投靠日本，断绝与中国的宗藩关系。在驻朝清军帮助下，朝鲜政府挫败了政变。日本借机要挟清政府，与清政府签订了《中日天津会议专条》进一步加强了在朝的地位，取得了与中国对等的权利，为日后发动甲午战争埋下了伏笔。“朝鲜乱党”即指发动政变的金玉均、朴泳孝、徐光范、徐载弼等人。

众心。此不可不严究者一也。

日本公使竹添进一[1]率队入宫，虽云奉有日使入卫之谕，惟查此四字系用洋纸铅笔所书，其为逆党伪造可知。昨准朝鲜国王咨复，文内有金玉均、朴泳孝等请召日兵，本国王坚执不允，金玉均等乃自书，四字非本国王之所知等语。是竹添进一之入卫实为金玉均等所愚弄。且日兵为保护使馆而设，并无翊卫王宫之责。百姓汹汹，疑其与逆党同谋，激成祸乱，咎由自取。此不可不明辩者二也。

自十七日夜闵泳翊被刺之后，外间并无动静。十八、十九两日，百官、庶民皆不知国王所在，亦不知日兵坚守宫门有何意见，大臣六人忽被屠戮，众议沸腾，始乞师于中国驻防各营。臣已查明，提督吴兆有等亲带勇丁入宫保护，有朝鲜议政府右议政沈舜泽请兵书据，言词迫切，并非该提督等擅入宫禁。及至普通门外，中国与朝鲜兵勇皆以国王在内不敢放枪，忽有乱党数人先行开放，日兵继之，子如雨下，中国兵死五人，受伤九人，朝鲜兵死八人，始各发枪应之。臣等明查暗访，实系乱党先行放枪，众目共睹。此不可不确查者三也。

查日本使馆焚毁之际，众口一词，皆云日人自焚其馆。昨由朝鲜政府送阅日馆使役宋尚吉口供，据称：十九日申刻，馆内所有文书册子准堆积大厅，以石油一桶灌之，火起后告于竹添进一，遂令日人纷纷逃去。其为日人自焚无疑。此不可不详

① 竹添进一（1842—1917）：即竹添进一郎，名光鸿，字渐卿。日本近代外交家、汉学家。1875年来华，任日本公使馆书记。1880年任驻天津领事。1882年出任驻朝鲜公使，从朝鲜为日本谋得多项特权与利益。是1844年朝鲜开化党甲申政变的主谋。因政变失败受到日本国内舆论指责，引咎辞职，入东京帝国大学任教授。一生汉学著述颇多。

察者四也。

以上各条，既经查明实在情形，朝鲜政府自可据与日本辩论，即臣等与日本使臣井上馨[①]相见，亦属有词可措。乃井上馨并不与臣等订期会议，自二十一日井上馨觐见朝鲜国王以后，即请该国王派定左议政金宏集为全权大臣，定于二十二日在朝鲜议政府商办立约。金宏集与井上馨辩驳终日，迄无成议。臣闻该使臣井上馨于此事原委概置不论，但与金宏集要约三端：一、令遣使赴日谢过；一、索被害商民恤款；一、赔使馆修筑费。词气之间，颇形居傲，意存挟制，以曲作直。臣窃思朝鲜国小而弱，诸臣无应变之才，兵力、财力均不足与日本相抗，以事势而论，不能不委曲周旋，免生枝节。然使臣等坐视不问，尤恐日人要挟多端，毫无忌惮，因于二十三日辰刻函约金宏集等，同至议政府，与该使臣井上馨略为辩论，显示以翊助朝鲜之意，并责金宏集以查拿乱党最关紧要，不宜草草立约。臣亦明知井上馨不愿中国使臣与闻朝日之事，惟于不干预之中微露以干预之端，其事或可速为了结，臣等亦未便过事坚持，致启衅端。笔谈之顷，彼以臣等无全权字样坚执不与商议，臣亦未便力争，但告以中国与日本和好最久，本无议立条约之事，此次系查办事件，故无全权字样。惟其问答语内，有贵国兵营之事尚有葛藤等语，该使臣亦未明言。揣度其情，或欲中国驻防各营尽数撤回。如果井上馨以此诘问，当告以中国

① 井上馨（1836—1915）：日本明治时期政治家、实业家。数度出任明治政府的重要职务，曾任外务大臣、农商大臣、内务大臣、大藏大臣等。1884年朝鲜甲申政变时，他任伊藤博文内阁外务大臣，政变后来朝处理善后。但以中国钦差吴大澂、续昌未有全权为由，拒绝会面商谈，而与朝鲜政府直接交涉，签订《汉城条约》五款。

有保护朝鲜之责，饬兵驻扎三年，兵民尚属相安，碍难遽撤。若该使日内急于回国，目前暂可置之不理，似不致大有波澜，致开兵衅。

朝鲜民情近亦安谧如常，藉可仰慰圣怀。除将朝朝（鲜）国王咨文并笔谈各节略，钞送总理衙门查照外，谨将臣等查明朝鲜乱党滋事缘由节略，缮具清单，恭呈御览。至日本与朝鲜如何立约，俟该使臣议定后，再行钞录具奏。所有臣等确查朝鲜乱党详细情形，并与日本使臣井上馨笔谈大略，谨会同两准淮盐运使臣续昌恭折奏闻。此折交轮船送至山海关，由驿六百里驰奏，以期迅速，合并陈明。谨奏。

光绪十年十二月初四日奉上谕：吴大澂奏，确查朝鲜乱党详细情形，与日使笔谈大略，并查明驻朝兵勇伤亡数目，暨党乱乱党滋事节略各折、片，览奏均悉。日本使臣井上馨到朝鲜后，径与该国订约，并未向吴大澂等商量一切，仅称因该京卿无全权字样，仓卒回东。揣其情形，若因自知此事实系理屈，无可狡辩，尚属无足重轻，特恐藉此次未与我商遂谓朝鲜非我属国，继此再生衅端，即以此为口实，阻我过问，致蹈越南故辙，则隐患实大。着吴大澂将查办乱党及善后事宜详加筹画。此次朝鲜肇乱之始，似以金玉均为最。逃往日本之说，驻京日使在总理衙门谈论并不承认，且有不能为高丽拿人之语，其为有意庇护，已可概见。现在办法，宜向朝鲜王诘问，令其查明金玉均等究在何处，访拿严办，以平众心。该国孱弱已甚，此时丁汝昌等驻扎保护，事局尚未大定，自难撤回。将来如我军久驻该国，应如何妥为筹画，俾收保护实效？着吴大澂、续昌统筹全局，详加斟酌，并与李鸿章妥商会议具奏。

（《清季外交史料》）

谨将访查朝鲜乱党滋事缘由开具节略恭呈御览

查朝鲜乱党金玉均、朴泳孝、洪英植、朴泳教、徐光范、徐载弼等曾经游历日本，该国王以其通晓外国情形，委令办理邮政局等事。参判闵泳翊尝与金玉均等辩论，面斥其非，深为所忌。十月十七日午后，先有路人见日兵聚于日本使馆，搬运炮弹箱络绎于道，甚觉可疑。是日戌刻，邮政局总办洪英植在局宴客，惟日本公使竹添进一托病未到。维时见金玉均等不时外出，行踪诡秘。至八点钟时，闻墙外火起，闵泳翊出外探视，甫出门即被人砍倒，座客皆惊散。金玉均、朴泳孝、徐光范等即趋入王宫，声言中国兵变，请即移宫避之，并请召日使入卫。该国王不允，金玉均啼哭逼迫，该国王遂率宫眷从行。甫至官门，即闻炮声，乱党喧传外兵大至，其实炮声乃乱党预伏之暗号也。金玉均等复请召日使入卫，该国王仍不允，金玉均等遂探怀出纸，用铅笔书日使来卫四字，矫传王谕，飞送日本使馆，复屡差人催促。四更时，该国王至景祐宫，见日兵布满，问诸守官人，日兵已于二更时先到矣。遂将该国王等置于旁屋，有曾往日本学习之官员、生徒等十三人环拥左右，并派日兵围绕宫门，禁止出入。十八日早，左营佐李祖渊、前营使韩圭稷、后营使尹泰骏等密谋，通知中国驻防营救援，事泄被害。金玉均等矫该国王之命，出召海防总管闵泳穆、辅国闵台镐、赵宁夏等入宫，一并杀害，内使柳在贤即在该国王面前被害。是日巳刻，乱党将该国王拥至宫外，迁于辅国李载元家，不容一人随入，百官军民罗立门外，有近门者日兵即挥刀径逐。是日午刻，乱党自相除官，洪英植为右议政，金玉均为户曹参判，朴泳孝兼带前后营使，徐光范兼带左右营使，协办交涉通商事务，仍署督办，徐载弼为前营正领官，兵柄、财权悉归乱党，致有废立之议。是日酉刻，复将国王拥还宫内，日人与乱党人等仍在宫内把守，益加严密，以致固城人情汹汹，不知该国王存亡。

该国官民商议求救于中国驻防三营，该政府沈舜泽等遂行文请我兵入宫保护。十九日巳刻，统带亲、庆等营提督吴兆有、同知袁世凯、总兵张光前等，各带兵前往，门闭不得入，遂致书于日使竹添进一，问其不撤兵之故，候至三时之久，并无回音。是日申刻，袁世凯等分三路排门而入，朝鲜练军亦随之，将进普通门，朝鲜乱党在前放枪，日兵亦在门楼上由门隙放枪，弹如雨下，击毙我兵五人，受伤九人，朝鲜兵死八人，我兵不得已放枪应之。是日酉刻，日兵同乱党将该国王拥入后苑，日兵隐身树后放枪，我兵不能近。后又将该国王迁至北墙门，遂有卫士开门，保护出宫，乱党不能阻拦，皆随日兵而去。惟洪英植、朴泳教及生徒七人随至北阙。亥刻，提督吴兆有等访得该国王在北阙庙内，遂带队往迎。洪英植、朴泳教犹复叱阻，不令该国王他往。吴兆有等即将该国王扶入轿内，护往营中。百姓知国王到营，欢声雷动。国王因宫内尚有乱党埋伏，不敢回宫，暂住该营三日。维时朝鲜兵民愤恨已极，当将洪英植、朴泳教并生徒七人在庙内登时砍毙。二十日申刻，日人收集文簿，灌以石油，顷刻火起，使馆被焚。日本公使竹添进一率兵出城，逃赴仁川。沿途百姓群击以石，日兵发枪相敌，人民妇孺死者甚多，该国王派员弹压始解散。提督吴兆有等将日人遗弃子女复派弁护送至仁川，交竹添进一验收。二十三日，人心稍定，该提督等始送该国王还宫。该国王仍嘱袁世凯，将所带副营驻扎宫内，暂行保护。现与该国王商酌，另派朝鲜练兵看守宫门，已令袁世凯率队回营矣。

（《清季外交史料》）

吴大澂奏日韩议增续约现与朝鲜商办善后折　附上谕

光绪十年十二月十二日

会办北洋事宜吴大澂奏，为朝鲜、日本议增续约已经了结，中国与日本并无可议之条，两国带兵各员彼此往还，可无嫌隙，地方亦均安谧，现拟与朝鲜商办善后事宜，以弭后患而固藩封事。

窃臣查朝鲜乱党起事缘由，及与日本使臣井上馨笔谈大略，已于光绪十年十一月二十五日具折奏明在案。旋奉十一月十二日上谕：总理衙门接到李鸿章信函等件，均已览悉，据朝鲜国及提督吴兆有等所述各情等因。钦此。臣等前闻日本使臣井上馨屡告朝员，以朝事议结即当与中国理论。臣恐该使臣诡计多端，意在寻衅，若俟其启齿再与争辩，未免多费唇舌，是以于二十三日突入议政府，书示数条，俾知中国使臣理直气壮，无隙可乘，亦先声夺人之计。乃井上馨既与朝鲜立约完结，复遣书记官井上毅前来通问，仍谓臣无全权字样，井上馨不便来晤。并因前次笔谈，臣有现无可议一语，故作疑难之词。臣复告以我兵入宫保护之时，有乱党数人前来放枪，我兵死五人，受伤九人，始各开枪应之，仓猝之间，并不知日本有兵在内。否则，我伤亡之人亦应议恤。既经查明乱党先行放枪，只可查办乱党，故谓中国与日本现无可议之条，此顾全大局之意。井上毅无词可答，已与井上馨同赴仁川，乘轮回国。应请饬下总理衙门，如果日本公使或有饶舌，即可告以两国和好，本无可议之端，毋庸互相诘责，以全交谊。现在日本署公使近藤真锄，及该国留驻朝鲜带兵官长谷川良之，经臣等招致营中，优礼相待，并晓谕两国带兵各员，各宜约束兵勇，勿稍滋事，彼此往还，毫无猜忌。该国（署）公使近藤真锄人尚和平，长谷川良之亦知大义，均愿两国和好，不生嫌隙。其所带队伍共计兵六百余名。从前驻朝之日员竹添进一、岛村久及翻译浅山显藏均喜多事，现俱调回本国。可知日本外务亦不以该员等谋议为然，断不致任其播弄，再起波澜，堪以仰慰宸廑。

本月二十七日，准朝鲜国王咨文，送到朝鲜、日本议增续约五条：一、修国书表明谢意。一、给被害商民恤银十一万圆；一、查拿杀害矶林真三之凶徒；一、赔日本使馆修筑费银二万圆；一、日本护卫兵弁照《壬午续约》第五条施行。并准朝鲜国王咨称：日人要挟之端必不止此，凭仗皇灵，特派大臣来临兹土，使日人牵制畏忌，不敢逞其所欲为。敝邦之人举蒙其福，感佩衔结，曷其有极等语。朝鲜臣民佥谓：此次议约得以速了，彼实不料北洋封冻以后，中国官兵先到三日，天威震慑，隐制狡谋，藩服君臣感荷生成之德，实出至诚。

臣查，此次乱党以设宴召客之洪英植为首犯，其同谋之官士、生徒不过二十余人，只因假借日兵擅作威福。查其情节与聚众谋叛不同，除洪英植等九人业已伏诛，现在续拿之申重谟、李昌奎、徐载昌、李汉承等十余人，均系案中要犯；其在逃之金玉均、朴泳孝、徐光范、徐载弼等四人，既经削发改服日装，未必潜回本国，朝鲜百姓怨恨切齿，断不容该犯藏匿民间，脱离法网。前经臣等咨明朝鲜国王，敕令金宏集，照会井上馨，查拿乱党。兹由国王送阅井上馨所发照会，以查照公法办理为词，又云两国并无拿交罪犯之条，词意游移，未必肯认真办理。臣等又未便径行照会日本使臣，致生枝节。若再派弁勇协缉，恐多纷扰。其如何悬赏购线、设法访拿之处，应由朝鲜与日本自行议办，较为妥协。现在惩前毖后之计，正宜讲求治理，培养人才，默化潜移，以消党祸，此正本清源之办法。

臣等拟与朝鲜左议政金宏集等公同商议，择其尤要者酌拟数条，以备该国王集思广益，一遵圣谕设法维持之意，似于该国之风俗人心，不无裨益。至随同臣等来朝之水陆各营，久驻朝鲜地方，似非长策，且恐日人又生疑窦。应否俟日本兵船撤回后，即饬统领水师天津镇总兵丁汝昌，将超勇、扬威两快船及威远练船，一并调回旅顺。臣所带护卫弁兵，俟臣等商议善后事宜办有头绪，即令随臣航海回营。臣与续昌应俟奉到谕旨，再行启程回京复命。除将朝鲜、日本议定条约，及与井上毅（馨）笔谈，钞送总理衙门查照外，所有臣等体察朝鲜、日本两国情形，并商办一切事宜，理合会同两淮盐运使续昌，恭折奏陈。谨奏。

光绪十年十二月十二日奉旨：览奏均悉。所筹尚妥。仍着懔遵本月初四日谕旨，将朝鲜善后事宜妥商办理。吴大澂等所带各营及水师船只，俟事竣奏到，听候谕旨撤回。

（《清季外交史料》）

吴大澂致李鸿章办理朝鲜善后情形电

光绪十年十二月十五日

金玉均等逃在日本，当由朝鲜派往日本大员与日外部面商拿办。我军原驻朝鲜三营，方正祥一营，皆可不撤。或须换防，明春再议。快船不必留朝，丁镇亦可回旅，酌派一二船往来递送文报。澂等所议善后用人、育才、恤民、练兵诸大端，俟朝王病愈再商。启程大约在二十左右。总署函拟谢表、教费二节，俟见该政府授意办理。

（《清季外交史料》）

吴大澂奏陈吉林东边界牌年久失修请与俄使商换石牌折

光绪十一年四月十二日

会办北洋事宜、都察院左副都御史臣吴大澂跪奏，为敬陈吉林东边界牌年久失修情形，请饬总理各国事务衙门与俄使商换石牌，并订明会勘日期，以免守候延宕，恭折仰祈圣鉴事。

窃臣于光绪十一年三月十六日，承准总理各国事务衙门咨行，光绪十一年三月十四日军机大臣面奉谕旨：总理各国事务衙门奏，吉林东界牌博中多舛错，年久失修，请派大员会同履勘，据约立界一折。著派吴大澂、依克唐阿依照西路办法，重立牌博，以巩边陲而昭信守等因。钦此钦遵。咨行到臣。

当因吉林界务关系甚重，理应两国派员会同查勘，函请总理各国事务衙门询明俄国驻京公使，该国派出何人，订定何月何日在珲春交界地方会齐同往履勘，庶俄员不致任意推延。臣等克期前往，彼亦不能置之不理。现在总理各国事务衙门尚未与俄使订明会勘日期，想该国亦未派员前来也。

臣窃查中俄约章载明交界道路记文，仅立耶、亦、喀、拉、那、倭、怕、土等字界牌八处，与咸丰十年北京立约十五条内所载界牌二十字头不尽符合。证以咸丰十一年成琦勘分东界洋文图内标明伊、亦、喀、拉、玛、那、倭、怕、啦、萨、土、乌十二字头，亦短玛、啦、萨、乌四字。图内伊字牌即记文内所立耶字界牌之处，臣所亲见之。倭字牌在瑚布图河口小孤山上，仅有纸帖牌文，风雨剥蚀，所存不过数字，木牌露立，片纸何能经久？牌后有俄人火烙文，大如手掌，亦不辨为何字。是当时立牌之草率，可想而知。前据拉林佐领托伦托呼禀，查珲春、宁古塔境内界牌六处，怕字牌在瑚布图河山顶，俗名老松岭顶，倭字牌在小孤山上，那字牌在绥芬河北横山会处，拉字牌在白棱河源小漫岗，喀字牌在白棱河口奎屯必拉地方，亦字牌在松阿察源北岸，即与兴凯湖东岸滨水之处。以上六牌惟喀字牌根为野火所焚，尚未欹倒，其余五牌，木质均属完好。与成琦记文内所载地段亦尚相符。至乌苏里河口所立耶字牌为三姓管辖之地，前三姓副都统长麟[①]曾赴乌苏里河口会同俄官补立界牌，历年未久，想亦不致毁坏。且自乌苏里河至松阿察河数百里内，以水为界，东西截然，并无界线不清之处。是成琦所立界牌八处，惟土字一牌形迹无存，亟宜补立。以地图条约而论，土字牌之处，尚有乌字一牌。以交界记文而论，图们江左边距海不过二十里，立界牌一个，上写俄国土字头，是土字一牌已在交界尽处，更无补立乌字界牌之地。二者必有一误。此不可不会同俄官按照图约详细查勘也。

今欲补立界牌，亦可无论乌字、土字，总以图们江左边距海二十里之地为断。其中稍有出入者，西洋一里为一迈[②]，抵中国三里有余。如俄人执西洋数里以中交界之地，则中国里数在六十里之外。但于沙草峰一带补立土字界牌，约距海口六十余里之遥，俄人所占黑顶子地方，即在土字牌以内，此外更不能与之辩论。应请饬下总理各国事务衙门，查明原定条约俄文内是否以二十迈译为二十里，抑系按照中国里数核计。据此定界，两言可决，彼此无甚争执。从前成琦短立之玛字、啦字、萨字、乌字四牌，应否补立，须与俄国驻京公使妥商定议。即

① 长麟（生卒年不详）：字石农，满洲镶蓝旗人，以翻译进士授编修。光绪元年至九年（1875—1883），任三姓副都统。后累迁至兵部右侍郎。戊戌变法中得光绪欣赏，屡被召对，建言光绪“振作独断”。戊戌政变后，于光绪二十一年十二月以“信口妄言，迹近离间”被革职永不叙用。

② 迈：即英里，英文mile的音译。

俄人坚执记文，不愿增补，亦与原定界址无甚出入。至木牌上帖纸为记，断不能经久，如能换用石牌，二尺宽，四五尺高，大书某字牌三字，下书年月，就近在吉林省城勒石八条，所费无多。俟冬令地冻时，派员运至原立木牌地方，明年四月间，地气融和，再由三姓、宁古塔、珲春各城副都统分派各员前往竖立，较为坚固。亦须由总理各国事务衙门先行照会俄国公使，告以换立石牌之意。

臣俟俄国派定大员，订明会勘日期，即行进京，恭请圣训，剋期前往，是否有当，谨缮折由驿具陈，伏乞皇太后、皇上圣鉴。谨奏。

（中国第一历史档案馆·原折）

吴大澂奏光绪十年六月以前吉林机器局动支经费据实造报缘由

光绪十一年八月廿五日

窃臣前在吉林督办宁古塔等处边防事宜，曾于光绪七年五月奏请创设机厂、兴筑炮台，由后部筹拨经费银每年十万两，调派知府用江苏候补同知宋春鳌总办吉林机器制造局务，应用大宗机器，由天津制造局道员王德均等在津购运，均经先后奏明在案。

臣查吉林并无海口可通轮船，购运机器物料皆须由营口起岸，陆路转运一千一百二十余里始达吉林省城，较之天津、上海、金陵各机器局多费运脚，机器繁重，搬运尤为费力。委员司事工匠人等，吉省既无熟手，远地招来，课工考艺，殊非易易，所有盖造厂房、安置锅炉汽机，调雇司事、匠头，皆责成宋春鳌悉心经理，与津局规模相仿，所费则格外撙节。订购外洋机器物料，则系天津制造局道员王德均等代为购运，臣与王德均遇事谘度，往复函商，不惮再三考究，各洋商所开价值，均极详明，不令含糊蒙蔽。自臣创议开局以来，整理数年，工繁费省，确有明效，皆道员王德均、同知宋春鳌指臂之助也。局中出入款目，按月皆有详细清折，随时申报，一木一板必稽其丈尺，一器一料必核其轻重，分款分开，不稍紊乱，讲求稽察，事在平日，此实报实销之根本。

从前沪局津局报销之案皆系开单呈览，并无逐款细开之数，本无成案可援。近因部章严密，不厌精详，臣督饬局员，即照收支实数，造具详细清册，分咨户、兵、工各部以备查核。计自光绪七年分起截至光绪十年六月底止，共收户部拨领库平银三十五万两，内除机器制造局勘买地基、修造房屋并建表正书院一所为教习算学之地，共支过原库平银三万九千四百四十三两一钱七分六厘四毫七丝九忽四微，购买机器物料共支过原库平银十三万一千三百九十三两二钱五分三厘九毫九丝四忽，水陆转运经费共支过原库平银四万一千零五十七两六钱二分，机器制造局、营口转连局委员、司事、书识、匠工、差弁、长夫等薪水工食共支过原库平银三万六千一百五十两七钱零五厘一毫二丝七忽，表正书院[①]教习、学生、司事、书识、夫役等薪水、膏火口分各费，共支过

① 表正书院：清末东北首个以科技为主要教育内容的新式学堂，由吉林将军铭安、太常寺卿督办宁古塔等处事宜钦差吴大澂筹建，光绪九年（1883）正式建成。位于吉林机器局东邻。设有测量、算学、格致制造等课程。招收学员三十人，不分满汉。学成从事与洋务事业相关的活动。学堂以“数理精深”的候补知县丁乃文为总教习，以“深谙测量制造”的廖嘉绶为分教习。受表正书院影响，此后东北新式学堂渐次应办。光绪二十六年（1900）沙俄军队侵占吉林，吉林机器局并表正书院均被毁为废墟。

原库平银四千七百十六两三钱八分三厘二毫，又除三姓、珲春炮台经费，共支过原库平银三万七千两，应俟工竣另案报销外，实存原库平银六万零二百三十八两八钱六分一厘一毫九丝九忽六微，移交吉林将军希元，归入光绪十年六月以后造册报销。

臣督饬局员逐款勾稽，亲自复核，委系实用实销，毫无浮縻。至外洋机器有新式旧式之不同，铜铁各料有上等次等之不一，价值参差均按实用数目合作原库平银，其势不能一律，亦无例价可循。水陆运脚悉照奏定章程办理，可无出入。委员、司事薪水及工匠口食，援照天津、上海各机器局章程略有增减。开局之初，用人少而需费亦省。迨厂房工竣，机器配齐，以及工作渐繁，薪水、口食酌量加增，均由该局总办同知宋春鳌随时禀请由臣批定饬遵按月给发。因每年入款有一定之数，不能不概从节省，头绪虽属烦琐，均可按册而稽，应请敕部查核准销，以清款目。除将机厂全图及详细清册分咨户部、兵部、工部查照外，所有光绪十年六月以前吉林机器局动支经费据实造报缘由，谨会同吉林将军臣希元合词恭折具奏。

（《中国近代史资料丛刊·洋务运动》）

吴大澂奏择经办机器局尤为出力拟保官阶人员清单

光绪十一年九月十五日

窃臣于光绪九年九月初九日会同吉林将军臣希元，奏报吉林机器制造局工程完竣，并声明吉省地气早寒，十月封冻，三月始开，土木之工及砖瓦各窑，较他省尤为费力，请将该局总办四品衔江苏试用同知宋春鳌等援照天津、上海各局成案，择其尤为出力者酌量开保，奏请奖叙，以示鼓励等因，于光绪九年九月二十九日奉旨："准其核实择尤保奖。钦此。"

臣查吉林创设机厂制造枪子，并修理各种枪炮，旋又添盖镪水房自制镪水，增设火药厂自造洋药，规模逐渐扩充，经费力求撙节。所用委员、司事、工匠，大半由津、沪各局挑选熟手，招徕至吉，路远费多，工繁责重。两三年，吉林本省旗员、旗民耳濡目染，遇事讲求，精益求精，渐开风气，皆由总理机器制造局四品衔江苏试用同知宋春鳌实心实力，措置裕如。在事出力人员，或承办采购各种机器料物，或督率稽查各项工匠人等，或分司各库、各厂出入料件，或专管银钱逐日收支款目，或专心绘画各种机器图式，或押送水陆各路转运车船，因材器使，各就所长，事有专门之学，局无滥竽之人，总其课程日新月异，著有成效。该员等往来洋面，艰险备尝，实非寻常劳绩可比。兹择其尤为出力者二十九员，谨将拟保官阶缮具清单，恭呈御览。

（《中国近代史资料丛刊·洋务运动》）

吴大澂奏报俟假满进京请训旋赶赴珲春勘界片

光绪十一年九月

再，臣接总理各国事务衙门咨称，珲春勘界，俄国派东海滨省固毕尔那托尔为首领大臣，已于光绪十一年九月初二日经总理各国事务衙门片奏，请饬下臣吴大澂于明春先期前往会勘等因。奉旨：依议。钦此。

臣俟假满回津，当于本年十二月内进京请训，明年正月赶赴吉林、二月中可抵珲春。理合附片陈明，伏乞圣鉴，谨奏。

光绪十一年九月十七日军机大臣奉旨：知道了。钦此。

（中国第一历史档案馆·录副奏折）

吴大澂奏吉林巩、卫、绥、安四军动支饷银报销由

光绪十一年九月十九日

会办北洋事宜都察院左副都御史臣吴大澂跪奏：为吉林边防巩、卫、绥、安四军动支光绪九年正月分至十年六月分防饷银两亟应截期造册核销、恭折仰祈圣鉴事。窃臣前在吉林督办边防各军，所部巩、卫、绥、安四军马、步十三营收支各款，本按半年造册奏销一次，嗣于光绪九年八月，臣奉命统率民勇三千，赴津听调，因将巩军、绥军马、步各三营选调进关，其余仍令分扎三姓、珲春及吉林松花江南岸，以资留防。维时调防与留防各营相离较远，饬造收支各册往返需时，拟将光绪九年四季动支各款并作一案造报，曾附片奏明在案。上年四月间，臣又蒙恩改派会办北洋事宜，饬将吉林留防各军，移交吉林将军臣希元督办。当将经手一切支发款项，奏请截至十年六月为止。所有六月以前收支款目，仍由臣一手清理，七月初一日以后应归希元造册报销，并饬各局承办委员将光绪九年一年及十年春夏两季应销各数，截期造报前来。

臣查册开，光绪九年旧管项下，上年销賸边务军饷，应存银八万三千五百六十五两三钱七分一厘一毫二丝，新收九年春夏秋冬四季委员赴部领到原额防饷银五十万两。又，到津奏添新练三营冬季防饷银三万两。再，由察哈尔领回官马项下分给马队各营替换疲乏私马一百匹，缴回马价银九百两。统合管收各项，一总应存军饷银六十一万四千四百六十五两三钱七分一厘一毫二丝。内除开支巩、卫、绥、安四军马步十三营并新添巩右绥副炮队等营月饷银三十八万八千四百三十九两六钱五分九厘九毫八丝六忽，搬运长夫口粮银二万八千七百六十三两二钱，各局办事委员薪水、心红银一万六千零七十一两，招

垦各局委员等薪水、心红银二千一百四十八两。又该局车价银二千二百八十两，巩右绥副等营招费银二千八百九十四两九钱一分二厘二毫三丝二忽。又制办衣帜器具等项银四千二百二十九两九钱六分四厘四毫七丝，采办外洋军火项六万三千四百八十五两二钱零零四毫。制造帐棚等项银一万三千零六十二两八钱二分六厘。各项水陆运脚银一万七千二百九十两零七钱二分一厘八毫九丝。以上共应归光绪九年报销银五十三万八千六百六十五两四钱八分四厘九毫七丝八忽。截至光绪九年十二月底止，除用净存银七万五千七百九十九两八钱八分六厘一毫四丝二忽可查，光绪十年分新派委员赴部领到春夏二季防饷原额银二十五万两，添拨□防春夏二季新饷银六万两内，除十年正月分起至六月底止，连开支过新旧各季月饷银二十八万六千零八十六两二钱，搬运长夫口粮银二万零七百六十四两八钱。各局办事委员薪水、心红银九千五百七十五两，招垦各局委员等薪水、心红银一千二百五十三两，该局车价银一千一百九十两，添购炮、马银一千二百六十两。添购练水雷、应用衣帜、器具银一千五百三十两零七钱四分七厘，采办军火银二万七千二百两，调防各营更换帐棚等银八千七百四十三两二钱六分四厘。各项水陆运脚银二千三百五十三两一钱八分三厘三毫三丝三忽。以上共应归光绪十年春夏二季报销银三十五万九千九百五十六两一钱九分四厘三毫三丝三忽，均经臣督饬局员分案逐款勾稽，委系实用实销，毫无浮冒。下余销存边饷银二万五千八百四十三两六钱九分一厘八毫零九忽，应请收入调防各军饷册，留备支放下届月饷及付定购外洋枪炮之用。仍当撙节动支，详慎经理，以期饷不虚糜，功归实济。除将各案细数清册循例分咨户、兵、工三部核销外，合将巩、卫、绥、安四军收支光绪九年正月分至十年六月分饷银截期奏销缘由，缮折由驿具奏，伏乞皇太后、皇上圣鉴，饬部核销施行。谨奏。

光绪十一年九月二十一日军机大臣奉旨：该部核议具奏，钦此。

（中国第一历史档案馆·录副奏折）

吴大澂奏吉林靖边各军动支银两由

光绪十一年九月十九日奏

会办北洋事宜都察院左副都御史臣吴大澂跪奏：为吉林靖边各军动支光绪九年正月分至十年六月分防饷银两亟应循例截期奏请核销，恭折仰祈圣鉴事。窃臣于光绪七年四月奉旨暂办宁古塔等处防军屯垦事宜。旋准调赴库伦办事大臣喜昌将所练靖边各军于六月初一日移交到臣。嗣经臣随时酌度情形，分别裁并改练，并招屯兵，劝谕开垦，均经奏请饬部存核在案。查此项靖边各军系属中路步队二营、马队一哨，左路步队二营、马队一营一哨，亲军步队二营、马队一哨，共合七营三哨。又于穆棱河等处地方，先设屯兵二十棚，共计棚头正兵二百名。嗣于光绪九年正月，派委屯兵营官尽先补用副将吴永敖、放荒委员候选直隶州州判曲作寅，前往奉天金、复、海、盖一带，续募屯兵棚头四名，正兵五十九名，于四月初一日到吉，起支口粮，照章酌给川资、牛条、农具、车辆，统合新旧棚头二十四名，正兵二百三十九名，分作二十四棚，仍归营官一员、屯总五员，分别管带，董率经理，均尚安于乐业，日见成效。

臣查靖边各军动支各项月饷，本照巩、卫、绥、安四军之例，每案半年造册报销一次。适于光绪九年八月奉调来津，吉林留防各军与臣相离较远，饬造各册往返需时，曾于上年闰五月附片声明，请将光绪九年春夏秋冬四季收支各款，并案造报，归为一年一销。奉旨：该部知道，钦此。臣于上年四月蒙恩改派会办北洋事宜，所有吉林留防各军，应归吉林将军臣希元督办。当经奏明光绪十年六月以前收支各款，仍归臣查明造报。兹据承办各局委员将光绪九年正月分起，至十年六月分止，查明收支细数，造册呈报前来。

臣复核靖边各军上届截至光绪八年十二月底止，销賸旧管应存银四万三千五百九十八两四钱五分七厘零四丝四忽，新收光绪九年四季委员赴部关领靖边军饷银三十二万两。管收二共计存军饷银三十六万三千五百九十八两四钱五分七厘零四丝四忽内，除照章发过七营三哨官兵月饷应销银二十二万零四百八十两零八钱六分七厘二毫四丝，搬运长夫口粮应销银一万九千二百五十七两六钱，屯兵口粮以及添买耕牛等项应销银九千四百二十六两八钱一分五厘零九丝，津贴购办车辆应销银一百四十三两三钱九分六厘二毫三丝，行营各局当差及听候差委办事各员薪水津贴应销银一万二千三百四十四两零二分，采办外洋军火各件应销银六万九千二百六十两，制造帐棚及装饷木箱应销银六千二百十九两二钱一分二厘，各项水陆运脚应销银六千六百三十两零二钱五分四厘四毫三丝。以上共应销银三十四万四千零六十二两一钱六分四厘九毫六丝。截至光绪九年十二月底，实存靖边军饷银一万九千五百三十六两二钱九分二厘零五丝四忽。又自光绪十年春夏二季新收委员赴部关领靖边军饷银十六万两。借领东防京饷银十万两。内除照章发过七营三哨官兵月饷银十三万零零四两六钱零六厘三毫六丝，搬运长夫口粮银一万一千二百零六两四钱。新旧屯兵口粮银四千六百七十三两六钱。行营各局当差及听候差委办事各员薪水津贴银八千七百四十三两八钱八分，采购外洋军火各件银七万四千九百八十五两七钱五分。购办装饷钉铁木箱银五百二十两。各项水陆运脚银六千六百五十三两二钱六分二厘四毫八丝。以上共应销银二十三万六千七百八十七两四钱九分八厘八毫四丝。截至光绪十年六月底止，均经臣督饬各局委员，逐款勾稽，厘剔驳减，委系实用实销，毫无浮糜。下余销存靖边军饷银四万二千七百四十八两七钱九分三厘二毫一丝四忽，应请归入调防各军支放下届月饷以及凑办军火之用。仍当随时稽核，力求撙节，不敢稍涉浮糜，以重度支而昭核实。除将细数清册照例分造咨送户、兵、工三部核销外，合将查明吉林靖边各军动支光绪九年正月至十年六月防饷银两，截期奏销缘由，恭折由驿具奏。伏乞皇太后、皇上圣鉴，饬部核销施行，谨奏。

光绪十一年九月二十一日军机大臣奉旨：该部核议具奏，钦此。

（中国第一历史档案馆·录副奏折）

吴大澂奏报拟抵京与俄使妥商珲春勘界事宜片

光绪十一年十二月[①]

再，臣奉命前赴吉林会同俄国所派大员查勘边界事宜，前准总理各国事务衙门来咨，业与俄国订定明年三月为期，自应于春初早日前往，可无延误。臣定于十二月初四日由天津启程

① 此系朱批时间。

入都请训，并拟与总理各国事务衙门王大臣邀同俄国驻京公使妥商勘界时一切应办事宜，俾臣有所依循，免致临时掣肘。谨附片陈明，伏乞圣鉴。谨奏。

光绪十一年十二月初五日军机大臣奉旨：知道了。钦此。

（中国第一历史档案馆·录副奏折）

吴大澂奏报由津起程前赴吉林会勘边界日期折

光绪十二年正月十七日

会办北洋事宜、都察院左副都御史臣吴大澂跪奏，为恭报微臣由津启程前赴吉林会勘边界日期，恭折仰祈圣鉴事。

窃臣奉命会勘吉林边界事宜，于光绪十一年十二月入都陛见。并与俄国驻京公使博白傅[①]面商应办事宜各条，订定今年四月内，会同俄国所派固毕尔那托尔巴啦诺伏查勘图们江一带边界，即于二十四日跪聆圣训，暂回津防交代一切。于十二月二十八日抵津，督饬局员赶造各营报销清册，定于正月十七日由津启程前赴吉林，计二月底可抵珲春。所有昌黎、乐亭驻扎防营暂归直隶督臣李鸿章节制，将来应领部饷，即由李鸿章派员请领。

所有微臣在津启程日期，谨缮折由驿驰奏。伏乞皇太后、皇上圣鉴。谨奏。

光绪十二年正月十九日军机大臣奉旨：知道了。钦此。

（中国第一历史档案馆·录副奏折）

---

① 博白傅：俄国外交官、汉学家。同治九年（1870）来华。光绪九年（1883）九月至光绪十二年（1886）二月任俄国驻华公使。

吴大澂奏陈赴吉林会勘界务拟带随员翻译前往片

光绪十二年正月十七日

再，臣前赴吉林会勘界务，应带随员翻译，查有道员用补用知府、江苏试用同知汤纪尚，保举知县候选盐大使沈庚垚、候选府经历王大庆，县丞衔吴国章四员，堪以带赴吉林，藉资差委。并由总理各国事务衙门商调俄文翻译五品衔内阁中书庆全，一并随带前往，理合附片陈明，伏乞圣鉴。谨奏。

光绪十二年正月十九日军机大臣奉旨：知道了。钦此。

（中国第一历史档案馆·录副奏折）

吴大澂等奏报赴俄境会商界务日期折

光绪十二年四月十九日

臣吴大澂、臣依克唐阿跪奏，为恭报微臣前赴俄境会商界务日期，恭折仰祈圣鉴事。

窃臣吴大澂前于三月初二日行抵珲春，曾经具折奏明在案。俄国所派勘界大员固毕尔那托尔巴啦诺伏，本系驻扎伯力办事大臣，原订俄历四月会勘边界，即中历三月下旬，经臣等屡次电催该使，总因兴凯湖冰冻未消，轮船不能下驶，直至四月十五日，即俄历五月初五日，该使巴啦诺伏始乘轮船行抵岩杵河。臣等先遣翻译官前往，订明于该国境内岩杵河会议勘界事宜。臣等定于十九日启程前赴该处，会同俄使妥商一切，再赴图们江一带，按照图约详细查勘，补立界牌。俟会议妥协，遂段勘明，再行陈奏。所有臣等前赴俄境会议日期，谨缮折由驿具奏，伏乞皇太后、皇上圣鉴。再，臣依克唐阿因有画押盖印等事，理应带印前往。所有副都统衙门日行公事，由包封递送岩杵河行馆照常办理，合并陈明。谨奏。

光绪十二年五月初四日军机大臣奉旨：知道了。钦此。

（中国第一历史档案馆·录副奏折）

中俄勘界大臣吴大澂致李鸿章转总署中俄界务展拓旧图电附旨

光绪十二年五月二十六日

二十六电，议补立土字牌，巴使欲照旧图，离海口四十里，以海滩内二十四里为江口。大澂欲以海滩尽处为江口，以旧图展拓二十四里。巴使电俄廷请示。如不允改，可否照旧图定界？黑顶子已在红线界内，应即归还。

六月初二日奉旨：李鸿章转电吴大澂，所议展界、竖牌、补记、绘图各节，均尚妥协，即着照议画押。

（《清季外交史料》）

附　总署致吴大澂如不能争到海滩尽处照旧图定界电

光绪十二年六月初二日

以海滩尽处为江口，如能争到，甚善。如必不行，即照旧图定界。

（《清季外交史料》）

吴大澂等奏报会同俄员勘界立牌经过情形折

光绪十二年六月初七日

臣吴大澂、臣依克唐阿奏，为恭报会同俄员勘界立牌，绘图补记，遵旨画押各日期，恭折驰陈事。

窃臣等奉命会勘吉林边界事宜，于四月十九日由珲春起程，前赴俄境岩杵河会商界务，前经具折奏明在案。四月二十二、六等日两次会议，曾将大略情形电达李鸿章转电总理衙门。五月十三日钦奉初五日谕旨：李鸿章转电吴大澂。所议展界竖牌补记绘图各节，均尚妥协，即着照议画押。钦此。臣等窃思珲春与俄国交界地方有界限不清之处，因咸丰十一年前户部侍郎成琦会同俄员建立木界牌八处，其末处土字界牌最关紧要，不知何年毁失，遍询土人无从查究。珲春辖境，处处与俄国接壤，臣依克唐阿到任后，查阅边界，自珲春河源至图们江口五百余里，竟无界牌一个。黑顶子濒江一带久被俄人侵占，屡与臣吴大澂照会俄员索还占地，并迭次面商，据约切论。该俄员一味支吾延宕，竟于黑顶子地方添设卡兵，接通电线，有久借不归之意。旋经吉林将军臣希元专派协领穆隆阿、双寿等，约同俄员会勘，仅至沙草峰为俄人所阻，未经勘毕而回。臣等此次会同俄国所派勘界大员巴啦诺伏等商议界务，首重补立土字牌交界处，次则归还黑顶子要隘之地。俄员舒利经指出，成琦所换之地图上界线尽处，咸丰十一年原立土字界牌之所，江东有大泡子积水为记，江西朝鲜偏脸城相对。该员舒利经即系昔时亲自绘图竖立界牌之人，言之确凿，并呈出大小图稿，一牌有一牌之图，沙草峰所立土字界牌似非无据。臣等详查咸丰十一年所换地图内，英尺一寸系俄国里二十五里，中国里五十里，图上界线末处与海口相距几及一寸，系俄里二十余里，以中国里数计之，实系四十五里。惟咸丰十年条约内云：两国交界与图们江之会处，及该江口相距不过二十里。咸丰十一年交界道路记文内亦云，图们江左边距海不过二十里，立界牌一个，上写俄国土字头。现查咸丰十一年所立土字界牌之地，并非照准条约记文二十里之说。臣等与俄员巴啦诺伏反复辩论，该员以为海滩内二十里，俄人谓之海河系，去海河二十里方至江口。臣等以为江口即海口，中国二十里，即俄国十里。沙草峰原立土字界牌既与条约记文不符，此时即应照约更正。巴啦诺伏仍以旧图红线为词，坚执不允，此四月二十二日与俄员议立界牌力争未决之情形也。

此外，尚有应办事宜数端，旧图内拉字、那字两牌字间，有玛字界牌，记文则缺，而未立条约内，怕字、土字两字之间，有拉萨二字界牌，地图记文略而不详，现应补立者一也。旧立木牌年久易于朽坏，乡民有烧荒之例，野火所焚延及牌木，难免毁损，改用石牌较为坚固，亟应换立者二也。两国交界地段甚长，牌博中间相去甚远，路径纷歧，山林丛杂，本未立牌之地，难免越界之人，自宜酌择要地，多立封堆，挖沟为记，愈密愈详，此应办者三也。俄人所占黑顶子地方，设有俄卡电线，现议补立土字界牌，该处在红线界内，臣依克唐阿当即派员前往接收，添设卡伦，以清界址，此应办者四也。俄员舒利经现画分图，以英尺一寸为俄里一里，计中国里二里，较旧图尤为细密。臣等与该员详加考核，分注汉文，俄文，应将此图画押钤印，中俄各存一分，以补旧图之不备，此应办者五也。以上各条均四月二十六日复议界务时，臣等与俄员巴啦诺伏详细妥商，各无异议。惟补立土字界牌一节，再三辩驳，始允于沙草峰南越岭而下至平冈尽处竖立土字牌，以江道计之，照旧图展拓十八里，径直里数不过十四里。臣等派员前往测量，该处距图们江出海之口顺水而下，为中国里三十里，计俄国里十五里，陆路直量为中国里二十七里，俄国里十三里半。臣等自奉谕旨允准后，即于五月九日约同俄国勘界大员巴啦诺伏及舒利经、克拉留马秋宁等，前赴图们江议立界牌之地，亲自勘明，于二十日将土字石牌公同竖立，并用灰土石片深埋坚筑，以期经久。所拟记文应写满文、汉文、俄文各二分，另绘分图二分，图内交界道路详细记文二分，均于六月初三日缮写完竣。臣等即于是日在岩杵河俄馆会同俄国勘界大员巴啦诺伏等画押钤印讫。除将记文地图各一分由臣吴大澂回京复命时面交总理衙门王大臣存案备查外，谨缮折驰陈，谨奏。

光绪十二年六月二十三日奉旨：该衙门知道，片并发。钦此。

（中国第一历史档案馆·录副奏折）

附：珲春东界约

大清国大皇帝，大俄罗斯国大皇帝，为两国东边交界地方所立木牌有失毁之处，一千八百六十一年，即咸丰十一年，所换地图红线有简略不甚详细之处，恐两国官民彼此误会，渐启争端，大清国钦差会办北洋事宜大臣都察院左副都御史吴大澂、帮办吉林防务大臣珲春副都统依克唐阿，大俄罗斯国钦差东海滨省巡抚兼理军务将军佩带宝星巴啦诺伏、办理地图衙门大员佩带宝星舒利经、帮办军务大员总理营务克拉多[①]、南乌苏哩界廓米萨尔马秋宁等，各遵谕旨，会同商办两国交界各事宜，分列于后：

一、图们江边土字界牌，年久失毁，亟应补立。依照一千八百六十一年，即咸丰十一年所定交界道路记文，重立土字石牌，议明立牌之地在该处山麓尽处江岸地方。此处顺图们江至海滩，俄里十五里，计中国里三十里，径直至海口，俄里

① 克拉多：即前文“克拉留”。

十三里半，计中国里二十七里。

二、土字牌与怕字牌中间相隔太远，议明于俄镇蒙古街与珲春交界之路添立拉字界牌。又于俄镇阿济密于珲春交界之路，添立萨字界牌。又查一千八百六十一年原绘地图有玛字界牌，交界道路记文缺此一牌。今议于拉字界牌西南大树岗子俄境与宁古塔交界之路，添立玛字界牌。以上新名石牌三个。至旧有之耶、亦、喀、拉、那、倭、怕七个木牌，亦一律换用石牌。

三、中国界内黑顶子地方，旧有俄国卡伦民房，议明于一千八百八十六年六月，即光绪十二年五月，迁回俄境。两国勘界大臣各派委员，前往该处，交接明白。

四、由土字界牌至图们江口三十里，与朝鲜连界之江面海口，中国有船只出入，应与俄国商议，不得拦阻。巴大臣已将此条函商俄京总理衙门，俟有复音，再行补书于记文之后。

五、瑚布图河口倭字界牌，及绥芬河北山之那字界牌，均与旧图地段不甚相符，应否更换立牌之地，俟两国勘界大臣亲自履勘，再行妥议办理。

六、自珲春交界之长岭子顺分水岭至图们江口，另绘分图二分，由两国勘界大臣画押钤印后，两国各存一分。自长岭以北至白棱河口，亦应分作数段，各绘分图二分。俟舒利经督同俄员绘画完工，再于各图上及各图之道路记文，均由两国勘界大臣画押钤印，彼此互换，以昭慎重。

七、现在新立石牌十一处，各牌相去甚远，中间道路纷歧，山林丛杂，或有界限不清之处，自应另作记号，或挖小沟，逐段分别明白，以补界牌之不足。所立记号，编作一、二、三、四等字样，亦于分图内逐一注明，较旧图更为详细。

八、以上石界牌十一处，及各处所立记号，每处各绘细图二分。俟将来一律完竣，由珲春副都统与廓米萨尔会同钤印，以一分咨呈北京总理衙门，以一分寄呈俄京，存案各查。

以上八则，商议妥洽，两国官民益敦和好，永无疑忌之心。将此记文缮写俄文、满文、汉文各二分，以满文为主，俱须画押钤印，附于一千八百六十一年所定各界道路记文之后，永远遵守勿替。

大清国会办北洋事宜二品顶戴都察院左副都御史吴。钦差帮办吉林防务珲春副都统法什尚阿巴图鲁依。

大俄罗斯国钦差东海滨省巡抚兼理军务将军佩带宝星巴。办理地图衙门大员佩带宝星舒。帮办军务大员总理营务克。南乌苏哩界廓米萨尔马。

附：查勘两国交界第一段道路记

两国勘界大臣查明：第一段交界，系照一千八百八十四年俄国派员测绘图样，自图们江起，至长岭之天文台止。此岭介乎俄国珲春卡伦及中国二道河卡伦之间，为珲春岩杵河往来大道，计新立土字界牌之地至天文台俄里六十五里半，约中国里一百三十一里，图上红线俱顺分水岭为界。水向西流入图们江者，属中国。水向东流入海者，属俄国。自土字界牌以南，顺图们江至海口，计俄里十五里，约中国里三十里。陆路直量至沙滩末处，计俄里十三里四百五十五萨仁[1]，约中国里二十七里有奇。所立土字石界牌高一萨仁，约中国尺七尺有奇，宽俄寸十寸，约中国十五寸，厚俄寸四寸，约中国六寸，一面刻俄

① 萨仁：俄里之下的距离单位，一萨仁相当于中国尺七尺。

文土字，一面刻汉字土字牌三字，旁列年月，牌下入土深一俄尺，约中国二尺三寸，四周地基用坚石筑成，外掘深沟，填以碎石，均灌灰浆，以期经久。

自土字牌西北越岭，经哈桑湖之西，至沙冈子北，立第一记号，计八里一百萨仁。又北一里六十五萨仁，折而西北四里一百三十五萨仁，顺沙土冈，至依冈嘴，立第二记号。又东南绕水洼，折而北，至巴啦诺伏山，自山迄北，再折而东，至巴尔巴什山，又东北至罕奇英安河往来之道，立第三记号，计十三里四百六十五萨仁。又西北顺平冈二里四百萨仁，立第四记号。又西北逾数小山，至马邱宁山二里一百五十萨仁，即于山下平坡立第五记号。又西北六里二百八十五萨仁，顺平阜而下，逾小沟数处，至黑顶子往岩杵河之道，立第六记号。又西北至虎山，即小黑顶子山，又西南至魔山，即大黑顶子山，折而西北，越大岭，路窄而陡，至克拉多山，由此山绕珠伦河上游，折而东，再折而北，在岭上立第七记号。此岭不高，而山径至仄，距第六记号二十里四百七十五萨仁。由此东北三里二百八十萨仁，又北一里六十五萨仁，又折而东三百三十萨仁，即一千八百八十四年所立之天文台，作为第八记号。以上里数皆俄里，俄国一里约中国二里，俄国一萨仁约中国七尺有奇。惟天文台用砖垒高，以坚石为基址。其余记号皆用土砌成圆墩，周围掘沟，垫以石块，上立小石牌，刻一、二、三、四等字样。此记缮写满文、汉文、俄文各二分，并照以上界线绘成地图二分，均由两国勘界大臣画押钤印，将此记文地图各存一分为据。

附：查勘两国交界第二段道路记

第二段交界，自长岭天文台第八记号起，至蒙石街岭之拉字界牌止，计俄国一百二十一里四百九十七萨仁。此段界道，自长岭四里，顺小岭而行，至陡岭，又二里，至岭下，此岭上下俱陡，即至俄国横道河卡伦往来之小路界道，向东北四里，顺最窄之岭，折而东南，至梯格罗威山，即虎山。其山中起尖峰，颇陡，四面多大石、树木。自此向东北三里半，顺大岭，历层坡而下，至佛多石岭上，于珲春往佛多石屯之路，立第九记号。此处有小石庙，又有卡房，计天文台第八记号至此十四里三百零七萨仁。自此处界道登山，路益险峻，顺山而行，下至佛多石地方可以行车之路，立第十记号。此岭上亦有小石庙，系行人所立者，计第九记号至第十记号四里三百一十萨仁。又东行峻坂层累而上，折而南，至绰勒乃山，即黑山，左右林木深蔚，上多石峰。又东折而北，至立第十一记号之岭，为珲春至岩杵河往来路口，第十记号至此十四里四百五十七萨仁。自此处界道，顺童山而东，绕过岩杵河源几处，于岩杵河上游往珲春之路侧，立第十二记号，计七里二百七十七萨仁。自第十二记号，仍顺分水岭，行至棘心河源，渐下至低处，岭树绵亘，有由棘心河往头道沟之路，自此处界道东南行，折而东，至立第十三记号之处，计距第十二记号十七里一百零二萨仁。此十二至十三记号中间以岭为界，岭阴系中国地，林木繁茂，岭阳系俄国地，杂树扶疏而已。自第十三记号向西北，顺分水岭三里，至阿勒亚咱诺伏河第一岭，上有道，可通骡驼。又三里，折而东北，至立第十四记号之处，距第十三记号八里七萨仁，阿勒亚咱诺伏河源出此山麓。界道自此向东南，折而东，至阿勒亚咱诺伏河第二岭，有骡驼道。又东南行一里，折而东北，至阿古密岭上，亦有骡驼往来之道，立第十五记号，计第十四记号至此十里三百三十五萨仁。自第十三记号至第十五记号十八里，林木相间。又东半里，折而北四里半，又折而西二里半，又北一里半，至立萨字石界牌处，即珲春与阿吉密往来路口，界牌之东有阿吉密边卡，计第十五记号至萨字界牌九里七十五萨仁。自此处北行，顺岭脊，折而东四里，绕阿吉密河上游，折而北一里半，至西吉密往珲春行走之路，立第十六记号，计萨字界牌至此十六里四百六十五萨仁。又东北顺岭而上，道经密林，其东山势壁立，自此直北至蒙古街之岭，立拉字石界牌，与第十六记号相距十八里一百六十二萨仁。以上所记两国界线，均经详细测量，绘成地图，共二分，为第二图。

附：查勘两国交界第三段道路记

第三段交界，自拉字界牌起，至乌纱沟口，即瑚布图河口止。顺分水岭及瑚布图河下游，共计俄里一百二十八里三百四十五萨仁。界道自拉字界牌五里半，向东北树少之岭，此岭界乎蒙古街河之两源及珲春河两河之间。自此折而北二里半，顺高石岭而行，又自拉字界牌九里，界道仍向北，至老松岭，上有小冈，左右皆峻，岭东最险。自拉字界牌十一里，所经山岭俱有林木及泥淖难行之处。自拉字界牌十八里，有中国珲春河一带小路。此路先顺界道之岭向北行八里，东入俄国辖境后，又绕至怕字界牌处。怕字界牌立于珲春河、昂邦毕拉河、瑚布图河三源之分水岭上，即老松岭。怕字界牌之处有小路二条，其一向中国珲春之路，其一往瑚布图河之道。自拉字界牌至怕字界牌三十二里二百七十五萨仁。自怕字界牌向西二里一百三十萨仁，界道由小河下行至瑚布图河。又由瑚布图河西北行九里，有中国界内所出两小河之口。界道又由瑚布图下游向北，直至河口。自怕字界牌至瑚布图河六十五里，河之左右两岸有险峻之处，亦有悬崖林木。折而北行，林木渐稀，境界渐宽。又三十一里，地土平衍，有垦种之田。河之两旁，山根峻险，树木扶疏，此间有河涌河汊。河涌之岸，林木相间，自怕字界牌至瑚布图河口九十六里七十萨仁。以上界道，测量准则，详细绘图二分，为交界第三图。

附：查勘两国交界第四段道路记

两国交界第四段，自瑚布图河口起，至那字界牌止。此段界道直线向西北，照子午向偏西十二度四分三秒，计俄里七十里二百五十四萨仁。自瑚布图河口，界道直线过绥芬河北岸，经平野，至陡崖，即于此山道立倭字界牌，距瑚布图河口二里九十五萨仁。界道直线二十里内，越岭数重，其间有数小河流入八道河子，距倭字界牌七里一百萨仁之处，将第十七记号立于高山之上。自此二里一百七十萨仁，界道直线经沟下过昨罗塔牙小河，即东大川。自第十七记号行十三里一百六十萨仁，于岭脊高处立第十八记号。此二记号之间，树木稀少。自此山路窄险，岭上有林木。自第十八记号行十三里三百七十五萨仁，过水曲律川河，又逾一岭，经佛伦喀河源，沿河直行，过数小沟，有二沟入佛伦喀河。自此过小河，涉平冈，至第十九记号，此记号立于岭之高处。自第十八记号至第十九记号，相距二十六里八十五萨仁。自此界道直线下岭至陷泥沟，经过入佛伦喀河之小河，复逾岭，过数小山，又越数沟，沿佛伦喀河之分流，计七里三百六十萨仁，渡佛伦喀河。自此沿小沟直至平岭，立第二十记号。自第十九记号至此十里四百七十五萨仁。自此界道直线沿佛伦喀河过数沟，由小绥芬河、佛伦喀河之分水岭，直至那字界牌，距第二十记号十里三百三十九萨仁。自倭字界牌至那字界牌六十八里一百五十九萨仁。那字界牌系立于平冈小峰之巅，此山东北下临东岔河之坡为最陡。以上所记界道，详细测量，绘成地图二份，作为交界第四图。

附：查勘两国交界第五段道路记

两国交界第五段，自那字界牌起，顺分水岭，至玛字界牌止，计俄里七十七里二百五十萨仁。界道自那字界牌处，向西南，顺平冈疏林四百一十五萨仁而下山坡之西，小绥芬河之东，经东岔河源，又折而西北一里四百三十五萨仁，折而北三里十五萨仁，岭窄林密，此岭有二陡坡，下临小绥芬河及东岔河。又二里二百二十萨仁向西北至高山之巅，界道折而北里三百五十萨仁。顺宽岭而行，山路渐低，又越一岭，高而窄，下临小绥芬河及东岔河之源，界道又折而西三里四百四十五萨仁。岭上有松，下临二河。又折而西五里二百六十萨仁，顺平冈而行，此岭西临绥芬河，不甚陡。东临西阳河，甚险。界道折而西二里三百七十五萨仁，迤南至平冈，又折而北一里一百萨仁至绥芬河、西阳河、穆棱河之分水岭上，立第二十一记号，距那字界牌二十四里一百一十五萨仁。由此北行一里一百三十五萨仁，界道渐低，至二平坡有林木之岭，折而东北七里一百八十五萨仁，界道在平冈叠阜间。此处系穆棱河、北岔河所由分。又一里三百五十五萨仁折而东南，又折而东北十一里二百七十萨仁，至小西阳河源，立第二十二记号，距二十一记号二十一里四百四十五萨仁。自此界道九里四百七十萨仁，东至岭上，有林木土阜。又东九里一百八十萨仁，顺平山而行，在此山之麓立第二十三记号。此处系入大沙河子之喀灭诺什喀河源，及入黄泥河子之数小河源，相去不远，距二十二记号十九里一百五十萨仁。自此界道向东北八里二百九十萨仁，顺石岭而行，宽窄相间。又折而东一里三百四十五萨仁，山势渐陡。又一里四百零五萨仁至老虎山，在此山下平冈，立玛字界牌。距此一百三十萨仁，有自大沙河子至黄泥河子之路，自第二十三记号至玛字界牌十二里四十萨仁。以上所记界道，详细测量，绘成地图二分，作为交界第五图。

附：查勘两国交界第六段道路记

第六段界道，自玛字界牌起，至白棱河入兴凯湖之口止，计俄里九十里四十五萨仁。自玛字界牌二百五十萨仁，界道向东北至于山冈，折而东南三里，路多峻险，从树间蹊径逼窄，岭尽下行，折而东，顺平岭四里一百一十萨仁，折而北三里一百六十萨仁，山高而平。又东北二里一百十五萨仁至山麓，仍向东北十九里四十五萨仁，即顺山脊而行，至波尔沙牙山。其间一山有石峰，其一山有林木，山北有中国之黄泥河子入穆棱河，山南有数小河入于西阳河，距波尔沙牙山一里一百二十五萨仁之处，即俄界之尾伊诺库尔喀沟，有通中国穆棱河地方小路。波尔沙牙山系毕罗毕喇昨瓦牙河及尾伊诺库尔喀沟之所自出。由波尔沙牙山，界道折而北三里四百九十萨仁，至无名山。此山四面峻险，北有林木，为黄泥河子、大乌沙奇河所自出，大乌沙奇河流入兴凯湖。自此山界道折而西，经大乌沙奇河之上游二里三百六十五萨仁，又折而北七里四百零五萨仁，界道由窄巅与大乌沙奇河，并向东北行，左右险峻，有林木。由此岭经平冈渐下，折而东九里一百萨仁，至小平冈。此山系什罗喀牙沟，即图拉河源所自出。自此界道折而东北十六里四百三十萨仁，顺平冈而行，至拉字界牌，山势平衍，形如野甸，即穆棱河、白棱河分水之岭。计自玛字界牌顺分水岭至拉字界牌，七十二里四百七十萨仁，界道又自拉字界牌山冈平处，计四百萨仁。经白棱河源，顺沟下行一里四百萨仁，即顺白棱河十四里二百七十五萨仁，至入兴凯湖之口，将喀字界牌立于白棱河之北岸，距河口上游一百二十四萨仁，又距图哩河之口一里五十萨仁。计自拉字界牌至喀字界牌十六里四百五十一萨仁，再自拉字界牌至白棱河口十七里七十五萨仁。以上所记界道，详细测量，绘图二分，作为交界第六图。

附：增订两国交界第六段道路记

两国勘界大臣议定，增立交界记号第二十四、二十五、二十六三处，于一千八百八十七年，即光绪十三年，立于所定之地。自玛字界牌四十六里四百四十萨仁，由平冈折而东行，立第二十四记号。距此九里一百萨仁，有小平冈，系什罗喀牙沟所出之处，立第二十五记号。又距拉字界牌二里三百萨仁，在白棱河岸立第二十六记号。将此增订记文附于第六段记文之后。

附：查明更正倭字那字两界牌记

两国勘界大臣公同商议，从前补立之那字界牌，离瑚布图河口太近，又非横山会处。小孤山上之倭字界牌，距瑚布图河口太远，并非两国交界。按照条约、记文，两牌均有错误，此次更换石牌，亟须查明更正也。现由舒利经查出，一千八百六十一年，即咸丰十一年，原立那字木牌，尚存半截，上多朽烂，牌下有碎石，砌成基址，其为界牌无疑。该处迤西，即系小绥芬河源，交界道路文内所称横山会处，水向北分流入兴凯湖及毛河源，水向南分流入绥芬河，即此是也。现因河水涨发，各山沟节节阻水，车道难行，新造石牌未能运往。拟于原立那字界牌之地，先挖深坑，用石填砌结实，筑成台基，中留牌孔二三尺深，俟冬令冰道畅行，再将那字石牌用车载至小绥芬河源，拉运上山。其地山势并不陡险，易于搬运，届时再由两国边界大员，派员监立可也。自横山会处至瑚布图河口，应用天文测算之法，做一直线。其间林木丛杂之处，则砍树为路。有高冈阻隔之处，则筑土为墩。有道路纷歧之处，则挖沟为记。仍将各处记号挨次编定数目，嵌立小石牌，悉由舒利经经理，中国派员随同照料。其补立错误之那字木牌，即行毁废。现在新刻之倭字石牌，应照交界道路记文，设立瑚布图河口该处浅滩，又恐河水盛涨冲坏牌座，今议于大绥芬河北岸山坡高处，准对瑚布图河口，建立倭字石界牌，其小孤山上原立木牌，亦即毁去，以免误会。将此记文书写满文、汉文、俄文各二分，以满文为主，由两国勘界大臣画押钤印后，两国各存一分，附于前次会议记文之后。

（《清季外交史料》）

吴大澂等奏报与俄员会商图们江及宁古塔境内界牌片

光绪十二年六月初七日

再，图们江土字界牌以南至海口三十里虽属俄国辖境，惟江东为俄界，江西为朝鲜界，江水正流全在中国境内，中国如有船只出入海口，非俄国一国所能拦阻。臣等与巴啦诺伏商议数次，该使总以奏请俄廷示谕为词，应俟商妥后再行定议。又，宁古塔境内倭字、那字二界界牌，均与记文、条约不甚相符。臣等画押事竣，拟再前赴三岔口一带，将倭字、那字二界牌查勘明确，如应更正之处，再与巴啦诺伏等妥议办理。合并陈明，伏乞圣鉴。谨奏。

光绪十二年六月二十三日军机大臣奉旨：览。钦此。

（中国第一历史档案馆·录副奏折）

直督李鸿章致总署吴大澂报中俄境界已测准电

光绪十二年六月二十五日

吴钦差十七来电：初十，至三岔口，勘明那字牌，正对瑚布图河入东大川，沿那字牌正北两国交界之地。连日登山，用南针测准，无可争论。俟详细绘图，界限自清。乞转总署云。

（《清季外交史料》）

直督李鸿章致总署吴大澂报中俄界务勘毕回珲春电

光绪十二年七月十五日

吴清卿初九亥电：澂自三岔口回珲春，过海参崴，丁提督带六舰适至。丁与俄帅联络，俄海里（部）尚书巡阅到崴，亦往拜。丁初七送澂至摩阔崴，次日开赴长崎，进坞修理，留超武、扬威在海参崴等候。八月初，澂可回津云。

（《清季外交史料》）

直督李鸿章致总署据吴大澂报俄无占巨文岛意电

光绪十二年八月初十日

顷，来电甫通。吴钦差七月二十八日来电：二十六日，抵岩杵河，与巴使论巨文岛事。俄人实无占意，如英舰退出，澂保俄人必不效尤。事竣回津，过此岛时，可与英将一晤。英有弃志，无须立约，澂以一言为信等语。又袁世凯初八来电：韩廷因俄来催陆路通商，金允植甫回外署，未便远离，拟另派员赍咨云。

（《清季外交史料》）

直督李鸿章致总署据吴大澂报俄准图们江行船电

光绪十二年九月十八日

吴钦差电：巴使接俄使、外部电称，总督廓尔伏详述图们江事，均已明白，图们江口，中国船只出入，俄国必不拦阻。今日廓米萨尔照会依副（都）统，行知各卡伦。惟应议一条，或由俄京，或由中国总署，议立对换。请中国定夺，不归巴使议办，乞转电总署。大澂十八准行云。

（《清季外交史料》）

吴大澂奏报查勘吉林边界事竣回京复命折

光绪十二年九月十八日

会办北洋事宜、都察院左副都御史臣吴大澂跪奏，为查勘吉林边界事竣，回京复命，恭折仰祈圣鉴事。

窃臣奉命前赴吉林，会同珲春副都统依克唐阿查勘俄边界事宜，曾将俄使会议各条及更正倭字、那字两界牌一切勘办情形，先后具折奏明在案。兹将图们江口至兴凯湖之白棱河口两国交界地图，分作六段，每段各撰记文一篇，于九月十七日缮绘完竣，十八日画押钤印。臣即于是日起程由俄界摩阔崴乘轮内渡，携带地图记文进京复命。除将会勘记文及中俄交界地

图六段呈送军机处备案外，所有微臣会勘界务事竣，起程进京日期，谨缮折具奏，伏乞皇太后、皇上圣鉴训示。再，臣航海到津，为日较速，此折未便发驿，应即由臣到京亲递。合并陈明，谨奏。

光绪十二年十月初六日军机大臣奉旨：知道了。钦此。

（中国第一历史档案馆·录副奏折）

吴大澂奏请择尤保奖勘界出力人员以示鼓励折

光绪十二年十月十八日

会办北洋事宜、都察院左副都御史臣吴大澂跪奏，为中俄勘界事竣，在事出力人员可否恳恩准其择尤保奏，以示鼓励，恭折仰祈圣鉴事。

窃臣奉命会同珲春副都统依克唐阿与俄官勘中俄交界，索还黑顶子侵占之地，图们江土字界牌展拓十八里，议明中国船只出入图们江口俄国不得拦阻，并更倭字、那字两界牌，从前所立木牌一律改换石牌，以期经久。又添立封堆二十六处，均经先后奏明在案。臣与依克唐阿派员分赴沿海沿江一带详细查勘，周历交界地方或山林丛杂，向无人迹之地，或谿涧纵横，中多阻水之处，该员等跋履艰难，不避险阻，往来洋面，出入俄界，与俄员交接事繁，实与随带出洋劳绩无异。合无仰恳天恩，准其择尤保奏十数员，以示鼓励。是否有当，谨会同珲春副都统依克唐阿合词恭折具奏，伏乞皇太后、皇上圣鉴训示。谨奏。

（中国第一历史档案馆·录副奏折）

吴大澂吁请饬部仍照机器局原造细册所开用料价值准其核销片

光绪十二年十月二十八日

再，吉林创设机器局，添盖厂房，勘买地基，安置锅炉、汽机并表正书院等工，共支库平银三万九千四百四十三两一钱七分六厘四毫七丝九忽四微，经臣具折奏明，奉旨："该部知道，片并发，钦此。"钦遵并造册咨部核办在案。

兹准工部咨称："吉林创设机器局，添盖各项房座做法，既据声明悉照洋式，是一切夫工及用料之多寡诚不能绳以寻常做法。惟册开木植灰觔各项价值，系由内地购买，非如机器购自外洋者可比，仍应按例核算。查册开各件多与例价悬殊，碍难减准"等语。臣窃维机局厂房及表正书院工程，均照外洋机器各厂及机器学堂一切做法加料加工，所用木植实系派员进山挑选坚结高大木料，雇工砍伐，拉运到省，程途较远，工费稍钜。所用石灰砖瓦，亦由各窑加工定造，以期年久坚固，实与寻常盖造官房所用木植、灰觔迥不相等。臣与该局员详细考校，不令稍事浮靡，所开价值均系实用实销，若照例价核减，赔垫过多，无从设法弥补。吁请饬部仍照原造细册所开价值，准其核销，俾免赔累。

（《中国近代史资料丛刊·洋务运动》）

吴大澂奏吁请仍遵前旨于宋春鳌等二十八员给奖注册折

光绪十二年十一月十四日

窃臣前因吉林创设机器厂，在事各员劳绩卓著，遵旨择尤保奖，会同吉林将军臣希元两次披沥上陈，于光绪十一年十二月初五日奉旨："著照所请，该部知道。钦此。"闻命之余，同深钦感。嗣准吏部核议奏驳，钞录原奏咨行到臣。

窃惟方今时局要务，不外船政军械两大端。中国于机器制造向无专官世业，近年来始于津、沪、闽、粤等处创设机厂，仿照外洋，制造船械。吉林系国家根本重地，东北袤延二千余里，东南直出图们江海口，内拱皇畿，切近肘腋，边防关系亟于他省，机器制造尤为当务之急。从前东三省需用军火，动由内地各省接济，转运需时，仓卒恐难应手。臣前奉命督办宁古塔等处事宜，揆时度势，于吉省适中之地，创设机厂，为军储竣不涸之源，即为边要裕缓急之用。当创办之初，吉省委员从未讲求机器制造等事，谋始乏人，乐成无日。同知宋春鳌等不惮数千里，跋涉而来，深知机厂为时局要务，关系最重，事成之后，又蒙恩准给奖，无不感奋图功。臣今春奉命勘界，道出吉林，见该厂自行创造新式枪炮，机括极灵，施放亦准，足为临阵冲突之利器，上年会经臣希元派员解送神机营试演，是其潜心机学，不屑沿袭泰西之明验。事成而无以奖励，道远而反致向隅，边地需才，更无激劝招徕之术。查部咨所称“概不准保”，系为慎重名器、室拟章程起见，现经海军衙门王大臣酌议保奖章程，量为变通，于光绪十二年七月十四日奏奉懿旨："依议。钦此。"则机器制造本在应保之列。海军衙门原奏内开："海军实有关系者，无过于机器、船政。各省水陆操防，船政机器或与海军相辅而行，或为海军必需要务，恳请慈恩饬下吏部开除不准保奖之禁，凡沿海省分应保营局各员，寻常保奖以五年为限，如有奇才异能创制军械，或得力船只，由该省督抚考验明确，咨送海军衙门核验属实，即破格恳恩录用。其非沿海省分，操防机器皆为固圉要务，并恳恩准比照海军保奖年限章程，择尤酌保”各等因。今吉林视沿海省分为尤要，机器制造非寻常营局可比，创造新式枪炮尤为才能出众之见端。该员等五六年来，不避艰险，告厥成功，洵属异常出力。所有宋春鳌等二十八员，合再缮具清单，吁恳天恩，敕部仍遵前奉谕旨给奖注册，以维时局而劝方来。

（《中国近代史资料丛刊·洋务运动》）

吴大澂奏盐大使沈庚尧勘界出力仍准给奖饬部免其撤销片

光绪十三年十月

再，臣接准部咨议复吉林勘界遵保出力人员及更正底断折片一案。内开：盐大使沈庚尧奖叙应照章奏请撤销等因，咨行到粤。臣详绎部章，盐务人员，不准归地方劳绩保奖，为已经到省者言之。盖该项到省人员，本有应当差委之事，若于他项劳绩列保，显系搀越地方，冒功获奖，是以早予限制。此案盐大使沈庚尧，系属部选，与到省者有别，且系臣勘界时奏明随带之员，应非身在盐务与他项获奖者可比。在部臣慎重名器，立法不嫌过严，而朝廷甄录微劳，施恩亦未尝稍靳。是以本年滇粤勘界出力人员，有经部议驳奖叙及请更正者，均蒙恩破格照准。今吉界事同一律，该员沈庚尧随同履勘，悉心参议，尤为勘界得力之员。所有知县用部选盐大使沈庚尧请以知县不论双单月遇缺即选之处，仰恳天恩，仍准给奖，饬部免其撤销，以示鼓励。臣谨附片奏陈。是否有当，伏乞圣鉴训示。谨奏。

光绪十三年十一月初二日奉朱批：沈庚尧兹以知县不论双单月遇缺即选，该部知道。钦此。

（中国第一历史档案馆·录副奏折）

吴大澂奏吉林勘界随员廖嘉绶改奖以符定章请饬部查照注册片

光绪十四年十一月

再，臣于光绪十二年十二月初三日奏奖吉林勘界随员案内候选从九品廖嘉绶一员，请以县丞不论双单月尽先选用。嗣准部咨议复，原奏单开：查奏定章程，攻克城池、斩擒要逆、军营异常劳绩，准越级保升。今该员系在吉林勘界出力，所请奖叙核与奏定章程不符，应令另核奏明请奖等因，咨行到臣。查该员廖嘉绶所请奖叙既与定章不符，自应声请改奖。今拟请以县主簿不论双单月尽先选用，合无仰恳天恩俯赐饬部查照所改，给奖注册，以符定章。谨附片具陈，伏乞圣鉴。谨奏。

光绪十四年十一月初四日奉朱批：吏部议奏。钦此。

（中国第一历史档案馆·录副奏折）

吴清卿献策论

光绪十年（1884）十月，朝鲜发生由“开化党”金玉均等人发动的政变，劫持了朝鲜国王，杀死了数名大臣，政变得到了日本的支持，政变的目的是企图断绝朝鲜与中国的宗藩关系，投靠日本。朝鲜政府借助中国驻朝清军，平定了政变。事后，清政府派出都察院左副都御史会办北洋事宜吴大澂、山海关道两淮盐运使续昌为钦差，赴朝调查处理善后事宜。在处理公务之余，吴大澂撰写了《辨党论》（上下）、《求贤论》《育才论》《节用论》《恤民论》《缓刑论》《练兵论》七篇，转呈朝鲜国王。内容虽是为朝鲜提供治国的建议，但其内容也比较全面的反映了这一时期吴大澂的治政思想与主张。这几份文献在《愙斋自订年谱》中有提及（光绪十年十一月二十九日条），但国内各藏书机构、档案馆未见。2000年，已故著名东北亚史专家权赫秀教授赴韩国讲学，从韩国国立首尔大学奎章阁图书馆、韩国国立图书馆等机构发现并抄录了这七篇文献，回国后发表在《文献季刊》2003年第1期上。《求贤论》等六篇韩国原藏以《吴清卿献策论》为题，《辨党论》（上下）则为单篇。现将《辨党论》（上下）一并纳入《吴清卿献策论》中付梓，以飨读者。

辨党论（上）

水至柔也，积而不消，可以坏堤防而使之决。蠹至微也，积而不散，可以啮栋梁而使之折。人心至隐也，积而不平，可以倾国家而莫之测，其机甚微，其祸则甚烈也。一家之中，父子兄弟，无畛域之分，则家必和，一国之中，大小臣工，无畛域之见，则政必和。家国之所以不和，只此各分畛域之一心，积而久之，为乖戾之气，为争讼之端。朋党由此起，变乱由此生，好恶、是非由此而不公，人人各挟偏私之见而不归于一，是终至于抵牾觝牾而不相安，风俗人心之大患也。

孔子曰：君子群而不党。宋儒欧阳文忠公曰：君子与君子，以同道为朋；小人与小人，以同利为朋。自古朋党之祸，如汉之李固、杜乔，宋之元祐党，明之东林党，皆君子不容于小人而以朋党陷君子，虑君子之互相援引与小人为敌，必欲网罗之而芟夷殆尽，此君子之不幸也，非君子之自为党也。然则，君子与君子，独无党乎？曰：宋儒程伊川先生与眉山苏文忠公，论事偶有异同，其门弟子从而和之，好事者遂目之为洛党、蜀党，此非伊川、眉山之过也。

然而，君子之党与小人之党自有辨，君子之过近于偏，小人之过涉于私，偏之流弊小，而私之为患大。一念之歧，至于犯上作乱而无所不为，犹得谓之君子乎哉？书曰：无偏无党，王道荡荡；无党无偏，王道平平；无反无侧，王道正直。吾愿世之贤士大夫，慎其所趋向，而共归于一道同风之化，斯家齐国治而无不和矣。

辨党论（下）

大澂奉使来韩，查办乱臣滋事之罪，入国问禁，即闻有开化党、守旧党名目，或云守旧党诚服中国，开化党依附日本。

噫，异矣。中国与日本有邦交之谊，朝鲜与日本亦有通好之情，亚细亚、欧罗巴各国通商日久，中西联络为一大和会之天下，何党之有焉？为此说者，必系好事之人造言颠弄，为立党争权之渐，使我两国不睦，其情已不辨而自明。然开化、守旧之名，不可以不辨。

开化云者，今日泰西各国所行之法，如汽学、重学、化学、轮船、铁路、电线、枪法、炮法、陆军水军操演之法，开煤、开铁、镕铜、镕铁之法，善善从长，有可仿效则仿效之。若知古而不知今，则不足以自强。

守旧云者，先王之大经大法，用人、理财、兴利除弊之大端，正朔不必改，服色不必易，官制、刑罚不可以变乱，学校、田赋不可以纷更，君臣、父子、兄弟、夫妇、朋友之伦，孝弟忠信之道，恭敬撙节退让之礼，历万古而不可革者，皆当遵守古训，确乎其不可移。若事事喜新而厌故，好异而反常，则亦不足以自立。故斤斤于守旧而不知开化者，是守经而不达权也，汲汲于开化而不知守旧者，是逐末而忘其本也。合之则两相济，分之则两相悖，此非开化、守旧之为患，而各党其党之为患也。

夫儒者读周孔之书，往往执用夏变夷之说，言及西学则愕然以为骇异，见西人之器用、军火，以为异邦之风气不可学，不知今日之行楷非周孔时之文字也，今日之纸墨非周孔时之漆简也，日用饮食之杯盘非周孔时之尊彝也，军中之鸟枪、铁炮非周孔时之干戈也。三代、秦汉以后，世变之迭出而不穷者，服物、器用亦与之日新而月异，少见而多怪，习惯若自然。即今日泰西各国，皆改前门枪为后门枪，改前膛炮为后膛炮，以快船为不足恃，又有大小铁甲船之制，与二三十年前之泰西各国，亦迥乎不同，此又不可泥乎守旧之说矣。

闻四书五经，近日西人亦有翻译之本，特行之未广，声教未讫于四海。西方学者各守其各国之文字，而吾道不明于天下，安知圣人之教、汉宋诸儒之书，他日不偏行于泰西各国哉？然则，中国之旧学，行之泰西，为新化矣，吾故曰一大和会之天下也。特书之以告世之党同而伐异者。

求贤论

自古国家之盛衰，视乎贤才之消长。天地交泰之时，内君子而外小人，有拔茅遮茹之象焉。然必上以实求斯，下以实应。商汤建国，立贤无方，诗美周文，济济多士。汉高大度，下诏求贤，文帝即位，右贤左戚，诏举贤良直言极谏之士。武帝诏曰：进贤受上赏，蔽贤蒙显戮。载之史书，传为盛德。知古之圣帝明王，思贤如渴，在下不遗，未尝拘一格以用人。以齐桓之霸主，犹曰：士无世官，官事无摄，取士必得，何也？盖世禄之家，未必尽贤，不得不广其途以罗致之。醴泉无源，芝草无根，魁奇特出之士，大都从艰难困苦中来。若谓草茅无豪杰，岩穴无英俊，则传说终于版筑之野，胶鬲没于鱼盐之中，吕尚老于渭滨而周文无王佐，诸葛卧于隆中而蜀主无良相。使积行之君子壅于上闻，天下又安有崛起之士哉？

魏晋之时，立九品官人之法，州郡皆置中正，吏部不能核天下之才，一凭诸诠次等级而奸弊日滋。刘毅所谓上品无寒门、下品无势族者，诚以大臣子弟多列高叙，寒素真才不获上考，专以权势用人，不以优劣取士。此汉以后晚季之风，不可以为训也。考朝鲜故国川王十三年，王命群臣曰：近者官以宠授，位非德进，毒流百姓，动我王家，此寡人不明所致，汝四部各举贤良在下者。于是，共举东都晏留，留言于王曰：臣庸愚不足以参大政，西鸭绿谷左勿村有乙巴素者，性质刚毅，智虑渊深，不见用于世，力田自给，大王欲理国政，非此人不可。王卑辞重礼以聘之，拜中畏大夫，旋除国相，大臣宗戚皆疾之，王独信之，笃任之专。巴素感王知遇，明政教，慎赏罚，人民以安，内外无事。王以为荐贤当受赏，拜晏留为大使者，其犹有古先王之遗风欤。

今朝鲜自壬午之变，不三年而祸乱复萌，辅国大臣多被戕害，邻邦交谪，朝野群疑。欲御外侮，必先修明内政，亟宜下诏求贤，以广登进之路，勿拘资级，勿限门第，勿尚词华，则延揽广而人才出焉。国无以为宝，惟善为宝，为善不同，同归于治。今日当务之亟，莫先于此矣，爰作求贤论以备采择。

育才论

荆山之璞，不雕不可以为器；峄阳之桐，不琢不可以为琴。山川钟毓之灵，磅礴郁积数十年而后发，其根茂者其实繁，而培植之玉成之。其功得于父兄者半，得于师友者亦半，故天下无不可学之才。不学之才非才也，无本之学非学也，独学无友，则孤陋而寡闻。乡曲之士，目不睹汉唐以后之书，耳不闻名师益友劝善规过之言，终其身碌碌无所短长，岂造物之生才有厚薄哉？或限于所生之地，或限于所处之境，或限于所见所闻之偏狭而不广，上之人无以启迪而鼓舞之，人才亦终于寥落而不足以供国家之用。昔宋胡瑗为苏湖教授，设经义斋、治事斋，诸生各有所成就，远近学者翕然从之，称为安定先生。仁宗皇祐四年，以瑗为国子监直讲，瑗居太学，其徒至，不能容，取旁官舍处之。礼部所得士，瑗弟子十居其四五，衣服容止往往相类，人遇之不问可知为瑗弟子也。

今苏州、湖州及各省大都会皆有书院，延请绅士之有乡望者为主讲席，名曰山长，院中别举斋长数人分理其事。如京师之金台书院、苏州之正谊书院、杭州之诂经精舍、上海之龙门书院、天津之问津书院，诸生住院者最多，虽与安定先生之教授不可同日语，而规模、课艺皆有可观。书院之设，实与学校相辅而行者也。但须山长得人，循循善诱，造就人才，其效甚速。小成大成，课功于三五年之间，而学问、文章、经济各有师承，收效在数十年以后，不亦培养人才之一助哉？

朝鲜为礼教之邦，文人学士与中华风气相近，切磋砥砺之益不限于方隅，他山之石可以攻玉，特无人导之先路耳。兹拟于朝鲜国都设一大书院，请由中朝简派翰林中博通古今、有体有用之编检官一员为大教习，别选举人、秀才有文学者五六人为分教习，处以宾师之位，不干预朝鲜国政，免滋流弊，似亦卫文公敬教劝学之意。三韩士大夫闻之，当必有欣然乐从者矣。酌拟规条数则，分列于后：

一　拟于汉城建造书院一所，名曰友仁书院，分经义、治事、格致为三斋。每斋约可容生徒百人，愿学经义者，于四书五经、周礼、仪经、尔雅各经中专习一经，或于本经之外兼习一经；愿学治事者，于水利、农田、刑律、兵制及经世文编各书，或专习一事，或专读一书，不得流观泛览，博而不精；愿求格致之学者，先由算学入门，推而至于天文、舆图、海道、制造、轮船、枪炮之法及各国语言文字，皆可循序渐进，各随其才之高下，专力讲求，而诗赋词章之学无裨实用者不与焉。

一　拟请国王咨明礼部，奏请简派翰林中博学能文、通达时务之编检官一员为书院大教习，略仿中国各省山长之例，专司讲席，不得干预地方政事。准由该员随带举人、秀才五六人，分置经义、治事、格致各斋为分教习。国王有所咨访，亦可由政府与大教习随时问答，如该员等有请托公事、在外招摇、行谊不端、士论不治等情，由国王咨明礼部，请旨更换。

一　送院肄业之士，以三百人为定额。由八道观察使挑选聪颖之资、不拘门第、曾读四书五经、粗通文义者，年在十八九岁以上至三十岁左右，造册咨送书院。一道以三十人为率，其余六十名或由诸生中援引同志，呈请大教习考试补录，或有乡僻之士好学不倦而不在咨送之列，由大教习随时采访，招致院中，以补八道观察使见闻之所不及。

一　大教习、分教习薪水、公费，由中国筹款支给，毋庸由朝鲜津贴。如国王雅意，每年酌送米若干石，亦可不辞，仍不得需索供应，致滋纷扰。在院生徒应给膏火之资，每名每月约给钱五六千文，由朝鲜户部拨款，按月给领，以示体恤。

一　书院规条及应购各种书籍，俟大教习到院后自行拟定。三年以内，诸生有学业精进、经明行修者，可由大教习照会朝鲜礼部，以备录用。如大教习尽心启牖，为诸生所信服，三年以后由国王咨明礼部，奏请降旨再留三年。如无请留之咨，由礼部仿照各省学政三年更换之例，请旨简放。或数年以后诸生学业有成，无须再由中朝派员，亦由国王咨明礼部奏请停止。

一　书院中春秋二季，由大教习出题考试各一次。应请国王派大臣赴院会同监试，由大教习评定甲乙，前列诸生应请国王酌给奖赏，以昭激劝。

节用论

汉文帝惜百金之费而罢露台之工，慎夫人衣不曳地，帏帐无文绣，天下称其俭而不以为吝，不伤财不劳民也。夫节用与爱人相为表里，用不节则征敛必烦，取于民者无常度而民必困矣。泰西各国练兵、制器、造船之费，往往借贷于民，按年计息，谓之国债。又有借债于他国，以资国用者，此不得已之举，不可以为法也。若称贷于他邦，以供玩好之用，则国债之流弊为无穷矣。国之所入，岁有常经，用不足而债日增，日增不已，不得不敛民财以塞其漏卮。挖肉补疮，无所不至，民力安得而不竭，民情安得而不解体，可不惧哉，可不惧哉？

恤民论

君以民为本，高以下为基，基不厚则危，本不固则摇，民贫则君不能独富。有若对鲁公曰：百姓足，君孰与不足；百姓不足，君孰与足？旨哉言乎。周易之义，损下益上谓之损，损上益下谓之益。所谓损下者，掊克聚敛之风，凡有损于民者，皆损也；所谓益下者，轻徭薄赋之政，凡有益于民者，皆益也。

古之循良吏，爱民如子，民亦爱之如父母，召信臣何以称召父，杜诗何以称杜母，惟事事求益于民而已。古之为大臣者，得志则泽加于民，宣上德而通下情，一夫不获，时予之辜。利何以必兴，弊何以必除，惟事事求益于民而已。古之圣帝明王，躬行节俭，为天下先，赋税有常经，贡献有常度。岁或不登，则议蠲议缓，民食不足，则有赈有贷。周之成康、汉之文景、唐太宗、宋仁宗之德政，何以足为后世法，亦惟事事求益于民而已。

今闻朝鲜之俗，民有余粮，官必取之，官有妄索，民必供之。器用之精者，不敢私蓄，畏官之豪夺也；货物之贵者，不敢论价，惟官之强买也。农不尽力于田亩，而国无藏富之农；工不尽力于制造，而国无致富之工；商不尽力于市鬻，而国无殷富之商。民之惰，官之咎也。官黩则民累，累则惰，民惰则贫，贫则弱，贫与弱相因而上下交困。谓民之不知习勤，谓民之不知生聚教训，夫岂民之过哉？欲恤民困，必先正官方。请下一令曰：今而后大臣法小臣廉，正供之外，一丝一粟不许苛派，一器一物不许强取，平卖平买，不许短给。农有余粟听之，工有余利听之，商有余财亦听之，有不从令者，事觉免官。将见民情大悦，下舞上歌，不数年而家给人足，上不蓄财而民各私其财，既庶且富之象，蒸蒸然日新而不已，此损上益下之要道也。

缓刑论

刑者，不得已而用之也；刑之重者，非用刑者之本意也。国家无百年不弊之政，圣王无百年不变之法。天地之气，遇秋而肃，遇春而温，惟适其时而万物和，刑罚世轻世重，惟适其时而万民安，是以霜雪之中生理伏焉，变乱之后新政出焉。汉承秦弊，治狱不得其平，而文帝除诽谤去肉刑，景帝改磔为弃市，与民休息，几致刑措，宣帝好用文法吏，而路温舒上尚德、缓刑之书，帝善其言，卒为刘氏中兴之主。深察古今治乱兴衰之故，未有不以嗜杀人而乱、行仁政而兴者也。

夫人孰不贪生而恶死，而有时严刑峻法不足以禁暴止邪，奸宄日生而民不畏死者，何哉？非律令之不严，乃教化之不明也。教化不明则民无廉耻，无廉耻则攘夺娇虔无所不为，而犯法者众。虽武健严酷之吏，不能平其政，祛其弊。故曰法令者，治之具而非制治清浊之原也。今中国之律例，轻重得其平，泰西各国大率用轻典而死罪少。惟朝鲜之用刑为独重，情有可原者，法无可贷，无知愚民辄抵于死罪。执法之吏曰：此邦国之律也，不可易。定谳之官曰：此先王之制也不可废。当此祸变甫息、天心厌乱之时，亟宜兴上德之风，为更新之化，法文景之治，布宽仁之政，除车磔之刑，去腰斩之律，设原情之法，定减等之科。法不必纵惟其平，罪不必赦惟其允，安见唐虞三代刑期无刑之化，不可复见于今日哉？

练兵论

国家兵、农、礼、乐，去古本不甚远也。独练兵之法，至今日而一大变，愈变而愈新，愈用而愈精，与二三十年前战阵之事大不相同矣，即二三十年前知兵之将，有可用有不可用矣。撮其大要，不外良将、精兵、利器三者，而器不利兵不精，虽有良将亦不足恃。汉晁错论兵法曰：器械不利以其卒予敌也，卒不可用以其将予敌也。论今日器械之利，水师则有练船、快船、铁甲船之制，有沉雷、碰雷、杆雷、鱼雷之用。巡海防敌，非巨炮不能致远，欲以巨炮攻敌之水师，非用铁甲船不可，欲破敌之铁甲，非用鱼雷不可。以朝鲜之度支竭蹶，力不能购铁舰，即鱼雷之用，费重而事繁，操演精密亦非易易。海防无事，水师尚可缓图，姑不具论也。

陆军之器械，昔有弓矢、有长矛、有刀、有剑、有盾，今有前门洋枪、后门洋枪，附于枪者，有刺有刀。炮有前膛铜炮、有铁炮、有后膛钢炮。自后膛枪炮出，而前门洋枪远不如后门快枪之便捷，前门旧炮亦不如后门新炮之灵准；同一后门枪，而美国之林明敦不如英国之马梯呢，英国之马梯呢又不如美国之哈乞开斯；同一后门炮，而英国之瓦瓦司炮、阿姆斯脱朗炮不如德国之克鹿卜炮。克鹿卜厂制造之精，甲于欧罗巴。中国所购七个半生的密达后膛过山炮、七个半生的密达陆路轻炮，皆克鹿卜厂所造，为行阵最利之器。朝鲜尚无炮营，宜就新募之兵添练炮队一营，定购七个半生的密达陆路轻炮十六尊，选用中国熟习炮法之教师勤加训练。于用药之轻重、表尺之高下、弹落之远近，皆须考究详明，何时应用开花弹，何时应用子母弹，何时应用群子炸弹，亦须细心探讨，随时试验。将来操演精熟，陆续添购，数年之后，炮队必有可观。今左右两营所用之马梯呢枪练习已久，各队打靶多有准的，再加精练，日起有功，毋庸换购他枪，盖专一则精，爱博者不精。此用枪用炮之大略也。

至于操队之要，惟手法、脚步、口令三者，手法贵灵，脚步贵齐，口令贵壹，一言以蔽之曰熟而已。而临敌应变之方，亦有三要，有三忌：

站队之要，以疏为贵，疏则可避炮弹之远击；

进队之要，以稳为贵，稳则可防敌兵之埋伏；

放枪放炮之要，以缓为贵，缓则从容而不迫，不致虚发。

一　忌大队麇集一处也。炮弹所落，前后左右必有数丈之远，弹之大者可及数十丈之远。如以一营五百人团作方阵，譬立数丈之大靶，敌炮所击无不中靶者，一弹可伤数十人，十弹可伤数百人，受伤愈多，兵气愈馁。往往炮声方震而全营俱溃者，皆列队太密，伤兵太多之故。

一　忌冲锋陷阵也。骁勇之将，大率以冲锋为能事，一鼓作气奋不顾身，长矛短刺直入敌垒，因而敌势披靡，一战获胜者，气足以夺之耳。然今日之利器，非昔日之枪炮可比，数十步内百发百中，昔之拼死者未必死，今之拼死者未必不死，血肉之躯，岂可与枪子炮弹相抵？不如稳进稳扎，整队而前，胜不追敌，败不乱阵，此以气静为主，不以气盛为胜，今昔情形之不同如此。

一　忌枪炮早发也。炮表有定准，枪线有定码。如炮弹能及三千密达，须至五里乃发，火枪子能及六百码，须至一里乃发。机早放无益，徒糜子药，尤在测量远近，算至极准，无过不及之弊，方足以制敌之死命。若发之太早，一再发而不中，心必慌手必战，平日所练准头到此皆不准，虽有利器与空手同，虽放数百枪、数百炮，与不放同。

知此三忌，而后可与言兵，而后可与言战守之略。然朝鲜之练军，不患无利器，不患无精兵，而患无良将。甚矣，选将之难也。

枪法准绳

《枪法准绳》一卷，是吴大澂在吉林帮办边务时期，为训练兵勇练枪打靶，将有关经验、心得进行总结后，编写成书，系晚清为数不多的关于训练枪法的著作之一。书前有光绪九年（1883）吴大澂自叙。从《北征日记》中可以看到，吴大澂操练兵勇的同时，本人也勤加练习，深谙此道。书中对枪的不同型号特征、打靶训练周期、练枪的要点与宜忌等，详加剖析，并提出教习的要诀：辨尺玛之远近、审枪线之偏正、观日光之左右、察天气之阴晴、看风力之大小。简单明了，颇为实用。此书出版之后，曾不止一次被翻刻，足见其实用价值，为人所重视。

事非亲历不知其难，亦不知此中层累曲折之故。戚元敬[①]论鸟铳[②]之利、目照之法，以后星[③]对前星，以前星对所击之物，故十发有八九中，此特就其近者言之耳。自后门快枪出，而鸟铳失其利，器精而法愈密，子捷而劲益足。近百步远至一里，皆可十中八九，然非切实用功，不能尽枪之长。营中弁勇心粗气浮，或执一而不知变化，则命中仍不易也。示以准绳，俾知练习，精益求精，必有神乎其技者矣。光绪九年十二月，吴大澂叙。

火器之利，至今日而愈变愈精，以枪法而论，规矩已极方圆之至，后有作者，亦无能出此范围矣。盖火枪之用，只有三利：曰快，曰准，曰远。如美国所制哈乞开斯步枪[④]，一手退彀，一手进子[⑤]，一手扳机，快莫快于此。前手视星，后手视尺，以尺窥星，远近有玛[⑥]，高下有则，线路出入，丝毫不爽，准莫准于此。后门略松，前门略紧，铅子由螺丝膛旋转而出，力量较足，远莫远于此。故后门快枪备此三利，制造之精极矣。神而明之，存乎其人。或曰：快则快矣，准不准在人。岂有一定之理。不知善书者不择笔，善枪者不能不择枪。如枪线有出入，即挂准一线，亦不能决其必中。凡连中四枪五枪者，

---

① 戚元敬：戚继光（1528—1588），字元敬、汝谦，号南塘。明末著名军事家。累功至左都督、少保。著有《纪效新书》《练兵实纪》等。

② 鸟铳：明清时期对手绳枪的统称。

③ 星：枪炮瞄准用的准星。

④ 哈乞开斯步枪：即Hotchkiss，亦可译作“哈洽开司”“哈乞开斯”“哈乞开思”“哈乞开士”等，今译“哈奇开斯”，是1875年前后在法国生产的一种步枪，可靠性高，使用普遍。

⑤ 子：子弹。

⑥ 玛：即码，长度单位。一码约为0.9144米。

功夫居其半，枪亦居其半也。

或又曰：快则快矣，准则准矣，药多则远，药少则近。岂有一定之理？如哈乞开斯能打一千玛，宽其膛而倍其药，独不能打二千玛乎？不知枪之轻重，视人之腕力，子之远近，视人之眼力。腕力或可勉强，眼力不可勉强也。如哈乞开斯枪，坐劲[①]已不小。然年力精壮之人，前手托紧，可不走作。习之日久，尚觉轻灵，不嫌笨重。若装药加多，枪管必加宽，枪身更重，坐劲必更大。但恐子未出口，而枪梢已动，则线路不准矣。更有一说，枪之运用，与炮不同，炮可攻城毁船，不仅伤人也。枪则专主伤人伤马而已。试思人、马在一里之外，高下只在分寸之间，丝毫走动，或过或不及，远至二里，更无把握。十不中一，徒糜[②]子、药。即如哈乞开斯枪，药力能及千玛，练习功夫至多不过六七百玛，再远则眼力不及，线路亦不准矣。以腕力而论，坐劲稍大，强有力者尚能运用。以眼力而论，至千玛而穷，其势不能加远。故曰：腕力或可勉强，眼力不可勉强也。

练枪之法有四要：眼明、手稳、心细、气平。兼此四者，方有进益。

年轻之人，眼力多能及远，近光少而远光多。惟不知保身，则眼易昏，手易动，最忌酒、色二字，犯者则工力顿减。

手不稳者，多端枪架则自稳，久练则自稳。

手稳者，窥定准线，然后扳机。手不稳者，枪梢移动，忽左忽右，合线即发，不能久待。愈久则愈动，亦有中靶之时，

① 坐劲：后坐力。枪械发射时子弹壳同样受到火药气体的压力，从而推动枪机后坐。

② 糜：浪费。

究不可恃也。

手稳者，即不中靶，五枪多在一处，相离不远。稍移分杪，则皆中矣。

手不稳者，或高或下，偏左偏右，即五枪能中二三枪，亦谓之幸中，未必确有把握也。

一二百步之靶，手不稳者尚可连中数枪，亦有五枪全中之时。若五六百步之远靶，手不稳者中必少。

弁勇多心粗之人，能自领会，体贴入微者，殊不易得。教之用心，约有数条：

第一条，辨尺玛之远近。洋枪上所记玛，1 一，2 二，3 三，4 四，5 五，6 六，7 七，8 八，9 九，10 十。自一百玛至一千玛，只此十字，易于认识。呍嗜士得十三响马枪[①]，有长玛、短玛二种。短玛至五字而止，长玛至八字而止。哈乞开斯步枪，自一字至十字而止。英尺以三尺为一玛，以工部营造尺度之，只有二尺八寸八分，一百玛为二十八丈八尺。以步计之，则一百十五步五寸也。如以步弓丈量，立靶之远近，一百步与一百玛，仅少十五步。二百步与二百玛，则少三十步矣。愈远则所差愈多，须照原玛略低一分。不如照洋玛立靶，较有准的也。

第二条，审枪线之偏正。枪虽一律，线路略有参差，不能尽合。或尺玛不正，或星斗稍偏，毫发之差，人所不觉。往往偏左之枪，多打右靶边，偏右之枪，多打左靶边。呍嗜士得十三响马枪，星不可动，而尺玛可移，偏左偏右，不难随时更正。哈乞开斯步枪，星、玛皆不可移，偏左偏右，非手病即枪

① 呍嗜士得十三响马枪：即Winchester，亦译作温彻斯特连发步枪。19世纪80年代，美国温彻斯特连发武器公司研制及生产的步枪。

病也。试枪之法，须令手稳心细之人，离靶一百步，打红月之中心。连打数次，便知枪线之正不正矣。

枪星微有厚薄，如打远靶，愈薄则愈准。故修枪之法，枪线偏左者微挫左边，枪线偏右者微挫右边，则星正而薄，用之必可应手。然不可误挫，不可多挫，宜慎之又慎也。平日演枪，自知枪病，不打中月，而以边线为正线，即不必挫星矣。

第三条，观日光之左右，眼光与日光相射，则有偏左偏右之不同。如向东之靶，午前光正，向西之靶，午后光正。日初出则光在南，枪必走北。日将入则光在北，枪必走南，此一定之理也。向南、向北之靶，早晚光多不正，惟日中时可打中月。若一律认定中月，不知早晚之异宜，则心不灵而枪线亦多出入矣。向来练枪者多不留意，告之亦不甚信，非心细者不能领悟也。

第四条，察天气之阴晴。晴天打枪，星露多少，玛起多少，皆有定则矣。若阴天如此，必失之高，屡试屡验。此不可不察也。故晴天指中月者，阴天必移指下边。晴天起玛五六百步者，阴天必落下一线，方与平日之线路相合。轻阴重阴，亦微有不同。忽阴忽晴之天，则高下在心，尤宜变动不居，非用心静细者，不知此中之曲折也。

第五条，看风力之大小。营中打靶，风大则必停止。故阅操之日，一起风则中靶者绝少，此亦不可不练也。不练则心不灵矣。哈乞开斯枪子，力大而劲足，风小尚不走作，风大亦可吹动。若五六百步之远靶，即风小亦有出入。每率弁勇于风中演枪，先试二三子，即知风力之大小。如南风大则指南边，北风大则指北边，或贴靶边，或紧贴边外，或离靶一二寸，或离一尺，竟有离至二三尺、三四尺者。若窥准线路，亦可连中数枪。愚蠢之弁勇，平日不知风色者，往往不敢离靶，则五枪俱脱矣。

风有忽大忽小之时，线路有忽远忽近之妙，全在心灵手活，随时变通。亦有五枪中二三枪者，不致大减色也。

呍啫士得十三响马枪，轻而易举，最为灵便。惟药少而力弱，遇风即偏，靶愈远则偏愈甚，不如哈乞开斯之劲足也。

以上各条，皆打靶之要诀。似此用心，习而久之，斯日有进境矣。若督操之人，自己先不明白，而徒责弁勇以不中靶，即有一二颖悟之人，亦安能尽人而语之哉。

明眼、手稳、心细而有时忽然脱靶者，气不平之故也。好胜之人，脱一枪则气愤，气愤则手必动。或四枪中靶，而忽作必得之想，则心动而气不平矣。教枪之法，必令心平气和，发一枪则略为停顿，再扳第二枪，从容不迫，此养气之功也。性太急者，气必促，性太缓者，心必疑，皆非适中之道。

端枪之式，亦不尽同。有蹲踞作骑马势者，有屈一足而跽[①]者，有稳坐而伸一足者。大约近靶宜蹲，远靶宜坐，风大之时，蹲者易动，坐者较稳。

泰西[②]各国，练枪之法，亦有立者、蹲者、坐者之不同。惟立者手不稳，中靶较难，极远之靶，更不易中也。

后门枪子，需费较多，不能不撙节而用之。宜用前门来福枪，先令各营弁勇定于三、六、九日，按期打靶。每哨各立一册，按名登记，数月以后，核其中靶之数，中多者令习快枪，则功夫易于长进。若前门洋枪，多不中靶者，不准其练习快枪，此亦劝惩之一道也。三、六、九打靶，此营中常例也。

---

① 跽：长跪。

② 泰西：泛指西方国家。

更有一捷便之径，如每枪每月给子五十，以三个月计之，共需枪子一百五十颗。今择其工力较优者，日给五子，不令间断，一月以后，必可大有进境。聪颖之资，已入门径，心中自有把握，以三个月应给之子，并于一月中练习之，则造就必多。此一气呵成之教法，待其学有成效，即停止一两月，前功亦不尽弃。然非亲历其境，不知其甘苦，是在善教者，变而通之以尽利，鼓之舞之，以尽神耳。

靶式不宜过大，愈小则愈难，难则有功。

初练快枪，宜用一尺六寸见方之铁靶。离靶一百六十步，尚不难中。一两月后，择其全红较多者，换用一尺见方之小铁靶，则功夫之浅深立判矣。一尺见方之小靶，以二百步为则。如二百步小靶，五枪常中三四，便是上等功夫。立靶至六七百步，宜用长方靶，以五尺高、二尺宽为度，过七百玛则高下不准矣。

吴大澂书系

吴大澂文集（中）

（清）吴大澂／著

李隽　陆德富　张晓川／整理

吉林人民出版社

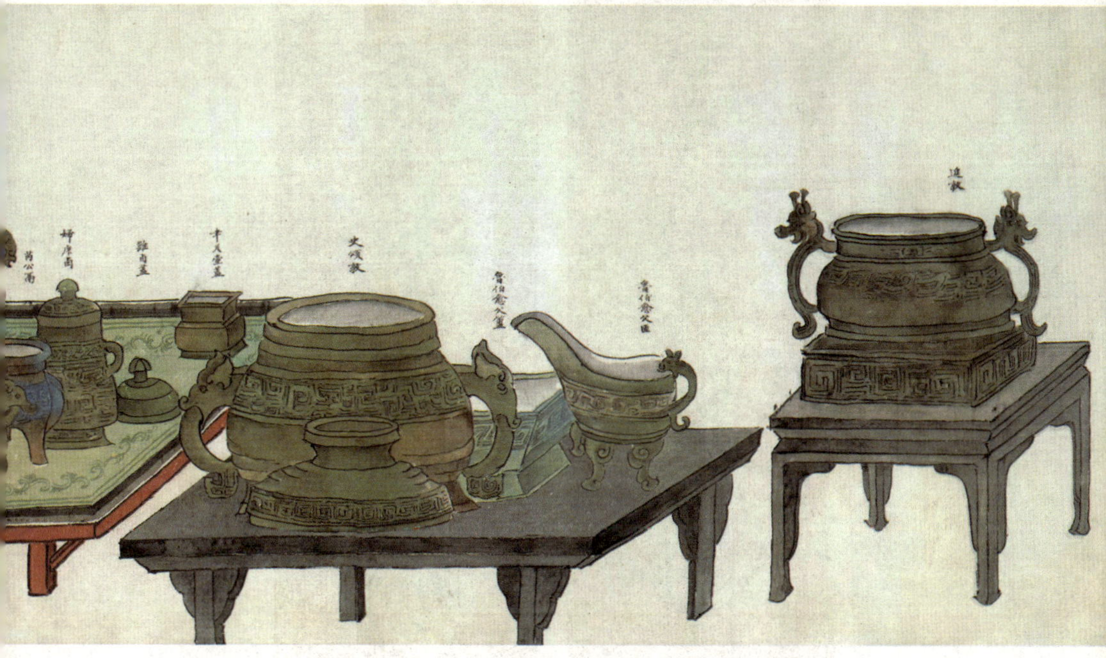

愙斋集古图（上海博物馆藏）

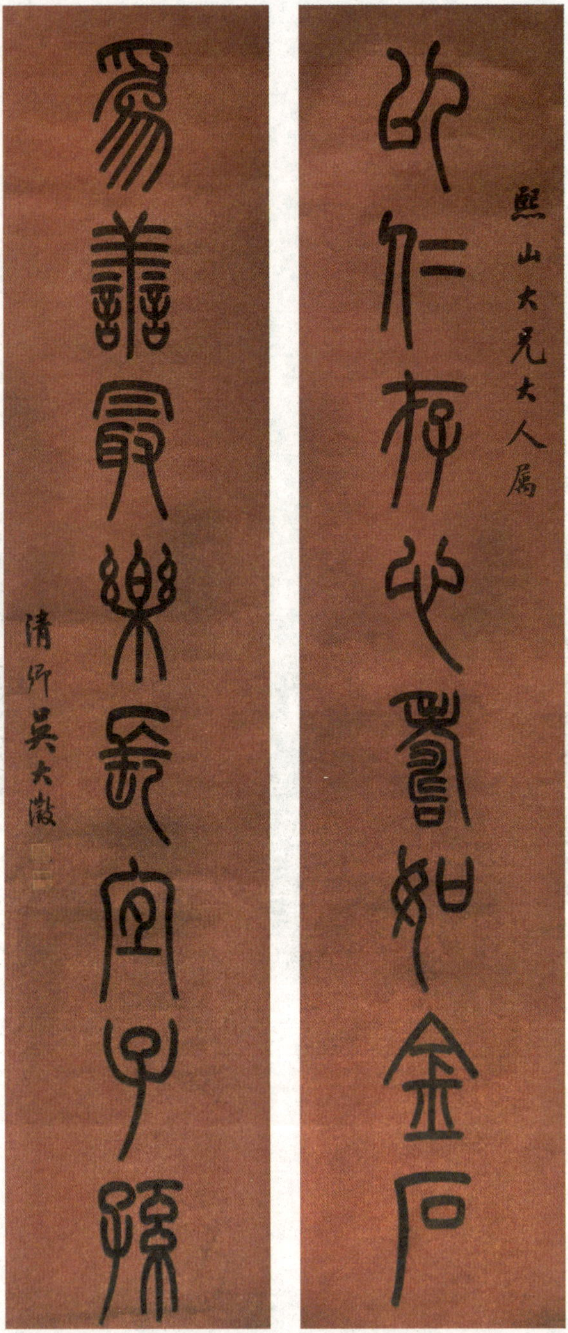

吴大澂八言篆书联（吉林省博物院藏）

吴大澂山水册页（吉林省博物院藏）

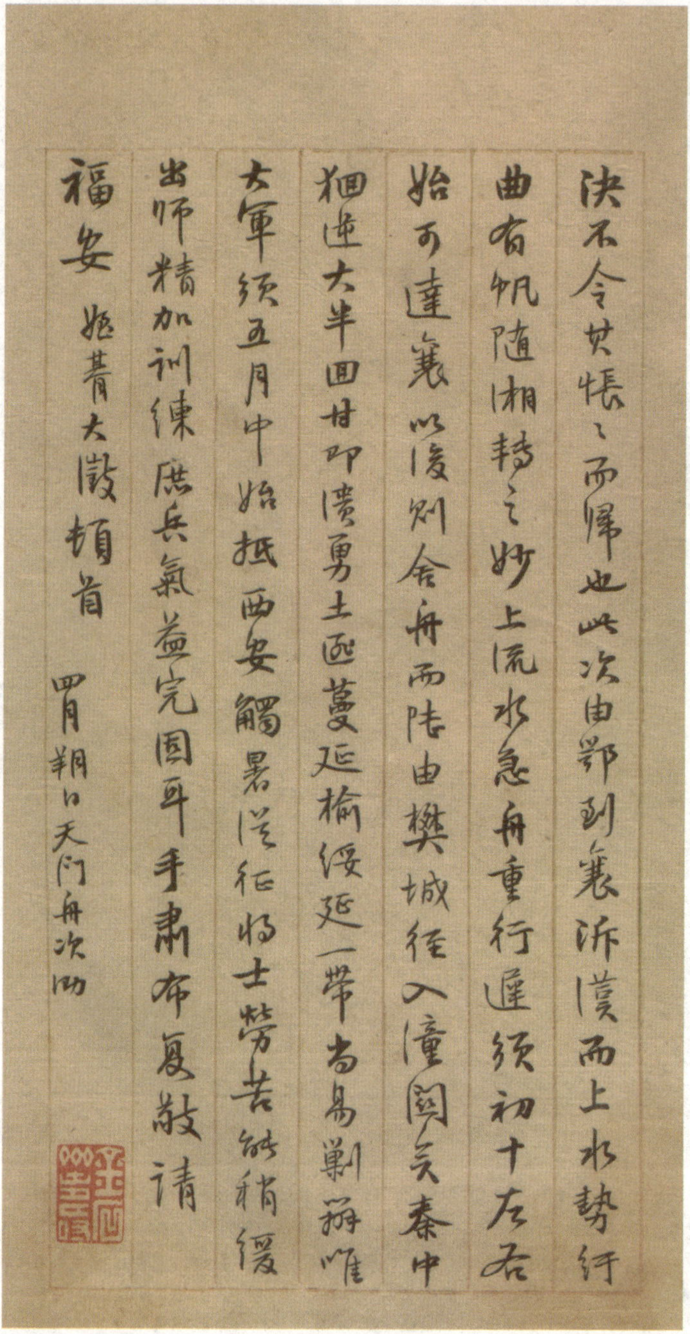
決不令其悵悵而歸也此次由鄂到襄溯漢而上水勢紆
曲有帆隨湘轉之妙上流水急舟重行遲須初十左右
始可達襄以後則舍舟而陸由樊城徑入潼關矣秦中
狟逆大半回甘即潰勇土匪蔓延榆綏延一帶尚易剿辦惟
大軍須五月中始抵西安觸暑從征將士勞苦能稍緩
出師精加訓練庶兵氣益完固耳手肅布復敬請
福安 姻青大澂頓首
罒月朔日天門舟次泐

吴大澂信札（吉林省图书馆藏）

退樓老伯大人台右初六日有京莊速便帶復寸椷並鍾六翁
信函計已早登
記室敬維
禔躬多祜
潭第增綏允符頌禱都中旱象已成尚未得有透雨北
地佃農均靠麥熟為生計糶麥得錢為終年儲蓄本
地民食僅資高粱及種種雜糧現在雨澤不及之處寸草
不生并雜糧亦不能種榆皮草根等等金穰玉粒無近

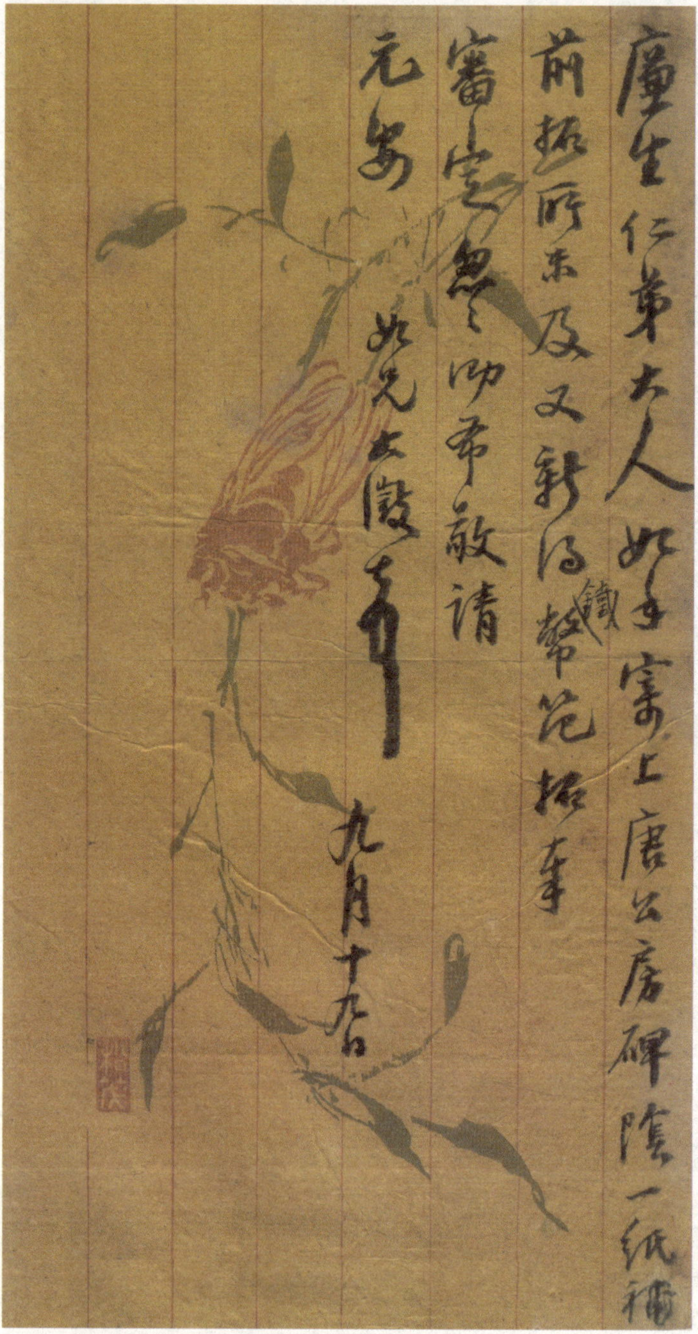

廉生仁弟大人如手：寄上唐公房碑陰一紙，補前拓所未及，又新得鐵幣范拓奉審定。感感。即布，敬請元安。如兄大澂頓首。九月十五

吴大澂信札（吉林省图书馆藏）

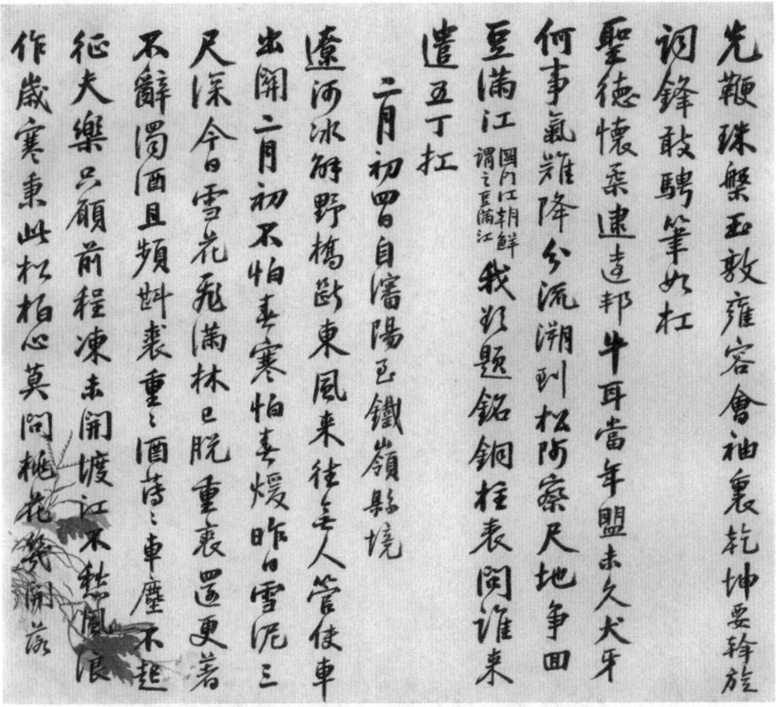
先鞭珠槃玉敦雍容會袖裏乾坤要斡旋
詞鋒鼓驌筆如杠
聖德懷柔逮遠邦牛耳當年盟未久犬牙
何事氣難降分流渊到松阿察尺地爭回
豆滿江（圖們江朝鮮謂之豆滿江）我欲題銘銅柱表問誰來
遣五丁扛

二月初四自瀋陽至鐵嶺縣境

遼河冰解野橋斷東風來往無人管使車
出關二月初不怕春寒怕春煖昨日雪泥三
尺深今日雪花飛滿林已脱重裘還更著
不辭獨酒且頻斟裘重重酒薄薄車塵不起
征夫樂只顧前程凍未開渡江不愁風浪
作歲寒秉此松柏心莫問桃花幾開落

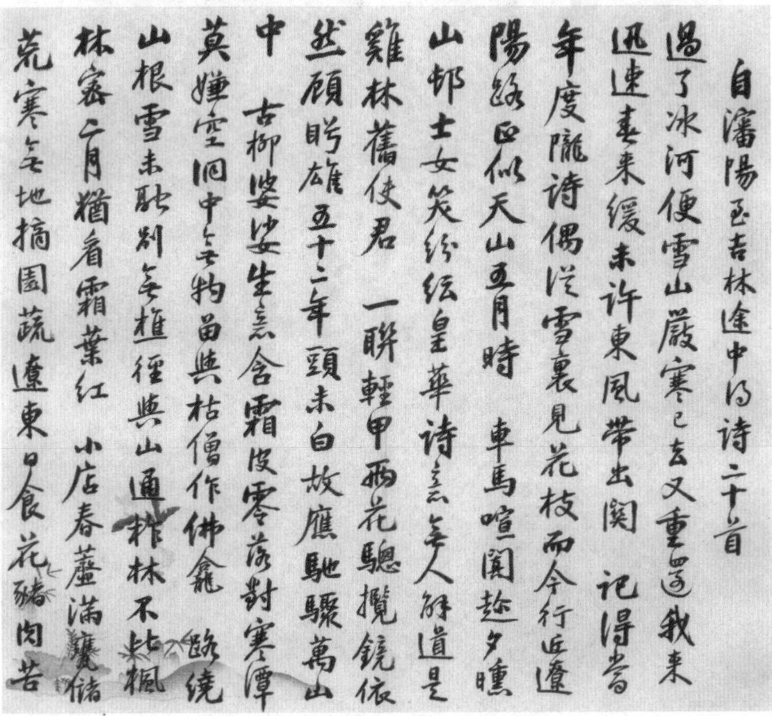
自瀋陽至吉林途中得詩二十首

過了冰河便雪山嚴寒已去又重還我來
迅速春來緩未許東風帶出關 記得當
年度隴詩偶從雪裏見花枝而今行近遼
陽路正似天山五月時 車馬喧闐趁夕曛
山邨士女笑紛紜皇華詩意無人解道是
雞林舊使君 一聯輕甲兩花驄攬鏡依
然顧盼雄五十二年頭未白故應馳驟萬山
中 古柳婆娑生意含霜皮零落對寒潭
莫嫌空洞中無物留與枯僧作佛龕 路繞
山根雪未融別無樵徑與山通 柞林不比楓
林密二月猶看霜葉紅 小店春虀滿甕儲
荒寒無地摘園蔬遼東日食花豬肉苦

吴大澂七言篆书联（苏州博物馆藏）

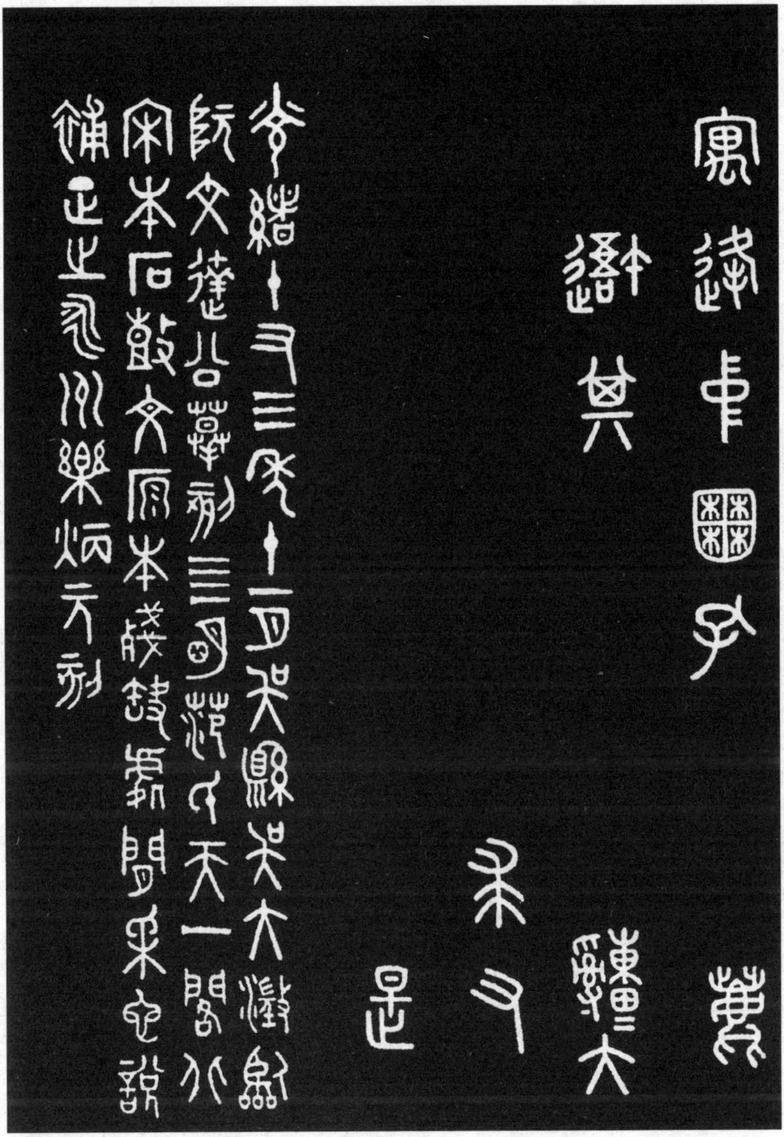

乐炳元刻端砚铭拓本（苏州博物馆藏）

吴大澂山水册页（吉林省博物院藏）

目录

蒲璧 青玉璃斑

丁艮少山曰古之蒲璧乃織蒲文也未見古璧有刻蒲艸者其説是也

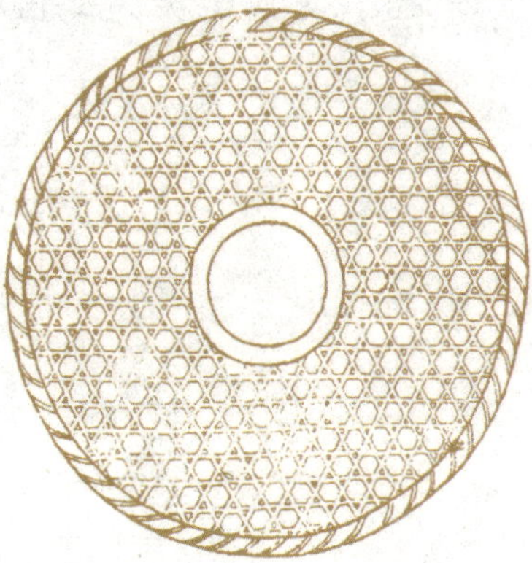

愙斋诗存

《愙斋诗存》九卷，吴大澂撰，吴湖帆编辑。民国三十三年（1944）吴氏梅景书屋排印。吴大澂虽不以诗名世，但其一生创作诗文甚多，生前光绪间门人宋春鳌为刊刻《愙斋诗抄》一卷，收录在吉林帮办边务时所作，共五十余首。吴湖帆重编本所收，囊括吴大澂一生各个时期的诗词创作，按内容分为《鉴古集》，皆咏古物之作；《止敬集》，中进士以前之作；《西𬨎集》，陕甘之行所作；《皇华集》，吉林勘界时所作；《戊子集》，广东、河南任职时所作；《使湘集》，任湖南巡抚时所作；《林下集》，罢官以后之作。此外有所拾补，则入《拾遗》。

序　一

蹇斋年丈夙抱经世之学，不仅以诗名也。犹忆同治初年，入都上万言书，由都察院代奏，虽格于部议，而识者壮之。平生耽嗜理学，兼通经义，工篆籀及绘事，家藏钟鼎彝器、汉铜玉印甚夥，每以古篆文证经籍之缺误，多所发明。馆选后，不屑屑于章句，惟期于世有裨，深知河务、军务、外务为当务之急，讨论而寻绎之。朝廷知人善任，骎骎向用，不数载而洊擢封圻，屡建伟绩。顾于诗不常作，作亦随手捐弃。今文孙湖帆世讲搜罗遗佚，得诗五百余首，分列九卷，属传福为之序。窃念诗学未涉门径，何足以赞一辞？惟展诵诸集，于《鉴古集》见学问之渊深，于《止敬集》见性情之敦厚，他如边防国计，吏治民生，胥于诗中表示血诚，即其诗可想其人，吉光片羽，弥足珍已。传福忝附甲子同年，又为戊辰年家子，情谊重叠，乌敢以不文辞？谨校勘数过，并缀弁言以归之。庚申夏历八月望日，年愚侄刘传福谨序。

序　二

吴愙斋先生所为诗稿，本多散失，文孙湖帆君裒成九卷，曰《诗存》，辱以序文属惟坻，谨校一过，愿志臆言。窃以为，先生真学于孔子者，德行文学，即桐城姚惜抱氏所谓义理考证辞章也，政事其表见者也。孔子诏第子孝弟谨信，泛爱亲仁，行有余力，则以学文；又曰："据于德，依于仁，游于艺。"自宋以来，读书躬行之儒曰道学者，壹惟孔子之训是遵。先生夙究濂溪、关洛、新安之学，传衍源流，迄于清汤、张、二陆之书，孜孜实践，修身及齐家。师事陈硕甫先生，治经小学，遂精研钟鼎彝器之文，罗致古匋玉缶鉢鼎彝货币权量范型之属，与夫汉魏六朝及唐之碑石，庋藏甚富，手笔临摹名家书画册幅尤夥。好之笃，习之勤，于《鉴古集》仅千百之什，略见一斑而已。当先生黑吉宁练兵，单骑深入，感服韩边外；勘中俄界域，立铜柱，篆刻之，昭示久远；飙轮赴朝鲜，掩日本之未备，敉平当时之乱，略见于《皇华集》。抚广东、湖南之政，略见于《戊子》《使湘》二集。林下养疴，所作渐少。先生之诗之佚者，以惟坻所见，韩尺五先生《绿雪轩诗存》屡与先生酬答之篇，已不具在，其他可知。虽然，诗存矣，佚之多寡不足数，先生要岂以诗始见哉。盖自早岁，辄思以所学建白，一一诚感君听，上万言书，同于朱子。荐举贤才，凡道德之士，经世之彦，自督学陕甘，至抚湘时，奏牍殆一二十上。请戒醇王预政一疏，根本祖训，最惊人，亦最触时忌。故郑工合龙，治河非常之政绩，期速用节，省费数十百万金，功高而卒不获厚赏，人咸不平，而先生泰然也。与先父交，书问往还，时相磋磨，先父亦思以己之志，冀先生为之陈达也。先生昆季为韩太夫人举七十寿觞，先父为文以祝，称太夫人好施振荒之德，引《大田》诗义遗秉滞穗，勖先生昆季，推惠田租利及畋甿，先生大韪之。任通政使之日，先父遗书，附所著《租核》，请先生闻于朝，或舒吴农之困。先生复书谓不得闲，姑留以待。厥后铭先父墓，长言永叹，惜所议之不获施。爱国仁民，随事流露如是。迨归田，应上海龙门书院都讲之聘。此席刘融斋先生开始创规，宗主宋学，以是群推先生，足以为继。刘先生虽宋学，撰有《艺概》一书，论文论诗，道而通于艺者，与先生一揆也。惟坻方十四岁，适先生重临吾乡，曾侍诗酒书画之侧。既主龙门讲席，以襄校院课之文见属；而仲平先二兄从先生受学，始终相随，之豫之粤，之辽之湘；幼加先六兄为先生教授侄辈廿余年，惟坻时时得闻称道先生之微善，又抄读《自订年谱》，益知先生之详。敢就素蓄之怀，不惮辞费，聊率书之，以谂来者。时庚申季秋，陶惟坻拜稿。

窓斋诗存卷一

鉴古集

太学[1]彝器[2]十咏

粤稽周诰语，康叔称孟侯。
古文封作丰，许书[3]阙不收。
邦字从丰邑，厥义可推求。
偏旁见毛鼎[4]，篆体亦相侔。
审为卫祖器，援据非无由。
方鼎本商制，其文则已周。
只今淇隩地，篆竹满清流。
宝光不终秘，万丈腾斗牛。
我来游太学，考古宜旁搜。康侯鼎

牺象皆周尊，制考明堂位。
象尊刻凤凰，牺尊饰翡翠。
不知郑司农[5]，注礼本何义。

① 太学：北京国子监。
② 彝器：青铜器。
③ 许书：汉代许慎《说文解字》。
④ 毛鼎：毛公鼎。
⑤ 郑司农：东汉大儒郑玄。

献音读如莎，释文又作戏。
沙娑实谐声，岂以齐人异。
今观周室彝，形与牺牛类。
凿背以为尊，宛然头角备。
王注有足征，阮图亦可记。
沙羽说纷纭，乃知非古谊。
诂经有异同，实贵求其事。牺尊

山罍创自夏，刻尽云雷工。
是尊何朴素，尺二光熊熊。
两耳悬左右，一鼻当腹空。
三牺象厥首，二环虚其中。
聿稽宣和图[1]，第四与此同。
余器制皆别，饕餮蟠华虫。
古罍多金铸，酌彼咏周风。
胡为字从缶，土尊礼所崇。
窃疑古陶器，后世改为铜。
隐然监二代，尚质兼尚忠。牺首罍

唐虞有纳言，周为内史职。
诗美仲山甫，任王之喉舌。

① 宣和图：宋代王黼《宣和博古图》。

喉舌乃冢宰，实祖毛公说。
我观伯矩彝，用言王出纳。
又考盂鼎文，入嚣凛臣节。
谏字从辟门，可补许书缺。
兹器铭纳言，奇文等钗折。
夙夕敬王命，此官非虚设。
或云重屋形，上象庙中楔。
古义两可存，卮言备采撷。纳言卣

医匩本一字，夏瑚即周簠。
器盖形式均，完者尤不数。
阮书张仲铭，宋拓文尤古。
谁云曾伯霥，不如陈曼父。
用以盛稻粱，用以享父祖。
积古有典型，礼器图可补。召仲簠

簠方而簋圆，郑注本了了。
说文独异词，方圆岂颠倒。
欧赵[1]富收藏，簠多簋独少。
□□□□□，兹器独完好。盟簋

① 欧赵：欧阳修、赵明诚，皆宋代著名金石学家。

漏壶底有甬，方壶稜不平。
温壶古于铫，挈壶长似罂。
或纹作双鹿，或盖作四鸔。
或象凫颈曲，或摹蛟篆精。
百壶非一制，周汉杳难评。
成均[1]有彝器，瑰宝来西清[2]。
雷纹浅深刻，土绣青红并。
款非家德氏，铭无史虢生。
祖父及孙子，孰辨辛与庚。
渺然古作者，不计千秋名。雷纹壶

方觚变圆制，吾道久夷陵。
尼山喟然叹，礼失存其偁。
上唇虽无字，下足犹有棱。
廉隅此遗意，遐想古之矜。
梓人为饮器，爵一觚三升。
郑改觚为觯，说以韩诗凭。
谬引马季长，沿误有师承。
谓觚小于觯，许义不足仍。
古器今俱在，一一吾能征。
故书勿轻改，何损亦何增。雷纹觚

① 成均：古之大学，此处指国子监。
② 西清：清代内府收藏青铜器，大多著录于梁诗正主持编纂的《西清古鉴》。

节节复足足，非觵亦非角。
有柄象其尾，有流象其蜀。叶读
有腹容一升，有鋬不盈握。
两柱乡麋衡，三足当丰卓。
爵本取雀形，止酒饮毋数。
子作父庙彝，一字文尤朴。
臣宋薛尚功[1]，好古有专学。
以子为国姓，所论或未确。
篆带交纷纶，土花互斑驳。
置诸敦盘间，宝气辉珠玉。子爵

甗铭郑太师，小子侯父造。
鼎铭有太师，小子望所宝。
两字古合文，三器可探讨。
石鼓有小鱼，释鲎未深考。
麦鼎称小臣，联文自分晓。[2] 郑大子甗

① 薛尚功：南宋金石学家，著有《历代钟鼎彝器款识法帖》。
② 吴湖帆按云:《太学彝器十咏》系集手稿辑录，内召仲簠、盟簋、郑太子甗三首，疑有残缺。

寏鼎歌

丙子三月，得于长安。

殷王元子周王臣，白马翩翩来作宾。
一鼎流传廿八字，岿然四十九庚寅。
帝辛[①]酗酒商俗靡，玉杯象筋今已矣。
汤孙文献有宋存，删书不删两微子。
岂知阙里[②]编诗年，商颂十二亡七篇。
况历祖龙一燔后，壁经鱼豕空拘牵。
尊彝文字相假借，马郑[③]惊疑渊云咤。
摩挲一器几千春，虢盘齐罍[④]今无价。
使者采风入西秦，披榛剔藓搜奇珍。
从此山川不爱宝，先民法物完如新。
分明帝考与周寏，许书从客左从各。
为宫为格词不文，非陈非杞器谁作。
三人成众俪蒌且，五朋锡贝岂穿凿。
当年抱器归周京，修其礼物共粢盛。
王曰钦哉慎乃服，予嘉乃德降之福。
乃祖成汤至帝乙，惟天丕显罔不笃。
宗祀毋伤厥考心，逊荒尚赖明禋肃。

① 帝辛：商纣王。
② 阙里：山东曲阜阙里，孔子故里。此处指代孔子。
③ 马郑：马融、郑玄，二者是汉代大儒。
④ 虢盘齐罍：虢季子白盘、齐侯罍。

克商下车始分封，共球饰钺追声容。
上公象贤尹东夏，我客振鹭歌西雍。
白牡已非故宫黍，翠虬犹拂景山松。
斑烂红紫土花镂，蝌蚪佶屈非史籀。
上述汤盘纪日新，下启孔鼎铭伛偻。
孔鼎汤盘今莫征，比干墓刻渺难凭。
落落遗文等列宿，光芒上出飞虹腾。

师趛鼎

丙申东坡生日，得此志喜。

得失本无尤，于人何所求。
欣然与古会，聊以慰穷愁。
吉语新年喜，奇文补录收。
吉金同志少，欧赵亦千秋。

虘司徒犕歌

古兵遗制考商周，大者戈瞿小者矛。
偶然出土有金镞，不见军中盛矢服。
矢服相传用兽皮，为箙为箙迺从竹。
我得一器铜至精，上宽下杀底不平。
旁有两耳中空半，司徒其官虘其名。
古文犕服本一字，我今释字知其器。
许书牛犕音相通，毛鼎鱼葡形尤类。

更稽周礼稿人文，橐为箭干司农云。
古从二艸今从木，请援经义补遗闻。
当年出车命南仲，城彼朔方抚其众。
雪来柳往几亲征，边庭始入版图控。
只今肃慎怀声威，贡其楛矢争来归。
文武先朝明德远，挂弓绝域思前徽。

龙节[①]歌

庚辰四月，奉命出塞，将离都门，延煦堂员外以此赠行，赋诗酬别。

阊阖门开双凤紫，征袍不脱朝天子。
诏下喧传出塞歌，鸡林道上扬鞭始。
故人饯我长安城，手持龙节赠我行。
古铜长尺有二寸，篆书两面九字精。
秋堂拓本侃叔考，积古斋[②]中著名早。
旧藏安邑宋芝山[③]，此说闻之叔未老[④]。
王命发棠以振贫，臣名名惠乃惠人。
古无庵字通阴阇，赁楣一所栖流民。
周官荒政此遗制，文体分明六国字。
商瞿周钺相辉煌，壮我行囊拜君赐。
前年泛粟使晋邦[⑤]，今年击楫松花江。

---

① 龙节：青铜龙首符节，现藏上海博物馆。
② 积古斋：阮元斋号。阮氏收藏金石著录于《积古斋钟鼎彝器款识》。
③ 宋芝山：宋葆淳，山西安邑人。清代金石学家。
④ 叔未老：清代金石学家张廷济。
⑤ 泛粟使晋邦：赴山西救荒赈灾。

嗟我苍生色犹菜，朔风刁斗吹边腔。
愿矢丹心一寸铁，锁断江流千尺雪。
万古不磨视此节，浩然挥手与君别。[①]

古玉珑歌

有美玉于斯，其名曰珑。
白质而黑章兮，肖彼苍龙。
有鳞有角兮，非璜非琮。
秉阳之精兮，潜于黄宫。
尾连鬈于东厓兮，目冥眗于鸿蒙。
吒风伯而雷动兮，呼雨师而云从。
用以祷旱兮，禋于六宗。
惠我河朔兮，泽我耕农。
庇兹嘉谷兮，卜岁其丰。
佑余小子兮，惟玉之功。

古玉珩

琼佩曾传楚白珩，当年声价等连城。
岂知片玉今犹在，三户徒存宝善名。

① 吴湖帆按云：煦堂员外名延暄，满洲人，收藏金石颇富。

秦铜权歌

关中出土两铁权，一出宝鸡古台边，
一出赵村属醴泉。
燕庭[①]得之道光年，载在长安获古编。
惜乎乡民愚且颛，厌其铁重忍弃捐。
留此片铜取携便，譬如得鱼乃忘筌。
簠斋[②]好古心独专，梦想此权常不眠。
忽然得之齐东田，购以青铜六十千。
以今库平平其铨，八百十九两五钱。
贻我拓本喜欲颠，墨光翠色如金填。
我今得权有奇缘，斑斓铜质尤精坚。
始皇二世两诏连，篆书飞动文蜿蜒。
如钟之覆如环圆，肉倍好兮相回旋。
证诸汉书语不愆，铢两斤钧石并传。
秦中贾人何便儇，致之岐山城北阡。
盛以木笈裹以毡，犊来河朔争先鞭。
启而视之一笑嗎，土花绣涩手自湔。
摩挲直讶神工镌，俯视陈釜与鄂钘，
何论阳嘉之洗元延鋗。
簠斋见之当愕然，一铜一铁相后先。

---

① 燕庭：清代金石学家刘喜海，著有《长安获古编》。
② 簠斋：晚清金石学家陈介祺。

以指画肚口流涎，文字之福思齐贤。
试起阮吴张刘于九渊，援古证今同钻研。
遗书上稽董广川，可征颜氏家训篇。
吁嗟乎，泰山石刻屡变迁，十三行在琅琊巅。
瓦量木量今不沿，宝兹残字犹拳拳。
何况器文两完全，五权之制可考焉。
相斯法乳此真诠，渺如一发千钧悬。
时惟闰三月上弦，凉风飒飒麦秀天。
日行东陆尾箕缠，光绪五年立夏前。

十二金符[1]歌

长沙太守威如虎，两寸铜符绣出土，篆文八字中间剖。
常山太守领边部，握此兵权莫盗取，宛如古玉颁双琥。
渔阳太守侦鼙鼓，思吾将帅同甘苦，半分半合留掌故。
压戎连率制非古，周礼官名莽所祖，分明小篆黄金镀。
敦德连率今都护，镂银剥落文堪数，草草军书正旁午。
隋官别传美政府，与左御卫符第五，偶然流落长安贾。
其次则为相原府，阙形附录官印谱，旧考得之瞿木父[2]。
其次又有永昌府，清仪阁中古缘聚，竟似明珠还合浦。

---

① 十二金符：吴大澂所得虎符十二枚，以十二金符斋为室名，后又续得四枚，更号十六金符斋。其藏印集有《十二金符斋印存》《十六金符斋印存》之别。

② 瞿木父：清代金石学家瞿中溶，即木夫先生，著有《集古官印考证》。

太和门外左龙武，曲江之诗存杜甫，不信金龟今犹睹。
鹰扬卫士卫三辅，紫辉弟四官孰补，武氏当年亦错铸。
九仙门外点兵薄，神策军威赫斯怒，紫金鱼袋系之组。
同州刺史一郡主，手掌戎枢毋失伍，俨然绣衣持玉斧。

田横[1]铜印歌

生不愿为辕下驹，庸夫俗子相揶揄。
又不愿北面臣刘氏，哙等录录安足齿。
刀锯鼎镬皆不惊，猎狗功臣同一烹，
死则死耳庸何争。
七尺男儿不负此，田横生为田氏臣，
殁为田氏鬼。
古今成败等蝼蚁，畏首畏尾身其几。
壮哉烈士五百人，不与徐福同避秦，
乃与鲁连[2]蹈海滨。
千秋万岁名不朽，纷纷青紫谁与伦。

赵佗[3]铜印歌

龙川旧吏真定人，白文小印完如新。
汉使剖符锡此土，蛮夷大长老夫臣。

① 田横：秦末起义军首领。
② 鲁连：战国时齐国人鲁仲连。
③ 赵佗：汉代南越王名赵佗。

一自嬴秦失其鹿，中原豪杰纷相逐。
大者为帝小者王，炎邦窃据沧荒服。
真龙崛起称沛公，手罗典籍来关中。
四海疮痍未休息，远方异域还棡通。
岂知粤关禁金铁，马牛羊种从此绝。
诸吕揽权薄外藩，长沙边患相钩结。
汉文登极朝诸侯，梯航万国同怀柔。
圣人有道守四裔，重修玉帛偃戈矛。
褚衣特赐天家服，诏书颁向马前读。
白璧双贲翠鸟千，请除左纛与黄屋。
侧闻天语同春温，死骨如蒙再造恩。
数千万里来臣汉，四十九年今抱孙。
厥孙婴齐为太子，手持故国先人玺。

佗孙胡为南粤王，遣太子婴齐入宿卫。婴齐藏其先武帝、文帝玺。

只身入卫甘泉宫，青珊宝玦随飘蓬。
不然九真南海远如此，何缘流落长安市。

此印得之长安。

想见当年上帝书，封完印信泥犹紫。

西汉十二侯名印歌

藏卤侯张平　南宫侯张贤　新市侯赵内史王悍　博阳侯陈始　睢陵侯张昌　平昌侯王接　博成侯张建　平皋侯刘胜　鸣雌亭侯许负　安众侯刘毋妨　栗节侯刘终根　建平侯程横

藏卤侯封张平功，击黥逐卢收山东，高鸟尽兮嗟良弓。
南宫侯印子母重，一名一字函不空，次卿其外买其中。
新市侯褒王悍忠，直声震赵天不聪，懔懔生气如长虹。
博阳侯始有父风，舍人陈濞久从戎，马上得之由乃公。
睢陵侯以张昌终，祖耳父敖声隆隆，太常之典何不供。
平昌侯爵王接崇，椒房贵戚恩泽蒙，将军入卫甘泉宫。
博成侯以张建封，子袭父爵五凤中，令名不朽留此铜。
平皋侯胜项氏宗，乃祖名它起沛丰，赐姓刘氏子孙从。
鸣雌亭侯许负雄，俨然巾帼丈夫同，亚夫之相何神通。
安众侯印镕铸工，毋妨二字文不庸，汉高之裔皆真龙。
栗节侯封始剪桐，终根继起三命恭，屏藩汉室等邶鄘。
建平侯喜曾折冲，子横绍爵希前踪，紫泥一印留飞鸿。

汉五儒印咏

易学推京房，独授梁丘贺。
贺子黄门郎，讲经屡惊座。
高材选十人，京兆名尤播。
政声乃卓然，三王岂寡和。御史大夫王骏

尚书小夏侯，再传郑光禄。
入室多高贤，东郡有名宿。
五经解不穷，一月迁何速。
汉廷稽古荣，公卿表可读。御史大夫赵玄

治诗本申公，训故可兼采。
鲁君弟子行，廉节贻千载。
谒帝从南宫，剖符守东海。
为治不多言，力行戒毋怠。东海太守鲁赐

高祖过鲁，申公以弟子从师入见于鲁南宫。

明堂礼所尊，小儒敢咋舌。
蒲轮召其师，献议空滕说。
废兴会有时，泥古惭明哲。
愿忠乃忘孝，捐躯不为节。郎中令王臧

左氏称绝业，铿铿贾季君。
微言付子佚，墨守尊所闻。
安汉重师说，厌难称将军。
一经教其子，鹤立谭林群。儒士陈钦

汉臣说金印

臣说三编又九篇，杂家言在赋家前。
艺文次第原兼采，注语分明是误传。
青史千秋犹失姓，黄金两字不知年。
延津那识当时刘，奇合天然亦有缘。

东越称王汉使愁，将军横海出奇谋。
降帆直下句章路，封爵先褒按道侯。
移戍五原屯列鄣，统师三万慑群酋。
可知杂说通兵法，定有遗书备运筹。

汉淮南王臣赵贤玉印

泛览淮南内外篇，不闻直谏有名贤。
须知一玷成千古，要使臣心比玉坚。

汉官工张博印

临虞两锭纪元延，主省三人武宝贤。
只有官工名姓别，一镌张博一常宣。

诸城刘燕庭方伯藏汉临虞宫镫，三十六字，元延四年正月张博造。潍县陈寿卿学士藏汉临虞宫镫，三十字，元延四年常宣造。刘氏藏器见《长安获古编》第二卷，陈氏藏器余收入《集古录》。

考工司马白文精，神爵熏炉手铸成。
愿乞故人留赠我，西京双印定齐名。

余友延煦藏汉印百余种，有白文司马让印。按薛氏《钟鼎款识》、阮氏《积古斋款识》皆有齐安宫铜熏炉，神爵四年工司马让造。余所藏张博印，同为考工工名，故诗中戏及之。

汉民工李常印

铜驼莫问上林宫，年纪黄龙两器同。
一样勒名偏矫矫，官工不重重民工。

上林荣宫雁足镫，黄龙元年李常造，见薛氏《钟鼎款识》。

一镫雁足一镫羊，制作千秋富贵昌。
何必腰悬大如斗，金莲紫绶小平章。

羊镫，黄龙元年李常造，见阮氏《积古斋款识》。

汉横野大将军常印

文叔当年造壁时，下江兵起助王师。
戏言廷尉来何暮，知尔侯封命亦奇。
横野勋名图像在，镂金印信劫灰遗。
自从一玺归刘氏，八万降军走赤眉。

汉臣陈丰印

尚书家法重明时，肯为新朝好爵縻。
闭户那知王氏腊，整冠犹见汉官仪。
一门清节臣心白，三世明刑祖德贻。
待到南阳恢帝业，于公驷马又何疑。

汉尚书令陈忠印

延光新政异元初，常侍权争太尉疏。
印绶特封阿母爵，王侯争拜伯荣车。
屡闻仆射陈君德，少习刑家读父书。
二十三条多比例，汉廷苛法竟全除。

汉侍中王方印

虫不为灾鸟不残，由来德化感人难。
方传报最书三异，会举贤良诏百官。
荐鹗独登名士籍，珥貂还戴侍中冠。
愿君上白河南尹，多少蓬门卧雪寒。

汉平原令杨匡印

豺目鸢肩气焰张，遗尸谁复惜忠良。
何来赤帻新亭吏，敢惹黄门旧侍郎。
生有头颅拼伏阙，死将骸骨送还乡。
买丝若绣平原令，认取当年佩印囊。

汉洛阳令吕禹两面印

故人忠告亦多情，狐矢含沙祸忽撄。
不信梁家还有父，可怜吕令竟无兄。
一官传舍铜符换，百口埋冤铁案成。
遗物摩挲名不灭，为谁凭吊洛阳城。

汉义士杜成玉印

兵戈隔绝故家山，岂为遨游二帝闲。
师友望尊终不屈，弟兄死别竟同还。
鹤飞去后空张网，鸡到鸣时已度关。
此玉无瑕犹有恨，几时点滴泪痕斑。

汉义士杨贤印

采薇一曲首阳西，完节东归路不迷。
岂意桥边来豫让，忽闻槐下有钼麑。
车犹挽鹿人无恙，剑不藏鱼手自提。
留得姓名在天壤，知君高义与云齐。

汉小黄门赵宣印

诏与诸儒共讨论，云龙门外小黄门。
手持帝纪宣明旨，口述臣闻对至尊。
一代金貂留掌故，两朝班马见心源。
史游旧学西京重，文采风流亦仅存。

汉小黄门李喜印 叠前韵

博士通人不具论，召陵弟子小黄门。
西京诏受中官读，南客群推祭酒尊。
表上说文留统系，书工摹印证渊源。
尹珍逸事高彪碣，东观生徒几辈存。

宋文信国公[①]名印歌

五陂岭头军一溃，只身北去楚囚逮。
不作生还苏子卿，独留正气千秋在。
孤忠耿耿凌苍冥，昭然河岳与日星。
取义成仁两不负，至今衣带传其铭。
燕市当年厄阳九，铜驼荆棘销沉久。
纷纷青紫何足论，两字留名终不朽。
吁嗟乎，文山之印叠山琴，历劫不磨此同心。
倘补名臣言行录，两公遗事都堪续。

汉　洗

西京有遗篇，善铜出堂狼。
精气不外泄，黝如漆有光。
岂无画工美，双鱼与吉羊。
亦有利后语，子孙宜侯王。
纪年多永建，著名有董昌。
橐泉鋗何在，兼氏盆谁藏。
惟兹没字洗，器完而质良。
君子贵守朴，闇然而日章。

① 文信国公：南宋名臣文天祥。

汉镜拓本

上大山兮见神仙，食玉英而饮醴泉，驾龙乘云寿万年。
湅治铜华出丹阳，朱爵玄武顺阴阳，长宜子孙乐未央。

汉镜范

一轮磨透日光明，如见三商百炼精。
毕竟范金先合土，良工心苦在陶成。
与君觌面纵无缘，文字偏从背后传。
笑说野人多与块，铜华隐约土华鲜。

汉镜范

三范中，此镜最小，文最完。

得鱼乃忘筌，买珠安用椟。
留之无所施，弃之恐不速。
众人贵当时，君子宝其朴。
况有文字缘，回环铭可读。
物以罕见珍，尺布侪罗縠。
制作此胚胎，陶镕在钧轴。
明鉴可千秋，神光有时伏。
愿君毋相忘，一语可三复。

五铢泉铜范

五权之制始终秦，积铢为两斤石钧。
西京圜法犹相因，五铢半两何等伦。
本始元凤制作频，终汉之世常遵循。
后来仿铸多失真，真者一范直百缗。
铜质精良文字新，穿上一画迹未湮。
虽无年号亦足珍，莫夸四出与重轮。

元凤本始五铢泉土范

西京圜法五铢泉，肇自孝昭及孝宣。
著有元凤本始年，穿上一画分后先。
范虽残缺土则坚，晨星落落中相联，
寿如金石日万千。

长陵二瓦歌

西京文字何最先，钓鱼池石五凤年。
汉高之陵碑不传，此瓦迺在五凤前。
东甍西神左右骈，郭少缺兮文则全。
甍字从瓦不从田，可证许书十四篇。
鲰生好古有奇缘，一瓦无论值万钱。
长安故人贻我笺，展书发箧喜欲颠。
试摹此图工雕镌，朱枫程敦[①]不足贤。
岿然两当如璧联，一抔之土金石坚。

① 朱枫程敦：清代朱枫著有《秦汉瓦图记》，程敦著有《秦汉瓦当文字》。

长乐未央千秋万世九字瓦

九字瓦，文吉祥，左右相合而成章。
左旋列四字，曰长乐未央。
右旋四字中无当，文曰千秋万世昌。
此瓦出长安乡，未央故址汉城旁，
窸斋得之永宝藏。

唐大邑瓷甄

余在大梁得一古瓷瓶，口有双龙合抱，惜缺其一，油多剥落，似在宋均窑、定窑之前，然不敢定为何代物。见山杨先生偶过敝庐，见而异之，曰："杜工部诗有大邑瓷，前人无道及者，得无类此乎？"翌辰，先生手录杜诗见示。因案头尚有小甄，油质相似，遂以持赠，并媵以诗。

白鸥争说定窑坚，大邑名瓷久失传。
古器不逢真赏识，弃如敝屣亦堪怜。
旧藏古甄质精坚，厚重少文世不传。
急送高斋求品骘，梅花手插动君怜。[①]

石鼓辛鼓

皮走十三字，薛书尚可考。
敓字亦仅存，元拓安足道。
金石虽云坚，或不如梨枣。
鼓存文不存，没字亦可宝。

① 吴湖帆按云：杨见山名岘，号藐翁，浙江吴兴人，苏州知府，工书。

北魏郑文公碑赞

山谷[1]论书，无过鹤铭[2]。
兰亭聚讼，定武晨星。
永平遗刻，陡峙云屏。
峨峨郑公，惟德之馨。
姓名不腐，山岳为灵。
白云在堂，载瞻图形。
俗书姿媚，终落畦町。
曰特健药，斯珉是型。
寒同之麓，天柱之陉。
斗山仰之，清风泠泠。

唐颜鲁公家庙碑拓本 为陆廉夫题

风骨清遒鸾凤骞，穹碑屹立至今存。
书家兼以名臣重，忠节多由孝子门。
兄弟七人承世泽，勋阶二品纪君恩。
泷岗千古庐陵表，述德雄文可并尊。

明王仁孝先生[3]象赞

圣贤万绪，道归明伦。
制行百途，首本事亲。

① 山谷：宋代书法家黄庭坚。
② 鹤铭：《瘗鹤铭》。
③ 王仁孝先生：明代理学家王敬臣。

惟公仁孝，蔼如赤子。
行卧起居，惟亲是视。
衽席必谨，慎独功深。
议论著述，均无容心。
诵公遗风，百世薰德。
闻知见知，兹编是式。

朱孝定先生[①]象赞

渊明高蹈，为宋遗民。
公节弥坚，布衣终身。
求诚有方，由不欺始。
日用伦常，所学惟是。
祖濂弥洛，道有本原。
敦行辄讲，佩言弗谖。
昔拜公祠，今诵公语。
公语善砭，达我脊吕。

毛西河朱竹垞两先生[②]遗像

壁经古义费研寻，倡和真同白雪吟。
许郑千秋谁济美，故应合传冠儒林。

---

① 朱孝定先生：明末理学家朱用纯。
② 毛西河朱竹垞两先生：清初学者毛奇龄、朱彝尊。

先朝鸿博有遗图，一砚流传妙手摹。

余藏端石，为竹垞先生所藏第一砚，后有先生遗像，刻甚工雅。

宝铁斋中留画本，可曾想象鹤颜无。

曾于外祖韩氏宝铁斋，见有两先生白描遗像，似即此图粉本。

王石谷春江晓别图[1]

先大父慎菴公旧藏。咸丰庚申，兵燹失去。光绪己丑，重得于汴梁。

冬花名迹今安在，春草闲房旧有图。

吾家双林里故宅，为金孝章先生春草闲房旧居。先大父曾藏奚蒙泉先生所画春草闲房图卷，兵燹后失之。

岂意虞山留尺幅，竟从合浦认还珠。

劫灰久历琴书尽，祖泽难忘翰墨娱。

珍重清芬传一脉，故家乔木几荣枯。

汤贞愍公[2]画梅歌

古来画梅称绝奇，元章以前杨补之。

剡藤尺幅千万枝，老干着花惊一时。

将军世传忠孝遗，郑虔三绝天下知。

琴隐园中老画师，七十五叟海鹤姿。

六法远追黄大痴[3]，钩染皴擦何淋漓。

时写古柏围霜皮，笔挟风雨忽神疑。

---

① 王石谷春江晓别图：王翚《春江晓别图》，著录于吴湖帆《梅景书屋书画记》。
② 汤贞愍公：清代画家汤贻芬，太平军攻占南京，投水殉难，谥贞愍。
③ 黄大痴：元代画家黄公望。

画梅亦为世所推，寿门玉几[1]相追随。
春气多从十指吹，香雪为骨冰为肌。
试看此画中有诗，纵疏横密无不宜。
距公绝笔才一期，完好如新神不疲。
三十年来藏者谁，宜有神物相护持。
红羊一劫几星移，去者不可追，
来者不可思。
知公魂魄常在兹，鸡笼山下莲花池。

戴文节公[2]易鹤轩图歌

苏公放鹤鹤不去，杨公易鹤鹤不归。
惟有此图足千古，一券一疏知者希。
鹿床画法追清晖，零缣尺幅烟岚霏。
世人巧作翻身凤，庐山面目是耶非。
此卷翛然足古趣，一树一石有真机。
不惟山水可珍贵，题诗字字皆珠玑。
但恐俗工善窃取，粉本有样葫芦依。
一真一伪几难辨，九方相马古来稀。
愿君宝藏勿轻示，黄鹤一去白云飞。
此轩可易，此图不可易，
不如长与梅花守烟扉。

① 寿门玉几：寿门是清代画家金农（冬心），玉几是清代画家陈撰。
② 戴文节公：清代画家戴熙，太平军攻杭州，投水殉难，卒谥文节。

十六金符斋印存

蓄印十六年，积累至二千。
古鉩得至宝，文字秦燔先。
汉魏官私印，金玉皆精坚。
同钮各从类，年代不须编。
印兹二十部，裒集岂偶然。
谁其任此役，穆父与伯圜。[①] 黄士陵 尹彭寿

① 吴湖帆按云：黄穆父，广东人；尹伯圜，山东人，皆工篆刻。

窓斋诗存卷二

止敬集

咏白菊 断句 乙巳

傲成霜后骨，澹是月前身。①

题画呈韩尺五来潮外伯祖

六法何曾晓，依人说大痴。
漫山烟不晕，随意画无师。
闭户奇观少，求工脱稿迟。
债偿终未惬，余兴补题诗。

写怀呈韩尺五外伯祖

夜吟常侍月三更，双垒坚持五字城。
一自蓼莪废诗恸，每依林竹被风清。
教家训续柳公绰，闭户灯惭都少卿。
勉读父书酬叔望，为留寸草待春生。

① 吴湖帆按云：公辛酉二月朔日日记云："十一岁时，偶吟白菊五言律句，第二联云：'傲成霜后骨，澹是月前身。'偷写一纸，夹入所读书中，适为吾师所见。师曰：'汝学诗，宜先学对。'因出五字属对，定为日课。此作诗之初。"

一简书来百绪牵，两行泣下未终篇。
弟兄样看先人范，教养恩叨诸父贤。
握管无情都溅泪，栽花有术不论年。
诗成秘得鱼缄密，只恐重闱见益怜。

和韩尺五外伯祖韵

鹤骨松姿老更清，笑随梅萼报春荣。
六军战鼓传三捷，一席宾筵祝五更。
康乐书编人寿考，和平律按气虚盈。
寒竽羞涩如枯竹，却被东风吹又生。

庚申[①]四月十三日自周庄入城至葑门外黄石桥闻警而返

一身那敢惜，骨肉竟流离。
兄母今何在，死生还未知。
城乡千里隔，锋镝万分危。
回首肝肠断，家园从此辞。

周庄寓中感怀

十年离乱久闻兵，风鹤寻常也惯惊。
岂意储粮充寇橐，竟同敝屣弃长城。
中流无柱防终决，险信如潮势不平。
实偪处兹天地窄，教人何路更逃生。

① 庚申：清咸丰十年（1860）。

柴门寂静昼常关，世故无为身转闲。
乳燕有巢知恋母，野云何事不还山。
衣冠脱略原非傲，笔墨生涯概可删。
此日亲朋谁慰藉，相逢多半是愁颜。

人生如梦复如烟，自隔家乡月又圆。
骨肉尚无相会日，见闻何处不潸然。
乞师莫效包胥[①]哭，起舞空投祖逖鞭。
我亦哀鸿在中泽，叫声谁诉九重天。

此身飘泊似秋蓬，独立江头泣路穷。
四面烽烟帆影外，万家歌哭水声中。
困愁感疾难为药，揽泪成诗不计工。
愿祷波臣助防御，寇氛阻绝一湖风。

怀陶子春诒孙两兄

南村卜居愿常虚，新筑层楼让我居[②]。
十载交情逢患难，一宵握别最踌躇。
移家避寇来无定，感德铭心谢转疏。
恋煞北窗斜日下，相看绿叶到红蕖。

① 包胥：春秋时楚国大臣申包胥，曾为乞师哭于秦君前。
② 新筑层楼让我居：吴大澂一家逃难到周庄，租住在陶家。

五月二十一日喜得上海三叔父书示悉被难概况并知母兄尚留吴城泫然涕下赋此奉呈

卌日无消息，传闻讯未真。
忽看书到手，欲读泪沾巾。
闲道纡回达，孱躯困苦亲。
申江来往便，欢聚一家春。

自从城陷后，日夜望官军。
筮卜终云吉，肝肠痛欲焚。
万金书乍得，举室走相闻。
兄母知无恙，何时去贼氛。

六月十六日卧疾沪寓母兄幼妹自苏脱险来会喜极流涕长歌记事

母在城兮侍父傍，儿奉祖母避水乡。
母因外祖无人侍奉，不肯出城。
儿离母兮才三日，豺虎阻之儿心伤。
庚申四月十三日，儿将入城势危急。
薄暮舣舟黄石桥，但见城中避寇纷纷出。
传闻顷刻陷苏城，吾母吾兄不知死与生。
欲入不得归不忍，有生不惜死无名。
自从此日肝肠断，两月有余心丝乱。

风鹤无端盗薮多，泽鸿又作秋蓬散。

六月朔日，贼逼周庄，又奉祖母迁至上海。

申江卧病如死灰，忽传兄妹随母来。

一望登楼泪先下，相逢握手口难开。

儿呜咽，听母说，两眼朦胧一星缺。

母感暑气，一目失明。

溯自省垣踞虎穴，六亲一旦生离别。

在城四十有三日，母及幼妹于五月二十五日出城，大兄于二十七日出城，至虎邱乡间，始与母会。

入井不死命不绝。命不绝，天鉴临。

幸尔兄，来相寻。

起居饮食每调护，那知出城之日苦海深。

瓦砾堆中三十里，炎蒸如炙旁无阴。

候尔兄，信沈沈。携尔妹，憩深林。

两脚不仁头晕倒，夜来风露还相侵。

艰难历尽到于今，今见儿面慰吾心。

母言未既泪涔涔，儿闻母语痛不禁。

吁嗟乎，儿忍死兮待母出，儿若死兮无今日。

而今而后愿始毕，笑语团栾和气溢。

重闱在堂，儿孙绕膝。

人生此乐不可失，遇虽凶兮心则吉。

仍是家庭旧日情，一门雍睦万祥集。

题大兄城中被难后所作诗

自兄遭难后，正我念兄时。
今日题兄稿，中存忆弟诗。
忘忧萱久护，闻报竹先知。
把臂频看镜，愁容新展眉。

别来无限事，词挚见情真。
声比啼鹃切，心能制虎驯。
几篇纯涕泪，两月混风尘。
一觉池塘梦，联床絮语亲。

常乐镇寓中偶作

秋声凉不到梧桐，四面床安地半弓。
雨洗薇花红琐碎，风摇庐穄碧玲珑。
远村树合蝉齐噪，破壁沙深蟹暗攻。
终日怜人相对语，往来中有捕鱼翁。

步　月

弟兄母子隔风尘，今夕团栾笑语亲。
四度月明三处看，九旬不作故乡人。

夜宿泰兴延祐观感怀

寥落风尘只自怜，偶来相对佛灯前。

一肩行李成诗丐，双膝团蒲作画禅。
乞米有书惭欲死，还乡无日梦难圆。
吟怀冷澹如枯草，步月寒林独怆然。

旅店遇雨

饥来驱我入红尘，自笑旅居不择仁。
村中唯此一店，烟灯数榻，终夜喧扰。
破屋两间前后雨，寒灯几榻往来人。
穷途阮籍唯应哭，沽酒文君漫作邻。
襆被萧然怅孤寂，况无僮仆更谁亲。

晓　行

单车破晓行，廿里疲欲罢。
饥肠思饼饵，有钱不得买。
芒鞋带霜滑，茅屋编篱矮。
亭亭日将午，溪冻犹未解。

泰兴道中

百里荒山下，鸣车出县西。
冻乌饥啄草，枯木倒垂溪。
古道逢人少，斜阳向客低。
黄桥曾宿处，对壁欲留题。

除　夕

去年今夕张灯地，回首翻疑梦里身。
旧事茫茫如隔世，流光冉冉又逢春。
衣裳虽朴都新制，笔砚犹存未赤贫。
却喜红尘无一点，两三间屋几闲人。

结　习

结习除难尽，闲情付墨缘。
砚求秦瓦琢，印仿汉铜镌。
懒忌催诗客，贫贪买画钱。
端居行我素，频梦到林泉。

海上阻风寄怀大兄

牵衣膝下共承欢，何事悲歌行路难。
乍别思家愁更剧，为贫作客泪常酸。
欲乘风去鲸偏恶，不待秋来雁已寒。
江海飘零归梦杳，但凭诗札报平安。

寄　内

汝姑视汝似亲儿，教导分明是汝师。
我去暂谋衣食计，人生总有别离时。
风波行路频经惯，勤俭居家好自持。
稚女笑啼才学语，也须约束不伤慈。

吴淞晚泊

暮色苍茫倚短篷，照人新月一钩红。
夜来多少思亲梦，欲趁潮回渡海东。

沧江日落帆初卸，两岸声喧唤渡人。
我自扣舷吟未了，万商船里一闲身。

旅夜书怀

时事又如此，予怀愁不禁。
寇烽连日炽，旅梦一灯深。
风月思家夜，江河独客吟。
数行书迭寄，婉慰倚闾心。

津门道中 壬戌

初日在林薄，野行暑气微。
缓车驮晓梦，凉雾袭征衣。
芳草碧犹湿，乱沙黄不飞。
此时心似水，可息汉阴机。

同是劳劳客，心闲意趣殊。
执鞭辞贱役，把卷遣长途。
勋业双华鬓，风尘七尺躯。
前程瞻日近，驱马上皇都。

题金陵高参军殉难事略

黑风吹水红巾渡，铁锁横江拦不住。

江头妇女哭千门，一夜冤魂暧云雾。

高君拔剑登城隍，仰天三跃悲激昂。

男儿身不能卫梓与桑，死则死而庸何望。

义旗在门枪在手，陡然入室翻身走。

曾受皇朝一命恩，肯使豺狼污此好身首。

一尺土，一斛泉，洁吾骨兮全吾天。

不愿为悬梁女子涕沦涟，

不愿为匹夫沟渎取人怜，吾从此逝兮吾心坚。

呜呼，君虽死兮君子嗣，君子又死兮君仆义。

千金难买死士心，挥之不去此何意。

闻君作贾能轻财，济人之厄拯人灾。

五都市上意气豪，僮仆感恩有自来。

煌煌国典诏旌节，骨葬青山气犹烈。

江南兵甲几沧桑，此十年中不堪说。

我忆金阊瓦砾堆，多少亲朋死未埋，

魂兮魂兮招不来。

题王母单孺人家训后即送王璞臣南归

我未识君时，耳君名已久。

及今来燕台，与君始聚首。

君学我所师，乃订忘年友。

有得心相赏，有失面相纠。
诵君寝苫语，知君有贤母。
遗言二十条，一字一琼玖。
曲礼内则篇，众谈并一薮。
岂唯家法良，抑作儒珍守。
庭萱凄不春，遗芬在人口。
古来母教贤，有子乃不朽。
思贻千载名，不数孟与欧。
君抱济世才，未合老田亩。
鸿鹄志高翔，偶蹶亦时有。
江海多风涛，何事苦奔走。
怅然别我去，万里一挥手。
我梦随君归，落日望南斗。
家山隔万重，豺虎满林阜。
粼粼双溪水，啼乌绕寒柳。
王氏祠在双溪。
何日拜母祠，秋风奠杯酒。[1]

与汪柳门[2]表弟夜话

弟兄情最切，尚有别离时。
今我辞家后，与君到处随。

① 吴湖帆按云：王璞臣名炳，同邑人，四川知县。
② 汪柳门：汪鸣銮。

年华驹隙过，乡信雁来迟。
门户艰难计，衷怀各自知。

下第不归去，旅愁还自宽。
名心缘境迫，文体变风难。
栖息枝堪托，苍茫岁又阑。
相期更努力，语罢一灯寒。

寄怀王璞臣

时南归未果，客容城县署中。

与君此别意如何，残雪寒郊策蹇骡。
异地交游同志少，荒城闻见感怀多。
故山人去愁雪树，中隐堂深即涧阿。谓金静知。
知为时艰动蒿目，南天近喜唱铙歌。

寄大兄[①]

光年惜离别，况值兵戈后。
寄家海东隅，而忍出门久。
出门非得已，涸辙不可守。
驱车上燕台，囊涩竟何有。
秋风一垂翅，蹭蹬空搔首。

---

① 大兄：吴大根。

穷达固有时，何以慰吾母。
甘旨既缺如，即归亦徒手。
所幸我弟暴，出入相左右。
昨兄寄我书，爱我情弥厚。
翻言生计饶，一家足糊口。
予怀本萧瑟，得书颜益忸。
亦知衣食艰，只身事奔走。
教弟且慰意，此意佩琼玖。
非兄善持家，在外能安否。
力学苟不成，兹谊终辜负。
图南会有进，与兄话杯酒。

除夕和柳门韵

话到乡园事不堪，岁时风俗旧曾谙。
却将乱后飘零况，并入今宵取次谈。
转瞬萍踪又何处，拼斟椒酒为君酣。
此时多少思归客，同自京华望斗南。

送璞臣归容城 癸亥

一别忽三月，相逢春已深。
偶谈所见事，无限济时心。
豪气犹如昔，斯文有赏音。
时君为时事上书倭相国，累数千言。
曲终人又远，明日隔云岑。

清　明

清明已是思家日，家复离乡痛有余。
祖墓松楸三载隔，纸钱香火四时虚。
游踪便欲图归策，兵乱何年返故庐。
料我慈亲同此恨，绿杨垂处倚门闾。

送彭南屏翰孙之官粤东

回首家山梦，萍飘又几年。
偶怀乡井事，各道离乱前。
庭树碧如洗，野榴红欲然。
江南闻奏捷，惆怅送归鞭。

君来沧海上，索我绘游踪。
我亦思归客，君行不可从。
此时重惜别，何地更相逢。
若过梅花岭，邮诗慰远悰。①

中秋忆家

惆怅中庭苦忆家，秋风两度滞京华。
一林清露凉如水，丹桂枝高未着花。

---

① 吴湖帆按云：彭南屏为同邑文敬公孙。

记起儿时拜月来，梦魂飞逐海潮回。
慈亲此夕团栾话，手整瓜盘荐一杯。

辗转家书盼到难，各谋衣食旷承欢。
不知今夜江南月，兄弟还分几处看。
大兄、三弟往来海上，今三月未得家书，殊怅怅也。

海门衙鼓送斜晖，我忆江村旧钓矶。
半掩柴荆闻犬吠，菰芦深处一车归。
三叔父馆海门署中，去家只二十里。

闺中念我迹飘蓬，儿女心情约略同。
暗把前程为君祷，添香一炷诉蟾宫。

五龄稚女牵衣戏，只解痴顽百未谙。
赢得重闱开口笑，灯前团坐待分甘。

秋高不见南来雁，万里乘风系我思。
瞥眼一年轮又转，霓裳同日赋新诗。
三弟约于八月来京，为明年应试之计。

良宵无计遣吟怀，况味闲尝苜蓿斋。
三两朋侪携手去，满身风露踏槐街。

秋　夜

西风恻恻动疏林，冷逼重棉悄不禁。
客况渐深能健饭，秋怀无赖托闲吟。
山空木落本来面，水止云行自在心。
展易焚香时默坐，垂帘静对一灯深。

三月不得家书寄怀大兄

海门音问盼常疏，望断飞鸿三月余。
近事但凭亲友报，开缄疑有弟兄书。
时上海疫疠大行，死者日数十人。
愁来终悔轻离母，乱后何堪久倚闾。
只为名心抛未得，开钟猛省总踌躇。

南疆捷报已频看，转到红羊劫未完。
乍减兵戈添疫疠，互传消息各悲欢。
思家望月愁千里，送客还乡感百端。
时潘秋谷、黄协卿先后南归。
多少旅怀书不得，聊将眠食告平安。①

书彭氏孝友堂家训后

人生嬉戏年，未解庭闱乐。
晨昏侍父旁，拱手如束缚。

① 吴湖帆按云：潘秋谷名康保，西圃太史之子，光绪举人。

有过辄谴诃，有问徒唯诺。
稍长知爱亲，一室相谘度。
子禀父之教，在阴占鸣鹤。
岂知风木悲，转瞬今非昨。
但闻陟岵歌，九原不可作。
人当弱冠时，涉世初酬酢。
万事总渺茫，众缘纷迷错。
直道虽未泯，世风奈久薄。
小善即闻谀，小疵未为恶。
尊长多谦怀，师友谁忠告。
试思今所为，对父能无怍。
何事父所喜，何事父当扑。
嗟予久失怙，六载空沦落。
有母不归养，萍梗仍飘泊。
京国盛文史，偶此一枝托。
同为无父人，相关等手足。
修途共黾勉，疑义频探索。
先儒诫子篇，字字堪咀嚼。
一语可终身，家范简而约。
父言不复闻，即此是良药。
因思父在时，奉命惟恭恪。
矧兹对古人，名论同謇谔。
君家有遗徽，法语儒门录。

祖德贻后人，梦里诗曾勖。

岱霖曾梦文敬公作诗勉之。

大孝终立身，毋贻父母辱。

读书苟有裨，与世岂枘凿。

相期学古训，得髓遗糟粕。

反身懋乃修，在精不在博。[①]

闻苏城收复苗逆就擒两信诗以志喜

扶桑日出阊阖开，祥云下绕黄金台。

一骑红尘飞不住，三千里外红旗来。

两宫含笑颁明诏，满朝拜赐相辉耀。

捷书传出紫禁门，欢声一片舞且蹈。

须臾皖北来佳音，渠魁苗逆已就擒。

群臣再拜天颜喜，今日何日紫气临。

长淮浪高有蛟窟，欃枪一扫何仓猝。

苏台麋鹿荒三秋，军威破竹坚城收。

万里江淮资保障，勋名萃作中兴将。

却忆狼烽未殄时，家山破碎愁相向。

熊罴列队哀鸿嗷，频年转战空糜饷。

多少人号鬼哭声，只今并入铙歌唱。

故园烟草归苍凉，流离犹念梓与桑。

① 吴湖帆按云：彭岱霖名祖润，为同邑文敬公之子。

为潘星斋太世伯画青芝山[1]图即和赐画墨梅原韵

我昔系棹崦西村，空山月白冷梦魂。

不见梅花见古柏，落云满地苍烟昏。

两游邓尉，未及花时。

年年卧游托图画，空吟春草怀故园。

长安岁莫多尘事，喜随杖履春风温。

尺幅老梅干如铁，寒香拂拂凝朝暾。

欲以残缣写乡思，时闻索逋人叩门。

画里无诗愧未工，搜图一笑两忘言。

爆竹满街莺燕语，短歌聊侑花前尊。[2]

① 青芝山：位于苏州城西光福镇，邓尉山之西。

② 吴湖帆按云：潘星斋名曾莹，为同邑文恭公之子，道光辛丑进士，官至吏部侍郎，工画，著有《小鸥波馆集》。

窸斋诗存卷三

西辅集

登西岳莲花峰[①]纪游

危崖劈断两峰青，容我篮舆曲折经。
十万军声摧瀑布，几重山色展云屏。
欲扪星斗朝天去，不羡神仙采药灵。
笑与昌黎[②]争气概，芒鞋踏破莫须停。

振衣千尺绝尘氛，下界钟声上界闻。
手拨乱泉凌峭壁，身沾湿翠入寒云。
晋秦一角河流窄，洛渭双条水色分。
陡立苍龙高处望，四山烟树尽氤氲。

一峰阴对一峰晴，人在莲花顶上行。
立脚鳌头才憩息，盘空鸟道又纵横。
天悬铁索疑无路，地近银河听有声。
惆怅红尘更回首，出山霖雨为苍生。

---

① 莲花峰：吴大澂登华山，曾篆书题“莲花”二字，今尚存。
② 昌黎：唐代诗人韩愈。

层楼杰阁势穹窿，偶此栖迟万虑空。
流水到门飞作雪，古松横涧怒生风。
闲餐薇蕨来方外，凉引藤萝入梦中。
一夜群峰多不见，白云满屋雨濛濛。

枌东老屋校韵图

为董研樵前辈题

仓颉未造书契前，形声为母字为子。
孳形浸广声浸繁，部居分别辨宫徵。
易书诗礼皆韵谱，俗儒句读昧厥旨。
法言定部二百六，始以律令梏文士。
同用独用互合分，刘渊郑庠孰非是。
顾析十部江十三，与古汉魏乃同揆。
段攻许谊具苦心，均表一书余事耳。
鲰生音学虽无闻，心知其非口则唯。
欲从奇字证源流，喜与枌东近尺咫。
君诗读之已成诵，一斑讵足窥涯涘。
因君探讨古韵书，执鞭犹待南车指。
昨搜彝器得嬴鼎，文艰义奥不可拟。
积古当年恨未收，揅经室主①今已矣。
愿君审形以得音，为我发蒙破疑似。②

① 揅经室主：清代学者阮元。

② 吴湖帆按云：董研樵名文涣，字尧章，山西洪洞人，咸丰丙辰进士，累官甘肃巩秦阶道。

华山观雪图

为董研樵前辈题

前年走马华阴道，惜我游鞑殊草草。
雨中三宿莲花峰，欲画不曾留一稿。
峰头奇石大于船，峰下顽云寒不扫。
危岸仄径千百蟠，十步九顿心悄悄。
飞泉直下溅满衣，铁索横空愁欲倒。
侧身俯视涧底松，千尺游龙失夭矫。
秦晋一角中条低，泾渭两河如带小。
忽闻钟声出烟际，上界阴晴隔昏晓。
东南二峰咫尺阻，至今魂梦翔云表。
与君先后登太华，雪中山比雨中好。
营丘画笔峭始工，只惜此图未了了。
今君持节度秦陇，旧游重续恣幽讨。
昌黎所至非绝颠，青柯以下奇境少。
暂屏驺骑事攀跻，更越平夷穷杳渺。
研樵所游至青柯坪而止。
中有道人八十余，须眉如雪不言老。
因君乞取千岁苓，令人服之长寿考。

彭雪琴[1]侍郎画梅

为谢麐伯前辈题

古来画梅致绝境，补之隽秀华光冷。
谁能貌此铁石姿，疏干繁花见清耿。
陇西老将何闲闲，芒鞋踏遍江南山。
奇气偶从十指出，放怀一破春风颜。
前年携酒西泠住，倚棹相逢各题句。
持缣贻我春一枝，欲把幽悰寄毫素。
我今见画如见公，寒撑傲骨凌遥空。
此老倔强尚如昔，岂以翰墨求其工。
昨夜狂风黯飞雪，长松千尺忽已折。
江上春寒愁杀人，水流花落增幽咽。
时适有曾文正骑箕之信。
与君招鹤鹤不来，岁寒空对樽前梅。[2]

邓尉山锄梅图

为王雪汀太守题

我昔扁舟渡西崦，晓风落叶霜满天。
不见梅花舞香雪，但见古柏含苍烟。

① 彭雪琴：晚清名臣彭玉麟，善画梅花。

② 吴湖帆按云：谢麐伯名维藩，湖南巴陵人，寄籍皋兰，中甘榜，改归原籍，同治壬戌进士，由庶常授编修。

铜井桥边双蜡屐，旧游忽忽二十年。
秦树陇云历万里，故山回首空茫然。
披君图画感君意，如读蓼莪诗一篇。
手把鸦锄薙荒草，经营丙舍与墓田。
老干游龙绝矫矫，天寒有鹤来翩翩。
君家乔木厚培植，析薪负荷承其先。
佳城卜吉气蟠郁，勋名世泽相蝉联。
我历雍西采风化，君来漠北亲戎旃。
相逢走马长安道，开襟一笑挥吟鞭。
转眼秋风理归策，思亲梦落横塘边。
七载松楸未归省，白云怅望南山巅。①

疏影庐图卷

为汪芾村表兄题

几枝花影伴清宵，帘外春寒雪欲飘。
画里不知乡梦远，忽疑身在虎山桥②。

我忆虞山老画师，萧然风格最清奇。
空庭独鹤无人语，坐对烟横月落时。

虞山胡芑香先生，性情高洁，平生爱梅，手植数百株，坐卧其间，故画理亦清雅绝俗，如不食人间烟火者。

① 吴湖帆按云：王雪汀名伟棨。
② 虎山桥：位于苏州城西光福镇。

鲽砚庐[1]图

为沈仲复太老师题

前年度陇右，道出汧水阳。
有沟名石鱼，产石文吉祥。
父老告余曰，此石非恒常。
剖之获寸鳞，鬐鬣分毫芒。
见者诧未睹，闻者求莫遑。
或终年不得，得之宜富昌。
今公示兹砚，披图述其详。
璇闺文字福，金石传铿锵。
双声协鸾凰，比翼同鸳鸯。
巧若唐鱼符，左右文成行。
又如汉鱼洗，善铜出堂狼。
永为翰墨宝，眉寿增吉康。
我自长安来，捧砚登公堂。
载瓦百二十，长生乐未央。
中有一完璞，比目文孔彰。
秉质既顽薄，又乏良工良。
愿公赐雕琢，日置几案旁。
愧非端溪选，或胜兰池当。
此材不终弃，子孙其保藏。[2]

① 鲽砚庐：位于苏州耦园内。

② 吴湖帆按云：沈仲复名秉成，浙江吴兴人。咸丰丙辰进士，官至安徽巡抚、署两江总督。

安西颂

集嵩山开母庙石阙铭字，乙亥三月寄左帅。

穆穆我后，治格西秦。
挺生圣佐，福兹下民。
爰会林旅，将守斯神。
济乱返正，德溥化甄。其一

九功咸则，文治遂修。
辟雍盛事，昭耀千秋。
云兴纳后，雉飞降休。
其道大亨，政勤以优。其二

百禄寔宠，重光累釐。
消摇比户，于乐清时。
雨我畴圃，万宝来祺。
子孙永昌，而寿而饴。其三

连山历历，大河洋洋。
皇夏罔极，盛阴严阳。
条芬表端，灵颖称祥。
符功铭碣，棶德其张。[1] 其四

---

① 吴湖帆按云：左文襄公乙亥四月三十日与公书云："《安西颂》已令李佐兴泐石树节园中。"又云："续篆整幅，遒劲更胜，当饬嘉峪守关将官钩泐，为雄关添一掌故"云云。似公所书《安西颂》不止一本也。

由凤台至阳城放赈

单车问俗到阳城，绝巘重峦路不平。
百里荒村无犬吠，半山残雪少人行。
田庐多属流亡户，父老惟闻叹息声。
忍死须臾待膏泽，明年有地为谁耕。

挽粟飞刍腊正残，区区何以慰饥寒。
所运高粱七千石，不敷两月之赈。
野多枯骨生人少，树不留皮粒食难。
救火情怜循吏苦，望梅心喜圣恩宽。
万家性命存呼吸，吾辈盘飧愧未安。

丁丑[1]除夕 在泽州府城

山郡荒凉地，居然日两餐。
有鱼供醉饱，无米救饥寒。
瓮头尚存鱼干半尾，因沽浊酒二两下之。
夜半惟闻泣，门前不忍看。
皇恩期早逮，中泽共胪欢。
续运赈粮，尚在天津阻冻。

① 丁丑：清光绪三年（1877），华北遭受大灾，史称丁戊奇荒。

戊寅元旦

旅馆无春色，时来冻雀鸣。
梅花犹未见，爆竹不闻声。
稿葬多遗骨，途人尽执兵。
寄言诸牧令，盗贼本良氓。

窓斋诗存卷四

皇华集

丙戌奉使赴珲春会同俄官查勘边界换立石牌纪事

帝重申圻根本图，临轩特与使臣符。
西邻疆域侵陵计，东土屏藩久远谟。
占地无多互樛葛，立牌有记莫枝梧。
从来忠信行蛮貊，凭仗皇威镇海隅。

昔日东来部曲从，羽书星速夜传烽。
七年蓄艾知何补，两度皇华岂易逢。
庚辰夏间，奉使赴吉林筹办边防事，阅七年矣。
驿路已忘曾宿处，云山不改旧时容。
中原无事鲸波息，坛坫何妨效折冲。

防患尤宜策未然，强邻渐与外藩连。
俄人所占黑顶子，与朝鲜仅隔一江，不无觊觎小邦之意。
欲从两界留中道，直为三韩计万年。
铸铁岂容成大错，临机只在着先鞭。
珠槃玉敦雍容会，袖里乾坤要斡旋。

词锋敢骋笔如杠，圣德怀柔逮远邦。
牛耳当年盟未久，犬牙何事气难降。
分流溯到松阿察，尺地争回豆满江。
图们江，朝鲜谓之豆满江。
我欲题铭铜柱表，问谁来遣五丁扛。

铜柱[1]铭

立长岭子中俄交界处

疆域有表国有维，此柱可立不可移。

自沈阳至铁岭县境 二月初四

辽河冰解野桥断，东风来往无人管。
使军出关二月初，不怕春寒怕春暖。
昨日雪泥三尺深，今日雪花飞满林。
已脱重裘还更着，不辞浊酒且频斟。
裘重重，酒薄薄，车尘不起征夫乐。
只愿前程冻未开，渡江不愁风浪作。
岁寒秉此松柏心，莫问桃花几开落。

---

① 铜柱：吴大澂命人在边界所立，上镌铭文："光绪十二年四月，都察院左副都御史吴大澂、珲春副都统依克唐阿奉命会勘中俄边界。既竣事，立此铜柱铭曰：'疆域有表国有维，此柱可立不可移。'"后被沙俄断为两截，运回俄国。

自沈阳至吉林途中

二月初六日至十二日

过了冰河便雪山，严寒已去又重还。
我来迅速春来缓，未许东风带出关。

记得当年度陇诗，偶从雪里见花枝。
而今行近辽阳路，正似天山五月时。

车马喧阗趁夕曛，山村士女笑纷纭。
皇华诗意无人解，道是鸡林[1]旧使君。

一联轻甲两花骢，揽镜依然顾盼雄。
五十二年头未白，故应驰骤万山中。

古柳婆娑生意含，霜皮零落对寒潭。
莫嫌空洞中无物，留与枯僧作佛龛。

路绕山根雪未融，别无樵径与山通。
柞林不比枫林密，二月犹看霜叶红。

小店春斋满瓮储，荒寒无地摘园蔬。
辽东日食花猪肉，苦忆松江冰白鱼。

① 鸡林：此处指吉林。

新晴天气觉风和，十里平冈策马过。
盼到莲花街里去，逢迎官吏故人多。
出威远堡门至莲花街，为吉林首站。

平林密密断云遮，不见遥村板屋斜。
落日放牛无数点，料知山下有人家。

山南近已辟新荒，话到年光暗自伤。
草价增昂粮更缺，去秋八月早霏霜。

斗大州城新设官，花封分辖地犹宽。
伊通州地原隶吉林厅，今分设州治，辖境尚有四百余里。
弦歌风化初开日，冷落先生苜蓿盘。
新选训导，尚无学宫。

客路浑忘岁月新，山容如睡水含颦。
荒村亦有闲桃李，不见花开不算春。

村前匹马嘶风去，陇畔双鹅踏雪行。
物理细参多觉悟，一生劳逸不须争。

一木零丁架水坳，泥冰深处乱流交。
肩舆扶上危桥去，犹恐衣裾挂棘梢。

大孤山与小孤俱，卅里双峦便不孤。
况有坡陀连亘远，回环一脉尽龙雏。

渔父何曾把钓竿，农家编木当篱看。
有山不种淇园竹，生怕风多六月寒。

渡口回流肠屈曲，峰头杂树发蓬松。
小舟如叶多无桨，行客登山半倚筇。

征尘屈指到花朝，芳草无情马不骄。
犹忆细鳞河畔路，海棠红掩绿杨桥。

壬午年四月，由三岔口至细鳞河，忽见桥边海棠一树盛开，属吴副将永敖善护之。

马前父老望春台，六七年中往复回。
一笑又登欢喜岭，只疑身入故乡来。

欢喜岭距吉林省城十里。

绕郭峰峦多不平，过江山势更纵横。
空潭云气随龙去，剩有流泉赴壑声。

龙潭山在松花江南，距省城二十里。

两　峦

在伊通河北

两峦左右齐，端如双玉乳。
山顶宜有泉，甘美胜酒醹。
饮之令人寿，童颜可再睹。
此山本无名，名以东天姥。
北为长春城，万商于兹聚。
地脉非偶然，一乳所含煦。

早　行

遥想慈亲念子心，早行怕我雪霜侵。
邮程日远飞鸿少，始信家书抵万金。

途中寄示韵松文伯芷帆锡安

昨日渡松江，今日出窝棘。
同行四五人，先后本一辙。
中途忽差池，相望不可即。
或云车脱辐，或疑马惊勒。
后时久不来，深夜苦相忆。
岂知泥淖中，登岭已昏黑。
驽骀鞭不前，徒御咤失色。
踯躅冰雪崖，屡踬犹得得。
两手僵不伸，襟袖如翻墨。

两足冻不干，袜履成淤塞。
偶至一茆舍，漏下已三刻。
人满无所容，势与蜗争国。
苦倦不成眠，苦饥不得食。
跬步知艰难，兹焉少憩息。
诘朝贻我书，道状解我惑。
相去半日程，行行匆复亟。
山径滑如油，我亦病登陟。
鞅掌岂言劳，此境偶然直。①

发拉法站宿李家店 十八日

四山积雪围松明，乱流落硐时纵横。
槎枒古木无枯荣，行久不闻春鸟声。
残冰踏响马忽惊，泥深一尺水盈盈。
仆夫避险披荆棘，崎岖径仄多不平。
下有顽石如长鲸，当涂侧卧与人争。
落日摇曳双红旌，知有材官来导行。
道旁鹄立通姓名，识与不识纷相迎。
白须野老何多情，出门手提破石罂。
汲泉饮我使身轻，邀我入室炊玉秔。
五年前事如棋枰，笑问使君何经营。
两鬓新霜添数茎，我来逆旅喜感并。

① 吴湖帆按云：沈韵松、吴文柏、王芷帆皆公随员，庆锡安为俄文翻译官。

六宿此山那计程，陶然一醉月三更。
但觉诗意满怀清，不愁明日还长征。

过张广才岭至额穆赫索罗和站途遇大风雪

十九日

狂风似虎卷地来，吹冻顽云拨不开。
下罩千山同一被，满空飞絮搅成堆。
天公玉戏巧难就，重阴密密谁相催。
特遣封姨作大磨，回旋鼓荡声如雷。
须臾碾出白糍粉，落花片片皆琼瑰。
老农拍手笑不止，顿令茅屋成瑶台。

张广才岭

岭长二十有五里，平冈一伏又一起。
首尾蟠屈如卧龙，半身隐见白云里。
远脉原从长白来，蜿蜒下饮松江水。
满山鳞甲烟翠重，亭亭直节攒古松。
千株万株不纪岁，子孙多受秦王封。
硐底杂树纷罗列，忽横忽纵皆奇绝。
俯听流泉溅溅鸣，中有万古不化之冰雪。
此山深处无人行，熊罴夜斗狐狸惊。
远闻伐木声丁丁，又疑车轮触石相硼砰。

山灵怪我往来久，无句留题不放走。
我问当年张广才，何物区区乃与山灵同不朽。

途次杂咏 二十日

行旌历尽厂东西，偶触吟情信笔题。
风土犹存唐俗俭，几双乌拉[①]一爬犁。

枯树留根积藓斑，更无枝叶不容删。
天然秀削成螺髻，便是东坡木假山。

闲游人似打包僧，晓起餐风夜踏冰。
只为萍踪飘泊惯，一生衣食寄行縢。

宿必尔罕驿 二十一日

两山之麓多洼塘，草根结作蒲团黄。
二三十里一茅舍，蓬蒿遍野田半荒。
傍溪凿冰成孤井，绕庐列栅为短墙。
乳牛或随犬同卧，饥鹊竟与马争粮。
古驿三间津吏屋，七年六度朱墩冈。
野老相逢似相识，偶来松下谈农桑。

① 乌拉：即靰鞡，乌拉草鞋。

有怀蒉斋二律兼寄运斋弟

同是边关落月时，一灯展卷苦相思。
本来地气寒难解，不为天公春到迟。
山雪未销孤雁落，河冰将泮老狐疑。
岭南塞北无消息，独和东坡寄弟诗。

爱惜名花取次栽，为谁零落为谁开。
偶牵藤影疑风动，未展蕉心待雨来。
诗境多从闲处拓，旅怀犹喜梦中回。
一书缱绻愁千里，莫与人论天下才。①

石头甸子 二十二日

凡石皆直性，兹山独横理。
高砌宛成台，平铺略如砥。
大可容万人，小者积寸絫。
粗拟龟背纹，细若鱼鳞比。
孔或类蜂房，龋或似马齿。
或问蚁穴槐，或等螬食李。
麝煤聚零星，兽炭多填委。
岂无适用时，弃之弗顾视。
辚辚过车声，中空疑有水。
忽然塌成潭，如梁自颓圮。

① 吴湖帆按云：蒉斋为丰润张幼樵副宪佩纶别号。

非泉亦非池，泥深辄濡轨。
吾性爱名山，游踪几万里。
阅世多奇峰，眼中未见此。
俗言古仙人，炼丹旧基址。
丹成跨鹤行，余石留渣滓。
此说不足凭，听之聊复尔。
吾闻大空青，凿石得龙髓。
饮之可长生，沉疴顿然起。
真精久秘藏，妙理那可揣。
不然顽石巅，何以生杞梓。
草木有灵根，璇源探厥旨。
可解不可解，请问赤松子。

八道岭 二十二日

下岭易，上岭难，如登天山三十盘。
一车八马心胆寒，脱骖并驾犹嫌单，
万牛流汗常不干。
上岭易，下岭难，如下严江十八滩。
陡崖冰滑云漫漫，一落千丈不可拦，
前车后车相叫谨。
安得长绳系轴节节蟠，出险入夷心始安。
朝上岭，暮下岭，仆夫相戒毋驰骋。
方下岭，又上岭，喘息未已时耿耿。

日行八岭无坦途，夜梦颠踣惊相呼。
愿君高枕安须臾，不知前程尚有高山无。

题宁古塔行馆抱江楼兼呈容峻峰都护

二十三日

忆昔临江筑小楼，与君樽酒话中秋。
自从一去三年别，那想重来两日留。
旧事思量纪龙节，新图商榷定鸿沟。
国恩未报归程远，敢把闲情寄白鸥。

乌拉草

莫道行踪类转蓬，知寒知暖是乡风。
踏冰天气家家便，献曝人情处处同。
参可延龄犹有病，葵能卫足总无功。
何如束草随身具，春在先生杖履中。

赠八十老人孙立美

宁古塔北乡人

六世同居古义门，膝前屡见子生孙。
老农八十犹年少，语带春风一笑温。

淡饭粗茶过一生，有何思虑有何争。

始知安乐乡侯贵，不慕千秋万世名。

余所藏古铜印，有“安乐乡侯”四字印，不知何代物。

望松窝 二十六日

叹息山居地瘠墝，款宾只有水盈匏。

青骢过处添新驿，紫燕飞来认旧巢。

玛勒、瑚哩、老松岭等处，均经余奏请，改设新站。

不信十年能树木，可怜六载未更茅。

相逢搏虎人何在，笑对松林雪半梢。

逆旅主人徐姓之子，曾搏一虎献余，因病回家，不获再见。

再题望松窝用辛巳年[1]题壁元韵

老农生计本萧然，况复频经旱潦年。

岂有林泉留过客，漫题诗句续前缘。

山中盗起愁狼跋，门外寒多惊鹤眠。

主人言去年被盗，所蓄荡然。

为问行旌何日返，汶阳只愿早归田。

① 辛巳年：清光绪七年（1881）。

前　作 辛巳望松窝题壁

一宿空山亦偶然，诛茅拓地已经年。
边庭万里今无事，使节重来信有缘。
鸟道云封窝棘暗，虬枝雪压古松眠。
野人共话承平乐，各领闲荒百亩田。

过老松岭 二十七日

春山晓色云冥冥，入林出林车未停。
两崖壁立烟岚滴，桦皮雪白乌柏青。
残冰塞路顽如石，枯木倒溪醉不醒。
古庙颓垣本无佛，忽有山僧来诵经。
僧言此山行路苦，醵金除道仰神灵。
马惜锦障泥滑滑，人行石磴水泠泠。
短松万株齐若剪，横作南峰翡翠屏。
高者独立挺霄汉，满身龙甲都成形。
孤根下蟠几百尺，掘之当有千岁苓。

息　庐 二十八日

朝三十里一饱餐，暮三十里一投宿。
暮宿临河尚有村，朝餐觅火愁无屋。
偶逢葛仙两耳聋，呼之不应颜发红。
为我择地结茅舍，给钱百缗使鸠工。
有酒沽我无则酹，往来行人憩息于其中。

养鸡放豚依苍巘，春韭早生秋菘晚。
种谷可支一岁粮，采薪不劳百步远。
仙翁何为去不还，守此屋者老且顽。
不见仙翁长叹息，只有手书两字留空山。

赠清乐乡关清德

俗名五人班，余改为清乐乡。

羡君身似地行仙，五老来游此数椽。
钓取双鱼来饷客，寿如孤鹤不知年。

且往菴 三月朔日

老僧八十余，贫病不能语。
来此六十年，清修苦如许。
屋庐不蔽风，爨火不常举。
相对弥勒龛，顶礼无寒暑。
心诚金石开，缘薄神灵助。
使节偶经过，悯彼空谷处。
结茅四五椽，经营费不巨。
佞佛非本怀，天教来玉汝。
部曲善逢迎，不惜舍金与。
拓地成梵宫，维摩喜得所。
老僧愿已偿，趺坐竟西去。
传灯叹无才，俗子相窥觑。

鹫岭被蚕食，鹊巢乃鸠据。
我来清净场，扫除及沮洳。
小坐怀远公，澹然无俗虑。
顽石当点头，慎勿相龃龉。

宿凉水泉 三月朔日

我初度地凉水泉，六十里中无人烟。
膏腴一片空弃捐，临江四顾心茫然。
命工起构屋数椽，曰劝农所三字悬。
屋成之岁辛巳年，作者七人始来田。
朝出耦耕荷锄便，夜归一饭解衣眠。
从此垦辟相蝉联，满篝满车歌十千。
自我移师北海边，两年跋涉忧心煎。
梦魂不到蟠岭巅，重来一宿有前缘。
蟠岭在凉水泉南四十里。
但见西陌与东阡，鸡犬家家相毗连。
五尺童子衣争牵，瞻望使君犹拳拳。
遥指一屋小如船，手书篆额犹在焉。
嗟我风尘未息肩，白云飞鸟何时还。
安得买山古渎川，相忘耕凿唐虞天。

闲 行

平坡日落马蹄轻，树杪云归雪乍晴。

猎户追狍迷草路，牧童引犊卧松棚。

岸凌水阔知春暖，野山风多入夜明。

吉林土语谓河冰两岸初化之水为沿凌水。

地僻村稀投宿早，得闲行处且闲行。

遣 兴

落落书生戎马场，吟怀久似石田荒。

军符暂卸无留牍，诗草重编欲满囊。

春去何心恋风月，夜来有梦到池塘。

短歌不复计工拙，聊遣关山行路长。

海上三神山图卷[①]

丙戌秋九月，查勘吉林边界，事竣，由海参崴内渡，经朝鲜东南海中，见三山罗列甚奇，殆所谓三神山欤？因图之，并系以诗。

扶桑日出晓云开，双轮鼓荡走风雷。

海波西折斗转魁，使者勾当公事回。

三韩以东，山势多崔嵬。

六鳌驾我游蓬莱，忽见奇峰叠浪堆。

危岸峭壁惊欲颓，有木曰屺无木峐。

① 海上三神山图卷：吴大澂所绘，今藏台湾私人处。

俯视五岳凌三台，金焦二山皆舆台。
秦皇汉武空徘徊，不见此烧相疑猜。
求仙采药真可咍，方壶圆峤安在哉。
今我壮游穷八垓，南溟北渤眼界恢。
愧无渔山石谷才，呼童涤研洗金罍。
橅山一角未点苔，天风浪浪苦相催。
回首烟峦重溯洄，笔所未到意已该。
安得画师妙手为剪裁，皴擦钩染此胚胎。
飘然意象超尘埃，会当一饮三百杯。

海上书所见

三尺银鳞海上游，奋鬐忽跃入船头。
舵师惊讶儿童喜，休咎由来不自由。

蹇斋诗存卷五

戊子集

戊子[1]三月查勘广惠水灾纪事

一月春阴未放晴，雨丝不断过清明。
西江水缓东江急，数丈洪流压郡城。

惠州太守尺书来，星速邮程报水灾。
遥想东坡祠宇下，顽云满座不曾开。

惠州李宫山太守初三日专差禀报，连日大雨滂沱，江流骤涨，城乡墟市、衙署民房，多被淹没等语。此禀于是日酉刻到省。

愆尤丛集事因循，德薄灾生莫怨人。
愿写绿章连夜奏，小民无罪罪疆臣。

雨后牵萝补屋难，床床漏湿几时干。
茆檐未获栖身所，独坐衙斋梦不安。

野航几日断行踪，忽驾飞轮到石龙。
使者要知民疾苦，此来不为劝耕农。

初六日酉刻，乘海东雄轮船抵石龙镇。

---

① 戊子：清光绪十四年（1888），时吴大澂任广东巡抚。

满村烟雾尚迷蒙，愁惨音容万户同。
破屋颓垣防压卵，那堪更受急流中。

石龙河面窄，水深溜急。

柴门积潦没双扉[①]，童叟扶持失所依。
瓦面人多平水面，却疑多在钓鱼矶。

漫云屋小竟如舟，侧帽妨檐忽打头。
犹恐夜深风雨急，飘摇一室付东流。

有屋檐离水尺许，仍撑小艇出入者。

釜无余米灶无烟，板阁容身命苟全。
不信阳春真有脚，几人担粥到门前。

石龙绅士邓蓉新，好善士也，于初三日开厂煮粥，因贫民无船不能出入，乃置粥担于水艇，沿门施送。

无数小舟一叶轻，人声满市势纵横。
莫随双桨争歧路，土湿危墙触便倾。

市上小舟争路，土墙往往触倒。

九十三乡共一围，万家性命此相依。
那知铁石有时裂，乔木惊风叶乱飞。

东莞所属福隆围，筑自宋元祐年间，内包九十三乡，围基坚固如石壁，此次冲决数十丈，被灾最重，百余年来所未有。

---

① 吴湖帆按云：一作“柴关何处叩双扉”。

世上风波久不知，年年旨蓄有余资。
一朝漂麦成高凤，奈此青黄不接时。

田庐淹没势仓皇，拯救无才愧不遑。[①]
溱洧济人原小惠，敢云普渡有慈航。

江行十里望罗浮，岂有闲情作卧游。
山色空濛云黯淡，神仙无语若为愁。

维舟我到菉兰村，板屋家家上水痕。
四望汪洋人不见，耕牛无主立荒原。

浊流滚滚挟风涛，两岸平畴没一篙。
疑似金焦山下路，大江东去浪滔滔。

平日东江水深不过四五尺，浅水小轮亦恐阻滞，石龙以上，多不敢行。今则乘轮直抵惠州城外，沿途量水，自一丈五六尺，至二丈三四尺不等，浩瀚奔腾，茫无涯涘。

近水人家积水多，语声隐隐隔烟萝。
分明雉堞环山翠，雷雨满江过博罗。

初七日酉刻，过博罗县城，大雷大雨，阴霾翳空，舟中人无不惴栗。

竹梢拂水似新蒲[②]，山麓平冈[③]半有无。
匍匐老农多菜色，也应绘入监门图。

---

① 吴湖帆按云：一作“作楫无才患莫防”。
② 吴湖帆按云：一作“竹梢短短似新蒲”。
③ 吴湖帆按云：一作“坡”。

灾区远近说纷纷，消息如何竟不闻。

和平、长宁各县皆被水，迄今无禀报到惠。

只有河源贤令尹，为民乞籴苦殷勤。

河源李令征庸禀称，该县被水情形，尤为严重，城墙冲决十数丈，城内水深丈余及数尺不等，沿江铺户民居，水与檐齐，有漫过屋脊者。该令率绅士，多募船只，四处拯救，渡进上城，一面煮粥为赈，并开义仓，分别平粜，请由省中购米，运往接济。

龙南一脉过龙川，又与新丰水接连。

大小两江同日涨，危城岌岌势孤悬。

大江即龙江，由江西龙南县，过和平、龙川县境，直注河源城东。小江即新丰水，由长宁县境，经河源县城北以达龙江。自二月二十五日至二十八日，大雨倾盆，昼夜不止，两江之水，同时涨发，河源适当其冲。

浮梁何处驾鼋鼍，估舶无从唤渡河。

送米人来三百里，迎流飞到一鹰梭。

由惠州至河源，二百八十余里，滩多溜急，民船不能上驶。余留鹰梭小轮，属张缦卿太守赓云运米赶赴河源县，以资赈粜。

野吏亭前雨乍晴①，评量谷价费经营。

李宫山太守以米谷数种商买数百石，运赴河源。

汉廷首重二千石，可使民无叹息声。

太守实心爱民，不同俗吏所为。

① 吴湖帆按云：一作“默化堂前晓气清”。

丰湖宛在水中央[1]，直刺扁舟到讲堂。
万卷书楼无恙在，有亭我亦忆沧浪。

丰湖书院讲堂墙上水痕已过五尺，今虽稍退，门内尚深尺许，非小船不能出入也。

莫问江流退浅深，喜看初日出平林。
从今一洗阴霾气，大慰三农望岁心。

初八日辰刻，余入惠州城，适天气晴霁，民情欢跃，盖惠郡阴雨已一月余矣。从此积水稍退，尚可补种稻秧。

题岭南花果画册

曩在粤东，见异花佳果，为吾乡所无，或不知其名者，辄属刘子良弼宸图之，积成四册。周晓岚维屏、陶子贞钟福亦各绘一册，共成七十五叶。今秋因病得闲，披览画本，每叶各题一绝句。后之览者，爱其花果，并爱其画，亦可为南方草木生色云。

白云山下涧池边，老树花开似木莲。
擎得玉盘香满袖，露华点滴月华圆。荷兰玉兰

描写春风有化机，花心点罢笔双飞。
愿将小草猩红色，绣作山龙补衮衣。龙爪花

异种经年变幻多，前身仙子惯凌波。
偶分天半朱霞彩，散作人间万绮罗。脱衣换锦

① 吴湖帆按云：一作“丰湖亭榭水中央”。

花枝琐碎叶蓬松，一片青霞匝地浓。
小鸟啁啾声不断，等闲引过隔墙蜂。翠雀花

异香飞动雪花球，鸾尾双飘澹不收。
顾影自怜还自赏，引人清梦到罗浮。
白鸾花，罗浮小种。

乔柯挺出绿荫中，掩映琼英竹雾笼。
我欲登高一凭眺，满城花放夕阳红。
木棉，高出群木，花开时为绿叶所掩，不甚显豁，惟高处则一览而尽。

无叶无花碧藓斑，拳拳那许破天悭。
山中忽现如来相，顷刻云开发笑颜。仙人拳花

一生几见岁朝兰，岭外天光别样看。
不似美人心似铁，那禁风露早春寒。铁兰，正月开。

吉语偏从野老传，手携瑞草入琼筵。
觚棱梦远长安近，犹听嵩呼祝万年。
万年青，花不常开。

一花连缀数年茎，淡着胭脂傅粉轻。
不信孤芳能解语，也如水鸟自呼名。鸭仔花

最是天工巧设施，无心小草遇偏奇。
偶看五色祥云现，堕入花丛花不知。天台奇艳

闹煞秋风海上槎，嫣红姹紫一时夸。
从来土德中央贵，不许欧罗占物华。

金团芍药，即洋菊，西国花种，黄色最少。

满座飞英酒一壶，岂缘佳客置氍毹。
吾家自有花茵在，胜似鸳鸯织锦铺。铺地锦

灵根曾否托烟波，俯视清流倒影多。
试问莲房红坠粉，心中甘苦竟如何。倒垂莲

月满瑶阶雪满帘，岭南风物画图添。
归鞍不带花枝去，可用明珠薏苡嫌。珍珠花

莫问山村与水滨，瑶华清不染纤尘。
几生抱得秋江怨，特借东风过一春。赛芙蓉

贞白心中一寸丹，露珠点点入毫端。
爱花我是探骊手，不问火齐与木难。龙吐珠

好花清似钵中莲，供养偏宜佛座边。
色即是空空是色，本来无画亦无禅。文殊兰

物换星移世态更，花容屡变不知名。
郁轮袍是新翻曲，犹带水仙旧操声。

旧红袍，系隔年水仙变种。

曾随春色醉仙桃，戏剪红绒续锦绦。
故乞天孙留巧样，一重花比一重高。

节节升，放花一朵，节高一寸。

花枝摇曳态轻盈，几簇团团最有情。
一种风姿描不得，落霞方澹月初生。粉红绣球

羊城风土旧曾谙，开过桐花三月三。
疑是锦江春水发，绿阴深处浴红蚕。刺桐花

清白家风澹泊怀，此花品格与君谐。
若论土厚泉甘处，第一嵩山种最佳。

玉百合，花似玉簪。

三春开到一冬忙，玉局诗中红佛桑。
莫叹晚英无艳色，高枝直欲比姚黄。

佛桑，类蕣花。白乐天“秋蕣晚英无艳色”。

倚窗待月悄停琴，空谷佳人仙佛心。
梦醒一帘花影淡，新茶闲试铁观音。

观音兰，台湾茶名铁观音。

满院东风着意吹，居然小草挺高枝。
天家雨露无深浅，偏在花团锦簇时。金钱绣球

一丛深色醉流霞，来自戎王万里沙。
俗眼品题浑不解，秋来那有殿春花。
洋芍药，花甚小，即洋菊之一种。

落霞低处暮烟笼，直与元宵火树同。
一夜东风吹不灭，可曾移照海棠红。灯笼花

荔枝佳种试新栽，叶自成阴花自开。
满院梨云春寂寞，更无人道看花来。荔枝花

晓露凝香满绿阴，忽辞空谷到深林。
离骚读罢秋风起，贤士犹存嫉恶心。鹰爪兰，木本。

病起卷帘怯嫩凉，瘦随花影立斜阳。
珊珊瑶珮明金珀，洗净铅华时世妆。黄玉兰

地理花名迥不同，偶缘俗说漫相通。
莫教西域连西蜀，那有葵心向日红。洋蜀葵，红色。

木桃异种本无聊，空似悬铃响可摇。
只有花开最清绝，满枝香雪不胜娇。
葡桃，似木桃之异种，花与碧桃略相类。

风定香来试品茶，淡黄花影透窗纱。
玉簪斜插云鬟小，妒煞床头茉莉花。米子兰

照眼红于五月榴，万株满载木兰舟。
晚风摇曳斜阳路，竞渡人归插满头。龙船花

意态婵娟最可人，檀心巧作淡妆新。
无端一掬相思泪，洒向东瀛沧海滨。洋海棠，倭种。

此花生性老于姜，摘取霜皮贮药囊。
莫向胆瓶高处插，怕人错认紫丁香。肉桂花

满地黄金映落星，绕篱不用护花铃。
最宜古寺颓垣下，暮雨朝烟静可听。金钟花

野花谁与惜芳菲，种向瓷盆知者希。
争道长安红杏好，马蹄风送状元归。十里香，五月花。

临水柴门别有香，绿英颗颗浥琼芳。
何妨寄与餐霞客，割取仙浆换米囊。玉粟花

翠叠荷钱雨后添，满阶常与碧苔黏。
交枝五色迷离处，蔓到琴床也不嫌。
西番莲，蔓延最易，五色皆备。

平章花草半无名，点点黄苞间紫英。
春梦婆娑幽趣别，是花是蝶不分明。蝴蝶花

解佩江皋酒乍醒，偶歌楚曲吊湘灵。
须知入室相忘处，常带骚人翰墨馨。墨兰

竹外几枝映夕晖，故人相对思依依。
春风满座门墙盛，留得黄冠一草衣。千叶金丝桃

露下天阶泣夜蛩，隔帘秋思叠重重。
问谁拾得杨妃粉，点满枝枝叶叶浓。
洋海棠，叶有粉点。

此事纷如梦幻泡，忽看飞絮落红苞。
粤花怪底无香气，移得香来上柳梢。
观音香柳，花带红色。

璎珞垂垂点缀新，一丝牵挂满园春。
盆花岂有凌霄志，欲附幽兰作佩纫。荷包藤

出门笑把杖头看，蟋蟀栏边一醉拚。
莫道秋容如许瘦，诗肠还比酒肠宽。金钱海棠

花落花开理不虚，静观物候验乘除。
一经读罢春无恙，阅尽荣枯意自如。百日红

碧纱笼处怕莺捎，底事相思红豆抛。
为访梅花消息断，有谁来订岁寒交。
南天竹。粤地梅花绝少。

熟梅天气半阴晴，酿得新醪细细斟。
曾共碧桃开笑口，更同绿竹解虚心。葡桃，五月实。

漫说新罗种不同，银茄藤蔓紫茄丛。
何时堕落丹砂井，换得仙家鹤顶红。洋茄

篱落人家老瓦盆，岁时供作冻鸱蹲。
不堪下酒无香味，道是年年长子孙。
瓦瓜，多子，不可食。

峰顶千枝一笑拈，谁将胜果说华严。
安期仙去留遗枣，剖得琼浆似蜜甜。波罗蜜

同是山榴各有宜，一留多子一留皮。
剥肤存液名家派，海外文章变格奇。
番石榴，食皮去子。

谁向西樵手拾来，诗人相对酌金罍。
同根同蒂枝连理，五子何须更夺魁。

五子夺魁，此果色黄，五小颗附一大颗，精巧如蜡制，余于钟鲁瞻都护斋中见二枚，遂乞以归。粤地花农不能举其名，亦不知其叶何若。

含珠生小似朱樱，妙带微酸解夙酲。
余粒还留鹦鹉啄，教将吉语唤声声。

万年果，似樱桃而小，味微酢。

风飘榆夹最轻圆，新样还殊荇叶穿。
不识何年廉吏过，树头犹挂古刀钱。

此木无名，子不可食，余名之刀钱树。

可惜东坡饱啖时，品题佳种竟无诗。
增城挂绿新兴小，不及西山糯米瓷。

荔枝，种最多，粤人以增城所产挂绿为贵，其次则新兴之焦核，果不大而核最小。抚署每年进贡荔干，即于新兴采取。然香美而汁多，无过于糯米瓷者，一名水晶球。

瞥见繁枝压短墙，离离秀实碧含芳。
偶然落得琴床下，大有南山松子香。

此果似松子而大，色绿如松儿石，因名之曰绿松球。

琼南椰酒美如饴，痴腹彭亨莫漫疑。
毕竟臣心清似水，引觞一饮沁人脾。椰子

合浦珠还有夙根，水晶球小味尤温。
若非荔子同时熟，肯让红袍作状元。龙眼

非松非竹节尤坚，潇洒风姿脱俗缘。
九转丹成留证果，也同鹤寿不知年。
凤尾松，六十年始结一子。

乡风习染漫相沿，聊取充饥佐麦饘。
但觉素衣多变色，不曾参透懒残禅。
薯莨，皮可染衣，其光如漆，根似野芋，土人取之充饥，味稍辛耳。

灌园人担夕阳归，摘取新枝露湿衣。
谏果何缘如许密，蒙茸一簇是耶非。
洋柠檬，略似谏果。十余颗合一茎，无香，亦不可食。

佳果登盘诧海珍，天然元气尚浑沦。
麟胎凤卵非常种，不产条枝即羽民。
洋波罗，产琼南，皮皱多刺，肉微酢。

紫囊中折豁双眸，权当梧冈竹实收。
记否江南风味好，惠山新栗桂花秋。
凤眼果，即频婆果，秋初熟，则紫壳自开，其实香嫩，味如栗。

年来拟把玉簪抽，洁养南陔愿未酬。
笑尔红颜神似我，北堂萱草为忘忧。

兰叶玉簪，似萱花。

岭南不见雪飞时，偶入琼林喜欲痴。
龙麝香浓沉水淡，一齐收拾到花枝。白瑞香

南过衡阳落雁愁，我来海国不知秋。
枫林岂待经霜艳，红蝶翻风入画楼。海雁来红

根不霑泥叶不摧，有花不断四时开。
谢家子弟翩翩秀，收作珊瑚网底才。珊瑚兰

莫言国小生机少，引蔓多成画足蛇。
笑我诗肠芒角露，纵横铁干吐奇葩。吕宋勒

枝头攒玉碧于蓼，谱入群芳纪日南。
有色无香空绚烂，嘉名还喜说宜男。百子莲

寸心舒卷影摇摇，不为秋声听雨跳。
一片绿阴围十亩，老农生计在芭蕉。

蕉绿者曰香牙蕉，粤中四季皆有，乡民种之，连阡累陌，以为业。

巧样难描六出棱，扑人爽气露华凝。
味如橄榄回甘后，香色同参最上乘。

洋桃，三月花，五月熟，产石围者最佳，色嫩香清，粤果中上品也。

郑工[①]纪事诗示两坝在工各员

帝命河臣汝往钦，才疏德薄恐难任。
九重宵旰忧勤切，亿万生灵陷溺深。
欲挽狂澜循地脉，但凭忠悃格天心。
清香一炷虔诚祝，三尺神明在上临。

进攻退守计无他，试把行军比治河。
扫可护堤防险易，坝能挑溜战功多。
不留空穴难容蚁，安用为梁更驾鼍。
筑石坚于抛石散，顶冲何患水盈科。

向来河工抛石为坝，用石多而易于冲塌。近派陆守襄钺在黑冈筑坝六道，皆用灰浆砌筑，外包西洋塞门德土，敛散为整，其坚如铁，水浸不坏，年久无塌裂之患。

河不流冰浪不惊，波澄如镜静无声。
料知天意回春早，只愿人心似水平。
千万帑金容易尽，百年柱石力图成。
诸君勉竭涓埃报，鉴此区区为国诚。

---

① 郑工：郑州黄河决口工地，时吴大澂调任河道总督，负责堵塞黄河决口。

灯光十里照河渍，彻夜人声力作勤。
两坝经营成不日，万夫奔走聚如云。
小寒已近天犹暖，大溜终微势渐分。
臣本无功资众策，飞章及早慰吾君。

郑州石坝工竣题此勒石

光绪十有四年冬，郑州堵口将合龙。
筑石为坝当溜冲，涂塈坚实如崇墉。
戒毋毁弃损厥功，大澂作铭传无穷，
陆守襄钺监此工。

下北厅泐石

坝之成也，薪累而日新。
坝之毁也，毁于溜，亦毁于人。
溜之毁，犹可当也；
人之毁，不可防也。
戒之哉，戒之哉。
莫为之后，虽美而弗久。

题荥泽汛八堡新筑石坝

老滩土坚，遇溜而日塌。
塌之不已，隄亦渐圮。

今我筑坝，保此老滩。

滩不去则堤不单，守堤不如守滩。

郑工合龙碑[①]铭

兵夫力作劳苦久，费帑千万堵兹口。

国家之福，河神之佑，臣何力之有。

① 郑工合龙碑：郑工合龙成功，吴大澂命人刻碑纪念，原碑今藏郑州黄河博物馆。

窓斋诗存卷六

使湘集

壬辰[1]北上留别

生平嗜古累纷纷，金石图书喜博闻。
捆载行装忙未了，出门一笑等浮云。

老年兄弟性情真，牵率全家到沪滨。
相对依依无别语，健时莫忘病时身。谓澹人大兄

太史文章屈幕寮，半生豪气未全消。
归期待我十年后，听雨楼头隐可招。谓运斋三弟

稚女牵衣带病愁，老妻独上送行舟。
人生离合皆前定，咫尺程途有去留。
濒行时，六七两女适病风痧，留妾在家照料之。

白驹莫放等闲过，索画催诗债转多。
临别匆匆何所赠，云山一角写秋罗。

① 壬辰：清光绪十八年（1892），吴大澂丁忧服阕，调任湖南巡抚。

申江饯别酒盈樽，犹展新图细讨论。

廉夫在沪寓为余临吴墨井巨幛。

翰墨交游情缱绻，诗人不见杜茶邨。

心兰、墨耕、仓硕、秋农、翰卿同集申江寓所，惟茶邨以移居未来。

斗庐真率缶庐狂，文采风流相颉颃。

岸上踏歌声不断，乞书人比送行忙。

斗庐徐翰卿，缶庐吴昌硕。

红尘万斛别愁牵，那有闲情证墨缘。

差喜行囊添画稿，渔山石谷与南田。

在沪偶得恽王吴扇面各一页。

秋风吹我病躯孱，辜负乡居岁月闲。

不信三年虚一愿，梦魂犹绕石公山。

虚郭园中消夏诗，去年今日买舟时。

荷花无恙主人健，一缕情牵别后思。谓曾君表同年

群季恂恂各少年，旁人争道竹林贤。

临歧握手谆谆语，忠厚传家一砚田。

谓卓臣、讷士两侄。

明珠掌上发奇光，咏絮才华玉树行。

泼墨烟峦饶秀韵，居然巾帼有倪黄。

谓适鄞县赵氏侄女。

吴兴宅相称名门，捧斝登堂笑语温。
九十老人真寿佛，重慈心盼得重孙。
谓川沙沈甥肖韵。

杯酒情长不忍离，行期屡展故迟迟。
岂知大海风涛恶，避得前车覆辙危。
新盛轮船先二日开，竟在海中搁浅。

甫里先生老钓徒，相逢携手到蓬壶。
青齐山色初经眼，收取烟光入画图。谓陶诒孙

宦海茫茫世变增，白云出岫渺无凭。
圣恩若许游衡岳，还作图南万里鹏。

双松话旧图

为许子振题

相对松间鹤，悠然仙骨清。
壮游经万里，妙契证三生。
夙好耽风雅，论交见性情。
与君添画稿，共结岁寒盟。[1]

---

① 吴湖帆按云：许子振名镛，为公画中七友之一。

潞河道中

行程迟速原无定，三日篷窗望眼赊。
溜急阻轮疑退鹢，风狂似鼓杂鸣蛙。
酒沽荒店青旗小，水没渔村白板斜。
遥指帝城双阙近，偶谈旧事忆东华。

舟行即事

雨后山泉发，波涛滚滚来。
水深疑岸阔，溜急阻轮回。

中秋后一日送大兄归里即题陆廉夫[①]画又一村图后

廿年宦辙几纷更，家事支持赖阿兄。
乱后田园同创始，老来骨肉倍多情。
洞庭落木征帆渡，岳麓云开秋气清。
三五朋侪一尊酒，木犀香里话平生。

弄月吟风兴不孤，无多池馆足清娱。
商量药饵储蓌菜，收入亭林入画图。
渺渺离情托芦雁，迢迢归梦忆莼鲈。
临湘握手难为别，莫忘烟波旧钓徒。

---

① 陆廉夫：清末画家陆恢，时在吴大澂湖南巡抚幕中。

重阳登岳麓山

白云渺渺山苍苍，满林红叶饱新霜。
无风无雨好天光，百年难得几重阳。
去秋庐山游兴长，今秋持节来潇湘。
言登岳麓寻禅房，肩舆曲折绕松篁。
波光一碧涵苍茫，屈原祠宇遥相望。
我生好古访碑忙，三十二图夸翁黄[①]。

余曾临黄小松司马嵩洛访碑廿四图，又自绘访碑图册二帧。

李邕残石蹲高冈，缺文隐约留偏傍。
碑阴碑侧皆面墙，海岳题名谁秘藏。
清泉一勺甘且芳，老僧饮我如琼浆。
名贤遗迹可得详，高山景仰朱与张。
袖中一卷箬琳琅，紫阳论学诗二章。
吾道南行圣教昌，槠洲一宿何栖篁。

行箧中携有朱子赠张敬夫先生诗卷真迹，系乾道三年两先生同游衡山时作，有“今夕宿槠洲”句，拟勒之石，留于岳麓书院内。

即论书法超三唐，钩摹须觅良工良。
名山片石增辉煌，北海南宫相颉颃。
使臣无德滋惭惶，金石刻画犹能偿。
宾僚好事喜欲狂，劝我勒碑树讲堂。
当筵一醉酒十觞，归途橘柚满山香。

---

① 翁黄：清代金石学家翁方纲、黄易。

白鹤泉铭

余游岳麓之日，山僧导至白鹤泉，饮之而甘，乃为之铭，勒石于崖下。

在山饮山泉，出山饮湘水。
水自山中来，云自山中起。
白云挟飞泉，化作满江雨。
雨天下，从此始。

癸巳新年

静参物理卜丰亨，差喜新年案牍清。
窗外蜡梅融雪点，枝头翠鸟弄春声。
画无定格供挥洒，诗不求工适性情。
满屋红灯谈兴剧，起看星斗已三更。

昨夜湘帆泊渡津，故人书问报宜春。
吴头楚尾怀千里，酒绿橙黄味一新。

上海聂仲芳观察惠寄苹蒲果、绍兴酒，湖北张孝达制军惠寄新会橙。

列群讴歌同望岁，长官心事在亲民。
乘阳布令非文具，宝善须求席上珍。①

宁乡益阳道中 正月二十八日

和煦天光杂嫩寒，阴晴不定计程难。
土膏滋润泉回抱，山脉纵横气郁蟠。

① 吴湖帆按云：聂仲芳名缉规，湖南人。官至江苏巡抚。

万户烟稠村路滑，一犂雨足水田宽。
老农不识绣衣使，笑指鸣驺是大官。

倒叠前韵

安得廉明司牧官，诘奸严厉待民宽。
道途未听甘棠讼，乡僻犹虞伏莽蟠。
一纸呈词随地拾，万家疾苦见天难。
忠良祠宇名臣里，惟见森森故柏寒。

益阳道中遇雨 二十九日

细雨濛濛泻绿渠，时逢野老担园蔬。
万竿修竹萧疏影，半坞长松僻静居。
茶市将忙初试剪，秧田未插尚悬锄。
个中别有王维画，一树梅花一草庐。

自益阳至龙潭驿 二月朔日

征程卅里本康庄，雨后偏疑驿路长。
马健不知泥淖苦，牛闲应笑旅人忙。
村原云敛炊烟起，旌旆风来酒店香。
半日輶轩书一卷，聊凭纪载问农桑。

长堤转过石桥西，烟柳风篁夹道迷。
一陇跨村分左右，三田受水判高低。

人多乐意麗无吠，天放晴光鸟乍啼。
为想当年南国化，召公偶憩尚留题。
相传邵阳有古棠一株，尚系召伯巡行时遗迹。

龙阳道中 初二日

绿野晓晴天，荒郊快着鞭。
两崖开驿道，孤屋守山田。
贫妇有饥色，衰翁无俗缘。
不知磐涧上，几辈隐高贤。

山村如画里，小市两三家。
几担白莲藕，一篱黄菜花。
草沾旗角湿，柳碍帽檐斜。
津吏逢迎熟，行人静不哗。

途中书示属寮

西京循吏颂神明，肯让龚黄独擅名。
官有实心方了事，民无隔膜始通情。
民情之不能上达，皆书差之蒙蔽隔之也。
诪张幻态穷千变，听断虚衷只一平。
我愧巡行鲜德意，但凭考察定权衡。
少年志不慕公卿，岂窃高官反好名。
若避虚声循世故，有何实惠及民生。

同时寮友如师弟，从直箴规本血诚。
耿耿愚忠应共鉴，愿将湘水洗心清。

谒胡文忠公[1]祠

中兴文武多名臣，三湘豪杰尤璘彬。
荐贤不已书十上，天下为家公一人。
公知时事日丛脞，得一正士如凤麟。
无身家念乃刚直，有经济才能屈伸。
区画荆襄保险要，廓清江汉扫烟尘。
结交罗李如骨肉，扶持曾左同苦辛。
知人善任有雄略，手振乾坤在一身。
是时江南贼未灭，赍志以殁逢艰屯。
河岳日星留正气，生而为英死为神。
我今持节来公里，展公祠宇徒逡巡。
伏莽深山未湔涤，幽兰空谷犹沉沦。
民事日疲军事弛，庸才误国惟因循。
世间万巧不如实，人生百伪不如真。
愿公鉴此瓣香意，治理蒸蒸图日新。
更求良吏遍南国，敢云有脚如阳春。

① 胡文忠公：晚清名臣胡林翼。

过龙阳县西竺山禅院题张旭洗墨池

菜花隔陇水盈田，耕牛数十饮且眠。

中有林木藏古刹，孤亭翼然拱其前。

下瞰方池水清浅，春风荇藻纷拏牵。

疑有蛟龙来窟宅，喷薄流沫生云烟。

何人洗砚留余墨，相传草圣唐张颠。

颠兮颠兮仙乎仙，饮酒十觞书百篇。

当时落纸多捐弃，惜无佳刻留池边。

我今脱帽访遗躅，老僧摘茗手自煎，

索我题词联墨缘。

愧无大笔如长椽，才非李杜空茫然。

作诗聊付贞珉镌，附公以传千百年。

书杨性农员外彝珍纪奇遇三则后

先生年已八十有六，过访于常德行馆，以此见示，并惠诗文集一部。

棘闱佳卷待搜遗，一样科名遇合奇。

勋业文章同不朽，况兼眉寿享期颐。

先生与左文襄同举于乡，同为泾阳徐太常搜遗所得士。

湘乡闻望古皋夔，蕊榜名同事亦奇。

更得曲园诗一证，后先济美两经师。

先生以道光壬辰恩科中式第三十六名，甲午科曾文正名次亦如之，俞曲园自述诗亦以甲辰乡榜与曾文正名次正同，夸为奇遇。

玉阶瑞草应昌期，王后卢前不足奇。
筵宴重开佳话续，千秋著述仰移芝。

先生所居京师邸馆中曾产数芝，同馆贵公逢甲于道光壬辰重宴琼林，先生于光绪壬辰重宴鹿鸣，一时传为佳话，先生刻有《移芝室诗文集》传世。

阅常德南门外城墙

武陵人物最清嘉，潢潦年年苦怨嗟。
水上城关八九板，地无禾黍几千家。
市廛附郭砖墙薄，屋宇临流竹阁斜。
安得金隄长百尺，障川东去浩无涯。

自武陵至桃源 初九日

朝来出阁见西山，舆马从容半日间。
天气阴晴常不定，行人苦乐若相关。
村梅花落香犹恋，野蕨苗肥草未删。
知与桃源风土近，桑麻鸡犬异尘寰。

屈曲溪流驿路经，菜花香满白苹汀。
连畦十里黄金地，夹岸群山紫玉屏。
文阁星辰镇江滏，武营旗鼓闹邮亭。
归途倘拟图名迹，借得渔舟到处停。

自桃源县城三十里至水溪 初十日

入山渐以深，入林渐以密。
旌旗渡江来，两崖势崔崒。
石磴非嵚巇，舆夫何战栗。
岂以官府尊，跬步转心惕。
我本一书生，苦志守蓬荜。
中年好远游，万里骋奔轶。
所至喜流连，辄携纸与笔。
或以画图传，或以歌诗述。
妇孺争观瞻，慎勿相呵叱。
薄阴带微烟，卓午始见日。
心游太古天，风俗简且质。
俨然羲皇民，性情尚真率。
从者多俗尘，怒马去何疾。
转瞬驰平原，疑从洞中出。
回首白云深，清景忽已失。

又由水溪至郑家驿

诗趣横生不用招，眼前风景尽堪描。
背山筑屋邻茅店，引涧成沟架木桥。
晚炊人家陈饼饵，老农生计杂渔樵。
忽闻渡口声如沸，堕马舟中起叫嚣。

龙骨车

巡行数百里，始见龙骨车。
能使洼地水，翻上高田渠。
高区成沃壤，下土免沮洳。
农功有妙用，民生勤则舒。
惰者日不足，勤者欢有余。
不耕安能获，不菑岂成畬。
利器夺天巧，旱潦无歉歔。

示桃源县余令良栋

吾闻申公语，为治在力行。
尚德不尚才，务实不务名。
德优才益显，实至名自成。
若不求实济，所博皆虚声。
此意从何判，问心心自明。
民愚不可罔，知我诚不诚。

郑家驿至新店驿 十一日

九日春阴一日晴，占庚望戊最关情。
作民司牧知何事，自古巡方为省耕。
畎浍沟渠同灌注，隄防经界各分明。
三农衣食此邦本，差喜田功区画精。

午后得诗

度一层峦境一新，俨然盘谷寄吟身。
路如九曲珠穿蚁，转过山来不见人。

头白村翁善养生，健如老鹤踏云行。
野人纯朴无争讼，足迹终年不入城。

奇峰重叠压平冈，泉自奔腾草自芳。
笑我眼光闲不住，看书未了看山忙。

发新店驿六十里至沅陵县界亭铺 十二日

晓山烟雾正迷离，只为春寒播种迟。
双鹊飞来牛背立，更无人替牧童骑。

山根蟠曲少人家，细雨如丝一阵斜。
点点娇红临水笑，春风闲煞野桃花。

纤夫蜂拥莫纷争，可笑肩舆带索行。
毕竟康衢非峻险，上山路陡下山平。

棕榈绕屋竹千竿，万绿阴浓雨未干。
一幅巨然真画稿，满天云气罩峰峦。

由界亭铺三十五里至狮子塘又三十五里至马底驿

十三日

辰沅门户叠重重，岭峻岩深锁钥封。
行到马鞍坡上望，不知身在最高峰。

灌木丛中路曲弯，长桥扼要等岩关。
四山无数闲桃李，插满烟螺十二鬟。

峡里山川气象雄，两岸壁立涧泉通。
分明一道西流水，忽过前村又向东。

双旌遥度白云岑，奔走儿童避绿阴。
两犊相争纷角逐，老牛闲卧不关心。

发辰州府冒雨行八十里至船溪畔

十八日

春泥滑滑过山巅，十里曾无屋一椽。
偶过荒村三两店，但闻人语亦欣然。

苍茫暮色欲迷途，不辨山坳路有无。
喜见灯光来照耀，忽愁几点雨声粗。

行四十里至辰溪县城又过三十里至山塘驿

十九日

雨后山光分外青，每穿小市过邮亭。
不知何处飞来石，屼立田中作画屏。

悬崖两面画图开，击楫中流一溯洄。
楼观参差衔石壁，隔江山势压城来。

奇石纵横孰品题，雄如卧虎伏如猊。
峰头忽现如来相，妙色身同善业泥。

布帆一幅漾清流，闲似沙汀泛白鸥。
渺渺绿波春涨软，全家渔具在扁舟。

柳阴深处结茅龛，诗意还从画理参。
蚕豆初花来麦秀，水村风景似江南。

行四十五里至中伏铺 二十日

造物生财有数存，古今时局变晨昏。
山川未泄金银气，煤铁都关衣食源。
欲为闾阎开地宝，莫拘风水惑人言。
从来大利因民利，愿揽舆图细讨论。

又行四十五里至怀化驿

几家野店散鸡豚，山市晴岚又一村。

俯瞰巉岩溪水急，长桥屼作小龙门。

桥上有石刻四大字曰“龙门溪桥”，不知何人所书。

行三十里至板桥铺三十里至公平驿

二十一日

墙角红云簇簇新，偶因春色感芳辰。

吾家亦有三荆树，此日看花少一人。

发沅州府城四十五里至崇树坪四十五里至江口塘

二十六日

奇观天地辟，古画李将军。

山脚横当路，峰腰险入云。

石梁双柱立，水碓一溪分。

欲问九皋鹤，清声不可闻。

野花多逸趣，开落自年年。

贴地紫胡蝶，满山红杜鹃。

双峰环古木，一线挂清泉。

不见云壶子，同游少墨缘。

行四十五里至岩门二十五里至石羊哨又二十里至镇筸

二十七日

晓雾朦胧际，林峦睡未醒。
偶看初日出，始见四山青。
岸挂渔人网，帆扬估客舲。
途平舆马快，十里数邮亭。

高处多危险，行人每好奇。
但争连步上，苦少息肩时。
地过心偏坦，情迁境又移。
下坡宜勒马，慎勿逞驰驱。

浊浪去滔滔，雄关气势豪。
山随江路曲，屋傍石坡高。
溪水争滩溜，花田占土膏。
谁家不羁马，昂首立平皋。

野旷少人耕，观风体物情。
山多知地瘠，民苦望官清。
茨木临流蔓，桐花卜岁亨。
穷黎皆菜色，积忿信难平。

水复山重地，苍茫古战场。
营多称劲旅，雄可镇苗疆。
悍俗操兵刃，争端起豆觞。
如何宣德意，默化使纯良。

鞅掌风尘里，兼旬未得闲。
敢辞山路远，奈此病躯孱。
林隙灯光动，峰坳日色殷。
黄昏人语杂，知已近城关。

游辰溪大西山 三月三日

沅江丹穴昔曾闻，今日登临趁夕曛。
天辟山门藏古寺，地通石室出奇云。
洞深疑有龙蛇窟，石绣都成蝌蚪文。
一领肩舆缘壁上，万人瞻望驻行军。

因山架阁上凌虚，十丈红尘一扫除。
谁遣五丁来凿壁，久传二酉有藏书。
悬崖梯窄常妨帽，穿屋泉流欲湿裾。
若遇东坡来驻马，定探佳处结茅庐。

风帆沙鸟落窗前，独羡高僧占福偏。
夹道松篁双阙迥，隔江城郭两山连。

不须勾漏求仙吏，始信娜嬛有洞天。
试问炼丹遗灶处，讲经台下几流连。

永和盛事纪清游，权作兰亭禊事修。
千里江山都入画，万家灯火此停舟。
长官问俗民同乐，胜地留诗语更遒。
收拾林峦归尺幅，披图不减古龙湫。

咏桃源洞集陶诗[1] 初六日

羲农去已久，一日难再晨。
道衰向千载，漂流逮狂秦。
贤者避其世，聊为陇亩民。
鸡犬互鸣吠，良苗亦怀新。
耕织称其用，息偃得所亲。
厌闻世上语，解颜劝农人。
此中有真意，行者无问津。

山气日夕佳，感物愿及时。
鼓棹路崎曲，不驶亦不迟。
脱有经过便，登高赋新诗。
桑麻日已长，园蔬有余滋。

① 集陶诗：集陶渊明句为诗。

高莽眇无界，独树众乃奇。
班荆坐松下，纵心复何疑。
地为幽人远，我今始知之。
遥谢荷蓧翁，千载非所知。

山泽久见招，今日从兹役。
陵岑耸逸峰，前途渐就窄。
馆宇非一山，遥瞻皆奇绝。
何必升华嵩，开径望三益。
桃李罗堂前，苗生满阡陌。
余令筑白云山馆，植花木甚多。
白云宿檐端，鸟弄欢新节。
一盼周九天，兹契谁能别。

良日登远游，气和天惟澄。
高柯擢条干，中夏复清阴。
赤泉给我饮，回飙开我襟。
云鹤有奇翼，神鸾调玉音。
步步寻往迹，遥遥沮溺心。
抗言谈在昔，怀古一何深。
素心正如此，苟得非所钦。

清风脱然至，飘飘吹我衣。
班坐依远流，悬崖敛余辉。
目倦川途异，游云倏无依。
耕种有时息，日入相与归。
衰荣无定在，何事绁尘羁。
静念园林好，一觞聊可挥。

山川一何旷，慨然念黄虞。
行行至斯里，依依昔人居。
井灶有遗处，栖迟固多娱。
山涧清且浅，绕屋树扶疏。
心远地自偏，谁谓形迹拘。
投策命晨旅，为我少踌躇。
既来孰不去，绵绵归思纡。

谒衡岳庙宿上封寺并示寄禅上人[1]

二十一日

奇峰插天湘江回，南极一星腾九垓。
聪明正直神所与，衡山云为昌黎开。
昌黎已矣不复作，时闻钧乐九天落。
烟雾朦胧隔俗尘，空中不见瑶台鹤。

① 寄禅上人：清末诗僧八指头陀释敬安。

昨宿县城雨濛濛，今朝日色开晴空。
山灵显藏本无意，岂有诚信与神通。
行行十里增惆怅，忽然山势皆平旷。
不登绝顶不知山之深，徒使芙蓉紫盖遥相望。
天柱连天当天门，金牛狮子穷形状。
石廪腾虚双户扃，祝融拔地九千丈。
七十二峰峰峰环，惟此五峰高莫攀。
仙人吹笙跨鸾凤，玉京帝子朝清班。
竹院松房各幽静，琪花瑶草纷斑斓。
我昔曾经海上蓬莱山，山在烟波浩渺间。
欲往从之不得渡，银台金阙缘终悭。
今来谒南岳，披云叩禅关。
老僧能高咏，读之使我开心颜。
我非韩昌黎，僧是唐高闲。
歌声梵声不可辨，飞泉一枕清潺潺。
我闻五岳三公并尊重，民生休戚幽明共。
歈豳击鼓祈丰年，愿神鉴此蔬樽供。
泽被三湘亿万家，和风甘雨为神颂。
一身祸福岂足言，窜逐孤臣至今诵。
人生穷达各有分，王侯将相吾安用。

赠陈山人

不识陈无已，相逢南岳巅。
自言老樵客，早已谢尘缘。
杖底云双屐，袖中诗一篇。
臣心清似水，饮我在山泉。

由莲花峰至方广寺宿二贤祠 二十二日

衡山之顶高且雄，上封禅院居其宫。
衡山之腹深且葱，方广古寺藏其中。
祝融之云何神奇，如登泰山碧霞祠。
方广之泉何清泠，如游华山苍龙岭。
泰华双峰，并为一宗。
杳杳冥冥，荡我心胸。
奔泉不断三十里，奇石如牛落涧底。
滚雪纷纷洒半空，下有蟠螭崛然起。
水流不竞本无声，两崖束之使不平。
匹练悬空八九尺，横飞一道来相争。
峰回地窄疑无路，万壑雷鸣有余怒。
荒榛塞道藤钩衣，忽高忽下屡惊怖。
最高一岭如梯云，岭下流泉左右分。
循崖屈曲过溪去，满山杜鹃红夕曛。
此时境夷心亦旷，寺门斜倚灵岩壮。
天下名山御笔题，传自徽宗赐佛藏。

朱张二公旧游处，八百余年来相访。
紫阳论学戒文辞，南岳犹多唱和诗。
两贤七日成嘉会，我今信宿探其奇。
奇不胜探苦日短，莲花峰下云常满。
僧言黑沙潭水深，去此十里程不远。
望雨祈晴祷辄灵，有功于民免水旱。
敬告山僧遥致使者诚，明日行旌不可缓。

兴让歌示祁阳父老

我本让王裔，至德尼山称。
礼让以为国，圣训敢不承。
让畔与让路，治理何蒸蒸。
一家让可法，一国让自兴。
斯民犹三代，直道岂无凭。
湘南风俗美，吾化愧未能。

示道州牧庆瑞

次山遗爱至今思，且读舂陵老杜诗。
三代斯民犹直道，千秋循吏是吾师。
苍天呼吁神明鉴，赤子瞻依父母慈。
莫谓恩威须并用，恩多威少要权宜。

示宁远令彭飞熊

官懦胥吏喜，官明胥吏苦。

胥吏有颂声，民间无乐土。

胥吏有怨声，舆情乃鼓舞。

三湘百姓皆吾子，愿君爱之如慈父。

示衡永两郡牧令绅士

古今经世文，卷轴盈千万。

求治无多言，吾生有大愿。

愿吾湘中良有司，皆以学道爱人为成宪。

愿吾湘中贤士夫，皆以敦品力学为根本。

循吏多则民生安，士风纯则善人劝。

事贤友其仁，官民隔不远。

寡欲乃清心，士民无嗟怨。

才有短长岂能齐，但分诚伪在方寸。

呜呼此愿不得偿，识者卑卑无高论。

惟望官民谅此衷，谁毁谁誉吾不问。

一　鸟

清晓梦初觉，一鸟鸣高林。

短长各有节，幽怨一何深。

娇喉自矜异，若恐无知音。

尾声作唧唧，巧学秋虫吟。

永州山水佳，灵气钟文禽。
何当遇鸾凤，来和薰风琴。

雨中游浯溪读中兴颂和山谷老人韵

三十日

潇湘奇气钟浯溪，次山文字鲁公碑。
我喜涪翁诗律劲，石栏坐对雨丝丝。
唐祚中衰寇患起，太息朔方无健儿。
六龙远去蜀江西，鸾凤纷纷枳棘栖。
灵武即位上皇复，歌功勒石臣能为。
作者文雄书者健，忠清亮直皆吾师。
若以墨本工摩刻，徒资文士霜毫挥。
古今循吏为君国，身与磐石关安危。
杜老书名吾未睹，千秋犹诵春陵诗。
元祐残碑未磨灭，吁嗟党祸起文辞。
宜州谪所去不远，清游时有高僧随。
两碑读罢一慨叹，苍崖日暮啼猿悲。

游澹山岩和山谷老人韵 四月初三日

道州探奇不到处，涪翁赏识真绝尘。
山似谪居沦僻地，天留奥窟待斯人。
豁崖开辟佛子相，云气吐纳太古春。
千年文字尚完好，不使风雨摧贞珉。

洞深十里杳莫测，行人秉烛不得归。
五岳子孙皆散处，一脉连接复何疑。
公暇游山差不俗，诗成夜半起披衣。
明日放棹浯溪去，空岩寂寞来者稀。

游朝阳岩和山谷老人韵

同游者光缉甫太守

寺门对朝旭，短墙比及肩。
西亭有遗址，不知圮何年。
次山铭安在，柳诗亦不传。
两崖夹洞口，惟闻水溅溅。
名山有兴废，荒芜如故园。
披襟坐苔石，燃竹生茶烟。
仰瞻山谷像，好事工补镌。
我有东国纸，索之邱与袁。瑞麟 世凯
作图写真趣，爱此流香泉。泉名
石淙出群玉，满谷声潺湲。
美哉贤太守，属尉多神仙。
送我潇湘浦，琴鹤宜同船。[1]

① 吴湖帆按云：光缉甫太守名熙。

峿台铭

湘江之水，自南而北流；衡山之脉，自北而南迤。奇峰怪石，矗立于湘滨，若熊罴，若虎豹，若麟若狮，若古柏之皮裂而纠牵，可惊可愕，可图可咏，舟行三百里间，不可殚述。峿台，其最著也。远而望之，巉崖巀嶪，如斧削成，右江左溪，隐相回抱，古木阴森，松竹相间，环翠耸青，幔岩塞窦，峦壑清幽之致，或为所掩。台踞其巅，乃次山之旧址也。地以人传，兹山木之幸矣。鲁公书《中兴颂》壁立，崖下复有山谷诗刻。次山之铭，去台后百余步，字多完好，无风雨剥蚀之叹。余抚是邦，有愧前贤，惟于篆籀古文，习之有年，铭而刻之，以贻同好。

园亭之美，豪富所私。
山川之胜，天下公之。
公者千古，私者一时。
大贤已往，民有去思。
思其居处，思其文辞。
次山私之，谁曰不宜。

浯溪铭

浯溪发源于双井，至祁阳县南五里入湘，本无名也，名之自次山始。余阅武至永州，过潇水之上，访柳子厚所居之愚溪，无一憩息之所，亭池丘岛，渺不可追。独浯溪石刻，至今无恙，有亭有台，可登可眺，顾而乐之，乃为之铭。

永州名迹，愚溪浯溪。
浯溪之石，元公所题。
石有时泐，台有时圮。
万古常流，涓涓此水。
涓涓不竭，汇湘入江。

导源双井，绝壁飞淙。

行者惊奇，游者心爱。

爱公篆铭，一铭而再。

唐亭铭

峿、唐二字，唐以前字书所无，次山以浯溪为独有，乃皆以吾名之，唐亦吾之孳益字也。余勉属寮，勤政爱民，以次山为师，并其游览之文字而亦师之。次山有知，亦当幸吾道之不孤也。

仓颉造字，本无部居。

吾名吾亭，吾创吾书。

亭址犹新，篆铭可读。

下有鸣湍，上有古木。

继公刻辞，毋使公独。

柏岩铭

浯溪之南二十余里，有异岩焉，下临湘水，状奇而峻险，如古柏之挺生崖侧，霜皮斜裂，其文纠结而崛强，岂万年之枯木，嵌入岩窦，而坚劲如怪石耶？抑石理之纵横，经雷雨之摧击，而成此异观耶？是木是石，几不能辨，匪湘江之奇峰，乃天下所罕有也。无以名之，名之曰柏岩，而刻铭以表之。

山骨峻嶒，挺若乔木。

错节盘根，枝干已秃。

匠石顾之，既惊且疑。

斤不敢斵，斧不敢斯。

旁有洞门，能兴云雨。

不为栋梁，即为砥柱。
湘江之奇，湘乘之遗。
我心独赏，刻此铭辞。

晓起示同寮

晓起焚香坐，臣心鉴水空。
爱民惭德薄，足食愿年丰。
旸雨资调燮，天人默感通。
及时图上理，诚可格苍穹。

胥吏多奸滑，稍宽百弊生。
能令公喜怒，勿恃我神明。
卯革名常换，官慈令不行。
但须严约束，政肃自风清。

好讼倾家易，鸣官守候难。
片言能立判，两造免争端。
积牍须勤理，呈词莫厌看。
贫民羁累苦，早释便心安。

冠盖临乡曲，纷纭易扰民。
须教舆从简，倍觉长官亲。
比户庞毋吠，依桑雉亦驯。

采风兼问俗，有脚颂阳春。

人命官家重，乡愚气不平。

鸿毛轻一死，雀角启纷争。

验狱无疑窦，爰书有定衡。

命案全凭相验精详，伤真供确，自无纠葛。

移尸终误事，勿惮往来程。

离城远者，往往令尸亲抬验，名为体恤，实则疏懒，已再三告戒矣。

盗贼皆良善，民贫俗易浇。

诛茆休及蕙，除莠莫伤苗。

风化因时转，霜痕见日消。

养痈防后患，攻补要兼调。

利民不在广，一念即慈祥。

小善勤相劝，前人事莫忘。

前任创办美举，后任漫不经心，听其日久废弛，此官场积习也。

饥寒恤无告，孤寡如视伤。

南国行仁政，犹留召伯棠。

相传邵阳有古棠一树，为召伯巡行处。

欲望民风厚，先期士习端。

胶庠人所重，词讼尔何干。
吏治无虚语，舆情爱好官。
寄诗勤劝勉，勿负此心丹。

对庭花写照

癸巳八月六日，入闱监临试事。厅事前有紫薇一本，花开极盛。道光乙未年吴荷屋中丞荣光所手植，屈指六十年矣。翌日晨起，对花写照，题诗一律，兼呈黄秦两主试。

荏苒秋风又一年，鹿鸣雅奏会群仙。

余于去秋八月五日到湘。

玉堂视草寻诗梦，锁院看花纪墨缘。

唐韩偓自长沙抵醴陵，林篱之次，忽见紫薇花，因思玉堂及西掖厅前皆植是花，赋诗四韵，以寄知心。今翰苑虽无紫薇，而中书称薇省，犹仍唐制也。

绚烂文章添韵事，搜罗杞梓仗名贤。
何时同到丝纶阁，重话湖湘八月天。①

叠前韵有怀吴荷屋中丞

树木成阴六十年，白头弟子望如仙。

周笠西观察曾受业荷屋中丞门下，年已八十二矣。

校经湘水留遗躅，集古筠清有夙缘。
培植根株期后起，主持风雅企前贤。

---

① 吴湖帆按云：黄绍第字叔颂，浙江归安人，光绪庚寅进士；秦绶章字佩鹤，江苏嘉定人，光绪癸未进士，时为湖南乡闱主试。

图书金石皆陈迹，饥渴求才本性天。①

闱中即事

三十年前浪得名，连枝桂树竞冬荣。

同治甲子，江南乡试十一月举行，诗题为“桂树冬荣”，余与运斋弟同榜中式。

正逢秋鹗冲霄日，又听春蚕食叶声。
岂有文章裨国计，未忘面目是书生。
传经衣钵怀刘向，遗爱犹闻湘水清。

刘蕴斋先生，为甲子乡举座师，戊辰持节来湘，送至白门舟次。

万年庆榜喜重开，争说蟾宫独占魁。
兰芷芬芳在空谷，衡湘钟毓有奇才。
人文岂以科名重，阅历多从辛苦来。
得失鸡虫何足较，惟贤为宝众交推。

奇文欣赏竟如何，我欲焚香击节歌。
八九并吞云梦势，万千气象洞庭波。
丰年玉重璠玙器，选佛场登孝弟科。
却忆湘阴老名士，重搜遗卷得才多。

星出词曹有令望，手持玉尺细评量。
文光夜静看牛斗，瑞气朝来集凤冈。

① 吴湖帆按云：吴荷屋名荣光，广东南海人，嘉庆进士，官至湖南巡抚、署湖广总督，著有《筠清馆金石录》《诗集》等书。

皓首百年犹矍铄，青钱万选待平章。

长沙有附生梁衢亨册年一百岁。

黄金榜发重阳近，醉把茱萸话故乡。[①]

中　秋

梦醒煎茶手自斟，偶牵秋思动诗心。
月明如水花枝湿，夜静无风棘院深。
鱼钥森严忘令节，龙门声价在知音。
南金东箭同时贵，翘首青云忆竹林。

卓臣、讷士两侄皆赴金陵应试。

秋到今宵漏刻长，万家瞻望在名场。
月常不满月无恨，夜如何其夜未央。
镜里芙蓉从此验，庭前桂树为谁香。
郭经许义参稽熟，烛尽三条意气扬。

三场策问题有《山经》《说文》二道。

重阳再登岳麓

去年重阳秋气清，今年重阳天又晴。
年年看山看未了，今年人比去年少。
去年红叶满空林，云开岳麓湘水深。
登山临水觅画稿，画图诗句两无心。

---

① 吴湖帆按云：刘蕴斋名琨，字玉昆，云南景东厅人，道光辛丑进士，官湖南巡抚、刑部左侍郎。

今岁丰年簿书减，官闲民乐吾虚忝。
忽闻缑岭吹笙客，双舄飘飘渡飞舰。
竭来相遇此山中，绿橘黄花一笑同。
不知明年今日在何处，兴酣落笔惊秋风。

大兄惠寄盐菜与寮友共尝赋此

兕觥春酒醉公堂，满座宾寮喜共尝。
要使士夫知此味，莫教子弟饫膏粱。

湘中菜种杂青红，品列园蔬迥不同。
湘省有青菜薹、红菜薹，皆不甚佳。
忧乐总关天下事，半生虀粥范家风。

求贤馆小憩归和大兄癸巳寄怀元韵

甲午正月二十二日

攻玉资他山，炼金贵良冶。
不有栋梁材，安能成大厦。
志奢愿难偿，曲高和亦寡。
辟门拜昌言，好善思虞夏。
为政在力行，文诰多虚假。
源澄流自清，水急湍常泻。
秉公心自明，不明便聋哑。
湘民望治平，愧此盛名下。

书来以颂规，心藏复心写。
秋莼怀故乡，春草思绿野。
东风满洞庭，折梅逢驿马。
寄诗劝加餐，一醉倾琼斝。

喜雨歌

两日甘霖三日晴，晚凉又听雷雨声。
驱除酷暑如酷吏，天心仁爱民心平。
衡州久旱苗欲槁，永州民贫盖藏少。
去年歉收苦支持，今夏恒旸忧心捣。
开仓粜谷愁无多，运粮船去浮湘波。
湘波逆流北风少，迟迟我行可奈何。
可奈何，寝不安兮食不饱，寸衷默向神灵祷。
阴云千里起蛰龙，呼吸湖湘一倾倒。
沟渠畎浍多蓄流，秋场转眼嘉禾收。
洞庭波撼岳阳去，不知淹没几沙洲。
武陵城郭新培土，澧州堤垸久失修。
山田之利水田患，天公虽巧难为谋。
讴歌未遍怨咨起，纷纷牒报使人愁。

长沙李仙女庙 乙未

王母昼下旗翩翩，桃花一实三千年。
青鸟使来白石巅，取而啖之甘且鲜。

生有自来麻姑仙，几见东海为桑田。
红尘不落方平鞭，龙池一雨开碧莲。
天风浪浪吹客船，洞庭渺渺水无边。
湘君鼓瑟停挥弦，英皇下泣来扶颠。
不受鲸吞与蛟涎，如鱼脱网乃忘筌。
浮云黯澹弥江天，沅湘千里沦烽烟。
天戈一麾贼骑旋，万家性命皆生全。
松坛子落声铿然，如闻步虚参夜禅。
龙潭玉女洒甘泉，满天法雨无私偏。
死者复苏病者痊，衢歌巷祝奔走先。
使者瓣香礼尤虔，金钟熊熊鼓鼘鼘。
转歉为丰岁罔愆，箱斯万兮仓斯千。
满城香火皆仙缘，贞石刻画永厥传。

放　归[1]

欲闻君王乞镜湘，忽牵乡思到莼鲈。
臣无舟楫济时具，天许烟波作钓徒。
中泽鸿飞何日定，归林鸟倦此心孤。
满江兰芷秋风冷，惆怅潇湘送别图。

① 放归：吴大澂因甲午战争中指挥失利，事后遭到罢官，此诗作于回乡前。

窸斋诗存卷七

林下集

焦　山[1]

五度来游信宿便，僧寮话旧廿年前。
曾将翰墨留陈迹，重对江山证画禅。
拓鼎分贻金石好，悬崖商榷姓名镌。
维摩示疾秋风里，握手相逢便霍然。

金　山

天风吹我出尘寰，身在钟声塔影间。
欲仿东坡留玉带，更循北固到金山。
峰腰古刹围三面，屋角长江露一湾。
独立妙高台上望，白云无尽鸟飞远。

甘露寺

寺楼一角耸晴岚，新筑亭台倒影涵。
铁塔半残留佛座，石帆兀立俯江潭。

① 焦山：与金山、甘露寺、竹林寺等均在江苏镇江。

我携书画米家舫，来访云山海岳庵。
香火因缘添结构，尚书清望满江南。

竹林寺

竹林古寺夹山根，殿宇空无佛一尊。
两点金焦青到阒，万竿烟雨绿藏门。
荒庭补种新松短，败壁闲搜旧碣存。
屋后方池留胜迹，泉源已涸长苔痕。

张公洞[①]

年年中秋看月明，今年蜀山踏月行。
罨画溪边布帆绿，张公洞里芒鞋轻。
老僧欺我足力弱，导入崎岖迷棘荆。
舍夷就险意何居，谓我游山喜不平。
缒幽入冥下无极，擘竹为炬手自擎。
洞门咫尺黑如漆，满空蝙蝠飞且惊。
敢以老身试不测，逡巡且为出谷莺。
言循他径访前洞，山石荦确顽云横。
忽高忽下无定所，如骑瞎马人亦盲。
豁然喜见洞口石，篆书八字无题名。
偶来小憩拂苔壁，名山见佛心已诚。

① 张公洞：与善权洞均在江苏宜兴（今属无锡）。

岂知好事多磨折，山蹊茅塞台亦倾。
老僧忽如豹隐去，杳然不复来逢迎。
巉岩侧立危欲堕，石齿磷磷与足争。
如猿攀藤下饮水，累肩接臂众力撑。
一峰方转一峰隔，安得云梯百尺倚石城。
来此绝壑阻深涧，下窥邃谷心怦怦。
石乳森罗碧于靛，数十百株笋侧生。
此身可望不可即，似闻漉漉有泉声。
吁嗟乎，世间万事半途足，略观大意愿已宏。
不辱不殆老氏说，山灵岂与我无情。
我谢山灵意深厚，悬崖勒马乃豪英。
归舟作图纪所历，犹觉满胸奇气横庚庚。

善权洞

阳羡两仙洞，一险与一夷。
张公雄而奥，善权清且奇。
巨石当洞门，行者左右宜。
石乳润欲滴，一一皆倒垂。
可容万人坐，心旷神自怡。
四顾骇人目，万状纷离披。
或如伏穴虎，或类腾云狮。
或似凤搴翼，或讶豹留皮。
壁裂势将压，梁横栋亦攲。

垂鼻大于象，驼背纹若龟。
古佛似弥勒，不知刻者谁。
下有围莲座，上有当门楣。
鬼斧不可凿，神斤何所施。
僧言洞深处，奇石尤累累。
笼灯导我入，路滑苦足疲。
辗转入杳冥，不辨高与卑。
日光逗一缕，有柱大十围。
安得空明界，电光射琉璃。
灵犀来一照，跬步忘嵚巇。
暗中且摸索，题名墨淋漓。
终古不磨灭，傲睨冰与斯。
后来好事者，刻之使毋疑。

上洞疑重楼，下洞在深谷。
蛇径几蟠旋，俯视增觳觫。
淙淙漱玉声，满衣溅飞瀑。
泉源在山外，倒流入洞腹。
海棠蔓壁红，野竹缘崖绿。
秋色撩人愁，冷艳笑可掬。
乱流滴半空，如雨漏茅屋。
池曲宜流觞，水清可濯足。
蛟龙睡未醒，鱼虾戏相逐。

婉转境愈幽，山回路重复。

累壁疑古砖，层层架梁木。

石灶几千年，烟火绝尘俗。

相传古仙人，炼丹此遗躅。

不遇黄石公，何缘来辟谷。

且作汗漫游，一览洞天福。

追步文衡山，缅怀都太仆。

大洞兼小洞，详载纪游录。

松柏摧为薪，梵宇成平麓。

古碑渺无存，太息徒往复。

我诗愧未工，我图差可读。

游邓尉山用文衡山石湖春泛图诗韵

辛卯正月十七日，冒雨放舟，夜泊木渎，翌日至邓尉，宿万峰禅院。同游者陆君廉夫、徐君翰卿、尢子佩萱及兄子讷士。

梦里梅花画不成，看山有约待新晴。

横塘暮雨扁舟去，小市春灯两岸明。

万里游踪谈往事，十年乡思慰平生。

草堂何地无栖托，汀鹭沙鸥总有情。

层叠烟峦咫尺迷，春愁枨触夜乌啼。

风流歇绝灵岩馆，词客飘零香水溪。

为卜山居来涧上，偶牵诗梦到崦西。

故人倘有莼鲈愿，与鹤同巢便可栖。

谓许鹤巢同年。

一湾新涨碧于油，雨后泉声㶁㶁流。
云气遥连荒草巘，香泥满溅落花洲。
塘坳雏鸭知春暖，村树晴鸠破客愁。
望到虎山桥下路，野梅深处好停舟。①

叠前韵

扶上篮舆句已成，村农喜雨我祈晴。
寺楼倚壁群峰抱，湖水连天一色明。
古柏成行环翠湿，长松挺立夜涛生。
斋厨蔬笋饶风味，爱客山僧无限情。

镇日狂风客路迷，似闻虎啸杂猿啼。
赠梅我欲怀琴隐，爱画僧还慕石溪。

寺僧诸瞿索画墨梅。

春水漫漫估艇去，归云冉冉夕阳西。
骚坛公案添新卷，弥勒龛中许共栖。

佛灯相对续膏油，月色横窗似水流。
铜井重来怀秀野，石湖三绝愧长洲。

① 吴湖帆按云：徐翰卿名熙，工篆刻。九佩萱名志道，工画，为运斋叔祖之壻。

顾皞民同年屡约同游邓尉，未果。

文衡山石湖春泛及虎山桥纪游图二卷，均带行箧。

壶天结构留鸿爪，香雪荒凉惹蝶愁。

画愿未偿诗愿积，包山佳客喜同舟。

万峰禅院

临流茅屋半斜欹，松当屏风柏作篱。

时有疏枝来压帽，万梅花里笑低眉。

铜观音寺

大士庄严清静因，浮图七级镇嚣尘。

青天一鹤来何处，疑有黄冠草履人。

村人相传，七八年前有白鹤来塔上，盘旋数日而去，亦异事也。

虎山桥

如此林峦隐可招，落梅风里酒旗飘。

分明小阁临流处，犹是衡山画里桥。

天　井

好山迎面带云来，雨后芒森湿嫩苔。

香雪林中寒翠泼，一枝古柏一枝梅。

海 潮

长虹卧春水，高揖楞伽山。

流泉蓄清沼，凿壁开禅关。

高阁一凭眺，三面清波环。

湖光浸塔影，烟雨苍茫闲。

小船撒网去，大船理罾还。

孤僧抗俗尘，不如老渔闲。

玄墓奇石

奇石欲飞去，忽被枯藤挂。

愚公不敢移，山灵亦狡狯。

或云狂虎精，入夜腾光怪。

又疑隐士星，谪下梅花界。

僻处空谷间，米颠不曾拜。

吴陆两画师，为尔留佳话。

七柏行

辛卯游邓尉山司徒庙，作七柏图卷，赋以长歌。

司徒庙中古柏林，百世相传名到今。

我来图画古柏状，日暮聊为古柏吟。

一柏亭亭最清绝，斜结绳文寒欲裂。

九华芝盖撑长空，几千百年不可折。

一柏如桥卧彩虹，霜皮剥落摧寒风。

霹雳一声天半落，残枝满地惊飞蓬。
一柏僵立挺霄汉，虬枝蟠结影零乱。
冰雪曾经太古前，炼此千寻坚铁干。
一柏夭矫如游龙，蒙头酣卧云重重。
满身鳞甲忽飞舞，掷地化作仙人筇。
中有二柏亦奇特，清阴下覆高柯直。
纵横寒翠相纷拏，如副三槐参九棘。
墙根一柏等附庸，侧身伏地甘疏慵。
昂头横出一奇干，千枝万叶犹葱茏。
纯庙当年翠华莅，四柏嘉名自天赐。
箕毕斗牛拱北辰，众星错落皆其次。
草木曾沾雨露施，时有鬼神来护持。
泰山之松拜秦爵，五大夫名天下知。
何况题名副其实，清奇古怪世无匹。
百年人事更沧桑，古柏森森尚居七。
吁嗟七柏如七贤，岁寒晚节心同坚。
周秦汉魏及唐宋，不知阅世几何年。
君不闻文徵仲，丛兰长卷如星凤。
又不闻杨补之，四梅花卷雄一时。
画梅画兰皆我师，我师造化尤争奇。
此图此柏与此诗，历千百劫神不疲。

雨中探梅由司徒庙至石壁

水边篱落影横斜，疑有孤山处士家。
满路闻香惟柏叶，一时低首为梅花。
忍饥觅句同游少，冒雨登山健步夸。
乡曲犹存丰乐景，满街箫鼓隔村哗。

寺门时被白云遮，香雪林中衬晚霞。
到此饱餐香积饭，有人闲煮雨前茶。
湖光入画云千里，石壁题名字半斜。
何日买田三十亩，来同野老问桑麻。

石　楼

一径上崇冈，层梯百余级。
满山竹万竿，滴翠沾衣湿。
短垣积藓深，排闼岚光入。
四围丹桂林，古木参云立。
看月到中秋，应有鸾凰集。

石　壁[①]

清境出尘表，峰回路盘曲。
拨云寻寺门，登台恣遐瞩。

---

① 石壁：自《游邓尉山用文衡山石湖春泛图诗韵》至此，均晚年游苏州光福时所作。

绝壁横翠屏，烟峦到此束。
屋宇逼山根，隙地毋乃促。
一笑出门去，野竹淡寒绿。

游庐山杂诗

一帆渡江去，乘兴来名山。
山水匪真僻，吾以适吾闲。
虽无济胜具，肩舆相往还。
好风吹我衣，层峦开我颜。
倦眠不知处，但听水潺潺。

入山三十里，行行复止止。
我躬不能劳，清游聊复尔。
山村八九家，山人居近市。
归鸟栖一枝，容膝亦堪喜。
野蔬足饱养，清泉可洗耳。
借问山中人，谁是古黄绮。

山深不知寺，夹道多青松。
白云自来往，隐见两三峰。
峰回路渐陡，樵径无人踪。
禅林可投宿，日暮闻清钟。

高僧七十余，苦行能清修。
枯坐古云洞，不知几春秋。
兵火不能害，饥寒不为忧。
一身寓形耳，身外复何求。
示我白莲花，香色含清幽。
君子贵洁己，慎勿随其流。

海会寺中白莲瓣有红边一线，向所未见。濒行，寺僧至善上人折花相赠，因示以诗。

山泉可招隐，饮此不为贪。
三峡古名胜，数椽老佛龛。
湘中有故人，岩壑性所耽。
爱此急湍水，择地留茆庵。
有亭驾鳌石，俯瞰黄龙潭。
我来叩门入，小住何猜嫌。
无宾亦无主，静理此中参。

一涧落飞瀑，天半雷霆惊。
声闻数十里，冰雪满空明。
奇石踞雄虎，力与神蛟争。
巨鳌忽下坠，六足当流横。
涌泉散九曲，石梁正其衡。
我方倚槛立，卓午天犹晴。

顷刻阴云合，飞雨奔厓鸣。
树杪悬匹练，跳珠碎琼瑛。
岚翠泼衣湿，群松怒不平。
如兵遇大敌，又添万马声。
险境得天助，催我新诗成。
转眼开新霁，山僧导前行。
峰峦几百叠，一转一变形。
行人无定向，此山终古青。
大道千万绪，愚者徒冥冥。
吾不见真吾，长醉何日醒。
偶过忘机处，泉声清可听。

三峡石上有“忘机处”三字。

老农比邻居，人家在山半。
穲稏早登场，未午躬炊爨。
种麻杂豆瓜，有田不容灌。
水碓迎飞泉，昼夜声不断。
子妇各嬉嬉，坦腹满江岸。
古里近柴桑，那知理与乱。

栖贤有名迹，门对庐山麓。
僧言活佛好，珍藏二百轴。
皓然古须眉，蛟龙互起伏。

法拟道子遗，笔类贯休秃。
小塔黄金涂，篆文善可读。
石鼎何斑斓，古色惊凡目。
满瓶舍利子，零星似珠玉。
焚香供佛前，观者动容肃。
禅理不在此，聊补名山录。

古圣久不作，坠绪寻茫茫。
斯文道在兹，诸儒表其纲。
昨谒濂溪墓，今登紫阳堂。
缅怀在古昔，师训犹煌煌。
谁矢笃行愿，不见无欲刚。
迷途或可返，吾道有大防。
高山一瞻仰，千载遥相望。

清泉自泠泠，白石自齿齿。
一经下巉岩，褰裳又涉水。
泥滑沾芒鞋，仆夫心惴惴。
迤逦入平林，古道坦如砥。
仰看九叠屏，横翠如棐几。
奇峭固惊人，澹远亦画理。
六法谁与论，倪黄呼不起。

岩谷满松风，送我出山去。
胜境未穷探，归程何太遽。
山灵怪我悭，病躯理堪恕。
隔岭见湖光，荡胸洗尘虑。
回首香炉峰，已在云深处。

栖贤寺 题匡庐纪游图

颍滨游迹止栖贤，我到栖贤足不前。
力疾游山真好事，他年重订再来缘。

除夕祭画图赞

光绪庚寅除夕，点检一年所画山水花卉人物卷册立轴，自留展玩者四十余本，陈之几案，仿贾浪仙祭诗之例，以尊酒酹之。爰倩顾君若波、陆君廉夫、倪君墨耕、金君心兰各绘《除夕祭画图》，而自为之赞，并附其目于后。至戚族交好中索画之扇册卷轴，更不可以数计也。赞曰：

雕虫小技，壮夫不为。
胡不务其远且大，而沾沾于兹。
其用力亦勤矣，其志则卑。[1]

访虚廓园主人[2]

一别琴川已五年，湘帆千里赴归田。
宦情似水常清淡，世事如棋屡变迁。

① 吴湖帆按云：顾若波、陆廉夫、倪墨耕、金心兰均公画中七友。
② 虚廓园主人：常熟曾之撰兄弟。

金石交游朋辈少，园林信宿主人贤。
老梅花发贞松健，保此岁寒晚节坚。

游虚廓园

检点图书载一船，言寻旧雨到琴川[①]。
山庄乔木添新构，回首前游廿六年。

银藤满地碧云丛，未许茅棚障碧空。
人爱清凉花爱日，亭栏桥柱不遮风。

满种红荷衬碧波，波光不见见新荷。
莫嫌诗思清如水，只为荷花占去多。

斜支板阁对云亭，足底流泉静可听。
贴地横窗凉秀月，尽收花气入轩棂。

四壁花围水一湾，依墙叠石势回环。
商量柳暗松深处，别起书楼看晓山。

晓岚耸翠出围墙，雨后山光接水光。
忽见辛峰亭一角，倒悬清影入池塘。

① 琴川：江苏常熟的古称。

床头觅句不须催，一味新凉枕上来。
夜静忽闻鱼跃响，月明风定梦初回。

无多亭馆虚能受，大好林泉廓有容。
愿乞名医医我俗，天空水阔一村农。

几曲平桥卧彩虹，灌花分付白头翁。
紫薇艳处银薇淡，并入南田画稿中。

平波新涨半渔篙，荷盖擎来八尺高。
最爱凭栏来听雨，满园声似万松涛。

亭亭独立碧芙蕖，淡抹新妆画不如。
花与莲房同一色，落霞飞过夕阳初。

名围十日小勾留，宾主相忘互唱酬。
一别几时寻旧梦，早梅花下订重游。

题虚廓园十六景

亭子对辛峰，慈云积荫浓。
手持灵寿杖，健比岁寒松。
图史娱亲具，园林避世踪。
我非郭有道，总角识茅容。萱堂娱晖

五峰名胜地，曾写冠云图。
爱石我成癖，移山公不愚。
南宫偷入画，东海挟之趋。
但觉归装重，诗囊压满无。草堂品石

最羡名门彦，藏修苦下帷。
读书留种子，绩学有佳儿。
石室搜奇遍，牙签信手披。
登楼怀旧雨，不见老经师。
忆潘子昭先生。群玉藏书。

金石吾同好，翁黄续古缘。
唐幢编邑乘，曾鼎溯家传。
虎观经多缺，龙门像未全。
与君重访辑，商确墨华镌。竹馆校碑

未报春消息，寒梅已半开。
似知诗客到，先遣暖风催。
香雪吹帘动，晴云拂帽来。
最宜携石铫，随意坐莓苔。石磴探梅

几度经霜雪，荣枯阅世多。
是翁犹矍铄，此树已婆娑。

岁晚愁无奈，春来意若何。
十年凭灌溉，转眼尽乔柯。长隄问柳

夜静忽长鸣，临流孰与争。
知君思远举，饮此亦心清。
风雪三更梦，江湖万里情。
主人恩爱重，未肯背鸥盟。芳池饮鹤

我闲鱼亦乐，知我即知鱼。
此意谁先觉，诸君画不如。
五湖空浩荡，一水自容与。
钓本无钀者，何心羡老渔。曲槛观鱼

治谱在诗篇，贻芬溯百年。
先朝清白吏，累叶子孙贤。
瞻对循墙走，钩摹勒石坚。
山庄继明瑟，堂构有心传。幽境寻诗

夜色凉于水，高吟响入云。
如逢孙逸士，不忆谢将军。
彼美怀千里，清辉占二分。谓郎亭侍郎
超然鸾鹤远，一笑出人群。啸台玩月

忆昔来消夏，池荷十亩香。
人游君子国，地属水仙王。
晓露凝清气，微风送晚凉。
秋高木落后，独立咏苍茫。水阁赏荷

检校小经济，豳风七月诗。
有根真可咬，此味问谁知。
佣保谋生计，英雄敛迹时。
长镵堪托命，欲去复何之。疏篱种菜

徙倚曲栏欹，池塘倒影垂。
忽惊珠落索，堕入碧玻璃。
欲画腾空舞，寻诗小立迟。
东园有佳客，清逸是吾师。小桥藤影

我有古瑶琴，无弦寄托深。
几年成绝调，到此觅知音。
偶向风前弄，闲来月下寻。
笙簧时一奏，复作老龙吟。高榭松声

昔访桃源路，曾登二酉山。
今来寻福地，心已出尘寰。
神斧夺天巧，奇云笑我顽。

倪迂添画稿，遗意在荆关。古洞穿云

高步翼然亭，瑶台列画屏。
顿开银世界，不碍石珑玲。
围绕群松白，空明一镜青。
奇观无色相，山水亦忘形。岑亭眺雪

曾勉耘先生归耕图

为曾君表同年题

儒生有志兼耕读，耕读力勤为民牧。
循吏子孙清白风，若农力穑先畴服。
君家祖泽如春秾，黍苗膏雨常芃芃。
百年遗爱留闽峤，瓣香同祝曾南丰。
作图聊寄莼鲈思，孰料归田计难遂。
扬州太守为部民，岘山碑下有余泪。
老成凋谢典型存，不于其身于其孙。
自古达人祖明德，乔柯清荫满名门。
我过山庄咏明瑟，习闻先世有作述。
良苗溉灌终怀新，不重春华重秋实。
君不闻道州舂陵行，要民丰乐须官清。
安得斯人遍天下，大施霖雨苏苍生。①

① 吴湖帆按云：曾君表名之撰，常熟人，乙亥举人，家有虚廓园。勉耘名济，为君表之祖。

曾退盦先生山庄课读图

为曾君表同年题

忆昔词坛订同调，贱子与君各年少。
东海船头破浪游，长安道上看花笑。
君才卓荦能文章，埙篪协律双凤翔。
三十年来一转瞬，中更人事多感伤。
君痛鸰原草已宿，我怀明发悲风木。
图中故人老画师，年过八十桑榆促。
羡君奇福本性灵，读书有味灯犹青。
身披彩服春满庭，有子克家通六经。
新撷秋波芹藻馨，归携菊酒娱鹤龄。①

游虞山至三峰访澹庵和尚不值

偷得浮生半日闲，手携藤杖且游山。
身如孤鹤翔云表，心似驯鸥泛水湾。
尘海辟成新世界，山灵认取旧容颜。
石桥坐久忘归路，人在湖光塔影间。

清游无主亦无宾，屡访名山似故人。
群玉峰头双剑阁，万松径里一吟身。
老僧不遇禅关掩，樵客重来画稿新。
二十九年前，曾画剑门图。
手拾紫芝还自喜，神仙招我脱风尘。

① 吴湖帆按云：曾退盦名熙文，为君表之父。

晓 起

晓起揽林薄，不见辛峰亭。
迺只云雾隔，顿失青山青。
近观犹历历，遐瞩成冥冥。
渺如梦初觉，宿酲酣未醒。
岂以眼昏眩，不辨渭与泾。
舞鹤忽惊讶，一鸣骇人听。
梅花若含笑，招我草堂灵。
须臾红日出，豁然见云屏。
见闻各有障，山岳非潜形。

灵隐纪游图卷

壬辰三月望后，自西湖归里，夜梦得诗二句："寒烟锁断崖，残云送飞瀑。"醒而成之，即题灵隐纪游图后。

良药疗我病，名山医我俗。
回首廿四年，洞门纪游躅。
重来访六桥，旧梦犹堪续。
绕堤新柳黄，荡桨春波绿。
隔墙见桃花，俞楼耸湖曲。
名臣旧留题，往事几枨触。
入山虽不深，平眺恣遐瞩。
冷泉憩古亭，壑雷焕新筑。
寒烟锁断崖，残云送飞瀑。

造像千百躯，梵书杂西竺。
仿佛龙门龛，年月不可读。
我师黄小松，谁是武虚谷。
吮毫草新图，梦醒茶初熟。
冷泉亭畔，新筑錾雷亭，为许星台方伯所建。

赠梁星海太史鼎芬即和其所题文待诏石湖纪游图韵

论画评诗有几家，纷纷水母竟无鰕。
停云十卷留真趣，老我江南一钓查。
敝藏文衡山书画真迹十一卷。

湖湘来往忽三年，又是秋风木落天。
我是闲云君是鹤，无端离合各茫然。

目送飞鸿手一挥，独弹古调与时违。
风波如此挂帆去，辜负清游燕子矶。[①]
星海约游白下诸山，阻风不果。

叠前韵

五湖一去欲浮家，落日江天醉晚鰕。鰕、霞古通。
悔逐风尘空濩落，十年沧海几乘查。

① 吴湖帆按云：梁星海太史，广东番禺人，谥文忠。

出塞长歌又一年，几曾炼石补苍天。
身留一剑今何在，西望崆峒独惘然。

苍茫家国泪频挥，击楫中流愿已违。
若泛瓜皮来过访，虎山桥下有渔矶。

再叠前韵

垂老犹思诂训家，欲笺尔雅补虫虾。
故山红豆今无恙，认取门前一树查。

临水村居赵大年，吴江枫落夕阳天。
忽闻海客谈瀛语，瞬息沧桑亦怆然。

半幅残缣信手挥，强拈险韵与心违。
只愁魑魅逢人笑，不敢题诗太白矶。

送张孝达尚书

尚书回任湖广，即和其送别原韵。

江总归来未白头，秣陵小住系扁舟。
感君临别殷勤语，湖海茫茫一子牟。

君山相望几回头，木落秋风未泊舟。
极目潇湘寒雁远，惭无德化及中牟。

秋柳秦淮古渡头，长条不绾送行舟。
大江东去君西上，一笛凄凉怨李牟。

名园借榻昔埋头，不为探梅刺小舟。
一事报君忙未了，手编彝鼎及敦牟。①

题常熟孙讷夫太守镐画册

仕途积习陷人深，谁念民心即己心。
忠孝一生传世范，清勤两字勖官箴。
士林砥砺求攻玉，宦海风波竟铄金。
余事丹青聊寄托，至今手泽重璆琳。

题孙子潇先生原湘诗稿遗墨

一赋归耕万事蠲，无人知是玉堂仙。
贪看山水供诗料，付与儿孙作砚田。
想像当年文酒会，发挥清兴短长篇。
最难乔木留遗荫，刘井柯亭继武贤。

题陶锥庵画册

范水模山法乳真，剑门樵客是前身。
白公祠下维舟处，秋草斜阳忆故人。

咸丰戊午、己未年，余与锥庵结画社于虎丘白公祠，同社者倪君小圃、周君存伯、黄君秋士、包君子梁，皆作古人矣。

---

① 吴湖帆按云：张孝达尚书名之洞，南皮人。苏卿姑丈之父，官至大学士，谥文襄。

我愧忘年订石交，乱离笔墨已全抛。
无多长物留遗墨，一卷新诗手自钞。

乱后遇锥庵于沪上，以手书诗稿二卷相属付，拟为选刻数十首。

立锥无地结茅庐，把臂林泉愿已虚。
只有图书千古事，零缣珍重劫灰余。

题顾若波画册

山静碧波澂，秋光澹欲凝。
青松多劲节，黄鹤有传灯。
招隐无多屋，忘机不挂罾。
匡庐同宿处，惟我与君朋。

雨意漫相催，浮岚翠作堆。
烟光随笔润，墨气带云来。
海岳源流远，华亭宗派开。
问谁传法乳，一鹤出尘埃。

晴翠叠层峦，遥岑古木攒。
泉流环涧曲，云影落松寒。
趣自闲中得，山宜雨后看。
故人今不见，此曲赏音难。

三十六峰头，豪情君独游。
自登灵鹫岭，不羡古龙湫。
邱壑胸中具，烟霞笔底收。
吾乡多画史，有此大观不。

水竹幽居地，鸥波绿到门。
小桥沽酒路，老屋隔溪村。
细柳迷烟岸，新蒲湿露根。
但随渔父去，便拟入桃源。

兴到淋漓处，挥毫一座惊。
云山皆活泼，烟树不分明。
真力盘空健，天机触境生。
房山应敛手，任尔笔纵横。

心为卧游劳，遐踪托彩毫。
有人携竹杖，来此听松涛。
气静神弥澹，身闲迹自高。
只今谈画理，不见九方皋。

寒信才三九，园梅已着花。
早开还早谢，何损亦何加。

北墅高人宅，西庐老画家。

愿坚金石契，绰绾寿无涯。

题吴昌硕印存

苦铁画梅成铁干，苦铁作篆皆铁画。

奏刀跌宕天机生，摹秦仿汉了无迹。

人谓苦铁不经意，苦铁苦心贯金石。

鼎彝古籀妙错综，陶鉢奇文精研覈。

参以六朝残甓书，忽似两京穹碑额。

有时瘦硬能通神，郘子襄垣齐节墨。

君能窃取成富家，我能一一探其赜。

文何黄邓那得知，食古精英吐琼液。

变化神明在方寸，上下千年占一席。

我有千鉢千币文，文不可识爱成癖。

与君赏奇共析疑，心摹神追有心获，

开函助君一笑剧。①

题墨耕心兰廉夫合作画

最好春光到野梅，风前雪后几枝开。

孤山山下云横处，疑有诗人载鹤来。

---

① 吴湖帆按云：吴昌硕名俊卿，浙江吴兴人。江苏知县，工书画篆刻，有《丘庐印存》。

画中七友歌

顾若波云 许子振镛 顾茶村潞 陆廉夫恢 金心兰彰 倪墨耕宝田 顾鹤逸麟士

若波潇洒度汪汪，白岳归来诗满囊。
烟云落纸师香光，名满江南老不狂。
子振橐笔游南荒，古松劲节饱风霜。
琴诗一棹归故乡，倪黄余事兼岐黄。
茶村古道犹热肠，家有玉山旧草堂。
挥毫尺幅酒十觞，我醉欲眠须眉苍。
廉夫德性比玉良，穷年雕琢成圭璋。
精心密契娄东王，踵门索画多不偿。
心兰豪气常轩昂，如剑出匣森寒芒。
纵笔直追两元章，肘后时系千金方。
墨耕画佛人争藏，老莲新罗两颉颃。
翛然闭阁且焚香，月下梅花影满墙。
鹤逸翩如一鹤翔，耽思六法神苍茫。
图书四壁皆琳琅，怡园主人今文唐。

丙申[①]元旦

岁序初更万象新，弄晴小鸟唤青春。
愿君永享唐虞治，报国尤资稷契臣。
小隐暂权梅谷主，大年同作葛天民。
海疆无事边烽息，容我逍遥物外身。

---

① 丙申：清光绪二十二年（1896）。

病起寄曾居表同年之撰

一春无事病魔来，顾念时艰百事灰。
花市匆匆三月尽，牡丹已谢紫荆开。

君表书来惠寄象笋叠前韵

迢迢双鲤尺书来，道我忧时志未灰。
终日药炉相对久，饱餐新笋笑颜开。

赵次侯书来见和原韵再叠前韵答之

一缄书至一诗来，小病新瘥百念灰。
象笋初肥蚕豆熟，老夫笑口为谁开。[1]

题归河阳四女遗照[2]

秉性仁慈兮，如兰之秀。
孝事翁姑兮，候鸡鸣而盥漱。
相夫必恭兮，如手之有左右。
食不求甘兮，衣不厌旧。
循妇德之温恭兮，惟宅心之忠厚。
在人无间言兮，何在天之厄其寿。
痛尔父之日衰兮，惜尔孤之尚幼。
披斯图而涕零兮，怅音容之不可观。[3]

---

① 吴湖帆按云：赵次侯名宗建，常熟人。
② 归河阳四女遗照：吴大澂四女于光绪十四年（1888）因难产去世。
③ 吴湖帆按云：归河阳四姑母适同邑潘季孺丈睦先。

送五女归武昌

半载夫妻了一生，还家姊妹倍多情。
终朝相对无言语，梦里时闻饮泣声。

病中骨肉最情长，送汝归帆到武昌。
孝事翁姑犹父母，婉容愉色勿悲伤。[①]

① 吴湖帆按云：五姑母适南皮张苏卿丈仁頲。

窓斋诗存卷八

拾　遗

题　画

春山雨后硐泉鸣，江岸时闻水磨声。
底事渔舟常挂网，闲来鱼鸟亦忘情。

断崖陡峙白云隈，岂有神灵斧凿开。
一叶扁舟自来往，为谁引得洞中来。

两山回抱枕江流，结构天成洞壑幽。
可惜舟行滩水急，不曾系缆小勾留。

临江山势忽争奇，丘壑无穷造化师。
文似披麻兼斧劈，南宗北派总相宜。

孤峰特兀耸江滨，台背童颜似老人。
疑是九天南极降，光腾万丈应星辰。

石理庚庚裂壁斜，补天妙手忆神娲。
纵横不是倪迂笔，画法新奇别一家。

晴岚叠翠欲凌虚，野老何心卜此居。
三两柴门人迹绝，无多隙地种园蔬。

危崖欲堕砉然惊，奇境天开画不成。
不是渔翁来洞口，缘何陆地有舟横。

仙禽不作凌云想，曾伴孤僧来听经。
为问迷津何处去，彭城山下有茅亭。

秋山烟树欲迷津，隔岸西风吹白苹。
薄莫渔翁沽酒去，舟横野渡静无人。汀洲暮色

一角峰峦几曲泉，毫端点点落云烟。
梅花盦主吾家法，不辨衡山与石田。溪亭雨过

奇石似枯僧，孤松类野鹤。
相约听泉来，终岁卧云壑。幽涧寒松

早梅花发晓寒添，岭下人家竹覆檐。
知有吟声出空谷，冷香和雪上眉尖。香雪海

杖履独来独往，竟日柴门不关。
诗思浓于醇酒，白云红树青山。

题画梅

野意多闲散，青鞋底事忙。
饱看铜井月，踏尽板桥霜。
空外淡无色，静中寒有香。
折来何所赠，归伴水仙王。

替花写照不为难，难把心情入画看。
平澹襟怀清峻品，莫教风格太酸寒。

凉州山下太古雪，长白峰头不断云。
收入袖中海国纸，拈毫一笑吐奇芬。

山中无历日，岁晚不知春。
岭上见瑞雪，溪南逢故人。
柴门终日闭，花事一年新。
诗意澹如此，端居有性真。

仲圭[1]画竹不画梅，庵主清名那得来。
煮石山农独晚出，纵横雪月此奇才。

月落参横夜已阑，一灯花影耐人看。
山村贫士无多友，翦取春风伴岁寒。

---

① 仲圭：元代画家吴镇。

寒宵风月最多情，古砚残烟落纸轻。
无色无香空绚烂，是花是墨不分明。

晚烟漠漠冻云开，移取盆花自剪裁。
春到诗人犹未觉，翩翩寒蝶过墙来。

天意欲雪还未雪，岁事可闲不自闲。
借取春风一枝笔，要留清气满尘寰。

相对冰心铁干，喜逢快雪时晴。
一夕写来十幅，长吟坐到三更。

问谁曳杖白云隈，镇日忍饥来看梅。
满纸春风吹不去，袖中卷得几枝回。

砚冰初泮墨花新，冻月濛濛写不真。
若使梅花堪酿酒，与君同醉一壶春。

性情本疏淡，冷落空山巅。
甘居百花后，何意得春先。
图此岁寒友，相期晚节坚。
门外雪如许，夜深人未眠。

故人天末渺相思，坐领春风酒一卮。
寄语花农毋束缚，要留直干两三枝。

虎山桥下卜幽栖，月落烟林春鸟啼。
说与钱塘人一笑，西崦风景似西溪。

老屋重寻春草，先生疑是冬心。
满窗明月如雪，有人独立花阴。

杜门息影竟何为，弄笔新春适兴宜。
一日画梅二十幅，中宵补竹两三枝。
鹿床如在应知己，狮堀有灵是我师。
寄与故人同索笑，小诗聊补墨淋漓。

画所不到诗能写，一样传神笔更奇。
不是画梅偏爱少，好留余地补新诗。

懒作繁枝落墨枯，老梅只好貌清癯。
静参月色微茫处，影到疏时澹欲无。

一枝竹外最萧疏，双照溪边各清绝。

舞鹤不成梦，未春先见花。

晓窗曙色，尚觉微茫，拥衾觅句，时有幽思。得此二语，未暇续成，有意求工，转恐不类耳。

失　题

涓涓一脉在山泉，下隰高原灌溉便。

不信洼塘成废壤，但通水道即良田。

涂泥可种还宜稻，旱潦无虞大有年。

只为民情莫图始，艰难稼穑以身先。

竭来满地尚荆榛，舆马喧阗气象新。

野菜有情能饷客，海棠无主忽逢春。

翠屏两面回环抱，碧涧双流左右邻。

似此鸿荒未开辟，那知晋魏与嬴秦。

哭李香岩

抗怀高远是神仙，管领名园二十年。

一事知君犹有恨，东来头白未归田。

蟠根仙李倚云栽，领取湘乡法乳来。

一代词宗谁嗣响，眉山风格义山才。

曾携赵氏金石录，来访米家书画船。
相对无言心一醉，是宾是主各茫然。

君住南园作卧游，我羁东海为防秋。
十年出处浑如梦，重过黄垆涕泗流。①

题武宁刘氏孝友记后

水有源头木有根，百年积累古风敦。
八旬兄弟神仙侣，三老衣冠齿德尊。
崛起科名宜食报，世传孝友待旌门。
会看赐福颁宸翰，重拜天家锡类恩。

① 吴湖帆按云：李香岩名鸿裔，号眉生，四川中江人，官至江苏按察使，得吴中网师园为别业，易名蘧园。

愙斋诗存卷九

附　录

贺新郎

咸丰辛酉正月，观《板桥集》，即用集中韵倚声题后。

烽火江南遍。最可怜、毁书裂画，焚琴碎砚。只恨仓黄携不得，付与荒烟一片。却辜负、琳琅万卷。腹笥空空私自悔，悔当年、触手牙签便。奈不读、遭天谴。

残灯今夕题黄绢。还剩得零编断简，动人留恋。转笑枯肠填未饱，诗债都成积欠。那敢问、风骚坛坫。多谢荆州慨借我，恐故人怪我求无厌。一展诵，如针砭。

念奴娇

和常熟翁叔平尚书韵，题胡三桥画一蒲团外万梅花图。

廿年归思，怅家山如梦，辜负吟侣。天末故人空有约，回首清游可数。孤棹寻春，层峦入画，来听楼头雨。满身香雪，旧图重补新句。

薄暮带月描松，望云写柏，卷取名山去。十里湖光收尺幅，约略风帆江浦。镌石题诗，携钟拓篆，韵事天留住。

寺中藏有郑公悭钟，文为青绿所掩，经俗手剔损，笔画有误刻处。诸瞿上人出拓本属题，余为摹其文于卷后，详加考释，并手拓数本以归。

万峰烟霭，欲归又恐无路。[①]

余宿还元阁三日，风雨大作，不能出游，与陆君廉夫各画万峰禅院图一帧。

砚铭

云液所凝，冰华所积。
亦白亦坚，有神无迹。[②]

不雕之璞，是谓良玉。
不雨而润，是谓良田。

秋水无波，秋云如罗。
以耕以耨，是谓即墨侯之行窝。

朱霞在天半，白云与之俱。
文采照几席，宝此紫琳腴。

虚其心，直其节。与此君，同此德。
乃能知其白而守其黑。

---

① 吴湖帆按云：翁叔平名同龢，号松禅，官至大学士，谥文恭。胡三桥名锡珪，同邑人，工画士女。诸瞿上人为玄墓山圣恩寺方丈，时称高僧。

② 吴湖帆按云：是砚公自题曰："愙斋所藏第一砚"，盖系宋宝砚堂旧物，透背鱼脑冻，为水岩神品，洵希世珍也。

其声如木，其润如玉。
养素守中，含贞抱璞。
故君子慎其独。

温润而泽，缜密以栗。
取友必端乃端人，吾以比君子之德。

介于石，含章可贞，其德刚健而文明。
故能通天下之志，以类万物之情。

烟云多态务搜奇，况与诗家物色宜。
我不善书心每愧，吟余犀管阁铜螭。

竹墨无声紫玉池，兴云出雨蟠蛟螭。
恍如空碧虹气垂，能淬笔锋利如锥。

磬石贵有声，砚石贵无声。
无声声价重，有声声价轻。
君子善守默，吾儒无近名。

云气濛濛，水光融融。
如月初晕，若烟在空。
一缕旋碧，半捺凝红。

此石髓之精英，蕴结于其中。
龙肝不足方其润，马尾不足比其工。

斧柯斧柯，下有蛟鼍。
山深湍急，洞窄云多。
躬汲绠而俯伏兮，手巨刃而仰摩。
知采凿之匪易兮，贵不彫而不磨。
若虹吐采兮，如鱼跃波。
錬此五色兮，奈补天之无术何。

瓷壶铭

吴公自制壶公壶。
一瓯小试碧螺春。
饮之长生，使我心清。
取不伤廉，饮此贪泉。
酌以大斗，为君子寿。
文粗沈细，中有画理。
饮一斗，诗思清，百篇成。
饮此泉，万虑蠲，宜长年。
食德饮和，一撮土之多。
积之厚，用之久，金石齐寿。
食玉枣，饮醴泉，使君延年。
渴不饮盗泉，我思古之贤。

壶覆斗，汉印纽，宜侯王太守。

多则损，少则益，故受之以节。竹节壶

坚其外，虚其中，井养而不穷。井阑壶

游山回，桂花开。午睡醒，故人来。

蜀山壶，惠山泉。清者圣，甘者贤。

抟沙捏成，叩之无声，铭之无名。

去雕为朴，破觚为圆，纯乎自然。

大璞不琢，大文不雕，有虞氏尚陶。

时乎时乎不再来，一抔之土此胚胎。

供春之遗，大彬之师。

三百年来，谁其嗣之。

虎牙笔架铭

锯牙之辅，管城所部，其威如虎。[①]

① 吴湖帆按云：光绪初年，公以帮办吉林军务事宜，闲出猎郊外，一日亲殪猛虎，以虎獠牙装成笔架，亲笔铭之。

跋

吾吴咸丰庚申之难，流亡载道，闾阎为墟，先王父澹人公、愙斋公侍曾祖妣韩太夫人先后避难周庄、常乐等处。迨甲子，苏城收复回里，而吾家业亦荡然矣。是年，先王父愙斋公与叔祖运斋公适同举乡闱，而澹人公则家居侍养，于丁卯年一应京兆试后，即绝意仕进。自后愙斋公由进士洊疆圻，车尘马迹，辗转南北者，垂三十年。从政之余，更潜心汉宋诸学，考证金石，寄情翰墨，遗著之已梓者，有《说文古籀补》《字说》《古玉图考》《权衡度量实验考》《恒轩所见所藏吉金录》《集古录》《皇华纪程》诸书。至其为秀才时所上敷陈时事摺，与夫在秦、陇、晋、辽、汴、粤时之奏牍，及诗文杂著，均未集纂成帙。迨公薨，散佚更多。民国九年庚申，湖帆、静淑追维六十年前吾苏之浩劫，益觉先人手泽亟应汇集之必要，爰整遗箧，虽残缣剩楮，皆装辑藏之，并搜集公金石题跋之散见于各种拓本者，辑为考释题跋记，书画题辞则另录成卷。至诗之存者，有《止敬室诗草》，避难周、常时作也。兹更益以庚申以前诸作，谨辑为《止敬集》。其持节秦陇，放赈三晋，輶轩所经，皆周秦陵阙之乡，汉唐人文之域，华岳巍峨，长城蜿蜒，不无陟险闲吟、揽古咏物之篇，但所存者仅《恒轩诗存》数十首，是即今《西辅集》与《鉴古集》之大半也。至庚辰、丙戌屯田、勘界，两度出塞，豪情自露，壮志略抒，有《皇华纪程》之作，故辑为《皇华集》。继而开府南粤，赋勘灾咏花之章；督河中州，示坝工属寮之什，皆作于戊子年，又辑为《戊子集》。洎庚寅、辛卯，丁韩太夫人忧，回籍守制。迄壬辰，服阕使湘，翌年巡阅各州县，凡途中记旅，及登衡岳、游三岩和黄诸作，存有手稿一卷，以及与澹人公老年兄弟远离、寄怀诸篇，汇辑之为《使湘集》。乙未归田之后，放怀山水，遣兴书画，所存散什，合庚寅、辛卯两年在籍时所作，辑为一卷，名曰《林下集》。复遍访逸稿，分向亲友借抄移录，每有所得，即分类编入各集外，其无从归纳者及诗余、器物铭词，则更分编《拾遗》与《附录》各一卷。厘为九集，凡得诗五百七十三首，附铭词四十章，名曰《诗存》。正欲付梓，讵辛酉之春先父弃养，癸亥冬又遭先王母顾太夫人之丧，甲子而江浙兵兴，辛未而淞沪衅作，至丁丑则更烽火弥天，浩劫非常矣。慨尘寰之纷纭，惧潜幽之未阐，爰约同学尢植仁丈，共襄校订，与《自怡草》合刊印行，而志其颠末如此。戊寅岁暮孙湖帆、孙妇潘静淑跋于梅景书屋。

吴愙斋大澂尺牍

该文集整理出版的吴大澂书札共有五种，前四种书信内容选自《吴大澂书信四种》（本书经凤凰出版社授权许可使用），其中专书三种，分别是吴大澂给陈介祺、王懿荣和徐熙的信札；还有一种是中国社会科学院近代史研究所收藏的书信，为吴大澂在吉林期间给李鸿章、依克唐阿、铭安等人的书信。最后一种是吴大澂家书，主要是吴大澂写给其兄长吴大根的书信。书中径录原文，并对这些信札中所涉及的人物、事件、金石术语、名物制度等略予注释。

一

簠斋[①]老前辈大人函丈：

幼时在外王父韩履卿先生宝铁斋[②]中，得读大著所释金文，私心乡往者二十余年。壬戌入都[③]以后，退楼主人[④]寓书屡属询问起居，时以诸生橐笔依人[⑤]，未敢与当代名贤遽通尺牍。戊辰通籍[⑥]，早应具柬寄呈左右，迟迟至今，良用愧歉。乃蒙手翰先颁，奖勖备至，猥以拙书联语重荷宠褒，益令惭惶无地。伏审履动康虔，眉寿绰绾，经义兼汉宋之学，文章补欧赵之遗[⑦]，余均[⑧]流风，后生宗仰，沾匄所及，企抃莫名。承惠汉画石刻二纸，尊臧[⑨]

---

① 簠斋：陈介祺（1813—1884），字寿卿，号簠斋。山东潍县（今山东潍坊）人，道光二十五年（1845）进士，官至翰林编修。嗜古器文物，凡铜器、玺印、石刻、陶瓦、造像等靡不搜集，尤精于鉴赏，著有《簠斋传古别录》《簠斋藏古目》《簠藏古册目并题记》《簠斋藏镜全目钞本》《簠斋吉金录》《十钟山房印举》《簠斋藏古印玉谱》《封泥考略》（与吴式芬合辑）等金石学著作。

② 韩履卿：即韩崇（1783—1860），字履卿，江苏元和人，吴大澂之外祖父。宝铁斋：韩崇家中藏金石书画等之室名。

③ 壬戌入都：壬戌年即同治元年（1862），此年五月吴大澂与表弟汪鸣銮赴北京参加顺天乡试。

④ 退楼主人：吴云（1811—1883），清代金石家、书画家、藏书家。字少甫，号平斋，晚号退楼，又号愉庭。著有《两罍轩彝器图释》《古铜印存》《二百兰亭斋金石记》《古官印考》等。

⑤ 以诸生橐笔依人：诸生，指获得秀才功名的生员，橐笔，即刀笔小吏，指吴大澂科场得意之前的时期。

⑥ 戊辰通籍：戊辰年，即同治七年（1868），戊辰通籍指此年吴大澂中进士，二甲第五名，入翰林院为庶吉士。

⑦ 欧赵：欧阳修、赵明诚。

⑧ 均：通“韵”。

⑨ 臧：通“藏”。

金文廿种，毡蜡具精，球琳等重，快资眼福，感切心铭。晚谬以菲材忝司教铎，问邠、岐之风土，揽丰、镐之人文[①]，輶车所历，亦时策骑荒郊，流连古道，偶访汉唐碑碣，以弇山尚书《金石记》[②]所载，按图而索，十不存五。自遭回劫，古刻销磨不少。按临郡邑[③]，有司呈送碑拓类多常品，纸墨粗恶，不足以呈鉴赏。《沙南侯获》刻石及《敦煌》《仓颉》《石门颂》各种，当觅良工精拓，陆续寄呈。手复鸣谢，敬请道安。临颖无任依驰之至。晚生吴大澂顿首。腊月十八日。

秋间出都时，匆匆未及肃函。曾以拙作释文二篇并敝藏吉金拓本数种，先后托子年丈[④]邮呈雅鉴，计早达到。十月下旬，由袁宫詹[⑤]处递到惠缄，适值出棚[⑥]按试凤翔，

① “晚谬以菲材忝司教铎”一句指吴大澂于同治十三年（1874）担任陕甘学政。

② 弇山尚书：毕沅（1730—1797），字纕蘅，一字秋帆，号弇山，自号灵岩山人，曾任陕甘、湖广总督，带兵部尚书衔，故称弇山尚书。《金石记》：毕沅所编有《关中金石记》《中州金石记》《山左金石志》《三楚金石志》《两浙金石志》等书。此处当指《关中金石记》。

③ 按临郡邑：巡视各府州县，清代学政需巡视省内各府州，组织考试。

④ 子年丈：鲍康（1810—1881），字子年，号臆园，安徽歙县人。以内阁中书，官至四川夔州知府。生平癖嗜泉币。在京师，与吕佺孙尧仙、李佐贤竹朋、刘师陆青园诸人有同好，弆藏甚富，多前人所未见。流寓秦中时，与刘燕庭晨夕过从，互出所藏相质证。著《泉说》《续泉说》各一卷。并裒其金石题跋成《观古阁丛稿》初、二、三集若干卷。

⑤ 袁宫詹：即袁保恒（1826—1878），字小午，河南项城人。同治十一年（1872），为詹事府少詹事，詹事府原为东宫太子官，故名“宫詹”。清代康熙之后，实行秘密立储，詹事府无其事，仅成为官员转迁之一站。

⑥ 出棚：清代学政巡视各府州组织考试，因当地需设立考棚，故又称“出棚”。下文说到的凤翔、乾州、邠州即组织考试之地。

次及乾、邠二州。所订幕友[1]均尚未来，仅偕襄校二人黾勉从事。两月以来几无片刻之暇，又以行箧所携各器均须手拓奉寄，是以作答久稽，至深歉仄。青门市肆，罗列彝鼎，大半伪刻，无可搜罗，仅购得卣一、汉竟[2]二。卣器完整，字亦精爽，惜底盖只六字，无制器人名，器内上半截红翠斑斓，下半截净无纤翳，色泽如黄金，盖中微露铜质处亦作金色，想此器出土不久，未经俗工磨蜡。尝谓三代彝器，只取其器真、字真，皆可宝贵，只恐市侩妄凿款识，此器便毁。好古者弗加深考，贻误后人，滥登著录，强为索解，阮、吴[3]诸书，皆所不免。如老前辈鉴别之精，考证之确，收臧之富，殆古今所罕见。大澂有所见闻及向来蓄疑未能冰释之处，必罗举以奉质，尚求从直指示，勿吝教诲，何幸如之。附呈宝卣、妇庚卣拓各二，滥父甲卣盖拓二，芮公鬲拓二，木父丁爵拓二，辟雍明堂镜拓、王氏镜拓、尚方镜拓各一。前在华岳庙一宿，倩工拓取汉碑阴残石，纸墨都不能精，检寄四分，知不足供清赏，聊博一哂，以备分贻同好。如有续得，俟后再呈。敬颂春福。晚大澂再拜。

① 幕友：即清代官员幕府中罗致的师爷。
② 竟：通“镜”。
③ 阮、吴：即阮元、吴荣光。

二

簠斋老前辈大人函丈：

日前泐复寸笺，适因岁事峥嵘①，尚未封发。除夕接奉子年文书，展读冬月望日手教，详示种种，并蒙惠寄金文廿五纸，延光残石精拓一纸，至感至感。审定平安君鼎为梁器②，尤至精确。筠清馆③所载东武李氏器有④字，有字⑤。尊臧一鼎有⑥字，上官字，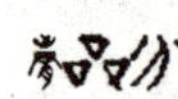字⑦。虎臣方伯⑧臧器弟⑨四字疑亦字，旁有一直或竟是水旁，末有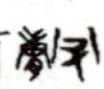字⑩，与敝臧一鼎为一人所作。文刻两面，一卅三年一卅二年，“二”下并无泐画，之当即“四分”二字连文，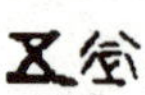疑即“五溢”，秦以一溢为一金，汉以一斤为一金，见《史记》注，上官宰喜下“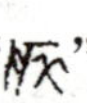”字疑即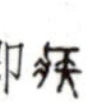字，“”二字本为青绿所掩，大澂以细针剔出，下

---

① 岁事：年关事务。

② 此处所说的“平安君鼎”为战国时期的三十二年平安君鼎，著录在《殷周金文集成》2764号。此鼎乃吴大澂旧藏，现藏于上海博物馆。

③ 筠清馆：即吴荣光所著《筠清馆金石录》。

④ 即“梁”字，指魏国。

⑤ 即“容四分”，指容量。

⑥ 即“梁”字。

⑦ 即“容三分”。

⑧ 虎臣方伯：长赓，字筠臣，同治十三年署山东布政使。方伯，原指一方诸侯，清代乃布政使的雅称。“筠臣”作“虎臣”并不足怪，可能是长赓的又一个字，也可能是时人在称呼长赓之字的时候，用了音近的字来代替。

⑨ 弟：通“第”。

⑩ 即“容半”。

并无泐痕，当是“官”字，另拓四分奉上，乞再审示[①]。师奎父鼎、盠屋鼎、唐子且乙爵皆刘氏物[②]。阳识父癸爵、子孙父癸爵皆自厂肆得之，未知所出。加作父戊两爵同文，字在流内，非叶非刘，自京师巨室转售至厂。惟中多壶[③]最为可爱，铜质厚重浑朴，满身红绿，底作文，与他器异，字口有红绣细点，甚坚不可动，未经刀剔。按《国策》公仲朋，旧本作仲侈，或作韩明，或作韩朋，王氏[④]《读书杂志》辨之甚详，得此可证“侈”之误。朋由古文字，不作人旁，后遂相沿为朋为明，其说不一，因疑首一字为“韩”字古文。又按古币多战国时物，有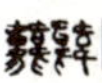□诸字，疑皆“韩”字，有诸字，疑皆“魏”字，有诸字，旧释为“榆”，疑皆“赵”字。古文以意增减，有不可以小篆例者，各国小币尚存，东周文字可相参证。

① 此处所论为前述三十二年平安君鼎器身的铭文。此鼎的器身铭文有两部分，据研究，它们应分别释为：“卅二年，坪安邦司客，容四分齋，五益六釿半釿四分釿之冢（重）。”“三十三年，单父上官冢子憙所受坪安君者也。上官。”录出以供参考。

② 刘氏：即刘喜海（1793—1852），字燕庭（又作燕亭、砚庭），又字吉甫，山东诸城人。嘉庆二十一年举人，以荫生为户部郎中，后官至浙江布政使，署巡抚。

③ 此处所论之“中多壶”即《殷周金文集成》9572号著录的“鬲中多壶”。

④ 王氏：即王念孙（1744—1832），字怀祖，号石臞，江苏高邮人。乾隆四十年（1775）进士，历任翰林院庶吉士、工部主事、工部郎中诸职。清代朴学大师，著有《读书杂志》等。

此亦大澂之臆说，未知当否？前年怂恿伯寅司农[①]刻图，因无人摹绘，遂力任其役。大澂本不工画，偶尔为之，始意亦拟悉照原器，不用双钩，较为省事。惟文之粗细不等，若坟起处悉用墨填，须凸文画作阳文，凹文画作阴文。又恐刻手不精，易于粗俗，如二百兰亭斋[②]所刻，前后又不一例，妄谓绘图有二法，一仿《博古》《考古》。除雷文细笔用单线外，其余不论凹凸，皆用双钩，一照全形拓本依器绘图。近有刻板代拓印成挂幅者，仿此为之，亦是一格。若钩勒精工，俨然缩本，墨拓则出前人各图之上，而款识亦须用阴文方为合法。大澂拟将所见吉金，陆续摹绘付梓。未见原器者仅刻款识，别为一卷，敝藏各器又为一卷，合南北各省知交藏器，集一巨观。特恐俗尘纷扰，惟日不足，未易集事，过此以往，精力日减，绘图又不能工，未知此愿何日偿耳。袁筱坞[③]所得有一齐妇鬲，真而且精。所谓方彝，实是方尊，底盖皆有觚棱四出，旁有两耳甚高，损其一，俗工以恶铜配补，

---

① 伯寅司农：即潘祖荫（1830—1890），字伯寅、号郑盦等，江苏吴县人，咸丰二年（1852）探花，后官至尚书，入值南书房、军机处，谥文勤。潘喜金石，与吴大澂为小同乡，关系密切。汉代置大司农，掌管钱谷之事，因清代的户部掌管钱粮，故而雅称户部尚书为大司农。潘祖荫于同治七年至十二年间始，先后任户部右侍郎、户部左侍郎。户部侍郎可称为少司农。

② 二百兰亭斋：吴云的斋号，因家藏宋元明旧拓王羲之《兰亭序》碑版近二百种故名。

③ 袁筱坞：即袁保恒。

一耳略损，原器其形与《长安获古编》[1]之父舟彝相似。器小字大，器内有一格，其文由旁至底，由底又转至旁，横跨一格，甚不易拓。字体圆熟而少力，文又习见，似尚可疑，惟器内绿绣坚厚，字在绣底，断非近制。盂鼎自是瑰宝，口径三尺许，高约四尺许，铜色纯黑，间有浅绿，字口亦深，惟缺笔数处，竟非绣涩，铜质显然可睹，或当时镕范不足亦未可知。如此巨器精铜，大字深口，似又不应有此缺画，殊不可解。大澂前在青门作两日勾留，匆匆回署，未及手拓，幕友家人中又无善拓之人，仅托筱坞前辈拓寄数分，纸墨不佳，附上两纸，以备分贻同好。大澂近顾[2]拓工来署，教以先扑后拭之法，将来即遣往拓盂鼎及各处汉刻，如有精本，续寄呈鉴。承示琅邪台秦石访得，始皇诏刻尚有形迹可寻，并蒙代备四金，拓以见寄，至为心感。尊著《印举》[3]纂成八十卷，此古今未有之大观。前恳子年丈函乞代留一部，想为达到，其价当即汇交臆园转寄。此间遇有新得，必随时寄奉，以报盛意。所论篆刻以钟鼎、古印二者笔法为师，可破近人陋习，大澂心知之而手不逮，亦由平日嗜好繁多，不能潜心于此。虽文人余事，亦须有一番苦功，乃能深造自得。前为退楼丈强刻小印，章法刀法均无足取，谬承过奖，

① 《长安获古编》：刘喜海所著。

② 顾：即"雇"。

③ 《印举》：即陈介祺所编的《十钟山房印举》。

并示以运腕之法，且感且惭。大澂僻处秦中，无可与语。京华故人惟王廉生农部[①]邃于金石之学，相契最深，别后数月，曾未得其手书，孝达入蜀[②]，懒于作札，偶有肊见，无可质证。倘蒙不弃，时惠尺书，以慰岑寂，片楮之赐，珍逾拱璧，欣幸何如！关中自兵燹以后，寒士荒经，文风久已不振，輶车所及，与诸生苦口劝勉，有善必奖，有弊必惩，冀于士风稍有裨益。所愧根柢浅薄，不足为士林表率，时滋惶悚。山林隐逸之士，讲求正学者尚有数人。近今俗尚以时艺[③]相炫，敦本励行，目为迂儒，不得不稍示激扬，以为通经明理者劝。至训诂之学，几成绝响，稍知门径者百不得一，恐一时遽难振兴。大澂拟于开篆[④]后按试同州，三月初旬回考本棚[⑤]。知念附及。手泐布复，敬颂起居万福。百不宣一。晚生吴大澂顿首。甲戌正月五日。

前年购得中多壶时，适伯寅先生属廉生至厂肆访之，

---

① 王廉生农部：即王懿荣（1845—1900），字正孺、廉生，山东福山人。光绪六年（1880）进士，后官至国子监祭酒，庚子事变中投井殉国，谥文敏。王懿荣中进士之前曾任户部主事，户部主管农事，收入主要来自农业税，故而户部又称农部。

② 孝达入蜀：即张之洞（1837—1909），字孝达，号香涛等，直隶南皮人，同治二年（1863）探花，后长期担任封疆大吏，谥文襄。张之洞与吴大澂过从甚密，同为清流中人，又皆喜好金石。张之洞在同治十二年（1873）任四川乡试考官，随即简放四川学政，直至光绪二年（1876）。所谓“入蜀”，当即在此段时间之内。

③ 时艺：即八股文。

④ 开篆：即开印。清代府衙，年终封印，年初开印视事。

⑤ 本棚：棚即考棚，注释参见前信，在本府参加院试称为本棚，到其他地方参加称为随棚。

力索不得，大澂遂秘臧之不敢示人。三代彝器人名见于史传者率多傅会，尊臧陈侯因資一敦[1]及太公和器，与敝臧中多壶均尚可据，“資”字、“多”字并足订今本经传之误，尤于诂训有裨。敢以奉质，乞是正之。去秋出都时新得鼎盖，与所示梁上官鼎字体略同，又同一[2]字，并拓附呈。晚大澂再拜。

三

簠斋老前辈大人函丈：

昨接廉生书，承惠琅琊石刻精拓并碑侧一纸，真从来所未见。“为之者”三字，旧臧各本皆已漫漶，忽如拨云雾而见天日，可喜可宝。并蒙代拓十分，尤感无既。属交苏亿年[3]百金，取有回字，附呈尊览。琅琊拓价，请于此款内扣留。廉生又云，吾丈有见寄一书，并赐拓本，另觅妥便寄秦，至今尚未奉到，良用耿耿。新得一鼎、一彝、一尊，拓奉审定。鼎字瘦劲，满身生翠，间露铜质如黄金，扣之铮然有声。彝形如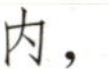，与他彝不类，文作子抱孙形，亦非习见。尊字在足内，隐隐有直格，笔力遒劲，知非

① 陈侯因資敦：战国时期齐国的铜器，著录于《殷周金文集成》4649号。“因資”即齐威王因齐。

② 即“信”字。

③ 陕西西安的古玩商人有苏兆年、苏亿年兄弟。

伪刻，惟上下破成两截，用漆黏合，铜色亦不相似，疑为两器，却非近手所合，请鉴其文以为可取否？大澂往来北山，自夏徂秋，几及四月，仅于同官道中见唐人造像，下层正书廿六行，字稍平漫，最下断裂数寸，约缺七字，招之不得，碑阴、碑侧皆有刻像，向所未见，弇山尚书《金石录》亦不载。用夫舁至三原学署[①]，特拓一本，寄呈赏鉴，未知吾丈曾见及否？中秋前即拟出棚，按试汉中，籍可一访石门诸刻。手肃鸣谢，敬请著安。晚生吴大澂顿首。八月初九日。

四

簠斋老前辈大人侍史：

自重阳按临汉中试事，碌碌四十余日，疲精耗神，与京华故人音问疏阔。前在凤县泐布一函，至今未寄。一入试院，不知光阴匆匆易过，换葛而裘，如无多日也。近得廉生书，知八月初一缄已邀鉴及，并有惠寄瓦当拓本一箧，由子年丈处转寄，闻之狂喜。乃前此所赐一书，几及半年，尚未奉到，殊为怅惘。想寄书人过于郑重，或须岁莫回署时来署面交矣。前月游石门，风雪中攀萝

① 三原学署：三原县，属陕西省西安府，学署即学官，府、县学务所在。

附葛，访得《永寿刻石》数行，及《鄐君开通褒余刻石》尾段残字，亦一快事。惟属打碑人先拓数纸，一月有余尚未寄来，此石犹在疑似之间。然以鄙意度之，崖石摧裂，其文必无磨灭之理，又与河流相距四五丈，必不致沦没水中。从者云字在下面欹处，似非妄语，若在仰面，拓工必早见之，所以迟迟不奉书者，欲得此以博雅鉴耳。永寿石刻甚浅，又极平漫，几为宋人题名所掩，寄呈二纸，有数字不可辨，乞审定之。《石门铭》《石门颂》《杨淮表纪》《鄐君石刻》四种，曾以宣纸佳墨遣工精拓一分，较胜旧拓。汉中宣纸不可得，遍购得五十余纸，可拓三分，俟弟二分拓到，即以奉寄。天寒墨冻，未识年内能即拓否？《石门铭》之右有永平题字数行，上下皆宋人题名，隐隐有汉隶，不可卒读，想系宋时题字磨去，旧刻不可考矣。所校《石门铭》各条及纪游一则，录呈尊览。成县距褒城七百里，《西狭颂》《五瑞图》《耿勋碑》均遣石门张懋功[1]于明春二三月间往拓。此间料半纸[2]每张一百余文，匹纸须三四百文，大者七八百文，将来拟向南中购纸，其值较省。东洋纸[3]细而薄者亦可参用，颇受墨采，于磨崖尤属相宜，尊意以为然否？鄙意关陇

① 张懋功：吴大澂所雇的拓工。下文或作“张茂功”。

② 料半纸：宣纸中的一种，颜色洁白，性绵软，常用来拓石。

③ 东洋纸：即日本皮纸，绵软并有很强的韧性。

金石毕记[1]未载全文，新出土者亦不少，颇拟广为搜考，编一专书，即金文之出自秦中者皆可摹入，当以尊藏毛公鼎为冠首，其次莫如盂鼎。传古启拓本既蒙寄一全分，各器中确知为秦物者，尚祈编示一目，其当时出土之地，苏亿年略知一二，有可据者，并当详志其原委。此书若成，亦足备三秦掌故，然非一两年所能脱稿，随见随录，铢累寸积，或亦有志竟成，浅陋之讥，所不免耳。《西狭颂》有二刻，天井磨崖想亦不致剥蚀，自南丰以后[2]无见及者，或其地峻险，拓工所不到，《两汉金石记》[3]亦曾提及，后遂无问津者。明年当属张懋功就近访之，未识有此奇缘否？闻兵燹以后，唐刻出土者不少，多半在长安乡间，已托友人物色，如有所得即寄上。陕西驻京提塘关名汉杰，辛未武进士[4]，住顺治门大街咸长会馆[5]，每月公文及京报必有两三次，包封稍厚亦尚可寄，至迟一月有余亦必达到。大澂已手书谕之矣。手肃，敬请著安，并贺年禧。不尽縀缕。晚生吴大澂顿首。甲戌仲冬廿七日。

敝处刻工邢姓，自都门敞肆招来，属刻彝器图，尚

① 关陇金石毕记：毕沅编有《关中金石记》。

② 南丰：即北宋文学家曾巩。曾巩（1019—1083）字子固，建昌南丰（今属江西）人，世称“南丰先生”。《南丰集》之《元丰类稿》中有《汉武都太守李翕西狭颂》一篇，是迄今为止对于此碑最早的文字评述。

③《两汉金石记》：翁方纲（1733—1818）所著。

④ 陕西驻京提塘关：清代各省督、抚所派驻扎京城，传递有关本省文书和京报的人员，即称提塘关，多以本省武举人或低级候补武官担任。

⑤ 咸长会馆：即咸阳长安会馆，各省人在京城或外地常投靠本省会馆。

肯用心。敝藏各器无多，钩摹费力，往往停手，因思瓦当易摹，试事稍闲，藉此遣兴，亦不费事，当属其一日刻图，一日刻瓦，每月或可刻瓦当二十余。若双钩则刻工须三倍之，每月不过十瓦，如欲速成，似依拓本刻之亦无不可。刻资无须另给，将来刷印时，应用纸价再为报明。秦中刷手甚劣，尚未觅得良工，当于省垣书肆从容访之。附呈《唐公房碑》《仓颉庙碑》二分，想尊处必有旧拓精本，不足尘鉴，而此间拓手之不精，即此可见。唐公房碑阴尚有数十字，属其一并椎拓，仅拓得碑阴一分，其意以为寥寥数行，殊不愿拓，亦属可笑。明年当遣张懋功拓之，必可稍精。褒城距城固不远，略阳《郙阁颂》亦当遣拓，石门工价向不甚昂，给以倍价，尚听指挥。省中拓工销路较广，激厉之亦复如是。《唐公房碑》亦系省城拓手随棚买帖者，属其往拓十分，渠竟拓二十分而不拓碑阴，愚而愎，大率类是也。大澂又启。

代付苏亿年京平足银一百两，已由廉生处交到市平足色九十两[1]。除缴琅琊石刻拓价十两外，尚余平银二两

① “京平足银……市平足色”一句：清代银两制度较为复杂，各地所通用银两成色、平砝各不相同，需要进行换算。足银、足色乃成色，即含银量。各地足银并非真正达到含银量100%，且标准亦不尽相同，一般而言在纹银基础上申水6%方可称足银（银含量约99.2%），但北京通用十足银加以化验，实际仅有98%。京平、市平乃平砝，即秤量单位。京平疑即京公砝平，每两相当于33.99克，市平未明言何处之市平，以京市平计，一两相当于35.77克。因为成色和平砝的不同，所以吴大澂代付出京平足银一百两，收到市平足色九十两及相当于十两的琅琊石刻拓本后，实际还盈二两七钱。

七钱，暂存敝处。如秦中有付款，随时示及可耳。廉生交到绵连纸[①]样，甚为细洁，大澂已照样由苏购寄矣。并以附闻。大澂又启。

石门访碑记

同治甲戌十月之望，汉中试事毕，翌日策马至褒城。自龙王庙渡口泛舟而上，行里许，风甚湍急，挽索不前，篙师有难色。舍舟而徒，由东岸石坡，逦迤至白石土地庙，山径纡仄，崖谷峻险，距石门尚数里也。遇樵子导之下，折而南，又折而北，荆榛塞路，山石荦确。小憩玉盆石下，观宋人题名。循江北行，崎岖益甚，从者裹足，过一点油，石壁立数仞，下临深渊，山穷路绝，裴回久之。忽闻岭上人语声，隐隐在丛莽间，则打碑人张懋功也。懋功家在石门东，去此仅数百步，然可望而不可至。度岭而下约二里余，危崖陡绝，攀萝直上，如猱升木，石虎在其巅，险窄处仅容半足，虽太华苍龙岩，不是过矣。夜宿张懋功家，风雪满山，江声如吼，终夕潺潺不绝。黎明县令罗君遣舟来迎，遂渡至石门。门西壁则《杨孟文颂》，颂后即《杨淮表记》，旁有宋人题名十余段。访得汉永寿元年题字七行，纪右扶风丞李君德政，字多平漫，可识者有六十余字，从前著录所未及。其东则王远书铭，铭侧题字七行，笔势超逸，与铭文同，疑即王远书，下

① 绵连纸：宣纸的一种，纸质细薄白净，吸水性好，多用于椎拓。

有“贾哲字三德”五字，亦相类，向日拓工不之省，金石家所未见也。魏荡寇将军李苞题名在门北崖壁最高处，俯临江水，椎拓艰险，世所罕觏。宋晏袤摹其文刻于门外南壁上，其下有绍熙五年修堰记。又有宋人摹刻“衮雪”二处，其原刻在江中巨石下，湍流迅急，舟不得近，隐约可辨，相传为汉刻，旁有“魏王”二小字，想系宋人伪刻。此石久湮水中，水落始见，近年张懋功访得之，始有拓本。又南十余丈则鄐君刻石在焉，下刻宋晏袤释文，晏所记一百五十九字，今石仅存十六行，末行“瓦卅六万九”以下，缺三十五字。倪兰畹游纪云崖石已断，不知后数行刻于何处，余观鄐君刻石旁有石横卧崖侧，纵三四尺，横二尺许，令从者缘崖视之，有文在石下覆处，大小如鄐君刻石，此必尾段三十五字也。是时雨雪不止，泥滑路艰，登陟为劳，遂以舁石事属诸张懋功，不及手自摩挲。返櫂下驶，重观玉盆及乾道修堰刻石，皆在乌龙江岸东，太平石则宛在中央，亦有宋人题字数处，漫漶不可尽识。是行也，常熟华大成星同、颍川刘嘉德瑞斋、元和陆振之保善偕往，华君陆君未至先归，独刘君及仆三人从。吴县吴大澂恒轩为之记。

《石门铭》《杨淮表纪》《石门颂》均刻门内，石壁凹凸不平。颂文完善无缺，《表纪》弟六行约身上一字全泐，为石灰所填，独王远书铭，石多绽裂，摹拓较难。

近遣张懋功精拓一本，较王氏[①]《金石萃编》多三十七字又半字。三又辨正《萃编》误字五，其石质剥泐不可辨者四字而已，字体有可疑者并录出以俟考正。

第二行，此门，“门”上一字全泐，《萃编》作“此”字。

第三行，遷，遷字似从“升”而略变其体。

第四行，數，“数”字不从“攵”。

第六行，鑿，左上偏凿字下少一笔，石上亦无裂文，或借“金”字为之。峭岨槃迂，“峭槃”二字，《萃编》阙。“槃”字上半泐，仅存“木”字。

第八行，诏，言旁未泐，在石缝凹处，拓本往往不清。驤，“马”旁似只两点，右半“襄”亦简笔。

第九行，祉，心旁上两点尚可辨，右有大裂文。抚境绥边，“抚绥”二字，《萃编》半阙。以天险，“以”字《萃编》阙。

第十行，迴车已南，“南”字中一直甚长，《萃编》误作“难”。释负詹之劳，“释”字“睪”旁隐隐可睹，“负”字中有裂文，“擔”字左边已泐。

第十一行，贾三德领徒一万人石师□□人，“一万人石师”五字石上甚显，豁字略小而稀，因原石有裂文，斜偏向右“师”下约有二字，石已全泐，不知何时填以石灰，今拓本隐隐有字，乃石灰皱纹。

第十二行，巧思机发情解冥会，“情”字“心”旁在石缝中，

---

① 王氏：王昶（1725—1806），字德甫，号述庵，又号兰泉，今上海青浦人。乾隆十九年（1754）进士，授内阁中书，曾入军机处。著有《金石萃编》等。

约深半寸许，拓本多不显，《萃编》作“精”，非是。

第十四行，皆填接栈豁砰硷梁危自迥车至谷，“填”字土旁有裂文，尚隐隐可见，“接”下数字均不阙，末二字“至谷”稍泐，亦尚可辨。《萃编》阙十一字，又误“危”为“及”。

第十七行，垆铁，上一字《汉中府志》作“垆”，《萃编》作“盐”。充仞，“仞”借作“牣”，《萃编》阙。

第廿二行，河山虽岭，“虽”字《萃编》误作“帷”。□德是强，“德”上一字，《萃编》阙，《汉中府志》作“汉”，细谛之，亦非“汉”字。关壃，《萃编》作“疆”，石本审为“土”旁。

第廿三行，古烈，“古”字微泐，“烈”字尚显。跡在人亡，“跡”字右半有裂文，“古烈跡”三字《萃编》均阙。水眺悠皛林望幽长，《萃编》阙“眺皛林望幽”五字，想当时所据拓本不精。

第廿五行，辚辚，弟二字已泐。成夷石道，《萃编》阙“成”字。百两更新，《萃编》阙“更”字。

第廿六行，以纪鸿尘，“鸿”字未泐，《萃编》阙。

第廿七行，洛阳县武阿仁，“洛”字“阿”字石本尚存，《萃编》并阙。

同治甲戌十月廿二日吴县吴大澂手校。《杨孟文颂》“命”字“诵”字下垂处，细审石质实系裂文，刻字处甚深，石泐文微浅，观拓本“诵”字与下裂文并不连属。

曾伯霥簠，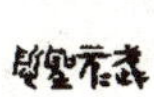四字为句，“元”下有二小画，“武”字“戈”旁亦有二画，则下句“元武”重文，若读作“哲圣元元”，则下句不文矣。

君夫敦，文字极精，“王命君夫曰下”疑“续承乃守”四字。《说文》“续”字古文从“庚贝”，疑其字体上半必系简笔，类“庚”字耳，是敦字不从纟，亦古文续。齐侯镈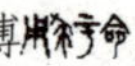，或释作“用承考命”，与为一字，续承犹言绍承也。师奎父鼎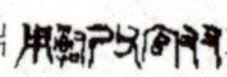或释为官守，与此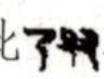二字正同。

妇閵觥，觥器不多见，文亦极精，疑字，《说文》：“楚人谓女弟曰媦。”《公羊传》曰：“楚王之妻媦。”此妇閵为其女弟文媦所作器也。楚器多与常器不类，文多细挺，如《积古斋》[1]王子伯申盏盂，吾吴潘氏所藏怀鼎皆非习见之器，因疑是觥亦楚制也。

天子班觚，“天子”二字甚可异，“天”字上画是否铜锈剥蚀痕？

朩觚，阳识甚精。

且戊觚，下二字似析木形，或非“戊”字。

阳朔上林鼎。

临菑鼎。

安成家鼎，汉器中至精者。

美阳共厨鼎，字与他器不类，亦极可爱。

辇车宫鼎。

杜共鼎盖。

鼎残器。

绥和雁足镫，较竟宁灯字少而精，至可宝贵。

元延万岁宫镫，元延二器并精。

元延临虞宫镫，刘刻《长安获古编》似未尽合，汉器镂板尤易失神。

① 即阮元所编《积古斋钟鼎彝器款识》一书。

新莽始建国钟，精贵。

晋太康奁，隶字尚有汉人意，何精妙尔乃。

汉人书体大者如《鄐君开通褒斜刻石》及各碑题额，小者如《仓颉庙碑》碑阴碑侧题名，更以款识字参之，无美不备矣。

五

簠斋老前辈大人侍史：

冬月廿八日泐布一函，并汉刻数种，计新正必可达览。大澂自商州试毕回署，廿二日行抵蓝田，适闻鼎湖之痛[①]，悲号感恋，五中摧裂。时事多艰，涓埃未报，盱衡时局，尤切杞忧，惟有顶祝朝政日新，上下交儆而已。入春以来，百事俱废，无可告慰。去夏五月十一日惠书，并金文二十纸，直至腊月廿四日始行接读。因公车回陕[②]，无便可寄，必俟面交也。承示鉴别古器之法，与鄙见尽合，所论“壶”字亦确。惟此器想系战国文字，风气略变，必见原器，疑窦自释。廉生目赏之也。石刻唐画三纸，由廉生寄览。《石门》各刻尚未寄到，《耿勋》

① 鼎湖之痛：即指同治十三年（1874）十二月，同治驾崩。古代传说黄帝在鼎湖乘龙升天，后即指帝王崩逝。

② 公车回陕：“公车”指进京赶考之举人，同治十三年甲戌科会试，陕西举人赴京，故可便寄，回陕则无法。

《西狭》今春往拓。大澂于开印后度陇[1]，先试庆阳。手复，敬请道安。不尽百一。晚生吴大澂顿首上。折便[2]匆匆，不及详复，日内续布一切。新正十一日。

六

簠斋老前辈大人左右：

新正十一日泐布寸笺，由折差带都转寄，未知何时达览。十九日，由筱坞前辈处递到去秋九月望日手书，并瓦拓一箧。展读数过，琳琅满目，既精且美，从来著录所未见，考古家所不及搜访。即无字十六种，亦极可爱可宝，真如古璧汉镜，一钩一画都有朴茂之气，似较未央、长乐宫遗制尤有古趣。所谓瓦制不始于秦，良不诬也。昨属邢工试刻一叶，先寄呈鉴。似刀法锋棱太露，尚落呆板。拙书极劣，意欲摹尊书，尤恐失真耳。承惠百三十种，至感至感。此间装潢无良手，不复付裱，他日携至都门，汇装成册，或可稍精。明日戕装度陇，携以自随，校试余闲，遣此古兴，每月必可钩摹二三十叶。自陇以西必少闻见，时惠精拓，尤所感企。苏亿年代购

---

① 开印后度陇：“开印”见前“开篆”，“度陇”即赴甘肃，盖吴大澂为陕甘学政。

② 折便：各省有专门递送奏折的折差，又称折弁，当地官员时借此便利，寄送邮件。

一器，疑是残盘，文虽习见，铸范极精，拓奉审定。新得安陵鼎盖、半两泉范并拓寄上。商鼎、商彝已装箧寄存县署，行色匆匆，未及再拓，检呈二分。敝处苦无善拓友人，每见一器必手拓乃称意，然亦不如所寄拓本之精致也。承示裒集秦金文字，必可钩刻。窃谓秦汉文字细劲处、率意处尤难神似，《积古斋》《长安获古编》《筠清馆金文》于钟鼎古文多有可取，而秦汉器较逊。邢工所刻，尚有一二合处。尊藏秦金各拓，多未见及，亦求惠寄为祷。《石门》精拓尚未寄到，《鄐君开通褒余石刻》之尾段亦未拓来，想俟春气融和方得椎拓耳。前寄唐造像，首行系“大唐雍州同官县黄堡武定林碑之□”[①]十五字，末一字已全泐。今其地即名黄堡，距县城四十里，武定林当系寺名，尚未细考。倚装率书布复，余俟续上，敬请著安。不书百一。晚生吴大澂顿首上。正月廿四日。

七

簠斋老前辈大人左右：

昨日折差回甘，带到正月十二日手毕[②]。蒙寄瓦拓百

① 此碑于唐高宗仪凤三年（678）立于陕西三原县内武定村。《唐文拾遗》卷六三、周绍良主编《全唐文新编》第五部第二册卷九八七均收录。惟二处标题均漏“黄堡”二字，可据补。

② 手毕：犹手简，手书。

廿二种，当与前册细校，并刻去其复者，汇成一集，洵属巨观。前月试刻一叶，交廉生寄上，当已鉴及。刻工留在三原，令其专心覆刻。《长安获古编》及尊藏瓦拓，近已钩成二十余叶寄去，属即上板。俟刻出十余叶，陆续刷样寄览。惟拓本浑成，钩本板滞，仅存模范，恐失神采。近悟双钩亦须运腕，填墨后笔力较健，其一种朴茂之气，则不可摹仿。即无字各种，神妙变化，一圈一点，皆与古籀相通。尝论篆法当以汉画像参之，画法当以钟鼎文参之，皆可骎骎入古。秦中汉刻似出齐碑之右，《曹全》远逊。秦瓦文字似不逮齐瓦，此不可解。即长生长乐各瓦，不如千秋万岁之变体变格，无美不臻也。方赠孙拓尚未钩[1]，颇多习见，龙凤龟蛇各画多可爱，编目寄上，俟齐瓦刻竣再以秦瓦续之。自陇以西，古刻极少，荒寺颓垣，时一驻马物色之，并宋元刻石亦不可见。仅于宁州狄梁公祠内，访得梁龙德二年牛刺史修衙记，可补旧录所未及。承寄示陕西碑目与渭南赵氏所刻毕记后续目，大略相同。近今出土者，又可增数十种，俟录竟觅便寄缴。《沙南侯获》《裴岑》《姜行本》均未觅到，边外无佳拓手，恐不能精。

① “方”即方鼎录，“孙”即孙三锡，详下。

筱坞前辈与左相不谐，西征已作罢论矣[①]。尊臧古金目册多所未见，别录一纸求拓寄，当由廉生处缴价。《耿勋》《西狭》已备纸墨，遣工往拓，近因试期促迫，碌碌少闲。手复布肊，敬叩著安。不尽。晚生吴大澂顿首上。二月廿四日。泾州试院泐。

八

篁斋老前辈大人台右：

十七日平凉试事甫毕，有仆自都中来，带到廉生书。承寄《隶篇》初印本一部[②]，《古鉨印文传》三册[③]，瓦拓十八种，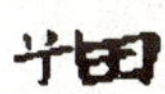般[④]金文一纸，新出汉画像一纸，感抃曷极。大澂于汉隶源流，茫无所知，年来稍究心，拟托廉生代购翟氏书。不谓长者导之先路，如愿以偿，喜何如也。古鉨文得未曾见，模印尤精，先秦列国文字苦于

① “筱坞前辈与左相不谐”一句：“左相”即左宗棠。左宗棠（1812—1885），字季高，道光十二年（1832）举人，会试屡不中，后入骆秉章幕，参与镇压太平天国，由此进入仕途，官至东阁大学士，封恪靖侯，死后谥文襄。明清时因无宰相，以“相”拟称内阁大学士，故称“左相”。同治七年（1868）起，袁保恒即随左宗棠赴陕西、甘肃，专办粮台事务，光绪元年（1875）回京任职，并未参与收复新疆之役。

② 《隶篇》：清代翟云升所著，下文瞿氏书等即指此。

③ 《古鉨印文传》：陈佩纲手笔，同治十三年（1874），篁斋将陈佩纲（子振）所摹刻之印章，辑成《古玺印文传》。陈佩纲，字子振，是篁斋族弟，亦是篁斋所雇之拓工之一。

④ 即兮甲盘，般通盘。兮甲盘为西周晚期青铜器，著录于《集成》10174号。

少覯，汇而集之，渐可触类贯通。来示所谓“好之笃自能知之真”，大澂何幸而得承指授。《古鉢》一编，推原竟委，实足发许、郑诸儒所未发。肊见以为，“鉢”、“玺”一字，周从金，秦以后始从玉，许氏列入土部，是汉时相仍从土，籀文从王或即全之省文，非宝玉之玉，即坴字，审之可见。谬作《鉢说》一篇，录呈教正。汉画完好如新，至可宝贵。卝田般文类《费誓》[1]，字类石鼓，前人有无考释？古金字多而有考者，别为一录，尊见极是。刻石难其人，梨枣易于集事，然传刻失真，尤在钩摹之精，校勘之细，过于求备，亦恐无成。伯寅师欲广刻金文，石查不任其役[2]，想作罢论矣。臧古册内，云阳鼎与大澂新得鼎盖同，系“元年四月受云阳厨”，一为“第五十六”，一为“第卌夲”夲，即“六”字。似系改刻，一为“尚□共”，一为“芊共”[3]。询诸土人，所得系三原赴省之中道，忘其村名，距长安二三十里，其为惠帝安陵物无疑也。手泐，敬叩福安。晚生吴大澂顿首上。三月廿九日。宁夏试院泐。

尊臧古金拓本大澂所未得者，钟十一、铎一、鼎

---

① 《尚书》有《费誓》一篇。

② 胡义赞（1831—1902）：字叔襄，号石槎，一作石查，晚号烟视翁。河南光山人。同治十二年（1873）举人，官海宁知州。擅长金石考证之学，所藏泉币皆稀品。

③ 即“华”字。吴氏所得鼎盖，今称为安陵鼎盖。

九、尊六、卣八、壶一、罍一、鉼一、斝一、觚四、觯十四、角三、爵四十五、毁十四、盘一、匜二、鬲二、簠一、簋[①]一、盉一、剑二、干首一、瞿三、戈廿六、矛五、锻一，又秦量权、诏版全分，又汉器未得拓本十九种，均求随时拓寄，如有全分拓就者尤企。当托廉生缴费。有重分者，亦不必去，精品精拓不易得，复者亦皆自留，不轻赠人也。晚大澂再启。

去春惠书录示金文考释，有细薄竹纸极光洁，用以钩摹金文瓦拓最为适宜。不独秦中遍觅不得，由上海购来者无此坚薄，不知何地所产？乞代购数束，有便先寄二三十纸为感。平日于此等绝不留意，需用时则求之不得，亦善事必先利器之一也。大澂谨又启。

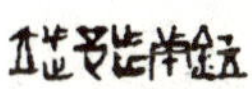[②]，第二字似“都”，第四字即“鉢”。

，疑是曲阜之鉢。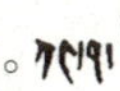[③]，第一字似“北”，或即“邶”之省，即“州”。

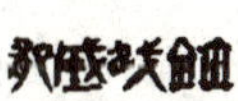[④]，右二字疑“郁城”，左二字疑“鉢”，小币有“戈邑”。

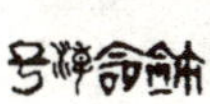[⑤]，即“潮”，见陈侯因資器。

① 吴大澂采用宋人之说，以毁为敦，所以此处将毁、簋分列。其实，清人已经指出，毁即是簋。

② 这是一方燕国官玺，著录于《古玺汇编》0292号，释文为“跱都市鍴”。

③ 原文作“北州之玺”，为一方楚国官玺，著录于《古玺汇编》5554号。

④ 这是一方楚国官玺，著录于《古玺汇编》0278号，释文为“龙城□鉨”。

⑤ 这是一方楚国官玺，著录于《陈簠斋手拓古印集》，释文为“昜（阳）潮命（令）鉨”。

，即“计”，亦似“讶”[①]。

[②]，右二字疑“郐国”，《说文》：“郐，祝融之后，妘姓所封。澮洧之间。郑灭之。”变邑从土，后人又改从木，假“桧”为“郐”。《说文》“国”从口。口，回也。象古文“回”，当即“国”之异文。与同文减笔，亦“计”字也。

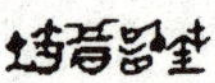，第一字当是“岐”，左二字与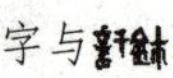二字同，当即“计鉨”。

[③]，首一字奇古不可识，下为“阳都”二字，末一字似之省文。

[④]，“徒”疑即涂山之“涂”。《说文》：“，人在山上”，疑即“”字，义不可晓。

，是印钮作兽形，不类元代物，亦非吴字。，筠清馆有鲁伯愈簠、伯愈鬲，作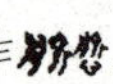，与是印右一字同，左作，亦非“甘”字，当亦周末物。二印得于都门厂肆，附呈鉴定。

鉨说

《周礼·掌节》云“货贿用玺节”，郑注：“玺节者，今之印章也。”《说文·土部》：“玺，王者印也。所以主土。从土尔声。籀文玺从王。”刘熙《释名》云：“玺，徙也。封物使可转徙而不可发也。”案《周礼》“守

① 实为“信”字，或从言，或从心。

② 这是一方齐国的私玺，著录于《古玺汇编》1147号。据研究，可释为“高越信鉨”。

③ 疑为著录于《古玺汇编》0192号的一方燕国官玺。

④ 这是一方燕国官玺，著录于《古玺汇编》0118号，释文为“徒口都产（尉）”。

邦国者用玉节，守都鄙者用角节”下云“货贿用玺节”，是玺节与玉节判然不同，且等威之辨以玉为上，然则货贿所用玺节，不得僭用玉可知。就义考文，其字亦必不从玉，秦汉以来天子之印用玉称玺，下此称印、称章不复名玺。许说从汉时通称，郑、刘犹仍古义，不以玺为王者印也。尔、爾古通，玺用金故从金，鉨之异文为、、、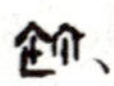、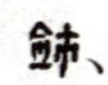、、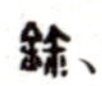、，又省为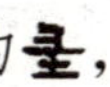，疑皆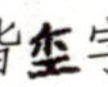字。古文变化不一，省金为，再省为，增尔为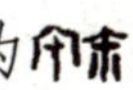，再增为爾，或繁或简，古今文不同也。当释作“计鉨”，当释作“市鉨”[①]，与《周礼》货贿之说合。传鉨与刘氏转徙之说合。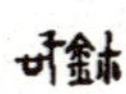、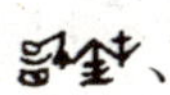、疑皆“计鉨”，《说文》：“计，会也。筭也。”当系周时列国通货所用，或系地名，或系官名，不可尽识。得此可证郑氏印章一说为秦以后铜印之祖。光绪纪元三月廿八日。吴县吴大澂释。

《说文》，古文作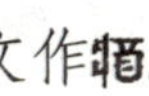。[②]，疑即“将军”古文假借字也。

---

① 分别是“信鉨”、“市（师）鉨”。

② 这是一方燕国官玺，著录于《古玺汇编》0095号，释文为“将军之鉨”。

九

簠斋老前辈大人执事：

月初在宁夏奉寄一书，不识何时达到。前日按临凉州，去秦中又二千余里，所经边外草地，数百里无人烟，汉时遗迹、西夏残碑遍访无所得。卒卒风尘，仆夫况瘁，无可告慰。顷由褒城寄到石门汉魏诸刻，纸墨之精，万不如尊处，拓工较寻常。帖估[①]所货略有一二可取，特检《石门颂》一纸、《鄐君开通褒余石刻》一纸、《杨淮表纪》一纸、《永寿元年刻石》二纸、《石门铭》一纸、《永平题字》二纸、朱拓《石门颂》一纸，寄呈赏鉴。又李苞题名残字两行，刻在石门洞外南崖高处，下临深涧，游者须至崖畔极险处，仄足而立，仰视方见。拓工于洞内立架，施一长板，用绳捆身，转面向里，方可上纸，故仅拓数本。惟与翟书所钩数字大小不类，或别是一刻，竟不可知。见审李亭下石文断裂，或年久崖摧，仅此两行尚存，气[②]审定之。潘、韩[③]题字，亦竟无获，访碑之不易如此。拓工已赴成县，《西狭》《耿勋》须秋初方到。手肃，敬叩起居不庄。晚生吴大澂顿首上。

---

① 帖估：卖碑帖的贾人。
② 气：通“乞”。
③ 潘、韩：即下文“潘宗伯、韩仲元”。

所刻瓦文，前月遣承差[1]回陕，尚未取到。六月至西安录科[2]再寄。四月廿四日。凉州试院。

石门潘宗伯、韩仲元、李孝章等题名尚有，晏袤释文可据，近亦模糊，不可尽识。其云“景元四年”三十八字，似在潘宗伯数行之后。今存十余字在洞外崖侧，其右旁即门洞，空处更无余石，不知何时摧裂，或因开拓洞门而凿去之耶？尊藏旧本如有字较多者，气示及之，幸甚幸甚。翟书所据，想系旧拓精本矣。鄐君石刻尾段残石多裂文，仍无一字。

十

簠斋老前辈大人阁下：

久未得书，至为系念。初夏在凉州泐布一函，并呈《石门》各刻，未知何时达览，惟起居万福为颂。晚自兰州试毕，赶于七月十七日回陕录科。仆仆半年，足迹所至八千余里，过此数日可作两月之息也。拓工自成县回，携到《西狭》《耿勋》并略阳《郙阁颂》，较胜常拓。《西狭》有额，并有下段题名三行，《耿勋》额甚高不易拓，石有流泉，

① 承差：清代衙门撰写文稿等事之吏，亦称经承。

② 录科：清代科举制度中，成绩优良的秀才、生员，为参加一省的乡试，需进行府试中的科试，以取得乡试资格。录科即科试。

纸湿难干，各寄一本，奉呈赏鉴。近在青门得汉官私印数种，颇有精者，拓出附览。巨秦八千万，疑是周秦之间物，纽作形，亦极古朴。闻苏亿年云尊处亦购得数品，与此相等，未知有可考否？乞教之。前求尊藏全分拓本，能得两分尤企，当托廉生缴价。《裴岑纪功碑》多无佳拓，朱拓一本奉呈，今日由金营[①]寄来者。墨拓甚劣，如可送人，当寄数本。《沙南石刻》已致营友觅拓，俟寄到必奉数本。明日有折便，匆匆泐布数行，余容续闻。不尽欲白。手泐，敬请台安。晚生吴大澂顿首。七月三十日。

十一

簠斋老前辈大人执事：

月初曾布一缄，并呈同官县唐造象一分，拓本数种，由王廉生农部转寄，未知何时达览。齐、秦相距三千余里，辗转邮递，辄数月得一书。按试所经，辙迹靡定，尤多稽滞，前惠手书并拓本各种，至今尚未递到也。大澂于十三日出棚按临汉中，行抵凤翔，阻雨五日。乡人持一破敦索售，

① 金营：乌鲁木齐都统金顺的兵营。金顺当时正在协助左宗棠准备收复新疆的工作。

器裂为三，无人顾问，细审之为虢仲城虢时所作[1]。文字虽少，纪事而兼志其地与人，似与他器仅著人名者不同，又为文王母弟，确系周初之器，是可宝贵。宝鸡县东有虢镇，为西虢故地，想当日仲、叔均封于此。尊藏虢叔簠是否秦中所得？虢季子白盘亦出宝鸡乡间。前得隓作父辛尊，苏七云得自乡人之手，或系同时出土未可知也。附呈拓本四纸，乞分贻同好。盂鼎四纸一并寄上，仍系俗工所拓，墨色稍浓，总不如法。此间拓手多自以为是，又不耐烦，以速为贵，教以先扑墨后拭墨之法，多不听从。幕友家人中亦能拓而不能精。汉中如有良工，当令精拓石门诸刻，安得琅琊拓手遍拓三秦碑碣耶！连日冒雨而行，昨抵凤县，馆于县署，听事[2]前有断石经幢，漫漶过半，款署“唐大历十三年岁在戊子二月戊寅朔十八日乙未建立”，亦《关中金石记》所未载。今日适为雨阻，不得行，手拓一纸，几同没字碑。县令云，此石从未拓过，近地无拓手也。袁筱坞阁学所藏方尊，已寄京师，始终不得借拓为憾。近日友人所贻拓本，多半伪刻，与遂启諆鼎字形相类，略带方体，想系张姓所刻居多。又有一种，

---

① 此处所谓“破敦”即城虢仲簋，著录于《集成》3551号，现藏于上海博物馆。按，青铜器铭文中有自名为“毁”者，宋代金石学家均释为“敦”，清代金石学家指出，“毁”实际应该读为“簋”。吴大澂称“簋”为“敦”，应是受了宋代金石家的影响。吴氏在尺牍中频频提到的某某敦，也应该是簋。

② 听事：即衙署厅堂。

笔画甚粗，字口起线，却系铸范而非后刻。觚字在足者，往往有之，此等最难辨别。鄙意三代器多铸字，作伪者难于摹仿，汉器多刻字，后刻者易于乱真，如秦权、汉镫、弩机、印钩及六朝铜造像，多有可疑，似较商周彝器尤难审别。大澂所未敢自信者，愿长者明以教我。方元仲观察①持赠瓦当拓本二册，系孙桂山②手拓。孙君殁后，藏瓦百数十种悉已散失。其中颇有罕见之品，拟择其精者，摹刻成书。闻尊处所藏秦瓦有八十余种，倘蒙惠寄拓本，汇成一集，亦属巨观。至钩摹之法，或用双钩，或竟依拓本，亦乞详示为感。如长者有考证语，并祈录示，或仿题跋例，即书于上下四角空处，依阮刻王复斋《钟鼎款识》式③，未知可否？板样似宜每页刻一瓦，不用中线，若跨两页，中隔边线，未免有割裂处也。手泐，敬请著安。不尽百一。晚生吴大澂顿首。八月廿九日。凤县行馆。

---

① 方元仲观察：即方鼎录，字元仲，亦好金石，藏有父乙尊。观察，清代道员的雅称，因唐代初设道时，设采访使、巡察使等。光绪元年，方鼎录任陕西盐法道，故称观察。

② 孙三锡：约活动于清嘉庆、道光年间。字桂山、桂珊、桂三、子宠，号华南逸史、碧壶生、怀叔、裹叔。浙江平湖人，晚居海盐。曾官陕西盩厔县丞。博学好古，善鉴别。

③ 王复斋：即王厚之（1131—1204），字顺伯，号复斋。江西临川人。南宋著名金石学家、理学家和藏书家。著有《钟鼎款识》一书。阮元得到《钟鼎款识》一书后，请名工周良据之摹刻，并附隶书手写体考释，成《钟鼎款识》一书。

十二

簠斋老前辈大人阁下：

八月十二日接廉生信，内递到正月廿六日惠翰，并缩照吉金图五、款四、印一，又子振兄刻印、王君西泉刻印[①]，一一领到，至感至感。同日又接三月二日手教，所寄秦金石拓并素册五十六幅，斯相[②]书如此，当有前人所未见。展玩十余日，自觉篆书亦稍进。刻木不如刻石，刻识不如刻款，皆的论，惟大澂能摹而不能刻。刻工邢姓，刻阳识尚可，阴款不易肖，字细不能深刻，刷多则墨溢字口，即阮摹王复斋《款识》可见。拟令工人试刻二叶，一款一识，较其优拙，再为广刻。此间石工绝无佳手，他日得遇良工，仍以勒石为贵也。近得史颂敦、中自敦、叔男父匜、汉钟一、钫一、壶二，共七器，又造像、印、钩、弩机各种，并所见李勤伯太守[③]藏器，有可取者均拓寄上，乞审定之。印文奇字不可识，并求赐教。折弁即行，匆匆不及详布，敬请著安。晚大澂顿首。九月廿一日五鼓。

大著《聃𣪘说》可正经文之误，考古有裨经说，益信。

① 王君西泉：即王石经（1833—1918），山东潍坊人，字君都，号西泉，好金石，工书法篆刻，与陈介祺关系密切。

② 斯相：当指李斯，李斯曾任秦代的丞相。

③ 李勤伯太守：即李慎（1828—？），字勤伯，汉军正蓝旗籍，奉天铁岭人，咸丰三年（1853）癸丑科进士，后官至西宁办事大臣。太守：清代知府的雅称，因原为郡守。光绪元年（1875），李慎以盐运使衔道员用西安府知府，故称太守。

《钱款识读记》再细读数过，甚佩甚佩。

周印[1]：

王逞玉印，刀法甚精。（即真亦弱）

孙武玉印，玉带灰黑色，满身土斑，阳甲城出土。（酌，真亦非佳）

龙蛇辟兵钩，文系错金，精妙无二，字体疏落有致，类《石门颂》，似在丙午神钩之上。钩文不可拓，已属刻工上板，俟刻成再寄。（伪）

永兴钩，字极细，为青绿所掩，不能拓。（疑亦伪）

长沙太守虎符，出土未久，满身红翠，错银文，尚带黑色。（佳）

王升镜，镜纯素，“王升”二字亦极古朴，与《石门颂》之武阳“王升”同名。（六朝玉）

清锡铜华镜，□□精□□□□。

史颂敦，盖有数字剔损，器字为青绿所掩，字口均尚分明。大澂自剔之，每日剔两三字，不敢伤其字口。此器出土年久，磨蜡甚厚，水煮数次，乃见真面目。惜为习见文，不足贵耳。（□可贵）

中自敦，字甚精，器亦与常敦不同，。（伪）

叔男父匜，字口磨去一层，仅存字底，铜汗灰尚存，未经剔过。（若尔则真）

汉建平铜钫。（真）

汉杜陵东园钟，此系新出土器，字大半为青绿所掩，大澂自剔之。（伪）

日入大万壶。（真，日入八十壶，真而不及此）

壬壶，此市鬻器，小品。（平阳共鏖甗，至佳，李勤伯太守慎之臧）

① 整理者案：下文中真、酌、伪等判语实为陈介祺所书，文中加括号以别之。

魏大统造像。（真，字泐，似石，软）

周保定造像。（伪。马落□）

周天和造像。（真）

西夏造像，甘州城东十余里龙王庙有西夏碑，碑阴梵书，与此正同。（与西夏碑字异）

霸陵过氏瓴。（至佳，得未曾有）

画凤砖。（泉范背同，真尚未佳）

又一造像，“弟子”下数字不可辨，乞审之。（砖近石）

二印字甚□□□□□□□未佳。

十 三

簠斋老前辈大人杖履：

九月间有仆人入都，带去《耿勋》《西狭》及夏元诸石刻，又瓦当刻就样本，均托廉生转寄，旋又寄呈彝器、砖瓴、造像各拓，当先后达览矣。十一月八日，秦州棚内奉到九月二日手书，惠寄瓦拓三种六纸、砖拓一种二纸，至感。砖文“长安乐”笔法佳妙，用以摹印，亦极古雅。秦地所出砖，多官匠名，收得十余种，亦有可取者，鄙意朱文名印仿此别具古趣。所得砖瓦，因仆人所拓未精，又苦无暇自拓，均未寄呈。新岁少闲，悉数拓奉鉴赏。前在西安录科时，濒行得一币范[①]，至精，从未见著录。

① 币范：即铸钱币所用之模范。

拓上四纸，可分贻同好。已函告子年文补入《泉汇》[1]矣。大澂自巩、秦两属试毕，前月廿四日由秦起马，月朔抵阶，陇南试卷较繁，绝少暇晷，事竣回署，当迫岁除矣。手肃布复，敬贺年禧，叩请颐安。不尽欲白。晚生吴大澂顿首上。嘉平[2]三日。阶州试院泐。

敝藏吉金及所见彝器，已刻八十余种，图款均刻阳文。所寄秦量、诏版亦均摹出，属刻工改刻阴文，尚未寄到。如阴款尚工，与拓本不甚相远，拟将尊藏各器与大澂所集拓本汇为一集，均刻阴款，阳识仍刻阳文，考释从简，较易成书，即《积古》《筠清》已刻者，亦不嫌重复。惟刻工只此一手，前刻瓦文甚迟，每月不及十叶，所摹款识积压甚多，不及兼刻。鄙意刻瓦易而款识难，都门敝肆尚有良工，拟将所摹瓦文寄至都中付梓，托廉生经理其事，刻价仍由敝处寄付，则一年之内，瓦文或可全刻。此间刻工责其专刻款识，亦不顾此失彼。明年春夏试事甚简，暇日较多，手摹稿本不致间断，惟求惠寄全分拓本，当于二月内寄奉百金[3]为拓费。汉魏六朝小品及泉刀范均求全拓。前示泥封可得三百余种，别为一集，未知已摹刻否？亦祈拓寄全本，当由廉生处缴价。当时阳甲城内乡民，于颓垣中掘得泥封数百，苏七尽得之以归尊

① 《泉汇》：即《古泉汇》。

② 嘉平：腊月之别称。

③ 百金：清代所谓“百金”，即银“百两”之意，后“八十金”等，同此。

处，外间流传绝少，以后亦无出土者。大澂访诸乡间，仅搜得二十种耳。三代彝器之富，鉴别之精，无过长者。拓本之工，亦从古所未有。先秦文字及周鉩、汉印、泥封、秦汉瓦当毕萃于尊斋，不可不精刻之以传不朽。所刻秦量、秦权、诏版俟岁暮回署寄览，即不能尽传古意，或差胜于《博古》《考古》耳。前得廉生书，知八月内所寄各拓，由子年丈处觅便寄陕，至今未到，或已递西安，归时当接读也。左将军钩与币范同时所得，乞释之。手泐，再叩著安。晚大澂又启。乙亥十二月三日。

十 四

簠斋老前辈大人阁下：

岁暮自陇南回署，迭奉手书并造像、弩机、砖瓦各拓之赐，感何可言。近得尊彝二器，系洛中出土，红绣完好，人名疑“穗”字，上从■下从■，《说文》“齐”字本象吐穗形，此字上从■，当即“穗”之象形字。两器为一人所作，拓奉鉴定。又得九字瓦，系阳甲城新出土，非伪作，惜轮全缺，以重值得之。“无极”二字残瓦，亦所罕见。两年搜罗砖瓦，得此二片，可见秦瓦异制，亦复不少。惜乡人多不解事，或地不爱宝，无意中自得之耳。瓦器一品尚完，中有四字，与所示古瓦器鉩文相类，或系汉以前物。适有都便，检呈新莽残瓦拓六、建平残瓦拓一、万字残瓦一、千金瓦器一、两面隆起，中空，扣之有声，疑即秦人击缶。瓦拓三、瓦器拓二、隋虎符拓一、金文拓二，均求教之。匆匆不及详复，俟瓦拓检齐再布。苏七有书附览。手泐，敬请著安。不尽百一。晚生吴大澂顿首。正月廿二日。

粤东竹纸至佳，钩摹不费力，不损拓本。今夏事闲，彝器墨拓、瓦拓均可摹出，但刻手不能速耳。瞿经孳[①]刻《官印考》尚未竣，已将尊意告之。

十五

簠斋老前辈大人台右：

腊月十九日凤县道中，接奉十月廿四日手书。此由子年丈交提塘递来者，较它信为速。廿六日回署，始得六月十七及七月十二、廿八、九月十日所寄各函，并石拓二分、瓦拓六十四纸又薄竹纸三束，至感至感。又弩机拓十八种至精，丰字古器二拓，从未见及。三代阳识字最可爱，作阳文印仿之最佳。古人一字便有疏散气，今人摹古多失之工。古瓦器鉥四字，与敝藏一器略同，

① 瞿经孳：即瞿中溶之子，瞿中溶著有《集古官印考证》。

当系秦汉以前物。去年曾于阳甲城得瓦壶，其盖象形字，类三代器，似非汉作，拓奉审定。所寄弩机拓，“永元六年”字细不易拓；一平漫者似“永初”，末行“史种主”三字最显；元初二年，郭有“八石，中尚方监作”字两行，至佳，上似“县虎”二字，“史种”名与前同，则上一郭亦似元初也；永和二年者，牙旁记数不显；永寿二年，郭内“王甲”二字当亦厌胜[1]之意；正始二年，字至精，倒书；徐州官弩，侧书，“徐”字“戴”字皆所未见；正始五年，字亦同，侧字不可识；河内工官，敝臧一弩略同弟二弩，“河”字异文；馆陶鄗[2]小、京兆官弩最可爱，刻细白文，难得瘦劲，何古人之不可及耶！陈宗、邵赟一弩，制作异它，从未见及；冯久、李旋皆著河东，似同时作南阳工官；二柱一字不可辨，似亦“南阳”；“向氏”二字，当在牙侧。他日刻款识当一一记之。去年所见残弩有字者多未收，残瓦无人顾问，悉数收之，两年中得瓦五十余种，拓呈一览。尚有“长生无极”“长乐未央”百余种，皆未拓，文字无甚异同，不如“千秋万岁”远甚。先后所寄尊臧瓦拓，计三百四十余种，编目不易，因穷数日之力缩摹一册，细加校对，并原编目录寄缴，乞察入。瓦下注字者原编所无，注无字者裱册所有，而

① 厌胜：古人用符咒等方法祛邪的一种习俗。

② 实为“郭”字。

见惠纸本所缺，尚求逐一补寄。俾得汇成全本，按图而索，一览可知，苦心孤诣，当蒙鉴及。此册即存尊处，无须发还。长夏事闲，钩摹可毕，由厂肆刻工分刻，计可速成，然亦须一年外也。秦量、诏版摹刻数纸，似不如阳文之精到。细究其故，阳文则刻去空处而墨痕尚在，了然可见，故易于见长，阴文则刻去墨痕而奏刀偶溢字外，无从审别，故易于失真，且刻成后殊难修改。鄙意欲广刻款识而游移未决，如尊意以阴款为可，即不更议矣。秦汉文字较难于三代彝器，如燕翁[①]所刻《长安获古编》，他器颇精，惟秦诏版绝不相似，汉鼎字细者尤多失真，即此可见。究系刻工不解古法，未免有出入耳。昨以百金寄廉生，托其转达。除缴古鉢剪贴本及石拓二分价值外，尚余八十余金，聊助拓费。尊藏三代秦汉彝器拓，欲得一全分，如泥封有拓出者，求寄一分，当再续缴拓费。纸墨之精，为从来所未有，真是前无古人后无来者。敝藏古物无多，苦不能精拓，又苦无旁贷者，新春无事，仅拓瓦片数十纸，愧不如所寄之精。匆匆又将出棚，五月以后了无所事，前索拓本当一一报命也。近得汉钫，内外文同，向所未见，似“千四”二字；又有一环，不知何意；又得长杨鼎，新出土者，字体遒敛，乃汉武时物；玉造像一区，无年号，当系北魏文字，古色黝然，为造像中至精之品，拓奉鉴赏。

① 燕翁：即刘喜海，字燕庭，故尊称燕翁。

手复，敬请著安。晚生吴大澂顿首。二月十日。

十 六

簠斋老前辈大人阁下：

前月得廉生书，知有惠缄并寄吉金拓本全分，日夕企望。计礼闱[①]揭晓后，必有公车回陕之便，五月中旬当可拜读也。日前西安本棚试毕，有墨客自省中来，以一鼎索售，据云得自洛阳，文字至精，与凤翔所出方鼎相类。有“周愙”字，有“帝考”字，疑为微子之器。《左氏传》三“恪”，《说文》作“愙”，此器作“”，左从各，右从，细审字口，不从吕。其为“愙”字无疑。鄙意“愙”“恪”“”疑即“客”字。古文多变化，随意增损，“三恪”即“三客”，《周颂·有客》《振鹭》“我客”，皆可证。字人名，不可识，疑即“启”字。“启”与“合”意相对，“合”从亼，象三合形，启从，象合半启形，或古文从，篆文变从户也。字细审字口，上从三人，即“众”字，师众当读为“帅众”，即《诗》所谓“追琢其旅”也。象马络头形，疑为字。帅众归

① 礼闱：即会试，因其为礼部主持，清代会试向在春季举行，又称“春闱”。会试结果揭晓后，即便考中参加殿试，也在四月底结束，必有回乡者可代递书信，故有下文“公车回陕之便，五月中旬当可拜读也”。

周为羁旅之臣，即《诗》所谓“言授之絷，以絷其马”也。想其时抱器来周以存宗祀，迁播孤臣，礼数未备，仅以周客作此鼎敦用享考庙，礼亦宜之。“帝考”二字不经见，虽文王配上帝，亦不称帝，惟帝乙之子称帝考，似无疑义[①]。汤盘孔鼎无其器，而宋祖法物至今完好，洵为千古瑰宝。寄呈墨本，乞审定之。又得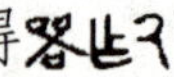爵与旧藏一彝同文，色泽斑斓亦相埒，当系同时出土器。又见二鼎，议价未谐。苏卫妃鼎与《长安获古编》文同制同，刘氏器，首字半泐。两器许至八十金，竟不售而去。秦中绅士家藏器尚多，惜不肯借拓。近知大澂不事豪夺，稍稍出示，而岐山宋氏鉴于南公鼎，所藏益秘。有一门下士求书扇，叩其藏器，仅示一敦，字为土掩，洗而出之，盖有十字，器则无，他未之见。蒲城杨氏借观数器，拓奉鉴赏。三原刘绅家藏一鼎，亚形，二寸许。中有五六行。土绣甚厚，间露数字，甚精。俟试毕回署，当向借拓。以山查黑矾法试之，似尚易去，此仅见之品也。昨按凤翔，望后接考乾州，月内试事可竣，□志搜访矣。手泐，敬请著安。晚生吴大澂顿首。四月四日。凤翔试院泐。

---

① 此处所讨论的青铜器著录于《集成》2705号，现藏于南京博物院。吴大澂释为“窓”，并以之起了斋号，即著名的“窓斋”。但是，是否可以释为“窓”，尚有疑问。

十七

簠斋老前辈大人阁下：

十八日由廉生处寄到去腊惠缄，并吉金拓二分、秦诏瓦拓三纸，同日奉到四月朔日手复，赐寄瓦鉥拓五、秦诏瓦拓二，开缄伸纸，笑与抃会。前寄拓费百金，知蒙察入。此次属销二分，自留其一，余俟销去再寄值。藏器之精，纸墨之良，前无古人，后无来者。然非好之，真不知拓之贵，亦不知精拓之难。大澂寝馈其中，近于古文字大有领会。窃谓李阳冰①坐卧于碧落碑下，殊为可笑，完白山人②亦仅得力于汉碑额，而未窥籀、斯③之藩。大约商周盛时文字多雄浑，能敛能散，不拘一格，世风渐薄则渐趋于柔媚，如长者所谓王朝之文，疑皆籀史所开风气也。斯相遗书大集于尊斋，实千载一时之盛。秦拓十二种再求二分，十钟全形屏拓求一分，镜拓、泉范拓、泥封拓备求一全分，拓费陆续奉缴，并乞开示为感。敝藏器择其精者各拓十纸，俟拓齐检寄。兹有仆人入都，先寄汉刻各种，别纸呈览，余拓三两日内即寄。手复，

① 李阳冰：安徽亳州人，唐玄宗时代书法家，尤精小篆。

② 完白山人：即邓石如（1743—1805），原名琰，为避嘉庆讳，以字行，号完白山人，安徽怀宁县人，工书法篆刻。

③ 籀、斯：即史籀与李斯。据传统的说法，史籀是周宣王时期的史官，编有《史籀篇》。这是一本字书，所用的字体，后人称为大篆。李斯是秦朝的丞相。相传小篆就是由李斯等人整理推行的。

敬请著安。晚大澂顿首。五月廿四日。

西泉先生刻印至佳，为近今所罕见。苦于远道无由寄石，敬求代购青田或寿山石印二方，请西泉先生赐镌“愙鼎斋古金文”六字，或仿汉白文，或仿钟鼎文。或作“古吉金”，乞酌之，一刻“恒轩藏石”，即于销拓中代送润笔为感。石之大小不拘，倘得尊书边款数字尤幸。大澂谨又启。

《裴岑纪功碑》宣纸拓一分，银二两。此种仅觅得二纸，自留其一。

又常拓本，五分，银五两。拓手甚劣，惟道远难致，兰州间有售者，每纸一两，西安则并此无之。

宣纸拓，《石门颂》，少额《杨淮表纪》。各一分，银三两。

宣纸拓《西狭颂》《五瑞图》一分，银三两。

粗纸香墨拓《西狭颂》《五瑞》二分，银四两。

宣纸拓《耿勋碑》，二分，银四两。

《石门颂》有续拓者，尚未寄到，补额亦未来，俟张茂功拓到再行检寄。《西狭》《耿勋》每种仅拓十分，均已分散，不及再拓矣。

十 八

簠斋老前辈大人台坐[①]：

五月十八日接去冬十二月四日手教，并臧古吉金拓二分，其一已交西安大守李勤伯[②]，拓直俟其交到即补寄上，自留一分前已寄直，它拓直不足，后再补上。前寄汉刻想已到，《石门颂》续拓者不日张茂功即来即寄上。秦瓦诏残字至佳至奇，当是瓦器之同量者，从古金石家未见未闻，文字之福，于斯为盛，敬谢敬谢。瓦鉢拓五并佳，节墨之丌[③]释为“亢”地甚当，或即市之渻[④]，可备一说。[illegible]即“封”，亦无疑。古文字多见自晓，然海内好古无如尊释之精确者，惜相距数千里，不获一一面承指画耳。六月十四日又拜五月廿五日惠书，竟拓瓦拓尚未至，先得函内各拓，至宝至宝。革曲是铜否？古钵五、银钵一极佳，拓亦至精无上。齐大[illegible]二范、賹六[illegible]范、石六[illegible]四[illegible]残范[⑤]，皆海内瑰宝。窃谓三代泉刀币范，宜附彝器款识之末，此古今有数之品，即墨拓亦极可贵。当世争购宋拓、唐碑，不惜数百金之费，而于商周文字

---

① 此通信札乃用篆书写成。所写字与习见者不同，详见各注。

② 西安大守李勤伯：即前见西安知府李勤伯。

③ 这里讨论的应该是一方齐国官玺，玺文曰“节墨之丌市工”，参看小林斗盦《中国玺印类编》卷五，天津人民美术出版社，2004年。

④ 渻：同省。

⑤ [illegible]、[illegible]：此类形体的字均见于古钱，以往的古钱学家和古文字学家都将它释为“化”，读为货，指货币。据学者研究，它应该是“刀”字。

独不知宝爱。如尊臧各拓，空前绝后，二三同好外，知者绝少，唯大澂好之最笃，得有重分，亦不轻与人。近益从事古文，极服来示运腕而指不动之说。钩字易似己书，此自来通病。直落直下、直行直住而曲折与力俱在其中，名论至确，服膺弗失，当有进益。学篆二十余年，患匀患弱，匀弱则庸，近始力辟匀而旧疾略去一二，弱则终不免也，幸教之。敝臧竟七十余种，精者不及卅。两罍室所臧亦多未精，均不逮尊鉴也。拓竟难于瓦当，手拓一分寄上，秋凉必有以报命。它日亦当集刻成书，期之三年，似可次弟及之。命作朱文“二百竟斋臧竟”印，俟刻成即寄，恐不如西泉先生之古雅耳。秦中铜印至罕，一年无所获，殊不可解。师坴父鼎早寄回南，家人不解拓，当托愉庭先生[1]遣工拓之。兹检呈方鼎拓、周[illegible]鼎拓、亚形鼎拓、子抱孙父丁彝拓各十纸，又石刻周[illegible]鼎图一，父癸毁、父辛毁、[illegible]毁、[illegible]父丙鼎各一。新得趩尊至精，器小字多，并呈审定，刻样四纸附上。毁制罕见。肃复，敬叩著安。晚大澂顿首上。丙子孟秋十二日。

[1] 愉庭先生：即吴云。

十九

簠斋老前辈大人执事：

前寄宗妇鼎、敦各拓，想已到。后又访知鄠县同出之器有盘、有尊、未见。有匜，无字。因敝藏无盘，遂购得之，拓奉审定。余器可不得，值廉亦可收也。前得周窓鼎，尚有一敦，物主留敦售鼎，并其器不可得见，同好中有见之者。近托人拓一全形，文似少逊，宝器作[illegible]，然鼎字绿绣甚坚不敢剔，拟再索拓数纸寄上，两美不得合并，亦一憾事。今夏得瓦十余种，颇有佳者，近日遣仆赴淳化甘泉宫故址，拾得残瓦三，又购得四种“宜富当贵”，中有“千金”二字，甚精。今又遣人续往搜购，当不致绝响也。兹寄呈瓦拓二十三、残瓦片三、瓴拓一、盘拓一。昨日新得龟符一，红绿致佳拓未精，当拓十纸续呈。此旧家藏物，又鄘延将铜牌一，并拓寄上。明日进省，重阳揭晓，匆匆检此奉寄，不及详述。手泐，敬请著安。晚生吴大澂顿首上。九月六日。

正封函间，接七月四日手示。承寄瓦拓十四、古蜡封瓦片一，至感至感。阴款瓦似范非范，至奇至佳。泥封求一全分，如尚未寄，可由子年丈转寄吴中。晚已乞假南归省母，计仲冬必可抵里[1]，恐有寄件，或相左也。

---

[1] “晚已乞假南归省母”一句：指吴大澂于光绪二年（1877）具摺请假三月，回籍省亲。

拓值续缴百金，当托主试归轺带京转寄。竟拓未毕，回南后再呈。手泐，复谢，伏乞鉴察。晚大澂又启。

二十

簠斋老前辈大人阁下：

前寄《石门》各拓，又由廉生处寄呈拓费百金，计已先后达到。大澂于十月杪交卸南归，濒行购得小品数种，皆极精，系西安故家所藏，非近今出土。兹拓寄秦二世诏版十分，新莽虎符、龙武军龟符、鹰扬卫龟符各五分。莽符涂金，易磨处金色磨去，字口内、花纹内金尚完好，有数字，拓不显，又不敢剔。此舒制军[①]旧物，去年欲借一观而不可得者，与钱献之[②]所藏武亭连率虎符制作悉合，不知钱氏物今归何所矣。诏版作瓦形，后有杙，满身青绿，刻字至深，想与燕翁所得同时出土。又得汉印四十余，有金印一、银印三、玉印三，内有一印如藕心钱，印文在内，旋转出之，可

① 舒制军：疑即舒兴阿（？—1858），赫舍里氏，满洲正蓝旗人，道光十二年壬辰恩科进士，曾为军机大臣，咸丰元年至三年（1851—1853）任陕甘总督。总督，明代曾称总制，清代总督一般带兵部尚书衔，且其全称中有“提督军务”，亦为军政长官，故称制军。不过舒赫德亦曾署理陕甘总督，故而不好判断，根据时间和经历等，舒兴阿的可能性较大。舒赫德(1710—1777），舒穆鲁氏，字伯雄、伯容，号明亭，满洲正白旗人。

② 钱献之：即钱坫（1744—1806），江苏嘉定人，字献之，号小兰、十兰。著名学者钱大昕之侄，通经史、小学，精小篆。

钤可佩，下半空处，疑尚有一印，拓奉审定。又得“诏发”二字印，以诏事戈例之，或亦祖龙[①]所制。四边磨圆，当系常用之印也。舟行二十余日，今日始抵汉口，望前可达吴门。手肃，敬贺年禧不具。晚生吴大澂顿首。丙子腊月五日。汉阳舟次。

去年得铜币范，以为绝无仅有之品。不意今秋连得二范，一铁一铜。垣釿[②]未见著录，即梁夸[③]釿五二十尚寽，亦与寻常所见不同。文字之精，直可与商周彝器并观，拓奉鉴赏。又得铅印范，其形如两面印而无孔，一面“长安狱丞”四字，一面上二字漫漶，下二字“园印”。印上一字似“长”，当系土范之母。乞教之。

二一

簠斋老前辈大人执事：

去冬还里后，即诵惠缄，寄示三代古陶文字各拓，至为心感。因欲以手拓本奉寄，苦于鲜暇，积不多而书亦久不复，寸心耿耿。归里所见器以沈仲复师[④]虢叔钟为

---

① 祖龙：即秦始皇。

② 垣：即“垣”字，战国时魏国的地名。釿：本为重量单位，此为货币名称。

③ 梁：即“梁”字。夸：有“夸”“充”“冢”“亢”等释法。

④ 沈仲复师：即沈秉成（1823—1895），字仲复，号耦园主人，浙江归安人，咸丰六年（1856）丙辰科进士，官至安徽巡抚，致仕后居苏州耦园，好收藏，藏室曰“鲽砚庐”。

弟一，即张氏清仪阁[1]物，至今尚未往拓。曹氏怀米山房[2]器鲁遷[illegible]一、[illegible]且己角一，又鲁白厚父般一，在湖州顾氏[3]，见之上海。子[illegible]觥一，格白段一，王作[illegible]彝一在吾吴张氏，觥盖作兕形，至精。又见顾氏臧段，文曰“[illegible]白睘作宝尊彝，用贝十又四朋”，下有方坐，坐内有一铃，钮舌完好，有文无□，尤为仅见。今年所获唯新莽无射律管，□阙二字又半字。录段盖一并拓呈鉴。年前寄上拓直百金，合前所呈百金，内以百六十为两全分之费，以四十金求尊臧印拓。若印举集成，即再补费，即不成，求以先拓各印寄示，或先示官印及异品，不论多寡，亦不计时月，恐入都后力不能多寄费[4]，则终不得一见臧印，它日求一不全本而亦不可获矣。昨又接二月十八日手教，并残瓦拓五十二，即以其一交愉廷丈，又惠五铢、半两、小半两范拓，敬谢。西安所出五铢土范，有极坚如石者，亦有极不坚者，皆不伪。尊臧彝器外，如龟符、鱼符各品，虽汉以后物，亦当附古金之后，幸先编目示知。今夏入

---

① 张氏清仪阁：张氏即张廷济(1768—1848)，原名汝林，字顺安，号叔未，浙江嘉兴人，嘉庆举人，工书法，好金石，阁名清仪阁，有《清仪阁所藏古器物文》《清仪阁金石题识》等。

② 曹氏怀米山房：曹氏即曹载奎（1782—1852），字秋舫，江苏苏州人，有《怀米山房吉金图》。

③ 湖州顾氏：即顾寿臧，字子嘉，湖州乌程人，监生，分部主事。

④ “恐入都后力不能多寄费”一句：指吴大澂学政任满回京。京官生计较外放为艰。

都门，当专力钩摹款识，及早成书。近又得徐籀庄[①]自编释文八册，当择其精当者悉为采入。计拓本倍于积古斋，传古之意甚切，不敢缓也。唯厝鼎仅见覆本，恐不足据，尊处旧拓存者必有副本，求鉴其诚，寄示一读，日夕祷祀台蕲，未知长者终惠教之否也？里居酬应甚繁，裁迟滞，气谅之。瓦释二纸，拓本五种附呈。敬请著安。大澂顿首。三月廿二日。

二二

簠斋老前辈大人执事：

韩伟功[②]南来，不知其处，未及往晤。月之九日，游焦山，重访无叀鼎，大可疑，当是明人仿铸，故多不成字，阮氏[③]定陶鼎则不伪也。由京口乘轮舟至上海[④]，昨早渡海北来，今晚可泊烟台。闻舍弟大衡中式[⑤]，亟欲入都，

---

① 徐籀庄：即徐同柏（1775—1854），原名大椿，字寿臧，号籀庄，浙江嘉兴人。从舅氏张廷济学，有《六书通摭遗》及《履仁乡金石文字记》等，又会稽《赵氏丛书》中有其《从古堂款识学》，释清仪阁藏器，下文所谓"自编释文"，疑即此。

② 韩伟功：陈介祺同乡友人，因买卖，春季赴苏，冬季回鲁，成为陈与吴地学人往来信札传递者。

③ 阮氏：阮元，曾作《焦山定陶鼎考》。

④ 由京口乘轮舟至上海：当时运河淤塞，江南至北京，多从上海出发海路北上。

⑤ 舍弟大衡中式：大衡，吴大澂胞弟吴大衡（1837—1896），字谊卿，苏州吴县人，同治三年（1868）举人，光绪三年（1877）丁丑科进士（中式即指此），历入张之洞等人幕府，甲午战争中在直隶预军事，积劳而卒。

二十日可达津沽[1]。相距不远，望风驰想，遥叩起居百福。大澂顿首。丁丑四月十八日。黑水洋[2]舟中缄寄。

焦山无叀鼎文字既弱，又多缺笔误笔，虽古文随意增损多不一例，而此鼎变化无理，必系仿铸而失其真耳[3]。

，误作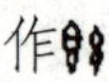，彝器文字既字无从者。

，误作。

，误作，从之字，有作者，无作者，必系之误。

，误作，口字改作，无理之至。

，此字无理。

，误作，不成字。

，误作，不成字。

，误作，不成字。

误作，不成字。

，缺笔。

，缺笔。

，铸范不足。

---

① 津沽：即天津大沽口，为海路入京必经。

② 黑水洋：当日将黄海依海水颜色分为黄水、青水、黑水洋，黑水洋最深，海水颜色呈蓝黑，故名。海路由沪抵津，绕过山东半岛，船只需进入黄海较深处，必经黑水洋，此处风浪较大，时人多苦之。

③ 此处所论的无叀鼎，著录于《集成》2814号，现藏于镇江市博物馆。

，下作，无理。

，缺笔。

廉生为夫人病沉，心绪甚恶。伯寅师得师虎毁，不轻示人，尚未见拓本，即吾丈所极赏者，有“”字，有“”三字者，“敬”字作者。字疑即“助”字，古文假为祖考之“祖”[①]。子年丈交来复信，外书三册，并交原足带呈。

二三

簠斋老前辈大人执事：

入都三月，久未奉书，正深驰念，今午拜到手教，开缄伸纸，喜不自胜。秦诏瓦量残字直与泰山琅邪刻石并为瓌宝，续获四种，何宝物之日出不穷，实开古今未有之奇。此必好古之诚，有以感之。“帝尽并兼”二字一行，合四字为一印，其为阳识无疑。若此铜印尚在天壤间，必又将出而大集于秦铁权斋[②]，大澂乐观其盛也。杞伯每亡鼎文至精，有平盖者尤罕见。三原故家有一无字鼎，其盖平薄，铸文甚工可爱。方鼎有盖仅见此一器，

① 此处所讨论的师虎毁，著录于《集成》4316号，现藏于上海博物馆，拓片上钤有“伯寅所得”四字印。

② 秦铁权斋：陈介祺藏室之号。

圆鼎平盖则未之闻也，可喜可贺。瓦器文字搜至八百余，亦古陶一大观，三代古文至今日而极盛。造物留此以待博闻多识之大儒而始泄其蕴，直足补钟鼎之阙。先寄子年丈一全分，略读一过即送交，明日当有复缄矣。□、□当即一字；□、□疑亦一字；□与□同，《说文》“疻”训“殴伤也”；阳识□、□赉、□、□、□、疑即岁，陈釜作□。□、□。等字即在彝器中亦至宝矣。□、□与□当即一字，或从韦从纟，或即“绝”字。□即“违”，□即“造”，□即“鱼”，□即“鲜”，□即“登”，或即豆，似非血。□即“臧”，□即“爰”，□即“企”，□即“忍”，□即“祭”，□即“赋”，□即“买”，□即“奄”，□即“乙”。以上各字似不必深求。□、□、□、□、□、□皆奇字，不可尽识。亟求赐寄全拓，俾得细读而详绎之。无以为报，当释其文而付诸梓，以副传古之意。古陶印二有钮否？亦异品也。归里所见如两罍轩臧器，潘氏养闲草堂[①]所得曹氏器皆旧时曾见，向有拓本。曹氏字多觯今皆归潘者，文曰：“□□□□□□□□□□”，三行十字[②]。又一小鼎，向未之闻，近观攀古楼[③]拓本□□□，有尊题一行云，似记曹氏小鼎未刻者，因将此鼎钩出，其器不知何在。□白睘𣪘曾手拓一全形，

① 潘氏：潘曾玮（1818—1886），字宝臣，又字玉淦、季玉，苏州吴县人，官至刑部郎中。其在苏州的居所称为养闲草堂。

② □□实为一字，学者或释为“举”。

③ 攀古楼：潘祖荫藏室之号。

铃最难拓，恐伤其钮，无射律管即平安馆[①]物，七八年前早归敞市，为友人得之，非近年所出。徐籀庄《从古堂款识学》系其子钞本，皆有拓墨，八册并未编目，原书付刻以存其真，实至幸之事。日照许印林[②]金文考释约有若干𥄎[③]，尊处有副本否？徐书如欲一观，后有便足可寄上，它处不敢轻假人也。大澂近拟敞门[④]专事钩摹，以友人臧拓、自收拓墨次弟钩出，计可得千余种，八月内当先钞目寄教。如尊臧旧拓有大澂未及见者，并求假观补录，以期美备。袁氏[⑤]师遽方尊，器文不易拓，中有一格，近边处用小包如米大者始得拓足，寄呈一本，气教之。延煦堂[⑥]臧叔向父段，“禹”字疑即晋叔向之名，文极茂美，手拓一纸附鉴，外鼎拓一，虡[⑦]拓二，汉器拓二，并呈清赏。舍弟大衡幸与馆选[⑧]，辱承宠饰，感谢感谢。《长安获古编》

---

① 平安馆：叶志诜藏室之号。叶志诜（1779—1863），字东卿，湖北汉阳人，贡生出身，官至兵部郎中。好收藏，能鉴识金石，著有《咏古录》《识字录》《平安馆诗文集》等。其所藏金石古物，为《筠清馆金石录》采录颇多，吴大澂或自《筠清馆金石录》得知其藏品。

② 许印林：即许翰（1797—1866），字印林，山东日照人，道光举人。藏室名攀古小庐，著有《攀古小庐文》《济宁金石志》等。

③《说文》：“目围也，从䀠、𠃊。读若书卷之卷。”此处应假借为“卷”。

④ 今作“杜门”。

⑤ 袁氏：即袁保恒，袁氏藏有师遽方尊。

⑥ 延煦堂：许延暄，字煦堂，汉军镶黄旗人，官户部郎中。

⑦ 即“虡”字，本是古代悬挂钟、磬等敲击乐器的架子两旁的柱子。

⑧ 舍弟大衡幸与馆选：前信述及吴大澂胞弟大衡中进士，科举旧制，在殿试定名次之后，除一甲直接授予修纂、编修等官职及部分分发主事、知县外，余者需参加朝考，决定去向。“幸与馆选”即大衡考入翰林院为庶吉士者，庶吉士三年后再分发称为“散馆”。

泉拓，由子年丈交来，俟钞竟即寄还也。手复，敬叩著安。言不尽意。晚吴大澂顿首上。丁丑七月二十。

陈粟园[①]旧拓盾鼎，如有重本可以检赐，不胜感企。以长者厚爱，异于侪辈，用敢为此不情之请，不审鉴其愚谬，终惠教之否也？子振先生朴实可交，一见即相得，见拟延至虎坊桥慈幼堂，朝夕可晤，先生亦惠然肯来，大澂得一良友，拓器编目均可相助为理，知念附及。大澂又启。

彝器中□字向皆释作“旁”，或读作“邦”，于义未安。《积古斋》□伯虎毁“王在□”，卯毁“□宫”“□人”，李山农[②]静毁“王在□京”，攀古楼臧毁“公□易耆贝在□京”，是毁文至佳。嘉兴蒋氏所臧壶盖“王在□京□宫”，大澂谓□字即镐京之“镐”，《说文》：“镐，温器也。从金高声，武王所都，在长安西上林苑中。”字亦如此。《邑部》：“鄗，常山县。世祖所即位，今为高邑。”然则“镐”“鄗”皆非本字，其为□字无疑。偶见及此，录请教正。它都邑不得称京。旁京、邦京皆不文，或以□、高形似而传误耳。

晋大康八年专、大吉昌专，诚如尊论，与汉魏碑之

① 陈粟园：即陈畯，陈介祺所用之拓手。

② 李山农：即李宗岱（？—1896），字山农，广州南海佛山人，道光二十九年（1849）副贡。长期在山东为官，担任过济东道、布政使，在山东开办金矿，经营有方，同时喜好金石，收藏颇多，著有《李氏宝彝堂收藏吉金目录》等。李宗岱是晚清名臣张荫桓的舅舅。

佳者无异，至感至感。近见一专，有“阳遂富贵”字，与臧瓦同文，必汉之工书者为之，惜以直昂未购得，拓墨呈鉴。关中友人为访得“长陵东甍”一瓦，不伪，俟寄到再拓呈教。关中所得专瓦，皆留南中，唯古竟悉数带京，可徐拓也。大澂再启。

二 四

簠斋老前辈大人左右：

前复一缄，交傅足带呈，此时当已鉴及。今午得前月廿八日手教，并拜齐化范专、豚卣拓之赐，至宝至感。三代化范当世所无，公得其七，大澂不唯为公幸，实为古文字幸。又惜三秦无好古真笃之人，若于咸阳故城广为搜访，未必无此奇宝。大澂入都后，力不能得彝器，亦惟日求拓本，为古人传此不绝之一脉。上丁入成均，观钦班彝器[①]，唯一方鼎一[illegible]为至精，余三器伪，五器则无只字。十二日得秦二世诏版一，亦平安馆旧物，经火之器，幸未入敝肆，得之甚喜，拓寄审定。古陶八百，中多奇字，尚求赐一全分，必思所以报意。近假得延煦

① 上丁：农历每月上旬的丁日。“成均”出自《周礼》，后泛指国立最高学府，即当日之国子监。“钦班彝器”即“钦颁彝器”，藏于国子监内，吴大澂往观得见。

堂臧印百种，有周印二，拓呈赏鉴，含英阁取化[1]折附上，以后如有所委，随时示及，必不有误。敝寓大安，南营路北与敝桥至近，并闻今年三晋旱荒较重[2]，饥死者累累。晋人之仕京朝者谋移粟以振之，大澂与闻其事，能有实济否，尚未可知。廉生有黄门之感，欲挈其幼稚入蜀，想已知之。子年丈无恙，才闻有齐化范专，亟欲一观。手复，敬叩颐安。晚大澂顿首上。丁丑八月十八日。适见胡石查一印，钮甚奇，拓出附上。

二五

簠斋老前辈大人阁下：

前复一缄，并呈拓墨及含英阁折，未知何日达览。顷奉中秋前二日惠书，承赐瓦登、瓦片拓七百三十五纸，至感至感。煦堂所得叔向父敦，经火而中有缺，𡨦鼎已归通州李氏，不知何以又入敝肆，暇时当代访之。金煸炉、苦宫锭二器，皆已经火，炉残而锭完。温壶字在足内，不可解。器在敝中，未得，似非叶氏物。元兴弩，索值过昂，亦未之购。车形且丁爵，“丁”字有土未剔，细

① 化：通“货”。

② 三晋旱荒：光绪三、四年（1877、1878）的山西大旱，时华北地区普遍遭遇饥荒，史称“丁戊奇荒”，山西地区尤为严重。吴大澂亦受命襄办赈务，后信中提及赈灾事，即因此而起。

审外轮，无可疑，其一作牺形者，铜质几烂，亦不伪。爵字伪者少，斝字真者少。阳遂砖万不能伪，字口、砖质均极自然，又未上蜡。大澂在秦三年，所见砖瓦伪刻、伪造者无奇不有，近所审定，百无一失。若仅见拓本，则未敢信也。是砖未得，非自藏之物，无所袒护，尊论有过严者，不敢不详论之。摹古文字，求似易，求精亦易，求有力则甚难，手临不经意有神似处，影摹经意多形似处，而神采终逊，力亦逊。大澂自摹本较《积古》《筠清》皆胜，恐刻工不良，则大失真，《积古》刻手佳，《筠清》稍次，稍失之肥重，然已不易得。承厚爱，不吝教诲，感何可言。自揣精力尚可求进益，影摹极费力，不专心则不精不似，此一二年无它事，必可尽力图之。收器无力，收拓亦恐不广，唯求诸家臧拓而钩摹之，可扩见闻，可传古，可补许书[1]之未及。海内真知真好，唯长者一人，知我者亦唯长者一人。廉生真好而所见有出入，如尊臧聃敦及大澂所得凤翔方鼎、平安馆趩尊，廉生皆疑之，此不可解。趩尊“扬王休对”，与虢叔钟“旅对天子鲁休扬”同一，颠倒或因误书而变其文，不能以此定真赝。审字审器，次者可疑，见器则易别。又有战国时细弱文字，审拓则伪，审器则必不伪。此在可删之列，而不忍割舍，亦大澂爱古之苦心，然不见器则不敢滥收也。吴子苾先

① 许书：即许慎所著之《说文》。

生[①]藏册、钩本，均不可得见，如致书仲饴[②]，告以大澂意欲借摹。俟它处摹毕再借，则不同者不多，留数日即缴。大澂向不欺诳，亦极爱惜金石文字，不致污损失落，亦不转借它处。如仲饴所有之拓即不复借，尊藏拓册它日编成，先将稿本寄览，有遗漏者再乞校补。李伯盂[③]所得大鼎次于盂鼎者，世无拓本，唯尊处有之，此亦不可不收之器也。明日有津门之役[④]，为三晋赈事筹款运粮极繁琐，不易举办，亲往布置，半月即归。《从古堂款识学》先寄呈二册，恐来足不便携带，以后有妥足[⑤]，乞示及，并奉上古陶释文，它日求教。拓本一束，其有手拓者皆注之，因自拓不得暇，非自拓又不足寄呈，非敢吝也。手复，敬叩起居万福。晚吴大澂顿首谨上。八月廿四日。

吴尊盖经火，在伯寅师处。六字刀无“化”字者至精，已交子年丈阅之。延煦堂器尚有可拓者，归时当借拓。敝藏镜去夏手拓三十余纸，因未拓齐，故未寄。近交子振兄十镜，已十余日，未缴一纸，此拓事之难也。敝处

① 吴子苾先生：即吴式芬（1796—1856），字子苾，号诵孙，山东海丰人，道光十五年（1835）乙未科进士，官至内阁学士。

② 仲饴：吴重熹（1838—1918），字仲怡，又作仲饴，吴式芬次子，同治年间举人，历任各地按察使、布政使，刑部侍郎及江西、河南巡抚。

③ 李伯盂：即李崇鼎，安徽宣城人，曾官兵部车驾司郎中，时收藏有小盂鼎。

④ 津门之役：即后信所谓“赴津门购米为三晋救荒事”。因当日华北旱灾，急需赈济。光绪三年（1877）九月初四，时为翰林院编修的吴大澂奉上谕“克日前赴天津，会同前任天津道丁寿昌，津海关道黎兆棠等筹办一切赈务”。

⑤ 来足、妥足：并前信后信提及“傅足”“原足”之“足”，即当日行脚邮送之员。

别无相助之人，有一仆，拓不佳。子振兄每月赠以二金，简亵可愧，故不敢相促。然京宦贫，况已竭力，唯冀多拓多赠人耳。皮纸封三十，由松竹取来，交原足带上。含英纸货多不备，如尊处取纸不应手，明年可改立松竹折[①]。

二六

簠斋老前辈大人函丈：

前复一缄，又寄上徐氏《从古堂款识学》四册，交原足带呈，计已上达。大澂于八月廿七日出都，赴津门购米为三晋救荒事。初五日还京，适得前月廿四日惠缄所示齐化刀残专二拓，古陶廿四竟有完器六，而三代瓦器得其五，非长者好古之诚，格今契古，安得有此奇遇，可喜可贺。惜不令阮、吴诸老及叔未、籀庄、侃叔、印林[②]一见之，真后生之幸而前人不幸也。瓦器形制，是否作形，或即古瓦尊与？不可不图之刻之传之，为三代文字发此奇闷，自释出求教。近有左里振济之命，敦迫就道，初八往津。先此复谢，敬叩福安。晚大澂顿首。九

---

① 松竹：即松竹斋，琉璃厂中的一家文房四宝店，即今荣宝斋的前身。

② 叔未、籀庄、侃叔、印林：即张廷济、徐同柏、吴东发、许瀚。吴东发(1747—1803)，字侃叔，号芸父，贡生，浙江海盐人。著有《群经字考》《六书述》《石鼓文读》《商周文拾遗》《钟鼎款识释文》等。

月六日亥刻。傅足未知所在，徐氏《款识学》尚有四册，已封固，俟其……（此处疑有残缺，桢[①]注）

二　七

簠斋老前辈大人座右：

九月初旬布复一缄，因傅来运[②]已出都，无从问讯。大澂赴津，留书京寓，又《从古堂款识学》后四册，令家人转付潍足[③]，不识何日寄呈。前交原足带呈复函及《从古堂款识学》前四册，当无失误。此系惠寄古陶拓七百余种之足便，是否即轿夫陈七十？何以九月十九此书尚未达到？两次寓书，皆有徐籀庄遗著，殊耿耿也。昨日舟行冠县道中，由馆陶驿递来津信，附有京寓各书。读九月十八日所惠一缄，承赐古陶拓、瓦登百六十又五十八纸，瓦器廿四又六纸，葆调拓、[illegible]毋忌两面印、齐刀残范、齐造邦无化字刀拓三纸。又读九月廿四日手书，分惠李山农所藏太保四耳𣪘拓，大澂尚未之得。长途跋涉，寒夜无聊之际，得此至宝，心感厚爱，何快如之！古陶文字，日出不穷，大澂细心考释数千言，未尽录出，

① 即谢国桢先生。
② 傅来运：即傅足。
③ 潍足：赴潍坊之邮传员，时陈介祺居潍坊。

兹先寄呈数叶求教之。豆里当即豆量[1]，非地名，[illegible]、[illegible]、[illegible]、[illegible]、[illegible][2]及城阳、蔓阳当系地名[3]。肊说未必尽确，然于古人造字源流，以彝器文字互相印证，似有一二心得处，非深于古者不能知之深。尚望纠其谬，正其误，使古人之心，不致终晦于数千载之下。来书所谓于许书之上集一大成，拟之三代作者。大澂不敏，窃有志于此，所见所闻求其广，不厌其繁，亦不敢自执己见，惟虚衷以求益，寝馈于此，博采旁通，以古鉨、古陶补彝器所不及。尤企长者时赐，启牖爱古传古，以存秦燔后一线之遗。大澂当力求进益，以报知己之感，不敢自隘自弃也。古陶器完者不易得，形制大小当不一。古登是否作豆形[illegible]？阅拓本有平底有不平，字当在器内正中如𣪘文，尚求详示，并约略图其形似，以资考正。新得二鬲一豆，虽无字，亦可见古制。有文如古吉金，尤罕尤可爱。他日如摹刻古陶文字，不可不以完器图形冠诸首，亦考古之一助。煦堂臧印拓有副本，归时检寄。其臧器，拓得一全分，精者皆见，器有十余种，极可爱，未及手拓，后有精拓，必奉寄。幼云[4]臧泉富甚，拓手亦良，在都未与往还，正

① 豆里实即“豆里”二字，为民众所居住之里名。

② 这些都是人名。

③ 即城阳、蔓阳，地名。

④ 幼云：即杨继震（1820—1901），字幼云，祖籍江苏阳湖，隶汉军镶黄旗，官至工部郎中，好收藏，尤以钱币为主。

拟秋凉访晤，不图有拯饥之役也。王以吾[1]前辈亦不甚熟，专力《续东华录》，于史学必潜心。葆调似键之属，与弩鐖异用。弩有钩弦之牙，有纳矢之限，是器无限无牙，似非弩，郭中有机可筦，未知何施？今所见千金氏器、完字器，俗称藕心泉，疑皆键属。“葆调”之名，姑存疑，俟海内博物君子共考之。新得齐刀化范残砖数十，奇缘可喜。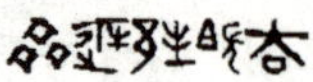刀[2]，无“化”字，甚奇，至宝至宝。无字一刀，尚未见，求赐拓墨。古刀币泉摹刻较易，石查惮烦，幼云有力能传古，大澂可任钩摹，再续一编，不过一月之功，即可集事。明春入都，当与幼云共图之。子年丈无恙，必乐观其成也。以上十月廿五日。卫河水浅，洲渚萦纡，一里数曲，日行四五十里。舟中甚闲，录古陶释文四卷。迭次惠寄八百余种，均已审绎一过，有不可识，有妄疑者，有可自信者，如尊见有所及，求书于眉，有不然，亦求指示，幸甚幸甚。续得各拓再续编，惟至道口登陆后，转运事冗，须躬自督视，又须历太行入晋境，察度灾区，亟议放粮，救死不暇，恐不及舟中之闲也[3]。

---

① 王以吾：即王先谦（1842—1917），字益吾，又称葵园先生，湖南长沙人，同治四年（1865）乙丑科进士，官至国子监祭酒。编有《十朝东华录》《东华续录》（即后文《续东华录》），著有《汉书补注》《虚受堂诗文集》等。

② 此处所论为齐国一枚刀币上的铭文。据研究，这枚刀币的释文为“齐返（也可能是“近”）邦长大刀”，即“大”字。

③ “卫河水浅”一段：所言即吴大澂天津购粮后，运往山西灾区之途径。吴大澂自述光绪三年秋，在津购买高粱七千石，十一月中由卫河至道口，再陆运至泽州等地赈济。此书即作于卫河舟中。

《从古堂款识学》八册，当均鉴及，暂留案头，俟明年二月间寄还不迟。尚有装册百数十叶，半皆阮氏、张氏器，亦籀庄一生所蓄，有拓墨，无考释。当年与籀庄往还论古各家遗札，并装册内，明春当寄呈也。手复，敬请著安。余详别纸，不尽宣悉。晚生吴大澂顿首。冬月朔。

叠布复函，论古之语，千百言不能尽，它未暇及。承示《珂乡救荒记》及《邑侯公牍》[①]，所详担粥济贫，法良意美，非如公之心精力果，不能始终详密，实惠及民邑之人，感念不忘。在治人不在治法，天下事得人则理，荒政其尤难，尤非实力不可也。所论诸弊，皆阅历有得之言，谨奉教以行。惟晋省所患者灾区太广，费不足，粮亦不足。南路平阳、蒲州各属，东接秦封，南毘豫境，两省与晋接壤之处，皆属奇荒。雍绛无泛舟之路，不遏籴而无粮可购，千里荒区，竟成绝地。闭户饿死者，耳不忍闻，草根树皮，罗掘殆尽。民无盖藏，地无颗粒，外无转输，□□赤子，安所得而存活。大澂于七月间始创运粮之议，无应之者，合肥相国[②]亦以费重运艰为虑。所费诚巨，所运诚无补，然多运一石，多活一命，非粮

① 《珂乡救荒记》及《邑侯公牍》：《珂乡救荒记》即家乡救荒记，《邑侯公牍》即县令公牍，其书今不可考，惟知为陈介祺寄给吴大澂借鉴之荒政书籍。

② 合肥相国：即李鸿章（1823—1901），字渐甫，号少荃，谥文忠，安徽合肥人，道光二十七年（1847）丁未科进士，官至直隶总督、北洋大臣，封一等肃毅伯。因李鸿章为合肥人，时为文华殿大学士，清人将内阁大学士拟为宰相、相国，故称合肥相国，下文合肥亦指李鸿章。

不足以救饥。即远来之粮，其值昂于本地市价，亦当远运以济其急，而不宜就地采买也。九月初奉命赴津会办赈务，即于重阳出都，尚无赴晋之说。津门总局，筹捐筹运，不乏长才，与其滥列吹竽，不如亲历被灾之地，广为设法，尽一分心，或有一分实际。因思晋省南路需粮尤急，由河南浚县之道口，至修武县之清化镇，可达平阳一路，与泽州、潞安二府尤为近便。大澂力任其难，购得高粱七千石，先为试运一次。于九月杪由津开驶，初十抵德州，十七日始达临清，廿六日泊龙王庙，明日可至浚县，即拟由陆用车转运，此大澂督运晋粮之源委也。晋省赈粮有三，一系奉旨截拨江安漕米四万石，合肥奏请改拨明年江广漕粮五万石，由招商局[①]垫价代购代运者。大澂所运糙籼四千石，及后帮续运小麦六千石，即此江广之粮也。一系招商局平粜之粮，由奉天购到高粱小米，由南省购来白籼、小麦，运至保定，转运获鹿，交晋省委员接收，即照原价加以脚费[②]，由晋省给价购备赈粮者。一系大澂在都集捐之款及南中善士醵金相助，由奉天采购高粱七千石，所需运费约一万四千金左右，即此次自运之粮，拟赴平阳亲自查户散给者。晋省运道亦有三，一由保定运至获鹿，或于泊头镇起，陆运赴获

① 招商局：即轮船招商局，1872年李鸿章在上海主持创办，除航运业外，招商局还涉足其他事业，尤因其官督商办性质，可为清政府处理财务事宜。

② 脚费：运输费用。

鹿，转运榆次，可济太原、汾州、平定州各属。若拨南路，则太远，山路至险，运费亦较重也。一由邯郸之苏曹镇，运至山西黎城县之东阳关，可拨辽、沁二州及潞安、泽州各属，均不甚远。一由道口至清化镇，可达西南平、蒲、霍、绛各属。计前后招商局所运公私各粮皆赴获鹿，不下三四万石，北路自可无虑矣，南路数十州县饥民专待大澂所运之万余石，真属杯水车薪。又以天寒水浅，舟重运迟，缓不济急，无计可施。所经豫省卫辉一路，饥黎遍野，间有聚众掠食之徒，不知何时安抵平阳，寸衷惴惴，寝食不安。三晋奇灾，自古未有之事。数千里跋涉运粮以济民食，亦从来办赈所未闻也。区区数千石，若交地方官按照各县各乡均匀给发，一家得数升，并不能救活一人。鄙意拟择极苦村庄，查明极贫户口，每口给粮二斗，尚可度此残冬。计二千石可活万人。其势不能博济，惟有行其心之所安，尽其力之所能逮，救得一家是一家，保得一村是一村，如是者而已。子振兄邀与同行，此等事能吃辛苦者，亦不易得。所带三四人，可资臂助，弹压保护不能不借力于营弁也。途次泐布，不尽欲白，尚望教其不逮，至为企祷。晚大澂谨又启。仲冬朔日。汤阴道中。

以后惠书仍寄都门，由敝寓家报中转寄津局，必无失误。大澂出都后，因寓中皆妇稚，无亲族同居，属通家晏海臣安澜农部[1]来寓代为照料。海臣陕西镇安县人，新科进士，并亦附闻。子振之文郎到京，闻有腊月完姻事。适与子振相左，已属晏海臣代措二十金为回潍之资，想冬月底必可遄归矣。

二八

簠斋老前辈大人执事：

去腊廿三日，在凤台县之周村接读十一月初六日手书，承寄铅扶比布十斤贝化，𢼸鉨拓各二纸，至感。适以腊杪感遇风寒，一病四十余日，音问久疏，仅以所释古陶寄京，由东甫同年[2]转达。此次由晋旋津，在京憩息三日，始见傅来运。寄到古陶器完好无损，又得续寄陶拓，并由东甫处取来十月三日惠缄，承示陶拓一封，连前所寄，共领到七百卅七纸。分类粘册，实为三代古文一大观，敬谢敬谢。属购一间楼[3]丝带三条，照原式各加长四

① 晏海臣（安澜）农部：即晏安澜（1851—1919），字海澂，号丹右，陕西镇安人，光绪元年举人，光绪三年（1877）丁丑科进士，清末官至度支部参议、丞，民国曾任四川盐运使。此时晏安澜甫中进士，分发户部山东司任主事，故称农部，其中举在吴大澂提督陕甘学政之际，故有师生之谊，后甲午战争中亦随大澂办理军务。

② 东甫同年：即徐会沣（1837—1905），字东甫，山东诸城人，历任光禄寺卿，各部侍郎、尚书，工书法，颐和园中还有其手书中堂，因与吴大澂同为同治七年进士，故称东甫同年。

③ 一间楼：疑济南“一间楼”店，主营纺织品及针线等，道光年间开办，专门的丝带店虽于光绪十年开设，但此前早有丝带销售。

寸，封固交存东甫处。如尚未到，遇有专足，赴京向取。闻东甫抱恙，匆匆未及往晤，廉生亦仅一见，即有巴蜀之行①。瓦器圆底者当是量，完者难得，虽无字亦可宝。如有续收，敬乞代购数器，价值当寄缴。求书数字于上，倩工刻之，可垂久远。向疑蚁鼻泉即古贝，“十斤”文不可解，或即六化四化之意。鉨文多奇字，当皆六国时制，乞教之。大澂由豫入晋，所经数千里，属子振兄相助，求古一无所获。泉镜砖瓦，竟至绝响，古器多无字。近于津门得汉官印二，建始长印，别部司马。此外无所见也。大澂去冬督运赈粮，由河南浚县之道口镇，转至河内之清化镇，始闻泽州所属凤台、阳城饥民最苦，有人相食者。屡接曾宫保②书，属为分拨凤、阳各四千石，翼城二千。至腊月五日，由清化至凤台，所过各村庄，道殣相望，从未见如此惨苦。道旁妇孺，面多浮肿，奄奄一息，命在旦夕之间。有数武③即倒者，有倒地而气未绝者，有一室之中数人僵卧半生半死者，有全家饿毙而人不知者。以一村计之，春间有千余口，至冬仅存三百余口，并无

① 巴蜀之行：指王懿荣赴四川。据《王文敏公年谱》，王懿荣之父王祖源时任四川龙安府知府，光绪三年八月，王懿荣夫人黄氏病故，四年三月，王懿荣请假赴龙安河亲，并将子女一双带付其父照看。

② 曾宫保：即曾国荃（1824—1890），字沅甫，湖南湘乡人，曾国藩九弟，随兄参与平定太平天国起义，统湘军围攻天京，城破后，加太子少保衔，故称宫保。曾国荃时任山西巡抚，故致书吴大澂，布置救济。下文所称曾沅帅亦即曾国荃。

③ 数武：即数步。古代以六尺为步，半步为武。

流亡在外。所见灾黎，讯其口数，或已死八口，或已死十余口，闻之辄为下泪。其时天寒河冻，远道购粮，缓不济急，地方官所给，月不过三斤，日不及一合[①]，如何存活。大澂仅存高粱千石，白米千石，即就所有之粮，赶为设厂放馍。以干面三两蒸馍一枚，约重五两，大口给二馍，小口一馍，择其至苦之地、垂毙之民，查户散给。自腊月望日开厂，陆续添设至二十六处，每厂收二千余人，多者至四五千，共养十万余口。以凤台、阳城两县而论，向隅尚多，只能尽此心力，保得一村是一村，救得一家是一家。赈粮不足，就近在豫境采运接济，其款由津、由鄂、由苏各省协助。飞函告急，大声呼吁，幸尚不致间断。盖正、二两月东漕尚未达晋，正在青黄不接之时，若不急为援手，又将饿毙数万人。大澂身历其境，不忍坐视，驰驱风雪，往来于太行、王屋之间，不及一月而病作，又为医者所误，多服柴河[②]，表散太过，气弱不耐劳苦，至二月初旬始得复元。旋由泽州前赴太原，与曾沅帅筹商一切，于三月十二日回津。子振兄尚在清化经理转运事宜，果敢有为，不惮烦琐，颇得指臂之助。凤阳各厂所需赈粮，计可敷衍至五月中，若再不雨，后难为继。恩旨续拨南漕十万石，苦于转挽不能迅速。晋、

① 合：计量单位，十合为一升。

② 柴河：即柴胡，用以表散风寒。

豫、直三省官粮，见有五十余万石，皆须由析津分路转输。舟车两缺，驴骡日见稀少，立夏以后驼只归厂[①]，运事益形棘手。此时不患粮少，只患运迟，百计图维，竟无良策也。直属灾区，以河间之阜城、交河、献县、东光、景州五处为最，重不减于晋、豫。合肥相国昨又奏请大澂督办河间赈务，月内即拟前往。奔走之劳，固不敢辞，惟地瘠民贫，灾广费少，恐难博济。幸南中来有善士十余人相助为理，即去岁在青州办赈诸君，或较州县吏胥稍有实际也。十五、十八两日，津郡得雨甚透，农民或有生机。购种分给，无此巨款，查田编户，均非仓猝可图，求密必迟，求速必疏，二者难兼，未知长者何以教之。手复，敬请著安。不尽百一。晚生吴大澂顿首上。三月廿一日。

顷至北关闲步，购得古玉鉩，色泽文字制作并皆精美，其纽与汉印覆斗略异。玉质润而纯白，字口内微有浅色，此古鉩中不多得之品。当即“事”字，字不可识，求教之。鼎尚在厂肆，索值百五十金，无人过问，可徐图之。湖水色高骊笺[②]，厂中惟松竹斋有之，随时可购。尗向父簋，煦堂近颇宝贵，伯寅师欲易之不可得。《从古

① 立夏以后驼只归厂：清代内务府上驷院、兵部车驾司和太仆寺等机构，都有马厂、驼厂，牧养马匹、骆驼，以备使用。清初即规定，每年立夏后四日，将酌定数量的马、驼赶赴口外牧场，择水草丰肥处“出青”，深秋八月再行赶回。吴大澂所谓“立夏以后驼只归厂”，即指原先运粮所用骆驼，根据规定将赶回驼厂，按时出青。

② 高骊笺：即高丽笺。

堂款识学》八册，由舍亲沈韵初舍人处检出①，本未装订，惟两册有目，余皆未编，乞阅后先行寄还。尚有裱册数百叶，均系拓本及往来书翰，并无考释，因系散叶未粘连，不敢取出，如欲一阅，当再觅寄。徐氏所蓄，大约尽于此矣。河间之役，两月能否竣事，尚未可知。西北壮游，须俟赈毕再定行止，夏前尚难计及，即送眷回南，亦在七八月间矣。如蒙惠书，请交县署径递河间，较为便捷。大澂再启。

子振兄爽直勤干，颇自检束，亦不过饮，因属押运曲兴集。距汴省七十里。所购赈粮尚未竣事，并留司事数人在泽州各厂，均极公正好善，子振兄亦得友朋之助。凤阳赖令来函，尚拟多留一月，计五月中可与诸君子结伴同归。大澂留赠盘费三十金，它日到津，仍拟邀至河间也。晚大澂又启。其世兄开运如有所需，乞代付十金，由大澂处寄缴。

① 沈韵初：即沈树镛（1832—1873），字均初，一字韵初，号郑斋，川沙城厢（今上海浦东新区川沙镇）人。咸丰九年（1859）中举，官至内阁中书。收藏书画、秘籍、金石甚富。沈树镛是吴大澂的妹夫。

二九

簠斋老前辈大人左右：

廿一日泐布一函，用马封[1]递上，未知到日迟速。河间所属，与齐接壤，一书往复，不及十日，邮筒当可无误。廿三日由京寓寄到二月廿七日手书，知前寄古陶释四卷已达尊览。去冬舟行卫河中，颇得暇日，今春驱车晋燕，风尘满襟袖，未得展卷稽古。长夏轮蹄稍息，督赈余闲，当访君子馆[2]故地残砖零甓，或有所获。古鈢古陶尚可续释求教也。承惠陶拓二百七十二纸，陈釜、秦诏、古鈢拓十一，敬谢敬谢。疑地名，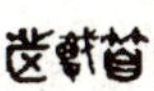似器用名，或即“市”字，小篆作。尊论即“前刍”，从，即“丵”省，即“簒”省，皆与鄦见同。字未敢定[3]。与、皆相类，古陶即古鈢文尤可相证[4]。即《说文》引《周书》“常敀常任”之“敀”，瓦文，鈢文，“左敀”“右敀”当系军中官名，即“卒”。

---

① 马封：当日驿站传递公文，使用棉纸制成之专门封套，上面以文字说明投递速度、要求等，通称“马封”。

② 君子馆：即汉河间献王君子馆，位于直隶河间，同治时曾在毛公墓出土过数块“君子砖”，故吴大澂希望去君子馆故地寻访是否还有遗存的“君子砖”。

③ 此处所论为一方齐国官玺，著录在《古玺汇编》0156号，释文为“清陵□職筲市（师）”。

④ 此处所论的分别是齐国官玺、铜器、陶文中的文字，著录情况可参看《古玺汇编》0233号、《集成》10374号和《古陶文汇编》3.488–3.495。它们可以分别释为“子栗子”“子和子”“子褱子”，“栗”“和”“褱”均系姓氏。

即“军”，惟字屡见，究不可识[①]。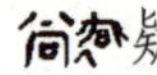疑“尚臧人”三字[②]。鍪器是否完好？陈釜残字至佳，其制当同陈猷釜。三代古陶文字集至二千六百余，其富莫京，大澂得见全拓，获多识之益，私自庆幸。前释四卷内有误妄处，久之自悟，如[③]下一字当系人名，四字虽有增损，疑即一字，释“荐”未确[④]，昔释“射”，今释“众”。如欲编刻，择其完者，汰其复者残者，亦足传古信后。且卷帙不繁，易于集事，不知大澂能与其役否？若今秋不复西征，得一年之暇，尚可肆力于古也。除前由历邮寄之书至今未到，不识浮沉何所。《长安获古编》原本，旋京即寄缴，尚有从古堂藏拓裱册，有《款识学》未及者，亦可寄阅。盂鼎未及手拓，时以为憾，它日入都，可图手拓数纸，必有以报命。退楼所藏齐侯二壶，向无精拓本，去春里居时亦当面错过也。明日即赴河间，束装匆促，不及缕述。此次查赈以察弊为主，牧令中有办理未妥处，随时与之筹议。亲赴各乡访察民隐，上下不致隔阂。合肥相国疏请特旨截拨南漕[⑤]十六万石，为直属二十九州县

① 此处所论为《古玺汇编》0196号著录的一方齐国官玺中的字，释文为“輤鑢右攺”。“鑢”字有多种释法，或可释为“聚”。

② 此处所论为《古玺汇编》0328号著录的一方齐国官系。据研究，此二字实为“尚路”，可能是《周礼》“典路”的异名。

③ 即“楚郭鑢籔里”。

④ 此即“籔”。

⑤ 南漕：即南来漕粮。

灾区发赈之需。日前粮米不少而舟车甚缺，转运不能迅速，即近在数百里间，亦多周折也。如蒙赐书，径递河间府城，即用县署马封亦可无失误。手复，敬颂起居百福。不尽欲白。晚生吴大澂顿首。三月廿五日。天津□□。

三十

簠斋老前辈大人有道：

三月在津寄复两函，不识何时可至。大澂自月初周历灾区，由任丘、河间至献县汉宫遗址，君子旧馆，无可寻访，阜城、景州流民毁屋而去，雨后无归耕之人，殊可怜悯。今日由吴桥至宁津，见有潍县长盛堂收买古书处，询之则已行矣。贵乡距此五百余里，瞻望德星，恨不能插翼而飞，一亲颜色。此行几及千里，所遇集期，留意古陶器竟无所得，仅于景州获一子母印失子及无字汉竟，何古缘之浅也。牧令给振，病在迟缓，苦口劝谕，大为费力，弊则去其太甚而已。如有赐书，求寄河间，以后总在交河日多，不住郡城，涂次不及详述。敬请著安。晚生吴大澂顿首。四月廿三日。

近无见闻，所得顾子嘉寿[1]臧拓墨，有重者检寄十纸。钟、盘、角、壶皆曹氏物，中伯壶致佳，失盖，与尊臧一盖同文，当即此器。以后在津之日较多，惠函或不及即复，弟二次取复书当不误也。

三一

簠斋老前辈大人有道：

廿三日在宁津奉寄数行，付邮筒[2]径递贵县，当可速达。月杪由京寄到四月四日手书，又别缄三纸，署初五日，当系同发。所示[3]，至佳。当即“徒”之异文[4]，从“者”省，见潘臧齐镈。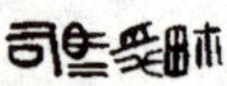[5]，弟三字上半似“受”，下半泐不可辨，此官鈢，与向所见略异，字大无郭。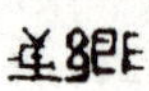自是汉印，近隶，亦所罕见。镜范三，至奇至宝。此见求古之力，使齐鲁之田父牧竖皆知古文字之可重，不任委弃瓦砾。地不爱宝，将日出而不穷，大澂何幸，得亲见之。又自愧所历之地较广，而搜罗之功

① 顾子嘉寿：即顾寿，字子嘉，浙江南浔丝商富豪顾福昌之子，继承父业，开办旗昌缫丝厂等，任上海丝业公所董事长，又喜好收藏，尝请邹寿祺为其藏器编《石林山房彝器文字目》。

② 邮筒：装信之竹筒，后亦泛指邮寄。

③ 这是一方齐国官玺，著录于《古玺汇编》0282号，现藏于北京故宫博物院。

④ 此字有学者释“遂”，指乡遂之遂。乡遂是西周春秋时期的城乡社会组织。

⑤ 这是一方楚国官玺，著录于《古玺汇编》0042号，释文为“司马卒鉨”。

不逮长者远甚，或诚之不至，抑亦缘浅，无此福分也。瓦登三十纸，惟未见，右二字当即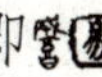，左似从从言[①]。客中得此精拓，心目俱快，敬谢敬谢。二月廿七日。

惠缄已于三月廿三日由京转寄津门，惟陶拓一封及此次所赐陶拓刻联当在京寓，未与书函同寄。都下书皆由信局寄津，再付邮递。摄天津令王璞臣同年[②]，甲子举人，丙子进士。乃大澂二十年道义之交，今之循吏，其署中帐房陆振之又大澂之至戚，如有专足道出津门，即交县署陆振之，必无失误，南北往来书翰多由津转也。除前所寄一书，由历转丹初先生[③]处，至今未至，盖河东邮足较迟，丹翁亦不常通问耳。寄还四十金，且愧且歉，前后所赐古拓不可以数计，多未缴值，即拓人亦当有以奖之，以后新得之品，尚冀时惠拓墨以扩见闻，此区区者而复掷还，无任惶悚。前在秦中，曾于瞿经孳处见木夫先生[④]手拓镜幅，有镜范一，未敢定其真赝。以此类推，汉镜皆有范，

① 即“城阳□”，城阳是地名。

② 王璞臣同年：即王炳燮（1822—1879），字（一说号）朴臣，又作璞臣，祖籍安徽歙县，同治三年以江苏元和籍中举，光绪二年丙子恩科进士，官至天津县令，与吴大澂同年中举，故称同年。

③ 丹初先生：即阎敬铭（1817—1892），字丹初，陕西朝邑人，道光二十五年乙巳恩科进士，历任山东巡抚、户部尚书、东阁大学士，在军机处、总理衙门行走，谥文介。阎敬铭时为山东巡抚，又受命办理赈务，故与吴大澂有往来。下文“丹翁”亦指阎敬铭。

④ 木夫先生：即瞿中溶（1769—1842），字苌生，号木夫，江苏嘉定人，钱大昕女婿。瞿中溶著述颇丰，有《三礼石经辨正》《汉武梁祠堂画像考》《集古官印考证》等。瞿经孳，即瞿中溶之子。

范必至精。不遇赏鉴，亦韬采于沙石中，无复顾问耳。香涛[①]访得汉石，即吹角坝摩崖，有建安年号，蜀人俗呼夜郎碑，想尊处必有燕翁旧拓[②]。香涛拓不精而秘不示人，闻其遣工凿取，舁置学署，似未携归沧州南皮间。新出刁君墓志并未之闻，当再询之。都中汉器及印，大澂亦力求之，佳者绝少，即可得可失之品，值亦奇昂，玉印则从未见及。去夏得无字玉印七，其四已磨，必有字而毁于俗子，甚可惋惜，惟玉质多不佳，又无红浸。同乡顾骏叔[③]藏有全红色玉印，至可爱，文则细弱，不如敝藏之赵贤、王逞、苏步胜[④]，大澂欲得之而未果。骏叔好古泉而印不甚珍，与愉庭丈为至戚，或可得之。其所藏十数印，余皆可笑也。张诗舲、许少珊[⑤]藏印皆未见拓，闻景剑翁所收旧玉甚富，亦未见。秦中尚易得，都下则无佳者。从古堂之刻，集资不易，校勘亦难其人，刻工尚在都中，留之慈幼堂属其教刻。徐[⑥]释厝鼎何以不见原书？尊处有钞稿否？羊毫笔、高骊笺，入都即代购。手复，敬请著安。

① 香涛：即张之洞。

② 燕翁：即刘喜海，字燕庭，故尊称燕翁。

③ 顾骏叔：即顾承，江苏元和人，字骏叔，号乐泉或乐全居士。顾文彬之子，苏州著名的收藏家。

④ 此处所论的这方陶文可以参考《古陶文汇编》3.533号。

⑤ 张诗舲：即张祥河（1785—1862），原名公璠，字元卿，号诗舲，今上海松江人。许少珊：即许诵恒（约1820—约1888），原名许严，字倬甫，号少珊，室名寿石斋，浙江海宁人。道光十七年（1837）举人，官至长芦盐运使。

⑥ 徐：即徐同柏。

言不尽意。晚生吴大澂顿首上。五月五日。

正作复间，由河间府递到四月廿二日手教，并录见寄书稿，拳拳雅意，感何可言。子振兄家用，知已代付十金，俟入都后寄缴，前已作书告慰之。凤台设厂尚未撤，大澂所带司事数人，府、县坚留之，不忍舍去，均尚得力，寸心藉以少安。河间各属，灾广民贫，粮缺费艰，事繁人少，官疲时缓，欲速不能，迟又不可。自揣精力，专任一县之赈或可稍尽此心，合一郡而总理之，安得事事周密。言其大略，约有数病，牧令中长厚而颟顸者居多，一二勤吏疲于词讼，命盗各案无日无之，不能专心办赈，一病也；上年秋收并无二成，年岁一亩收数升，至多者二斗，全境皆然。州县报灾过轻，强分差等，实则三四分歉与六七分灾毫无区别，已报灾歉与未报灾歉亦大略相同。既不全报，即不普赈，竟有极苦村庄死亡殆半，至今颗粒未领，二病也；合肥相国轸恤民艰，不拘定例，已于三月中通饬各州县，一概停征，一律赈抚。然向之所谓成熟村庄，并未清查户口，此岂仓猝可图？故领粮已到，户册未齐，多寡不能定数，迟延之咎即严催亦未如何，三病也；放赈之原，以查户为最要，以户口核实为最难。州县平日不知留心遴选绅士，辄以为绅士无公正者，其所信则书吏耳，官亲、幕友耳。此时领粮，需人放粮，需人查户，又需人同城教佐，亦属寥寥。既不能多请委员，又不肯多邀绅士，若必遇事躬亲，何日得了。名为清查，实多草率，四病也；州县始以粮少人多，不敷分散，删减户口，往往过严，亦有拘泥每户不得过三口之例，人多之户所得无几。大澂访察情形，冒滥之弊少，遗漏之弊多，若吴桥吴令[①]但责村董造册，并未亲查，或滥或遗，皆所不免，五病也；各州县所领之粮，或就水次给发，或运城中开放，势不能使贫民扶老携幼，各户各领。大率由村董、地保一总领回，公同分散，或用小车，或用大车，既需运脚，即须派费。村董、地保之图利者藉此敛钱，克扣分肥，弊端不一，甚至每口扣粮一斤半至二斤外不等，贫民所得更少，六病也；河间民力最为拮据，各属流亡在外之户不下数十万人，查户则计口授食，必将逃户扣除。闻赈归来户口最难稽察，补不胜补，查不胜查，稍宽则已领者又来冒领，过严则后来者必致失所。前经大澂咨请合肥相国转咨顺天府及札饬各局司道，查明京城、保定、天津各粥厂所有外来饥民，资遣回籍时，每户各给护票，填注县名、村名、口数及左右邻，造册分送各属，即由各州县验票放粮，随到随补，不致向隅。此外，往来邻县及逃至南路山左地方，并无执照可凭。村董惮其烦琐，不为补报，州县防其冒滥，不敢遽收，因此进退维谷，奔驰于道，数日不得一餐，倒卧路旁，

① 吴令：吴积鋆，字春生，浙江钱塘监生，于光绪二年（1876）任吴桥知县。

奄奄一息。大澂目击情形，竟无良策，七病也。大澂周历各乡，严加稽察，一月以来，车无停辙。惰者警之，缓者促之，有弊则惩之，不足则请益之，人少则群助之，过严者导之以宽，窒碍者改弦而更张之，未暇求密，以速为贵，未暇防滥，以救死为急，在任邱则逐其劣幕，在故城则诛其劣董，并请合肥严札记过。惟吴桥户口未查，竟无急就之法，该令专以公牍文字见长，一味粉饰，从未下乡亲查一次，粮到不发，玩视民瘼，殊堪发指。虽经摘顶[1]，勒限严催，恐亦无补于事矣。现在交河、东光筹给籽种之资，自当择其有地无力者，按亩匀给。然极贫之户并地而无之，目睹颠连，忍而不予，问心终觉未安，不能不量为变通，于籽种之中仍寓抚恤之意。总因赈粮不敷，未能无憾，不敢太严耳。近因查户无善策，苦思数昼夜，得一简捷之法，已亲自试行，流弊当少。每至一村，就其空阔地方，令贫户大小男女团坐于地，一家聚于一处，先择其衣服整齐、面无菜色者，遣之使去，有非本村土著，与众共逐之，再择其困惫不堪、全家饥饿者，次弟给票，间有外出之人，众论以为不妄，察其真苦，按口给之，非真苦者，除其出外口数，闺女已嫁者不给，防其两村重复，家有病人，验明再给，已领票者，即令回家，不准杂厕其间。所余次贫之户，可给可不给

① 摘顶：即摘去顶戴。

者，或酌减其口数，或竟汰之。虽有一百余户，顷刻可竣。在众目昭彰之地，村人只有此数，一杜往来复领之弊，二杜亲戚冒充之弊，即极贫次贫，相形之下，一望可知，即改换破衣而神色不类久饥者，皆可删除。虽系貌相，亦觉平允无大出入，较之按户编查，事简而弊少，惟大村大镇多至数百户者，此法亦恐难行。质诸尊见，以为然否？求教之。穷乡户少，村董每多朴实，所造之册有一口不增减者；城厢大镇，易于藏弊，董事似乎明练，出入衙署，最多狡猾，若事前实力讲求保甲，则清其源矣。大澂谨又启。

如蒙惠书，无须由历转递，即用县署马封，上书贱衔，注明递至交河县探投，不及十日可达。大澂不复在郡城设局，恐与各属相距较远，呼应不灵，惟交河为设中之地，与献县、景州、阜城、东光皆在百里以内，半日可达。河属灾区以阜城为重，景州次之，献、交、东又次之，其余六县较轻之地未能兼顾，恐精神不及贯注，必致顾此失彼，不得不权其轻重也。劝办开井，亦须躬自督率方有成效。再请台安。大澂再拜。五月六日。

三二

簠斋老前辈大人杖履：

六月初七至初九日，详复三十二纸并检寄封泥拓八十纸，虎、龟、鱼符拓十四纸，因无入都妥便，尚未封寄。兹有昌邑县民苏先贤回东之便，求给一书以免途中盘诘搁阻，因将关中友人寄到吉金残瓦数种拓呈鉴定。兹附古币、古鉨拓二封，币文多不可识字，求教之。空首币小币字多者，均不易得，惜乎鲍子年丈之不得见耳。雨后酷暑，案牍稍闲，泐此奉寄，不知何日可到。敬请道安。晚吴大澂顿首上。七月八日。

斁狄钟拓。

五铢泉铜范拓。

兴定宝泉铜版拓。

鹿瓦。永始元年残瓦。永三年残瓦。

居摄残瓦。甘露残泉范。

空首币两面五字。乘垣一釿[1]圆币。

[2]鉨。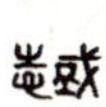[3]鉨。

以上皆关中友人杨实斋[4]代购，寄至都门。光绪八年

① “乘垣一釿”为古币上的文字。下同。

② 据研究，印文即“中（忠）身（信）”。这是一方吉语印。

③ 即“志戠（？）”，人名。

④ 杨实斋：西安古董商人。

六月十八日。领饷官[①]由都带来。

奇字小币。虞一釿币。[②]一釿币。[③]一釿币。

[④]鉥。以上皆旧藏。

，，，，，以上五鉥亦今春所得。

三三

簠斋老前辈大人左右：

六月初三日奉到五月廿三日手书，系由河间转递交河，若径达则不及十日可到。承示复赈事八纸，至感至感。地方官办赈，真心少而具文多，故不耐烦，不用心体贴，不能真知民间疾苦，不如好善之士，以救人为乐而自忘其劳苦，以民命为重而不嫌于琐屑。凡事以真为贵，真好古则有真知，真爱民则有实惠。河间绅士绝少相助之人，不如贵乡，谊重桑梓，官绅协力，呼应较灵。大澂始意不过提纲挈领，任督率稽查之责而已。及周历灾区，实见办事人少，拘泥迟钝，动为民累。即如放钱

① 领饷官：军中负责领饷之人。

② 据研究，此即“魏”字，地名。

③ 此即“枱”字，地名。

④ 即“登画”，人名。

一节，非预为措备不能源源接济，本地无钱可换[①]，须至数百里外，舟车并运，稍一间断，老弱贫民忍饥守候，受累不浅。前月在吴桥放给京钱五万余千[②]，随查随放，半月而毕，最为迅速。以一身任一县之事，尚能周妥，若兼理数县，同时并举，势必顾此失彼。且一时无此巨款，不能不枝枝节节而为之。先其所急，次及其所轻。敝同乡李秋亭司马[③]由阜城而及景州、东光，近又兼办武邑、故城，大澂以交河、吴桥为己任。昨来宁津，已派司事赴乡查户，献县则有盛杏荪观察[④]分任之，惟筹款则由大澂总其成。先后上书合肥相国二十余函，发棠之请，至再至三，请益不已，继以代筹，代筹不及，继以借垫。陆续借拨海防经费八万余金、以南省丝、茶各捐作抵，尚有不足。

① 无钱可换：清代货币大宗用银，小宗用钱，大体如双本位之制。朝廷赈灾放钱，因同等价值之银两远较铜钱为轻，故需携银两抵灾区，换钱发放，百姓方可用钱分散购买粮食等生活保障品。

② 京钱五万余千：清代除了制钱之外，还有各种实际的钱币和拟价货币单位，京钱即其中之一。康熙年间曾铸造一种比制钱更轻的小钱，主要在京津地区流通，晚清时期京钱成为一种不存在实物的拟价货币单位，一吊京钱大体等于半吊制钱。清代钱币单位，除了单个的称“文”之外，还有一种常用单位，即一千文等于一吊，因其数量，也被称为“千”，故此有“五万余千”之说。

③ 李秋亭司马：即李金镛（1835—1890），江苏无锡人，字秋亭，故吴大澂称其为同乡。李金镛曾办理西征粮台，后经李鸿章派往吉林，长期为官，参与过中俄勘界、漠河金矿的开采，此时以捐输所得同知衔，主持民间义赈，同知雅称司马，故名。

④ 盛杏荪观察：即盛宣怀（1844—1916），江苏武进人，字杏荪。盛宣怀长年追随李鸿章，办理过纺织、铁路、电报、冶炼、新式学堂等产业和事务，历任津海关道、邮传部尚书等职。盛宣怀时奉李鸿章命，以道员办理赈务，道员雅称观察，故名。

李秋亭集捐四万余金、都中同志捐寄万余金、他省协助万余金，所放之钱几及十五万金。宁津、故城二县，尚须续凑一二万方无遗憾。去冬至今所拨赈粮，河间十一属亦有十四万余石，似不为少，此皆州县所放，未能尽善。大抵侵冒少而遗漏多，大澂所谓过严之弊在此。州县不能亲查户口，辄责村董自行删汰，送册到署。胁之以威，肆行鞭责，村董情迫，多将册内抽去数叶。贫民之不得领赈，误于村董之畏罪妄删，实误于州县之任性用刑，此吴桥县事。此有心之遗漏也。乡曲小民，或一村无识字之人，造册必延书手，纸张费用，按户摊钱，其逃亡之户，无人代为出费。户册无名及闻赈归来，州县之精细者，按籍而稽，有则补而无则不补，其颟顸者，概以为浮冒而拒绝之。即询诸村董，有实告，有不实告，此无心之遗漏也。大澂以为查赈易而补户难，竟无善策，惟有察其情迫者给之，即有重复，总系极贫，面无饥色者不补，即真遗漏，亦在可给可不给之间。如平日讲求保甲，有册可凭，此等弊窦较少。然吴桥之病，病在先办保甲，非亲历其境，不知其致弊之由。去年办保甲时，该令于公牍文字，至为周密，其实借此沽名，仍系责成村董自行造册。乡民惜费，往往一百户中仅填六七十户，其不出费者不入册，以为无关紧要。及至领赈，悉以保甲户牌为据，不准多开。村董之长厚者，不论榜内有名无名，即以合村所领之粮，均匀散给，故升斗数目与县官所给不符。亦有村董照榜给粮，则保甲册内未开之户均不得领，此办理保甲不善之故，自以为无弊而弊更甚也。大澂所放之钱，均由贫户自领，不涉村董之手。按户给发，略为费事，久则自熟，每日可放二千余户，不致稽滞也。手复，敬请道安。不尽百一。晚生吴大澂顿首。六月三十日，宁津赈局泐。

前函书就，适以赈事冗集，筹款运钱，往来书翰，络绎于道，均取办于一手，日不暇给，未及缄付邮筒。今日事稍间，特检玉印手拓十二纸，寄奉鉴赏。此外一无所得，亦无所见。闻近创收买棉衣之议，每逢市集，派人赴乡收衣，有时亲自赴集，烂铜破铁中无一古缘，即残砖断瓦亦竟寂然。据土人云，去年间有古器，多为齐鲁人购去，益佩长者搜罗之功为不可及也。愉庭丈来书，谓尊藏古陶已得二千余种，想新拓墨本必蒙惠寄全分，陶图不可不刻，以完者冠首，残片附后，文同者可汰之，精刻足以传古，足以信后。大澂俟振竣后，得有余间，当罄所知，乐助厥成也。四月廿二日赐书，前月由京递到。父戊爵至精，与同意，疑 为“火”之象形，或即“尞”之省。宸豫门龟符，开閅俱完，至可珍爱。苏亿年曾言之，梦想已久。武氏铜符绝少，愉庭、子年丈各藏其一，尊藏二品，大澂亦得其二，海内异宝，

皆前人所未见。左武卫将军鱼符一，朗州、滑州各一，精拓可喜。陶拓五十二中有异文，字作，移丿乀于外，甚奇，作亦奇[①]。字小而精[②]。为积画字，或释“菁”，求教之。竟范绝无仅有，宜仿刘氏宝化范制椟，铭之“永为世宝”，敬谢敬谢。廉生入蜀，都门少一同志，通闻亦不易，念之甚切。大澂当于八月初入都，《长安获古编》稿本拟即交东甫转寄，《从古堂》八册望于中秋左右寄还为感。宁津距潍不远，不获假道奉访，瞻望德星，无任依恋之至。原札饬胥录稿寄上。晚大澂再拜。七月初九日。

三 四

簠斋老前辈大人阁下：

七月中在宁津泐寄一缄，当达台览。大澂于八月杪由津入都，德薄运蹇，连殇子女[③]，心绪恶劣，郁郁无可语。自古名不副实，为造物所忌，惟有恐惧修省，自讼其过失而已。知己如长者，当亦闻而怜之。近晤东甫，知潍

---

① 此皆“陶”字。

② 即“东酷里安”。“东酷里”是陶工所居住的里名，“酷”是陶工之名。

③ “大澂于八月杪由津入都”句：吴大澂待赈灾告一段落，于光绪四年（1878）八月十八日抵达天津，二十日，其九岁独子吴本孝，病故于京师寓所。九月，吴大澂回京后，长女又因久病亡故。

足久未到京，月内当有人来，特检各拓交东甫寄呈鉴赏。长安贾人寄到尊一，敦盖二，爵二，觚一，瓦当四。此二年中关中所出，仅此尊最可爱，商器之至大者。自存印一百九十三，宋元明官印三十六，有不可识字求教之。竟拓五十四，乃自留之一分，屡欲重拓寄上，率率少暇。去秋子振兄仅为拓得四五种，恐难速成，先将自存者呈鉴，余皆不精，仅胜于退楼丈所藏耳。专拓四十四，无年号，因拓手不精，不敢寄上。兹特附呈一分，聊备检阅。东甫处见有千秋专拓，能赐一本否？手肃，敬请台安。晚生吴大澂顿首。十月十四日。

彝器拓十一。

泉范拓一。青绿至厚，得之厂肆。

竟拓五十四。

瓦拓六。

专拓四十四。

自藏印一百九十三。

自藏宋元明印三十六。

延煦堂藏印九十八。

三五

簠斋老前辈大人函丈:

月之五日由津入都[①],翌晨晤东甫,交到十月九日手书。承惠古陶拓百四十四纸,古陶屏图六十三幅。姚公符[②]兄心细如发,作图之工,从来所未有,敬佩敬谢。当托东甫寄奉十金,聊助纸墨之费。陶拓异文甚多,有前释所未备者,有前所误释尚须更正者。正在编册注释,欲一一求正于长者,而吏部传于十六日引见,遂为它事所扰,未暇伏案作书。十七日蒙恩召对,两宫垂询晋灾。大澂力陈民困未苏,亟须培养。又问牧令贤否,言其大略,未敢指实举劾。上意殷殷,总云流民太苦,朝廷对不过百姓。闻此天语,令人感泣。次日奉旨,以道员发往山西,交曾差遣委用[③]。闻命之余,悚惶无地。此次谕旨,无分发、补用字样,仍系记名,遇缺简放,不归晋省道班[④]。晋中有缺亦可请补。两宫轸念饥黎,特命前往,自当感恩图报,力効驰驱。拟即于正月初旬出都,眷属仍留京寓,未能

---

① 月之五日由津入都:光绪四年十月,吴大澂赴天津处理赈济未竟之事务,十一月初五回京。

② 姚公符:陈介祺所用之拓手。

③ “吏部传于十六日引见”一段:光绪四年十一月吴大澂由吏部带领陛见,并有旨“吴大澂着以道员发往山西差遣委用”,即交山西巡抚曾国荃委用。

④ “此次谕旨,无分发、补用字样”一句:指吴大澂以记名道员到晋等候差委,并不归入可以遇缺补用的山西道员班次。然晋行未成,该年末,吴大澂即实授河南河北道,见下信。

同往。地方凋敝，官民交困，为之司牧者，惟有节用爱人，相与休息，以仰副圣人仁厚之怀，不知老前辈何以教督之。连日酬酢，未得少间，腊月稍暇，尚可从事古训文字。明春入晋后，便当暂屏一切，未敢纷心。命书联语，当交东甫寄呈。《长安获古编》稿本，尚有十余种未经摹出，有两日之功，即可竣事。年前必交东甫，不再迟也。子振兄自晋回京，仍以笔墨为生涯。在汴梁代购玉印甚佳，□字不可识[①]，求教之。手复，敬请著安。晚吴大澂顿首谨上。

玉白质而黑章

是印制作与事□玉印同，大小亦类，似汉以前物。□字似非姓，或亦周末文字，若汉印则皆姓名及吉祥语，与此小异矣。簠斋老前辈鉴定之。大澂识。

前书未寄，接十四日惠缄。寄还《从古堂款识学》八册，古陶拓八十八纸，敬领谢谢。闻专足明日即行，《长安获古编》稿本此次不及封寄，尚有汉唐随晋各铜符拓及泥封拓数十种未及用印题识，当于月初交东甫续寄。长安友人代访铜印，得一百五十三种，中有至精者，有罕见者尚未购得。先将样本寄呈一阅，俟寄到精拓再呈。

① 此字即“臧”字。

湖色东纸明早往购，即交原足带上。匆匆复数行，不及详述。大澂再拜。十一月廿七日漏下三鼓。

东纸二十幅，每幅可裁六叶，约可装拓墨六十册。此次系发笺，染色尤为古雅，以此作书，亦宜如尊意。尚欲续购，乞示及之。其值每幅京钱六千，每两银易钱十七千，并以附闻。敝处应缴拓费十金，又子振兄代付十金，除付纸价外，当交东甫代存也。

三六

簠斋老前辈大人执事：

去腊接奉手教，十二月五日发。承示古鉩、泥印并陶拓三十五纸，敬谢敬谢。鉩文至精，字似与颂鼎字类[①]。陶文三行有直阑者，末一字亦相似，究未敢定。“右敀”陶拓。“左敀”可证《说文》“常敀”，详加紬绎，与小学大有裨助。“梧成右尉”至佳，泥印尤未之闻。齐化刀铜范、石范八百五十一种，装成二分，大澂愿留其一。缴价五十金，或濒行交东甫，或俟到任再寄，其书乞寄存东甫处。遇有豫便，往取亦易带也。大澂前奉发往山西之命，正拟束装，定于正月初旬出都。腊月十八日又

① 此玺即《古玺汇编》0195号所著录的一方齐国官玺。

蒙简授河南河北道缺，次日谢恩，蒙谕即赴新任，毋庸前往山西。自顾辁材，遽膺宠擢，既叨非分，益切悚惶。河朔彰、卫、怀三郡，为前年被灾最重之区，去秋沁堤冲决，又有被淹地方，此时正宜加意拊循。幸涂朗轩中丞[①]朴实爱民，实事求是，与大澂素所深契，志同道合，一切公事，有所禀承，藉资历练，此私衷所窃喜，堪以告慰知己者。子振兄已订同行，惟脩脯菲薄，未免简亵。若在都中以笔墨自给，能暂而不能久耳。俟开印后[②]领凭，月内计可就道。新年酬应事繁，未暇伏案。《长安获古编》尚未钩毕，二十前必交东甫。手复，敬请著安，并贺春禧。晚生吴大澂谨上。己卯人日。

前函书就未缄，兹接十二月廿日赐缄。承惠陶拓二百三十三纸，秦诏残字二纸，至为心感。前购东笺，松竹仅存十余幅，大澂已尽得之，如厂中无可觅，当再分寄十幅。含英阁红色东笺，已告之。傅画久未见，金联曾见二本，皆可疑，容再代访。去腊得《西清续鉴》抄本，图极精而文则呆板，然胜于《西清古鉴》，又无刻本，殊可贵也。伯寅师所得一盉一觯，文甚精。大澂

① 涂朗轩中丞：即涂宗瀛（1812—1894），字阆仙，亦作朗轩，安徽六安人，道光二十四年举人，大挑得知县，曾入曾国藩、李鸿章幕，后走上仕途，历任江宁知府、苏松太道、湖南布政使、广西巡抚等，光绪三年末任河南巡抚，即河南河北道的上司。清代巡抚例带都察院右副都御史衔，副都御史雅称御史中丞，故名。

② 开印：即开篆，各衙门过年时封印，新年后方开印办事。

得一觚，厚重似商器，拓奉审定。伯寅师属拓古币奉赠一册，欲索尊藏陶拓。如有重分者，求寄一二百种，径致伯寅师处。吾丈书来，恐大澂已赴豫矣。晚大澂再拜。十一日。

三七

簠斋老前辈大人阁下：

久未奉手教，殊以为念。《长安获古编》稿本出都时为仆人误置行箧，未及检交东甫。兹闻子振处有潍便，明日即行，特托带缴，并新得秦铜权拓本一，藉呈鉴赏。匆匆不多述。手泐，敬请著安。不尽之言，明后日续布。晚大澂顿首。五月十一日。

寄上宝纹五十两[①]，承许刀拓装册全分，想已交东甫处。谨当缴价，余银留存尊处。请姚公符兄代拓泥封一分，至感至祷。曾见十钟有拓成屏幅者，求寄一分，当缴拓值。手泐，敬上簠斋老前辈大人左右。晚大澂拜状。廉生由蜀入都，重五日到此作两日之谭，二十后抵京矣。五月十一日。

---

① 宝纹五十两：即相当于纹银五十两的宝银。宝银一般指重五十两的银锭，又称元宝。纹银是一种清政府法定的虚银两，其成色为93.5374%。

三八

簠斋老前辈大人阁下：

前月子振兄处有购铁回潍之便，托带《长安获古编》稿本一部，秦铜权拓一纸，又银五十两，以四十缴古刀拓价，所余十金可否属姚公符精拓毛公厝鼎一分，其文可作《逸周书》读。大澂仅得一不全本，梦想数年，不知终惠教之否也？近赴辉县红石堰验工，在古寺中得一瓦鬲，其质甚粗，子振谓琅邪台瓦多类此形制，确系周器。又得陶器数种，则皆汉物矣。有一盖刻双螭形似古璧，亦极可爱。又于河内获象尊，其盖作两象首形，有鼻高出半寸。因悟卣盖两旁高出者，其始皆肖象鼻，后相沿为盖饰。《博古图》有一器与此制同，彼以为四足卣，非是，以此类推，卣器文大半皆刻象首形，疑皆古之象尊。鼎、敦、般、壶、匜、簠、簋、盉、鬲、甗皆著器名，独卣铭无卣字，故尚可疑。若以字象器形，则字上有提梁形，其制亦合。或卣、爵、斝、觯、觚、觯皆谓之尊，质诸长者，以为然否？两足迹形即两“止”字，疑绳武之“武”，本作，象两止随行皃，上亦从止，非从戈。此虽大澂之创说，似两止之义胜于“止戈”也[1]。与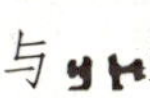终未得解，求教之。入夏以来，大澂迄未得间，

① 《说文》：“楚庄王曰：‘夫武，定功戢兵。故止戈为武。’”

昨抵祥河工次，督率巡防，今日河帅[1]亦已临工，雨后泥泞，兼以酷暑，殊以奔驰为苦。幸河防稳固，岁事可望丰收，足以告慰。半年未奉手书，或有函在东甫处尚未见寄，殊以为念。手泐，敬请著安。不尽百一。晚生吴大澂顿首。六月八日。祥河工泐。

三九

簠斋老前辈大人阁下：

五月初托子振兄转寄一函，又白金[2]五十两交贵本家贩运铁货之便，未知达到否？六月初在祥河工次，由马递寄呈一缄，想邀鉴及。自今春出都后未接手书，极为系念，或有惠寄之函留在东甫处亦未可知。九月初进省，当属折弁赴东甫寓中一询也。子振兄于去腊由晋回京，今春二月邀同来豫，按月致送修金十两，月费钱三千文。大澂到任后，适沁堤工程未了，因属赴乡收买秸料，两月之中经理银款二千余两，出入账目丝毫不苟，料户皆服其公正。大澂念其辛苦，加送薪水二十金。四月下旬回署后，一无所事，属拓汉镜三十余种，间为友人篆刻图章，平日并不饮酒，性情亦极和平。惟今夏酷暑，子

① 河帅：即当时的河东河道总督李鹤年。

② 白金：即银。

振兄卧榻适近北窗，将窗纸换作凉纱，夜间未免受凉。然体气壮实，亦不以为意。大澂于七月望日由工旋署，偶患疟疾，数日署中上下无一不病。子振兄亦患痢疾，昼夜十余次，稍觉委顿，幕友华帽山精于医理，服药数剂，痢亦渐止。近日又为大澂刻印四五方，兴会甚好。廿六日又患疟疾，间日一发。昨日午后，同事数人均在子振兄屋内聚谭，见其寒热并作，兼以腹痛，大澂催其早睡，勿过勉强，然犹谭笑自若也。夜饭后，大澂在康达夫孝廉[①]处谭至更深，与子振兄所住前后一院，闻其酣睡，鼻息格格有声，时作梦语。达夫以为子振兄常有之事，疟疾发热，躁不可耐，但属其仆人小心伺候而已。不意今晨屡唤不应，竟作古人。启衾视之，遍体作青紫色，竟为痰气壅塞，骤致殒命，殊堪骇异！三年金石之交，一夕竟成永诀，不觉涕泗交流。现为制备衣衾棺木，定于今晚成敛后暂寄古寺中。望转致令侄开运兄，阅信早来扶柩回籍。由赵庄马头，雇船顺流而下，可由寿张县一带起陆，尚不甚远。乞先代给盘费十余金，俟其到豫，一切费用当由敝处从丰相助。所有子振兄新制衣服及笔墨零用之物，均为逐一检点开单存箧，所遗脩金并无存留，大约均买绸匹矣。手泐，敬请著安。不尽欲白。晚生吴

① 康达夫孝廉：即康际清，生卒年月不详，山西兴县人，光绪九年（1883）进士，任翰林院检讨，后在广西为官，曾在光绪二十二年帮办龙州铁路事宜。此时，康际清未中进士，还是举人，“孝廉”，即举人的雅称，来自“举孝廉”。

大澂顿首。外衣服单一纸，乞交开运兄收存。八月廿九日。

四十

簠斋老前辈大人阁下：

久未寓书左右，仰企之思，如饥如渴，伏想起居万福，不审新获古缘有可寄示否？大澂到官一年，于地方利弊，民间疾苦甫知十之一二，应兴应革之政多未整理，愧无以对河朔士民。乃荷朝廷不次之恩，赏给卿衔，命赴吉林襄理防务①，自顾非材，曷克胜兹艰巨。惟念吉林为根本重地，筹边裕饷胥关紧要，向无汉员参赞之例②。既蒙特简，破除常格，自当竭此血诚，感激图报，驰驱鞅掌，不敢告劳。兹于月朔交卸道篆③，初四进省，奉旨来京，预备召见。即于初九日启程，由道口登舟赴津，拟与合肥相国筹商一切，再行入都。连日阻风，未能速达。今日始抵德州，计月初入觐，当有十日之留。如蒙惠书，径寄都门，由东甫转交可也。手泐，敬请著安。晚生吴大澂顿首。三月廿四日。德州舟次泐。

---

① “乃荷朝廷不次之恩，赏给卿衔，命赴吉林襄理防务”一句：光绪六年（1880）正月，有上谕赏吴大澂三品卿衔，赴吉林随同吉林将军铭安帮办一切事务。盖此时中俄因伊犁谈判问题剑拔弩张，为防万一，命吴大澂前往东北，进行备战。

② “惟念吉林为根本重地”一句：包括吉林在内的东三省被清廷视为龙兴之地，之前鲜有旗人以外者在此做官。

③ 道篆：即河南河北道之印。

客冬因公至辉县，土人云有一古石索售，匆匆未及顾问。今春舁至武陟，视之乃刘韬墓志也。延煦堂所藏一石，乃武虚谷[①]所仿刻。去秋有友人赴偃师，属访原石求拓数纸而不可得，云为好事者购去矣，不图于无意中获之。其石已裂为二，漆合甚坚，以旧拓证之，丝毫不失。拓墨四纸，寄呈赏鉴，分贻同好。箧中旧存拓本，检寄二十二种，有一二新得者皆不精，惟周备于新年寄到，确系新出土，文未经剔，向来金石家所未见。大澂有考释一篇，稍暇录呈教正也。关中所购官私印一百五十余方，近亦寄来，不及拓本。前求刀拓如已装成，可否专人送至都中？四月望前能到，必不相左也。大澂又启。

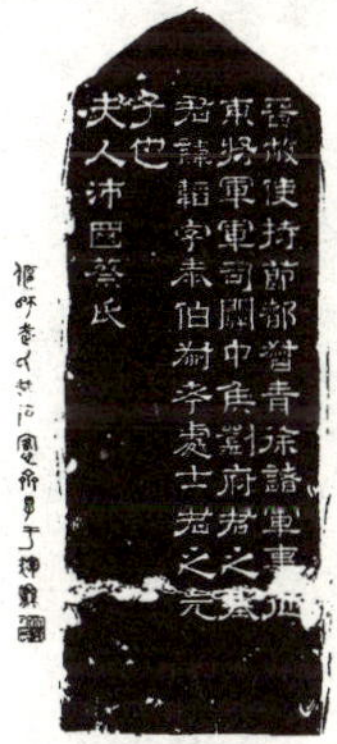

偃师武氏臧石，窸斋得于辉县。

① 武虚谷：即武亿（1745—1799），字虚谷，一字小石，号半石山人，河南偃师人。清代乾嘉时期著名的经学家、考据学家、学者、金石学家。

四一

篁斋老前辈大人阁下：

暮春在卫河舟中奉寄一书，未知何时得达左右。远怀杖履，时企德音。东甫同年来信，亦以久未得书为念。闻夏间畿东多雨，想因道涂泥泞，鸿足少便。知长者之垂念，鄙人亦同此耿耿也。大澂于四月八日入都陛见，因边防紧要未敢稽延，即于廿一日束装就道，五月十七日行抵鸡林。承鼎臣前辈[①]推诚相与，遇事咨询，如胶漆之投，各无意见，议添马步各营。先后疏陈，由部增拨每年防饷五十万两，已蒙俞允。计可添练防勇十三营[②]，分布三姓、宁古塔、珲春各处，兵力尚嫌单薄。值此需饷浩繁之际，巨款难筹，不能不力求撙节也。吉省与俄界毘连之处，以珲春、三姓最为吃重。珲春在宁古塔东南，二十里外即系俄境，惟距塔城六百余里，重山密箐，路径崎岖，不通水道，到省一千四五百里，跋涉颇艰。俄兵利于水路而不利于陆路，正饬奏调来吉之副将郭长云[③]

① 鼎臣前辈：即吉林将军铭安，字鼎臣，叶赫那拉氏，内务府满洲镶黄旗人。咸丰六年（1856）丙辰科进士，科名早于吴大澂，故称“前辈”。铭安历任内阁学士、仓场侍郎等，任吉林将军时间尤久，宣统三年（1911）卒，谥文肃。下文“鼎帅”亦即铭安。

② 防勇十三营：在清政府镇压太平天国和捻军之后，将部分未裁撤的勇营编练为防勇，或称防军，其建制与湘、淮军基本相同，以营为单位。

③ 郭长云：道光十四年（1834）生，字梯阶，湖南沅州芷江人，武童出身，早年投军，参与平定太平天国及捻军，因军功至副将，统领卫字练军马队驻守直隶，经铭安奏调赴吉林，甲午战争中曾随吴大澂参战。

前赴珲春，就地起练马步三营，足资扼守，可无意外之虞矣。三姓居松花江之下游，自黑河口以东至乌苏里江口八百余里，南岸为赫哲部落，北岸皆属俄地，旧为黑龙江所辖，咸丰八年画归俄境[①]。为轮船往来之道，设有警变，朝发夕至，是以三姓江防较珲春尤为紧要。大澂于七月中旬由省启程，沿江东下，周揽形势，舟行二千余里，始抵三姓，见在城东三十里之巴彦哈达。国语"富岭"二字。南岸山麓有平壤数百丈，相度地势，至为险要，可扎四五营。与鼎帅商改营制，仿照湘、淮各军，略为变通，将弁则由关内选调数十员[②]，勇丁则兼用西丹、旗民之未补兵额者。民勇、登、莱、青三府人居多。赫哲人等。首严吸食洋烟之禁，深沟高垒，一日三操。所选赫哲最为骁健，秉性朴诚，本以渔猎为生，向习鸟枪，极灵极准，若令操演洋枪洋炮，当可练成劲旅。惟数千里转运，极为费力，在津购置军火，赴部请领饷银，往返数月，未能迅达。本省无制器之工匠，又无可筹之款项，新集之军急切未能应手，徒深焦灼。幸西邻[③]尚无动静，或可从容布置耳。三姓地气极寒，冬春多雪，贱躯幸尚耐劳，堪慰廑念。手泐，敬请道安。

① 咸丰八年画归俄境：指咸丰八年（1858）《中俄瑷珲条约》将黑龙江以北六十余万平方公里土地割让给俄国。

② 将弁则由关内选调数十员：吉林将军铭安从内地奏调巩、卫、绥、安等军将弁，赴吉林驻守，上文所及郭长云即其一。

③ 西邻：指俄罗斯。

临颖不胜依驰。晚生吴大澂顿首。八月十二日。三姓行馆。吉省折差，每月必有两次妥便。舍弟乞假南归，后都中寄书均托教场头条胡同顾康民肇新[①]转达。康民之兄[②]现在吉林差委候补道，并及。

今夏入都晤延煦堂兄，索观其所得龙节，慨然见赠[③]。曾作歌纪其事，录奉一哂。拓墨二纸附呈鉴赏。节之上端作龙首形，《积古斋》误以为龙虎节，又列入汉器中，殊觉不类。侃叔所释甚精核也。近日有何新得？闻尊藏古埙数十种，求赐拓本，至感至盼。大澂又启。

龙节歌寄酬延煦堂员外

“阊阖门开双凤紫，征袍不脱朝天子。诏下喧传出塞歌，鸡林道上扬鞭始。故人饯我长安城[④]，手持龙节赠我行。古铜长尺有二寸，篆书两面九字精。秋堂拓本侃叔考，积古斋中著名早。旧藏安邑宋芝山[⑤]，此说闻诸叔未老。余藏旧拓有嘉兴张叔未题语。王命发粟以振贫，臣名名惠乃惠人。古无庵字通阴暗，赁㡌一所栖流民。《周官》荒政此遗制，文体分明六国字。商瞿周钺相辉煌，壮我

① 顾康民肇新：即顾肇新（？—1906），江苏苏州人，字康民，号鼎卿，光绪二年（1876）丙子举人，后曾任刑部郎中，充总理衙门章京，清末新政时，任外务、商务等部丞参、侍郎等职。

② 康民之兄：即顾肇新之兄顾肇熙，时以直隶候补道员，发往吉林交铭安差委。

③ 龙节：战国中期楚国的青铜器，著录于《集成》12097号，上有吴大澂题字及“愙斋”印鉴。今藏于上海博物馆。

④ 长安城：即北京，时人常以长安指代京师。

⑤ 宋芝山：宋葆淳（1748—？），山西安邑人，字帅初，号芝山，乾隆五十一年（1786）举人，善山水、篆刻，喜金石、考据。

行囊拜君赐。前年泛粟使晋邦，今年击楫松花江。嗟我苍生犹菜色[①]，朔风刁斗吹边腔。愿矢丹心一寸铁，锁断江流千尺雪。近于松花江编木为筏，联以铁链，为拦阻敌船之计。万古不磨视此节，浩然挥手与君别。”近作录呈簠斋老前辈大人教正。庚辰八月吴大澂。

四二

簠斋老前辈大人阁下：

一年不奉手教，想长者之意，必以大澂为戎马倥偬，更无讨论文字之暇。岂知此间局势，竟无一事可为，事权不一，猜忌日生，边务稍松，即拟敷衍塞责，不复为久远之图。自去冬单骑入山，招抚金厂头目韩效忠，即韩边外，登州府人[②]。舆论皆为称快。廷旨悉如所请[③]，不图嫌隙从此而开，事事防其越俎，不令与闻。主客之势，俨若赘瘤，惟恐其去之不速，总由大澂积诚未至，任事过勇，能得千万人之心，而不能惬一二知交之意，惟有引咎自责而已。冬月初旬前，赴宁古塔、珲春一带校阅防军，

① 犹菜色：《窸斋诗存》作“色犹菜”。

② 去冬单骑入山，招抚金厂头目韩效忠：指光绪六年（1880）十月底，吴大澂仅携带一名曾熟悉情况的勇丁牟振邦，前往三姓夹皮沟，劝降被指为“金匪”的割据势力首领韩效忠之事。韩效忠，山东登州人，俗呼其名为“韩边外”。

③ 廷旨悉如所请：指朝廷同意吴大澂奏折中提出的给予韩效忠五品顶戴等。

并相度山川要隘，往返三千余里，终日策骑而行，幸尚耐劳。惟山高冰滑，屡次坠马，腰髂受寒，举步未能灵动[①]。

岁杪请假一月，近又续假二十日，如春融以后未能痊，可即拟乞退，暂息劳肩，不敢以不才而妨贤路。幸与当事尚无龃龉痕迹，不致以陨越贻羞，知老前辈垂念拳拳，必蒙关爱，用敢略布近状，尚祈赐以箴规，不遗在远，无任翘企之至。手肃，敬请道安。不尽觍缕。晚生吴大澂顿首上。二月初六日。

新正杜门无事，日读两《汉书》数十叶，与古人相对，五六年来从无如此清闲之日。偶检箧中旧藏铜玉印，留心考证，知两面印大半出西汉，其字多某公、某兄、某卿、某孺、某君，又喜用宾字、威字、王孙字，皆西汉人。两面印之大者，似系汉初或在建元以前。子母印之大者，多辟邪钮，多白文，疑皆三国时物，名亦多一字者，不称"私印"而称"印信"。又有小印而辟邪钮者，其爵必尊，似前汉名印以大为贵，三国名印以小为贵，亦一时风尚欤？此论前人所未发，为大澂之创见，惟长者阅古至多，用心至微，当有与鄙见相合者。敝藏私印中，竟得西汉二十人，封侯者十二人，作《十二侯名印歌》；见于《儒林传》中者五人，

① "冬月初旬前，赴宁古塔、珲春一带校阅防军"一段：指吴大澂于光绪六年（1880）十一月初八至十二月二十日，前往宁古塔、珲春马步练军，期间坠马受伤。

《作五儒咏》。东汉十五人，蜀汉六人，惟西汉之张平、王悍、许负，皆两面印，极大，同时所制似非强合。蜀汉之李严，系辟邪钮，涂金甚精，或即正方之遗物未可知也。想尊藏私印数千，可考者必不少。试取《汉书》中《王子侯表》《诸侯王表》《百官公卿表》一一检之，必可得数十人。《后汉》《三国》无表，检查不易，极盼《印举》编成，分购一部以资眼福。如有手编目录，抄寄一分，亦极欣慰。去春闻新得古埙甚多，有拓本否？如蒙赐书，仍交东甫，此间有领饷委员进京，至便也。大澂又启。

张平封藏卤侯，见《汉书·功臣表》。三印皆汉初制作。

王悍为赵内史，谏王无反，不听，被杀。景帝中二年，封其子王弃之为新市侯，见《景帝纪》及《功臣表》。

许负善相，河内温人，老妪也，见《周亚夫传》应劭注。又《三国志》注引《楚汉春秋》，高祖封许负为鸣雌亭侯。

《王子侯表》安罪侯之后有名毋妨者，疑此即刘毋妨之印，不著姓耳。

蓝田玉印。按《汉书·外戚恩泽表》，平昌节侯王无故之子名接。五凤元年，嗣侯，官至大司马车骑将军，见《百官公卿表》。

《汉五儒咏》："易学推京房，独授梁丘贺。贺子黄门郎，讲经屡惊座。高材选十人，京兆名尤播。政声乃卓然，三王岂寡和。"王骏，梁丘临弟子，又见《王吉传》。

"治《诗》本申公，训故可兼采。鲁君弟子行，廉节贻千载。谒帝从南宫，刻符守东海。为治不多言，力行慎毋怠。"鲁赐，申公弟子。

"明堂礼所尊，小儒敢咋舌。蒲轮召其师，献议空滕说。废兴会有时，泥古惭明哲。愿忠乃忘孝，捐躯不为节。"王臧，申公弟子。

“《尚书》小夏侯，再传郑先禄。入室多高贤，东郡有名宿。五经解不穷，一月迁何速。汉廷稽古荣，公卿表可读。”赵玄，郑宽中弟子，又见《百官公卿表》。

“左氏称绝业，铿铿贾季君。微言付子佚，墨守尊所闻。安汉重师说，厌难称将军。一经教其子，鹤立谭林群。”陈钦，贾护弟子，以左氏授王莽，莽封厌难将军。子元与桓谭、杜林齐名，《后汉书》有传。

涂金辟邪钮，至精，《三国志》有传。又有爰絥、李定二印，皆辟邪钮，子母印，子印失，见《三国志》注。

春寒特甚，积雪未融，印泥干冻，不能尽拓。俟天气和暖，再拓全分。并有古律二十余首，录呈指教也。大澂拜上。簠斋老前辈赏之。辛巳二月六日。

四三

簠斋老前辈大人函丈：

边塞驰驱，风尘鞅掌，久未布函，上叩起居。曾接愉庭文书，述及长者垂念鄙人，拳拳雅意，感何可言。敬想杖履优游，古缘日集，吉金乐石，一室自娱。天末劳人，无此清福，惟有仰跂高轩，临风怀想而已。大澂于夏间奉命督办宁古塔、珲春、三姓防务屯垦事宜，近又蒙恩补官仆正[①]。自愧驽骀，仰承倚畀，实不胜此艰巨之任。幸事权归一，差免掣肘，营务、垦务尚有一二实心任事之人相助为理。边庭千里，头绪纷如，非广思集益不足以共济时艰。自问求才之心，切于求古。散盘、盂鼎，非敝肆所能幸获，但得寻常小品，器真字确，亦不负此苦心也。宁古塔东南四五百里无人烟之地，大半平川沃壤，弃之不耕，未免可惜。旗丁本极稀少，民户亦复寥寥。现委王牧钧傅从九廷羣[②]前赴珂乡[③]，招募朴实农民数百人，航海来吉，名为屯兵。酌给牛具籽种，拨地分屯，以广垦辟，略仿汉时募民实塞下之意，此举重

① “大澂于夏间奉命督办”一句：光绪七年（1881）二月，上谕：“吴大澂帮办吉林一切事宜。”其中包括防务及地方事务。四月间又命吴大澂节制宁古塔、珲春等地驻军，并换用“钦差督办宁古塔等地事宜”之关防。八月间，吴大澂补授太仆寺正卿。

② 王牧钧、傅从九廷羣：王钧、傅廷羣都是吴大澂派往山东招募农人的手下。

③ 珂乡：即家乡山东。

在劝农，不重在讲武也。特属王牧、傅从九就近进谒台端，如有惠书，即交该员等带吉。新获古文，有鄙人所未见者，求赐拓墨，以广见闻，无任跂祷。大澂前月赴珲春，往返匝月，明日又将有三姓之行①。冰江雪地中，有一二野宿之处，约计旋省时，岁云暮矣。远怀清闷，不胜风雨鸡鸣之感。边地苦寒，无以将意，偶得老山参数苗，系宁古塔东山所产，据土人云，力道胜于吉参，伏乞哂存。手泐，敬请著安。晚大澂顿首上。冬月初九日。宁古塔乜河营次。

今秋接廉生书，知在高齐论古，颇资眼福。云有惠寄之拓装本，及两年中新得各拓，如尚未寄京，乞交王牧为感。春初因病得闲，编集《说文古籀补》，手书数卷。近于吉省觅得刻工，不减都门佳手，特属来寓开雕。附呈二叶，俟明春刻有成卷，再行寄呈求教。长安新出编钟，仅十余字，其文与阮氏禄康钟相类，文亦不属，又无人名。惟有“戳狄”二字，他器所未见，岁晚回省再检拓本寄上②。大澂再拜。

① 明日又将有三姓之行：光绪七年十一月初三，吴大澂赴三姓校阅防军。

② 此处所论即著录于《集成》49号的西周中晚期的戳狄钟。

四四

簠斋老前辈大人杖履：

冬月初九日曾泐一缄，交招募屯兵委员带呈。兹因该员王钧不甚谨饬，改委吴副将永敖①，仍与傅从九廷犟同行，属其过潍时，晋谒台端。如该员等有办理不善之处，请即从直教诲之。秦中故人寄示师龢父敦拓二，卣、尊各一，分其副以奉鉴赏。二敦系白河柴氏所藏。大澂在秦时未经购得，今在韩古琴大令处。器盖字体不一，细审之似三人所书，具见古人制器之精也。大澂于腊月初二日由三姓旋省矣。手肃，敬贺春禧。馆晚生吴大澂顿首。腊八日。

四五

簠斋老前辈大人杖履：

去冬十一月初九日，在乜河营中手泐一缄，又于腊月初九日在省寓续布数行，并呈参枝、拓本，均交副将吴永敖、从九傅廷犟带呈，未知何日达览。二月廿七日，由省寄到十一月十三日手教，开缄伸纸，笑与抃会，两

① 吴永敖：时为副将，吴大澂委其赴山东登、莱、青等地招募屯垦之民。后任黑顶子屯垦局经理等，长期从事屯垦事务。

年饥渴之怀，藉以稍慰。承示经画边事，以得民心、得人才为主，安不忘危，乃今日至要之论。惟将才吏才，均不易得，真知军事与真心爱民之人，求之十数年，寥寥可数。近来武备，与从前剿办发、捻、回、苗时[①]迥不相同。用枪用炮之法，泰西各国精益求精，中原夙将多未能用心蒐讨。如执翻版之薛款识以论古金文字，而不求精拓真器以考正之，所见实多隔膜。大澂生平所心赏者，惟寿州戴孝侯刺史宗骞[②]一人，才、学、识三者实远胜于大澂。他日当为国家柱石之臣，不在左、李两相[③]之下。前年奏调来吉，仅统马、步五营，尚不足大展其才。大澂此行，所恃为指臂之助者，孝侯实居其首，其余诸将，皆偏裨之选矣。沿边接壤之区，地旷民稀，抚辑招徕，非得良有司悉心经理，不足以团结民心。奏调各员中，可为循吏者不过两三人，分布要地，略有明效。俄界华民，近已陆续来归，领地开垦。彼以势迫，我以诚求，恩义所结，渐摩日久，方可联众志以固边陲。质诸尊意，以为然否？筑城修道，均系边防要务。珲春本无城垣，去年添筑土城，尚未竣工。宁古塔、三姓旧城，原筑不过八、九尺高，一、

① 剿办发、捻、回、苗：即镇压太平天国、捻军、回民、苗民等起义。

② 戴孝侯刺史：即戴宗骞（1842—1895），字孝侯，安徽寿州人，廪生出身，早年在家乡办理团练，为李鸿章所赏识，招致麾下，在直隶为官，经奏调前往吉林，后至山东办理海口防务等，甲午战争中，驻守威海，日军攻占威海卫炮台后，仰药自尽。戴宗骞时为直隶州知州，雅称刺史，故名。

③ 左、李两相：即左宗棠、李鸿章。

二尺厚，年久失修，倾圮过半，尚不如关内民间自筑土寨，殊为可笑。往来驿路，夏秋积潦，竟有断绝车马之时。今年调拨营勇，专修道路以利转饷，势不能兼顾城工。应办事宜，环而相待，只此兵力财力，不能不量其缓急，分年分段，次第兴举。大约五六年后，或可稍有规模。所需军中利器，亦可匀款购备，枪炮准头考核，在分杪之间，非精操娴熟不能制胜，非得外洋利器不能求准的。咸同以前战事并未讲究及此，即近日尚多异议，不肯舍己从人。均非仓猝所能集事也。大澂自正月廿六日由省启程，二月初五日抵塔以后，常驻塔城，不复道途仆仆。公牍文字，本不甚繁，略有余闲，从事考订之学，不致一切废弃也。赐读《积谷事目答问》《担粥厂章程书》，敬佩敬谢。所寄刀化范十六册，秦诏瓦量残字大纸装册，因领饷委员尚在省城，三五日内即可带到矣。龙节拓墨二纸，非手拓不精，先呈鉴赏。旧檀椟已不存，传古目领到，拟再得一全分，以备异日摹刻，遇便先寄拓费。手复，敬请道安。馆晚生吴大澂顿首。二月三十日。宁古塔行馆泐。

四六

簠斋老前辈大人阁下杖履：

二月杪曾复一缄，递至都中，由舍弟大衡交东甫同年转寄，未知何日可到。四月廿七日，先奉二月廿六日手书二纸，录示书稿，并拜虎符三拓之赐。五月十七日吴副将、傅从九行抵宁古塔城，带到二月十八、十九、二十、廿二、廿三、廿五、廿七、廿八日惠复各缄。承寄鼎、毁、簋、爵、戈、弩、符、竟各种杂器拓一封，古陶拓二封，陶图二封，泥封拓一封，泥封目一封，《积谷事目》六本，瓦量拓册一本，读之竟夕，惟感厚爱之肫挚，期许之远大。身在林泉，心存军国，公忠私谊，敬佩勿谖。吴副将所募屯兵，虽仅百五十人，皆朴实良民，不惮数千里跋涉而来，大瀓当以子弟待之。屡经慰谕，情意相通，不致隔阂，已令分作五屯，前往筑室开垦，给以荞麦菜种，初伏以前尚可赶种数亩。惟距城远者在三百里外，人人以粮食不继为虑。已为议定派员运送，日给白面一斤，小米二斤，有赢无绌。七月内食粮，先于六月初运往，以安其心。应用农具及版筑之器，汲爨之器，细及钉绳零星用物，无一不备，按名给发。需用棉衣裤，亦预为料量。八月授衣，亦可不误，悉如来教。种而未获之先，无一不足则一无所苦，一无所畏矣。人给二两之费，除去粮运费外，月可余银八、九钱，人情似无觖望。惟今春所换高丽牛二百头，适值牛疫盛行，陆续倒毙十之六七，耕者多不愿领。幸添购本地牛数十头，均未染病，不足之数秋凉补给。所毙之牛，官认其亏，民不受其累也。大澂所以远募而不近招者，其故有二，一则吉林内地闲荒尚多，处处有招垦之员，民情不愿舍近而图远。边土荒陬，皆系数百里绝无人烟之地，较他处尤不易招；一则奉、吉两省游民半系好博之徒，佣工一两月，辄复见异思迁，得钱数千，即懒于操作，去而之他游荡，费尽再图生计。终年如行脚僧，居无定所，事无常业，专就短工，不图恒产。大澂每与若辈剀切劝谕，不惮烦劳，然此等风气，未易挽回。凡此游手好闲之人，究非安分农民可比，故不得已而远地招徕，遣官募选。始基既立，自可徐图扩充，即有一二中途逸去，亦不追咎也。所筹经费，因去秋司农有裁兵减饷之议[①]，酌量裁汰归并。大澂奏请，以所减防饷，留作招募屯兵之用。以公办公，并不冀将来之归款。鄙意专为朝廷行宽大之政，为边塞创久远之图。言生聚则因民之利而藏富于民，损上益下，其益无方。户口日繁，商旅自通，民食既足，军粮自裕。吉林向章，收税至轻，十小亩为一垧，每垧岁纳租钱六百六十文，一亩仅纳制钱三十三文。以至沃之田，完极薄之赋，数年之后，民力未有不充裕者。民之利，即国家之利。拟令屯兵，略为变通，给地二十亩，中以一亩为公田，公田所入积谷，以备边储，就地建仓，

① 裁兵减饷之议：光绪七、八年间，因各处战事底定，清廷开始主持各地裁军节饷。

不令远运。藉民之力，不令缴钱，否则偏隅荒徼，年丰谷贱之时，安所得制钱以缴官？此三年以后之事，亦不能不为预虑也。前在各屯适中之地，名细鳞河，先为择地，起建官屋五间。适吴副将至而屋已落成，其向子午兼癸丁二分[①]，左右双流汇合，而注于东南。冈峦环抱，正面恰当平阜，不受高岭之冲，与来书适相符合。吴将居此以统率屯兵，似颇得山水之助。相其阴阳，观其流泉，地气所钟，人事或不致悖谬乎！他省郡县之弊在胥役，吉林之弊在乡约[②]。有司所辖三五百里之宽，民与官相隔，而乡约得以敛钱病民，擅作威福，公然用刑，私押私扣，视以为固然。官不之问，民不敢控，此弊非痛惩之不可。大澂不与地方事，无察吏之权，徒托空言而无补。宁、姓、珲尚未添设民官，无役亦无乡约，扰民之事目前无虑，亦不可不慎之于始耳。来教谓民事用款，宜有日记。大澂所设支应局、机器局，皆有总司出纳、实心经理之人，纤悉必有簿记，实用实登，事事皆可稽核。惟报部销册，不能不按部章，如转运车马之费，悉按民价给发，有多寡贵贱之不同，部中必齐而一之，方免驳诘，但取与原数相符，不敢虚销捏增，蹈向来军营报销之弊。此斤斤

① 子午兼癸丁二分：基本为朝南。

② 乡约：即民间自发，以区域或宗族为单位的地方组织，在明清往往与保甲制相联系。乡约本义在于以儒家道德规范和处理民间事务，但在实行过程中会出现乡约组织为劣绅豪强把持操控的情况。

自守之见，不致愧对知己耳。自忖才力不如陶士行[①]，而竹头木屑，事必躬亲，或疑其过于烦碎，然饷项军火出入勾稽，不能不细加考核，以一心贯注其间，岂能如宰相之钱谷不知、刑名不问乎？况近来武备须专心考究，枪炮准头制作之精如美国之后门枪[②]、马枪以忶啫士得十三响枪[③]为第一，步枪以恰乞开斯[④]为第一，手法之快，线路之准，力量之远，三者皆备，无过于此。德国之克鹿卜炮[⑤]，为近数十年未有之利器。不但中国无此财力，万不能仿造，即各国之枪厂炮厂，互有优绌，亦未易臻此绝诣。譬如湖州之丝，金陵之缎，杭州之宁绸，内兴隆之靴，王麻子之刀，泾县之纸，曹素功、胡开文之墨，远近著名，必有所以胜人之故。吾择其最精者用之，正可集人之长，补己之短。若必穷思渺虑，与之争胜，徒费无益，徒劳无功。鄙意每年撙节饷项，专购精利之器，他国之价值稍廉者，一

① 陶士行：即陶侃，字士行，陶渊明之曾祖，以性纤密而勤于事闻名，其在荆州督造船只，将剩下的竹头木屑等边角废料收集起来，后以木屑铺地防雪滑，以竹头制竹钉造战船，其部下服其远虑周密。后文“竹头木屑，事必躬亲”即用此典。

② 后门枪：即从枪后装填子弹火药之后膛枪。

③ 忶啫士得十三响枪：即温切斯特(Winchester)十三连发马枪。由美国康尼狄格州温切斯特公司研制生产，以时间来看，信中提及者当为m1866或m1873两种型号，其中前者存弹13发，后者12发，当为前者。

④ 恰乞开斯：即哈乞开思（Hotchkiss）步枪。初由美国人本杰明·哈乞开思研发出击发式线膛步枪，1867年，哈乞开思赴法国设立公司，生产哈乞开思步枪，后美国温切斯特公司在1878年推出了旋转后拉式枪击步枪，称为“温切斯特—哈乞开思”步枪，从信中称其为美国后门枪以及之后所描述的“翻出铜轂”来看，很可能就是指温切斯特公司出产的哈乞开斯步枪。

⑤ 克鹿卜炮：即克虏伯（Krupp）炮。由德国埃森的克虏伯公司研制生产。克虏伯公司生产的火炮型号繁多，口径各异，此处难以判断。

概不取。吉林之新设机厂，专造枪子炮弹，使平日操演不穷于用。至所造子弹能否得法，究属易于考校，而中国自制之枪炮，虽精求数十年，未敢必其可用也。既有利器，尤在用之入神，则演练准头，按期打靶，久则自熟，熟能生巧，神而明之，存乎其人。中原宿将，从前并未究心及此，或茫然不知其名。大澂好之甚笃，知之渐深，几等于三代彝器之好。盖文字尚古，器用尚新，非亲自试验，不知此中之深浅利钝。或者曰，外洋造器新奇精巧，日出而不穷，今日所用之枪炮，他日必更有胜于此者。人趋亦趋，人步亦步，心劳日拙，舍己从人，此时所用之利器，安知将来不为废物乎？然此皆耳食之言，臆度之词，不知精利之用，亦有极至之地。即以造枪之法论之，机簧之灵利，一手翻出铜觳[①]，二手进子，三手发枪，快之至也；后门进子，由螺丝膛[②]紧挤而出，力量较足，远之至也；星斗线路，心光目光，并射一处，丝毫不爽，准之至也。有此三至，真能运用纯熟，竟可百发百中。即有新式巧制，实不能出此范围。特患用之者不能精心研究，则同一利器而优绌显然各判矣。因来书询及火药器械，故缕晰以闻。购炮尚未到，知其大略而已。手泐布复，敬请道安。馆晚生吴大澂顿首。壬午六月初八日。

① 铜觳：即弹壳。

② 螺丝膛：即螺旋膛，线膛枪分两种，一种为直线膛，枪膛内刻线为直线，一种为螺旋膛，枪膛内刻线为螺旋形，后者相对更加精准。

知人用人，古今所难。承示“吾之德不明，不足以知人之德，吾之理未明，不足以知事之要”，洵探本之确论。凡事皆当责躬，表端则景直，开诚心，布公道，不于本原上用工夫，则语言文字皆无真际，即无实效。莠之似苗，非不似也，为其无实也，无实则不诚无物矣。大澂论人甚严，待人则甚宽，笃实之人，无才亦可用，虽有过亦可原。鄙性不喜为钩拒之术，以察人之隐私，然以诈伪相尝，无不知之，知之而黜去之，即不复用。不敢自诩知人之明，故不敢自护其不知人之短。官不论其大小，皆使之尽言，言不论其可行不可行，皆当存之以备参考。发之于事，则仍以我心之权衡是非为主。即正人君子，亦各有偏执之见，或泥古而不通于今，或矫枉而不得其正，或去弊而转邻于刻，或求速而不当其时。推原其用心，则忠于我者，其言必真切而有条理，不忠于我者，其言必浮薄而无可取。大澂所赖以左右辅助之人，志同道合者，约有十数员。他日能任封疆之寄，为国家干济时艰，而学问、操守、识见、肝胆、才略事事可信者，惟绥军统领寿州戴孝侯宗骞一人而已。诸生中亦有伟器数人，惜不能破格奖擢，以尽其才，此区区寸心，不能无抱愧耳。长者何以教之？大澂再拜。

惠寄拓墨：

圆鼎。即“堇”字，下从，古“火”字，旧释“山”，误，“山”

字下平如。车辕立人执旗形至精，即“旅”字。

圆鼎。字与潘臧父己鼎相似。

爵。手执，此竹简也，非“中”字。古“中”作，无作者。史执此，故“史”字从手执简。手执节疑是执旗形，古“使”字从之，上作斿形。

簋。释“皃”，是。即“及”字，从，亦可释“逮”。

㲃。字虽少，器必精，亦可贵。

鋈。铜鋈罕见罕闻，当释“右攷”，见古鉥、古陶。大澂已录入《古籀补》矣。

干首。似断剑。

戈。宋公可证齐国佐之非“差”字，并可证距末之“用佑商国”之“佑”非“厘”字也。龙首戈奇字，疑即古“龙”字。，惟“画”字可识，余不敢定。，似非“哉”。末一字“戈”字上半可见，当是“之右戈”三字。右濯戈，“濯”即古“櫂”字。羊子之造戈，似即阮氏所收。

盘。盘字甚精，惜不可摩，器必不大。

古陶。与同，上加字不可解。人马形似古蜡封，大澂所藏蜡封印有作人形者。

金鉼。“郢爰”① 释确，向所未见。，疑“来之金”三字。

良金版。“四朱”“一朱”，分大小，似亦泉范也。

共屯纯赤金。圆币惟此不易得。

虞化一釿。大澂亦得其一。

汉帝信玺。汉封泥之冠。

① 此类金鉼是战国时期楚国货币。据研究，币文当释为“郢爯”。

新莽河平郡连率虎符。《汉书·地理志》平原郡，“莽曰河平，属青州。”羽县注：“莽曰羽贞。”知此符为青、齐故物矣。大澂所获“压戎连率”“敦德连率”二符，皆自秦中得之。

尚方故治八千万铜器。当亦锁钥之属，与千金氏同。

太平元年竟。文至精，竟有年号者，绝无仅有矣。

严氏洗。

晋驺男虎符。旧藏张未未拓册有此墨本，题云“嘉庆丙子九月四日，安邑老友宋芝山[1]来清仪阁，云卅年前得此符于京师，背有金错半文十数字，不能记忆矣。符后入内府，墨本今不可复得，细审背文剥落处，即此符也。”芝山所见尚有金错文，不知何时剔去。归安吴氏所藏晋[illegible]虎符，制作与此同，亦系金错文，不可拓。又大澂所得“虎步搷抶司马”印，兽钮铜质，与此符相类，疑亦晋印。

汉大郭铜器。无字者多。

大泉铅范。铸泉范用铅，其理不可解。

太仆弩。“京兆官弩”四字精。

君子馆小砖。

晋太康甬瓦。向疑禊帖为唐人伪书，观此则知行草书实始于晋世，所传二王帖不尽伪作也。

《说文古籀补》已刻至弟六卷，书至八卷而止。近数月间，案牍较繁，无暇及古文字，束之高阁者百余日矣。

---

① 宋芝山：即宋葆淳（1748—？），字帅初，号芝山。山西安邑人。乾隆五十一年（1786）举人。喜好金石，擅山水，与张元济等人交好。

拟于六、七两月中续编成之，所收古陶、古鉩、古刀化亦不少，惟晚见之字，尚多未录，意在速成以传古，不及钩摹，时有疏漏之字。中年以后，人事日纷，稍一蹉跎，不复能从事铅椠。此业又系专门，别无同志相助，姑于治军之暇，发愤为之，已非少年伏案之精力。拟俟成书后，缀以《补遗》一卷，覆加搜摭其不可识之奇字，及旧释可疑不足以传信者，别为《附录》一卷，如等字，索解未获，皆当在阙疑之列。承询师嫠𣪘，器、盖皆不伪，细审字体，盖文固非一手所书，即器文亦相似而不同。一盖拓未精而字多平易，如今馆阁体裁[①]，一盖字精而多变化，略似名士气，两器皆逊。一器字略小而拘，“马”字“师”字“令”字皆各自为体。乃同时人之字相类者，似后世合锦之作。器文为铜绣所掩，非刻字也。六月初九日。大澂手复。

四七

簠斋老前辈大人阁下：

前蒙惠寄虎符拓本，有常山太守虎符，与敝藏一符左右相合，以拓墨印证，大小不差，亦可见文字奇缘，

① 馆阁体裁：即馆阁字体，因在科举考试中较占优势，公文中多见而名，特点是端正匀整。

有千里同心之喜。因检手拓虎、龟、鱼符十四种，又龙节拓墨一纸，钟拓一纸，寄呈鉴定。关中友人近为代购龟符，文曰“鹰扬卫金城府第四”，“同”字上有“左”字，与它符异，俟寄到再行拓呈。敝藏铜玉符，先后得十五品，合以愉庭丈所得诸城刘氏物，及尊藏各符集成三十余拓，亦云巨观矣。手泐，敬请著安。馆晚生吴大澂顿首。七月十二日。

戊寅年蒙惠龟符、鱼符各拓，黏一素册，尚未付装。庚辰春间由豫来告，大半拓墨多置行箧中，惟此册误入书笥，带归故里，可否再求拓赐一分，至感至感。鲍年翁[①]所藏龟符拓，附呈雅鉴，此亦在都时手拓也。大澂又启。

四八

簠斋老前辈大人函丈：

承惠古陶拓，暇时读之，择其偏旁显著者，多已采入《说文古籀补》，附于各部之末。亦不强释其奇字，别为附录一卷，并彝器中不可识字，汇而存之以俟后之好古者考正焉。《读古陶文记》一卷，计七叶，寄呈教正。潘伯寅司寇[②]所获古埙数种，均见拓本，想尊处必有所得

① 鲍年翁：即鲍子年。

② 潘伯寅司寇：潘祖荫时为刑部尚书，《周礼》司寇主管刑狱，故称。

也。属书联语及敝藏封泥拓八十，俟有折弁入都，带交东甫转寄较为妥协。手泐，敬请著安。不尽百一。馆晚生吴大澂顿首。七月。

四九

簠斋老前辈大人阁下：

敝藏封泥八十种，久欲奉寄，因无妥便，迟迟至今，兹交折差带至都中，由东甫同年处寄呈赏鉴。编目一册，如有误列次叙，乞为更正之。索书联语二，又前年函属篆联一，并呈教正。明日有三姓之役①，凉秋九月，北地已见冰雪，所经山道，大半无人烟之地，仅遣将士结茅数处，聊可栖宿，从者皆须支帐而居也。匆匆手布，敬请道安。馆晚生吴大澂顿首。九月二日。

五十

簠斋老前辈大人函丈：

六月初七至初九日，七月初八、十二、十三等日详复各缄，又九月初二日一书，先后寄京，交东甫同年转寄。

① 三姓之役：光绪八年（1882）九月初三，吴大澂赴三姓校阅防军。

中有交屯兵回东带呈一函，均有附寄拓墨，未知何日得达左右。十月十六日，领饷委员由京旋塔，带到五月廿日所发手书二十五纸，承寄戈、爵、鐎、鉢、符、钩、古陶、古化、封泥、造象、铜碑各拓，又《封泥考略目》第十卷，并蒙代制嵌银木镇二，翎合、珠合各一具，谨已领到，感谢曷极。吴副将前招屯兵二百名，因山荒地僻，夏月蚊多，结茅未就，辄多逃逸。所存百余名，分布四五处，均已支盖窝棚，就地开垦。由城购粮，按月运送，八月始寒，即为制就厚棉衣袴，及时散给。民志渐定，有不忍舍去之思，并有闻风向慕，愿来宇下者。默计来春户口必可渐增，仍照向章，月给口粮，银二两，牛车、农具官为置备，拟于冬腊月间，再檄吴副将前往锦州、山海关一带，续募东民，不拘多寡，以广招徕，不复航海远图矣。大澂于九月初旬前赴三姓，校阅各军操演，并查勘炮台工程①，由塔赴姓之山路六百余里，渺无人烟，今秋派拨马队，添设官站八处，各盖草屋数间。行旅往来，略有栖止之地，附近居民，有所依赖，亦愿领地垦荒。明年秋熟以后，有粮有草，人马皆可畅行，不致视为畏途。兹于前月廿七日回塔，风雪载涂，已似隆冬气候。幸贱躯尚可耐劳，眠食无恙，堪以告慰垂廑。朝鲜内乱缘由，

① “大澂于九月初旬前赴三姓”一句：吴大澂于光绪八年九月初三，前往宁古塔、三姓、珲春等地视察军事、屯事。

及东直官军前往平定颠末，已见邸报[1]，尊处当悉其详。合肥相国代筹善后章程，有停止奉、吉两省互市旧例，准沿边居民就近贸易。珲春与该国会宁府毘连最近，今冬开市，尚须设卡稽查收税，妥议条规。大澂拟于冬月初前，赴珲春察度情形，筹办一切，仰体朝廷字小[2]之义。总期彼此相安，不令边氓扰及小邦，致滋流弊也。俄官虐待华民，越境保护，鞭长莫及。公牍文字多置不理，口舌之争亦无济于事。无辜系狱，连月不释，目击颠连，问心多疚，力不足以制之，奈何。八月初，有俄酋廓米萨尔，因公来吉，示以军容，稍知慑服[3]。惟论及交涉事宜，任意支梧，一味狡展，即严加申饬，亦置若罔闻，令人气愤，此边事所以棘手。膺兹重任，不能无抱愧耳。手复，敬请道安。馆晚生吴大澂顿首上。十月十七日亥刻。

《印举》为古今大观，久欲怂恿成之。承示工料计须百金一部，敝处拟留四部。愉庭丈及李香严廉访鸿裔[4]，必可各得一部，此外如廉生、仲饴必能醵金相助此举。即可谋始刻板，如无好手，可寄东甫处，属其问讯

---

① “朝鲜内乱”一句：光绪八年（1882），朝鲜发生壬午兵变，吴长庆率领直隶驻军前往平定。

② 字小：即大国对小国的体恤，往往与事大并列。

③ “俄酋廓米萨尔”一句：廓米萨尔，俄语音译，边境管理官之意。光绪八年十一月下旬，吴大澂及依克唐阿等人会见前来的俄国边境管理官。

④ 李香严廉访：即李鸿裔（1831—1885），字眉生，号香严，四川中江人。咸丰元年（1851）举人，曾投入曾国藩幕府，官至江苏按察使，清代按察使雅称“廉访”，故名。

虎坊桥慈幼堂内，交邢篆香刻之，即前赴关中、属刻彝器图瓦当之人也。前寄拓费二百金，已交东甫。年底当再奉寄三四百金，并恳代收古陶残字，无论古登古器完者残者，皆愿得之。伯寅师、廉生皆得古埙，何以尊藏独无埙拓？或在阙疑之中？如有所见，亦乞代留，并望转属收器之人遍告乡民，遇有掘得古瓮内有残片似竹简者，勿轻倒散，当以重值售之。想祖龙焚书时，齐鲁诸儒必有深心传古之人，久埋地中，不易出土。如长者之好古敏求，至诚所格，地不爱宝，六经残简，应运而出，此其时矣。又行。

古文字之好，不乏同志，惟长者与大澂为最笃，声气应求，不谋自合。然两年以来，古器拓本，往往束之高阁，十日半月不一披览。盖鄙性遇事专一，案牍未清，或有要函未复，或勾稽册籍有须详阅之处，即不及分心旁骛。每日黎明即起，亦有时炳烛待旦，自辰至酉[①]不少息。凡奏稿及咨札要文，各营、各局往来函牍，皆出一手，亦非幕友所能代。其寻常通候信稿，则有代司笔札之人。除接见僚属外，终日皆伏案之时。金石书画，不复杂置几席左右，亦无同好之人。来示所谓“小事用一分，即夺一分”，洵属至理名言，敬佩敬佩。敝处笺板，系刻

① 自辰至酉：当时以十二地支划分一天的时间，一地支所历为一时辰，相当于今日两小时，一时辰又有初、正之分，辰时至酉时相当于今日早上七八点至下午五六点。

工佛常济所刻，奉天旗民，用心静细，人亦安详，一无嗜好，现在寓中专刻《说文古籀补》。属刻虎、鱼、龟符各笺板样，当交领饷委员带至都中，存含英阁胡子英处，属其先印奏本纸数百张，由东甫处寄呈。明春即可寄到。此间刷工不善用色，敝处用笺皆含英阁所印。似此次所刷东笺，纸厚质粗，不如奏本纸之细洁而能精印也。嵌银丝木镇、各合，自昔良工无此精制，珠合可作镜合。乞代付值，遇便寄缴。笺板刻成后，或留都肆，或俟印毕寄呈，当属东甫候示，再寄可也。大澂再启。十八日辰刻。

惠寄拓目：

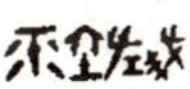。平陆左戈，释确[①]。

似邿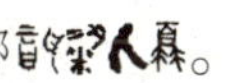。此残戈柲，与敝藏成阳矛同。矛文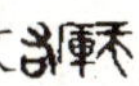，此云“上军”，“军”下一字不可识，释“与”未安，疑皆梁器[②]。

爵。释“橐”是。

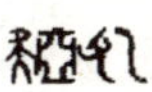爵。字屡见，皆父乙，必系同时所作。

爵。阳识，精。文不可释。

。“白”下疑“归”之异文。“鐈”字仅见，金作，异。

左司马闻竘计鉥。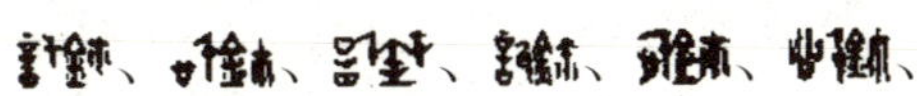

---

① 这是一件战国时期的兵器，著录于《集成》11056号。末尾一字应该释为“戟”。

② 此即著录于《集成》11335号的韩国四年邘令戟，释文当为“四年，邘令辂庶，上库工帀（师）郾□，冶人𦔻（髯）”。

訐鉩、□□，疑皆“计鉩”之变，千言为“訐”，似古文本从十。“货贿用璽节”，今所见鉩文，大半通货所用。三代封泥与古鉩并，存亦可宝矣。

齐中尉印封泥。

大司徒长[illegible][1]。三代官印，可宝。“衡”字可备一说。

公孙[illegible]。鉩文、古币陶阳，或释途涂阳。古朴可爱。

[illegible]字鉩。古奇字，右从弓，与弭相近。

古化四十四种。“东周”钱化，至宝。“安臧”钱化，敝藏二十六品，无一同文者。“[illegible]”钱化，至宝。“卢氏”二，未得，关中友人寄示“卢氏涅金”拓，亟作书复之，已为有力者敓去。“[illegible]”[2]字钱化，习见之品，敝藏有五。“安阳”圆首足肩布化二，可宝。“[illegible]”[3]，可宝。“閔”字背二，又小者二，背十一，背五十三，敝藏有一大者，无小者。“[illegible]氏”[4]背三，大者不易得。大阴背[illegible]，未见之品。“甘丹”二，背[illegible]，背十，文精，敝藏一，文不精。“邪山”，[illegible]缺下半。“[illegible]”五品，[illegible]异文[5]，细郭仅见，敝藏一。“[illegible]”[6]一，未得。“[illegible]”[7]三，[illegible]释“梁”确，非“乘”字，敝藏有二，一无郭。“蒲坂一釿”二，未见之

① 这是一方燕国官玺，著录于《古玺汇编》0022号，释文为“大司徒长勹叕”。现藏于上海博物馆。

② 即“武”字。

③ 此三字当释为“南行唐”，为地名。

④ 即“兹氏”，为地名。

⑤ 当释为“梁冢（重）釿五十尚（当）寽（锊）”。吴大澂对币文的描述有误，“[illegible]”是“五十”二字的合文符号。

⑥ 当释为“梁冢（重）釿百尚（当）寽（锊）”。

⑦ 当释为“梁正㡀（币）百尚（当）寽（锊）”。

品。“釆一釿”一，与敝藏同[1]；“枱半釿”[2]未见之品。釆当即古“半”字，可补古籀文之缺，敝藏有“釆二釿”。阳山方首方足圆肩布化，未得。涅全二，敝藏三，文不同。“垂”[3]一，敝藏一。齐出小刀，似削类。“平全”[4]，似有刀刻文，惟此化可疑。“长垣一釿”一，敝藏有二。“济阴”二，敝藏二十，有传形一，廉生亦有之。重一两十二一珠，重一两十四一珠。一“珠”仍即“铢”之异文。敝藏一两十二铢一，“铢”字作一珠。疑“釿”字有作𨥁者，《周礼》误作垸，重三锊重三垸并称，“垸”为“釿”字之讹无疑矣。

十三未□器。秦戚偃半两传形异品，可宝可喜。汉合符半钩日入千，上有细文似半印。常山太守虎符。桂阳太守虎符。东莱太守虎符。新莽何平羽贞连率虎符。宸豫门开门龟符。宸豫门闭门龟符。左武卫将军铜鱼符，与敝藏玉符同刻一笺，可谓金玉双鱼矣。朗州鱼符。滑州鱼符。

敝藏旧拓有钱献之所藏武亭〻〻连率虎符。宋芝山所拓驺男虎符见翁氏《两汉金石记》，与愉庭丈所藏晋丞邑男虎符同制。驺男右五、丞邑男左一皆在颔下，与

---

① 罗振玉《俑庐日札》“古化范”条：“吴清卿中丞有‘梁充’‘一金匕’范各一，又有‘卢氏’空首布范，均至精，为鲍李诸家所未见。惟所藏‘垣金匕’铁范，似出伪造。”

② 当释为“枱半釿”。

③ 据研究，垂即“魏”字，为地名。

④ 即“平阴”，为地名。

汉制异，知皆晋物也。隋虎符三前已拓寄。刘氏《长安获古编》广阳太守虎符曾在关中见之，为方元仲观察所藏，惜未手拓而摹其文。元仲今官甘肃平庆经固道[①]，未知此符尚在否。又张掖太守虎符，亦刘氏物，均在愉庭丈处，大澂皆曾手拓之。又关中出泗水王虎符，涂金甚厚，镂银，字背有阴文五字，制作甚精，光采烂然，物主索三十金，议值未谐。越二日，蒲城杨信卿以二十六金购得之，后因按试同州，道出蒲城，曾借一观，手摹其图与文。信卿即于是年归道山，不知此符尚在杨氏否。鲍子年丈所藏安阳门龟符，长者或未之见，敝处尚有傅本。合诸家所藏汉虎符九，新莽虎符四，晋虎符二，隋虎符三，唐龟符七、鱼符九、玉鱼符一，共三十五符，合装一册，亦云巨观。又旧藏宋勘同一，文曰“宣巡庆同路提控军马勘同”，旁有“宙字号”三字，亦可附符拓之后，而以周龙节为之首，符节为类，亦可同装，尊意以为然否？十八日亥刻又行。宋勘同拓一纸附呈鉴定。

古陶拓九纸：

。庚言下一字疑“陈”，非“心”，乃“言”之省，六国时变体。

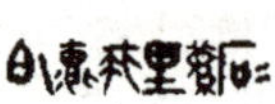。首一字疑“敀”，即龙节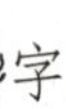字。

① 甘肃平庆经固道：即甘肃平凉、庆阳、泾州、固源道员，辖平凉、巩昌、庆阳、泾州、固源府，方鼎录于光绪八年二月初六日补授此缺。

。第二字奇字，第三字当即，疑有剔损。鋬，器名。

。第四字似，末一字人名，当即“言”，或释□。

。文至精。

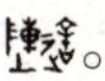。陈逆，或释“造”。

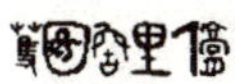。人名“青”字近小篆矣，文精。

。首一字疑“酷”，末一字人名，当即“朔”字。“曰朔”，人名朔也。

。陈棱。

唐天宝小铜碑藏有旧拓本，不精，二虔造象合为一龛，可称两美，周龙节木版、书镇扣银蜡墨拓本，亦甚工雅，合装入册，可备一格。

龙节非西周，以字体定之，命作，人作，食作，之作，皆晚周用笔。如彝器中之齐镈，古化中之齐刀，与此相近，不如虢盘之浑雄朴茂矣。石鼓疑亦非史籀书，笔法篆体已渐开小篆之风，或谓秦刻，在春秋战国之间，文亦与周《雅》少异，妄存其说，以备参考。“赁一榴”为医馆，所见甚是。

金文用洋照法①，使大者缩小，小者放大，可不失真。惟钩摹入册，非有专致之心力，不能集数千百字为一编。

① 洋照法：即西洋传入之摄像技术。

大澂自揣无此暇日，恐成虚愿。年过五十后，目力亦将不及，若借它手代为钩摹，学力未深者，于古文字之神理不能完足，求其形似，已不易得矣。去夏所编《说文古籀补》，皆以拓本对摹。每书一字，必幡阅原拓，心领神会，然后下笔。即不能丝毫不爽，而字体尚不致舛误。今已书至十卷，时有间断，不能握管。岁莫新春，再竭一月之力，此书当可告成。晚见之字，未及补入者，归入续编。钟鼎彝器，鉥印刀布，石鼓陶器，无不广为采录，秦石汉碑瓦当，则未之及也。《诅楚文》未见拓本，尊处如有旧刻，或赐借一观，或钩本见寄。至企至感。敝藏莽布，所缺尚多。中布壮泉，均未之见，近年秦中亦不多得矣。秦地新出马氏殿当，马氏万年瓦，从来未见，亦无可考证。曰“殿当”，则非民间所用。西汉外戚无马氏，惟元帝为太子时，爱幸司马良娣，良娣死，太子怒恚发病，忽忽不乐，因以过怒诸娣妾，莫得进见者，事见《孝元皇后传》。或此瓦为司马良娣园寝之所用，未立为后，不得葬渭陵，故称马氏。太子有殿，良娣亦可称殿。与拓本三纸，寄呈赏鉴，并求考正之。大澂再拜。十八日三鼓。

五一

篁斋老前辈大人阁下：

十月十七、十八两日详复一书，由京转寄，未知何日得达经案。兹托东甫同年寄呈京市平银三百两，为编集《印举》之费，先乞察收，余俟续便再寄，约在春末夏初，不失信也。敝藏驺男虎符拓本，有张朩未题字，系宋芝山手拓，背字半行不可辨。细审之，即系尊藏一符载入《两汉金石记》者。因前书误记，特附及之。日内即有珲春之行[①]，恐归期已将岁晚，年前不及寄书矣。手泐，敬请道安。馆晚生吴大澂顿首。十月廿八日。

五二

篁斋老前辈大人阁下：

二月朔日接奉十二月九日惠书，仰承教益，感佩书绅。去冬在珲春索还俄人侵占要地，议久未决，订期二月五日两国派员会勘其地，与朝鲜仅隔一江，为阻隔俄、朝往来之路。不与力争，恐其侵我藩邦，隐怀觊觎，日久不可钤制。自俄官廓米萨尔去秋来吉，窥我布置，归而相戒勿扰边氓，数月以来，颇称安谧。此次勘明边界，

① 日内即有珲春之行：吴大澂于光绪八年十一月初启程赶赴珲春。

或不致过于狻展也。闽、沪各局[①]自制枪炮，亦有可用，特不如美厂、德厂之精利，俄人所用之枪，远不逮敝部之恰乞开斯。近日练至七百步，尚能十中二三，洋人目力，至三四百步都无准的矣。法兵进逼越南[②]，中国不能为之保护，寻衅不已，终为南服之大患。朝廷拟派大员与法公使会议，尚无端倪。适有都便，率复数行，言不尽意，敬请著安。馆晚生吴大澂顿首。二月初七。

"河平连率"虎符，"常山""桂阳"两虎符，版先已寄京，未及刷样。续刻三版，亦交领饷委员带都交含英阁。封泥刻不如法，愧不能精耳。承惠合符钩拓，钩文未见倒置者，似当作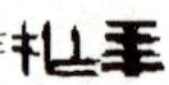，或释"戈作金"。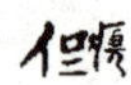戈拓，敝藏梁矛有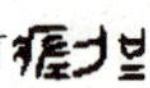二字，疑此亦梁器。臧孙黑鈢，字可入《古籀补》。安邑半斤，至精。莽八两权拓，如二行分拓，必更精爽。善业泥造像拓，六纸。印度佛像拓，三纸。唐泥残字拓，一纸。郏骀大字印，似晚周。魏户铁印，字形近隶，开汉初之风气矣。曲革大字印，古浑遒炼，非汉人所及，其相斯之遗法与？仓内作，似汉初。古印之大者尤为仅见。远道相贻，极感厚爱。前两次寄呈五百金，请先从事《印举》，他非所亟也。巨观不易速成，得一细心相助如陈粟园，则指麾不费力矣。伯寅司寇得古埙，阳识者不伪。如有所见，幸为留一二，勿以可疑而失之。

---

① 闽、沪各局：指福州船政局、江南制造局等军工企业。

② 法兵进逼越南：指光绪九年（1883）前后，法军进攻越南北部河内等地，至该年夏，逼迫越南签订《顺化条约》，是为中法战争之起因。

五三

簠斋老前辈大人阁下：

十三日毕芬送到手书，匆匆泐复数行。补呈《说文古籀补》一册，即交毕芬带上。闻其赴京略有勾留，或还潍在此书之后矣。九月中赐缄尚未奉到，是否交东甫转寄，或递吉林途中适相左耳？大澂奉命统率民勇三千航海来津，疏请赴粤，相机进扎越南，未蒙俞允。仍令驻津，协助北洋海防，暂扎新城，督率操演[①]。明春如有战事，当于开冻以前移师东路，分防乐亭一带。濒海地方以敝部之兵力利器株守一隅，不致茫无把握。法人近已添兵进攻北宁，岑彦帅[②]自请督师出关，黄蕙亭军门桂兰[③]、徐晓山中丞[④]

① “大澂奉命统帅民勇三千航海来津”一句：光绪九年（1883）七月间，中法局势紧张，吴大澂自请率军南下，八月底获得批准，九月从吉林启程，十月初，抵达天津驻扎，作拱卫京师门户之用。

② 岑彦帅：即岑毓英（1829—1889），字彦卿，号匡国，广西西林人。岑氏家族改土归流之前原为当地土司，岑毓英十余岁即考取秀才，时逢太平天国起义，受命组织团练，又入云南，参与镇压回民起义，从此走上仕途，历任云南布政使、巡抚、云贵总督等，光绪十五年病逝于昆明，谥襄勤。此时岑毓英为云贵总督，故吴大澂称其为“岑彦帅”。

③ 黄蕙亭军门桂兰：即黄桂兰（1836—1884），安徽肥东人，淮军将领，早年参与镇压太平天国、捻军，中法战争中因北宁失守自杀。黄桂兰时任广西提督，提督清代雅称“军门”。

④ 徐晓山中丞：即徐延旭（？—1884），字晓山，山东临清人。道光二十三年（1843）举人，咸丰十年庚申恩科进士，历任广西容县知县、广西布政使、广西巡抚，中法战争中因作战不力被革职拿问，旋病逝。时徐延旭为广西巡抚，故称。

皆在前敌，与刘永福[①]协力抵拒。特恐中原夙将狃于成法，不知变化，大队麕聚则受伤必多，宜散，如两人并立，中间必留空地二三尺。奋勇争先则行列必乱，宜整、宜稳、宜静。枪炮不准则子多虚发，准头不远则不能占先手，宜精练远靶，决胜于三五里之外。此皆近日所宜讲求。有精利器械，尤必有真实工夫，非自立于不败之地，则不能求胜。而南中将领大率仗血气之勇，以徼幸于万一，事前不考究，临事已措手不及，此何等事而可以卤莽出之哉！尊论“掘土用坚牌自护，临阵各背铁锹掘地藏身，此各国新法，中国亦当练习，稍可避火器之猛”，至坚牌非厚铁不可，薄则无益，重则难以携带。惟有以我之远，为彼之所不及，我能先发制人，即可操必胜之券。近在津营，详询各国枪技，不过练至二百余步。敝军精技在六七百步，较远近则三倍之矣。前购德国之克鹿卜炮，器具之精备，运用之灵巧，非逐事逐物悉心推究，不能神其用，不先自明，无以训练士卒。大澂所以日夕不遑，置他事于不问者，亦务其当务之急而已。合肥相国所部淮军，经营十余年，军储充裕，甲于他省。而利用之精微，武臣或未深考，大澂与淮将多系旧交，周历各军，互相蒐讨，颇有鼓舞作兴气象。大澂亦知无不

① 刘永福（1837—1917）：字渊亭，广西上思人。早年参加反清起义，加入以七星黑旗为标志的黑旗军，后为清军所迫，入越南境内。同治末年，应越南政府所请，抵抗法军，击毙安邺，中法战争中联合清军，对抗法军，屡有胜绩。甲午中日战争中，刘永福又驻守台南，抗击日军。1917年病逝。

言，期于国事、军事有裨，不敢稍分畛域也。月内当亲历大沽、北塘至乐亭、滦州各口要隘[1]。手复，敬请台安。馆晚生吴大澂顿首。冬月十八日。

允撰《〈说文古籀补〉叙》，至感至感。有人自奉省[2]来，知梓民佛常济岁暮可至，不日将竣工矣。叙文可不拘格，乞随意书之。外阑补画亦可。师嫠敦[3]一为潘藏，一不知所在，或仍在韩古琴大令处。因久未通书，大澂力不能购取耳。惠寄爵拓，仲疑“妣”字，有羡铜。卢氏币四为敝藏所无。涖全刀，疑即“釿”。曾得一完者，文至精，已归潘大司寇。武字币二，合字不可识，或“侯”之异文，有泐画。公、古、贝、共、[illegible]、十甲、八、四八拓。“虞一釿”，疑“虞”、“吴”古本一字。“共屯赤金”异文。六朝造二万佛砖象，似系古浮图所列之像。秦中多砖像，所见大小不一，皆唐制。君车汉石[4]墨拓至精。近得秦中友人书，寄示秦权拓，系宝鸡县弟六村所出，土人秘不出示，曩时按试凤翔时，欲一见而不可得。器小于百二十斤之石，当即三十斤之钧。惟始皇诏前后两刻，不可解耳。一刻于二世诏之前，一刻在后。从纽旁直下。

① 月内当亲历大沽、北塘至乐亭、滦州各口要隘：吴大澂于光绪九年十二月赴大沽、北塘、乐亭、清河等地视察，与罗荣光等将商讨防务、兵器等事。

② 奉省：即奉天。

③ 即西周晚期的师嫠簋，著录于《集成》4325号。现藏上海博物馆。

④ 汉石：即汉画像石。

前函书至十纸，尚未缄发，忽接合肥相国书，知有寄谕，命大澂赴粤帮办军务。即于十九日赴津商议一切。因海口早已封冻，陆路未能迅达。军火笨重，需车过多，直东境内，水患频仍，民力拮据，车辆断难备办。即使勉强而行，亦须陆路暂运，诸多窒碍。正与合肥拟定奏稿，请先酌带数百人由陆遄行，马、步各队俟明春续调。又于廿三日续奉廷旨，毋庸前往矣。法人进攻越南之山西，已于十一月十六日失守，刘永福遁去不知何往。滇粤官兵均扎北宁，距山西不远。昨日电报，法乘胜攻北宁颇急，又有欲占琼州索兵费之说。幸中旨坚持定见，不为摇惑，但使滇、桂诸军严密扼守。与敌久持，彼亦无暇分兵内犯。鄙人创议协助利器运赴前敌，敝军已拨呍啫士得后门枪五百杆，枪子二十万，即日由沪解粤，正月下旬方可抵粤，不如俟开冻后乘轮南下，较为便捷。大澂所购枪炮本存上海，预备赴粤之用。因奉谕旨，仍令驻津，专顾畿疆门户，即将军火赶于封河前，悉数运津。炮车器具四百数十箱，枪子一千二百箱，轮船装载，分作四批，方得运齐。北洋亦有协济军火，然精利之器，他省多不充裕，滇、桂则绝无而仅有。仓卒求之，何能应手哉？近畿久练之兵，有三万余人，军械甚足，可资拱卫。即敝军他调，似亦不足深虑。合肥相国仍欲以鄙人为指臂之助，不任远离也。腊月初四日。

五四

簠斋老前辈大人阁下：

冬月廿七日，由京寄到九月十六、十七日手毕。借助日本同开松岛[①]，并无其事。中国交邻之谊，惟德最厚。克鹿卜炮、毛瑟枪皆德所造。鱼雷能破铁甲船，尤德国不传之秘。特遣兵官来华教习，密属我军，勿许英、美各国人窥视，恐他国师其意而树之敌也。火攻之器习见，则不足惊诧。炮可及远，远则不甚准，亦不难避。避之之法，第一在列队宜疏不宜密。炮弹行空，有声有形，落地时亦不甚速，眼光灵捷者，必可远避。特恐中原夙将，拘守成法，大队栉比，云屯蚁附，则炮弹所落，前后左右绝无可避之隙，片铅寸铁皆可伤人，伤多则士气必馁，此自聚其众以受人之炮。人愈多则炮愈得力，故德国阵法，前后不过两三排，两人之中必空五六步，如炮弹所击能及二丈，即受伤亦不过数人耳。鄙意以为避炮易而避枪难。枪远可避，枪近则不可避。掘坑之法，各国皆知之，惟有精练枪手，能决胜于一里之外，我准而彼不准，则彼馁而我不馁。临阵如临场，功力必退，勿论五六成、三四成也，即十子中一，万子可伤千人，十万子可伤万人。

① 松岛：位于今韩国仁川，当时有传言与日本一起在松岛开埠。

若非平日练有准则，百万子亦皆虚发。此事实不能徼幸以图胜，非真知甘苦，不知此中之虚实利害耳。整顿营务，不过一年便可整齐，购备器械，费绌则不能骤致。濒海各口地段虽广，但能人人求实事，不务空言，外侮亦无由而至矣。手复，敬请著安。不宣。馆晚生吴大澂顿首。腊月初五。

谭观察焕文[①]由提督改道员，想系朴实能耐劳苦，当置之夹袋[②]中以备咨访。敝军驻津为南北往来冲道，投効者接踵而至，概不敢留，真可造就之才，亦不多得也。邢篆香到津，一见即回京城，现无可刻之书，留之无所用。新得一爵，拓呈鉴定，如有惠寄之件，专送新城最妥。吉军相从入关者，大半皆淮将淮勇，间有直东奉吉之人，无一吴人杂其中。南方体柔而巧滑者多，无质直刚劲之气，不可入戎伍。敝军将领皆心腹，合三千人为一气，此治军之根本。近日操演，自朝至暮，几无片刻闲，人人之有磨厉以须之志，无一怨咨者。枪技亦愈练愈精，明年如有战事，小胜小败必可与敌相持，此堪告慰荩怀也。

① 谭观察焕文：疑即谭文焕（？—1900），江西余干人，行伍出身，后由提督衔总兵改候补道，几经沉浮，义和团运动时期，在直隶任候补道，因同情义和团仇视洋人，被八国联军要求处斩。谭文焕正是由武职改道员。

② 夹袋：有贤者录其名存于夹袋中之意。

大澂于古文之学略有心得，知我者惟公一人。讲武三年，苦心孤诣，惟合肥相国知之。惜当代名将多以《六书通》为秘本，不知许书为何物，安可与之言古籀，良可慨已。大澂又。初六日。

釿说

世所传古币，有“梁充釿五十二尚寽”，又有“梁正尚金尚寽”，又有“梁釿金尚寽”。旧释尚寽为“当寽”，古文“寽”“锊”本一字，《吕刑》“其罚百锾”之“锾”即《考工记·冶氏》“重三寽”之“寽”，郑注谓“锾、寽似同”者是也。又有“安邑一釿”“安邑二釿”币，或释釿为“釿”字，或读为“化金”，或读为“金化”。按《考工记》：“冶氏为杀矢，刃长寸，围寸，铤十之，重三垸。”郑注引司农云：“垸，量名，读为丸。”贾疏谓：“垸是称物之名，非斛量之号，又读为丸，未知欲取何义。后郑引之在下者，以其垸之度量，其名未闻，无以破之也。”大澂窃疑“垸”字不见于他书，《说文·土部》“垸，以桼和灰而鬃也。……一曰补垸。”与量名无涉。《周礼》“垸”字疑即古币釿字，或当时书作釿，讹作土旁完字，以“安邑一釿”三枚当杀矢之刃，轻重或亦相等，此意可补先后郑之缺。盖汉时已承其讹，无从更正也。“安邑一釿”今称约重三钱左右，以今世所传之戈斠之，重八两、九两、十两不等，则一寽当今称三两左右，或古者十釿当一寽，梁充等币重不过二釿，以二釿当一寽，以二当十也。旧说五以一当五，十二以二当十，或亦不谬。大澂。

齐 釜

陈猷立事，与《积古斋款识》所载齐侯甗“国差立事”文义略同。吴侃叔释为国家之“国”，非是，“国”下疑“佐”字。国武子，名也。陈猷未详，疑即田襄子名。《史记》：“田常卒，子襄子盘代立相齐。”徐广曰：“盘，一作塈。”“盘”“塈”二字不相类，或当时篆文多变体，“盘”字不从皿，旡旁与殳旁亦相混，故为盘、为塈不一说也。此字左旁犬字与旡字、殳字皆相近，右旁上从，类皀之首，下从，类盘下之皿，其下隐隐有一横，或本从土，故又误为“塈”，然则此字为“盘”之或体，非“猷”字也。即“岁”字，字上半不可辨，疑即“酉”字，齐侯甗，阮氏释为“岁咸”，于义未安，当是“戌”字，彼曰“岁戌”，此曰“岁酉”，皆纪岁，下云“月戊寅”，纪月也。“立事”犹言立政，书传“立政大臣，立事小臣”，此言“立事”，纪陈氏当国之岁。考齐平公二十五年，岁在乙酉，越三年戊子，为宣公三年，周定王之十六年，赵氏与韩魏攻灭知氏之岁。《史记》云：“田襄子既相齐宣公，三晋杀知伯，分其地。”是器之作或即平公卒，宣公即位之岁也。《史记》“宣公四十三年，伐晋，明

年伐鲁葛及安陵”，乃田庄子时事，陈介祺注：庄子事须考订。此云“如陈介祺注：如字未确。兹安陵”，或襄子时别有使鲁之役也。[illegible]字从弓矢赴的形，“平发”犹称物平施之意。“敕陈介祺注：敕从柬，亦未安。成”者，“物勒工名，以考其成也”。左关之[illegible]，疑即“釜”字，陈介祺注：釜下从[illegible]，或即缶之讹。上从父下即缶之变体。釜本从鬲作鬴，古人从鬲、从瓦、从缶之字往往相通，如《说文》“鬲”或作㽁，“鬳”本鬲属，从瓦为“甗”，“甑”本从瓦，籀文作[illegible]，鬲部䰝字疑与甑为一字，缶部缾或作瓶，缶罄䍃罐䍇䍜皆训瓦器，甾部虘下篆文作𧆓，籀文作𦈎，疑与金部鑪字为一，从金从缶亦可通。“釜”字不见于经典，或即豆区釜钟之“釜”。鋘云“左关之鋘”，釜云“左关之釜”，其为器名无疑。此器字形遒古，与汉阳叶氏所藏一簠字相类，子和子一器，左关之鋘一器，字俱细劲，与秦器相类，似非同时所制，故疑此釜为襄子时物。

陈太公釜

是器为陈太公田和时制，绎其文义，上言制器之用，下言犯命之刑，犹晋之铸刑鼎也。按《史记》：“田常言于齐平公曰：‘德施，人之所欲，君其行之，刑罚，人之所恶，臣请行之。’行之五年，齐国之政皆归田常。”是田氏专立刑法，已非一日，始以大斗行阴德于民，继以严法示威于民也。“立事”上二字剥蚀不可辨。疑为“岁”之省文，疑即“辰”字，为之变体，陈介祺注：即某，从示从女，兼禖媒二义。与相似，加示旁者取三辰垂象之义，与下月丙午之字从火陈介祺注：似仍是，非从火。同一会意，非归祳之“祳”也。子禾子即陈太公田和，和旁似有缺画。左关釜“节于”，左关鋘“节于”，釜与鋘对言，益证釜为器名。不可识，或系地名。“关人不用命”以下，皆刑罚之等差，《周礼》所谓“戮其不用命也”。即“戮”字，右旁似戈非卩，“戮□□御”犹魏绛戮仆之意，罚之轻者。中刑，墨辟劓辟等刑也。当是“丩”字，“纠”之省文。从辵从者省声，释作“徒”，陈介祺注：徒也未敢定。“纠徒”并坐其徒也。“关人”当是守关之人。庶人在官者曰御曰徒，皆在关给役之人。

《周礼》胥徒之徒，郑云："此民给徭役者。若今之卫士矣。"关之有徒，所以司出纳之令。家量贷而公量收，必严刑以防其弊也。赎以□鈞，陈介祺注：赎未定。鈞即古文"钧"。钧上一字似"千"陈介祺注：非千。字，《说文》："钧，三十斤也。"《周礼·大司寇》"以两造禁民狱，入钧金。"注云："三十斤曰钧。"《考工记》冶氏"戈戟重三锊"，郑司农云："锊，量名也。"后郑引许叔重《说文解字》云："'锊，鍰也。'今东莱称或以大半两为钧，十钧为鍰，鍰重六两大半两，鍰锊似同矣"，贾疏："凡数言大者皆三分之二，一两二十四铢，十六铢为大半两也。"按中刑"赎以千钧"，以三十斤计之，罚至三万斤，于理不合，郑说十钧为鍰，千钧适当百鍰，共六百六十六两十六铢，与东莱称适相合。盖齐俗通用之钧，非三十斤为一钧也。《书》"金作赎刑"，传以金为黄金，《吕刑》"其罚百鍰"，传以鍰为黄铁，古者五金并用，黄金、黄铁皆铜之称。百鍰为铜，四十二斤十四两十六铢也。大辟下有字，徒下有"赎以"二字隐约可辨，"以"字下第二字有缺画，非鍰非锊，疑是"率"字，上作，右旁作，左旁似亦作，当是"率"之变体。《周礼·职金》"金罚货罚"，疏引夏侯欧阳说云："墨罚疑赦其罚百率，古以六两为率，古《尚书》说百鍰，鍰者率也。"赎以千率即《吕刑》大辟，疑赦其罚千鍰也。

末四字或释为“出关之记”，非是，即“釜”字，是器之名与前器同。癸酉八月十八日吴县吴大澂释。

，疑“市”字，《积古斋款识》鼎，阮氏释作“市师”。

，首二字当是“分阳”，古“宝”字，见周窸敦、郳中盘。

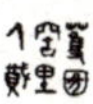，第二字疑即“昜”字变体，第三字非“空”，似“窖”“窨”字。

，字见齐刀。

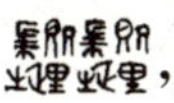，二器同文。匜，字与此第一字同。

，《说文》：“孨，谨也。从三子。读若翦。”

，疑为“顛山”二字，或即一字。

，似彝器中至精之文，散氏盘字与此类，阮释“蔽”，未安。

，当系“上公”二字。，公上字泐去。

，《说文》：“祭，祭祀也。从示从手持肉。”此瓦器当亦民间祭祀所用。

，二字相类，鞞上似有艸。

，似司徒之“徒”。

、、、，此四字不可识。

，镈币有“智”字，类此。

，似“慎”字古文。

□，似盛酒之器中象郁鬯形，或即古文尊酉字。

□，刘氏《长安获古编》有季□鼎。

□，曹秋舫所藏各中尊□字，大澂释作“梨”，从□，即《说文》□字，疑□字亦从□。

□，《说文》庞从广，训“高屋也”。此从疒，当即“庞”，□非纟旁。

□，《说文》□从大从羊，“幸”从屰从夭，“夸”从大于声，三字皆与此类。

□，《说文·豆部》：“梪，木豆谓之梪，从木豆。”“□，礼器也，从廾持肉在豆上，读若镫同。”此从木从□，亦□字从肉之意。

□，《说文》“后”古文从辵，此从各，可补许书之缺。

□。

□，非“等”字，不可识。

□。

□，前在西安见一鼎，首一字作□，余释为“兴”，与此正同。

□，散氏盘“誓”字作□、□。

□，从□从□，疑即“题”之省。

□，似“寻”字。

□，《说文》：“褒，衣博裾，从衣□省声，□古文保。”此从□，当亦□之变体。

，《说文》："敓，强取也。"《周书》曰："敓攘矫虔。"今经典通作"夺"。

，当即"栋"字。

，不可识。

，《说文》"巠，水脉也。从川在一下，一，地也。壬省声。"此字水在一下，与"巠"同意。

，古文"渊"字作，此其省文也。

、，即百姓之"姓"，亦即"性"。

，似"岁"字繁文。

，似"继"字省文。

，似节墨之"节"。

、，旁似有一直，疑"陈"字，下一字即"恒"。

、，二字甚奇，皆不可识。

，汉阳叶氏平安馆藏敦""，第三字或释为"府人"二字，此"府"字下似从，疑即"腐"字。

，即彝器中"朕"字。

、，从弓从，当即"弛"，，此字横拓，误作。

、，似"封人"二字反文。

、，《说文》："巨，规巨也，，古文巨。"从者象执矩形，从者象执规形。邾公华钟""，無子妆簠""，睪即"择"，此作亦"择"字，

当即工名。

、，陈氏釜、左关鋘作“左”，此从，不从，当即“关”字，非“辟”字。

。

，此二器似两京文字。

三代文字之见于彝器者有日少无日增，出土之器无数百年不毁，好古者获吉金即三五字亦极可贵，不谓古陶残字与金石并寿，奇文逸体可补鼎彝款识所不及，簠斋前辈搜访至七十余种，为从来金石家未见未闻，可喜亦可异也。丁丑二月九日大澂释。

读古陶文记[①]

，非“塙”，疑即“鄗”字，见《说文》。，疑“棋”字，自是里名。淖即“朝”，人名。古文“潮”“朝”为一字。

陈介祺：，仍宜入土部。

，亦“淖”之异文。

，戳圜之豆。“戳”当即“贳”。

陈介祺：即“昜”“阳”。

，此亦三代文，惜下二字残缺，末一字疑“釜”。

当即“䤴”字，古陶文多字，知即“𦎧”之省文也。当即“造”字。毛公鼎作，颂敦作，此省为古，省为。

陈介祺：余谓即戈，是“国”字。国，人名。

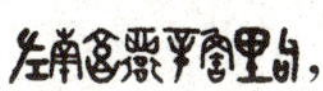，文至精。，当释“郭”。，异文甚多，皆“䙴”字。与、、、、等字同。

陈介祺：即“郭”。，新。

，观此则知、皆“䙴”字，小篆变作

---

① 《读古陶文记》所录战国部分的陶文，徐在国先生已经整理过。此次整理即以徐先生的释文为基础，参照原文，释文偶有不同。

[illegible]。[illegible]，当系六国时里巷之名，故从邑从行。

陈介祺：[illegible]，古鉥文。丘，营邱，营邱人迁□里[illegible]（得）名所作。行、辵通，即“迁”。

[illegible]，《说文》：“[illegible]，烧瓦灶也。”六国时作[illegible]，从穴从缶。末一字，人名。

陈介祺：太公和釜有[illegible]字，是古“钧”字。“䍃”见《说文》，此或是古“均”字，亦从旬。

陈介祺：[illegible]，棠。

[illegible]，人名，多不可识。此“迁”字甚显。

[illegible]，首一字亦“窑”字。

陈介祺：[illegible]，臧否字。

[illegible]，窑里。

[illegible]，首一字似“齐”，或是“栾”，俱未可定。末二字当是[illegible]二字，释饮器。

[illegible]。

[illegible]，[illegible]当即[illegible]字，疑古文“公”字，本作[illegible]，反[illegible]为[illegible]。

[illegible]，王卒左敀䤊圆荐里王。《说文》敀下引《周书》“常敀常任”，古鉥文“右敀”，此云“左敀”。

陈介祺：[illegible]，伯。[illegible]，余疑同“坏”。

[illegible]，平陆陈导丕□王釜。“丕”下一字甚奇，

疑“祭”字。

陈介祺：□，似陵，从土。□，余曰似宛丘，□，或“齐”。

□□□□，□，人名。疑即“昂”。

陈介祺：□，从月从卯。

□□□□□□，末二字当亦人名。□字不可识。

□□□，人名，似“睇”字，《说文》所无。或释“咈”。

□□□□□，□，人名。

□□□□□，疾卜。第三字有缺，□似二字。

陈介祺：豆里犹窑里，作豆之地。

□□□□□。

陈介祺：□，不可识。

□□□□□□□□，右敀命录𡕀思里。末二字不可识。□，疑即“𡕀”。□与古鉨□字同。

□□□，导，人名。□，见齐刀背文。

□□□□□，子漆子里然。“漆”字从心，异文。

□□□，上二字即□之省。只，人名。

□□□□□□，首一字似“楚亯”二字合文，当系□字剔误。

陈介祺：后楚郭可证。

□□□，豆里痦。

□□□□□□。

□□□□□□，□前释作“亯”，未确，当释□。

陈介祺：“姁”见《说文》。

，陈悊左敀亳釜。与同，亦见古陶文。

，□右敀坸亳釜。首一字当是“陈”。

，丘齐□里郝杏心。第三字当是“辛”。

，绍曩杏窑里逌。，当即“旨”。与字同，《说文》云古文绍从卲。

。

，当是“中”字。贞、渐皆人名。

，首一字似盟。当释稷，古“稷”字，省作。

，，古“饩”字。

，盟公之稷饩左上豆。

，首一字似“畀”。末三字疑“莫（郑）亳釜”，余不尽识。

，人名，多不可识，然皆可存。当别录一卷附于古籀文之后。

陈介祺：与后释粱之同。

，人名，与字同。

，当即字。

，似“谈”字。

陈介祺：从二。

，从故从心，字书所无。

，似“纯”字。

陈介祺：[illegible]。

[illegible]，似“弨”字。

[illegible]，癸，人名。

[illegible]，[illegible]，疑亦“中”字。𢽫，人名，从函，从攴，与[illegible]字相似而非。凡人名多创造之字，不必强合。

陈介祺：国书似非创造，创造何以使人知？

[illegible]，反文，阳识，其鉨当是阴款铸鉨之模。

陈介祺：正文，鉨入土也。

[illegible]，[illegible]即“郑”。

[illegible]。

[illegible]。

[illegible]，人名，与上一器同。“绍”字减。

[illegible]，似亦[illegible]字。

[illegible]，似“赠”字。

陈介祺：当是“贻”。贻从二[illegible]，见古陶。

[illegible]，西酷里窑。

[illegible]，[illegible]与陈猷釜[illegible]字，子禾子釜[illegible]字皆相类，疑“者”字。窑者名[illegible]，似“谒”字。

[illegible]，首一字泐，疑“貟”字。[illegible]见《筠清馆》居后彝。末一字似“孟”而奇。此瓦上下文俱缺，当不仅数字也。

[illegible]，南乡之市。“乡”字中不可辨。

□□，□，古“吴”字。《说文》作□。下一字半泐，疑“将”字。

□，䀀字不见于字书，或即“贻”。

陈介祺：陶文“贻”作□。

□，《说文》□，古文作□，古鉨文有□□□□，疑即“将军”之“将”，六国时假借字也。古鉨有□□□□，亦当释“将”。

□，《说文》□，籀文作□，此从□，当亦“赣”字。

□，古陶文有□字，与此小异，当即“䞣”。

□，□，《说文》“卯，事之制也。”

□，“二十”字合文。

□□，市亭。

□□，菑亭。

□□，亭升。

陈介祺：上三当是汉。十□为升，当从勺作□，十升为斗，□则升之省矣。

□，王豆。

□，公豆。

□，王粱。

□□□，栗洒。“丽”字古文作□，篆文作□，见《说文》鹿部。

□，雩丁。雩，古粤字。

□，造。

□，□，《说文》“弛，弓解也。”

□，古器无“朔”字，此从□从□，其为“朔”字无疑。陈介祺：朔从□，此省。

□，与前□字同，当亦人名。

□，芊。

□，曹字。彝器所未见，可补籀书之缺，然已是六国时字，不类大篆矣。

□，《说文》□，马尾鞄也，今之般緧。又□，柔革工也，读若朴，当即此字。或云象鞄形。

□□，侰从人，上一字似从弓。

□□，齐中姜镈□□、□□，大澂释作大徒、大仆，从走从都省，当即“徒”之异文。

□□，绪。

□，痻字，《说文》所无。

□，《说文》：“□，词也。”此从贝，疑古“售”字。今别作“售”，非是。

□，与□字相似。

□□，陈毋害，似六国时字，非汉。

□，即“敚”字之反文。

□，似“吴”字，或系“吴人”。

□，当是“吉日子”三字，“吉日”二字合文。

，疑“橐”之省。

，日子，吉日惟子也，此省“吉”字。

。

，白晨鼎，“瀘”字与此相类。古文“瀘”“废”为一字。

，以上三字皆不可识。

，“彰”字近小篆矣。

，疑古“芦”字。

，“赓”字似大篆。凡近大篆之字皆非晚周器。考文可知时代之先后，此其大略也。

，陶工称师，当是汉制，文亦类西京矣。

陈介祺：此多残瓦当与瓦。

。

，“师”字右上有缺。

“师”字兼隶，似“封道”二字。

，“董”字不从艸，简文，下一字疑“婴”。

陈介祺：似非。

。

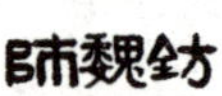，钫。

，似“俊”，从彳。

，“丁”疑有泐，似“可”字。

，“马”下当是“次”。

昧張倉。

劉俱，刘伣，“伣”反文，非“俱”。

輔仲。

苗奴。

菅兹，管慈。

封道，封道。

西門羛，第三字当是“义”。

肖安，上一字当是“赵”。

成公生，成公生。

吏張昭。

王宋泉，第二字似“宋”。

王俱，王俱。

黄目目，第二字下泐，当是婴。

光绪壬午七月十三日清卿仆正自古肃慎防所寄，九月廿二日至。

吴愙斋尺牍跋①

谢国桢

旧都为文物荟萃之薮，民国以还，故家典籍，往往散出。北平图书馆既获有陈簠斋所藏金石文字墨本，琉璃厂帖友旋有持吴愙斋致陈簠斋尺牍来者，约有近百通，自同治十二年癸酉冬十二月，迄于光绪九年癸未十二月，盖光绪十年簠斋即归道山矣。未几续得愙斋所撰《金文考》《读古陶文记》《石门访碑记》《汉印鉥考证》等编。细窥诸文，均由尺牍中别出者，因排比其年月，整理其次序，汇为一帙。其篇幅较长，成为撰述者，若《金文考》《读古陶文记》之属则附于尺牍之后。愙斋先生所书尺牍，篆籀行楷，各体俱备，纯朴郁茂，均臻极境。在昔，愙斋之书，零圭片羽，已视为奇珍，况此长篇巨帙，宁不尤加爱惜。愙斋致簠斋书云："鄙性遇事专一，案牍未清，或有要函未复，或勾稽册籍，有须详阅者，即不分心旁

① 北平燕京大学《考古学社社刊》第六期刊发过谢国桢先生《吴愙斋尺牍跋》一文。从文末看，此文写于1936年3月13日。《吴愙斋大澂尺牍》文末所附谢国桢《吴愙斋尺牍跋》一文，写于1937年3月15日。二者文字颇有不同之处，后者当系改定本。

骛。每日黎明即起，亦有时炳烛待旦，自辰至酉不少息，凡奏稿及咨札要文，各营各局，往来函牍，皆出一手，亦非幕友所能代，其寻常通候信稿，则有代司笔札之人，除接见僚属外，终日皆伏案之时。”足征愙斋用力之勤，治事之专。而愙斋书法，当时潘文勤公伯寅亦极称赏之，恒曰：“老弟古文大篆，精妙无比，俯首下拜，必传必传，兄不能也。”又曰：“老弟以后写信，还宜稍从潦草，我半年付裱，所费已不赀矣。”愙斋致王廉生书已有影印本，致潘文勤书，不悉流传何所，是愙斋书法之精，早见重于艺林矣。

有清考据家率以声音、训诂疏通经义，自程易畴[①]乃以古代器物辨析名物制度，然涂径虽启，运用未弘。洎乎清季，往往于郡国山川丘陇间得盘盂鼎彝之文，古陶吉金之器。愙斋湛深小学，博识名物，由古籀陶文以订补《说文》之未备，因古器之流传考订律度量衡之制度，可实验于今日，藉昔人之成法，乃愈用而愈纯。时簠斋半生潜居林下田间，而愙斋则鞅掌王事，视学陕右，先秦故郡，齐鲁名都，每有所获，尺素往还，相与欣赏。凡鼎彝古陶泥封印鉥文字，以及朝野时事，治兵赈济之方，无不析疑问难，必至于是而后已。如释陈公釜，愙

① 程易畴：即程瑶田（1725—1814），字易田，一字易畴，安徽歙县人。清代著名学者，精通训诂，提倡用实物以整理史料。

斋原文云：“□疑即‘辰’字，□为□之变体，□与□相似，加示旁者，取三辰垂象之义，与下月丙辰之□字从火，同一会义，非归祳之祳也。”簠斋释云：“□即某，从示从女，兼禖媒二义，似仍是□，非从火。”愙斋《读古陶文记》：“□非塙，疑即鬸字，见《说文》，□疑棋字。”簠斋云：“仍宜入土部。”□，愙斋云：“似赠字。”簠斋云：“当是贻，贻从二□，见古陶。”至簠斋答愙斋书，已有印本，往复讨论尤繁，尤见二君于学术之见解，其不苟同如此。愙斋所撰《说文古籀补》《字说》已自写定刊行，至于古陶文字，则撰有《古陶文字释》四卷，闻吴氏退楼曾为校刻，但未见传本。此《读古陶文记》一卷可以补其撰述之缺。至其游踪所至，荒山古寺，凡有遗迹可寻者，无不斩除榛莽，悉心披剔。其按视秦陇，道出汉中，则撰《石门访碑记》，以证前人考订文字之失。南游北固，登焦山，则辨无专鼎之伪。愙斋云：“焦山无专鼎，文字既弱，又多缺笔误笔，虽古文随意增损，多不一例，而此鼎变化无理，必系仿铸而失其真。”此则非好学深思，心知其意者，不能为也。

愙斋少治程朱之学，日有督课，其立身涉世，即导源于此。及壮年筮仕，恒以扶翼世教，澄清吏治为己任，故致簠斋书，于豫北振济之役，目睹疮痍，以救饥拯溺为怀；而于光绪间政治外交，亦能洞悉症结，不作迂腐之谈。徒以甲午之役，猝遭世诟，然其忧国忘身勇往直前，以视保身家而谋妻子，置国是于不问者，实有霄壤之别。今窓斋先生谋国之方，论世之语，具见致簠斋书中，是其一生亮节苦衷，庶可略白于世。吾人读窓斋之书者，未可全以金石学家概之也。中华民国廿六年三月十五日，毘陵后学谢国祯谨识于国立北平图书馆。

吴陈两家尺牍编年表

余既编《吴愙斋尺牍》竟，适顾起潜先生惠假石印本《陈簠斋尺牍》五册，皆为致吴愙斋书，起同治十二年癸酉八月至光绪五年己卯九月庚辰，以后均已散佚矣。愙斋同治戊辰通籍，自癸酉视学三秦后即与簠斋通函，驿递往还或一月而数发，或半岁而始达，长篇累牍至数万言而不能休，凡平生所历，耳经目验之事，金石文字之学，无不于尺牍中见之。然而两君神交十年，未尝谋面，光绪戊寅二月十七日，簠斋书云："祺今年六十有六，而吾兄有万里壮游，晤面无从，寄书不易，可从洋照一识荆州否？"是年四月廿三日，愙斋在河间书云："贵乡去此五百余里，瞻望德星，恨不插翼而飞，一亲颜色。"两君相交之笃如此，愙斋云："海内真知真好知我者亦唯长者一人，廉生（王懿荣）真好而所见有出入。"使两君相处于今日，轮轨辐辏之时，则两君过往当更益密，交情当更益笃，创获探讨当不至于此者，然在今日，交情之笃如两君者容有其人，若商榷学术历十数寒暑而不倦者，则世尚无其事，此缅想昔人纯笃之风有不可及者欤！今两君尺牍具在，且一一可考见其往还之年月，印证其事迹，爰为列表于后而谱其事实于下，述昔人之行事者有年谱游谱之作，朋友交谊往往可于年谱中求之，然就书牍中考见先哲遗事而成一书者尚鲜，余为此编，殆亦效昔人撰年谱游谱之意也。

年　月	吴　书	陈　书	事　实
清同治十二年癸酉（1873）八月五日		致愙斋书三纸	时簠斋里居，初与愙斋通函，谢其为长孙婚礼赐联，并贺其视学三秦，请其洗拓《沙南侯获》刻石，《敦煌》《仓颉》《石门颂》诸石刻。
十一月十五日		书十二纸	论传古及篆刻之法。
十二月十八日	致簠斋书六纸		时愙斋视学三秦，按试凤翔，次乾、邠二州，致书具仰慕之意，辖车所历，亦时策骑荒郊，流连古道，偶访古碑，以毕弇山《金石记》为宗。
十三年（1874）甲戌正月五日	书十一纸		复簠斋冬月望日之函，讨论盘盂文字、摹绘吉金形象之法。
四月书，五月十一夜发		书十一纸附十九纸	复客腊十八日书，讨论吉金文字，释方彝盂鼎。
八月初九日	书三纸		寄新得鼎彝唐人造象拓片。
十一月廿七日	书九纸，附《石门访碑记》等十二纸		时按试汉中，精拓石门铭诸石刻，撰《石门访碑记》，校订昔人之失。
光绪元年乙亥（1875）正月十二日		书九纸	复由王廉生转来两书，称其《访碑记》如身历石门。
正月十一日	书一纸		自商州试毕，抵蓝田，闻鼎湖之痛。

续表

年月	吴书	陈书	事实
正月廿四日	书五纸		僦装度陇，裒集秦金文字。
正月廿六日		书四纸	论西人照法有益于中国艺文。
二月廿四日	书三纸		在泾州试院发，论覆刻《长安获古编》。
三月廿二日		书五纸	寄秦金石拓册，有“以古文字爱我，自当以古文字报之”之语。
三月廿九日	书五纸，《古鉩说》二纸		在宁夏试院，谓古鉩文字得未曾有，作《古鉩说》。
四月廿四日	书三纸		按试凉州，论褒城石门汉魏石刻。
六月十七日		书九纸	复二月廿四日、三月廿九日来书，论双钩法必须运腕，并谈集刻秦汉瓦当。
七月十二日		书四纸	谢寄石门汉魏拓本。
七月廿八日		书三纸，附古器物目八纸	寄新得瓦拓并漆合者共三十二种，并所藏曾伯霥簠等古器物目。
七月卅日	书三纸		自兰州回陕，在青门得汉官私印，颇有精品。
八月廿九日	书四纸		在凤翔行馆得虢仲城敦，论鉴别秦汉伪器。
九月二日		书四纸	赠新得蓬莱汉砖瓦拓本。
九月十日		书三纸	论龙姑毁，龙同庞，即东蒙古也。并索瞿木夫《古官印考证》刊本。
九月廿二日五鼓	书三纸，附新获古器目三纸		称簠斋《聃毁说》可证经文之误。
九月十五日		书七纸	赠秦汉瓦当文字并编一目。
十月廿四日		书九纸	用山查黑矾去土绣[1]法，并论符牌文字。

① 绣：此处有误，当作“锈”。

续 表

年 月	吴 书	陈 书	事 实
十二月三日	书五纸		以所藏弩机彝器拓片八十余种寄赠，称“藏三代彝器文富，鉴别之精，无过长者，拓本之工，亦从古所未有，不可不精刻之以传不朽”。
十二月四日		书四纸	复七月卅日书，再索石门碑刻。
二年丙子（1876）正月廿二日	书三纸		自陇南回署，获尊彝二器，并秦汉砖瓦多种。
二月十日	书九纸		复六月十七及七月十二廿八、九月十日书，论弩机所刻文字，索簠斋所藏鼎彝拓片全份。
四月初一日		书一纸	寄瓦鉢秦诏瓦拓。
四月四日	书四纸		在凤翔试院得周愙鼎，“三恪”即“三客”,《周颂》“有客振鹭”“我客”皆可证，并谈秦中所见铜器。
五月廿四日	书四纸		谢寄鉢印诏版拓本，并附石门各碑价目。
五月廿五日		书十三纸	复去腊三日、今年正月廿二、二月十日书，论封泥古鉴文字，请其刻“二百竟斋藏竟”朱文印。
六月十四日		书七纸	复四月四日书，于愙斋所释愙鼎方鼎颇有辨证。时愙斋欲请假南旋，然后入都，亟思其由王家营东来，迂道不过百余里，颇思一晤，有不得与海内一二古文友面论，有僻陋离索之感。
七月四日		书一纸	新得瓦十四种，其阴款者尤所未见，时东省大旱已成。
七月十二日	篆书七纸		复六月十四日、五月廿五日书，并谢竟拓瓦拓。近从事古文字，极服来书运腕而指不动之说，命作朱文“二百竟斋藏竟”俟刻成即寄。

续表

年月	吴书	陈书	事实
九月六日	书三纸		前得周寒鼎外尚有一敦，宝器作，时试毕由三原晋省。
十二月五日	书三纸		时寒斋请假归里，新学政为陈翼，十月杪交部南归，腊月五日舟抵汉阳，濒行续得小品，皆极精，寄赠秦二世诏版等拓本。
十二月七日		书四纸	复五月廿四日等书，石刻寒鼎图甚佳，寄赠三代有字残瓦拓秦诏瓦小字。
光绪三年丁丑（1877）二月十八日		书五纸	由王廉生寄来腊五汉阳舟中书，并符拓一束，于舟车之劳犹相念以文字如此，真可谓不弃不忘，龟符铜铁古币皆奇绝可诧，寄赠残瓦五十二纸。
三月十八日	篆书大幅一纸		示归里后所见鼎彝，近得徐籀庄自编释文八册，里居酬应甚繁，寄银百二十两，请拓所藏古印两全份。函后附簠斋考释一。大同。
四月十八日	篆书四纸		月之九日，游焦山，访无专鼎，辨识其伪，由京口乘轮至上海。昨早渡海北来，今晚烟台。黑水洋舟中缄寄。
七月七日		书十五纸	复黑水洋轮船中书，吴门两书，称重洋中犹相念论古，以古篆作书，真古所未有。贺寒斋弟大衡中进士，徐籀庄《从古堂款识学》不可不早公诸世，许印林《金文考释》亦当刻传。寄赠杞伯敏父鼎拓本。

续 表

年 月	吴 书	陈 书	事 实
七月二十日	篆书九纸		此为愙斋入都后致簠斋书。称秦诏瓦量可与泰山琅邪并重，瓦器文字搜至八百余种，亦古陶一大观，三代古文字至今而极盛，造物留此以待博闻。
八月十八日	篆书四纸		在都中得叶氏平安馆旧藏趩尊、秦二世诏版等物，时寓大安南营路北。
八月十三日		书十五纸	请将愙斋所藏金文千种编目见寄，摹古文字不可不以后人之字行是第一事，以三代古文冠许书字前是第一事。并赠瓦登瓦器。
八月廿四日	书六纸		复中秋前二日书，并谢所赐瓦拓。尊论过严，不敢不详论之，摹古文，求似易，求精易，求有力难，大澂自摹本，较《积古》《筠清》均胜。并云海内真知真好，唯长者一人，知我者亦唯长者一人。廉生真好而所见有出入，如尊臧聃敦及大澂所得凤翔方鼎、平安馆趩尊皆疑之，此不可解。寄《从古堂款识学》三册。
八月廿四日亥刻		书五纸	三代古陶文字不意于祺发之，殆好古之诚，有以格今契古，而天实为之耶！格今近妄，然负贩求之于乡，牧竖求之于野，使三千年上文字之在瓦砾者裒而传之，此亦归里数十年真积之力，从此齐鲁人人心中知有此事，则古文字所全多矣。
九月六日	篆书三纸		八月出都，赴津门购米，为三晋救荒事。古瓦尊彝不可图刻之。

续表

年月	吴书	陈书	事实
		书三纸	此书无年月，有族侄开运北上，吾兄究有何差等语，并陈朱子救荒之法（按是书当在九月十八日函前）
九月十八日		书十一纸，又八纸	近得古陶已千一百余种，又得汉铜器名曰葆调。又函则谈三晋办赈救灾之事，在于清保甲而杜官吏之侵吞，有吾兄范富自任，视饥由己，其勤恤悲悯必躬必亲，时事事用心，平正切实，有弊即思其法，闻善即广其行。
十月三日		书八纸	复八月廿四日书，服其考证方鼎趩尊之确，并论拯饥之法，无菜曰馑，馑则肠细，骤饱则死，白菜宜与春种之豌豆大麦并蓄，并望代购朱竹垞、傅青主书联。
十月廿五日至十一月初一日	书八纸，又八纸		考证古陶名物，证葆调为汉代兵器，奉命赴晋省办赈，时山西被灾各府以南路为重，悫斋赴津筹购高粱七十余石，亲自督运，由卫河至道口，已及十一月中旬，改陆运，至腊月始抵泽州，凤台，卫河道中闲暇无事，录古陶文四卷，此函为仲冬朔日汤阴道中所写，详论救灾振济情事。
十一月六日		书十六纸	论积谷平糶以分粮施粥为正，而以清保甲为本，保甲清则地方笃实之人出，而利弊通矣。

续 表

年 月	吴 书	陈 书	事 实
光绪四年戊寅（1878）二月廿七日		书十三纸	复汤阴道中书，手书长篇小字感慰至深，大著《古陶文字释》四卷发古文字未发之藏，吴氏退楼为之刊刻，但未见传本。时簠斋获古陶已二千六百余种，称古陶文字不外地名、官名、器名、作者用者姓名与其事与其数，若陈残釜“区”字则可与罍区并称，是书并云祺今年六十有六，而吾兄有万里壮游，晤面无从，寄书不易，可从洋照一识荆州否？
三月廿一日	书八纸		述至泽州，哀鸿遍野，有人相食者，状至可悯，驰驱风雪，中寒致疾，二月始愈。三月十二日赴津，旋赴河间办春振，先是簠斋族弟子振工篆刻，馆于吴氏，每月二金，三晋办赈之役，子振随与同行，子振子开运亦常北来，每因之藉通音询。
三月廿五日	书四纸		讨论所寄古铁文字，时在津门，明日即赴河间。
四月四日		书六纸	新得汉竟范三，其一色白不坚，质极轻，如海水沫结成之石，又得六字古铜鉢。
四月廿二日		书十二纸，又一纸，又别缄三纸署初五日，当系同发	释古鉢鼎彝文字，自是“北”或从北字之省，即“背”，“月”后加。又云今日索拓者多，以古文字讨论酬酢者少，不报不助尤多，苦心至如君子者鲜矣。
四月廿三日	篆书二纸		至河间访汉君子馆旧址，有“贵乡距此五百余里，瞻望德星，恨不插翼而飞一亲颜色”。

续 表

年 月	吴 书	陈 书	事 实
五月初五日	书十四纸		称簠斋求古之力，使齐鲁田夫牧竖皆知古文之可重，不任委弃瓦砾，地不爱宝，将日出而不穷，并述州县赈事七病。言之极为痛切。
五月廿三日		书十纸	详论赈事七病，前数页已残佚。
六月初七至初九日	书三十二纸		已佚。据七月八日书，知寄赠封泥等物。
六月三十日	书五纸		在宁津赈局发河间振济，窸斋任筹款，实总其成，赴乡清查户口则盛宣怀任之，是书仍谈赈济事。
七月八日	书二纸		寄赠古币古鉥二封，附目。
七月初九日	书三纸		赈事冗集，暇中始讨论金石文字。
十月初九日		书六纸，又一纸	复宁津之书，贺晋侍读学士衔，寄姚伯符[1]摹古陶图六十三幅，朐盘大者一幅，有云弟年益衰，兄秩日上，不可不早使一见，弟之存心本求积实去私，于不能已者辄不量力，而古文字之好同之，兢兢以玩物惧，六十以前廿年已力屏之，今复乐此，心不能已，亦时以自儆，是以偶语自述，必以义理与古文字并论，可以见其立身之旨，并请书联。
十月十四日	书三纸		八月振毕，由津入都，连殇子女，心绪恶劣，寄赠长安新出土尊段拓本及宋元以来官印拓本。
十一月廿七日	书六纸		以道员分发晋省，仍居都门，寄赠长安铜印一百五十三种拓本，在汴梁得[illegible]字玉印。
十二月五日		书二纸	寄赠古鉥泥封并陶拓三十五纸。

① 应为“姚公符”。

续　表

年　月	吴　书	陈　书	事　实
十二月廿日		书七纸	新得瓦陶二百卅二种，辨证玉印[illegible]字是“戚”字古文。
光绪五年己卯（1879）正月人日	书四纸		复腊月五日函，时愙斋未赴晋，又简授河南河北道。
正月十一日	书二纸		去腊得《西清续鉴》，赠潘伯寅所藏盉觯古币拓片。
五月十一日	书二纸		寄《长安获古编》稿本，并读姚公符代拓封泥十种，王廉生由蜀入都。
六月八日	书三纸		愙斋二月间抵汴，旋即到任。时五月，由武陟县辉县红石堰验工，得瓦鬲，又得陶器数种，是书写于祥河工次。
八月廿九日	书六纸		时簠斋族弟子振卒于道署，愙斋为之经济其丧，请其侄开运早来扶柩回籍。子振工篆刻，吴陈两家之印多为所镌。
九月十九日		书七纸	谢料理子振之丧，命开运星夜遄行，免致河冻。时姚伯符已作古矣，赠陶拓四百十二纸，近已有作伪者。时居灵阜居庐，《簠斋尺牍》后半已佚，止于此矣。
清光绪六年庚辰（1880）三月廿四日	书三纸		到官未及一年，是年正月命赴吉林襄理防务，三月间由汴入都。是书写于德州舟次，客冬在辉县得刘韬墓志，原石已断，检寄拓本。
八月十二日	书七纸，附《龙节歌》二纸		四月八日入都陛见，五月十七日抵吉林省，与俄界毗连之处，以珲春三姓最为吃紧，愙斋办理防务垦荒事宜。夏间在都，延煦堂以龙节见赠，作《龙节歌》以拓本及《龙节歌》寄赠簠斋。

续表

年　月	吴　书	陈　书	事　实
清光绪七年辛巳（1881）二月初六日	书六纸		去冬在宁古塔珲春一带校阅防军，新正在省杜门无事，读两《汉书》，释西汉三国名人私印。去冬招抚金厂头目韩效忠，舆论称快。
十一月初九日	书八纸		夏间奉命督办宁古塔珲春三姓防务屯垦事宜，又蒙恩补太仆寺卿，编集《说文古籀补》。是书写于宁古塔乜河营次。
光绪八年壬午（1882）二月三十日	书九纸		谈边事武备，僚属中堪任边事者惟寿州戴宗骞一人。
六月初七日	书已佚		
六月初八日	书二十纸		谈吉林吏治饷糈及现代火器有“文字尚古，器用尚新”之语。
六月初九日	书十二纸		谈治世用人之法，《说文古籀补》已刻至第六卷，书至八卷而止，诠释所寄鼎彝文字。
七月十二日	书三纸		检寄手拓虎符龟符鱼符十四种，龙节拓墨一纸。
七月廿二日	书二纸		惠寄古陶拓多已采入《说文古籀补》，附寄《读古陶文字记》一卷，计七叶。
九月二日	书二纸		寄赠篆书联。
十月十七日	书八纸		复五月廿日书，谢赠爵符古陶封泥等拓本。时俄官虐待华民交涉棘手，令人气愤。

续 表

年 月	吴 书	陈 书	事 实
十一月十八日	书十八纸		凑集《印举》摹印之资，每部百金，今年古器拓本往往束之高阁，十日半月不一披览，是时治军甚忙，故不暇治金石文字也。定龙节为晚周物，附寄赠古器物拓目。
光绪九年癸未（1883）二月初六日	书五纸		时俄人侵占珲春黑顶子地方，去冬赴珲春索还侵占要地，议久未决，乃请勘查边界以固疆域，并谢惠寄钩戈古鉥拓本。
十月十八日	书十纸		时法人进攻越南，愙斋奉命统率民勇三千，航海来津，疏请赴粤相机进扎越南，未蒙俞允，仍命驻津协助北洋海防，分防乐亭。谈越南近情，云南中将领大率仗血气之勇，以徼幸于万一，事前不考究，临事已措手不及，此何等事而可以卤莽出之哉。并请簠斋为撰《〈说文古籀补〉叙》，辨析所寄金文六朝造象文字，宝鸡新出秦权文字极奇古。
十二月初四	书五纸		接合肥相国书，知有寄谕命赴粤帮办军务，冬月廿三日续奉廷旨，毋庸前往，是书详谈军器军备，盖愙斋颇以得西洋火器自持也。
十二月初五	书五纸		复九月十六、十七日两书，协助日本同开松岛实无其事，仍论军火器械，主德国战阵之法。
十二月六日	书三纸		时练军津南，近日操演，自朝至暮，人人之有磨厉以作之志，无一怨咨者。枪技亦愈练愈精，今年如有战事，小胜小败必可与敌相持，堪告慰荩怀也。

续 表

年 月	吴 书	陈 书	事 实
			愙斋致簠斋尺牍，至光绪癸未十二月初六日而止，盖光绪十年甲申簠斋即归道山矣，两君神交十年，恐终未能晤面，仅留此翰墨之缘，供后人景慕而已。

右愙斋尺牍存者五十八通，簠斋尺牍存者三十七通，吴陈两君半生行事大概见于此矣。昔人之治金石学者，往往藉以为鉴赏之资，至两君乃笃于文字之好，以证前人之失，而补许君之阙，其搜讨范围已较昔人为广，上自鼎彝盘盂，以及钩符封泥古陶瓦砾，无不可以为考古之资，簠斋云使三千年上文字之在瓦砾者装而传之，此亦归里后数十年真积之力，从此齐鲁人人心中知有此事，则古文字所全多矣。其真知灼见实有不可及处，至簠斋论救荒振济之方在积谷平粜，而施行之法则在清保甲而杜官吏之侵吞，因之有感于今日之水旱濒仍，实因于仓社废赋税苛，馑饥猝来十室九空，措手莫及。政府虽有振济之事而富商大贾奸诡之徒拥资厚粜居为奇货，此与官吏之侵吞何异，是簠斋之说虽为过往之陈迹，然实可为今日之借鉴。至愙斋论现代军备有“文字尚古，器用尚新，非亲自试验不知其中之深浅利钝”之说，是愙斋亦知学术进步固无止境，非跬步自封胶于成见者可比，徒以研经积学之士而畀以封疆之任，实未能尽其材也。民国廿六年七月廿一日夜书于旧都小水车胡同寓庐，时深夜二时矣。

吴愙斋赤牍

一

昨游厂竟日，得一觧，字甚深。拓出奉览。满身无颜色，俗手以蜡涂之，洗之不尽，未识有何妙法？示我为幸。前晚自涵秋阁归，即以尊意转致司农[①]，昨早又将手札封去，两书并无一字见复，想不怒也。今日未刻后老弟游厂否？廉生弟览。兄大澂顿首。新正八日。

二

煦堂藏印请子振代为料理，始得毕事。原印一百方，又于匣底检得穿带印一方，连银印、玉印共一百一，定本一束乞检入。今日进城，如出城不晚，当奉访也。廉生仁弟大人。兄大澂顿首。十二日。

三

新得秦诏版，不可不先奉览。郑师尚未知，知之必着急也。此物幸□敝中，真是奇缘，吾弟当已知其来历矣。徐金罍印尚可用，润笔已为代□，无须发还。手沥，即

① 司农：与下文郑师同指潘祖荫。

上廉生仁弟大人左右。如兄大澂顿首。奠仪至薄，不可却，聊代香楮耳。十四日。

四

退楼寄到图释四册、古镜拓本二册，送览。款识字尚可，图则不精，铜鼓亦刻入，殊太陋矣。邾公牼钟竟未见拓本。廉生仁弟左右。兄大澂顿首。

五

昨奉圆泉压胜[1]，何足云报，乃此区区者尚复掷还，益令愧悚无地。贵恙已愈，广和[2]之约缓数日再订。今日将商镈释文录出，下午脱稿即当诣谭。承示获古本，必欲一睹为快。小宇礼物顷才送去，乞婉致，务必全收，至祷至祷。手复，即上廉生仁弟左右。兄大澂顿首。廿八日。

① 即前文所见之“厌胜”。

② 即广和居，北京名饭馆，晚清名流雅聚之所在。

六

司农既命绘爵，又属写盂鼎释文，又欲招往剔卣，一日数差，兄实无此健腕，不比捴尗[1]有求于司农，终日奔走而不辞，兄则自吃自饭，何苦乃尔，只得贪懒矣。顷又属篆印文，已应一差，亦可告无罪乎？司农致吾弟书，想必有见怪语也。廉生仁弟左右。兄大澂顿首。

七

新得各泉，在兄以为奇遇，实皆执事与石查常有之物。拓奉一分，乞捡入。昨日吾弟以二金所得之品，泉耶？币耶？印耶？幸示及之。太货六铢初不介意，石查与弟皆以为难得，故以二金购之。去年朱麻有一品，似亦索五六金也。廉生仁弟左右。兄大澂顿首。二月廿二日。

八

顷至德宝、含英，适步后尘，却未至筠清。承示铜鼓，不劳而得，何幸如之。执事善为我谋，至感至感，明早

---

① 捴尗：即赵之谦，字捴叔。尗即叔。

当即往取矣。廉生仁弟如手。兄大澂顿首。廿六日。

九

焦山僧寄到拓本三种，附呈赏鉴。遂启諆鼎，尚有原字，显然可睹，留此作一证据。无专鼎[①]本不佳，拓亦不精也。圆泉二品，压胜一枚，并乞哂存。明晚无事，当约香翁[②]至广和谭谭。乞示廉生仁弟左右。兄大澂顿首。廿七日。

十

连日伏案，钩摹拓墨，它事均不暇顾。印本已打者二十七方，先奉览。录簋盖、唐刻一纸，附呈赏鉴。井阑及他刻容再续上。徐君刻印当即交。弟夫人贵恙当有转机，念甚念甚。簠斋[③]来信，已复之。此次仅寄年翁瓦拓全分七百余种。兄已略观一过，真三代古陶也。廉生仁弟大人。如兄大澂顿首。廿七日。

① 无专鼎：当为无叀鼎。

② 香翁：即张之洞，字香涛。

③ 簠斋：簠斋以及此后的簠斋丈、簠丈等，俱指陈介祺。

十 一

积古斋邾公华钟[1]，尊处如有拓本，乞借一观。顷见此器，亦系伪品，然与积古所刻无异，想即河间物也。廉生仁弟左右。兄大澂顿首。廿八日。均初于二月初七日竟归道山，闻之极为悲悼也。

十 二

昨日客散已晚，不及奉陪雅游。齐镈释文删去百余字，如有谬句，乞再斧削，万勿客气。香翁谦让，不肯动笔，无已只得执贽门下，或不吝教耶。廉生仁弟左右。大澂顿首。吾辈直交，不得过谦。大作释文亦可与香翁酌之。六月八日。

十 三

英古[2]一敦，兄以卅五金得之，如知其来历，大可省数金也。退楼所得伪器，或自知之，得之即自讳其伪，

① 此处所论“邾公华钟”为春秋晚期的青铜器，著录于《集成》245号，现藏于中国国家博物馆。

② 即英古斋，琉璃厂内的古董店铺。

自欺欺世，有识者自能辨之。司农商镈，寿老[①]已不以为然，亦恐为退楼所訾议，款识中又不能不列，吾辈亦无如何耳。兄所欲刻之器，须精而又精，宁少毋多也。廉生仁弟。兄大澂顿首。

十　四

昨在石查处见宝六宝四货，心甚爱之。今日适有人携来数种，其价甚昂，然不能不买。泉既上瘾，又有无因而至者，其势不肯割爱，奈何？附上七种，约值若干，乞示及之，兄实毫无把握也。大泉五十阔边者，吾弟与石查皆无之，岂不足收耶？ 乾封易得否？廉生仁弟大人。兄大澂顿首。二十日。

十　五

前日松茂[②]携来各种，除孝建未收外，以十金得之。又有契刀一品，兄以为伪，请审定之。此皆松茂新得之货。又有一小汉镜，“位至三公”，满身黑漆，皆不能不得。近日泉运皆佳，只多花泉耳。拓本稍暇奉上，今日尚有酬应也。廉生仁弟左右。 兄大澂顿首。二十一日。

---

① 寿老：即陈介祺，字寿卿。

② 即松茂斋，古董店铺。

十 六

造象拓本二种领到，谢谢。仲辰印刻来，当先为开用也。小瑀兄处，乞转为道谢。今日至前门东答客，甚苦事也。廉生仁弟左右。兄大澂顿首。

十 七

司农两札附阅，鄙意右戎惠姜似尚未安。请孟伯先生正之，必有说以处此。廉生仁弟。兄大澂顿首。

十 八

廉生仁弟大人如手：

承惠王偪墓志，得未曾有，敬谢敬谢。移居当在二十左右，书箧均未开，斗室中无可容之地。石经亦须稍迟送上也。秦鼎当是梁器。昨借郑盦师拓本，内已见之，似尚可剔。敝藏拓本，俟捡齐再送览。手复，敬颂著祺。兄大澂顿首。五月六日。煦堂拓本，先睹为快，兄亦当以全分报之。

十九

前日在南荷泊竟日，两奉手示，未复为歉。昨有它事，不得闲。子振先生两次来寓，均未一晤，怅甚怅甚。兹约初二日在寓拱候，必可畅谭矣。补呈爵、觯及汉器，计六纸。余器皆在此，可徐拓之，惟父辛残盘，止此一纸矣。顾氏器十六叶，奉赠鉴赏。丁筱农[①]器重分，望即检惠，至祷至祷。手复，上廉生仁弟大人左右。如兄大澂顿首。七月朔日。

二十

煦堂拓本多旧拓，真伪杂出，兄并伪者亦钩存之，别为一册。俟十册钩竟，携至弟处再加选择，吾两人共品定之。精者、至精者、真者、次者、可疑者、伪者逐一识别，将来编定时易于去取也。李山农静簋至宝，“静”即周宣王名，《史记》作“静”，《汉书》作“靖”，疑为共和时器。中有数字可与经文相考证，吾弟有此拓否？堂屋已扫除，拟即往邀子振移居之。弟夫人贵恙未就轻减，至以为念。日内未暇走候，歉歉。顾祠唐志止

① 丁筱农：即丁彦臣（1829—1873），字筱农，浙江归安人。在山东为官活动，历任巡抚阎敬铭、丁宝桢皆器重。喜收藏，藏品见《梅花草庵藏器目》。

此一石，牟跋所云王公志石必在于景元家，吾弟必能访之，此《顺天志》所必录也。仆人极老实，拓虽不精，尚属干净。唯四边墙砖堳起，扑包所不到，须用小包扑之，尚未得法耳。墨色乃用砚磨，非用水浸，故略有光采。昨与悯忠寺僧说法，邀芍兄[1]大加申斥，始得椎拓《宝塔颂》一本，附鉴。近所钩本已得二百五十种，计八月内可得五百种，然它事多搁置。郑师十日不通书矣。薛帖幸秘之，借观之件不敢转借出耳。廉生仁弟大人。如兄大澂顿首。七月廿九日。

二一

铜、玉印二十余品，聊偿半年行路之苦。小品以一钩为最精，似在丙午神钩之上。又于未央宫故址拾得残砖，有从前所未见者，泥封亦得十余种，尚未暇拓。兹先寄呈彝器、造像各拓本，乞察入。簠斋丈处一分，并求转寄为感。都中计已揭晓，深盼捷音，临颖不胜翘企之至。如兄大澂顿首。九月十三日。

① 芍兄：即汪绶之（1827—1897），浙江钱塘人，举人。

二二

昨日同乡有喜庆事，时晚不得出城。顷回寓得读手书，并交到公局分资，均已照领。退楼先生寄奉拓本十四种，呈览。顷即有事他出，未获趋谭，竟钩二器，归时检出送缴也。初二与皞民往散棉衣，今明尚欲一晤。手复，即请著安。廉生仁弟大人。兄大澂顿首。十月卅日。

二三

廉生仁弟大人阁下：

前奉数函并令弟换照公文，又恳转寄簠丈百金，计均察入。簠丈惠寄拓本全分，想已交晏生代寄，无任盼企。近得一鼎，拓奉审定。“帝考”二字，彝器所未见，宗祀文王于明堂以配上帝，亦不称“帝考”。惟微子为帝乙之子，武王封虞、夏、商之后以备三恪，《左氏传》作“恪”，《说文》作“愙”，是鼎“王为周，细审字口从不从吕。锡贝五朋，用为宝器”，从客从当即“愙”字。鄙意愙、恪、疑皆“客”字，古文变化，随意增损，“三恪”即“三客”，《周颂·有客》可证，《振鹭》诗“我客”亦指二王之后。汉儒分“客”“愙”为二字，备周愙而称“帝考”，其为微子之器无疑。字体与前得方鼎

相类，在商周之间。第一字疑即“启”字。“启”与“合”意相对，“合”字从口从亼，象三合形，“启”字从口从，象半启形，如器之有盖，合则口在下，启则口在上，字兼象形会意。《说文》训“启”为开，并不专主启户，或古文从，篆文变从户耳。上从三人，即“众”字，《诗》所谓“追琢其旅”也。象马络头形，疑即字。师众归周为羁旅之臣，王命为周絷，即《诗》所谓“言授之絷，以絷其马”也。兄以重值得此鼎，为所藏诸器之冠，自镌一印曰“汤盘孔鼎有述作”，与是器正合。吾弟见之，当为色喜。即以文字而论，亦属至精，况为殷王元子之礼物耶！又得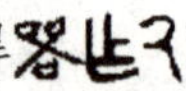爵，与松竹一彝色泽无二。售者因其红绿斑斓，甚为居奇，遂以三十二金得之。秦中一爵，向值十余金，近在二十左右，无如此之昂贵者。古器近不多见，得此已足矣。郑盦师所示一卣甚精，唐楷之砖塔铭也。手泐，即请著安。兄大澂顿首。四月四日凤翔试院泐。

二　四

廉生仁弟大人如手：

五月十八日接奉四月初十日手书，并簠文所寄二函及金石全分拓本。此系晏生之弟自都门步行而归，专送三原，至为妥捷。前寄簠丈百金，收条已领到，容后再寄拓费，再求各拓，已于复信中略述之。簠丈所需《西狭》《耿勋》各拓，因前次所拓宣纸者仅拓十分，所余无几，势难再拓。《石门颂》则尚有续拓，未寄来也。兹有仆人入都，先检得十余种，费神交潍足转寄为感。近得商鼎商彝，碌碌尚未拓，两三日内拓寄鉴赏。匆匆手复，敬请元安。不尽百一。如兄大澂顿首。五月廿四日。

二五

尊藏拓本内有纪数之文，望为录出寄示，是否燕翁藏器，并祈示及。兄所见金文有纪数者，惟此器及齐罍两壶八鼎之文，其他著录未之见也。昨拓工自宜君回，广武将军碑竟未访获，为之怅然。金石旧志往往不载小地名，久则无人顾问，或遂委弃榛莽间。兄雇一拓工，日给青铜三百，令赴各属搜拓宋元石刻。时有六朝造像向所未见者，该拓工颇肯留意，亦表微阐幽之一端也。石门李苞题名及潘宗伯、韩元仁一行，原石已泐，无从访得。近得旧拓本一纸，拟摹刻一本于西安，存此形似，而广武碑并拓本不可得矣。大澂又顿首。

石门各刻向来拓工多用粗纸，因绵连纸太薄，磨崖凹凸不平，墨汁透纸嵌入石理，竟揭不起，宣纸稍厚者尚可用。所谓字口墨晕，不系纸之厚薄，乃拓工不肯多椎，又用浓墨速拓之故。若字字椎到，用墨轻扑六七遍，便无此病矣。然石门拓手本不佳，兄屡以厚值给之，又令至署中监拓他石，教以用墨之法，近来颇有长进，故《西狭》《耿勋》稍胜前拓也。潘宗伯题字，亲访不得，此间帖铺亦无旧拓本，而李苞题名二行，险峻不易拓，下临深涧，工人惴惴有难色，故不可多得，当属其设法再拓数纸。明春奉寄《西狭颂》，侧有宋人题名数段，将来可补入《关陇金石志》也。唐墓志不见著录者甚多，秦中绅士家往往秘之，亦不令拓工往拓。近又密访得十余种，皆所罕见。三原有魏造像残石砌入渠内，已属县令将他石易之，舁置学署，新正拓出寄览也。闻成县凤凰山修经阁有磨崖字“汉”“永制”“二年”云云，已遣拓工往访之。大澂又启。

二六

廉生仁弟大人如手：

久未得书，至以为念，前寄石门各刻想已鉴及。兄自七月初三由兰省启程，十七抵西安，连日录科，近将竣事矣。昨由褒城拓工送到《西狭》《耿勋》《郙阁颂》，各检一本，寄呈赏鉴。《耿勋》额甚难拓，《西狭》额及题名均已全拓，差可当意。尚有拓工寄售《西狭》十分，亦均有额有题名，常纸墨拓亦尚精好，已寄胡子英代售，都中金石家想必争先快睹也。折差即行，匆匆不及缕述，即请元安。兄大澂顿首。七月卅日。近得铜印十品，“巨秦八十万”甚可爱，余无所得。

二七

廉生仁弟大人左右：

昨接九月廿四日手书，并簠斋丈信，砖瓦拓八纸，谨已领到。鲍年丈所寄蓝布包一件，未知从何觅递。自筱午侍郎入都后，捐事停罢，聚亿无专足之便，寄书又不易也。前交仆人王贵带去各拓本，旋又寄复一缄，想均鉴及。秋间在青门小住，所获零星金石砖瓦残片不少，以匆匆出棚，未及悉拓。以龙蛇辟兵钩为最精，以梁一全币范为最难得。“王逞玉印”为汉印第一精品。造像数种以大统、开皇二石为佳。又得铜像，有阳识字数十，无年号，疑为宋时物，涂金斑剥可爱。又访得玉造像，仅得拓本，似魏刻，无年月，亦可购也。泥封得二十余，斗检封得其四，虎符得其一，善业泥残字得其五，唐志残石得其三，而彝器则寥寥罕觏矣。簠斋丈藏器拓本，拟得一全分，须俟明春寄值。因清理夙逋，近况甚绌，询之睥民，可得其详。承代致汉画像又山左各碑，至以为感，俟有折便，当属走领。所示令弟寄籍，是否在陇西县入学？兄未得其详，无从核办。咨改原籍，本无不可，恐部友坚持不允，似须预为打听，免致部驳。令岳交卸密云，尚住保阳，当于合肥信中提及之。试事甚繁，拨冗手复，即颂台祺。不尽百一。如兄大澂顿首。冬月初九日。秦州泐。兄于前月按试巩昌，昨甫抵秦，今日扃试经古，计此间试竣已在二十四、五，尚有阶州一棚，年内能否赶回三原，尚未可必耳。

敝处刻工，今年为簠斋丈刻瓦当五十余叶，不及兼刻彝器。兄所集吉金图款两年之久，仅刻七十余种，明年拟广集款识刻之。只此一手，日不暇给。拟将瓦文摹本寄至都中，交文锦斋穆刻字代为付梓。属其至尊处议价，全瓦每叶约四千文，半瓦每叶约二千文，能再省尤妙。并拟费神转交发刻，刻就十叶缴至弟处。每版刷样两纸，以一纸寄簠丈，想执事不以为烦琐也。其价仍由兄处寄给，毋须代付。大澂又恳。

二八

廉生仁弟大人如手：

前在三原泐布寸缄，并由协同庆汇寄百金，费神转缴簠丈拓值，计邀鉴及。兄自冬月朔启程南下，途中阻雪阻风，节节延滞，今日始抵汉口，计望前后可达金阊。舟中无事，手拓精品，分贻同好。寄呈秦诏版二分、一用旧宣纸，拓不致。神策军鱼符一、龙武军龟符一、鹰扬卫龟符一、铅印范一，皆濒行所得，乞审定之。诏版尽萃于簠斋，关中无复出土者。此系旧家所藏，以重值购得之。遍历秦土而不获一秦器，未免憾事，得此亦足称快矣。因拓十纸，寄簠斋丈，乞于便中转寄为感。所收古印，得百二十余，编作《印存》二册，俟明春入都时奉赠也。手泐，敬颂著祺，并贺年禧不庄。如兄吴大澂顿首。腊月五日。汉阳舟次。

二九

廉生仁弟大人如手：

廿二日由提塘递到十月十日手书，并录示簠斋丈信及纸样半纸，皞民收条，均已领悉。藉稔贵恙已占勿药，至以为慰。维起居保重，善自珍卫，无任企祷。石门访碑甚苦，亦甚乐。鄐君开通褒余题字所缺尾段，亲访得之，风雪满山，未及手自摩挲，属工拓寄数纸，至今未到，尚在疑似之间。《永寿石刻》亦尚可宝，先寄两分，亦野人献曝之意也。王远《石门铭》，石缝凹凸不平，此次精拓一本，较旧拓尤多清朗。汉中城内宣纸甚少，遍购得五十余纸。三汉刻、一魏刻可拓三分，以一分奉赠，一分寄簠斋丈，自留一分而已。惟崖谷严寒，非天气稍和不能上纸，每种仅拓一分，纸墨尚精，较之陈拓琅琊精本墨色少逊。续拓二分，尚未寄来，年内能否椎拓，亦未可知。此事颇不易，幸为秘之，恐纷纷索拓，无以应命。《西狭颂》《郙阁颂》《耿勋碑》诸刻，亦属石门拓工张懋功于明春二、三月间往拓，所费较巨，吾弟必有一分。惟《仓颉庙碑》《唐公房碑》未能精拓，各检一分呈鉴，想尊藏必有旧本，无足取也。簠丈所寄拓本一箧，闻之心喜，不识子年丈从何寄达，如无妥便，商之关提塘，必为设法妥寄。兄自汉中校射半月，精神惫甚，百事俱废。昨接郑盦师信，寄示拓本三十余纸，当以敝藏各拓本为报。惟行箧中所带无多，并有寄南各器，此间并无拓出者，晤时乞代道意，非敢吝也。仲秋道出凤翔，以十金得一破敦，乃虢仲城虢时所作，其地又为西虢故地。此兄生平第一快事，特拓二纸，寄呈赏鉴。盂鼎闻已入都，郑师必有精拓本，兄所得者，纸墨均粗。《华阴庙》残石拓本，亦在三原署中，岁暮再行检寄。馈岁诗十六韵附呈，聊博一粲。今日自兴安赴商州，舟中书此奉复，敬贺年禧。兄大澂顿首。甲戌仲冬廿四日。

寄簠斋丈信，如子年丈处有便，即乞封固代交转寄。晤年丈时一询及之，石查先生不与鄙人通书，或尚有牢骚之意。兄欲觅一泉赠之，岁莫旋省，必有所得也。再欲奉恳代购魏碑数种，另单呈上。大澂又启。前求石查先生为刻石印二方，乞一询之。

三十

退楼所刻，四册已领到。较前书少刻《听松》及《兰亭》经幢各种，亦稍慎矣，然尚带《金石索》笔意。十钩乃遂生出挩之货，养间以重值购之转赠退楼者。鄙意以为，汉器宜择精者刻之，如尊臧之千万钩，便觉可爱。吾辈所见吉金，将来汇成一书，必得详审精选，不为识者所笑。不见原器不刻，图工而说少，亦臧拙之道也。皡民已归，今日往访，又作半日谭。绘图究属费力，无事时日绘一器，此兄精神所结。他日当与石查拓本并传，一笑。廉生仁弟。兄大澂顿首。富华嵩山阙全分约值几金？乞示。前日往取一分也。

三一

揭器求言，竟招不得出处。兄处书少，检查费力，类书诚不可无也。今日为司农绘图，昨晚送去数叶，今早又来索图，此岂顷刻可成？如再迫促，只得告假矣。退楼一器，亦尊属，物必有偶，信然。廉生仁弟。兄大澂手复。十四日。

三二

廉生仁弟大人如手：

西蜀东边，迢迢万里，鸡鸣风雨，我劳如何？昨得郑盦师书，知旌旆还京，亟欲通一缄，以伸积愫，亦知良两之垂念近状，同此耿耿也。去冬得簠斋丈寄赠张虔万、赵虔弘造像小铜碑，并云吾弟新得开皇十八年沙门明判造像小铜碑，尚乞寄我精拓本为感。蜀中古刻，又有新出土否？道出长安，搜罗必富，箧中有拓墨，幸示一二以广见闻。秦出马氏瓦，想已得之。西汉外戚无马氏，大澂以为司马良娣园寝之瓦，见《元后传》中，质之执事，以为然否？此间近事无可述，惟劝农治军，驰驱鞅掌，头绪纷纭，日不暇给。古文字辄置高阁，或数月不触手，《说文古籀补》编至第十一卷，去夏至今未续一字，不知何日成书矣。新得龟符一、鹿瓦二，拓以奉鉴，余无可呈。孝达中丞久无音问，想从者渡汾时，必握晤也。手泐，敬请留安。如兄吴大澂顿首。 二月望日。

三三

廉生仁弟太史如手：

去腊望日行抵泰安，翌晨登岱顶，归至岱庙，于暮色苍茫中手拓秦石，寄呈一笑。八字真鉥，已由郭家归愙斋。知尊处所得朱墨拓，皆西泉仿铸，精妙无比。伯元亦曾见之，其铜质一望而知矣。乞告郑盦师，勿为刘佑所绐。近得古玉鉥四，为赵谦士[①]家旧物，少暇属伯元拓寄。今日抵香港，舟中率布，敬颂台祺。如兄大澂顿首。二月初五日。

三 四

在历下得一爵，适与伯元代购之爵同文。伯元云尚有一爵，不知何人购去，岂意此爵已先归愙斋。延津之剑离而复合，亦可喜也。在维扬得一鼎一彝，吴中得追敦历盘，先检数纸奉寄，重者赠伯兮[②]同年。盘拓再寄。爵拓未全，俟续寄。古鉥拓六纸附上，乞以两纸代呈郑盦师，以两纸转赠伯兮同年。敝处印泥尚未调好，似不如西泉所拓之精，然此中真伪自有定论，识者必能辨之。前月寄书，当已澈览。敝署不派门印签稿、接帖，不令与外人交接。旧仆甚闲，皆令学习拓砖拓瓦，所藏吉金可拓全分，当

① 赵谦士：即赵秉冲（1757—1814），字砚怀，号谦士，上海人。官至户部右侍郎，书画印俱佳，喜好金石学。

② 伯兮：应即盛昱（1850—1899），字伯羲，又作伯熙、伯羲、伯兮，满洲镶白旗人，为宗室子弟。光绪三年（1877）进士，曾任国子监祭酒，山东乡试考官。不过二人乡试、会试均并非同榜登科，“同年”之说不知从何说起。

寄郑盦师、吾弟、伯兮同年各一分。兹先寄上黄戉拓二，乞以一纸分贻伯兮同年，可证《尚书》“黄戉”之当读“横戉”也[1]。履任月余，昼夜伏案清理积牍，今日始得片刻闲，聊布数行，不尽宣悉。廉生仁弟太史执事。兄大澂顿首。孝达先生平正忠直，可敬可佩，谣传皆不可信。三月既望。

三 五

廉生仁弟大人如手：

初夏在都，匆匆十余日，独与执事握手畅谭，大为快意。又值南宫高捷，金殿挥毫，稽古之荣，盍簪之乐，亦极一时盛事。适以衔命骁征，敦迫就道，蓬山高会，未获躬逢，惟有望风额手而已。开课以后，不知文旆尚作锦江之游否？念甚念甚。大澂自抵吉防五十余日，因饷糈军火转运稽迟，赤手支撑，巧妇亦拙。此间风俗近古，二百年来依然蓝缕。珲春不用圆泉，以化易化[2]，抱布为市，间用白金，称物平施，竟不知五铢半两为何用，真是三代以前之世界。日内拟往三姓设防，由松花江顺流而下，扁舟如叶，有柁无帆，质朴可笑。三姓以东，即

---

① 黄戉：出自《尚书·牧誓》。
② 化：通“货”。

赫哲部落，其地专以渔猎为生，有白首未尝菽麦者。见拟招集而训练之，当可得劲旅数千，为东方之捍卫。书生戎马，别树一帜，亦足自豪，虽强邻不能测其深浅也。稾备一器，为向来金石家所未见，鄙说似非肊断，拓呈鉴赏，乞为考正之。龙节拓全形，可正积古斋龙虎节之误。望以尊藏太室埙拓一纸以报我，可乎？簠斋丈久无信至，未识吾弟时通音问否？极以为念。手泐，敬请台安。言不尽意。如兄大澂顿首。七月初九日。

三六

廉生仁弟大人如手：

六月廿五日奉到五月廿六日手书，承惠各拓墨，至感至感。东边秋暑至今挥汗如雨，为从来所未有，作答稽迟，职是之故。尊藏古剑至精，在簠斋藏剑之上，惜拓纸不平，装潢易于掩字。鄙意用小横纸拓，文黏于剑，拓较为精到。此真宝剑，乞属拓者再为精拓一纸见寄，或尚可尽识其文也。觚文精确。方鼎妇，疑世妇，彝器中“世”字异文最多。盉字乃秦刻，其器必佳。大泉铁范，完整可喜。齐刀范面有三画，亦属异品。《孝经》石多一“已”字，其文似晚唐而非宋。乾符经幢小而完善，至不易得，兄在秦三年屡访之而无获，其大者皆不可移也。

煦堂近年有无新得？拙著《说文古籀补》行将竣工，如有创见古字，尚可录入补遗，如晤煦堂乞致声。兴定钞铜板拓奉鉴定。尚有新得器数种，苦无拓手，容再续寄。手复，敬请轺安。如兄大澂顿首。七月廿五日。

三七

七月十九日接六月望日手毕，发缄伸纸，笑与抃并。涂金铜碑为海内至宝，曾见覃溪先生[①]手拓天宝小铜碑题云："视学山左时，有诸生持此以献，不敢受，乃手拓二十纸而还之。"今天宝、永淳二碑均归簠斋，而执事竟得一隋一唐，其视学中州之兆与？亚形中象形觚与煦堂所藏敦拓同文，两手理发形，或即母古文、两手授舟形，即受字、子执旂形、乙自，即"师"之省。足迹形，文皆同而敦文尤工，尊处当亦有此拓墨。告田觯，阳识可贵。且丁尊盖，且戊爵，横目牺形彝并佳。形鼎，文似稍弱耳。五金泉竟文至精。番篆铜碑亦见所未见。美阳高泉宫鼎末二字"名百"，汉鼎纪数往往有"名曰"字[②]。象形圆鉢非商即夏，可为

① 覃溪先生：即翁方纲（1733—1818），字正三，号覃溪，直隶大兴人。乾隆十七年（1752）壬申恩科进士，官至内阁学士，书画、金石俱有研究。

② 据研究，"名曰"是汉代铜器的编号方法。

古鉢之冠，不知执事从何得之。汉瓦器盖亦可爱。尊藏古陶类，想已巨富，遍拓不易，有代拓者，必为留一分。簠斋丈有所获，必寄一拓，此其例也。蜀石十纸，蜀残碑二段，秦出造像三种，盐山、临淄所出各一石，又天统、天保造像二，得此十九石亦不为少，想见文旌入国门时行装累累，满箧满车矣。兄舟车仆仆，于风雅事日疏一日，穷荒数千里，竟无古迹可寻，殊为闷事，画卷恐难报命。今年新得一敦一卣，系大梁故家物，拓奉鉴赏，不足云报也。同日又得四月廿四日惠缄，由柯凤孙孝廉寄来。柯君掌伯都讷，去此千余里，尚未得见，闻之极为敬佩。大澂又顿首。廿六日。

玉敦

圖小于器十分之六玉色純赤上口四周皆帶土暈刻文至精與商周尊彝同

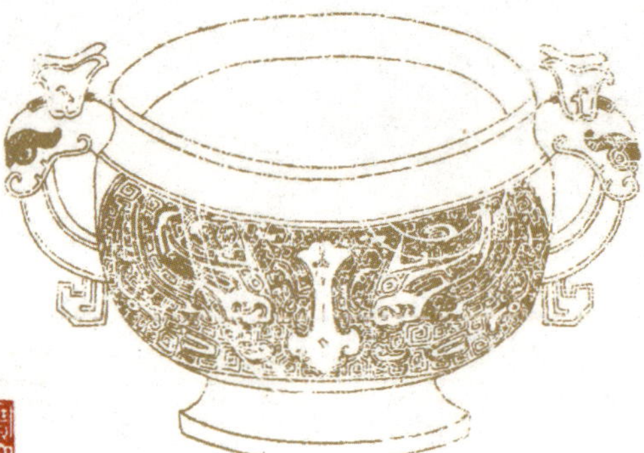

吴大澂手札

一

均窑碗、有玫瑰紫者佳。哥窑瓶、色古厚而有光，此的真宋瓷无疑。仿定窑碗、质细而声亮，制作甚精，何昆玉[①]以为康熙官窑，大澂则疑为明瓷仿定之作。填白碗、细洁而声如磬，的真成化窑也。龙泉小碟、与旧有二碟大小适均。淡清碟、疑亦明人仿宋之器，铁足者必系旧瓷，非本朝物。霁江碟、干霁色甚佳，然不如明瓷之厚矣。犀角杯、如此大者罕见，当亦定为酒器。小钟，首一字杂凑不成文，“作”字乃张凤眼之凭据，其生平惟“作”字“父”字刻不好。陈宽五家汝窑瓶当遣人访之。

二

翰卿[②]五兄世大人阁下：

顷接小暑所发手书，承示代购书画古玉各种，壶、尊、觚、觯以色泽花纹审定之，必系三代时物，而近人如锥庵、小圃[③]皆生平至好，彦冲[④]为鄙人所企慕之人，均得如愿以偿，快幸曷极，感佩曷极。六如精本，正敝

① 何昆玉（1828—1896）：字伯瑜，广东高要人。尝客山东潍县陈介祺家。工篆刻，辑有《吉金斋古铜印谱》六卷。

② 翰卿：即徐熙，字翰卿，号斗庐、斗庐子，江苏吴县人，古董商。

③ 锥庵、小圃：即陶淇、倪耘。陶淇（1814—1865），一名绍源，亦作绍原，字锥庵，浙江嘉兴人，擅长山水、花草。倪耘（？—1864），字芥孙，号小圃，浙江崇德人，擅长山水、人物，两人并称双绝。

④ 彦冲：即刘泳之（1809—1847），字彦冲，号梁壑，原籍四川，随父寓苏州，工诗文、善绘画。

藏所缺，戴文节[①]双题山水，此时更不易得矣。近得岳武穆[②]书七绝小轴，纸墨图章均非后人所能仿作，旁有岳中丞龄题跋，云太仓州张祉祥所送，适秋帆夫子来署同观，系乾隆五十九年所题，此尤气节中之最难得者。至古玉愈出愈奇，黄琮大如枕，牙璋长如三尺之斑，旁及上边皆有锄牙，两面刻虎形四，虎口旁各刻人首一，此必取威武之义，四夷詟服，投畀豺虎，非得专征伐之诸侯不能有此特赐之节，断非寻常发兵之瑞玉，惜为伧父刻铭四句，以为悬磬，亦宝物之劫。幸刻文尚浅，将来拟磨去也。潍有铜印五百余，古鉢百数十，无一不精，价值千金亦不贵，得此一大宗，故近况益窘，吉金彝器竟不能得，扬州丁氏藏物，只可割爱矣。手此奉复，敬问起居。大澂顿首。七月初四日。

三

初六日接沪上来电，知从者抵申，《图考》已与广庵[③]商妥。扬得精品，计两三日内郝弁亦必到矣。历下人

① 戴文节：即戴熙（1801—1860），字醇士，号榆庵、松屏，浙江钱塘人，谥号文节。道光十二年（1832）壬辰科进士，历任翰林院侍讲学士、内阁学士、礼部侍郎等，擅长绘画。

② 岳武穆：即岳飞，“武穆”是其谥号。

③ 广庵：即吴承潞（1836—？），字广庵，浙江湖州人，同治四年（1865）进士，官至浙江布政使。

归携得二玉敦百乳，与陕出一敦相类，出土已久，盘工不少，价仅廿金，又得大黑琮尺二寸者，价卅五金，一圭有阳文刻花，色满红，惜乎刻“嘉庆鉴赏”圆印而倒其文耳。此颂台祺。近得倪文正[①]山水卷，似元人之至佳者，远胜石田[②]，可贵也，又得黄石斋[③]金笺竹石小幅。郢爰务乞留之。翰卿五兄世大人。弟大澂顿首。五月七日。

四

翰卿五兄世大人阁下：

前寄两缄，当邀鉴及。郑工[④]定期十七八日合龙，河势平稳，别无可虑，过年公事稍简，拟专心学书。吾吴碑帖铺如有山谷老人[⑤]墨刻，不拘法帖屏条，乞代觅数种为感。世间争尚苏、米，尊黄者绝少，故不易得。手泐，敬颂礼祺。弟大澂顿首。嘉平十四日。

---

① 倪文正：即倪元璐（1593—1644），字汝玉，一作玉汝，号鸿宝，浙江上虞人，历官至户、礼两部尚书。工书画，谥号文正。

② 石田：即沈周（1427—1509），字启南，号石田等，今江苏苏州人。工诗善画，为“明四家”之一。

③ 黄石斋：黄道周（1585—1646），字幼玄，号石斋，福建漳浦人。明末著名书画家。

④ 郑工：光绪十四年（1888），吴大澂在河道总督任上，督办郑州河工。

⑤ 山谷老人：黄庭坚（1045—1105），字鲁直，号山谷道人，晚号涪翁，今江西修水人。擅书法，为“宋四家”之一。

五

戴文节双松暂质四十元，遣仆送上，单开各种亦可抵百元，其件暂存尊处，省得往来仆仆费顾，屏条暇时索一观可也。南皮相国[①]画纨扇二附上。翰卿五兄。弟制大澂再拜。百金一券，乞代易番饼[②]，即付百四十款。

六

翰卿五兄世大人阁下：

黄小松[③]司马《嵩洛访碑图册》昨已临毕，乞转交屺怀太史[④]，并为道谢。弟之临本，祈代为付装，有细单一纸，属为细心装池，勿致错误。其签条宜染古色，亦裱于册首副页，册面亦用红本嵌锦，锦俟检出再送上。手泐，即颂台安。棘人[⑤]吴大澂稽颡。

---

① 南皮相国：张之万（1811—1897），字子青，号銮坡，直隶南皮人，张之洞族兄，谥号文达。道光二十七年（1847）丁未科进士，历任江苏巡抚、闽浙总督、兵部尚书等。光绪十年（1884），以吏部尚书入军机处，为军机大臣。此时张之万为协办大学士，故称南皮相国。

② 番饼：即银元。一枚银元含银量在七钱左右，故百金，即百两银子约当于百四十的银元。

③ 黄小松：黄易（1744—1802），字大易，号小松，浙江仁和人。擅长篆刻、书画，为“西泠八家”之一，著有《小蓬莱阁金石文字》等。

④ 屺怀太史：费念慈（1855—1905），字屺怀，一署峐怀，号西蠡，晚号艺风老人。江苏武进人。光绪十五年（1889）进士，会试后任馆阁职，授翰林院编修。下文费屺怀，芑怀太史俱指费念慈。

⑤ 棘人：居父母之丧时的自称。

七

翰卿五兄大人阁下：

碌碌久未作书，非懒也。古人谓其为人多暇日者，则出人不远矣。弟则劳形案牍，日无暇晷，金石文字，辄置高阁，或十日半月不触手，可知其才力之竭蹷也。前由舍侄寄到拓本四种，玉押似宋物，簋盖[illegible]字非“笾”，当系女名，上一字似“姬”，首字不可识，鼎文亦佳，价不甚昂，乞代留之。手泐，敬颂侍福。弟大澂顿首。长至前一日，新得古玉鉢一。

八

翰卿五兄世大人阁下：

昨日接诵腊月望日手书，知前寄两缄均已达览。郑工蒇事，幸得免于罪戾，实皆群策群力之功，鄙人滥得虚名，益滋愧悚。今春公事稍闲，拟以余功补书今文尚书，吾兄必乐闻也。圣公大鼎今在何处？如物主索售，乞为留意。手复，敬候礼祺。弟大澂顿首。新正初九日。

九

去腊家兄寄示大玉鉢拓本，弟窃疑山左贾人之所为，因其文字薄弱，章法近于凑合，恐系旧玉改刻，惟近人用车床必先磨去一层，易于辨别，如系光面则可靠也。古玉老皮，一动手则迥然不同。两月以来，关中、历下、都门三路兼收并蓄，已觉力不能支，广庵欲为刻《古玉图考》，刻资已向龚仰翁[①]暂借，此间又为瞿木夫先生补刻《官印考》下半部，未完之书头绪纷如矣，佛工已来接刻瓦当，年内可成。忽又出潍县之五百余，即遂至竭蹷不遑。然小松之《嵩洛访碑》廿四开竟为费屺怀所得，鄙人自忖亦可知足矣。铜器大者力不能扛，小者得之亦无谓，以后可让与仲翁矣。

十

翰卿五兄世大人阁下：

初七日曾寄一书，谅已达览。郝弁于十二日回汴，弟于十三日由工还省，得读手书，代购书画、金玉精品如此之多，价值均廉，如登宝山满载而归，大费清神矣。垫款及前短之罗汉，望前即交票庄汇去，未知六月初十

① 龚仰翁：即龚照瑗（1836—1897），字仰蘧，安徽合肥人。官至光禄寺卿，曾任驻英国等公使。

前能即汇到否？近以十五金得一金刚经纸，像宋纸，触手即烂，寄京重裱。款乃东坡在黄州时书，字则不类苏髯而似董文敏[①]，笔极细而劲气直达，款云“亡老都官忌辰，亲写此经交僧转看，以资冥福”，书全衔。前后似一笔所书，或一日写此全经，似坡老之变体，其楷书亦不可见，无从比对耳。亦奇物也。手复，即颂礼祺。弟大澂。五月廿四日。苏册若真有四千九百余字，亦可贵矣，卷中戈脚无一不佳，似非它人所能。

十一

戴文节山水、真而精。黄忠端公[②]楷书、难得，近以十金得一忠端公竹石小幅金笺。文徵明兰竹、可爱。沈石田山水轴、致佳，已为豹帅[③]临一本矣。新罗[④]花鸟轴、精品。蓬心[⑤]山水、老苍之作，纸本新白。张桂岩[⑥]山水、别格，亦可爱玩。王椒畦[⑦]山水、其粗笔大圈树

① 董文敏：即董其昌（1555—1636），字玄宰，号思白、香光居士。松江华亭人。官至南京礼部尚书，明代著名书画家，谥号文敏。

② 黄忠端公：即黄道周，本谥“忠烈”，乾隆改谥“忠端”。

③ 豹帅：即倪文蔚（1823—1890），字豹臣，或豹岑，安徽望江人。咸丰二年壬子（1852）恩科进士，庶吉士散馆后分部，被奏调参与镇压太平天国，开始在地方任职，官至广西、河南巡抚。他在河南巡抚任上，曾与吴大澂一起办理河工，因巡抚带兵部侍郎衔，故称豹帅。

④ 新罗：即华喦（1682—1756），字德嵩，更字秋岳，号新罗山人等，福建上杭人。清代扬州画派的代表人物之一。

⑤ 蓬心：即王宸（1720—1797），字子凝，又作紫凝、子冰，号蓬心，江苏太仓人。王原祁曾孙，擅山水。

⑥ 张桂岩：即张赐宁（1743—1818），字坤一，号桂岩，河北沧州人。清代画家。

⑦ 王椒畦：即王学浩（1754—1832），字孟养，号椒畦，江苏昆山人。乾隆五十一年（1786）举人。清代画家，尤擅山水。

叶向不甚喜，此幅尚秀雅。大璧、二，均佳。文带、二，皆好。中璧、好。圭、好。干黄拱璧、最古，色泽亦浓厚。虎面琮、光采难得，功夫不小矣，刘毅吉[①]叹赏不置。白璧、价廉。决拾、的确三代物。白玉璜、精而廉。尊、阳文，向释饮字，精而廉，释尊亦可。律管雷签红圈、精品。钩竟石章、程穆倩，的真价廉。方觚、的系三代物，连白玉钩廿三两，廉极。解结干青圈、小琮，琮真而廉。李棋生[②]蝉柳、极似新罗。王小楳[③]、行看立轴，均佳。戴文节对、难得。王虚舟[④]对、出色作。陈曼生[⑤]对。极平正。

十二

翰卿仁兄世大人阁下：

两接来电，欣悉台从惠然肯来，携有吉金书画，不胜盼企。敝眷沿途诸承照料，极为心感。顷接电报，知初三抵清江，想因水浅不能迅速，兹派戈什前往迎候。手泐，即颂旅祺。弟大澂顿首。初五日。前有复电至镇江，云船已开行。

① 刘毅吉：刘鼒（1848—1898），字毅吉，湖南湘乡人，官至山西按察使。

② 李棋生：李育（1843—？），字梅生，江苏扬州人。清代画家，擅花鸟。

③ 王小楳：即王素（1794—1877），字小梅，号竹里主人，江苏扬州人。晚清扬州画派的知名画家。

④ 王虚舟：即王澍（1668—1743），字若林，号虚舟，江苏金坛人。以善书名世。

⑤ 陈曼生：即陈鸿寿（1768—1822），字子恭，号曼生等，钱塘（今浙江杭州）人。清代著名篆刻家。

十三

翰卿五兄世大人阁下：

前泐一缄，奉唁孝思，谅早达览。兹托票庄汇去银二百六十两，即乞察收。新得二鼎、一敦、一簋、一方鬲、四足皆作兽形，下层有门二扇，较方鼎略小。一觯，又尚方故治一器，拓寄鉴赏。手泐，敬颂礼祺。弟大澂顿首。

十四

翰卿五兄大人阁下：

所示中龚父甗，弟细审“父”字、“甗”字两波折，窃疑其后刻，乞执事再为审定。仲复阁学所得两剑，文确系伪刻，似与此相仿也。敝藏尚无甗，亦不肯轻弃之，但真赝良不易辨耳。周鉢匣盖八字，求铁笔一镌，至感至感。手复，敬请侍安。弟大澂顿首。正月廿二日。

十五

翰卿五兄世大人阁下：

中秋接奉手书，承寄卷册、折扇、玉印、金镬一箱，轴一包，发缄伸纸，笑与抃会，当先电覆数字，计已达览。

杨龙友[①]精卷装成后，未知能交郝学智带来否？都中吉金价值日增，然亦只有郑盦司空一人闹哄，此外亦无肯出重价者。鄙人力有不逮，即价廉亦不暇及，所示一鼎一尊只可割爱矣。寻常铜器在十字左右者，百金内外尚易出脱，若出重价收之，恐其受累。山左又出唐墓志，石大如文安县主者三方，不能不留也。手复，即颂起居不庄。弟大澂顿首。八月廿五日。

十六

唐六如[②]茅亭桂月、精。戴文节仿石谷山水、精。潘王合璧、精。改七芗[③]佛像、精。汤贞愍[④]题无款画、原题毒来慈受，印文与画无涉，此两合也，画亦不俗。奚铁生[⑤]画、画亦不劣，特非铁生手笔耳，隶书款伪作，别字太多，断非误书，定甫必知之。曼生行书、佳。鸡骨白大方尊、秦中亦得一器与此无异，精极，真古。青玉觚、刀工似宋。秋葵玉觯、古雅。白玉觯、工雅似宋。白玉匜、宋。郢爰、难得之品。红白小璧、精。解结、精。玉汉印、至精。白玉印、色白制

---

① 杨龙友：即杨文骢（1596—1646），字龙友，贵州人。万历四十七年（1619）举人，后任青田、江宁、永嘉等地知县。善山水。

② 唐六如：即唐寅（1470—1523），字伯虎，又字子畏，号六如居士等，江苏吴县人。明代著名画家，“明四家”之一。

③ 改七芗：即改琦（1773—1828），字伯韫，号香白，又号七芗等。松江（今上海市）人。清代画家。

④ 汤贞愍：即汤贻汾（1778—1853），字若仪，号雨生、琴隐道人，江苏武进人。官至浙江乐清协副将。工诗，善画山水、松梅。

⑤ 奚铁生：即奚冈（1746—1803），字铁生，号萝龛等，原籍安徽歙县，寓浙江杭州。清代篆刻家、书画家。

工。苍璧、古。红瓓、古。剑鼻、色白制精，前遗失者已招得。刀珌、制精，非剑鼻，疑是刀下饰。鸠佩、色泽古。圭、古，新得一圭与此正同。龙璧、宋做。白玉钩、汉。秋葵钩、工。笛头、古朴。秋葵笛头、佳。珈珈冕旒珠珠四圈鸳鸯、并佳。王蓬心山水卷、佳。方兰士①山水卷、精。宋元无款册、有数页是宋元，余俱明人。王员照②册二页、精极。陶锥庵山水册、精。倪小圃花果册、精。顾西楳③仕女小幅、新，不如今春所得之一幅。旧扇六把、刘彦冲最精，张研樵④仿粗文亦佳。伊墨卿⑤对、佳。汤贞愍飞白对、款至真。高南阜⑥诗对、别致。刘文清⑦对。不真，真者字体活动有神韵，伪者用笔板滞，易于辨别。

---

① 方兰士：即方薰（1736—1799），字兰士，一字懒儒，号兰坻等，浙江桐乡人。诗、书、画并妙。

② 王员照：即王鉴（1598—1677），字元照，一字圆照，号湘碧，又号香庵主，江苏太仓人。明末清初画家，“四王”之一。

③ 顾西楳：即顾洛（1763—约1837），字西梅，号禹门，浙江杭州人。清代画家，擅人物、山水。

④ 张研樵：即张培敦（1772—1846），字研樵、砚樵，江苏吴县人。清代画家，擅山水。

⑤ 伊墨卿：即伊秉绶（1754—1815），字祖似，号墨卿，福建宁化县人。乾隆五十四（1789）进士。清代著名书法家，尤以隶书名世。

⑥ 高南阜：即高凤翰（1683—1749），字西园，号南村，又号南阜、云阜。清代书画家、篆刻家。

⑦ 刘文清：即刘墉（1719—1804），字崇如，号石庵，山东诸城人。乾隆十六年（1751）进士，官至体仁阁大学士，谥文清。清代政治家、书法家。

十七

翰卿五兄世大人阁下：

前接来电，知阮铸散盘已承购定，移置义庄，至为心感。腊八日，文伯交来九月二十日手书，承寄玉押，因借《癸辛杂识》查阅，翻版恶劣不堪，宋孝宗一行有墨钉，数条未刻，惟太祖御押，正与敝藏字白玉押相符。此押已编入《古玉图考》，亦属至宝矣。苣怀太史处如有旧板《癸辛杂识》，乞将宋十五帝御押一段抄示为感。手复，敬颂岁祺。弟大澂顿首。盘价押值百四十四金，已属松生电汇矣。腊月既望。

关中友人寄到古玉百数十种，内有白玉律管，微带黄晕。长一尺二寸，适与搢圭、驵琮、宏璧相符，豪氂不爽，因取黑秬黍谷子实之，即高粱。适容千二百黍，遍考《汉书·律历志》《周礼》郑注皆云“黄钟九寸”，乃知班、郑实沿刘歆之误，与古乐不合也。九寸之管，围九分径三分，实不能容千二百黍，非得此玉管，不知其误。

十八

翰卿五兄世大人阁下：

前由念劬处寄来散氏盘石印本，竟与原拓无异，墨色稍淡，字口丝毫不爽。因思尊处所藏原拓最精，何不寄与念劬，属其石印一百纸，墨色不宜太浓，其价由敝处代付，以五十张奉赠。此等石印本，竟可乱真也。如非阁下自藏之本，或已售于他处，亦可借来一照。专差至沪，三四日即可带回，或有留鼎精拓本，照此办法，便成千百化身。弟所藏拓本，粘成十数册，逐一考释，手书隶楷。隶书标题，楷书释文。夏秋之间，可付石印，为三代古文传灯之法，亦金文一巨观也。三倍于积古斋款识。清明抵珲春后，俄员未来，长日清闲，每日考释二三器。手泐，敬颂台祺。弟大澂顿首。三月既望。尊公子晋先生前请安。

十九

翰卿五兄世大人阁下：

初七日接诵手书，十九日子静来汴，带到惠扇，感谢感谢。郝弁尚未到，不知何以迟迟，恐其由水路携眷而来，不免耽搁耳。玉圜玉璧，即乞代付六十金。前次电汇之款，计早收到，此款有便再行汇还。秦中古玉价最俭，大药铲不过十余金，南中索值过昂，以后毋须问津，精品至宝，所得诚不少矣。承示翁大司农所题拙画，留此一稿，它日即请其补书于沈卷之后，亦一韵事。叔盖[①]

① 叔盖：即钱松（1818—1860），字叔盖，号耐青、铁庐等。浙江杭州人。清代篆刻家、书画家。

隶书甚雅，指航画亦佳，来书以为六舟和尚，六舟名达受，岂原名悟文耶？便中示及之，元押拓附一览。下押与它姓押不同。

二十

翰卿五兄世大人阁下：

前函尚未封发，适郝学智于廿三日申刻到汴，展诵八月初五日手书，并大璧、玉圜、倪册、任轴，至感至感。玉圜至精，有目共赏。拱璧白玉者少，亦非常品，在苏扬六十金，其价廉甚。墨畊倪君[①]画理甚深，小某先生之高足，似乎青出于蓝，可与陆廉夫[②]并驾齐驱，阜长[③]不能专美于前矣。渭长[④]《四红图》亦难得之品，为敝箧中所无。今秋得潍县鉥印九百四十余纽，然欲续打印谱，甚不易也。手复，敬请台安。弟大澂顿首。属书楹联及廉生书联，统交胜之带上。九月廿五日。

① 墨畊倪君：倪田（1855—1919），字墨畊，号墨道人、墨翁，又号璧月盦主，江苏江都人。清代画家。

② 陆廉夫：即陆恢（1851—1920），字廉夫，江苏苏州人。入吴大澂幕府。善山水、花卉。

③ 阜长：即任薰（1835—1893），字阜长、舜琴，浙江萧山人，任熊之弟，著名画家，与任熊、任伯年、任颐并称“四任”。

④ 渭长：即任熊（1823—1857），字渭长，一字湘浦，号不舍，浙江萧山人。清末海上画派代表人物之一。

二一

廿四日续奉重阳手复，如接謦笑。杨龙友精卷，廉夫画册，极深盼望。弟亦得龙友立轴，浑厚如明初人，并得李流芳①轴，大小相等，又得金鉢，重九钱半，价不及廿金，其非伪作可知，据潍估云，仅费十金，成色郢爰同。又得虎牙将军银印、龟钮，制作甚精，将军银印，尚未之见。近日将《史姓韵编》细查一过，自两汉至隋有名人印共得一百三十八钮，拟刻板，另印一册，张苍、纪信、公孙贺、李广、赵充国、公孙弘、王阳、王成，其最著名也。再请台安。大澂又顿首。唐石三方，已由潍孙径送烟台，托杏孙转运上海，存沈子梅处。

潍孙裴估又为代购隋碑一通，二十二行，每行三十二字，稍有残缺数十字，议定一百五十金，送至烟台，如此大碑由齐鲁搬至吴中，大有愚公移山之意，然吴郡金石以后颇有可观矣。

① 李流芳（1575—1629）：字长蘅，一字茂宰，号檀园等，安徽歙县人。明代诗人、书画家。

二二

翰卿五兄世大人阁下：

初六日得七月十七日手书，承示书画、古玉、汉金玉印等件，已由蔚盛长交镖局带来，计中秋前可到。并承惠寄明太祖像，得利二铜印，感甚感甚。秦中杨实斋代购古玉数十件，闻有玉爵。因秋雨泥泞，驿路车不能行，迟迟尚未寄到也。《嵩洛访碑图》为屺怀得去，竟不获一见，因拟自画《访碑图》三十二页，每页后附书考据一页，共成六十四页，可装四册，内分直隶、山东、吉林为一册，以太学观石鼓为弟一页，岱庙观秦刻石为弟二页。陕、甘十六页分为二册，加考据十六页，为三十二页矣。龙门、伊阙、洛阳及粤中各碑八页为一册。吴中绝少金石，以焦山瘗鹤铭、虎邱经幢附于此册之后。日画一开，现已成七幅，重阳前计可告竣，他日流传海内，欲与小松司马相抗衡也，一笑。手泐，敬颂礼祺。弟大澂顿首。八月初八日。岱庙、孔庙、华岳庙，规模甚大，不易着手。

戴文节山水，以后更不易得，岂肯送人耶？阮氏仿铸散氏盘，乞为留之，交家兄置之义庄，弟临散盘屏幅六条，已付石刻，须十月内刻竣也。大篆以散盘为弟一。鄙人所临大篆，亦以散盘为最，当在郑文宝峄山碑之上。

二三

翰卿五兄世大人阁下：

前复一缄，计邀鉴及。前承代购之戴文节山水轴、唐六如精品及陶锥庵、倪小圃画册、刘彦冲画扇乞寄上海，交广盦观察处，俟郝学智到沪即可带回。有病故画图委员灵柩，派郝弁送至上海，约八月初五后可到。因该弁尚有石印《古玉图考》一箱，少则尚可携带画轴，多则恐不易带耳。古玉尊一件，亦可属带，其余留在南中，不必急急取来也。兹有谕郝学智一字，或由尊处专人送沪，似尚近便。手泐，即颂秋祺。弟大澂顿首。七月十六日。扬州之铜器虽多精品，今年力有不逮，只可割爱矣。

二四

手示诵悉，即如尊议定价，缓三四日再行奉上，印泥需用四两，乞代购为感。翰卿五兄世大人。弟大澂顿首。《说文古籀补》一部、篆文《论语》一部，藉呈台览。新正五日。

二五

《怡园藏印》前年曾惠拓本一册，未识此次所商与前册符合否？乞借印本一阅，再行议值何如？手泐，敬颂翰卿五兄世大人侍安。弟大澂顿首。丁亥人日。

二六

前日所示谱内各印，细加批阅，精者可选四十余方。军司马、部曲将等及蛮夷诸印，皆习见之品，鄙人愿以四百金得之，再多则力有不逮，非斤斤较量也。王童玉印曾一见之，如可议值，乞代询示价为感。印存原册奉缴，乞察收。手泐，即请台安。翰卿五兄世大人。弟大澂顿首。先立春一日。

二七

昨午前归，贱恙已愈，敬之五联已为书就，惟翁世兄长联尚未书耳。汤贞愍屏展八幅，晚年之作，画梅已近颓唐。窃以为书佳于画，老名士真不可及，不徒以气节传也，六十元可得，拟即留之。金押并扇领到。翰卿五兄执事。弟制大澂再拜。

二八

昨日敬之来晤，知有六尺匹东笺三幅见赠，真难得之佳纸也。小宋[①]兄所惠景宋本灸方两册甚精，玩件四种并皆佳妙，乞先道谕敬修、锡蕃，两扇面先缴，尚有清如一扇，两日内亦必送去。今日本拟至观音山扫墓，为风雨所阻，明日如不赴乡，必奉访也。翰卿五兄世大人。弟制大澂再拜。二月初六日。

① 小宋：即何璟（1818—1888），字伯玉，号小宋，广东中山人。道光二十七年（1847）进士，官至闽浙总督。

近代史所藏吴大澂信札

致喜桂亭[①]参赞书 三月廿九日

前复公函，计邀鉴及。昨奉大咨，反复展诵，不胜惶恐之至。各营所招民勇本不宜多，骁健之徒安得人人循规蹈矩，全在各统领督率营哨各官，严加约束，勤于操练，不令沾染洋烟、赌博、游荡之习，所谓“劳则思，思则善心生，逸则淫，淫则忘善，忘善则恶心生”[②]。尊意通饬各营严禁恶习，并令于招勇补额时详慎挑选，实与鄙见不谋而合，钦佩莫名。至所论湘、淮各勇，措词未免稍刻，寻常泛论则可，若形诸公牍，恐各军弁勇以为主帅有畛域之分，互相讥诮，彼此未能融洽。弟固深知老哥以直道待人，并无他意也。湘、淮各军旧制，胡、曾创之于前，左、李继之于后。从前平定发捻，南至闽、粤，西及陇、蜀，不独鄂、皖、江、浙、燕、齐、晋、豫所在有湘淮诸将之功，即今日之畿东海防、新疆边事均系艰巨之任。左、李两相为国藩辅，实天下所仰望，左相之所恃者湘军，李相之所恃者淮军，他省练军尚欠得力之将，此湘、淮各军之所以不能尽撤，朝廷具有深意，

---

① 喜桂亭：喜昌（？—1891），字桂亭，满洲镶白旗人。早年参与镇压捻军，获得军功，任西宁办事大臣，此后长期处理边境事务，历任乌里雅苏台参赞大臣、库伦掌印办事大臣等。喜昌重视家乡吉林的防务，尤其在沙俄军事威胁的情况下，多次上书讨论吉林练兵问题。

② 此句出自《国语·鲁语下》。

非为防哥老会而设也。哥老会匪，湘勇有之，淮军中尚无此弊。去年四月间，弟在津门与合肥相国商调戴孝侯来吉，属令精选弁勇，不准有一吸食洋烟之人。沿途约束，均尚严整，若有滋扰地方情事，即能掩主帅之听闻，不能瞒道涂之耳目。弟于各路查阅之时，所过旅店密加询问，于各营之优绌，颇知其详。弁勇之安分不安分，营哨之吸烟不吸烟，旅店主人了如指掌。此关内带来之老勇，不至流为胡匪为害地方，弟之所堪自信也。以后各营因西丹不易挑选，去其老弱无用及吸食洋烟之人，竟至不能足额。鼎帅之意，拟令各营多招民勇，抽换兵丹，此间各城本属地广人稀，有产有业之民，岂肯充当营勇？一军招至数百人，难保无游匪泯杂其间，老哥为久远之图，不能不虑及将来流弊，慎重周详，自当谨之于始。鄙意拟令各营勿再广招民勇，如有逃走缺额，仍以兵丹陆续充补，多一有用之兵丹，即多一地方之捍卫。惟各旗子弟或未能习勤耐苦，不受范围，督责稍严，纷纷逃去，亦意中之事，譬如子弟从师入学，必嫌拘束之苦而出入游嬉，每思逃学。父母之爱其子弟者，只望子弟之有所成就，不责先生之教督过严，相习既久，则师徒一气，自有情谊相联，向来子弟之不能勤学，往往误于姑息之爱。惟愿老哥以教子弟之法，教各营之兵丹，使之练习勤苦，操演技艺，日进月益，悉成劲旅，勿令各存意见，自相诋毁，此弟之所日夕祷祝，而不敢存袒护之私也。弟与孝侯、俊卿[①]往来书札，辄谆谆劝谕，以体恤兵勇为最要，营哨各官有宽严失当之处，务须随时体察，剀切告诫。区区愚悃，亦当在洞鉴之中。素蒙不弃，相爱至深，用敢直抒己见，缕晰以闻，惟恕其谬妄而教训之，幸甚幸甚。

致铭鼎臣将军书

鼎臣年伯大人节前：昨日略陈鄙见，窃恐长者疑侄有畛域之见，不得不一畅其说，上陈尊听，祈俯赐采择而曲谅之。从来军事以用人、筹饷两者为大宗，一军不宜有二帅，总以事权归一、号令不纷为贵。去年创立防军，事事禀命而行，即有所见，必婉陈于左右，非侄之谦让也。参赞之责，自有分际，殚精竭虑，尽其款款之愚忱，不过为长者效奔走之劳，资指臂之助而已。乃朝廷不以为驽劣而重其责成，并各军而统归节制，实非不材之所能任。若具疏力辞，又恐蹈推诿之咎，未必仰邀俞允。侄所以再四踌躇，不能不引为己任，以仰慰宸廑也。至饷项一节，应请饬部分拨专饷以清界限。敝部各军，由侄处领饷报销，均归一律办理，如何领拨及收支款目，仍随时咨明冰案，

① 俊卿：刘超佩，生卒年月不详，安徽合肥人。以副将随吴大澂、戴宗骞在吉林任事，后调山东驻防，甲午战争中守威海卫南帮炮台不力，被清廷拿问。

以备稽核。其平余一款，留为公用，遇有地方应办之事，不能开支正款之费，皆可以此挹注。侄所支公费，每月二百金，以后恐不敷用，现拟附片奏请月增若干，援照刘毅斋京卿[①]署理钦差大臣之例略为核减，想无不可也。

上合肥相国书

敬启者，初六日肃复寸缄，计已仰邀慈鉴，敬维钧节旋津，勋躬万福。两圣[②]起居想已康复，近阅邸钞，似召见外廷尚未照常，日理万几，自宜节慎。抚屏观察[③]当尚在京调护，慈躬必可日臻豫顺也。大澂于十五日奉到廷旨，有督办宁古塔等处事宜之命，责成较重，报称綦难，夙夜图维，悚惶倍切。此间应办事宜，头绪甚繁，人才甚乏，第一要义在划清界限，以后不致掣肘。鼎帅以全省防务义不容辞，仍有两人会办之说，大澂不能不据实自陈，告以一军不宜有二帅，用人发饷，购运军火，皆大澂之

① 刘毅斋京卿：即刘锦棠（1844—1894），字毅斋，湖南湘乡人。父、叔皆湘军将领，刘锦棠随其叔刘松山参与镇压太平天国、捻军，后渐能独当一面，随左宗棠赴西北镇压回民，后赴新疆，并在新疆建省后，出任第一任新疆巡抚。刘锦棠在光绪四年补太常寺卿，故称之为京卿。

② 两圣：时人分别称慈安太后、慈禧太后为东圣、西圣，故有“两圣”之说。

③ 抚屏观察：薛福辰（1832—1889），字抚屏，江苏无锡人。光绪六年，由李鸿章、李瀚章举荐入宫，为慈禧治病。

专责，随时咨明将军备案。遇有陈奏事件，于折内会衔，仿他省督抚之例。若事事联衔，仍与帮办无异，非朝廷本意也。桂亭部署行军，颇非易易，勾稽出纳，皆出一手，从事者皆不得而知，正款、杂款均无定章。现在未发之饷，留省尚有十余万，大约须五月底截止，六月初旬大澂始可接手，但将饷项截清，各归各款，其如何报销，部中自有限制，大澂可不与闻。靖边中、左、右统领三员，德远庵[①]、依尧山[②]两都护均尚明白营务，与大澂本极融洽，惟协领常福[③]不甚知其底细，如一并留吉，暂不更易，统俟接办后，随时体察，陆续调换。旗员中亦有可用之将才，大澂不设成见，惟有舍短从长，督饬操练，总令仿照淮军一律办理，三五年后必有成效可睹。孝侯以旗员、旗兵为不可用，亦未平允，鄙意桂亭所练各军不复调用汉将，亦就地取材之意也。三姓应筑炮台，松花江应造舢板三四十号，皆须援照吾师所定规模次第兴举，并须咨调熟手以资差委，当与孝侯详细核议，再行布闻。创立机厂，自制洋药、铜帽、水雷，此必不可少之举。然

① 德远庵：疑即德平阿，生卒年不详，蒙古镶红旗人。早年参与镇压太平天国，获军功，后回吉林，任拉林协领，光绪初，历任阿勒楚喀副都统、伯都讷副都统、宁古塔副都统，光绪八年，被吴大澂弹劾。都护，即都统、副都统之雅称。

② 依尧山：即依克唐阿（1838—1899），满洲镶黄旗人，谥号诚勇。早年参与镇压捻军等，后历任珲春副都统、黑龙江将军、盛京将军等。甲午战争中，主要率马队与日军作战。光绪初，依克唐阿帮助吴大澂处理吉林垦务和对俄交涉事宜。此后，尧山、依都护等皆指依克唐阿。

③ 常福：生平不详，曾任乌拉协领，统领兵丁、西丹。

非得人不能举办，借箸而筹，不得不求助于吾师，请在津、沪各局中派拨数人，为指臂之助，俟议有端绪，再行疏请饬部拨款。大澂不敢铺张糜费，而应办之要务亦不宜因循搁置也。沈游击廷栋[①]，大澂极器重之，昨备文咨达冰案，未识肯来吃苦否？手肃，敬叩勋福。

上合肥相国书

敬启者，四月初六日肃复一函，二十日续上一书，计已先后仰邀慈鉴。桂亭来书，拟于月内启程进省，大约端节后即可交待一切。〇〇[②]在省略须部署，未能遽赴宁古塔。此间创立机厂，须调熟悉机务之员，如王小云观察[③]之稳练精详，大澂素所仰慕，知尊处最为得力之人，岂敢妄思借寇。惟创办之始，事事都无头绪，窃拟暂调小云观察来吉略为布置，应度地基、应盖房屋、应购机器、应用委员、应调工匠，均须与小云观察详细讨论，

① 沈游击廷栋：沈廷栋，生平不详，但知其在李鸿章手下任事，曾督造肃州至哈密电线，参与华盛纺织厂管理。吴大澂此信向李鸿章讨要沈廷栋，因沈不愿远行，未果。

② 〇〇：此处即“大澂”之省。下文尚有数处，为阅读方便，均已补全，不再出注。

③ 王小云观察：即王德均，字筱云，安徽怀远人。早年在江南制造局帮助傅兰雅、金楷理等人翻译西学书籍，后以候补道员调任天津制造局任总办。吴大澂因办吉林机器局，向李鸿章要人，并多次上奏请调，但没有得到允许，王德均仅仅在天津代筹而已。

方可得其要领。俟其到吉作平原十日之留，即可旋津，计往返不过两月，酌留一二熟手在此经理其零星杂务，大澂亦可派妥实可靠之员随同学习，规模略具，他日亦可徐图扩充，非吾师主持其事，不能为吉林开此风气也。所需经费拟每年添请五六万金，当蒙俞允，如有不敷，现拨防饷内尚可腾出一二万金以资挹注。大澂膺兹重任，不敢畏难苟安，或有思虑未周之处，敬祈吾师随时训示，俾无陨越之虞，是所叩祷。珲春招垦，已与鼎帅会衔奏派秋亭专司其事，三姓已檄汪子仁[1]前往放荒，吉省候补人员仅存一二人，此外皆有要差，无可调也。手肃，敬叩钧祺。四月廿四日。

敬再启者，各军添购洋枪，拟将来一律改用后门，马枪专用呍啫士得，步枪专用美国之哈吃开斯。惟闻哈吃开斯与英国所造亨利马梯呢[2]，均系四手发火，未知二种有无优绌，祈属小云观察细心一校。以后购定马、步枪各一种，即拟专造此二种铜帽。前门旧枪，可用可不用，或专以前门操演阵法，以后门练打准头。即核计用饷不敷，与其兵多而器不精，不如减兵腾饷，添购利器，如得劲旅五千，可抵常兵一万，否则日久仍须改用后门，所造铜帽之机器，又将另起炉灶。若创局之始即讲求精利之

---

① 汪子仁：不详，疑为汪士仁。

② 亨利马梯呢：即亨利马梯尼枪，亨利为发明枪膛线者，马梯尼为发明后膛倒键者，两者结合，故称为亨利马梯尼枪。

器，自可一劳永逸，为他日省费也。窃论造枪不过三利，以及远为贵，以发火灵捷为贵，以准头不失分寸为贵。今各国所造之后门用螺丝膛子，后松前紧，子药力猛，足以及远，一利也；四手发火，二利也；星斗分毫不爽，三利也。三者已造乎其极，以后即改换式样，不能出此范围。质诸钧意，以为然否？大澂谨又启。

致铭将军书

鼎臣年伯大人节前：今晨蒙顾，拜读疏稿，极深钦佩。惟侄细思，目前裁兵颇有为难之处，不能不直陈于长者之前。窃计巩、卫、绥、安四军，原练五千人，加以桂翁[1]续练之五千，防军共有万人，除库伦拨去一千，尚有九千，若须裁去二千，觉布置殊非易易。尧山、远庵二军未便更动，即须裁撤常福一军，三姓之二千，本不甚多，势难再减，刘俊卿之三营，只有一千二百五十人，该军操演尚属认真，去之可惜，秉公而论，总宜以得力不得力为去留之分较。各军之优绌，卫军操法远不如绥、巩二军，由其师承之各异，本未能讲求实际也。现在侄

① 桂翁：即喜昌，喜桂亭。

甫经接办之时，应去应留之将，究无把握，尚须察看数月，方能得其平允，一经交接即纷纷改易，殊非慎重之道。多汰旗兵，心窃有所未安，若裁去得力之将而敷衍迁就，军事恐难起色。是以裁兵之议，出诸长者之意则可，在侄似未便会衔，即奉廷旨，亦须于两三月后分别去留，较为允当。鄙意或俟桂翁来省会同商议，再行疏闻，未知尊意以为然否？盖巩、卫、绥、安四军，侄已审知其底蕴，而靖边中、左、右三军，则茫然不知，实未敢轻议更张，亦非虑桂翁之见怪而有所瞻徇也。事关防务久远之图，不得不熟思审处，惟长者鉴其苦衷而垂察焉，幸甚幸甚。手肃，敬叩勋祺。四月廿六日。

上合肥相国书 五月二十一日

敬启者，端午肃复寸缄，计已仰邀慈鉴。秋亭前往奉吉交界地方查勘界址，就近访得铁矿二处、铝矿一处，采呈矿样，均在浮面凿取，尚未深挖。矿洞山之铁成色最佳，约可炼出五六成，交河铁样稍次，栗子沟铝样略试，镕化竟有六七成。此外尚有铁矿数处，亦已派人前往确查，此中必有银矿，大可广开利源，弃之不问，未免可惜。因拟奏请创设机厂，兼筑炮台，皆边防当务之急。所需经费，多请恐仍无益，仅以每年十万金为率，或可上邀俞允。如政府不以为好事，当不令其无米为炊。至用人、购器一切规模，须与筱云观察面商布置，方有把握，尚求吾师掖之一臂，俾克有成，无任翘企待命之至。近日鼎帅颇以鄙见为然，无复异议。手肃，敬叩勋祺。

致戴孝侯书

再鄙人每论将才，总以能得士心而不失之长厚者为上，熟谙操练能耐劳苦者次之，性情豪爽不矜小节者又次之，庸懦巧滑偷惰皆不可用，此其大概也。治军之要，在号令严明，信赏必罚，乃古今不易之理。鄙人所愿与诸将共勉者约有三要：营中缺额随时补足，不令久旷，一也；发粮发饷稽查严密，不令经手人含糊侵扣，此体恤兵勇之本，所以能得志者在此，二也；吸食洋烟之禁，委员中即不能免而营哨兵勇须一律严禁，三也。守此三者，坚持定力，不稍通融，斯为鄙人腹心之助。将士协力，如父兄子弟，甘苦与同，一洗营中敷衍粉饰之习，庶几缓急可恃，不致日久弊生。否则岁縻数十万而军事不振，营哨各官无以对鄙人，即鄙人无以仰对朝廷，怀惭清夜，寝食不能自安。区区寸心，尚望执事与各弁员剀切言之。

绥字五营，实为他军所效法，如执事公忠体国，才学识力十倍于鄙人，一切经营整顿之方，鄙人不复顾虑，拟即奏派北路翼长，三姓江防专以任之执事。他日功成名立，知执事必为中兴柱石之臣，幸鄙人得附骥尾，如李太白之识郭汾阳，亦可不负此生矣。相隔千五百里，书此以当晤谭，惟公知我，故不觉其言之赘也。再颂勋祺。

致戴孝侯书

廿三、初三先后复书，谅均鉴及。筱舫[①]与富森堂[②]甚相得，昨已札委会办军械转运事宜，将来购存军械以省局为重，支应粮饷以行营为重。咨调各员均无消息，只得从容筹布，六月内尚难出省。机厂之设，创始为难，亦须亲自区画。来书谓不甚得用之器，不可误购，鄙人亦谓不甚得用之人，亦不可滥用。然求才之难，难于求器，又不能不少宽其途。旗员中将才，细心体察，以双如山[③]为第一，久在关陇，与湘军共事有年，见闻所及，气

---

① 筱舫：不详，但知其姓宋，在吉林机器局任职，疑为机器局总办宋春鳌之亲戚。

② 富森堂：富尔丹（1826—？），字森堂，吉林满洲正红旗人。富尔丹长期在吉林，因剿匪等军功，升迁至副都统，光绪十七年在宁古塔副都统任上主持编修《宁古塔地方乡土志》。

③ 双如山：双寿（1832—？），字如山，吉林蒙古镶红旗人。早年出省参与镇压太平天国等军事行动，足迹遍布华北、华东、西北各省，获铿僧巴图鲁称号，后遣撤回旗，光绪十五年以都统衔为科布多参赞大臣。

宇亦自不同。鄙人爱不忍舍，因于鼎帅处力请得之，几至龃龉，颇有拔赵帜立汉帜之意。现已札委营务处，并令挑选亲兵步队一营、马队一哨，适德远庵处有遣散猎夫五百名，此项人本未归营训练。即以此数改作敝部亲军，可不增饷。兹属如山前赴五常堡、双城堡、拉林三处挑兵足额，大约八成兵丹，二成民勇，帕首裹足，悉照勇营。如山极羡俊卿挑勇之精，操法之善，其志趣可知。三姓西丹本少，又多稚弱，他处尚有精壮可挑，如尊处尚须补招若干，可属如山挑送，可用不可用，仍可自酌。鄙意本土之人恋家，易萌逃志，离乡稍远，出营则无所依归，又有追亡之虑，或可坚其心志，未知尊意以为然否？如山仰慕雄风，愿聆教益，拟属就近赴姓一观贵军炮哨，并求执事借拨教师数人。鄙人亦拟于亲兵营内练一炮哨，或补购格林炮[①]四尊，神机营有随炮旗兵四名。或另购克鹿卜八尊，以成一队。如山到姓时，望为指示一切，事同一家，无分畛域，想执事亦至关切也。桂亭在津购到马枪，七响后门，赠我十杆，似不甚灵便，湘军向多用此，想淮军亦必有之。薪如[②]所赠哈吃开斯留下二杆，见者无不叹羡。现拟订购千杆，未知年内能到否。六月初六日。

① 格林炮：即加特林机枪，由美国人加特林于 1862 年发明。

② 薪如：周盛传（1833—1885），字薪如，安徽合肥人，谥号武壮。淮军成立之初，即追随李鸿章，参与镇压太平天国、捻军、回民起事，历任天津镇总兵、湖南提督等。周盛传与吴大澂在枪械方面多有交流，惺惺相惜。

复王筱云观察书 六月二十日

六月十九日奉到惠缄，并承寄示机厂图稿及购器储料建厂各事宜清折一扣[①]，规画井井，详审精密。读致筱舫一函，并悉一是，所虑各层均应逐事妥筹，免致掣肘，实心任事之怀见于楮墨，敬佩莫名。台旌未能来吉，亦不敢强邀，谨将应办应商各节条列于后。一所筹经费，已蒙俞允，岁拨十万，拟以七八万金为机厂之需，以二三万金兼顾炮台。因三姓地气极寒，四月至八月尚可兴作土工，夏令雨多，仍须停顿，约计每年做工不过四个月，炮台之费只须逐年匀拨，无庸筹备巨款，故原奏有先尽机厂之议。尊论所谓“原始要终，尤视乎经费若干，以定局面大小”，洵属创始第一要义，鄙意建厂之费以购器为大宗，总可以六万金专备购造机器之用。一购器宜分缓急，折内所开各种小手器及零星物件，钢、铜、铁各种料物均应购办，至碾铜片全副机器亦不可少。此间装货大车，每车八套者，可装四千斤及三千五百斤不等，惟须隆冬冰雪，道路平坦，方可畅行，春三月间，泥冻初融，五六月后，途多积潦，节节阻水，即轻车亦难迅达，故代购之器能于十月前运至营口者，冬春之交即可转运

① 扣：量词，用于捆扎成束的文件或帐折等物。

到吉。如外洋机器，断非三五月所能办到，即须俟明年冬间再运，不妨稍迟订购。且今冬转运数次，即可访知道路之难易，装车之轻重，究竟四千余斤之器能否转搬，实在考究一番，意中便有把握。即拟定购重大之机器，似可于明春再行定局，约至封河前运到营口，一切较可从容。此购器酌分缓急之情形也。一上海用款，可托阜康银号[1]转付。该号有王念劬兄，名叔蕃。与弟至亲，现已札委上海转运事宜。此次领饷，已属汇银二万交阜康代存，如年内须购各器，或须酌汇李星使[2]处托其定购各项应用之器，均可由阜康转汇。以后再有领饷之便，拟再以二万金汇交尊处，想闰七月内必可汇到也。一造火药之机器，暂可缓图，先购压水柜一具，并购小压水柜一具，以便制造火箭之用。又火箭所用药饼模子各件器具，亦须定购一副。一空筒、汽炉、汽机均可早定，如在二千斤左右，春末夏初尚可运吉，大约五月至七八月不宜转运也。一铜帽机器亦可缓购，先由津局代造手器，制造拉火之手器亦请由津代造。一切应用之物，均乞商裁酌定，无须一一函询也。一吉省并无宽大庙宇可以借用应

① 阜康银号：胡雪岩所设立之金融机构。

② 李星使：即李凤苞（1834—1887），字丹崖，上海崇明人。同治初，得曾国藩、李鸿章等赏识，入江南制造局并翻译军事、外交等西学书籍。光绪初，率领海军留学生赴欧，又被任命为驻德公使，期间多次负责采买军火机器，其中包括北洋水师的定、镇二远。回国后，受贪污购舰经费之弹劾，遭革职，不久郁郁而终。此后的“丹崖”“丹崖星使”“丹翁”皆指李凤苞。

度厂机，拟择江南隙地高燥之处，约在省城十里之内。离江近而不受水患者，即照所绘一图略为放宽，后面、旁面多留空地，以便日后扩充。委员、司事、工匠住房，此间木匠、瓦匠均可盖造，惟机器各房，非津地雇来熟手工匠，不能建造如式。一轮船所需木料尽可择用，有极细极坚之木胜于南中杉木者，价值亦不昂贵。惟匠工贵而且少，如津地雇来木匠，每日津钱六百文，饭钱在内。亦不为多。将来雇匠除给川资外，行路之日亦可与做工之日一律给价，以示体恤。一吉省缸窑离省不及百里，火砖不难制造。如建厂所用砖瓦，必须就近自开砖瓦窑较为省便。一铁矿、铝矿现已访得数处。炼铁不易，只可供寻常铁器之用，无益于机厂。铝样则成色甚佳，每两可炼净铝六七钱，未知铝苗能否畅旺耳。煤窑已开数处，水路可通，运脚亦不甚费，当可择而用之。一后门枪子机器目前暂不议及，仍乞随时留意，但须逐件拆开，每件不过四千斤者总可设法挽运。鄙意专重后门枪炮子弹，旧子铜壳亦可递装递放，然日后必得自制为宜。一哈吃开斯每杆价银若干，枪子每百价银若干，是否托丹崖星使购办，是否用上海规银[①]？均祈详示为感。

① 上海规银：又称九八规银、上海规元，一种交易过程中计算银两的单位，通常以九十八当一百使用。

致王筱云观察书 七月初九日

六月二十日详复一缄，七月初五日续布尺笺，谅均鉴及。顷筱舫兄出示手书，并读另折所开卷铜机器，又造四分五及一寸径格林炮子各种机器价值清单，至为详尽。格林炮子与后门枪子既可通用，此项机器必当订购，卷铜机器亦不可少。至营口水路可达开原，河窄水浅，重载恐不能行，如在四千觔[①]左右之器，可用十余套大车拉运，必可设法转运到吉。究竟在省设局呼应较灵，运费稍多，亦可一劳永逸。总之，笨重之器宜于冬运，路平费省，只须多派兵勇沿途照料，不致为难也。本年应领十万金，即全数归入机厂，亦无不可，炮台交九月即须停工，年内所费无几，尚可另筹，外洋购器先付三分之一，若明春运到，又可设法腾款。以两年之款设厂购器，则卷铜、造子皆可次第举行。分别缓急，惟大裁酌定，鄙人不为遥制也。宋渤生[②]兄夙所钦佩，如可来吉总理一切，可资指臂之助。徐、游二君皆少年好学，委令分司

① 觔：即斤。

② 宋渤生：宋春鳌（1852—？），字渤生，安徽怀远人。光绪初，捐官入仕途，为李鸿章委派办理天津制造局，吴大澂赴东北后奏调其创办吉林机器局，后长期在吉林办理机器、矿务等事。民国后，曾任吉长铁路局总办。

其事，与渤生兄必可相得。闻丁令[①]有才而不甚稳重，奏调来吉，拟令专司矿务或教习旗童算学测量等事，机厂事宜由渤生兄一手经理，可不掣肘，如渤兄有素所熟悉之人相约而来，尤所欣愿也。前恳傅相酌借哈吃开斯，未知能匀拨若干否？前门枪能购二三百杆，亦乞示知为感。手泐，敬请勋安，不尽欲陈。

复德远庵都护书 七月十二日

昨接初七日靖边防营所发手书，藉悉一是。双玉[②]一营当即婉致尧山暂时不调，俟桂翁到京后，恩吉[③]果否调库，再行定夺。此时各营兵勇力役劳苦，当令休息数月也。珲春修营经费，桂翁给过银二千两左右，二军并未拨款，似亦未能平允。鄙意左路现在三营，酌拨营房经

---

① 丁令：丁乃文，字友云，生平不甚详，原在李鸿章手下任事，以江宁候选知县被吴大澂奏调差委，李鸿章认为丁虽然粗通算法、机器，但是“师心自用”，所以吴大澂任用其为吉林机器局附属的表正书院正教习，即所谓“丁令有才而不甚稳重，奏调来吉，拟令专司矿务或教习旗童算学测量等事”。丁乃文著译颇多，集中于军事方面，有《子药准则》《炮法图解》等。后文有吴大澂复丁友云一信。

② 双玉：生平不详，但知其曾在吉林任营总。

③ 恩吉（1855—？）：吉林蒙古正蓝旗人，西丹出身，由库伦办事大臣喜昌派为库伦总理粮饷营务事宜，后任练军营总，长期在吉林军中任事。

费二千四百两，右路两营酌拨一千六百两，当由敝处筹款补发，俟尊处备文来领，即饬粮饷处如数照发可也。塔城各营应补空额，前已咨请将军，由乌拉总管伯都讷各旗各挑一百名送省，计两处仅挑二百名，如再不敷，亦可续挑备补。至如山所挑拉林、五常堡、双城堡各处西丹，已于前日到齐矣。

致依尧山都护书 七月十二日

前商双玉一营暂调珲春，弟即函致远庵兄妥商办理。近日连接远庵来书，稍有为难之处，一因右路常福所统只有两营，若再调去一营，未免减色，一因该营弁兵修理营房劳苦数月，刻下甫经搬入营中安置妥帖，又令调赴珲春，跋涉维艰，益形劳顿。且恩吉原盖营房尚未竣工，双玉到珲尚须补兴工作，恐有劳逸不均之叹，亦系实在情形。鄙意俟桂翁到京，是否将吉省防军调赴库伦？如桂翁决意引退，此间各营可免远调，将来恩吉仍归旧部，较为妥协。前书有秋间再调之议，亦恐时局或有变更，桂翁将敕所部千人留省候调，其行止未定，亦可概见矣。

致依尧山都护书

前闻随员俞长发[1]有把持公事等情，尚未深信。近日访知该员劣迹并有纳贿敛钱情弊，珲地兵民怨声载道。闻有图占民间已聘之女，私罚铺户养猪八头，杖责愚民乘马之人等事，未知确否。大约性情暴戾，其操守亦不甚可恃，已可概见。此等小有才具之人，信任过专必至夜郎自大，营中同事又不肯以直言上达尊听，若再优容姑息，恐与麾下声名有碍。弟亦深知用人之难，稍一放松则诸弊百出。以麾下之实心办事，体恤民情，而俞长发不知自爱，实属有负栽培之意，望将该员总理营务差使先行撤去，庶弁勇百姓皆知麾下恩威并用，明断如神，于营务、地方两有裨益。弟与麾下心性相契，指臂相联，不能不尽其忠告之忱，惟盼仁声遐播，惠我边氓，此弟所日夕祷祀以祝也。营中应挑补额兵丹，应否由尊处派员前赴各城自行挑选，或由弟处就近代挑精壮西丹，派员送珲以足兵额，尚祈示复数行为幸。

① 俞长发：生平不详，江苏江阴人，彼时为都统依克唐阿随员。

复王筱云观察书 七月三十日

七月初五日曾布一缄，未知何日达览。廿三日接初十日复函，承示分年带办不若通盘打算之约计，洵系确论。丹崖星使自德国购来造子全副机器，并碾铜片在内，价银三万六千两左右，水脚运费在外，务请傅相函致丹翁即为购定。所领部拨经费，前属委员提银六万两解至天津，即可由汇丰银号汇银四万两，迳交丹翁代为筹购。如造子机器均已齐备，封河以前能否运至营口？此器购定如探骊得珠，全局已有眉目，所需手器自可酌择紧要之件陆续筹备。核计经费以两年通算，尚不竭蹷，遇有缓急，阜康尚可通融万金，弟已函致念劬，属为照料矣。粤省机器系造船所用，如他器有可通用之处，由阁下酌量择用，又可为吉厂撙节经费。傅相片稿已咨达鄗处，不胜心感之至。前拟厂屋图样规模稍隘，费神另绘一图，便中寄示为祷。筑窑造砖，当照来书所示尺寸先行开办，此间木料不难采购，弟等于此事不甚精细，须俟宋渤生兄到吉再与商办，年内亦可预为购备。铝矿、炼银尚未试办，烧炼焦炭之法未得其详，均盼渤生来此次弟筹办也。哈吃开斯兵枪拟先购千杆，可否援照十二两九分之价即托新载生洋行[①]电致美都，或作为津营添购之枪，当可不

① 新载生洋行：位于上海，专门经营英法德美等国军火机器代购。

致增价，每枪带子三百亦可敷用，其价即由阜康就近代付。再再[1]前借神机营格林炮四尊，亦须由津代购，解送神机营，亦望转禀傅相一并代办为感。手复，敬请。初九日续布一函，想已鉴及。

复铭将军信 闰七月廿一日

昨晚奉到手示，未即裁答。大澂于四月中奉命督办防军，本不专指靖边一军，而谓向来体制，督办有专阃之责，不受地方督抚节制。巩、卫、绥、安四军本隶麾下，大澂不过参谋帷幄，藉效驰驱。今边防与地方画分两事，彼此各有专责，领饷奏销，自应各归各款以清界限，而公事往来仍可随时领教，所谓不分畛域也。部议云云，总因原奏有合而为一之语，似虑大澂受人挟制，不能自作主张，故此次片稿请会台衔，见长者并非别有意见，融洽分明，两不相背，京外物议亦无所短长。大澂自知才不胜任，如将来脱此重寄，各路防军必当改归节钺，一听指麾，此时不过代为整理耳。会稿二件奉上，仍乞裁酌施行，拟于明日拜发也。手肃，布复。

① 此处疑衍一“再”字。

致喜桂亭书

如握。日前手复寸缄，由津转寄入都，计可先此达览。未知旌节何日北行，为国驰驱，勋躬劳勚，临风瞻望，企念弥殷。弟专候天津机局委员到吉商酌布置，拟于二十七日出省，重阳前可抵塔城。前挑拉林、伯都讷、乌拉三处西丹，分拨靖边左右路及巩字一军，共得三百五十余名，皆弟亲自挑选，年力精壮。塔城各营经远庵兄力为整顿，挑补更换，一律整齐，堪以告慰荩厪。尧山兄处亦拟另挑兵丹，汰去羸弱，尚未派员来省。各路营房、营垒均已竣工。贵部两营已分起陆续起行，昨接恩营官禀报，头起二百名已于十四日出威远堡门，军行顺利，兵丹亦恪守营规，殊堪欣慰。惟跋涉数千里，道远天寒，将士未免劳苦，尚祈随时体恤，督责稍宽，俾远征士卒同歌挟纩之恩，此私心所切祷耳。尊处销册有无更动之处，敬乞示知为感。手泐，敬请勋安。

复王筱云观察书 九月廿一日

八月廿七日详复一缄，计已鉴及。九月十三日接奉八月廿四日惠缄，猥以补官仆正[①]，吉语遥颁，辱荷拳拳，

① 仆正：即太仆寺卿之雅称。光绪七年，吴大澂授太仆寺卿。

且惭且感。承示前次划还湘平银一百两，系沈、汪二员川费，与家叔来信相符。此款及拨解库伦之洋药、铜帽价值银两，合库平银一千一百四十两，当由此间粮饷处划交渤生，收入机器项下。以后尊处代付他款，随时由敝处划还渤生，列入收款，较为简便。前属领饷委员刑部郎中彭筱圃兄[①]，由京汇还枪价及沈子卿[②]所借之八十两，俟收到后乞将八十两一款仍交春亭家叔[③]可也。粤省机器年内不及转运营口，惟子卿已由省启程前赴营口设局，俟其到彼布置周妥，明春开冻后陆续转运，较觉从容。子卿或回吉省度岁，亦未可知也。渤生携带湘平银二百两，即属列入局费项下。弟处已委陆经历保善[④]专司机器局支发事宜，渤生处应用银款即由陆经历就近支付，无须由鄙人遥制。以渤生之谨饬精详，秉承矩矱，遇事皆有条理，实为吉省得人之幸。刻下机厂地基均已购定，应刊木植亦已付价包刊，约须明年四五月内方可由江顺流而下也。徐倅以亲老不能远离，亦不敢相强。正作复间，又接九月初七日手书，藉悉芸田观察[⑤]代汇规银五万两，

---

① 彭筱圃：彭光誉（1840—？），字小圃，亦作筱圃，福建崇安人。监生出身，经吉林将军铭安奏调，赴吉林总理边防文案处事，后赴朝鲜勘议通商章程。张荫桓就任驻美、日、秘公使时，奏调彭光誉为参赞，崔国因留用之。1893 年，又被派送前往美国参加万国公益会（即芝加哥世博会）。

② 沈子卿：生平不详，仅知吴大澂曾委任其总理营口转运局事务，后协助盛宣怀办理汉阳铁厂、浏醴萍矿务。

③ 春亭家叔：吴大澂之从叔。

④ 陆经历保善：陆保善，生平不详，长年在直隶为官，曾任望都县知县。

⑤ 芸田观察：顾长龄，字芸田，生平不详，浙江钱塘人，在李鸿章手下任事。

已于八月廿八日发电丹崖星使代订机器，亦已接到电覆，无任欣慰。哈乞开司千杆，每杆加银八九钱，合之原价十六两之数，尚省二两有余。将来此项兵枪到沪，即可由阜康王念劬兄照料搭运营口，敝处有委员在沪守候领解，乞转致芗林观察[①]为感。手复，敬请勋安。

再前恳代制银饼模子[②]，想已鉴及。兹有恳者，敝步[③]各军操演阵法粗具规模，鄙意枪法以准头为要，拟令各营专心练习打靶，比较优绌。闻盛军向有钢板铁靶，大约一尺六寸见方。比灰包尤为实在，丝毫不能含混，以此考校准头，可见真实工夫。费神代制钢板枪靶五十副，另制一尺见方者二板，俟明年二月间运至营口，不胜感祷。弟又顿首。

上合肥相国书 腊月八日

敬启者，十一月初三日在宁古塔城奉到十月望日手谕，谨聆一是。适因次日赴乜河阅操，雪岭冰江，驰驱未

① 芗林观察：刘含芳（1840—1897），字芗林，安徽贵池人。同治初，随李鸿章淮军镇压太平天国、捻军，后长期在华北经营武备，参与天津制造局、水雷学堂管理，负责旅顺等处海防、船坞设施的建设。甲午战争时任山东登莱青道，无力阻止日军进攻，愤而回乡。

② 银饼模子：银饼即银元，银饼模子即刻压银元的模范机器。

③ 步：疑为“部”。

息，由塔赴姓，由姓旋省，仆仆二千余里，日短途长，天寒墨冻，久未肃缄，上叩起居，当蒙垂谅。承询商定防饷确数，前阅宁古塔各军操演，因靖边右路右营营哨各官均不得力，与统领常协领不甚融洽，因即裁撤一营，每年可减防饷四万余金。现拟奏请将撙节饷银留作试办屯田之用，商诸鼎帅亦无异议，不日会衔奏请，或可仰邀俞允也。海参崴请设理事官一节，前接总署复函，抄示劼侯[①]与俄外部问答节略，与钧示意旨略同，当即会同将军奏派秋亭前往，仍令兼顾珲春招垦事宜，亦于回省后一并拜发。将来应建公所及岁支公费银两，此间无可仿照，敬求饬查日本前设理事官原案章程寄示，大略似应照日本酌量核减，亦未便过于简陋也。朝鲜使臣所述互市供亿之累，亦系实情。详细访查所换货物，以耕牛为大宗，而朝鲜牛种不如吉林本地所产，此外如海参、皮张、粗纸，皆非必不可少之货，请停互市似于吉省毫无窒碍。或请于近边百里内准民间自相贸易，在外藩可省浮费，而商货仍可通行，但使礼部不拘泥向章，自不妨因时通变。前因秋亭查明朝鲜贫民占种吉边旷地，大澂商诸鼎帅，会衔奏恳一体领照纳租。薄海穷黎，莫非天朝赤子，而礼部历引成案，以尽数招回，重申科禁为

① 劼侯：曾纪泽（1839—1890），字劼刚，湖南湘乡人，曾国藩次子，承袭曾国藩一等毅勇侯之爵位，故称“劼侯”。曾纪泽由荫生入仕，充出使英、法、俄等国大臣，回国后长期担任总理衙门大臣，处理外交事务。

正办，仍请饬令详晰筹画，求有利无害之方。不知弱小藩邦，边荒尺地，有何利害可言，自当据实覆陈，稍驰边禁，为朝廷宣播德意也。大澂于前月中旬由宁古塔至三姓，冰道爬犁，昼夜兼行，从者数十人，皆在雪中野宿，幸人马无恙，贱躯亦尚耐劳。孝侯所部五营操演精熟，为诸军之冠，洋枪打靶全中者十居其八，边徼新军殊未易得。近又派队入山搜捕马贼，屡获巨魁，吉黑交界地方渐就肃清。今夏掳人勒赎之案层见叠出，匪党聚至七八十人，山深林密，窟穴甚多，今已次第歼擒，余匪不过十余人，易于清理矣。安圃同年[①]闻已由吴入都，当属舍弟随时佽助之。肃复，敬叩勋祺。

复王筱云观察书 腊月初九日

冬月初八日在宁古塔乜河营盘接读十月十三日手书，适赴三姓阅操，仆仆二千里，日短途长，天寒墨冻，不能握管作书，致稽裁答。昨日又由渤生处交到惠缄，谨聆一是。梅阁称觞，远道无以将意，区区微物，尚荷齿芬，

① 安圃同年：张人骏（1846—1927），字千里，号安圃，直隶丰润人，张佩纶之堂侄。同治七年戊辰科进士，与吴大澂同榜，故称同年，历任各省布政使、巡抚、两广总督，辛亥革命时为两江总督，避出南京城，进入民国后在青岛、天津等地作寓公。

益增愧悚。管解铁匠二员，计日内当可到吉。汪州判钧泽[①]已来谒见，代给川资，将来汇总函告渤生，可由此间分别归还，并请专派司事一二人经管支收款目及点查机器各种物料，月给薪水，即乞酌定若干可也。粤省解到机器，俟明春陆续运存营口，设法转搬。哈吃开司兵枪价值先付定银六千，铁条钉付价二千，均由念劬备文申报矣。孝侯另购哈吃开司四十杆，俟到齐一并核付。前有委员沈大使咸喜乞假南归，属其在沪守候，此次购枪押解来吉，如明春到津有应运之件，即乞转饬沈大使随同照料亦可。承示银饼制造铜模之法，至为详细，惟大小轻重之间如何较准，自非易易，弟于此中甘苦，茫然不解其故，幸随时赐教之。购枪购炮之费，均已于防饷内提出汇存上海，购到即付，如存款或有不敷，亦由阜康代垫，可无迟误。手覆。

再前月刘建棠[②]进京领饷，并将明年春季应领机厂经费银五万两备文请领，未知年内能否领出。拟再提银三万两解交贵局，可否由尊处派员到京接领回津或由阜康转汇？如津地通用卫化宝[③]，应照原领宝银升色，可省汇费。倘不合算，无须

---

① 汪州判钧泽：汪钧泽（1848—？），江苏人，生平不详，但知其曾为河南归德府宁陵县知县。

② 刘建棠：不详，但知其时为知县、后路转运委员。

③ 卫化宝：一种银两成色单位，通常在天津使用，即天津卫所化元宝之意。含银量较十足纹银少，为九九二色。

汇兑。请即函谕建棠遵照办理。弟已致书建棠，俟关领有期，即属就近请示定夺可也。如寄建棠书不知其寓处，即交阜康转交。昨委副将吴永敖、从九傅廷翚前赴山东登、莱、青所属招募屯兵，应给经费银一千二百两，属其过津晋谒台端，望为代付湘平银一千二百两，已将此间领款划交机器局，省得由票庄汇兑，有稽时日也。奉致一缄，已交吴副将面呈矣。弟于初二日回省清理积牍，年内亦不得闲。再颂岁祺。

复王筱云观察书 腊月十一日

初九日泐复一缄，并有寄京家信，想二十前必可达览，翁、周二倅管带铁匠，亦于初九日到吉，接奉冬月初三日手书，详示种种，至感至感。所定哈乞开司兵枪及格林炮合同二纸，又丹崖星使代购机器合同单，谨已领悉。承代给铁匠皮袍、皮帽、皮袜等及饭食川资各项，又给粤省解运机器委员川资银三十两，至为周密，感佩莫名。翁倅朴实耐劳，当即委令专司冶铸事宜，俾与各匠可相融洽，周倅亦即留营差委，以资历练。将来铁苗[1]如果畅

① 铁苗：即铁矿。

旺，亦只能供农具锅炉之用，此举为便民兴利起见，于机厂无甚用处，或盖厂所需铁钉等类略堪择用也。春亭家叔来信，尊处所交八十两已经收到，阜康汇去枪价银两亦已归款。今日由渤生交来大沽炮台图式二纸，又全图一幅，清折二扣。沪闽津三局第一起奏销成案，当抄录一分交渤生存局，以便将来援案列销，荩筹周至，感何如之。致家叔二函，乞为饬送。手复。

致李秋亭书 腊月十三日

前接舍弟来书，知仲敏请领免单有私带货物，谓少年人不知大体，颇不为然。今阁下为国宣劳，驰驱鞅掌，声望日隆，前程远大，不独弟等获指臂之助，即边土商民亦皆有望君如岁之心。以后往来珲、崴两地，务祈坚持定力，专意从公，于商贾锥刀之利不稍牵涉，义利公私截然划清界限。吾辈存心如此，自然无欲则刚，中外官民翕然敬服，名臣事业彪炳一时，不独为吾党增光也。弟所以发此迂论者，亦见近来大员每喜行商获息，贤者不免，无论得不偿失，即拥厚赀，亦为识者所訾笑。寒家本系世鬻，二十年来不复问津，亦于此中盈虚消长参透机关，此鄙人阅历有得之言，愿为执事陈之。乞垂察焉。

复德远庵书 腊月十六日

别后忽忽一月有余，风雪驰驱，劳人草草，以致笺候久疏。日前接诵初五日惠缄，二站一带应建大小木桥三十六处，经麾下亲临履勘，至为周密。小桥木植就近采办，尚不费事，大桥所用之料，相隔八十余里，运费较多。拟请择要兴工，派弁先行购运，当属支应局预备银五百两，俟尊处有便差来省，即行拨交带呈。或塔城各铺有可汇兑之处，由省划还，尤为简捷。至俊卿、如山所禀情形亦大同小异，张广才岭一带工程尤大，需费更繁，已分饬粮饷处支应局另行拨款矣。弟自初二日旋省后，会商奏稿，清理文书，半月以来倍形历碌，知关注念，谨以附陈。手复，敬请勋安，祇贺年禧。

复潘振声[1]书 新正六日

腊月初七日接诵手书，藉稔台从于冬月廿六日由塔启程，前赴三岔口察访民情。想招携怀远，舆诵翕然，

① 潘振声：潘民表（？—1902），字振声，江苏阳湖人。同治年间举人，光绪初年尚未入仕，即办理义赈，救济丁戊奇荒中的灾民，或由此结识吴大澂，随至东北任三岔口招垦局主办委员等，后在山东、陕西等地为官，不忘救济各种灾民。光绪三十一年，办理官窑事务，因有下属贪墨之事，自愤用人不当，服毒自尽。

俄界流民亦必响风慕义，有奔走偕来之乐。秋亭在双城子招民百余户，业将花名清册移送尊处。闻该处旧有城基，鄙意宜先就城垣附近地方安设村屯，使烟户有所归束，将来可成集镇，即设官建署，可与居民联络，不致零星四处，散漫无稽。然民情往往不愿聚处，各就其所耕之地盖立窝棚，左右邻居相隔在十里八里之外。遇有盗贼劫掠等案，彼此不能相顾，殊非古人守望相助之义，是在执事曲为开导耳。前见柳树河民人孙云文，属其广为劝谕，其人似尚明白正派，可供驱策。勇目朱德馨久在三岔口，熟悉情形，弟亦令其领地垦荒，无须召集炮手，盖练勇不能不敛费，或非众情所愿也。界外远来之民，如有穷苦不能自给者，每户可给盖房银八两。此款作为弟等捐项，随意酌给，日久户繁即行停止。若开支公款，部中不能报销，且一律普给，所费太巨，只能以私捐津贴，或有或无，不致贻人口实，乞执事斟酌行之。前交云文等带去白面，即为阁下备办，恐该处居民存粮无几，即照时价购买，亦非易易，由塔城陆续转运，亦为恤民起见也。弟拟于开印后，由省赴塔，二月初间当至三岔口一行。地势民情，非亲历不知其底蕴。一切布置，统俟面商办理。手此布复，敬颂春祺，藉璧芳版不具。

复刘芗林观察书 二月初十日

正月初八日奉到去腊廿五日手书，详示种种，并蒙寄到克鹿卜炮位价目一本，至为心感。因马克、看罗美搭[①]闻所未闻，非细心考核不能知其大略，是以迟迟未复。孝侯来信钞寄尊札，同深铭佩。孝侯之意，四磅行炮[②]，力较大而更准，车套虽长，吉省道路尚可拉运，仍照原议订购四磅行炮为宜。如三四月间斯米德[③]到津，费神代立合同，订明四磅炮车十六尊，其订价在津在沪均可付给。炸弹、子母弹、群子炸弹，拟每炮每种各带百颗，未知尊意以为然否？来书拟属斯米德携带图样、价本来吉面议。此次订炮无须周折，将来各炮台应用守台炮位大小、远近、尺寸，弟亦漫无把握。如斯米德来吉，与之详细较量，亦可增长见识，为秋冬续订守台大炮地步，望与商议及之。何时可来，望先期示及为感。再宁局所制两磅后膛钢炮，敝处尚拟添购十六尊，以便分拨各营操演之用，可否请函致宁局代为一订？如须备文，随后再咨。至祷至祷。手复。

① 马克、看罗美搭：马克即德国货币，看罗美搭即公里（kilometer）。
② 四磅行炮：能发射四磅炮弹的行营炮。
③ 斯米德：德国军火商人，当时北洋军械多由李凤苞通过斯米德购买。

复郭梯阶书 二月二十二日

梯阶大兄大人阁下：昨接初十日惠缄，藉悉种种。营官库安邦、帮带富勒浑既蒙依都护复还翎顶，应令遇事勤慎，益加奋勉，按期操演，毋得颟顸疏懒，是为至要。马队勇丁，亦宜仿照步队一律打靶，俟立地枪靶准头打至八九成，略有把握，再用马上工夫。从前一马三枪之法，又须变换。鄙意以为，跑马打靶不如立马打靶之尤见工夫，盖跑马之时马迟则中，马快则不中，若缓步徐行而中三枪，甚属可笑，故跑马之中与不中，甚不足凭也。五人班、嘎雅河、德同三处既有驻队，似和尚窝棚无须派兵驻扎，土木之功只宜从简，不必铺张糜费。前在省中晤赵松岩大令，与之商酌，白草沟之会今春宜即撤去。五人班、荒片一带民户均出白草沟会费，民力不支，啧有烦言。朝廷岁拨巨款添练防军，值此边境无事之时，岂零星小匪尚不能为地方清理，仍须百姓出钱立会，吾辈素餐，未免滋愧。若谓兵勇不能搜山，不能徒步越岭，非本地熟悉情形之人不能购觅眼线，此鄙人所不信也。会中即有好手能拿胡匪，何不可访求数人，令其补入马队乎？望麾下拣派勤能精细之督队官一员，带勇十名，或在荒片驻扎，或即住白草沟，以扼东山胡匪出没之要路，务须严谕不得丝毫骚扰百姓。令其不时携带干粮，酌带三四人，改变跑腿民人，至东大山青林子内与参营各窝棚联络浃洽，如有胡匪在山，密属参营送信。切不可误听谣言，贪功妄拿，又不可以参营为通匪之人，逼勒导路，此二层最为紧要。山中人不怕胡匪而怕官兵，皆因官兵不能获匪，辄以民户为藏匪，焚其窝棚，兵去而匪来，更以民户为官兵眼线，又焚其窝棚，故官兵一到，两面受累，各处参营情愿供给胡匪而不愿官兵深入大山，皆为此也。派去之人先要明白此等情形，细心察访，知鄙人之用意。为保护参营起见，只要与荒片、五人班一带民人渐渐熟悉，相安无事，与各处参营时常来往，稍有动静，蜜[①]拿一二人，该匪必不敢出山劫掠矣。如果该弁小心谨慎，不负差委，夏秋之间，地方安谧，匪党敛迹，弟当随时给赏。倘办理不善，转致扰民，道路怨言，敝处必有所闻，亦必从严惩办，不稍宽恕也。此事并望函致赵松岩，互相关会为要。手复，敬颂台祺。

致宝竹坡侍郎[②]书 二月廿四日

竹坡仁兄同年大人阁下：客岁秋冬，驰驱鞅掌，迄未少闲，腊月旋省后，清理积牍，头绪纷如，于酬应文

① 蜜：当作“密”。

② 宝竹坡侍郎：宝廷（1840—1890），字少溪，号竹坡，宗室。同治戊辰科进士，吴大澂同年，历任翰林院编修、国子监司业、内阁学士、礼部侍郎等。因充乡试考官时纳船娘为妾，自劾去官。

字辄多疏阔。同年道义之交，又不欲以泛常笺启上渎典签，前属舍弟代达下忱，当蒙亮察。每于邸报中得读大疏，仰佩公忠，喜朝廷有骨鲠之臣，中外切斗山之望，能文如永叔，故举笔皆规，纳谏如魏公，以至诚说理。主圣臣直，千载一时，夫岂偶然哉！大澂以书生习戎马，本非所长，然受恩至深，责成至重，不敢不殚竭血诚，力除积习。日与将士蒐讨军实，悉心考究，觉今日讲武之难，更非昔年可比。目前虽无战争，实不可一日忘战。数月以来，躬自教督，幸尚不致松动，而操演枪炮，子无虚发，非三五年不能呈效。若徒务外观，不求实用，即养兵十年，缓急仍不足恃，此大澂所以日夕惴惴而不敢少图暇逸也。宁古塔东南边地不乏膏腴，俄人觊觎已久，不亟为从远实虚之策，势必潜图侵占，日久难以理论。去腊派员赴登、莱、青各属，招募朴实务农之乡民数百人，春暮当可抵吉。大澂拟于月初前赴三岔口，亲自履勘，安设村屯。该处距城较远，中有三四百里绝无人烟，往来无栖息之所，须节节分屯招垦，以通脉络，非竭力经营一二年，不能有起色也。俄界华民多愿迁居界内，领地开垦，有来求见之人，辄以温语抚慰之，民情颇形踊跃。彼以势迫，我以诚求。鄙意联众志以固边圉，亦中国自强之一道，尊意以为然否？手肃寸笺，略布近状，敬请荩安。不尽欲陈。

复丁友云书 二月廿五日

去秋九月廿一日，在宁古塔城接诵八月朔日惠缄，知从者荣旋珂里，恐复书无从寄达，是以久未裁答。正月廿四日又接十一月初八日上海来函，承示孟噶南士样石[①]二包，图说一本，当交制造局宋渤生兄，属其留意觅访。惟吉林铁矿甫经派员履勘，尚未开挖，煤窑虽有数处，均系招商承领，此等石质恐一时难以辨别，非精细明练之员随时察访，不能探骊得珠也。此间应用后门枪炮，须于防饷内陆续匀款，分年购办。奏设机器制造局，专为自制枪子炮弹，源源济用，不致缺乏。至枪炮利器，如德国之克鹿卜厂，美国之哈乞开思兵枪，十三响呍啫士得马枪，皆殚精竭虑，历经试验而成。此精利之器，无论中国士大夫之精神才力不能出其右，即他国各厂争奇斗胜式样翻新，数十年后亦不能出此范围。鄙人于西学未经深考，而各国所制之器细心比校，择其至精者而专一守之，不复好异思迁，亦不欲自作聪明，舍人之长而护己之短。故弟之愚见，得力之枪炮决计购自外洋，中国仿造未必遽有成效，而子弹尚可自制，究竟易于学步耳。前请部拨经费每年十万两，为机厂、炮台之用，

① 孟噶南士样石：当为某种矿石样品，疑为磁铁矿石（Magnetite）。

原拟规模甚小，本无大志，亦不敢稍事铺张，致糜费多而实济少。此鄙人斤斤自守之意，非安于小就而不图扩充开展之计也。福建船政局用款最繁，造就人才亦复不少，金陵、津、沪各局，南北洋主持其事，抽拨经费一层万做不到，无论他局不能相顾，即合肥师相于边事至为关切，视同一家，而欲挹彼注兹，亦未必慨然应允，徒费笔墨而已。机厂所需木植，已于去冬入山采运，三四月间土脉全融，即可兴工，年内能否落成，尚无把握。订购造子机器及各种料物，均由津局王筱云观察代为经理，颇资指臂之助。现拟在省城创设一馆，遴选八旗子弟令习算学测量及各国文字，惟盼执事早来商办一切，无任企祷。手复。

复潘振声信　二月廿六日

正月廿四日接诵初六日来缄，详悉种种，适于廿六日匆匆出省，未即泐复。二月初五日抵塔，晤秋亭太守，询悉情形，不胜欣慰。万鹿沟建设绥芬县城，形势相宜，已由鼎帅主稿会奏，月内即可拜发。登、莱、青招募屯兵尚无消息，计三月内当可到塔，四五月间尚可赶种杂粮。高丽换牛今年开市较迟，牛只多有受病，能换若干，尚未接珲春都护来信，恐屯兵所用不敷，未能兼及民户矣。派兵修道一节，现因塔城赴省驲路[1]亟应修垫，早于去冬派定，兵力尚不敷用，势难兼顾他处。弟拟三月初十左右，由穆楞河一带察度地势，望后可抵三岔口。闻近来领地之民陆续前往，由省城东来者亦复不少，若俟丈量齐集始行给地，恐误耕种之期，不妨先行指地开垦，将来逐段补丈，续给执照，亦推广招徕之一道。尊处所需书识，省中无能吃辛苦之人，殊不易觅。敝处有生员黄翰森[2]，朴实耐劳，特令前来试用，如果相宜，由阁下禀请，作为清丈委员可也。带去马一匹，以供驱策，省中购马殊不易带。手复。

复晏海臣农部安澜书　二月廿七日

数年不通音问，极深系念。今日接去腊初九日手书，藉稔文旆到京，琴祺骈吉，至为欣慰。兄自到吉以来，瞬将两载，练兵粗有规模，尚须精心考校，招垦亦渐推广，势难克日呈功，幸各局办事人员尚多朴实耐劳，无向来军营习气。惟边地苦寒，人多裹足，防军既无保案，

① 驲路：即驿路。

② 黄翰森：生平不详，贡生，后为三岔口招垦局丈量委员。

地方又不准奏留，随营差委别无出路可图，殊不足以鼓励人才。吾弟供职农曹，不宜久假在外，积资积俸乃自然之坦途，京官艰苦固不易支，譬如寒士居乡，以训蒙为业，穷年矻矻，所入几何，又将何以自立？凡事退一步想，知足常乐。少年吃苦乃分内之事，惟有节衣缩食，卓然有以自守，庶不为境遇所困而其气自壮。即他日扬历中外永无不足之时，必先有范文正断齑画粥之志[1]，然后有天下为己任之怀。陈文恭公[2]常云："学问须看胜我者，境遇须看不如我者。"京师为人才荟萃之地，尤须广求明师益友，是为至要。令祖之所期望，至远且大，不在目前之丰啬也。手复。

复戴孝侯书 二月廿八日

昨晚接诵十四日手书，承示山中编号清查事宜，分投举办，凡入册者皆给腰牌，已领去千余面，不胜欣慰。此等事得人则理，殊未易言。珲、塔交界之东大山有参营百数十处，绵亘数百里，窝棚均极零星，难以稽考。

① 范文正：范仲淹（989—1052），字希文，河北真定人，宋代名臣，谥号文正。其年少读书时，有划冷粥四块，早晚各二，就腌菜而食之事。

② 陈文恭公：陈宏谋（1696—1771），字汝咨，广西桂林人。雍正元年癸卯恩科进士，曾历任各省布政使、巡抚、总督、各部尚书，官至东阁大学士，谥号文恭。

胡匪出没，皆参营为之接济，每年需索甚苦，不敢使官兵知之，恐官兵进山不能搜捕，兵去而匪来，其虐更甚。去秋访知山中匪类只有五六人，拟仿尊处办法编号分查，苦无经理之人。卫军哨官中绝少精细之干弁，尤恐办理不善，转致扰累良民，此亦意中之事。明后日至乜河，拟与鲍小圃商之也。塔、姓通路须安马拨，搭盖房屋，尊意拟于各营添置做工器具，经费内挪有余以补不足，亦慎重公款之意，如有不敷，当再酌贴。前致芗林书，托其订购克鹿卜厂内七个米生的美搭来福后膛陆路车炮[①]十六尊，炸弹、子母弹、群子炸弹每炮每种各带百颗，每弹重九磅有零，与来示正合，原价、尺寸、轻重，属局员合出抄呈台览。又查价目内有十五生的美搭来福后膛[②]城上并城内外炮台炮一种，弹重六十四磅三分，又有一种与前同名，弹重八十二磅八分，大约即来书所云二十四磅炮也。奏报入山搜匪一稿，在省匆匆未办，来塔后始行草就，咨请鼎帅会衔，尚未见覆。贵体宜节劳，寡思养气为贵。手复。

---

① “米”为“半”之误，“生的美搭”即centimeter（厘米）之音译，七个半生的美搭即75毫米，此处指克虏伯75毫米口径后膛行营炮。

② 十五生的美搭来福后膛：即150毫米口径线膛后膛炮。

复赵松岩书 三月十二日

初十日接展初四日惠缄，承示拨兵驻守宜在五人班地方，并近戛牙河之夏家店一带均属由塔赴珲大路扼要之区。该处本有卫军马队常川驻扎，近又严饬郭副将务须遴派勤明稳练之弁，不准妄拿滋扰。如与民情不甚融洽，尚祈阁下随时示及，多一耳目即多一约束之人，彼此无分珍域[①]，弟亦不许营哨各官袒护本营弁勇，但期于地方有益而已。百草沟、大小牡丹川等处民户仍愿捐赀办团，酌练勇丁数名，就近侦巡，亦甚妥协。汪清戛牙河一带民户，令将去岁办团之费交完即不再捐，该民人等必益感颂盛德也。弟近派巩军营务处鲍丞兰微[②]、贡生胡传[③]、都司胡世贵[④]携带素册，前赴东大山内，将各处参营大小窝棚编查一次，令其连环取保，每人各给腰牌一面。如有不安本分之人向各窝棚勒索盐粮，即令递相传报，由守卡官弁带勇进山，密拿严办，其情愿自新改邪归正者，随带出山，量为安插。鲍、胡诸君素知大体，能耐劳苦，当可细心稽察，不致多事也。

---

① 珍域：当作“畛域”。

② 鲍丞兰微：鲍兰微，安徽寿州人，生平不详，捐官入仕途。

③ 贡生胡传：胡传（1841—1895），字铁花，号钝夫，安徽绩溪人，胡适之父。早年在上海求学，入龙门书院，后经张佩纶等人推荐跟随吴大澂在东北、广东、海南等地任事，又奉旨前往台湾巡视营务，《马关条约》成，内渡，至厦门病殁。

④ 都司胡世贵：胡世贵，生平不详，但知其参与镇压太平天国，获得军功，后在湖南因冒领口粮事被革职。

复戴孝侯书 三月廿八日

二月廿八日泐复一缄，忽忽已匝月矣。顷胡守备来塔，带到三月十六日手书，乃前函尚未达览。此间与省中往来函牍四五日可到，由省递姓颇形纡折，马拨不可不设。前与俊卿言之，属其派员查看道路，由乜河至营门石归巩军拨勇，大约须六七处，每处拨马勇三名，营门石以东由绥军安拨六处，可达姓城矣。袁生绘图略阅一过，才大心细，令人赞叹不已，所注三岔口至塔各段可安台站、可立屯垦之地与鄙见悉合。去冬派吴副将永敖赴登、莱、青各属招募屯兵，至今尚无到厂消息，过此以往，蔬谷皆不及播种。今春由省东来之农户络绎于道，不下千余人，皆愿赴三岔口利其沃壤而不愿充当屯兵，恐受束缚，不能自择膏腴之地，亦人情之所同。鄙人所定屯兵章程，人给一牛，五人共给一车，授田各二十垧，永为己产，不收荒价，本年月给口粮银二两，明年为始，月给一两，农隙调操两月，略与卓见相同。所拟不为不宽，而民情疑虑，仍多裹足不前，仅得截留二三十人，已派员率领，前往钓鱼台之东，古榆树、胡密力岭等处，先设一二屯。又雇短工二十余人，派戈什中熟谙农事者送至细鳞河，开地数垧，酌盖窝棚两所，有屋有地，不患无人看守。若辈乐于受雇，而不乐于领地领口粮，所谓无根之草，不自为久长计也。日前天气甚寒，新草未长，马匹不能放青，因此迟迟尚未成行。兹定于初六日由塔启程，履勘设屯之地，直抵三岔口，往返约二十余日。将来穆楞河两岸垦地必多，钓鱼台可成市镇，刻下不令设屯者，先难后易，俾无趋避之心，若一律给牛给车，则人之图近便而中道仍不可通。三岔口争先领地，不招而自集，今年约可增一二千户，隙地必皆占满，所难者中间绝无烟户之三百余里。其实渐推渐广，有土必有人，特亟而求之，较为费力耳。来书谓山海关营口一带招人较易，每岁宁锦道上直民东民往来甚多，今冬续募屯兵，即不复远求。俟三岔口一路办有规模，明年推广行之，蜂蜜山僻道亦可渐通矣。炮台基址似须挖去数尺，下钉桩木，再筑素土台心，层筑层硪，较为坚实。前拟珲春试筑小炮台，由鄙人酌定图式、做法咨送依尧山都护处酌量兴筑，因尧山、梯阶均未考究，茫无主意，不能不示以大略。至尊处应建实心炮台作半边月式，本可因地制宜，但取各处做法详加考较，斟酌增益，出自大裁，亦不必尽拘成法也。灰木铁器料物自应陆续购备，已饬支应局拨银四千两，交胡守备运解回营。敝处有新修船只可用，到姓后即留营中，无须送还，七八月间由塔赴姓阅操，亦拟乘舟而下，由山路而归，上水牵舟，大不合算矣。帐棚先发一百五十架，余俟续制再行补足。铁靶已制就，由津局运至营口，不日可到。操枪专打下步之说，亦颇近理，惟演练愈难则工夫愈进，方靶较窄，高下左右均须用心，心光眼光间不容发，练至纯熟，则操纵由我，或高或下，皆无不可。兄试放数月，略通此中三昧，并晤得早晚阴晴目力均有不齐，如日光在左，则线路逼而向右，略偏左边，方合准头。此理甚确，屡试屡验，乞与诸将言之。至高下不能一律，皆心粗之故。然快枪可操券，而前门来福枪则微有参差，不能悉合也。姓城官兵公送陈营官赙金，其情可感，当于通函时谢之。塔城已设牛痘局，熟手只一人，尚难分拨。

前拟《珲春炮台图说》，附呈一阅。

上合肥相国书 四月朔日

敬再启者，两奉钧咨，颁示疏稿，情词迫切，妇孺同悲。际此中外多故之秋，北洋重任，畿辅要疆，非吾师威望镇慑，不足以上慰宸廑，想廷旨从权，亦出万不得已，内外臣工决无异议。惟大澂私心默祷，窃愿圣明俯顺孝思，不复以地方繁琐事宜上烦荩画，专任吾师以三口交涉事务，兼督淮部各路防军，犹是金革无避之义。揆诸忠臣孝子为国为亲之本意，亦觉理得心安。振帅[①]讲

① 振帅：张树声（1824—1884），字振轩，安徽合肥人。咸丰初年，随父在乡办理团练，抵抗太平军的进攻，李鸿章筹办淮军时，即统带一营任营官。此后以军功，历任直隶按察使、江苏巡抚、两广总督等。中法战争起，指挥淮军入越南作战，未几，病殁于广州，谥号靖达。

求吏治，事同一家，本可不分畛域，萧规曹代，近秉讦谟，亦可有裨时局。第粤海岩疆，与越南为唇齿，恐非泽帅[①]所能胜任，此朝廷慎简之怀，不能无顾此失彼之虑也。大澂拟于初六日由塔启程，前赴三岔口一带，经理屯垦，抚辑边氓。数百里荒山僻壤绝无人烟之地，亲率耕夫数十辈，肇牵车牛兼储粮草，竹头木屑均须躬自料量，俨然就汉二千石之职。营务、地方均尚静谧，堪以告慰垂廑。振帅何时抵津，瞻望帷帷，无任依恋之至。

复崔季芬军门[②]书

终岁驰驱，风尘鞅掌，往来书问，未获手裁，知老兄之垂念殷殷，亦犹弟之望风怀想也。吉省新练防军不及一万，巩、卫、绥、安马步十三营，系弟与鼎臣将军会奏请添，岁拨防饷银五十万两。靖边中、左、右三路，马步七营，系喜桂亭兄续请添练，多系本省八旗西丹。他军则旗汉各半，淮军旧勇约有十之二三。自桂亭调赴

① 泽帅：裕宽，字泽生，生卒年不详，满洲正白旗人。历任陕西按察使、河南布政使、广东巡抚、河南巡抚等职。此时为广东巡抚，与张树声一起布置防务。

② 崔季芬：崔廷桂（1833—？），字季芬，江苏铜山人。咸丰初年，投军参与镇压太平天国、捻军等役，后官至河北镇、南阳镇总兵，参与河工之事，因其贪污河工经费，于光绪二十五年被革职抄家。

库伦靖边，各营统归敝部，分扎宁古塔、珲春、三姓各处边要地方，练习洋操，规模粗具。惟绥、巩两军马步均尚整齐，营哨亦多得力，其余尚难一律。又以筑垒、修城、造桥、垫道、起建炮台各项土工，事事借资兵力，两三年内尚难告竣，畚锸兼施，不免有妨操演。鄙意枪炮利器以准头为重，线路不准则子多虚发，阵法变化徒取外观，实不足以制胜。现定三、六、九打靶，以一百六十步为率，来福枪不能过远，远则不准，若后门快枪，即二百步外，亦有准头。弟亲自练习，数月以来，深知此中甘苦，无论统领营官，均须以枪靶考校其功夫之深浅。至各国所制后门枪，总以美国为最精，马枪中之呍啫士得，步枪中之恰乞开思，实属精利无比。譬如洋表之有播威[1]，颠扑不破，即后来愈出愈新，亦不能出此范围。盖枪法只有三要：手法要快，力量要远，星斗要准，舍此三者，别无巧妙，故敝部购枪专以此二种为主。或云西人制作灵变，必更有出乎其上者，此鄙人所不信也。后门炮则以德国之克鹿卜炮为最精，弟处现在定购尚未运到，苦于经费不足，只能逐年腾款，陆续购备。若无精利之器，虽有良将，亦无所施其技能，此目前之军事，

① 播威：瑞士名表品牌（Bovet），清代中叶即传入中国。

实非从前剿办发捻之比矣。边地闲荒，大半膏腴，招民开垦，速效难求，幸委员中尚有一二循吏为民情所爱戴，远近闻风，络绎而至，户口或可渐增也。手泐寸笺，略布近状，尚望教其不逮而策励之。幸甚幸甚。

吴大澂家书

一

大兄[1]大人尊前：

弟妇[2]到京，接诵初五日手书，详悉一切。此次山东轮船虽在大沽阻浅两日，尚未遇风，一路均极平顺，由津到通，船尚宽大，弟妇、侄女辈并不觉苦。凤林[3]尤嬉笑如常，均堪告慰。弟于十九日赴通，守至廿一日午后始到，廿二日一同进城，寓中部署一切，颇形历碌。日内公车[4]陆续到京，酬应渐繁，又有会课、约课之期，亲友中应复各信，稍迟再写。《弟子箴言》二十部已收到。朗翁处当作书募之，芸皋借款系万分情面，润之弟贺分仅留十元，能否凑足大衍[5]。此间租屋后事事创始，共费百数十金，尚多不备，日用一切，均照柳门处所定，包饭每桌七百文，煤火每日九百文，饭米每人十二两，至为省俭，每月总须四十金外，目前仅余三百余金，且至秋间再行设法，殊不能预先打算也。韵初亦住寓中，鹤叔即在厢房内读书，所租菱舫之屋，恰好够住，其势不能再小。李胜暂令看门，拟为转荐出京之人，然烟霞气

① 大兄：吴大澂长兄吴大根。
② 弟妇：吴大澂妻陆氏。
③ 凤林：吴大澂之子吴本孝，字凤林，九岁时夭折。
④ 公车：进京应试的举人。
⑤ 大衍：大衍之数，指代五十，典出《易·系辞上》：“大衍之数五十。”

太重，作事荒唐，种种不得法，一时恐难脱手，或俟榜后有南旋之便，令其搭伴回去可耳。文卿与吾兄弟情同骨肉，无话不可说，并非幕中乏人。晓苍叔前往，不过以罪人待之，且学幕本不体面，亦无多出息，往来阅文又极辛苦，皆吾苏地人所不惯。想晓叔不久亦将东归。投营一举，弟前信已详复之。数者兼权，尚以验看到省为上策，究竟佐杂谋差较易，上游得有熟人照呼，亦不费力。一官鸡肋，且试尝之。此外则一无生色之处，便中可与熟计之。菱舫处祠匾已请他人另书，须求子贞先生[1]书联二副，便可托敉闲文转求，须代备对纸送去。缉庭信附上。托备礼物，如不及送，即为寄去。书局已奉饬知，敏翁处当作书谢之。迭接两信，尚未泐复。三弟前月有书来，云去冬在苏曾寄一函，此信并未收到。手复，敬请福安。弟大澂顿首。二月廿九日[2]。

① 子贞先生：何绍基（1799—1873），字子贞，号东洲，晚号蝯叟，湖南道州（今道县）人。道光十六年（1836）进士，官至四川学政。晚清著名书法家，兼善各体，尤以草书为最。

② 二月廿九日：同治十年（1871）二月廿九日。原信后有吴湖帆题记："同治十年辛未春二月廿九日。是年公三十七岁，散馆一等第三名，授职编修。上年庚午七月朔日，公继祖母周太夫人去世，由京归苏。十月北上，至保定，践李文忠直督之约，腊月入都销假。是函为祖母陆太夫人等到京后所发家书也。嗣考风林公生甫半岁。外祖韵初沈公同住京寓。柳门为汪太姑丈鸣銮。文卿为洪殿撰钧，戊辰状元，与公同科。子贞为道州何太史绍基。敉闲为潘玉泉方伯曾玮，静淑之叔祖也。敏翁为应敏斋方伯宝时。三弟则运斋叔祖也。"

二

大兄大人如晤：

崧孙弟回沙[①]，带奉一函。同时广盦兄有新河镇之便，又托带回衣箱等件，谅先后达览矣。居停本定月初赴泰，嗣因军政羁滞，不能前去，当俟来春再办矣。兹于初九日同居停来松[②]公干，尚有十余日耽搁，归期恐不能早，特托柳门带去衣箱一只、外洋四枚，并乞查收。所需挑费，并望算还柳门。余不多及，草此布远。即请日安。弟大澂顿首。腊月十二日[③]，松江西门外芦席湾舟次。

三

……不过三日可到，不由通海界，此路最捷。腊月望间，兄当由泰回沙，吾弟届时想必归省，定可图晤。五叔于前月望前到崇[④]，住在堡镇周公正，其时兄适卧病，不及作书奉达，吾弟如欲渡江，可到小竖河镇马万顺杂

① 沙：上海川沙镇。

② 松：上海松江。

③ 腊月十二日：咸丰十一年（1861）腊月十二日。

④ 崇：上海崇明。

货店托王一亭先生搭船到新港，最为妥当，一帆可渡，到港口唤车，至常乐镇三十里。或由常圈湾、青龙镇，俱可到镇，不过十余里，看何处有便船耳。前闻吾弟进城曾见曾俊三世叔，未识陆鲁岩先生亦曾见及否？此时又得几辈新交，每一念及，未尝不神往。左右俱坐疏懒之病，加以案头笔墨冗杂，座客常满，以致来两月之久，不通一字，吾弟谅不见责也。吾辈在外，当此时势，每到一处，得几个良友，最是要着，择交固要严，而泛爱亦不可少，即田夫车仆，亦当以礼相待，方得到处不吃亏，自己便宜。吾弟和平乐易，自能交人，人亦乐与吾弟交。惟不审近日起居何如，深以为念。兄此次渡江，别无他想，亦不过要认得几个人，打开一步，便展得一步。宁波于初八日失守，此间唇齿相依，断难支拄。将来场面总在江北，所谓不可久留豺虎乱，南方实有未招魂。想吾弟亦以为然也。手此布复，即候近佳。大澂顿首。

培卿家兄之局，此时尚难预定，俟到泰后看光景如何。如果定见年内必须前去，姨夫现在常乐，毫无所事，以后如有机会，只好尽力图之。若上海则并无可图之处矣。曾俊三处一信，如去吾弟处相近，可自带去，或有便人进城送去亦可。如迢隔甚远，不便往来，即付之浮沉，亦不要紧也。大澂又顿首。

四

柳门[1]贤妹丈如手：

初九别后登舟，至初十日申刻尚未达得胜卡。适轮船赶到，附尾而行，顷刻到松。昨今两日，泊西门外芦席湾，居停日与曾提台、李蔼堂商议密举，定于明早开至关王庙、泖塔一带，静候消息。昨接方伯来信，云徐老八得家信，知陷杭之贼欲大举扑犯松、沪，所事当于望前赶办，是以徐老八由内河赶回永昌。中丞并咨都将军、黄统领、冯督办侦探举动，会合夹攻，又派汤臬台至福山口设行营粮台，想此举已传遍沪城，势难中止矣。唯杭城陷已十余日，难保其不图回窜，宝山、松江均有官兵严防，或可堵截，而浦东南门户洞开，防不胜防，堵不胜堵，最为可虑。此间若一动手，恐上海及浦东必有紧信。兄随居停到此，日内断难脱身。吾弟欲回江北，务于望间搭定船只，设有吃紧信息，不致临时局促。兄若年内回申，有船可趁，另图归计，不必相待。江姑夫系极胆小人，可劝其暂回江北，并将此信与看。订伴同归，亦不寂寞，到沙后但说兄与居停因公赴松，岁暮当归，不必细述，恐家人知兄在此，致劳远念耳。另有恳者，

① 柳门：汪鸣銮。

兄有竹箱一只在戴礼翁处，中有不值钱之书本及画具、破纸等件，望吾弟带回江北，下船时添一挑夫，到港后添雇一车，数百文之费，望代给之，归时面谢。种种奉渎，乞亮不情。戴礼翁处有英洋四枚，望交家兄（挑载等费，即在内取用），聊助拮据，因手头不便，未能多寄。兄以孑然一身，进退自如，即有风鹤，亦不足危矣。手此，即问研祺。兄大澂顿首。十二日申刻，松江舟次。

五

大兄大人尊前：

初七日接八月廿四日手书，并赵朴斋信，其世兄到京，可为阅文。弟明年欲考差，自己亦欲重理旧业，都中并无从学之人，一二生徒尚易照料。惟寓中无留宿之地，或就近借寓庙宇，亦无不可。盖三弟到京，须留一榻待之耳。十三日又接廿九日来函，并香严汇到善举银，如数收讫。今年制办棉衣，都中未能踊跃，仅得千余金，正在设法广募，得此可助一臂，至为欣幸。顷作一函复之，乞即饬送。杏生前月有信来，云俟到苏后即以百金交五叔转寄，此款留在南中划算，各账不必汇来。朱寿人托办请旌事，已于礼部递呈，须实缺京官出名用印结一纸，共费银一两余，将来复查，只要县中略复数语，不必详细开列，其回信总未得写，随后再寄。县试案已见过，为之怅然。雀叔今年从望云看文，亦少进境。此事实不甚难，总系不能专心之故。十四、十八两次朝贺，弟俱进内行礼，并宿禁城，竟夕观灯，恭逢盛典，亦大喜事。明年正月亲政，已有诏旨矣。手此布复，敬请福安。弟大澂顿首。九月十九日。①

伯寅师寄敉闲文信，又绂老一函②，均即饬送。如有复信交到，望托阜康寄来，最速最妥。日内有彭寿臣回南之便，购得灰鼠披风统一件、狐皮马甲统一件，均呈母亲收用。又寄退楼文二册，香严托购旧墨一包，俱交寿臣矣。大约十月望前可到，晤香严时先告之。均初病究系若何，至为系念，便中乞详示为要。弟又顿首。

再天津棉衣捐归入咨案，月内计可到京。兄之实收已领到，将来由部核准再换部照，银数俱已细核无误，当不致有挑剔也。都中传言李相③密保四人，有弟在内，新放九江道之沈品莲（保靖），亦在四人中。弟有“才堪大用”等语，此系枢府中传出，或非无因。然弟自入词林，不欲遽做外官，明年尚拟得一试差，此味不可不尝，

① 吴湖帆附记：“同治十一年壬申九月十九日京中所发。香严为中江李眉生鸿裔。”

② 吴湖帆附记：“伯寅时为潘文勤公祖荫。绂老即文勤公之父绂庭先生曾绶，静淑之祖也。”

③ 李相：李鸿章。

若放一府道，为风尘俗吏，殊非所愿也。此事能不发动最妙，况外官实不易做，未敢自信也。此说幸勿告人为祷。弟又顿首[①]。

六

大兄大人如晤：

昨复一缄，并寄香严信，均由阜康转寄，计已达到。兹托寿臣兄带去灰鼠统一件、狐皮马甲统一件，请母亲收用。阿胶一包，系友人所送，未知好否。又墨一包，系香严托购者。书一册，拓本一册并信，均送退楼丈处。又潘处托寄书森信两件，玉泉丈信一件，硕卿信一件，均乞饬送。余容续布。手此，敬请福安。弟大澂顿首。九月廿一日镫下[②]。

① 吴湖帆附记："此附片一信，据《年谱》载为九月初七日。"
② 吴湖帆附记："壬申九月廿一日都中发。"

七

大兄大人尊前：

彭寿臣兄南旋，带去一函，并衣包一个。又交阜康转寄一信，计已达到。近日朝鲜使者入贺，其人颇好文墨，与之酬酢，诗酒之会，几无虚日，颇形碌碌。朴斋、受人信均尚未复，先为致意。兹乘咏仙叔南旋之便，寄去各种，另单开明，乞分别呈送可耳。九月十三日手书已接到，八月十七日交殷小谱一函，昨亦送来。篋篓尚未检出，明后日往取。均初病情久而益惫，殊以为念。今冬喜事，想不能遽办，只好从缓耳。笙鱼所得小匜已见拓本（书森寄潘司农看），的系赝品（一小镫亦不真），无须问价。南中古器更少佳者，价亦更贵。如有拓本寄来一阅，即向来至名之器，其值不可问，司农先生亦不能出此重价。都中有出售者，其价较廉也。请封一节，诰轴今冬尚不能领，须俟南中织就解来，明年岁底方能领出，可请五叔先换五品顶戴矣。时卿喜事，祈为酌送，如杏生款到，留下对账可也。手复，敬请福安。弟大澂顿首。十月初七日。[①]

① 吴湖帆附记："壬申十月初七日都中发。朝鲜使臣朴瓛卿（瑾寿）官礼曹判书，即礼部尚书也。著有《说文翼徵》。笙鱼为李嘉福。司农即潘文勤公，时官户部侍郎。五叔为景和曾叔祖（立芳），公之胞叔也。杏生为盛宣怀。"

八

大兄大人如晤：

月朔交阜康寄去一椷，计已达到。弟于初二日赴庞各庄，携带棉衣四千余件，偕缉庭诸君逐日分路散给衣票，幸天气晴暖，无风无雪，七八日即散毕。又于榆垡、赵郝两处设立粥厂，附近灾民均堪就食，延请司事在彼照料。弟等布置妥帖，即于初十日回京矣。均初寄到书箱二只、一小包，已转交伯寅师，尚有书价五十金，俟交到即行汇南，恐年内均初需用，先为设法一垫亦可，或广盦、柳门汇京之款扣留大衍，省一周折。春叔寄来湘平银（九七平）二十两，属为代汇吾兄，封就送去，并无信件。曾于八月内交杏生家人沈姓（春叔自交）带去二十金，久未送到，春叔属代询。如杏生到苏，可往一查。再需用紫毫，望属贝松泉精选紫颖二十枝，每枝三百五十文者，年内购定，明春交阜康寄下。璞臣同年谅已回苏，渠有家信一函，望即交还。柳门属询姨母请旌一事，礼部均归年终汇奏，虽已议准，尚未定稿，须腊月望后始能抄出复稿也。晤时乞先致意。岚坡、均初二信，即交去。琬卿弟书，有便寄达。余容续布，敬请福安。弟大澂顿首。冬月十九日。[①]

---

① 吴湖帆附记："壬申十一月十九日都中发。广盦为吴退楼先生子承潞，后官江苏按察使。璞臣为王进士炳燮。春叔为春亭曾叔祖（立镐）"。

九

大兄大人如晤：

月朔曾发一函，交阜康速寄，想初十左右必可达到。弟本与谢麐伯、费芸舫两前辈约定，初三日谢恩。旋于初二日接内阁知会，改迟一日、两日。各学使进见时，请问不过数语。昨日台见，忽及洋务，弟意中并未计及，所对未能畅达，幸尚称旨，堪以告慰。自念薄植，事事均不如人，同馆人才济济，学问淹通者亦尚不少。迺蒙帝心简在，谆谆垂问，此非寻常知遇之恩，五中衔感，且喜且惧。许仙屏前辈到任后，甘肃各属均已按临，两省遍历，三年无休暇之日。弟初次考差，遽得学政一席，敢惮劳苦，气体虽不十分结实，似尚耐苦，究与从军不同，一切起居服用，总可自适。惟学政所赖者幕友，所难者亦惟幕友，同乡在京下场者，皆愿赴豫，不愿赴陕，大约九月望前必得启行，无一可靠之朋友，即到任亦无事可做，现将紧要事拟出数条，望斟酌示复为要。手泐，敬请福安。弟大澂顿首。八月初五日。[1]

一、请潘子昭先生，子昭品学兼优，为常、昭两邑之望，

① 吴湖帆附记：“癸酉八月初五日都中发。谢麐伯维藩，巴陵人，壬戌进士。费芸舫延厘，吴江人，乙丑进士。许仙屏振祥，江西奉新人，癸亥进士。”

今年赴试，想可高捷。万一落孙山之外，在家亦以砚田为生活。弟与子昭气谊相投，或可惠然肯来。八月二十后想必回常熟，望得弟信，先行寄去，并为代写关书一封，聘金银十两，盘费银五十两，专人送去。其住址问书局张仁卿兄或袁锦孙皆知之。

一、请华星同。星同曾在子实处教读，品学兼优，并工篆隶，弟所钦佩，屡在学幕中。应备关书、聘金、盘费，与潘子昭同。

一、请徐篆香。弟意拟请小豁兄，专看《经解》。有人传言，小豁已归道山。弟却两年未通音问，篆香亦无信来，似乎此言未必确。如小豁尚在，拟请柳门为弟起一信稿，结实请小豁，不来再请。篆香关书、聘金、盘费均与潘、华二公同。

一、请砚田二叔，计弟到陕，终年在外，署中须有人招应。去冬砚田叔曾有信来（托弟谋一天津局务），因事烦未复，陕西虽远，至亲或可见允，将来银钱一切，非有结实可靠之人，不能代为照料，犹柳门之有我庾二叔也。

一、请琬卿弟。琬卿虽有信来，预约此席，或以弟得学差，未必再陕甘。现在适与柳门同一地位，琬卿尝此辛苦，未免踌躇顾虑，但弟处书启一席不可少。琬卿能当之，又系熟游之地，望与一商示复，肯去最妙。束脩必可从丰也。

向例学政幕友每年脩金秦关之数，若陕甘地远而事烦，脩少断不肯去，至少须二十金一月。计弟一任，廉俸及棚费所余，未必能多，然应用不能不用。譬得试差能剩三四千金，亦不为少也。

一、眷属不能不带，闻许仙屏前辈另租公馆，如可援以为例，不住衙署亦好。弟妇决计同去，都寓仍不退租，留与柳门、谊卿，所用家具大半柳门之物，今冬来京，有现成房屋，亦属省事，将来不彀住，或另招房，可徐徐图之。

一、《皇清经解》一书，必得带去。如砚田二叔肯来，即将此书装小木板箱两只（用洋货箱改做），易于携取。若装一箱，书本甚重，恐轮船上下，诸多不便耳。

一、《弟子箴言》须印二百部，用白纸为妙。从前所印竹纸不甚少，看如潘子昭、徐篆香诸君来陕，可以托带。

一、此次应备聘金、川资三分，又砚田二叔及琬卿盘费，约需三百金，连印书等费，均即需用，拟向香严挪银五百两，想无不可。一两日内即有信去，如香严送来，即将此款留之家中，以备零星用度。

一、晓沧叔[①]今年如不得意，拟即纳粟[②]出山，州县

① 晓沧叔：吴湖帆附记云“晓沧为曾叔祖（中彦），后官直隶广平知府”。

② 纳粟：捐纳资财。

所费太大，佐杂又不甘心，意欲指通判分发直隶。因此间熟人尚多，弟可照应，得差使尚易为力，他省绝无可靠，陕西又不愿去。捐费不敷，欲弟代筹毛诗一部[1]，此亦题中应有之义，俟揭晓再为酌办。

一、寓中旧仆连打杂人等，共有六人，许宏亦同去，连日有人荐来，已留定六七人。以后所荐，概为辞却。家中旧仆如华福、沈桂、李福等，未必能吃此辛苦，如不愿来亦好。将来有出息，必可略为分润。李福所欲太奢，倘欲来，早阻之为妙。弟到任后，署中家人不能不严加约束，不比在家时可以款待也。

初二日内阁知会，军机大臣面奉谕旨："除本日钱宝廉、张绪楷、章鋆、冯骥业已召见外，谢维藩、费延釐、顾零臣若于初三日递折，预备召见。吴大澂、吴华年着于初四日递摺，预备召见，钦此。"初四丑初，至东华门，与吴峻峰同年同至朝房少坐，奏事处官将折子收去。卯正苏拉关照，本日召见六起，第五起吴华年，第六起吴大澂。随即有太监导进乾清门，在乾清宫东首小屋内少坐，惇王、魁华峰师、杨总兵（长春）、梁同年（僧宝）均至，依次上见。辰正，太监引至乾清宫东屋内，掀帘而入，太监引至毡垫下跪，去帽叩头，言臣吴大澂叩谢皇上天恩。上问汝何处人，对言江苏人。又问何科进士，

---

① 毛诗一部：指代三百之数。《诗经》三百零五篇，古人称为诗三百。

对言戊辰科进士。又问年几何，对言三十九岁。又问放过差否，对言第一次考差。上又问，汝为洋人事递折，汝再言之。对言，臣当时因虑洋人见面后常常要见，因此递一对奏，臣在外省作幕友多年，每见公事有涉洋务者，深知洋人性情狡猾，用意不可测。此次见面，幸皇上天福，彼有畏心，以后或不致屡屡请见也。上问何时赴任，对言向来陕甘学政约在九月中旬，臣今年拟早数日，现在甘肃军务已平，可考地方甚大。今冬到任，拟先赶考一棚。上云八月内可去，对言臣须斟酌，请几个朋友。上问何友，对言看文章朋友最要紧，臣今尚未请定，俟请到即行前往。言毕而出。初四日召见温语录出附呈，退楼丈、香严诸君可与阅之，他处不必提及。弟所致潘、华各函及关书式样，俱请潜泉一阅。盘费每人五十金，能否彀用，或须酌加之处，均与潜泉商之。弟尚有诸事欲详细函询潜泉，连日碌碌不得暇，亦缓一两日再寄，并先致意。刘年伯分房后，永诗回避，又有伯寅师之姨甥王芾卿兄，文字实可操券，亦在回避之列，均极可惜。弟欲请永诗同去，尚未能定，亦以道远之故。芾卿肯去则更妙，托晓沧叔致意，想未必允也。弟大澂又顿首。八月初六日。[①]

① 吴湖帆附记："癸酉八月初六日。潜泉为汪柳门别号。刘年伯为叔涛太史（廷枚），子永诗孝廉（传祁）。太史亦戊辰同科进士，因其子雅宾太史（传福）为甲子举人同年，故称年伯。王芾卿部郎（颂蔚），丙子进士，皆吴人。"

十

大兄大人如晤：

初一日一函计早达到。前日详布一切，并致潘、华、徐及砚田二叔、琬卿弟各函，想亦览及矣。此间订友，惟王芾卿学问最优，文字杂作，无一不擅场。始因道远，似有难色。现因回避伯寅师，颇作壮游之想。或可同去，当与徐商之。潘、华诸君，聘金、盘费经饬妥人送去，索取回信，兄能拨冗一往，藉作虞山之游，尤可与诸君面恳一切。弟之要事，以幕友为第一着，幕中得人，自己省费许多心力，否则往来数千里，以文字耗此精神，亦恐支持不下。至道途之跋涉，弟不畏难，愈劳则愈健也。顷者致香严一函，望即饬送，如香严已赴白门，或与退楼丈商之，当可暂挪一用。柳门处前款六十金，尚短三十，即于此款内提出交去。外致退楼丈二函、敉闲丈二函、敏翁二函、潜泉一函，均即饬送。砚田二叔如肯北来，乞先示及。《皇清经解》即托带京，须赶重阳前到此为妙。恐望前须启程，今年尚拟赶考两棚耳。梅先托呈明一节，本不合例。兹托友人设法，需费二十金，只得代为垫去，户部已咨吏部存案，至为妥当，咨稿望转交之。手此，敬请福安，余容续布。弟大澂顿首。八月初九日[①]。

① 八月初九日：吴湖帆附记为癸酉（1873）八月初九日。

十一

大兄大人尊前：

望前送发三函，望后叫曾君麟、胡友笙带去二函。昨发弟六号信，交阜康转寄，计可先后达到，未识香严在苏否？潘、华、徐诸君谅须二十后回家，计廿四五必有复书，此间专盼重阳前信到，各友可以定局。砚田二叔、琬卿弟如皆愿来则甚妙，可资一臂之助。《皇清经解》如何寄来，乞与潜泉商之。弟拟送向妹奁助五十金，潜泉喜分三十金，全妹喜分二十金。如香严款内有余，可即取用，否则俟后续寄，乞暂挪垫可耳。兹有复广盦一信，复潜泉一信，均祈饬送，余详前信，不赘。手泐，敬请福安。弟大澂顿首。廿四日巳刻[①]。

母亲大人膝前敂请金安。

兄之实收拟加捐免保举一层，即可换领部照，所费不过数十金，办妥即交晓沧叔转寄，否则仅一实收，终未了当也。

---

① 吴湖帆附记：“癸酉八月廿四日。向妹为守约叔祖女，汪柳门继配也。”

十 二

大兄大人如晤：

前月共发八函，计已次第达览。此间大约十一日揭晓，弟准于十三日束装就道，南中所订友人尚无信到，殊切盼望。连日困于酒食，碌碌奔驰，未得少息，幸精神尚能耐劳，堪以告慰。兹托钱朗山兄带去寿屏十二幅，其文系陈培之所集《千文》，真是一缕心血结撰而成，殊非易易也。余容续布，不尽，敬请福安。弟大澂顿首。九月初二日，第九号。[1]

十 三

大兄大人尊前：

三月中旬交日升昌寄去一缄，未知何时达到。前日接奉手书，知汴梁寄函已邀鉴及，所示修谱一节，极应早办，酌订数人，分任其事，藉资津贴，一举而两善。将来付梓后，校对错字，最为紧要，可属俊卿、润之互

① 吴湖帆附记："癸酉九月初二日。以上数函，皆都中发。十三日即请训出京，莅陕甘学政任。是岁十月廿二日，为曾祖母韩太夫人六旬正寿。"

相参酌，须校两三遍，舛误或可略少也。经费先捐二百金，拟于月内交日升昌汇去。三弟想已赴白门，家中经理事繁，务请爱惜精神，勿稍勉强。吾辈中年以后，精力总形不足，节省用之，不令过劳，斯不致受病，寒暖饮食，均须调护，而用心尤易耗损也。弟到任后，时赴沁工查阅工程，署中公牍甚简，故账房、硃墨等事，皆一身兼之。所请友人不少，实无所事，正库储汪石香、副库储汪葆田（向例两席，不能裁减），刑钱屠时斋（历任不问地方公事，不请刑钱。弟因词讼案件亦须斟酌，添此一席），书启康达夫，又请赵印潭、陈子振二人（皆去年同至山西办赈之人，朴实耐劳，现有沁工事宜，派令在工照料一切，工竣后即无事矣）。内委四人，向不送脩，三节各属有规礼。同知华帽山（由京官改捐，在京订定，尚未到署）办理书启，通判孙博菴帮办誊清（前任所荐），从九何金声（在京约定，系何铁生胞弟）、姜遇寅（省中同寅公荐，留此一人），两人中拟请一人教读。向例内委有多至五六人者，弟只用四人，然署中房屋已有人满之患矣。每月提用公费千金，署内约须用七八百金，四厅节寿照常致送，三府各县均未开征，不能不量加体恤。弟不欲居裁减之名，而于公事有碍之陋规，亦须核汰，于心稍安。约计都中用款及去年积欠，五六月间均可清理。以后节省用度，略有赢余，拟置义田五百亩，为建庄之本，大约秋冬之间此愿可偿。再筹三四竿，置一庄房，小小规模，立定基址，俟光景稍裕，再为扩充。吾兄预留意，次第布置，以承先志。其款当于七八月间陆续汇寄，趁健帅任内代为奏定，可省一切零费。此亦吾兄弟平日心愿，急欲办理之第一事也。河北各属，前月均得透雨，麦秋可望丰收，天心或可稍转。各县差徭以武陟为最苦，每亩派至三百余文，书差中饱，积弊甚深，荒旱之年，停征而不免差，贫民何以堪此。弟于前月议定章程，改归绅办，每亩派钱五十文，减去十分之八，已属有余，酌提一款津贴书差，书差各无异言。中丞初以积重难返为虑，数日之间，不动声色而行之，数十年锢弊一旦祛除，人心大快，此事甚为熨贴，不为州县挟制，将来遇有便民之政，不怕办不动也（近处易于照料，稍远即多隔膜，仅凭公牍往来，便成纸上空谈矣）。弟于地方公事仍与各州县婉商，令其自行裁改，绝不占他面子。惟事在必行，不任从中阻挠，不准以空文了事，办得一件是一件，苦于民间疾苦不能尽知耳（延津、封丘两县百姓甚苦，支差甚重，如须改章，非熟思审处不能妥善也。如藩臬两司皆以恤民为重，即不难和衷办理）。河北四厅所管工段，例应查勘一次，初六由署启程，初七往荆隆工（即卫粮厅署），初八阅卫粮各段，迤东至祥河厅，午后由祥河至下北厅，一路查勘河势情形。惟下北尚有要工，即属认真厢埽，此外各堤与河身相去六七里，均不吃紧。向来伏秋大汛，本道住工一月有余，河帅亦须临工，略住数日。近年因无险要，前任不过到工一次，三五日即归。弟意今年伏汛，拟在工次住十余日，照料防险事宜，较为近便（公馆在祥河厅，与下北厅相去只数里）。公馆高爽，夏月甚凉，一年之中，只有伏汛、秋汛两次公事稍紧，霜降以后，奏报安澜，一无所事矣。历任往来，与从甚繁，用车至一二十辆。弟此次到工，只幕友一人、随员一人、跟仆两人，用车四辆，向无如此轻简者。其实体恤属员，即体恤百姓，供应出自四厅，车马出自民间，何必以此为体面耶。手复，敬请福安。弟大澂顿首。闰三月初九日荆隆工次泐[①]，计十一日可回署矣。

十四

大兄大人尊前：

六月十七日在华阴庙泐寄一函，未知何时达到。弟随帅节阻雨华麓，十日中惟以看山、拓碑为事。廿七日始抵西安，所住行辕极为宽展，有园林花木之胜。弟据一椽，系北窗静室，帘外树阴瓜架，碧云如幂，正拟添

① 吴湖帆附记："光绪五年赴河南河北道任，时闰三月初九荆隆工次发。俊卿（大彬）、润之（大渥）皆公堂弟，皆邑附生。健帅为吴子健中丞（元炳），官江苏巡抚，河南固始人，道光甲辰进士。"

种秋色，略为点缀，助我清兴，孰意此福不可久享耶！初三日接曾相来函，知津事棘手，法使欲以府县抵罪，万难允从。节相正深焦灼，适于次日接奉寄谕，命带各军驰赴直境，在近畿驻扎，以备不虞。此事关系重大，又万分紧急，势不能迟。今日即已复禀，定于初七日启节，至潼关渡河，由晋达燕，所带郭子美、周薪如两军，分作二起，次第前进，后路各局所，均须变章。北山土匪溃勇，经薪如屡剿，方可扫除净尽。此次撤军东去，一切松动，秦民不免失望，即左帅金积堡之役，亦恐因此弛缓，贼势又张。然移缓就急，亦不然大约月内可以抵直，如津事无甚要紧，或在保定接替曾侯一席，亦未可知。弟到直后，拟先到京一转，将来就近在帅府处馆，不拘何月，均可入都，甚为便捷。所望法使不致决裂，敷衍了局，或可以玉帛易兵戎。如实在无可转圜，节相亦预备对仗，已禀请刘省三为帮办矣。雨生中丞赴津，何人权篆，沪上民情尚不摇动否？此后寄信，只须由都转寄，无须远递也。手泐，敬请福安。弟大澂顿首。七月初五日灯下①。

① 七月初五日灯下：据内容所记，此信当是同治九年（1870）七月初五日自陕西寄出，吴大澂日记有“写信一封”的记录。

十 五

大兄大人如晤：

前月寄书，计已达览。兹托日升昌汇去苏漕平银一千两，系还香严处借款，望即察收转交。又有四百两一款，适有寄津之便，另托阜康汇交念劬，可省汇费也。都中借款均已清理，尚有各科团拜费及喜助善举，未尽缴清耳。中秋节后，约可凑寄四竿，为庄田之用。手泐，即请福安。弟恒轩顿首。五月初七日。

又汇去苏漕平银八十两，系下人分账提出，内给蓝宝二十两，余两即请酌量分给可也。弟又启。

弟拟于六月初赴工，须住二十余日，过伏汛后再行回署。此间近亦盼雨，连日天气甚躁，或可大沛甘霖矣。

十 六

大兄大人尊前：

初八日在荆隆工泐复一械。次日接奉五月二十、廿一日手书二函，庄规及呈稿细读数过，均极妥协，当由驿递寄上。兹托日升昌汇去库平足纹二千两，乞先收入，余俟中秋前再寄。弟昨日午刻回署，今晚又须出城三十里接河帅，殊形忙碌也。手泐，即请台安。弟大澂顿首。六月十一日辰刻[①]。

十七

大兄大人如手：

初七日泐布一函，由驿递去，计已早达览。初十日由工回署，连接五月二十、廿一日两次手书，当即托日升昌汇去两竿，未知七月初能否寄到。廿三日续接初六日手书，藉悉种种。河帅于十二日到武，十三日盘库，往来迎送，劳劳数日。望后料理积牍及词讼案件，刻不得闲。廿一日仍由武陟启程，查看各工。廿三日行抵祥河工次，闻南岸黑堈抛去埽段塌堤六十余丈，情形至为吃重，河帅焦急万分，来调北岸弁兵一百名，前往帮同工作。中丞、方伯均赴工所，派员帮办，省城粮价顿长。距此一河之隔，往返不过百二十里，因于廿五日渡河谒见河帅，察看彼处河溜稍松，是晚仍赶回祥河。此间各工均尚平稳，惟下北厅属之祥符下汛有新厢埽工十余段，被溜撞击，同时蛰下数尺，连日加厢，均已稳固，幸秸

① 吴湖帆附记："光绪五年河北道任所，接闰三月荆隆工次一函。"

料杂料早已宽为预备，未雨绸缪，不致措手不及。今早溜势外移，各埽一律厢高，可无他虑。正交秋汛，河水长落无常，不能不驻工防守，拟至七月初十边再行回署。义庄规条及呈稿详细阅过，即可赶办。昨接晓沧叔来信，言及义庄供奉慎菴公，后殿应祀企泉公以下，为继曾祖小宗，另建宗祠奉祀始祖彦行公。凡始祖以下，忠义孝悌名宦及有功德于族中者祔祀于左旁，贞孝节烈祔祀于右旁。彦行公下大宗已绝，春秋祭祀，由族长主祭，以义庄与宗祠分而为二。所议似尚妥协，不无可采，乞参酌用之。古市巷基地索价若干，如尚宽展，不妨购定，多筹一二千金，尚不十分竭蹶。中秋节前，当属日升昌汇寄五竿，年内总可凑足一草，购定地址，将来逐渐兴工，较为容易。润之弟妇能否无恙，念念。兹有陆振之家信一函，属汇五十金，其款当交日升昌寄去，如能先为垫付尤妙。手泐布复，敬请福安。弟大澂顿首。六月廿九日[①]祥河工次泐。

复退楼丈信乞即饬送。

---

① 六月廿九日：时在光绪五年（1879）。吴湖帆附记："己卯六月廿九日。河帅是时李鹤年为河督。李字子和，奉天义州人。咸丰壬子进士。河南巡抚涂家瀛，字朗轩，安徽六安人，举人。"

十八

大兄大人如手：

前月望前托日升昌汇去二竿，未知七月初能否寄到，又由驿递附去一缄，并庄规呈稿等件，想已达览。弟仍驻祥河工次。初八渡河，赴黑堌谒见河帅，并至省城一宿。中丞精神虽好，似较春间略瘦，七十老人，用心过度。此间公事处处不能放松，肩其任者，甚为吃力也。昨与日升昌郝跻五言明，八月节前汇银三竿，托其先将家信寄南。据云中秋可到，其信由汉口转寄，未免周折，恐不能迅速耳。五月内所寄一竿，及阜康转汇四百，至今未接收条，想均未能速达，因嘱先期寄信，由此间连续付去，不致迟误。弟拟于十三日由工回署。北岸河流平顺，堪以告慰。手泐，敬请福安。弟大澂顿首。七月初十日祥河工次泐。

十九

大兄大人如晤：

七月十五日回署后，词讼日繁，每日收呈数十起，手不停批，目不暇给。又为疟疾缠绕，精神不无稍损，是以久未寄书。接七月初九日手书，知建庄一节已请中丞入告。弟于中秋贺禀内，手缮夹单，先为道谢矣。前月托日庄[①]汇去三数，未知节前能到否。九月初进省，即将前款清结，再托先汇三数，均十月望前可到，年内还去一总数，以后便可稍松，不致久累。省中来信，因德晓峰[②]升授浙藩，需人署理，中丞有虚左之意。惟豫东屏由山左进京，来回不过两月，即可履新，权篆之日无几，徒劳跋涉，殊非所愿。如果到省后不即交卸，拟即迎养母亲大人于十月内来汴，由济宁到省，陆路不过五日，并请兄嫂同来，路不甚远，途中不致辛苦，或由运斋在家照料一切，吾兄暂作大梁之游。或运斋伴送母亲到署，在此过年，由豫入都，亦极便也。郎亭得洗马后，再转侍读，又得试学、联差，可谓天从人愿，姨丈病体必可就痊。惟都寓无人照料，接眷回南，亦非易易。运斋何时赴鄂，想必顺道至豫章一转，望致书属其早日回苏，以弟迎养之意告之。余容续布，手泐，敬请台安。弟大澂顿首。八月廿七日。

① 日庄：日升昌票号之省称，后文又称之为“日号”。

② 德晓峰：德馨字晓峰，富察氏，满洲镶红旗人。生员出身，官至江西巡抚。

二十

大兄大人尊前：

顷布一缄，交德晓峰方伯带去，未知何时达览。兹寄上苏漕平足纹银三千两，又下人分账一百六十两（内给蓝宝三十两），望即察收。以后须年底再寄都中用款，约须三数年内，未能宽裕也。手泐，敬请台安。弟大澂顿首。九月十七日汴省寓次泐。

日庄汇款须由汉口转苏，非一月不能到也。

二一

前月托德晓翁带去山药、熟地一包，未知何时可到。陶俶南事已面托之，必为留意。以后通信时，再为一提可也。晓翁于九月廿六日动身，至镇江后须赴皖省一行，如至苏城，或有一二日勾留，吾兄可往一拜。同寅中与弟最为要好，人亦明练稳当，不久亦即开府矣。

二二

大兄大人尊前：

前月初托日号寄去两竿，又振之寄还五十金，计冬月中旬必可达到。廿五日接初四日手书，廿七日又接十四日一函，均悉壹是。母亲大人因天寒怕风，年内未能来豫，明春二三月间，风和日暖，届时丰仓，无甚要事，兄亦可作大梁之游。此间上下和洽，民情甚好。署中房屋亦尚宽展，大嫂与桂林侄均可同来，如在济宁起岸，到汴有五日之程，或换小船至周家口，不过三日可达，弟当在省城迎候。近又添置一轿，当饬本署轿班先期迎接，乞于二月初寄示一音，可为预备也。弟在山西赈案内陆续捐过七百余金，由天津赈局详请核奖花翎，蒙伯相咨达中丞，于八月内奉到饬知霜清保案，于九月杪接奉河帅转行恩旨。惟本年覃恩只能照四品请封，拟再加捐一品封典，未知需银若干，尝托鹤巢代办也。运斋由鄂中转至豫章，谅须岁莫回家，明春入都，可至河朔一转。同寅僚属要好者，亦尚不少（本年四厅发款甚宽，又别无摊捐之项），即不送卷，亦可略为润色（总在千金以外）。小樵姨丈得有转机，闻之甚慰。当即作函复之。此间席面，惟库储出息最好，各有师承，历任不甚更换。刑钱一席，大为减色。至书启局面更小，远不如学幕之丰润也。陶俶南事已面托德晓翁，交一名条，当可得力，将来通信时，再为一提。俞荫甫师处拟送一分，俟年底再为寄去。今年用款较繁，一切未能宽裕，家中年敬拟托日号汇寄五百金，乞为换洋分送。运斋入都盘费，俟来汴再为布置，不另寄去矣。署中公事略简，上下均安。手复，敬请福安。弟大澂顿首。十月廿八日[①]。银款均交日号矣。

二三

大兄大人尊前：

吉林之役[②]，想家中早见邸报，此间直至初十日始接中丞行知。昨已具呈，请中丞代奏谢恩，尚未委人署事，大约月内必当交卸。拟于廿八日挈眷进省，令弟妇辈由清江一路南归，弟则静候批摺，如不进京，当赴天津小住数日，再行前去。兹托日升昌汇去苏漕平银三千两，以了庄田一款。刻下尚有养廉二季公费（未领），一月盘费之外，略有盈余，亦尚从容也。手泐，敬请福安。弟大澂顿首。二月十三日辰刻。

① 吴湖帆附记：“光绪五年己卯河北道任时。”

② 吉林之役：光绪六年（1880）春，吴大澂奉赴吉林帮办边务之旨。

二 四

大兄大人如晤：

前月泐复存缄，计已达览。辛芝同年于廿六日到武。弟即于初一日交卸，初四到省，弟妇等先赴道口雇船，拟由水路同至津门，即令许宏、吴彬二仆护送回南，振之亦暂行旋里，气体甚弱，亟宜调养也。兹托日升昌寄去苏漕平银二千两，以五百归还庄田尾款。其余千五百金，望交五叔父存典生息，以此息银为弟妇等月费，为数虽属无多，恐将来缓急，所需不能不稍留余地也。前请中丞代奏谢恩，有传知来京，豫备召见之旨。定于初九日由汴起程，计二十前可抵津门，月杪到京，至多不过半月之留，一切应酬，概从删减。托日升昌汇京二竿，作为都门用度，想师友同乡亦必见谅。此次不敢过费，恐有亏累，无从弥补也。手泐，敬请福安。弟大澂顿首。三月初八日卯刻[①]。

① 吴湖帆附记："光绪六年庚辰三月初八日。"

二五

大兄大人尊前：

二月中泐复一函，日前在省，又托日升昌汇去二千金，计可先后达览。前恳中丞代奏谢恩，奉旨传知：吴大澂即行来京，预备召见，钦此。当即于初一日交卸道篆，初四到省报明，初九日起程进京。此次入都，拟与政府商之，请先开去道缺一切体制，方无窒碍，至吉林防务，只能就现有之饷略为布置，规模未能过大，稍行开展，恐将来难以收束。各省协饷，虽经部中派定二百万，未必可靠，总以宽筹紧用为宜。如秋冬之间，俄约议定，局面必有更动，弟亦未必久于防所也。家眷由武陟径赴道口，弟于初九出省，十一至道口镇，因长笏翁回京用船甚多，濬县代雇之船尚不敷用，直至昨日始行雇齐。弟在道口小住四日，料理笔墨，较觉从容。今日午后解维，顷抵濬，计八九日即可到津，月初入觐。拟俟三弟留馆后，再行就道。都门酬应，只能一概从简。前托日升昌汇京平二竿，尽此用之，实有不敷。不过再借数百金，恐一亏累，难以弥补耳。前寄两竿内，以五百金归还庄田尾款，其余拟托五叔父存典生息，俟到津后，再于盘费内提出五百金，凑足两竿，以此息银为弟妇等月费，恐至吉林，未能源源接济耳。手泐，敬请福安。弟大澂顿首。三月十六日濬县舟次泐。

家中用款，仍托日升昌按月汇寄百二十金。现在道缺未开，尚可支领全廉，每季可领六百余金，春季已先支用。四月以后即托辛芝代领，交日升昌以抵汇款。如将来开缺，养廉不能支领，当再设法划还日升昌可耳。伟如、柳门两处奠分，拟各送五十金，五妹外甥女喜分亦送五十，均托阜康寄去，先此布闻。

姜典史寄虎生叔祖信，乞转交之。

二六

大兄大人尊前：

廿二日在通州泐布一缄，计已鉴及。昨早三弟送弟登车后，即回京城。一路天气清爽，尚不甚热。昨晚宿蓟州之邦均店，今日申刻行抵玉田县，明日可至丰润矣。咏皋叔祖传未及誊正，诰敕四字，一并寄上，乞察收。余容续布。手泐敬问加餐。弟大澂顿首。四月廿四日[①]玉田泐。

① 吴湖帆附记："光绪六年庚辰四月廿四日。"行程见吴大澂《奉使吉林日记》。

二七

大兄大人如晤：

昨接九月十七日手书，藉悉一切。所需八竿之数，前月在省已先汇去三竿，想十月望后，必可寄到。兹又托日升昌汇去两竿，计须出月始到。余俟明春再寄，因年节一款，尚须留作都门炭费，约在三竿左右也。陆振之所借五十金，一并汇去，乞察收。手泐，敬请福安。容再续布，不尽。弟大澂顿首。十月初五日。

二八

大兄大人如晤：

日前由马递寄去一缄，托许心台廉访饬送，计可早达。兹特交日号寄上苏漕平银六百两（内有弟妇附寄银一百两），约于年内可到，望即检收。所送年敬[1]，前已开单，乞将名世换洋，代为分送。所购庄田一款，先后寄去一数，想均达到，尾欠三数，明春即可凑齐。刻谱之资，先为垫付，随后寄缴。昨接运斋书，属于明年月寄四十金，以

---

① 年敬：即年礼，过年时送的礼物或礼金。

资家用，已托日号关照矣。手泐，敬贺年禧。弟大澂顿首。冬月十一日。

二九

大兄大人尊前：

去腊初四日曾布一缄，并有寄念劬书一函附入叙初中丞信内，由驿排递，计年前当可达览。初九日接十一月十四日手书，岁暮忽忙，未及裁答。元旦又接腊月初五日寄缄，藉悉一切。母亲大人因天气和暖，眠食照常，殊为欣慰。二叔母因跌受伤，自非中风可比，服药调治，当即就痊。弟自旋省以来，料理积牍，并京外各处年信，事必躬亲，殊形碌碌。委员亦不少，竟无能司笔札之人，寻常书启，每稿必须删改，颇以为苦。晓峰、谷士久未通函，附去两信，为俶南说项，当可有济（德信未便自投，统交俶南封呈谷士处转呈）。惟海运一差，恐已定局，此信到时，已在正月杪，未必能添派矣。此间公事，均尚顺手，各局皆有得力之人相助为理，无向来军营习气，机器、铁矿、屯田、炮台今年皆须开办，夏秋以后，当有眉目。东北边防，一时尚难脱卸，惟有竭力经营，视官事一如家事，逐渐图之，他日必有成效。区区之所以上答圣明者，亦恃此一点愚忱耳。三弟到京后，自可专心用功，考差伊迩，惟盼其得一试差，为门庭生色，足以仰慰慈怀，是所幸也。雨香索撰碑记，今春得暇必有以报之。手复，敬颂春禧。弟大澂顿首。壬午人日①。

三十

大兄大人尊前：

昨泐一缄，由津转递，计可先此达到。去年九月，弟赴宁古塔时，因陈妈性情不平，本地所用王妈老实忠厚，受其欺侮，时加申斥，临行又谆谆属付，似觉稍好，不意其自弟出门后，肆无忌惮，小妾不能约束，反致破口辱骂，振之屡谕不听，亦无可如何。三月之中，几无一日不闹，及弟旋省后，颇知收敛，然十日半月，必发一次，若弟不在省，必不能安然无事。现有转运委员前赴营口之便，拟即送至营口，附轮回南，其工钱本给每月三两。去腊弟与小妾各给银四两，当日颇觉喜欢，三日以后，强悍如故。此次资遣回家，除盘费外，另给三月工钱，计其积蓄约有五十金，亦不虚此行矣。惟恐陈妈到苏后，

① 壬午人日：吴湖帆附记“光绪八年，督办宁古塔时”。《北征日记》有“复大兄书”的记录。

母亲闻之，不免生气，望属门口，不许其进门，免得簸弄口实也。手此密布，敬请福安。弟大澂顿首。新正初九日[①]。

三一

大兄大人如手：

七月廿七日，泐寄一缄，由津海关道转寄，计中秋左右必可达到。初三日接五月廿五日手书，查宋祝三外封系六月廿日发，仍系各驿站延搁。同时接到七月十一日来缄，由刘芝翁转寄营口山海关道续观察处，系七月二十日发，由苏到此，不过廿二日。是营口来信，亦甚便捷也。顺之年伯、庞芸皋各信，均已接到。运斋想已到家也。浚淮河之议，想必奏派鄂中之馆，未必能就，同一办事，健帅必有挽留之意。伟如中丞何事入都，或为调停俄约耶。彼族意在伯都讷通商，以称兵为挟制之计。弟与鼎帅力持不可允许之议，总署不免为难。此事能否转圜，殊无把握也。弟于廿七日前赴巴彦通相度形势，南岸山上可扎数营，取土汲水均不甚远，以地势而论，

① 新正初九日：吴湖帆附记“光绪九年正月”。

极为险要，大可扼守。连日挑选勇丁，尚不满三百人。旗民穷苦而弱，见之恻然可悯，平日放饷，折扣过多，不足自给，非另筹公款，不能免扣，非招垦荒地，别无筹款之法。三姓所辖向无客民种地，故荒地独多也。手复，即请台安。弟大澂顿首。八月初九日[①]三姓行馆泐。

三二

大兄大人如晤：

去腊奉到御赐“福”字，拟做一硃漆横匾，约三尺长，四面画描金龙（或用金地黑漆字，不必画龙），悬之大厅前，写“光绪十年十一月二十八日”一行十一字，后写“赐（赐字抬高，下空一格）会办北洋事宜都察院左副都御史臣吴大澂”一行十九字。因钩出一纸寄呈，原本俟装裱后遇有妥便再寄。手泐，敬请福安。弟大澂顿首。新正十六日[②]。

① 吴湖帆附记：“光绪九年八月。”

② 吴湖帆附考：“光绪十一年乙酉正月十六日发于烟台镇海楼。据《年谱》光绪十年十二月廿六日，由马山浦上船，维沿海各口冰冻甚坚，未能驶抵山海关。又云廿八日，抵烟台，登陆，即于镇海楼暂住，明春开冻，再行回津。十一年正月十九日，由烟台乘轮至津。奉命查办朝鲜事宜大臣。”

三三

大兄大人如晤：

廿七日在锦州途次，曾发一缄，递津转寄，当不甚迟。今日已初抵沈阳，小住半日。晤砚生前辈，知初十日启程至营口，乘轮南下，月内当可到苏。粤中有无消息，运斋行止如何，念甚。手泐，敬请福安。弟大澂顿首。二月初三日。①

附致广盦一书。

三四

大兄大人尊前：

四月十八、廿五日，五月初九日迭寄各函，当可次第达览。弟与俄使巴啦诺伏所议各条，电报合肥相国，转电总署，昨日奉到电旨，着照所议画押。兹定于十六日先赴图门江，与巴使勘定地方，补立“土”字界牌，此案即便完结，俟回岩杵河画押盖印，即可出奏。此外

① 吴湖帆附考：“光绪十二年丙戌二月初三日。丙戌二月初三日发于奉天西门外关帝庙东胜寺，住南门内同陞店。是岁为中俄勘界大臣。正月十七日自天津启程。研生为昆山朱研生太史（以增），乙丑进士，后官奉天府丞。”

尚有添设界牌等事，本无须亲自经理，巴使欲留弟多住一月，俟诸事完竣，再行回津。如此则须六月杪方可脱身也。兹有戈什由海参崴乘轮至沪，带去老山参四小匣，共九苗，重不过三两余，系出八十金购得，颜色做得干净，此吉林省城之货，他人送来者，皆不及此。又宁古塔都统送十苗一匣，内有一苗似树根者，皮肉坚结，力量必足，可请母亲大人服之。手泐，敬请福安。弟大澂顿首。五月十四日。[①]

又带去参膏一罐，系韩边外[②]所送，的系老山参原汤所熬，服之甚有益也。每年参枝出山时，必先煮去原汤，再用白糖收入参枝内，方见饱满结实。凡参无不用糖煮者，糖有多少，故有甜有不甜耳。本用油纸包来，天暖膏化，改装瓦罐，内尚有油纸片粘住去不尽者，开水调化时去之可也。秧子参熬膏，不可服，此膏非秧参，可放心耳。

① 吴湖帆附记："光绪十二年丙戌中俄勘界时发于珲春城。"

② 吴湖帆附记："附前函（五月十四日）。韩边外名韩效忠，向在吉林以掘参、淘金为事，素目之为匪首。光绪辛巳，公屯垦吉林时收服，受顺后，匪迹遂清。"

三五

大兄大人尊前：

五月初九日曾布一书，由津转寄。十四日，又交戈什孙德林带去一缄，并参枝四匣、参膏半罐，交念劬转寄，必可早到。惟海参崴赴沪轮船甚少，每月不过一次，否则寄信甚便也。昨由津门寄到母亲大人慈谕，知守愚二叔已于三月底去世，闻之不胜悲惋。老年窘况，身后萧条，丧葬一切费用必然竭蹶。兹属念劬寄去奠分百两，乞为代送。弟于五月十八日由珲春启行，次日至图门江边，会同俄使巴啦诺伏于二十日竖立界牌，此案即算了结。惟补作记文[①]一篇，以汉文翻满文，再由满文翻俄文，甚为费事，明后日方可缮齐，画押钤印后即可出奏矣。手泐，敬请福安。弟大澂顿首。五月廿八日。[②]

① 记文：《吉林勘界记》。

② 吴湖帆附记："光绪十二年丙戌五月廿八日。据《年谱》五月廿九回珲春，此正与依克唐阿勘界立铜柱时也。王念劬名赤蕃，为上海招商局总办，同邑东山人。"

三六

大兄大人如晤：

五月廿六、廿七日迭寄两缄，一交李海帆带苏，一由王念劬转寄，并先后寄去篆联廿副、篆屏两堂，不知何日可到。兹属马眉叔带去高丽参八斤，计两匣，熟地黄十斤，乞呈母亲大人收用，此朝鲜国王所送，交潘子静带回者。念劬之事，已属眉叔与杏荪共商位置，当此需才孔亟之时，如念劬之精细稳练，亦在必用之列。本月廿一日，商局当接办矣。致广盦书，为鹤叔图馆，乞为饬送。手泐，敬请福安。弟大澂顿首。六月初六日。[①]

苔笺带绿色文雅可爱，惜无大幅，不能书联语。

三七

大兄大人尊前：

廿四日在烟台寄去一缄，谅已鉴及。弟于廿五日由烟台展轮，廿六日申刻到津。始得接读中秋及九月初四日手书两缄，欣悉讷士侄[②]于本月廿八日合卺之喜。顷由

① 吴湖帆附记："丙戌六月初六日，据《年谱》初七日与俄使同至摩阔崴。"

② 讷士侄：吴大根之子吴本善。

招商局发电叩贺母亲大人及大兄、大嫂大人荣喜。念劬处电汇喜敬，聊备酒席之费，未知何日达览。弟定于月朔启程入都，计初四日可以覆命，或蒙圣恩另简，或留京到任，均未可知，数日内必有消息也。运斋得粤中密保，可望外放，然非枢廷有关切之人，亦不甚灵验。兹乘伯尹弟回苏之便，手泐布复，敬贺大喜。并请福安。弟大澂顿首。九月廿八日。①

前在三岔口购得鹿茸一架，系雪中所长，俗名雪花角，千百架中难得一架。大凡鹿茸五月始长，故头顶毛短，此则两角之间毛厚未蜕，知为冬腊所长之茸，力量甚大，想吴中药铺未曾见过之品，弟以百五十金得之（此角可值二百数十金），请母亲与吾兄留以自用可也。弟大澂顿首。

三八

大兄大人如晤：

昨日接奉正月廿五日手书，藉悉种种。春寒料峭，想起居多吉，餐卫攸宜，为颂无量。粤中天气甚暖，此时衣服已换单夹，偶一拜跪，汗出不止。公事幸皆平顺，

① 吴湖帆附记："光绪十二年丙戌中俄勘界时，十月初三日入都，十一月初十日奉授广东巡抚之命。是岁九月廿八日，先府君完姻十九岁，先妣沈太夫人十六岁。"

新正事简，稍清笔墨之债。柳门旋省，闲日往还，其精神较弟尤胜，约计初十可以出棚[①]。因肇庆尚有数县未经府试，未能早日按临。肇郡风气，各县士子陆续而来，随到随考，往往离府较远者，俟学院到时始来府考，以省川资，相沿成习，此他省所未有也。运斋管理厢白旗官学事务较忙，今秋望其得一学差，稍展郁抱。谷士亲家谅须三月中出京，黔中之行，殊觉跋涉。晋卿同年馆事当为留意，此间位置亦颇不易也。手复，敬请福安。弟大澂顿首。二月初六日。[②]

三九

讷士贤侄足下：

沪滨握别，倏已五旬。下车以来，诸务猬集，昼夜不得稍闲。近日酬应甚简，专心公牍，一日料理之事，尚觉从容。柳门学使出棚后，留叶菊裳在署，愚将箧中所携碑刻陆续检送菊裳处，属其续编《关中金石记》。尚有六朝唐刻数种，遍检不得，望吾侄于楼上书架、书

---

① 出棚：时汪鸣銮任广东学政。按清制，学政主持的院试，除于其驻地考试就近的府、州、县外，其余各府、各直隶州皆设有考棚，学政以次分期案临考试，谓之出棚。

② 吴湖帆附记："光绪十四年丁亥广东巡抚抵任时。谷士为廖寿丰，是年授贵州臬司。赵晋卿，戊辰进士，曾官江宁教授。"

橱内代为检点，将旧存拓本零星各种封寄上海，交念劬寄来（除《十三经》及《阁帖》一包、粗纸拓汉碑各包、五色拓条幅，毋庸寄粤外），趁此菊裳无事之时，尚可助我一臂之力。数月以后，当可成书。愚则本无著作之才，一握节符，并幡阅亦无暇矣。《积古斋钟鼎款识》一部，即交沈贵带去，内有添注数条，乞察入。任阜长画《集古图》如送来，亦交念劬转寄（润笔已送，尚有全形拓本手卷存阜长处）。手泐，即颂文祺。愚叔大澂顿首。三月二十日。①

四十

大兄大人如晤：

义庄之款，久未得寄。兹托日升昌汇去漕平银一千两，并母亲节用银二百两，乞即察收转呈。此款约于节前汇到，余俟节后续汇可也。手泐，敬颂午禧，弟大澂顿首。四月廿三日。②

① 吴湖帆附记："丁亥三月二十日。叶菊裳（昌炽）太史时在举人于汪柳门学使幕中。公所藏《吉金集古图》两卷，皆拓全形，一卷任阜长画引首图，一卷陆廉夫画，皆藏家中。"（《愙斋集古图》两卷，现藏上海博物馆。）

② 吴湖帆附记："光绪十三年丁亥四月廿三日粤抚署。"

四一

讷士贤侄如面：

四月廿四日接诵手书，且癸尊拓六纸，已收到。闰月初十日由沈贵带来六朝唐刻一包，均已点收。任阜长画卷便中托翰卿一催，尚有全形拓本手卷存在彼处，亦须收回也。翰卿新得鼎，敦先寄拓本一阅，问一实价，可定留否。若携器而来，未知能否合意。粤中古缘绝无可观也。手复，即问加餐。愚叔大澂顿首。闰四月十六日。①

四二

大兄大人尊前：

五月中接奉手书，知前汇一竿已收到。端阳节后本可再寄一竿，适翰卿来粤，带到铜器数种，及零星字画，择其佳者留之，已费不赀矣。义庄之款，拟于望后再汇一竿，属崧孙交票号寄去可也。弟患痔疮，起坐费力，

① 吴湖帆附记："光绪十三年丁亥闰四月十六日粤抚署。翰卿为徐熙号。翰卿，徐子晋子，善刻印及竹木，为王石香高弟。时以经售古物为业，故人皆呼之曰徐骨董云。"

半月不出门。今日至学署拜寿，略坐片刻即归，亦甚勉强。柳门须二十后始可旋省。运斋考差甚得意，能得一近省试差最妙。团扇一柄，托仲平带上。敬请福安。弟大澂顿首。六月朔日。①

四　三

大兄大人尊前：

程明甫来，接奉五月廿九日手书，藉悉种种。义庄地基恰好彀用，与住宅相近，尤为合式。庄内附祀神位，均可于宗祠之左右添设两龛，或于两厢房内分列数龛，皆可至小花厅前一进，预备账房地步。盖春秋祭祀时，两处花厅均须占用，不能不留一账房也。吉如表弟，夭阨其年，闻之恻然。兹寄去漕平纹银二千，乞代交典中存息（庞芸皋处如可存最好，数目自不多，想易安置）。建庄之款，八月再寄。手复，敬请福安。弟大澂顿首。十月初九日。②

---

① 吴湖帆附记："光绪十三年丁亥粤抚任所。六月朔日。汪柳门太姑丈六月朔日生，时年四十九岁。仲平为陶子春先生子，名惟坦，邑附生。"

② 吴湖帆附记："光绪十三年丁亥七月初九日。程明甫，同邑人，官广东知县。庞芸皋为莱臣之父，吴兴富商也。赵吉如亦韩履卿外孙，与公为姨表兄弟。"

四 四

大兄大人如晤：

前日交日升昌寄去一缄，并汇款两竿，想二十前必可到也。昨接六月廿八日手书，藉悉种种。庄屋地基又归入数丈，可逐渐扩充，只要祭庄时得有三四处坐落，族中人多，不致拥挤，规模不大不小，好在陆续筹款，即可陆续布置也。卓臣喜用前由京号划去一竿，如不敷用，由兄处酌量垫付，念劬处尚存五百余金，留备缓急取用耳。申之三太爷，酌送百元。手复，敬请福安。弟大澂顿首。七月十一日。[①]

四 五

大兄大人尊前：

八月中接七月廿八日手书，费屺怀索观莽印二拓本，兹特寄去数纸，乞转交。惟辟非射魃印，笔画细而难拓，如有考据，便中寄下。前日又奉八月廿一日手书，知弟

① 吴湖帆附记："光绪十三年丁亥七月十一日。卓臣从伯名本齐，运斋叔祖子。公之胞侄。"

妇已平安到家。卓臣喜事，甚为简便。十六日小女于归，一切布置，大费清神，遥想日内家中热闹异常，如新贵得采芹之报，尤为双喜也。谷士亲家升授黔臬，将来如须挈眷同行，二小女远行万里，不无挂念耳。伯尹弟忽辞威海卫一席，而欲赴粤别图就绪，殊不知时世艰难。弟已复书止之。如毅然来粤，不留亦不见，毋贻后悔。吾兄晤时，从直告之。手复，敬请福安。弟大澂顿首。九月初四日。①

四 六

大兄大人如晤：

月初曾复一缄，由念劬处转寄，此时想已鉴及。小女喜事，大费清神，不知日来如何忙碌，如何热闹。弟两次嫁女，均未能躬亲料理，二小女将有黔中之行，数年未见一面，颇为系念。顺老精神想益矍铄，三松遗泽正长。新婿器宇必佳，功名迟早有定，固不急急也。三邑院试未见全案，讷士功夫已到炉火纯青之候，盼之甚切。弟因足疾久不愈，延一西医治之，数日而霍然，已

① 吴湖帆附记："丁亥九月初四日粤抚署。费屺怀名念慈，武进人，己丑进士，后官浙江副主考。收藏甚富，鉴别亦精，官藏新莽玉印寿成与辟非射魁，均至精。伯尹名大梁，与公为从堂兄弟行。二姑母适嘉定廖樾衢（世荫），谷士中丞子。"

于十三日出门。柳门亦已旋省，今日扃试广府，须二十余日考毕也。兹托票庄汇去千金，备义庄工程之用。即乞察收。手泐，敬请福安。弟大澂顿首。九月望日。①

闻文卿明日可抵香港矣。

四七

大兄大人如晤：

前日接初八日手书，谨悉一一。义庄之款，先交松孙汇过一千，俟十月有余款，再行汇上。香翁出月请觐，闻年内即须启程，大约有兼署数月之局。幸脚气、痔疮均已全愈，精神尚可支持耳。喜用不敷之款，容再汇上。念劬处已无存项矣。前有致伯尹弟书，属其不必来粤，来亦无益耳。钟应魁荐一厘局事，月仅四金，甚悔津局司事之辞去也。手复，敬请福安。弟大澂顿首。九月廿二日。②

---

① 吴湖帆附记："丁亥九月十五日。三姑母适同邑潘季孺（睦先），潘西圃太史子，顺老即西圃也。"

② 吴湖帆附记："光绪十三年丁亥粤抚任所，九月廿二日。松孙为陆太夫人胞弟，名保安。香翁则张香涛制军也。"

四八

大兄大人如晤：

九月十八日接奉初八日手书，昨日又由信局寄到九月廿七日所发一函，并秦、廖各信，均悉一一。致柳门一缄，当即送去。今日尚未开门，明晨簪花后可出拜客矣。顺老以八十寿翁，精神矍铄，尤为难得。谷士亲家远赴黔中，二小女一时未能回苏，则弟妇出月未必旋粤，如月内二小女可以归省，总可留住二十余日。万里远行，母女不无系恋之情，约计冬月下旬，弟妇当可启程，届时再行派弁赴沪迎候也。念劬处取用之款，已有信来，大约存数已透用矣。月之十三日，为母亲寿辰，粤海有例送祝敬，想未必裁，俟有余款，当寄作修庄之用。都门送炭，力不能周遍，只可略为点缀矣。柳门望后即须出棚，年内不能回省度岁，辛苦之至。手复，敬请福安。弟大澂顿首。十月初八日[①]。

前与香翁谈及柳门毋庸回避一节，香翁云柳门之姻亲已有明文，尚有未奉明文之姻亲，则人不知也。何日不同省，便认亲戚后，又命其世兄出见，其意殷殷，仍执前议。此时似未便与之说明。入觐之期，大约在明春。

① 吴湖帆附记："光绪十三年丁亥十月。"

香翁意在挈眷而行，如调他省，即可属运斋在京执柯（其意不愿回粤），倘不谐卜，再择他婿，亦不迟也。总之，婚姻前定，弟亦不能自主耳。并以附闻。[1]

四 九

大兄大人如晤：

十三日母亲寿辰，海关送来祝敬二竿，照例受之。兹属票号汇去，请以一竿呈请母亲收用，以一竿归入修理义庄之用。尊意想亦以为然也。手泐，敬请福安，弟大澂顿首。十月十八日。[2]

五 十

大兄大人尊前：

昨接十月廿八日手书，藉悉一一。二小女回苏小住半月，今年须回嘉定过年。谷士亲家到任之期，约在

① 吴湖帆附记："附上函。汪柳门侍郎与公为中表，又为妹婿，同官一省，为巡抚、学使。五姑母适南皮张苏卿（仁頠），香涛制军之子。其时正在说亲也。张香帅官两广总督。"

② 吴湖帆附记："丁亥十月十八日。廿二日为韩太夫人七十四岁寿诞。"

三四月间，如能调至近省，则更妙矣。弟妇定于冬至后启程来粤，检阅黄历，十五、十九均系吉日，已由中军派差弁二人赴沪迎接，另派戈什张清元同去，如未动身，即属张清元赴苏照料一切，带去川资百金，即交弟妇收用。弟有需用书本各件，另函致讷士矣。庄屋已有五六分工程，甚为欣慰。约计年底尚可匀寄一竿。海关每节二数，现已照送，总可用一存一，因抚署每节送将军、都统亦须五百金，署中节敬节赏约需四百余金，全赖海关一款为之挹注也。肖韵为益吾宗师所赏，可望补廪，不胜欣慰之至。手泐，敬请福安。弟大澂顿首。冬月初七日[①]。

五一

大兄大人如晤：

廿五日由津递到十四日手书，不知吴仓硕[②]带回一缄何以尚未达览。山海关今日气候甚暖，弟尚未穿绵袜绵袄，饮食起居，一切照常，精神较胜于去冬。弟所部四十二营，

① 吴湖帆附记："丁亥十一月初七日。肖韵为川沙沈肖韵母舅（毓庆），外祖韵初公子也。外祖母吴太夫人即吾祖姑母，故与公为甥舅。母舅从公学《说文》小学，学问甚好。公甚爱之，惜不永年，只一廪生而终云。丁亥年时，仅二十岁。益吾为长沙王祭酒先谦，时官江苏学政，与公最相深契。《权衡度量实验考》即王氏撰序文。"

② 吴仓硕：即吴昌硕。甲午中日战事起，吴昌硕曾参吴大澂幕府，未出关前，因家人患病，请假南归。

仅到四营，逐日督操枪靶，以卫队二百名为最好。二百步靶中五枪全红者，赏东钱三吊（合制钱四百八十文），三百步靶全红者，赏银二两。有一卫队两日得银四两，人人皆乐于练习。弟午前阅卫队枪，午后阅各营打靶，每日一营，四营轮流阅看，如此鼓舞而作兴之，两月以后，此四营大有把握，将来靠此二千人出奇制胜，他营皆敷佐耳。魏午庄六营已过德州，不日即可到津。余虎恩十营陆续到清江。谭道文焕五营就近在直东招募，已来两营。刘云樵续添三营，甫抵汉口。此二十八营冬月底必可到齐。又有湖北熊铁生所带铁字十营，吴元恺所带恺字炮队四营，皆由信阳州陆路至汴梁，一路而来，约须出月望后始到。新营多未操演，香翁奏明归弟节制调遣。有此二万余人，亦不为少。细考前敌致败之由：一则人心不齐；二则枪炮不准，子皆虚发；三则营勇能聚不能散，往往以一簇蜂拥而前，以受敌之枪炮，此大谬也。弟俟各营到齐，至少操练两个月，至正月半后方可督师出关，只盼宋祝帅竭力支持两三月，保守沈阳。届时弟当一鼓作气，稳进稳打，但得一二胜仗，稍挫其锋，倭兵亦必有一蹶不振之时。弟远师韩、范，近法曾、胡，只有以一片血诚，上报朝廷知遇之恩。毁誉、祸福、死生皆置之度外，倭人其如我何？手泐，敬叩福安。弟大澂顿首。十月廿六日①。

① 十月廿六日：时在光绪二十年（1894）甲午十月廿六日，吴大澂主动请缨，率兵出关参加中日之战。

吴大澂书系

吴大澂文集（下）

（清）吴大澂/著
李隽　李书源/整理

吉林人民出版社

右愙齋公五十八歲像琴川胡琴涵先生所畫而衣服布景鐘鼎彝器圍屏山水等皆
吳江陸廉夫先生畫也 公爲有五十八歲畫象亦胡陸二氏作兩相如一特此在光緒十八年正
服闋入覲椒命湘撫也見後王文敏公跋 圖中凡古器三十品商周彝器二十二秦權一漢器二鼓二
唐石一明銅一古玉一云丙子二月補識器名同記 孫 吳湖帆謹識

窸斋集古图（上海博物馆藏）

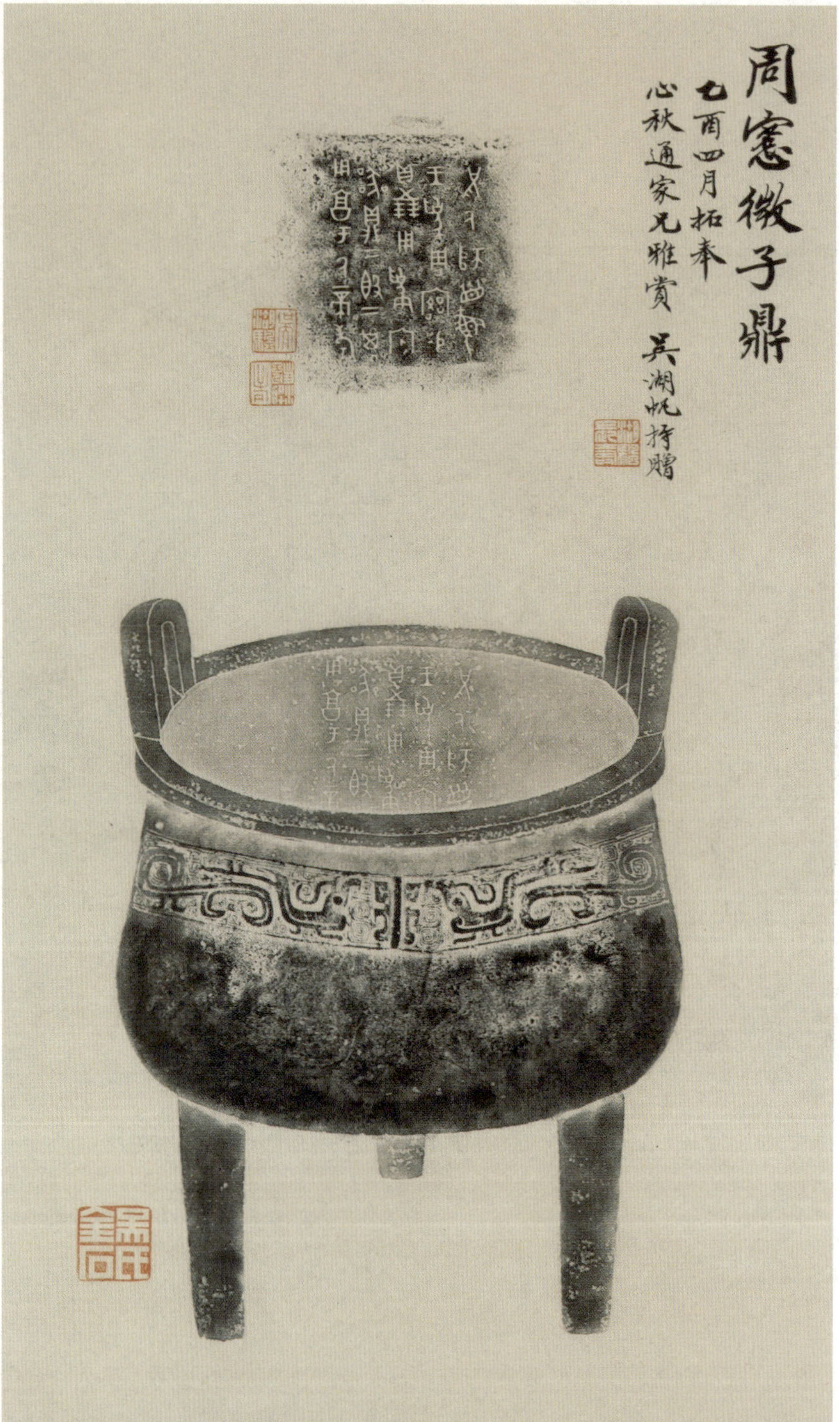

⿱宀⿱丰心鼎全形拓（苏州博物馆藏）

吴大澂七言篆书对联（吉林省博物院藏）

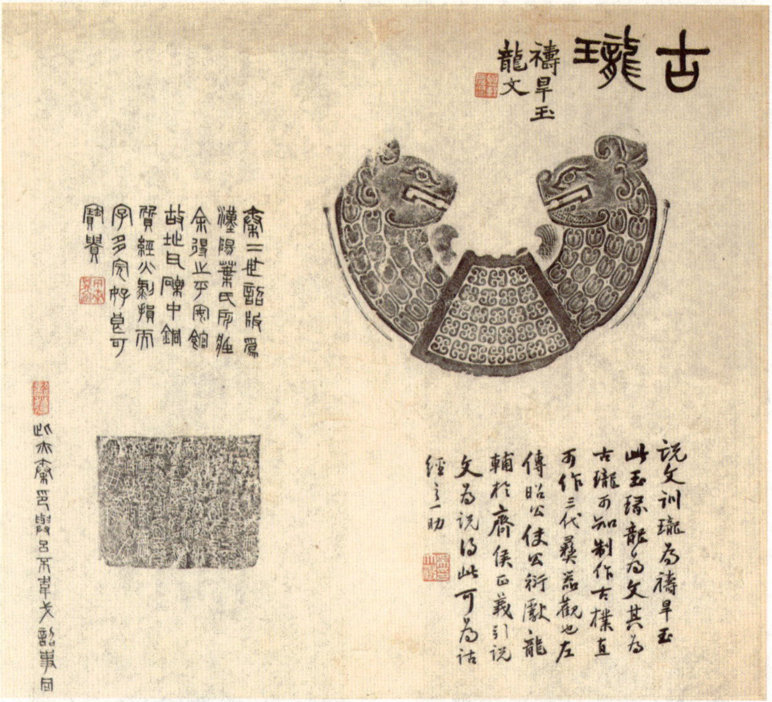

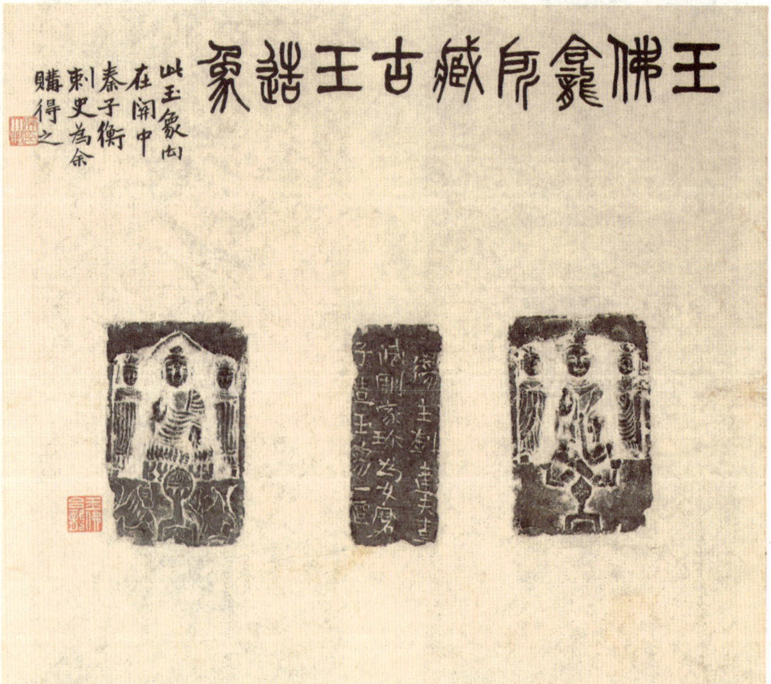

古龙古王造象墨拓（吉林省博物院藏）

瓦文朱拓四条屏（苏州博物馆藏）

地理志泗水國注故東海郡武帝元鼎四年别為泗水
國莽曰水順領縣三淩 泗陽 于

地理志高密國注故齊文帝十六年别為膠西國宣帝
本始元年更為高密國領縣五高密昌安石泉夷安
成鄉

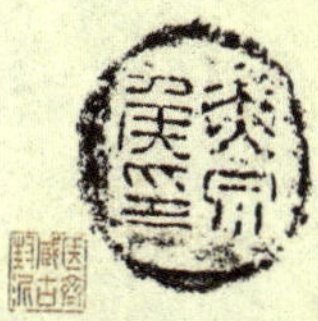

漢書地理志菑川國注故齊文帝十八年別為國後并北海領縣三劇 東安平 樓鄉

諸侯王表菑川孝文十六年四月丙寅王賢以齊悼王子武城侯立反誅懿王志以齊悼惠王子安都侯立為濟北王孝景四年徙菑川薨靖王建嗣薨頃王遺嗣薨思王終古嗣薨孝王尚嗣薨孝王橫嗣薨懷王友嗣薨王永嗣王莽篡位貶為公明年廢此其璽也

史記諸侯年表莊侯楊喜高帝七年封項羽紀注[illegible]謚壯子定侯殷漢書高惠高后孝文功臣表謚嚴子名敷孫毋害嗣免復封臨汝侯此其印也 印文見簠齋印集

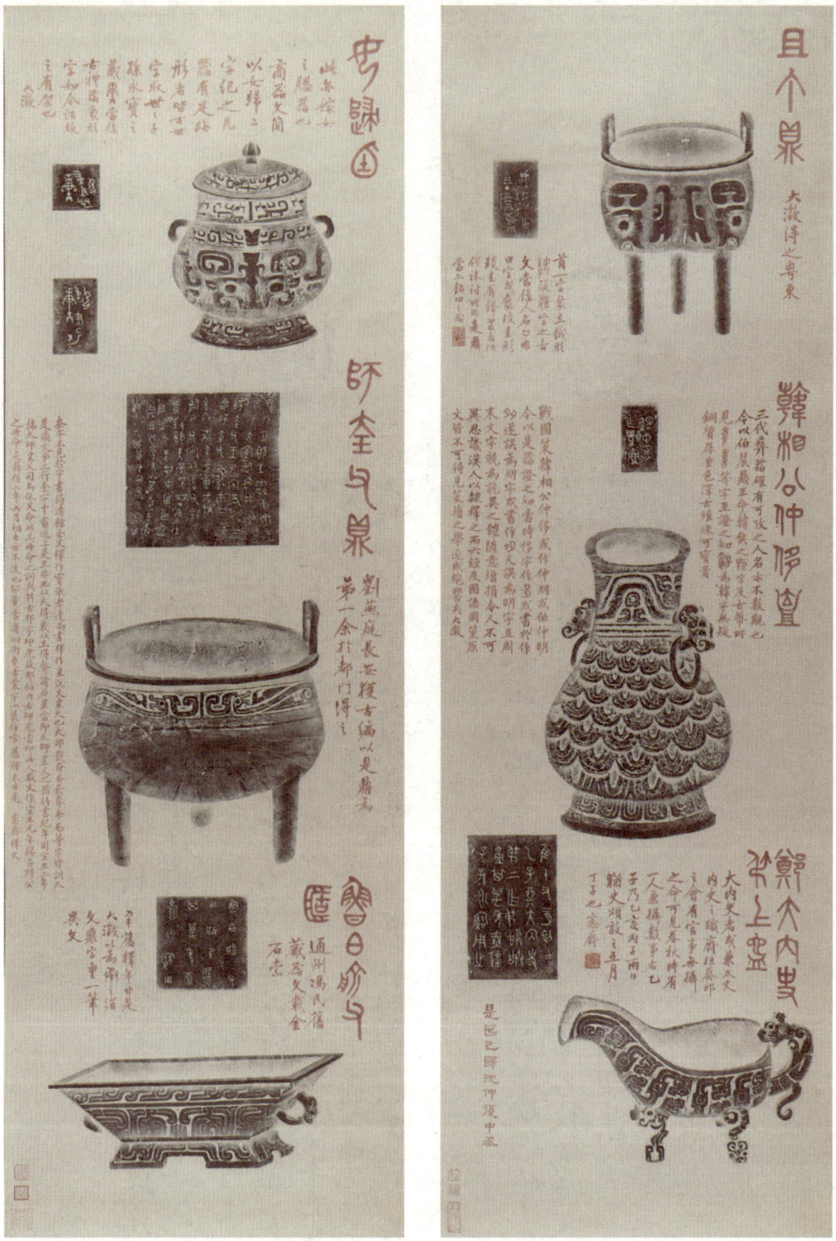

鼎彝八条屏（一）（上海图书馆藏）

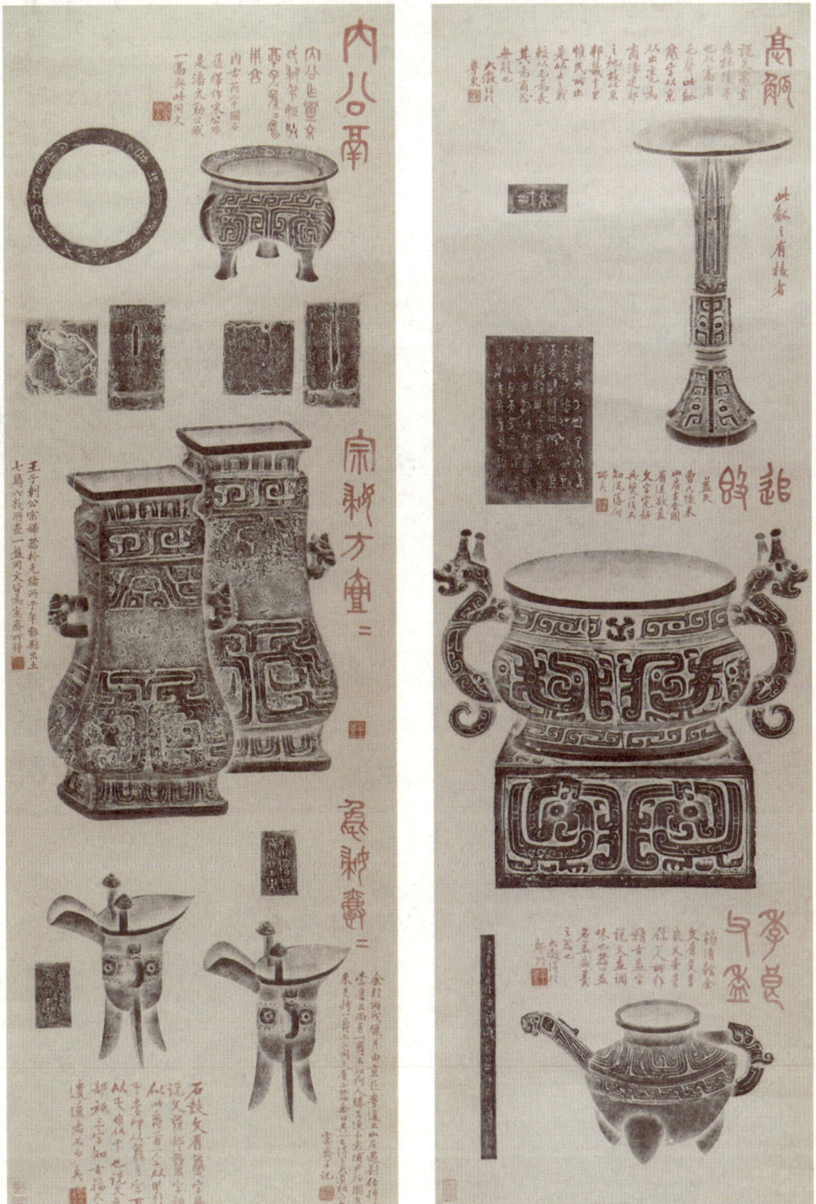

鼎彝八条屏（二）（上海图书馆藏）

吴大澂山水册页（吉林省博物院藏）

目录

瓦器完

說文量𩫏量稱輕重也从重省曏省聲大澂疑古量字本作量从豆从重省秦繆量爲量而从豆之義遂不可其解而形象之說亦未安也瓦器中見量二字連文是乃其象豆量形疑必非也乃古器从二金當係瓦器之有蓋者上象其蓋下象其器

说文古籀补

吴大澂在收集古代钟鼎彝器铭文拓片及石鼓文、古玺、古币、古陶、古埙、古兵器铭文资料的基础上，选取秦代之前大量清晰可辨识的古文字形体，编成《说文古籀补》。初刊于光绪九年（1883），收3500余字，分正编14卷，补遗1卷，附录1卷。光绪二十一年（1895）湘中重刊本又增1200余字。

《说文古籀补》在很多方面富有个性创造，是一部具有典范意义的字书。所编文字“皆据墨拓原本，去伪存真，手自摹写，以免并误”，就字形的准确性而言，该书当为古文字字书中的空前之作。

《说文古籀补》所编文字按《说文》的体例分卷排列。在每个字的小篆字体下，依次排出该字的多种古文字形体，并在字形下注明来源器名，部分文字有简要考释。凡是与《说文》中的籀文、古文形体有区别的字，都加以说明，对不同的训诂也加以注明。其对《说文》的校订和补正，体现了对“六书”理论的超越，其释读对古文字研究也颇多贡献。其解说言简意赅，对后世字编编纂起到了示范作用。

此前的古文字字书，大都按韵编排。《说文古籀补》则按《说文》部次编排，从而使古文字字书跳出了韵书的编排体例，实现了文字学意义上的回归。

本卷所收，据光绪二十四年（1898）重刊本影印。

說文古籀補

〔清〕吴大澂 輯

且个鼎

大澂淂之粵東

說文古籀補敘

余八歲即見阮文達於兵馬司後街之邸以齊侯罍拓本為賜後為陳頌南師弟子始為鐘鼎文字之學洎通籍交海内名流如劉丈燕庭陳丈壽卿吳丈子苾皆好金石者也稍稍得聞緒餘同治辛未壬申年間官農曹以所得俸入盡以購彝器及書彼時日相商榷者則清卿姻丈廉生太史香濤中丞周孟伯丈胡石查大令無日不以攷訂為事得一器必相傳觀致足樂也忽忽十餘年矣今年夏清卿姻丈以其所為說文古籀補刻成命之為敘曰古籀廢絕二千年至於今日孰從而極其變哉說文所載重文後人或有增加真偽參半郭忠恕汗簡所輯皆漢唐六朝文字點畫不真詮釋不當夏竦四聲韻相為表裏其謬則同所謂商周遺迹無有也說文言郡國往往於山川得鼎彝其銘即前代之古文皆自相似知許君參稽金刻爲多自宋以來三代法物日出而不窮其文喬皇甾茂倜傀離奇說文不盡有以形聲求之無不可識今清卿之作依說文部居始一終亥吕類相從有條不紊一一皆從拓本之真者摹其形信而有徵湝說其文詳解其字語許君所未盡語通經典所不易通如茂曆之類若干字雖有各家之攷証另為一編坿於其後嗚呼慎矣余與清卿交冣久冣深

余弟祖年又清卿之姪壻也余謂清卿振荒如富彥國治軍如戚元敬而其於金石彝器文字之好又不止如吕大臨翟耆年趙明誠薛尚功王俅也不亦感哉是為敘

光緒九年癸未冬十一月吳縣潘祖蔭

說文古籀補敘

今世無許書無識字者矣非古聖之字雖識猶不識矣今世無鐘鼎字無通許書字正許書字補許書字者矣斯相之長逢祖龍之焚坑豈意孔子宅壁尚存古經郡國山川往往得鼎彝有所不能盡燔者乎許氏之書至宋始箸傳寫自多失真所引古文校以今傳周末古器字則相似疑孔壁古經亦周末人傳寫故籀書則多不如今之石鼓古文則多不似今之古鐘鼎亦不說某為某鐘某鼎字必響搨以前古器字無氈墨傳布許氏未能足徵宋宣和博古圖呂與叔考古圖版本薛尚功款識帖石本以後雖摹其文多以己意及宋人所謂古篆法寫大意不能傳真矩矱形神無從攷索至我

朝而許氏之學大明鐘鼎之字亦大顯儀徵阮文達公先成積古齋鐘鼎款識一書最為精善傳布於天下所收王復齋鐘鼎款識拓冊亦為最古文達為先文懿公童試師官太傅時謁於京第知祺好古文字以天機清妙為譬書論鐘鼎詩於紈扇以賜時漢陽葉東卿駕部海豐吳子苾閣學道州何子貞同年皆以文字及先公門諸城李方赤外舅劉燕庭世丈安邱王菉友姻丈日照許印林同年皆在京師嘉興張尗未解元徐籀莊明經皆南中未見忘年

交共以古文相賞析祺嘗欲輯

本朝許氏學之說為說文統編以一字為一類先列鐘鼎古字次以許氏籀文古文字古文無則前闕文古字不可釋則附各部後存之再次以許氏學各家說又次以古訓詁古音韻各家說有志而學與力不能就同治癸酉友人為乞吳縣吳清卿館丈古篆楹帖書問先至十餘年來雖視學於秦振荒於燕豫晉籌屯防於古肅慎未少閒軍旅之暇未嘗釋卷癸未成說文古籀補十冊三千五百餘字溯許書之原快學者之覩使上古造字之義尚有可尋起尗重而質之亦當謂實獲我心況漢以後乎曰許氏之功臣也可曰倉聖之功臣也可後之學者述而明之必基乎此矣光緒十年歲在甲申正月三日己卯濰縣陳介祺敘

說文古籀補敘

古籀之亡不亡于秦而亡于七國為其變亂古灋各自立異使後人不能盡識也幸而有三代彝器猶存十一于千百攷許氏說文解字記云壁中書者魯恭王壞孔子宅而得禮記尚書春秋論語孝經又北平侯張倉獻春秋左氏傳郡國亦往往於山川得鼎彝其銘即前代之古文皆自相似又云其偁易孟氏書孔氏詩毛氏禮周官春秋左氏論語孝經皆古文也其於所不知蓋闕如也不言博采鼎彝文字者殆許氏所未見闕而不録所謂稽

譔其說信而有證矣竊謂許氏以壁中書為古文疑皆周末七國時所作言語異聲文字異形非復孔子六經之舊簡雖存篆籀之跡實多譌偽之形自宋以來鐘鼎彝器之文始見于著録然吕薛之書傳寫覆刻多失本真我

朝乾隆以後士大夫詁經之學兼及鐘鼎彝器款識攷文辨俗引義博聞阮吳所録許徐所釋多本經說有裨來學百餘年來古金文字日出不窮援甲證乙真贋釐然審擇既精推闡益廣穿鑿傅會之蔽日久自彰見多自塙有許書所引之古籀不類周禮六書者有古器習見之形體不載於說文者撮其大略可以類推如許書示古文作[illegible]玉古文作[illegible]中古文作[illegible]籀文作[illegible]古古文作[illegible]言旁字古文皆作[illegible]革古文作[illegible]及古文作[illegible][illegible][illegible]段古文作[illegible]畫古文作[illegible][illegible]目古文作[illegible]敢籀文作[illegible][illegible]古文作[illegible][illegible]乃古文作[illegible]籀文作[illegible]丹古文作[illegible]青古文作[illegible]韋古文作[illegible]桀古文作[illegible]从几之類以古器銘文偏旁證之多不相類其為周末文字可知古器習見之字即成周通用之文如王在之十若曰之[illegible]對揚之[illegible]皇考之[illegible]召伯

之[illegible]邾子之[illegible]鄭伯之[illegible]以及[illegible][illegible][illegible][illegible][illegible]匜[illegible]等器[illegible][illegible][illegible][illegible][illegible][illegible]拜等字甲作十丁作口王作工丑作[illegible]寅作[illegible]皆許氏古文所無故全書屢引秦刻石而不引其鐘其鼎之文又按說文𢍏引給也不曰古文以為擇字乍止也一曰亡也不曰古文以為作字各異辭也不曰古文以為格字令發號也命使也不曰古文令命為一字不鳥飛上翔不下來也不曰古文以為丕字酉就也八月黍成可為酎酒象古文酉之形不曰古文以為酒字對譍無方也對下云對或从士漢文帝以為責對而

為言多非誠對故去其口从士也今所見古器文多作對無从口者自非漢時所改然則郡國所出鼎彝許氏實未之見而魯恭王所得壁經又皆戰國時詭更變亂之字至以文考文王文人讀為寍考寍王寍人宜許氏之不獲見古籀真跡也大澂篤耆古文童而習之積三十年搜羅不倦豐岐京洛之野足跡所經地不愛寶又獲交當代博物君子擴我見聞相與折衷以求其是師友所遺拓墨片紙珍若球圖研精究微辨及瘢胝爰取古彝器文擇其顯而易明視而可識者得三千五百餘字

說文古籀補　三

彙録成編參以故訓附以己意名曰說文古籀補蓋是編所集多許氏所未收有可以正俗書之謬誤者間有一二與許書重複之字並存之以資考證不分古文籀文闕其所不知也某字必詳某器不敢嚮壁虛造也辨釋未當概不羼入昭其慎也索解不獲者存其字不繹其義不敢以巧說衺辭使天下學者疑也石鼓殘字皆史籀之遺有與金文相發明者古幣古鉩古陶器文亦皆在小篆以前為秦燔所不及因並録之有抱殘守闕之義焉至寶之讀賂盨之从須䧿之从雞雖近希聞實資

深討後之覽者或有以究聖人作述之微存三代形聲之舊仍不乖許氏遵修舊文之意云爾夫倉頡爰歷博學凡將訓纂諸篇世無傳書其詳不可得而聞若郭宗正之汗簡夏英公之古文四聲韻援据雖博蕪襍滋疑小子不敏誠不敢襲其舊蹈其轍也光緒九年癸未夏六月吳縣吳大澂撰

乙未夏秋閒增輯一千二百餘字有前編所遺漏者亦有近年續見之古器古鉩因在湘中重付剞劂以公同好大澂又識

說文古籀補　四

說文古籀補

凡例

一古器所見之字有與許書字體小異者如廟之从川悊之从卜復之从亘寰之从富保之从[illegible]昧作[illegible]射作[illegible]鬲作[illegible]俘作[illegible]之類可見古聖造字之意可正小篆傳寫之譌閒有與許書所載古籀文同者亦竝録之以資攷證不嫌其複也

一古器通用之字有與許書詁訓不合者如且為祖考字訶為歌舞字必為韠市字𠦪為古

說文古籀補　一

純字賞為古償字井為古邢字者為古諸字生為古姓字一字二解者分隸兩部注明某字重文

一所編之字皆據墨拓原本去偽存真手自摹寫以免舛誤至博古考古圖及薛氏阮氏吳氏之書未見拓本者概不采録

一分别部居悉肙許氏原書有許書所無之字附于各部之末不可識者亦不强解

一詁訓有采箋傳注疏語有襲許氏原解有以己意附益者不復分别詳注從其簡也其與它説異者偁某氏説以别之亦許書釋例也

一古書有相通之字多見于經典釋文今偁某某字古通皆本經説不敢强合也

一偁古文以為某字者皆合觀諸器銘攷其文義塙而可據疑者闕之别撰古字説一卷以證明之兹不備引

一古器有字體小異者仿許書重文之例悉附本字下有重至數十字者見古文字之變化不一緐簡不同也閒有晚周之器其文不類古籀者亦秦燔以前之字為許氏之所取故竝存之

說文古籀補　二

一所引古器名有釋字未當姑仍舊名者如戎都鼎家德氏壺齊太僕歸父盤录伯戎敦之類是也有舊釋所誤更易今名者如鐘文通录康虔以為禄康鐘則不文也齊侯罍當為壺其器本非罍也龍虎節之攺為龍節其制本非龍虎也易無專為鄦惠葦武為動武皆此類也其不可識之字則以原篆文標其名

一古器中象形字如犧形兕形雞形立戈形立旂形子執刀形子荷貝形之類概不采入

一舊釋有可从而未能盡慊己意有所見而未為定論者别為附録一卷是而正之以俟後之君子

一前人舊釋蔑曆盨蓋及旁京之旁楚鐘之楚析子孫之析僕兒鐘之僕伯躳父之躳𨚕之釋𥂴之釋德𢔶之釋節沿龍襲已久實難深信心知其非不能求其是者列入附録古文奇字不可識者亦并附焉

說文古籀補 三

說文古籀補第一

賜進士出身頭品頂戴兵部尚書兼都察院右副都御史巡撫湖南等處地方吳大澂撰

文六十三 重八十一

[一] 一 盂鼎 一 師遽方尊

[元] 虢叔鐘 曾伯霥簠 沇兒鐘 曆鼎

[天] 人所戴也天體圜故从●許氏說天大地大人亦大故大象人形 盂鼎 彔伯戎敦 頌鼎頌敦 从一大 歸夆敦 無㠱𢉅敦蓋天子 古文奇字也

[丕] 古丕字 盂鼎 不字重文 宋公佐戈 丕陽

說文古籀補 第一 二

[上] 古上字 毛公鼎 虢叔鐘同

[帝] 周𡨦鼎帝字如此 䎽敦 帝文王 寡子卣 𤞟狄鐘 ▼己且丁父癸鼎諸侯不祖天子此器獨於祖父上加▼字其為帝字無疑如花之有蒂果之所自出也 ▽己且丁父癸卣 帝降矛

[旁] 𥫗从从丙丙古方字小篆作𣃟 旁肇鼎 旁尊

[下] 古下字 毛公鼎 虢叔鐘同

[示] 古文以為祁字 祁下重文 示字𡧪首幣

[禄] 頌敦通彔 永令 彔下重文

[福] 徐同柏曰古福字 畐父辛爵 曾伯霥簠 多父盤 弡中簠

神 祭 祀 祖 祊 祼 祝 祈 三 王 皇

齊侯甔 克簋 㝅鐘

宗周鐘

史喜鼎祭字如此 古陶器 亦古陶器文从手从示置肉于豆閒以祭前代始為飲食之人也

古祀字吳尊 伐鄦彝 邾公鐘 師遽敦

齊子仲姜鎛祖字如此 且字重文

古文以為祊字齊子仲姜鎛 祊字下重文

陳侯因資敦諸侯祼薦 魯侯角徐同柏說古祼字祼之言灌也或作淉或作果攷工記玉人注

太祝禽鼎祝字如此

古祈字从止从單从斤頌敦 齊侯壺省單 齊侯壺 邾公鐘

王孫鐘 歸夆敦

或从旂从言白𠭰敦 太師虘豆用旛多福 从㫃者亦古祈字

盂鼎

大也盛也从二从丄古火字地中有火其氣盛也火盛曰王德盛亦曰王盂鼎 格仲尊 者沪鐘

丁子尊 商方尊 克鼎 姑馮句鑃此晚周文字與古鉨相類

古鉨文 古鉨文 古鉨文

大也日出土則光大日為君象故三皇稱皇頌敦 𢉥姑敦 師觚父敦

皇 王 璧 環 璋 瑁 珀 瑕 士 壯 中 屯 每 毒 蘇 茉

陳侯因資敦 齊子仲姜鎛 王孫鐘 亦王孫鐘文

玉以一貫三玉象形毛公鼎

許氏說璧瑞玉圜也齊侯壺 齊侯壺異文 亦齊侯壺字

肉好若一謂之環古環字象形𠭰敦 或从玉从袁小篆作環師遽方尊

从王从章子璋鐘

古瑁字不从玉魯公伐郜鼎

古鉨文

子璋鐘

古鉨文 古鉨文

正也兩旗之中立必正也頌敦頌鼎 邜敦如此象旗斿向左形 子禾子釜中刑 中都幣

古文以為純字頌敦 遅敦𠧟魯字如此 屯留幣

𨟻人鐘

古文以為敏字杞伯敏父鼎 敏下重文

緐字重文毛公鼎 古文以為毋字亞形毋癸鼎 毋下重文

古蘇字从木史頌敦 史頌敦 蘇甫人匜 古鉨文 古鉨文

古鉨文 古鉨文

吴大澂 文集（下）

蕳 古蕳字 蘭人幣 蕳 古鉩文

蒲 古蒲字 蒲子幣 蒲 蒲坂幣

艾 古艾字 盂鼎 艾 己侯敦

荅 古鉩文

薑 古鉩文 薑 古鉩文 古鉩文 古鉩文

古鉩文

蘿 古蘿字从艸从网从維省古鉩文

古鉩文

說文古籀補 第一 四

葉 古文葉不从艸 拍盤 枼字重文

茲 說文艸部茲艸木多益玄部兹黑也春秋傳曰何故使吾水兹今經典二字多通用石鼓

茭 古鉩文

蔡 古鉩文 古鉩文

薄 迫也博伐迫而伐之也从干尃聲經典通用薄虢季子白盤博伐嚴允 博 師寰敦今敢博乃眾博與博薄通

若 華之茂者枝葉緐生春字从此後人以若為芓非盂鼎 若 散氏盤 芓如此

芻古鉩文

折 象杕之折許氏說从斤斷艸毛公鼎 折 師寰敦折首執訊 折从二中與小篆同 折 虢季子白盤

說文有萮字無 萮字古鉩文

說文所無 古鉩文

芊 說文有芋字無 芊字古鉩文

苛 古鉩文

蔥 古蔥字象形禮三命赤韍蔥衡青謂之蔥也許氏說繱帛青色从糸後人所加毛公鼎

古鉩文

茶 古茶字 古鉩文 茶 古鉩文 或从竹 疑亦茶之緐文古鉩文

說文所無 克鼎

說文古籀補 第一 五

晉公盦 散氏盤 古鉩文

說文所無 古鉩文

說文所無 古鉩文

說文古籀補弟二

賜進士出身頭品頂戴兵部尚書兼都察院右副都御史巡撫湖南等處地方吳大澂撰

文一百十四　重二百五十四

小　古文小少為一字靜敦　小子師敦　毛公鼎

八　齊太僕歸父盤　函皇父敦

分　己侯敦　禹攸比鼎

曾　曾伯霥簠　呂伯豫敦

尚　陳侯因資敦　賓鉼　梁當鋝幣　梁幣當字如此

說文古籀補　弟二　一

㒸　隕也小篆作㒸亦作隊許氏說从高隊也今俗作隊　毛公鼎　㝬伯戎敦　頌鼎廿家借㒸為家字

介　趩尊　師望鼎　師寰敦　盂　師寰敦　器

必　師奎父鼎用囟省壽今經典通用介囟字重文

公　公違鼎　盂鼎　芮公鬲　晉公盦　盨蓋

必　魯公伐邻鼎　古鉩文

必　攷工記天子圭中必鉞宮詹說必通縪小篆作縪韍也所以蔽前　鄦惠鼎　寰盤

余　盂鼎　邵鐘　僕兒鐘　齊子仲姜鎛

番　番君鬲

半　古半字从八从千千為成數中分之則半也或曰从八从廾小篆从牛失古義矣宋半釿幣　虞半釿幣　安邑半釿幣

牛　師寰敦　曶鼎

牡　剌鼎

犅　小篆从牛岡此从牛从剛省當即古犅字　靜敦

柬　貉子卣　貉子卣

犕　葡盛矢器也小篆从牛作犕今經典通用服犕古通許氏說葡具也毛公鼎簟弼魚葡　北征葡

牼　邾公牼鐘　又一邾公牼鐘鄧尉山寺所藏

告　毛公鼎　父丁告田觶　盂鼎

說文古籀補　弟二　二

吾　古文以為𣪕敔之敔　毛公鼎干吾即𣪕敔之省　敔字重文　石鼓文吾字从辵从午

悊　晳也从折从心小篆从折口或从心　曾伯霥簠　叔家父簠　克鼎

悊　師望鼎　王孫鐘

君　古文以為羣字　史頌敦　君夫敦　邾公鐘　庸夜君鼎

君　鄦邑君簠　古鉩文

命　古文命令為一字　齊太僕歸父盤　齊侯壺　師酉敦　陳猷釜

命　師望鼎　伊敦

咎　咎字空首幣

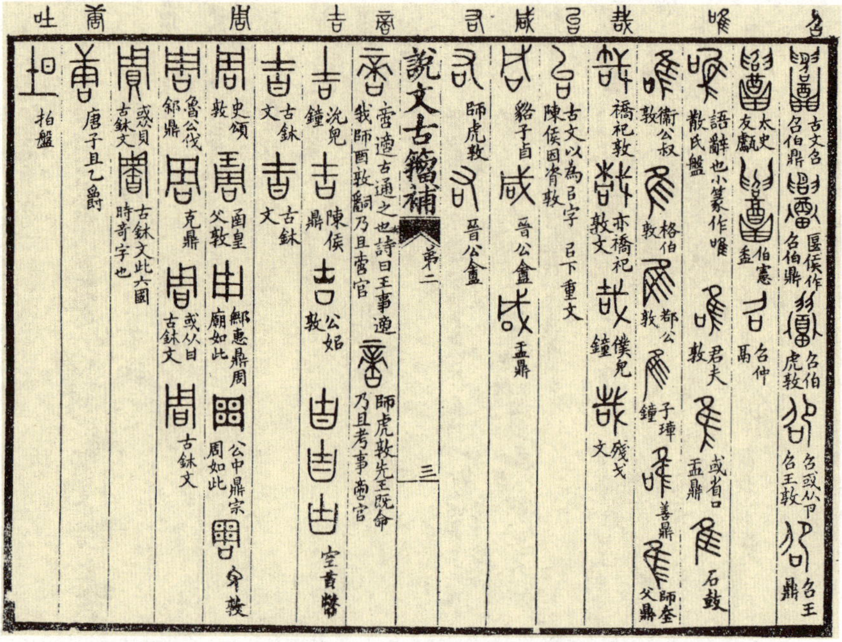
名 唯 哉 㠯 咸 君 啻 吉 周 商 吐
古文名 名伯鼎 匽侯作名伯鼎 名伯虎敦 名或从卩名王敦 名王鼎
太史友甗 伯憲盉 名仲鬲
語辭也小篆作唯散氏盤 君夫敦 或省口孟鼎 石鼓
衛公叔敦 格伯敦 都公敦 子璋鐘 善鼎 師奎父鼎
橋祀敦 亦橋祀敦文 僕兒鐘 殘戈文
古文以為㠯字陳侯因資敦 㠯下重文
貉子卣 晉公盦 孟鼎
師虎敦 晉公盦
說文古籀補 第二 三
啻適古通之也詩曰王事適我師酉敦嗣乃且啻官 師虎敦先王既命乃且考事啻官
沇兒鐘 陳侯鼎 公姞敦 空首幣
古鉨文 古鉨文
史頌敦 函皇父敦 鄦惠鼎周廟如此 公中鼎宗周如此
魯公伐郘鼎 克鼎 或从日古鉨文 古鉨文
或从貝古鉨文 古鉨文此六國時奇字也
唐子且乙爵
拍盤

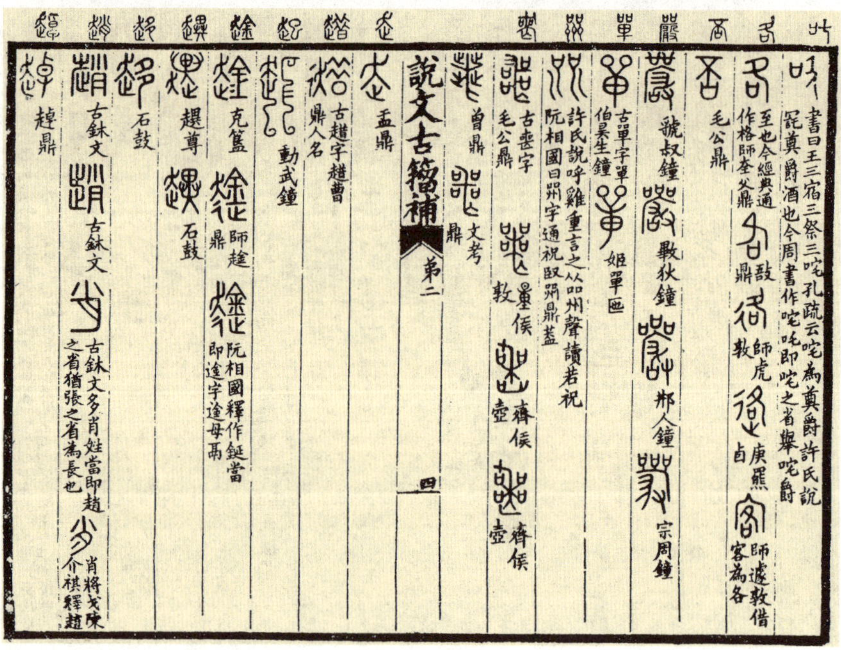
書曰王三宿三祭三咤孔疏云咤為奠爵許氏說䖒奠爵酒也今周書作咤吒即咤之省舉咤爵
至也今經典通作格師奎父鼎 敔鼎 師虎敦 庚羆卣 師遽敦借客為各
毛公鼎
虢叔鐘 𠭯狄鐘 邾人鐘 宗周鐘
古單字單伯昊生鐘 姬單匜
許氏說呼雞重言之从吅州聲讀若祝阮相國曰㗊字通祝𣪘㗊鼎蓋
古喪字毛公鼎 量侯敦 齊侯壺 齊侯壺
曾鼎 文考鼎
說文古籀補 第二 四
孟鼎
古趞字趞曹鼎人名
動武鐘
克簋 師趛鼎 阮相國釋作趛當即逢字逢母鬲
趩尊 石鼓
石鼓
古鉨文 古鉨文 古鉨文多肖㚔當即趙之省猶張之省為長也 肖將戈陳介祺釋趙
趠鼎

石鼓

趞敦

陳侯因資敦 孝武𧼯公

亞形尊 石鼓

古𨁈字从止从童今經典通作踵考工記輈人五分其頸圍去一以為踵圍注踵後承軫者也毛公鼎 金𨁈金豙

孑仲鐘用侃喜前文人 追敦

古歷字 毛公鼎

古歸字彝器有女帚字皆媵器也女歸卣 㠱田鼎 貉子卣 師歸戈

說文古籀補 第二 五

歸夆敦 齊太僕歸父盤

古登字从癶从豆 从廾散氏盤 亦散氏盤文 古鈢文

古歲字 曶鼎 陳猷釜 平㱿古鈢 古鈢文

古此字居後彝

古正字从止从●止為足跡上象其履行必以正也盂鼎 古鈢文

古鈢文 古鈢文 古鈢文 古鈢文 古鈢文

古是字毛公鼎 石鼓 𠭯季良父壺 虢季子白盤

古達字上官鼎 古鈢文

往也小篆作邁古文以邁為萬字邁與勱通周書曰用勱相我國家許氏說勱讀若萬盂鼎遇相先王

司徒官名古作司土小篆作社 鄦惠鼎 齊子仲姜鎛大徒大宰 子禾子釜徙罨名

揚敦 左司徒玉鈢 左司徒鈢 平陰都司徒鈢 古鈢文

司徒鈢 隥都

太保敦 丁未伐商角 簷鼎 曾伯霥簠

無㠱敦 歸夆敦 無㠱敦

古造字从宀从舟告聲 頌鼎 頌鼎 或从造或从𢓜頌敦 頌壺

簷鼎 羊子之艁戈 宋公佐戈 秦子戈 高密艁戈

說文古籀補 第二 六

邘斤戈 陳𦔻子戈 壂右戈

師寰敦 叔家父簠 石鼓

逆古文逆作屰 父丁尊

古通字 頌敦 頌壺 通彔鐘

古鈢文 曶鼎

古還字乙亥方鼎 遽伯還敦 散氏盤 馭方鼎

古遺字三家敦 𠭯鼎 太保敦 遺小子敦 城虢敦

古遲字通𢓜仲𫻊父敦 𢓜下重文 伯遲鼎

遹 古遹字 克鐘 克鼎 自藏克鼎

違 从韋从辵 公違鼎 古陶器

達 䢔白達敦 師寰敦

[illegible] 當即[illegible] 師[illegible]敦蓋 師[illegible]敦器 文如此

析子孫遹敦

遺 曶鼎

遂 从豕从刀射讎也儀禮大射儀司射適次袒決遂靜敦王錫靜鞞剢剢遂古通 齊陳曼簠不敢遂借遂為家

說文古籀補 第二 七

關中初出遂啓諆鼎祇有遂啓諆作其叔寶尊彝九字後為俗工增刻數十字售於漢陽葉氏今鼎在金山原文尚可節取遂啓諆鼎

己伯鐘追字如此 孑仲鐘 買敦

古文以為獵石鼓文君子鼎邋 鼎邋鼎斿

古逞字吳季子劍

克鼎 古鉨文

古還字散氏盤 單伯鬲 鄭還父鼎 魯還鐘 石鼓

古道字从𩠐从行貉子卣 散氏盤

古遽字通遽 師遽敦 師遽方尊 遽伯還敦 遽中觶

小篆作邊 盂鼎 散氏盤

連 說文所無 古鉨文

說文所無 吱逹古鉨

从彳从直从心直古相字相心為悳得於心則形於外也盂鼎 叔向父敦 虢叔鐘

邾人鐘 師望鼎 散氏盤 齊陳曼簠 曆鼎

王孫鐘 或从辵亦王孫鐘文

古復字曶鼎 散氏盤 古鉨文

古往字 古鉨文

古忂字 古鉨文

說文古籀補 第二 八

石鼓彼字省作皮 皮字重文

石鼓

古徦字遐字說文所無徐鉉曰或通用假字曾伯霥簠 叚字重文

師寰敦 古陶器 亦古陶器文 師望鼎

周公觶

古文以為遲字 遟伯鼎 仲叡父敦 遟伯遟姬 遟敦 伊敦

王孫鐘

虢叔鐘 古陶器 師望鼎 邾人鐘得純用魯

御 馭 徑 建 延 彳 衛 距 跖 龠 龢

御尊蓋　齊侯壺　箙鼎　虢叔鐘　又一虢叔鐘

邾伯御戎鼎　古鉨文　頌鼎　皆頌敦文　不㝬敦

諆田鼎　大鼎　辛子卣　師寰敦　不㝬敦

馭之省古御字詩曰以御于家邦師虎敦命女馭乃祖考啻官　師龢父敦既命女馭乃且考𤔲

古廷字从人从土乚其地也毛公鼎　克鼎　頌鼎　師酉敦

古建字毛公鼎

師遽敦　盂鼎

曾伯霥簠

說文古籀補　第二　九

衛父卣器　衛父卣蓋　衛公叔敦　衛公叔敦　㕣攸比鼎

距末

史㥁壺蓋

叔噐父敦

古龢字調也象以手按龠之形許氏說龠樂之竹管三孔以龢眾聲也古龠从亼叔向敦　魯遼鐘

僕兒鐘　邛君婦壺　邾公鐘　虢叔鐘　沇兒鐘

郳人鐘　克鼎　召伯𣪘　邾公牼鐘　叔氏寶林鐘

王孫鐘　散氏盤省文

冊 嗣

古冊字父乙卣　師虎敦　師奎父鼎　頌鼎　守敦　吳尊

克簋借典為冊

盂鼎　毛公鼎

說文古籀補　第二　十

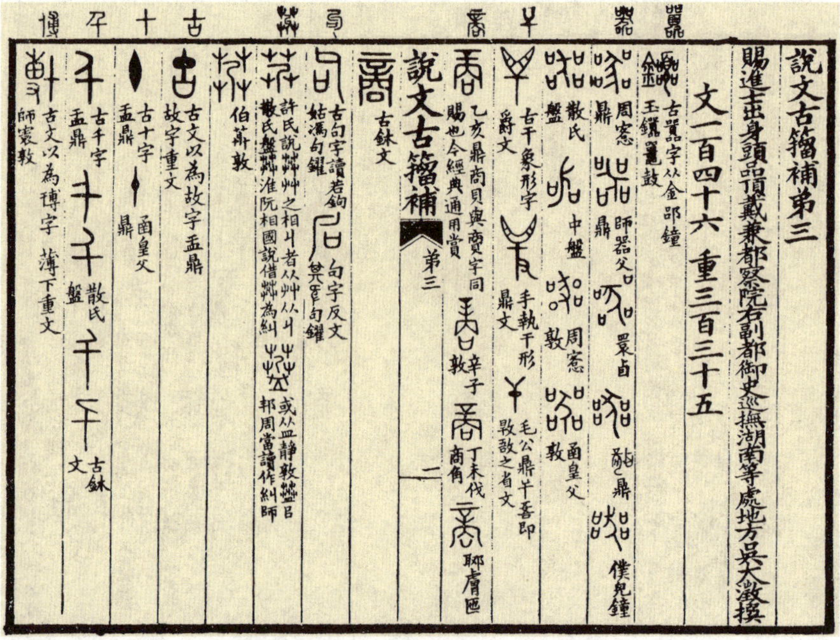

說文古籀補弟三

賜進士出身頭品頂戴兼都察院右副都御史巡撫湖南等處地方吳大澂撰

文一百四十六 重三百三十五

古嚚字从金 邵鐘 王孫鐘 鼂鼓

周愙鼎 師器父鼎 睘卣 [illegible]鼎 僕兒鐘

散氏盤 中盤 周愙敦 亟皇父敦

古干象形字 爵文 手執干形 鼎文 毛公鼎干吾即斁敔之省文

乙亥鼎商貝與賣字同 賜也今經典通用賞 辛子敦 丁未伐商角 聊膚匜

說文古籀補 第三 二

古鉥文

古句字讀若鉤 姞瀉句鑃 句字反文 其𠂤句鑃

許氏說茻艸之相丩者从茻从丩 散氏盤茻淮阮相國說借茻為糾 或从皿靜敦盠呂邦周當讀作糾師

伯茻敦

古文以為故字盂鼎 故字重文

古十字 盂鼎 亟皇父鼎

古千字 盂鼎 散氏盤 古鉥文

古文以為博字 師寰敦 薄下重文

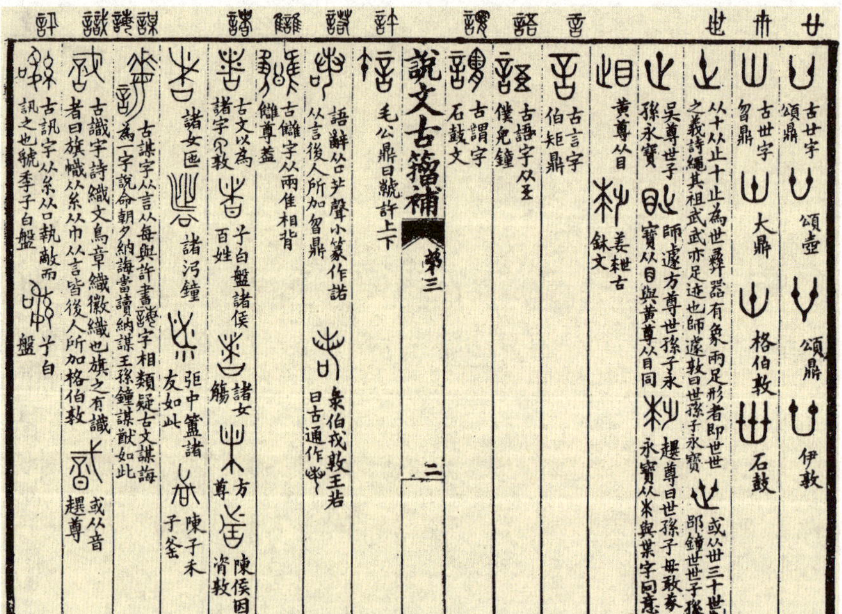

古廿字 頌鼎 頌壺 頌鼎 伊敦

古世字 曶鼎 大鼎 格伯敦 石鼓

从十从止十止為世彝器有象兩足形者即世世之義詩繩其祖武武亦足迹也師遽敦曰世孫子永寶 或从世三十世 邵鐘世世子孫

吳尊世子孫永寶 師遽方尊世孫子永寶从日與黃尊从目同 趩尊曰世孫子毋敢𠂤永寶从木與枼字同意

黃尊从目 姜𣏟古鉥文

古言字 伯矩鼎

古語字从𢀜 僕兒鐘

古謂字 石鼓文

說文古籀補 第三 二

毛公鼎曰虢許上下

語辭从口𢀜聲小篆作諾从言後人所加 曶鼎 彔伯戎敦王若曰古通作𦬬

古雝字从兩隹相背 雝尊盖

古文以為諸字兮敦 兮白盤諸侯百姓 諸女觴 方尊 陳侯因資敦

諸女匜 諸汈鐘 弫中簠諸友如此 陳子禾子釜

古謀字从言从每與許書謀字相類疑古文謀誨為一字說命朝夕納誨當讀納謀 王孫鐘謀猷如此

古識字詩織文鳥章織徽織也旗之有識者曰旗幟从糸从巾从言皆後人所加 格伯敦 或从音 趩尊

古訊字从糸从口執敵而訊之也虢季子白盤 兮白盤

謹 誓 誓 詁 誎 計

古謹字从音六國時字音言互用也古鉥文

齊子仲姜鎛

約信也小篆从折从言散氏盤　皆散氏盤文　齊侯壺

古陶器文从止从言从斤　亦古陶器文　或从心不从言言必由衷也古陶器文

誓無忌故从斤　誓反文　或从言非从音也以上三字皆鉥文疑約劑所用

古鉥文

从柬言从門闌門以納諫盂鼎　或省言駁方鼎駁方休諫

古計字从千鉥文　或从十古鉥文　古鉥文　貨賄用璽節故古鉥多計鉥之文

說文古籀補　第三　三

子栗子計鉥　所敎計鉥　圍之計鉥　𫍲（?）計鉥

誠 許 䜌 䜌 謈 謠 諆

古誠字从言从𢦏省鄦公簠　从糸从成省亦古誠字毛公鼎

古文以為呼字頌鼎　皆頌敦文　師遽敦

許氏說亂也孚白盤毋敢或入䜌宄　散氏盤余有爽䜌　古文以為蠻字號季子白盤　古文以為䜌字鄦惠鼎

商方卣人名

齊侯壺暮則爾暮許氏說謈忌也暮謈古通

古謠字謠言也許氏說䛧讀若謠或从𦃃作䛧古文𦃃𦃃為一字𦃃之轉為謠謠散氏盤　師寰敦

諆田鼎　甚諆鼎　古文以為欺字師寰敦　古文以為期字王子吳鼎

諆 訟 訶 詼 讆 誣 譱

王孫鐘

古訟字盂鼎　揚敦

古文以為歌字从言可聲僕兒鐘歌字重文

古誶字寡子卣蓋

古讆字从言从望省小篆不省許氏說讆責望也師望鼎王用弗讆言王嘉師望而弗責望也

古誣字說文所無疑經之異文古玉鉥

古善字散氏盤　皆散氏盤文　大鼎　卯敦

克鼎善夫　克簋　古鉥文　古鉥文

說文古籀補　第三　四

章 竟 童 妾 業 對 對

古章字師遽方尊　頌敦　魯公伐郚鼎　乙亥敦

竟竆也目力所竆从見从𣥂立表以為界謂之境猶關之有卝也二古上字从𡈼後人所加散氏盤

古鉥文

伊敦　克鼎

曾伯霥簠

小篆作對許氏說對或从士漢文帝以為責對而為言多非誠對故去其口以从士也今彝器對字多从丵不从口許說非也號叔鐘

太保敦如此　或不从又𠂤子卣　彔伯戎敦對字从貝　君夫敦敢對揚王休對字如此

曆鼎　無㠱敦　歸夆敦

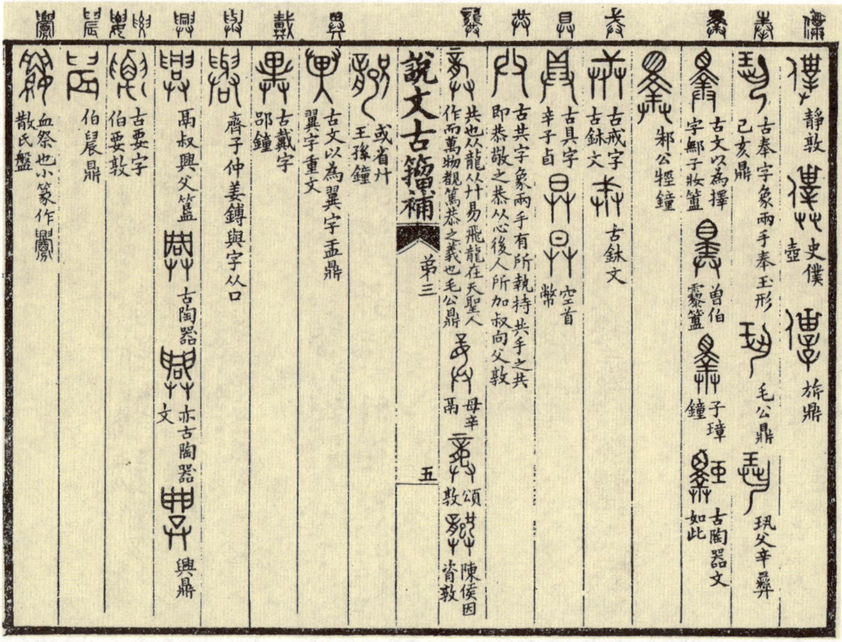

僕 静敦 史僕壺 旅鼎

古奉字象兩手奉玉形 己亥鼎 毛公鼎 玌父辛彝

古文以為擇字鄦子妝簠 曽伯𩰫簠 子璋鐘 古陶器文如此

邾公牼鐘

古戒字古鉨文 古鉨文

古具字 辛子卣 空首幣

古共字象兩手有所執持共手之共即恭敬之恭从心後人所加 叔向父敦

共也从龍从廾易飛龍在天聖人作而萬物覩龔恭之義也毛公鼎 母辛鬲 頌敦 陳侯因資敦

說文古籀補 第三 五

或省廾 王孫鐘

古文以為翼 翼字重文 盂鼎

古戴字 邵鐘

齊子仲姜鎛與字从口

鬲叔興父盨 古陶器 文 亦古陶器 興鼎

古要字 伯要敦

伯晨鼎

血祭也小篆作釁 散氏盤

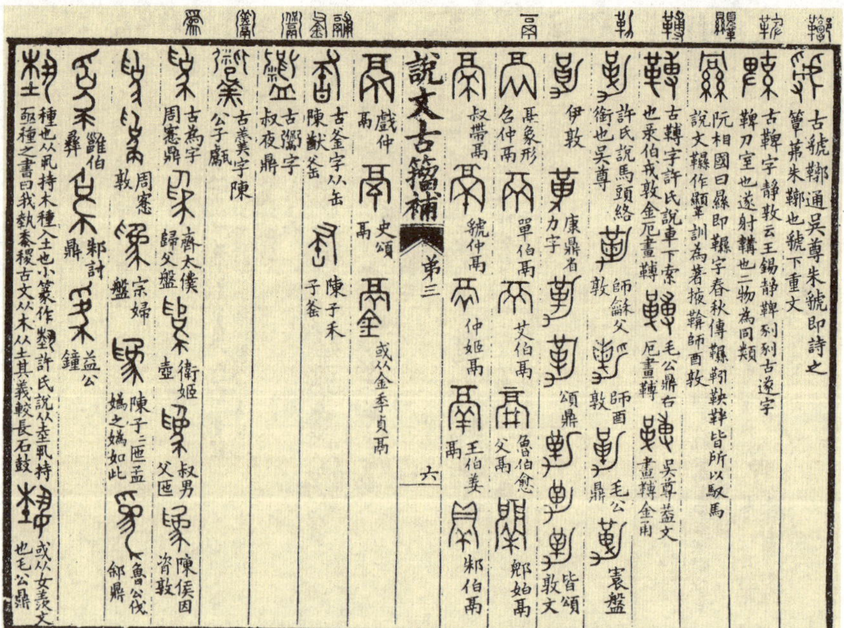

古虢鞹通吳尊朱虢即詩之簟茀朱鞹也虢下重文

古鞹字静敦云王錫静鞞剢剢古遂字鞞刀室也遂射韝也二物為同類

阮相國曰𩋙即鞹字春秋傳𩋙靷鞅靽皆所以馭馬說文𩋙作韅訓為著掖鞥 師酉敦

古轉字許氏說車下索也录伯戒敦金厄畫轉 毛公鼎右厄畫轉 吳尊蓋文畫轉金甬

許氏說馬頭絡銜也吳尊 師𩛥父敦 師酉敦 毛公鼎 寰盤

伊敦 康鼎省力字 頌鼎 皆頌敦文

鬲象形 名仲鬲 單伯鬲 𠂇伯鬲 魯伯愈父鬲 鄭始鬲

叔帶鬲 虢仲鬲 仲姬鬲 王伯姜鬲 邾伯鬲

戲仲鬲 史頌鬲 或从金季貞鬲

說文古籀補 第三 六

古釜字从缶 陳猷釜 陳子禾子釜

古鬻字 叔夜鼎

古羹字陳公子甗

古為字 周寚鼎 齊太僕歸父盤 衛姬壺 叔男父匜 陳侯因資敦

周寚敦 宗婦盤 陳子子匜盂媯之媯如此 魯公伐郘鼎

雝伯彝 鄦討鼎 益公鐘

種也从丮持木種入土也小篆作埶許氏說从坴丮持亟種之書曰我埶黍稷古文从木从土其義較長石鼓 或从女𡊅文也毛公鼎

古執字从丮从亯下从女 羞文也伯致敦

許氏說䵼設飪也从丮从食才聲石鼓借為䵼 或从食戈聲 叔䵼卣

毛公鼎

盂鼎 宰椃角 石鼓文以為有字有下重文

距末佑字从来从右

古㕛字 㕛卣

師奎父鼎 龍山父戊觶 父丁爵 子父觚 聿貝父辛爵

邦人鐘 立戈父丁彝

說文古籀補 第三 七

古燮字曾伯霥簠 晉公盦

古𤔲又字齊陳曼簠 曼龔父簠

𠬪敦 尹叔敦 魯侯壺

叡取也盂鼎 太保敦 父辛尊 王孫鐘 沇兒鐘

晉姞敦 丁師卣

古㪅字師䋣父敦 皆師䋣父敦異文

古及字从彳毛公鼎 沇兒鐘 郘公鐘 石鼓

虢叔鐘 者汈鐘 邦人鐘

古反字當从𠂆从又𠂆為倒足迹形與出字同意出則納屨反則解屨𠂆亦象屨形倒也為㕯从又者𠂆之變也太保敦 頌鼎

善也伯叔長幼之稱也象人執弓矢形男子生桑弧蓬矢六以射天地四方故叔為男子之美稱 𠬪敦 芮公鬲

邢敦从皿 井人鐘亦皿通淑 沇兒鐘淑㤅 吳尊 師䋣父敦

叔㛤敦 克鼎 克鼎 中叔尊

殘鍂文

古文以為郰字 郰膚盤 郰字重文 大鼎取字如此

叚借也一曰遠也經典通作遐詩遐不眉壽曾伯霥簠叚不黄耇遐亦通假假字重文 曐仲敦 師寰敦

寰盤

說文古籀補 第三 八

師奎父鼎用嗣乃父官友 大鼎 鄦惠鼎 師遽方尊

古卑俾通 𠬪敦 齊侯甗俾 旨俾清

記事者也象手執簡形許氏說从又持中中正也按古文中作𠁧無作中者史頌敦 父辛爵象形即史字之所本

師奎父鼎 頌敦 師酉敦 格伯敦 鄦惠鼎 格伯敦

史頌簠省文 趩尊王呼內史假吏為史 師𩵦敦 盉

古文事使為一字象手執簡立於㫃下史臣奉使之義此事之最古者小子師敦乙未饗事亦釋饗使 毛公鼎

師龠敦 或从史从㫃省許氏說从史之省聲非也盂鼎 陳猷釜 古玉鉨文

伯矩鼎 伊敦 使戎鼎 古玉鉨文 古敬事鉨

吴大澂文集（下）

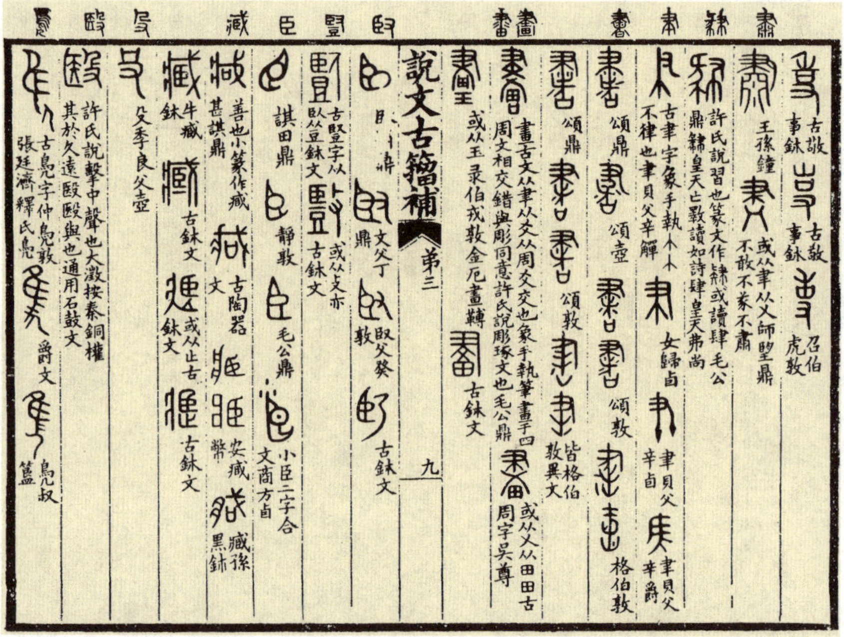
説文古籀補 第三 九

古敳 事鉢 古敳 事鉢 召伯虎敦

王孫鐘 或从聿从乂師望鼎不敢不荄不肅

許氏說習也篆文作隸或讀肄毛公鼎隸皇天亡斁讀如詩肄皇天弗尚

古聿字象手執个不律也聿貝父辛觶 女歸卣 聿貝父辛卣 聿貝父辛爵

頌鼎 頌壺 頌敦 格伯敦

公頌鼎 頌敦 皆格伯敦異文

畫古文从聿从交从周交交也象手執筆畫乎四周文相交錯與彫同意許氏說彫琢文也毛公鼎 或从乂从田田古周字吳尊

或从玉彔伯戎敦金厄畫轉 古鉢文

文父丁鼎 臤父癸敦 古鉢文

古豎字从臤从豆鉢文 或从攴亦古鉢文

諆田鼎 靜敦 毛公鼎 小臣二字合文商方卣

善也小篆作臧甚諆鼎 古陶器文 安臧幣 臧孫黑鉢

牛臧鉢 古鉢文 或从止古鉢文 古鉢文

父季良父壺

許氏說擊中聲也大澂按秦銅權其於久遠毆毆與也通用石鼓文

古鳧字仲鳧敦張廷濟釋氏鳧 爵文 鳧叔簋

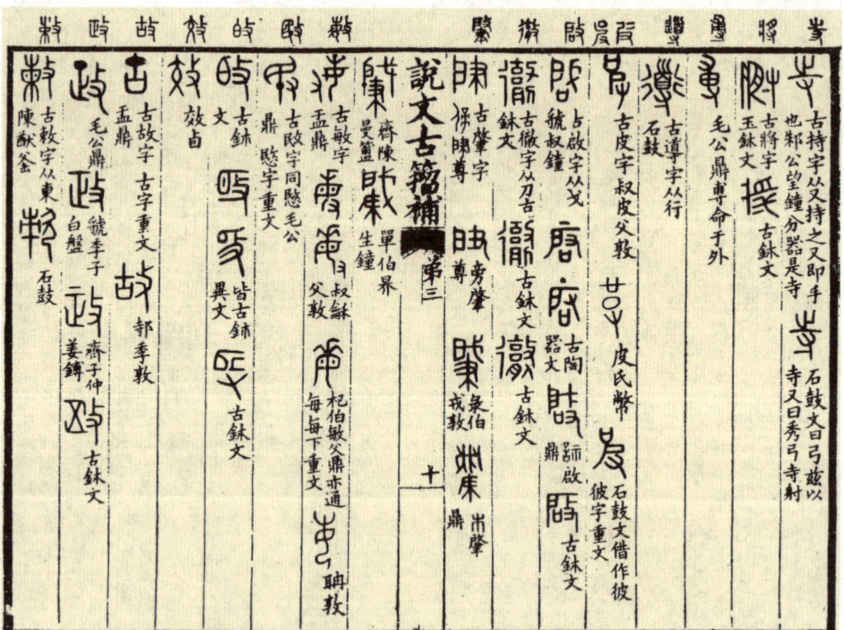
説文古籀補 第三 十

古持字从又持之又即手也邾公望鐘分器是寺 石鼓文曰弓茲以寺又曰秀弓寺射

古將字玉鉢文 古鉢文

毛公鼎尃命于外

古導字从行石鼓

古皮字叔皮父敦 皮氏幣 石鼓文借作彼彼字重文

古啟字从戈虢叔鐘 古陶器文 師啟鼎 古鉢文

古徹字从刀古鉢文 古鉢文 古鉢文

古肇字保肇尊 勇肇尊 彔伯戎敦 肇鼎

齊陳曼簠 單伯界生鐘

古敏字盂鼎 叔緐父敦 杞伯敏父鼎亦通每每下重文 聃敦

古敃字同愍毛公鼎愍字重文

古鉢文 皆古鉢異文 古鉢文

效卣

古故字盂鼎 古字重文 郘季敦

毛公鼎 虢季子白盤 齊子仲姜鎛 古鉢文

古敕字从柬陳猷釜 石鼓

古斂字从弗 古鉢文
古文以為陳字 陳下重文 陳侯鼎 陳子𠤳匜
古敵字省攴 魯公伐郤鼎
古陶器㪚字如此
厭也小篆作斁毛公鼎 靜敦斁从目从廾 斁或作射小子射鼎 虢叔鐘𦣞乍朕剌余釋𠤎斁
師𩁹鼎𦣞乍𠤎朕 今田盤休𠤎朕 克鼎𠤎朕 古鉢文
古攸字詩曰鞗革首垂也古文通用攸勒毛公鼎 吳尊 頌敦 彔伯戎敦
王主父丁尊蓋 王主父丁尊器

說文古籀補 第三 十二

祭器也經典通作敦師虎敦 𠫑皇父敦 𦅫侯敦 己侯敦
杞伯敏父敦 西宮敦 𠫑白達敦 齊侯敦 陳猷釜
杞伯敏父敦 伯致敦 叔𢿢敦
古寇字衛姬壺 虞司寇壺 司寇戈
許氏說戰盡也斁 狄鐘云斁狄不龔
擊也沇兒鐘子孫永保鼓之
二年𡉼子戈 魯公伐郤鼎
敔省文禁也古敔字經典通作捍禦敔與圉通又通禦漢碑多以衙為禦毛公鼎 石鼓即𢽄即時

敔鼎从丞从攴 敔戈从攴
古鉢文 古鉢文 古玉鉢畋季子鉢文多畋姓當即田之假借字
許氏說改更也改𡚱改大剛卯以逐鬼鬽也此漢時之異解疑古文改本一字改簋蓋
古牧字鬲攸比鼎
說文無此字 古鉢文
古敎字𤔲祀敦 散氏盤
盂鼎 師𩛥父敦
古貞字貞敦 亦貞敦文 季貞鬲 舊輔甗

說文古籀補 第三 十三

散氏盤 𨛭惠鼎 王子申盞蓋 邾公鐘 辛子敦
齊侯壺 齊侯壺 宗周鐘 陳公子甗 姑馮句鑃
古甫字甫人匜
古庸字號季子白盤庸武于戎工 毛公鼎庸集乃命 召伯虎敦 石鼓
𥎿字重文毛公鼎
許氏說爻交也象易六爻頭交也古爻字六畫相交不省父乙角
齊侯壺用御爾事 晉公𥂴
古爽字从日昧爽象日將出上有雲氣蒙翳也𠂆敦 散氏盤

說文古籀補弟四

賜進士出身頭品頂戴兼都察院右副都御史巡撫湖南等處地方吳大澂撰

文六十五　重一百四十

古瞿兩㒳文皆象目形取左右視之意合之則為䀠字許氏說䀠左右視也

伯睘卣　伯睘卣　睘卣　遽伯睘敦或釋還還下重文

睘敦　𢦚陸矛

許氏說眔目相及也从目从隶省古文以為眔字靜敦　諆田鼎

古相字从木十目所視也相作父丁觚　盂鼎　且子鼎　公違鼎　鬲攸比鼎

說文古籀補　弟四　一

古眀字　父癸鼎　眀乙　眀辛　楊沂孫說乙象眉骨形

眉象眉目形　戎都鼎　頌壺　師奎父鼎　鄦惠鼎

王婦匜　魯大司徒匜　王子申盞盖　眉侯盤　鑄子叔黑臣鼎

魯伯俞父簠　曾伯霥簠　邾公華鐘　齊侯壺　邴餘敦盖

古自字　公違鼎　諆田鼎　楚公鐘　伯雝父敦

魯伯愈鬲　魯大司徒匜　魯士呼父簠　鄦惠鼎魯休如此

歸夆敦　師奎父鼎　虢叔鐘　善鼎　頌鼎

齊子仲姜鎛儇膚兄弟即詩眉壽保魯之魯　頌敦

古文以為都字戎都鼎都字重文　古文以為諸字子白盤諸字重文　王孫鐘

古智字毛公鼎　空首幣

宗周鐘　史頌敦

古鉨文

古[illegible]字雁叔鬲鼎

古翟字史喜鼎

許氏說䍁樂舞以羽翿自翳其首以祀星辰也从羽王聲讀若皇古鉨文从工出由車鉨陳介祺說此齊掌車翳之鉨

石鼓

說文古籀補　弟四　二

雁古文以為膺應字受也許氏說籀文雁从鳥毛公鼎曰雁受大命　應公尊

歸夆敦

古雝字从隹从攴从邕許氏說邕四方有水自邕城池者籀文作邕俗作雍毛公鼎　伯雝父敦　雝或从皿盥卣

㝅尊師雝父

雗鼎

許氏說鳥肥大堆堆也散氏盤至于堆莫疑古邛字漢書自濮以北君長以十數邛都最大堆莫當即邛都靡莫　散氏盤

古奮字从衣諆田鼎

古蒦字从艸叔蒦父鬲

子白盤 師𩛥父敦蓋 師𩛥父敦器

許氏說首目不正也从丫从目讀若末歸夆敦王命益公征首敦首敦當即莫敦之古文

古羊字父辛觶 甚諆鼎 師寏敦

美爵 古鉥文

子璋鐘 空首幣

靃壺 或从雔 叔男父匜

毛公鼎唯天庸集乃命

古鳳字通朋 鳳尊 多父敦朋如此 豐姞敦 王孫鐘

說文古籀補 第四 三

古者貨貝五貝為朋詩曰錫我百朋朋友之朋从此遽伯還敦 且子鼎

古難字異文 齊太僕歸父盤 難字如此 殳季良父壺

石鼓文 王孫鐘

古寫字省文 古鉥文

古烏字 毛公鼎 寡子卣蓋 烏虖如此 烏邑幣

僕兒鐘

烏履屬許氏說誰也象形 師虎敦 吳尊 衮衣赤烏

畢仲敦

棄捐也𠦒象箕形許氏說从廾推華棄之 散氏盤

古幽字不从山 叔向父敦 伯晨鼎

歸夆敦 古鉥文

古惠字毛公鼎 郳惠鼎同 尹叔敦 齊侯鎛 龍節惠字从辵

王孫鐘 古鉥文惠字與龍節同 此二字皆惠之異文 攈古錄釋作𩑽𩑽敦 古玉鉥

古疐字許氏說礙不行也从叀引而止之也古文不从叀 疐卣蓋文 疐卣器文

古玄字 師奎父鼎 郘公牼鐘 玄鏐昔呂

毛公鼎錫女玆弁 玆字重文 玆女盉 多父盤

說文古籀補 第四 四

古舒字从夫从舍 伯雔父敦 捨鼎 王孫鐘

石鼓文 歸夆敦

古鍰字不从金 散氏盤 鍰字重文 梁當鍰幣 古匋器

虢季子白盤

受上下相付也兩手持舟 舟承尊之器 盂鼎 頌鼎 頌敦 彔伯戎敦

魯公伐郘鼎 歸夆敦 寏盤 頌壺 齊侯壺

敢勇敢也象兩手相執有物格之𦍒其口 毛公鼎 盂鼎 師𩛥父敦

師遽敦 靜敦 使夷敦 齊陳曼簠 伯晨鼎

無㠱敦蓋 奇字 大敦蓋 反文 名伯虎敦 寰盤

使夷敦 既死霸 子白盤 古文以為屍字 圭也盂鼎

弘尊 或不从囧 聊膚盤

陳侯因脊敦 左傳作因齊 脊當即齋

古鉨文 古鉨文

古膾字 趩亥鼎

地名小篆作𣀔 許氏說褋因也 散氏盤

古利字从工从刺 刺疑剌字之省文 宗周鐘參壽惟琍 阮相國釋作利

說文古籀補 第四 五

邵鐘 盂爵 鄦子妝簠 沇兒鐘 格伯敦

姑馮句鑃 其次句鑃 中卣

格伯敦 畢仲敦 散氏盤

古剛字 散氏盤 剛爵 从二刀 从大不从山

割古文以為匄字 鄀惠鼎用割眉壽

父辛卣

古罰字 𣏟伯卣 散氏盤

古劍字从金从僉 吳季子之子劍 永保用劍 劍字如此

宰椃角 陳介祺說古角字 魯侯角 徐同柏說古角字 伯角父盉 石鼓文 角弓

衡轅前橫木縛軛者 詩約軝錯衡 傳錯衡文衡也 毛公鼎曰金甬𧗿衡

古鉨文

說文古籀補 第四 六

說文古籀補弟五

賜進士出身頭品頂戴兼都察院右副都御史巡撫湖南等處地方吳大澂撰

文一百二十三　重二百六十一

古鉨文

石鼓文　古玉鉨

陳猷釜　陳子禾子釜　齊節墨刀　古匋器節墨鉨

石鼓文

古簟字从西从皿今俗从覃簟方文席也詩簟笰朱鞹毛公鼎簟弼魚葡

說文古籀補　第五　一

楊沂孫說簋从須从皿沐器也簠簋不飭不潔也鄭義姜父簋　頊𦣞簋　或从米史克簋

或从金叔姞簋　或从木鄭邦叔簋　或不从皿𨛭叔簋　叔班簋　仲義父簋

立簋　昜叔簋

古簠字曾伯霥簠　虢叔簠　虢叔作叔殷穀簠　鄦子妝簠　齊陳曼簠

鄀公諴簠　魯士浮父簠　旅虎簠　或从生借匡為簠筐字重文尹氏簠

或从故商丘叔簠　饕君簠　史頌簠　伯其父簠借祜為簠　古鉨文

古策字不从竹寡子卣策乃邦

說文無此字古鉨文

箸鼎人名說文無此字　𥳑侯敦疑即箸之異文

頌敦　亞形父己鼎　伯閒敦　郘鐘　叔彭父敦　格伯敦

曾伯霥簠　己侯敦　齊侯壺　沇兒鐘　王孫鐘

或从丮剌鼎　史頌𣪕

鈢畾許氏說丌下基也薦物之丌象形讀若箕同

大冊也从冊在丌上名伯虎敦　格伯敦　陳侯因資敦

古文以為鄭字鄭同媿鼎

陳猷釜　左關鋘　師寰敦

說文古籀補　第五　二

古文以為佐字齊侯甔國佐立事阮相國釋作差　宋公佐戈佐亦从𠂇與距末佑作𢀩同意

散氏盤　古工字或从𠂤後人誤作紅漢書紅工二字通用鄦惠鼎嗣紅如此經典司空疑司𡈼之誤　𡧍卣嗣工

古榘字不从木伯矩敦　伯矩卣　伯矩尊　矩尊　伯矩鼎

伯矩彝　伯矩盉　盉

小篆作𡨄許氏說窒也从𤰈从廾窒宀中𤰈猶齊也𡨄簋𡨄名

甘丹幣今作邯鄲

古猒字毛公鼎　古匋器

甚諆鼎

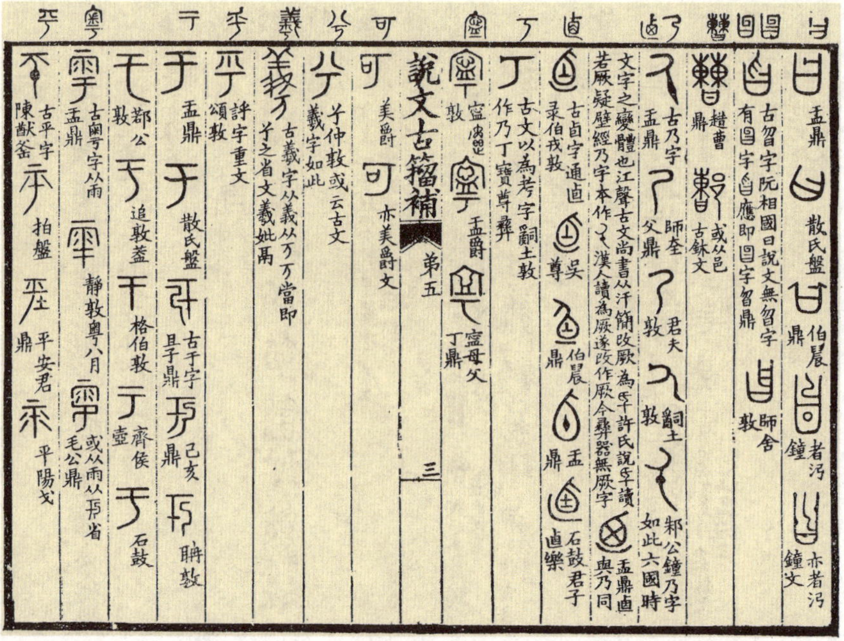

孟鼎 散氏盤 伯晨鼎 者沪鐘 亦者沪鐘文

古㫚字阮相國曰說文無㫚字有𦣻字𦣻應即㫚字㫚鼎 師舍敦

趞曹鼎 或从邑古鉨文

古乃字孟鼎 師奎父鼎 君夫敦 嗣土敦 鄀公鐘乃字如此六國時文字之變體也江聲古文尚書从汗簡改厥為𠂔許氏說𠂔讀若厥疑壁經乃字本作𠂔漢人讀為厥遂改作厥今彝器無厥字 孟鼎卣與乃同

古卣字通卣彔伯戎敦 吳尊 伯晨鼎 孟鼎 石鼓君子卣樂

丁 古文以為考字嗣土敦作乃丁寶尊彝

寍敦 孟爵 寍母父丁鼎

說文古籀補 第五 三

可 美爵 可 亦美爵文

兮仲敦或云古文羲字如此

古羲字从羲从丂丂當即兮之省文羲妣鬲

評字重文頌敦

于 孟鼎 于 散氏盤 古于字㝬鼎 己亥鼎 聃敦

鄀公敦 追敦盉 格伯敦 齊侯壺 石鼓

古雩字从雨孟鼎 靜敦雩八月 或从雨从亐省毛公鼎

古平字陳猷釜 拍盤 平安君鼎 平陽戈

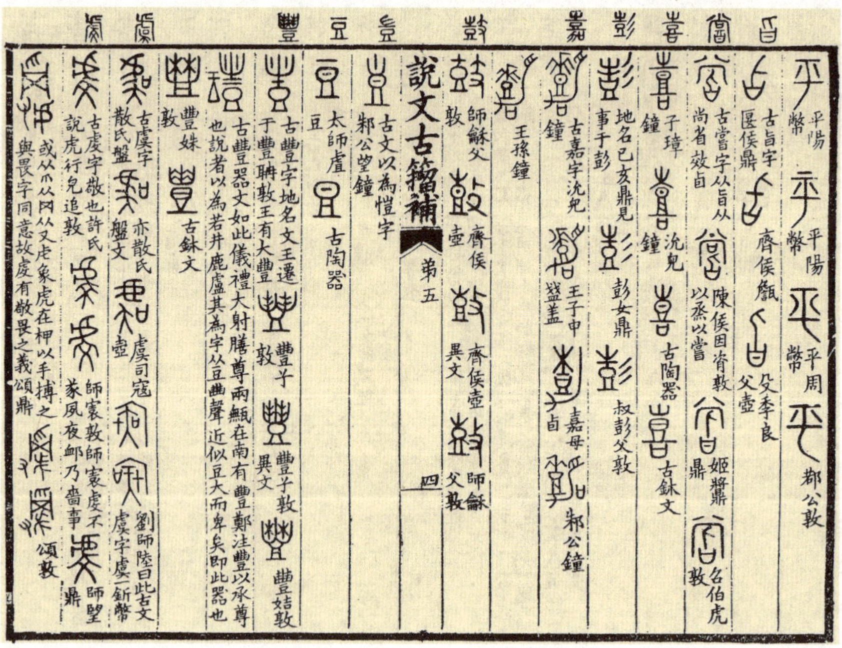

平陽幣 平陽幣 平周幣 鄀公敦

古旨字匽侯鼎 齊侯甗 殳季良父壺

古嘗字从旨从尚省敓旨 陳侯因資敦以烝以嘗 姬鬻鼎 名伯虎敦

子璋鐘 沇兒鐘 古陶器 古鉨文

地名已亥鼎見彭事于彭 彭女鼎 叔彭父敦

古嘉字沇兒鐘 王子申盞盂 嘉母卣 鄀公鐘

王孫鐘

師𩜁父敦 齊侯壺 齊侯壺異文 師𩜁父敦

說文古籀補 第五 四

古文以為愷字鄀公𥁰鐘

太師盧豆 古陶器

古豊字地名文王遷于豊聃敦王有大豊 豊兮敦 豊兮敦異文 豊姞敦

古豊豆器文如此儀禮大射膳尊兩甒在南有豊鄭注豊以承尊也說者以為若井鹿盧其為字从豆曲聲近似豆大而卑矣即此器也

豐姝敦 古鉨文

古虞字散氏盤 亦散氏盤文 虞司寇壺 劉師陸曰此古文虞字虞一釿幣

古虔字敬也許氏說虎行皃追敦 師寰敦師寰虔不㒸夙夜卹乃嗇事 師望鼎

或从㣺从冈从又虍象虎在柙以手搏之與畏字同意故虔有敬畏之義頌鼎 頌敦

虘鐘 …… 或从𠂤古且字 北征葡 …… 太師虘豆

古虘字 毛公鼎 …… 寡子卣 …… 僕兒鐘

古虐字宗周鐘 畐虐我土 …… 卯敦虐我家室用喪

古虎字象形 師虎敦 …… 录伯戎敦 …… 師酉敦 …… 亦師酉敦文

伯晨鼎 …… 毛公鼎

虢許上下 毛公鼎文 …… 晉公盦

虢叔鐘 …… 頌鼎史虢生 …… 虢叔簠 …… 吳尊朱虢𩏂通鞹 …… 录伯戎敦朱虢𩏂

古文虢鞹為一字 伯晨鼎虢字如此 …… 虢季子白盤 …… 頌壺史虢生

說文古籀補 第五 五

盂鼎 …… 盂鼎異文

古𥁑字 曾伯簠 …… 殳季良父壺用𥁑旨酒 …… 叚中簠省文

盧氏涅金 …… 盧氏幣 …… 盧氏幣

古淑字或从盄 薛氏鐘鼎款識釋作盄

盉盛羨器也 許氏說調味也 魏王盉 …… 季良父盉 …… 㠯皇父敦 …… 或从鼎从金 伯𩙹盉

或从木从合 借和為盉 史孔和

歸夆敦 …… 益公鐘 …… 益公

古盦字許氏說覆蓋也 晉公盦 …… 䋎金止榼 陳介祺釋盦 …… 鈢文 金止榼 …… 郘鐘

古盥字从水从皿从𦥑象二人共盥形 中子化盤

从卣从皿古器名說文所無 杞伯敏父盉

追敦 …… 師寰敦 …… 邾公鐘

父辛卣

庚羆卣 …… 寰盤

虢季子白盤 …… 鄦惠鼎 …… 石鼓

吳尊

不爭也从爭从清省古爭从又上以爪按其力下以手承之象三人相爭形 毛公鼎 …… 靜敦 …… 齊侯甗

說文古籀補 第五 六

魯公伐俞鼎

古文以為邢字 井人鐘 …… 鄭井叔鐘 …… 古文以為荆字 毛公鼎

古荆字 盂鼎 …… 散氏盤 …… 陳子禾子釜

師虎敦

盂鼎 …… 師𩛥父敦 …… 頌敦 …… 頌鼎 …… 石鼓

師𡘇父鼎 …… 郘鐘 …… 郘鐘異文 …… 師田父尊 …… 石鼓文

象米在器中許氏說以秬釀鬱艸芬芳攸服以降神也 𩰫鼎 …… 毛公鼎 …… 魯侯角

郘鐘 …… 录伯戎敦 …… 𩰫卣 …… 匕𩰫父癸卣 …… 伯晨鼎

吳大澂文集（下）

魯侯作鬱鬯角鬱字如此徐同柏說

古爵字 部鐘

古榘字經典通作矩毛公鼎 彔伯戎敦 伯晨鼎 吳尊

中義敦

古饙字小篆作 齊陳曼簠 叔夜鼎 郘王鼎饙字如此

鑠仲惠父敦

亦古饙字異體

古饔字鄭饔遠父鼎

大鼎

古饎字不从食晦敦喜帝文王 陳介祺說喜帝即饎禘省文

說文古籀補 第五 七

古飤字 弭中簠 僕兒鐘 龍節 伯斿父敦

古飧字 弭中簠

古饗字吳尊 乙亥鼎 小子師敦 靜敦 效卣 大鼎

古餬字 鉢文

古饉字 曶鼎

說文無此字 古鉢文

說文無此字 古鉢文

說文無此字 中餘父簠

盂鼎 名伯虎敦 毛公鼎 者沔鐘

散氏盤 師舍敦 舍叔敦 古鉢文

古會字从合从辵 且子鼎 王命且子迨西方于相

古倉字 叔倉父簠 古鉢文 古鉢文

頌鼎

趩尊王呼內史 師奎父鼎 古文以為芮字 芮公鬲

古矢字許氏說象鏑栝羽之形古器有兩矢在架形端皆有栝今矢有羽而無栝吳東發說古文以為知字矢伯卣 伯晨鼎

射象手執弓矢形小篆从身从寸非是 靜敦 石鼓 小子射鼎 通敦 獸下重文

說文古籀補 第五 八

馭方鼎 門射觥 爵文弓矢形當亦射之省文

齊侯壺 匽侯鼎 盂鼎 侯生鼎 象矢中侯形 空首幣

都公敦

古亳字从京从止郼畿千里惟民所止此商湯建都之地也小篆从乇失古義 乇亳觚 父乙方鼎 古鉢文

高都幣 高陽三劍 平陽戈 古鉢文 古鉢文

古亭字 空首幣

古文以為絅字禪為絅 師奎父鼎同黃當讀作絅衡

虢季子白盤 形矢其央

古郭字 白厨敦

古京字 静敦 公姒敦

古亯字象宗廟之形 敦 豐兮敦 周窓鼎 師寰敦 曆鼎

歸夆敦 拍盤

古文以為敦字重文 齊侯敦 宗周鐘 寡子卣文張之洞釋作享

古厚字 魯伯厚父盤 趠鼎 邾人鐘

古良字 季良父盉 古鉏鉥

古廩字从米 鉥文君之廩

說文古籀補 第五 九

古嗇字从爿从土从田 散氏盤

涇田穡田阮相國釋作穡田

亦古嗇字說文穡籀文从二禾作 即此字師寰敦 郘乃嗇事嗇穡古通或釋作牆事非是 異文

伯雝父敦 趠鼎 石鼓 古來字从辵散氏盤 亦散氏盤文

單伯昦生鐘 仲叡父盤 來麥如此 𩫏伯厨敦

古麥字象手打麥形後人改从夊失古義矣 仲叡父盤

古舞字从辵 僕兒鐘 歙飤訶遮

古致字从到从攴 伯致敦

古文以為韋字 師奎父鼎 趩尊 宂卣

古韓字作必必下重文 寰盤

毛公鼎虎冟熏裏今詩作虎韔弓衣也 彔伯𢦏敦虎冟朱裏 伯晨鼎

古韓字伯晨鼎王命韓侯 韓仲侈壺 韓八化幣

應公鼎 齊子仲姜鎛

小篆作 許氏說啎也 歸夆敦

古乘字虢季子白盤王錫乘馬 格伯敦

說文古籀補 第五 十

說文古籀補弟六

賜進士出身頭品頂戴兼都察院右副都御史巡撫湖南等處地方吳大澂撰

文一百三十九　重二百一十八

散氏盤　木父丁爵

小篆作亲許氏說亲果實如小栗中白壺亲姬或釋作新

古杜字从者省从土許氏說杜甘棠也散氏盤　格伯敦杜木　皆格伯敦異文

楷石鼓　作父乙鬲

古樸字石鼓

石鼓　散氏盤

石鼓

許氏說枒木可作車古鉥文

石鼓　古鉥文

古鉥文

石鼓　散氏盤

古陶器欒季

杞伯敦蓋　杞伯敦器

空首幣　松字反文亦空首幣

石鼓

毛公鼎　師酉敦　彔伯戎敦虎冟朱裏朱字从屮

距末

古條字條叔黑匠匜條叔鑄子黑匠字也

格伯敦　皆格伯敦異文　格伯作晉姬敦

北征蕭葥如此周禮作稾鄭司農云箭幹謂之稾

石鼓

許氏說築擣也子禾子釜

許氏說榦築牆耑木也子禾子釜築桿桿當即榦

小篆作東許氏說東𠧪也从木入象形㫃聲散氏盤

古盤字子白盤　函皇父敦　聊虜盤　史頌盤　魯伯厚父盤

伯侯父盤从金　般仲盤　齊大僕歸父盤　多父盤省文

王宜人甗　虢季子白盤

古罍字小篆作櫑或从缶作罍或从皿籀文作𤾜與此小異函皇父敦

邵鐘　沇兒鐘　子璋鐘　盧鐘用濼好賓从水从樂省古文假借字

柾 极 梁 采 横 析 枼 休 林 楠 東 𣞤

古鉢文

古柾字許氏說柾行馬也周禮曰設梐柾再重注故書柾為柜即此字柾又通梧釋名當途曰梧郵梧忤也當即柾古鉢文柾陽即柾邸之陽

石鼓許氏說极驢上負也

古梁字梁伯戈 伐梁 貞敦貞從王 大梁鼎从邑 梁邑幣

古鉢文 古鉢文

古采字遺卣

古横字通作黃今經典横字多作衡禮一命緼韍幽衡再命赤韍幽衡佩玉之横也師奎父鼎載市同黃 毛公鼎朱市蔥黃即蔥衡

析格伯敦 亦格伯敦文

說文古籀補 第六 三

古葉字象木之有枝葉也齊子仲姜鎛 拍盤 或从竹且日庚乃孫敦或云葉笹皆古世字

古休字不从木太保敦 師𩞁父敦 宄敦 史頌敦 靜敦休字从木

無㠱敦蓋奇字

說文所無古鉢文

說文所無古鉢文

古陶器楠字說文所無

散氏盤 公違鼎

盂鼎 頌敦 子伯盤 王子申盞盂 沇兒鐘

楚 楙 才 之 師 出 南 生 𠦪

古文以為鄦字鄦惠鼎舊釋無專 鄦奰鼎 亞形父丁卣

王宜人甗 伊敦 無㠱敦

楚公鐘 亦楚公鐘文 晉公盦 古陶器

鄭楙叔賓父壺 史懋壺从心 邗敦 周公孫子鼎

古文以為在字師虎敦𢦏从此 頌鼎王在周康邵宮 師遽敦王在周客新宮小篆哉栽皆从𢦏得聲

曾伯霥簠 鄦子妝簠 聊膚盤 散氏盤 邵鐘

夜君鼎 趙亥鼎 石鼓 節墨刀 古鉢文

商方尊 吳季子之子劍 吳季子之子劍

說文古籀補 第六 四

古師字省文盂鼎 師奎父鼎 小子師敦 師遽方尊 商方鼎

古出字从止止足也凵象納屨形古禮入則解屨出則納屨毛公鼎 石鼓

散氏盤 盂鼎 亦盂鼎異文 南宮方鼎 子白盤

無㠱敦 古鉢文

古文以為姓字頌敦百生即百姓 頌器文 齊子仲姜鎛子姓从人生

石鼓 克鼎 克鼎 仲姞鬲 仲義父簠

古華字从𠂹从艸𠂹即古𠦪字彔伯戎敦 毛公鼎 吳尊盖文古𠦪字从𠦪从𠦪彔伯戎敦作𠦪師𩞁父敦作𠦪師遽方尊作𠦪吳尊盖作𠦪知𠦪𠦪𠦪皆𠦪字異文也

剌　大鼎剌考或云剌列古通　宗婦敦　剌卣　晉公盦

柬　小篆作柬許氏說橐囊張大皃　毛公鼎

圖　古圖字散氏盤　圖卣器文　圖卣蓋文　鄦惠鼎　古鉨文

此亦圖之省文　雝伯彝

國　古國字齊侯甗　距末　古國字作或宗周鐘　南宮方鼎

王孫鐘

囿　古囿字石鼓

圃　古圃字从屮在田从口象圃種菜形御尊蓋　亞形辛子敦

說文古籀補　第六　五

因　陳侯因資敦

員　古員字師寰敦　石鼓文員鼎邋鼎斿借鼎為云　員父鼎　員父尊

貝　海介蟲也象形許氏說古者貨貝而寶龜周而有泉至秦廢貝行錢　周憲鼎　師遽敦　小子師敦　盂爵

貨　古文以為貨字齊刀　皆齊刀異文

賢　衛公叔敦　石鼓　古鉨文

賁　古賁字周禮考工記韗人謂之賁鼓釋文本或作鼖　庬陽矛

賓　古鉨文

貸　古貸字許氏說貸施也經典貸貣二字多通用　散氏盤　古陶器貸字从止

貣　古貣字从弋从貝邵太叔貣車之斧　或从氏居後彝貣余一斧　古陶器

賸　許氏說物相增加也魯伯厚父盤　季良父簠　鄦子妝簠　王姞敦

賸　魯伯愈父匜　胖侯匜　龔妊殘甗　邾伯鬲

賚　賚賜也兮白盤　亦兮白盤文　頌鼎　頌敦

賞　从貝从尚省小篆加人作償　曶鼎

賜　古賜字从目不从貝虢季子白盤　毛公鼎　鄀公簠

贏　古贏字古鉨文

賓　古賓字不从貝虘鐘　邾公鐘　从宀从貝古文以為賂字史頌敦　畟卣

說文古籀補　第六　六

賓　王孫鐘　姑馮句鑃　鄭邢叔綏賓鐘　叔賓父簠

質　从㐅从貝阮相國曰古質字曶鼎　或从言　或从二氏皆曶鼎異文　邿人鐘

貿　貿字空首幣　公貿鼎

買　買古文省買敦　古鉨文

賣　賣賜有功也从貝从商令經典通作賞賞古償字許氏說賣行賈也御尊蓋文王賣御貝　師田父尊

債　龍節王命=傳債一檐飤之

𧶠　古𧶠字曶鼎　曶鼎異文　或从睦省睦古文作𡯁讀若育古陶器𧶠如此

貼　說文所無古鉨文

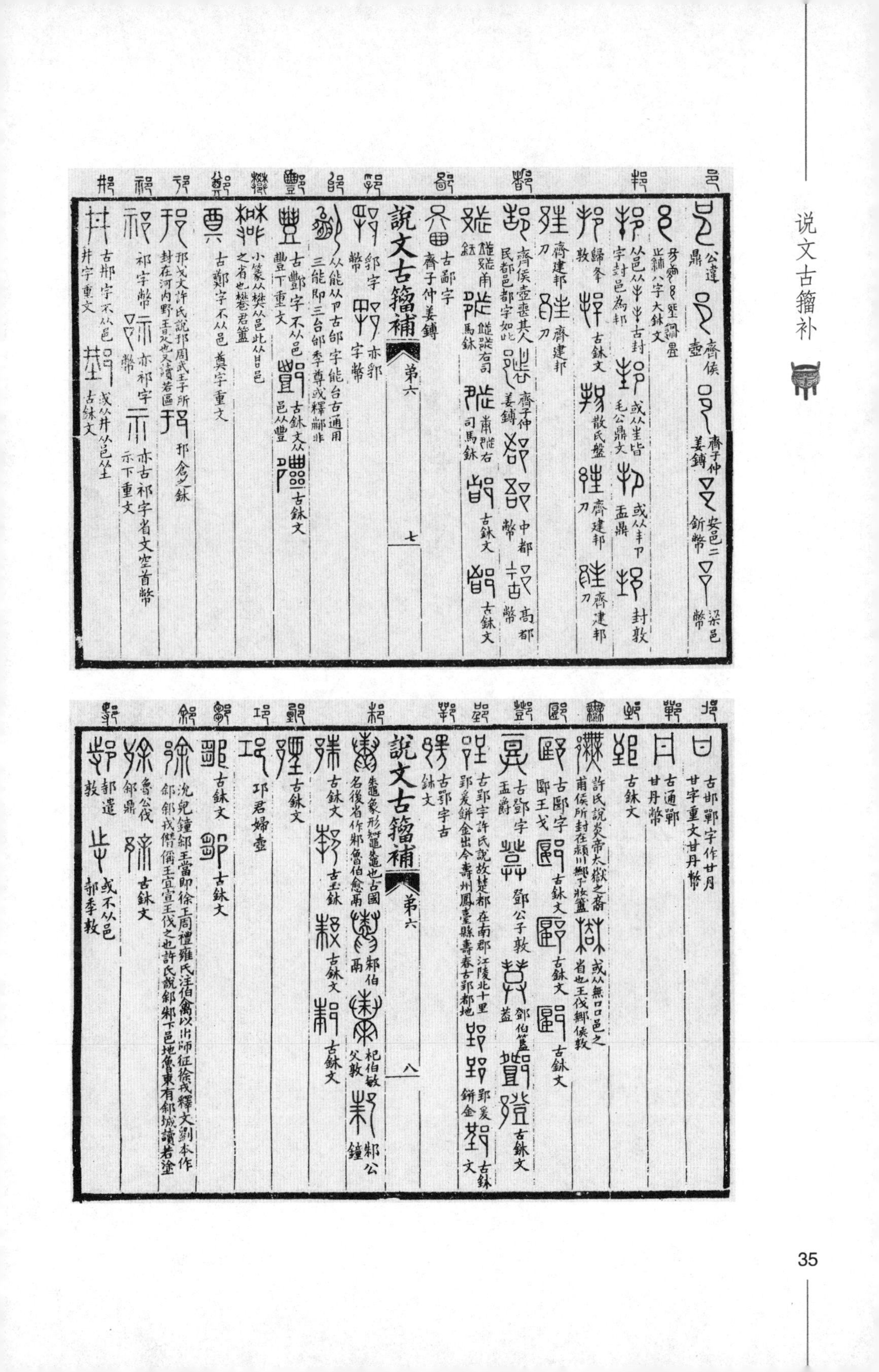

公違鼎 齊侯壺 齊子仲姜鎛 安邑二釿幣 梁邑幣
毋寧邑壁鋼盟 此鉨八字大鉨文
从邑从丰丰古封字封邑為邦 或从生皆毛公鼎文 或从丰卩盂鼎 封敦
歸夅敦 古鉨文 散氏盤 齊建邦刀 齊建邦刀
齊建邦刀 齊建邦刀
齊侯壺壺其人民都邑都字如此 齊子仲姜鎛 中都幣 高都幣
𨝨甫鉨 𨝨左司馬鉨 甫𨝨右司馬鉨 古鉨文 古鉨文
古鄙字 齊子仲姜鎛

說文古籀補 第六 七

郛字幣 亦郛字幣
从能从卩古邰字能台古通用三能即三台邰季尊或釋鄙非
古酆字不从邑豐下重文 古鉨文从邑从豐 古鉨文
小篆从樊从邑此从甘邑之省也樊君簠
古鄭字不从邑奠字重文
邢戈文許氏說邢周武王子所封在河内野王是也又讀若區 邢念之鉨
祁字幣 亦祁字幣 亦古祁字省文空首幣 示下重文
古邢字不从邑井字重文 或从井从邑从土古鉨文

古邯鄲字作甘月甘字重文甘丹幣
古通鄲甘丹幣
古鉨文
許氏說炎帝太嶽之裔甫侯所封在潁川鄦子妝簠 或从無口口邑之省也王伐鄦侯敦
古郾字郾王戈 古鉨文 古鉨文 古鉨文
古鄧字孟爵 鄧公子敦 鄧伯簠盖 古鉨文
古郢字許氏說故楚都在南郡江陵北十里郢爰鉼金出今壽州鳳臺縣壽春古郢都地 郢爰鉼金 古鉨文
古鄀字古鉨文

說文古籀補 第六 八

𪓰象形𪓰黽也古國名後省作鄦魯伯愈鬲 鄦伯鬲 杞伯敏父敦 鄦公鐘
古鉨文 古玉鉨 古鉨文 古鉨文
古鉨文
邛君婦壺
古鉨文 古鉨文
沇兒鐘郐王當即徐王周禮雍氏注伯禽以出師征徐戎釋文劉本作郐郐戎偕偁王宣王伐之也許氏說郐邾下邑地魯東有郐城讀若塗
魯公伐郐鼎 古鉨文
郚遣敦 或不从邑郚季敦

說文古籀補 第六 九

古郰字不从邑 取字重文

郰趩𨕗鉥

古鉨文

古鄫字不从邑 曾字重文

或从邑 古鉨文

邪山幣

赤邪山幣文

古鄉字 鄉始鬲

古鉨文許氏說郣海地一曰地之起者曰郣今俗作渤非是

許氏說鄱陽豫章縣 古鉨文

許氏說郝地名 古鉨文

古鄀字說文所無鄀公簠

鄀公敦

鄀公敦

宗婦敦𨟻國 𨟻字說文所無

古玉鉨𨟻將洹車鉨 𨟻國名當即𨟻字

郘鐘郘字說文所無

古鉨文

古郾字說文所無

郾子幣

說文無郅字 古鉨文

古鉨文

古鉨文

說文所無 古鉨文

說文所無 無鉨文

古鉨文

古鉨文或云即邦字

說文古籀補 第六 十

說文所無 古鉨文

說文所無 簷鼎

說文所無或云即郚字 古鉨文

邲幣文說文所無

从辰从又从邑疑即鄏之異文 古鉨文

說文所無 古鉨文

說文所無 古鉨文

說文所無或云即郛字 古鉨文

古鉨文邡字說文所無 或云即邡字

古鉨文郿字說文所無 或云即郿字

說文所無 古鉨文

說文所無 古玉鉨

說文所無 古鉨文

說文所無 古鉨文

說文所無 古鉨文

說文所無 古鉨文

鄭 鄉 璽

从酉从廾从卩 古廾字或云即鄭字之省文 毛公鼎鄭圭

說文無此字或云即邺字伊敦

齊子仲姜鎛 疑亦邺字

璽字說文所無 格伯敦

說文古籀補 第六 十二

日 時 昧 昭 晉 昌 㬎 昔 旦 倝 旂 游

說文古籀補第七

賜進士出身頭品頂戴兵部尚書兼都察院右副都御史巡撫湖南等處地方吳大澂撰

文一百五十一 重三百七十八

史頌敦 古鉥文

石鼓

古昧字 ㄖ敦昧爽

古昭字从卩頌敦王在周康昭宮昭作卲

太師虘豆用卲洛朕文且考 南海吳中丞說卲洛即昭格

古晉字格伯敦 晉公盦 晉陽幣

說文古籀補 第七 二

古幣文 赤古幣文 古鉥文

古文以為㬎字 顯字重文

古昔字 曶鼎

象日初出未離于土也 頌敦

吳尊

揚敦王在周康宮旦

日初出在艸間古者天子以朝朝日一曰小水入大水謂之朝故从川許氏說水朝宗于海盂鼎

陳侯因資敦朝覲之朝如此小篆以為潮字

高伯廚敦 乙亥尊朝夕 中般父敦朝夕

古旂字 盂鼎 頌鼎 揚敦

古游字作斿 石鼓 中斿鼎

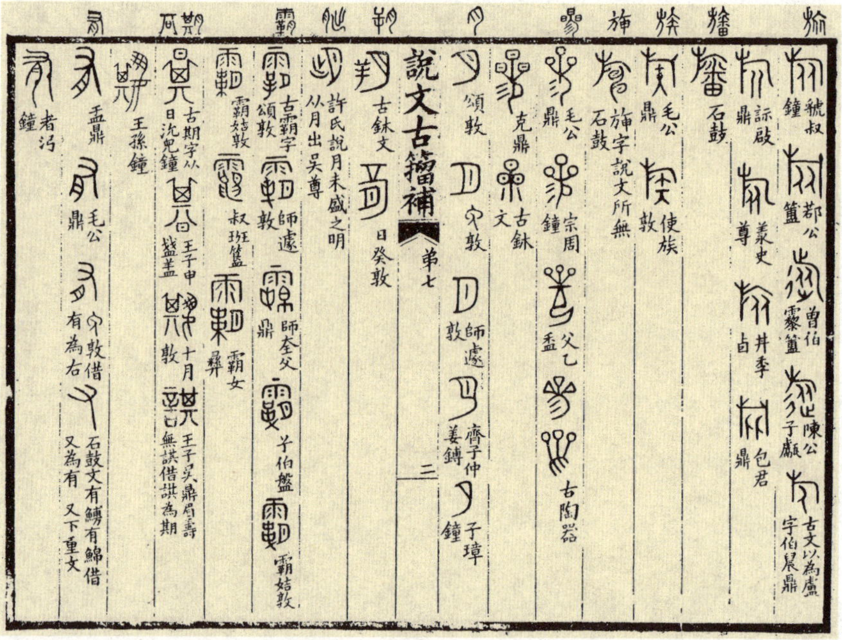
虢叔鐘 鄀公簠 曾伯霥簠 陳公子甗 古文以為盧字 伯晨鼎
訴敃鼎 姜史尊 井季卣 包君鼎
石鼓
毛公鼎 使族敦
旃字 石鼓 說文所無
毛公鼎 宗周鐘 父乙盉 古陶器
克鼎 古鉢文
頌敦 宂敦 師遽敦 齊子仲姜鎛 子璋鐘
說文古籀補 第七 二
古鉢文 日癸敦
許氏說月未盛之明 从月出 吳尊
古霸字 頌敦 師遽敦 師奎父鼎 子伯盤 霸姞敦
霸姞敦 叔班簋 霸女彝
古期字从日 沇兒鐘 王子申盞盂 十月敦 王子吳鼎眉壽無諆借諆為期
王孫鐘
盂鼎 毛公鼎 宂敦借有為右 石鼓文有鱮有鯉借又為有 又下重文
者沪鐘

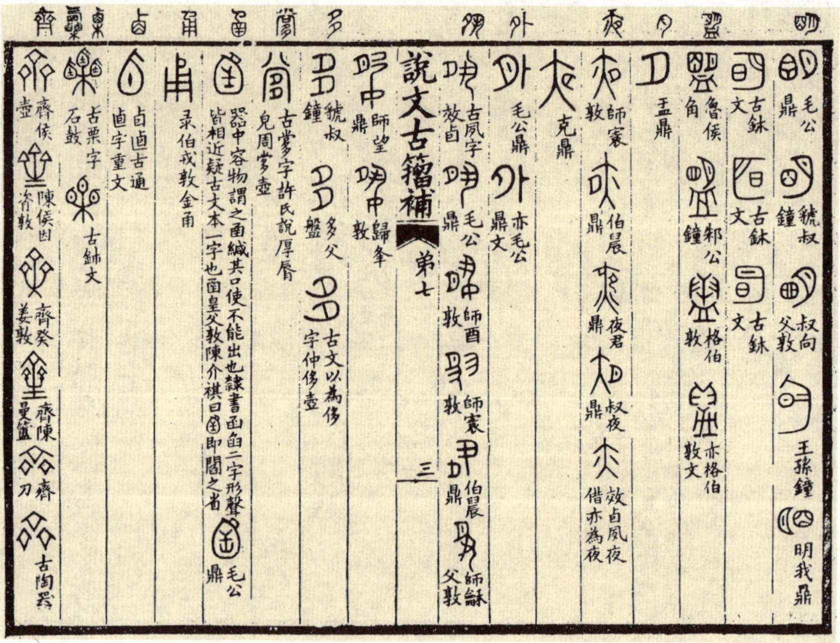
毛公鼎 虢叔鐘 叔向父敦 王孫鐘 明我鼎
古鉢文 古鉢文 古鉢文
魯侯角 鄀公鐘 格伯敦 亦格伯敦文
盂鼎
師寰敦 伯晨鼎 夜君鼎 叔夜鼎 效卣夙夜 借亦為夜
克鼎
毛公鼎 亦毛公鼎文
古夙字 效卣 毛公鼎 師酉敦 師寰敦 伯晨鼎 師龢父敦
說文古籀補 第七 三
師望鼎 歸夆敦
虢叔鐘 多父盤 古文以為侈字 仲侈壺
古𡖈字 許氏說厚脣皃 周𡖈壺
器中容物謂之函緘其口使不能出也隸書函䧢二字形聲皆相近疑古文本一字也函皇父敦陳介祺曰函即閣之省者 毛公鼎
录伯戎敦 金甬
卣 卣古通 卣字重文
古栗字 石鼓 古鉢文
齊侯壺 陳侯因資敦 齊癸姜敦 齊陳曼簠 齊刀 古陶器

古鉢文　古鉢文　古鉢文

古鼎字象形 文父丁鼎　且子鼎　木王鼎　師趛鼎

周窓鼎　盂鼎　毛公鼎　師奎父鼎　𪒠鼎　伯晨鼎

杞伯鼎　㝹鼎　夜君鼎　函皇父敦　父己鼎　趩亥鼎

母辛鼎　魯公伐郐鼎　郑伯御戎鼎　興鼎

𪕰鼎字說文所無 史頌敦𪕰彝　王作𪕰　立旂婦𪕰　陳侯因資敦　日辛角

曆鼎　員鼎

𪔂鼎小鼎也說文所無趠鼎　𩁹鼎蓋　𩁹鼎器　尚鼎

說文古籀補　第七　四

白戔父鬲　戲伯鬲

古克字 盂鼎　太保敦　曾伯霥簠　史克簠　邦人鐘

魯公伐郐鼎　克鼎　或从攴疑古尅字詩清人序高克好利釋文克本作尅从寸从攴皆克之異文散氏盤

許氏說录刻木录录也象形古文以為福祿字散氏盤　太保敦　頌敦

曶鼎　郘公鐘作乃禾鐘借禾為龢

古穆字 虢叔鐘　曶鼎　師望鼎　邦人鐘

阮相國曰古朮字 弭中簠

象打稻之形下承以臼也叔家父簠　陳公子甗　曾伯霥簠

古穗字象禾穗下垂形𥝩字與此同意許氏說𥝩禾麥吐穗上平也穗敦　穗尊

康侯鼎　毛公鼎　齊陳曼簠　伊敦

頌敦　靜敦　𡨴敦　豐兮敦　番君鬲　者沪鐘

中敦　晉公盦　格伯敦　郘公鐘　齊侯壺

己侯敦　無㠱敦蓋　[illegible]白敦

古秋字从禾从㷊古鉢文千秋如此　古鉢文　或从夕亦古鉢文

古秦字 郘子妝簠

古程字从禾許氏說品也十髮為程十程為分十分為寸古鉢文

說文古籀補　第七　五

許氏說五稷為秭 曶鼎

古黍字 仲𩫖父盤

曾伯霥簠　叔家父簠　仲𩫖父盤　陳公子甗　弭中簠

古麻字从广 師麻簠

古家字从宀从豭凡祭士以羊豕古者庶士庶人無廟祭於寢陳豕於屋下而祭也父庚卣　三家敦

毛公鼎　皆毛公鼎異文　頌鼎世家如此　又頌鼎家字省宀

克鼎

古宅字 晉公盦　宅陽幣

說文古籀補　第七　六

師𡨦父鼎　仲殷父敦　宮孝宗室　空首幣

伯𥃳卣　太保鼎　中殷父敦

古宣字號季子白盤　石鼓

叔向父敦　向字空首幣　亦古幣文　師虎敦北𨚕如此　吳尊北𨚕

伊敦北𨚕

古寏字通院史寏敦　師寏父敦

許氏說宏屋深響也宖屋響音毛公鼎……即詩鞹鞃淺幭之鞃或作䩹亦作鞃此从宀作宖　彔伯戎敦

克鼎

古安字陳猷釜　安父卣　安陽幣　亦幣文　安陽刀

安邑二釿幣　安臧幣　平安君鼎　安父彝

安陽圜首圜足幣　古鉨文　古鉨文　古鉨文

古宴字齊侯壺　董宴無用　宴敦人名　亦宴敦文

史懋壺

富字空首幣　古鉨文　古鉨文　上官登

古實字散氏盤

孟鼎　楚公鐘　王楚公鐘　楚公鐘　叔宿敦　宦匜

說文古籀補　第七　七

周𡨦敦　中盤　晉姬敦　格中尊　𢓊侯敦　效父敦

伯矩尊　雝伯彝　伯𦮃敦　買敦　旂敦　史頌𩰫

魯公伐𨙸鼎　𢓊妊敦　興鼎　邛君婦壺　永寶用鎰寶字如此

師遽方尊　頌鼎　鄀太宰簠

使夷敦　父己爵

宥父辛鼎

古宜字秦子戈　王宜人甗

石鼓

宵敦蓋文　宵敦器文

古宿字叔宿敦　豐姞敦宿夜如此　古陶器

古寑字　師遽方尊　商方卣

古寡字父辛卣鰥寡　寡子卣蓋

古文或以為格字各下重文　膺鼎　平安君鼎

子㝪鼎　通录康虎鐘

古索字索諆角

古究字子伯盤

宋 宋字空首幣 古鉩文

宗 宗字空首幣 盂鼎 克鼎 趠鼎

褱 褱字說文所無 師褱敦 皆師褱敦異文 古鉩文

⿱宀欽 ⿱宀欽字說文所無 父丙鼎

⿱宀䰜 ⿱宀䰜字說文所無 古鉩文

宮 史懋壺 君夫敦 石鼓 師遽敦 辛宮鼎

呂 古文以為鋁字 邾公牼鐘

躳 古躳字 古鉩文 古鉩文

說文古籀補 第七 八

寏 古寏字从心古 陶器文

突 古突字 突甗

寮 官也同官曰寮許氏說寮穿也 毛公鼎

⿱穴乇 ⿱穴乇字說文所無 周⿱穴乇匜或釋窀

⿱穴丂 ⿱穴丂字說文所無 ⿱穴丂鼎或釋穸

瘳 古瘳字 古鉩文

疾 古陶器文 古鉩文 古鉩文

廢 古文以灋為廢字 盂鼎 師酉敦 伯晨鼎勿廢朕命之廢如此

痒 古痒字許氏說寒病也 古鉩文

疕 古疕字許氏說頭瘍也 玉鉩文

瘍 瘍古鉩文 古鉩文人名多疒旁字疑醫者所用之鉩如瘍醫名瘍癰醫名癰各從其所長也

瘖 古瘖字 玉鉩文 古鉩文

痤 古痤字許氏說小腫也 古鉩文

癰 古癰字許氏說腫也 古鉩文

癘 古癘字許氏說惡疾也 齊侯甗毋咎毋癘

痔 古痔字 古鉩文

說文古籀補 第七 九

瘳 古瘳字反文許氏說疾瘉也 古鉩文

瘇 瘇古陶器文說文所無

⿸疒亢 ⿸疒亢古陶器文說文所無

痰 痰古陶器文說文所無

⿸疒尒 ⿸疒尒古玉鉩文說文所無

⿸疒兒 侃⿸疒兒戈文說文所無

⿸疒秦 古鉩文說文所無

⿸疒縣 古鉩文說文所無

疾 古鉩文說文所無

瘁 古鉩文說文所無

疨 古鉩文說文所無

痵 古鉩文說文所無

㾥 古鉩文說文所無

㾏 古鉩文說文所無

𤺄 古鉩文說文所無 古鉩文

瘥 古鉩文說文所無

說文古籀補 第七 十

瘁 古鉩文說文所無

瘩 古鉩文說文所無

㽲 古鉩文說文所無

𤵛 古鉩文說文所無 古鉩文

癓 古鉩文說文所無

㾢 古鉩文說文所無

㽱 古鉩文說文所無

𤹗 古鉩文說文所無

症 古鉩文說文所無

㾖 古鉩文說文所無

瘤 古鉩文說文所無

𤻮 古鉩文說文所無

癐 古鉩文說文所無

瘟 古鉩文說文所無

冂 古文以為冕字 盂鼎

㕦 吒字重文小篆作㕦

說文古籀補 第七 十一

同 鄭同媿鼎 石鼓 事同 古鉩

网 函皇父敦𦍒文 函皇父敦器文

罟 古罟字 石鼓

師 古師字子伯盤 毋敢不即師 石鼓 邾人鐘 虢叔鐘 彔伯戎敦

師 毛公鼎 叔向父敦 師虎敦 晉公盦 單伯昦生鐘

帝 師𡌈父鼎 頌鼎 頌壺 頌敦蓋 頌敦器

巿 赤 頌敦文 鄭興伯作叔帶兩

常 古裳字从屯省屯古純字色不雜也裳之言障中所以障體也師𡌈父鼎 頌鼎裳屯不省 頌敦

亦頌敦文 頌壺

古文以帚為歸女歸曰婦女歸甶

眾甶

許氏說韠也象連帶之形篆文市从韋从犮盂鼎

古韐字从市从重環形許氏說制如榼缺四角此从日正象四角橢圓形後人改从合日形相近也揚敦

辛宮鼎

古文以為伯字盂鼎 石鼓文以為白假借字

許氏說㡀際見之白也从白上下小見此从日古鉨文 㡀戈

說文古籀補 第七 十三

說文古籀補第八

賜進士出身頭品頂戴兵部尚書兼都察院右副都御史巡撫湖南等處地方吳大澂撰

文七十六 重一百七十三

盂鼎

小兒衣也从人抱子丿象保衣之形周書曰若保赤子小篆作緥叔向父敦 且辛父 庚鼎 格伯敦

季保敦 王子申盞盂 鄦子妝簠 齊陳曼簠 齊子仲姜鎛保从任

王伐彔子敦 太保鼎 齊侯敦

大帶佩也小篆从人从冂从巾頌鼎

說文古籀補 第八 二

古伯字 白字重文

伯仲之仲古作中仲𠑽敦 戱仲鬲

伊敦

齊侯壺用璧二備玉二嗣 皆齊侯壺異文

古位字頌鼎王各大室即立立當讀位

古文傅即輔之異文師𩵦父敦蓋文少傅鼓鐘器文作少輔 古鉨文

古偁字戎都鼎

古作字盂鼎 頌鼎 魚作父己尊 父癸壺 日辛卣

伯寰卣魚父丁觶皆作倒文 師舍敦作反文 遽伯睘敦 杞伯敦
𢑚侯敦从木从匕 伯矩尊 邛君婦壺
許氏說儥賣也 君夫敦
古儥字不从人 曶鼎 賞字重文
𢘅古文以為俾字使也周書曰罔不率俾 史頌敦曰帥𢘅 許書俾古文作𢘅 俾字重文 或省作卑 守敦卑 冊命 卑字重文
古使字通事 使吏 敦王使小臣守
古傳字 散氏盤 傳尊 師田父尊
古佃字 揚敦

說文古籀補 第八 二

古侈字不从人 韓仲侈壺 戰國策公仲侈 或作仲朋或作仲明皆多之譌也 多下重文
古伐字从戈从丮象兩手執戈形 丁未伐商角 畢仲敦 空首幣 貞敦
魯公伐 郘鼎
古俘字从𢦏从爪 虢季子白盤 或从爪从寸中 毳貝作兩手攫貝形 俘金之義 小篆从子非是 師寰敦 貞敦
古咎字咎 作父癸卣 或从疒省 齊侯甔 毋咎毋瘽 僕兒鐘
古匕字即化之省文 許氏說匕變也 齊刀背文
許氏說化教行也 古大以為貨字 齊刀 貨字重文
匕古文以為妣字 妣辛敦 妣下重文

古從字 齊侯壺 亦齊侯壺文 貞敦 宴敦 衛公叔敦
古鉢文
古毖字慎密也 周書曰汝劼毖殷獻臣 邵鐘曰余頡毖事君 頡毖即劼毖
古北字 北屈幣
古丘字 子禾子釜 齊刀背文 或云丠即北之異文
古眾字 周窻鼎 曶鼎
古鉢文
許氏說月滿與日相望以朝君也从月从臣从壬壬朝廷也 師田父尊 庚羆卣 从𡉚 鄦惠鼎既望

說文古籀補 第八 三

師虎敦 从臣 𤼈鼎既望如此 使族敦
古圜幣重二兩十二銖 古圜幣重一兩十四銖
頌鼎 頌敦蓋 頌敦蓋 頌敦蓋 頌壺
古臨字 毛公鼎 盂鼎
古身字 叔氏寶替鐘 通彔鐘 叔向父敦
古殷字 盂鼎 師田父尊 仲殷父敦 虢叔簠 伐郘彝
仲殷父敦
古衣字 盂鼎 吳尊

古褱字吳尊 伯晨鼎 魯公伐郘鼎

古鉢文

許氏說褱俠也褱鼎蓋文 褱鼎器文

古襄字散氏盤 皆散氏盤異文 鮴甫人匜 襄垣幣

古鉢文

古表字井田閒分界之木國語列樹以表道韋注表識也散氏盤一表以陟二表至于邊柳 散氏盤

毛公鼎 吳尊 彔伯戎敦

从衣从埶許氏說私服古文以為埶字又通暬詩曾我暬御傳暬御侍御也國語居寢有暬御之箴毛公鼎師氏虎臣雩朕褻事褻事即暬御

說文古籀補 第八 四

古衰字衰艸雨衣象形今俗別作蓑非是衰作父癸鼎

古玉鉢文 古鉢文

古裘字又卣 許氏說古文省衣作求象形石鼓 歸夆敦 齊子仲姜鎛 君夫敦

古老字叜季良父壺 齊大僕歸父盤 齊子仲姜鎛

古者字師奎父鼎 曾伯霥簠 買敦

頌鼎 鄦惠鼎 陳侯鼎 趩亥鼎 頌敦

魯伯俞父簠 遲簠 頌壺 王婦匜 齊大僕歸父盤

王子申盞盂 古文以為䣛字䣛字重文邵鐘 虢敦 楷妃彝

鄀公敦 克鼎 克鼎 鄭太宰簠 姬將鼎

王孫鐘 買敦 邿遣敦 歸夆敦 古鉢文

古鉢文 公壽鉢文

古考字䢅卣 日辛卣 師田父尊 井人鐘 叔向父敦

彔伯戎敦 師舍敦 叔皮父敦 使族敦 仲殷父敦

虢敦 齊陳曼簠 吕伯孫敦 或省作丂嗣土敦丂字重文 空首幣

王孫鐘 買敦 鄉卣

子承父也从父从子中象父子依倚形老耇壽考等字建首皆从父日久變易多失其本意尚有一三可證者虞司寇壺 盧鐘

說文古籀補 第八 五

多父盤 伯據敦 追敦 曾伯霥簠 畱君簠

王孫鐘 鄀公敦 買敦

豐兮敦器蓋異文古文孝考二字通用伯據敦用亯用孝追敦用亯孝曾伯霥簠用孝用亯畱君簠用亯用孝皆作孝豐兮敦用亯考阮相國亦釋作亯孝

遲簠用亯孝亦作考

毛公鼎

古夷字作尸曾伯霥簠克狄淮夷 兮伯盤至于南淮夷 夷字重文

古屎字呻也从尸从米詩曰民之方殿屎許書作吚引詩民之方唸吚陳侯因資敦

古屈字小篆作屈北屈幣 古鉢文

古舟字象形父壬尊 父戊舟爵 舟丁父丁卣

古俞字許氏說空中木為舟也魯伯厚父盤 魯伯俞父簠俞愈古通禹作伯愈父 俞𣏟敦 古鉢文

魯伯俞父簠兩器文少異

我也小篆作䑣盂鼎 師酉敦 師田父尊 叔向父敦 豐兮敦

無㠱敦 父癸尊

辟也許氏說象舟之旋般盤古通于伯盤 般字重文

古服字盂鼎 趩尊 克鼎

古艅字說文所無父辛觶

說文古籀補 第八 六

古方字彔伯戎敦右闢四方 盂鼎匍有四方 魯公伐郤鼎

古兒字僕兒鐘 沇兒鐘

古允字師酉敦公族允釐

先生為先故从㞢㞢先生二字省文也叔家父簠 沇兒鐘 齊子仲姜鎛 日壬卣

史桼彝

古弁字覍也小篆作㝸許氏說籀文𠑹或作𠭻毛公鼎

古先字盂鼎 毛公鼎 僕兒鐘

古見字己亥鼎 衛公叔敦

古觀字御尊王在圃觀京 效卣王觀于嘗

古親字史懋壺 親字重文 克鐘

古覲字頌鼎反入覲章 齊侯壺覲宴 齊陳曼簠

古訶字僕兒鐘 訶字重文

古文以為歟字師寰敦無諆徒馭

古歙字从酉从水入口形或从欠許氏說欠張口气悟也虢叔鐘 僕兒鐘 沇兒鐘歙从欠與小篆相近

伯作姬歙壺歙即歙

說文古籀補 第八 七

說文古籀補弟九

賜進士出身頭品頂戴兵部尚書兼都察院右副都御史巡撫湖南等處地方吳大澂撰

文五十三　重一百五十九

許氏說頌皃也今經典通作容頌鼎

古顛字仆也从頁从匕象顛沛之形詩小宛哀我填寡桼柔倉兄填兮瞻卬孔填不寧皆當作今詩作填誤匕為土毛公鼎

古鉥文

从頁从隹疑即頟字古文讀若書罔晝夜頟頟許氏說頟顙也頟出頟也漢書韓王信傳封龍頟侯注頟字或作雒雒雒相近當即雒之誤毛公鼎母雒于政

伯頵父鼎

說文古籀補　第九　一

石鼓　叔娟鬲

古項字項絲簋

邵鐘頡與書酒誥劼毖同意頡劼二字古文通用

晉公盦莫不日頵疑即俾之假借字周書曰罔不率俾

古顯字从二不不古丕字大也師虎敦　盂鼎　頌鼎　彔伯戎敦

毛公鼎　靜敦　師遽方尊　或从日从尹　从見追敦　或从見　史頌敦

號季子白盤　亦號季子白盤文孔顯又光與詩韓奕不顯其光同意　史獸鼎

歸夆敦　克鼎

首師遽敦蓋　彔伯戎敦　靜敦　頌鼎　諆田鼎

伯晨鼎　大鼎　師𩛥父敦　師寰敦

歸夆敦　無𢀛敦蓋

許氏說䭫下首也今經典通用稽師遽敦蓋　彔伯戎敦　靜敦　頌鼎

伯晨鼎　諆田鼎　師𩛥父敦　卯敦蓋省文

或从手歸夆敦　無𢀛敦蓋嗇字

須古文以為簋字周雒簋

古彥字彥鼎

說文古籀補　第九　二

古文字聃敦　亦聃敦文　毛公鼎　師湯父鼎　𧼈鼎

雝鼎　戎都鼎　君夫敦　伯雝父敦　文父丁匜

師酓敦　使族敦　曾伯𩛥簋　改簋蓋　格仲尊

庚羆卣　𠭯卣　旂鼎　邾人鐘

盂鼎文王之文从王从文　歸夆敦

古司字从𤔔从司許氏說𤔔治也讀若亂同大澂案𤔔象兩手理絲形理則治否則亂司治絲之器也从司為治疑司治二字本一字盂鼎

衛姬壺　齊侯壺　虞司寇壺　散氏盤

叉卣　司土敦　古鉥文司馬司徒司工皆作司晚周文字與小篆同矣

令 卲 卮 卿 辟 匍 敬 鬼 畏 厶

師奎父鼎 揚敦 守卣 古鉢文 二古鉢文司工如此

古文以為命字太保敦 盂鼎 最卣 師田父尊

乙亥方鼎 太保敦 辛子敦以上三字皆古令字象旂下持卪形

古昭字从卪毛公鼎 如此 頌鼎康昭宮 宗周鐘卲各卲昭格 卲鼎

古卮字鳥蠋也賈侍中說卮裹也一曰蓋也詩曰鞗革金卮毛公鼎曰右卮畫轉易（易）鞶于金枕金桄當卽金卮 录伯戎敦曰金卮畫轉

古卿字毛公鼎曰卿事寮太史寮 多父盤曰卿事師尹 邾公鐘曰樂我嘉賓及我正卿

許氏說辟法也从卪从辛節制其辠也从口用法者也古文不从口盂鼎 或从日陳子禾子釜 師舍敦

克鼎 克鼎

說文古籀補 第九 三

古匍字盂鼎匍有四方

古敬字象人共手致敬也盂鼎 師虎敦从口 毛公鼎从口从支 僕兒鐘

師酉敦 亦師酉敦文 克鼎 金古鉢文

古鉢文 古鉢文 古鉢文 古鉢文 思言敬事鉢

古鉢反文 古鉢反文

梁伯戈鬼方蠻今經典通作鬼方鬼方國名

古畏字許氏說鬼頭而虎爪可畏也盂鼎 亦盂鼎文 毛公鼎 或从鬼王孫鐘

古厶字別於厶為㕣古鉢 古厶字異文 二厶皆古鉢文正行厶公如此

山 䒨 岸 府 廏 廣 龐 庶 廟 廚 厂 厰 厫

古山字象形子作父戊觶 山丁爵 山且丁爵 郳山幣

克鼎

許氏說弟山脅道也司寇矛

古鉢文說文所無

伯要敦文沇樹鏞釋作府 亦伯要敦文

从广从僕古廏字許氏說廏馬舍也周禮曰馬有二百十四匹為廏廏有僕夫諆田鼎

古廣字叔氏寶林鐘曰用廣啓士身漢陽葉氏藏器如此 亦叔氏寶林鐘文大興翁氏所藏器 通彔康虔鐘

叔彭父敦 晉公盦

說文古籀補 第九 四

古龐字从大不从犬許氏說龐高屋也厖石大也尨犬之多毛者後人混夲尨為一字而夲字廢獻鐘 尨姞敦 尨姬尊

古庶字盂鼎 石鼓

古廟字虢季子白盤 師酉敦 守敦 克鼎 歸夆敦宗廟省作朝

京作天廟爵天廟當釋作太廟

講武堂也有屋謂之廚从广从射小篆从木作榭虢季子白盤

許氏說山石之厓巖人可居散氏盤

厰𤞞北狄也今詩作玁狁釋文玁本作獫漢書匈奴傳作獫允𤞞季子白盤 兮田盤

厫从厂从二土从又說文所無𠭯白厫敦

己侯敦

古長字長金之鉥　皆古鉥文　戈文

古肆字陳也列也凡縣鐘磬半為堵全為肆左氏傳歌鐘二肆注縣鐘十六為一肆即鐘曰大鐘八肆　或从金齊侯壺曰鼓鐘一肆

古勿字盂鼎　師酉敦　伯晨鼎　空首幣

古易字省文三家敦　安易刀　晉易幣

幣　周易　齊刀背文　古鉥文　王孫鐘

石鼓　陳子禾子釜　僕兒鐘　古匋文

古豕字父乙觚　石鼓

說文古籀補　第九　五

从辛从犬當即豪字小篆从豕許氏說豕怒毛豎縠字从此毛公鼎金嶂金豪徐同柏釋作金桅

許氏引虞書綫類于上帝今書作肆傳云肆遂也从火从支當即綫之古文綫王孟　靜敦　或省火中綫卣

頌綫簋

彘邑幣　皆彘邑幣異文

豚作父庚敦

古鉥文

周貉簋　貉子卣　己侯敦　古鉥文

空首幣

說文古籀補弟十

賜進士出身頭品頂戴兵部尚書兼都察院右副都御史巡撫湖南等處地方吳大澂撰

文九十五　重一百四十七

毛公鼎　盂鼎　師奎父鼎　彔伯戎敦　史頌敦

散氏盤　虢季子白盤　叉卣　格伯敦　亦格伯敦文

石鼓　魯公伐郘鼎　公貿鼎　無㠱敦　無㠱敦益奇字

古鉥文　皆古鉥文　馬服幣

駒師奎父鼎　兮田盤　伯晨鼎

說文古籀補　第十　一

駓石鼓

駕石鼓

驂石鼓

古鉥文駟通人姓名

古馮字姑馮句鑃晚周之器即古文中奇字也

古驅字从支師寰敦歐孚士女牛羊　亦師寰敦文　石鼓

古匋器文

从馬从缶說文無此字大鼎　石鼓

說文無此字南海吳中丞崇光釋作騆未可定大鼎

从馬从建說文無此字石鼓

說文所無 石鼓

古薦字鄭[illegible]伯作叔帶薦鬲

古灋字盂鼎灋保先王與勿灋朕命之灋同古文灋𢖍為一字也 古鉨文 古鉨省文

古鉨文

古鹿字象形 貉子卣 石鼓

古麐字 石鼓 古鉨文

說文古籀補 第十 二

古麗字說文麗古文作𠀡篆文作丽皆與此相似陳丽戈

麀牝鹿 石鼓

許書毚字疑即毚字後人傳寫之誤 石鼓 并季毚卣

古兔字 石鼓

古犬字 員鼎

古獻字號季子白盤 古文獻甗為一字伯貞甗 陳公子甗 伯姜甗

歸夆敦 鄭大師甗

戀中狂卣陳介祺釋作狂

古狄字 𢽽狄鐘 曾伯霥簠

古猶字石鼓 陳猷釜 毛公鼎 王孫鐘

古能字 毛公鼎

古熊字象形號叔鐘𢽽𢽽熊熊 𢽽狄鐘 宗周鐘

古羆字今从网古从目庚羆卣 羆氏鼎

尞从𡗕下燒柴形火光炎炎許氏說燒柴燓尞以祭天神伯寮尊 亦伯寮尊文小篆省木為中猶𠦝之變為𡨄字也

古然字 然虎敦

燔从火从𤰔省𤰔古番字吳東發說執膰以祭謂之燔 郳惠鼎

說文古籀補 第十 三

古烝字从米在豆兩手持之以獻也小篆作𤇆失造字之本義矣盂鼎 或从登从廾陳侯因脊敦以烝以嘗

或从登从廾从米 姬𦉢鼎

古𤋲字許氏說乾煎也今𤋲壺器文 作𤋲

古光字 毛公鼎 號季子白盤

古威字不从火師寰敦威淮夷 師寰敦器文从戌从中許氏說火死於戌陽氣至戌而盡今經典通用滅

古黑字鑄子叔黑臣鼎 鑄子叔黑臣簠 鉨臧孫黑

說文無此字 邵鐘

古鉨文

頌鼎 頌敦 師虎敦 伯晨鼎 守敦

吳尊 曶鼎 共屯赤金圜幣

盂鼎大命 太保敦古文大太為一字 齊侯壺大嗣命 散氏盤至于大沽

宗婦盤曰降大福 齊太僕歸父盤 郘太叔斧 太保鼎 古埍太室如此

大司成鉥

許氏說夾持也从大俠二人盂鼎

徐同柏曰从申从大古文奄字應公鼎 亦應公鼎文

古夲字小篆作夲古陶器

說文古籀補 第十 四

許氏說夷从大从弓東方之人也使夷敦夷字與小篆相似 師寰敦淮夷如此古文夷作尸 兮田盤尸下重文

無㠱敦王征南夷

兮田盤則亦刑 或以亦為夙夜之夜效卣

吳方尊蓋古通虞 靜敦 空首幣 古陶器 皆古鉥文

勳武鐘敦用吳彊古旻書 吳季子之子逞之永用鎗

从高上曲許氏說喬高而曲也邵鐘喬其龍疑喬為驕之省 古鉥文

奔走也从三㚘省小篆从夭从卉義不可通盂鼎 效卣从三止 石鼓文類小篆變出為屮自此始

壺象形仲伯壺 鄭楙叔賓父壺 史僕壺 殳季良父壺 兮敖壺

魯侯壺 韓仲侈壺 虞司寇壺 杞伯敏父壺 芮公壺

丙帆壺 曰王𠧪壺 衛姬壺 邛君婦壺 齊侯壺

亦齊侯壺文 或从金𠧪皇父敦 或从攴伯壺

古睪字玉鉥文

兮田盤 虢季子白盤執字反文 或从廾師寰敦 石鼓 散氏盤

許氏說盩引擊也从㚔攴見血也扶風有盩厔縣史頌敦盩于成周 史頌敦器文 或从盆石鼓

盩作祖辛爵

从大从沓沓當即者之省公姞敦

說文古籀補 第十 五

古陶器文曰節墨之亢之鉥陳介祺曰亢地名

古獵犺字小篆作㚖許氏說進也引易㚖升大吉虢季子白盤 兮田盤

古奏字石鼓

从日从大古昦字小篆作昦許氏說春為昦天元气昦昦石鼓 單伯昦生鐘

爵文 卣文象人戴簍數形奚隸之役也周禮奚四人注奚女奴也漢書東方朔傳注顏師古曰簍數戴器也以盆盛物戴於頭者則以簍數薦之今賣白團餅人所用者也大澂案古妻字與奚同意當亦象女奴戴器形故簍數皆从婁 觚文

丙申角

古奰字从三矢小篆从三目三大詩內奰于中國傳不醉而怒曰奰艾伯鬲奰地名

盂鼎 散氏盤

古文以為位字頌壺 頌敦同 位字重文 立𥂴

思字見古陶器 晚周文字 古鉩文 古鉩文

古心字散氏盤 古陶器反文 師望鼎 克鼎 王孫鐘

古鉩文 古鉩文 古鉩文 古鉩文

陳侯因資敦悳字不从彳亦晚周文字矣

古玉鉩文

古念字畢仲敦 毛公鼎 周公孫子鼎 父辛卣 克鼎

者沪鐘

古憲字省文召伯父辛鼎 邾人鐘 伯憲盉

古慶字召伯虎敦舊釋愛非 古鉩文

古𢡱字从客从吕後人變吕為心許氏說𢡱敬也春秋傳曰以陳備三𢡱大澂案𢡱當即客之異文二王之後謂之客周封三客虞夏商之後也周𢡱鼎

小篆𢡟字从心此从旡从夊當即𢙣之變文非从手也愛尊

古𢡃字史懋壺 周公孫子鼎 卯敦 蓋 守卣

古慕字陳侯因資敦

許氏說恁下齎也王孫鐘

許氏說念忘也嘾也引周書有疾不念念喜也今經典通用愈說文無愈字季念鼎 古陶器

古文以為忒字經典通用貣貸古通毛公鼎 散氏盤

小篆作𢡺許氏說愚也毛公鼎 伯㤅盉

古文以為己字齊太僕歸父盤為忌鑄盤忌讀若己 邾公牼鐘 翼龔威忌

許氏說忍怒也讀若顡古陶器 忍字反文古陶器 亦古陶器文

古𢗅字省文許氏說怛憯也或从心在旦下古陶器

古鉩文

古𢡤字从民从又毛公鼎

古愈字說文所無魯白愈父鬲簠文作魯白俞父 二鬲文小異 魯伯愈父匜

从憂从丞說文所無疑即憂之古文石鼓

𢟪說文所無疑即𢡃之省文古陶器 亦古陶器文

从五从心說文所無疑即𢙌之省古文悟古陶器

𢝝古陶器文說文所無

𢘔說文所無古陶器 亦古陶器文

說文無𢙁字或釋寱古陶器 或从息亦古陶器文

古陶器文說文所無

感 感說文所無疑即感之省文古陶器

怨 古陶器文說文所無

愚 古陶器文說文所無

愕 距末文人名說文所無阮氏釋作愕

說文古籀補第十一

賜進士出身頭品頂戴兵部尚書兼都察院右副都御史巡撫湖南等處地方吳大澂撰

文八十八 重一百三十

水 石鼓 水 古鉨文干水匜

河 古陶器 河 亦古陶器文

江 江文古鉨見趙凡夫印譜

沱 古沱字許氏說江別流也徐鉉曰沱沼之沱今刈作池非靜敢曰射于大沱

沔 古沔字石鼓

汧 石鼓

洛 古洛字虢季子白盤 洛 古文或以為格字太師虘豆用卲洛朕文且考卲洛即昭格

潞 古潞字从雨借露為潞露字幣 潞 潞 皆露字幣異文

沇 古沇字沇兒鐘

漸 古漸字古陶器

湥 石鼓

淮 古淮字散氏盤 淮 𠦑田盤 淮 或从水从唯曾伯霥簠克狄淮夷

濼 古文以為樂字虘鐘用樂好賓

洹 古洹字齊侯壺洹子孟姜今左傳作桓子　亦齊侯壺文

濟 古濟字濟陰圜幣晚周文字

海 古海字古鉢文　海上鍴鉢　古鉢之最大而字多者

潮 古文潮朝為一字陳侯因資敦　朝下重文　古陶器　亦古陶器文　古鉢文

滔 石鼓

汪 古汪字汪伯卣蓋文　器文　古鉢文

涌 石鼓湧字如此小篆省作涌

淑 古淑字从叔从皿丣敦不盤當讀作不淑古通作叔亦作惄　叔下重文

說文古籀補　第十一　二

清 古清字从水从靜許氏分清瀞為二字非齊侯甔曰俾旨俾清

淵 淵石鼓

澤 澤古鉢文

淖 淖小篆作潮　石鼓

涅 涅金幣水經注涅陽在西北岐棘山東春秋屬鄧國戰國秦穰邑　或省作涅盧氏涅金幣　涅字幣　皆涅字幣異文

沙 古沙字許氏說水散石也宬盤縞必彤沙沙亦通紗周禮內司服素沙司農注素沙赤衣也　鄦惠鼎彤沙如此象水中聚石形

湖 古湖字省散氏盤至于大沽大澂釋作大湖湖大陂也

湛 古湛字毛公鼎

涿 古涿字許氏說上谷有涿縣涿字幣　亦涿字幣文　古鉢文

渠 古渠字古鉢文　古玉鉢文从水从巨當即渠之省者

溼 古溼字散氏盤溼田當讀作隰田古文溼隰為一字小篆別作隰　石鼓邍溼陰陽　史懋壺溼宮

湆 石鼓

湯 古湯字省師湯父鼎　曾伯霥簠湯字不省　古鉢文

湎 古湎字小篆作湎許氏說沈於酒也周書曰罔敢湎于酒毛公鼎曰毋敢湎于酒

沬 古沬字从頁从𦣻从皿注水許氏說沬洒面也古文沬从頁作湏又頁部䫗昧前也讀若昧疑亦沬之古文許云沬擢髮也疑古沬沬為一字魯伯愈父匜

說文古籀補　第十一　三

渫 古渫字石鼓

漳 古漳字古鉢文　晚周文字之異體也

濯 戈文曰右濯戈濯所以刺船也短曰楫長曰濯是戈當係水師所用今俗作櫂又作棹

泰 古塤文命𤔔樂作太室塤太字如此晚周變體也古文通作大　大下重文

潼 古鉢文𣏟潼𨟻左司馬𣏟潼地名疑即古梓潼字𣏟梓音相近从童从重古文通用也

淦 散氏盤自瀘涉以南至于大沽阮相國釋作瀘非是當即淦字許氏說淦水出北囂山入邙澤　散氏盤復涉瀘當亦淦字異文

汚 汚說文所無疑即汜之省者汚鐘晚周之器

湨 湨說文所無遲簋　孟湨鼎或釋漁非

滿 浧 泃 渻 滄 涓 澘 涚 洄 流 涉 巠 𣲖 川

滿說文所無石鼓

浧說文所無石鼓

泃說文所無古鉥泃埅泚司徒 泃埅亦古鉥文

古鉥文𠬪鉨 渻左 古鉥文𡨦陵𦴙酈𨚍 當即渻說文所無

古鉥文𠬪滄單𡌠鉨 滄地名說文無滄字

涓說文所無或云湖之省古鉥文 亦古鉥文

古鉥文說文所無

舊釋涚非是姑附於此裹盤

說文古籀補 第十一 四

洄疑波濤之濤說文無濤字 二字小異皆古陶器文

古流字與小篆同石鼓

涉从兩止中隔一水止足跡也屮亦止之變體小篆頻字从此格伯敦 亦格伯敦文 散氏盤涉字如此舊釋洮非

亦散氏盤文 石鼓 戈文

古文以為經字盂鼎 克鼎

小篆作𣲖許氏說剛直也兮仲鐘曰用侃喜前文人 𠭯狄鐘 侃𤸄戈 庞陽矛

古鉥文

古文川象水中可居之地散氏盤 平州幣

𠫐 原 永 羕 羕 尚 冬 雨

小篆作𠫐亦作原散氏盤 亦散氏盤文 或从水从原散氏盤厂源舊釋湶非

克鼎

史頌敦 師虎敦 叔向父敦 頌壺 殳季良父壺

鄀公敦 𠭯伯達敦 仲殷父敦 鄭𩵦原父鼎 番君鬲

㠯楚公鐘叉 齊陳曼簠 白𡨦尊 中伯壺

沇兒鐘 王子申盞盂 䢅鼎 留君簠 子璋鐘

多父盤 魯大司徒匜 鄭伯大司工簠 庚姬鬲 庚熊卣

芮公壺 蓋 吕王壺 杞伯敦 蓋 紀侯敦 公姞敦

說文古籀補 第十一 五

格伯敦 器 格伯敦 蓋 格伯作晉姬敦 格伯敦 器 師遽敦 蓋

魯伯俞父簠 𩌌亥鼎 旅虎簠 𥙡伯匜 邾𨟖鼎

伯𧯧敦 永宮鬲 姑馮句鑃

或从羊鄦子妝簠借羕為永 杞伯敏父敦器 杞伯敏父鼎 杞伯敏父壺

古羕字羕史尊

格伯敦 亦格伯敦文

冬古文以為終字頌鼎 需終終下重文 頌敦 邾人鐘永終于吉 邾人鐘

楚公鐘 石鼓

古靁字畾畾如連鼓　楚公鐘楚夜雨雷

古雪字从水　諆田鼎

頌鼎霝終猶言令終古吉語也　皆頌敦文　齊太僕歸父盤霝命難老

霝彝　古鉨文

古零字从雨从下　格伯敦零谷地名

許氏說屚屋穿水下也　聿屚壺

露省古文以為潞字　露字幣　潞下重文　古鉨文

古文以為粤字　盂鼎　粤字重文

說文古籀補　第十一　六

从雨从黎省說文所無　曾伯⿱雨黎簠　曾伯⿱雨黎簠　石鼓⿱雨黎不省

魚尊　象形　[illegible]伯罰卣　伯魚卣蓋　伯魚敦蓋　伯魚敦器

魚父癸壺　父癸魚卣　魚父癸鼎　魚父己尊　犀伯魚父鼎

魚爵　魚父丙爵　魚父丁觶　毛公鼎　石鼓

古鉨文

古鰥字　毛公鼎　父辛卣

石鼓

石鼓

古鉨文

許氏說鰋鮀也　石鼓

石鼓

古⿰魚丙字　石鼓

鰟說文所無　石鼓

古鮊字許氏說海魚名　石鼓白字皆作帛　石鼓

古漁字从魚从水从又以手捕魚也　石鼓君子漁之小篆作瀏又作𩼜

古燕字象燕處巢見其首𡰥字从此宴晏匽三字皆當从𡰥許氏說晏安也宴安也匽匽也皆燕安之義小篆从日从女形相近而古義亡矣經典通作燕　匽侯盉

說文古籀補　第十一　七

匽侯鼎云用作名伯父辛寶尊彝匽名伯所封國　匽侯旨鼎

古龍字　郘鐘　古鉨文　龍伯戟　皆古鉨文

𩙲說文所無疑即飛字之繁文　石鼓

古文以為翼　盂鼎故天翼臨謂臨之在上翼之在旁也　衛公叔敦

古非字　毛公鼎

說文古籀補第十二

賜進士出身頭品頂戴兵部尚書兼都察院右副都御史巡撫湖南等處地方吳大澂撰

文一百十 重三百四十一

孔曾伯霝簋 孔作父癸鼎 史孔和 虢季子白盤 沇兒鐘

石鼓

古文以為丕字 丕字重文盂鼎 䣊敦 邦人鐘 齊陳曼簠

否毛公鼎

散氏盤至于大沽 又云至于井邑

說文古籀補 第十二 一

古到字从人不从刀曶鼎 歸夆敦仲到人名

且子鼎王命且子逾西方于相 散氏盤 古鉨文

厙肇古通 肇下重文

散氏盤 頌敦 頌鼎 師酉敦 格伯敦

隙也从門見月門有隙也宗周鐘

古闢字象兩手闢門形盂鼎 彔伯戎敦

古閈字 毛公鼎

从門从甲當即閘或云从亣非豆閘敦

古關字陳猷釜左關之釜 左關之鍨關字如此 古鉨文 關中幣

古鉨文

說文無閔字疑即閼閼之閼古鉨文

說文無此字 師酉敦

陳介祺曰古聃字聃敦武王母弟毛叔聃所作

古耿字毛公鼎

聲也通也聞聲知情謂之聖聖聲古通曾伯霝簠 齊子仲姜鎛聖叔聖姜張之洞曰聖即聲春秋文十七年小君聲姜公羊作聖姜聖本字聲

段借字 王孫鐘 古鉨文 八字大古鉨文見龕卷十下 古鉨文

說文古籀補 第十二 二

古聽字从聖从十口聖人能兼聽也聽从十口相从十目視明聽聰也齊侯壺 亦齊侯壺文

古匠字許氏說匠顧也篆文匠作頤鑄子叔黑匠簠 鑄子叔黑匠簠

師鯀父敦蓋 彔伯戎敦 師鯀父敦器 歸夆敦

頌鼎 師鯀父敦 彔伯戎敦 師奎父鼎

諆田鼎 伯晨鼎 穸鼎 師遽方尊 吳尊

師遽敦 大鼎 寰盤 歸夆敦

蓋

古擇字从廾不从手 睪字重文

父戊觚阮氏釋作招 招樂名也舜曰大招招繼也言其德能繼堯之道也古壎文 亦古壎文字本

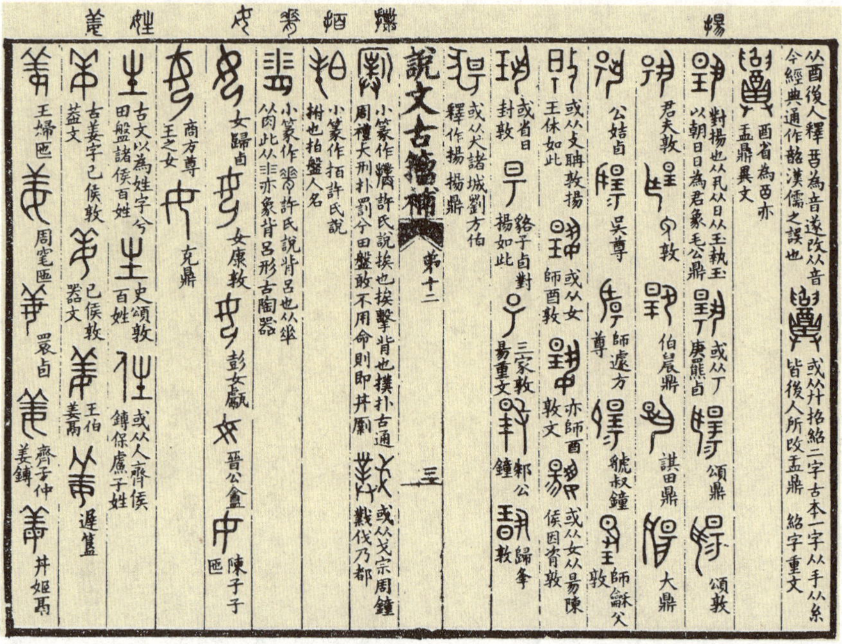

从酉後人釋晉爲音遂改从音今經典通作荅漢儒之誤也 或从廾挌絡二字古本一字从手从糸皆後人所改盂鼎 絡字重文
酉省爲酉亦盂鼎異文
對揚也从丮从日从玉執玉以朝日日爲君象毛公鼎 或从丁庚羆卣 頌鼎 頌敦
君夫敦 敦 伯晨鼎 諆田鼎 大鼎
公姞卣 吳尊 師遽方尊 虢叔鐘 師𩛥父敦
或从攴䎽敦揚 王休如此 或从女師酉敦 亦師酉敦文 或从女从易陳侯因資敦
或省日封敦 絡子卣對揚如此 三家敦易重文 郘公鐘 歸夆敦
或从犬諸城劉方伯釋作揚 揚鼎
說文古籀補 第十二 三
小篆作𢷠許氏說挨也挨擊背也撲扑古通周禮夫刑扑罰兮田盤敢不用命則即井𠛏 或从戈宗周鐘 戭伐乃都
小篆作拍許氏說拊也拍盤人名
小篆作𦐇許氏說背呂也从𠦬从肉此从非亦象背呂形古陶器
女歸卣 女康敦 彭女甗 晉公盦 陳子子匜
商方尊王之女 克鼎
古文以爲姓字兮田盤諸侯百姓 史頌敦百姓 或从人齊侯鎛保盧子姓
古姜字己侯敦蓋文 己侯敦器文 王伯姜鬲 遲簋
王婦匜 周寉匜 㝨卣 齊子仲姜鎛 井姬鬲

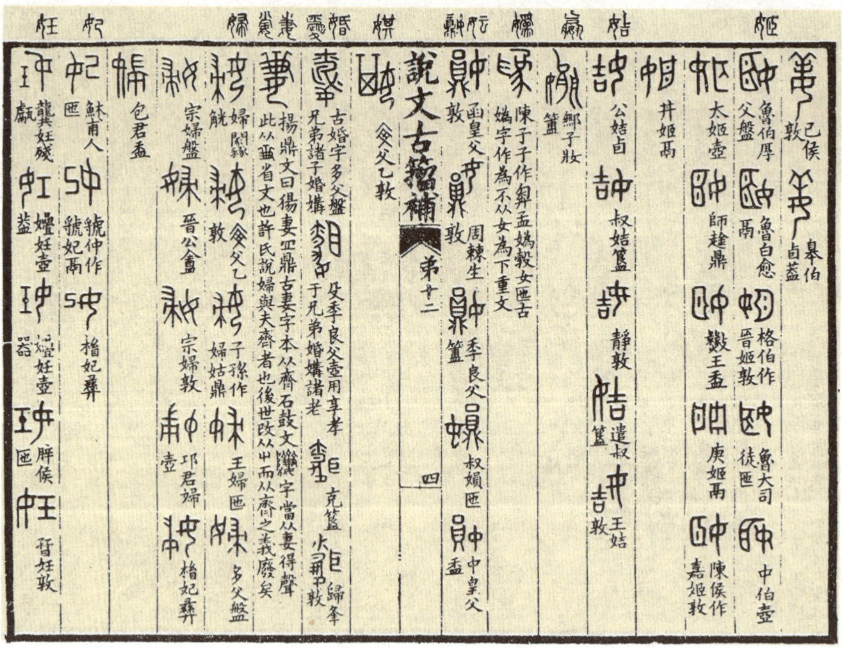

己侯敦 㝬伯卣蓋
魯伯厚父盤 魯白愈鬲 格伯作晉姬敦 魯大司徒匜 中伯壺
太姬壺 師趛鼎 鑄王盉 庚姬鬲 陳侯作嘉姬敦
井姬鬲
公姞卣 叔姞簋 靜敦 遣叔吉簋 王姞敦
鄦子妝簠
陳子子作𢍏孟嬀穀女匜古嬀字作爲不从女爲下重文
亟皇父敦 周棘生敦 季良父簠 叔媍匜 中皇父盉
說文古籀補 第十二 四
㚇父乙敦
古婚字多父盤兄弟諸子婚媾 殳季良父壺用享孝于兄弟婚媾諸老 克簋 歸夆敦
揚鼎文曰𠰻妻𢓊鼎古妻字本从齊石鼓文𪨍字當从妻得聲此从亟省文也許氏說婦與夫齊者也後世改从屮而从齊之義廢矣
婦闟彝 㚇父乙敦 子孫作婦姑鼎 王婦匜 多父盤
宗婦盤 晉公盦 宗婦敦 邛君婦壺 㯱妃彝
包君盉
鮴甫人匜 虢仲作虢妃鬲 㯱妃彝
龔妊甗 嫚妊壺蓋 嫚妊壺器 䣄侯匜 晉妊敦

古母字許氏說象乳子也亞形母癸鼎 母甲觶 頌鼎 頌敦
靜敦 齊子仲姜鎛 王作母癸角 母用諸婦方尊 或釋作女非是
南旁敦
姑庚熊卣 婦𦣞䑣 遲簋蓋 器文 姑馮句鑃
虢叔鐘旅敢威 帥井皇考威義 虢叔編鐘 叔向父敦 王孫鐘
古妣字與父相比右為父左為人古文不从女妣辛敦或釋父辛非 亞形妣尊 此妣之反文猶父之作也與乃
字微別伯𩰫作妣室卣 向卣文向作妣尊彝 器作妣敦 此亦妣之異文王作妣將斷彝或釋父非是
器作妣卣器 器作妣卣蓋 籀文妣从女義妣鬲 名中作生妣鬲

說文古籀補 第十二 五

妣祖从示皆六國時字 齊子仲姜鎛
妹古文以為昧字釋名妹昧也猶日始出歷時少尚昧也盂鼎妹辰即昧晨段借字
凡所聘妻當即小篆婐字隸書粤叟相近一變而从安義不可通矣宗婦敦
多父盤婚媾不从女小篆作媾 或从貞父季良父壺婚媾如此 克簋 歸夆敦
始婦之長者爾雅女子同出謂先生為姒凡經典姒字皆當作始古文台以為一字許書無姒字頌壺 皆頌敦 文
季良父壺 公姒敦 叔向父敦
虘鐘用樂好賓 石鼓文 古陶器 歸夆敦
古姝字从桒从女桒飾之華者與粤同意杞伯敏父鼎 杞伯敏父敦蓋 杞伯敏父敦器 杞伯敏父壺

邾𢓊父鬲 杞伯敏父敦器 杞伯敏父敦蓋
古孌字中伯作孌姬簋
古娸字周棘生敦
石鼓
或通臧 鄭子妝簠妝
古娷字小篆作娷𢑤王盉
媿姓也左傳狄人伐廧咎氏獲其二女叔隗季隗昭王奔齊王復之又通於隗氏隗與媿通後世借為慙愧字而媿之本義廢鄭同媿鼎
包君盉 叔媿鼎

說文古籀補 第十二 六

𡢃說文所無鉥甫人匜 𡢃妊壺蓋 𡢃妊壺器
嫡說文所無王子申盞盂
㚽說文所無郳虜盤
說文無此字多父盤
始說文所無鄭始鬲
說文無此字伯疑父敦蓋
古毋字與母同趩尊毋敢家 今田盤毋敢 或入緐窔 古鉥文 古鉥文
古民字盂鼎 齊子仲姜鎛 齊侯壺 王孫鐘

毛公鼎 師寰敦

也古文以為匜字魯大司徒匜 匜下重文 平安君鼎

古氏字毛公鼎 師氏虎臣 散氏盤 頌鼎 頌壺

頌敦 師遽敦 盧氏涅金幣 齊子仲姜鎛 芮公鬲

石鼓

師奎父鼎 伯晨鼎 𢦏戈 或从金陳余造戈 陳𣪘節戈

或从ナ 平陽戈 陳貝節戈亦从戈从金之變文

叔向父敦 彔伯戎敦古文肇肁肇三字竝通 肇下重文 鑄子叔黑臣鼎

說文古籀補 第十二 七

兵也从戈从甲小篆作戎 盂鼎 虢季子白盤 庸武于戎工 動武鐘戎字如此

鄦伯御戎鼎 使戎鼎

古戍字从人持戈 戍甬尊

古戟字本作戛許氏說戛戟也讀若棘戟有枝兵也師奎父鼎 寰盤 鄦惠鼎此與小篆皆相近矣

古戰字魯公伐郳鼎攻戰無敵與阮氏積古齋款識所載𩰫鼎正同

許氏說戲三軍之偏也靜敦左右戲當即左右軍 戲伯鬲 戲仲鬲 古鉩文

古國字从戈守口象城有外垣毛公鼎康能四國俗 亦毛公鼎文 宗周鐘畯保三國 南宮方鼎南國

又語詞疑或不定之意 于田盤毋敢或入䜌宄 曶鼎迺或即曶用田二 齊子仲姜鎛 或从邑讀如疆域之域

域小篆从土 師寰敦蓋器 師寰敦 大𦉢戈从邑从或省

古戕字从犬戕尊 戕占

毛公鼎 曾伯霝簠 虢季子白盤 皆散氏盤文

晉公盦 邵鐘 陳侯因資敦 宗周鐘 動武鐘

武安幣 皆空首幣文 古陶器

古鉩文 古鉩文

盂鼎武王之武从武从王 歸夆敦 武敢矛 从尸

古戠字不从耳晚周文字古鉩 文 亦古鉩

說文古籀補 第十二 八

古戠字與識織幟三字並通趩尊錫趩戠衣戠當釋織識下重文 石鼓

古戉象形字立戉尊作 許氏說戉斧也今所傳古戉或作月形或作半月形此象半月形也虢季子白盤賜用戉用政蠻方

解文徐同柏釋戚 陳子和子釜 古玉鉩文戚字如此漢印中亦所習見

我散氏盤 盂鼎 毛公鼎 叔向父敦 師寰敦

邵鐘 沇兒鐘 郘公鐘 姑馮句鑃

阮氏虢叔鐘文 張氏虢叔鐘文 伊氏虢叔鐘文 潘氏虢叔鐘文 陳氏虢叔編鐘

齊子姜鎛 叔向父敦 中義敦 沇兒鐘 王孫鐘

虢季子白盤 古鉩反文 古鉩文 古鉩文

陳介祺曰古瑟字許書瑟古文作瑟仲狂卣

亾冏古通毛公鼎亾不閈于文武耿光 亾亦通無師遽方尊萬年亾彊 虢叔鐘得屯亾斁舊釋以為乍攸非是

今田盤休亾斁 師望鼎得屯亾斁

古文以為作字盂鼎作字重文 姑馮句鑃

許氏說出亡在外望其還也望亦通朢鄦惠鼎既望朢下重文 或从耳師望鼎

古無字不从亾盂鼎䍙字重文 猶鐘

匄古通介師奎父鼎介字重文 師遽方尊 追敦 戎都鼎

殳季良父壺 己侯敦

說文古籀補 第十二 九

古匿字象隱蔽形从匸若聲一曰藏以蔽物也芓彎之茂者後人加心作慝盂鼎

古匽字从㫃上有一覆之象燕之匽於巢也許氏說匽匽也匽古燕字子璋鐘用匽以喜今經典通作燕 沇兒鐘以匽以喜古燕字亦作匽

克鼎地名 馭方鼎

古匹字毛公鼎馬四匹作三 彔伯戎敦三 今田盤三 史頌敦三

吳尊三 匄鼎用匹馬凡馬一匹謂之上加三畫即四匹矣四匹二字多合文非三匹也 無㠱敦三

匄鼎匡地名許氏說飲器筥也 尹氏簠借匡為簠簠字重文 史免簠

古匜字聯虐匜 穌甫人匜 黃仲匜 王婦匜 魯大司徒匜也重文

周窒匜 叔男父匜 或从皿叔頫匜 𣄰伯匜 或从金史頌匜

或从金皿陳子子匜 或从尸伯庶父匜 甫兆日匜奇字

古曲字魯公伐郘鼎錫公寶鼎大曲形矢大曲弓名

古甗字从犬伯貞殘甗甗字重文 或从犬从鼎𩰬甗 穀父甗 子邦父甗

古瓮字不从瓦右敀里銅瓮

古弓字虢季子白盤 伯晨鼎 趞曹鼎

古弭字師湯父鼎

古張字古鉨文似齊陳時文字 亦古鉨文

古文以為疆字頌敦疆字重文 猶鐘

說文古籀補 第十二 十

古弘字毛公鼎

古彌字𢑚姞敦小篆作 齊子仲姜鎛

古發字陳猷釜平發敦成

古陶器文當即弛字之變體 亦古陶器文

古弼字毛公鼎簟弼魚葡詩采芑簟茀魚服韓奕簟茀錯衡箋云簟茀漆簟以為車蔽今之藩也茀當作𢐀古文弼字弼以蔽車有輔弼之義

毛公鼎 敦南皇父 畢仲敦 格伯敦 格伯作晉姬敦

楚公鐘 楚公鐘 楚公鐘 邵鐘 子璋鐘

沇兒鐘 邾公鐘 呂白孫敦 番君鬲 苟公鬲

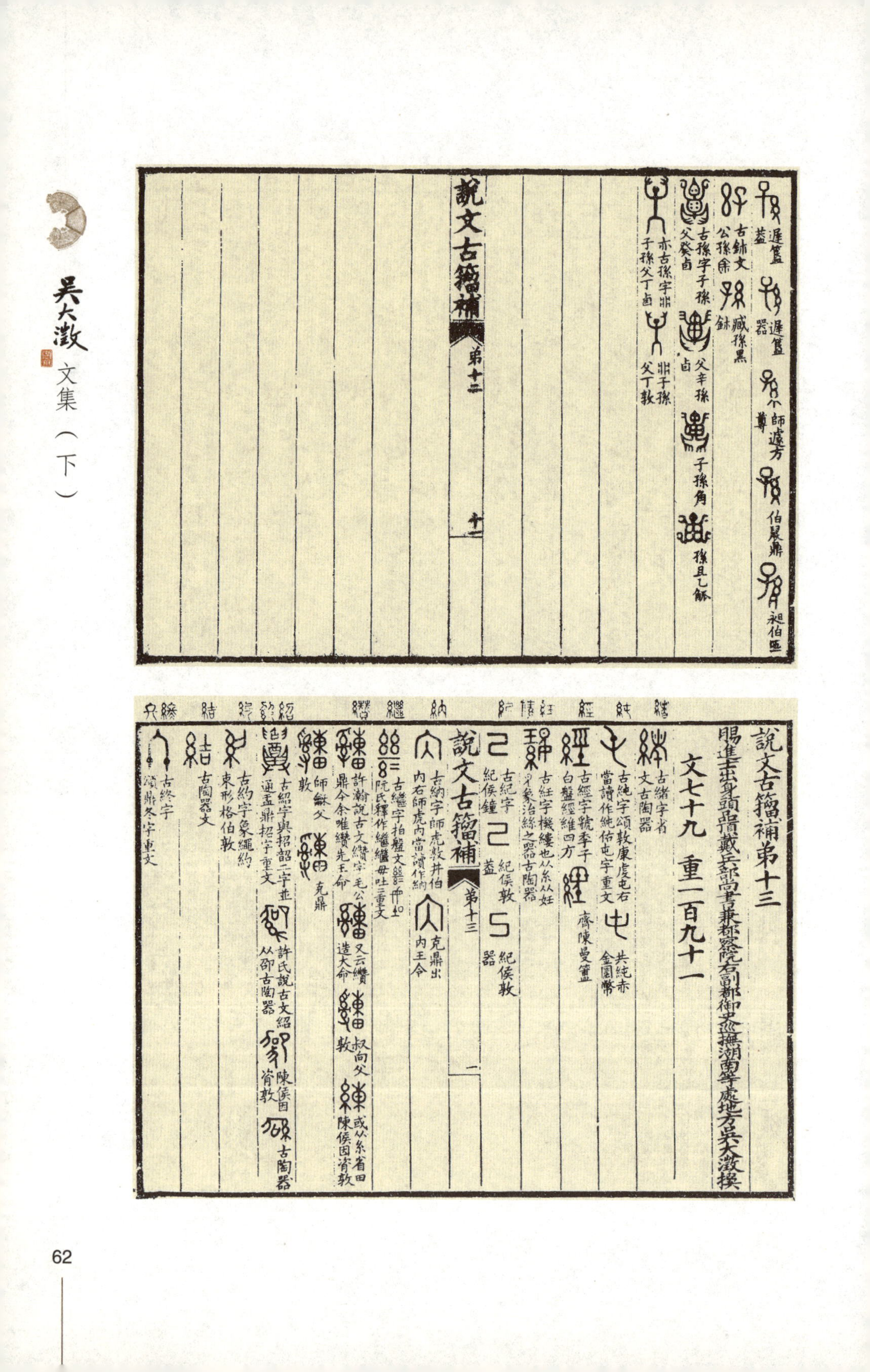

遲簋蓋　遲簋器　師遽方尊　伯晨鼎　䢅伯匜

古鉨文公孫余　臧孫黑鉨

古孫字子孫父癸卣　父辛孫卣　子孫角　孫且乙觚

亦古孫字卝子孫父丁卣　卝子孫父丁敦

說文古籀補　弟十二　十二

緒　純　經　紝　紀　納　繼　纘　紹　約　結　終

說文古籀補弟十三

賜進士出身頭品頂戴兵部尚書兼都察院右副都御史巡撫湖南等處地方吳大澂撰

文七十九　重一百九十一

古緒字省文古陶器

古純字頌敦康虔屯右當讀作純佑屯字重文　共純赤金圜幣

古經字虢季子白盤經維四方　齊陳曼簠

古紝字機縷也从糸从妊省象治絲之器古陶器

古紀字紀侯鐘　紀侯敦蓋　紀侯敦器

說文古籀補　弟十三　一

古納字師虎敦井伯內右師虎內當讀作納　克鼎出內王令

古繼字拍盤文毋𡉈阮氏釋作繼繼毋吐二重文

許瀚說古文纘字毛公鼎令余唯纘先王命　又云纘造大命　叔向父敦　或从糸省田陳侯因資敦

師緐父敦　克鼎

古紹字與招韶二字並通盂鼎招字重文　許氏說古文紹从卲古陶器　陳侯因資敦　古陶器

古約字象繩約束形格伯敦

古陶器文

古終字頌鼎冬字重文

古綈字从糸从弟（弟）與叔小異古弟字也古陶器

古縞字鄦惠鼎縞必彤沙錢宫詹釋作縞繹許氏說縞鮮色也 寰盤縞字如此

淺絳也小篆从糸作纁 毛公鼎 熏字重文 吳尊

古綰字从官从緩省古文綰緩為一字小篆从素許氏說䊬緩也緩䊬也薛氏款識伯碩父鼎綰綽晉姜鼎綽綰孟姜敦綰綽綰眉壽古語延年也𠫤姞敦

古組字號季氏子組敦陳介祺說組之从又猶維之从攴也

古絬字許氏說論語曰絬衣長短右袂古陶器

古𥿋字許氏說收𢍰也古鉨文

古文以為誠字毛公鼎毋折感誠字重文

說文古籀補 第十三 二

古縱字許氏說緎屬

古鉨文

古維字从糸从隻號季子白盤經維四方 古陶器

古緐字叔向父敦降余多福緐釐 師虎敦

古緶字克鼎

古𦃃字許氏說捕鳥覆車也毛公鼎𦃃車

古鉨文王續省糸為乔乃六國時文字說文𦅾古文作𦃃𤔡古文作𧦝續古文作賡𠤎古文作𡙁可知許氏所見壁經皆與此類晚周之本也

古繆字許氏說枲之十絜也𦂳麻一耑也一曰綢繆古陶器文

古綏字不从糸𠫤姞敦用妥多福說文無妥字妥綏本一字也 晉公盦 鄭𨙨叔綏賓鐘

楊沂孫說古彝字从雞从廾从糸象冠翼尾距形手執雞者守時而動有常道也故宗廟常器謂之彝禮夏后氏以雞彝鄭司農說宗伯主雞董𦊅鼎

戍都鼎 甚諆鼎 䠐鼎 太保敦 君夫敦

三家敦 中敦 公姞敦 伯魚敦 豚敦

遽伯還敦 王作敦 季保敦 𢓜敦 趩尊

伯𡘨卣 衛父卣蓋 衛父卣器 琖中狂卣 庚羆卣

母卣 卣 鳳卣 父丁卣 兄癸卣

向卣 卣 卣蓋 父辛卣 吳尊蓋

傳尊 伯𧶠尊 𤔲方尊 且作丁尊 保暕尊

說文古籀補 第十三 三

鳳尊 丁未伐商角 索諆角 父丁斝 且辛觶

𠙵甗 戉尊 卯敦 作乃父爵 立戈父丁盉

辛子敦 叔宿尊 格仲敦 𠫤姞敦 遣小子敦

史頌敦 𡈼仲敦 拍盤 宗婦盤彝字如此與小篆相近蓋晚周文字也

伯矩尊 姬𤖄鼎 猶宗尊彝之彝如此

阮相國釋作彝中義彝 居後彝 十月彝

許氏說絡勞即給古鉨文

古繯字許氏說落也古鉨文 古鉨文

紉　細　綽　絲　䜌　率　𤰈　蜀　䜌　龜　鼉　鼄　二　亟　恆　土

說文無此字疑即紉之異文古匋器

說文無此字 古鉩文

古綽字小篆作䋞或作綽克姞敦用鄦匄眉壽綽綰䋞即許書䋞䋞二字

曶鼎

古䜌字 石鼓

古率字許氏說捕鳥畢也象絲網上下其竿柄也盂鼎 毛公鼎率如此小篆别作衛非是 師寰敦

徐同柏曰古文𤰈書敘仲𤰈史記作中𤰈象𤰈在田閒形𤰈𤰈

山海經杻陽之山有獸馬其狀如馬其文如虎名曰鹿蜀石鼓射其獱蜀

說文古籀補 第十三 四

古蠻字不从虫虢季子白盤用政蠻方䜌字重文 晉公盦 鬼方戈

古龜字象形 曶鼎

古鼉字邵鐘 玉鐈鼉鼓

鼄古文以為邾字魯伯愈父鬲邾字重文

盂鼎 𠫑羸君餅二字如此此六國時異文非古文也

毛公鼎命女亟一方

古恆字 曶鼎

盂鼎受民受彊土 散氏盤嗣土 太保敦 嗣土敦

坤　基　垣　堵　在　壞　均　塙　封　璽

古坤字从立从申古鉩文

子璋鐘眉壽無基

古垣字幣 垣字幣省文 長垣一釿幣 襄垣幣 襄垣幣反文

古堵字从𩫖凡縣鐘磬半為堵全為肆邵鐘 鄦公望鐘

古在字盂鼎 𠂇敦 頌鼎 皆盂鼎異文

古墳文令𠁷 𤕌𠁷 亦古墳文令𠕊 大室壞小篆作壞

古均字从土从匀二古鉩文

古塙字許氏說堅不可拔也古鉩文

說文古籀補 第十三 五

古封字邦字从此封邑為邦康侯封鼎衛康叔名也 封作父乙觶

古璽字从金从尒經典亦爾通用周禮貨賄用璽節鄭注璽節者今之印章也今世所傳古銅鉩多計鉩之文皆通貨所用秦漢以後天子之璽始用玉璽鉩

甲𨚕鉩 𨚕 彖宮𠤎 𦺊鈐𠤎 司成𠤎 東來𠤎 倫

𨚕𨚕甫鉩 韶欽時 所𨚕計 𤔲鉩 尹吳𠤎 丘𨚕

計倉𠤎鉩 臧𢦏𠤎 𨚕金𠤎 車𨚕鉩 敬鉩

𢡱𠭯𠤎鉩 或土卒本 鉩 師𨚕 萬邑𠤎 桓里𠤎 鉩

瘖動 或从辵古鉩文 古鉩文 鉩字金旁變化不一皆六國時異體𨚕𨚕𠤎

墨 城 增 坏 圭 蔓 觀 釐 里 釐 野 田 畮 當

坏 或从土亦金之省文許氏說堊王者印也所以主土□坏 古陶器鼓墨 止六止坏土

墨 節墨刀 赤節墨刀文 古陶器節墨鉢 古鉢文

城 古城字散氏盤 城虢敦

增 古增字从邑从曾邑即邑之異文與古鄙字同意小篆作自增鼎

坏 古坏字馭方鼎

圭 毛公鼎 師遽方尊

堇 古堇字从黃从火火古文火字舊釋作堇山非是堇敦鼎 或从火亦火之省文毛公鼎 或从人从與火同頌鼎覲字重文

艱 古艱字从堇从喜毛公鼎女弗以乃辟函于艱 又云湛于艱

說文古籀補 第十三 六

里 史頌敦里君百生當讀作理羣百姓 亦史頌敦文 石鼓 古陶器

釐 釐䇘伯戎敦 師酉敦 叡鐘 叔向父敦 釐鼎

釐 無㠱敦 無㠱敦

野 古野字从邑司寇𨛭 古壄字或省予克鼎

田 散氏盤 盂鼎 兮田盤 父丁告田觶 師田父尊

田 克鼎

畮 許氏說六尺為步步百為畮兮田盤 師寰敦 盨 師寰敦 田器 衛公叔敦 田器蓋文

當 古當字梁正當金幣尚字重文 亦梁幣文 梁充釿幣當爰 梁正當金幣當爰

畯 畱 畺 疆 黃 男 助 勤 勝 動 加

畯 古畯字从田从允與俊通盂鼎畯正乃民 頌鼎 畯臣 皆頌敦文

追敦 或从山克鼎

畱 古畱字屯畱幣 皆屯畱幣文 空首幣 古陶殘器陳向立事歲畱之疑即瘤之省文畱瘤本一字也 古王鉢□□當即畱之省

畺 古畺字从田从弓一者田界也儀禮鄉射禮侯道五十弓疏云六尺為步弓之古制六尺與步相應此古者以弓紀步之證後世量地之弓周人有用之者一曰象田閒之水道也小篆从土 盂鼎受民受疆土 散氏盤 或从三頌敦 師遽方尊 或从三號季子白盤

疆 頌敦疆字重文 史頌敦 或从三中師父敦 番君鬲 動武鐘

黃 古黃字張中簠其玄其黃 黃中匜 古文以為橫字亦通衡毛公鼎橫字重文 頌敦

說文古籀補 第十三 七

黃 師奎父鼎用匄眉壽黃耇吉康 曾伯霥簠段不黃耇 古鉢文

男 男遺小子敦 師寰敦 叔男父匜

助 古助字从且从力許氏說助左也小篆从耡公簋皇妣借為且考之且 師虎敦且考亦段借字

勤 古勤字从人勤季方鼎

勝 古勝字王鉢文

動 古動字毛公鼎㭬四方㞙毋動 動武鐘

加 古加字通嘉虢季子白盤王孔加子白義 加作父戊爵

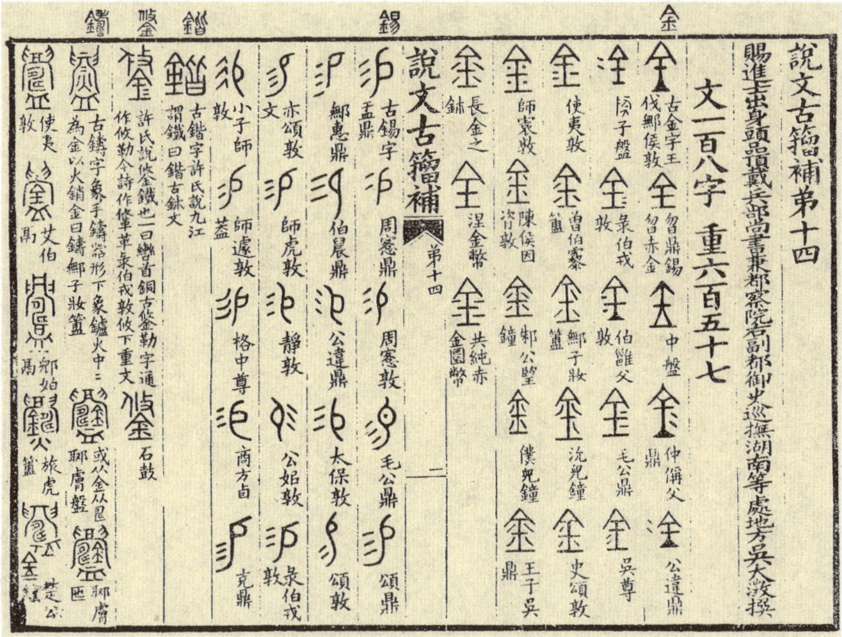

說文古籀補弟十四

賜進士出身頭品頂戴兵部尚書兼都察院右副都御史巡撫湖南等處地方吳大澂撰

文一百八字 重六百五十七

金 古金字王伐鄦侯敦 曶鼎錫曶赤金 中盤 仲偁父鼎 公違鼎

陳子盤 彔伯戎敦 伯雝父敦 毛公鼎 吳尊

使夷敦 曾伯霥簠 鄦子妝簠 沇兒鐘 史頌敦

師寰敦 陳侯因資敦 邾公牼鐘 僕兒鐘 王子吳鼎

長金之鈢 涅金幣 共純赤金圜幣

說文古籀補 第十四 二

錫 古錫字盂鼎 周窓鼎 周窓敦 毛公鼎 頌鼎

鄦惠鼎 伯晨鼎 公違鼎 太保敦 頌敦

赤頌敦 師虎敦 靜敦 公姞敦 彔伯戎敦

文 小子師敦 盉 師遽敦 格中尊 商方卣 克鼎

鍇 古鍇字許氏說九江謂鐵曰鍇古鈢文

鋚 許氏說鋚鐵也一曰轡首銅古鋚勒字通作攸勒兮詩作鞗革彔伯戎敦攸下重文 石鼓

鑄 古鑄字象手鑄器形下象鑪火中二為金以火銷金曰鑄鄦子妝簠 或从金从𠭯聊膚盤 聊膚匜

使夷敦 艾伯鬲 邾始鬲 旅虎簠 楚公鐘

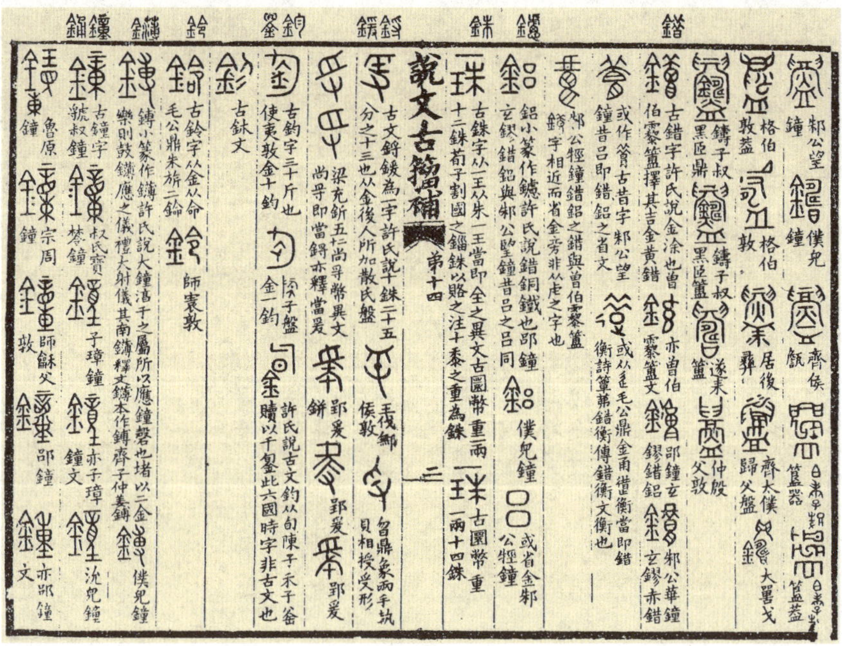

邾公望鐘 僕兒鐘 齊侯甔 簠器 簠蓋

格伯敦蓋 格伯敦 居後彝 齊太僕歸父盤 大睪戈

鑄子叔黑𦣞鼎 鑄子叔黑𦣞簠 遂未簠 仲殷父敦

錯 古錯字許氏說金涂也曾伯霥簠擇其吉金黃錯 赤曾伯霥簠文 邵鐘玄鏐錯鋁 邾公華鐘玄鏐赤錯

或作㫺古昔字邾公望鐘昔呂即錯鋁之省文 或从辵毛公鼎金甬造衡當即錯衡詩簟茀錯衡傳錯衡文衡也

邾公牼鐘錯鋁之錯與曾伯霥簠錯字相近而省金旁非从虍之字也

鋁 鋁小篆作鑢許氏說錯銅鐵也邵鐘玄鏐錯鋁與邾公望鐘昔呂之呂同 僕兒鐘 或省金邾公牼鐘

銖 古銖字从王从朱一王當即金之異文古圜幣重兩十二銖荀子彊國之鍿銖以路之注十黍之重為銖 古圜幣重一兩十四銖

說文古籀補 第十四 三

鋝 古文鋝鍰為一字許氏說十銖二十五分之十三也从金後人所加散氏盤 禹鄭侯敦 曶鼎象兩手執貝相授受形

梁充釿五十尚寽幣異文尚寽即當鋝亦釋當爰 郢爰餅 郢爰 郢爰

鈞 古鈞字三十斤也使夷敦金十鈞 陳子盤金一鈞 許氏說古文鈞从旬陳子禾子釜贖以千鋝此六國時字非古文也

古鈢文

鈴 古鈴字从金从命毛公鼎朱旂二鈴 師寰敦

鎛 鎛小篆作鏄許氏說大鐘淳于之屬所以應鐘磬也堵以二金樂則鼓鎛應之儀禮大射儀其南鑮釋文鑮本作鎛齊子仲姜鎛 僕兒鐘

鐘 古鐘字虢叔鐘 叔氏寶楚鐘 子璋鐘 赤子璋鐘文 沇兒鐘

魯原鐘 宗周鐘 師𩐈父敦 邵鐘 赤邵鐘文

鐘 虘鐘 楚公鐘 楚公鐘 邾公牼鐘 邾公鐘

兮仲鐘 己侯鐘 楚公鐘 鄭邢叔鐘 虘鐘

齊侯壺 齊侯壺 王孫鐘 師𩛥父鐘 益公鐘

敔鐘 師獲鐘

鎗 古鎗字不从金許氏說鎗鐘聲也鏓鎗鏓也宗周鐘倉倉悤悤倉悤即鎗鏓之省文

鏓 古鏓字不从金與毛公鼎𢗰字同乃蔥之象形字也蔥衡从艸鎗鏓从金皆後人所加宗周鐘

鐏 許氏說鐏矛戟柲下銅鐏也陳侯因資敦用作孝武桓公祭器鐏鐏當即敦之異文其制以三環為小足二環為耳與古敦亦小異矣

鏐 黃金之美者 邵鐘玄鏐錯鋁 邾公牼鐘

說文古籀補 第十四 三

鑃 鐸之大者似鐘而口向上軍中所用之器執而鳴之所以止鼓當即古鐃字許氏說鐃小鉦也是器甚大則非小鉦矣姑馮句鑃 其次句鑃 鑃反文

鑾 石鼓

鈉 古器名其制似半匏而有流文曰左關之鈉與陳猷釜子禾子釜二器同出膠西靈山衛古城十鈉所容不滿一釜殆亦陳氏之家量與陳介祺藏器說文無此字

鈺 古玉器名說文所無 毛公鼎玉環玉鈺

居 古居字从宀从立古位字 師虎敦元年六月王在杜居 曶鼎惟王元年六月王在遷居 遷居杜居皆

季娟鼎杍字當即杜居倚木為廬即梁闇之異名儀禮謂之柱楣一曰當讀作廬居處之室故从木舊說以為楚居非是

石鼓

且 古文以為祖字盂鼎 散氏盤 祖辛父庚鼎 子祖辛尊 子執旂祖乙卣蓋

子執旂祖乙卣器 祖乙父辛卣 盤作祖辛爵 孫祖乙觚 趩尊

山祖丁爵 子申祖乙爵 𣪘子孫祖己角 且有足者古俎字象形古文祖俎為一字 祖戊觶

王孫鐘 邢人鐘 亞形祖乙卣 買敦 祖丁卣

古助字借為祖考之祖 師虎敦助字重文 邾公簠 邵鐘 齊子仲姜鎛 祖字重文

斤 古斤字天君鼎文天君賞乃征人斤貝陳介祺說斤人名 㓝斤戈

斧 邵大叔資車之斧 亦邵大叔斧文 皆居後彝 斧字異文

斨 古斨字象形許氏說方銎斧也且辛父庚鼎 子璋鐘 子璋鐘

釿 古量名从金从斤全古金字古幣文有半釿一釿二釿周禮攷工記重三鋝矢刃重三垸垸疑即釿之譌字平安君鼎 安邑二釿幣

說文古籀補 第十四 四

安邑一釿幣 虞一釿幣 釿幣 半 梁充釿五十當寽以一當五之幣二十以二當十也

所 石鼓 宋公佐戈

新 古新字 師酉敦 公違鼎 師遽敦 頌鼎 邵太叔斧

趞曹鼎

古鉨文

車 古車字象輪轂轅輗之形或从戔非毛公鼎 盂鼎 立戈父丁卣 伯晨鼎

象轅耑上曲鉤衡形詩小戎梁輈傳梁輈上句衡也父乙尊 吳尊 蓋 㫃作父癸卣 孔作父癸鼎

中叔尊 作車寶彝卣蓋

說文古籀補 第十四 五

車 彔伯戎敦 車 伯貞作旅車甗 車 部大叔斧 車 石鼓

輅 許氏說輅車軨前橫木也古鉥 輅 亦古鉥文

較 古較字許氏說車騎上曲銅也从車爻聲毛公鼎 較 吳尊蓋 較 或从攴彔伯戎敦

轙 古轙字許氏說車伏兔下革也从車㬎聲㬎古昏字讀若閔 大澂案受季良父壺婚作[?]多父盤作[?]皆與[?]類毛公鼎 轙 彔伯戎敦

載 古載字从𢦏从食師虎敦載先王既命乃祖考事 載 許氏說𩛥設飪也从丮从食才聲石鼓載西載北借𩛥為載 載 夜君鼎載鼎借載為𩛥

範 范小篆作範許氏說範軷也从車笵省聲古陶器 範 亦古陶器文 範 範 皆古鉥文

輔 古輔字師𩛥父敦器小輔當讀作少輔輔傳古本一字 輔 師𩛥父敦蓋皇考輔伯 輔 亦師𩛥父敦蓋文兩器兩蓋文不同

輔 師𩛥父敦器文 輔 師𩛥父敦蓋少輔如此傳字重文

輕 說文無此字古鉥文

軍 司寇矛上軍 軍 庇陽矛右軍 軍 卅三年戈左軍

𠂤 古𠂤字仲𠂤父敦 𠂤 盂鼎故[?]師師省作𠂤師字重文 𠂤 靜敦葊吕邦周當讀作糾師

官 官師奎父鼎 官 頌鼎 官 師虎敦 官 師𩛥父敦 官 梁上官鼎

官 官 平安君鼎上官二字異文 官 空首幣官考 官 上官登

官 官 官 皆古鉥文

陵 古陵字散氏盤隰陵 陵 古鉥文隰陵之部 陵 亦古鉥文 陵 陳猷釜

陰 古陰字从阜从侌侌古金字濟陰圜幣 陰 濟陰圜幣反文 陰 平陰幣 陰 亦平陰幣文

說文古籀補 第十四 六

陰 大陰幣 陰 石鼓 陰 古鉥文平陰都司徒 陰 平陰幣

陽 古陽字虢季子白盤 陽 山陽幣 陽 陽 陽 陽

陽 皆平陽幣文 陽 安陽幣 陽 宅陽幣 陽 陽邑幣

陽 石鼓文 陽 或从口見古陶器文 陽 或从土平陽戈 陽 或借揚為陽高陽三劍

陽 陳介祺釋作衡陽 [?] 圜首圜足幣 陽 高陽左戈 陽 古鉥文

陸 古陸字从阜从二坴父乙角 陸 冊冊陸父庚卣 陸 或从土邾公鐘 陸 古鉥文

阿 阿武戈 阿 或从山平阿右戈 阿 平阿戈

阪 古阪字蒲阪一釿幣俗作坂 阪 亦蒲阪一釿幣文 阪 或从𠂤石鼓

隅 隅陵之部古鉥文

隈 古鉥文 隈 古鉥文

陟 古陟字散氏盤

降 古降字从𠂤从二足迹形陟降二字相對二止前行為陟倒行為降後人但知止為足迹不知[?][?]皆足迹也自[?]變為[?][?]變為[?][?]變為舛古義亡而[?][?]舛等字皆失其解矣太保敦 降 [?]敦 降 虢叔鐘 降 戱狄鐘 降 函皇父敦 降 宗婦敦

隆 古鉥文

陘 古玉鉥文

陳 古陳字从陳从攴陳侯鼎 陳 陳子子匜 陳 陳公子甗 陳 陳侯因資敦从土

齊陳曼簠；古匋器；古陶殘器文陳向立事歲；陳侯作嘉姬敦
古鉩文
石鼓
古䚬字通俾从㕯从革借㕯為卑史頌敦師䚬俾字重文
說文無此字克鼎陳原地名
古四字盂鼎；晉公盦；格仲尊；邵鐘四豬；梁司寇鼎；明刀背文
亞丁未伐商角；商角亞𠔏敦與丁未伐文同；石鼓
五頌敦；仲五父敦蓋；丁子尊；冏尊；明刀背文左五

說文古籀補　第十四　七

六師全父鼎；師虎敦；明刀背文左六；齊刀範紀數字
七㦰氏幣背文；尖首刀紀數字；尖首刀紀數倒文；齊刀範紀數字
九盂鼎；散氏盤；曾伯簠；師𩵦父敦；僕兒鐘
齊侯鎛；者污鐘
古禽字王伐䣄侯敦；太祝禽鼎；石鼓
頌鼎；師全父鼎；師㪤鼎；犀伯魚父鼎；靜敦
虢叔鐘；師寰敦；史頌敦；仲敦；封敦
彔伯戎敦；叔向父敦；格伯敦；函皇父敦；師𧾷敦

伯疑父敦蓋；㠱侯敦；仲㝨父敦；叔彭父敦；鄭饔原父鼎
𧊒敦；先獸鼎；伯晨鼎；𠭯鼎；齊侯壺
中伯壺；者君鬲；鄀伯鬲；曾伯簠；庚羆卣
白者君簠；鳳卣；王婦匜；魯大司徒匜；𥘨伯匜
陳侯因資敦；邾公鐘；邾公望鐘；楚公鐘；卯敦
師寰敦；黹侯作王姞敦；史頌鬲；虢季子白盤；己侯敦
中伯壺；㽙器文
古禼字邵鐘余禼㽙武疑古文禼與守狩通；皆散氏盤文；師寰敦；大禼戈

說文古籀補　第十四　八

王母鬲
古獸字許氏說守備者獸狩古通左氏襄四年傳獸臣司原注獸臣虞人周禮獸人官名先獸鼎先姓獸名取守備之義或以官名為人名；石鼓
員鼎
古甲字母甲觶
古乙字且乙卣；且乙觚；明乙斝；子乙爵；子申且乙爵
皋父丙鼎；父丙爵；父丙爵；魚父丙爵；伯晨鼎丙午
丙兄迹形卣蓋；丙兄迹形卣器；石鼓；魚父丁觶
古丁字父丁爵；齊子仲姜鎛；僕兒鐘；父丁告田觶；沇兒鐘

吴大澂文集（下）

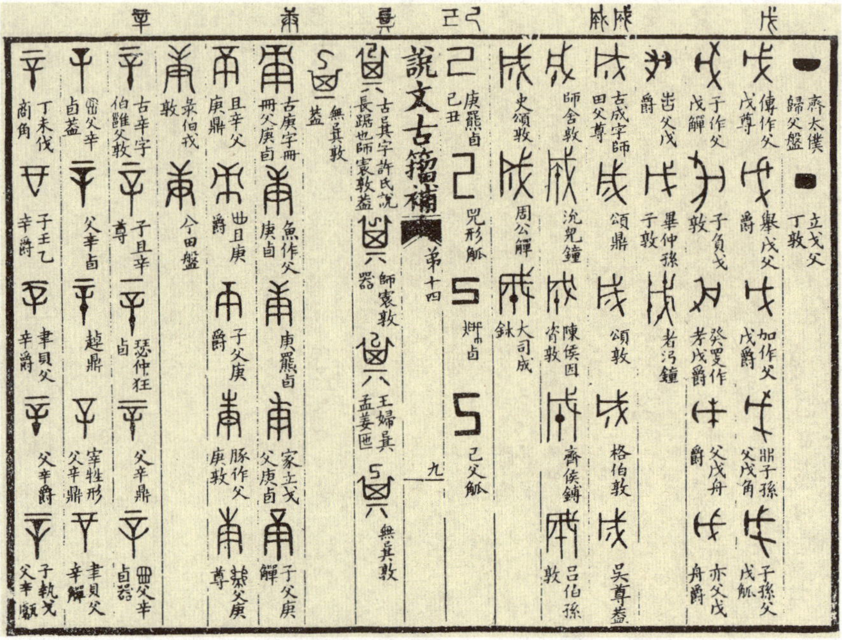

說文古籀補 第十四 九

己 古㠱字許氏說長踞也師㝨敦蓋

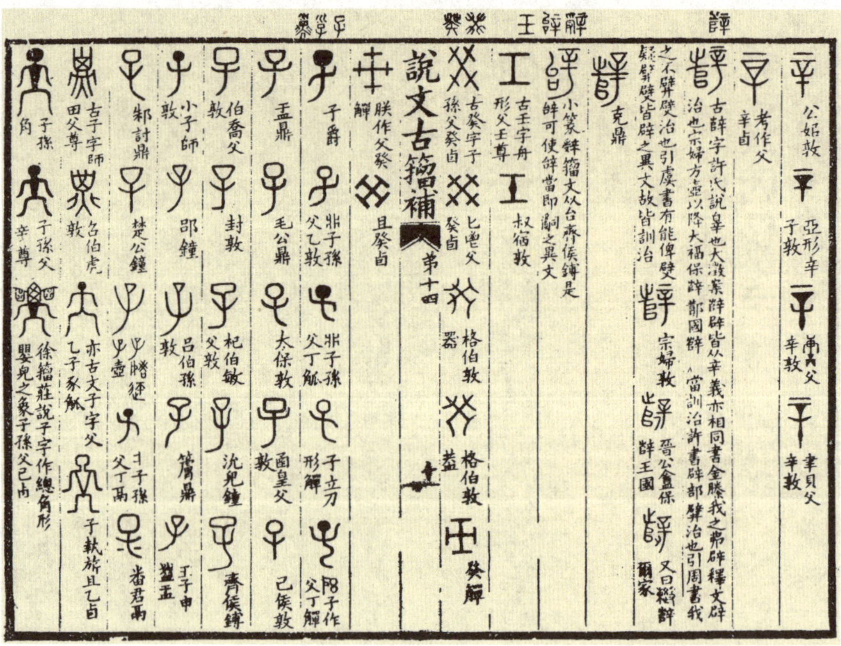

說文古籀補 第十四

辝 古辭字許氏說辠也大澂案辭辟皆从辛義亦相同書金縢我之弗辟釋文辟治也宗婦方壺以降大福保辝鄭國辝當訓治許書辟部擘治也引周書我之不擘擘治也引虞書有能俾擘辝擘擘皆辭之異文故皆訓治

小篆辭籀文从台齊侯鎛是辝可使辝當即嗣之異文

徐鍇莊說子字作總角形嬰兒之象子孫父己卣

古斆字虢叔作叔殷斆尊 虢叔作叔殷斆簋 陳子子作𢍰孟媯斆女匜 卯敦盖

季保敦 季娟鼎 邿季敦 虢季子白盤 無異敦

季念鼎 郘季尊 虢季氏敦 魯太僕原父敦 古鉢文

古玉鉢當釋田季子

齊侯壺 亦齊侯壺異文 陳子子作𢍰孟媯匜 魯大司徒匜 王婦異孟姜匜

師𨘗父敦 孟申鼎 古鉢文

古疑字从牛不从子秦詔版作𤕒亦作𤕒小篆作疑伯疑父敦盖

許氏說孨謹也从三子讀若薾古陶器文

說文古籀補 第十四 十二

許氏說𦥔盛兒从孨从曰籀文𦥔从二子一曰𦥔即奇字𦥔此从曰即𦥔字也叡𦥔妊敦 古鉢文

古丑字庚羆卣 鄀公敦 拍盤

古羞字从又獻羊許氏說進獻也小篆从丑非是鄭如鬲 齊侯壺 或从廾兩手共獻也魯伯愈父作鄭姬滕羞鬲

或从羊口與善同意古膳字通作善鄭叔𦍙父鬲 鼎文羞字乃羞鼎也舊釋作對非是 仲姞鬲

古寅字師奎父鼎 師趛鼎 靜敦 彔伯戎敦 史懋壺

兮田盤 陳猷釜 陳逆簠 戊寅父丁鼎 無異敦

歸夆敦

卯敦父乙敦 靜敦 畢仲孫子敦 散氏盤 卯敦盖

古辰字散氏盤 盂鼎 彔伯戎敦 畢仲孫子敦 伯晨鼎

庚羆卣

古文巳巳為一字許氏說巳巳也四月陽气巳出陰气巳藏萬物見成文章故巳為蛇象形盂鼎 毛公鼎 楚公鐘

古以字散氏盤 中盤 頌壺 頌敦 宗婦敦

郘鐘 子璋鐘 邾公鐘 沇兒鐘 毛公鼎

克鼎 魯公伐郘鼎

或从㠯王孫鐘 齊子仲姜鎛 陳侯因資敦台下重文 [illegible]鼎

午曾伯霥簠 伯晨鼎 陳子禾子釜 午異文天君鼎丙午 叔班簠[illegible]午如此

說文古籀補 第十四 十三

丁未伐商角 使夷敦 小子師敦 陳侯因資敦 御方尊盉

宰梳角 丙申角 申父癸觚 王子申盞盖 子申且乙爵

申卣 石鼓 古鉢文 二盂申鼎

師遽敦盉辛酉 師酉敦 師遽方尊丁酉 乙亥方鼎 天君鼎

古文酒與酉同盂鼎 毛公鼎 中自爵古酒字

沇兒鐘飲酒餘徭 齊侯甗用實旨酒

古醴字師遽方尊盉 師遽方尊器 韓仲侈壺 鄭楙叔賓父壺 大鼎

戲仲鬲醴省酉

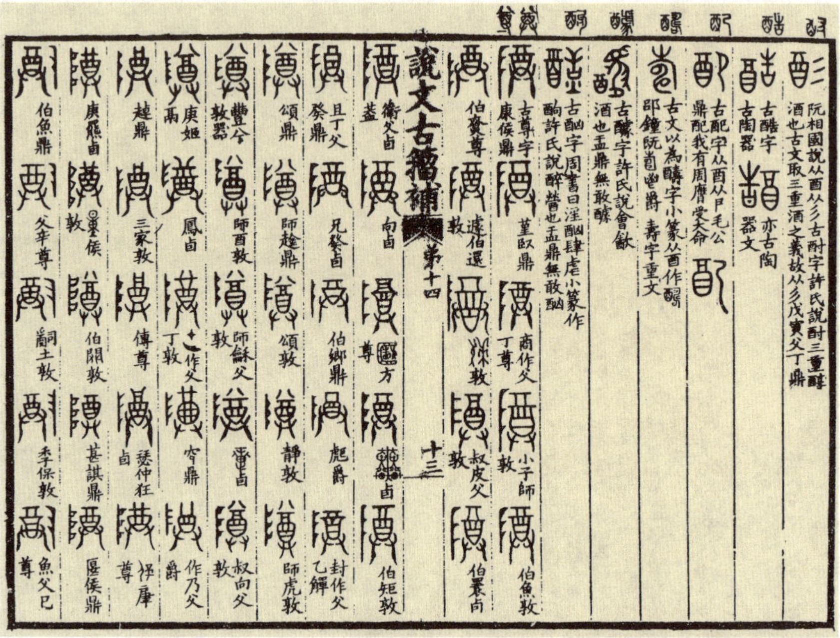

阮相國說从酉从彡古酎字許氏說酎三重醇酒也古文取三重酒之義故从彡戊寅父丁鼎

古醋字 古陶器 亦古陶器文

古配字从酉从尸毛公鼎配我有周膺受大命

古文以為醻字小篆从𠷎作醻 邵鐘既旨𥁕爵 壽字重文

古醾字許氏說會飲酒也盂鼎無敢醾

古酗字周書曰淫酗肆虐小篆作酗許氏說醉醟也盂鼎無敢酗

古尊字康侯鼎 堇𠬝鼎 商作父丁尊 小子師敦 伯魚敦

伯㚘尊 遽伯還敦 敦 叔皮父敦 伯𡖊卣

說文古籀補 第十四 十三

衛父卣盉 向卣 方尊 卣 伯矩敦

且丁父癸鼎 兄癸卣 伯𨛜鼎 彪爵 封作父乙觶

頌鼎 師趛鼎 頌敦 靜敦 師虎敦

豐兮敦器 師酉敦 師鯀父敦 卣 叔向父敦

庚姬鬲 鳳卣 作父丁敦 穸鼎 作乃父爵

趩鼎 三家敦 傳尊 卣 仲狂 庫尊

庚羆卣 侯敦 伯閈敦 甚諆鼎 匽侯鼎

伯魚鼎 父辛尊 嗣土敦 季保敦 魚父巳尊

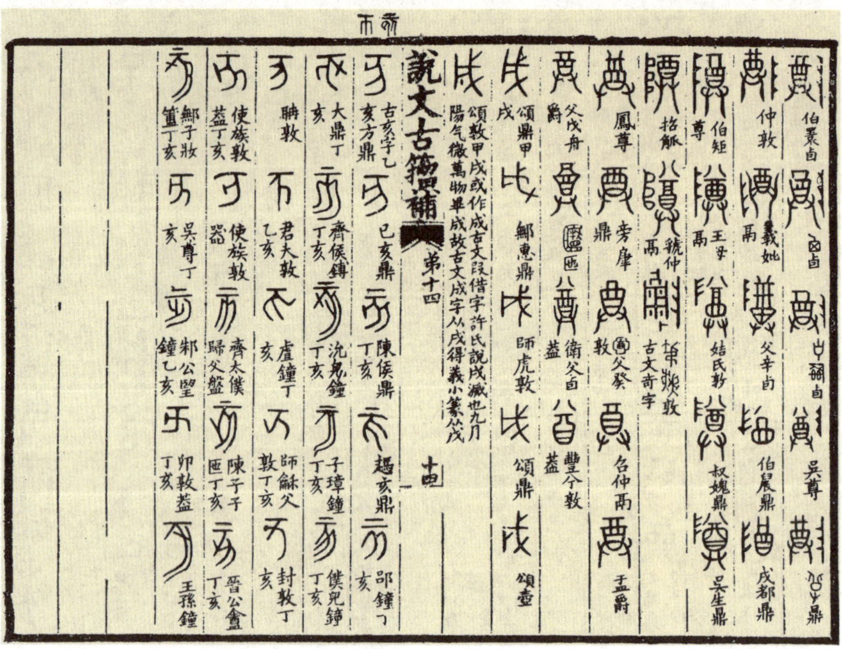

伯𡖊卣 卣 彌卣 吳尊 鼎

仲敦 羲妣鬲 父辛卣 伯晨鼎 戍都鼎

伯矩尊 王母鬲 姞氏敦 叔媿鼎 吳生鼎

格伯 虢仲鬲 敦 古文奇字

鳳尊 旁庫鼎 父癸敦 召仲鬲 孟爵

父戊舟爵 匜 衛父卣盉 豐兮敦盉

頌鼎甲戌 鄦惠鼎 師虎敦 頌鼎 頌壺

頌敦甲戌或作成古文叚借字許氏說戌滅也九月陽气微萬物畢成故古文成字从戌得義小篆从戊

說文古籀補 第十四 十四

古亥字乙亥方鼎 巳亥鼎 陳侯鼎丁亥 趩亥鼎 邵鐘丁亥

大鼎丁亥 齊侯鎛丁亥 沇兒鐘丁亥 子璋鐘丁亥 僕兒鐘丁亥

敦 君夫敦乙亥 盧鐘丁亥 師鯀父敦丁亥 封敦丁亥

使𬊈敦盉丁亥 使𬊈敦器 齊太僕歸父盤 陳子子匜丁亥 晉公𥂴丁亥

鄦子妝簠丁亥 吳尊丁亥 邾公望鐘乙亥 卯敦盉丁亥 王孫鐘

說文古籀補附録

賜進士出身頭品頂戴兵部尚書兼都察院右副都御史巡撫湖南等處地方吳大澂撰

文五百三十六　重一百一十九

疑憲之古文許氏說憲敏也从心目害省聲憲與害聲義均不相近似非从害周禮布憲注憲表也謂縣之也司寇正歲縣其書於象魏布憲亦縣之於門閭及都鄙邦國朝士注憲謂幡書以明之此字正象布憲之形立表於門閭而縣書於其上也盂鼎令我惟即井憲于文王

疑於字古文與相近盂鼎王曰於命女盂

疑古敕字盂鼎敏諫罰訟

疑古烝字从米在豆與同意烝嘗之烝从廾取進獻之義此不从廾詩文王烝哉傳烝君也盂鼎夙夕紹我一人烝四方猶言君四方也

疑奮之象形字許氏說奮手持隹失之也此象隹之奮飛而脫於手从二口有驚譁之意盂鼎

疑古戠字盂鼎

疑古桀字盂鼎

疑獻之省文盂鼎人鬲千又五十夫人鬲當讀如民獻賢也周書作雒俘殷獻民酒誥汝劼毖殷獻臣皆別於殷頑民而言

鬲叔興父簋鬲當即獻

疑古殛字盂鼎

疑古竄字許氏說竄塞也讀若虞書曰竄三苗之竄今書作竄三苗盂鼎

疑古罕字毛公鼎

器作妣敦

器作妣卣

毛公鼎

毛公鼎

毛公鼎烏虖余小子家湛于囏疑趯字之省文或借作恐懼之懼

毛公鼎

毛公鼎

亦毛公鼎文

疑古仰字毛公鼎

曾伯霥簠

徐同柏釋作眚毛公鼎

毛公鼎

昏毛公名毛公鼎

毛公鼎董大命疑勞字古文

杲伯戎敦自乃且考有于周邦

疑古造字毛公鼎

亦毛公鼎文

叔向父敦

疑古矜字从攴从矛當即矛字古文許氏說矜矛柄也又云矜刺也矜字不見於經典或本从攴誤釋作毌疑矜字即矜之古文毛公鼎迺敕鰥寡

徐同柏釋作賦毛公鼎

从西从从卩古弁字毛公鼎說文無此字

徐同柏釋作鬲毛公鼎

毛公鼎

徐同柏釋作𧞊詩梁山鞹鞃淺𧞊傳𧞊覆式也毛公鼎

杲伯戎敦

吳尊蓋

毛公鼎

盂鼎

字有缺畫笵不足也疑从束从丿丬之字 毛公鼎

毛公鼎

徐同柏釋作籃詩小戎箋 簟以白金為飾毛公鼎

楊沂孫釋為矢許氏說矢傾頭也散氏盤矢人有嗣𣏟人有嗣散有嗣矢𣏟散皆地名漢書西南夷傳有邛都莋都矢作音相近疑即莋字矢象西夷椎結之狀

𣏟地名疑古邛字 散氏盤至于𣏟莫 𣏟莫疑即邛都靡莫自滇以北君長以十數邛都最大自嶲以東北君長以十數莋都最大漢時地名當仍秦楚之舊

與宗周鐘戭字相近當釋戭阮相國釋作蔽非是散氏盤用矢戭散邑迺即散用田境因矢人戭伐散邑迺就散邑正其疆界也

說文古籀補 附録 三

阮相國釋𢿱 散氏盤

从者从刀說文無此字 散氏盤

阮相國釋 亦散氏盤 文 庚羆卣錫貝十朋又丹一柝 散氏盤

阮相國釋秄 散氏盤

阮相國釋㮚 散氏盤

阮相國釋卻 散氏盤

疑古敄字 散氏盤

疑虎字之異文 散氏盤

疑古丂字 散氏盤

疑古口字 散氏盤 亦散氏盤文

象手掌文疑古掌字 散氏盤

散氏盤

散氏盤

阮相國釋𩥉 散氏盤

疑䋣字之省文 散氏盤

散氏盤

說文古籀補 附録 四

㑋字說文所無 散氏盤 㑋作解

疑從字之異文 散氏盤

散氏盤

阮相國釋作㬟 散氏盤 亦散氏盤文

散氏盤

散氏盤 亦散氏盤文 說文無此字

疑同字之異文 散氏盤

阮相國釋作大林之林 虢叔鐘 叔氏寶林鐘 兮仲鐘 䣄鐘

楚公鐘不从林象手執卜鼓鐘形

楚公鐘

介仲鐘

楚公鐘

或釋家楊沂孫釋為楚公鐘

楚公鐘

楚公鐘

陳介祺說疑古妾接字井人名也

或釋侯井人鐘

井人鐘

阮相國釋作喪

戊寅父丁鼎

井人鐘

疑聖字之異文

井人鐘

疑卲之異文讀若昭

虘鐘

說文古籀補 附録 五

己侯鐘

者汈鐘

者汈鐘

者汈鐘

吳東發釋為僕

僕兒鐘

僕兒鐘

沇兒鐘

沇兒鐘

齊子仲姜鎛

疑古蹟字

齊子仲姜鎛

齊子仲姜鎛

从竹从𣶒𣶒當即淵之異文篇與簡相似詩降福簡簡疑即篇篇水經穀水注云淵淵字相似時有字錯為淵也說文引詩鼖鼓𪔉𪔉今詩作淵齊子仲姜鎛

齊子仲姜鎛

齊子仲姜鎛

齊子仲姜鎛

疑古僕字

齊子仲姜鎛

齊大僕歸父盤

邵鐘

說文古籀補 附録 六

邵鐘

王懿榮釋作鯀

邵鐘大鐘既[illegible]

通彔康虔鐘

阮相國釋作要

宗周鐘

阮相國釋作雄

宗周鐘

楚公鐘

釋文疑敏字古文

釋文疑古受字

中象舟形

毋癸鼎

父己卣盉器異文

文父丁鼎疑古伇字

太保鼎

史獸鼎

周公孫子鼎

父鼎

父鼎

吴中丞說𡙇字不見於說文从大从王當是古文寶字之省師𡙇父鼎

吴中丞釋作蒐 讉田鼎王大蒐

从田从辰疑農字古文 讉田鼎

吴中丞釋作錫 讉田鼎

吴中丞釋作錫 居後彝

从帚从米从皿米似米之異文國語敢歸之下執政注歸饋也論語歸孔子豚皇疏歸猶餉也當即此字疑饋之古文非女歸之歸大鼎

吴中丞釋作賑 大鼎

讉田鼎

疑古側字 鄦惠鼎

伯晨鼎

伯晨鼎

伯晨鼎

伯晨鼎

彔伯㦰敦

伯晨鼎

伯晨鼎

吴中丞釋作德 伯晨鼎

趠鼎

趠鼎

已亥鼎

天君鼎

疑启之古文启合二字相對許氏說亼三合也合从亼口此从亼象启口形如器之有蓋合則口在下启則口在上或古文有作合者後人變从户非本从户也周窸鼎

疑見字之緐文或釋覷 周窸鼎

陳介祺釋作父 杞伯敏父鼎

疑古櫜字从二束象兵器在櫜形禮樂記倒載干戈包之以虎皮名之曰建櫜即此字又象二矛倒垂形乙亥方鼎大澂釋櫜還

疑且之異文讀若徂詩皇矣侵阮徂共疏引魯詩說阮徂共皆為國名且子鼎王命且子遆西方于相且古國名

亦且之異文當讀如祖貉子卣䣓且祭名

且子鼎

鼎或云北子二字合文

鼎

舊釋戎姑仍之戎都鼎 或作宫伯敦與戎都鼎為一人所作知非戎字矣或釋截

疑古敄字王作敄姬鼎

疑古䀠字 䀠賸鼎

䀠賸鼎

梁上官鼎 梁鼎蓋

梁上官鼎

疑古庸字 梁上官鼎 平安君鼎 十三年上官鼎 梁鼎蓋

疑古抯字 平安君鼎

斪說文所無 平安君鼎

十三年上官鼎

十三年上官鼎

十三年上官鼎 大梁鼎

梁鼎蓋 齊建邦 刀

梁鼎蓋

[走馬]亥鼎

[走馬]字說文所無 [走馬]亥鼎

疑古墉字 夜君鼎

鼎文

鼎文

疑古詩字 郳鼎

郘王鼎

敦

肇鼎

鼎文

从宀从二弋說文所無 曾鼎伯

曾鼎小臣金 疑賜字之異文

从鼎从干器名也說文無此字 王子吳鼎

从鼎从石鼎名也 說文無此字褢鼎 褢鼎器文

从鼎从也鼎名也 說文無此字褢鼎 褢鼎器文

疑顯字之古文 辛子敦

辛子敦

辛子敦

聃敦

太保敦 天子作父丁䰞 陳介祺釋作班 楊沂孫釋作启

疑道字之古文 太保敦

太保敦

古器多京舊釋旁京大澂竊疑古鎬京字必非从金从高之字許氏說鎬溫器也武王所都在長安西上林苑中字亦如此豐多豐草鎬多林木故从茻从旁它邑不得偁京其為鎬京無疑王莽命甄豐改定古文从茻之字今不多見或皆莽時所改 靜敦 公姞敦 召伯虎敦

說文古籀補 附錄 十二

靜敦

靜敦

舊釋戎姑仍之 彔伯戎敦

彔伯戎敦

疑古肸字小篆从十从肸 叔向父敦以叔向名肸

師寰敦 盨 師寰敦 器

師寰敦 盨 師寰敦 器

師寰敦

師寰敦

師寰敦

疑古角字 師寰敦盨 師寰敦 器

史頌敦 史頌敦 蓋文疑古文聽𠧪之聽與視聽之聽不同周禮大司徒疏聽待也故从彳从㞢洪範疏聽者受人言察是非也故又从言

史頌敦 疑古灋字異文从廌从水廌所以觸不直範圍之使可守也灋令之行如流水去之則為𤀢或灋字本不从去 史頌敦

疑藏字之古文 史頌敦

舊釋宄疑古吏字讀若鞭字从此馭者之所執也 守敦

守敦

說文古籀補 附錄 十三

畢仲孫子敦

阮相國說古器銘每言蔑歷按其文皆勉力之義即爾雅所謂蠠沒後轉為密勿又轉為黽勉大澂按古器文蔑歷二字有不連屬者畢仲孫子敦王蔑段歷伯雝父敦蔑彔曆若訓為黽勉義不可通矣畢仲孫子敦 伯雝父敦 庚羆卣 封敦 師遽方尊

畢仲孫子敦 伯雝父敦 庚羆卣 封敦 師遽方尊

畢仲孫子敦

畢仲孫子敦

畢仲孫子敦

師寰敦盨

舊釋以為服字格伯敦蓋　格伯敦器　格伯敦器
格伯敦器
格伯敦器　格伯敦蓋　格伯敦器
格伯敦器　格伯敦蓋　格伯敦蓋
格伯敦器　格伯敦蓋
格伯敦器　格伯敦器　周棘生敦　周𡩜壺
亞皇父敦
吳中丞釋作麋 師㝵敦

說文古籀補 附錄 十三

師㝵敦蓋　亦師㝵敦蓋文
且庚乃孫敦
陳介祺釋作喬 伯喬父敦
沈樹鏞釋作鄂 侯作王姞敦
父乙敦
陳侯因資敦
陳侯因資敦
章伯㲃敦

章伯㲃敦
章伯㲃敦
章伯㲃敦
疑秦字之異文 師酉敦
師酉敦
師酉敦
師酉敦 宄姬　門役作宮伯卣　師望鼎皇考宮公
舊釋德 敦
遣小子敦

說文古籀補 附錄 十四

从㲋从五从酉疑即㲋吾字古文許氏說㲋吾獸名讀若寫小篆从吾者文也阮相國釋作䧽非是 遣小子敦　丙申角 地名
从虍从攴从鳥說文無此字古籀文从鳥之字不多見惟此字與石鼓嗚字耳 且乙敦
从衣从雀从又疑古奪字許氏說奪手持隹失之也此象以手持雀形覆之以衣 𧜠父敦
史棄敦
疑郘字之異文 郘伯達敦
从茻从中疑即小篆茻字許氏說茻艸也 茻侯作彝敦
疑皿字之異文 女康敦
敦

張之洞釋作射
□侯敦

疑古穎字从禾从頁古文象形字也或云古文稷作□與此相似
□敦

卣文字在梁疑亦从頁从禾之字是器與□敦同時出土或係一人所作

疑即詩有饛簋飧之饛許氏說盛器滿皃
郘王敦

說文無𠍳字
季𠍳敦

疑古棘字
周棘生敦
□ 析子孫 且辛觶

从虍从竹从木說文無此字
周棘生敦

疑受字之異文
齊侯壺

說文古籀補 附録 十五

疑御字之異文
齊侯壺

舊說以為罍字
齊侯壺

齊侯壺

史懋壺蓋

呂王□壺

欽罍

欽罍

陳介祺釋作欽大澂疑為釿之異文
欽罍

□安忎君缾

从安从心疑即安字之緐文
□安忎君缾

□安忎君缾

□安忎君缾

臤尊

臤尊

□父庚尊

□尊

說文古籀補 附録 十六

疑瓔字之省文許氏說瓔玉也从玉嬰聲讀若柔此从□當即嬰之省
師遽方尊

疑古雷字之省文
師田父尊

从虍从刀說文所無
師田父尊

師田父尊

吴尊蓋

商作父丁尊

疑柝之省文地名也
遣尊

遣尊

疑文字之異文 旁尊
陳介祺說與異 彼于此刊傳尊
陳介祺說雙總
角形子父己尊 立瞿總角形爵 子甲父乙爵
雙總角形
子父己尊
疑古巳字象蛇形
父辛尊
疑古䖝字
䖝父巳尊
母闹諸婦
方尊蓋 方尊器
从匚从大凿古相字疑箱之異文古文匧筐
皆不从竹箱之从竹或亦後人所加作父辛尊

說文古籀補 附録 十七

疑啚字之異文
作父辛尊
疑古聽字从耳从十猶相字之从十目也
亞作且丁尊
俘犀尊
俘犀尊
俘犀尊
疑古皿字且巳
父辛卣蓋 且巳父辛卣器
父乙卣
从庚从丙當係古禮器象形字臣受冊命時所陳設
也舊釋庚丙二字非是或曰古文賡不从貝 女歸卣

卣文陳介祺釋作舉
徐同柏釋作炳 乙亥方鼎
卣 卣 㝬鼎
卣
疑古輦字許氏說輦輓車也从車从扶在車前引之
此亦象二人輓車形卣文
父巳卣
疑非一字上八下與字同人名也
父巳卣
沈樹鏞釋為
圖卣
䖒說文所無
宰䖒角

說文古籀補 附録 十八

丙申角
从虎从四口疑䖒字之繁文虎鳴也按說文嚻聲也
器高聲也嚻呼也讀若讙故虎鳴亦从嚻丙申角器 丙申角蓋
父乙角文陳介祺曰附
有懸聿猶後世之豪筆
丁未伐商角
亞或釋獻 敦 二字合文 鼎 釋作於
文 方尊蓋 器文 方尊 爵 亞 亞爵
匜
子作文父乙兕觥
阮相國釋作邾說文邾古文作
子作文父乙兕觥

古鉩文

盂爵

从虎从耳說文無此字
爵

𠙹从攴說文無此字
癸爵

且庚爵陳介祺說
或釋弁

父戊爵

疑古字
父辛爵
父癸爵
爵文
且己爵

父戊爵

說文古籀補　附録　十九

疑古包字
爵文
父辛爵

爵文
觚文

疑古鄉字
爵文
父乙卣
盉
父戊卣
器

爵文陽識

古文奇字吳中丞釋作角
父丁爵

疑古系字
父壬爵

子爵

斝文

爵文

象弛弓形疑即古弓字
亞尊

張廷濟釋作傷說文無此字
婦觚

子作父丁觚疑之古文
或釋

子父乙觶

疑虎字之異文
析子孫且辛觶

子父乙觶

父辛觶

說文古籀補　附録　二十

父辛觶

父癸觶

鄭始鬲

陳介祺釋作燕
鄭伯鬲

从頁从疑頍之古文許氏說頍鼻莖也或作齃
此从自亦象鼻形阮相國釋作郳伯父鬲

疑古酢字
番君鬲

疑之異文
婦鬲

魯伯愈父鬲

从女从頁說文無此字 庚姬禹姬作[illegible]

禹文

龔妊甗

父丙爵

陳介祺說子執干形

[illegible]作父丁盉

季良父盉

𠬝季良父壺

曾伯霥簠

此即乇之反文非方字 曾伯霥簠

齊陳曼簠

齊陳曼簠

說文古籀補 附録 二十二

从尸从孚說文無此字 魯士俘父簠

旅虎簠

旅虎簠

疑孝字之異文 [illegible]

疑𡚬字之異文 [illegible]

[illegible]叔簠

兮田盤

兮田盤

兮田盤王令田政[illegible]或周 疑即嗣之異文

齊太僕歸父盤

疑京字之異文 父辛敦

从㠯从叀从䒑說文所無 父辛敦

父辛敦

陜子盤

陜子盤

中盤

說文古籀補 附録 二十三

疑即㠯字或釋良 中盤

中盤

中盤

中盤

㡿叔多父盤

多父盤

陳子子作𦉢 孟媯穀女匜

取膚匜

疑古[illegible]字 大司徒匜

周窐匜

疑古祖字 祖伯匜

祖伯匜

父癸壺

父癸壺器 父癸壺蓋

父癸壺器 父癸壺蓋

邾太宰簠

說文古籀補 附録 二十三

[illegible]母敦

[illegible]母敦

疑別字古文从木即史游急就篇簡札檢署槧櫝家之槧爪即爪與八字相近疑古別字本作八或作爪也周禮小宰注傅別券書也不从木格仲尊

格仲尊

疑揚字之異文 格仲尊

疑[illegible]字之異文古友字也 邾[illegible]父鬲

日辛敦

日辛敦

王作丘[illegible]彝

徐同柏說古文鳳通朋 子孫父乙爵

吳中丞釋作咏 日戊尊

吳中丞釋作鳳 日戊尊

兹女盉 兹女盤

疑寶字之異文 兹女盉 兹女盤

叔妊盤

叔妊盤

說文古籀補 附録 二十四

父乙敦

或釋剸 且戊敦

或釋邑 且戊敦

陳猷釜

陳猷釜

陳猷釜

子禾子釜

疑内字之異文 子禾子釜

子禾子釜

子禾子釜

子禾子釜

陳介祺釋作區 子禾子釜

晉公盦

疑古睘字 晉公盦

疑古盌字 晉公盦

晉公盦

疑古敖字 晉公盦 古鉢文

晉公盦 疑惟字之異文 疑惟字之異文

晉公盦

疑古賴字晉公盦 晉邦隹賴

疑作字之緐文 晉公盦

晉公盦

舊說以為析木形 析子孫父丁卣 析子孫父乙敦 析子孫父丁鬲

冋戊父爵舊釋冋為舉書顧命上宗奉同瑁太保受同授宗人同鄭康成曰一人奉同一人奉瑁同酒桮虞翻以為古同字似同非也蓋即古冋字誤釋同耳

卣 丁舉爵 朕敦 舉咤父乙爵

敦

疑具字之異文 敦

敦

子抱孫父丁敦

鄦公鐘

疑剑字之異文 鄦公鐘

疑敬字之異文 鄦公鐘

父爵

疑古尊字象兩手奉尊形且乙父己卣

貉子卣

貉子卣

疑古旨字 父辛卣

䚕作寏伯卣

伯卣

戎都鼎

乙亥尊

疑循字古文阮相國釋作德
見積古齋款識家德氏壺

疑即侯之異文
匽侯盂蓋　匽侯盂器

叔家父簠抵德不亡孫子之
疑古光字古文四聲韻光作

疑古聊字非張字
也叔作叔簠　中簠阮相國
釋張仲

丁子尊

白爵从日从
古旨字

从从女或釋
婺非癸日敦　亦癸日敦文

舊說以為十月二字非是
王田尊

王田尊

三豕形
王田尊

舊說以為𢑴字
王田尊

父己鼎

父辛鼎

父乙匜或釋作竝

吳中丞釋作趣疑後
之異文居後彝

吳中丞釋作鑊
居後彝

疑鍼字異文吳中丞釋作戟
居後彝

疑舍字異文
居後彝

吳中丞釋作素
居後彝

居後彝

吳中丞釋作束為小
篆柬字異文仲柬尊

八口鐘

徐同柏釋作皋
皋伯卣盨

白盉

父辛爵陳介祺說二弓矢形
橐無底束兩端形當即橐

瞿文陽識

瞿文陽識

二年羣子戈

卅三年戈左軍禾
疑即師字或帥字　庇陽戈
右軍禾　司寇矛
上軍季

卅三年戈

卅三年戈

司寇矛

司寇矛

郾王戈

郾王矛

庇陽矛

戈文左

疑瘽字省

庇陽矛

戈文

戈文

說文古籀補 附録 二十九

師㛮戈

疑職字之異文

郾王戈

商戈陳介祺釋高密

平陽戈

平陽戈

司寇矛

廿三年戈 臣山

廿三年戈

陳散戈

戈

戈文

戈文

帝降矛

古兵器文

古兵器文

疑字

吳中丞釋作異

敦

疑軍字異文

橋祀敦

說文古籀補 附録 三十

吳中丞釋作懋

橋祀敦

吳中丞釋作㪍

橋祀敦

吳中丞釋作橋

橋祀敦

从从酉說文無此字

橋祀敦

橋祀敦

疑毋字異文

橋祀敦

吳中丞釋作畢

乙亥敦

陳戈

陳介祺釋作族　宋公佐戈

吳東發說㮇古文菴爾雅陪闇即諒陰之陰　周龍節

亦鉼金文陳介祺釋作來

或釋乏或說反正為乏　中子化盤

从木从二日或說从呂疑即古梠字　中子化盤

中子化盤

中歔父盤

中歔父盤

吳中丞釋作麐　伯其父簠

乙亥鼎王賞貝十朋　吳中丞釋朋　疑十字當釋在　或古地名

乙亥敦玉十丰象三玉相連之形二玉曰珏三玉曰丰　許氏說王象三玉之連丨其貫也知古有三玉一貫者

上官登

上官登

上官登

上官登

上官登

說文古籀補　附錄　三十一

子賸𨒅子壺

子賸𨒅子壺

疑㡿字之異文　𦏴君簠

石鼓

石鼓

石鼓

疑盜字之異文　石鼓

疑𣪠字之異文　石鼓

石鼓

說文古籀補　附錄　三十二

圍首圍足磬

疑肅之古文　師望鼎

疑古𢇍字與陳侯因資敦𢇍字相近揚敦揚作𩰫工官𩰫田佃

豆閉敦豆當即鄧之省　閉从門从十或云从才

䪻鐘人名說文彡部𩑿或从首作𩑿與此相似

陳介祺釋作歔大澂疑為古鄜字从邑从刀古本通用　駁方鼎

疑釐字之異文陳介祺釋作聲馭方鼎

阮相國說楷字从相从幺疑即釋名緗桑之緗楷妃彝

阮相國釋作燕楷妃彝

阮相國釋作陳楷妃彝

歸夆敦

歸夆敦

歸夆敦

歸夆敦

歸夆敦

歸夆敦

歸夆敦

宮伯鼎

子爵大下一字不可識據古録

子爵子下一字不可識據古録

子爵乇下一字不可識據古録

舊釋得據古録㝵敦

舊釋兕阮云非是據古録兕敦

舊釋寶非是立戈形句兵據古録

父戊觶舊釋善非是據古録

舊釋召召夫角據古録

舊釋繕非是亞乙爵據古録

舊釋甾可疑父辛爵據古録

乃乙爵文不可識據古録

舊釋紬丏許印林說亦或是粤并二字據古録䳒爵

舊釋山山形父壬尊據古録

父乙卣舊釋卣形或即酉字據古録

父乙甗許印林說疑卿字卿饗古文通用據古録

舊釋皿父乙皿盉據古録

舊釋藥戈據古録

敔鐘許印林說敔即鍐據古録

舊釋工工彝據古録

古鉢文

字说

吴大澂撰《说文古籀补》，犹有未尽之处，或书中注释从简，需详加考释者，复佐以《字说》一卷。其以为文字考释，就古金文以探制字之源，辨证疑义，使古文拨乱反正，颇有创建。《字说》可谓《说文古籀补》之余论。

据学者考证，该书于光绪十二年（1886）初刊。后有光绪十九年（1893）孟春思贤讲舍重刻本，苏州振新书社 1918 年又有影印本。

该书收文 32 篇，每篇集中考释一两字，皆据古文字字形，溯造字之源，析文字之孳乳，考文字之义训。作者广征博引经史、《说文》并及金文，诠释较为精审，对文字之假借及讹误问题也有论及。

在研究方法上，《字说》所收诸文以字形分析为基础，以文献材料为佐证（比如参以古礼），以推理论证为补充。在字形分析时，注重字形比较和结构分析。有些探讨颇有启发意义。

《字说》完稿于吉林省，其最后一部分，包括文、夷、尸、拜、鞭、瑚、龙、鞃、载、绥、沐沫等篇是光绪十二年三月和八月在珲春任所写就的。

本卷所收《字说》，据光绪十九年思贤讲舍重刻本影印。

字說

光緒癸巳孟春
象賢講舍彙雕

字說一卷

賜進士出身會辦北洋事宜都察院左副都御史吳大澂撰

帝字說

白虎通說文解字孝經援神契書堯典序疏皆曰帝諦也大澂竊疑諦為後起字上古造字之始不當先有諦字以帝之大與上帝天帝竝稱何獨取義于審諦此不可解也嘗見潘伯寅師所藏舊拓本有一卣葢文曰▽己A○𠃉※又甘泉毛子靜所藏鼎文曰▼己A●𠃉※古器多稱且其父其未見祖父之上更有尊于祖父之稱推其祖之所

自出其為帝字無疑許書帝古文作𢂉與鄂不之不同意象華蔕之形周窓鼎作𢂉聃敦作𢂉歎狄鐘作𢂉皆▽之緐文惟▽▼二字最古最簡蔕落而成果即艸木之所由生枝葉之所由發生物之始與天合德故帝足以配天虞夏禘黃帝殷周禘嚳禘其祖之所從出故禘字从帝也呂覽下賢注帝也者天下之適也古嫡字通作適廣雅釋詁適君也詩江有汜序適能悔過釋文適正夫人也公羊傳立適以長不以賢注適謂適夫人之子古文適作啇从帝从口適妻適子如果之有蔕一本之所生也說文揥拓果樹實也桂氏云當作拓樹果實也从手从啻啻即果之有蔕者自帝字之本義晦而後人別出蔕蔕柢三字爾雅釋木棗李曰疐之孫注疐之去柢也禮記士疐之疏疐謂脫華處說文蔕瓜當也文選吳都賦注蔕花本也西京賦注引聲類蔕果鼻也音帝爾雅釋言柢本也老子是謂深根固柢釋文柢亦作蔕疐蔕柢蒂同音皆帝之孳生字也

王字說

董仲舒春秋緐露云古之造文者三畫而連其中謂之王三畫者天地與人也而連其中者通其道也許氏說文解字王天下所歸往也竝引董氏說又引孔子曰一貫三為王漢儒多依小篆以說經與古初造字之本義不盡合大澂按王字古文作王或作王从二从火不从三畫火為古文火然虎敦王字董敢鼎吳字皆从火舊釋董為堇山非也王伐鄦侯敢金作金仲偁父鼎作金公違鼎作金知古金字亦从火象以火鎔金之器也華嚴經音義引易韓注王盛也二為地地中有火其氣盛也火盛曰王德盛亦曰王故為王天下之號皇古文作㞷从日有光日出土上則光大火在地中則氣盛皇王二字取義亦相類

叔字說

古文淑皆作弔不从水許氏說文解字有九月叔苴之叔而無伯弔之弔蓋自漢人借叔為弔又誤弔為弔而弔字之本義廢矣濰縣陳氏藏觚文有弔字此弔字之最古者象繒弋所用短矢以生絲繫矢而射古者男子生桑弧蓬矢六以射天地四方故弔字从人从弓繫矢男子之所有事也弔為男子之美稱伯仲弔季為長幼之稱引伸其義又訓為善不弔即不善此弔字之本義也叔字从又从尗以手拾尗與伯弔之弔義不相類吳尊叔金師龢父敦叔市周時已假借用之漢人相因以叔為弔又于經文不弔二字多誤為不弔書大誥君奭之弗弔天多士之弗弔昊天皆弔字之譌小雅不弔昊天鄭云不善乎昊天也柴誓無敢不弔鄭云弔猶善也左傳哀公誄孔子昊天不弔先鄭注周禮大祝引作昊天不淑王氏經義述聞以為弔淑二字古通其實漢人誤弔為弔因弔弔二字相近耳邾人鐘顯淑文且皇考淑字作𦞈邪敢不淑作不𦞈許書皿部又別出𥁕字从皿弔聲薛尚功鐘鼎款識有盄龢鐘疑皆𦞈字之誤沇兒鐘郘王

庚之叔子作[illegible]从皿从心皆古文隨意增損或同音相借字多變化惟从水之淑不見于彝器款識或隸書之俗字也

字說 五

韶字說

福山王廉生編修所得古塤文曰[illegible][illegible][illegible]匕太室[illegible]吾師潘伯寅大司寇亦得數塤皆同文又一器文曰令止[illegible][illegible]南皮張孝達制軍釋作韶塤大澂嘗謂古文名紹韶招佋昭為一字韶之从音即酉之變體也盂鼎作[illegible]字最古而文最緐亦作[illegible]上作乂手形下作竦手形與[illegible]字同意受从一手此从兩手受从舟為承尊之器此从[illegible]當亦盛酒之器古者主賓相見有紹介相佑助尊俎之間有授受之禮故紹字从名从[illegible]从[illegible]此紹字之本義也引伸之為紹繼為紹承義亦相近或作[illegible]見名伯鼎文或作[illegible]見匽侯作名伯鼎文或又作[illegible]見名伯虎敦文知名伯封邑與紹繼之紹同後別作[illegible]又省作[illegible]皆晚周文字積古齋款識載招[illegible][illegible]字與塤文正同阮氏釋作招故經典韶招二字通用其實皆紹之變文省从為入再變从手省酉為[illegible]再變為音合諸器文而互證之知韶本从酉不从音也論語子謂韶疏韶紹也禮記樂記注韶之言紹也周禮大司樂注大磬舜樂也言其德能紹堯之道也此韶紹一字之證漢書禮樂志注招讀曰

字說 六

韶周禮大司徒注大招大夏釋文招本亦作韶呂覽古樂修九招六列六英注招樂名也此招韶一字之證許氏說文解字佋廟佋穆父為佋南面子為穆北面家語正論祭公謀父作祁昭左氏傳作祁招史記李斯傳昭虞舞象者索隱曰昭一作韶據此則佋昭為一字昭與韶招亦相通矣蓋古文屢變而漸失其本至六國時去古愈遠古文之本義亦漸晦漢隸之所從出又因六國之變體而增損之偏旁之訛以傳訛者益不少矣遺小子敨[illegible][illegible]乃从皀从[illegible]之字即丙申角[illegible]字疑即許書皀部之[illegible]字阮氏釋為招男非也

字說　七

沙字說

寰盤[illegible][illegible]與焦山無專鼎[illegible][illegible]四字同舊釋縞韠彤矢錢宮詹引攷工記天子圭中必鄭讀如鹿車縪之縪謂必縪古文相通此義最塙阮文達釋[illegible]為矢謂矢在房攢聚之形徐籀莊釋[illegible]从四矢水聲與寰盤矢作[illegible]同象竊疑其非是此[illegible]顯係沙字無專鼎[illegible]字亦象水中聚沙石形按周禮內司服素沙司農注素沙赤衣也禮記雜記內子以鞠衣褎衣素沙注素沙若今紗縠之帛也縞必即素韠彤沙即赤衣二者亦相類其為沙字無疑紗古文或本作沙非假沙為紗也（無專鼎余釋鄦惠）

字說　八

釿字説

垸即釿字説

世所傳古幣有梁夸釿五十尚寽（當鋝）又有梁正尚金尚寽又有梁夸釿金尚寽舊釋尚寽為當鋝古文鋝鍰本一字呂刑其罰百鍰之鍰即攷工記冶氏重三鋝之鋝鄭注謂鍰鋝似同者是也又有安邑一釿安邑二釿[illegible]一[illegible]等幣今古金字或釋釿為釿字或讀為化金或讀為金化大徵以為爰釿皆稱物之名攷工記冶氏為殺矢刃長寸圍寸鋌十之重三垸鄭注引司農云垸量名讀為丸賈疏謂垸是稱物之名非斛量之號又讀為丸未

知所取何義後鄭引之在下者以垸之度量其名未聞無以破之也竊疑垸字不見於他書說文土部垸以桼和灰而髹也一曰補垸與量名無涉周禮垸字疑即古幣釿字六國變體往往偏旁移易多失本真如古圜幣中重一兩十二銖重一兩十四銖銖字皆作[illegible]或誤釋一珠二字古鉥文銖字或作[illegible]或作[illegible]此金字分裂之證重三釿之釿或當時書作[illegible]遂譌為土旁完字而義不可通三釿三鋝同為稱物之名戈重三鋝矢刃重三釿文義較順以安邑一釿幣三枚當殺矢之刃輕重亦相等此義可補先後鄭之缺蓋漢時已承其譌無从更正也安邑一釿今稱約重三錢左右以今世所傳之戈斛之重八兩九兩十兩不等則一鋝當今稱三兩左右或古者十釿為一鋝梁夸等幣重不過二釿以二釿當一鋝以二當十也舊說五以一當五十以二當十或亦不謬

奚字說

周禮春官序官奚四人注奚女奴也又禁暴氏凡奚隸聚而出入者則司牧之注奚隸女奴男奴也又天官序官奚三百人注古者從坐男女没入縣官為奴其少才知以為奚今之侍史官婢或曰奚官女許氏說文解字訓奚為大腹而女部別出㜎字訓為女奴此非造字之本意也奚字最古者作見潘伯寅師所藏拓本卣文象人戴窶數形今朝鮮民俗負戴于道者男子多負婦人多戴童僕亦有戴者猶有三代之遺風故女奴為奚童僕

亦稱奚余所得拓本觚文筠清館金文所載爵文潘伯寅師所藏丙申角文皆奚之象形字許書皿部櫕盨負戴器也漢書東方朔傳盆下為窶數顏注窶數戴器也以盆盛物戴於頭者則以窶數薦之今賣白團餅人所用者是也楊惲傳鼠不容穴銜窶數也櫕盨窶數皆漢時通稱語大澂謂窶字从女从串串疑即象戴器之形中空而重疊者謂之窶後人加山為嶁加穴為窶加竹為簍取中空之義也加尸為屢加广為廔从木為樓从攴為數取重疊之義也許書穴部無窶字尸部無屢字古通作婁也婁數盨盨三字與奚字雙聲皆一語之轉

爿字說

說文解字無爿字而牄牀壯狀牆牆戕斨等字皆云从爿聲徐鍇以為爿即疒之省又謂牆壯戕狀之屬竝當从牀省聲李陽冰言木右為片左為爿音牆皆臆說也女部妝下固云从女牀省聲它不言牀省則許書當有爿字為後人所刪非即疒字許氏云疒倚也人有疾病象倚箸之形孫愐音女戹切文義字音皆與爿字不類玉篇疒音牀廣韻十陽疒士莊切則又并疒爿為一字亦强合也許書斤部斨方銎斧也从斤爿聲詩曰又缺我斨余

所藏亞形且辛父庚鼎有爿字正象方銎斧之形當即古文斨字變月為爿字體之小異也推許書重文之例學在斆字下云篆文斆省兆在𠧞字下云古文𠧞省於在烏字下云象古文烏省互在笠字下云笠或省甘在箕字下云古文箕省疑斨字下當有爿字云古文斨省或後人傳寫誤捝爿字耳許書牆籀文作牆牆古文作牆牆古文作牆古安藏幣文作牆亦作牆據此則月之重文變為月而爿又為月之省文非缺月為爿也

枑字說

古鉨文枑昜𠯑左司馬枑昜當釋枑陽說文解字枑行馬也从木互聲周禮曰設梐枑周禮掌舍設梐枑再重注故書枑為柜又脩閭氏掌比國中宿互欜者注故書互為巨鄭司農云巨當為互謂行馬所以障互禁止人也高唐賦陬互横啎互與枑通今觀互字與距末之距相似故互巨兩字相混耳大澂以為梧邸之梧抵梧之梧枝梧之梧皆即枑字之誤爾雅釋邸當途梧邸釋名曰當途曰梧邸梧忤也與人相當忤也疑古字本作枑言當途

之邸如梐枑也鉨文枑陽蓋枑邸之陽也釋名釋宮室梧在梁上兩頭相觸梧也疑古字本作枑互正象兩頭觸牾形史記項羽紀莫敢枝梧集解引瓚曰邪柱為梧疑古字本作枑互象邪柱形文選景福殿賦桁梧複疊注云梧柱也蓋在梁曰枑在地曰陛枑當即一字也漢書司馬遷傳贊或有抵梧疑古字本作枑抵枑者如馬之抵於梐枑也以字形文義攷之皆枑字也漢隸互字作互故改互為吾而枑字廢矣

客字說

詩振鷺我客戾止傳云客二王之後序云有客微子來見祖廟也白虎通義王者不臣篇不臣二王之後者尊先王通天下之三統也詩云有客有客亦白其馬謂微子朝周也魯詩亦謂客為微子與毛詩序傳合余所得微子鼎有為周客三字客作[古文]下云錫貝五朋用為寶器鼎二敢二其用亯于乃帝考非帝之子不能尊其考為帝考周王之客殷帝之子其為微子所作無疑也許氏說文解字愙敬也春秋傳曰以陳備三愙今左氏傳作三恪漢魯峻碑魏孔羨碑竝作愘大澂以為愙愘恪皆當讀客三恪即三客古客字从客从㕣後人變㕣為心再變為恪皆客字之異體恪訓敬客亦訓敬呂覽終座以為上客注客敬也孔叢子恪敬也禮之如賓客也客恪二字古本一字

鈢字說

周禮掌節云貨賄用璽節鄭注璽節者今之印章也說文解字土部壐王者印也所以主土从土爾聲籀文璽从玉劉熙釋名璽徙也封物使可轉徙而不可發也案周禮貨賄用璽節上云守邦國者用玉節守都鄙者用角節是璽節與玉節判然不同且等威之辨以玉為上貨賄所用璽節不得僭用玉可知就義攷文其字亦不當从玉秦漢以來天子之印用玉偁璽下此偁印偁章不復名璽許說乃漢時通偁鄭劉猶仍古義不專以璽為王者印也余所集古鈢印文一百餘種往往有鈢字其印即周之璽節朩爾古通璽用金故从金鈢之異文為鉨[古文][古文][古文][古文][古文][古文][古文][古文][古文][古文]古文變化不一省金為全再省為王增朩為[古文][古文]再增為爾或鉨或簡古今文不同也鈢文多廿鈢亦作計[古文]當釋計鈢或曰本鈢當釋市鈢或曰命鈢或曰傳鈢許書計會也筭也計鈢市鈢與周禮貨賄之說合傳鈢命鈢蓋封書傳命之意與劉氏轉徙之說合又有司徒司馬司工等官名則鈢又不僅為通貨所用也古陶文節墨鈢作[古文]此鈢字變璽之漸

舉字說

薛氏鐘鼎彝器款識法帖己舉彝文作S冈謂李公麟得爵于壽陽紫金山腹有二字曰己舉王玠獲古爵于洛亦有二字曰丁舉字體正同冈為古器習見字或作冈亦作冈自宋以來攷古家皆釋作舉書顧命上宗奉同瑁太保受同授宗人同之同當即冈字之譌鄭康成曰一人奉同一人奉瑁同酒桮三國志虞翻傳注載翻別傳云翻奏鄭玄解尚書違失事四以顧命康王執瑁古冃字似同從誤作同既不覺定復訓為桮玉人職天子執瑁

以朝諸侯謂之酒桮誤莫大焉江氏尚書集注音疏王氏後案孫氏今古文注疏皆謂虞翻妄詆鄭氏以同為古瑁字重言冃瑁既不成語下文王受同以祭太保以異同酢同非酒器而何江王孫諸家駁之是也惟江氏王氏訓為圭瓚以祭統君執圭瓚祼尸為證孫氏謂今文作銅以白虎通爵篇為據似仍未塙大澂案彝器中冈字觚爵觶所見尤多葢商周以酒器為舉杜蕢洗而揚觶以飲平公謂之杜舉古文作冈因誤為同余在關中得父乙爵柱有冈吒二字釋為舉吒吒即咤之省既可證三咤為奠爵又可證冈之為酒器而非同字數千百年經師疑竇為之一釋

出反字說

古出字从止从乚反為出之倒文二字本相對也古文止字象足跡形足有向左向右之異有前行倒行之別右為[glyph]即㞢左為[glyph]即𡳿讀若撻向右為[glyph]即㐄小篆作㐄苦瓦切向左為[glyph]即夂小篆作夂讀若黹兩足前行為[glyph]小篆作步加𠂤為陟兩足倒行為[glyph]小篆作夅加𠂤為降兩足相竝為[glyph]小篆作癶讀若撥兩足相背為[glyph]小篆當作舛今作舛以足納屨為出當作[glyph]變文為出倒出為[glyph]當作𡰯變文為反古禮出則納屨反則解屨厂象屨在足後形出反二字正相對與陟降二字同孟子出乎爾者反乎爾者也荀子乘其出者是其反者也易復卦反復其道疏反謂入而倒引伸其義凡相背者皆曰反以字體文義證之出與反正相背也說文解字出進也象艸木益滋上出達也反覆也从又厂反形蓋文字屢變而不得其解古義之廢失久矣詩繩其祖武履帝武敏歆儀禮武舉前曳踵禮記堂上接武堂下布武之武疑亦从兩止古文作[glyph]即步字後人誤釋為武與止戈之義絕不相類也

字說　十九

工字說

詩緜乃召司空乃召司徒鄭箋司徒司空卿官也司空掌營國邑司徒掌徒役之事正義云大王之時以殷之大國當立三卿其一蓋司馬乎大澂竊謂三代設官皆質言之司土司馬司工為三卿司土掌土地人民司馬掌戎馬司工掌營造工作周末文字日趨於緐縟土字加彳為徒以司徒掌徒役徒衆猶可言也工字加穴為空司空所司何事不可解也白虎通强為之說曰司空主土不言土言空者空尚主之何況於實以微見著此豈古聖王設官之本意哉散氏盤𤔲土[glyph][glyph]𤔲[glyph][glyph][glyph]丂𤔲工[glyph]君宰雖文義不可盡曉而𤔲土𤔲馬𤔲工之官名顯而易識薛氏款識載敔𣪘令女乍𤔲土官𤔲[glyph]田牧敔𣪘令女乍𤔲土司工彝文作𤔲工薛氏釋司空轉以工為假借字阮氏積古齋款識司土彝文作𤔲土世所傳六國時官鉩有曰大司徒長[glyph]曰左司徒曰[glyph][glyph][glyph]司徒曰[glyph][glyph][glyph]司徒曰左[glyph][glyph]司徒曰[glyph][glyph]司徒曰[glyph][glyph][glyph]司馬曰[glyph][glyph]左司馬曰[glyph][glyph]司馬曰[glyph][glyph][glyph]左司馬曰[glyph][glyph][glyph]左司馬曰[glyph][glyph][glyph]司工曰[glyph][glyph][glyph]司工曰[glyph]

字說　二十

[illegible]司工知晚周已有司徒之偁而司工尚仍舊名無偁司空者漢書百官公卿表御史大夫秦官位上卿成帝綏和元年更名大司空知秦時無大司空之職少府屬官有左右司空亦非秦官今經典所偁司空皆漢人所改葢古文工字有作紅者見焦山鄦惠鼎[illegible]徒南中下云[illegible][illegible]紅漢時女工作女紅即紅字之沿誤安知不因工字作[illegible]而誤讀為空耶漢唐以後司空見慣不以為異夫孰從而更正之

斁字說

爾雅釋詁射厭也釋文射本作斁詩清廟無射于人斯釋文射厭也禮記大傳注作無斁于人斯葛覃服之無斁傳斁厭也禮記緇衣作服之無射振鷺在此無斁釋文斁厭也韓詩作在此無射詩泮水徒御無斁釋文本又作射或作懌大澂竊疑經典相通之字形聲必相近斁射字體絕不類何由得而相通以鐘鼎彝器文證之虢叔鐘[illegible][illegible][illegible][illegible]當釋得純無斁言德之純一不已也毛公鼎[illegible]皇天[illegible][illegible][illegible][illegible]我[illegible][illegible]當讀肆皇天無斁臨保我有周言天不厭周邦也即詩無射亦保之意靜敦[illegible][illegible][illegible][illegible]學無斁者言學之不厭也兮田盤[illegible][illegible][illegible]休無斁者猶言無疆惟休也[illegible][illegible][illegible][illegible][illegible]五字異體本非射字後人或釋作斁或釋作射字不同而訓則同也筠清館載小子射鼎作[illegible]疑亦斁字詩思齊釋文斁擇也[illegible]从目視弓下从兩手有選擇之意又與[illegible]字相似許書斁猒也一曰終也周禮大師無射注無射戌之氣也九月建焉而辰在大火陽至亥而終九月在戌陽氣未終故曰無射

譌䌛字說

散氏盤□□□師袁敢盇□□我□□□器文作□□白戎敢□□□□□□□□三字相近疑古文譌䌛為一字說文解字䌛隨從也从系䚻聲孫愐音余招切䌛役之䌛謠詠之謠古皆作䌛詩正月民之訛言許書引作譌言爾雅釋詁注世以妖言為訛山海經譌火注譌亦妖訛字蓋為字古文作□亦作□此从□□後人遂釋為譌又因□字似从系而轉為䌛此漢儒之異釋一字孳為兩字也離騷謠詠謂余以善淫注謠謂毀也後漢書劉陶傳注謠言謂聽百姓風謠善惡而黜陟之也古謂之譌言今謂之謠言實一字之轉也許書䚻徒歌从言肉疑䚻即譌䌛之省古文之變小篆有由簡而䌛之字有由䌛而簡之字省□為□先䌛而後簡也許書□譯也从口化率鳥者繫生鳥以來之名曰□讀若譌或从䌛作□又音由王氏句讀謂䌛聲不能讀譌不知譌䌛為一字耳

葡字說

葡為盛矢之器後人加牛為犕又通服今經典通用服而葡字之古義廢說文解字牛部犕下引易犕牛乘馬今本作服左氏傳王子伯服鄭世家作伯犕後漢書皇甫嵩傳注犕古服字大澂所得銅古葡有□□□□四字□即□□即葡毛公鼎□□□□之□□與□□字相似魚服即詩采芑之簟茀魚服采薇之象弭魚服也按盛矢之器名不同而制作亦必不同有从竹从革从金之字周禮司弓矢中春獻弓弩中秋獻矢箙鄭注箙盛矢器也以獸皮為之又繕人掌王之用弓弩矢箙凡乘車充其籠箙說文解字籠笭也笭車笭也陳氏毛詩采芑傳疏曰矢服繫於笭故曰籠箙許書籣所以盛弩矢人所負也信陵君列傳平原君負韊矢韊字从革文選西京賦吳都賦魏都賦皆云蘭錡劉逵曰受他兵曰蘭受弩曰錡錡字从金知盛弩之器有用銅者國語檿弧萁服韋昭云萁木也服房也然則盛矢之服或用革或用銅或用竹閒有用木者矣

世字說

論語子路集解引孔注三十年曰世後漢祭彤傳注三十年為一世說文解字世三十年為一世从巿而曳長之亦取其聲也古文世从卅从止見邵鐘世世子孫永以為寶世作𠀍吳尊世子孫永寶世作止或从十止見師遽敢世孫子永寶世作止或作𠂢見師遽方尊世孫子永寶或作𣏟見𪓊尊世孫子毋敢豕永寶三代彝器多偁子子孫孫其言世孫子世子孫者子孫二字皆無重文故知𠂢𣏟皆世字也或作枼見拍盤永世毋出阮氏釋枼

字說　二十五

或作𠀍見陳侯因資敦世萬子孫永為典尚或作𠀍見祖日庚乃孫敢用世啚孝又一敢作用𠀍啚孝从曰从木从米从竹皆世字之緐文葉世二字古本一字詩長發昔在中葉傳葉世也文選吳都賦雖累葉百疊劉注葉猶世也淮南子稱譽葉語注葉世也凡訓世之葉疑即从木之世字古器有象兩足形者濰縣陳氏藏尊[illegible]殷人尚質文以形傳兩足繼踵即世世子孫永寶之意此世字之最古者世止同音古或相通詩繩其祖武武亦足迹也

兄況字說

書無逸無皇曰則皇自敬德漢石經皇皆作兄正義云王肅本皇作況秦誓我皇多有之公羊傳作而況乎我多有之伏生大傳皇于聽獄乎注皇猶況也馮氏石經攷異云兄古況字引詩桑柔名閔釋文兄音況常棣釋文況或為兄白虎通兄況也為證謂兄與皇聲近皇遑況兄皆古通字彝器兄字多作𤯔大澂謂先生為兄㞷即先生二字省文說文解字㞷艸木妄生也从之在土上讀若皇漢儒以㞷皇同音遂疑𤯔為皇字古文而隸書即改

字說　二十六

𤯔為皇此師說相傳之不同故一字而或釋兄或釋皇也兄況二字古本通用素孟蟾方伯訥所藏史𠂤敢有𤯔字積古齋款識兄光敢𤯔字疑皆況字異文舊釋兄光未塙

干吾字説

毛公鼎㠯乃族干吾王大澂釋以乃族干敔王干當讀扞吾即敔之省説文解字敔止也敔禁也敔敔二字皆从攴按敔與圉禦衙三字皆通詩有鼙鞉磬柷圉傳圉楬也禮記月令飭鍾磬柷敔釋文本作圉敔狀如伏虎所以止樂故有禁止之意一切經音義禦古文敔同詩烝民不畏彊禦漢書王莽傳作不畏彊圉漢石門頌綏億衙彊北海相景君碑强衙改節是禦衙二字亦通疑衙即敔之異文也

字説　二十七

别字説

説文解字𠓜分也从重八八别也亦聲孝經説曰故上下有别又𠕁部别分解也从𠕁从刀疑古文别字从𠬪从刀不从𠕁𠬪即𠓜之變體加刀為别加木為㮚格仲尊𣏟𠬪當即㮚字史游急就篇簡札檢署㮚櫝家是漢時别字有从木之字周禮小宰傅别注傅别券書也釋名莂别也大書中央破别之也廣韻莂分别也分契也又分竹也類篇㭭兵廢切音胏券契也明萬歷初山陰古冢出晋太康五年瓦莂即古傅别之遺制㮚㭭莂莂皆别字之緐文𠬪為别之省文自小篆改𠬪从𠕁而𠬪𠓜俱廢矣

字説　二十八

文字說

書文侯之命追孝于前文人詩江漢告於文人毛傳云文人文德之人也濰縣陳壽卿編修介祺所藏兮仲鐘云其用追孝于皇考己伯用侃喜前文人積古齋鐘鼎彝器款識追敦云用追孝于前文人知前文人三字為周時習見語乃大誥誤文為寍曰予曷其不于前寍人圖功攸終曰予曷其不于前寍人攸受休畢曰天亦惟休于前寍人曰率寍人有指疆土前寍人實前文人之誤蓋因古文文字有从心者或作[illegible]或作[illegible]或又作[illegible][illegible]辟中古文大誥篇其文字必與寍字相似漢儒遂誤釋為寍其實大誥乃武王伐殷大誥天下之文寍王即文王寍考即文考民獻有十夫即武王之亂臣十人也寍王遺我大寶龜鄭注受命曰寍王此不得其解而強為之說也既以寍考為武王遂以大誥為成王之誥不見古器不識真古文安知寍字為文之誤哉

夷字說

古夷字作尸即今之尸字也古尸字作[illegible]即今之死字也師寰敦[illegible]淮尸又云淮尸[illegible]曾伯霥簠克狄淮尸兮田盤至于南淮𡰥舊我員畮當讀至于南淮夷淮夷舊我員畮淮夷二字重文非夷字作𡰥也睘卣睘安𡰥白𡰥[illegible]睘貝布當讀睘安夷伯夷伯賂睘貝布夷伯二字亦重文夷為東方之人尸字與人字相似象人曲躬蹲居形白虎通夷者僔夷無禮義論語原壤夷俟集解引馬注夷踞也東夷之民蹲居無禮義別其非中國之人故尸與人相類而不同大澂釋大為卬筰之筰象西夷椎結之狀亦此意也尸為蹲居大為傾頭皆賤之之詞疑古者从尸之字皆當从夷許書解尾字為西南夷所飾系尾此从夷之證也孝經仲尼居釋文𡰥古夷字也經文居字不當作𡰥疑𡰥字之誤漢書樊噲傳注𡰥讀與夷同漢儒或見故書夷字重文作𡰥誤以為古夷字本作𡰥許書又以𡰥為仁字古文更不可解也自後人以尸為陳厥之厥而尸與夷相混周禮凌人大喪共夷槃冰注夷之言尸也實冰于槃中置之尸牀之下所以

寒尸尸之槃曰夷槃牀曰夷牀衾曰夷衾移尸曰夷于堂皆依尸而為言者也儀禮士喪禮士有冰用夷槃可也注夷槃承尸之槃又牀第夷衾注夷衾覆尸之衾凡此夷字皆當讀尸或故書本作尸而漢儒誤釋為夷或當時尸夷二字通用古文尸字隸書皆改作夷均未可知然則漢初去古未遠必有知尸字即夷字者故改尸為夷也使夷敦夷字與小篆夷字相近是晚周已有變尸為夷者不自漢人始矣

𡰥字說

𡰥字从尸从奴主也古文省作奴自後人避生奴之奴遂省𡰥為尸書康王之誥序康王既尸天子傳云尸主也詩采蘋誰其尸之傳云尸主也左氏成十七年傳殺老牛莫之敢尸穀梁隱五年傳卑不尸大功注皆訓尸為主皆當作𡰥不當作淮尸之尸夷盂鼎遹召夾奴即夾𡰥之省言夾輔其主也說文𡰥終主也引伸之凡為主者皆為𡰥書太康尸位亦當作𡰥位言太康主天子之位猶言太康即位也乃後人誤解以尸位為不事事之義而𡰥字之古義廢矣

拜字說

古拜字从手从𠦪古𠦪字从艸从𠦪彝器古文無𠦪字而𠦪拜二字皆从𠦪可相證也石鼓文𠦪字作□毛公鼎𠦪字作□知古𠦪字當作□亦各有緐簡之不同吳尊蓋𠦪字作□亦作□拜字作□知□即𠦪之簡文也彔伯戎敦𠦪字作□拜字作□知□即𠦪之緐文也拜字古文或作□或又作□皆象以手折𠦪形詩甘棠勿翦勿拜箋云拜之言拔也唐施士丏說拜言人心之拜小低屈也究與前翦伐二字義不相類大澂謂勿拜之拜當訓以

手折𠦪蓋漢以後詁訓家不見古文不知拜字从𠦪之義轉以甘棠詩拜字為異解廣韻引作勿翦勿扒尤為可異實則勿翦勿拜為拜字正義拜手稽首為拜字引伸之義也小篆拜从手从□許氏云□音忽義不可解疑古文拜字有从□者𠦪忽一聲之轉形亦相似古姝字作□或作□亦从𠦪之字後人省□為□再省作□亦古今文之遞變而失其本義也

鞭字說

說文鞭古文作□與諆田鼎□字之左旁相似知御字古文从馬从鞭□為御者所執上象其裹首之帕也大鼎御字作□知□即□之異體師虎敦命女御乃祖考啻官御字省作□師龢父敦既命女御乃祖考𤔲亦省作□或不知□之省文遂誤釋為更詩以御于家邦箋云御治也齊侯壺用御爾事與書泰誓越我御事同意說文御字古文作馭則省□為又已失執鞭之義後人變□為□又加人旁苐旁字體日緐而鞭字馭字之象形會意

皆不可攷矣

瑚字說

禮明堂位云夏后氏之四連殷之六瑚周之八簋疑六瑚當作六簠左氏哀十一年傳胡簋之事注胡簋禮器名夏曰胡周曰簋胡簋即簠簋之誤古文簠作[illegible]或加金旁作[illegible]或从故作[illegible]虢叔作叔殷穀簠作[illegible]簠之反文正與胡字相似知胡簋即簠簋矣或古文有从王之簠反書作[illegible]而漢儒遂釋為瑚字未可知也

字說 三十五

尨字說

古文有相似而義不相類者漢以後字體屢變往往兩字混為一字如尨為犬之多毛者小篆作尨是也詩無使尨也吠傳尨狗也引伸之義謂雜色為尨雜色馬為駹雜言為哤皆當从犬从彡至敦厖之厖當从夵不當从尨尨姞敦夵字與戲鐘夵姬皆从大不从犬說文厖石大也當即从厂从夵之字不當从犬也後人因夵尨二字形體相似誤為一字義不可通左氏成十六年傳民生敦厖注厖大也國語周語敦厖純固注亦訓大詩長發為下國駿厖皆當从夵左氏襄四年傳尨圉漢書古今人表作厖圉即夵姬夵姞之尨加厂為厖或从龍作龎尨厖龎三字當即一字自三代古文不傳于世而从大之尨與从犬之尨混為一字豈不謬哉

字說 三十六

靷字說

說文靷引軸也从革引聲籀文作𩌂大澂竊疑車部輚字即靷字古文輚下云車伏兔下革也从車㬹聲㬹古昏字讀若閔閔靷聲相近伏兔下革即引軸之靷詩小戎陰靷鋈續毛傳靷所以引也廣雅釋器陰靷伏兔也伏兔引軸即一物从車从革即一字毛公鼎𩌈从車从婚古婚字作𡟗見殳季良父壺又作𡜊見多父盤籀文作㬹見說文婚字下是𩌈字即輚字無疑彔伯𢦏敦𩌈字亦即輚之省皆靷字也毛鼎云右厄畫轉畫靷彔伯𢦏敦

云畫靷金厄畫轉文亦正同伯晨鼎畫靷之靷作𡡀知𡡀為㬹之省文𡡀又為𡡀之省文也

載字說

許叔重謂假借者本無其字依聲託事令長是也此特言假借之本意耳推廣言之音同而義不同者皆可假借不必無其字而始用假借之例如說文車部載乘也从車𢦔聲丮部𩛥設飪也从丮从食才聲讀若載二字音同而義則絕不相類也石鼓文𩛥西𩛥北應用載馳載驅之載今作𩛥假𩛥為載夜君鼎文之載鼎乃設飪之鼎當从食今作載𩛥假載為𩛥此同音相假不得以𩛥為古文載字也石鼓文之以遨為吾以𨗨為獵以帛為白皆

同音假借字即此可以類推

緩字說

古緩字即綰字何以知之以𠂤姞敦眉壽綽綰之[illegible]字證之而知緩綰為一字也彝器文綽綰二字異文甚多薛氏鐘鼎款識伯碩父鼎作[illegible][illegible]晉姜鼎作[illegible][illegible]孟姜敦作[illegible][illegible]說文素部繛𦅺二字連文繛緩也或省作綽𦅺繛也或省作緩大澂以為綽綰眉壽古延年語也許書所謂綽緩即古金文之綽綰知綰即古緩字說文糸部別出綰字訓惡也絳也一曰綃也讀若雞卵則漢時之異說矣𠂤姞敦[illegible]字从官从糸从爰可知綰字變緩之緐

字說　三十九

沐沬字說

說文沐沬二字連文沐濯髮也沬洒面也沬字古文作湏與余所藏魯伯愈父匜[illegible]字相似又頁部𩕻昧前也从頁㒵聲讀若昧疑亦沬之古文許書一字隸兩部者不可枚舉[illegible]象髮下垂形置水于皿披髮就之正象濯髮形當即古沐字大澂以為沐沬本一字今燕趙間謂洗面為抹面抹與沬同音沐沬一聲之轉或謂之沐或謂之沬方言之小異也匜器甚小不可以濯髮蓋沬有沬盤以匜注水故謂之沬匜

字說　四十

古玉图考

《古玉图考》成书于光绪十五年（1889），是吴大澂基于钟鼎彝器考据经验研究古玉器的尝试之作。其收录的玉器为吴大澂自藏及友人所藏古玉，数量近 200 件，均有附图，图由吴大澂族弟吴大桢精心绘制。器物按类编排，附有名称、尺寸、用途、年代的文字说明及考释，字数多寡不一。

《古玉图考》具有两大特点：

其一，不但数量多，超过以前任何一部古玉著作所收玉器之数，而且种类齐全，多达 40 种，几乎包含了所有常见的古玉品种，时代亦从新石器时代直到明代。这些丰富的材料，有助于读者了解中国古玉及其发展变化。

其二，书中以墨线描绘的玉器形状和纹饰，十分精细准确，器物本身固有的残痕也同样描绘下来，同一器物正反两面如果纹饰不同则分绘两图。线图比例多为玉器原大，否则就在图旁注明缩小之比例。后世曾有学者经比较确认，无论在器形、纹饰的描绘上还是在尺寸的掌握上，《古玉图考》所绘器图都忠实于原物。

《古玉图考》对研究中国古代玉器有较高参考价值，尤其是一些器物的考订，如琮和玦，对考古学器物命名有重要意义。

本卷所收《古玉图考》，据台湾中华书局 1980 年版影印。

吳清卿輯

古玉圖考

臺灣中華書局印行

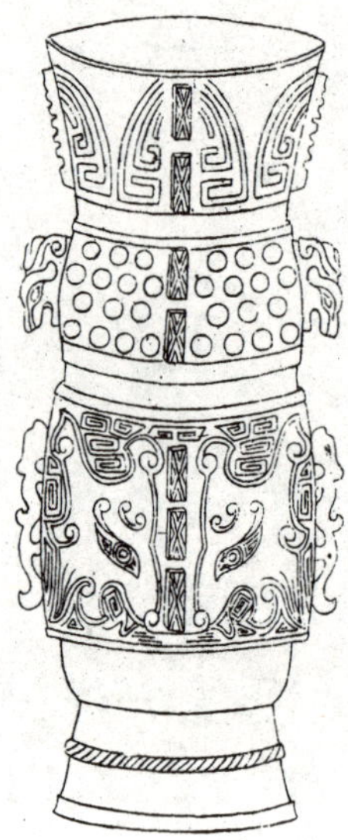

周鎮圭尺式 與大琮第一器尺寸正合疑此尺為西周舊制

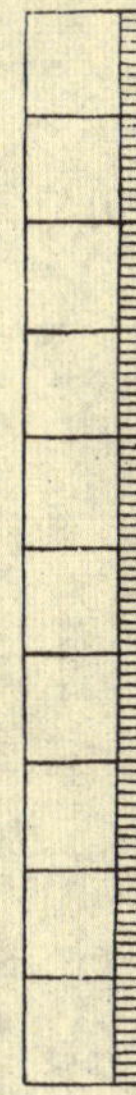

周搢圭尺式 與大琮第二器尺寸正合

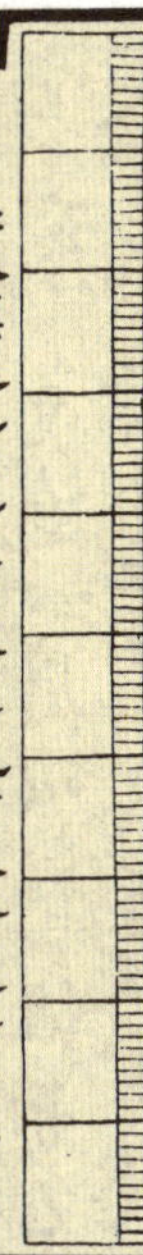

此次鎮圭也因背有象鼻孔可以繫組插于紳帶之間故以搢圭別之

古玉圖攷 尺式

鎮圭 青玉五色斑 圖小于器十分之七

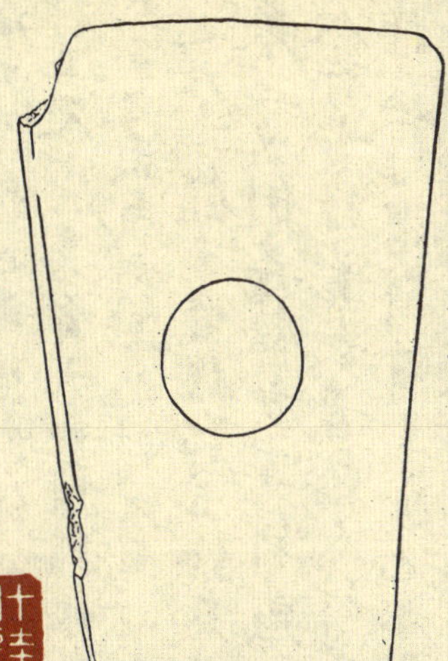

古玉圖攷 一

十圭山房

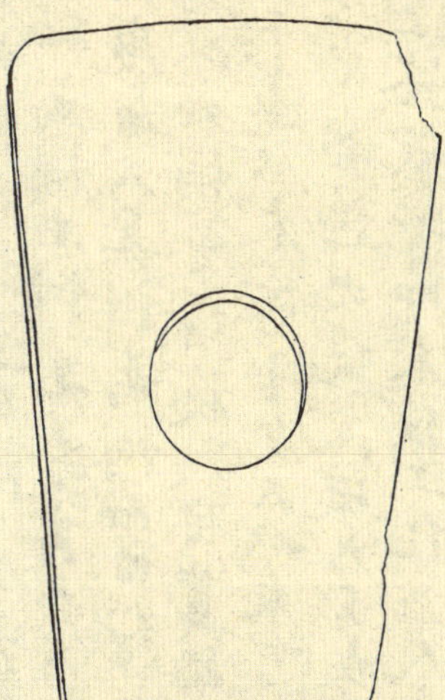

攷工記玉人鎮圭尺有二寸天子守之又云天子圭中必鄭注必讀如鹿車縪之縪謂以組約其中央為執之以備失隊大澂竊疑鹿車之縪施之於圭似不相類是圭即尺有二寸之鎮圭中有一穿徑約三寸穿上四寸有半寸穿下亦四寸有半寸因疑中必之必即古柲字說文

柲欑也欑積竹杖也一曰穿也蓋它圭穿多近下用以繫組而已天子之圭穿在中央可以手執不致失隊故曰天子圭中必攷工記戈柲六尺有六寸注柲猶柄也今所見三代戈瞿往往有穿其穿即謂之柲所執之木柄當有小縻橫貫於柲中故木柄亦謂之柲許書木

部柯柷柄柲欑五字連文於重不訓柲為柄而訓為欑其必有所本矣康成不直訓為柄而曰猶柄也可知柲非柄之稱後人因貫柲之柄用木遂从木旁古文不从木可以天子圭中必證之說文璲大圭長三尺杼上終葵首即本攷工記玉人文鄭注終葵椎也為椎於其杼上明

無所屈也杼揜也玉藻注終葵首者于杼上又廣其首方如椎頭大澂以為天子之圭與剡上之制不同以是圭度之大圭鎮圭皆係杼上終葵首記文舉一以例其餘方言引燕記曰豐人杼首杼首長首輪人行澤者欲杼注杼謂削薄其踐地者是杼上者言其長而薄終葵首者言其

廣而方也王氏説文句讀椎下引纂文柊楑方椎令人不知古圭有与方椎相似者輒以藥鏟目之亦猶三代古琮概目之爲釭頭是不可不攷正之也

古玉圖攷　四

鎮圭　青玉圖小于器十分之七

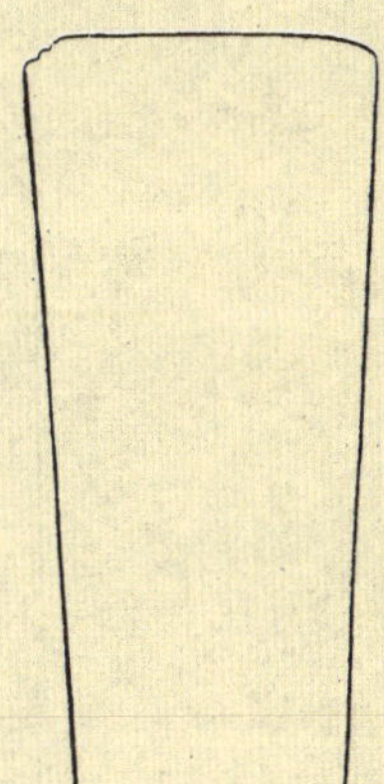

古玉圖攷　五

十圭山房

鎮圭　青玉黑瑕　圖小于器十分之七

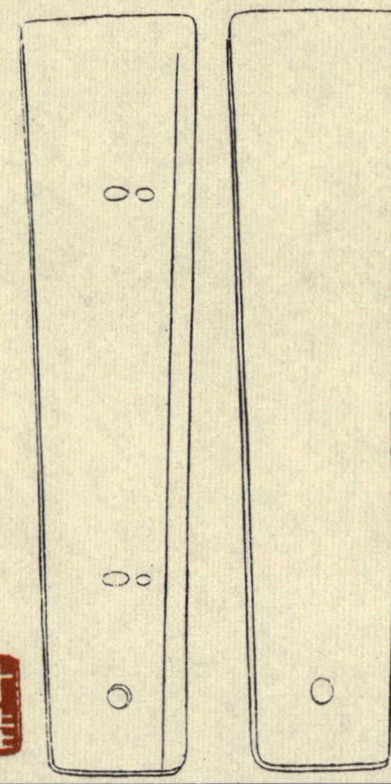

古玉圖攷　六

是圭尺寸與大琮弟二器有駔文者絲毫不爽亦即尺有二寸之鎮圭惟兩琮兩圭尺度畧有不同當係年代有先後權衡度量與時變易耳背有四孔可以繫組兩邊皆有繩痕似當時用作搢珽繫於紳帶之間者然與大圭尺寸不符也

鎮圭　玉色純赤　圖小于器十分之八

古玉圖攷　七

大圭 一名珽 青玉黑文隱隱如龍鳳穿下三四寸帶黃色 圖小于器十分之五

十圭山房

典瑞王晉大圭執鎮圭繅藉五采五就以朝日注故書鎮作瑱鄭司農云晉讀為搢紳之搢謂插於紳帶之閒若帶劍也瑱讀為鎮玉人曰大圭長三尺杼上終葵首天子服之注云王所搢大圭也或謂之珽玉藻天子搢珽注此亦笏也珽之言挺然無所屈也是圭即天子所服之珽以鎮圭尺度之長一尺九寸大澂竊疑玉人之三尺為二尺之誤玉質至薄而輕故可佩於紳帶之間相玉書曰珽玉六寸明自炤亦言其薄而光也六寸之說未聞

琬圭 青玉長尺有二寸圖小于器十分之八

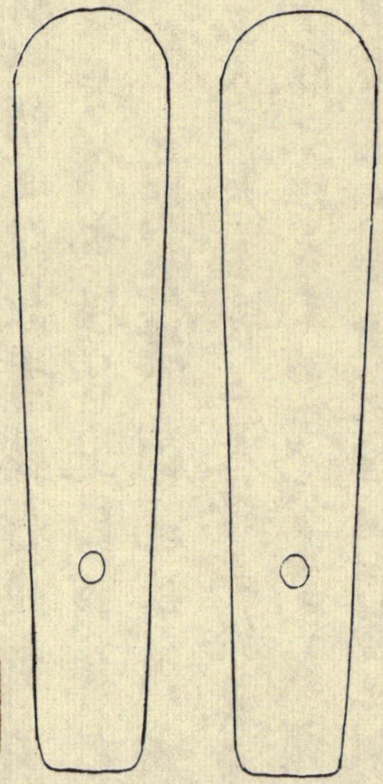

攷工記玉人琬圭九寸而繅以象德鄭注琬猶圜也王使之瑞節也諸侯有德王命賜之使者執琬圭以致命焉典瑞琬圭以治德以結好先鄭云琬圭無鋒芒故以治德結好說文琬圭有琬者戴氏曰凡圭剡上寸半直剡之倨句中矩琬圭穹隆而起宛然上見段氏曰宛者与丘上有丘為宛丘同義是圭得之濟甯市上上作圜首圭面穹隆而起兩邊無鋒芒不露圭角者即古之琬圭無疑其長尺有二寸即顧命鄭注大璧大琬大琰皆度尺二寸者是也

琬圭 青玉有土辨 圖小于器十分之七

古玉圖攷 又十一

琬圭 赤玉 下斷當即尺有二寸之大琬

古玉圖攷 十二

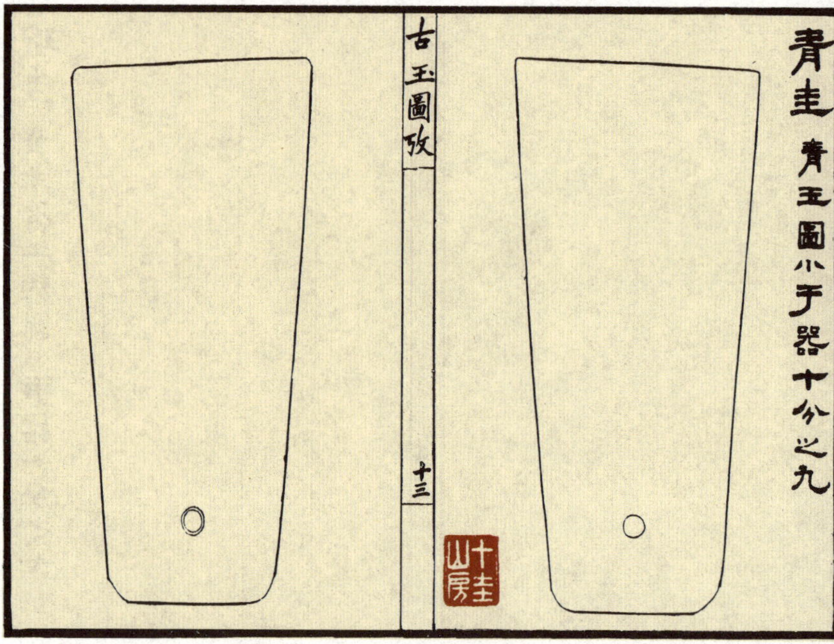
青圭
青玉圖小于器十分之九
古玉圖攷
十三

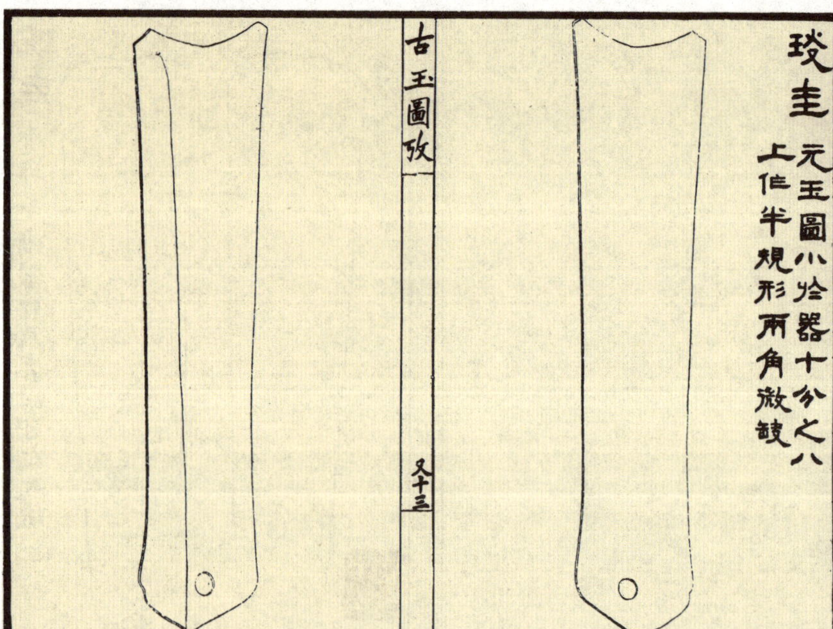
琰圭
元玉圖小於器十分之八
上作半規形兩角微缺
古玉圖攷
又十三

右圭玉色纯黑与世俗所谓水銀浸者不同殆即古之亢圭與其制上作半月形大澂所集說文古籀補月字即古文斨它圭象終葵首此獨象斨首即攷工記判規之制左右兩角棱棱有鋒儒行毀方瓦合疏圭角謂圭之鋒鋩有楞角即指琰圭而言後人未見古制以圭之剡上者為圭角終覺相强也周禮典瑞琰圭以易行以除慝鄭司農云琰圭有鋒芒傷害征伐誅討之象故以易行除慝易惡行令為善者以此圭責讓喻告之也琰圭與剡上異解乃玉人琰圭九寸判規注云凡圭琰上寸半琰圭琰半以上又半為瑑飾此鄭君未覩判規之制而以意解之耳

古玉圖攷　十四

穀圭　圖小于器十分之九青玉黑文

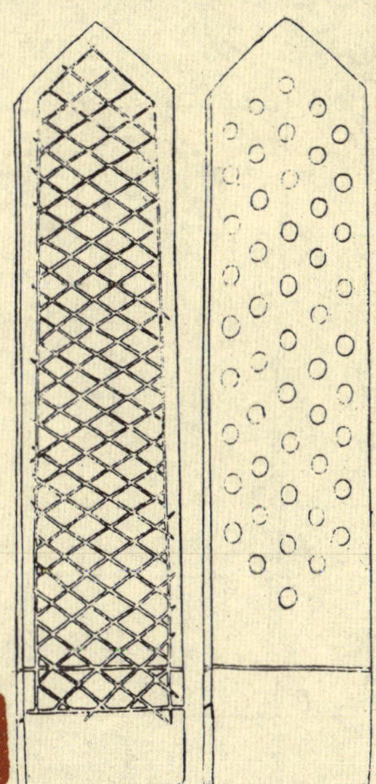

古玉圖攷　又十四

周禮典瑞穀圭以和難以聘女玉人不言和難者聘女則禮之常和難則事之變也此為卿大夫出使之瑞節後有剡文者即玉人所謂組圭璋璧琮琥璜之渠眉是也

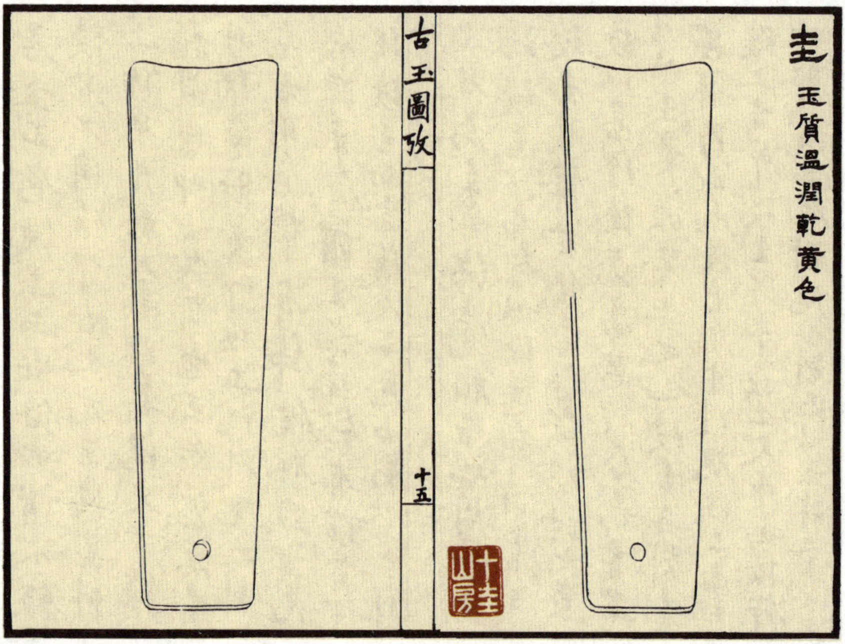

圭

玉質溫潤乾黃色

古玉圖攷

十五

十圭山房

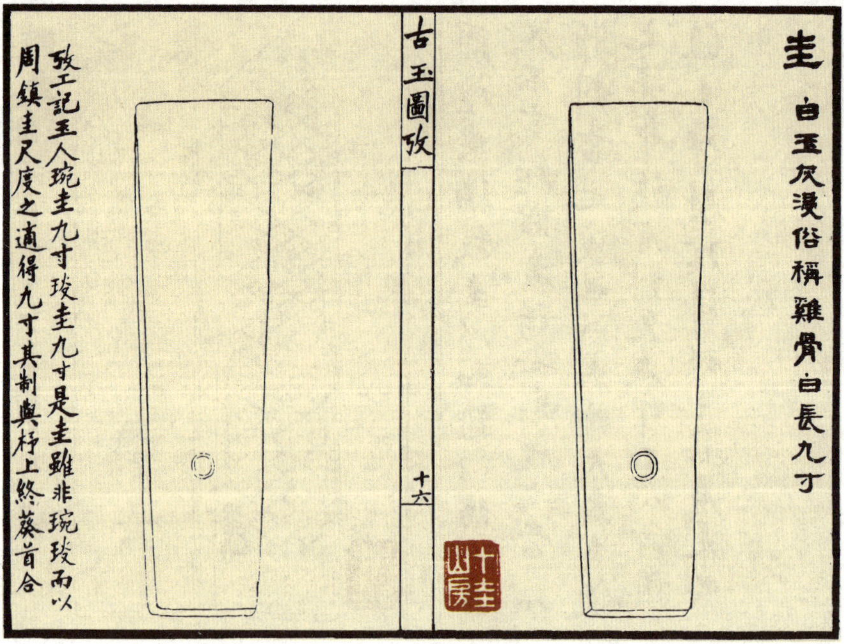

圭

白玉灰浸俗稱雞骨白長九寸

古玉圖攷

十六

十圭山房

攷工記玉人琬圭九寸琰圭九寸是圭雖非琬琰而以周鎮圭尺度之適得九寸其制與杼上終葵首合

笏 青玉黑暈

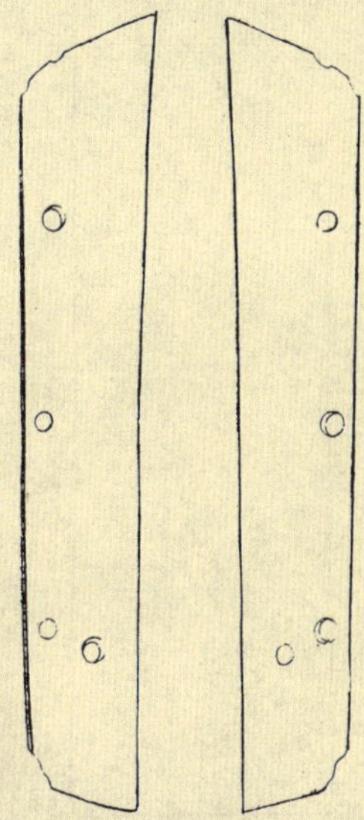

古玉圖攷 十七

十圭山房

或問古玉有似璋非璋似刀非刀者其名不可得而詳余曰此笏也何以知為笏曰邊有三孔可以結繩佩於紳帶之間非笏而何其三孔之外又有一孔何也曰此繫組之孔故居中而向後何以上下皆不方有可攷與曰此大夫之笏玉藻所謂前詘後詘無所不讓也何以稱前後不稱上下曰執圭有上下

古玉圖攷 十八

故曰杼上曰剡上佩笏如佩劍繫於革帶之下故曰前詘後詘或又曰大夫之笏長至一尺九寸得毋與天子之珽相埒乎余曰玉藻言笏度二尺有六寸此笏之通制不言天子諸侯大夫之別者笏以直詘判等威不以長短分貴賤也大夫之笏安得用玉曰禮樂征伐自大夫出孔子慨之僭用玉非禮也

璋 青玉有瑞斑長一尺十分寸之六

鄭游園觀察漣所藏

古玉圖考 十九

右璋即玉人所云邊璋七寸射四寸是也今以周鎮圭尺度之長一尺一寸稍弱剡出之射長三寸十分寸之六射下七寸正合邊璋之制射長不足四寸者古之良玉不易得就玉琢器或有不足耳 鄭康成曰於大山川則用大璋加文飾也於中山川用中璋殺文飾也於小山川用邊璋半文飾也是璋上半有瑑文可知鄭注半文飾之說必有所本賈疏謂鄭君以意解之非也

古玉圖考 廿

牙璋 青白玉圖小于器十分之六

此周禮典瑞攷工記玉人所謂牙璋也牙璋以起軍旅以治兵守故興戈戉之制畧同首似刀而兩旁無刃世俗以為玉刀誤矣圭璋左右皆平直此獨有旁出之牙故曰牙璋鄭司農云牙璋瑑以為牙牙齒兵象故以牙璋發兵若今時以銅虎符發兵後鄭云牙璋亦王使之瑞節兵守用兵所守若齊人戍遂諸侯戍周又玉人牙璋中璋注云二璋皆有鉏牙之飾於琰側今得是器可以證康成鉏牙之說惟玉人云牙璋中璋七寸射二寸當以九寸為度是璋長至一尺七寸有半寸疑亦東周以後之物與古制尺寸不甚合也

瑁 玉色純黑

玉人云天子執冒四寸以朝諸侯注云名玉曰冒者言德能覆蓋天下也四寸者方以尊接卑以小為貴說文瑁下云諸侯執圭朝天子天子執玉以冒之似犂冠古文从冃作玥段注云爾雅注作犂錧謂耜也周禮匠人耜廣五寸二耜之伐廣尺耜刃方瑁上下方似之尚書大傳曰古者圭

必有冒不敢專達也天子執冒以朝諸侯見則覆之右玉形制與耜相似上下皆方以鎮圭尺度之適合耜廣五寸之制可證許君瑁似犂冠之說玉人制器雖畧有參差大致不出四五寸之間

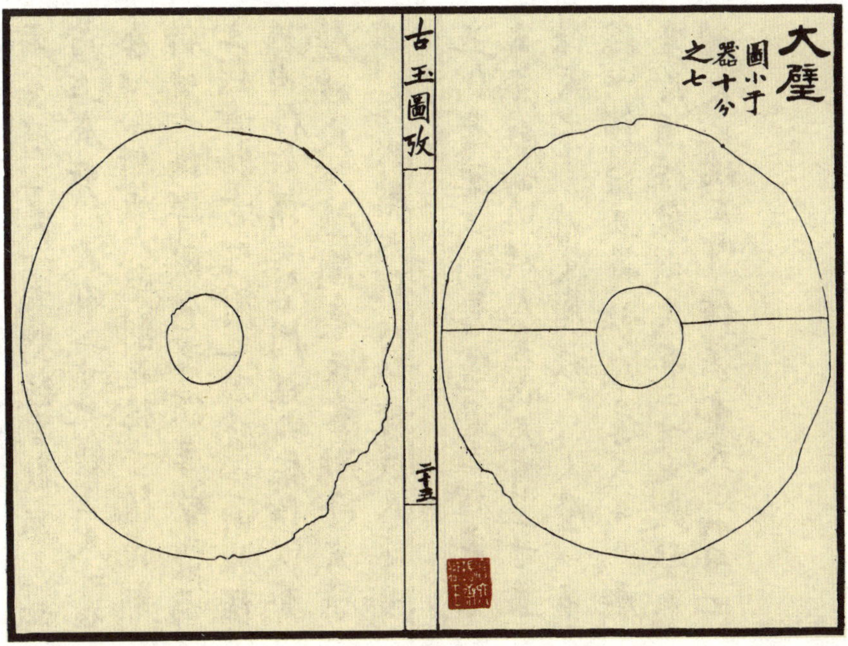

大璧 圖小于器十分之七

古玉圖攷

二十五

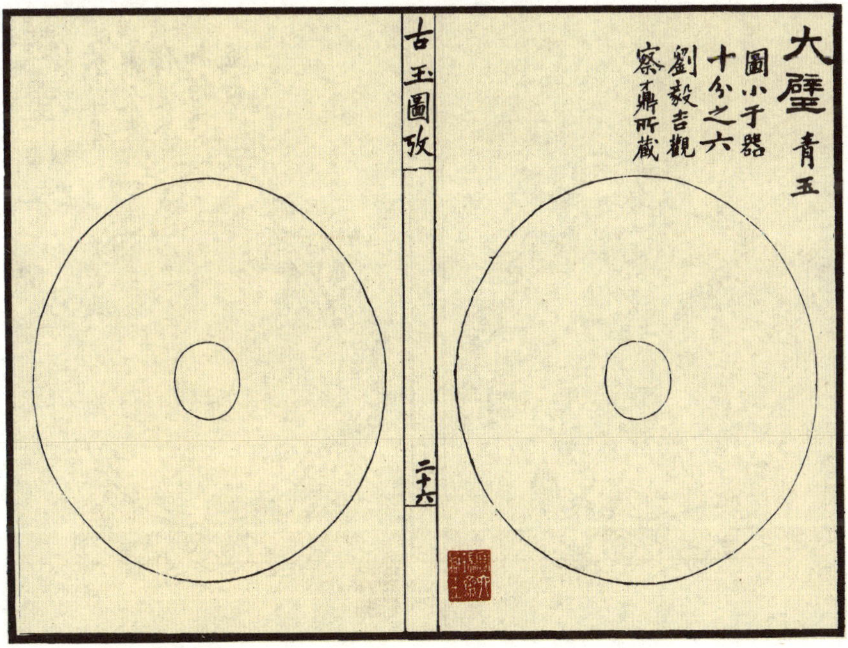

大璧 青玉

圖小于器十分之六劉毅吉觀察鼒所藏

古玉圖攷

二十六

右蒼璧二其一為劉穀吉觀察鼒所藏与余所得尺有二寸之鎮圭尺寸正合以余所藏大璧斠之徑寸稍弱制作皆古樸渾成色澤深厚望而知為三代古物當即周之宏璧也爾雅釋器肉倍好謂之璧周禮大宗伯以蒼璧禮天注璧圜象天書顧命宏璧鄭注大璧大琬大琰皆度尺二寸者

古玉圖攷　二十七

五代會要三引崔靈恩三禮義宗云蒼璧所以禮天其長尺有二寸蓋法天之十二時又周禮小行人璧以帛琮以錦注五等諸侯享天子用璧享后用琮然則尺有二寸之大璧非禮天之瑞玉即諸侯享天子所用也

穀璧　青玉瑞點

廓外有龍文者僅見不知何所取義

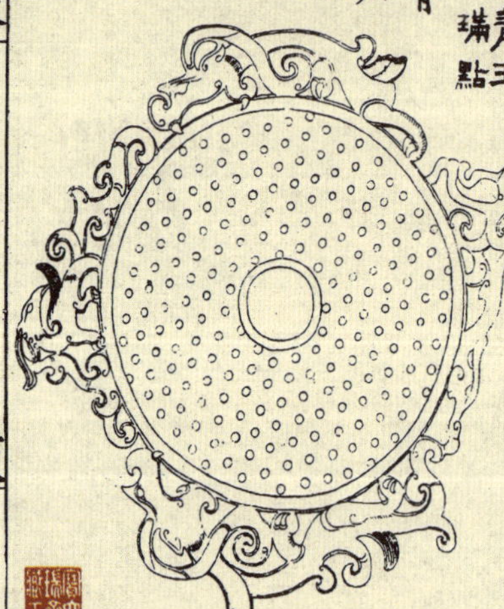

古玉圖攷　二十八

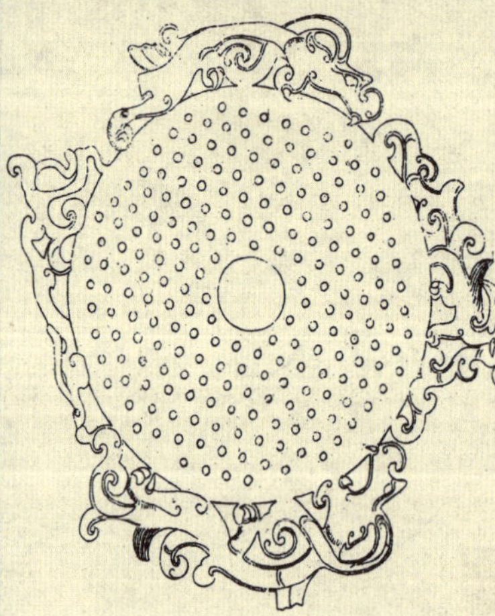

穀璧 白玉瑞斑

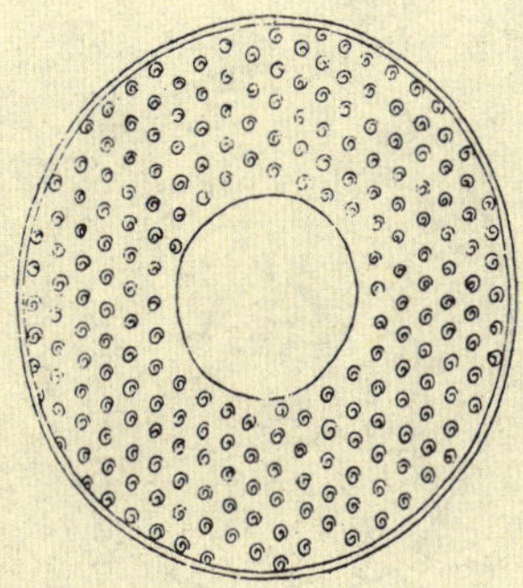

古玉圖攷 二十九

穀璧 青玉黑斑以鎮圭尺度之徑五寸

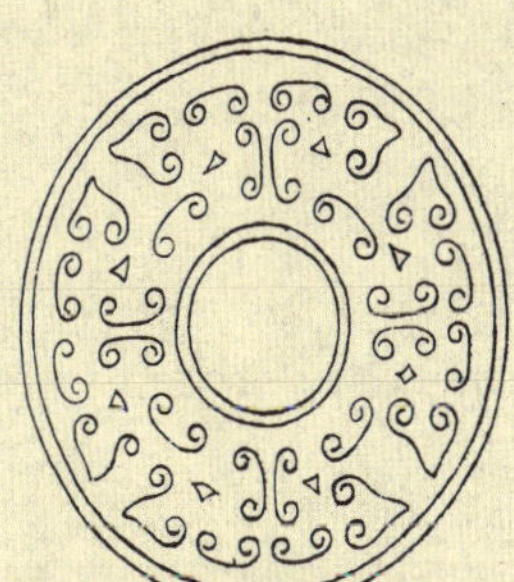

古玉圖攷 三十

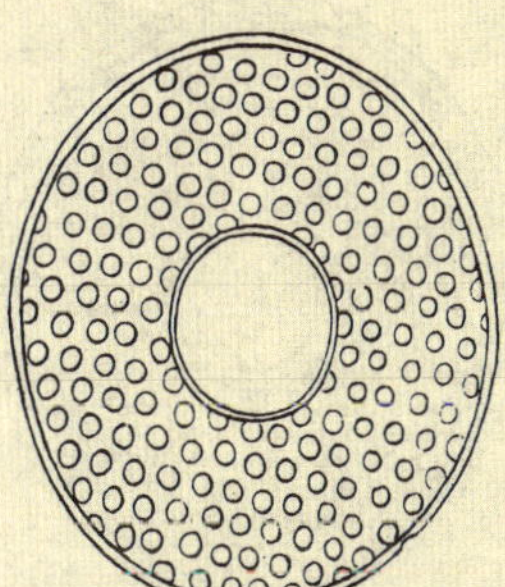

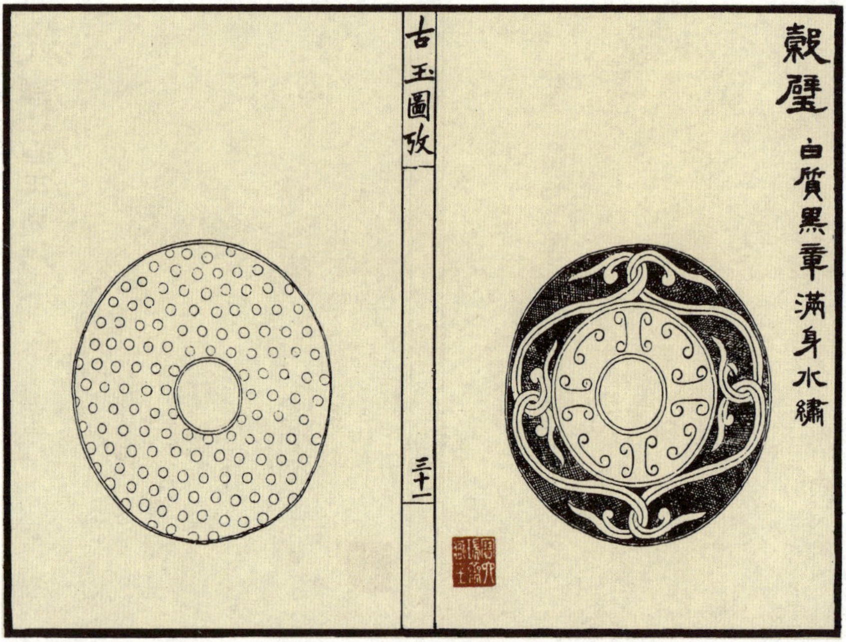
穀璧
白質黑章滿身水繡
古玉圖攷
三十一

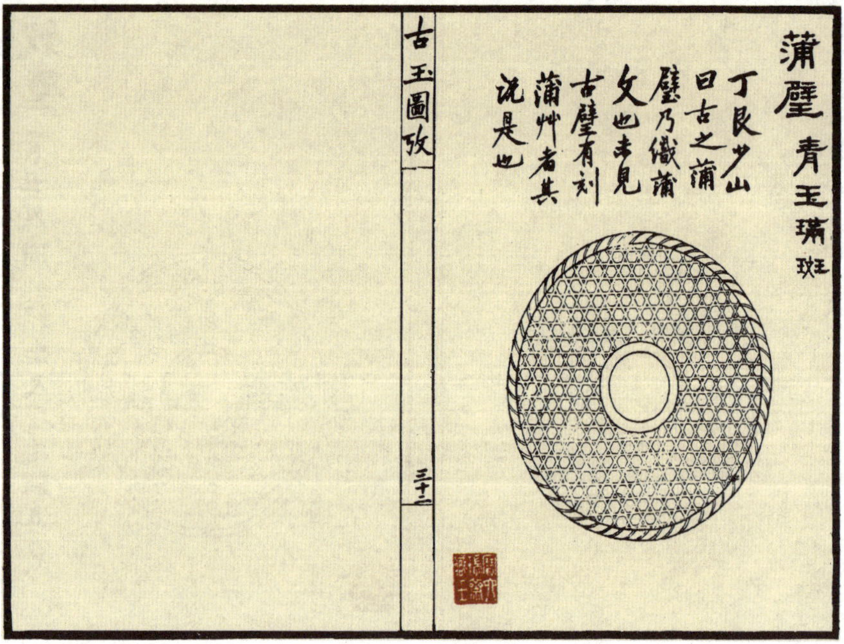
蒲璧
青玉璘斑
丁艮少山曰古之蒲璧乃織蒲文也未見古璧有刻蒲艸者其說是也
古玉圖攷
三十二

蒲璧

玉色純黑一面雙螭一面織蒲文

劉歆吉

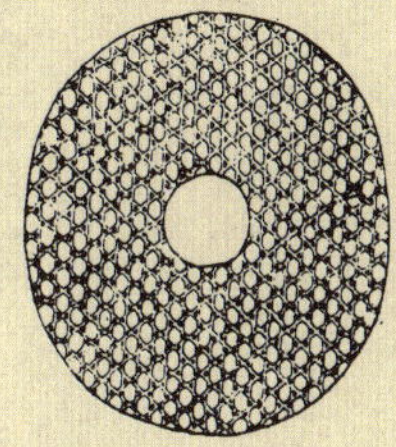

古玉圖攷

三十三

蒼璧

青玉無文制作渾樸亦三代禮天之器

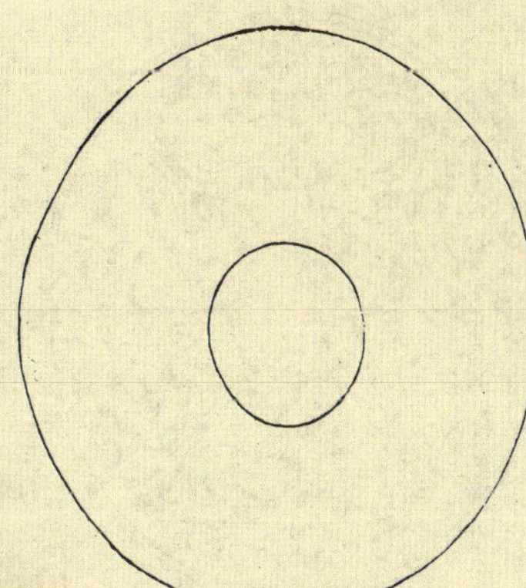

古玉圖攷

三十四

璧

黄玉璊斑

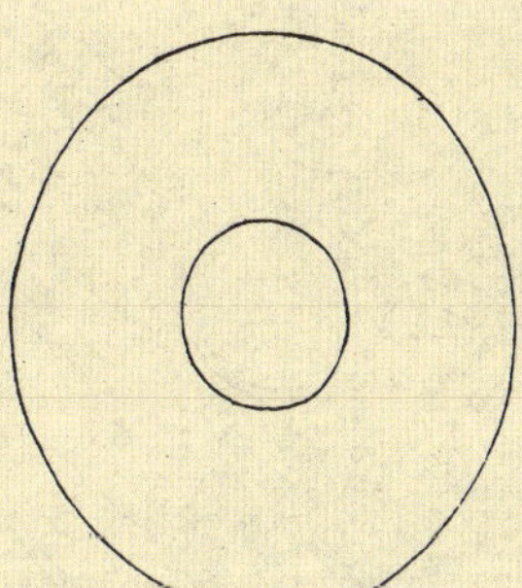

璧 白玉璘斑

劉毅吉觀察所藏

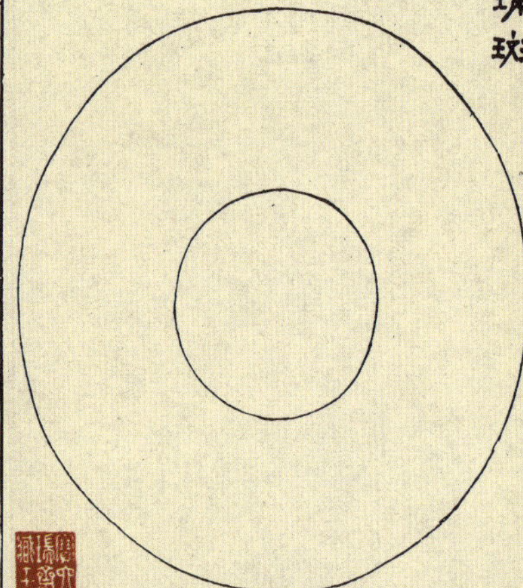

古玉圖攷 三十五

璧 山元玉滿身細黑文

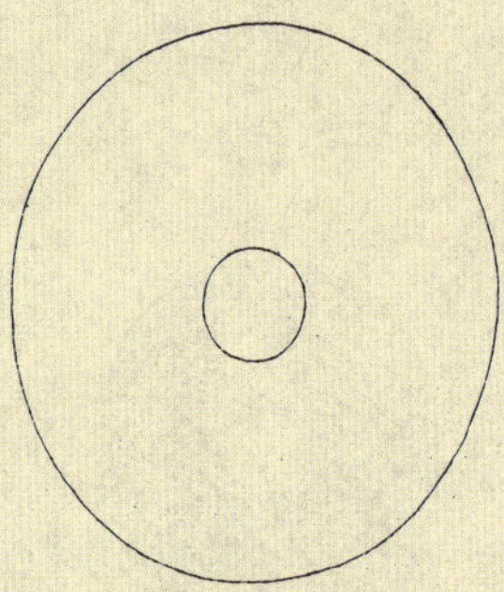

璧 山元玉一面龍文一面虎文

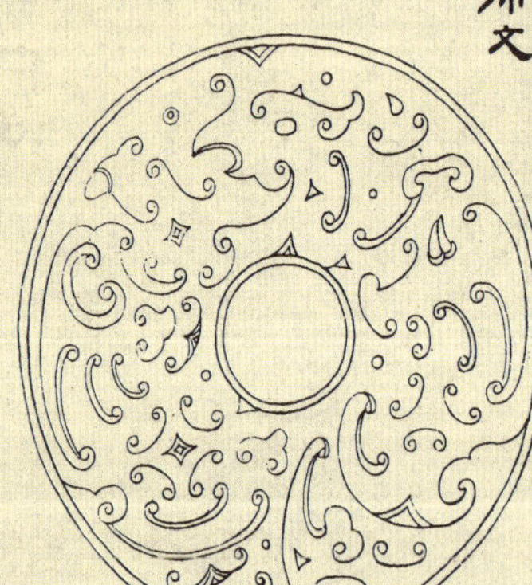

古玉圖攷 三十六

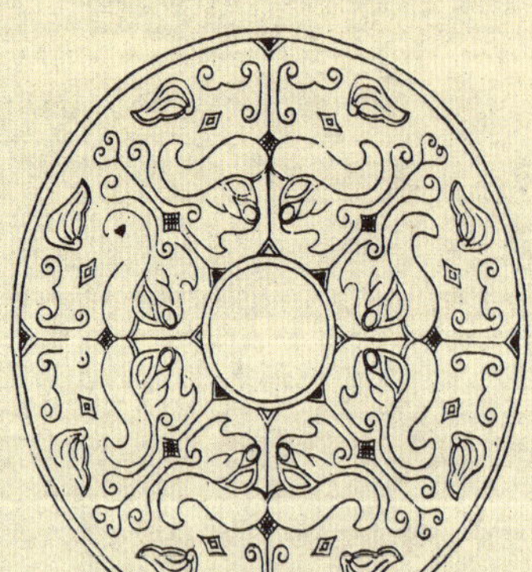

璧 山元玉兩面皆刻九龍文正面文三側面文六 徑五寸

古玉圖攷 三十七

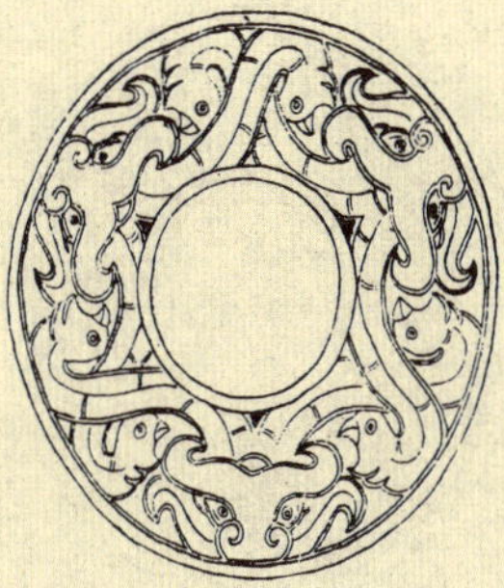

璧 山元玉滿身土斑

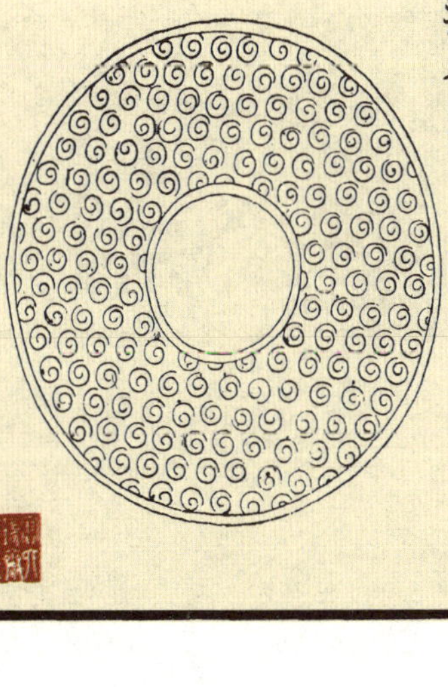

古玉圖攷 三十八

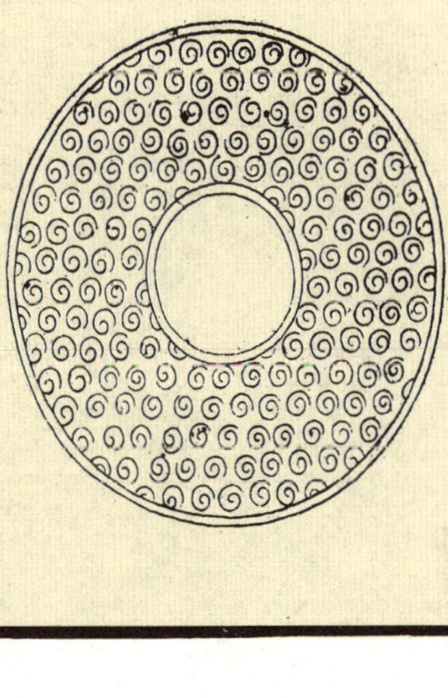

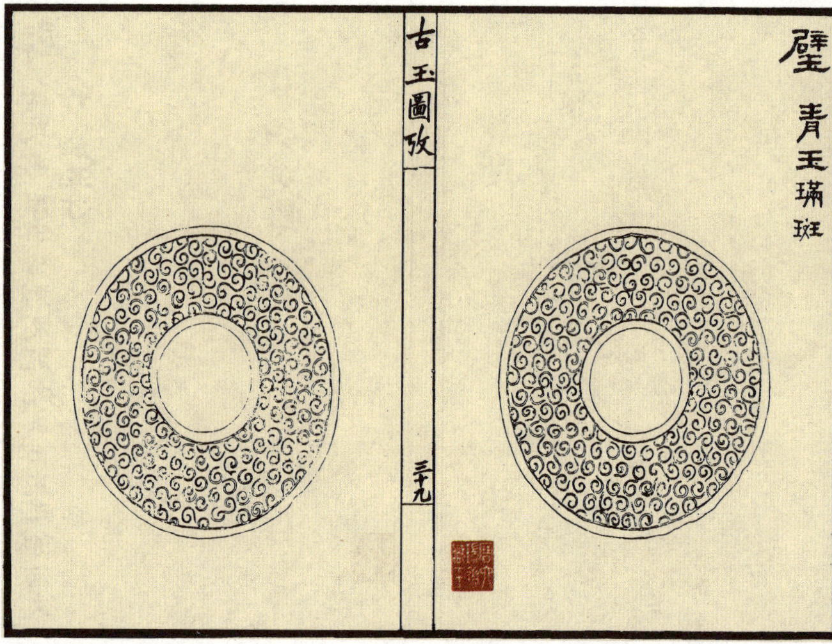
璧　青玉璃斑

古玉圖攷　一　三十九

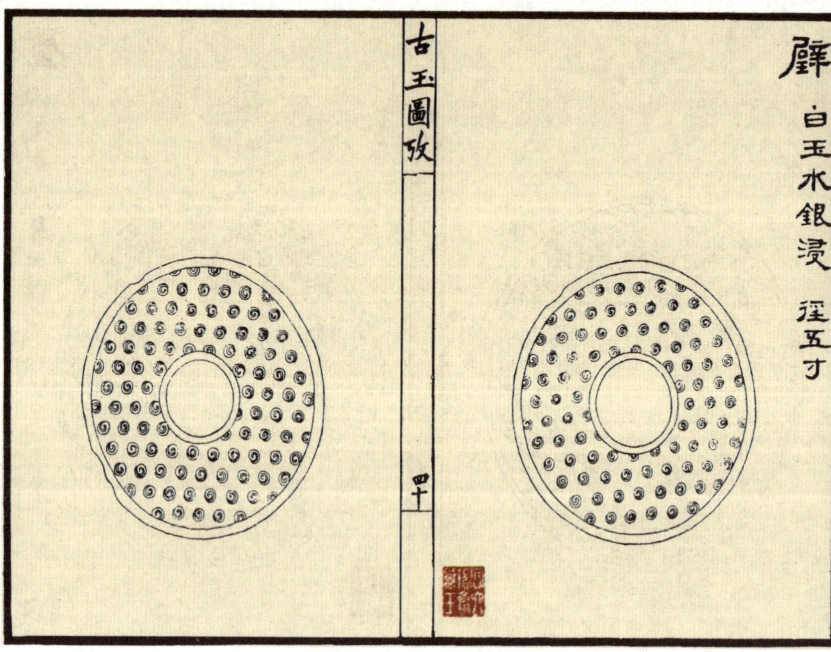
璧　白玉水銀浸　徑五寸

古玉圖攷　一　四十

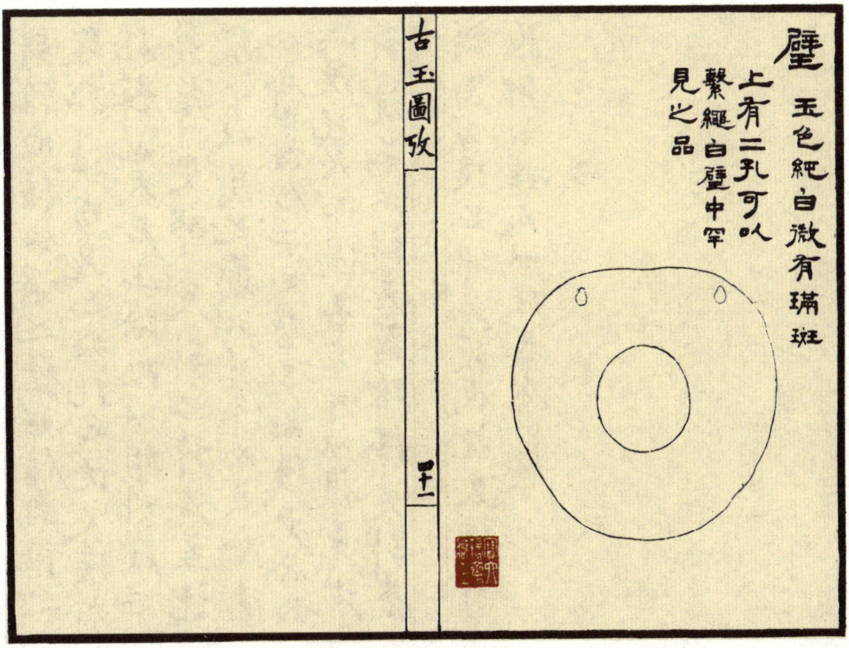
璧　玉色純白微有璊斑
上有二孔可以繫繩白璧中罕
見之品

古玉圖攷

四十一

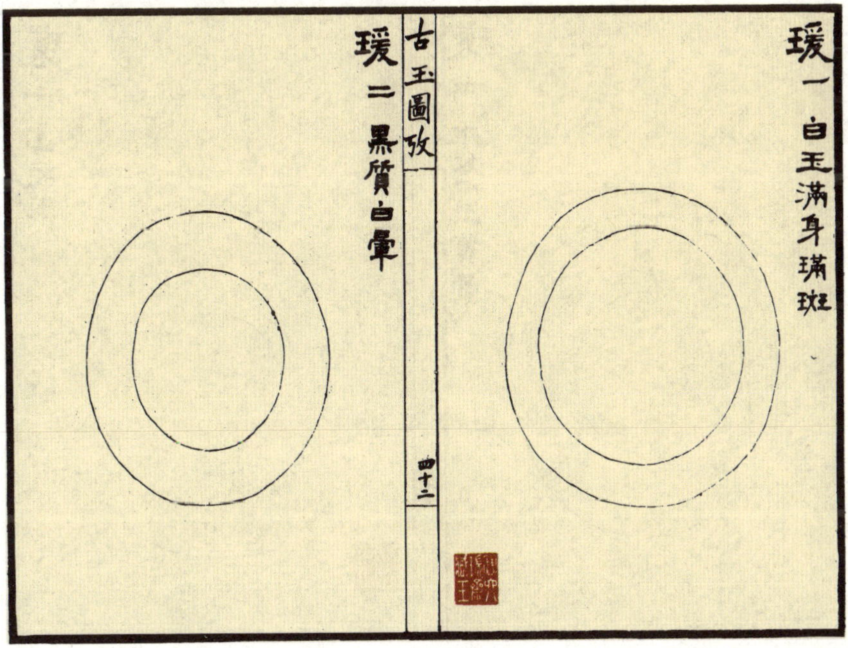
瑗一　白玉滿身璊斑

古玉圖攷

四十二

瑗二　黑質白暈

爾雅肉倍好謂之璧好倍肉謂之瑗郭注肉邊也好孔也說文瑗大孔璧也人君上除陛以相引从玉爰聲𠬪部爰引也許君蓋說瑗字从爰之義形聲而兼會意也今世所傳古玉璧多而瑗少余以二瑗孔大而邊甚窄可以援手者許說爲不誣矣爾雅釋文引蒼

頡篇云瑗玉珮名段氏說文注引孫卿曰聘人以珪召人以瑗

瑗一 山元玉

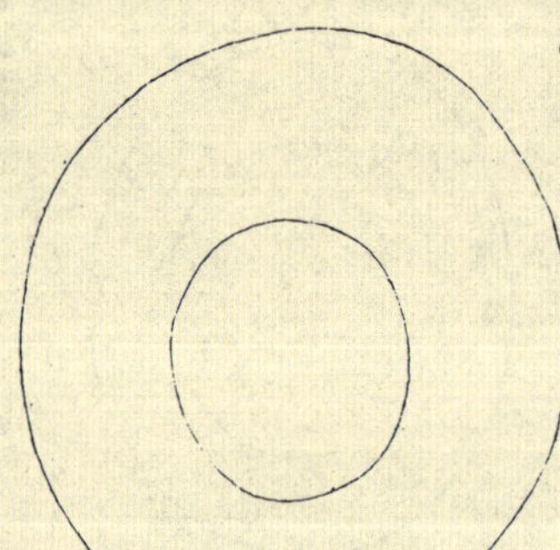

瑗二 水蒼玉黃暈

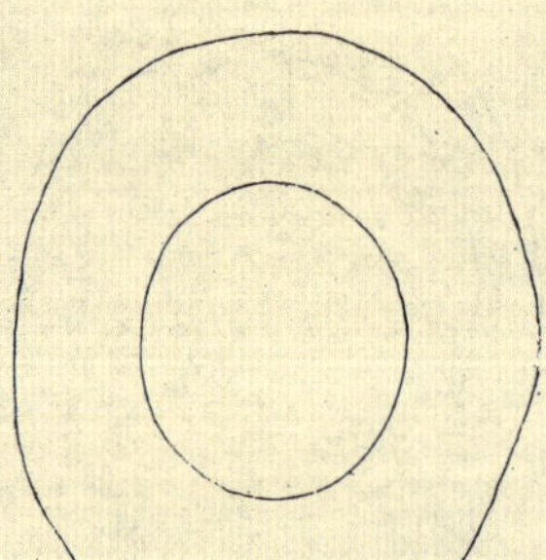

環三 白玉黄斑微帶黑暈

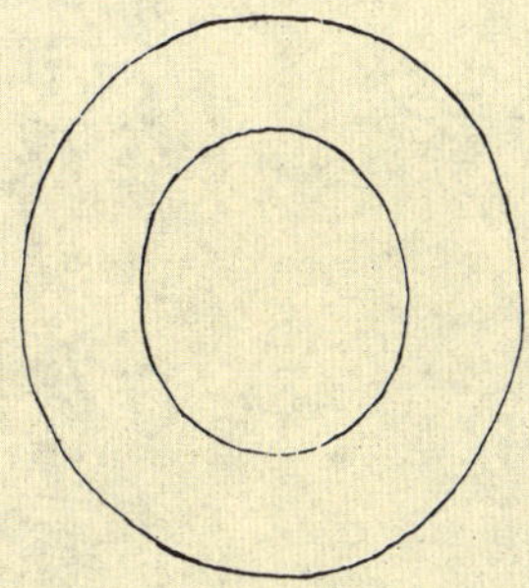

環四 碧玉

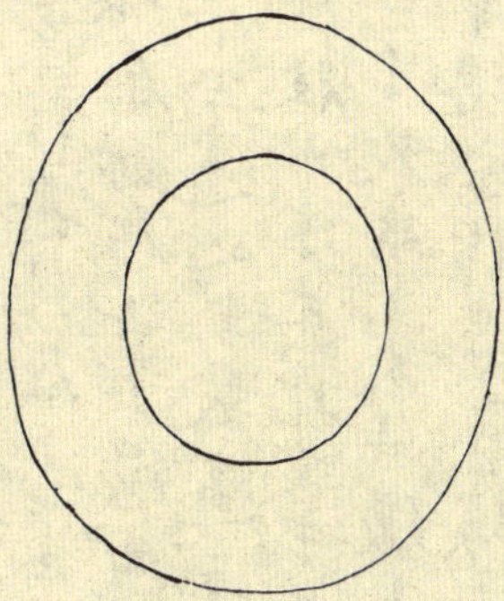

環五 青玉

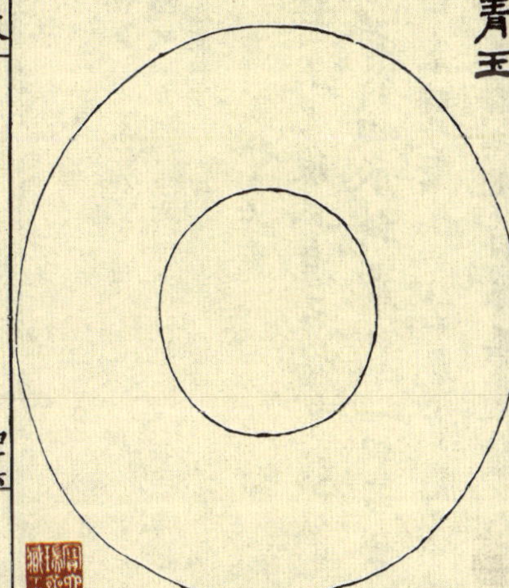

說文環璧也肉好若一謂之環爾雅釋器李注其孔及邊肉大小適等曰環余所得古玉環四度其徑寸以上下二邊之分數適與中孔相等如環徑六寸其孔三寸上下二邊各得一寸又半寸此環之制也師遽方尊環字作𤨛象環在衣帶間行則鳴佩玉故从止行止有節也

古玉圖攷　四十七

至曾鼎冗敦之8字乃連環之環非肉好若一之環詩盧重環傳所謂子母環是矣

系璧一

青白玉滿身璊點上邊二孔下邊三孔

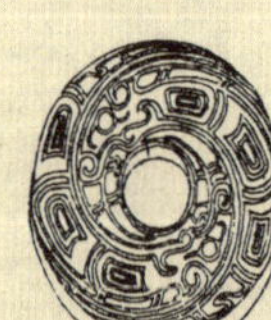

系璧二

青玉微有璊斑

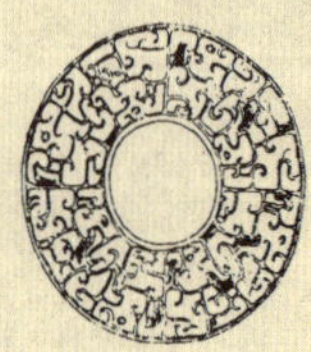

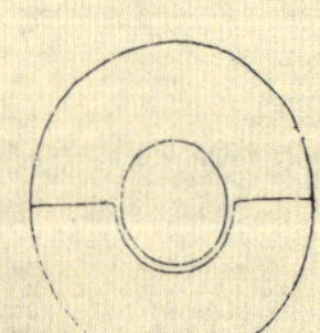

古玉圖攷　四十八

系璧三

青玉滿身璊斑襍以黑黃蒼翠之文

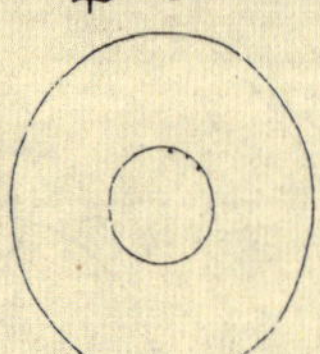

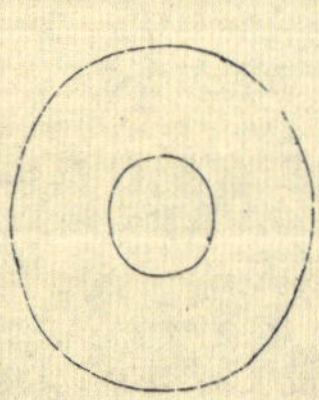

說文玤石之次玉者㠯為系璧从玉丰聲讀若詩曰瓜瓞菶菶一曰若盒蚌段注曰系璧蓋為小璧系帶間縣左右佩物也右三玉皆系帶之璧

系璧 四 青玉黑文

系璧 五 白玉璊斑

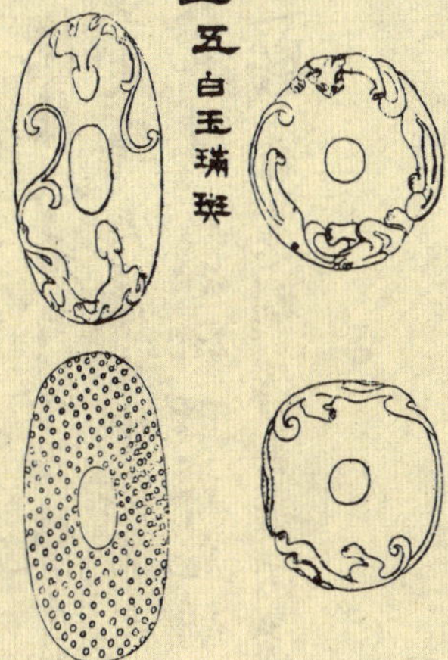

古玉圖攷 四十九

璿璣 白玉有璊斑

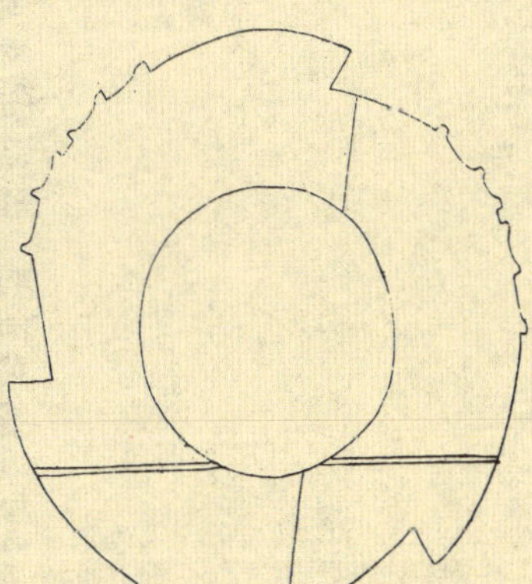

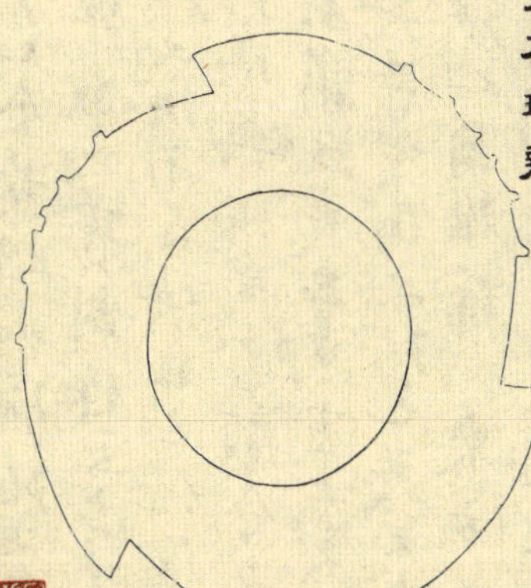

古玉圖攷 五十

書在璿璣玉衡以齊七政傳璿美玉璣衡玉者正天文之器可運轉者正義曰璣衡者璣為轉運衡為橫簫運璣使動於下以衡望之是王者正天文之器漢世以來謂之渾天儀者是也馬融曰渾天儀可旋轉故曰璣衡其橫簫所以視星宿也以璿為璣以玉為衡蓋貴天象也

古玉圖攷 五十二

是叄玉外郭有機牙三節每節有小機括六若可鈴物使之運轉者疑是渾天儀中所用之機輪今失其傳不知何所設施雖非虞夏之物審其制作去古不遠也

夷玉

或云璧流離 制似與璿璣同

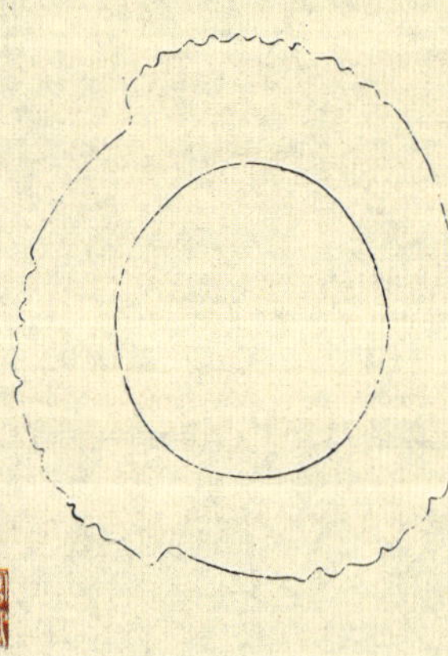

古玉圖攷 五十二

是環玉色金黃明如琥珀而不拾芥世所罕覯之寶制作亦奇古邊之凹凸處土斑尚存決非三代後物其古之珣玗琪與按周書顧命大玉夷玉疏引王肅云夷玉東夷之美玉鄭康成云大玉華山之球也夷玉東北之珣玗琪也爾雅釋地東方之美者有醫無閭之珣玗琪焉郭注醫

無閭山名今在遼東珣玗琪玉屬説
文珣下云醫無閭之珣玗璂周書所
謂夷玉也一曰玉器也讀若宣大澂前
赴吉林督師時道出奉天錦州之
廣寧縣曾得醫無閭山所產之玉
琢以為佩大小不過寸許未見有大者
俗名錦州石不甚貴重之此環玉質
與錦州石相類特有古今之别入

古玉圖攷　五十三

土既久色澤迥異常玉耳
或曰此古之璧流離也説文珋石之
有光者璧珋也出西胡中段注云
璧珋即璧流離也地理志曰入海市
明珠璧流離西域傳曰罽賓國出
璧流離漢武梁祠堂畫石有璧
流離題曰王者不隱過則至吳國
山碑紀符瑞亦有璧流離魏略云

大秦國出赤白黑黃青緑縹紺紅紫
十種流離師古曰此蓋自然之物采
澤光潤踰於衆玉其色不恒今俗
所用皆銷冶石汁加以衆藥灌而
為之尤虛脆不貞實是璧溫潤而
有光采其即大秦國所出之黃流離
與段氏云璧流離三字為名胡語
也猶珣玗琪之為夷語今人省言之

古玉圖攷　五十四

曰流離改其字為瑠璃古人省言之
曰璧珋今日中國所罕見者即西
域亦非恒有之物故漢時以為祥瑞
也此亦可備一說以俟博物君子攷
正焉

大琮 青玉满身黑文水银浸

古玉圖攷 五十五

大琮 玉色純黑

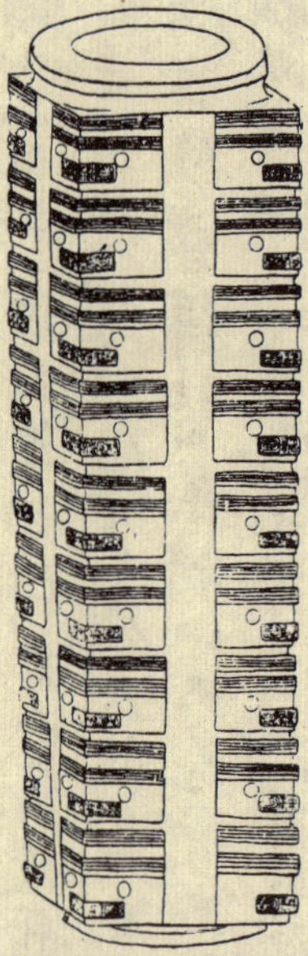

攷工記玉人云大琮十有二寸射四寸厚寸是謂内鎮宗后守之鄭注云如王之鎮圭也右琮二器大澂得自都門為三十二琮之冠其一樸素無文与鎮圭第一器尺寸同其一有駔刻者与鎮圭第二器尺寸同皆十有二寸之大琮盖時代有先後制器之尺稍有出入耳按瑋与琮皆

古玉圖攷 五十六

有射康成於大瑋中瑋邊瑋之射注云射琰出者也於大琮之射注云射其外鉏牙大澂以為瑋之制以剡上者為射琮之制以口圜者為射今度是器口徑四寸自口至肩一寸以證玉人射四寸厚寸之文若合符節戴氏攷工記圖繪作四方八角惜未見大琮駔琮之真器也

黃琮一

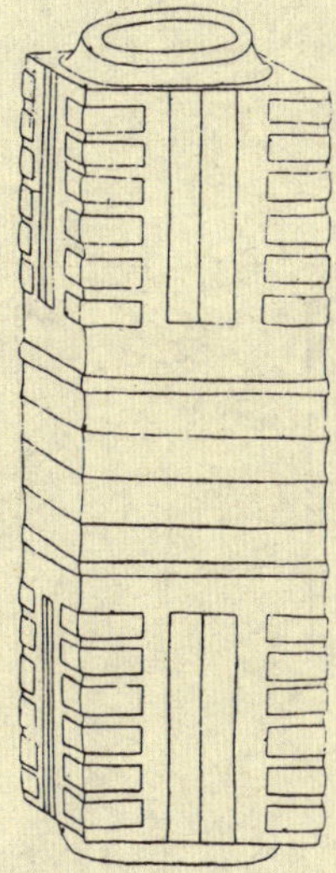

古玉圖攷 五十七

黃琮二

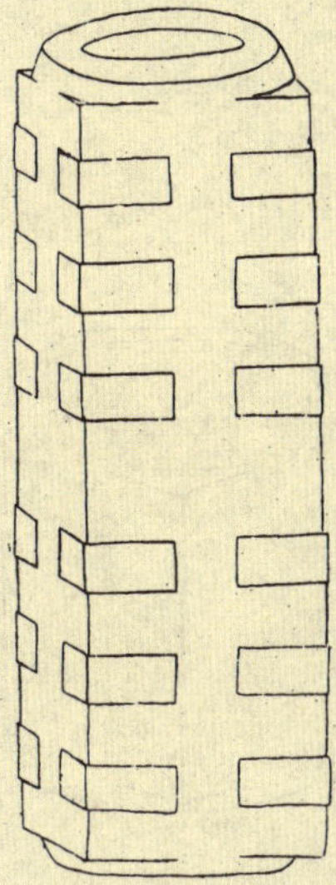

今世所傳古玉釭頭其大者皆琮也說文琮瑞玉大八寸似車釭嘉定錢氏說文斠詮云今俗猶稱黃琮玉為釭頭是也許書别出琯字云琮玉之瑑周禮典瑞考工記皆作駔鄭司農云駔外有捷盧也賈疏云捷盧若鋸牙然後鄭云駔讀為組以組繫之因名焉余所藏古琮外有刻瑑稜稜

古玉圖攷 五十八

如鋸齒其刻畫深處可以繫組與先後鄭注皆合即玉人組琮之制賈疏謂先後鄭異說非也白虎通瑞贄引禮云圓中牙外曰琮周禮大宗伯以黃琮禮地注琮八方象地今琮皆四方而刻文每面分而為二皆左右並列與八方之說亦合

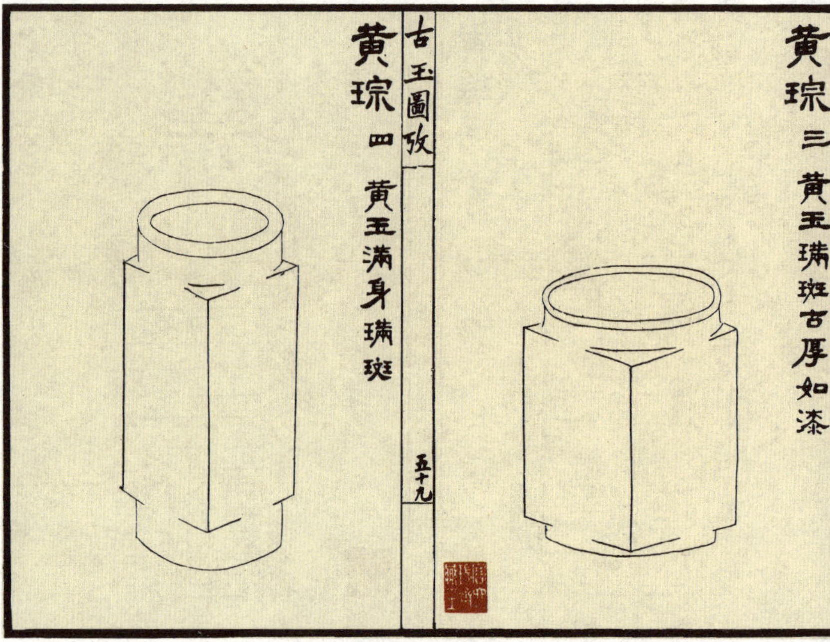

黄琮三　黄玉璊斑古厚如漆

古玉圖攷　五十九

黄琮四　黄玉满身璊斑

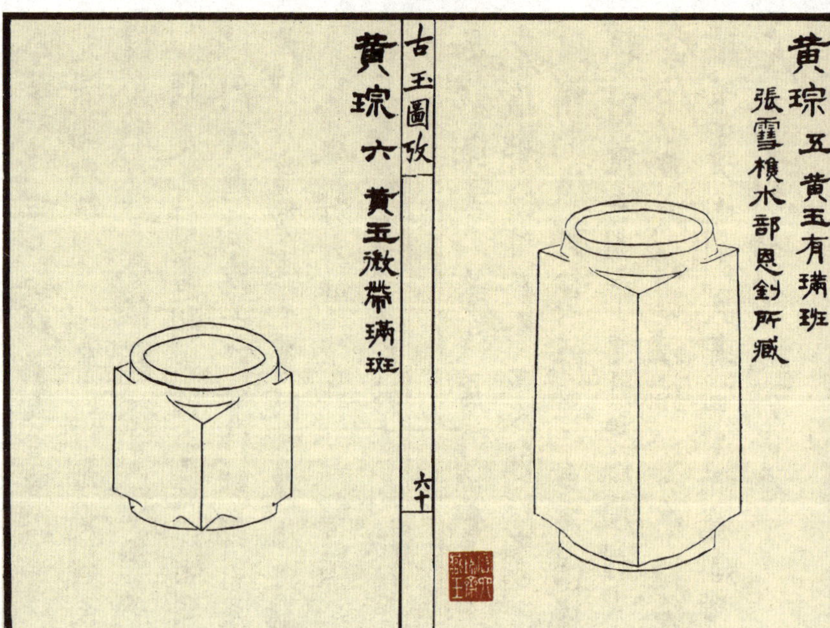

黄琮五　黄玉有璊斑

張雪樵水部恩釗所藏

古玉圖攷　六十

黄琮六　黄玉微帶璊斑

黃琮七 黃玉滿身璊斑

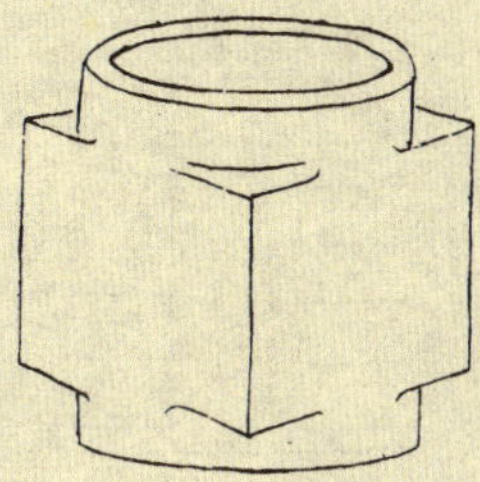

黃琮八 黃玉有璊斑

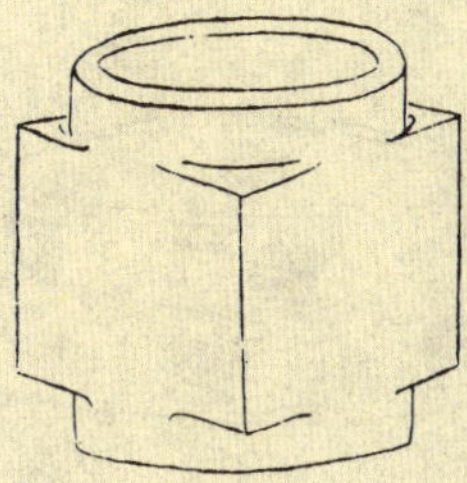

黃琮 黃玉上下邊皆有璊斑內外俱圜與琮之常制不同亦猶觚之變觚為圜與

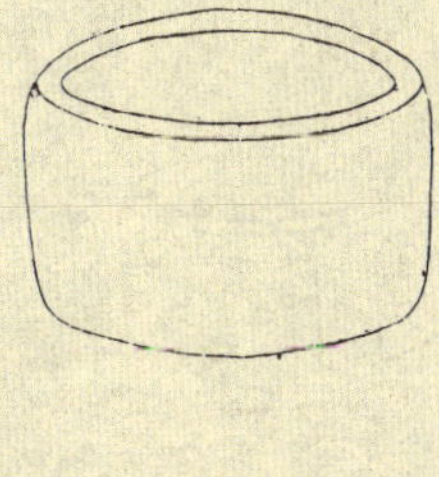

組琮一　白質黑章

古玉圖攷　六十三

組琮二　白質黑章

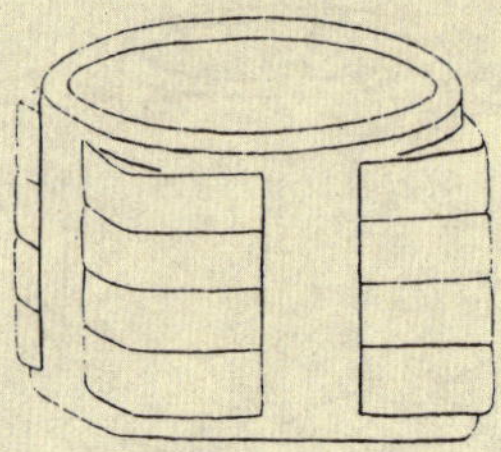

組琮三　白玉五色斑制作至精

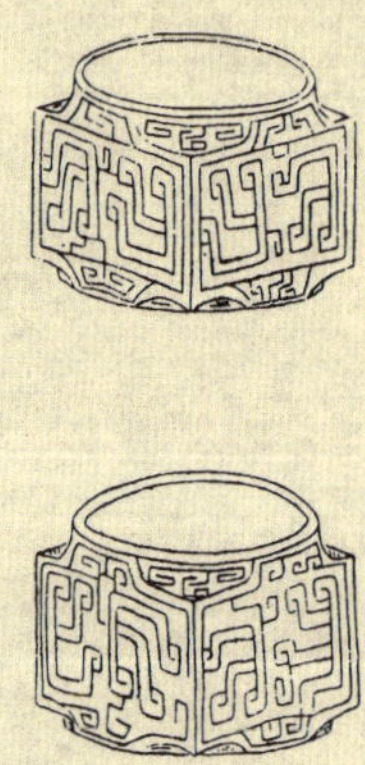

古玉圖攷　六十四

組琮四　黃玉白暈

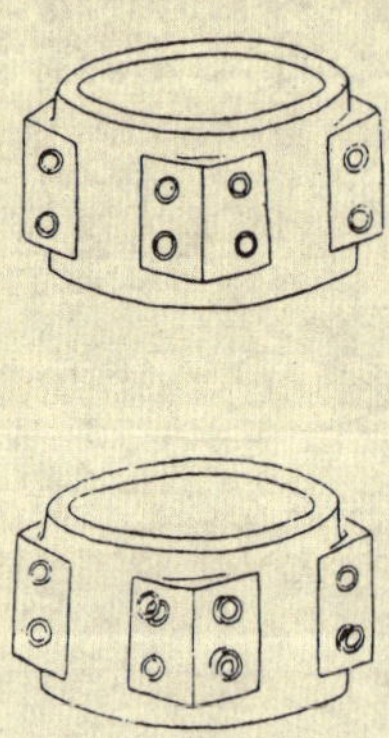

組琮五 白玉青赤斑曾經地火者

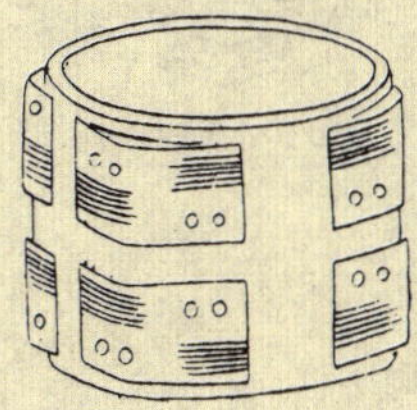

組琮六 灰黃色帶土斑

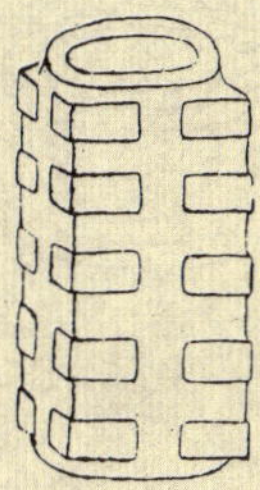

組琮七 青玉璊斑帶水銀浸

組琮八 青玉帶土斑

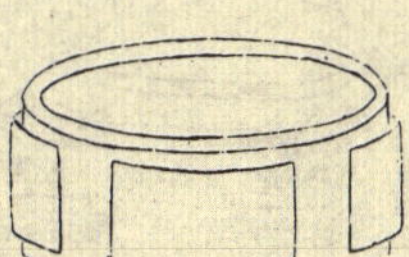

組琮九　黄玉水銀浸

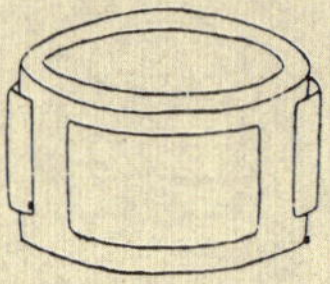

組琮十　青玉帶黑色間有白點

組琮十一　黄玉璊斑

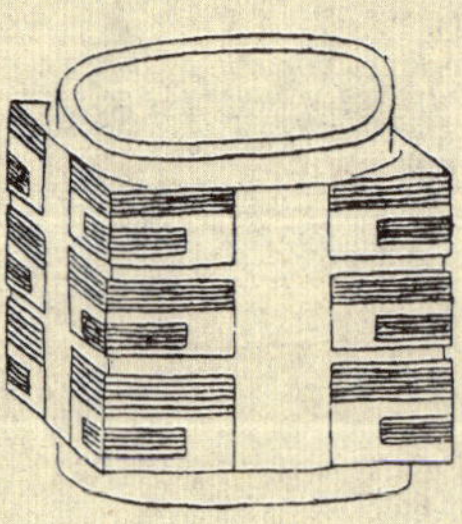

組琮十二　白玉璊斑

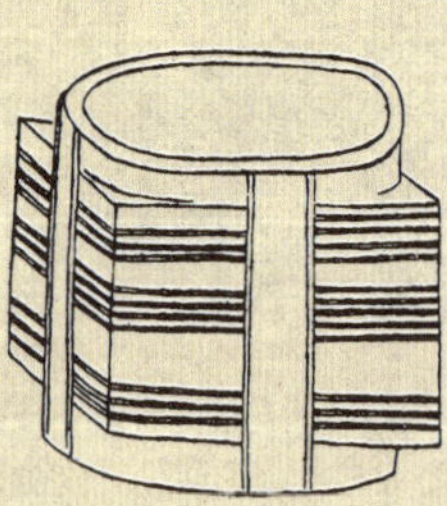

琮一 青玉黑斑

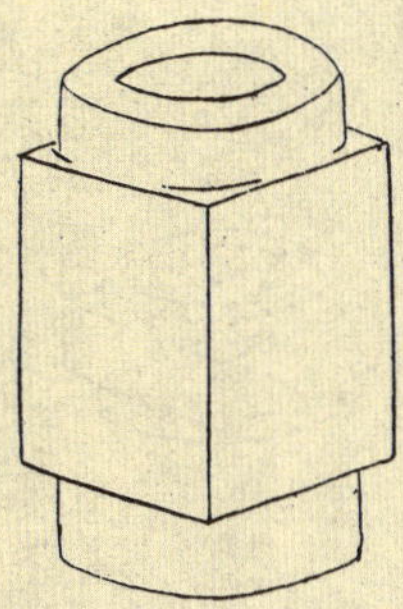

古玉圖攷 六十九

琮二 白玉水銀浸有土斑

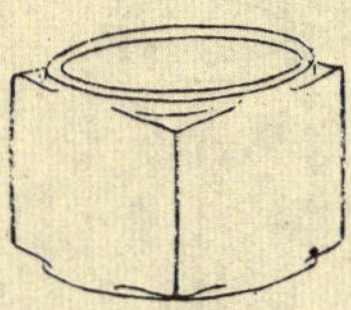

琮三 青白玉水銀浸

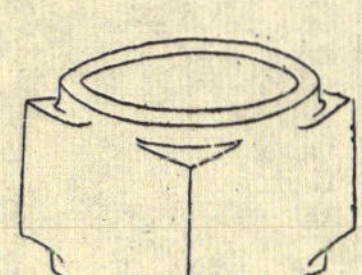

古玉圖攷 七十

琮四 青白玉水銀浸

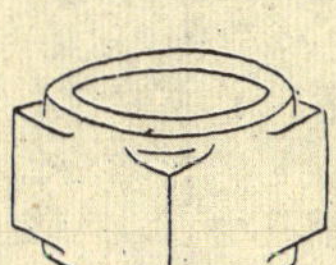

古玉圖攷 七十一

琮五 青玉紅白暈

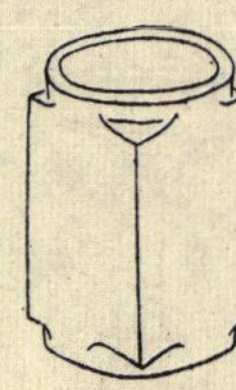

琮六 青玉瑞斑水銀浸

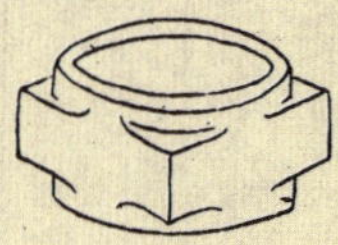

古玉圖攷 七十二

琮七 青玉黑暈

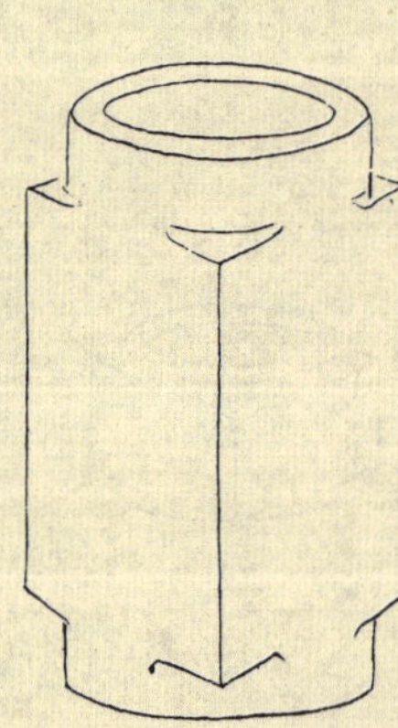

琮八 白玉五色辨

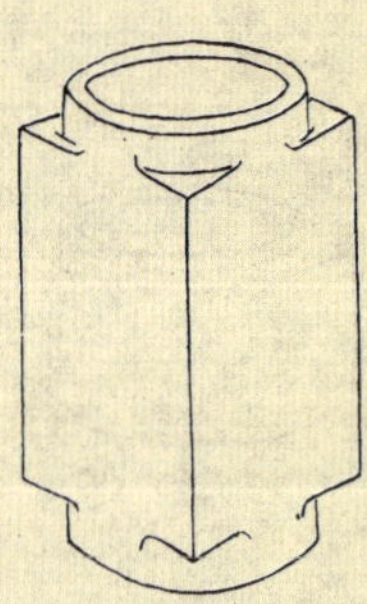

璏一白玉滿身土斑關中出土

說文琥發兵瑞玉爲虎文春秋傳曰賜子家子雙琥是鄭注周禮琥猛象秋嚴

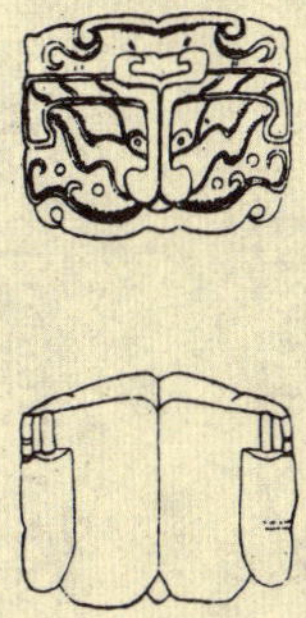

古玉圖攷 七十三

璏二白玉滿身璊斑虎尾微損

是璏制作古樸疑即周禮山國用虎節之節漢虎符形制或即仿此

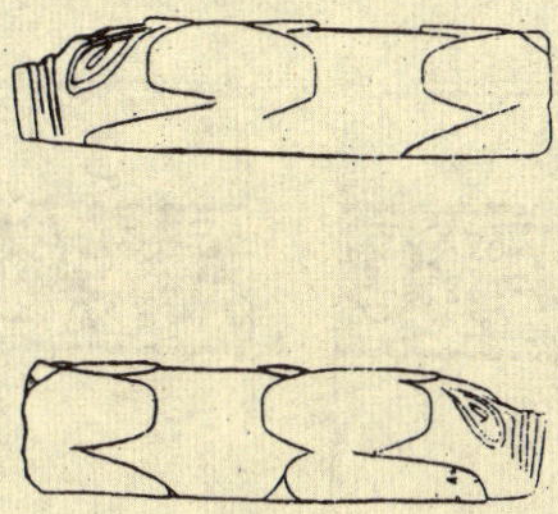

璏三白玉黃暈

劉羲吉觀察所藏

古玉圖攷 七十四

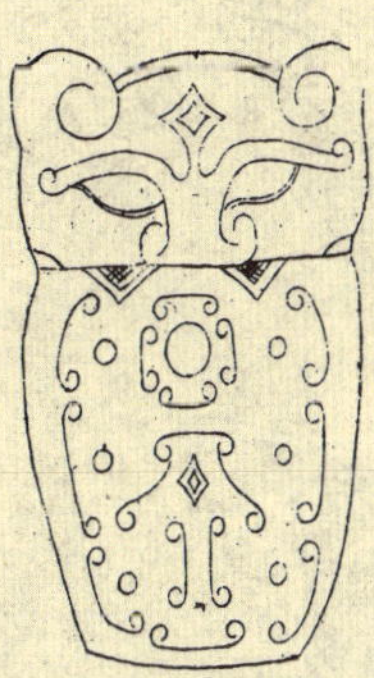

瑑四 白玉

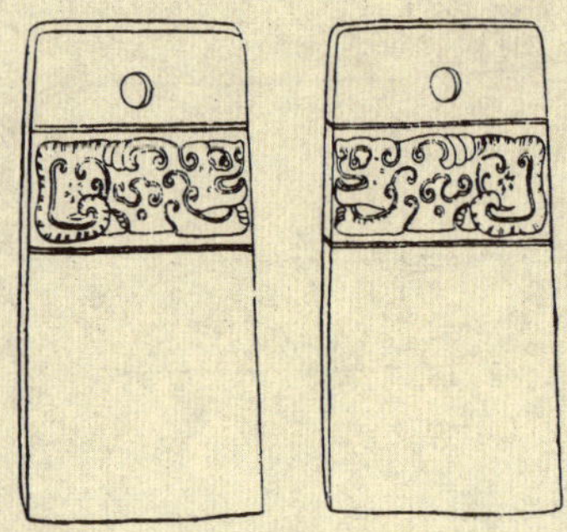

古玉圖攷 七十五

瑑五 山元玉

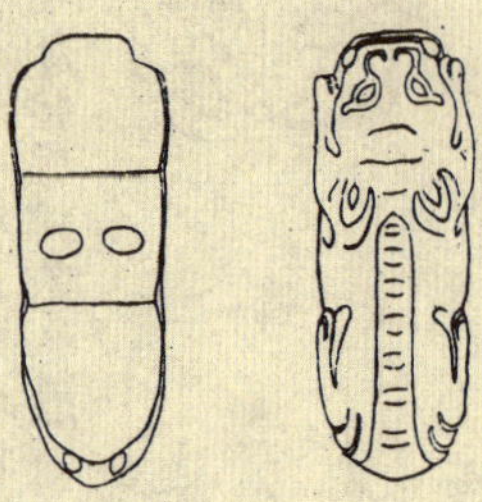

璜 白玉上邊有黑斑二寸許

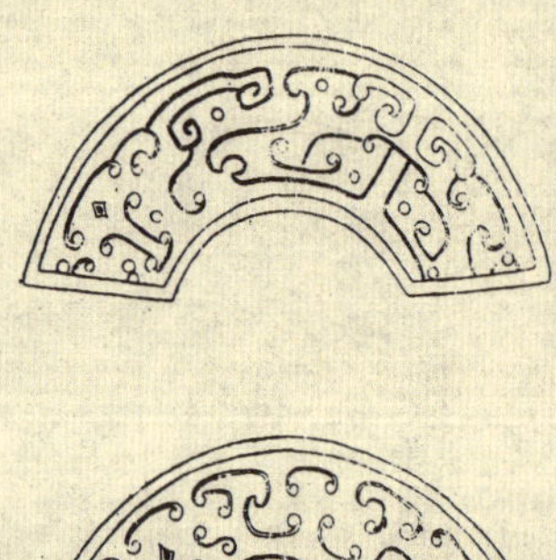

古玉圖攷 七十六

周禮六瑞傳世者惟璜最少是玉向藏濟甯故家徐君翰卿訪購得之以歸於余按周禮大宗伯以元璜禮北方注半璧曰璜象冬閉藏禮記明堂位大璜注古者伐國遷其重器以分同姓大璜夏后氏之璜春秋傳曰分魯公以夏后氏之璜大澂以為大璜乃禮神之玉與佩璜不同

璜 玉色純白有璊斑

制與它璜畧異左右三孔未知何用然以大小度之必非佩璜也

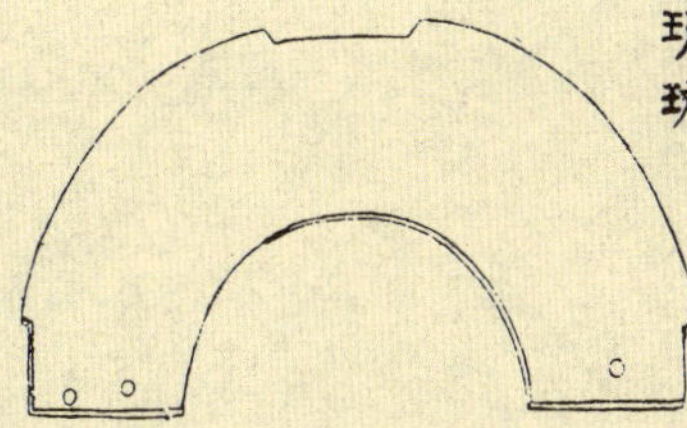

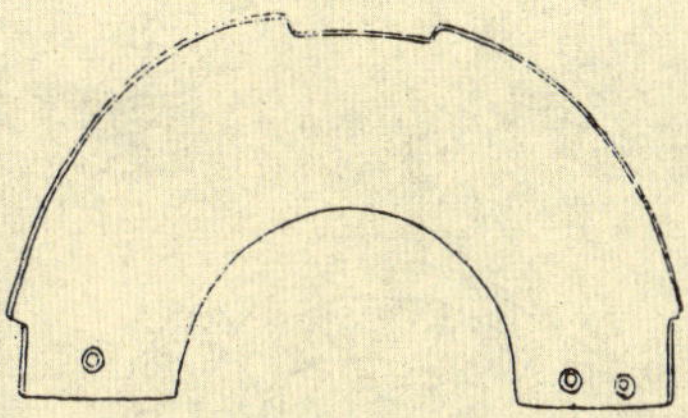

璜 白玉黄暈

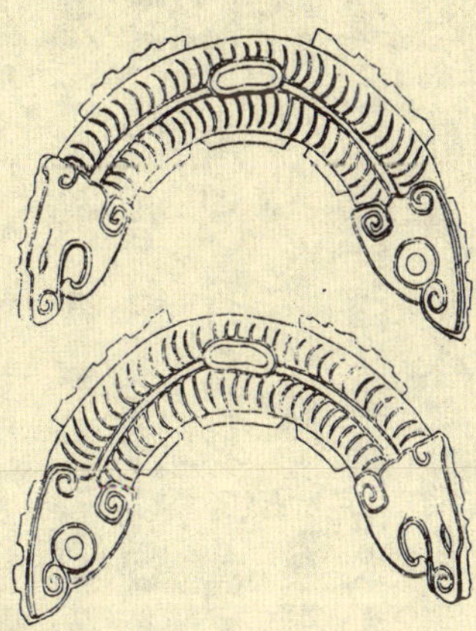

右璜象魚形中有横孔可以系組魚口魚尾亦皆有孔制作古雅其爲周玉無疑按竹書紀年注吕望答文王曰望釣得玉璜其文曰姬受命昌來提撰尔洛鈐報在齊似玉魚之制即用太公釣璜事其文則後人傅會之作

璜

白玉水銀浸

古玉圖攷　七十八

玉敦

圖小于器十分之六玉色純赤上口四周皆帶土暈刻文至精與商周尊彝同

周禮玉府若合諸侯則共珠槃玉敦司農注玉敦歃血玉器或右盟則以玉敦辟盟司農注敦器名也今世所傳商周彝器敦与鼎最多而玉敦則僅見盖銅敦為祭器玉敦為盟器賈疏謂槃敦以木為之將珠玉為飾此肊度之辭耳

古玉圖攷　七十九

玉敦

圖小于器十分之七玉色純白如象牙此陝西鳳翔出土器

玉敦

白玉足有黃暈内外皆帶土斑亦三代寶器也

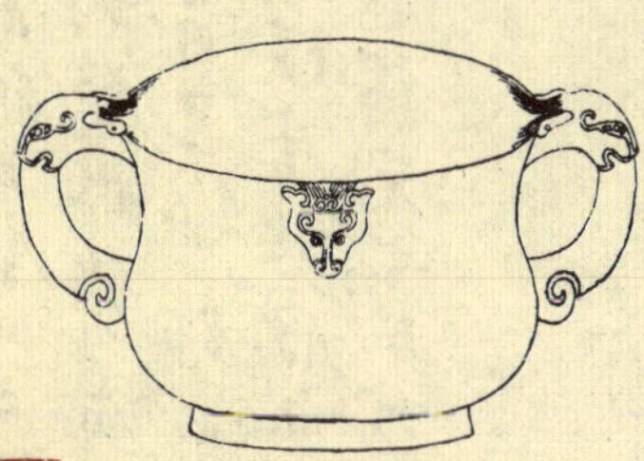

玉觶

白玉瑞瓣

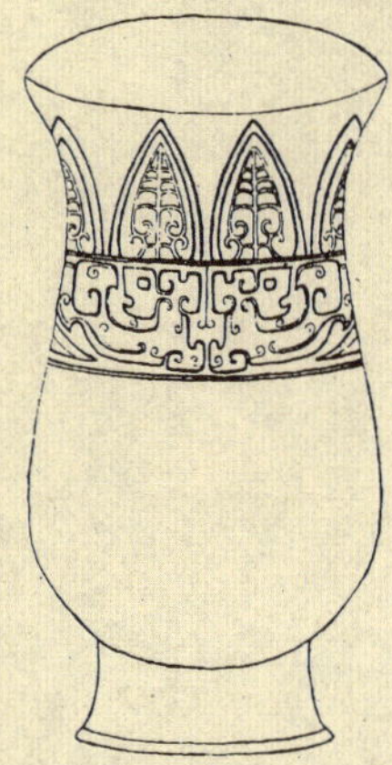

瑤爵見周禮內宰玉豆玉琖璧散璧角見禮記明堂位是三代祭器有以玉為之者余所得玉觶玉質古樸土色斑斕製作之精與銅觶無二即周之璧角也說文觶饗飲酒角也禮曰一人洗舉觶觶受四升从角單聲是角與觶為一物故許書角字下不言角受四升而內宰賈疏云角受四升即本許書觶下文也古之天子非飲食而致孝乎鬼神燕享不用玉而祼獻用玉不得謂之侈內宰后祼獻則贊瑤爵鄭注其爵以瑤為飾賈疏云明堂位爵用玉琖仍彫加以璧散璧角食後稱加彼魯用王禮即知王酳尸亦用玉琖后酳尸用璧角賓

長酳尸用璧散彼云璧此云瑤不同者瑤玉名瑤玉為璧形飾角口則曰璧角大澂以為角口不可飾玉爵亦無瑤飾者不謂漢唐諸儒未見之璧角璧散而今得見之不可謂非寶也

玉散 白玉璊瓣

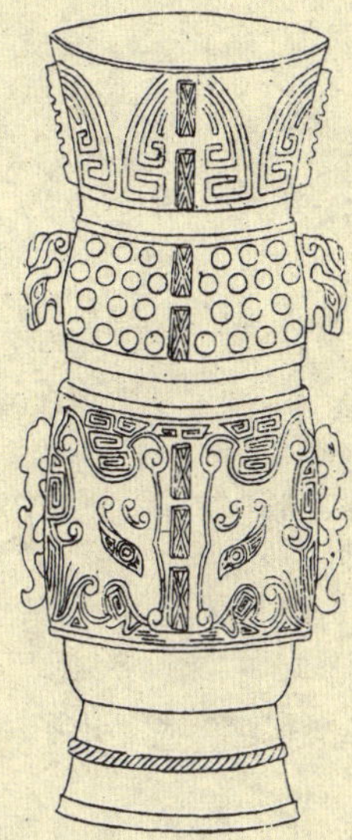

古玉圖攷 八十四

是器大於觶當即五升之散也儀禮特牲饋食禮記實二爵二觚四觶一角一散注舊說云爵一升觚二升觶三升角四升散五升禮記明堂位加以璧散璧角注散角皆以璧飾其口也今得是器知古有玉散玉角矣儀禮大射儀酌散注散方壺之酒也此散如觚有棱其方壺之遺制與

瓏一 白玉黑文 圖小于器十分之七

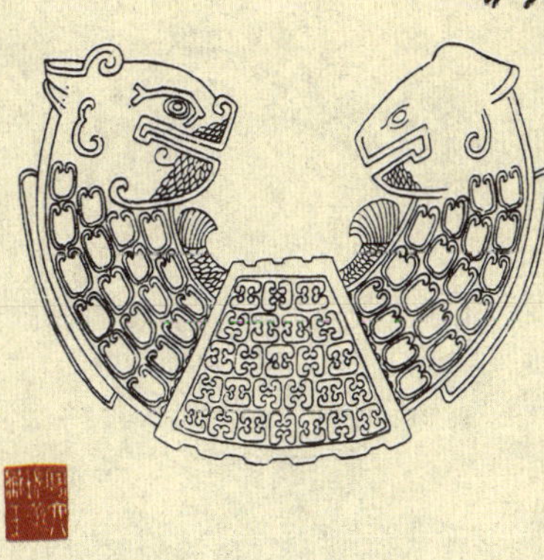

古玉圖攷 八十五

說文瓏禱旱玉也為龍文左氏傳昭公使公衍獻龍輔於齊侯正義引說文為說

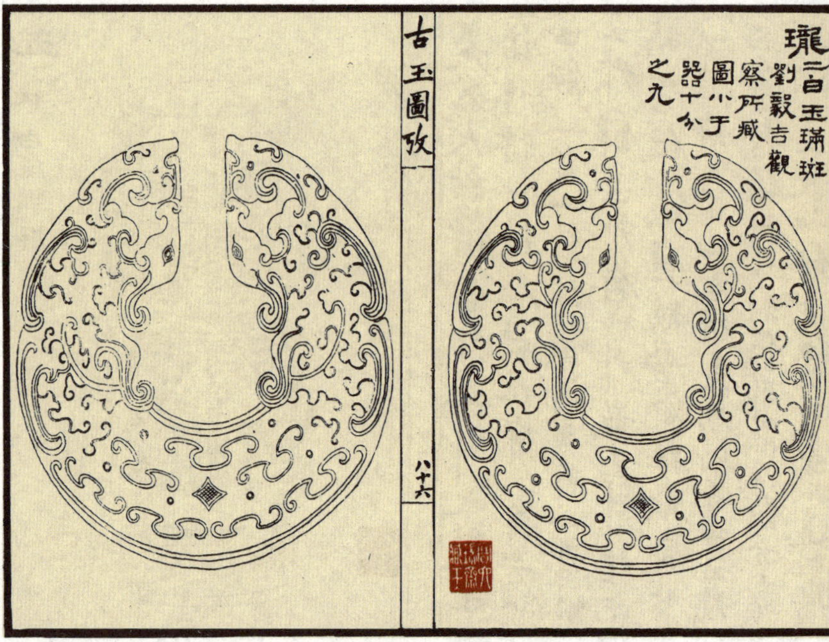
瓏二白玉璊斑
劉毅吉觀察所藏圖小于器十分之九

古玉圖攷
八十六

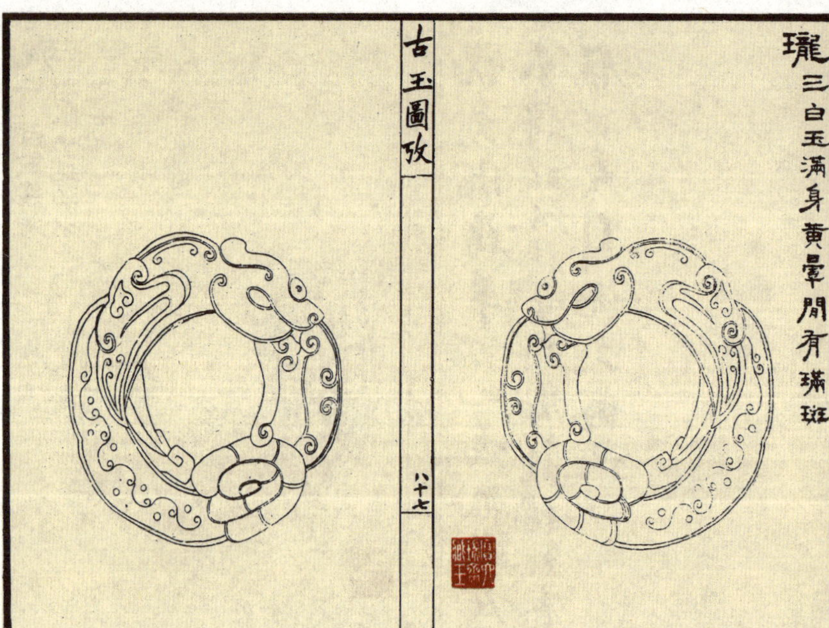
瓏三白玉滿身黄暈間有璊斑

古玉圖攷
八十七

白珩 白玉璊瑸

瓊佩曾傳楚白珩
當年聲價等連城
豈知片玉今猶在
三户徒存寶善名
窓齋題

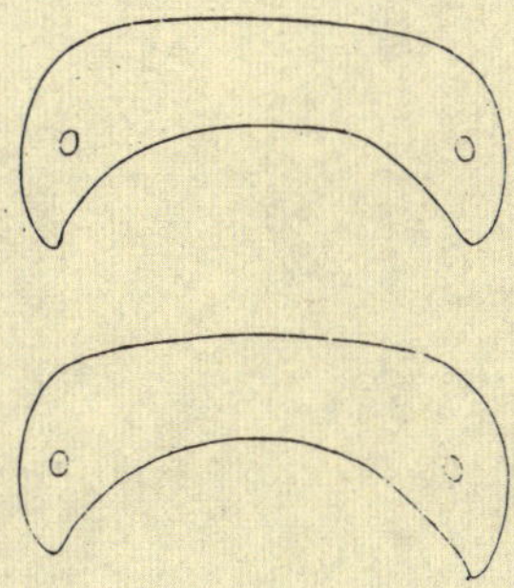

古玉圖攷 八十八

蔥珩 青玉黑文

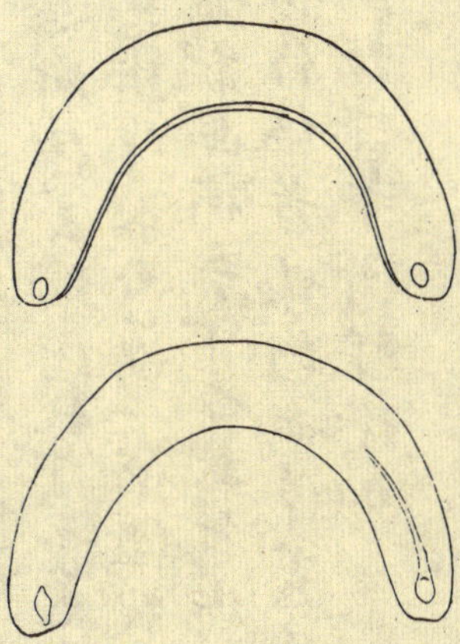

余在大梁得白珩蔥珩二玉白珩色白如羊脂滿身璊斑爛然欲滴俗謂松香浸蔥珩則蒼翠可愛有黑文數道如水波隱約有游魚蕩漾其間兩孔爲繩繫久磨不絶如綫真三代古物也詩鄭風毛傳襍佩者珩璜琚瑀衝牙之類説文珩佩上玉也所以節行止也晉語白玉之珩六

古玉圖攷 八十九

雙韋注云珩佩上飾也珩形似磬而小蔡邕月令章句佩上有雙衡下有雙璜琚瑀以襍之衝牙蠙珠以納其間大澂按珩衡二字古通衡即古横字大篆作黄今以所得白珩證之其制平如衡本而兩端下垂皆有孔可繫雙璜璜之兩端亦有孔可繫琚瑀衝牙蠙珠之類蔥珩之制雖

与白珩小異其為珩則一也詩采芑有瑲蔥珩傳云瑲珩聲也蔥蒼也三命蔥珩即本玉藻一命緼韍幽衡再命赤韍幽衡三命赤韍蔥衡之文侯人傳作緼芾黝珩赤芾蔥珩蓋幽即黝韍即芾衡即珩也

白珩

白玉雙龍文滿身璘㻞惟龍首殘缺處二寸許玉色全白

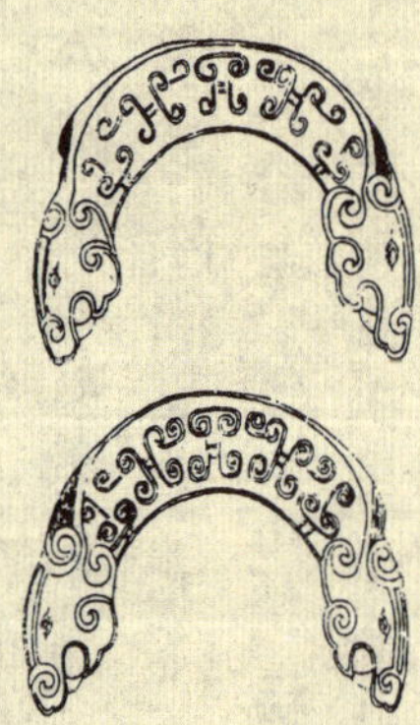

蔥珩

青玉黑文

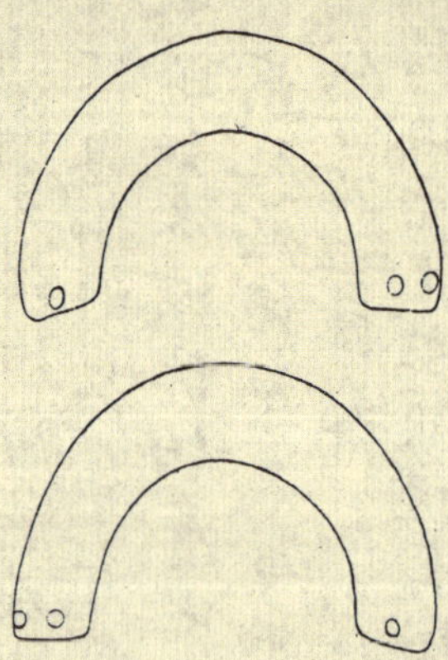

佩璜 青玉

此即上有雙衡下有雙璜之璜與六瑞之璜大小不同

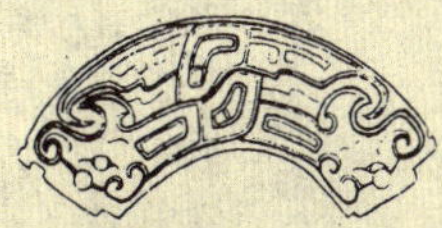

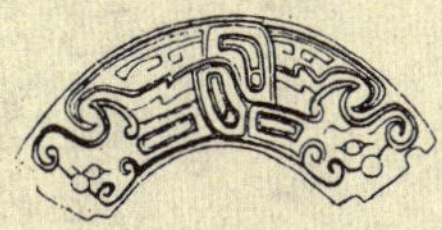

古玉圖攷 九十二

佩璜 白玉

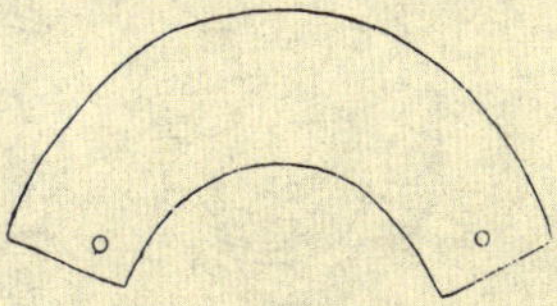

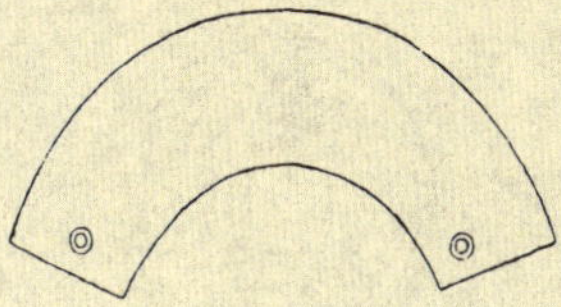

佩璜 青玉黑文

周禮注及國語注引詩傳曰下有雙璜貫疏云謂以組懸於衡之兩頭兩組之末皆有半璧曰璜

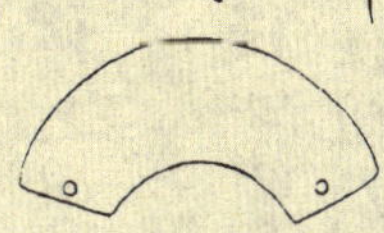

佩璜 青玉有黑斑

古玉圖攷 九十三

佩璜 青玉有黃暈

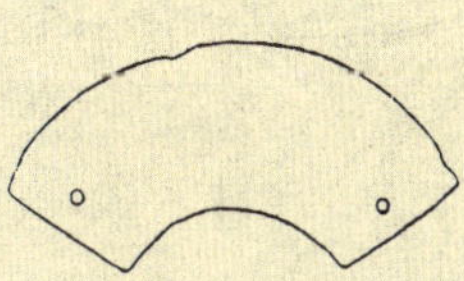

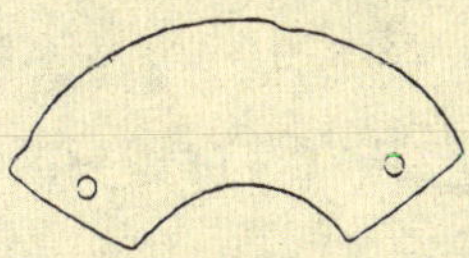

玦

青玉帶黑色一面刻雙龍一面刻朱雀

邵漪園觀察所藏

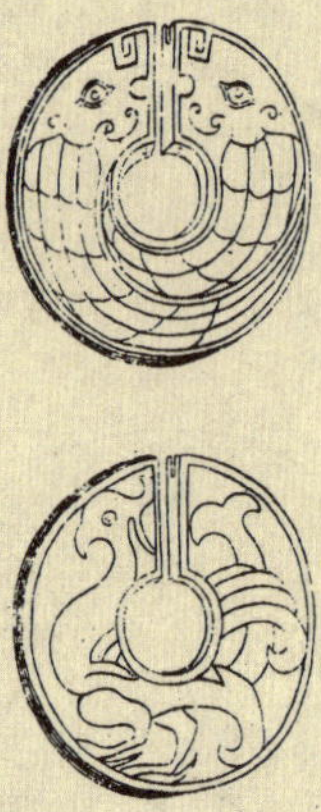

古玉圖攷　九十四

是玦為佩玉之玦与鉤弦之玦不同說文玦玉佩也九歌注曰玦玉佩也先王所以命臣之瑞故與環即還與玦即去也白虎通曰君子能決斷則佩玦韋昭曰玦如環而缺

玉戚

黄玉璊斑

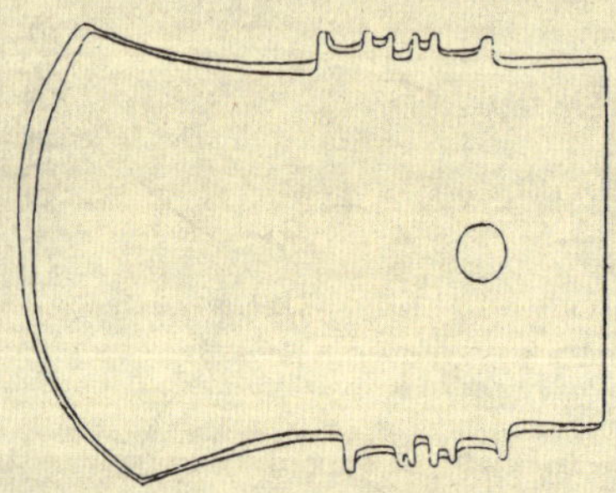

古玉圖攷　九十五

玉戚舞器也朱干玉戚見明堂位祭統大樂正舞干戚見文王世子干戚羽旄謂之樂干戚旄狄以舞之見樂記干戚並稱皆言舞器也說文戚戉也詩公劉傳戚斧也是玉形制与斧相似為方元仲觀察鼎録所贈

琫一 白玉

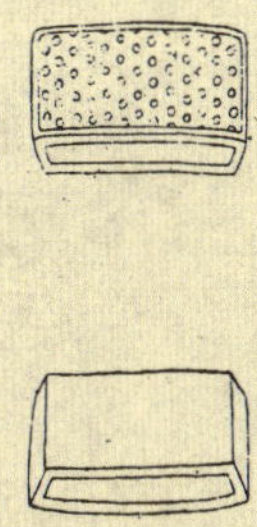

琫二 青玉 有土辨

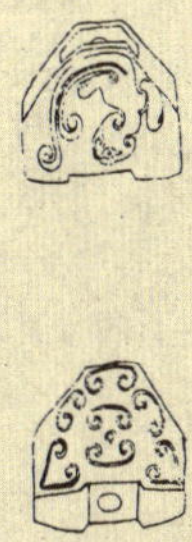

小雅鞞琫有珌傳鞞容刀鞞也琫上飾珌下飾大雅鞞琫容刀傳下曰鞞上曰琫說文琫佩刀上飾也天子以玉諸侯以金段氏注鞞之言裨也刀室所以裨護刀者琫之言奉也刀本曰環人所捧握也其飾曰琫珌之言畢也刀室之末其飾曰珌上下自全刀言之琫在鞞上鞞在琫下珌在鞞末劉熙釋名曰室口之飾曰琫琫捧也捧東口也下末之飾曰琕琕卑也下末之言也段注謂劉襲毛說而大非毛意今以古玉琫證之蓋飾於刀室室口者或飾於刀柲柲下刀之上以合於室口故琫之上下皆有孔劉說捧東口不誤段以琫為刀本環飾則非也特釋名譌鞞為琕

不知鞞為刀室之統名實誤以琕為珌字耳右琫二器前一玉似飾于刀室之口者後一玉似飾於刀刃之上端者與劍鼻玉之合於劍室其用正同皆非飾於刀本者古人佩刀之制即此可以想見之

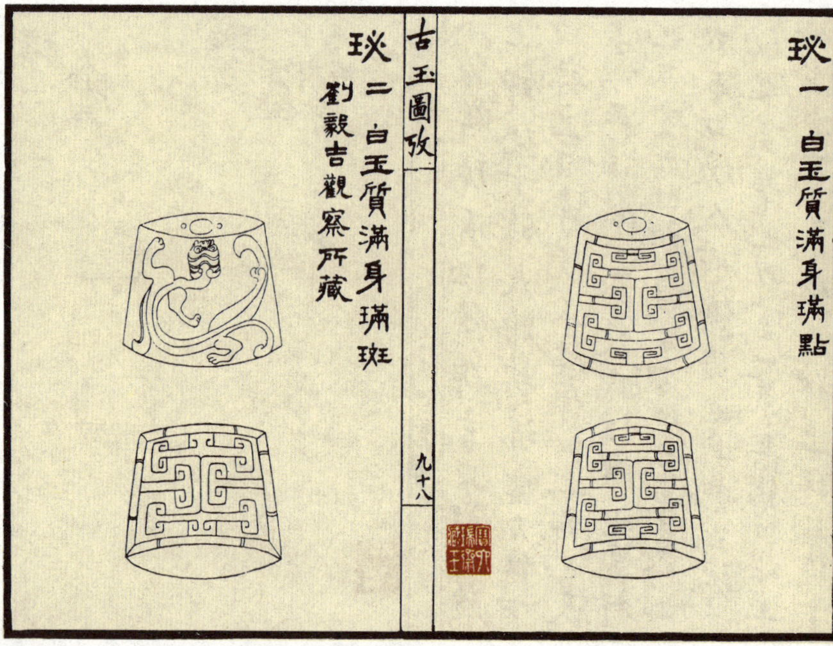

珌一 白玉質滿身璊點

古玉圖攷 九十八

珌二 白玉質滿身璊斑 劉穀吉觀察所藏

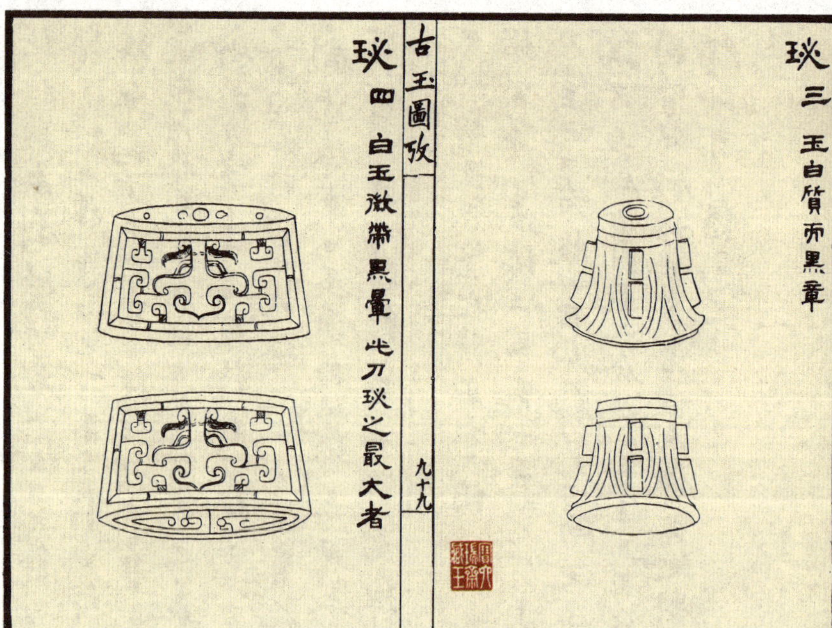

珌三 玉白質而黑章

古玉圖攷 九十九

珌四 白玉微帶黑暈 匕刀珌之最大者

說文璲佩刀下飾天子以玉玉篇曰璲古文作琕小雅毛傳天子玉琫而珧珌諸侯璗琫而璆珌大夫鐐琫而鏐珌士珕琫而珕珌說文球玉也或从翏作璆今世所傳刀珌大抵皆璆珌也爾雅釋器璆美玉也禹貢禮器鄭注同

古玉圖攷 一百

古玉圖攷 一百一

琉

璊玉有土斑

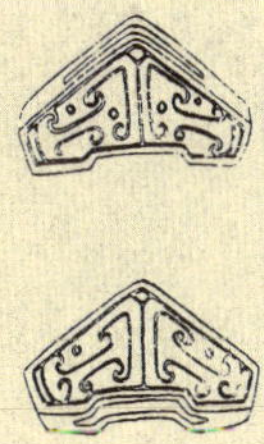

琉

玉色純白下邊有紅暈一縷

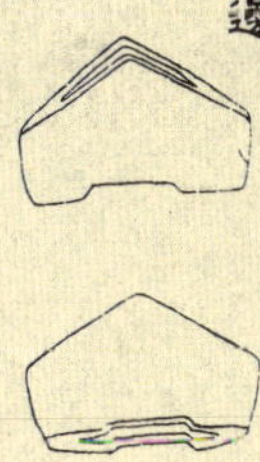

琉

白玉有璊點

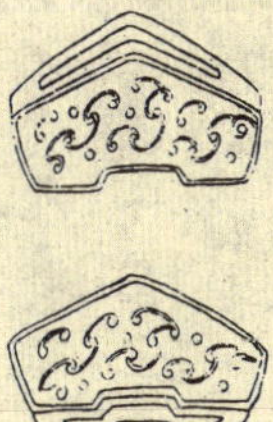

琉

白玉有璊點

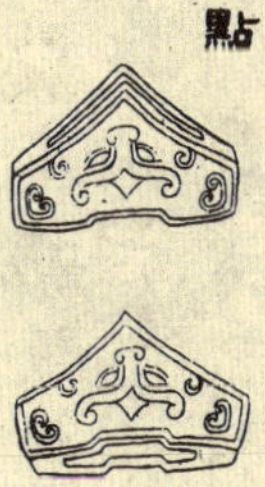

璏

青玉黑章間有璊點
劉毅吉觀察藏器

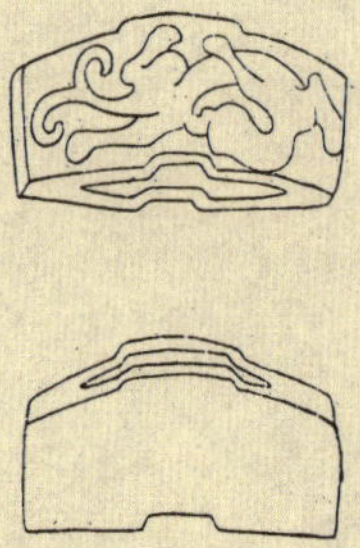

古玉圖攷 一百二

說文璏劍鼻也王莽傳美玉可以滅瘢欲獻其璏服虔曰璏音衛蘇林曰劍鼻玉也余所得古銅劍莖之下有劍鼻与玉劍鼻形制正同徐翰卿曰曾見吾吳故家藏一古銅劍其劍鼻之玉上有玉柄銅玉相連完好無損可知古之劍鼻有用銅有用玉者

古玉圖攷 一百三

韘 玉色純白

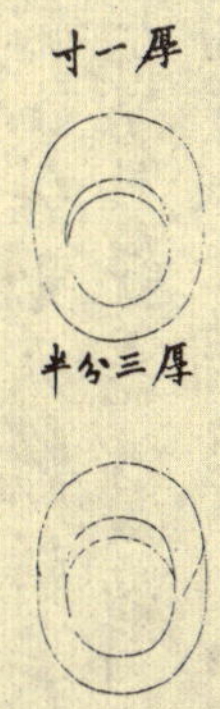

詩芄蘭童子佩韘毛傳云韘玦也能射御則佩韘箋云韘之言沓所以彄沓手指說文韘射決也所

以指弦以象骨韋系著右巨指或从弓作弽車攻決拾既佽傳云決鉤弦也拾遂也大澂所得古玉韘與濮青士太守文暹所藏一韘形制正同一面厚一寸一面厚三分半不知者以為破決所改非也決拾之決釋文作夬儀禮士喪禮作決周禮繕人作抉毛傳作玦皆一字字可从

玉必有以玉為玦者得此可證毛公訓玦之義儀禮鄭注云決猶闓也挾弓以橫執弦王棘與檡棘善理堅刃者皆可以為決陳氏啓源曰案射禮右巨指著決以鉤弦食指中指無名指著沓以放弦決用棘及骨及象骨為之亦名玦亦名抉沓用朱韋為之亦名極大射禮云朱極三是

也大澂以為用棘用象骨者士大夫通用之韘惟天子佩白玉因以白玉為韘非諸侯以下所得僭用故傳世絕少

大觿　山元玉

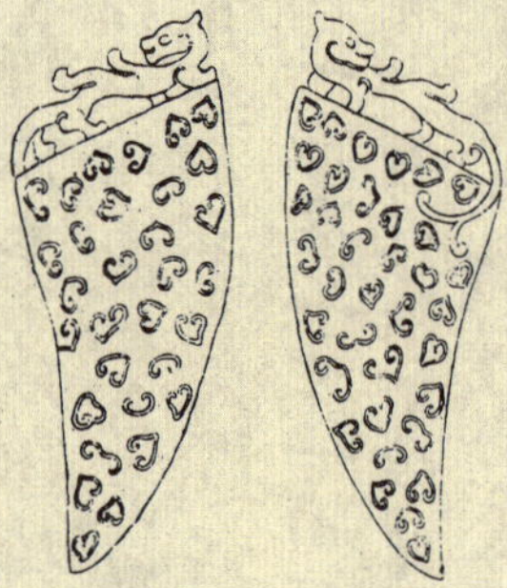

小觿　山元玉

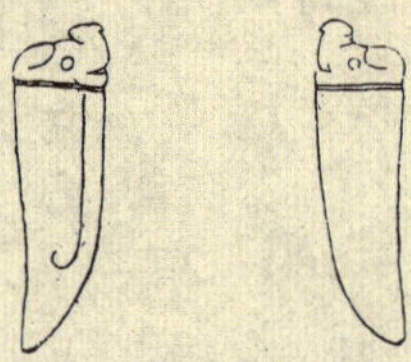

古觿多用角用象骨為之故玉觿傳世絕少

詩芄蘭童子佩觿傳觿所以解結成人之佩也禮內則左佩小觿右佩大觿注小觿解小結也觿貌如錐以象骨為之陳氏詩疏云鄭謂小觿解小結則大觿解大結歟說文觿佩角銳耑可以解結說苑襍言篇百人操觿不可為固結又脩文篇能治煩決亂者佩觿

說文瓊或从矞作璚或从巂作瓗瓗與璚相似而不相類竊疑佩觿之觿用角者从角用玉者从玉則瓗字當即觿之或體亦未可知因得玉觿附識於此

璂一白玉有黑暈背有象鼻孔三制作古雅

璂二青玉

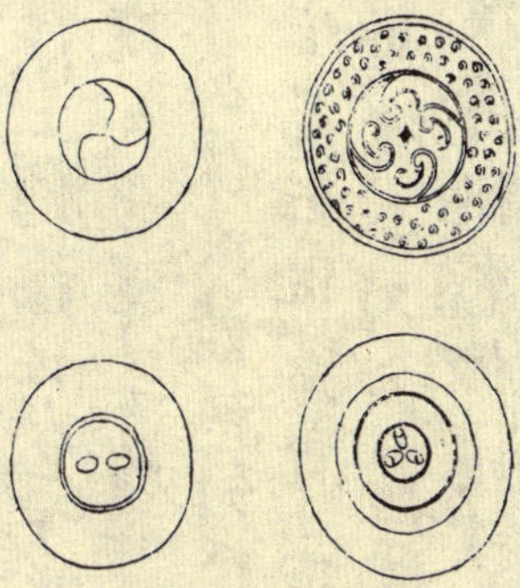

璂三青玉有璊斑

璂四山元玉

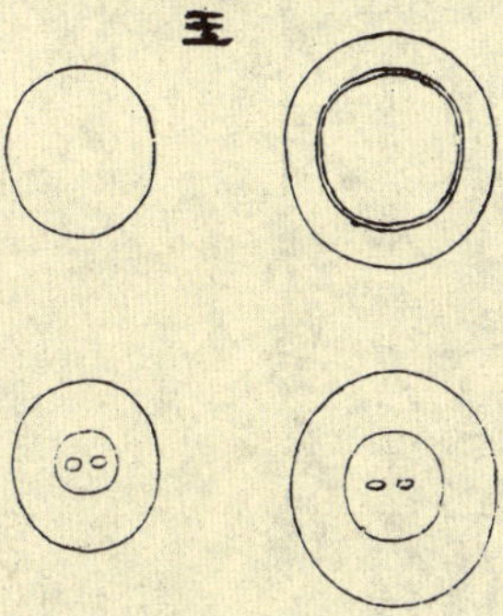

說文璂弁飾往往冒玉也或从基作琪周禮弁師王之皮弁會五采玉璂鄭司農云故書會作膾膾讀如馬會之會謂以五采束髮也琪讀如綦車轂之綦詩會弁如星傳弁皮弁會所以會髮鄭箋會為弁縫飾以玉与毛許先鄭解會字皆不合大澂以為璂者正冠之玉飾於弁縫如璧而小大者象日月小者象星故曰會弁如星鄭說是也

瑱 白玉璊斑

詩淇奥充耳琇瑩毛傳充耳謂之瑱琇瑩美石也天子玉瑱諸侯以石君子偕老玉之瑱也傳瑱塞耳也周禮弁師諸侯繅斿皆就

古玉圖攷 一百十

玉瑱玉笄鄭注玉瑱塞耳者余所得古玉瑱上作璊玉色下半純白蓋入土既久色澤古雅可愛即古之充耳也陳氏詩疏引大戴禮子張問入官篇黈纊塞耳所以弇聦也盧注引禮緯含文嘉以縣纊垂旒為閉姦聲弇亂色傳謂瑱為塞耳義取諸此說文瑱或从耳作⿰耳真

瑱 白玉璊點

瑱 乾黄玉

古玉圖攷 一百十一

瑱 璊玉

瑱 白玉黄暈

衡笄

笄一名簪 白玉黃暈

衡笄 白玉有土繡

古玉圖攷 一百十二

詩副笄六珈傳笄衡笄也周禮追師追衡笄鄭司農云追冠名衡維持冠者陳氏疏曰男子冠無笄而冕弁有笄冕笄用衡笄以玉為之所以維持冕也說文笄簪也先首笄也俗作簪

漆書筆

璊玉

古文聿字有作肀者亦作朩朿竊疑古之不律旁有兩縣鍼惜不得見耳

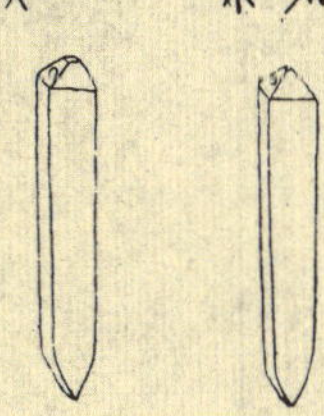

古玉圖攷 一百十三

父乙角文有聿字陳壽卿丈曰肘有懸聿猶後世之橐筆是玉四方而錐首相傳以為漆筆無可攷證姑從舊說

璏一　白玉滿身璊斑間帶土斑

璏二　白玉有璊斑

古玉圖攷　一百十四

璏三　玉色純白

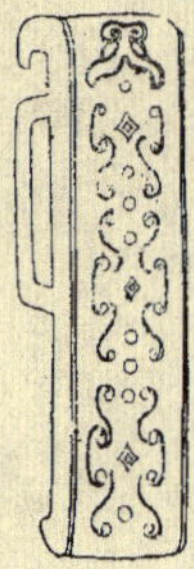

璏四　白玉有黑暈文

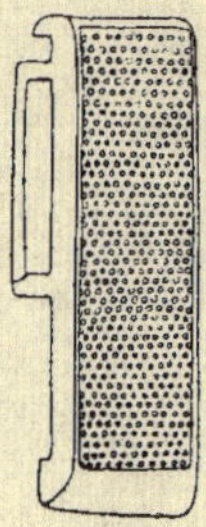

璏五　玉色純黑

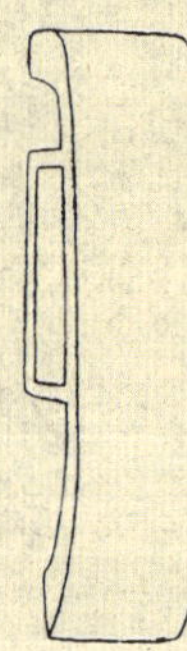

璏六　白玉淡璊色

古玉圖攷　一百十五

璏七　玉色純白

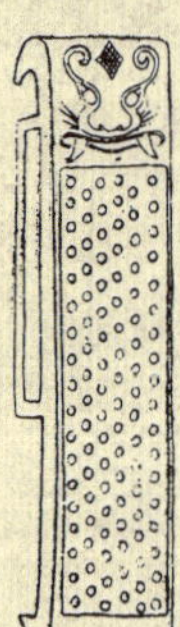

璏八　白玉黃暈

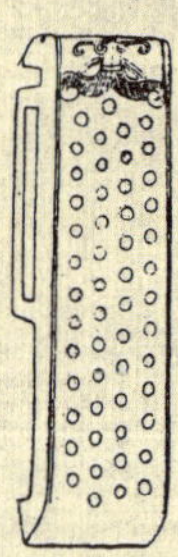

右佩俗名昭文帶吕氏考古圖朱澤民古玉圖皆謂之璏非也璏乃劍鼻之名今好古家所藏劍鼻甚多与此绝不相似大㣲以為革帶之佩玉中有方孔所以貫帶繫組于其下故上下皆微卷向内與組帶相連屬即詩大東鞙〻佩璲之璲其所繫之組即謂之繸爾

雅釋器璲瑞也繸綬也注云繸即佩玉之組所以連繫瑞玉者因通謂之繸此璲必有繸之證珩璜皆横佩而璲則下垂故曰鞙〻佩璲不以其長与芄蘭之容兮遂兮垂帶悸兮皆言佩之下垂也毛傳佩玉遂〻然垂其紳帶悸〻然有節度陳氏疏云遂〻与大東鞙〻同蓋古

文璲繸皆作遂故説文玉部無璲字糸部亦無繸也昭文帶之名疑亦古稱特不知所出陳氏芄蘭疏云古者有大帶又有革帶革帶服於要大帶用組条结於紐革帶所以繫佩大帶所以束衣此玉當即佩於要間革帶之端專為繫組而設故組玉皆稱遂不与襍佩等也

玉鉤 白玉满身璘點

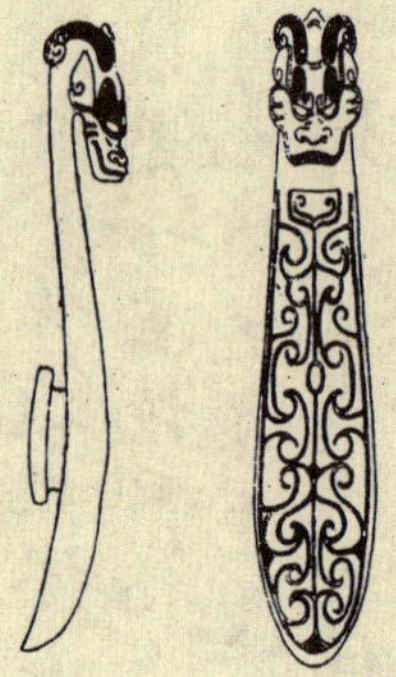

古玉圖攷 一百十八

玉鉤 玉色純白

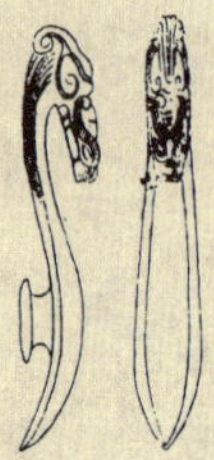

玉鉤 白玉黄暈

龍文佩 白玉璘瓣

古玉圖攷 一百十九

蚪文佩 綠玉璘瓣

龍文佩

白玉黃暈有土斑

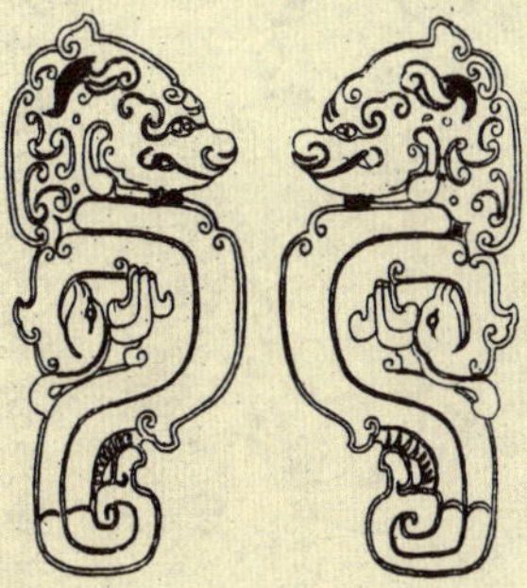

古玉圖攷 一百二十

藻文佩

白玉璊斑

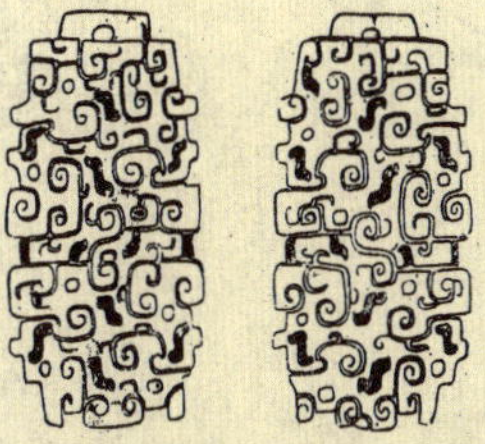

龍文玉

青玉滿身土斑

此非佩玉也制作甚古不知何所施

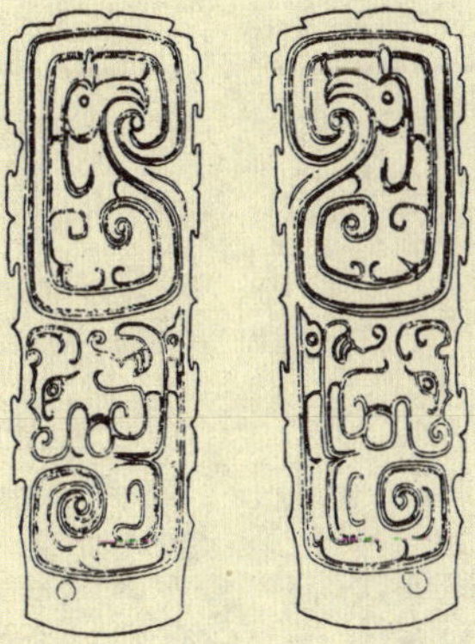

古玉圖攷 一百二十一

雲文佩

白玉黑文

俗名雞心佩無可攷

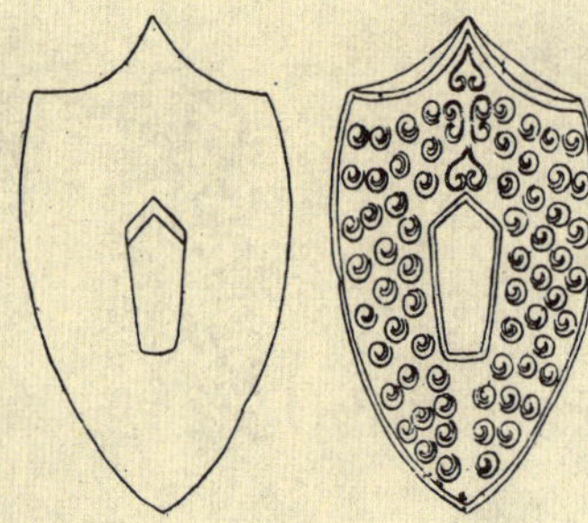

方塾

石之似玉者有土斑俗名著艸玏說文玪塾石之次玉者段注云塾玏同字

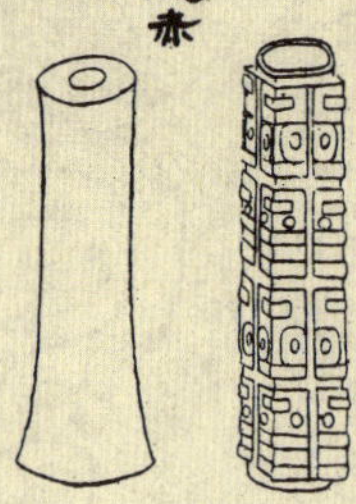

圜塾

玉色純赤

俗名穩步玏疑是馬鞭之柄

玉馬

青玉水銀浸

琀 白玉

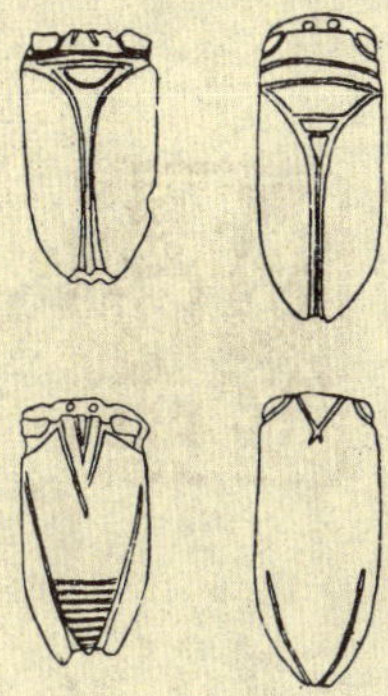

古玉圖攷 一百二十四

説文琀送死口中玉也典瑞曰大喪共飯玉含玉注含玉柱左右顛及在口中者今世所傳古玉蟬往往無孔不能佩皆古之含玉也其有孔者爲後人所鑿好古家多能辨之

玉律管 白玉璊斑

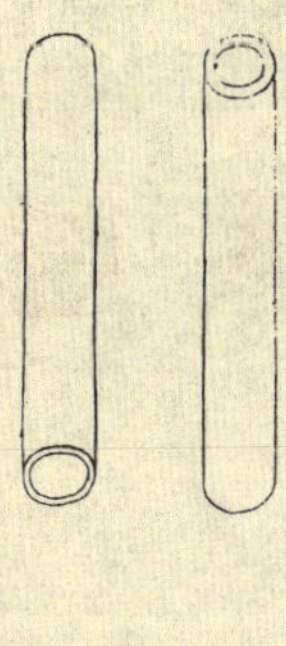

古玉圖攷 一百二十五

説文琯古者玉琯以玉舜之時西王母來獻其白琯前零陵文學姓奚於伶道舜祠下得笙玉琯夫以玉作音故神人以和鳳皇來儀也薛尚功鐘鼎彝器款識有玉律管引漢書律管古用玉王莽始建國元年四月癸酉朔日改用銅余得始建國元年無射律管銅制者與此相類

玉鉢

白玉滿身土斑此古鉢之最大者

舊藏南潯顧子嘉處徐翰卿以諸女方尊易得之今歸愙齋

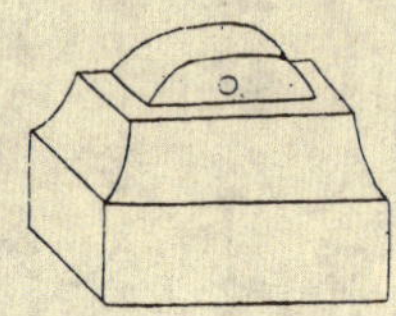

古玉圖攷　一百二十六

鄦疑即宗婦敨甗字之異文國名也㴒即將㴒从水从𠂤或即漿字之渻𡿪与龍節𨗁字相似變爿為𠂇乃六國時詭異之文

玉鉢　黃玉

玉鉢　白玉水銀浸

玉鉢　白玉黃暈

玉鉢　白玉

古玉圖攷　一百二十七

玉鉢　白玉

玉鉢　白玉水銀浸

玉鉢　白玉

玉鉢　青白玉鈕有璘斑

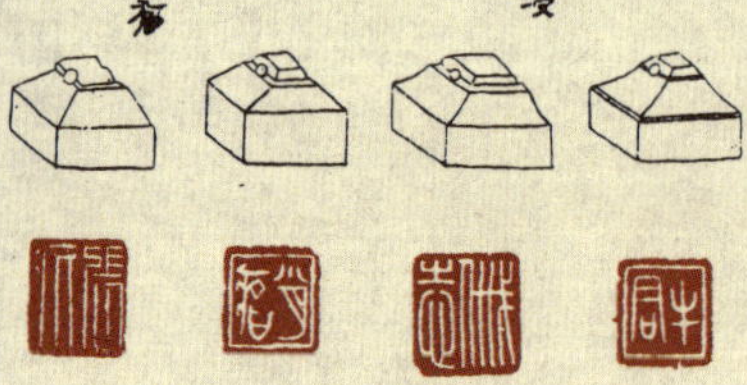

玉鉥 白玉璊色

玉鉥 白玉黄暈

玉鉥 赤玉

玉鉥 白玉满身土斑

古玉圖攷 一百二十八

玉鉥 黑玉

玉鉥 山元玉

玉鉥 五色純白

玉鉥 玉色純黑

漢鳩杖首一

漢鳩杖首二

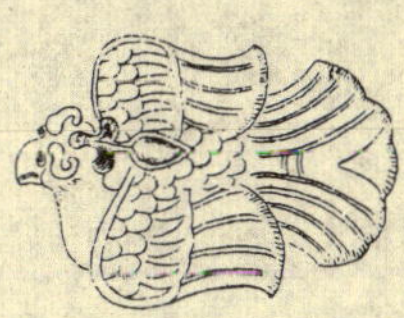

古玉圖攷 一百二十九

漢剛卯一

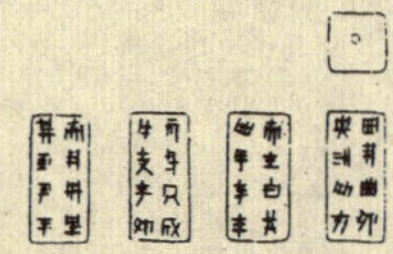

漢剛卯二

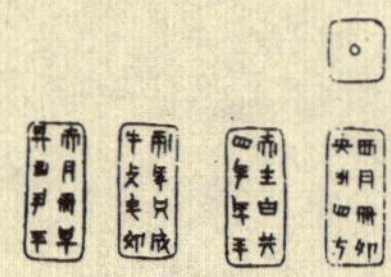

漢剛卯三

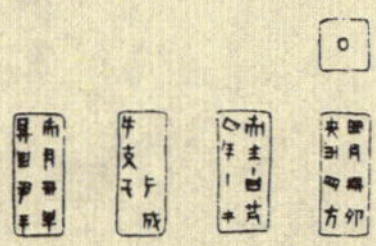

漢剛卯四

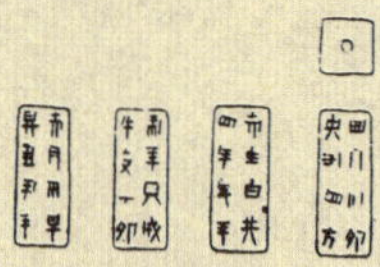

右玉剛卯四制作文字多相類漢時市鬻之物略似鏡文中減筆假借字文雖不精可見漢人刻玉刀灋其字字清朗可讀者大抵皆後人偽刻也首句正月剛卯次句央下一字不可識第三句赤青白黃青黃皆減筆第四句四色是當與末句莫我敢當之當字正同帝

命執戚借以為執庶疫剛癉借用為疫惟第六句卯上三字皆不可識按漢書王莽傳注引服虔曰剛卯以正月卯日作佩之長三寸廣一寸四方或用玉或用金或用桃著革帶佩之晉灼曰剛卯長一寸廣五分四方當中央從穿作孔以采絲葺其底如冠纓頭蕤刻其

上面作兩行書文曰正月剛卯既央靈殳四方赤青白黄四色是當帝令祝融以教夔龍庶疫剛癉莫我敢當其一銘曰疾日嚴卯帝命夔化順尔固伏化兹靈殳既正既直既觚既方庶疫剛癉莫我敢當師古曰令往往有土中得玉剛卯者案大小及文服説是也大澂所見玉

剛卯從無三寸長一寸廣者似以晉灼之説為長顔是服説不可解恐有誤字

漢玉鈁

白玉滿身璊斑土斑

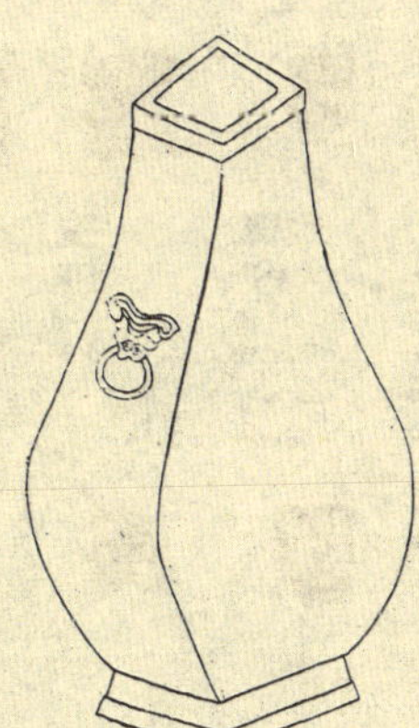

説文鈁金鍾也余藏有建平二年銅鈁與此形制正同特有大小之別耳

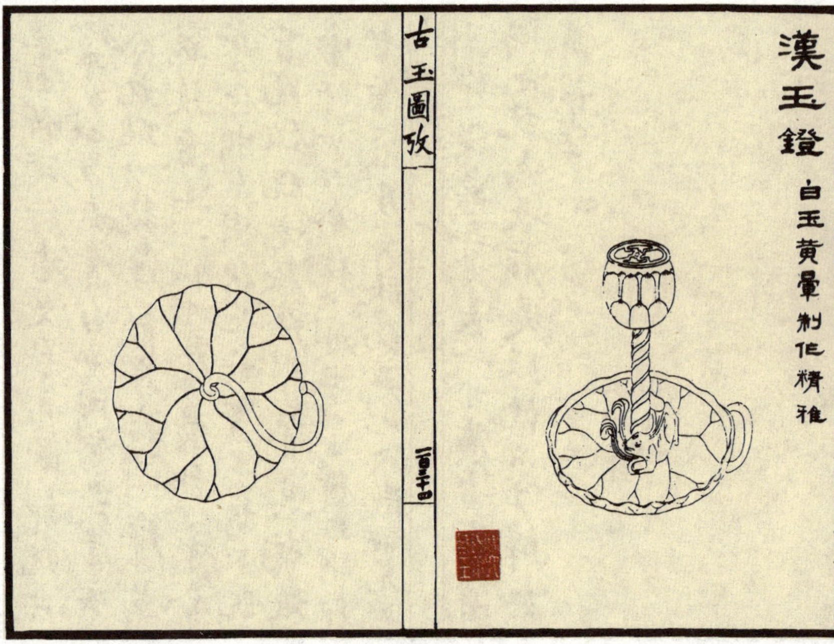

漢玉鐙

白玉黄暈制作精雅

古玉圖攷　一百三十四

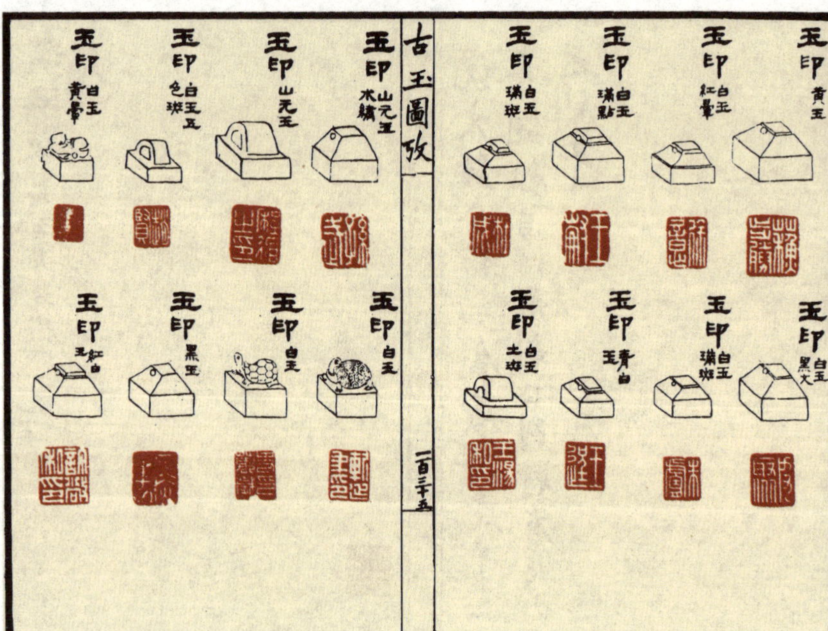

古玉圖攷　一百三十五

玉印　黄玉

玉印　白玉紅暈

玉印　白玉璊點

玉印　白玉璊斑

玉印　山元玉木鏽

玉印　山元玉

玉印　白玉五色斑

玉印　白玉黄暈

玉印　白玉黑文

玉印　白玉璊斑

玉印　青白玉

玉印　白玉土斑

玉印　白玉

玉印　白玉

玉印　黑玉

玉印　紅白玉

玉印 山元玉

玉印 山元玉

碧流離印 土斑

李嫕

玉印 玉色純白有土斑

右漢玉私印二十鈕關中出土者十得之都門者一徐翰卿訪購得之者九中有五鈕為華亭張氏舊藏均已編入十六金符齋印存矣

古玉圖攷 一百三十六

玉印 羊脂白玉

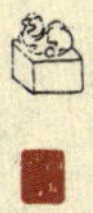

辟非射魃

玉印 羊脂白玉

右新莽玉印二關中出土一曰辟非射魃一曰壽成按漢書王莽傳始建國元年更名長樂宮曰長樂室未央宮曰壽成室是印龜鈕與新莽時銅印鈕式正同其為莽印無疑說文魃鬼衣也地皇元年七月大風毀王路堂是月杜陵便殿乘輿虎文衣廢藏在室匣中者出自樹立外堂上良久乃委地吏卒見者以聞莽惡之下書曰寶黃廝赤疑此印即作於是時以祓除鬼衣之不祥蓋莽性好時日小數及事迫急亶為厭勝以劉字為卯金刀禁用剛卯金刀以當時刻此玉印以代剛卯者莽傳又云

古玉圖攷 一百三十七

和嬪美御凡百二十人皆佩印韍是印小而精或即宮人所佩與

隨玉麟符 綠玉有璊斑

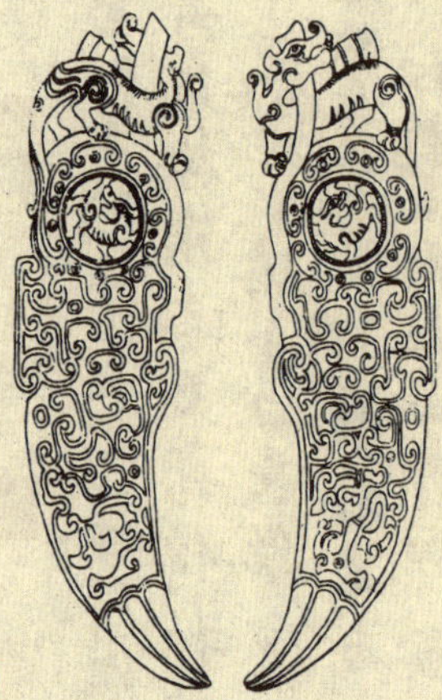

此佩玉符非發兵符也上作蒼麟繫紱形用宣聖故事按拾遺記載夫子未生時有麟吐玉書於闕里人家聖母知為神異乃以繡紱繫麟角信宿而去魯定公二十四年魯人鉏商田於大澤得麟以示夫子繫角之紱猶在焉隋書樊子蓋檢校河南內史奉詔續為別造玉麟符以代銅虎大澂竊疑隋制麟符為佩玉乃當時特賜之符非常制也唐書隋造玉麟符代銅虎符此相沿之訛耳范石湖詩仙人來佩玉符麟當即用隋時掌故是玉制作精雅似隋唐間物可貴也

唐玉魚符

白玉微帶璊點

古玉圖攷 一百四十

左武衛將軍見唐姜行本紀文唐銅魚符傳世甚多惟玉符則僅見陳壽卿太史介祺云三十年前曾在都門見之後不知所在大澂於都中廠肆訪得此符書告壽卿丈同為稱快

玉押

青白玉

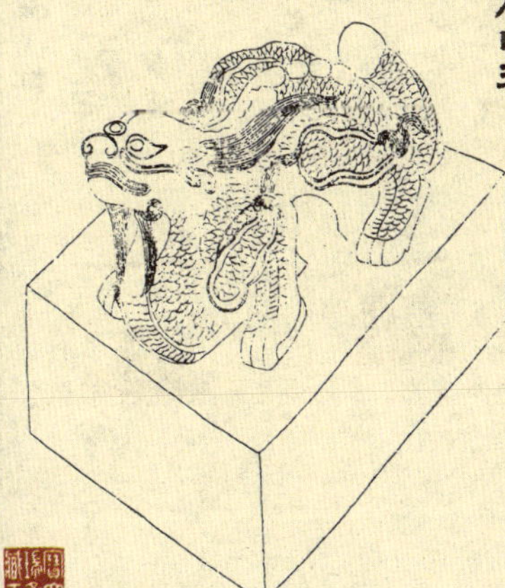

古玉圖攷 一百四十一

玉押 白玉璘點

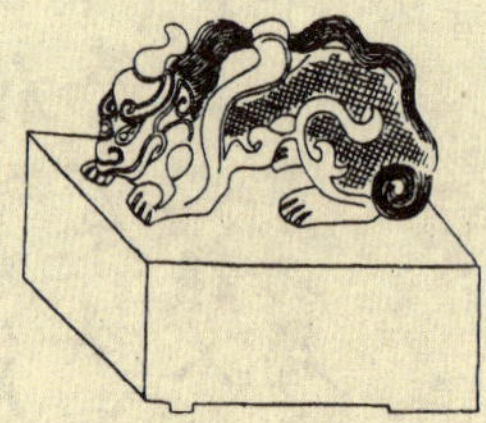

玉押 羊脂白玉

玉押 白玉黑文

玉押 白玉璘斑

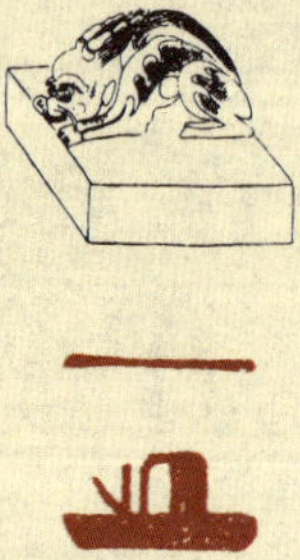

玉押 白玉滿身璘斑

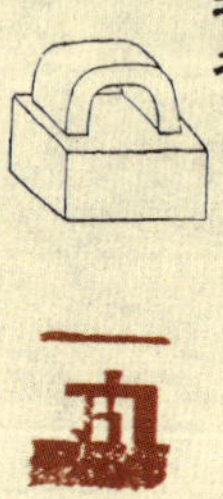

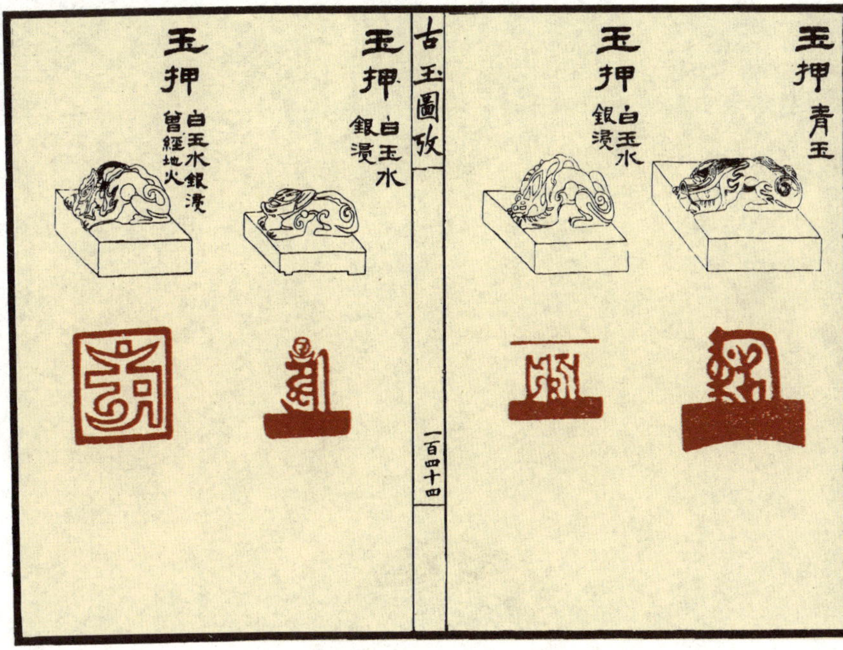

玉押 青玉
玉押 白玉水銀浸
古玉圖攷
一百四十四
玉押 白玉水銀浸
玉押 白玉水銀浸曾經地火

愙斋集古录（选编）

《愙斋集古录》是吴大澂金石学的重要作品，收录吴大澂自藏和同时期知名金石学家，如潘祖荫、陈介祺、吴云、李山农等收藏的青铜器铭文拓片一千余件，原书按器物类型分为十二卷。每件藏品都有详尽的释文，重要器物如毛公鼎、愙鼎等都注明了当时的收藏者或拓片来源，为金石学、古文字学研究，以及书法临摹提供了重要的参考资料。

由于《愙斋集古录》体量较大，且出版版本较多，本文集为较全面体现吴大澂金石、古文字方面成果，选取了《愙斋集古录》中各类型器物的有代表性的少部分，收录内容为民国二十六年吴湖帆重编版本。

宓齋集古

錄

愙齋尚書鑒別商周彝器文字象形會意研究靡精所纂古籀補論語等集海内早已奉為圭臬兹集巨帙訥士宗台將付印行公諸同好

丙辰秋初爲安吉吳昌碩書

愙齋集古錄

民國二十六年丁丑增補重裝本
湖帆先生屬更試署錄端仿吳碑皇蘇體為之不敢
擬古避匠門也
三十六年丁亥武進年末吳敬恒題
時年八十有三

鄭大內史叔上匜

大內史者或兼太史內史之職齊桓葵邱之會有官事無攝之命可見春秋時有一人兼攝數事者乙子乃乙亥丙子兩日猶史頌敦之五月丁子也　憲齋

商象形鐘　愙齋自藏

愙齋集古錄

吳氏四歐堂藏本
民國廿六年重裝

虢叔旅鐘一　阮相國藏器

虢叔旅曰丕顯皇考惠叔
穆穆秉元明德御于乃辟得
屯亡射旅敢啓帥刑皇考
威義飲御于天子逌天子

愙齋集古錄

吳氏四歐堂藏本
民國廿六年重裝

惠叔鐘　李山農藏器

此亦虢叔旅編鐘也

愙齋集古錄

吳氏四歐堂藏本 民國廿六年重裝

兮仲鐘

濰縣陳氏藏器

兮仲作大棽鐘
其用追孝于皇考
己伯用侃
喜前文人
子孫永
寶用享

兮仲疑羲仲之省說文兮語所稽也从丂八象气越于也又云羲气也从兮義聲兮羲二字音義皆相近或云兮猗二字古通禮記大學斷斷兮疏兮是語辭古文尚書兮為猗說文斷字下引周書曰㫁㫁猗詩伐檀河水清且漣猗漢石經猗作兮史記貨殖傳有猗頓玉篇猗氏縣名或古有猗姓其兮仲之後與大棽與虢尗鐘大棽龢鐘同侃樂也論語鄉黨侃侃如也集解引孔注侃侃和樂貌前文人見書文侯之命追孝于前文人詩江漢告於文人毛傳云文人文德之人也書大誥前寍人皆當作前文人古[illegible]字有與寍字相類者漢儒誤釋為寍也尗氏鐘云用喜侃皇考此鐘云用侃喜前文人皆追享之詞即邵鐘樂我先祖之意也

愙齋集古錄

吳氏四歐堂藏本 民國廿六年重裝

楚公鐘

濰縣陳氏藏器冢楚公名楊詠春釋作為[illegible]象手執卜鼓鐘形當即龠之異文

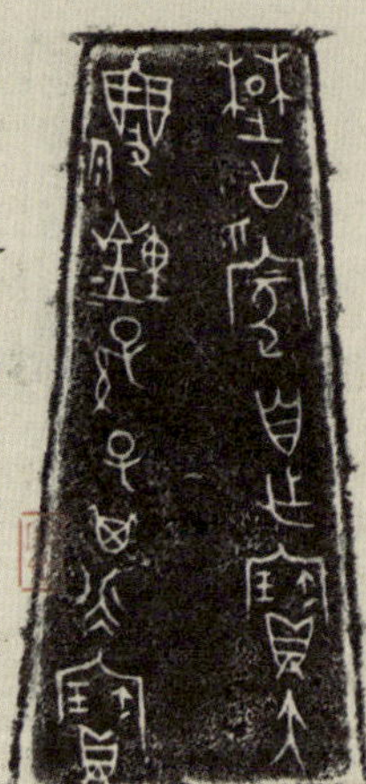

楚公為自作寶大
棽鐘孫子其永寶

王復齋鐘鼎款識麻鐘與此略似鳥形而非獸形是鸞也非鹿也

愙齋集古録

鸞

說文鸞亦神靈之精也赤色五采雞形鳴中五音頌聲作則至从鳥䜌聲周成王時氏羌獻鸞鳥大瀫謂鐘文多鸞形故謂之欒考工記鳧氏兩欒謂之銑釋文欒本作鸞

考工記杜注銑鐘口兩角說文鐘兩角謂之銑凡鐘無字處刻鸞于銑取其聲中五音如車之有鸞鈴也

象

鐘銑多鸞形此獨刻象者象出南服楚人之所貴然失欒之本意矣或云象武王之樂楚公用之鼓鐘隱然有僭志焉

吳氏四歐堂藏本 民國廿六年重裝

愙齋集古録

克鐘

潘氏藏器

吳氏四歐堂藏本 民國廿六年重裝

單伯昦生鐘 吳縣潘宮保藏器

單伯昦生曰丕顯皇
祖剌考逨匹之王

愙齋集古錄

吳氏四歐堂藏本
民國廿六年重裝

堇大命
余𡭴肇
帥井朕
皇祖考𨟻
德保眞

愙齋集古錄

單氏世為周卿士左氏莊元年經單伯送王姬注單采地伯爵也昦當即吳說文昦下云春為昦天元气昦：从曰夰：亦聲昦生單伯名或即魯莊公元年送王姬之單伯亦未可知剌舊說讀若列𢓜古徠字亦作逨說文無徠字力部勑勞也知漢時以勑為勞徠之徠又來部𤞞字下引詩不𤞞不來爾雅釋訓不誒不來也釋文來本作徠又作逨然則陸德明所見古本有徠逨二字矣散氏盤𢓜字亯伯厨敦𢓜字可與釋文逨字相印證玉篇逨來也至也就也所古匹字即馬匹之匹釋名釋親屬匹辟也往相匹偶也詩文王有聲作豐伊匹傳匹配也禮記三年問注匹偶也此云逨匹之王言來就配偶于王所也蓋單伯之祖有娶周王之女者以卿士而為國戚尊榮之至惜經史無可考耳𡎺堇大令與毛公鼎𡎺堇大命同文𡎺疑古勞字堇即勤之省文彔伯𢦏敦自乃祖考有𡎺于周邦亦當讀有勞于周邦勞勤大命言勤勞王命也肇帥井肇下𦘔字反文井字半泐𨟻與毛公鼎𨟻字相似疑即古䙴字說文𦥑升高也从𦥑囟聲𨟻與或从卩馭方鼎王乃𢍰之大澂釋作𢍰之文義俱順此鐘𨟻德與毛公鼎𨟻𢆶或皆玄字之假借字古文同音相假之字見于經典釋文者甚多玄德升聞有高舉之意故曰𨟻德與德下一字不可辨保眞以下文未完亦編鐘也

吳氏四歐堂藏本
民國廿六年重裝

鄭邢刱鐘　潘氏攀古廔藏

鎛字篆𤅩靈夔宷㬳字从鼎它器所未見

鄭邢刱作
霝龢鐘用綏
賓

吳氏四歐堂藏本
民國廿六年重裝

奠古鄭字井古邢字說文邢鄭地邢亭邢刱屢見於曶鼎克彝克敦阮氏積古齋款識所載克彝上云王在鄭下云邢刱右克亦即鄭之邢刱矣霝龠二字合文如小子上下二字彝器中往往有之霝古靈字龠即龢之省禮記明堂位垂之和鐘刱之離磬注和離謂次序其聲縣周禮大司樂靈鼓靈𪔛鼓注靈鼓靈𪔛鼓六面鼓之小者曰靈鼓此云靈龢鐘亦鐘之小者妥古綏字鐘銘中多以樂嘉賓之文用綏賓者用以燕樂賓客明非宗廟祭祀之器也阮書所録鄭邢刱綏賓鐘妥賓二字在鼓右非即此鐘阮氏以妥賓為古蕤賓字

釐伯鐘　濰縣陳氏藏器

吳氏四歐堂藏本
民國廿六年重裝

首敢對揚天子丕顯
休
用
作
朕文考釐
伯龢茖鐘
𪫑眔尨
姬永寶

編鐘合數鐘而成文是鐘首對揚三字起知前鐘末一字必稽字也文自左欒之邊轉至鐘枚之上再轉至鉦間𪫑眔尨姬永寶六字在鐘紐之上端尤所罕見𪫑作器者之名釐伯其考之謚也周書謚法質淵受諫曰釐有伐而還曰釐史記齊太公世家魯又更立釐公集解引徐廣曰釐僖也釐僖二字古通

䖒鐘

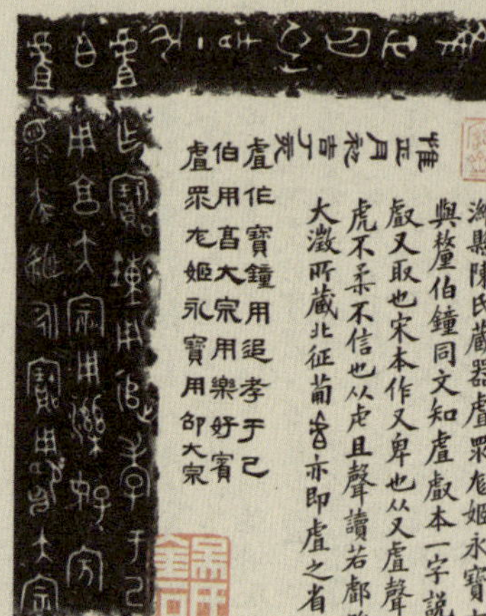

濰縣陳氏藏器䖒眔尨姬永寶六字與𪑺盧伯鐘同文知䖒𪑺本一字說文𪑺又取也宋本作又卑也从又䖒聲䖒虎不柔不信也从虍且聲讀若鄌縣

大澂所藏北征葡旨亦即䖒之者

筠清館金文所載太師䖒豆作器者之名與此鐘同豆文云用卲洛朕文且考借洛為昭格之格此云用濼好賓借濼為宴樂之樂兩字皆用水旁它器所未見鐘豆二器字體亦相類必係一人所作眔及也說文眔目相及也从目从逮省今經典通用逮爾雅釋言逮遝也漢碑文逮字多作遝如石經公羊殘碑祖之所遝聞劉寬碑未遝誅討陳球碑遝究徂齊漢時去古未遠古文本義未盡泯也𠨘即尨厖尨古通周禮牧人注故書尨作厖杜子春云厖當為尨左氏襄四年傳尨圉漢書古今人表作厖圉詩長發傳厖厚也卲當即紹說文紹古文作𦀚陳侯因資敦作𦀚古陶器文有𦀚字此从卲即卲之異文从卜其變體也

愙齋集古錄　吳氏四歐堂藏本　民國廿六年重裝

戰狄鐘 大澂所藏

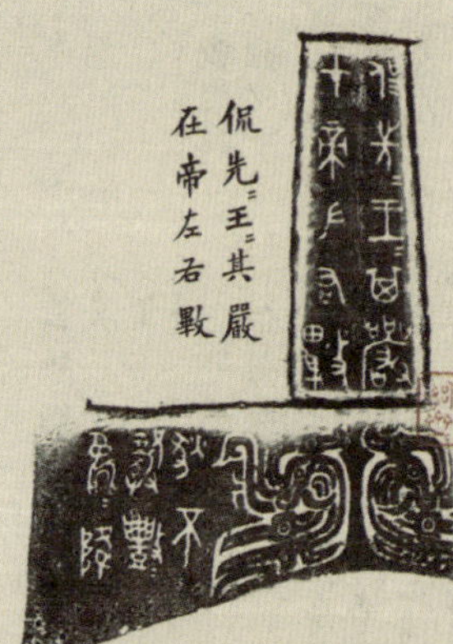

是鐘無作器者之名亦編鐘之文不完者銘文有戰狄不龔語當即紀北伐玁狁之事詩采薇玁狁之故傳云玁狁北狄也采薇出車毛傳皆以為文王之詩說文戰戰畫也殲殲畫也戰與殲同意龔古恭字書甘誓女不恭命左氏僖二十七年傳杞不共也釋文共本作恭戰狄不龔言北狄不恭而擊畫之首云侃先王前鐘當有喜字井氏鐘用喜侃皇考兮仲鐘用侃喜前文人此云喜侃先王非臣下之銘詞矣宗周鐘先王其嚴在上熊=數=降余多福阮氏以為成王所作此云先王其嚴在帝左右先王謂文王也詩云文王陟降在帝左右此銘頌文王伐狄之功當亦成王時所作器數=熊=亦與宗周鐘同文說詳井氏鐘

愙齋集古錄　吳氏四歐堂藏本　民國廿六年重裝

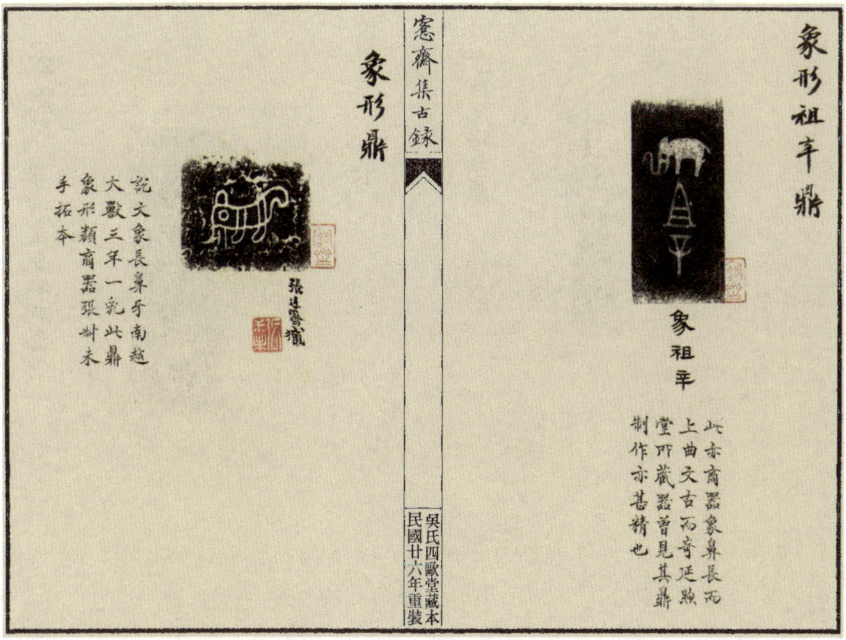

象形祖辛鼎

象祖辛

此亦商器象鼻長而上曲文古而奇廷煦堂所藏器曾見其鼎制作亦甚精也

愙齋集古録

吳氏四歐堂藏本
民國廿六年重裝

象形鼎

張廷濟藏

說文象長鼻牙南越大獸三年一乳此鼎象形類商器張卅木手拓本

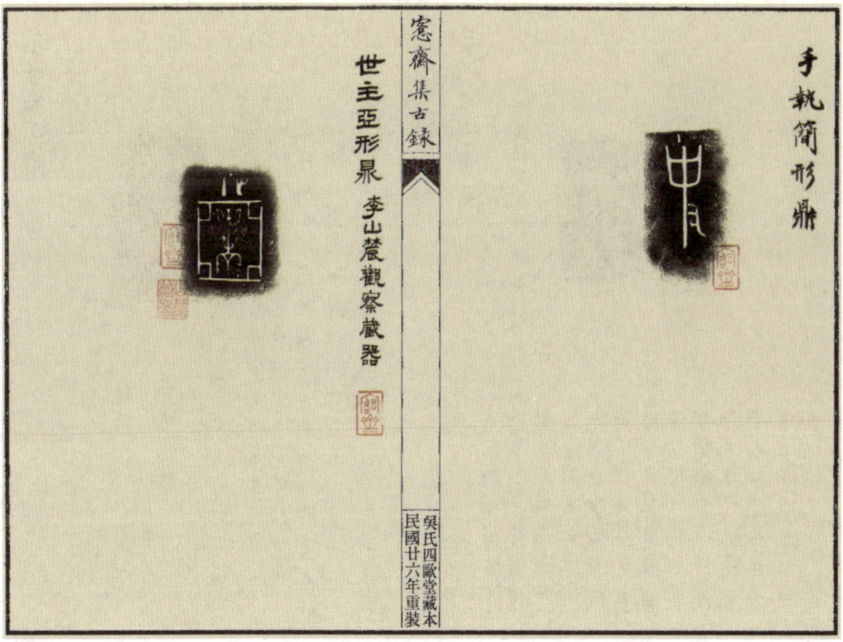

手執簡形鼎

愙齋集古録

吳氏四歐堂藏本
民國廿六年重裝

世主亞形鼎 李山農觀察藏器

太保鼎

李山農觀察藏器

子孫作婦姑鼎

婦女歸也父之姊妹謂姑此必兄子爲其姑送嫁之器上有子孫二字頌多男也

寧母父丁鼎

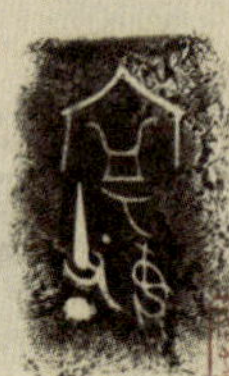

寧母父丁

古寧字省𢆶古母字省詩葛覃歸寧父母傳寧安也左氏莊二十七年傳杞伯姬來歸寧也注寧問父母安否此女歸寧其母而作鼎以祀其父故下有父丁字

甚諆父丁鼎

𢀜疑𣁋之省文左氏襄四年傳𣁋灌氏𣁋尋氏哉春秋時有姓𣁋者諆其名臧𦘒其字也古臧字不从臣从口古鉨文臧孫黑鉨臧字作𣦵可與此鼎相證臧字从戕者誰口興我之意臧否二字皆从口好言自口莠言自口也

愙齋集古錄

丙午鼎

濰縣陳氏藏

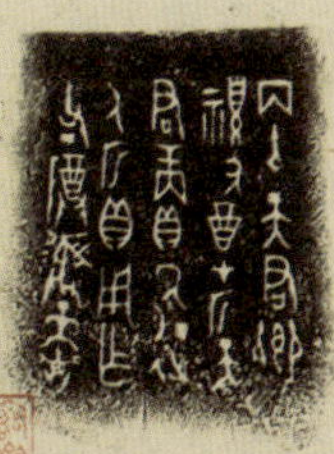

丙午天君鄉
酒在斤天
君賞乃征
人斤貝用作
父丁尊彝子孫

陳簠齋釋作午君𠎝天君猶王𠎝天王也鄉古饗字禮人名酉古酒字在斤之斤地名下云賞乃征人斤貝陳簠齋云斤人名也大澂竊疑斤貝即一釿二釿幣睘卣謂之貝布是也

吳氏四歐堂藏本
民國廿六年重裝

己亥鼎

濰縣陳氏藏器

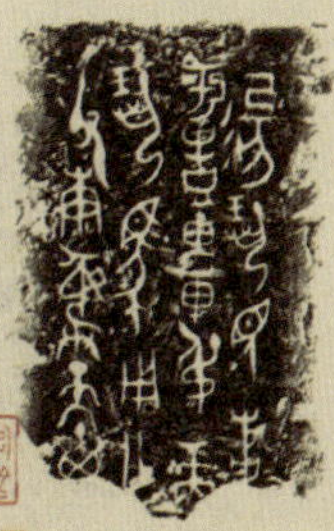

己亥珥見使
于彭車叔賞
珥馬用作
父庚彝子孫

𤔲象兩手奉玉形當即古奉字奉人名彭地名𠭯古使字𢀜古于字見使于彭言出使于彭也詩清人在彭傳彭衛之河上鄭之郊也𠦪車當即叀之繇文說文叀車軸耑也疑叀即惠之假借字賫即賚今經典通用賞

愙齋集古錄

趠鼎

濰縣陳氏藏器

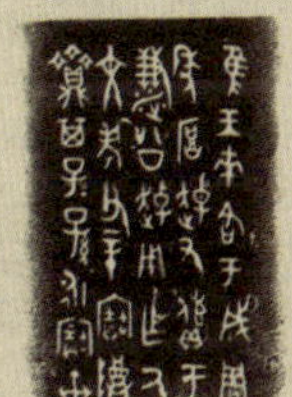

惟王來格于成周
年厚趠又遣于
雪公趠用作乃
文考父辛寶尊
齋其子子孫孫永寶

是鼎文載薛尚功鐘鼎彝器款識法帖當即此鼎宋時出土之器至今完好者惟董武鐘王子吳鼎寥寥數種而已

末一字薛書釋作癸

吳氏四歐堂藏本
民國廿六年重裝

趠人名说文趠遠也小篆𧼯从甲古文从十不从甲石鼓文丞彼淖淵之淖亦从卓惟王来格于成周年猶南宫方鼎云王命南宫伐反虎方之年紀事紀年例也匽即厚从厂从反高徐楚金曰高者進上也以進上之具反之於下則厚也竊疑厚有厚賜義厚趠者即錫鉼卅鐘多錫旅休之意𠌶疑古遣字雪公舊釋雪公姑從之𪻐字不見於说文疑與鼒通

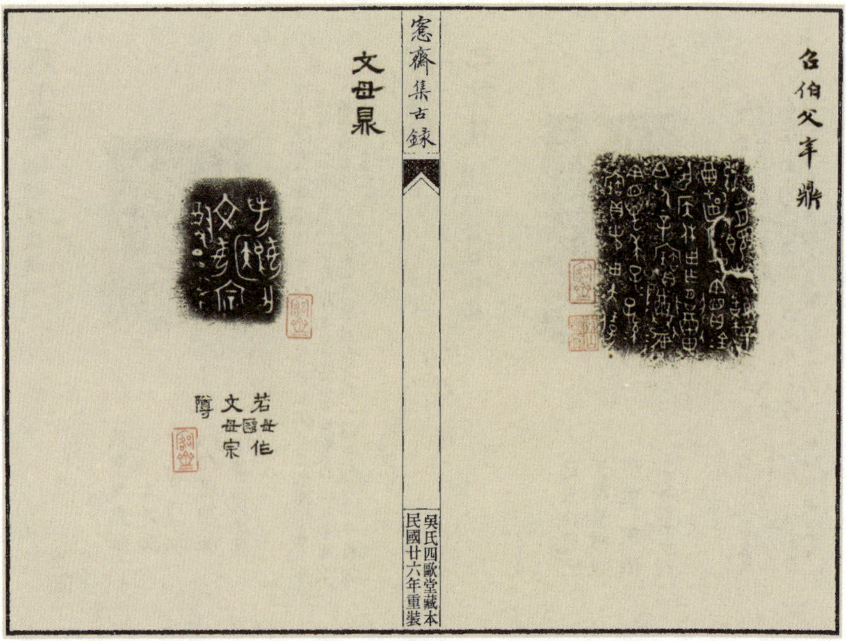
名伯父辛鼎
愙齋集古録
文母鼎
吴氏四歐堂藏本
民國廿六年重裝

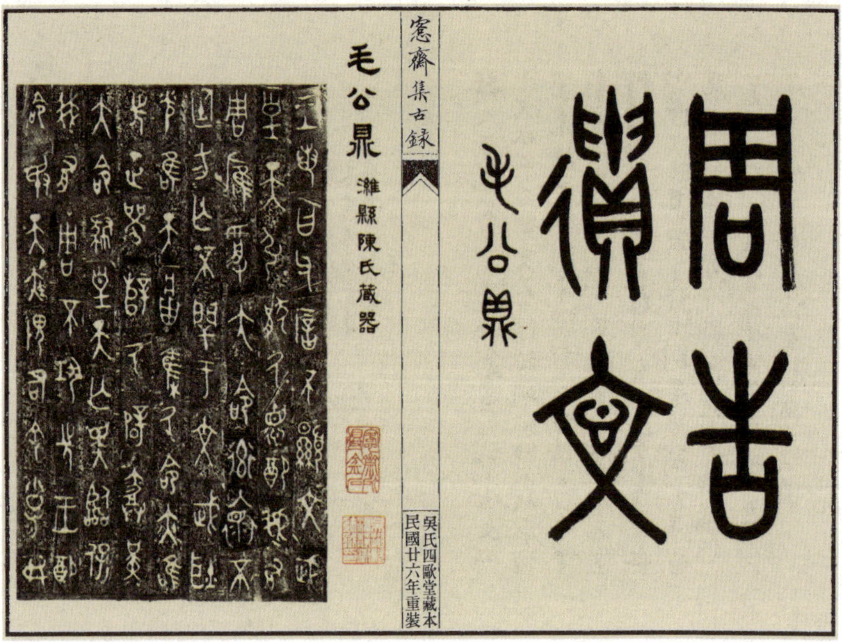
毛公鼎
愙齋集古録
毛公鼎
濰縣陳氏藏器
吴氏四歐堂藏本
民國廿六年重裝

盂鼎 潘文勤公藏器

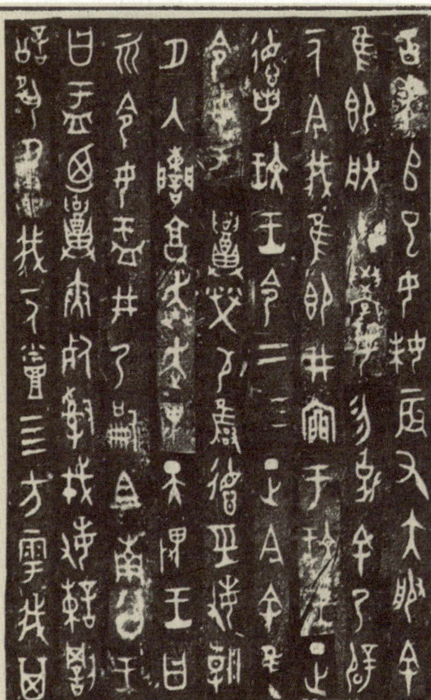

愙齋集古錄

吳氏四歐堂藏本 民國廿六年重裝

父乙鼎 徐子靜觀察藏器

冊冊父乙鼎 歸安吳氏藏器

子跪形 立子形 冊 冊父乙

愙齋集古錄

吳氏四歐堂藏本 民國廿六年重裝

善夫克鼎

潘文勤公藏器

吳氏四歐堂藏本
民國廿六年重裝

佳王廿又三年九月王
在宗周王命善夫克舍
命于成周遹正八𠂤之
年克作朕皇祖釐季寶
宗彝克其日用𩰫朕辟魯
休用介康龢屯右眉
壽永命霝終萬年
無彊克其子孫永寶用

伯晨鼎

吳氏四歐堂藏本
民國廿六年重裝

惟王八月辰在
丙午王命韓侯
伯晨曰嗣乃祖
考侯于韓錫女
秬鬯一卣玄袞衣
幽夫赤舄駒車
畫　虎
裏幽攸勒
旅五旅彤矢旅

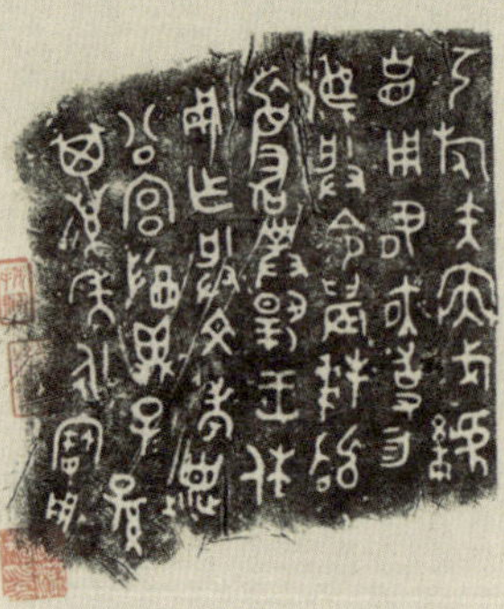

弓旅矢　戈鞹
冑用夙夜事勿
廢朕命晨拜䭫
首敢對揚王休
用作朕文考
公宮尊鼎子孫
其萬年永寶用

趞鼎 李山農藏器

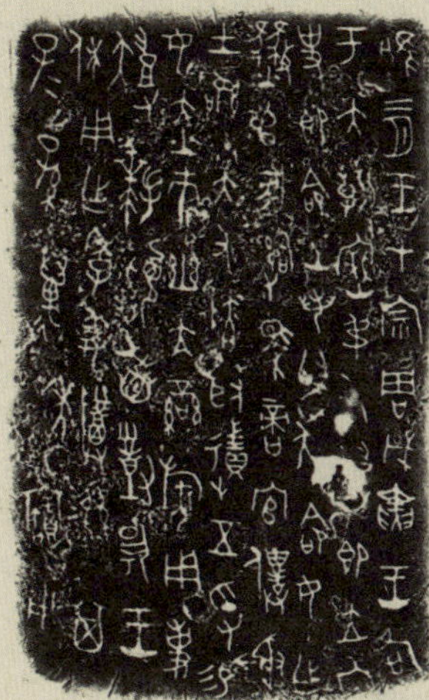

愙齋集古錄

吳氏四歐堂藏本 民國廿六年重裝

唯二月王在宗周戊寅王格
于大廟密𠦪右趞即立位人
史即命王若曰趞命女汝作
豳𠂤師冢司馬啻官僕射
王訊小大右陜取賸五鋝錫
女汝赤市幽 䜌鑾旂用事
趞拜稽首對揚王
休用作季姜尊彝其
子=孫=萬年寶用

剌鼎 歸安姚氏藏器

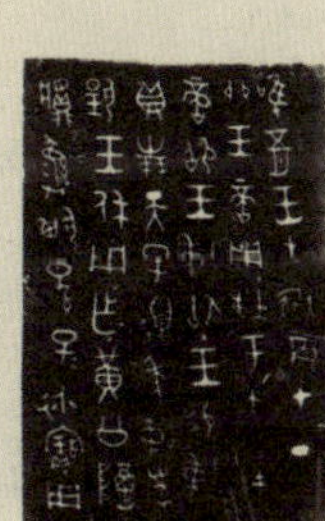

唯五月王在𠧧辰在丁
卯王啻用牡于太室
啻卲王剌卲王錫剌
貝卅朋天子萬年剌對
揚王休用作黃公尊
𩰫彝其孫子=永寶用

右鼎文五十二字五月二字合文王在𠧧=字當係地名非初字疑𣃘之反文說文旅古文作㫃曰古文以為魯衛之魯詩皇矣以按徂旅毛傳云旅地名也孟子引作以遏徂莒不知莒與旅何緣相混一旅字而或與魯通或與莒通知古文之變化不一讀者亦不一其說也啻為譖之省文說文適之也王啻猶言王至也用牡于太室牡牲之雄者論語堯曰敢用玄牡皇疏牡雄也書洛誥王入太室祼傳云太室清廟王在旅=地不當有清廟上云辰在丁卯王啻者言丁卯之日王至自旅而用牡以祀于清廟也卲當即卲之假借字說文卲高也从卩召聲卲卜問也从卜召聲古文同聲相假彝器中往=有之啻卲者王至于卜所也王剌卲者王與剌卲猶言王命剌卜也𦍩當釋世朋𦍩對者𦍩為其之變體它器未見亦字書所無說文箕古文作𠀠又作𠁢=象兩手奉箕形𦍩象兩手持箕形義亦相類

愙齋集古錄

吳氏四歐堂藏本 民國廿六年重裝

愙齋集古録

鼎二

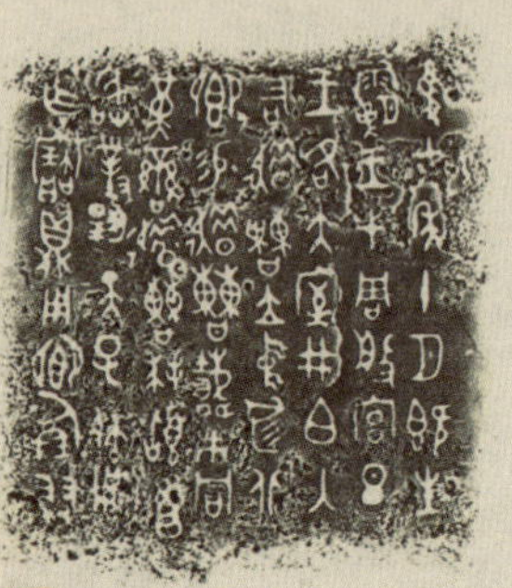

師趛鼎

惟九月初吉庚寅師趛作文考聖公文母聖姬尊鼎其萬年子孫永寶用

說文趛低頭疾行也从走金聲積古齋款識姬鋋母鬲䡊與此同阮相國釋作鋋古文聖與聲通春秋文十七年小君聲姜公羊作聖姜異與它鼎文不同古奇字也

吳氏四歐堂藏本民國廿六年重裝

愙齋集古録

旂僕鼎 李山農觀察藏器

唯八月初吉辰在乙卯公錫旂僕旂用作文父日乙寶尊彝析子孫

戎都鼎 李山農觀察藏器

戎都作旅鼎用匄偁魯用綏眉彔用作文考宮伯寶尊彝

戎字不可識舊釋戎姑從之𠧪阮氏釋祉古器多偁魯休屯魯祉魯〻字與嘉字同意魯祉猶言嘉祭也經傳言眉壽罕言眉祿者詩南山有臺遐不眉壽傳眉壽秀眉也廣雅釋詁眉老也眉祿兼壽考福祿言之秀眉為上壽之徵亦多福之兆也妥古綏字

吳氏四歐堂藏本民國廿六年重裝

陳侯簋

愙齋集古録

伯頵父簋 两罍軒藏器

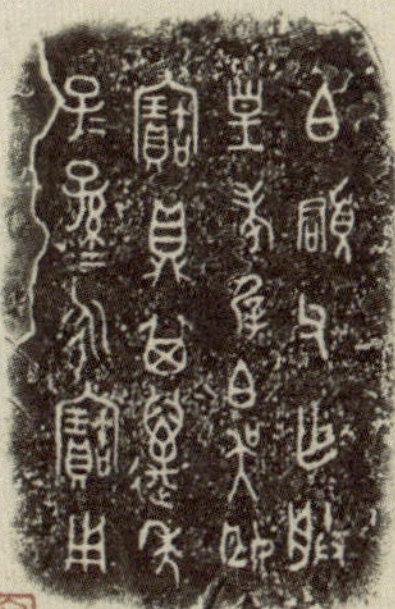

伯頵父作朕
皇考屖伯吳姬
寶簋其萬年
子=孫=永寶用

吳氏四歐堂藏本
民國廿六年重裝

霍鼎

霍作己公寶
鼎其萬年用

今歸無錫楊補堂檢督蔭杭

愙齋集古録

師𠂤簋

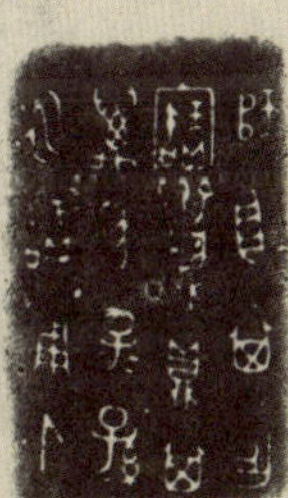

師𠂤其作
寶齋鼎其
萬年子=孫=
永寶用

吳氏四歐堂藏本
民國廿六年重裝

愙齋集古録

季口鼎

隹正九月
口吉庚午
口口子季口
口口口作鑄
口口萬年
無彊子孫
永寶用之

毛公旅車鼎

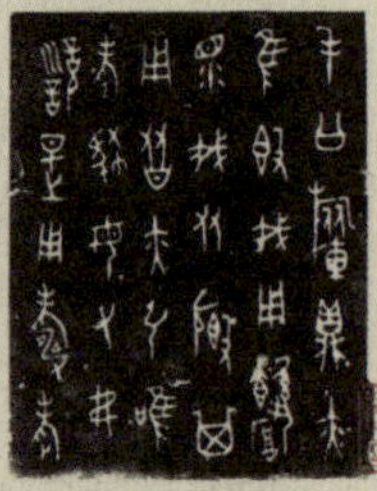

吳氏四歐堂藏本
民國廿六年重裝

愙齋集古録

鄭君媿鼎

鄭君媿作旅
鼎其永寶用

陳簠齋藏器奠即鄭簡文昏簠齋釋
君一釋同

𢦏叔鼎

惟八月初吉
庚申𢦏叔朕
自作𩜁鼎其
萬年無彊子
孫永寶用之

𢦏說文傷也从戈才聲哉
載栽皆从𢦏得聲𢦏叔
𢦏即栽之省文𩜁从食从
華大澂以為飯之華美者禮
內則為稻粉糔溲之以為酏
是也小篆作𩜁亦作饙說
文云滫飯也滫與糔同

吳氏四歐堂藏本
民國廿六年重裝

癸山敦

陳簠齋所藏商敦癸山二字乃祭器之弟十器也明堂位山罍夏后氏之器也彝器中作山字者其山罍之遺制與

癸 山形

愙齋集古録

亯字敦

陳簠齋藏敦舊釋廟形蓋亯字之省古字也亯本象宗廟形

亯

吳氏四歐堂藏本
民國廿六年重裝

亞形母癸敦

此亞形之冣大者潘文勤公藏敦手理髮形當即母字𠂤字加反乙字疑古追字兩手奉舟形疑古受字子執旂形亦從武功之義足跡形取繩武之意商器文簡多象形文字

亞形中 母癸兆 授丁 子執旂形 足迹形 乙反文

愙齋集古録

亞形父丁敦

亞形中雀形倒矢形 丁父

此亦潘文勤公藏敦亞形中作雀形倒矢形未知何義或亦倒戴干戈之意父丁父廟之弟四器也

吳氏四歐堂藏本
民國廿六年重裝

帍形敨蓋　蒲城楊氏所藏

帍形

虎形敨器

虎形

是商敨有方座蒲城楊氏藏有一器一蓋余借拓焉余又得其二蓋作虎形者即古之虎彝也鳳翔出土時原有二器四蓋

吳氏四歐堂藏本　民國廿六年重裝

祖乙敦

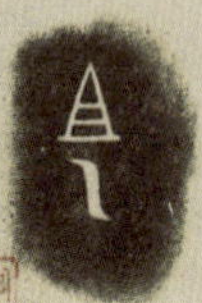

祖乙

立戈形父丁敨

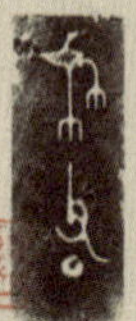

立戈形父丁

潘文勤公藏敨上作立戈形亦旌武功之器下有父丁二字乃父廟之弟四器也

立戈形父丁敨

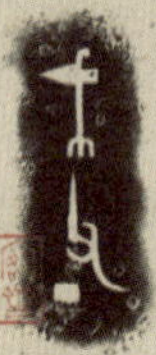

立戈形父丁

愙齋集古録

吳氏四歐堂藏本　民國廿六年重裝

雙目形犧形父丁敨

雙目形犧形父丁冊冊

福山王廉生祭酒所藏敨上作兩目形當即古䀠字中作犧形即禮所謂犧尊也父丁父廟之弟四器冊冊紀君錫命之寵商器文簡故以數字括之

析子孫父丁敼

析木形子孫 丁父

是敦為蒲城楊信卿舊藏持以贈余析子孫三字下有父丁二字父廟之弟四器也是敦小而精亦似商器

析子孫父丁敦

析木形子孫 父丁

愙齋集古録

吳氏四歐堂藏本 民國廿六年重裝

子負橐形父乙敦

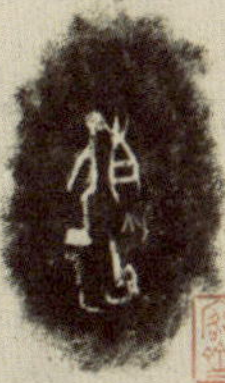

子負橐形 乙父

子負戈戊敼

子負戈形 戊反文

是敦為陳簠齋藏器首一字作子負戈形亦發武功之器也戊字反文

愙齋集古録

吳氏四歐堂藏本 民國廿六年重裝

冊亢父乙敼

亢冊 父乙

潘文勤公藏敦上有冊亢二字亢疑作器者之名父乙父廟之弟二器也

愙齋集古錄

咎敦

子父癸敦

吳氏四歐堂藏本
民國廿六年重裝

愙齋集古錄

臤父癸敦

臤父癸

陳簠齋藏敦臤作器者之名父癸云者父廟之第十器也

祖乙鷞侯廾敦

作祖乙鷞侯
廾隮彝吉田

鷞字不見於字書古籀文鳥字多作隹此器與石鼓鳴字从鳥鷞疑即來字之繇文尔雅釋鳥鷹來鳩釋文本作鶆樊注鶆鳩爽鳩也穀梁宣七年公會齊侯伐萊釋文萊國名書禹貢萊夷作牧傳萊今東萊並以鶆鳩之鶆借作萊夷之萊鷹摯鳥故以虎廾具名也末有吉田二字與觶文同當係一人所作此器在西安所見今不知在何處

吳氏四歐堂藏本
民國廿六年重裝

大保敦

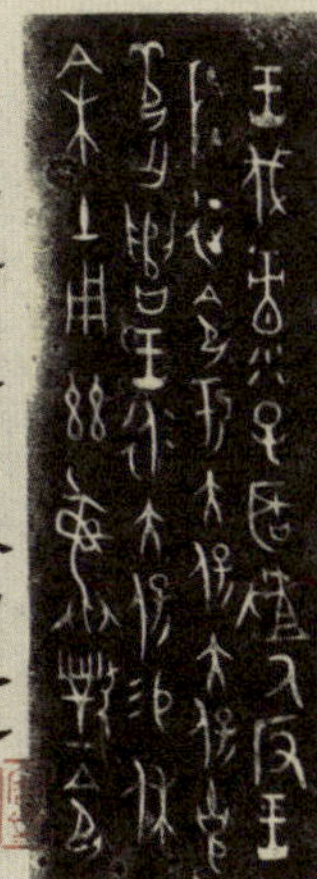

王伐录子𢘅乃反王
降征命于大保大保克
啚王大保錫休
余土用兹彝對命

吳氏四歐堂藏本
民國廿六年重裝

□父乙敦　陳簠齋藏

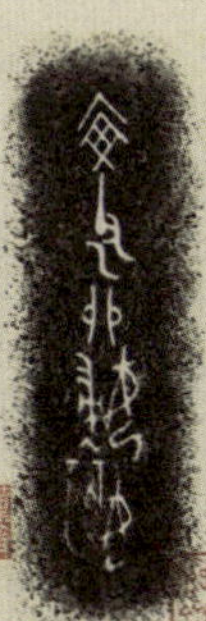

□父乙卯婦娸

右敦首一字與器底□字同疑文之變體□旁尊□字大澂釋作文與此亦相類婦下一字當釋娸从□从乙師寰敦□□二字可相引證說文娸人姓也杜林說娸醜也

愙齋集古録

公姞敦

惟十月初吉辛子公姞錫奢貝在鎬京用作父乙寶彝其子孫永寶

此敦為潘文勤公藏器辛子辛亥壬子兩日省文也古器注：有之師當即諸之縣文奢舊釋奢姑从之人名也蒿京舊釋旁京經典無旁京字

大澂疑為鎬京之鎬本从井後人因避井字改从鎬：為器名非鎬京之鎬否則他邑不得云京蒿京為彝器中屢見之文故疑為鎬京也父乙寶彝父顧之第二器也皆以父乙為人名豈有子稱父名之理按其文字在商周之間或周武王時所作器故有鎬京之文也

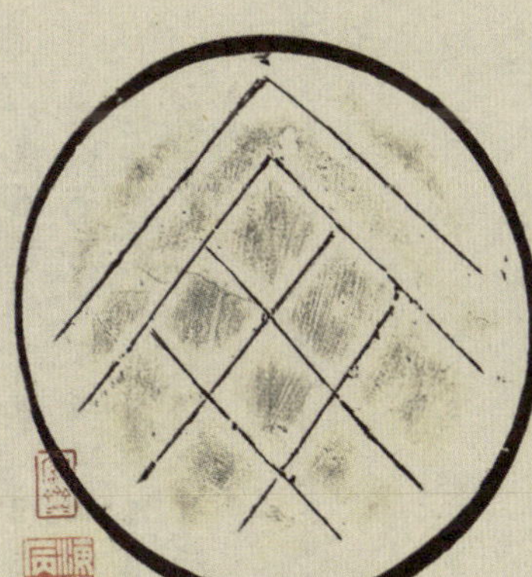

吳氏四歐堂藏本
民國廿六年重裝

頌敦 蓋文

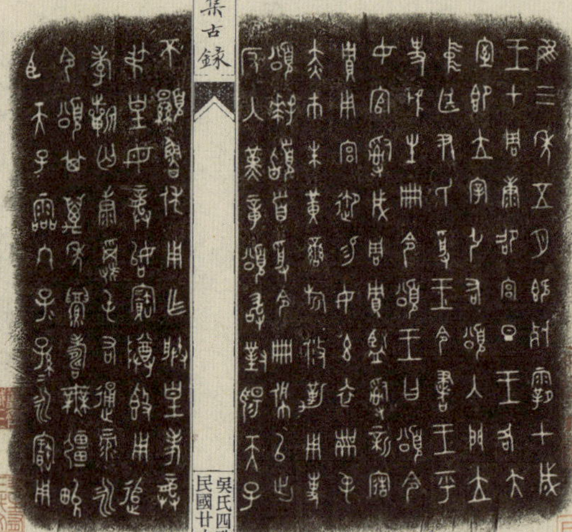

此頌敦蓋器為陳簠齋丈所藏甲戌之戌蓋文作成此借假文也周康昭宮康王昭王之宮也邵古昭字弘宰之名也尹氏受冊之人也史虢生作冊之人也賓古貯字宮嗣成周貯所司倉儲之職也監嗣新造貯用宮御阮文達公云命掌積聚以充宮御之用猶周官大府以閣市之賦待王膳服也朱黃當讀朱衡受冊佩以出者佩赤市朱衡以出也禮君賜衣服服以拜賜故云反入覲章也堇古覲字康虔純佑通錄永命古吉羊語也虔雅訓為固康虔即康疆之意也古純字古吉佑字吮古畯字畯吕天子靈終亦彝器中習見之吉語也

愙齋集古録

吴氏四歐堂藏本 民國廿六年重裝

惟三年五月既死霸甲戌王在周康卲宮旦王格大室即位宰弘右頌入門立中廷尹氏受王命書王呼史虢生冊命頌王曰頌命女官嗣成周貯監嗣新造貯用宮御錫女玄衣黹常赤市朱黄鑾旂攸勒用事頌拜䭫首受命冊佩以出反入覲章頌敢對揚天子不顯魯休用作朕皇考龔叔皇母龔姒寶尊敢用追孝祈匃康虔屯右通彔永命頌其萬年眉壽無疆畯臣天子霝終子子孫孫永寶用

黹舊釋皆誤當釋作黹裳說文常下帬也

常或从衣作裳

愙齋集古録

吴氏四歐堂藏本 民國廿六年重裝

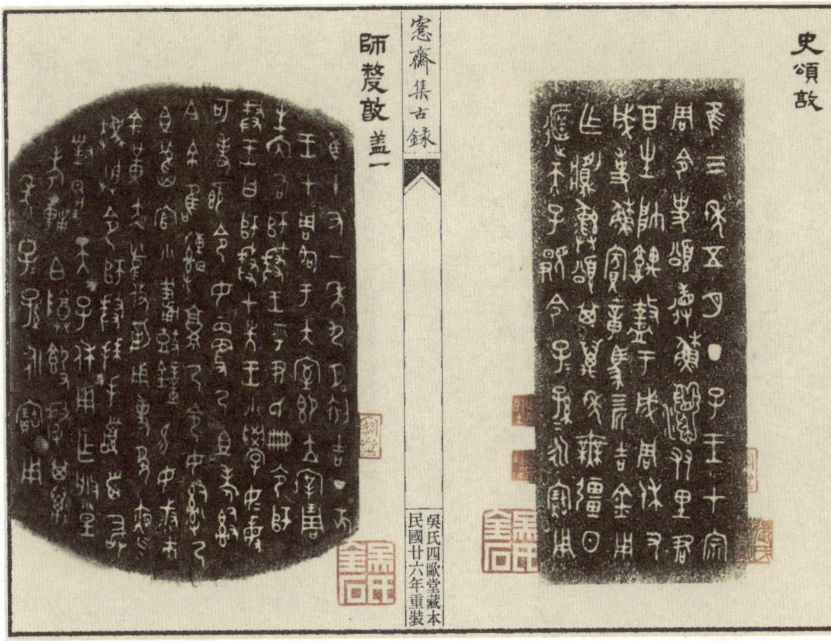
史頌敦
愙齋集古録
師嫠敦 蓋一
吴氏四歐堂藏本
民國廿六年重装

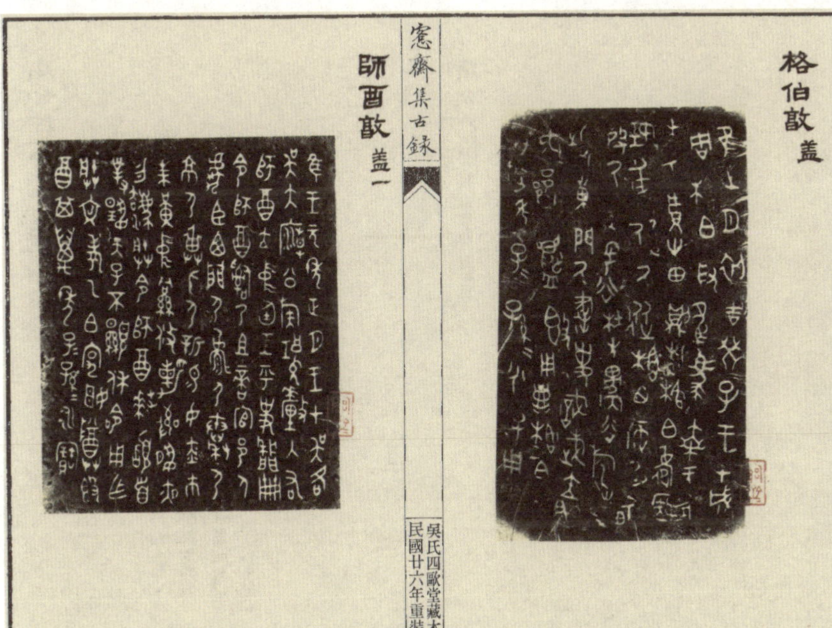
格伯敦 蓋
愙齋集古録
師酉敦 蓋一
吴氏四歐堂藏本
民國廿六年重装

愙齋集古録

師酉敦 盖二

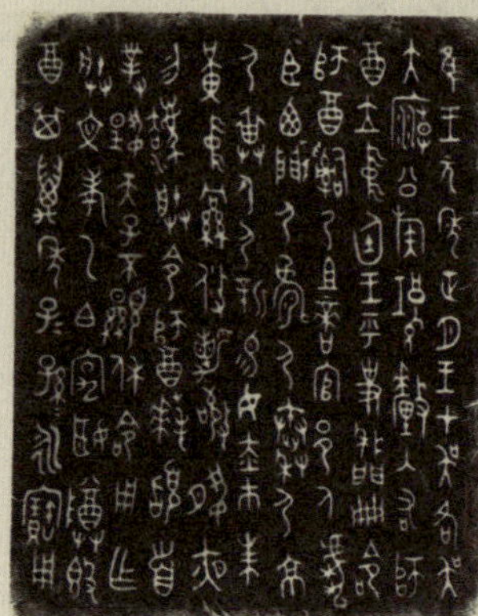

惟王元年正月王在虞格
虞太廟公族允釐入右
師酉立中廷王呼史冊
命師酉嗣乃祖適官邑人
虎臣西門夷熊夷秦夷
京夷　夷人新錫女汝赤市
朱衡中　攸勒敬夙夜
勿廢朕命師酉拜稽首
對揚天子丕顯休命用作
朕文考乙伯宄姬障敦
酉其萬年子子孫孫永寶

吳氏四歐堂藏本
民國廿六年重裝

愙齋集古録

𧗿公牀敦 盖 愙齋自藏

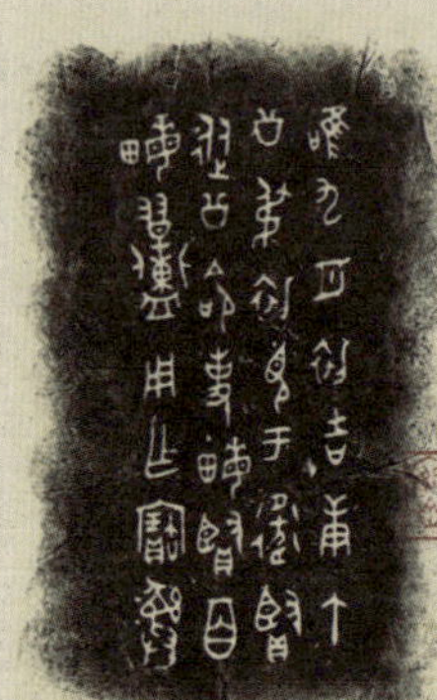

唯九月初吉庚午
公牀初見于𧗿贀
從公命事晦贀百
晦翼用作寶彝

𧗿公牀敦 器 愙齋自藏

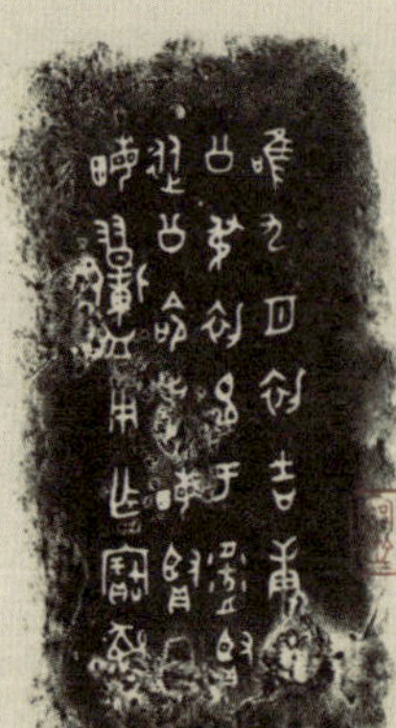

吳氏四歐堂藏本
民國廿六年重裝

衛公叔敢蓋 愙齋自藏

愙齋集古錄

衛公叔敢器 愙齋自藏

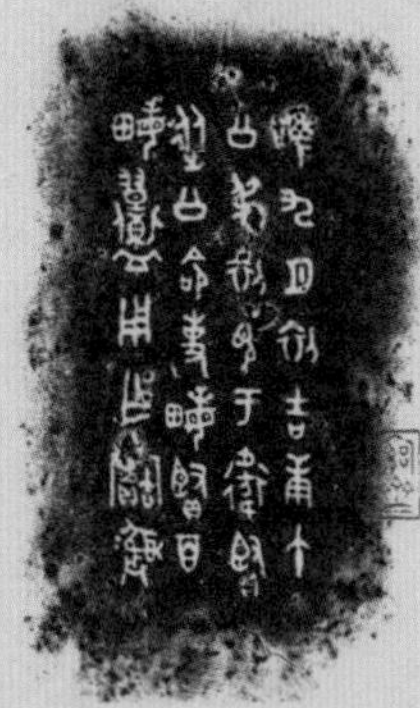

吳氏四歐堂藏本
民國廿六年重裝

使族敢 器

惟三月既望乙
亥使族寶敢其
朝夕用亯于文考
其子＝孫＝永寶用

愙齋集古錄

鄭虢仲敦 蓋

惟十又一月既
生霸庚戌鄭
虢仲作寶敦
子、孫、及永用

吳氏四歐堂藏本
民國廿六年重裝

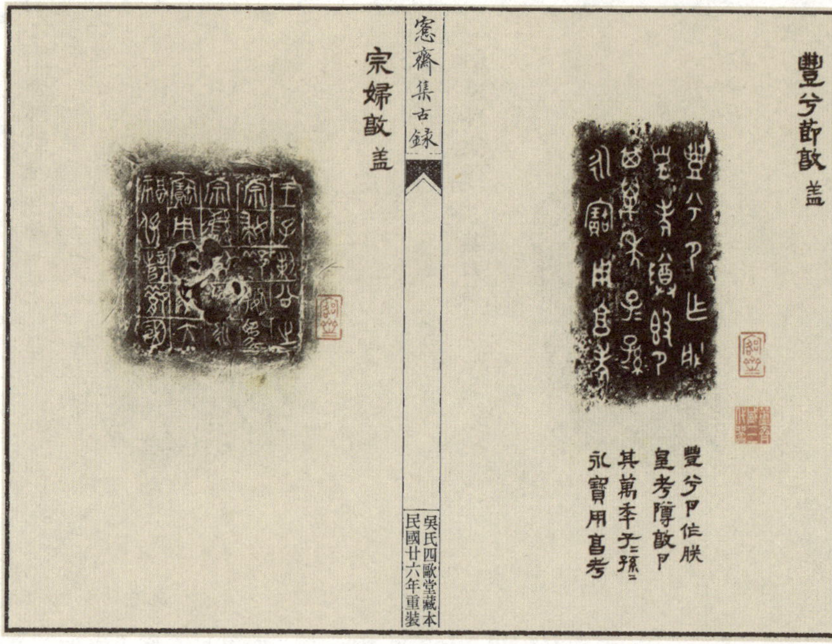

豐兮𢦏敦 盖
豐兮尸作朕
皇考隮敦尸
其萬年子=孫=
永寶用亯考
愙齋集古録
吳氏四歐堂藏本
民國廿六年重裝
宗婦敦 盖

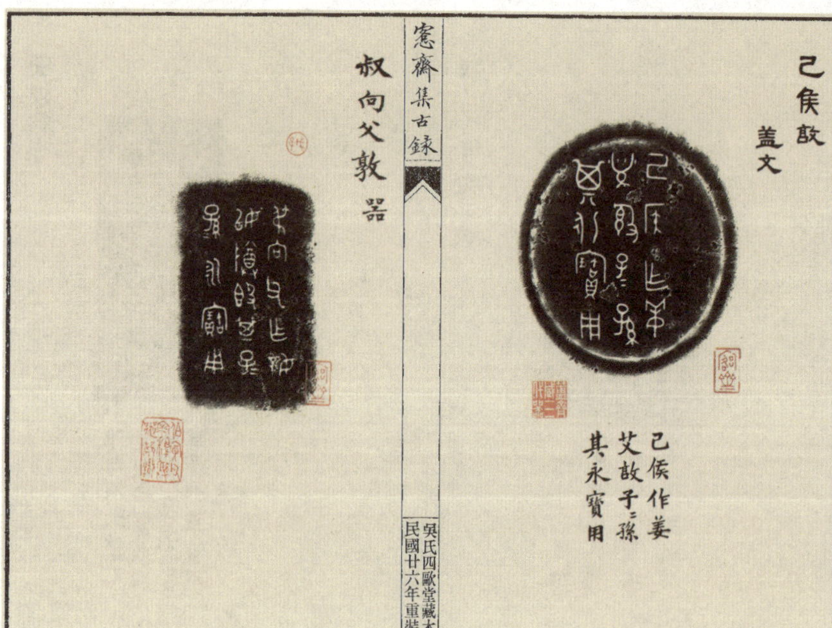

己侯敦 盖文
己侯作姜
艾敔子=孫
其永寶用
愙齋集古録
吳氏四歐堂藏本
民國廿六年重裝
叔向父敦 器

陳侯因資敦

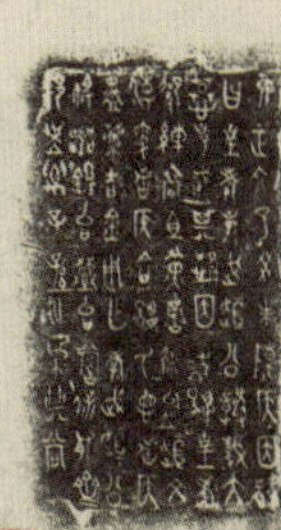

惟正六月癸未陳侯因資
曰皇考孝武趠公龏哉大
慕克成其　因資揚皇考
紹緟高祖　屎　趠文
朝　諸侯合揚乃德諸侯
祼薦吉金用作孝武趠公
祥器鐓以烝以嘗保有齊
邦業萬子孫永為典尚

愙齋集古録

吳氏四歐堂藏本
民國廿六年重裝

師艅敦蓋

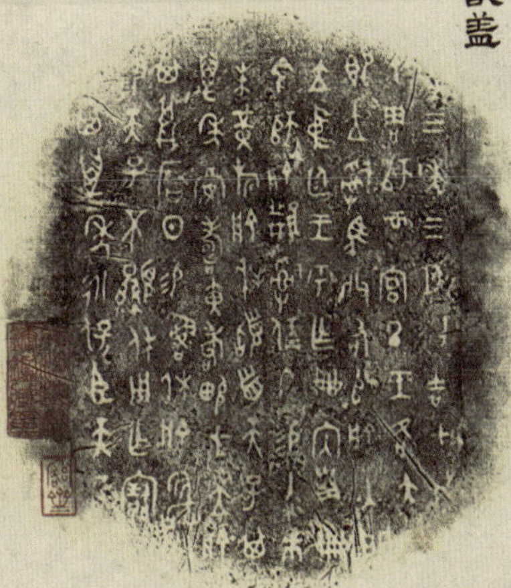

鄀公敦

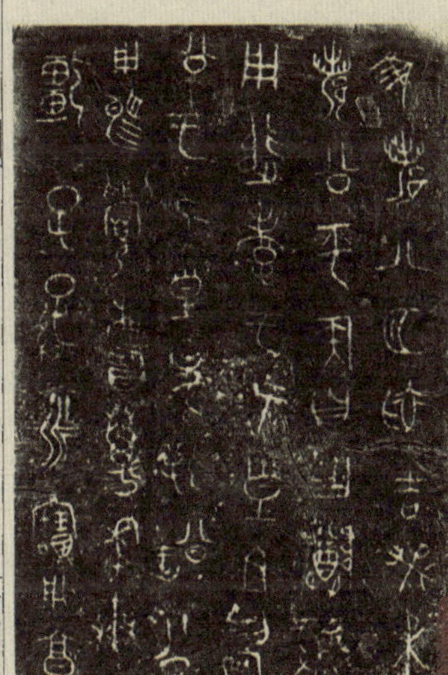

愙齋集古録

吳氏四歐堂藏本
民國廿六年重裝

惟鄀八月初吉癸未
鄀公乎侯自作隮敦
用追孝于乃皇祖
公于乃皇考　公
用錫眉壽萬年無
彊子=孫=永寶用享

愙齋集古錄

召伯虎敦

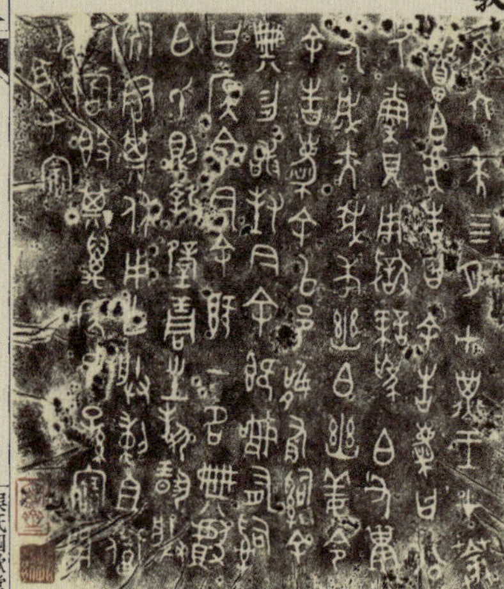

吳氏四歐堂藏本
民國廿六年重裝

揚敦

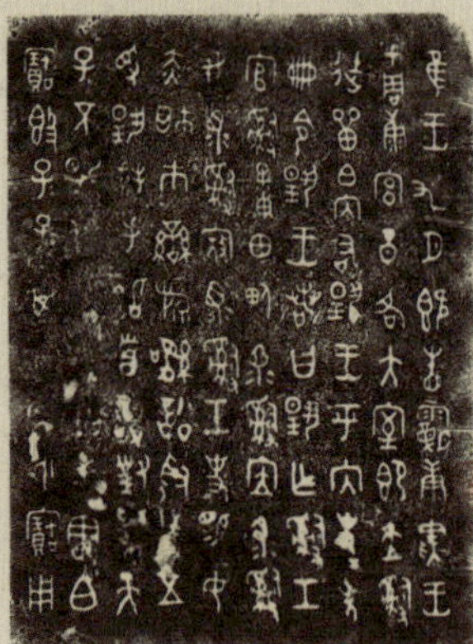

愙齋集古錄

鄧閈敦 潘文勤公藏

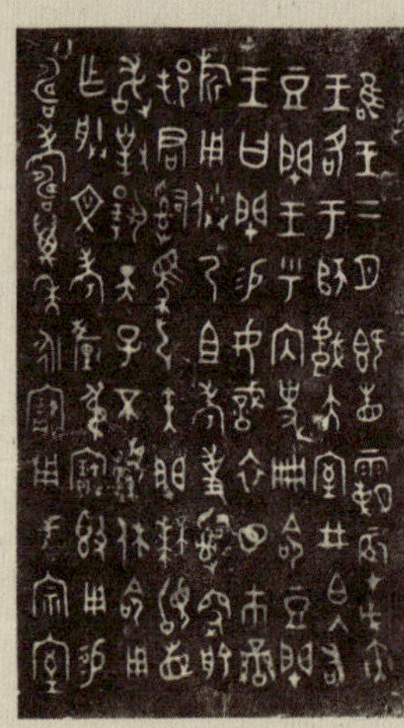

吳氏四歐堂藏本
民國廿六年重裝

聃敦 陳簠齋藏器

豨敦

君夫敦

唯正月初吉乙亥王在
康宮太室王命君夫
曰價求乃友君夫敢
對揚王休用作文父
丁䵼彝子＝孫＝其永用之

使夷敦

潘文勤公藏器　失盖

惟五月既死霸辛未
王使小臣守使于夷＝賂
馬兩金十鈞守敢對
揚天子休命用作鑄弘
仲寶敢子＝孫＝永寶用

第二行第二字第六字皆當讀若使古文事使為一字守作器者之名夷下有重文賓从宀从貝當與賂字同意夷賂馬兩金十鈞因作敦以紀之也引古弘字是敦為潘文勤公所藏無蓋

愙齋集古錄

癸敨

惟八月既生霸癸
作文祖考隫寶
敨用孝于宗室癸
其萬年孫孫子子永寶

吳氏四歐堂藏本
民國廿六年重裝

格伯作晉姬敨

惟三月初吉格
伯作晉姬寶敨
子子孫孫其永寶用

愙齋集古錄

尗向父敨

叔向父朕曰余小子嗣朕
皇考肇帥井先文祖共明
德秉威義用纘造奠保
我邦我家作朕皇祖幽大
叔尊敨其　在上降余多
福緐釐廣啟朕身𤔲于
永命朕其萬年永寶用

吳氏四歐堂藏本
民國廿六年重裝

愙齋集古錄

仲𫸩父敦

潘文勤公藏器

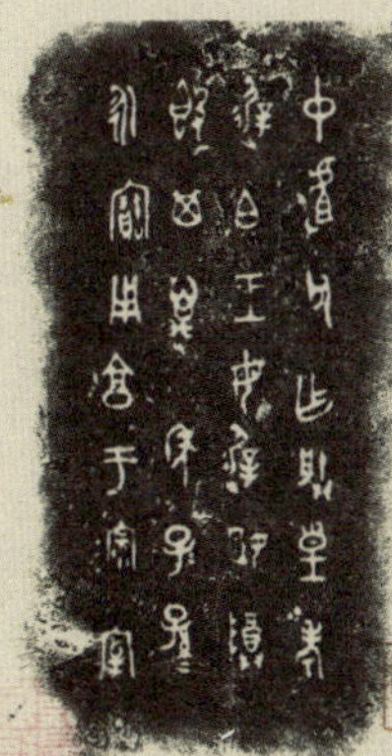

仲𫸩父作朕皇考遟伯王母遟姬尊敦其萬年子₌孫₌永寶用享于宗室

邿遣敦

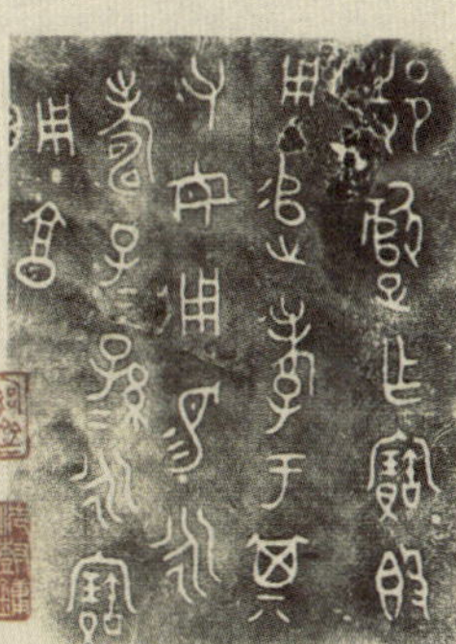

邿遣作寶敦用追孝于其父母用錫永壽子₌孫₌永寶用享

吳氏四歐堂藏本 民國廿六年重裝

愙齋集古錄

祖庚乃孫敦

陳簠齋所藏器祖日庚為乃孫所作敦也𢓊即古世字从竹與枼字从木同意用世享孝其子₌孫₌其永寶用永字湧溢為青綠所掩未𠦪二字猶後世用押之義彝器中常有之或即作器者之名祖日庚其行之次叙非名也

南方敦

濰縣陳氏藏器字體奇古它器所未見

姛當即妣之反文說文㛤婦官也𢑱疑𪓐之省文變𦍌為彐与𪓐鼎𪓐字相似

妣𪓐母作南方寶敦子₌孫₌其永寶用

录伯𢦚敦右闕四方作三字此云作南方寶敦似人名

吳氏四歐堂藏本 民國廿六年重裝

立戈形尊

愙齋集古錄

亞犧形尊

器文

犧形 亞形

蓋文

犧形 亞形

吳氏四歐堂藏本 民國廿六年重裝

象尊

蓋文

器文

愙齋集古錄

母癸方尊

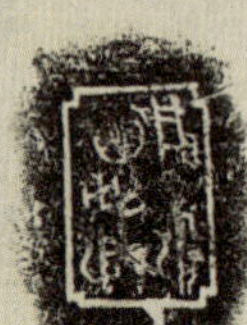

亞形中母癸㠯
兩手奉舟形
子執旂形乙
足迹形

吳氏四歐堂藏本 民國廿六年重裝

父辛尊

京劉中遷作
父辛寶𢑴彝

吳氏四歐堂藏本
民國廿六年重裝

變尊

器文

蓋文

𡕒作
寶尊彝

𡕒疑古变字

吳尊 蓋

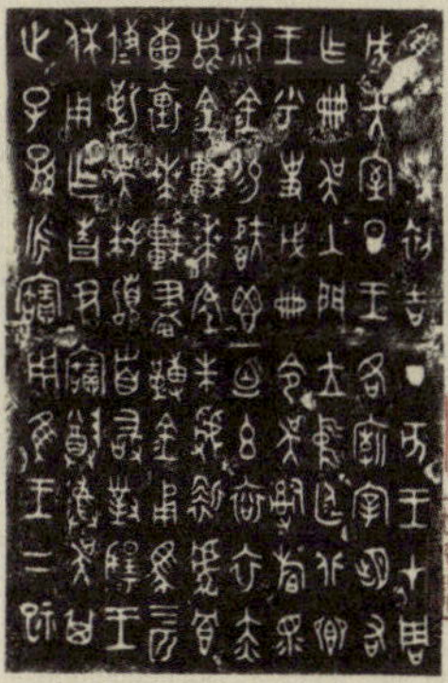

窸齋集古錄

吳氏四歐堂藏本
民國廿六年重裝

敢尊

唯十有三月既生霸丁卯敢
從師雝父戍于公阜
之年敢蔑曆仲棠父錫
金敢拜稽首對揚棠父
休甬作父乙寶旅尊彝其子孫永用

雝當即雝字或從呂作雝𦅫曆訓黽勉密勿皆未塙如庚
羆卣𠂇蔑庚羆曆則不可解矣

師遽方尊

蓋文

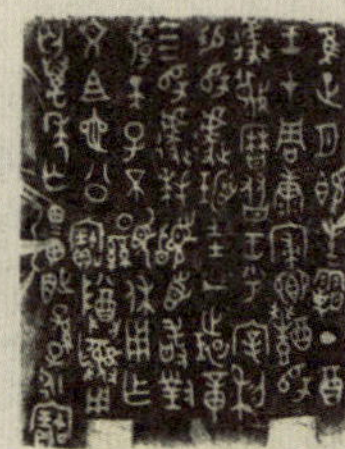

惟正月既生霸丁酉
王在周康寢鄉醴師
遽蔑曆友王呼宰利
錫師遽瓌圭一環章
三師遽拜䭫首敢對
揚天子丕顯休用作
文且也公寶尊彝用
匄萬年無疆世孫子永寶

瑫 疑瓌字省文說文瓌玉也从玉瓌聲讀若

愙齋集古録

吴氏四歐堂藏本 民國廿六年重裝

高宇形壺

蓋文

器文

亞形燕宇壺

器文

蓋文

吴父壺蓋 歸安吴氏藏 器失

吴父作
父壬寶壺

愙齋集古録

吴氏四歐堂藏本 民國廿六年重裝

父乙壺

形季吉父乙戈左匽

齊侯壺

歙安吳氏兩罍軒藏器

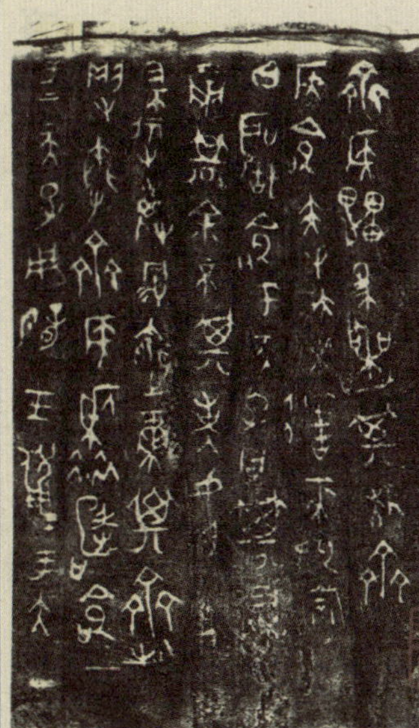

愙齋集古錄

吳氏四歐堂藏本
民國廿六年重裝

器文

釋同前

杞伯敏父壺

杞伯敏父作
邾姝寶壺其
萬年眉壽子=
孫=永寶用享

愙齋集古錄

吳氏四歐堂藏本
民國廿六年重裝

虞司寇壺

虞司寇伯
[illegible]作寶壺用
享用孝用祈
眉壽子=孫=
永寶用之

雹壺

雹

愙齋集古錄

吳氏四歐堂藏本
民國廿六年重裝

商立戈形罍

仲義父𦉢

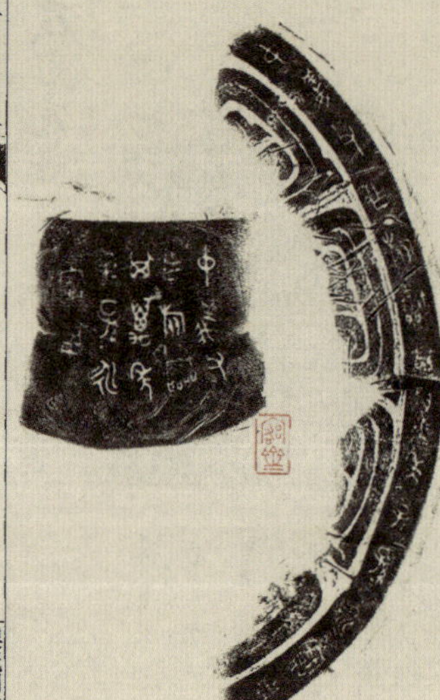

愙齋集古錄

吳氏四歐堂藏本
民國廿六年重裝

晉邦盦

立戈父丁盉

器文

盖文

立戈形子孙形作父丁彝

释同前

吴氏四歐堂藏本
民國廿六年重裝

曾伯霥簠

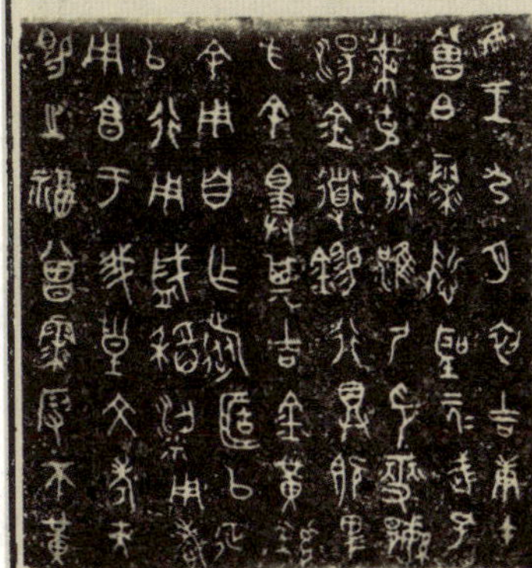

唯王九月初吉庚午
曾伯霥悊聖元武孔
黹克狄淮夷女變繁
湯金道錫金行具既俾
方余擇其吉金黄鏞
余用自作旅簠以征
以行用盛稻粱用孝
用享于我皇文考天
錫之福曾霥叚繼黄

虢叔簠

虢叔作旅簠
其萬年永寶

愙齋集古録

魯士浮父簠

器

盖

释同前

释同前

吴氏四歐堂藏本
民國廿六年重裝

愙齋集古録

魯士郛父簠

器

釋同前

蓋

釋同前

季良父簠

季良父作
宗娟媵簠
其萬年子子
孫孫永寶用

吳氏四歐堂藏本
民國廿六年重裝

愙齋集古録

伯筍父簋

伯筍父
作旅簋

孌姬簋

蓋

器

中伯作孌
姬旅簋用

吳氏四歐堂藏本
民國廿六年重裝

愙齋集古録

曼龏父簋

曼龏父作寶簋用享孝宗室其萬年無疆子孫永寶用

虢叔簋

吳氏四歐堂藏本 民國廿六年重裝

愙齋集古録

仲義父簋

蓋

器

伯孝簋

蓋

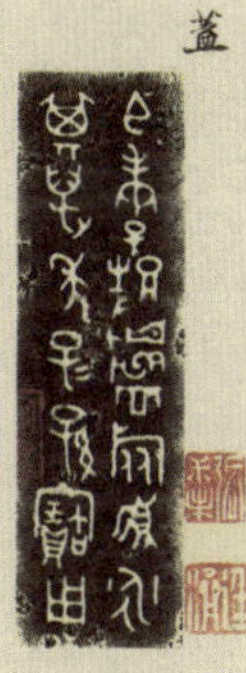

伯孝𩰫鑄旅簋永其萬年子孫寶用

器

吳氏四歐堂藏本 民國廿六年重裝

遲簋

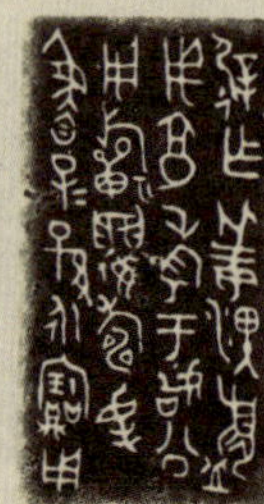

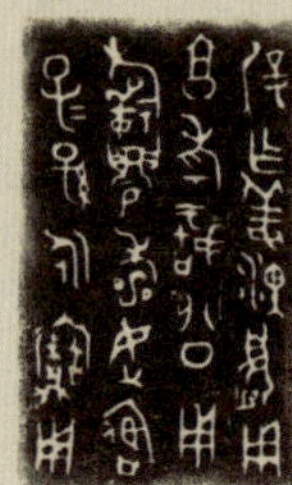

遲作姜湨簋
用亯考于口公
用祈眉壽口
魯子孫永寶用

釋同前

吳氏四歐堂藏本
民國廿六年重裝

皃叔簋

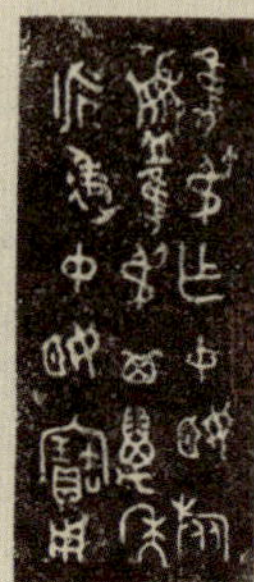

東武李氏藏

丼姑簋

丼姑作旅簋其
萬年永寶用

愙齋集古録

吳氏四歐堂藏本
民國廿六年重裝

丁𦥯盤 愙齋自藏

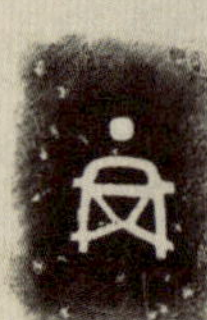

丁𦥯

陽識丁𦥯二字在
盤底背

𦉢父辛盤

愙齋集古錄

吳氏四歐堂藏本 民國廿六年重裝

中兒良父盤

作中宝器 用 中兒良父

此器文簡字古商器也乚乚張孝達釋作𢓊不相或疑左師二字昭疑造字或是人名金疑金之省字宀寶之省㫃器之省舊藏崇樸山將軍處㠯或釋良或卽㠯字不疑父字

散盤

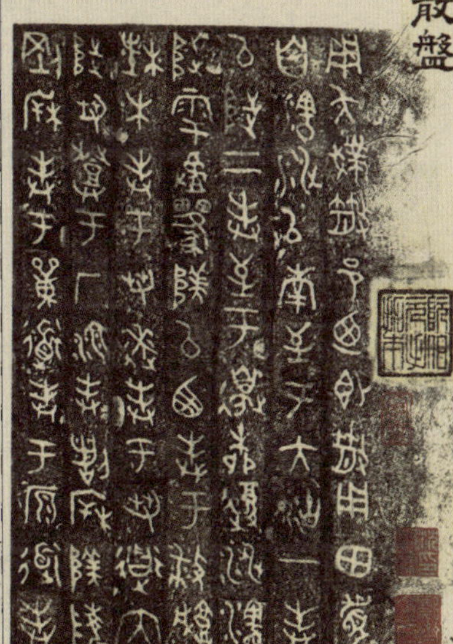

愙齋集古錄

吳氏四歐堂藏本 民國廿六年重裝

奉冊𦉢匜 潘文勤公藏器

器文

雙手奉冊形 𦉢

蓋文

釋同前

陽識立戈形卣

立戈形

吳氏四歐堂藏本 民國廿六年重裝

立戈形卣

立戈貝丁乙

是卣器有字而蓋無字渭南趙乾生所藏戈爲立戈形或云類干戚之戚戊之屬也上作冂當係兵飾貝即貝形三代兵制不可考往往于古文見之器不一制故文亦各異丁疑亦古兵与即戊己之己祭品中紀數也

商方卣 蓋 愙齋自藏

王錫小臣𧷤錫貝在寑用作祖乙尊父手執筆形兩手奉觚形

商方卣 器 愙齋自藏

釋同前

愙齋集古錄

吳氏四歐堂藏本 民國廿六年重裝

子執旂形祖乙卣

器文

立旂形 祖乙 子形

蓋文

釋同前

愙齋集古録

祖乙父辛卣

蓋文

皿
祖乙
父辛

田
叔古皿字

器文

釋同前

析子孫父乙卣

蓋文

析子孫作
父乙彝

器文

釋同前

吳氏四歐堂藏本
民國廿六年重裝

愙齋集古録

田文旁父丁卣

田文旁作
父丁宗寶彝

舉父己卣 李山農所藏卣蓋 器無文

人
父己

吳氏四歐堂藏本
民國廿六年重裝

冊〻陸〻父庚卣

蓋文

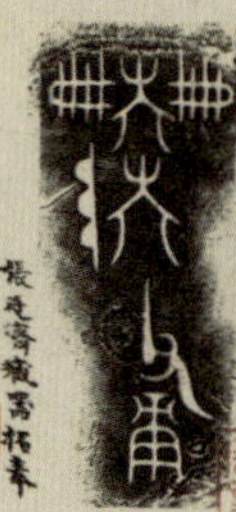

攈古齋藏器拓本
粹堂大人

器文

冊陸冊
〻
父庚

釋同前

吳氏四歐堂藏本
民國廿六年重裝

家父庚卣

家
立戈形
父庚

古家字从宀从豕凡祭士以羊豕古者庶士庶人無廟祭於寢陳豕於屋下而祭也

丂父庚卣

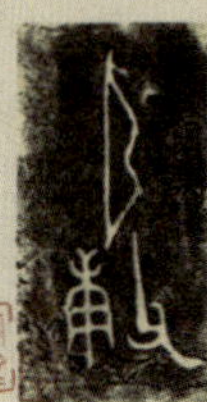

丂形
父庚

耳父辛卣

蓋文

耳形 人折腰飲爵形 父辛 蓋文陽識

器文

釋同前

愙齋集古錄

吳氏四歐堂藏本
民國廿六年重裝

箱父辛卣

蓋文

箱作父辛
寶尊彝享

器文

釋同前

爵形父癸卣蓋 歸安吳氏藏 器失

爵形手執父癸

吳氏四歐堂藏本 民國廿六年重裝

匕𢑚父癸卣

匕𢑚父癸

首一字似刀者當即匕形古文多象形篆文向左為刀向右為匕刀匕之形相類禮杜蕢云非刀匕是共又敦與知旁是刀匕之用亦相類也儀禮少牢饋食禮廪人摡甑甗匕與敦注曰匕所以匕黍稷也又士昏禮匕俎從設注匕所以別出牲

咎父癸卣

器文

烏集木形 咎作父癸寶尊彝

蓋文

咎作父癸寶尊彝用旅軒

愙齋集古錄

吳氏四歐堂藏本 民國廿六年重裝

樹敏卣

蓋文

饕餮形 陽識

器文

樹敏 省文

樹敏二字一作嘉母

巻父己卣

巻作寶
尊彝
父己

愙齋集古錄

寡子卣

自藏後歸潘氏攀古樓一作帝家卣

蓋文

享丕叔華節邦
惟庠辞帝家以
寡子作永寶子

是卣蓋文似不完或蓋器連文或合數器而成皆不可考
左旋右旋均未可定不弔或即丕叔或釋不淑惟帝家二
字無疑寡子舊釋曼子以毛公鼎乃矜鰥寡器文鰥寡
字證之如非曼字

吳氏四歐堂藏本
民國廿六年重裝

向卣

器文

蓋文

愙齋集古錄

雁公卣

吳氏四歐堂藏本
民國廿六年重裝

愙齋集古録

父丁甗

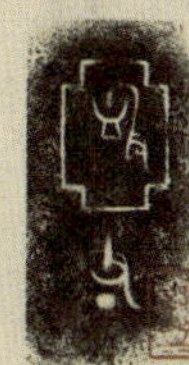

子執戈形 父辛

父辛甗

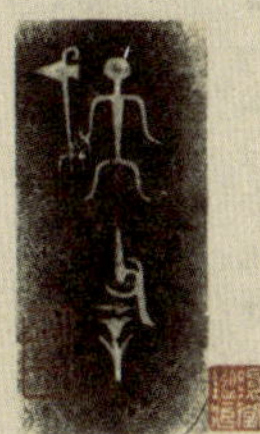

吳氏四歐堂藏本
民國廿六年重裝

愙齋集古録

伯貞甗

伯貞作旅車甗

龔妊甗

龔妊甗

吳氏四歐堂藏本
民國廿六年重裝

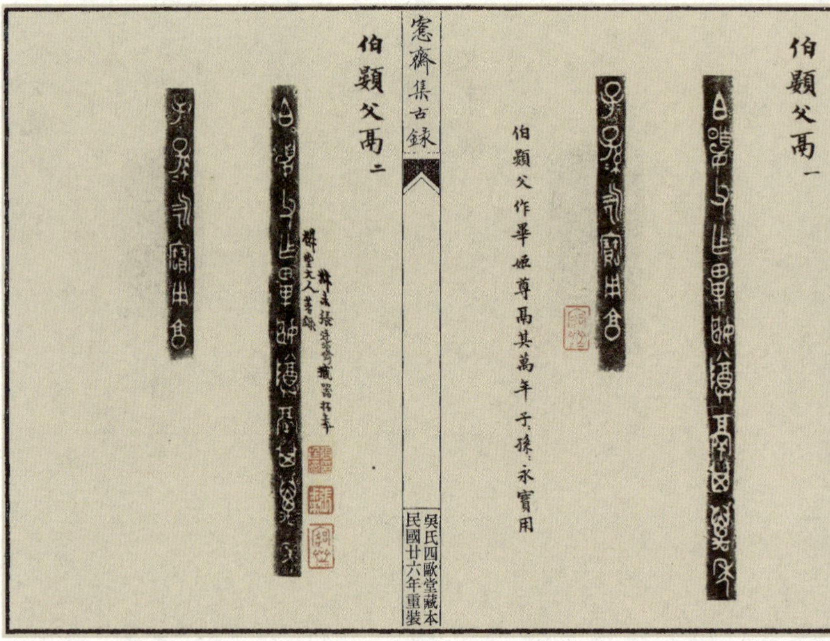

伯顯父鬲一

伯顯父作畢姬尊鬲其萬年子孫永寶用

愙齋集古録

吳氏四歐堂藏本
民國廿六年重裝

伯顯父鬲二

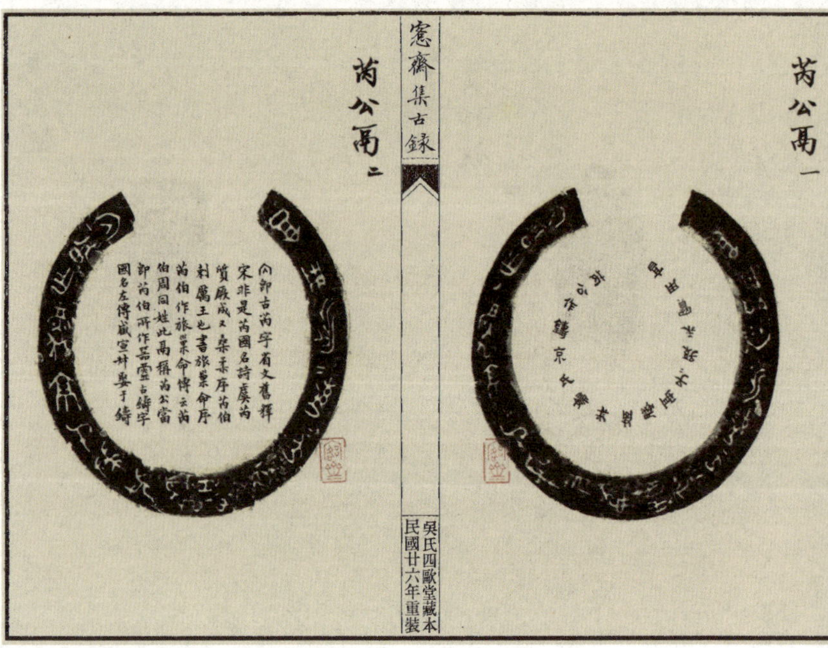

芮公鬲一

愙齋集古録

吳氏四歐堂藏本
民國廿六年重裝

芮公鬲二

內即古芮字有文舊釋宋非是芮國名詩虞芮質厥成又桑柔序芮伯刺厲王也書旅巢命序芮伯作旅巢命傳云芮伯周同姓此鬲稱芮公當即芮伯所作器古鑄字國名左傳戚宣卅娶于鑄

庚姬鬲一

庚姬作𠃬　尊鬲其永寶用

吳氏四歐堂藏本
民國廿六年重裝

庚姬鬲二

番君鬲

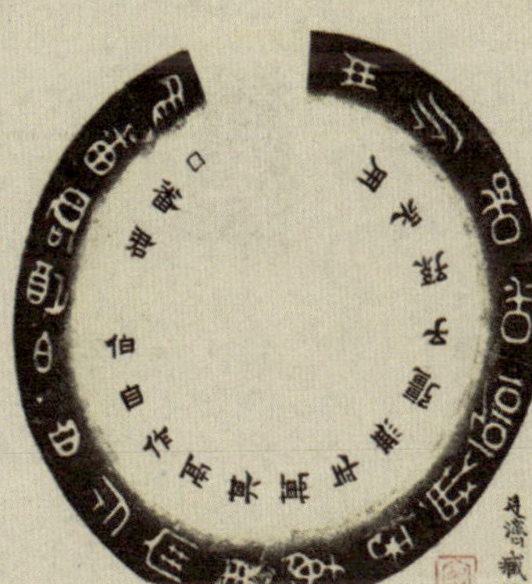

□鄱君伯自作鬲其萬年無疆子孫永用

窓齋集古錄

吳氏四歐堂藏本
民國廿六年重裝

同姜鬲

同姜作尊鬲

兕乙觚

兕形 乙

癸鶩形觚

吴氏四歐堂藏本
民國廿六年重裝

愙齋集古録

祖乙觚

祖乙 孫

祖戊觚

斲木形 祖戊

吴氏四歐堂藏本
民國廿六年重裝

愙齋集古錄

手執立戈形父乙觚

子犧形父乙觚

父乙子犧形

女釋作豕

吳氏四歐堂藏本

民國廿六年重裝

愙齋集古錄

父己鱓

舉父己鱓

舉父己

孫父己觶

孫父己

子父己鱓

子叀己父

吳氏四歐堂藏本

民國廿六年重裝

愙齋集古錄

子孫父乙卣

潘文勤公藏器

子孫父乙

父丁卣

吳氏四歐堂藏本
民國廿六年重裝

愙齋集古錄

父戊角

宰椃角

器文

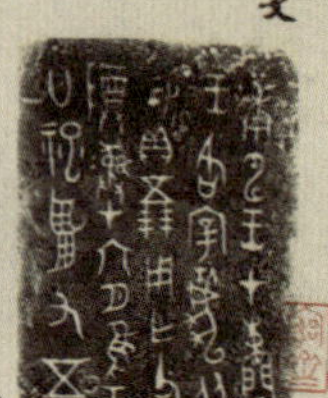

蓋內文

吳氏四歐堂藏本
民國廿六年重裝

剛爵 愙齋自藏

⿸虍耳爵

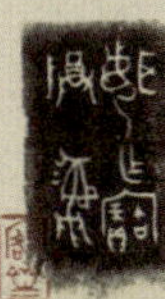

剛作寶隫彝

爵文多在鋬此爵文在腹故字亦較大剛字見散氏盤此作器者之名也

⿸虍耳作寶隫彝

首一字从虎从耳許書所無作器者之名也此爵字在腹係陳簠齋晚年所得器

愙齋集古錄

吳氏四歐堂藏本 民國廿六年重裝

⿺黽乇婦爵 愙齋自藏一

⿺黽乇婦爵 愙齋自藏二

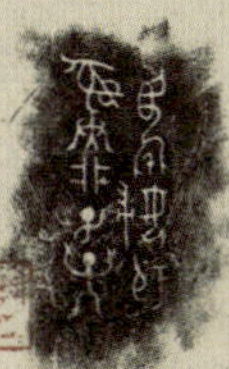

⿺黽乇婦刊彝析子孫

黽乇字从黽从乇說文所無人名也刊字當釋刊刊彝作尊彝也

是爵愙齋得之山左賈人云衍聖公府内爐餘器當時出土有二爵其一爲濰縣賈人所得不知流落何所矣

釋同前

是爵係友人尹伯圜在濰縣爲大澂所得伯圜曰出土時有二爵惜其一爲人購去余曰已得之矣相與撫掌大笑

饕餮文爵一

饕餮文爵二

陳簠齋藏爵二作饕餮形者左氏文十八年傳謂之饕餮注貪財爲饕貪食爲餮說文作飻爵文作饕餮文者戒貪飲之義

愙齋集古錄

吳氏四歐堂藏本 民國廿六年重裝

饕餮文爵

饕餮文

此亦葉氏所藏爵陳簠齋文云爵文作饕餮文戒貪飲也後漢袁紹傳注貪財爲饕貪食爲餮

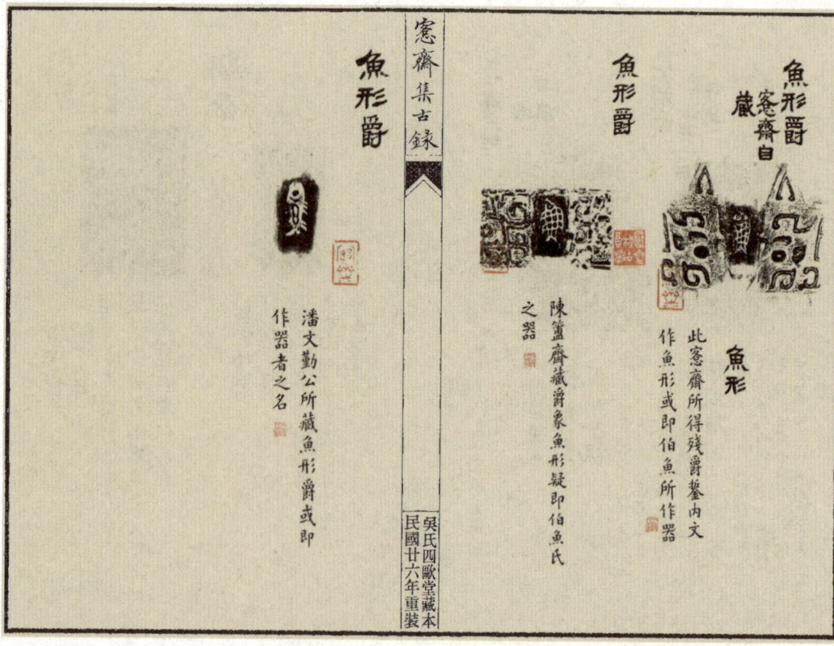

魚形爵　愙齋自藏

魚形

此愙齋所得殘爵鋬內文作魚形或即伯魚所作器

魚形爵

陳簠齋藏爵象魚形疑即伯魚氏之器

愙齋集古錄

吳氏四歐堂藏本　民國廿六年重裝

魚形爵

潘文勤公所藏魚形爵或即作器者之名

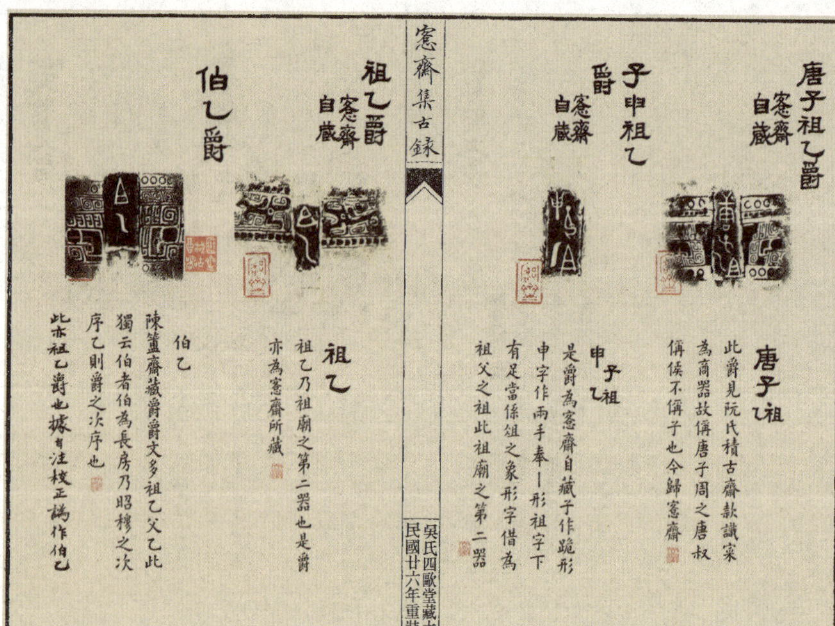

唐子祖乙爵　愙齋自藏

唐子祖乙

此爵見阮氏積古齋款識案為商器故偁唐子周之唐叔偁侯不偁子也今歸愙齋

子申祖乙爵　愙齋自藏

子申祖乙

是爵為愙齋自藏子作跪形申字作兩手奉丨形祖字下有足當係俎之象形字借為祖父之祖此祖廟之第二器

愙齋集古錄

吳氏四歐堂藏本　民國廿六年重裝

祖乙爵　愙齋自藏

祖乙

祖乙乃祖廟之第二器也是爵亦為愙齋所藏

伯乙爵

伯乙

陳簠齋藏爵爵文多祖乙父乙此獨云伯者伯為長房乃昭穆之次序乙則爵之次序也

此亦祖乙爵也據自注校正譌作伯乙

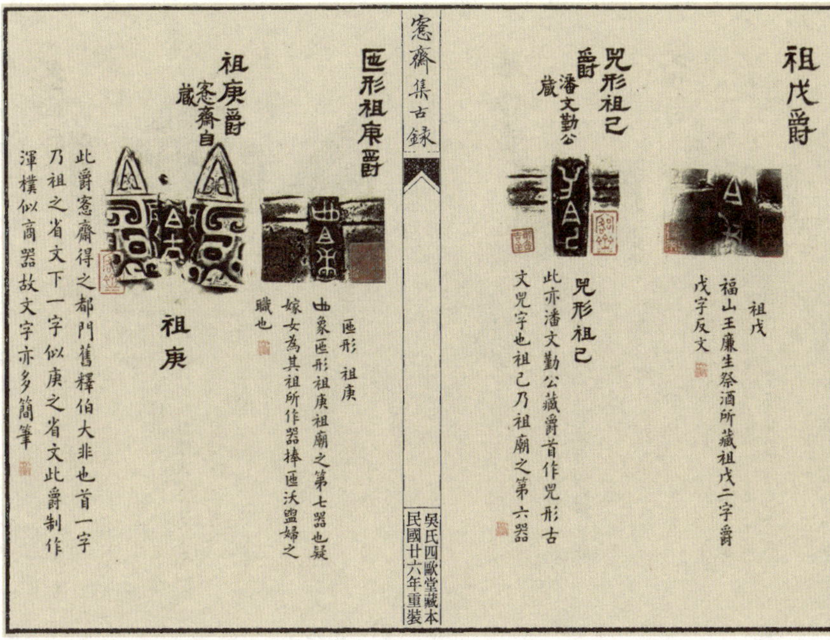

愙齋集古錄

祖戊爵

祖戊

福山王廉生祭酒所藏祖戊二字爵戊字反文

兕形祖己爵 潘文勤公藏

兕形祖己

此亦潘文勤公藏爵首作兕形古文兕字也祖己乃祖廟之第六器

匜形祖庚爵

匜形 祖庚

由象匜形祖庚祖廟之第七器也疑嫁女為其祖所作器捧匜沃盥婦之職也

祖庚爵 愙齋自藏

祖庚

此爵愙齋得之都門舊釋伯大非也首一字乃祖之省文下一字似庚之省文此爵制作渾樸似商器故文字亦多簡筆

吳氏四歐堂藏本民國廿六年重裝

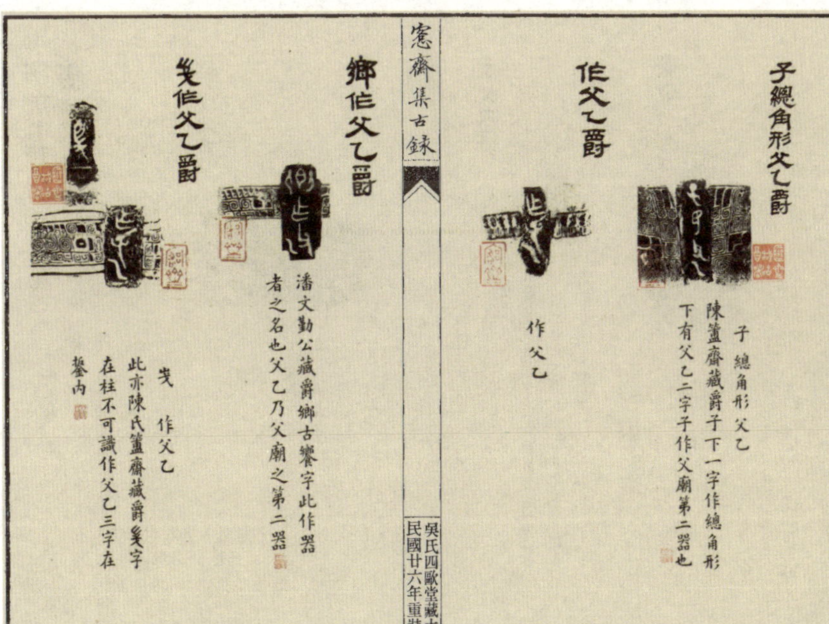

愙齋集古錄

子總角形父乙爵

子 總角形 父乙

陳簠齋藏爵子下一字作總角形下有父乙二字子作父廟第二器也

作父乙爵

作父乙

鄉作父乙爵

潘文勤公藏爵鄉古饗字此作器者之名也父乙乃父廟之第二器

戔作父乙爵

戔 作父乙

此亦陳氏簠齋藏爵戔字在柱不可識作父乙三字在鋬内

吳氏四歐堂藏本民國廿六年重裝

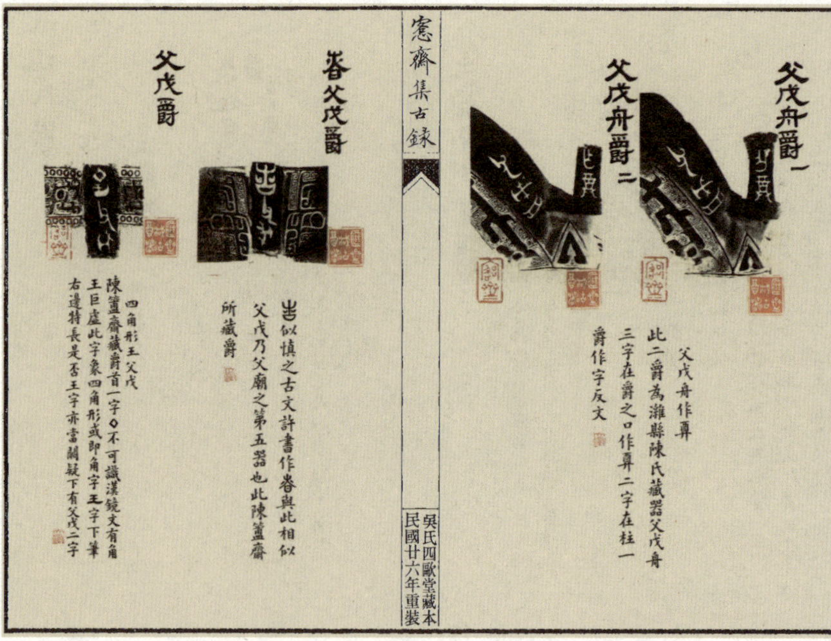

父戊舟爵一

父戊舟爵二

父戊舟作尊

此二爵為濰縣陳氏藏器父戊舟三字在爵之口作尊二字在柱一爵作字反文

眷父戊爵

[illegible]似慎之古文許書作眷與此相似父戊乃父廟之第五器也此陳簠齋所藏爵

父戊爵

四角形王父戊

陳簠齋藏爵首一字◇不可識漢鏡文有角王巨虛此字象四角形或即角字王字下筆右邊特長是否王字亦當闕疑下有父戊二字

愙齋集古録

吳氏四歐堂藏本民國廿六年重裝

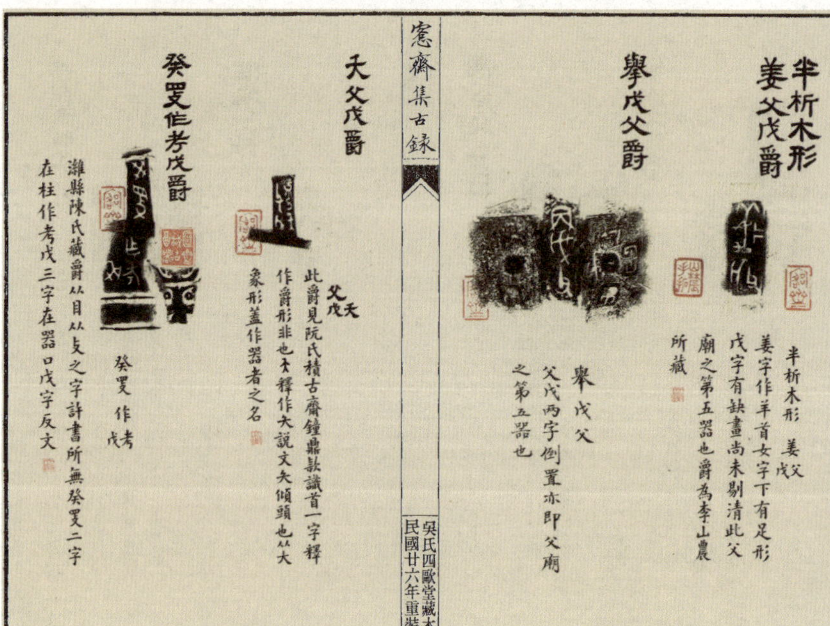

芈析木形姜父戊爵

芈析木形 姜父戊

姜字作羊首女字下有足形戊字有缺畫尚未剔清此父廟之第五器也爵為李山農所藏

舉戊父爵

舉戊父

父戊兩字倒置亦即父廟之第五器也

夭父戊爵

父戊夭

此爵見阮氏積古齋鐘鼎款識首一字釋作爵形非也[illegible]釋作夨說文夨傾頭也从大象形蓋作器者之名

癸[illegible]作考戊爵

癸[illegible]作考戊

濰縣陳氏藏爵从目从攴之字許書所無癸[illegible]二字在柱作考戊三字在器口戊字反文

愙齋集古録

吳氏四歐堂藏本民國廿六年重裝

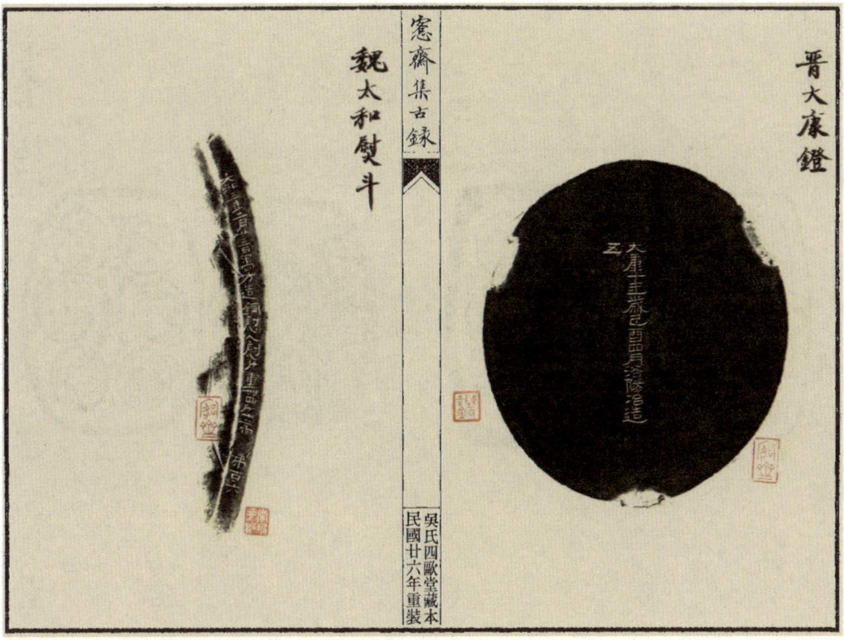
晉大康鐙
窓齋集古録
吳氏四歐堂藏本
民國廿六年重裝
魏太和熨斗

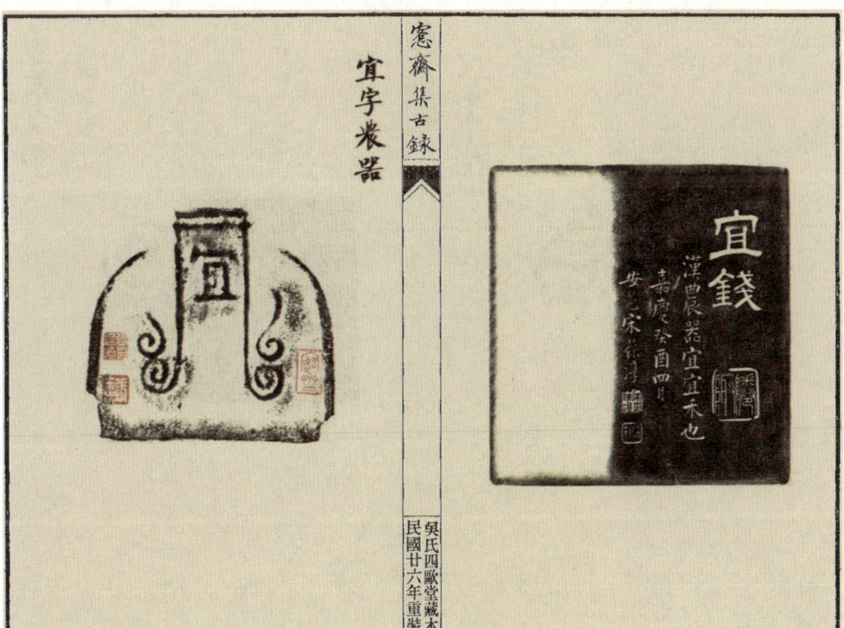
宜錢
漢農器宜字也
嘉慶癸酉四月
窓齋集古録
吳氏四歐堂藏本
民國廿六年重裝
宜字農器

大泉五十笵一

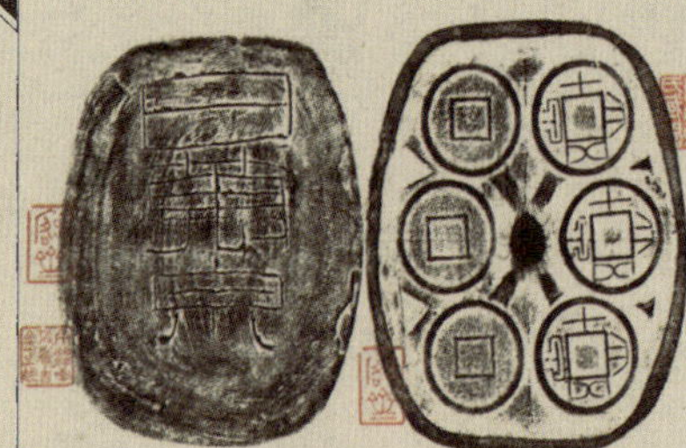

愙齋集古錄

吳氏四歐堂藏本
民國廿六年重裝

大泉五十笵二

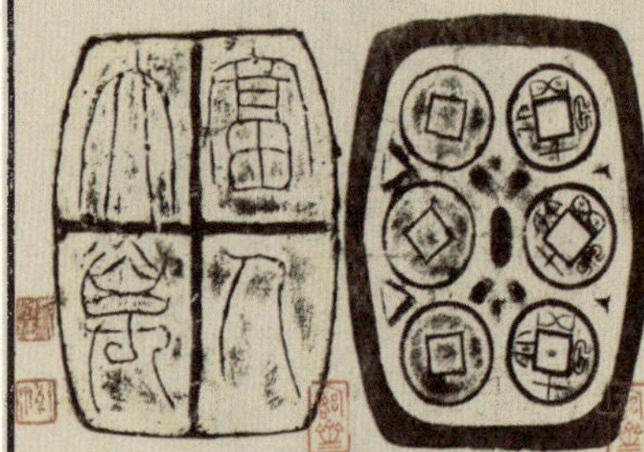

大泉五十笵六

愙齋集古錄

吳氏四歐堂藏本
民國廿六年重裝

大泉五十笵七

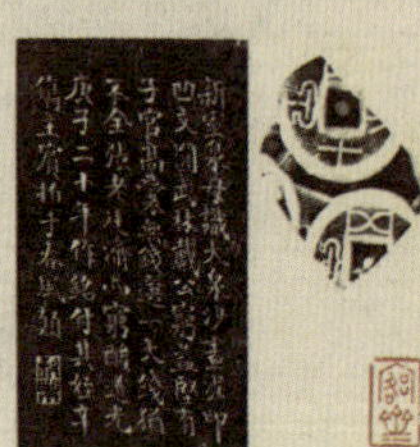

大布黄千泉笵

愙齋集古録

吳氏四歐堂藏本
民國廿六年重裝

貨布笵

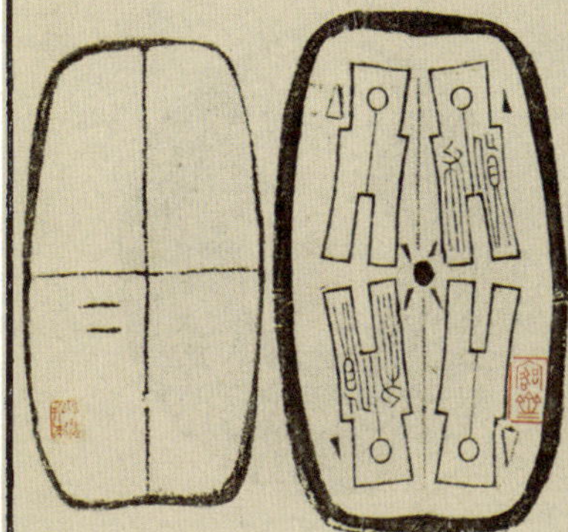

宜子孫燭錠

愙齋集古録

吳氏四歐堂藏本
民國廿六年重裝

漢宜子孫行鐙 愙齋自藏

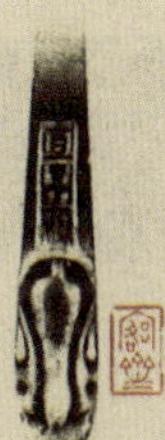

愙齋集古録

綏和鴈足鐙

竟寧鴈足鐙

吳氏四歐堂藏本
民國廿六年重裝

愙齋集古録

陽泉使者薰鑪

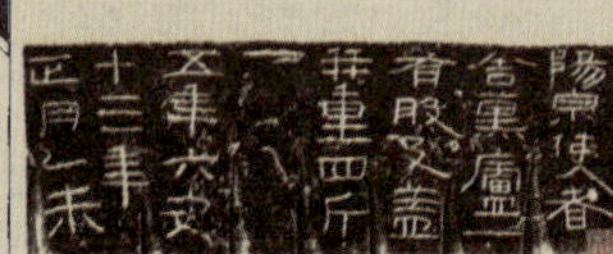

陽泉使者
舍熏鑪一
有般及蓋
并重四斤
一
五年六安
十三年
正月乙未

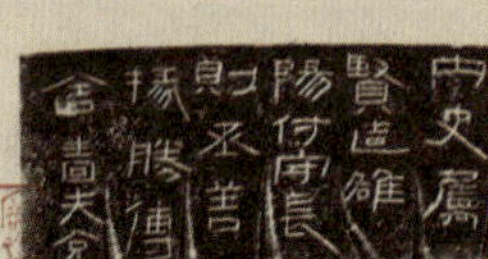

内史屬
賢造雒
陽付守長
則丞善
掾勝傳
舍嗇夫兑

吳氏四歐堂藏本
民國廿六年重裝

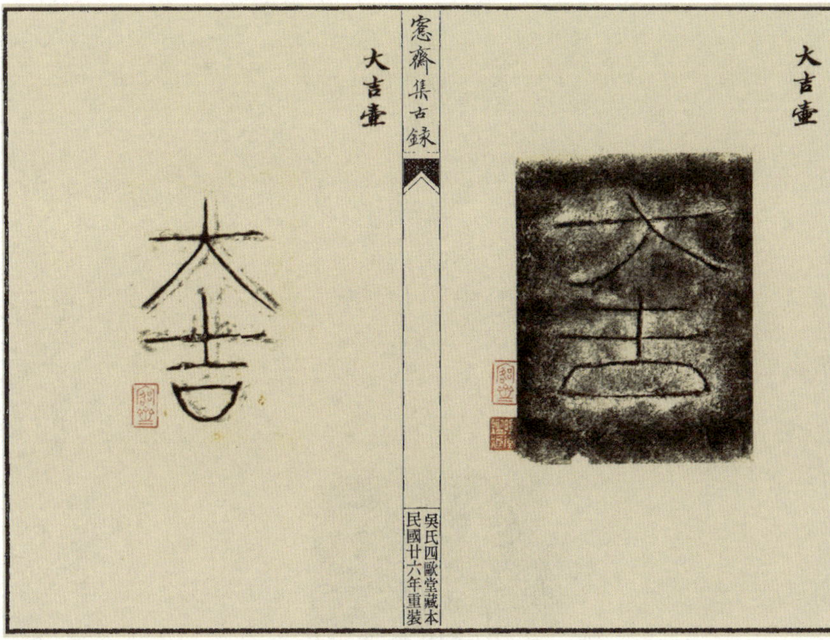
大吉壺
愙齋集古錄
大吉壺
吳氏四歐堂藏本
民國廿六年重裝

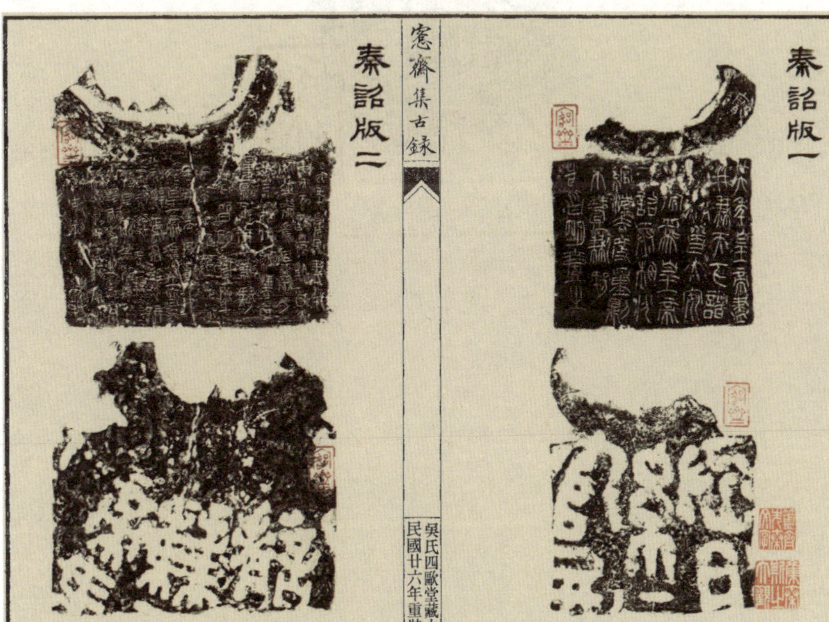
秦詔版一
愙齋集古錄
秦詔版二
吳氏四歐堂藏本
民國廿六年重裝

权衡度量实验考

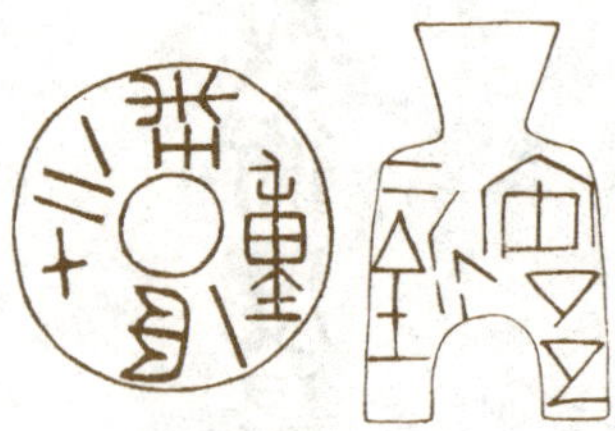

《权衡度量实验考》是吴大澂因古代度量衡制度沿革莫明其理，乃取所藏周、秦、汉、唐历代玉圭、璧、琮、律琯、权、量、兵器、钱币等古器物，相互比勘实验，以考证古度量衡之因革变迁，撰为是书。原定分尺、权、量三类，实仅成尺、权二类。所录器物均有图。其中对黄钟律琯和历代尺度的考证极为缜密。其内容重点集中在两宋时期的器物及相关的计量制度，详细探讨了这些器制与社会生活的密切关联，对于带计量性质的历史研究，书中精选了最具代表性的器物图片，并通过扼要论述从一个特殊的层面反映了中华民族的智慧和对世界文明的贡献，是与各国计量史同行进行交流的极好书品。

權衡度量實驗攷

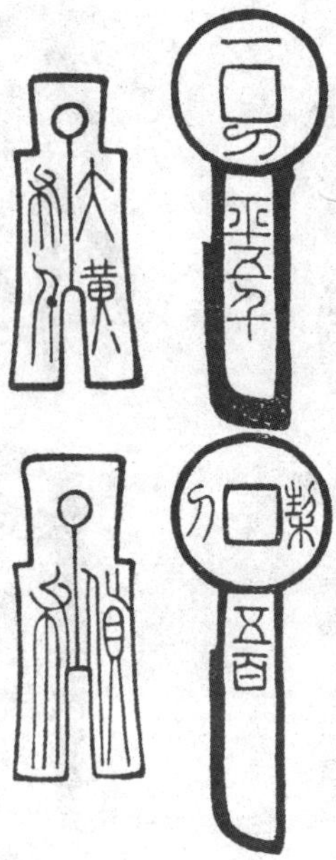

權衡度量實驗攷

頭品頂戴兵部尚書兼都察院右副都御史湖南巡撫吳大澂撰

總論

不知古尺不可與言律不知古律不可與言數數起於黃鐘黃鐘之律失其制則權衡度量皆不得其正而古樂由此亡矣律呂之誤誤於漢劉歆之私說以黃鐘律琯爲九寸而不言其口徑容黍之數班固漢志襲其說

鄭康成注周禮亦沿其誤後之攷律呂者以班鄭爲師法以黃鐘九寸爲定論而莫能正其非故隋志歷驗各律容黍之數無一合秬黍千二百者後人遂疑黃鐘之琯不能實容千二百黍誤矣宋蔡季通律呂新書本朝錢溉亭先生律呂古誼於算法言之甚詳而不知黃鐘之誤仍以九寸律求之是邃於數學而昧於律度古

樂之亡卒莫能起而正之也大澂素不知算亦不知律始讀漢書律歷志茫然莫明其理及得古宏璧鎮圭鎮琮尺寸皆同始知周尺之準後得古玉律琯又與宏璧鎮圭鎮琮尺寸絲毫不爽度之則十之一寸以黑秬黍實之適容千二百顆始知是琯爲周之黃鐘律琯無疑律琯之尺寸既確則大澂所定之周尺益可自信而黃鐘

之琯實容秬黍千二百顆亦可深信而不疑由此積算而類推之古尺古權古量皆可得其實數而一以貫之矣懼古器之久而散失而黃鐘之律不明於天下爰箸權衡度量實驗攷而以周秦漢唐之古器古兵古權古尺古量古泉確有可據者分類圖之後之覽者循是以攷古律之原而以數學精算之或可存雅頌以

前古樂之舊令三代之權衡度量晦而復顯是所望於後之君子又大澂之所深幸也

尺之類十 以黃鐘律琯尺較各尺之長短

一周鎮圭尺

一周黃鐘律琯尺

一古劍尺

一漢慮俿銅尺

一王莽銅尺

一蜀漢建興弩機尺

一晉前尺

一唐開元尺

一宋三司布帛尺

一本朝工部營造尺

權之類十 以今所用庫平較各權之輕重

一較黃鐘律琯所容秬黍之輕重

一較古幣之輕重

一較古矢鏃之輕重

一較秦半兩泉之輕重

一秦八兩權泉

一秦斤權

一秦三十斤之鈞權

一秦一百二十斤之石權

一較王莽泉刀之輕重

一較唐開元泉之輕重

量之類九 以黑秬黍之多寡較各量之所容

一較黃鐘律琯所容秬黍以定周制升合

一較古豆之所容

一較齊陳氏銅鋘之所容

一較齊陳氏銅釜之所容

一較秦量之所容

一較漢銅鼎之所容

一較漢銅桮之所容
一較漢銅鐙之所容
一較漢銅斛之所容
續有所見足資攷證者附圖於後

權衡度量實驗攷　五

周鎮圭尺

璧羨度尺同

大澂所藏古玉與是尺可相證者二十有四器
鎮圭十有二寸　琬圭十有二寸　搢圭一尺　桓圭九寸
瑑圭十有一寸　瑁五寸　珽六寸　四圭九寸
宏璧十有二寸　九寸璧　七寸璧　六寸璧　五寸璧五
五寸環三　大琮十有二寸　九寸琮　四寸琮　玉瞿十有二寸

權衡度量實驗攷　六

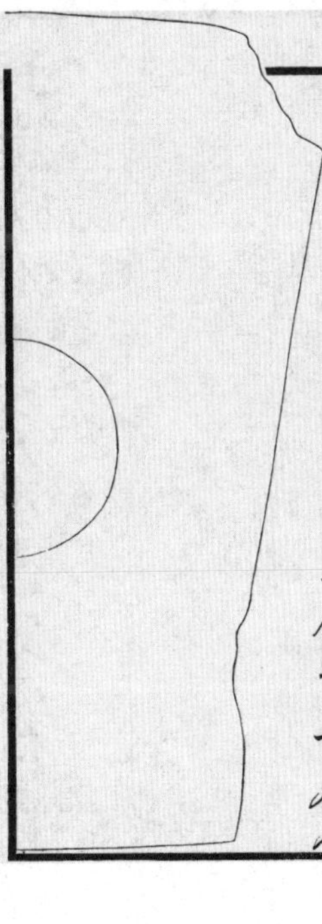

鎮圭

大澂得是圭於大梁審為天子圭中必之圭當合周尺十有二寸因此攷定周尺又以大琬大琮九寸璧較之無不合者

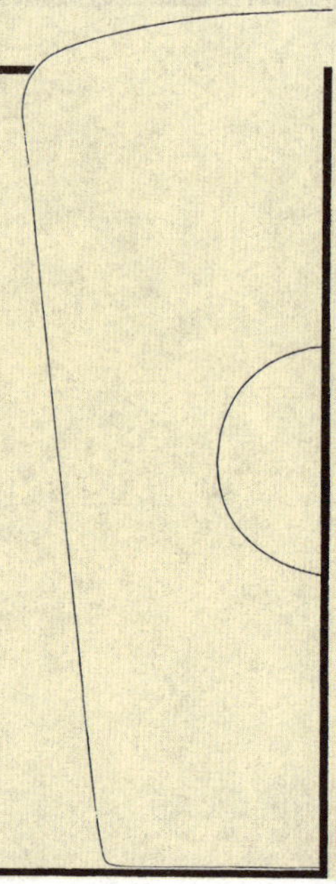

琬圭 合鎮圭尺十有二寸書顧命鄭注大璧大琬大琰皆度尺寸者

攷工記玉人琬圭九寸而繅以象德鄭注琬猶圜也王使之瑞節也典瑞琬圭以治德以結好先鄭云琬圭無鋒芒故以治德結好

搢圭 合鎮圭尺一尺旁有一穿當係橫佩如搢珽然

桓圭 合鎮圭尺九寸當即上公所執之桓圭

瑑圭

合鎮圭尺十有一寸刻文細而精周禮所謂瑑圭璋璧琮是也

瑁

合鎮圭尺五寸玉色純黑説文瑁諸侯執圭朝天子天子執玉以冒之似犂冠

段注云爾雅注作犂館謂耜也周禮匠人耜廣五寸二耜之伐廣尺是玉五寸與犂冠之說合

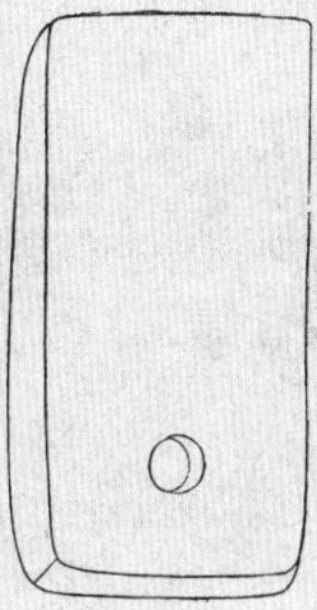

珽

形制與鎮圭同適合鎮圭尺六寸玉質中含金星似今之金星瑪瑙古玉中所罕見

周禮鄭注引相玉書曰珽玉六寸明自照與大圭長三尺之說不符及得是玉知古珽有六寸者與相玉書合

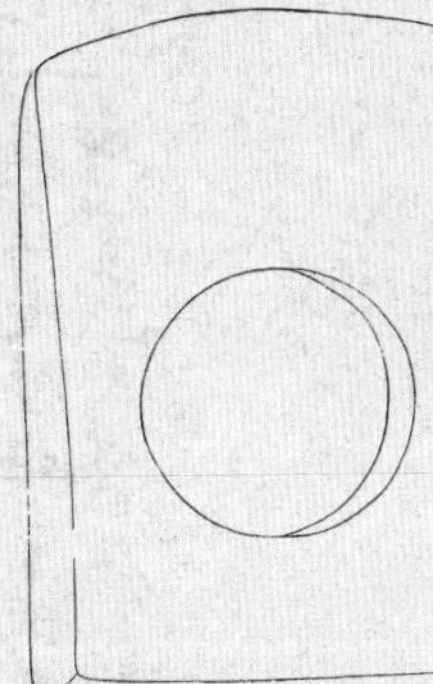

四圭

四面作圭首形中含一璧璧徑合鎮圭尺九寸當即攷工記四圭有邸以祀上帝之器

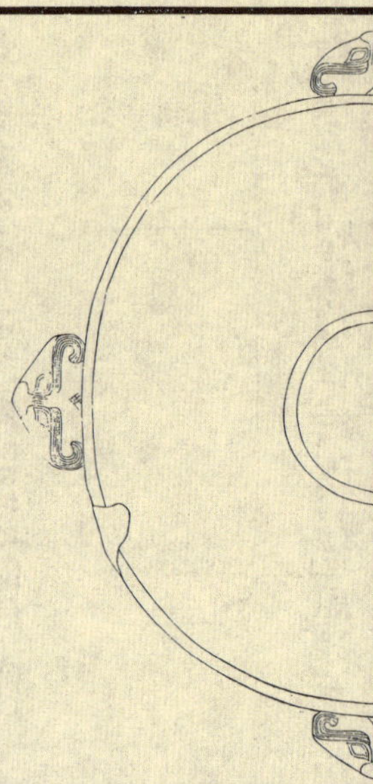

權衡度量實驗攷　十一

宕璧

合鎮圭尺十有二寸

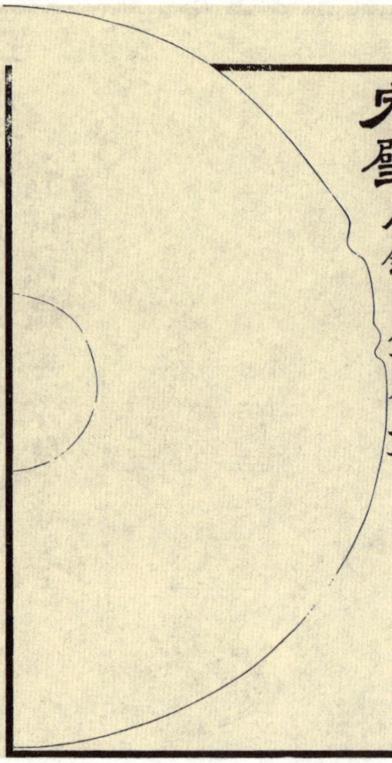

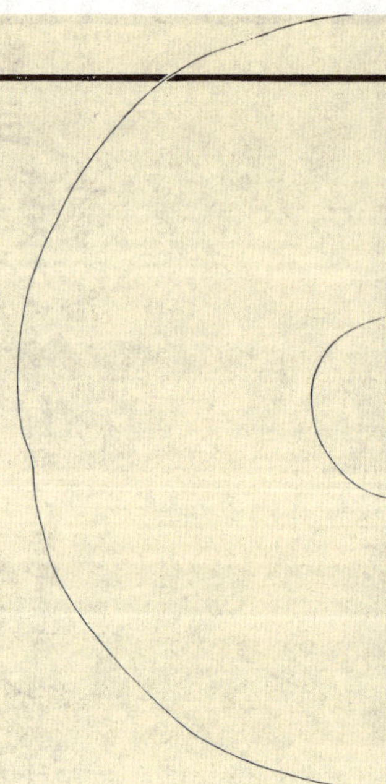

權衡度量實驗攷　十二

璧

合鎮圭尺九寸周禮攷工記璧羨度尺好三寸以為度是璧好三寸兩肉各三寸適合九寸加一寸為一尺故曰璧羨度尺

兩面文同

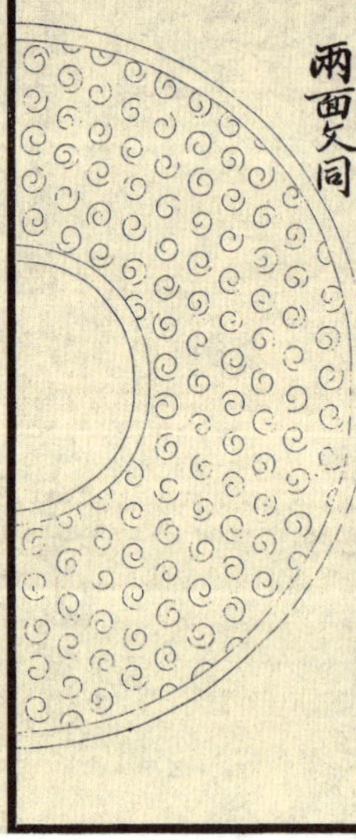

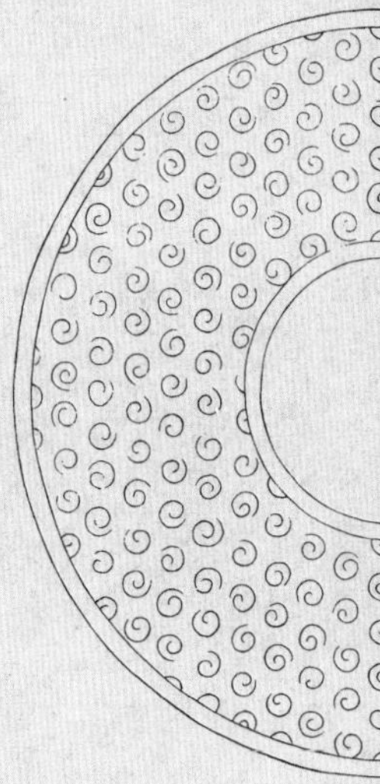

璧 合鎮圭尺七寸兩面文同

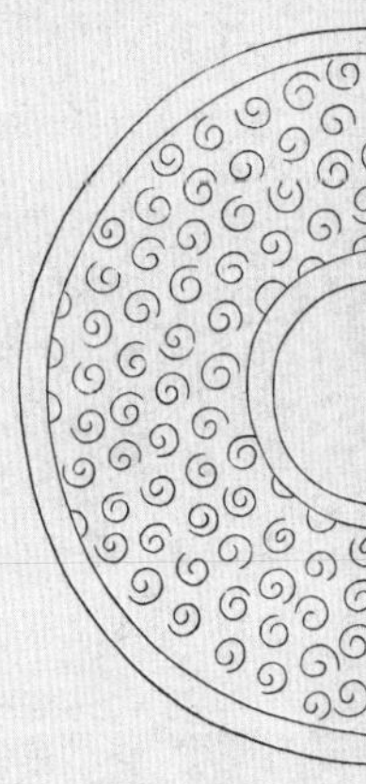

璧 合鎮圭尺六寸兩面文同

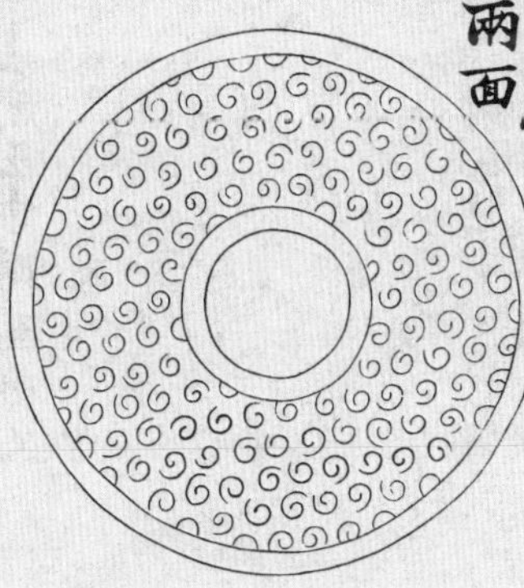

穀璧 合鎮圭尺五寸

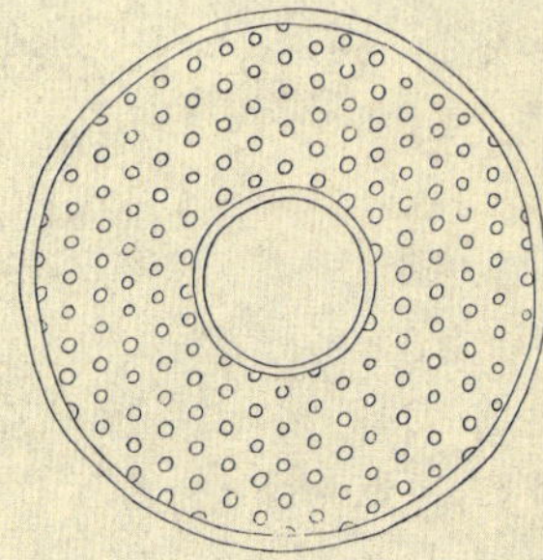

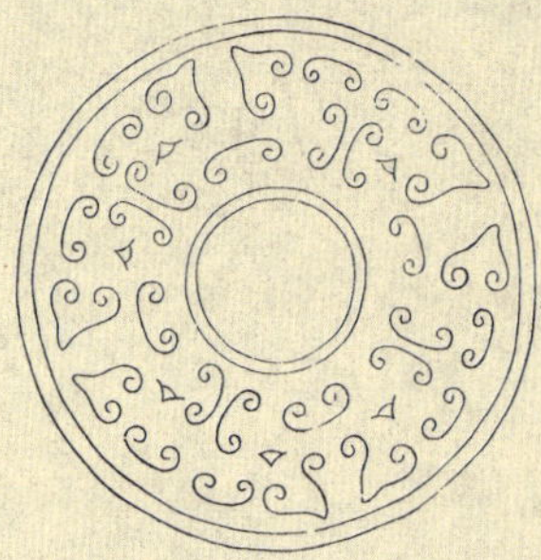

權衡度量實驗攷 十五

璧 合鎮圭尺五寸兩面文同

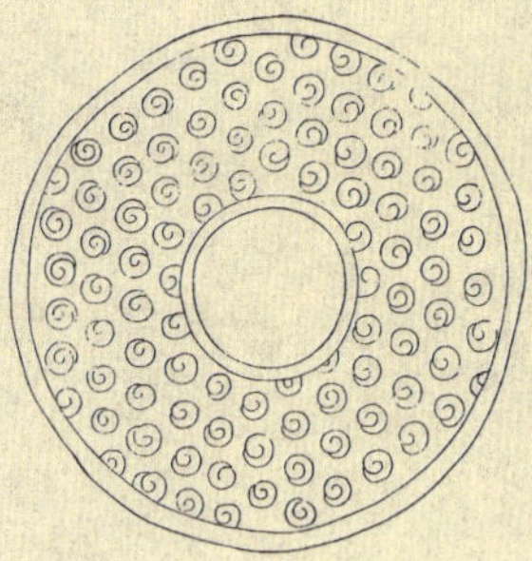

璧 合鎮圭尺五寸兩面無文

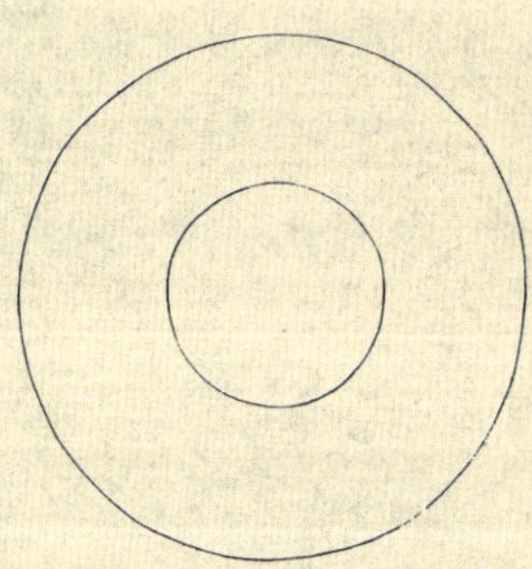

權衡度量實驗攷 十六

璧 合鎮圭尺五寸兩面無文

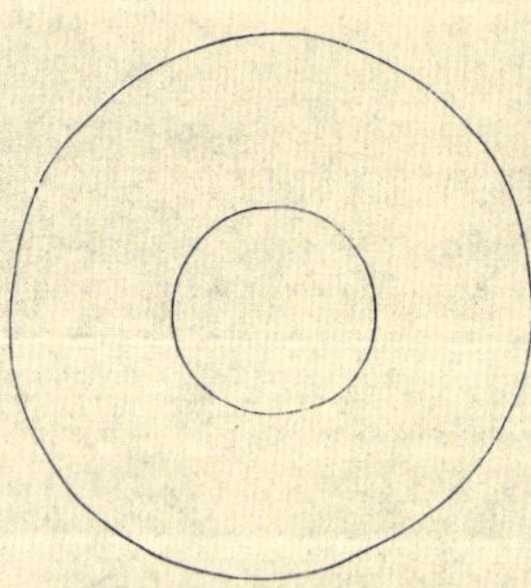

璧

合鎮圭尺五寸白玉滿身璊點

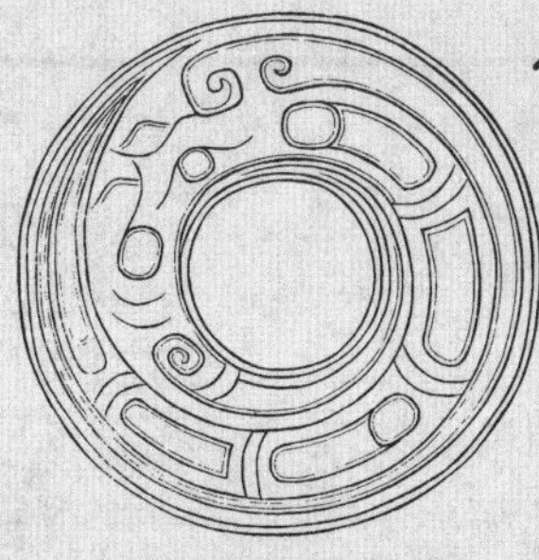

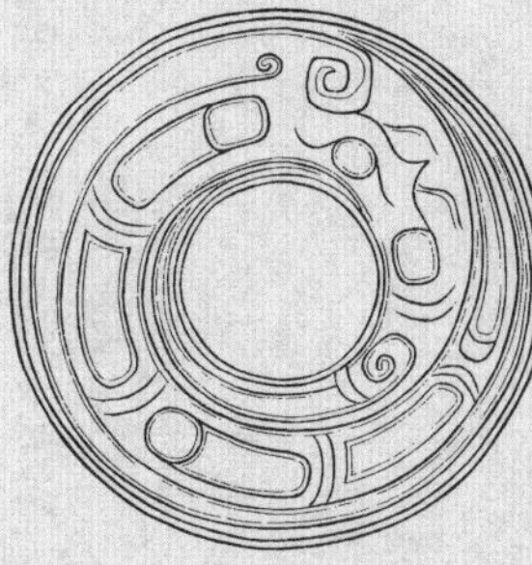

瑗

徑合鎮圭尺五寸宣和博古圖有蚩尤環與此相似當亦瑗之類非環也玉色純白有璊斑

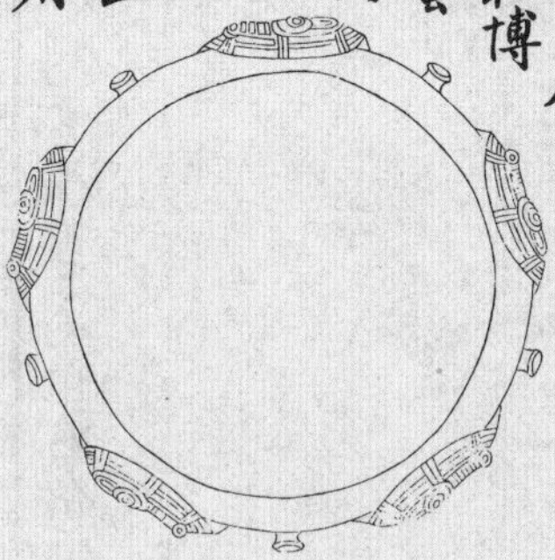

瑗

合鎮圭尺五寸一分半玉色純黑

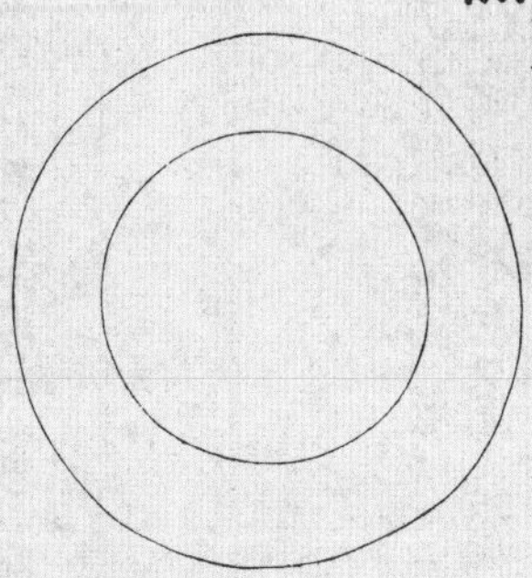

瑗

合鎮圭尺五寸二分玉色純綠有土斑古之琅玕玉也

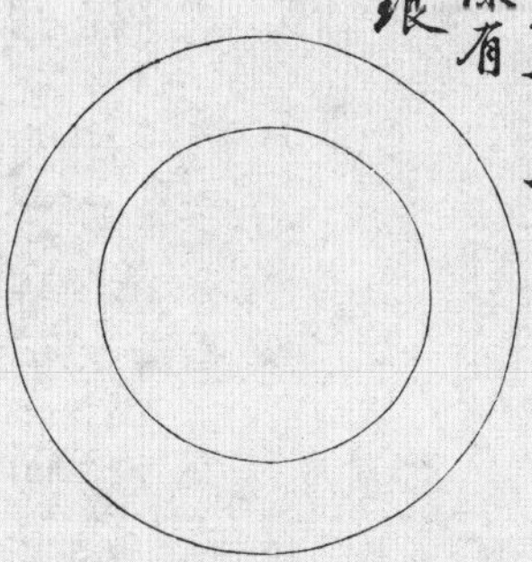

大琮 合鎮圭尺十有二寸玉色純黑

攷工記玉人大琮十有二寸是謂內鎮宗后守之

權衡度量實驗攷　十九

黄琮 合鎮圭尺九寸玉色純黄滿身璊斑制作古雅當即成周時禮地之黄琮

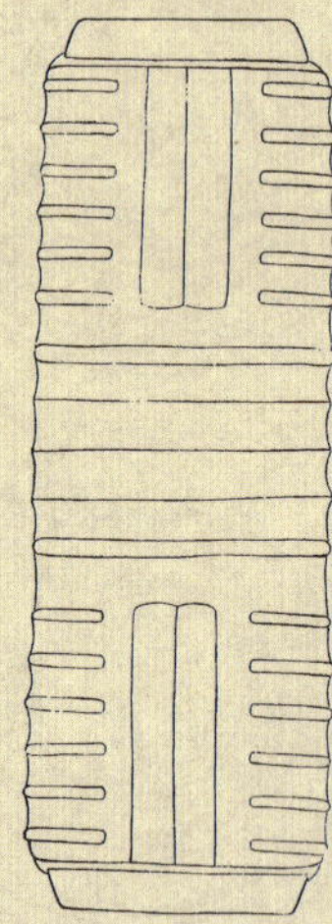

黄琮 合鎮圭尺四寸黄玉四面皆有璊斑色澤深厚其為三代器無疑

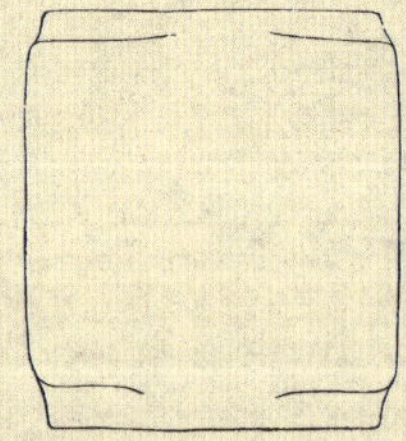

權衡度量實驗攷　二十

古玉瞿（疑是商器玉之最古者） 合鎮圭尺十有二寸古兵器無用玉者疑亦舞器其制當在玉戚以前

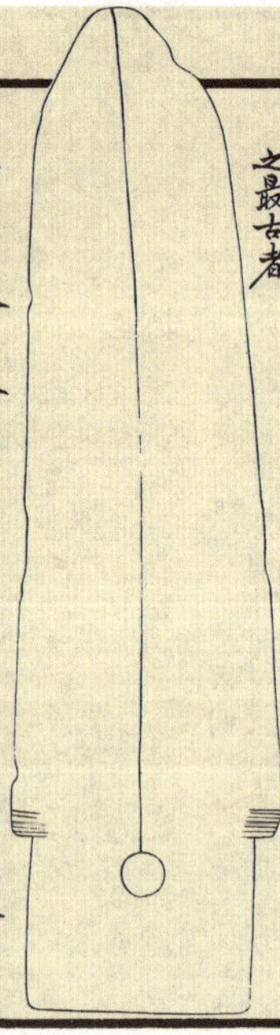

書顧命一人冕執瞿傳戣瞿皆戟屬今世所傳銅古瞿往往兩面皆有目形說文䀠左右視也

周黃鍾律琯尺

是尺九寸合鎮圭尺一尺

大澂所藏古玉與是尺可相證者二十有九器
黃鍾律琯十二寸 搢圭十二寸 青圭十寸 搢圭一尺
瑑圭一尺 牙璋十二寸 瑑璋九寸六分 宏璧十二寸
九寸璧 八寸璧二 七寸璧二 六寸璧二
五寸穀璧三 五寸璧 五寸蒲璧 五寸環 五寸瑗
五寸瓏 大琮十二寸 七寸琮 五寸琮三 三寸琮

權衡度量實驗攷 二十一

周黃鍾玉律琯

與十有二寸之宏璧搢圭駔琮分寸悉合
玉質純白一面有黃暈 西安出土器

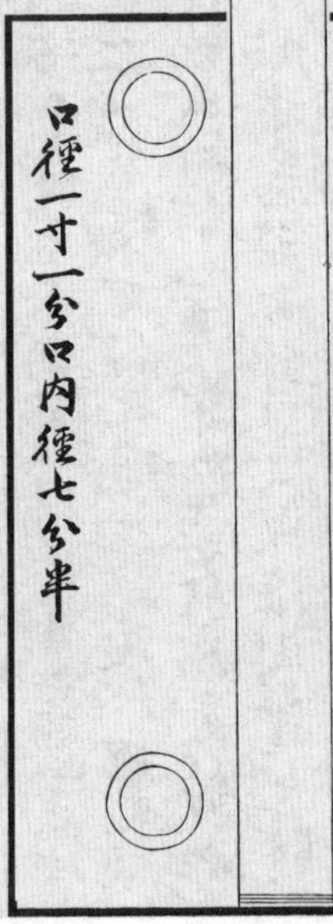

黃鍾律琯攷上篇

光緒十有五年歲在己丑十有一月冬至前七日西安友人楊實齋寄余古玉律琯 玉質純白一面微帶黃暈似土中所受之色以余所定周搢圭尺度之長十有二寸與蒼玉大璧元玉大琮適相埒豪氂不爽口圍三寸五分口徑一寸一分口內徑七分半 以黑黍穀子大小中者實之適容千

權衡度量實驗攷 二十二

有二百知爲黃鍾之律琯 尺寸既與周尺相符其爲周制無疑斷非秦漢以後物也按漢書律歷志黃鍾爲天統律長九寸又曰權者銖兩斤鈞石也本起於黃鍾之重一龠容千二百黍重十二銖終於十二辰而復於子黃鍾之象也大澂竊以爲古聖制律以十二辰之數定爲十二律既以天統爲紀則黃鍾之

琯自當以十二寸爲度一寸所容秬黍百顆積千二百黍其長得十有二寸一黍之廣爲一分積百黍之廣爲一尺於理較順於數亦相合也漢律歷志以爲黃鐘之律九寸爲宮而鄭康成注周禮大師六律六同亦云黃鐘長九寸其實一籥即本班氏下生上生之說以定十二律之尺寸攷其師說相沿之誤實始於劉歆班

權衡度量實驗攷　二十三

氏謂王莽秉政徵天下通知鐘律者百餘人使羲和劉歆等典領條奏言之最詳故刪其僞辭取正義著于篇顏師古曰班氏自云作志取劉歆之義也劉歆所定之周尺見之宋王復齋鐘鼎彝器款識晉尺拓本其尺背銘文云周尺漢志劉歆銅尺後漢建武銅尺晉前尺並同（拓本篆文作鎦歆）曲阜孔氏所藏慮俿建初尺較劉

歆尺長二分強余所定周搢圭尺較劉歆尺弱三分半即依劉歆之尺九寸爲管恐不能容千二百黍律歷志雖言十二律之周徑而不詳其數孟康注云律孔徑三分參天之數也圍九分終天之數也又云林鐘長六寸圍六分又云太族長八寸圍八分未知其說何所本今以十有二寸之玉琯圍三寸五分徑一寸一分適可容黍千有

權衡度量實驗攷　二十四

二百豈以九寸之琯圍九分而徑三分能容千二百黍耶是孟康之誤不辨自明而漢書律歷志周禮鄭注始終不言律管圍徑之數則其疏漏可知黃鐘九寸之說沿襲已久卒無以定其是非得此玉琯一可證搢圭尺寸之不誣一可證黃鐘實容一籥之數并可證先儒所襲歆說之誤成周遺制越數千百

年不終湮沒於世可寶也夫

黃鐘律琯攷中篇

劉歆爲王莽國師黃鐘九寸之度疑即莽時制作今以莽制攷之得兩證焉漢書食貨志王莽居攝變漢制更造大錢徑寸二分重十二銖文曰大錢五十（阮氏積古齋款識晉銅尺下引江慎修永攷定諸家之說漢尺得大泉十枚較此晉尺長寸三分江氏誤以王莽大泉爲徑寸故以十枚爲一尺也）又造契刀（刀文作栔）錯刀其環如大錢身形

權衡度量實驗攷　二十五

如刀長二寸小錢徑六分重一銖文曰小錢直一大布長二寸四分重一兩大澂所藏莽泉莽布制作甚精其大小分寸無甚出入以小泉兩枚一寸二分適合大泉一枚以小泉四枚二寸四分適與大布黃千長相合錯刀栔刀除環計之身長二寸亦與大泉小泉分寸相符此新莽所用之尺可以泉布泉刀證之今以小泉直一十六枚並列應得九寸六分度以劉歆所定之尺則爲一尺是莽尺長於歆尺四分（近驗拓本往往與原器不符蓋紙潮則贏乾則縮建武尺劉歆尺皆以王復齋拓本爲據故小於建初尺二分餘實則所差無幾也）長於建初尺不及二分世所傳漢尺以建武建初兩銅尺爲準（建武尺即晉尺）皆與莽尺不相上下此一證也余所藏新莽無射銅律管一面刻篆書無射始建國元年年字下半字已斷一面刻癸酉朔日制攷漢書莽傳莽以十二月朔癸酉

權衡度量實驗攷　二十六

爲建國元年正月之朔是年字下尚缺正月二字今所存者合莽尺三寸二分強約計斷處不過一寸五六分孔內徑三分弱圍八分強（與孟康所說圍徑遞減之數不合）周禮鄭注無射長四寸六千五百六十一分寸之六千五百二十四與余所藏無射銅管約畧相等此又一證也攷史記律書九九八十一以爲宮黃鐘長八寸十分一是王莽以前本無黃鐘九寸之

說班氏撰律歷志專依莽制而不依司馬公律書之數一朝之制作已有異同鄭氏據此以注周禮仍祖歆說而引伸其義與古樂未必盡合兩京去古未遠而周制多不可攷甚矣求古之難也

黄鍾律琯攷下篇

古玉律琯之見於史書者有四銅律管之見於彝器款識者一說文管下重文琯古

者玉琯以玉舜之時西王母來獻其白琯前零陵文學姓奚於伶道舜祠下得笙玉琯夫以玉作音故神人以和鳳皇來儀也漢書注孟康曰尚書大傳西王母來獻白玉琯漢章帝時（大戴盧注作明帝時）零陵文學奚景於泠道舜祠下得白玉琯（無笙字）此玉琯之最古者一也晉書律歷志泰始十年考古器揆校今尺長四分半所校古法有

七品一姑洗玉律二小吕玉律三西京銅望臬四金錯望臬五銅斛六古錢七建武銅尺既曰古器則姑洗小吕兩玉律必係晉時内府所藏之古玉琯是周是漢則不可攷此玉琯之有律名者二也晉書律歷志又云武帝太康元年汲郡盜發六國時魏襄王冢得玉律按太康元年在泰始十年之後六年則汲郡所出之玉律

非即姑洗小吕兩琯隋書律歷志所云梁武帝時猶有汲冢玉律宋蒼梧時鑽爲横吹者當即是器此周玉琯之流傳於世者三也南史齊東昏侯紀江左舊物有古玉律數枚悉裁以鈿笛隋志梁武帝鍾律律稱主衣從上相承有周時銅尺一枚古玉律八枚檢主衣周尺東昏用爲章信尺不復存玉律一口蕭餘定七枚夾

鍾有昔題刻洒制爲尺以相叅驗是玉律八枚即南史所謂江左舊物此齊梁間所存古玉琯四也至新莽銅律管見於薛尚功鍾鼎彝器款識法帖文曰大呂始建國元年正月癸酉朔日制銘藏晁無咎學士家案史記律書索隱注古律用竹又用玉漢末以銅爲之是改玉爲銅亦始於王莽大呂律管与余所藏無射斷律管爲

同時所作惜薛氏僅摹其文而不詳其度數耳又後漢書律曆志候氣之法殿中候用玉律十二注引月令章句曰黃鍾之管長九寸徑三分圍九分竊謂漢尺雖有大小而九寸之管圍僅九分斷無能容千二百黍之理隋志所紀律管容黍之數亦依徑三分長九寸之度故晉前尺黃鍾容黍僅八百八粒漢官尺黃鍾容黍僅九百三十九而劉歆尺與晉前尺同可知歆說黃鍾之律實與古制不合隋書已實驗得之矣今所得之玉琯必非劉歆以後之制作其与零陵文學奚景所得之琯長短分寸如何圍徑如何則不可攷耳阮文達公積古齋款識建初銅尺下引漁洋山人居易錄云漢章帝時泠道舜祠下得玉律以爲尺与周尺同因鑄爲銅尺頒

郡國謂之漢尺其說有無塙據亦未可知姑存之以俟攷

搢圭 合黄鍾律琯尺十有二寸背有二孔可繫以繩横佩於腰間者

玉質青黑相間係入土所受之色

權衡度量實驗攷 三十一

自綫以内玉質隆起約厚四五分

玉有殘缺處似係出土時為鋤劈損正面不缺

青圭 合黄鍾律琯尺十有二寸

權衡度量實驗攷 三十二

搢圭 合黄鍾律琯尺一尺水蒼玉

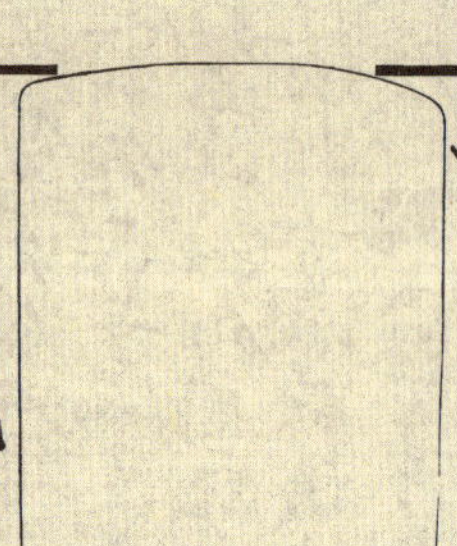

旁有一孔當亦搢珽之類

琢圭 合黃鐘律琯尺一尺强二分青玉潤澤制作甚精

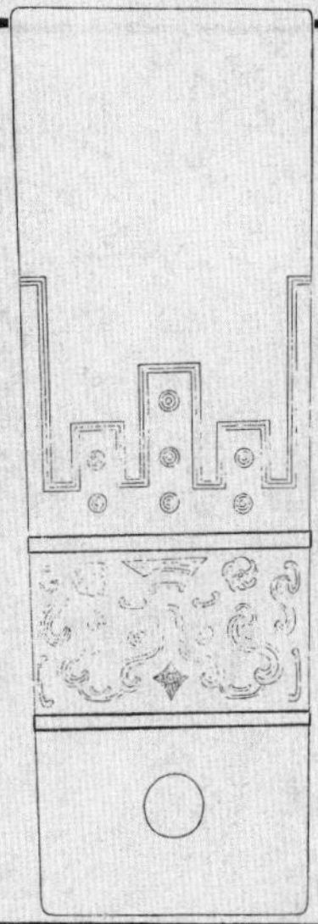

權衡度量實驗攷　三十三

牙璋 中長黃鐘律琯尺十有二寸强一分
自孔以下連孔玉邊三寸玉色純黑

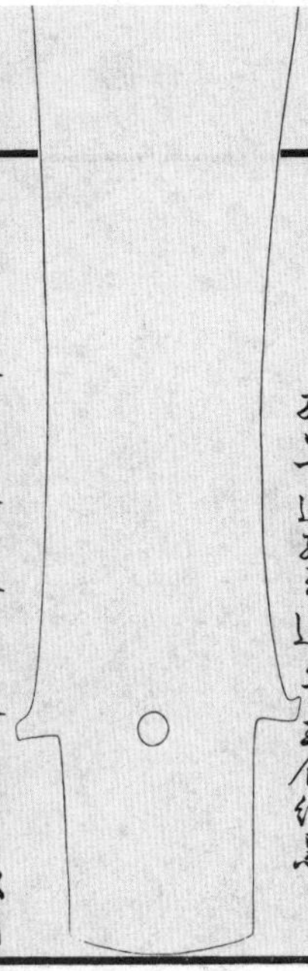

牙璋以起軍旅故與琰圭有鋒芒者相似周禮玉人牙璋中璋鄭注二璋有鉏牙之飾於琰側

琢璋 合黃鐘律琯尺九寸六分琢文第一綫以下適合九寸自孔以下三寸知琢文及孔皆有制度也

自此綫以下至此三寸
自此綫以下六寸五分
自此綫以下六寸
合下六寸共長九寸

權衡度量實驗攷　三十四

宏璧 合黃鐘律琯尺十有二寸

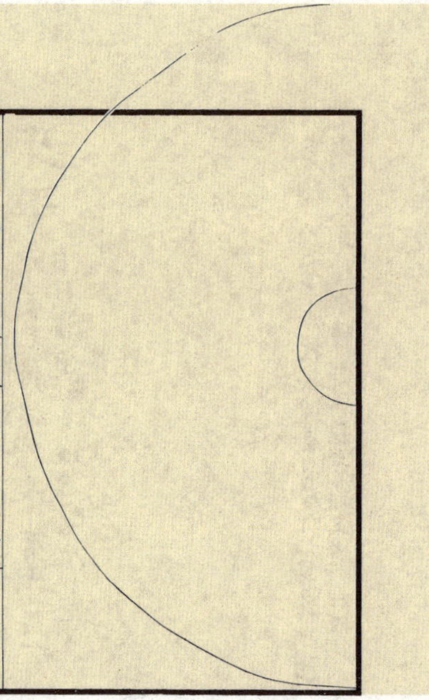

權衡度量實驗攷　三十五

蒼璧　合黃鍾律琯尺九寸弱一分當即禮天之蒼璧與

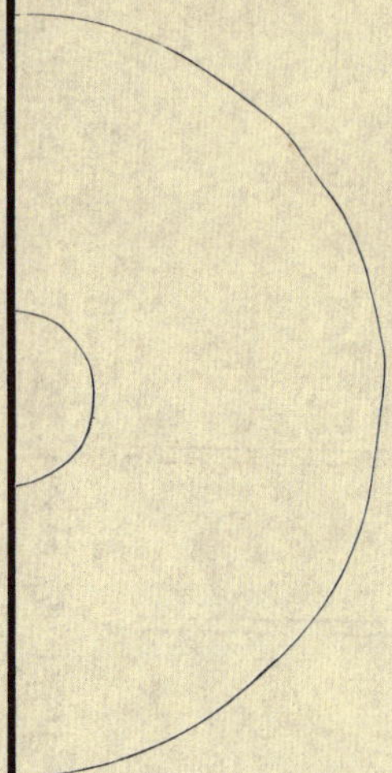

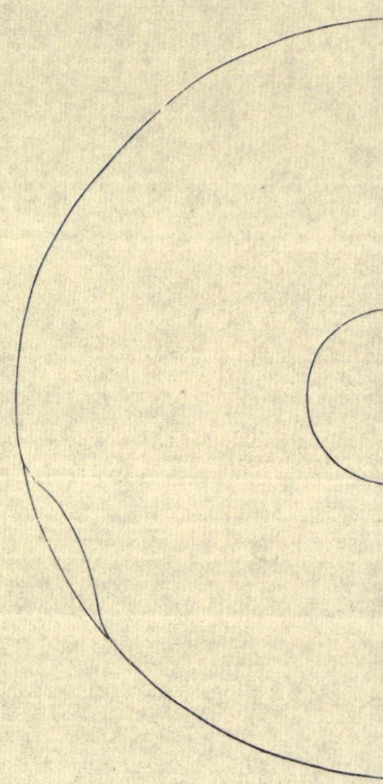

權衡度量實驗攷　三十六

蒼璧　合黃鍾律琯尺八寸弱半分

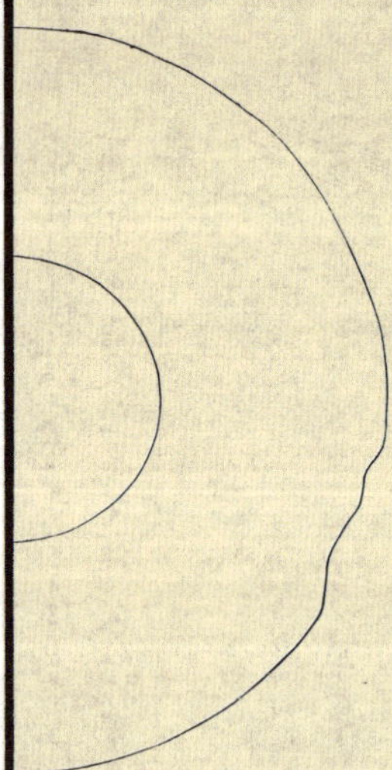

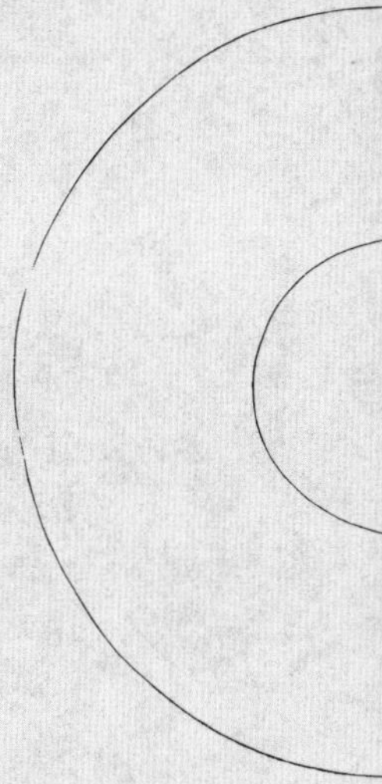

璧

合黃鐘律琯尺八寸兩面同文玉色純青有璊斑

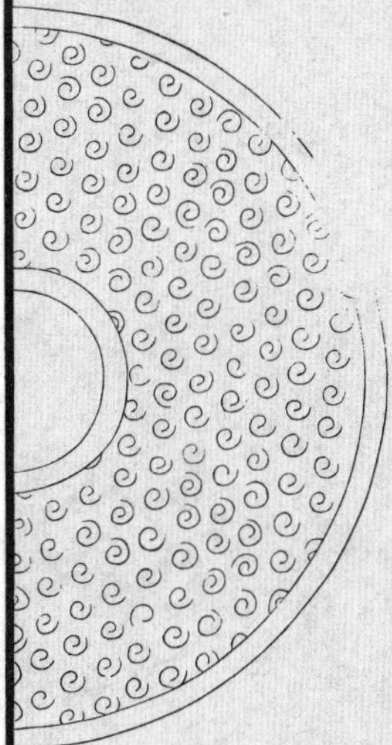

蒼璧

合黃鐘律琯尺七寸

權衡度量實驗攷　三十九

璧

合黃鐘律琯尺七寸弱一分兩面同

文玉色深黃滿身瑞斑

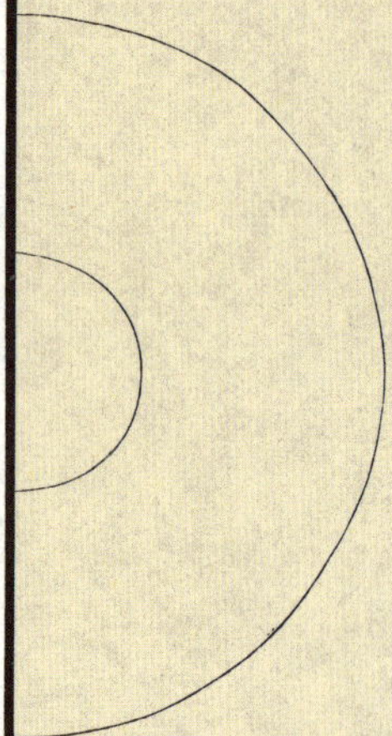

權衡度量實驗攷　四十

蒼璧

合黃鐘律琯尺

六寸

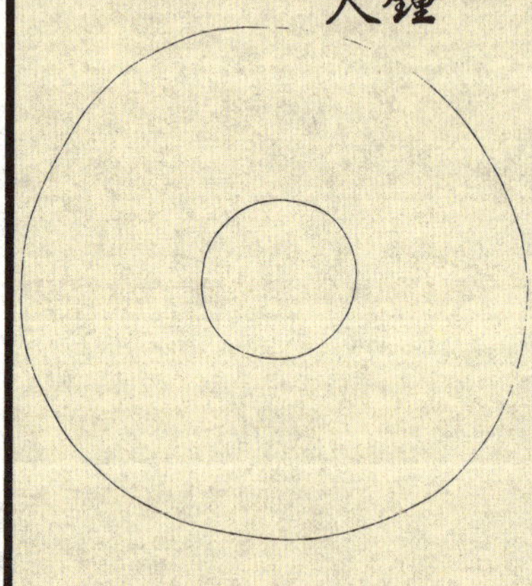

璧

合黄鐘律琯尺六寸一面席文一面雲龍文山元玉

權衡度量實驗攷　四十一

穀璧

中璧合黄鐘律琯尺五寸外作文龍形兩面文同

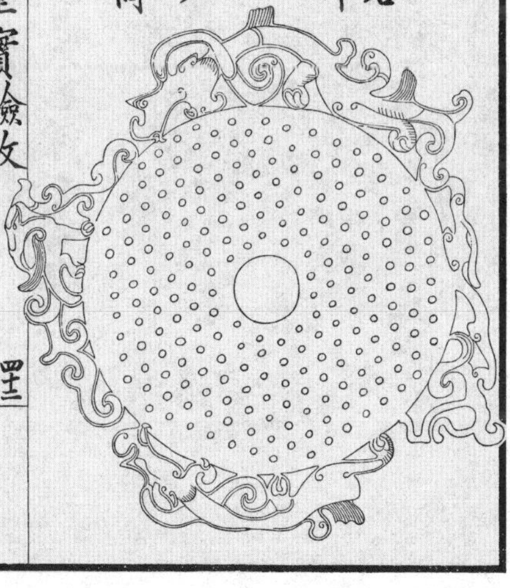

權衡度量實驗攷　四十二

穀璧

合黄鐘律琯尺五寸背文刻三螭形白玉有水綉瑞斑

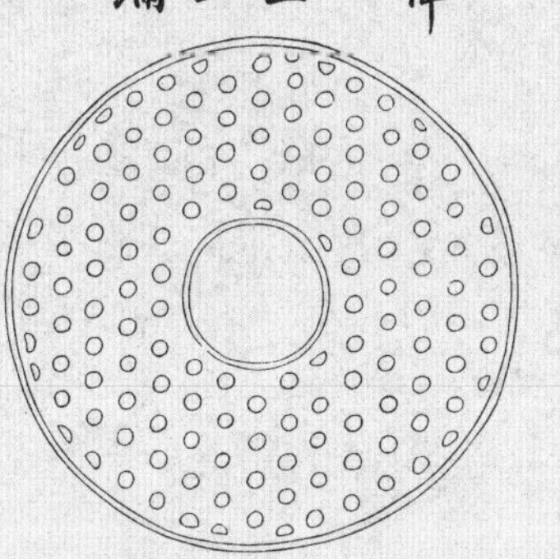

璧厚四分
三螭隆起
高處亦
厚四分
共厚八分

權衡度量實驗攷　四十三

穀璧　玉裂為二余膠合之
兩面文同
合黃鍾律
琯尺五寸強
半分白玉
滿身璊斑
出土時帶銅
繡在古鼎彝
中取出也

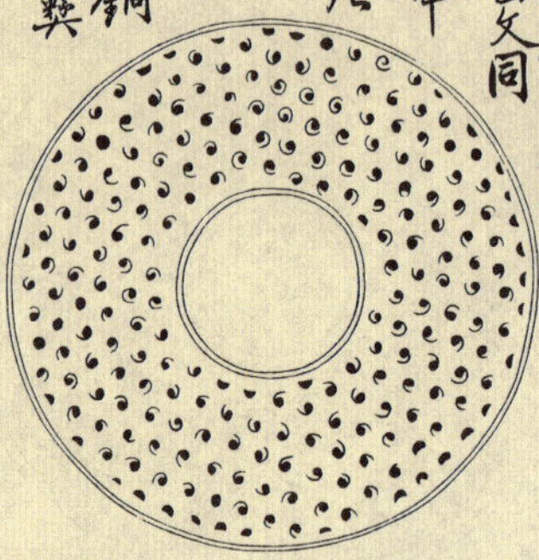

璧　合黃鍾律琯
尺五寸青玉
兩面同文

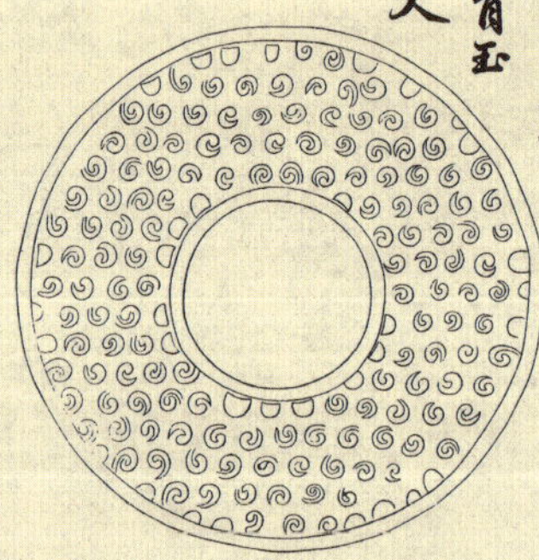

權衡度量實驗攷　四十四

蒲璧　青玉甚薄有璊斑
合黃鍾律
琯尺四寸八分
半當即五寸
之蒲璧也琢
刻象織蒲文
今有璧上刻蒲
草者皆偽作

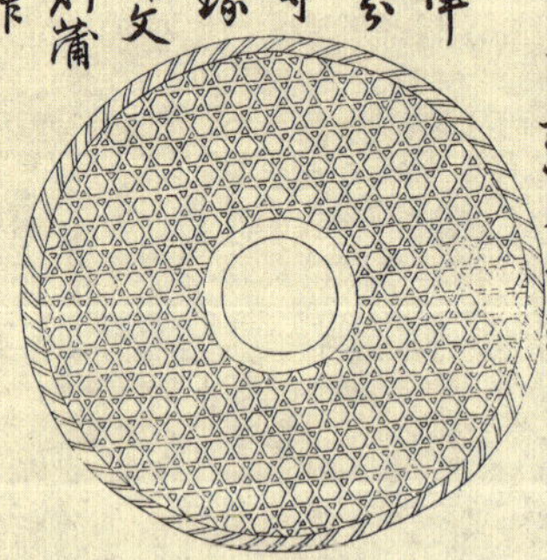

環 合黃鐘律琯尺五寸山元玉滿身璊斑好合亍六分兩肉合二寸四分與肉好若一之制相近

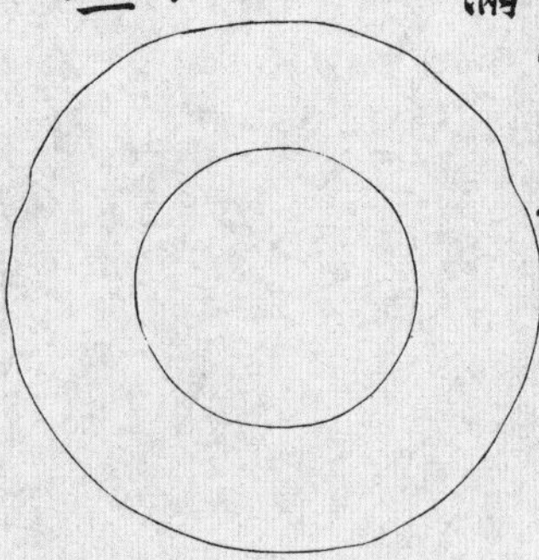

權衡度量實驗攷　四十五

瑗 合黃鐘律琯尺五寸白玉滿身璊斑

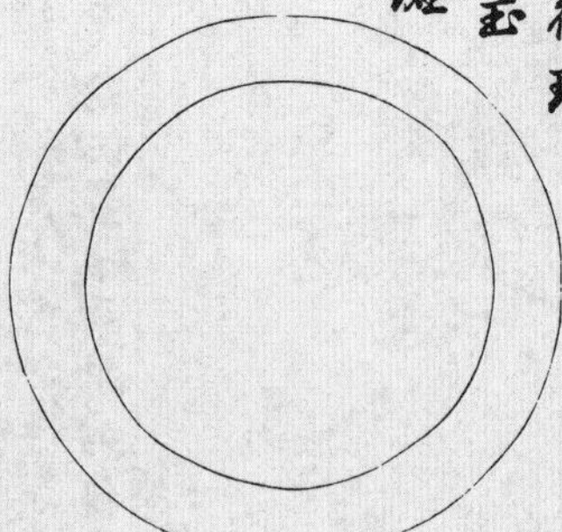

瓏 合黃鐘律琯尺五寸說文瓏禱旱玉龍文

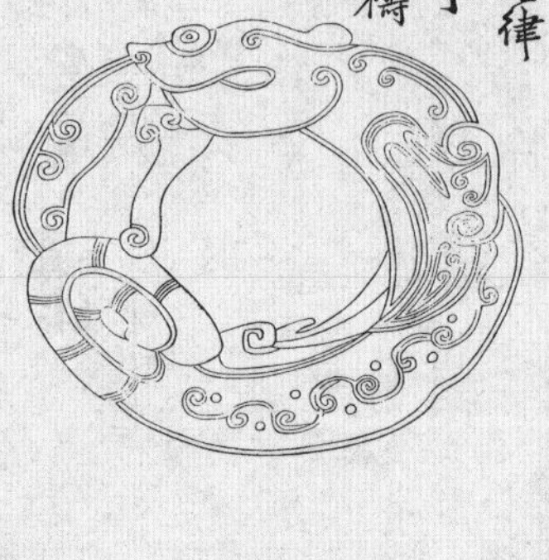

權衡度量實驗攷　四十六

大琮 合黃鐘律琯尺十有二寸叩攷工記玉人所謂內鎮也刻文似駔琮

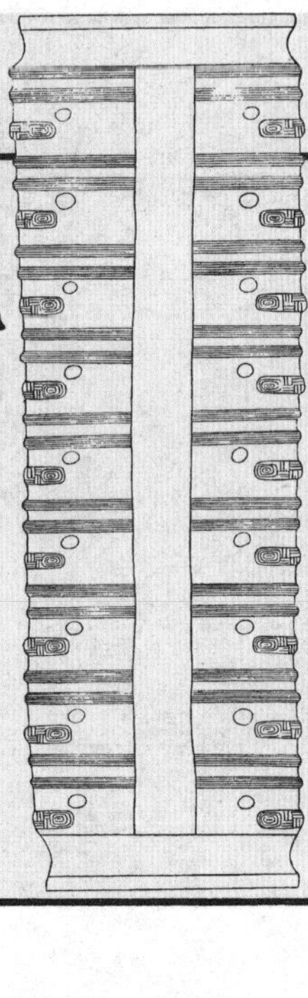

玉色純黑

琮 合黃鍾律琯尺七寸口徑三寸五分黃玉中有金心细點古玉中所僅見

權衡度量實驗攷 四十七

琮 合黃鍾律琯尺五寸口徑三寸 青玉滿身土斑

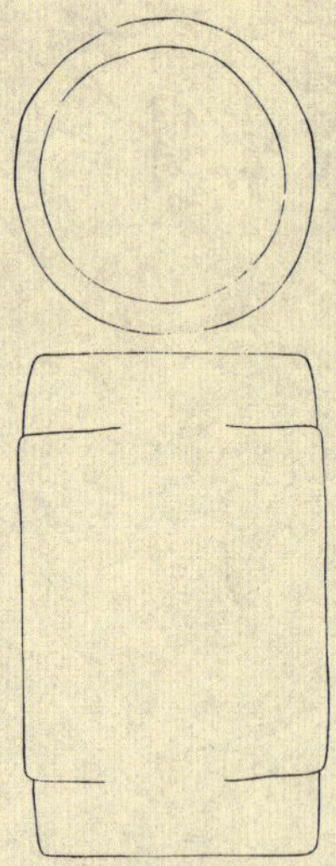

琮 合黃鍾律琯尺五寸强半分口徑二寸五分山元玉有璊斑

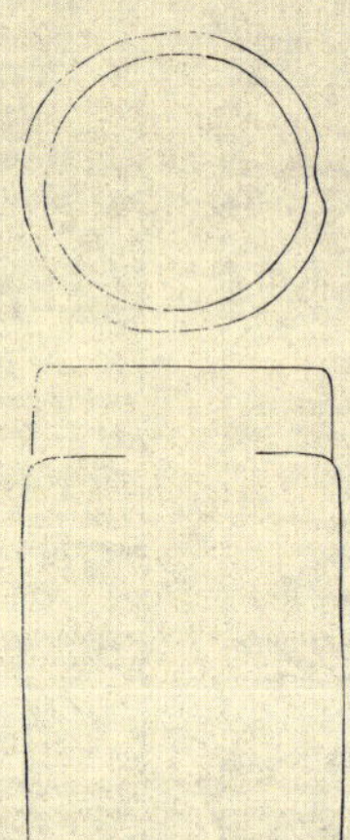

權衡度量實驗攷 四十八

琮 合黃鍾律琯尺五寸口徑二寸五分 青玉滿身璊色口多爤鈌

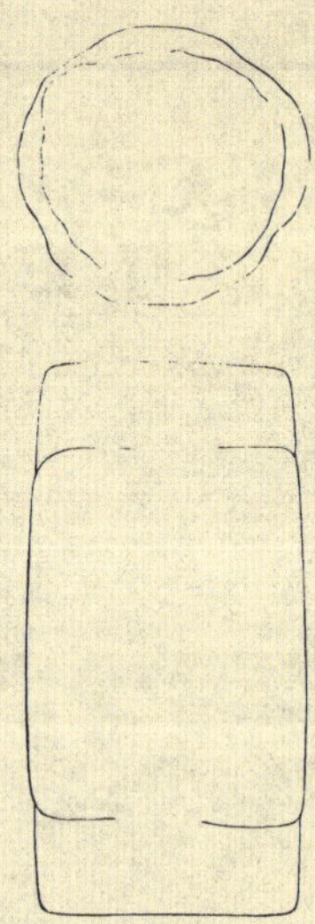

駔琮

合黄鍾律琯尺三寸口經二寸六分

水蒼玉口有瑞斑

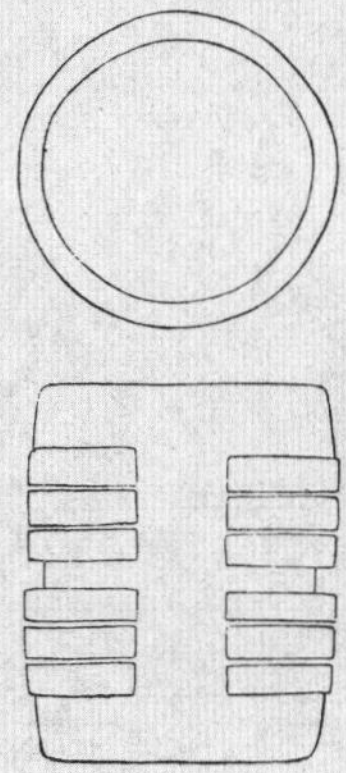

權衡度量實驗攷 四十九

周鐱尺

是尺一尺合鎮圭尺九寸六分强合黄鍾律琯尺八寸六分

余所藏古劍二一有陽文五字兩劍無字以制度攷之皆周劍也莖長五寸身長四其莖合之為二尺五寸與周禮攷工記桃氏中制合因定為周劍尺較鎮圭尺短四分想當時玉人與桃氏所用之尺不同也

權衡度量實驗攷 五十

周中士鐱

身長二尺

周中士鐱

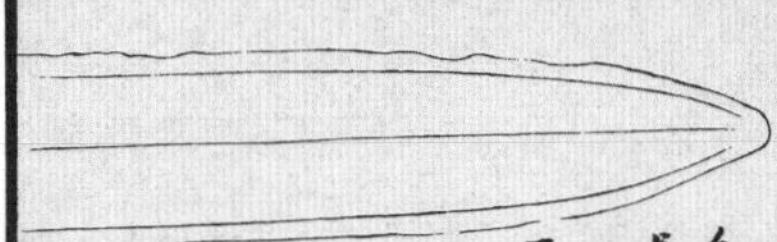

身長二尺

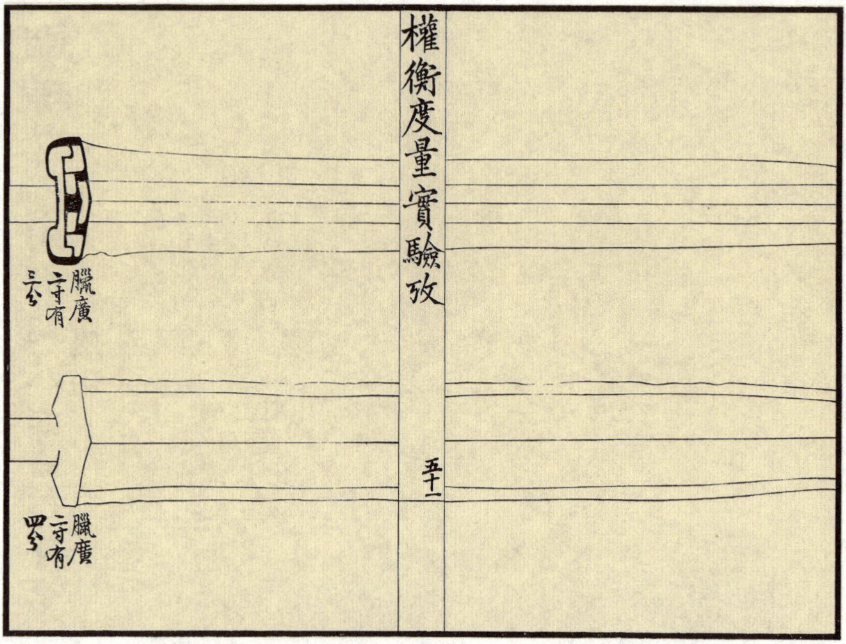
權衡度量實驗攷
五十一
臘廣二寸有三分
臘廣二寸有四分

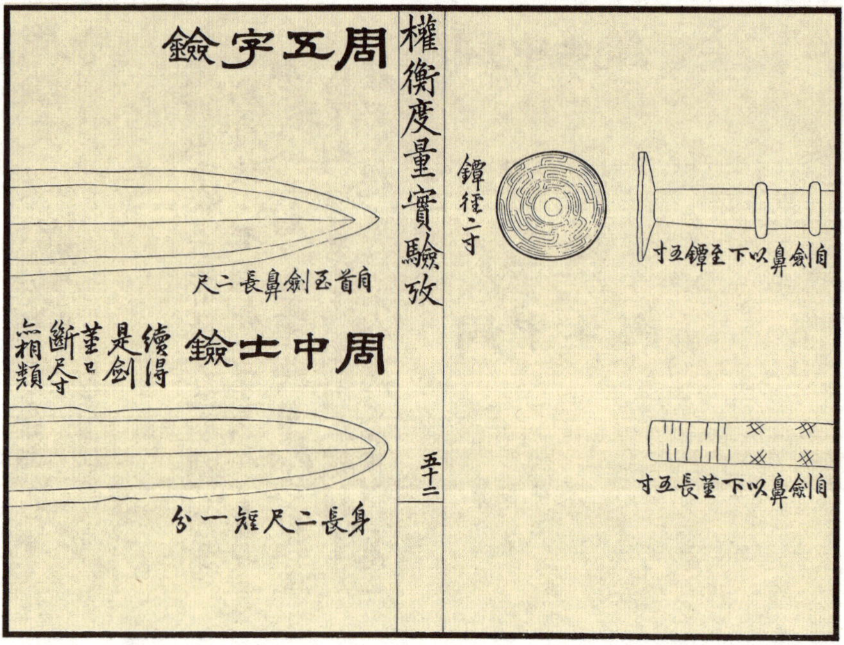
權衡度量實驗攷
五十二
自劍鼻以下至鐔五寸
鐔徑二寸
自劍鼻以下莖長五寸
周五字鐱
自首至劍鼻長二尺
周中士鐱
續得是劍莖口斷尺寸亦相類
身長二尺短一分

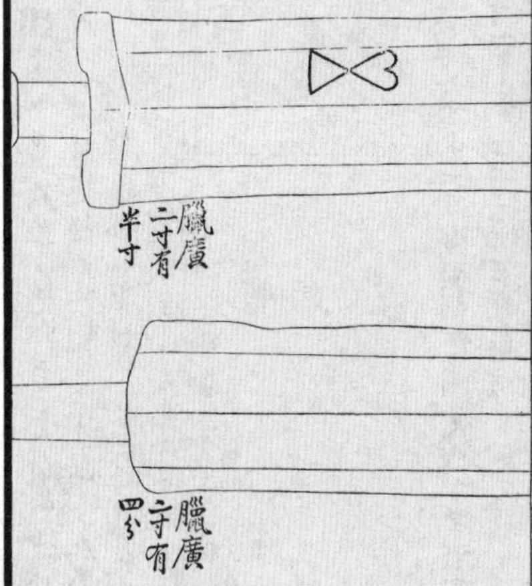

權衡度量實驗攷 五十三

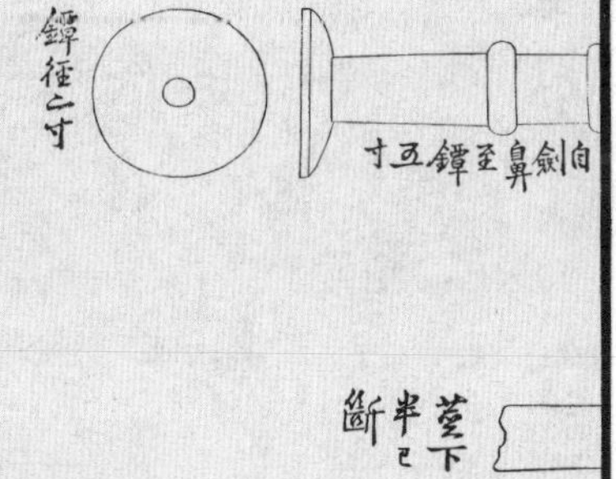

權衡度量實驗攷 五十四

漢慮傂銅尺

尺爲孔東塘民部尚任所藏今在衍聖公府

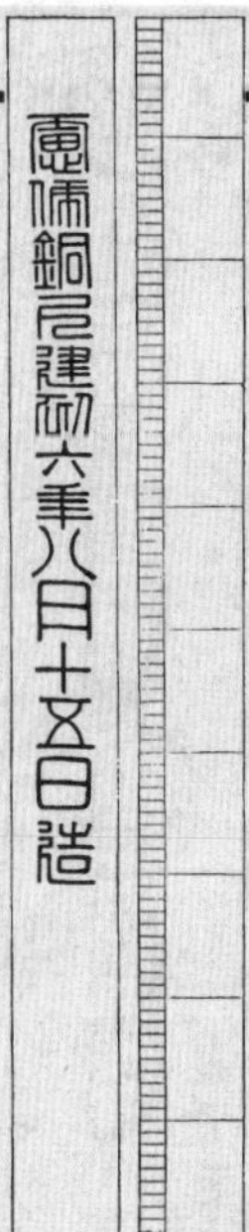

慮傂縣名漢書郡國志屬并州太原郡阮文達公積古齋款識謂建初銅尺與周尺同近今攷古家多以此爲周尺今以黃鐘律琯尺較之是尺長六分較鎮圭尺長一寸六分

王莽銅尺

是尺年月一行十二字及正面所刻分寸皆鏤銀成文制作甚工近年山左出土器藏濰縣故家旁刻比目魚不知何所取義

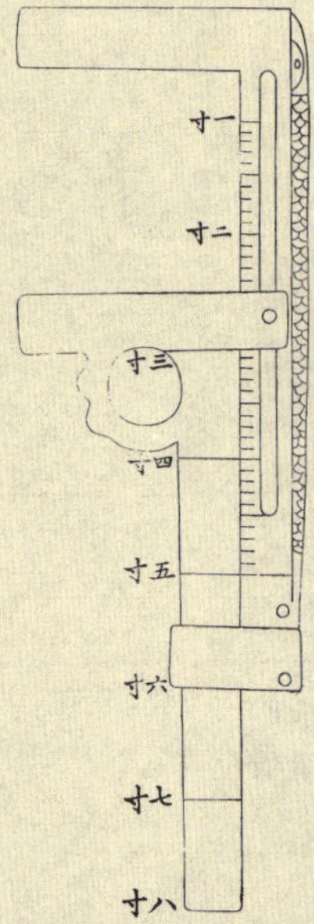

正面上下共六寸中四寸有分刻旁附一尺作丁字形可上可下計五寸無分刻上有一環可繫繩者

背面有篆文年月一行不刻分寸

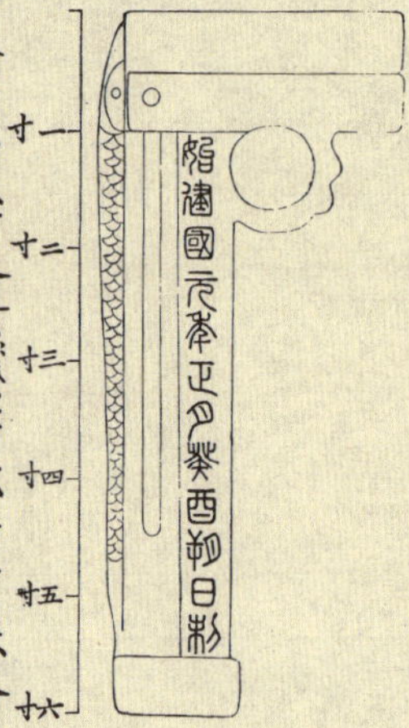

前漢書食貨志王莽更造大錢徑寸二分重十二銖文曰大錢五十又造契刀錯刀契刀其環如大錢身形如刀長二寸文曰契刀五百錯刀以黃金錯其文曰一刀直五千又曰小錢徑六分文曰小錢直一

莽泉

小泉直一徑六分十泉合六寸

大泉五十徑一寸二分

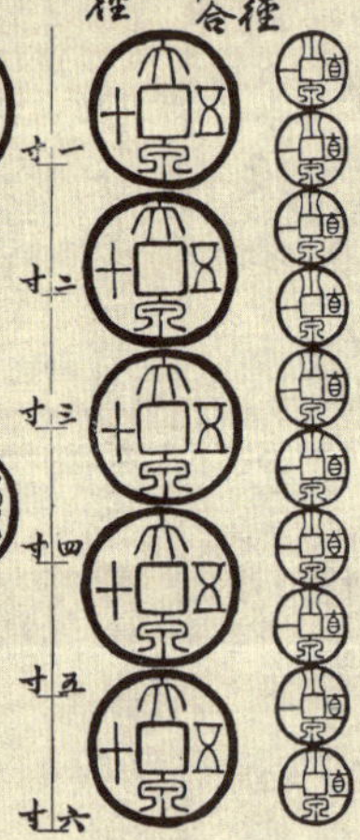

莽刀

一刀契刀名長三寸

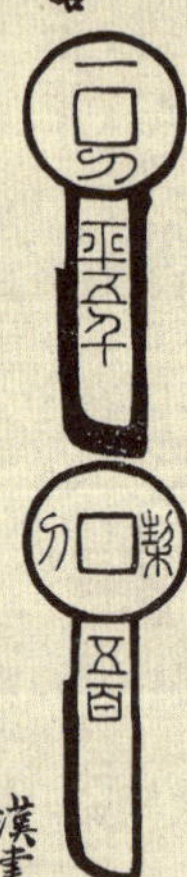

莽布

大布貨布名長二寸三分

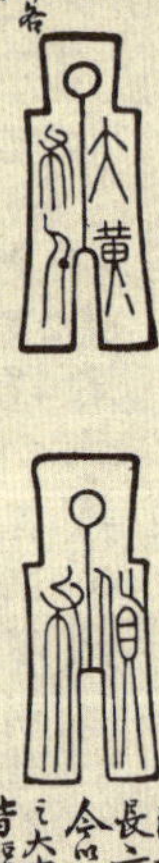

漢書大布長二寸四分合莽尺較之大布貨布皆短一分

蜀漢建興弩機尺

據大澂所藏建興弩機分數定爲蜀漢尺

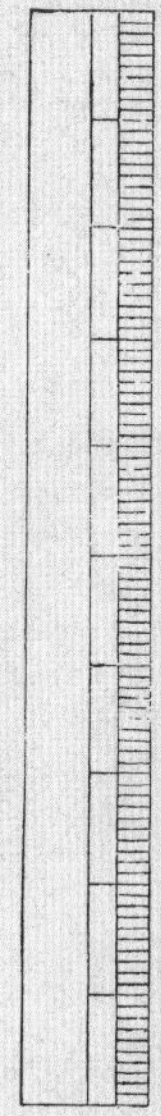

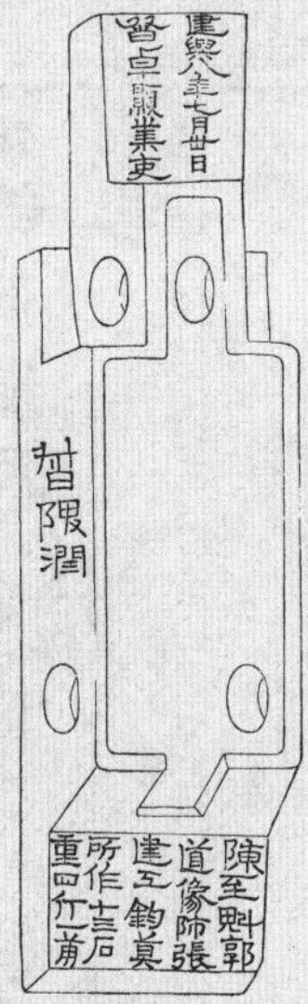

權衡度量實驗攷　五十七

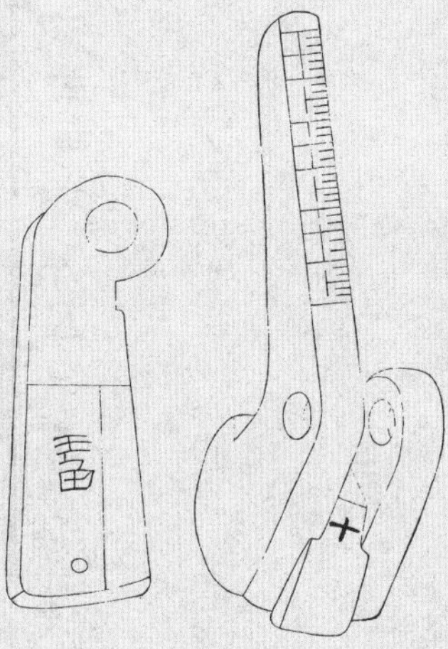

是尺較余所定鎮圭尺僅短半分當時必有所本

晉前尺

據阮刻王復齋鐘鼎款識宋拓本摹入

短於建初六年慮俿銅尺二分强

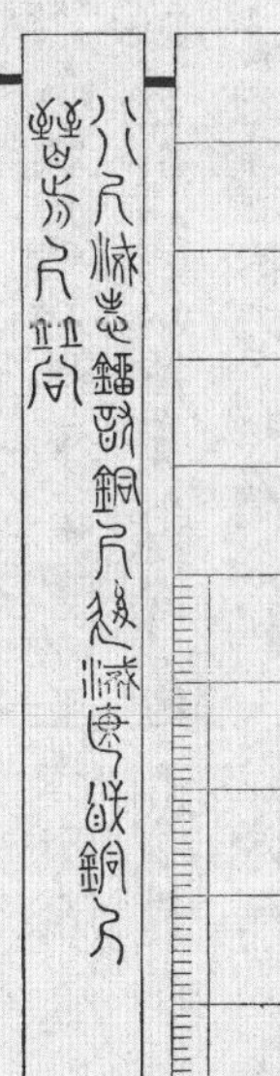

權衡度量實驗攷　五十八

唐開元尺

長於晉前尺九分半

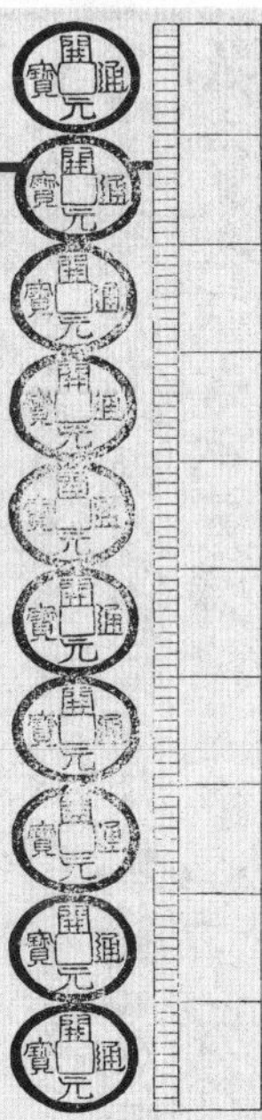

以大澂所藏唐開元錢制作最精輪廓完好者平列十枚適合開元尺一尺

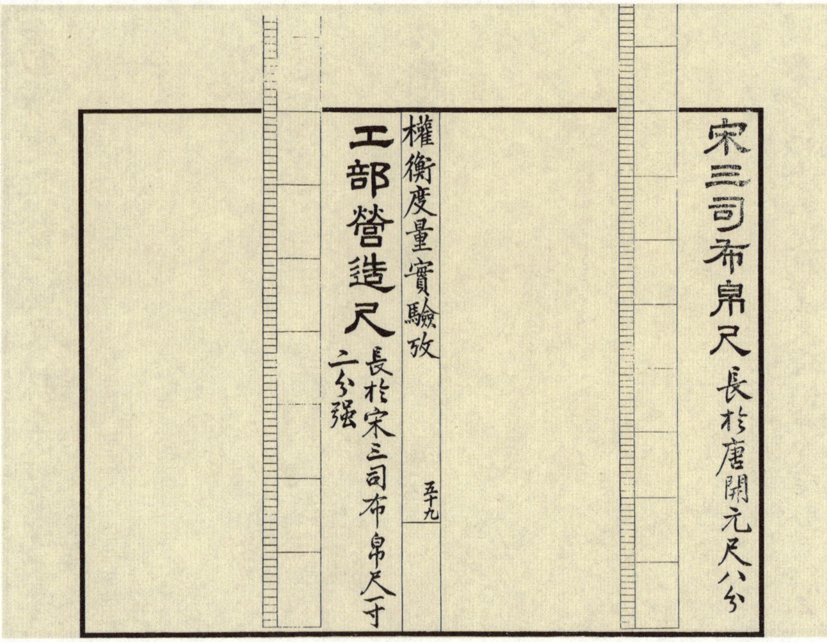

較黃鐘律琯所容秬黍之輕重

前漢書律歷志云權者銖兩斤鈞石也所以稱物平施知輕重也本起於黃鐘之重一龠容千二百黍重十二銖兩之爲兩二十四銖爲兩十六兩爲斤三十斤爲鈞四鈞爲石又云兩者兩黃鐘律之重也二十四銖而成兩者二十四氣之象也今以黃鐘玉律琯所容大小適中之黑秬黍即今之高梁米以河南所產者爲最準

權衡度量實驗攷 六十

千二百顆平之重今湘平八錢四分若以爲十二銖每銖應重七分十銖重七錢二十四銖應合今湘平一兩六錢八分古兩大於今兩六錢八分不應如此之重即以五銖而論應重三錢五分從未見五銖有過三錢者漢時去古未遠不應銖兩如此之懸绝大澂竊疑漢書所稱千二百黍重十二銖必有誤也兩者兩黃鐘律之重大澂以爲黃鐘律所

容之黑秬黍兩之爲兩者分而爲二以象兩此兩字本義應得千二百黍之半以六百黍爲一兩應重湘平四錢二分二十四銖爲兩黃鐘律之重應合四十八銖非十二銖也以古泉之重較之無不合者大澂所藏兩甾泉當係周秦間制作說文錙六銖也兩錙爲十二銖當與半兩泉輕重相埒今平兩甾泉重今湘平二錢一分兩泉四

錙爲一兩適合湘平四錢二分以此定周兩之輕重當以六百黍爲度以今湘平四錢二分爲率可無疑義矣以二兩爲千二百黍之重應得四十八銖一銖應得一分七氂五毫五銖之重應得八分七氂五毫今以漢五銖十枚平之重今湘平八錢五分其最厚者重至九分又與四十八銖之輕重大畧相符以千二百黍分之每銖之重應合二十

五黍說文鋝十銖二十五分之十三一銖析爲二十五分似與二十五黍爲一銖亦可相證一鋝之重應合二百六十三黍也然則班志所稱黃鐘之重一龠容千二百黍不誤也兩之爲兩二十四銖爲兩亦不誤也惟於千二百黍下云重十二銖則誤矣

較古幣之輕重

古權名之見於泉幣者曰兩曰銖曰爰曰釿爰即鍰之古文鋝與鍰一字也說文鍰鋝也鋝十銖二十五分之十三也今以湘平四錢二分為一兩則十銖應合一錢七分五釐一鍰應合一錢八分三釐七毫五絲惟釿之輕重古書無可攷證說文斤部釿劑斷也與古幣之一釿二釿異解許氏不以權名解釿猶斤之训為斫木不云十六兩為一斤而於鈞下則云三十斤其義可互見也今以古幣之輕重權之當係二鍰為一釿應合湘平三錢六分七釐五毫非十六兩之斤也

郢爰金幣　重湘平一兩九錢六分

此幣當是十鍰之金鉼也應合湘平一兩八錢三分七釐五毫溢平一錢二分二釐五毫

梁充釿五十二尚爰　重湘平八錢六分

此幣當以五爰充五釿故曰充釿五二下注二十字者言一幣五爰二幣合十爰也五爰應合湘平九錢一分八釐今重八錢六分短平五分八釐七毫五絲

梁正尚金尚爰　重湘平三錢四分

此二爰幣也應重一釿合湘平三錢六分七釐五毫短平二分七釐五毫

虞一釿　重湘平三錢七分

虞一釿　重湘平三錢六分

京一釿　重湘平二錢九分

[illegible]一釿　重湘平二錢九分

安邑一釿　重湘平四錢

長垣一釿　重湘平三錢九分

一釿應重湘平三錢六分七釐五毫以上六幣皆一釿輕重不等以安邑為最重

安邑二釿　重湘平八錢

安邑二釿　重湘平八錢

安邑二釿　重湘平七錢五分

安邑二釿　重湘平七錢七分

𠃊朱二釿　重湘平八錢五分

二釿應重湘平七錢三分五釐以上五幣皆二釿五有輕重以𠃊朱二釿爲最重

重一兩十二銖　重湘平三錢六分

一兩應重四錢二分加十二銖應重六錢三分短平亞二錢七分此可見周末圜法之敝也

圣朱貝　五貝重湘平四錢一分最重者九分

哭貝　五貝重湘平四錢二分最重者九分一釐

古貝傳世最多初不知如何運用今以爰幣較之當以兩貝爲一爰爰重一錢八分三釐七豪五絲一貝應重九分一釐八豪七絲五忽以貝之重者平之不相上下也

古幣各圖附列於後

黃金幣出安徽鳳臺縣古鄢都地李申耆先生兆洛載入鳳臺縣志重一兩九錢六分

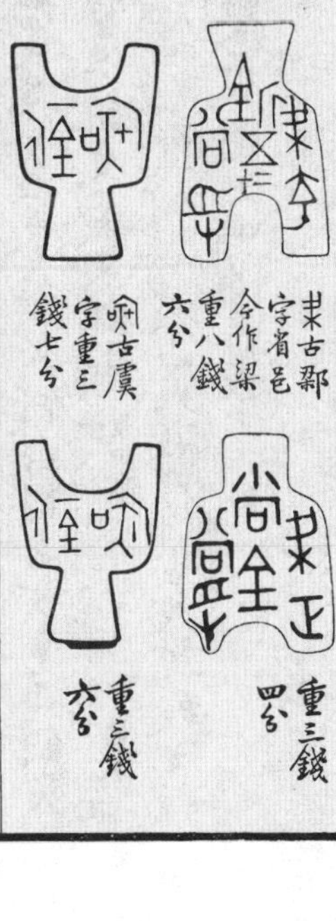

朱古鄢字省邑今作梁重八錢六分

咺古虞字重三錢七分

重三錢四分

重三錢六分

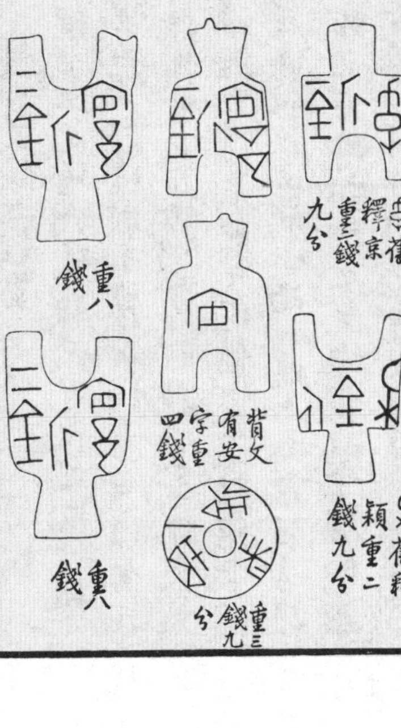

舊釋京重三錢九分

重八錢

背文有安字重四錢

舊釋潁重二錢九分

重三錢九分

重八錢

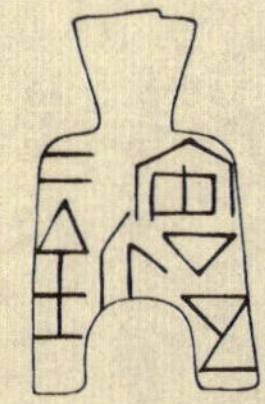

背有安字重七錢五分

背有安字重七錢七分

重八錢五分

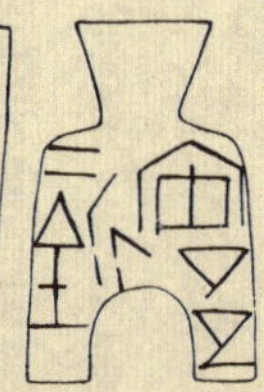

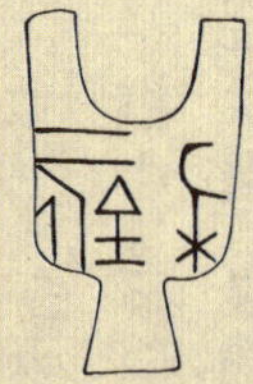

一珠即銖字之異文重三錢六分

權衡度量實驗攷　六十七

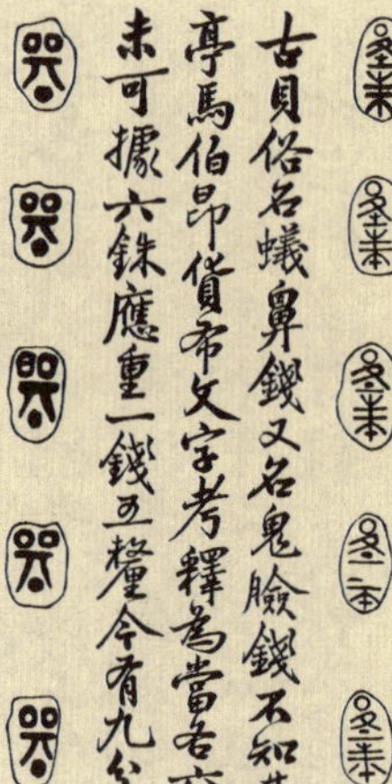

五貝重四錢五分

五貝重四錢二分

古貝俗名蟻鼻錢又名鬼臉錢不知其爲貝也華亭馬伯昂貨布文字考釋爲當各六銖以○爲當未可據六銖應重一錢五釐今有九分者相去不遠

蔡鐵耕癖談釋作晋字非也古貝字作貝此即貝之象形字大澂所藏二百餘貝重者有九分一二釐以爲六銖則稍弱故疑爲兩貝當一爰也

較古矢鏃之輕重

周禮考工記冶氏爲殺矢刃長寸圍寸鋌十之重三垸鄭注引司農云垸量名讀爲丸賈疏謂垸是稱物之名非斛量之號戴東原補注以垸爲鍰之假借字鍰即鋝也三鍰與三鋝似無區別亦尚未塙大澂竊疑古權無垸名或即釿字之譌古幣銖字有作一珠者古釿字皆作釿或書作𨪐後人遂誤爲垸

權衡度量實驗攷　六十八

冶氏爲戈重三鋝鋝釿皆權名戈重三鋝矢重三釿文義又相類（說文鋝十銖二十五分之十三也周禮曰重三鋝北方以二十兩爲鋝此鋝字之異解戈重六十兩合今湘平二十六兩二錢）今以大澂所得古矢鏃較之輕重不一圖之以備參攷

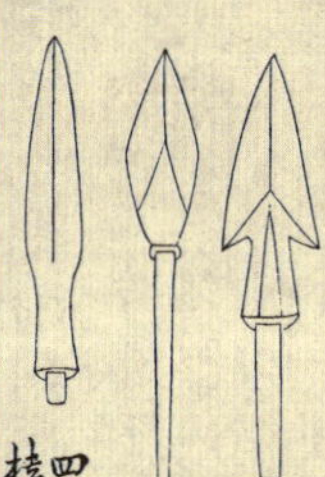

兩面同　重湘平五錢二分

三角　重湘平四錢八分

四棱　重湘平四錢七分

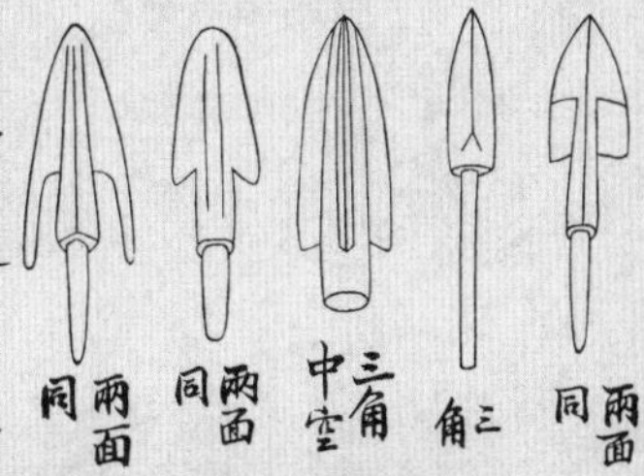

兩面同 重湘平三錢六分

三角 重湘平二錢四分

三角中空 重湘平四錢一分

兩面同 重湘平三錢五分

兩面同 重湘平三錢一分

以最輕之朱一釿較之二釿應得五錢八分

權衡度量實驗攷　六十九

以上八鏃皆不及二釿或係弩矢非弓矢

故與冶氏之殺矢輕重有別

秦半兩泉

八泉共重湘平一兩八錢與第九權泉正合秦之一兩合湘平四錢五分

周權一兩重湘平四錢二分秦權一兩重湘平四錢五分

權衡度量實驗攷　七十

秦四兩權泉

諸城劉燕庭方伯舊藏今為漢軍繼幼雲所得

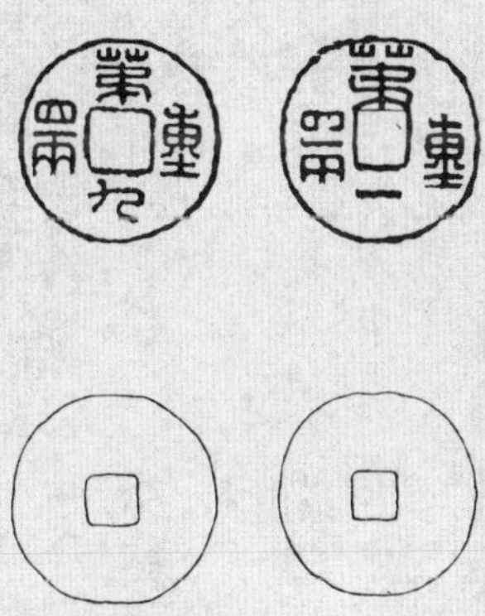

重湘平一兩七錢稍弱

重湘平一兩八錢稍弱每斤合湘平七兩錢與鈞權石權合

秦斤權

是權西安出土周圍刻始皇二世詔十七行重湘平六兩三錢一分

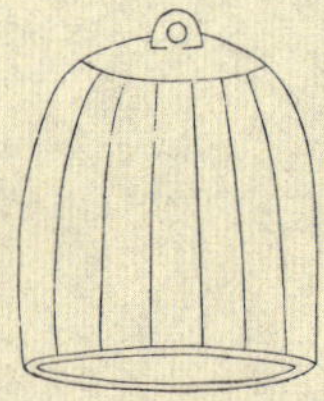

廿六年皇帝盡并兼天下諸侯黔首大安立號為皇帝乃詔丞相狀綰法度量則不壹歉疑者皆明壹之

權衡度量實驗攷　七十一

秦權泉四兩重一兩八錢十六兩為一斤應合七兩八錢是權短平八錢九分下邊有磨鑢痕故銅質畧輕

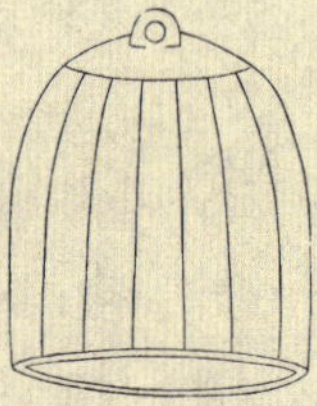

元年制詔丞相斯去疾法度量盡始皇帝為之皆有刻辭焉今襲號而刻辭不稱始皇帝其於久遠也如後嗣為之者不稱成功盛德刻此詔故刻左使毋疑

秦鈞權

大澂得於陝西寶雞縣

此秦時三十斤之鈞權也重今湘平十三斤八兩以四兩權泉四枚積湘平七兩六錢為一斤二百十六兩為三十斤與此正合

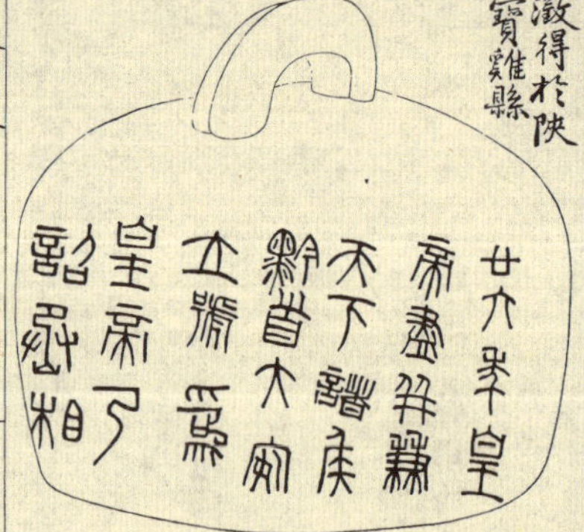

權衡度量實驗攷　七十二

始皇詔全文

廿六年皇帝盡并兼天下諸侯黔首大安

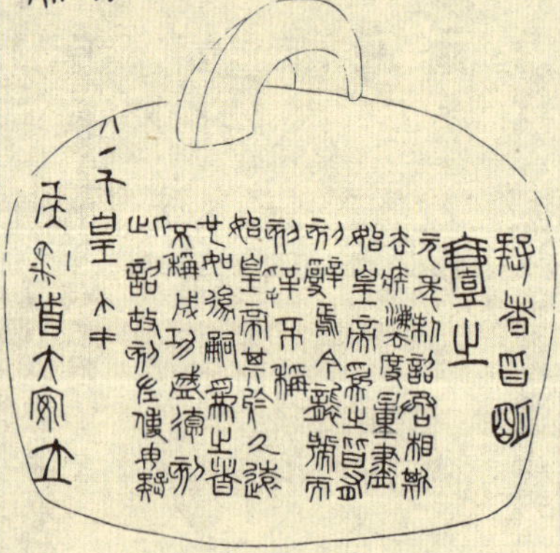

立號爲
皇帝乃
詔丞相
狀綰灋
度量則
不壹歉
疑者皆明
壹之

六年皇 大
侯黔首大安立
號爲皇帝乃詔丞
相狀綰灋度量
則不壹歉疑
者皆明壹之

是權兩刻始皇詔書或因初刻一詔日久有漫漶字迨二世須詔時補刻始皇前詔故有重文

權衡度量實驗攷　七十三

秦石權　余得銅鐵二石權此銅權也

重今湘平五十四斤適合四鈞權之重知爲百二十斤二石權

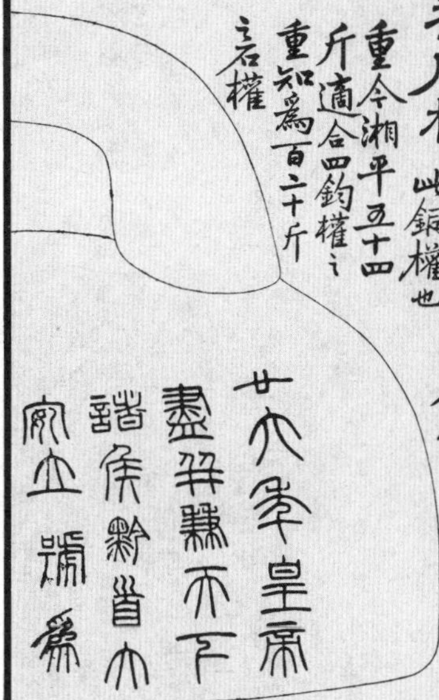

廿六年皇帝
盡并兼天下
諸侯黔首大
安立號爲

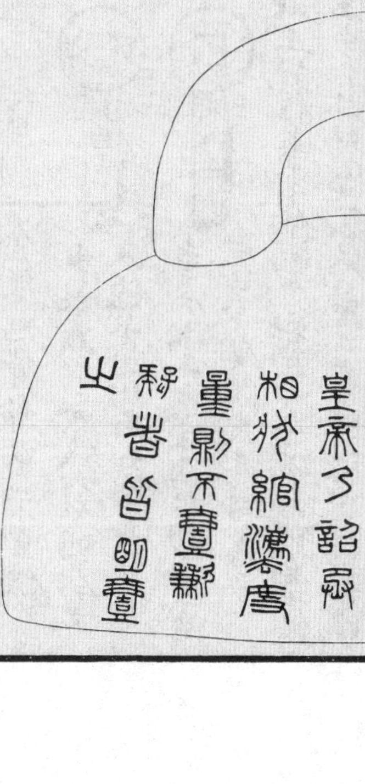

皇帝乃詔丞
相狀綰灋度
量則不壹歉
疑者皆明壹
之

權衡度量實驗攷　七十四

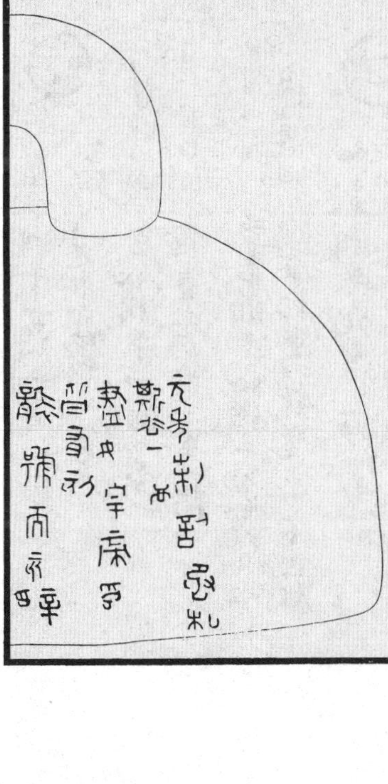

元年制詔丞相
斯去疾灋度量盡始皇帝爲之
皆有刻辭焉
今襲號而刻辭

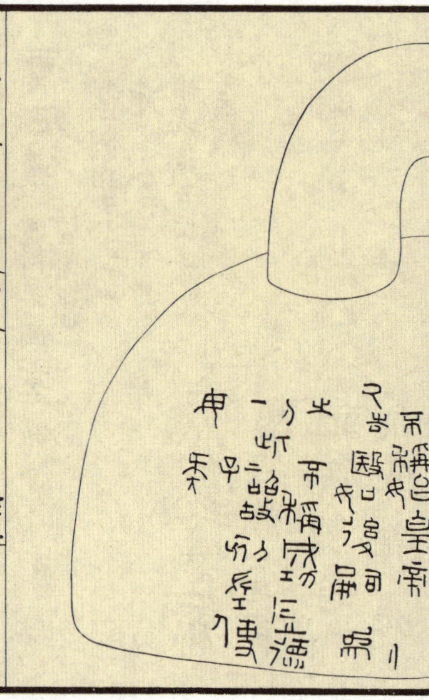

較王莽泉刀之輕重

王莽所鑄泉布及錯刀契刀在漢時最爲精良其輕重見於漢書食貨志及王莽列傳可按籍而稽也然余所藏莽泉莽布莽刀輕重亦不一律今擇其輕重適均可與漢志相證者比而圖之如左

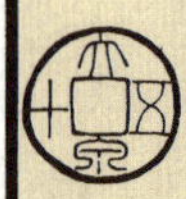

重今湘平二錢二分

食貨志大錢重十二銖

重今湘平一錢二分

食貨志中錢重七銖

重今湘平四錢四分

食貨志大布重一兩

重今湘平四錢二分食貨志次布

次布相重一銖應重二十三銖

重今湘平九分二釐

食貨志貨泉重五銖

重今湘平四錢六分

食貨志貨布重二十五銖

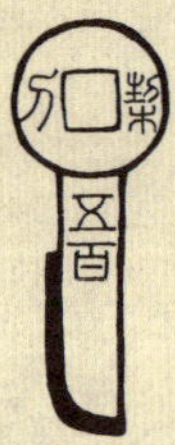

重今湘平四錢六分約合六十五銖食貨志未詳其重

重今湘平八錢五分約合二兩短三分食貨志未詳其重

以上六種每兩合湘平四錢四分十二銖合二錢二分一銖約合一分八釐三毫三絲四忽此西漢

通用之斤兩與余所藏筑陽家銅主鋌合
筑陽家銅小主鋌高四寸半寸容四分升一連
槃并重一斤八兩第八
以四錢四分為一兩二十四兩應合湘平十兩
五錢六分今重湘平十兩三錢四分短二錢
六分銅質有微損耳附記於此
畸輕畸重各泉布刀並列於後

十枚　重二錢六分　食貨志小錢重一銖

權衡度量實驗攷　七十七

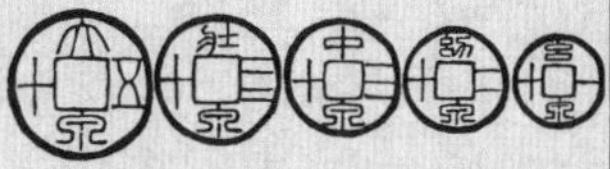

重七分　食貨志幺錢重三銖
重七分　食貨志幼錢重五銖
一重八分　一重七分
重一錢　食貨志壯泉重九銖
一重一錢九分　一重一錢八分
一重一錢七分

一重二錢　一重一錢九分
食貨志小布重十五銖小布以上各相重一銖

損一足重一錢二分　十七銖不足
重二錢　食貨志誤作厚布　十八銖不足
重二錢二分　十九銖不足
重三錢　二十銖不足
一重三錢五分　一重三錢四分
二十三銖不足

權衡度量實驗攷　七十八

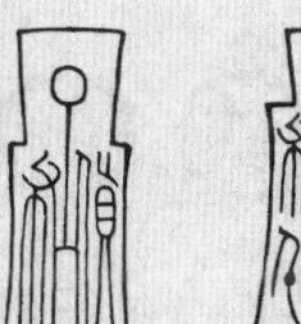

一重五錢　一重四錢七分　一重四錢二分
一重四錢一分　一重四錢　一重三錢四分
一重三錢一分　一重二錢九分　二布過一兩餘不足
一重五錢　一重四錢八分　一重四錢七分

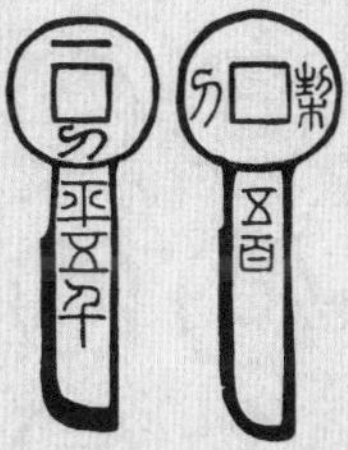

一重五錢　一重四錢七分
一重四錢二分
一重八錢六分　一重八錢
一重七錢五分　一重六錢二分

較唐開元泉之輕重

新唐書食貨志武德四年鑄開元通寶錢徑八分重二銖積十錢重十兩其文以八分篆隸三體世所傳開元通寶無異文者蓋一體之中兼八分篆隸是合三體爲一體也古權論銖不論錢以十錢爲一兩自開元始今以開元通寶輪廓完好者十枚平之重今湘平一兩四分適合庫平一兩其背有

京洛洪福等字者武宗會昌時所鑄揚州節度使李紳始於錢背加昌字以表年號進之遂敕鑄錢之所各以本州郡名爲背文大澂所藏有二十二字輕重不甚相遠並圖之附於開元之後

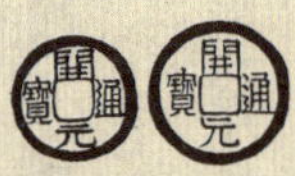

十枚共重湘平一兩四分

以上十四枚共重湘平壹兩四錢

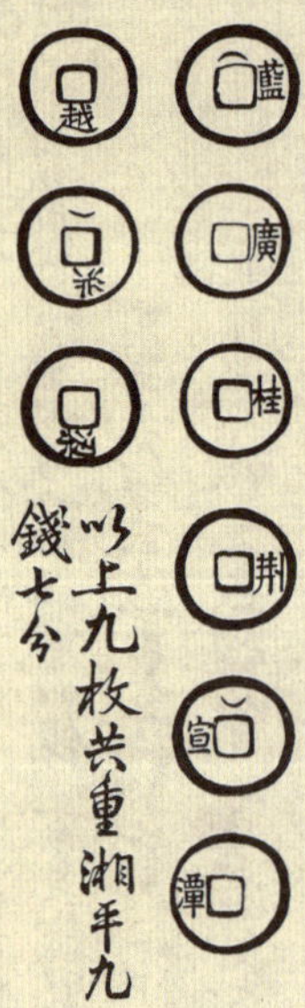

以上九枚共重湘平九錢七分

恒轩所见所藏吉金录

《恒轩所见所藏吉金录》，成书于光绪十一年（1885），分二集。一为恒轩所藏吉金录；一为恒轩所见吉金录。集吴大澂、潘祖荫等10家收藏，共收录136件。摹录文字和绘制图形，不加解说。图像、铭文的绘制和摹录相当精细，且由吴大澂亲手绘制。唯编次未分时代，亦无尺寸，有释文的仅见盂鼎一器。

该书为早期青铜器著录之重要文献。

本卷所收《恒轩所见所藏吉金录》，据光绪十一年（1885）刊本影印。

恆軒所見所藏吉金錄

余弱冠喜習繪事不能工洎官翰林好古吉金文字有所見輒手摹之或圖其形存于篋積久得百數十器遂付剞劂氏擬分二集以所見所藏標其目畧仿長安獲古編例而不為一家言其不注某氏器者皆潘伯寅師所藏此同治壬申癸酉間所刻也十餘年來風塵鞅掌此事遂廢時有所獲不復能圖欲攷而釋之亦不果福山王廉生編修懿榮屢索印本因未成書久無以應版存于家慮為蟲齧姑編次之以貽同好光緒十一年乙酉冬十月吳縣吳大澂識

郘鐘

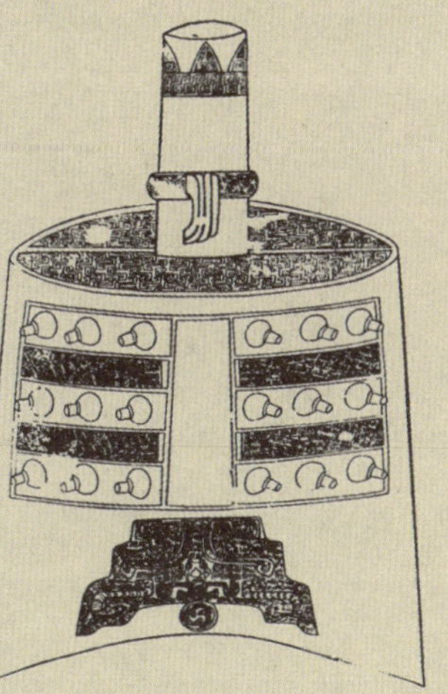

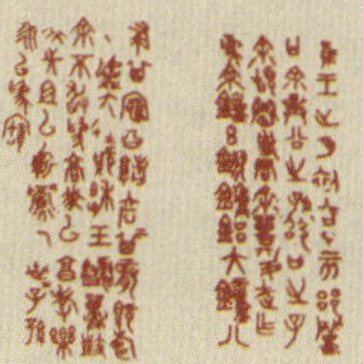

恆軒所見吉金錄 一

郘鐘

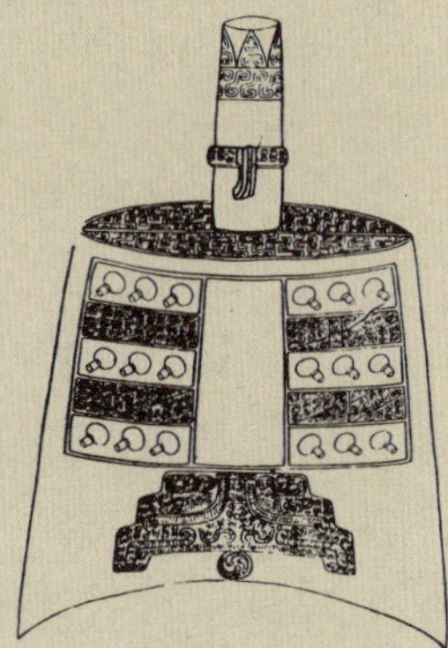

恆軒所藏吉金録 二

微子鼎

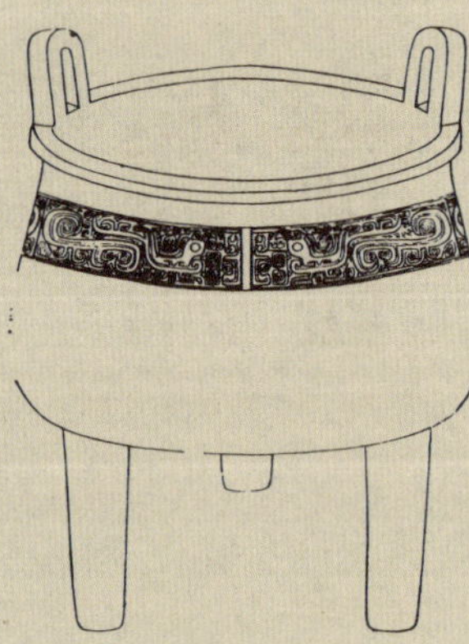

恆軒所藏吉金録 三

乙亥鼎

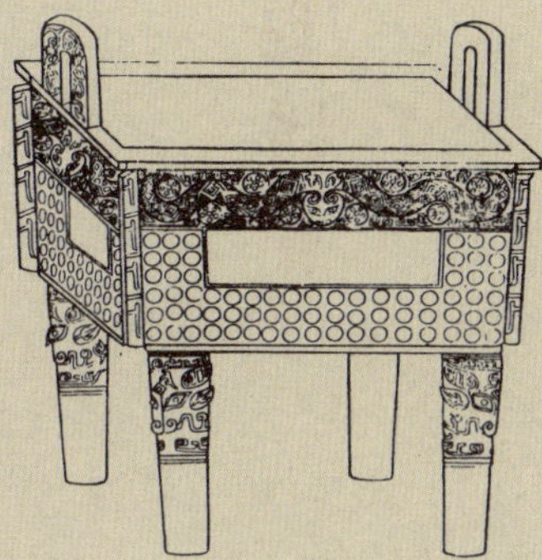

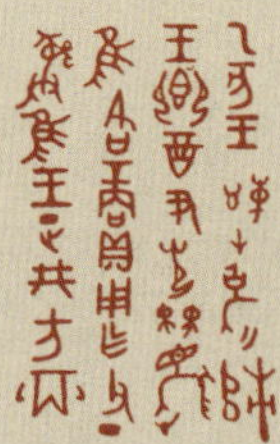

亞形父庚且辛鼎 三原劉氏藏器

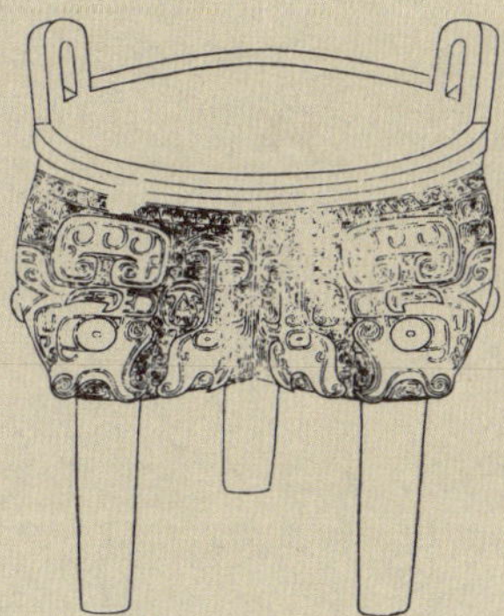

立旗形婦鼎

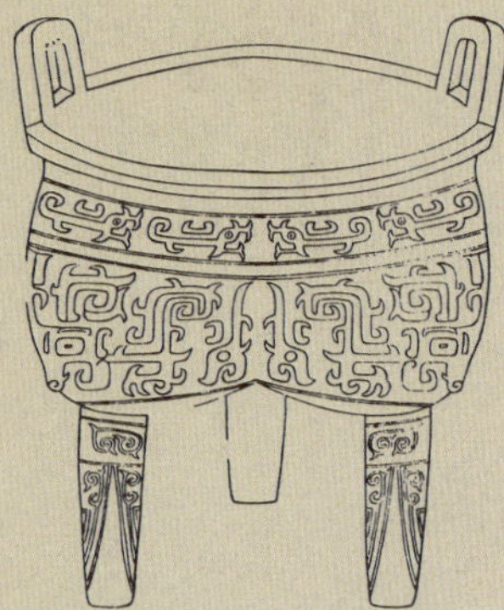

恒軒所見吉金錄 六

舉父丙鼎

蒲城楊氏藏器

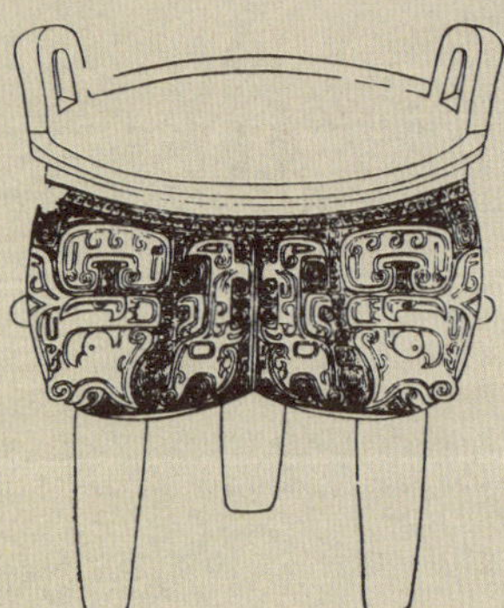

恒軒所見吉金錄 七

父丁象形鼎

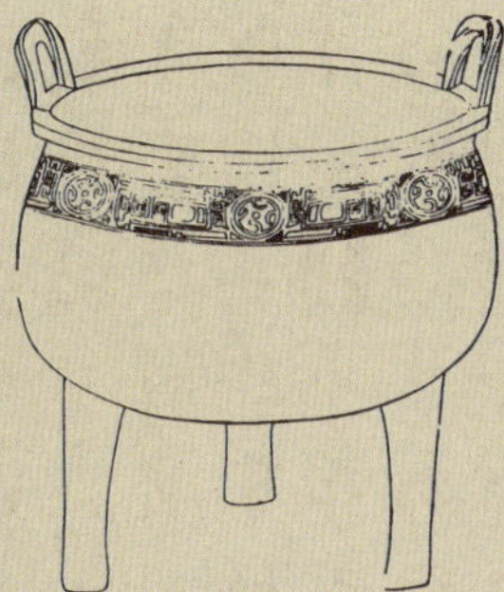

盂鼎

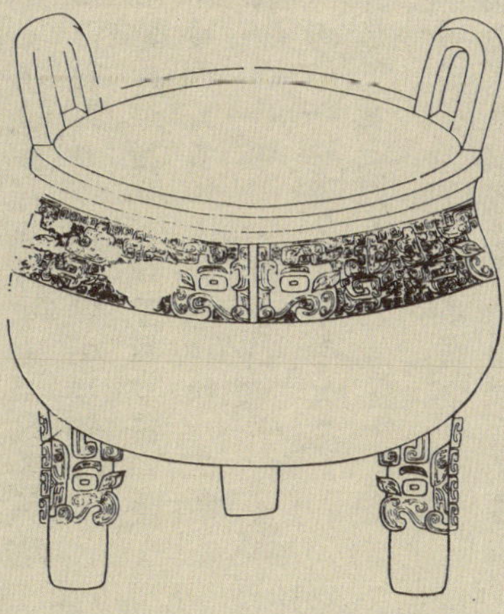

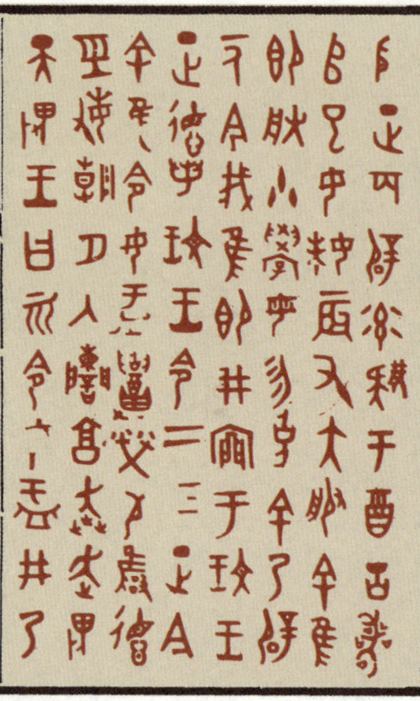

恆軒所見吉金錄 十

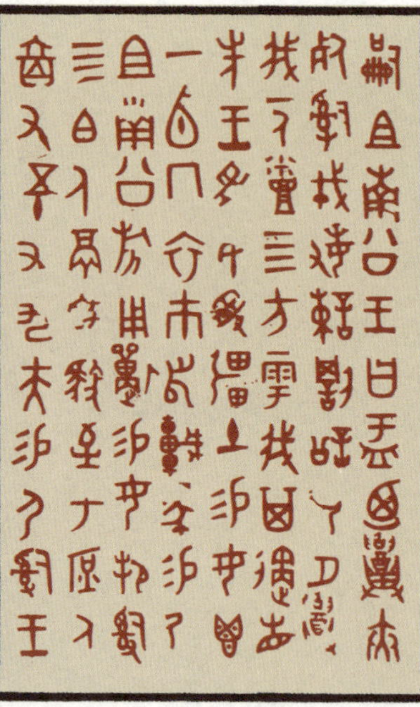

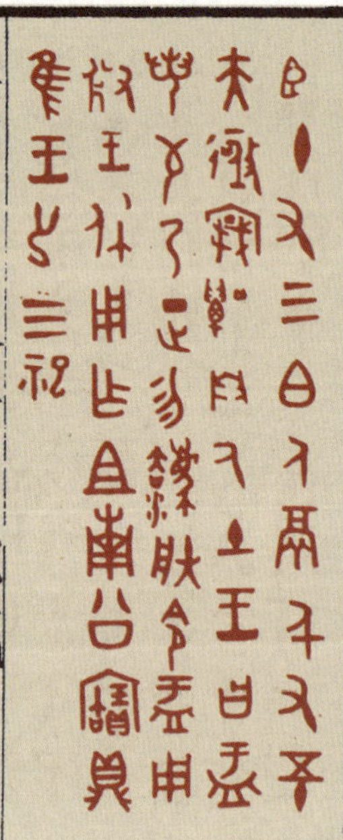

恆軒所見吉金錄 十一

惟九月王在宗周命盂王若曰盂不丕顯
玟文王受天有大命在珷武王嗣玟文作邦闢闢
乃匿慝匍有三四方畯畯正乃民在雩即事叡
酉酒無敢醺醽有紫烝祀無敢釀古故天異翼臨
子灋保先王八有三四方我徵殷述墜命惟
殷邊侯田甸雩殷正百辟率肄于酉酒古故喪
㠯師巳女妹昧辰又有大服余惟即朕小小學女
勿克余乃辟一人今我惟即井型宧憲于玟文王
正德若玟文王命二三正今余隹命女盂
召紹艾敬雝德巠經敏朝夕入闌諫亯奔走畏
天畏王曰於命女盂井刑乃嗣祖南公王
曰盂迺召紹夾死司戎敏諫敕罰訟夙夕召紹

我一人鲎閈三四方粤我其邁相先王受民受
疆土錫女鬯一卣冂冕衣市舄車馬錫乃
示一自公旂用蘄錫女邦𤔲三四伯人鬲獻□
馭至于庶人六百又五十又九夫錫乃𤔲王
臣十又三伯人鬲獻千又五十夫極亟䆮竄萬□
乃土王曰盂若敬乃正勿灋朕命盂用
對〻休用作祖南公寶鼎惟王廿又三祀

師奎父鼎

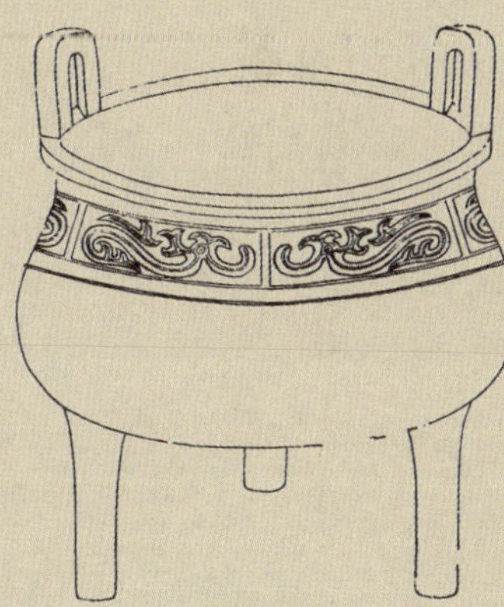

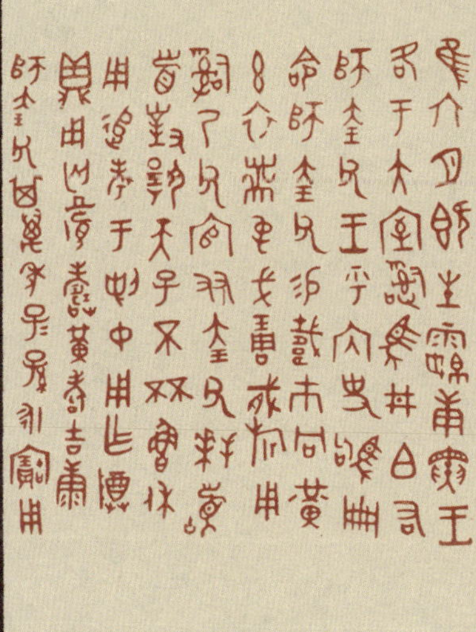

恆軒所見吉金錄

史頌鼎

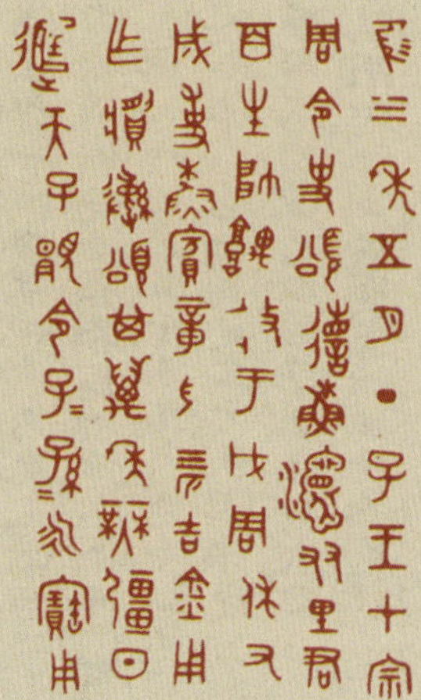

十四

恆軒所見吉金錄

蘇衛妃鼎

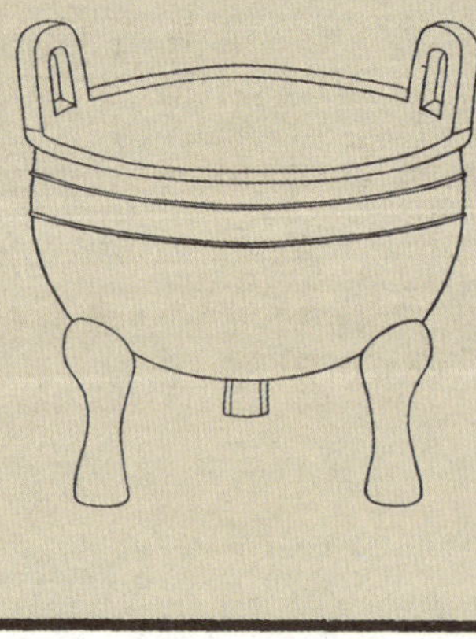

十五

匽侯鼎

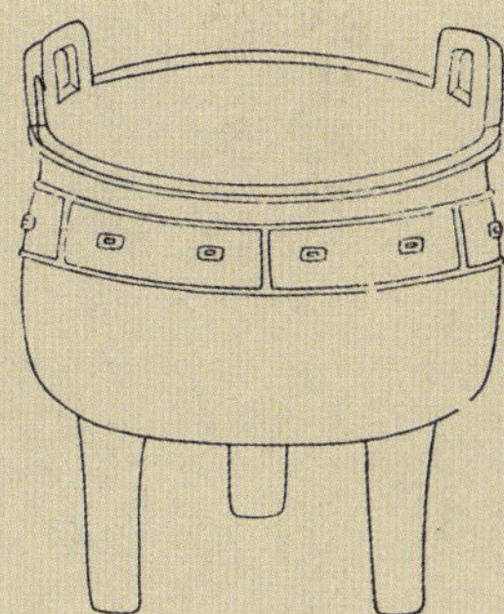

恒軒所見吉金録

十六

沣虡鼎

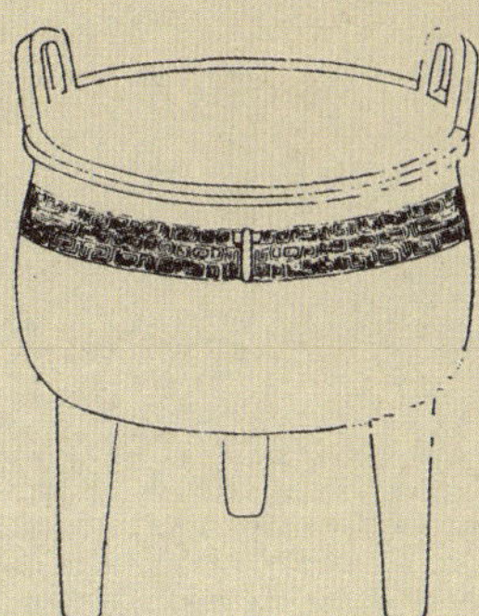

恒軒所藏吉金録

十七

捨鼎

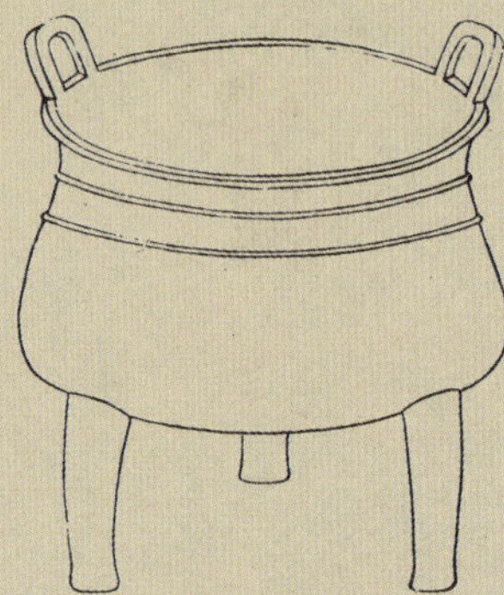

恆軒所見吉金錄

十八

興鼎

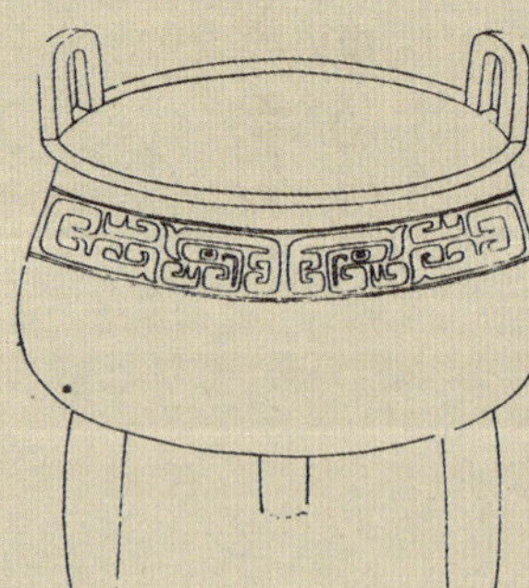

恆軒所見吉金錄

十九

寶鼎

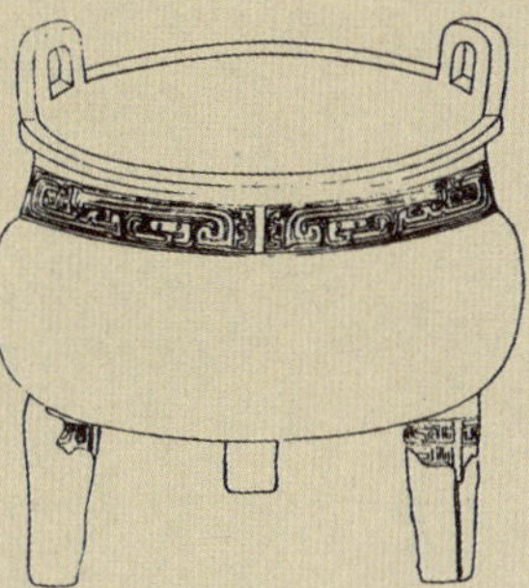

恒軒所藏吉金録

二十

平安君鼎

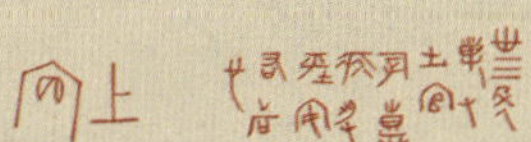

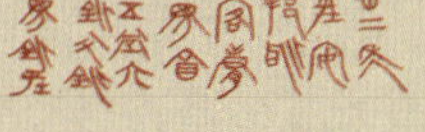

恒軒所藏吉金録

二十一

梁鼎盖

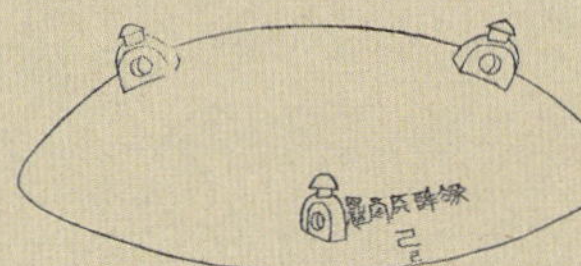

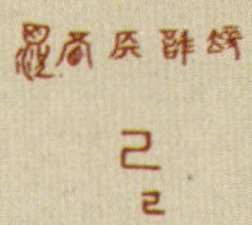

犧形敦 蒲城楊氏藏器

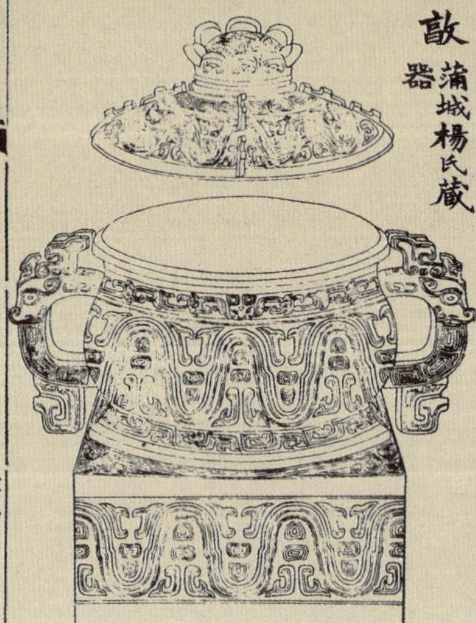

蓋

器

立旗形敦

三原劉氏藏器

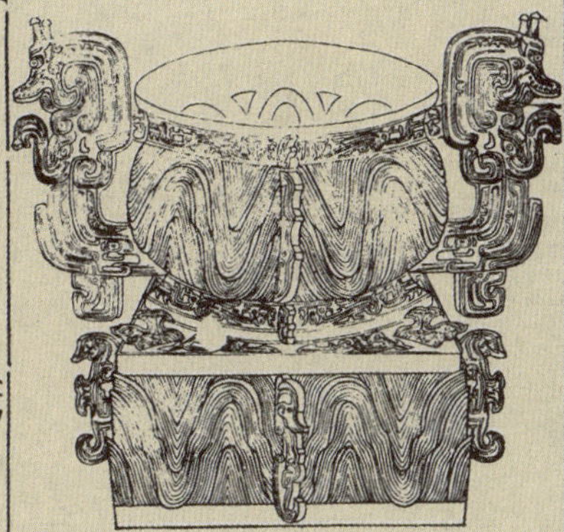

恆軒所見吉金錄　二十四

子執貝父癸敦

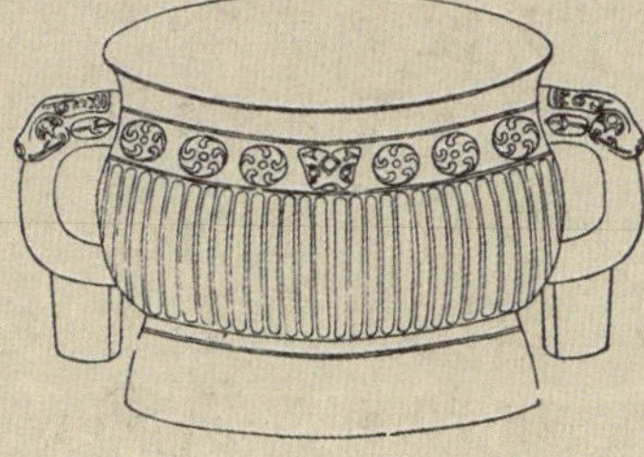

恆軒所藏吉金錄　二十五

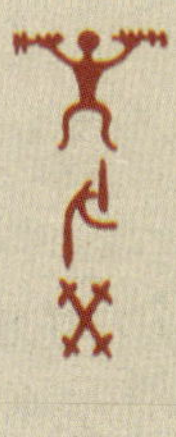

庚父辛敦

恆軒所藏吉金錄

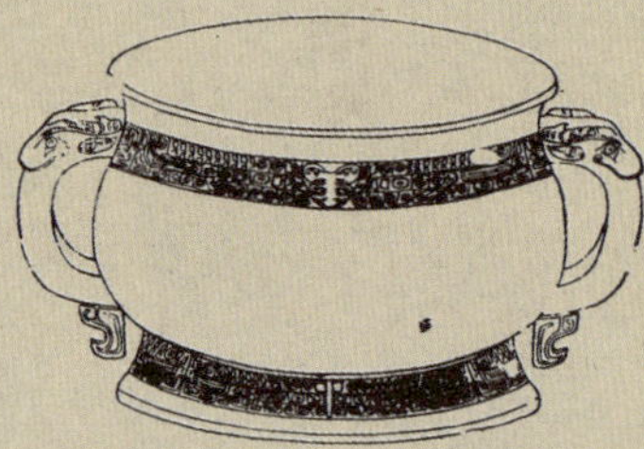

二十六

史頌敦

恆軒所藏吉金錄

蓋

二十七

恒軒所藏吉金録

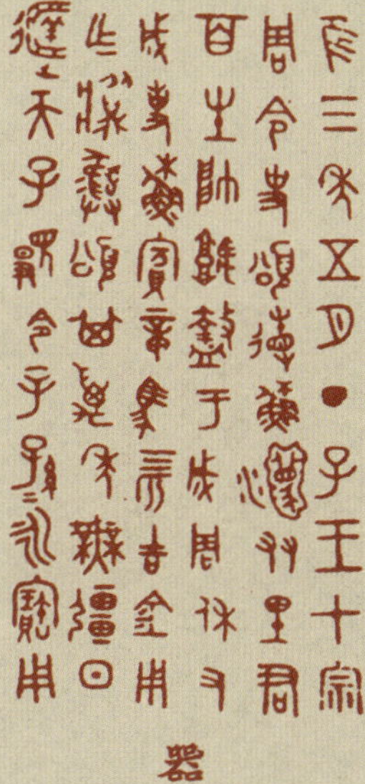

二十八

恒軒所見吉金録

綿敦

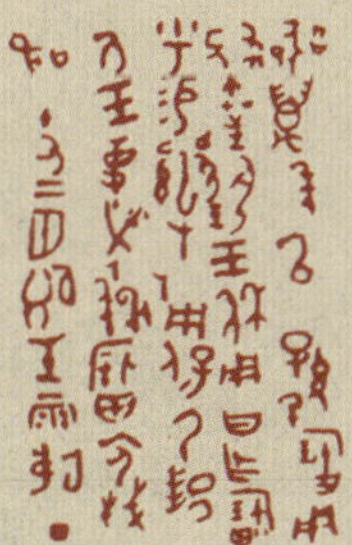

二十九

曩侯敦

恆軒所見吉金録

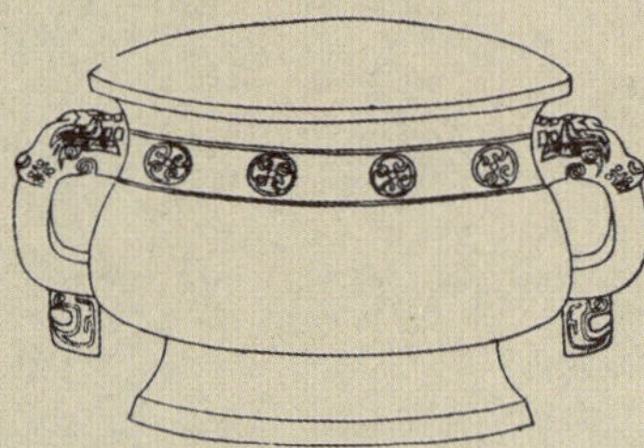

三十

白矩敦

恆軒所見吉金録

三十一

蘇公敦

岐山宋氏藏器

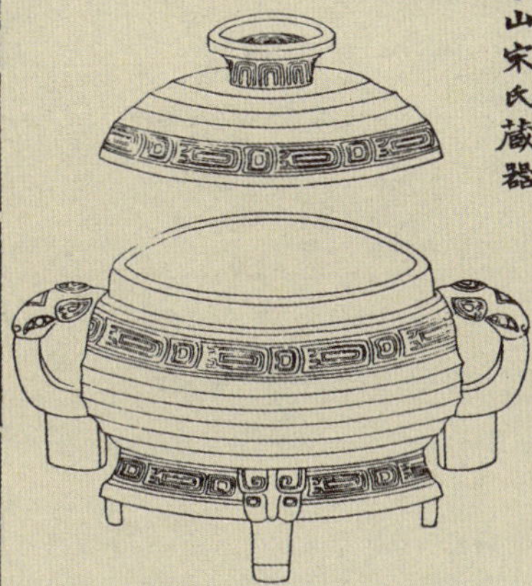

白駉敦

李勤伯太守藏器

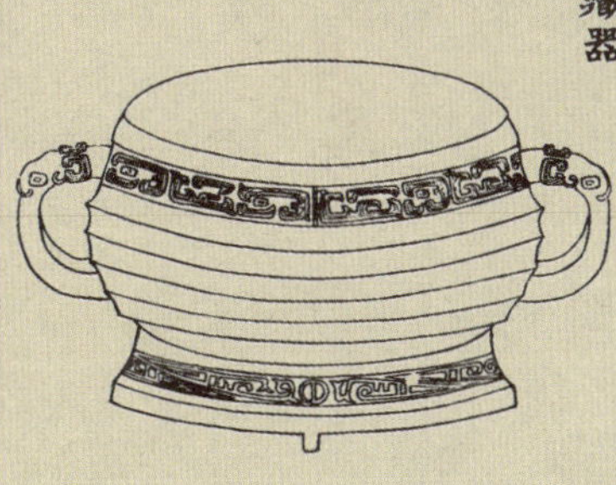

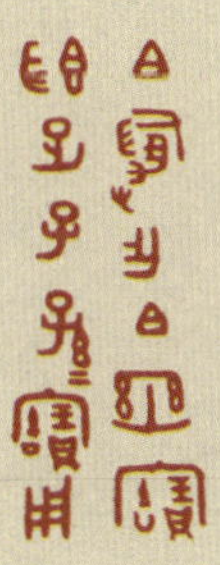

季飤敦

恒軒所見吉金錄

三十四

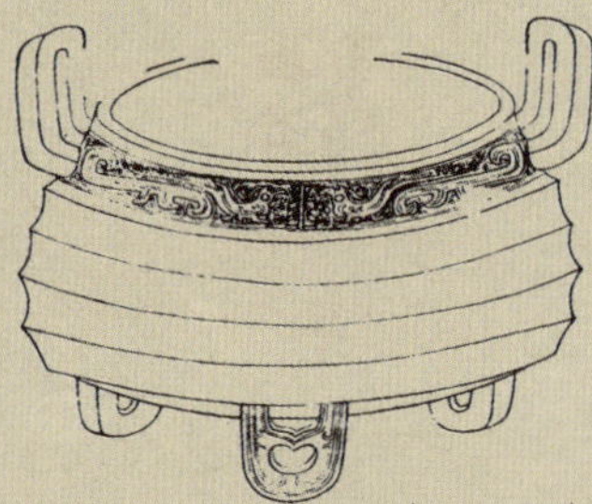

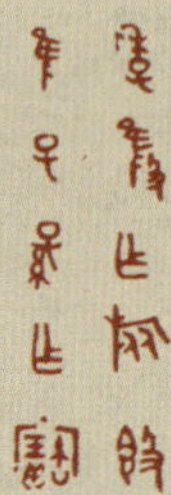

穗敦

恒軒所藏吉金錄

三十五

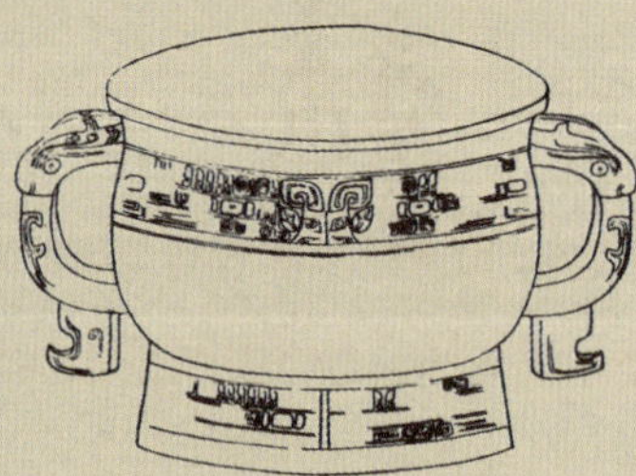

休敦

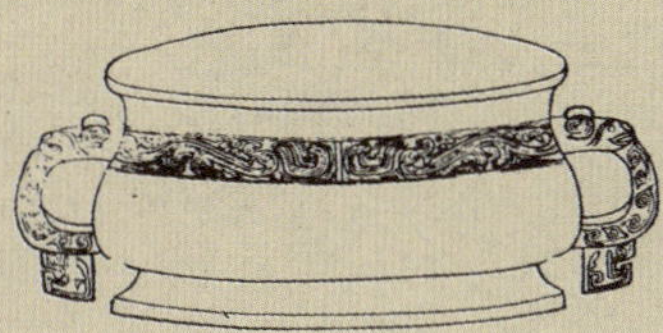

恒軒所見吉金録

三十六

虢仲敦

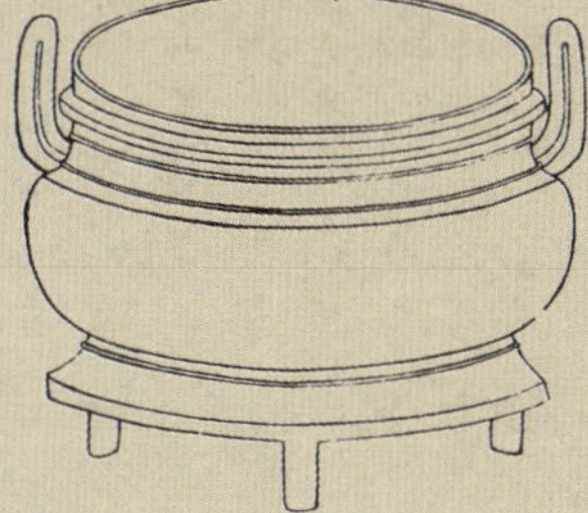

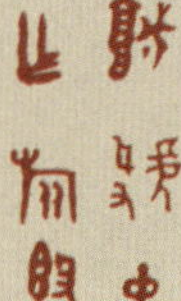

恒軒所藏吉金録

三十七

恆軒所藏吉金録

中𠂤父敦

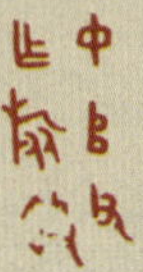

三十八

恆軒所見吉金録

師遽敦蓋

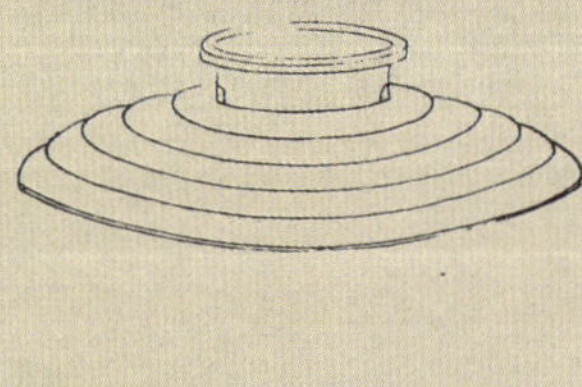

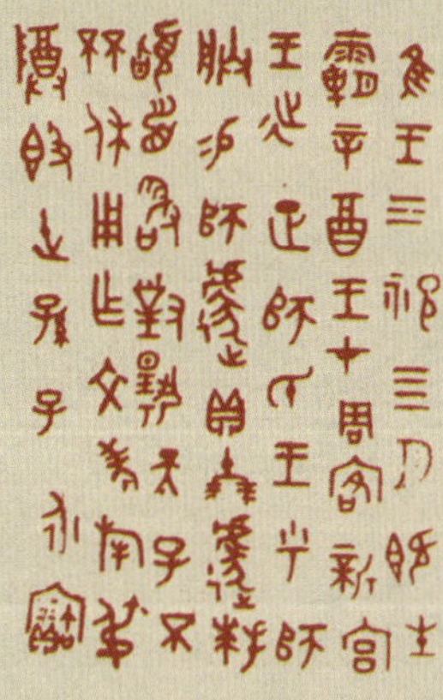

三十九

子孫父丁彝

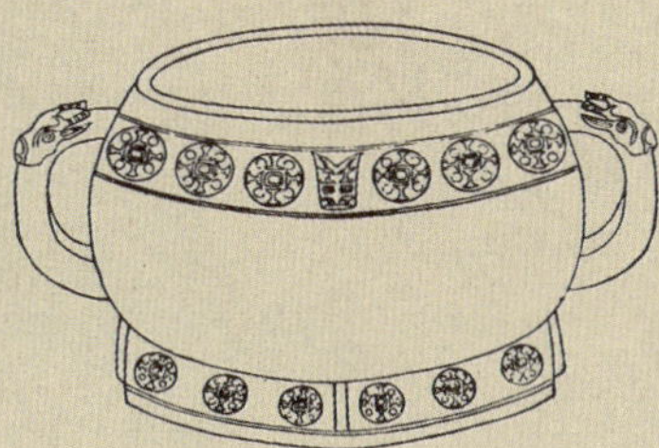

恒軒所藏吉金録 四十

子犧形妣辛彝

工理生農部藏器

恒軒所見吉金録 四十一

夊彝

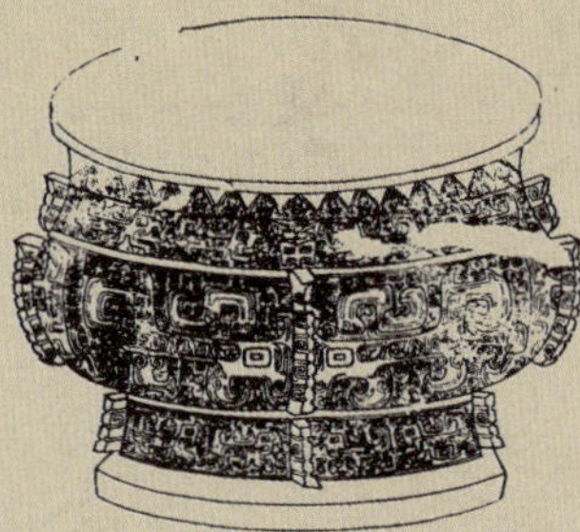

恒軒所見吉金録 四十二

析子孫父丁彝 蒲城楊氏藏器

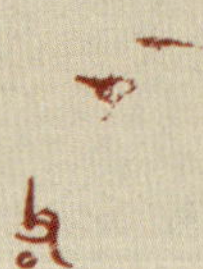

恒軒所見吉金録 四十三

交父乙彝

李勤伯太守藏器

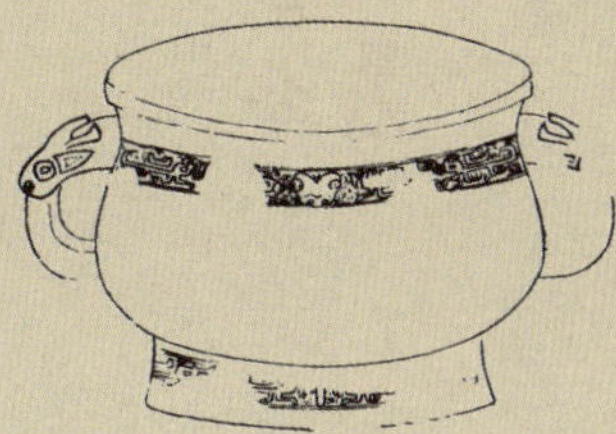

恒軒所見吉金録

四十四

百乳彝

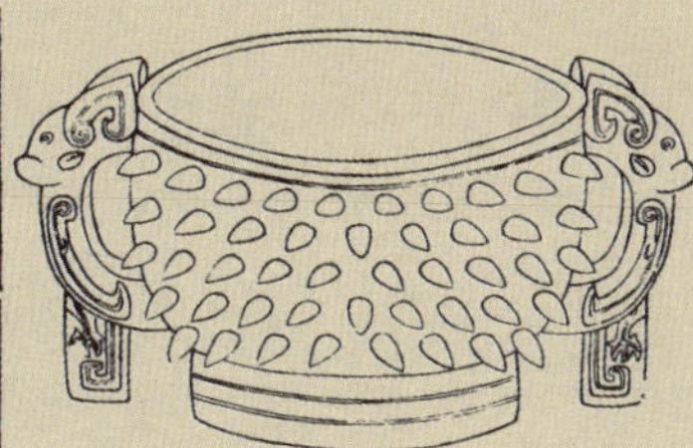

恒軒所見吉金録

四十五

季保彝

犧形尊 福山王廉生農部藏器

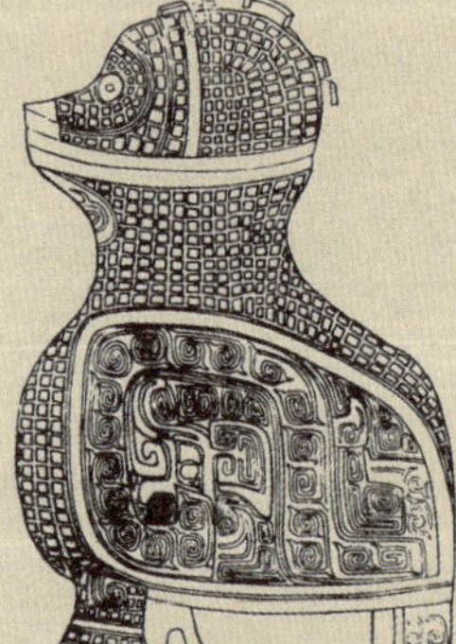

器　　蓋

⿰虘又作父辛尊

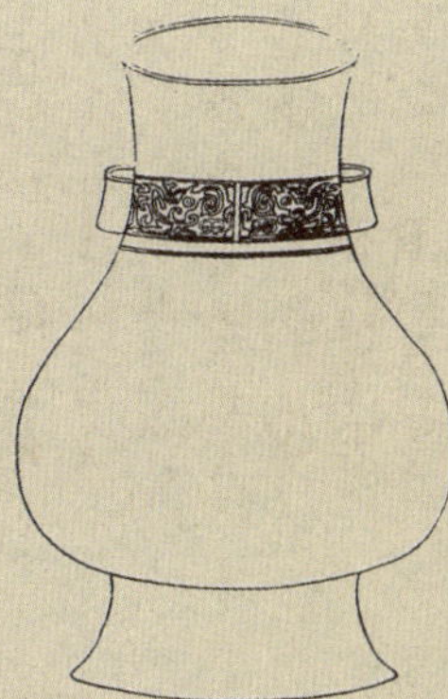

恒軒所藏吉金録 四十八

父乙尊

方元仲觀察藏器

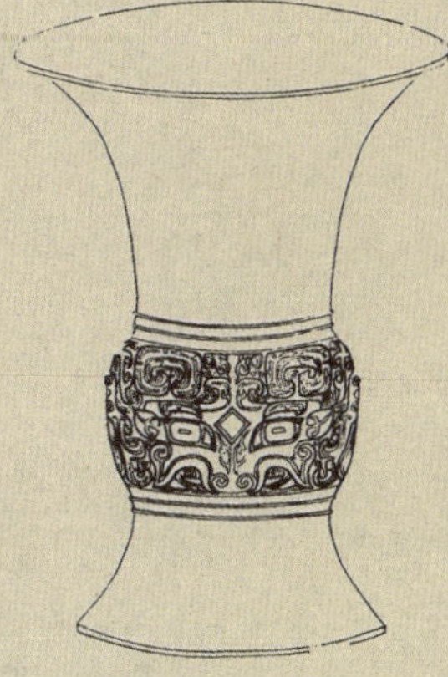

恒軒所見吉金録 四十九

趩尊

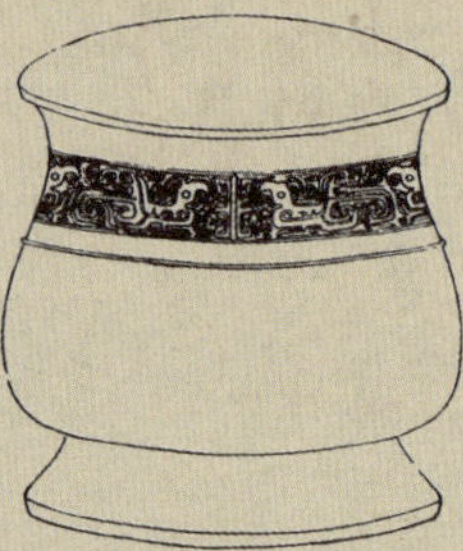

恒軒所藏吉金録

五十

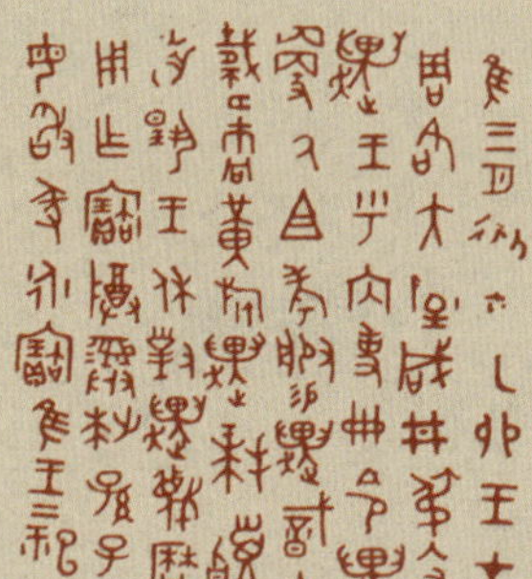

穗尊 陽識

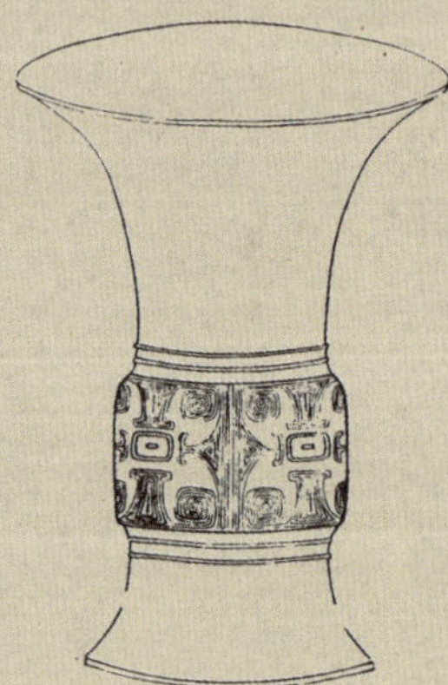

恒軒所藏吉金録

五十一

魚父癸壺

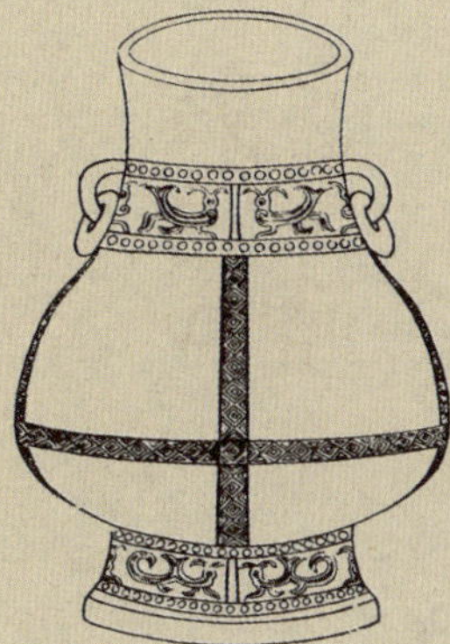

恆軒所見吉金錄

五十二

太姬壺

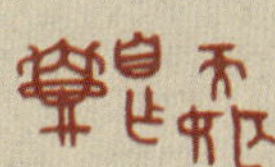

恆軒所見吉金錄

五十三

韓中多壺

恆軒所藏吉金録

五十四

鄭楙叔賓父壺

恆軒所見吉金録

五十五

匕黽父癸卣 三原劉氏藏器

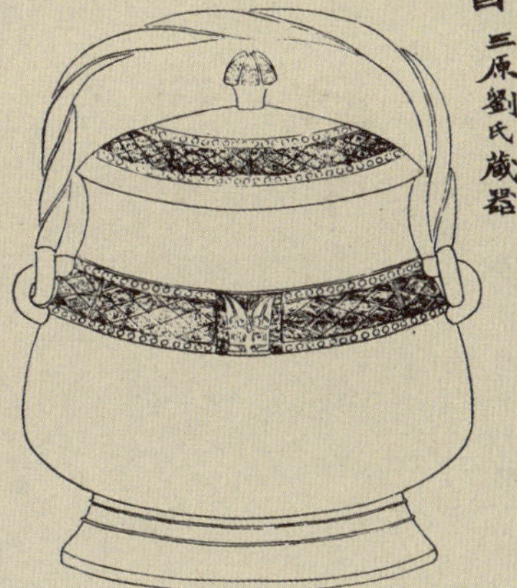

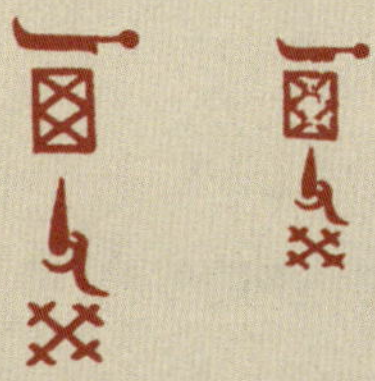

蓋　器

子立旂且乙卣

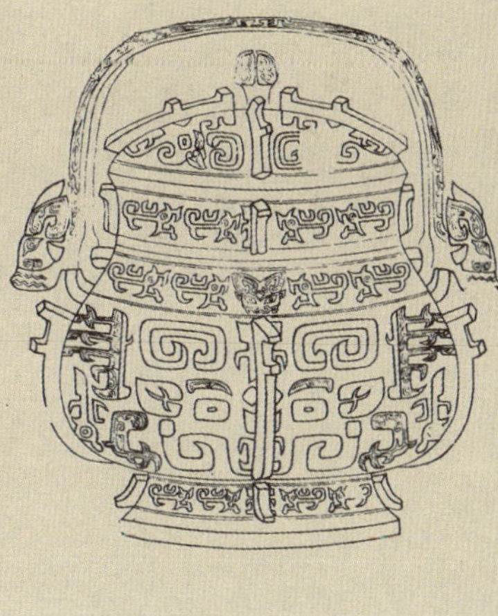

舉象形卣

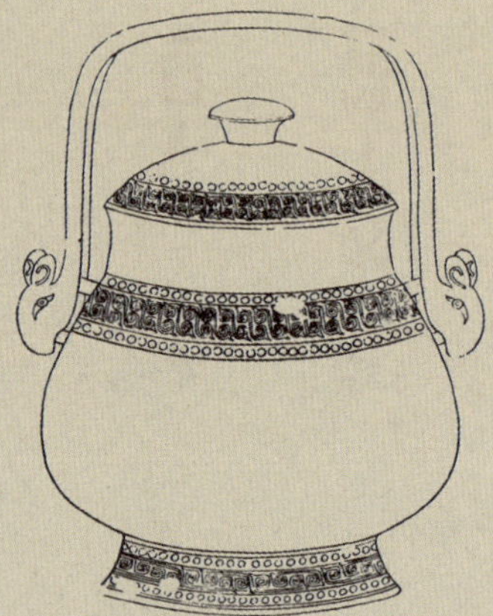

恆軒所見吉金錄

五十八

蓋

器

父辛卣

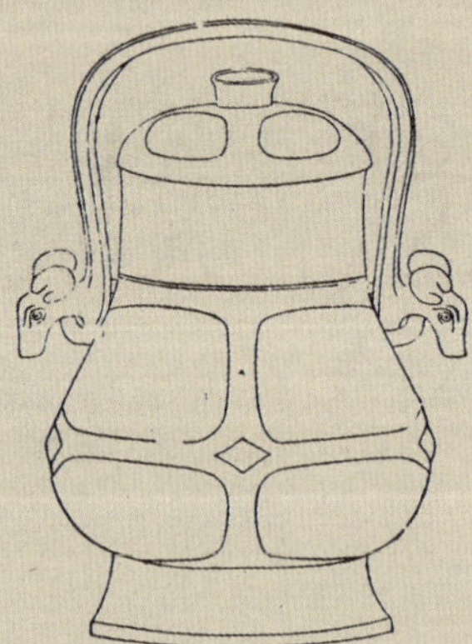

恆軒所見吉金錄

五十九

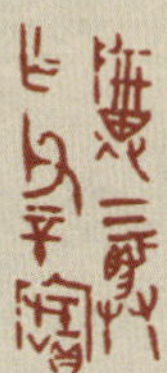

蓋

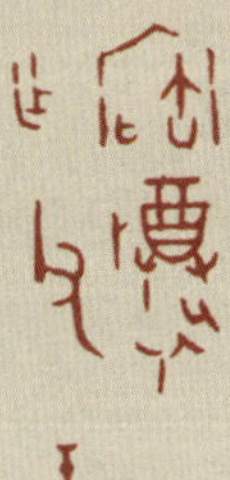

器

婦庚卣

恆軒所藏吉金録

六十

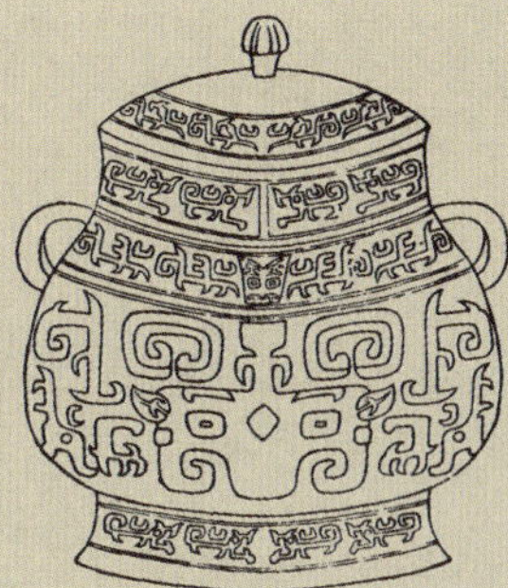

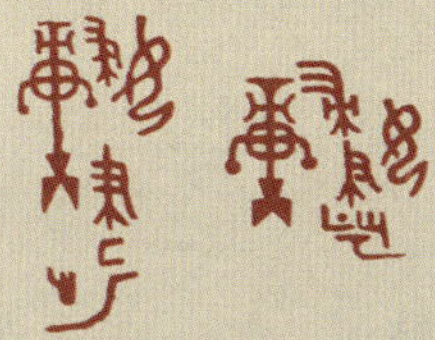

蓋　　器

斨木象形卣

恆軒所見吉金録

六十一

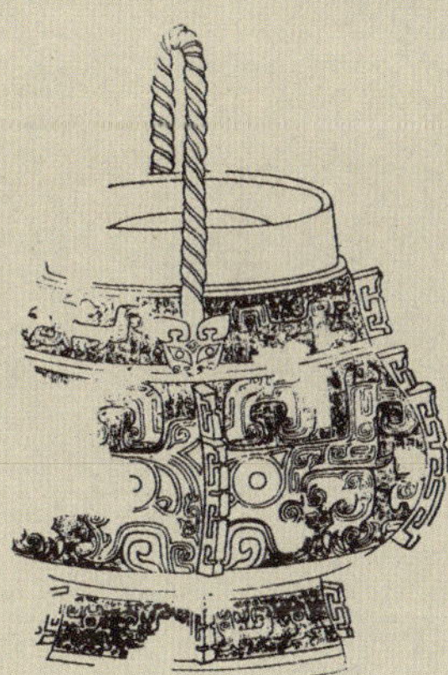

申卣

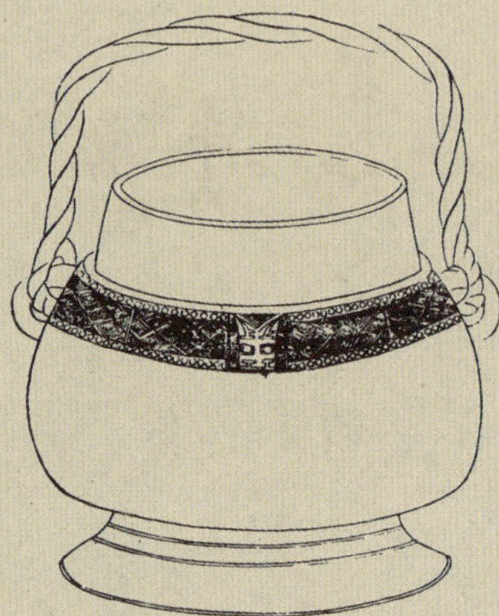

恆軒所見吉金録

六十二

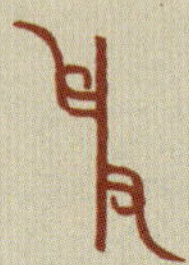

父辛象形卣

恆軒所見吉金録

六十三

父辛卣

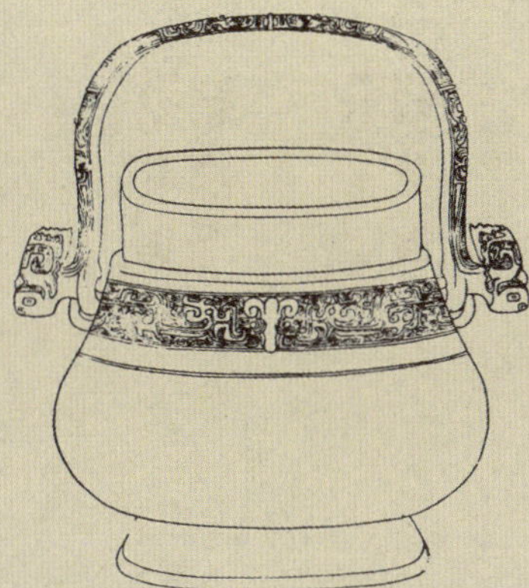

白睘卣

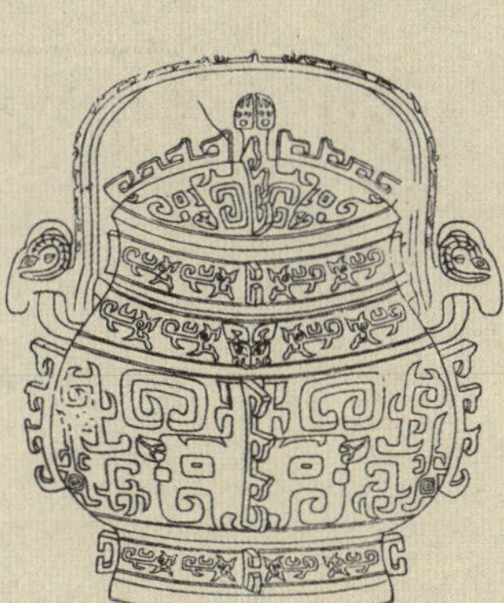

蓋

器

恒軒所見吉金錄

衛父卣

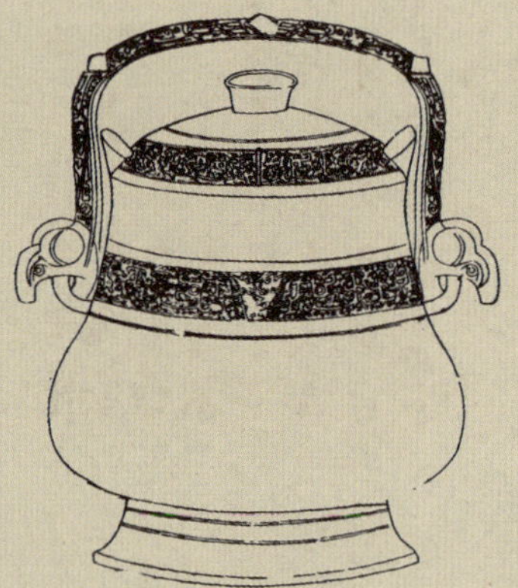

六十六

恒軒所藏吉金錄

寶卣

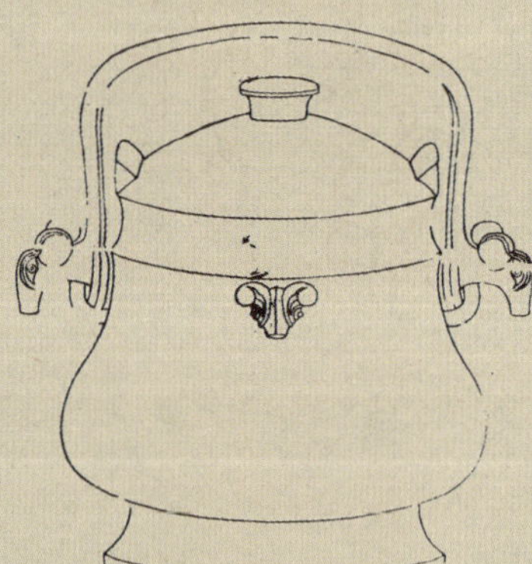

蓋

器

六十七

恒軒所見吉金録

寡子卣盖

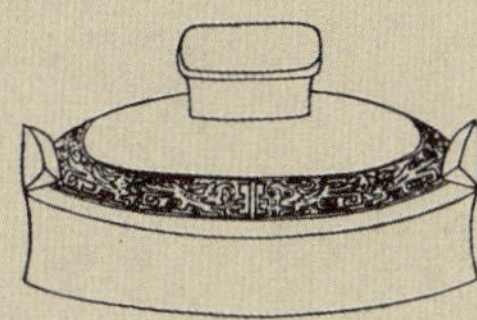

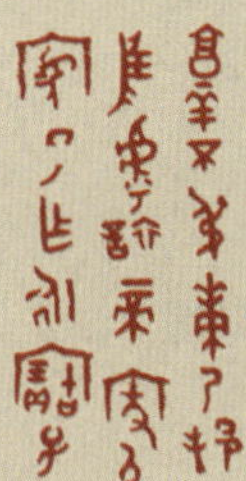

六十八

恒軒所藏吉金録

雝卣盖

六十九

舉咤父乙爵

恆軒所藏吉金錄

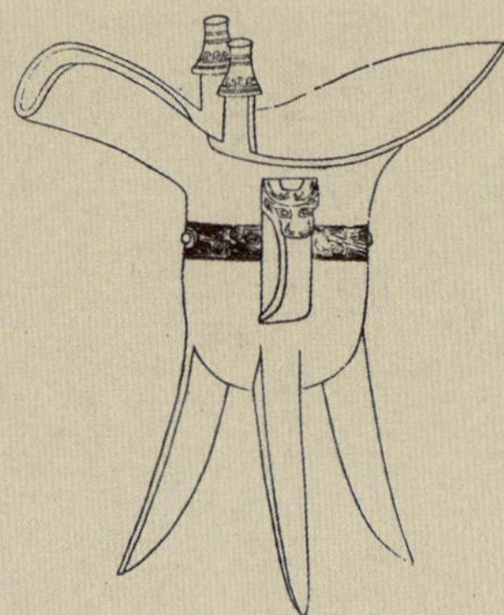

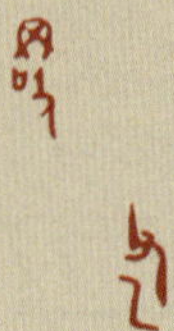

七十

灸作父乙爵

恆軒所見吉金錄

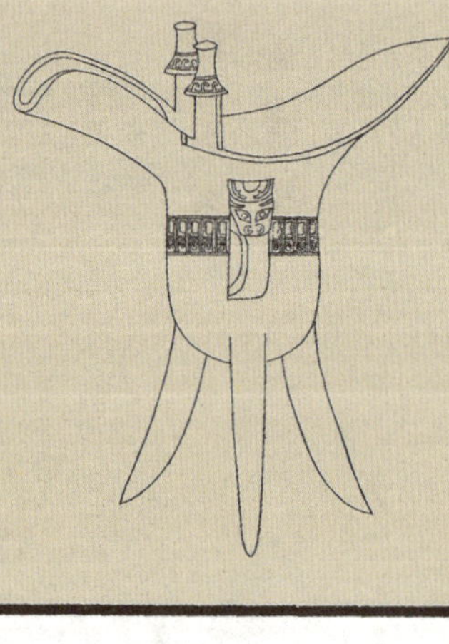

七十一

木父丁爵

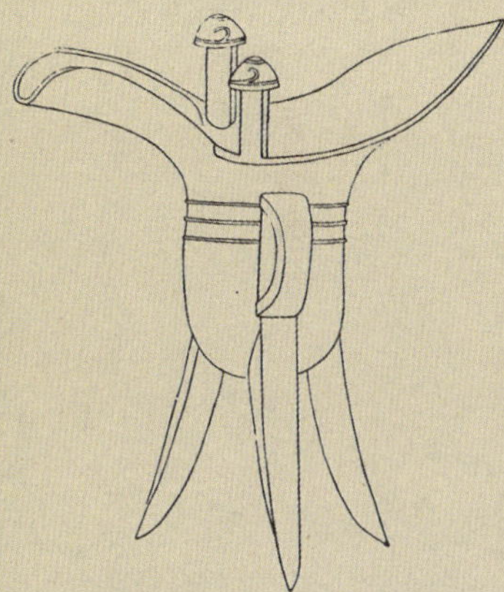

恒軒所藏吉金録

七十二

龍作父丁爵

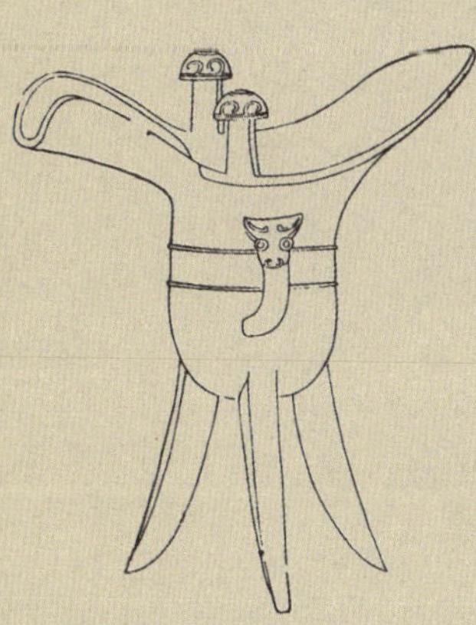

恒軒所見吉金録

七十三

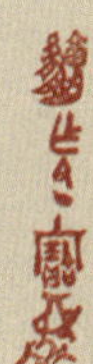

舉戊父爵

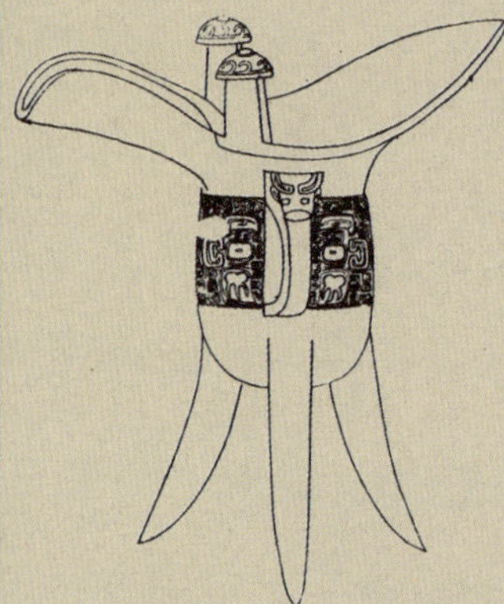

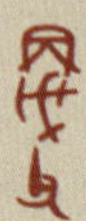

恆軒所藏吉金錄 七十四

囝父辛爵

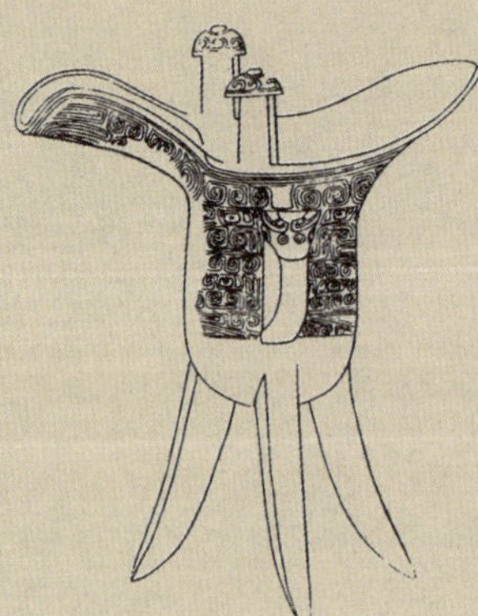

恆軒所見吉金錄 七十五

父壬糸爵

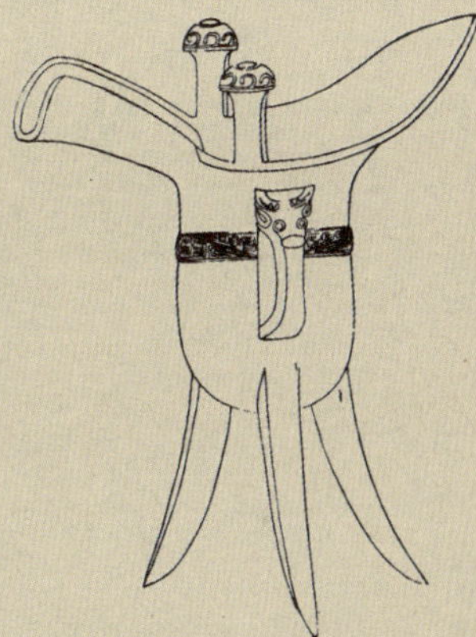

恒軒所見吉金錄

七十六

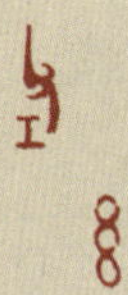

父癸爵 陽識

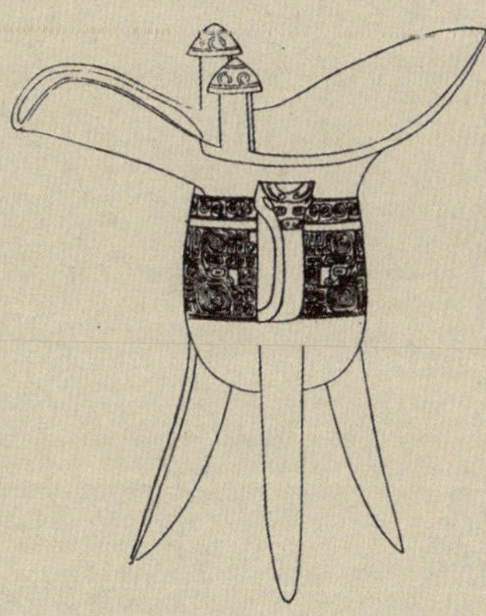

恒軒所藏吉金錄

七十七

析子孫父癸爵

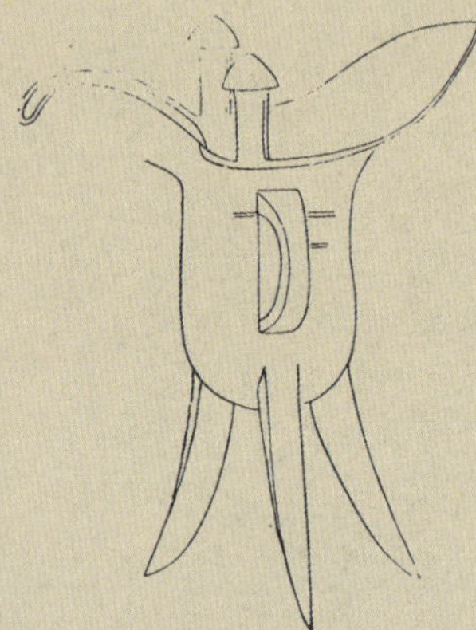

恆軒所藏吉金錄 七十八

別爵 蒲城楊氏藏器

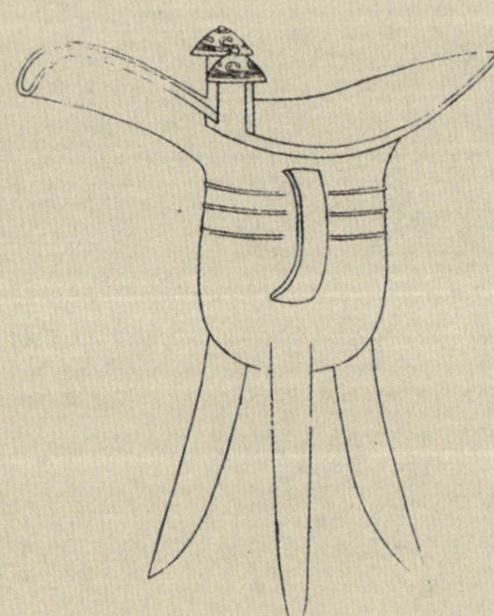

恆軒所見吉金錄 七十九

器作妣爵

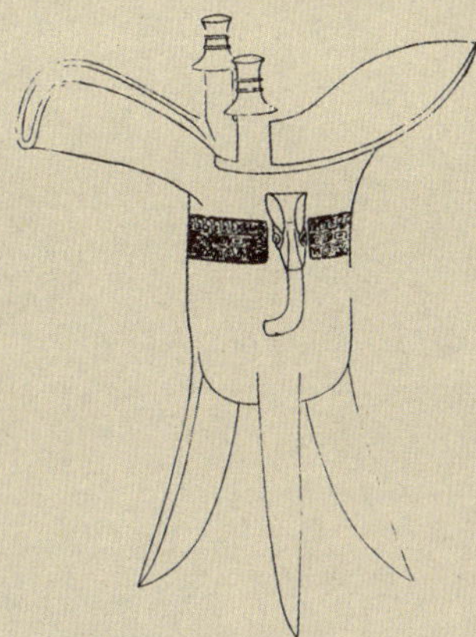

恒軒所藏吉金録

八十

倒矢架形子爵

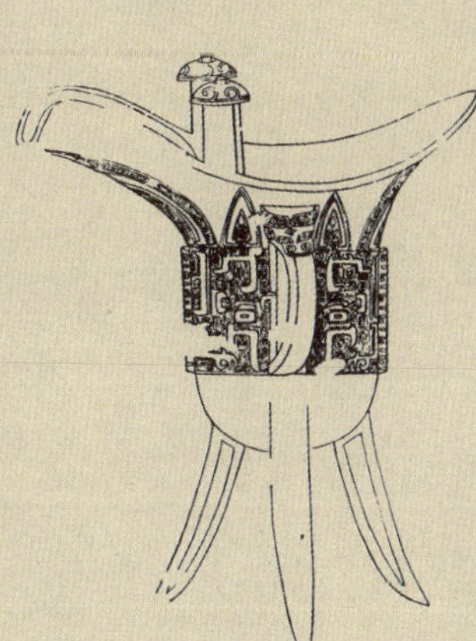

恒軒所見吉金録

八十一

作乃父寶爵

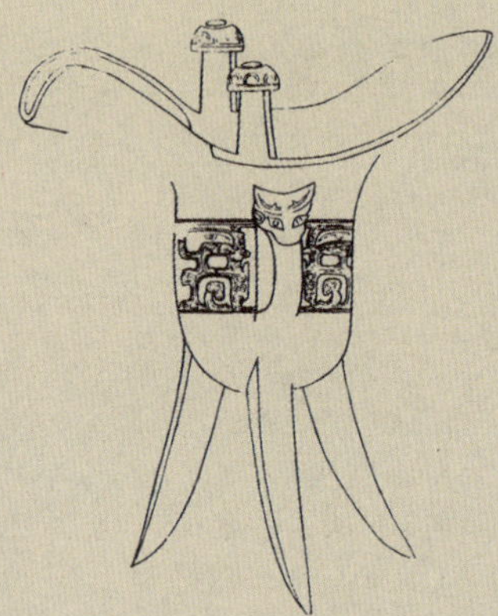

貝十朋子父乙觶

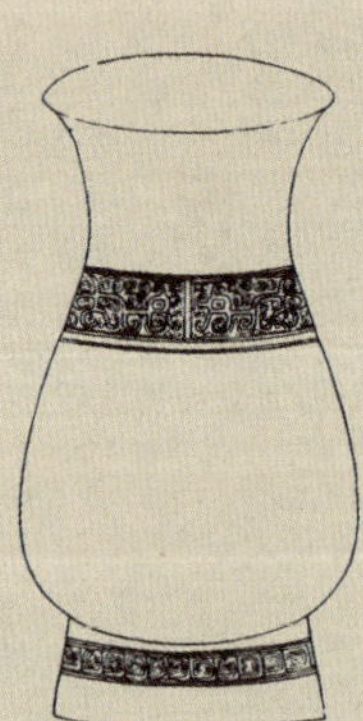

立戈父丙觶

恒軒所藏吉金録

八十四

父丁觶

恒軒所藏吉金録

八十五

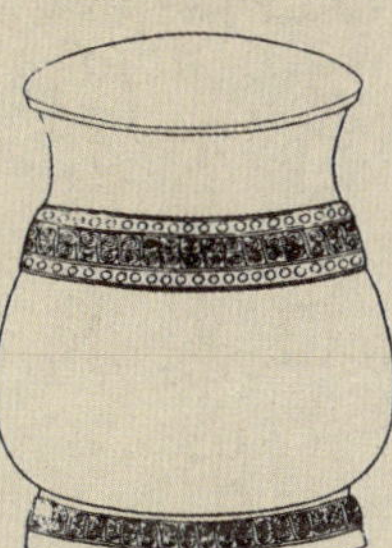

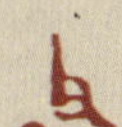

己父觚

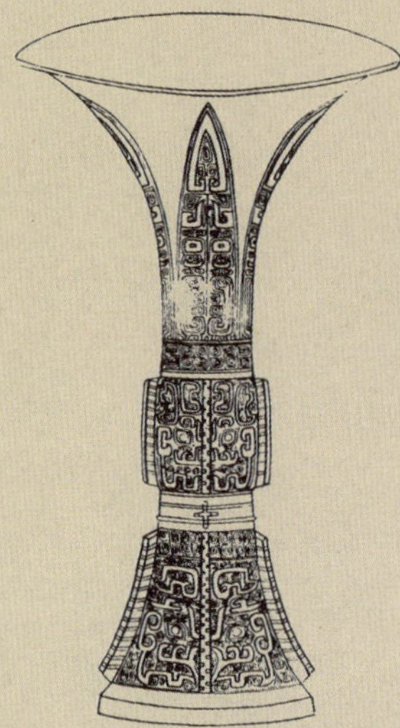

恆軒所藏吉金錄

八十六

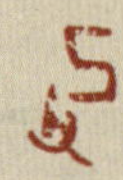

中皃良父盤

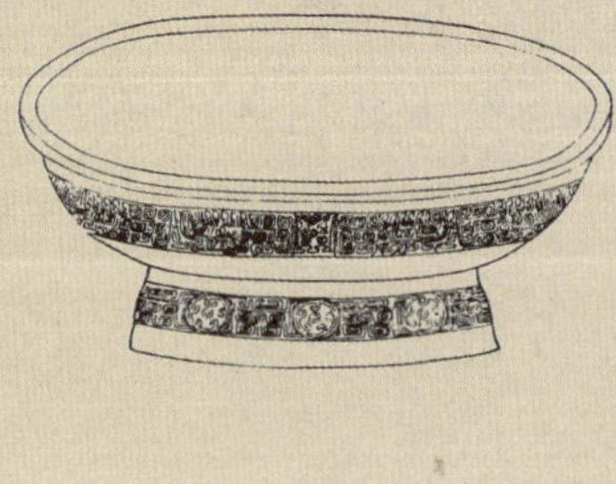

恆軒所見吉金錄

八十七

宗婦盤

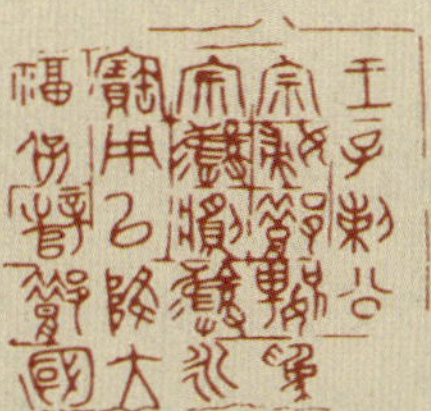

恒軒所藏吉金録

八十八

父辛残盤

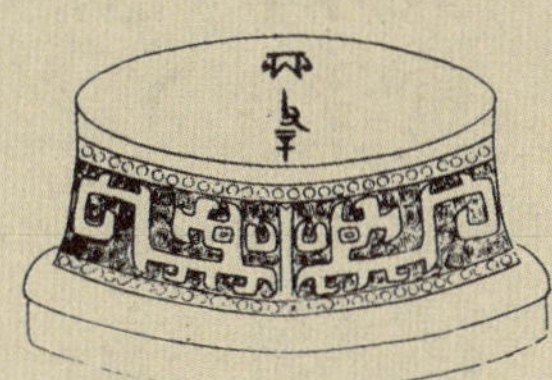

恒軒所藏吉金録

八十九

叔男父匜

恆軒所藏吉金録

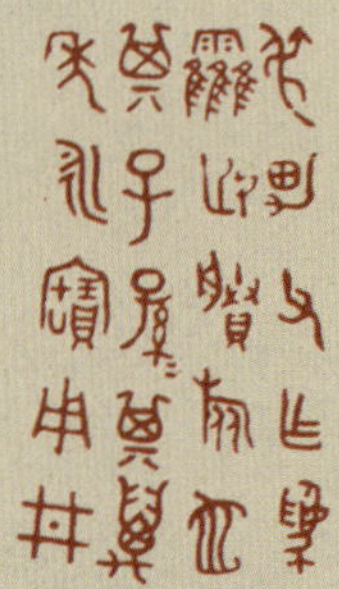

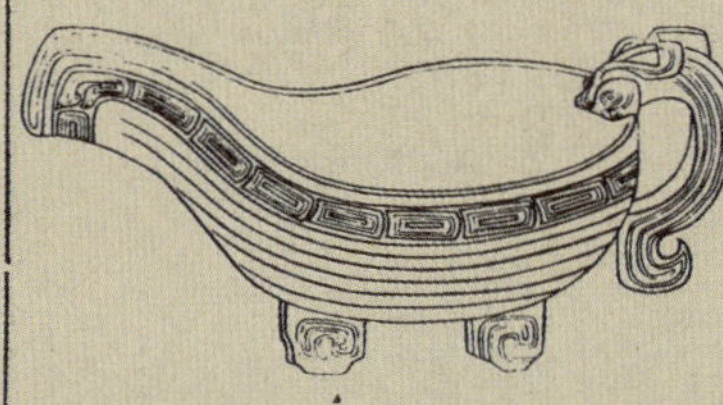

九十

季良父簠

恆軒所見吉金録

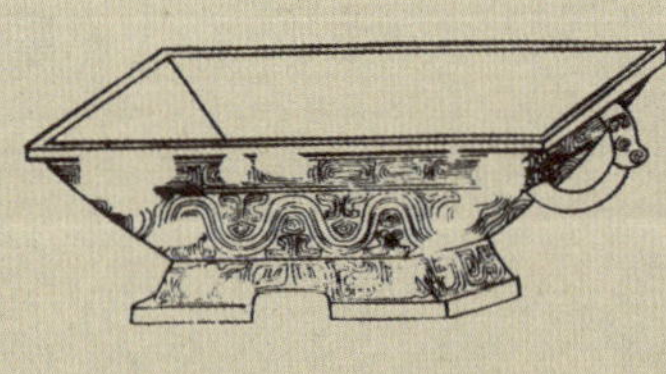

九十一

[illegible]王盉

恒軒所見吉金録

九十二

季良父盉

恒軒所藏吉金録

九十三

恒軒所藏吉金録

名中鬲

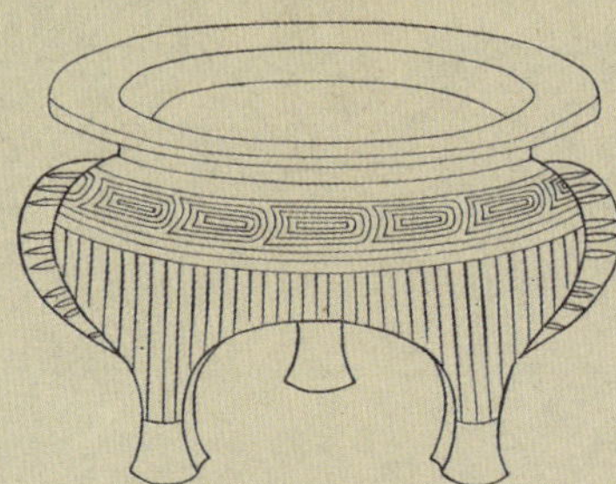

九十四

恒軒所見吉金録

齊婦鬲

袁筱塢閣學藏器

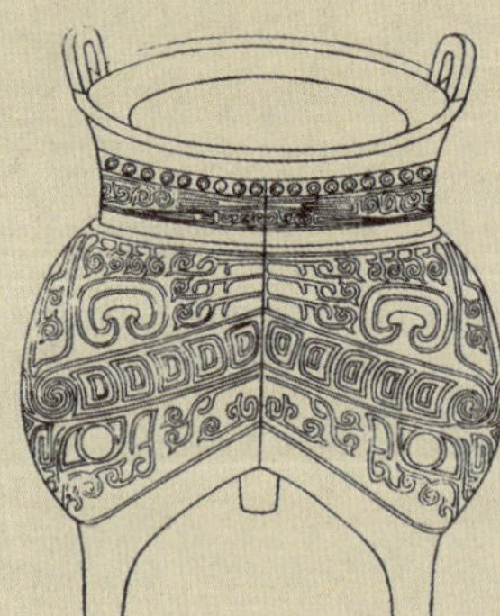

九十五

蒍公鬲

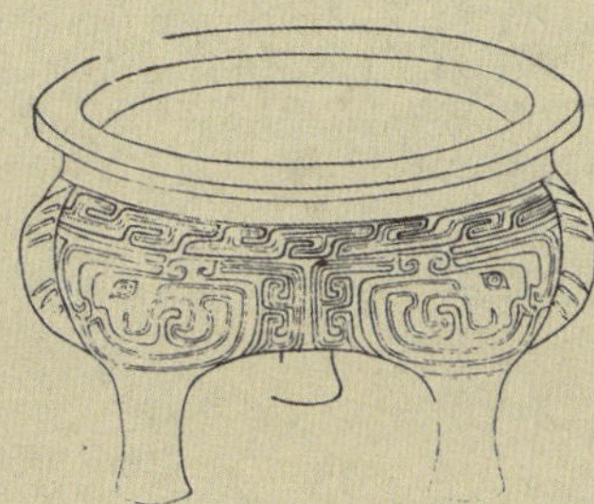

恒軒所藏吉金録 九十六

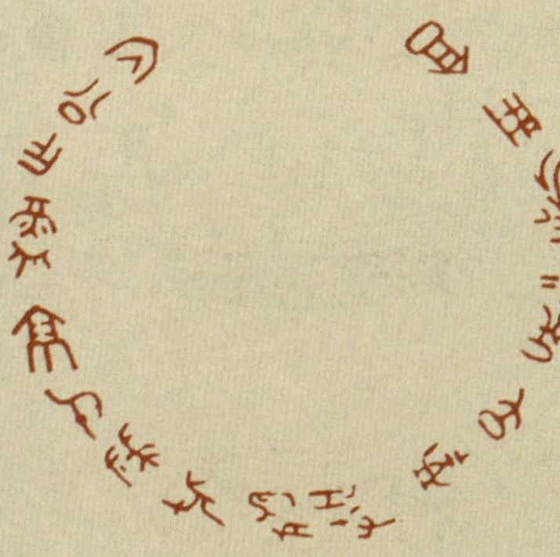

祭姬鬲

李勤伯太守臧器

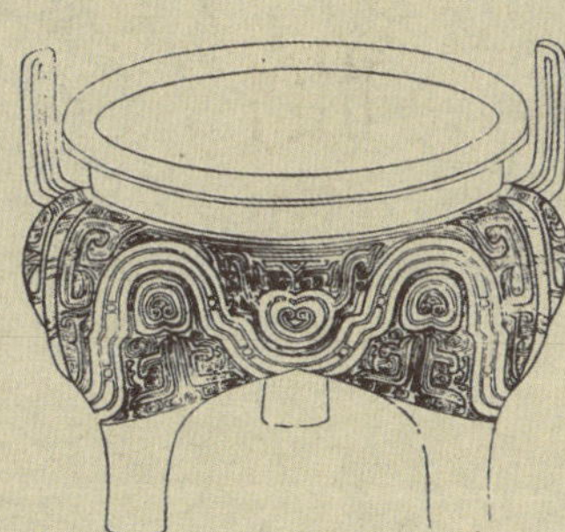

恒軒所見吉金録 九十七

亞形父丁甗

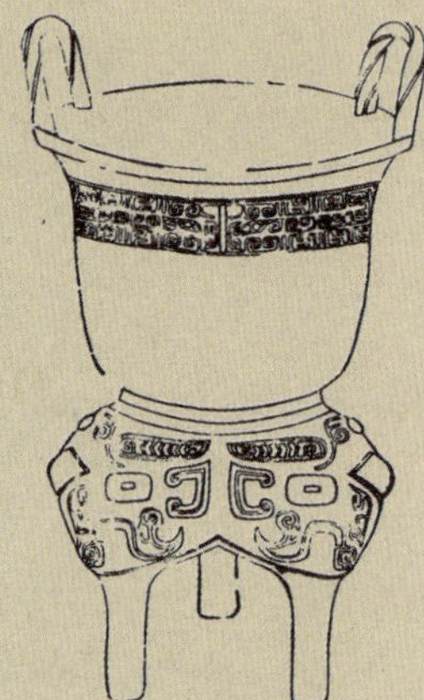

恆軒所見吉金錄

九十八

父癸甗

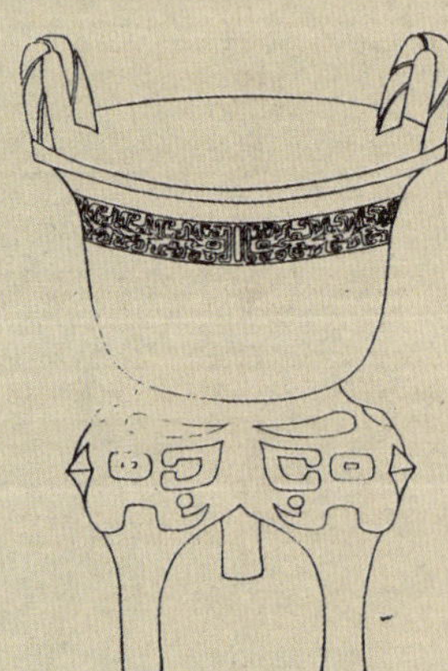

恆軒所見吉金錄

九十九

目形干形句兵

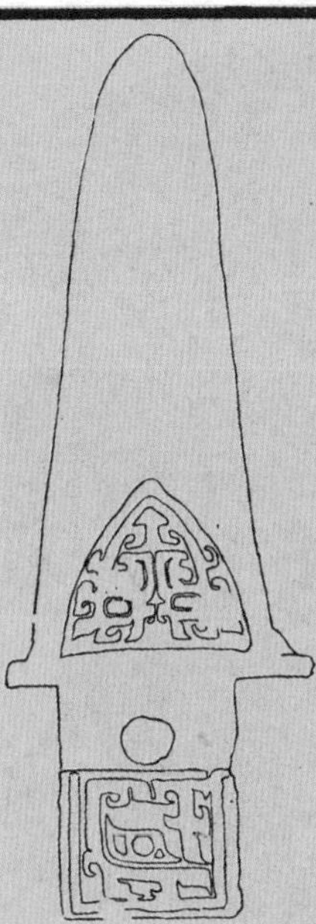

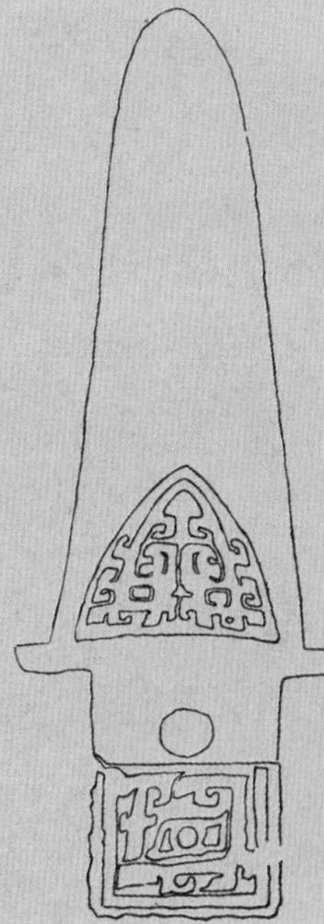

恒軒所藏吉金録

一百

乙癸丁戈

恒軒所藏吉金録

一百一

恆軒所集古金文字

秦銅量 始皇詔

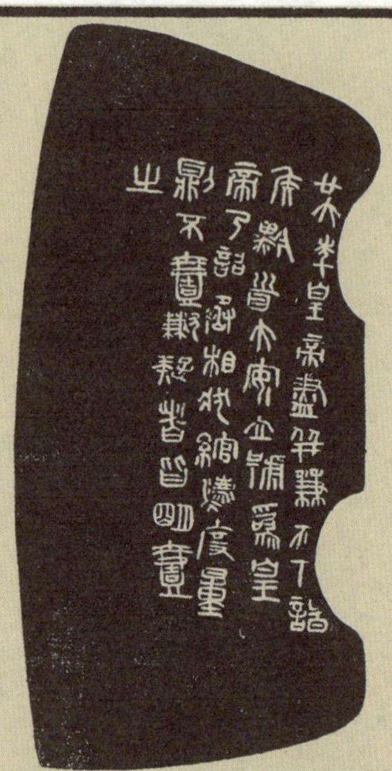

二世詔刻左

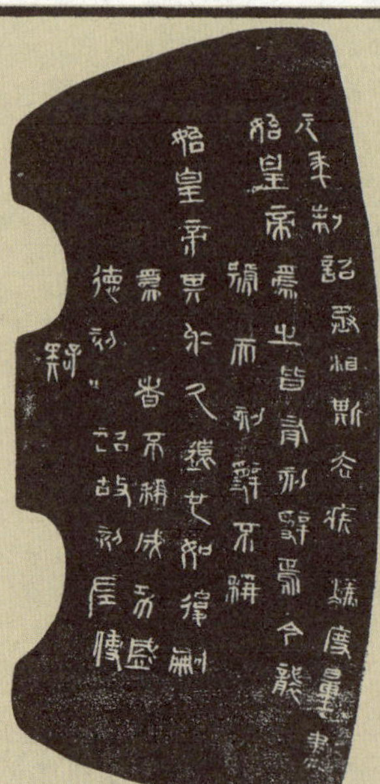

一百二

恆軒所集古金文字

秦量詔版 始皇詔

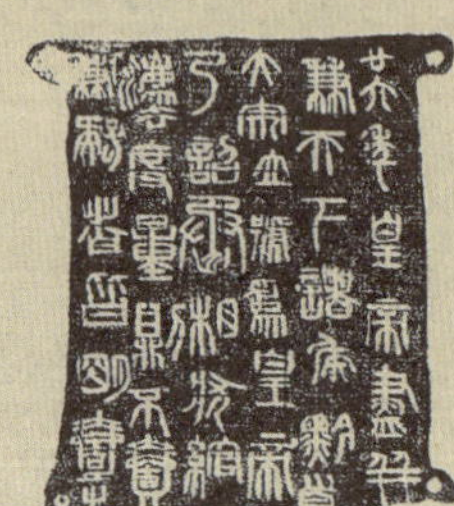

一百三

秦量詔版 二世詔

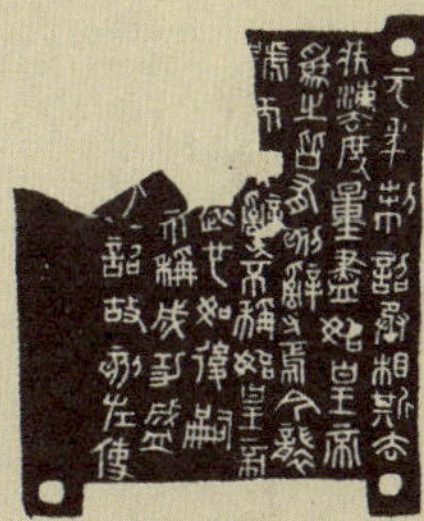

恒軒所集吉金文字

一百四

盩厔鼎

恒軒所藏吉金錄

[illegible]二斗鼎蓋

重[illegible]三斤十三

盩厔共鼎容五斗

重十八斤第廿一

山陵造

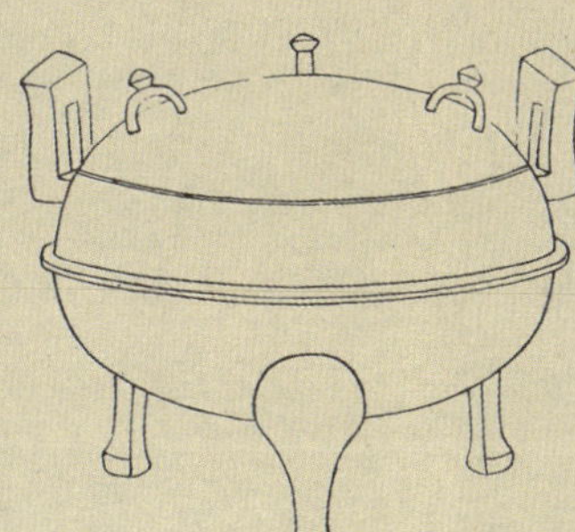

一百五

長楊鼎

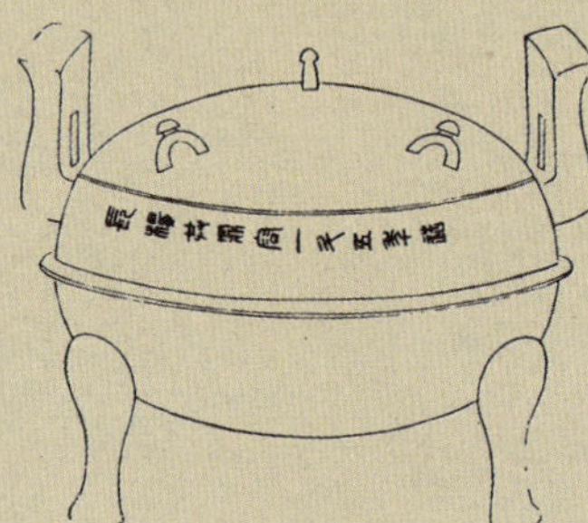

長楊共鼎容一斗五升 [illegible]

新成鼎

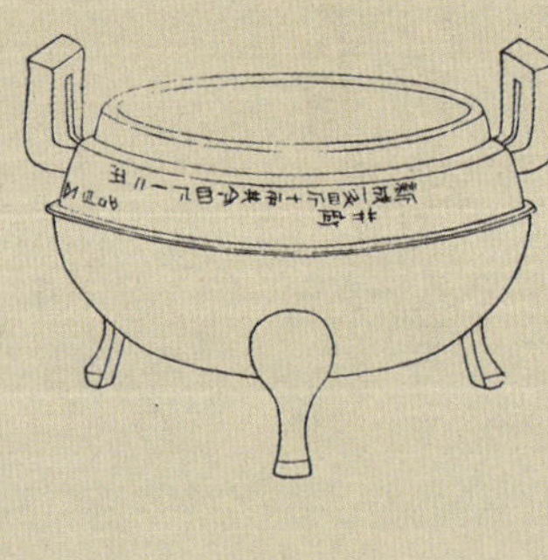

新成一斗四斤十兩共鼎 四斤一兩 [illegible]

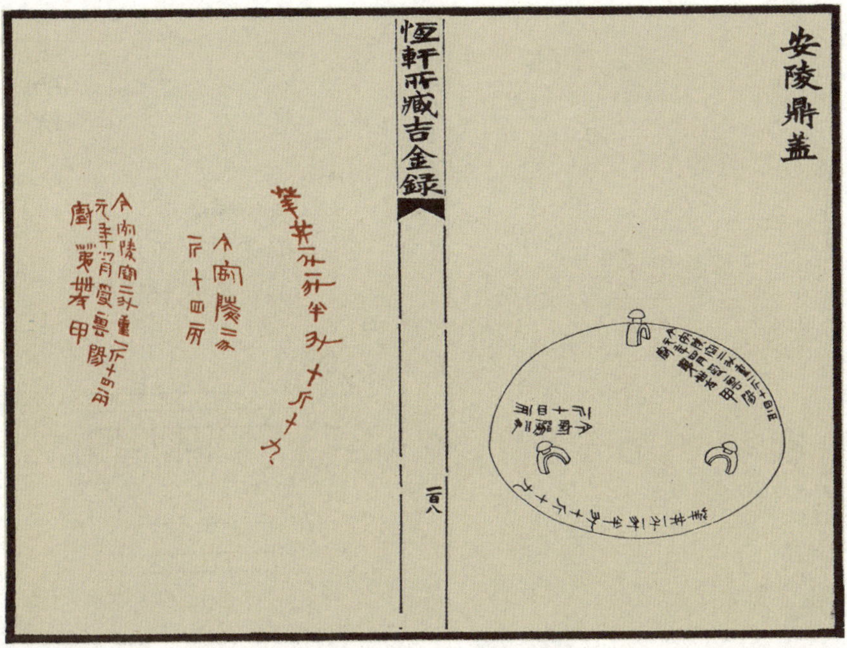
安陵鼎蓋
恒軒所藏吉金錄
一百八

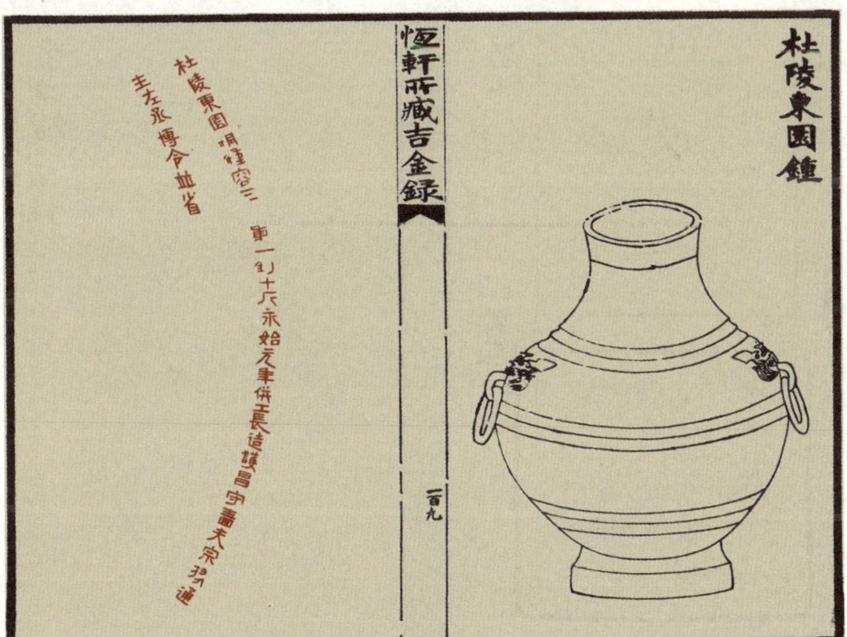
杜陵東園鍾
恒軒所藏吉金錄
一百九

建平鈁

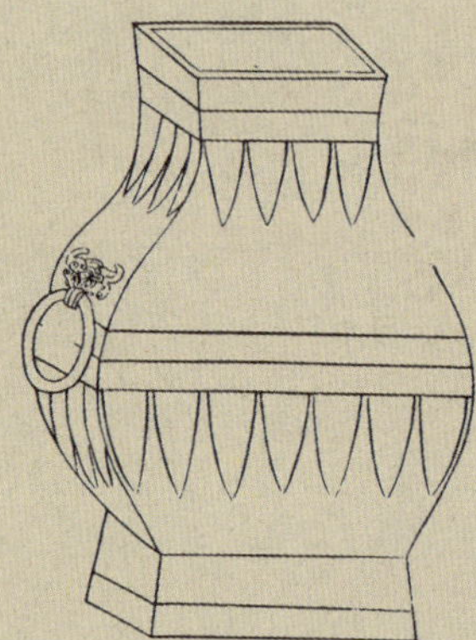

恆軒所藏吉金録

一百十

銅鈁容六升重卅八斤建平二年供工〻昌造

千四鈁 陽識

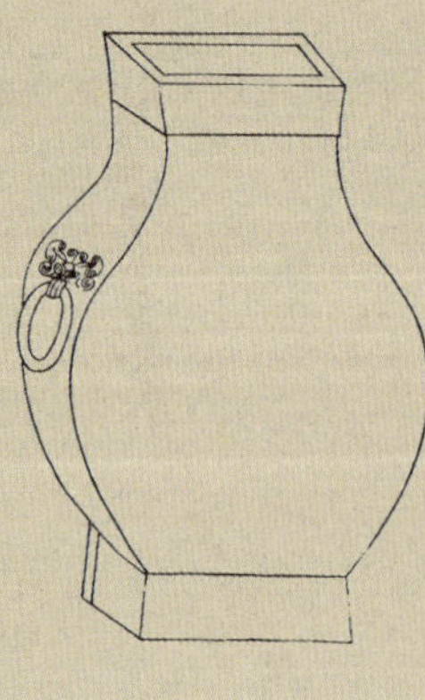

恆軒所藏吉金録

一百十一

器内

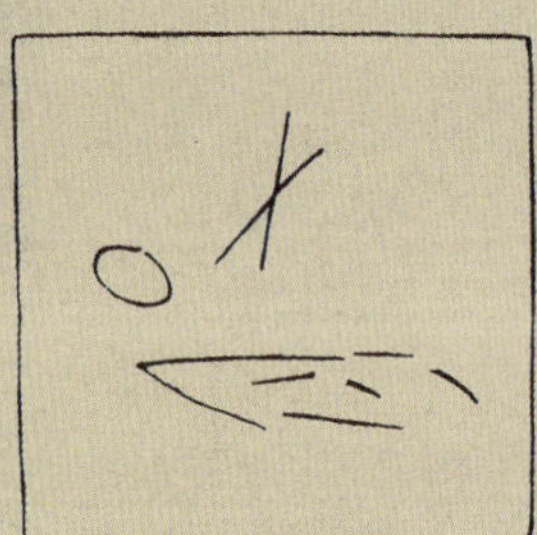

器底

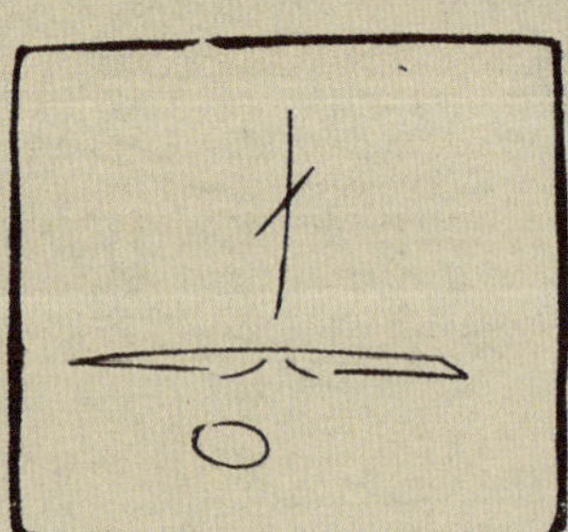

日入大万壶

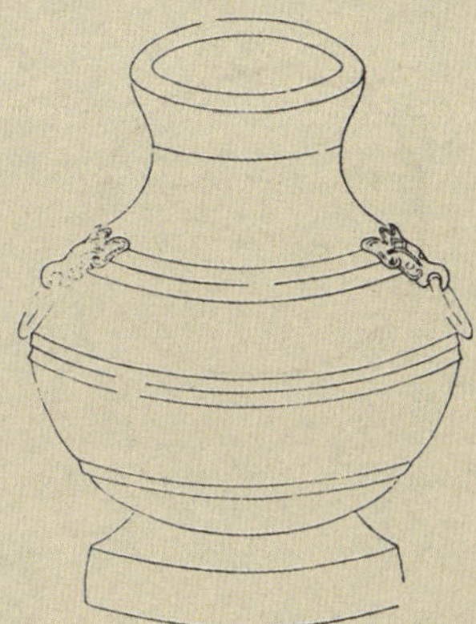

恒軒所藏吉金録 一百十二

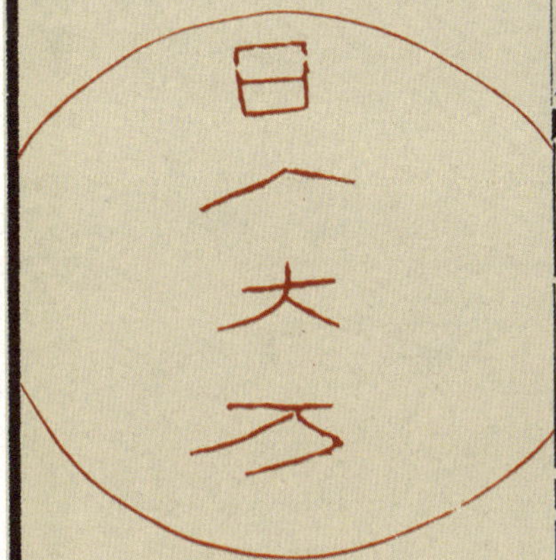

日入八千壶

李勤伯太守藏器

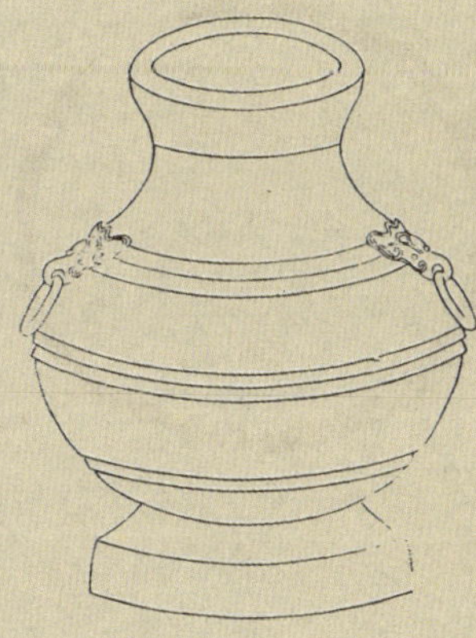

恒軒所見吉金録 一百十三

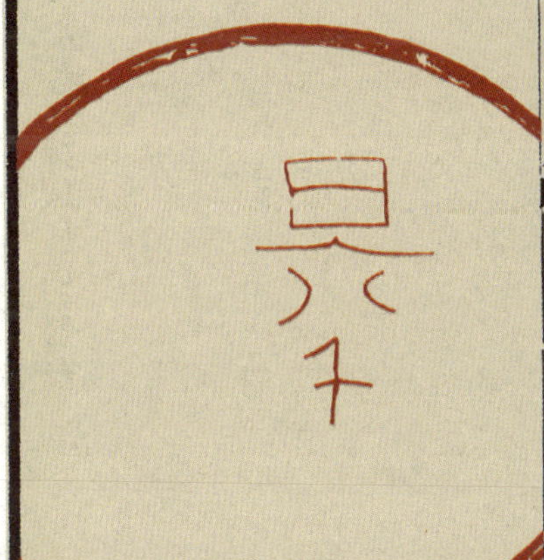

王壺 陽識

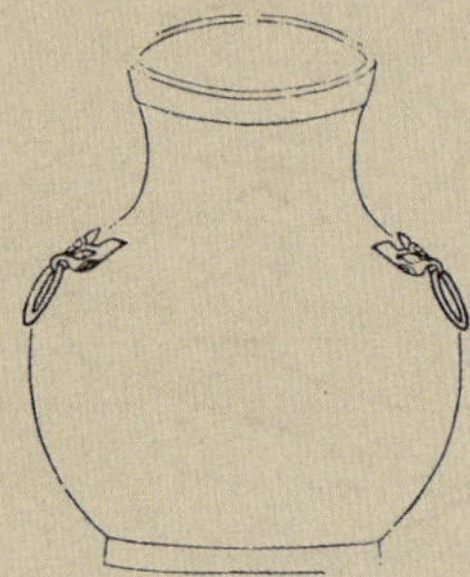

恆軒所藏吉金錄

一百十四

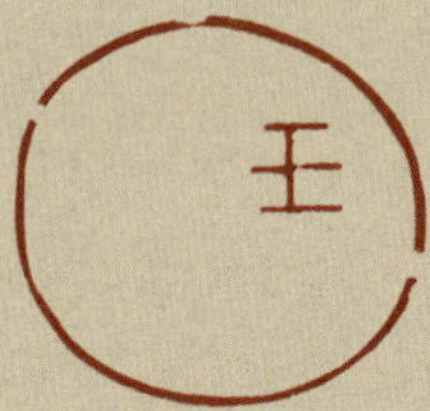

萬金壺 蒲城楊氏藏器

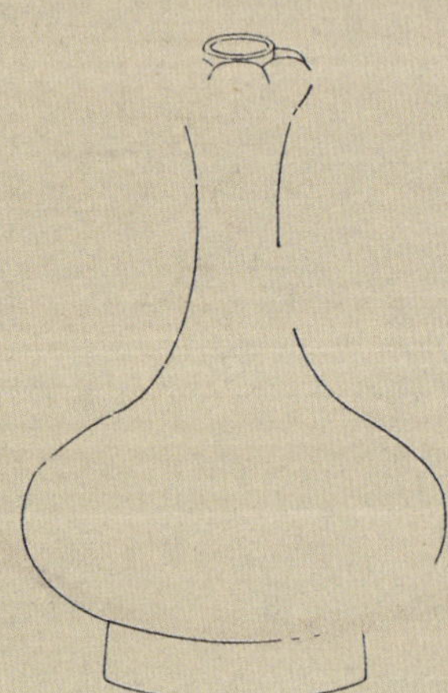

恆軒所見吉金錄

一百十五

平陽甗　李勤伯太守藏器

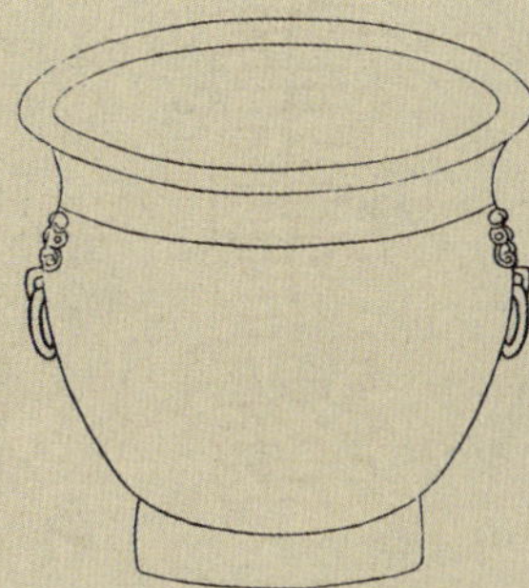

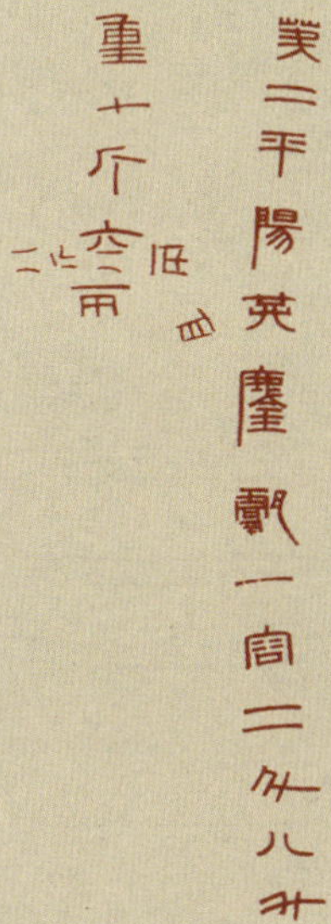

宜子孫鐙

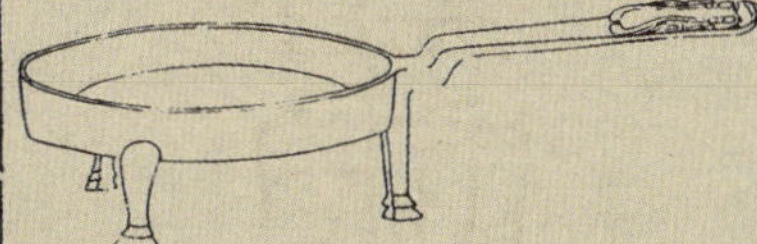

延光洗

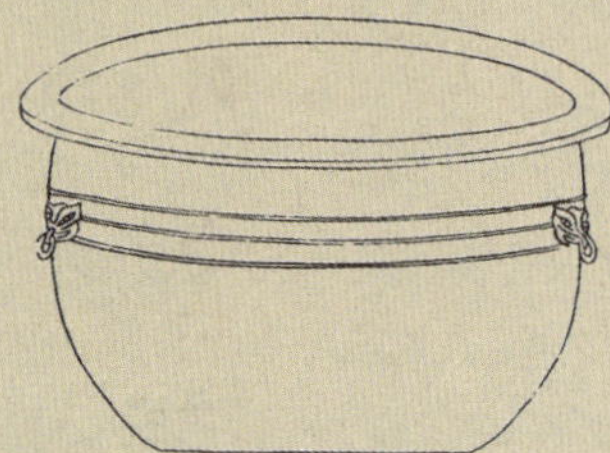

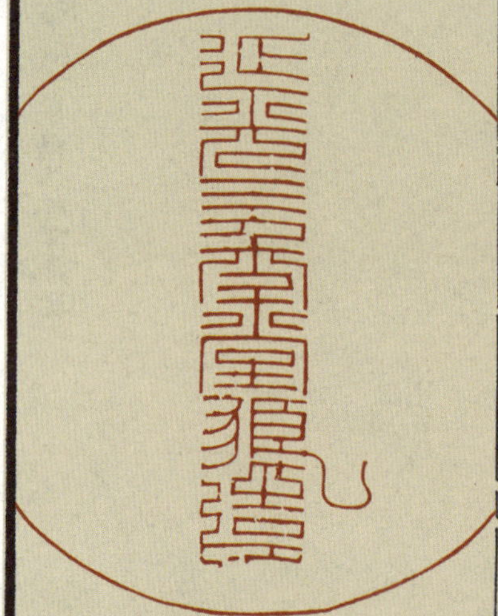

永和洗

蔣香生太守藏器

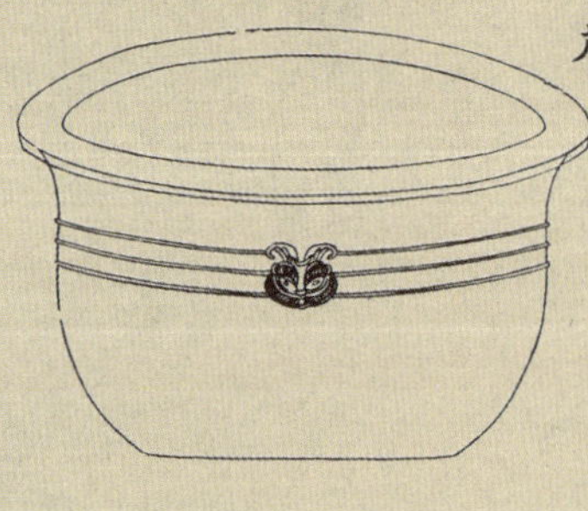

永元洗

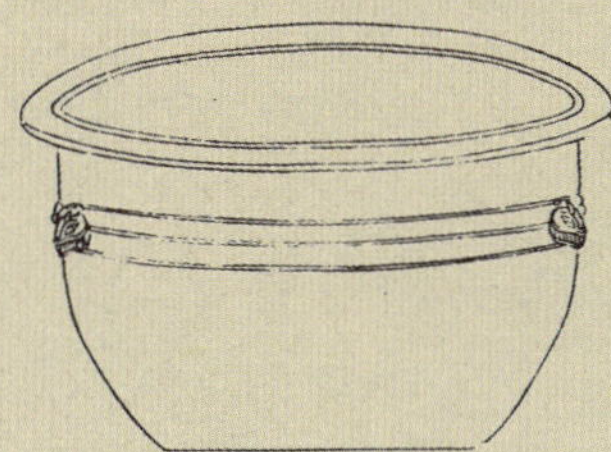

恒軒所藏吉金録

一百二十

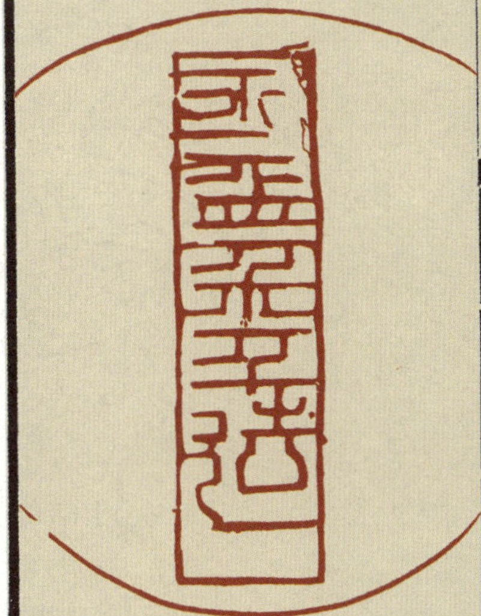

吉羊洗 蒲城楊氏藏器

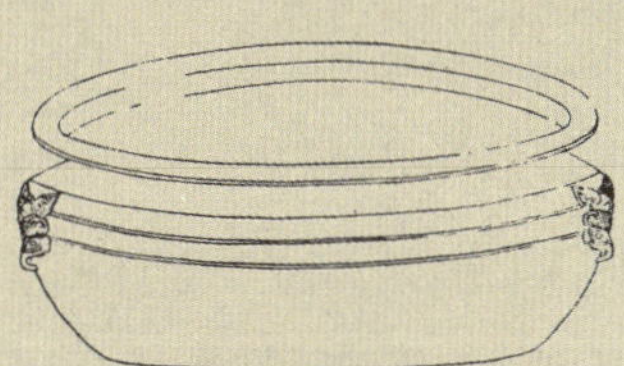

恒軒所見吉金録

一百二十一

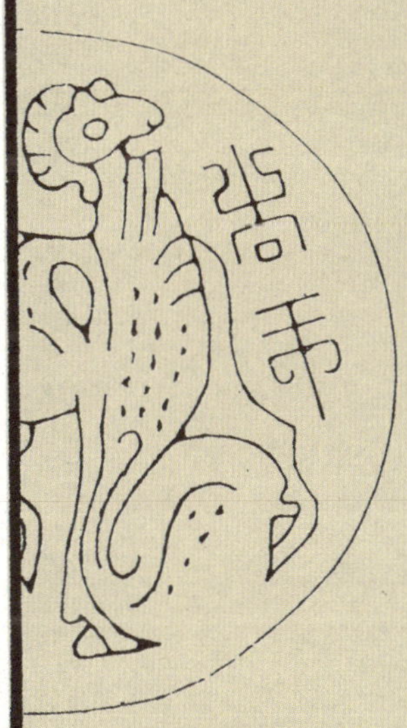

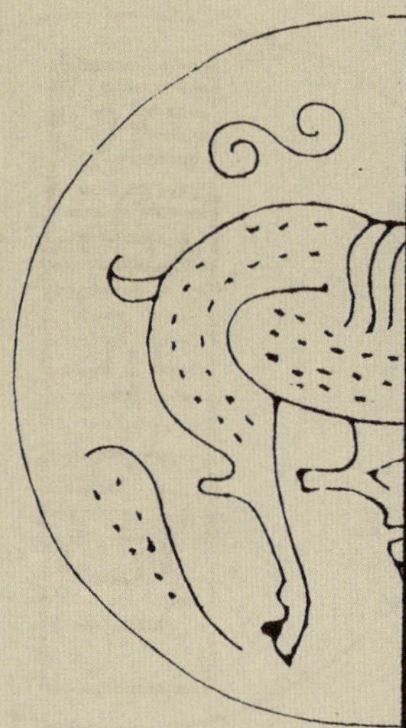

恒軒所見吉金録

一百二十二

泗水王虎符 塗金錯銀守蒲城楊氏所藏

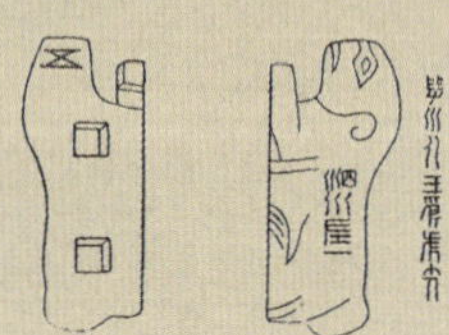

恒軒所見吉金録

一百二十三

長沙太守虎符

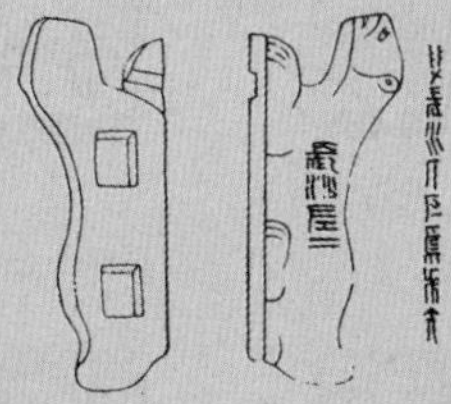

建興弩機

蒲城楊氏藏器

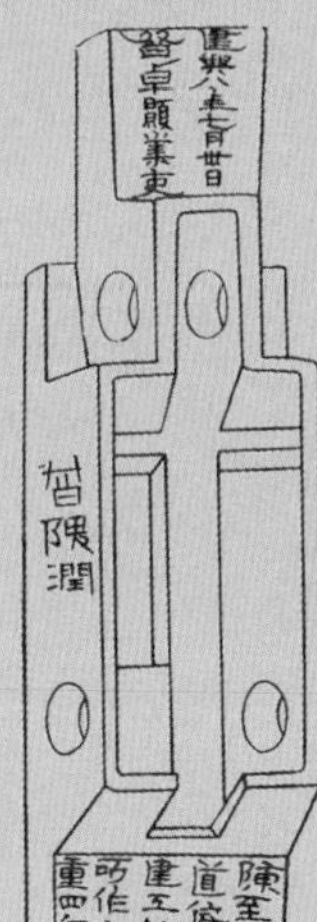

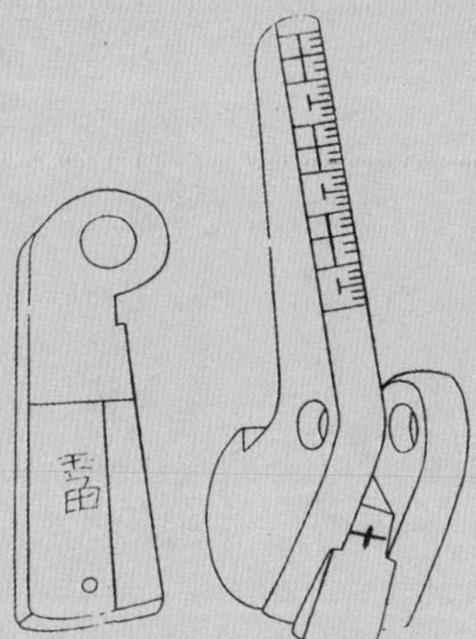

斗檢封

恒軒所藏吉金録

一百二十六

龍蛇辟兵鉤

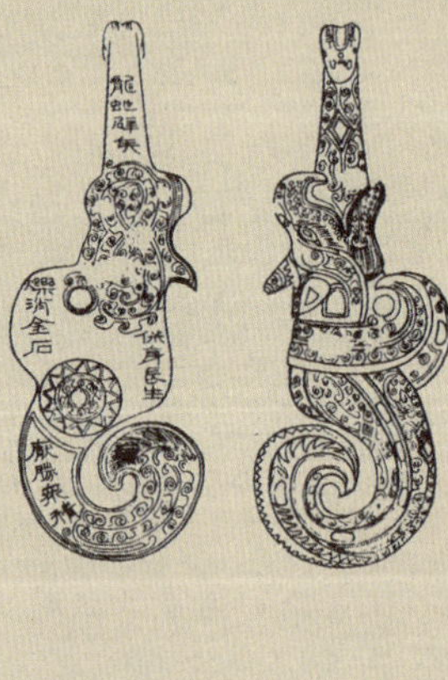

恒軒所藏吉金録

一百二十七

左將軍鉤

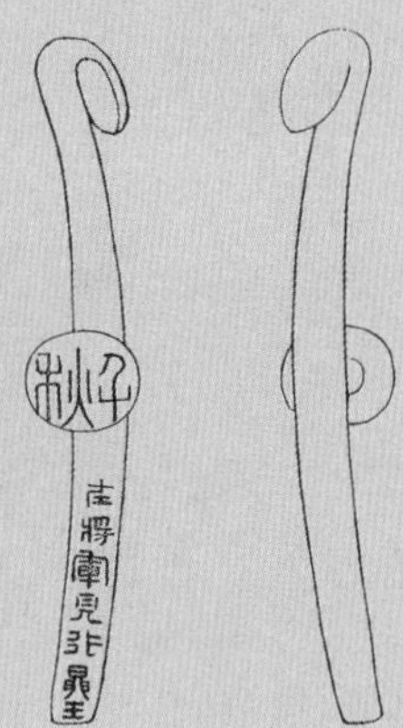

恒軒所藏吉金錄

一百二十八

長生大富鉤

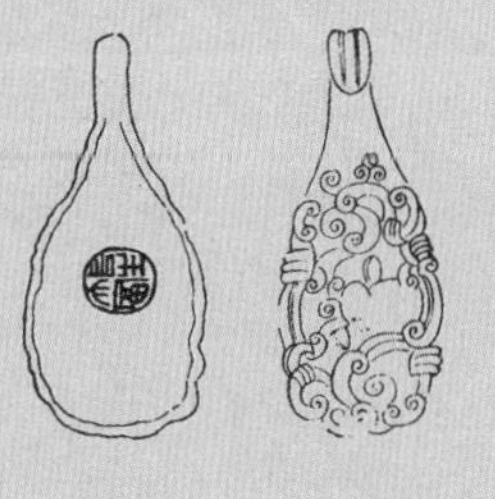

恒軒所藏吉金錄

一百二十九

富來鉤

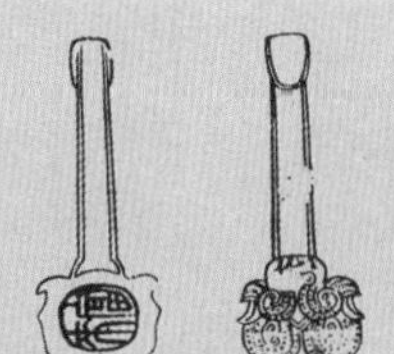

生字鉤

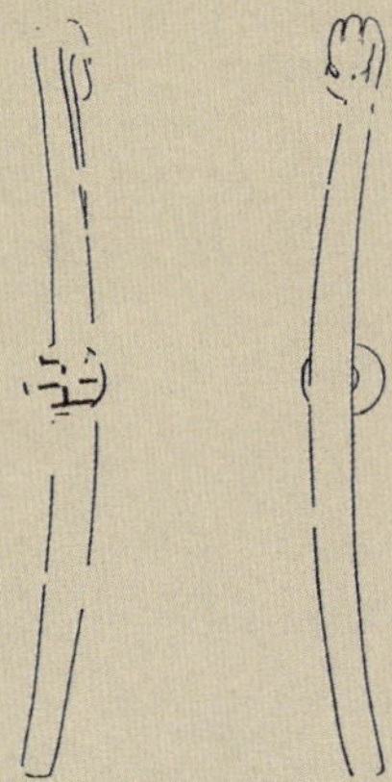

恆軒所藏吉金錄 一百三十

蠟封印鉤

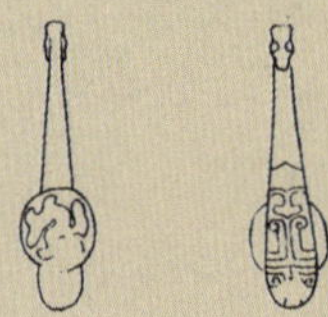

千金氏字器

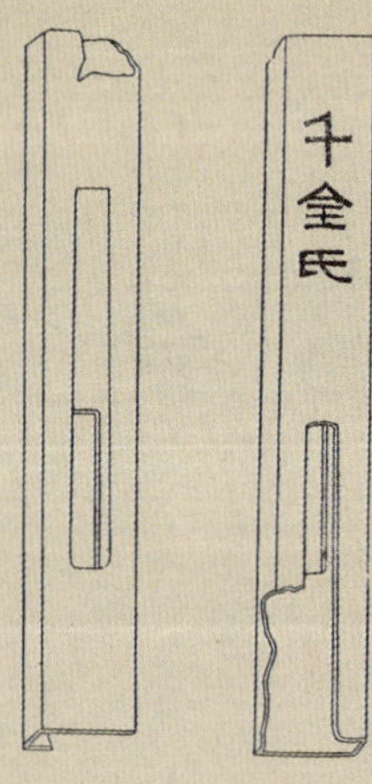

恆軒所藏吉金錄 一百三十一

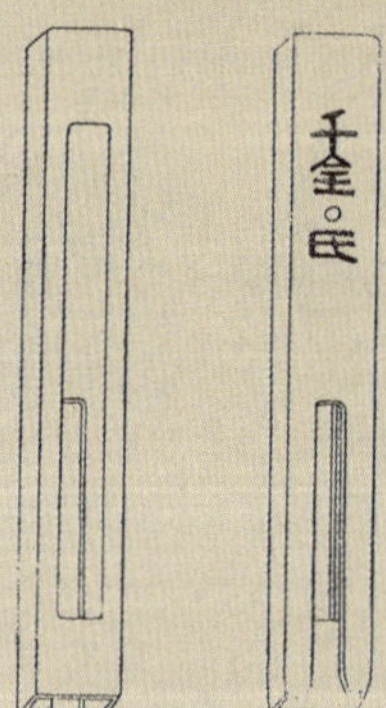

大吉利宜牛犢鐸

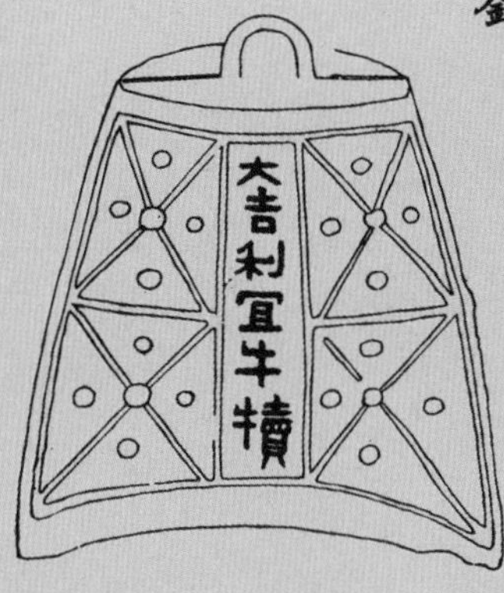

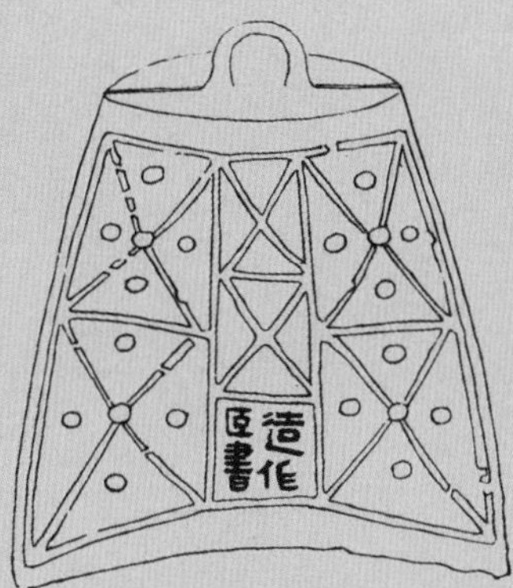

恆軒所藏吉金録

一百三十二

宜子孫鐸

恆軒所藏吉金録

一百三十三

大吉宜牛馬鈴

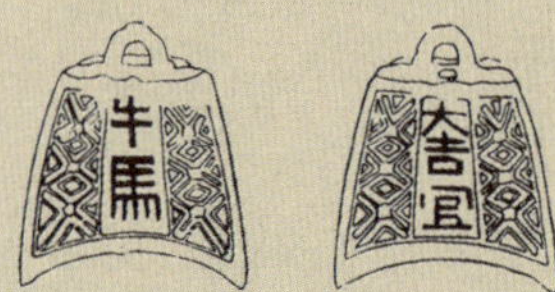

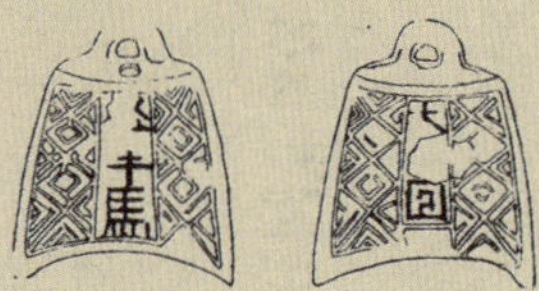

出 品 人： 常　宏

策　　划： 吴文阁

责任编辑： 韩春娇　田子佳

装帧设计： 李　媛　吾擅设计

图书在版编目(CIP)数据

吴大澂文集：上中下 /（清）吴大澂著；李隽等整理. -- 长春：吉林人民出版社，2024. 11. --（吴大澂书系）. -- ISBN 978-7-206-21664-0

Ⅰ. Z429.52

中国国家版本馆 CIP 数据核字第 2024XP6208 号

吴大澂文集

WU DACHENG WENJI

著　　者：（清）吴大澂

整 理 者： 李　隽　陆德富　张晓川　李书源

出版发行： 吉林人民出版社（长春市人民大街 7548 号　邮政编码：130022）

咨询电话： 0431-85378007

印　　刷： 吉林省吉广国际广告股份有限公司

开　　本： 720mm × 1000mm　1/16

印　　张： 91.5　　**字　　数：** 730 千字

标准书号： ISBN 978-7-206-21664-0

版　　次： 2024 年 12 月第 1 版　　**印　　次：** 2025 年 6 月第 2 次印刷

定　　价： 178.00 元

瓏一
白玉黑大
圖小于器十分
之七

国家区块链＋版权创新应用

·可信数字版权生态示范项目·

·读者须知·

本书已接入可信版权链正版图书查证溯源交易平台，“一本一码、一码一证”。扫描上方二维码，您将可以：

1. 查验此书是否为正版图书，完成图书记名，领取正版图书证书。

2. 领取吉林人民出版社赠送的购书券，可用于在版权链书城购买吉林人民出版社其他书籍。

3. 领取数字会员卡，成为吉林人民出版社读者俱乐部会员。

4. 加入本书读者社群，有机会和本书作者、责任编辑进行交流。还有机会受邀参加本社举办的读书活动，以书会友。

5. 享受吉林人民出版社赠予的其他权益（通过读者俱乐部进行公示）。